法务咨询师

FAWU ZIXUNSHI

公民法务卷

李笑天 / 主编

中国政法大学出版社

2021·北京

序 言
PREFACE

  在中央倡导法治国家、法治政府、法治社会建设和全国司法体制改革的大背景下，中国公民的法律意识在不断增强。但是，通过各种社交媒体曝光的违纪违法案例来看，企业家和公民不懂法、不会依法维权的现象依然普遍存在。当公民权利受到侵害，很多人会选择信访这种效率较低的行政维权方式，而且还容易引发上访者对政府部门和司法机关的抱怨，甚至少数访民会因为权益长期得不到保障而引发违法违规的极端行为。加上个别地方，一些基层组织侵害群众利益、官僚主义、不依法行政的案例时有发生，这样既对政府形象造成不良影响，又浪费了国家的行政和司法资源，还毁掉了当事人或者访民的公平感和幸福感。因此，我国的法治政府与法治社会建设，需要全民普法教育和廉政培训的基础工程支撑，更需要上百万具有法律专业知识的法务师、法律工作者参与法务咨询和法律服务事业。

  为了加快我国实用性法律人才的培养，中国法学会培训中心、中国政法大学、中国人民大学法学院、中国行为法学会、中国老年法律工作者协会、中国廉政法制研究会和反腐败司法研究中心等人民团体、政法院校和法治社团，积极参与全国性、行业性和地区性普法培训和廉政教育事业。其中，中国廉政法制研究会反腐败司法研究中心于2018年开始在全国范围举办廉政与法治建设高级研修班，已经成功举办了30多期，通过线上线下培训，总听课人数已接近3000人，学员来自全国各地，甚至还有港澳台学员和海外华侨参加培训。通过开放式廉政教育与普法培训，不仅使得企业家和公民学法用法，依法维权，而且还培养一批具有法律专业知识和实用技能的职业法务咨询人才。

　　为了落实习近平新时代中国特色社会主义思想和中央依法治国指示精神，为国家和社会培育更多的实用性法务咨询人才，我们编辑了这套实用性很强的法务咨询实务性的工具书——《法务咨询师》，内容包括法务咨询师职业定位与素养、企业法务咨询师职位要求、诉讼策略、司法程序介绍、法律条文解读、法律知识问答和常用法律文书模板等，涵盖了刑法、民法、行政诉讼和公益诉讼四大板块内容。该书既可作为法务师和法律工作者职业培训教材，也可以作为党员干部、企业家和公民的廉政教育与法律培训的参考材料，企业家和公民常见的权益保护、诉讼纠纷等问题，均可在书中找到答案，因此也可以作为企业家、公民维权的"实用法律手册"。

　　本书第一卷的主要内容是公民日常生活中常用法律知识：民事诉讼法、行政诉讼法、治安管理处罚法、民法典总则编、婚姻家庭编、物权编、侵权责任编、人格权编等。第二卷的主要内容涉及公职人员政务处分法、公司法、企业所得税法、行政处罚法、土地管理法、产品质量法、消费者权益保护法、专利法、刑法涉企内容等。第三卷是案例分析，编入了500多个各种分类的案例和点评。为了方便读者学以致用，本书第四卷收录了各种最新法律文书模板100多种。读者在法律咨询和诉讼中，可以根据模板写投诉信、举报信、诉状、答辩状等法律文书。

　　诚然，法律是一个庞大的知识和应用体系。因篇幅所限，本书不可能做到面面俱到，只能选择在企业运营和公民日常生活中最常用、最实用的内容入编，希望读者在使用本书时，能够提出修改意见。由于专业水平和法律政策的时效性所限，本书的错漏之处在所难免，敬请广大读者和专业人士批评指正。

李笑天

2020 年 11 月 26 日

目 录
CONTENTS

法务咨询师定义与职能

一、法务咨询师的定义

法务咨询师是法人或者非法人组织中专门从事法律咨询事务的一种专业岗位，同时也是从事社会性法务有偿咨询服务的一种职业称谓。

我国目前有机关法人、事业法人、企业法人、非企业法人、社团法人等法人机构。在法治国家、法治政府、法治社会建设的国家战略大背景下，社会对法务咨询师队伍的需求远大于执业律师的需求。

法务咨询师是一个新兴职业，是随着国家《劳动法》〔1〕、《就业促进法》等相关的法律法规的不断完善，从法人机构或非法人组织的人力资源管理工作中逐渐细分出来的一个新的职业门类和职业岗位，它具有区别于其他岗位管理者的特殊职能。主要是负责为本组织内部或者面向社会提供法务咨询与服务。符合《就业促进法》关于"国家依法发展职业教育，鼓励开展职业培训，促进劳动者提高职业技能，增强就业能力和创业能力"的精神。在政策上，国家也鼓励新职业的发展。《国务院关于大力发展职业教育的决定》（国发〔2005〕35号）指出，"坚持以就业为导向，深化职业教育教学改革……加强职业院校学生实践能力和职业技能的培养"；《国务院关于进一步加强就业再就业工作的通知》（国发〔2005〕36号）也强调指出，"努力做好城镇新增劳动力的就业工作，积极推动高校毕业生就业工作，在开发就业岗位的同时，大力提升劳动者职业技能和创业能力"。从促进社会就业和组织法治化管理角度来看，这是一个非常有前途的职业。

---

〔1〕《劳动法》，即《中华人民共和国劳动法》。本书中涉及的全部中华人民共和国境内法律名称均省略国别字样，如《民法典》，即指代《中华人民共和国民法典》，下文不再赘述。

二、法务咨询师的任务

法务咨询师是我国社会主义市场经济发展的必然产物，也是法治社会不可或缺的职业门类，通常分为组织机构内部法务咨询师和社会法律服务机构提供法务咨询、有偿服务的法务咨询工作者。

1. 组织机构内部法务咨询师的主要职责包括：

（1）专职负责所在法人机构或者非法人组织法务咨询总体工作或者专项法务工作；

（2）负责起草、制定本组织机构的法务管理计划及总结；

（3）负责对本组织机构的制度性文件的合法性进行审核把关，并提出修改建议；

（4）审核组织机构对外签约与合作文件，有效预防、控制法律风险；

（5）负责本单位法务培训和职工全员普法教育工作；

（6）负责协助劳动执法部门或者律师处理本单位劳资纠纷事务；

（7）负责协调单位行政违法协调、处置；

（8）负责单位涉诉案件的证据提供与律师沟通协调工作；

（9）负责代表本单位法务人员向有关管理人员汇报单位法务工作；

（10）负责对外代表本单位法务人员参加法务管理学术与经验交流工作；

（11）负责接待政府相关部门有关廉政法治建设的检查、评比、监督、考核等工作；

（12）单位领导交办的其他与法务直接或者间接相关的其他工作。

2. 社会性法务咨询师的职业定位如下：

（1）在社会性法律服务组织为客户提供法务咨询服务的专职法务师或者兼职法务咨询师；

（2）受聘常年担任法人机构或者法人组织的法律顾问；

（3）接受当事人委托，代理当事人起草诉状、答辩状等法律文书；

（4）为单位或者公民个体审核、修改对外签约合同；

（5）深入委托机构或者个人对案件进行分析、取证和制定应对方案；

（6）通过对组织和个人行为进行调研分析，及时反馈和预防委托人所在机构或者个人存在的现实和潜在的法律风险；

（7）有偿或者义务参与委托单位或者社区的普法教育工作；

（8）参与委托人民事、劳务、股东纠纷、邻里纠纷等事务协调；

（9）参与委托单位行政违法协调、处置等事务。

三、法务咨询师的责任

（1）对本单位法务咨询总体工作或者专项法务工作负有领导和执行监督责任；

（2）对本单位法务管理制度、管理计划和年度考核与效能评估负责；

（3）对本单位的制度性文件合法性审核负责；

（4）对本单位对外签约的法律风险防控负责；

（5）对本单位合同合法性和群体性劳资纠纷事件的预防负责；

（6）对本单位行政违法协调、处置结果以及发展影响的评估负责。

公民法务基础知识

第一节　公民学法与依法维权

一、公民法律意识是依法维权的基础

公民法律意识是公民关于法和法律的现象的思想、观点、知识和心理的总称。生活中人们通常所说的"法律观念""法治思维"等与法律意识近义。党的十九大明确提出了 2035 年基本建成社会主义法治国家的战略目标，同时也提出了法治国家、法治政府、法治社会三位一体推进策略，显然国家关于法治建设的宏观目标非常明确。在这种大的社会环境影响下，公民的依法维权意识也必然会越来越强，必然会有更多的人崇信法律并逐渐养成依法维权的习惯。

二、公民参与法治建设的积极性在不断提高

随着近年来我国智能手机的普及，公民可以通过手机获取很多关于社会热点案件的信息，也有越来越多的律师通过自媒体的形式举案说法，普法受众面大大超过了电视媒体，很多公民均开始关注法律和维权热点案件，依法维权的需求越来越高，个别社会知名度高的案件通过自媒体的传播演变成了"全民参与破案"的社会热点事件。目前，普法教育的形式也不仅仅限于传统的学校课题和社区普法讲座，公民可以轻而易举地学习到法律知识，从而增强维权意识。不仅如此，有些人通过社会普法培训机构学习法律知识，熟悉法律维权程序和诉讼技巧，还可以从事法务咨询工作，专职帮助他人维权。

三、公民依法维权是社会进步的标志

公民依法维权是衡量现代法治文明社会的一个重要指标。依法维权逐渐成了许多公民的自觉行动。因为法治社会需要的是依法维权，而不是通过吵闹、殴打等暴力、野蛮的手段维权。要改变中国过去沿袭多年的那种权力主导人情的社会局面，就必须大力倡导公民权利意识和传授给公民依法维权的方法和技巧，使得每一个公民的合法权益都能得到保障。因此，国家有义务投入人力、财力、物力，推动全社会法治文明建设，切实做到公正执法、有法必依、违法必究，保障公民维权渠道的畅通。

通过公民维权，实现司法公正、个案正义和程序正义，使得人民群众具有公平感、获得感和幸福感。

四、公民学法、用法的积极性、主动性在增强

我们认为，公民法治思维和维权意识培养主要包括以下几个方面。

1. 主动学习法律知识

公民依法维权首先应该自觉自愿、积极主动地学习相关法律法规知识，了解法律常识，才能提升依法维权的意识和维权技能。

2. 端正维权的态度

公民端正依法维权的态度至关重要。在维权过程中，公民对法律法规的重视程度、对侵权行为的态度都会影响到维权的效果。

3. 依法维权行为的实践

公民对司法程序的熟悉需要实践。如被侵权人只学法律知识、熟悉法律条款，而不发起诉讼，会眼高手低，也很难实现维权目的。

4. 法治思维的培养与人文精神的培育相结合

我国正处于重要的社会转型期，公民的法律思维和依法维权意识处于萌芽状态。在培育公民法治意识的同时，应该将其与对公民人文精神、人文思想的培育结合起来。让公平正义和对弱者的同情心、慈悲情怀和对他人的同理心成为一种人文素养和文明习惯。在提高依法维权能力的同时，提升自己的整体文明素养。

5. 鼓励公民积极主动地监督公权力

人民监督是《宪法》《监察法》等赋予公民的权利。公权力必须受到监

督才不会被滥用：一方面，政府部门要习惯于接受人民监督，把公民监督看作改进工作和提高服务质量的常态；另一方面，公民要敢于监督、善于监督。政府要大力宣传法治，社会也需要普法工作者、普法讲师、律师、法务师等，凝聚整个社会的力量，推进社会化、社区化、全覆盖的普法教育。公民普法、学法、用法可以有效化解社会矛盾、节约司法资源，同时还能够使公民自己依法维权。只有多数公民均养成了依法维权的习惯，我们未来建立法治国家、法治政府、法治社会的战略目标才能够实现。

第二节　公民依法维权行动

一、公民应养成保存证据的习惯

公民依法维权需要养成留存证据的习惯，在日常消费和交易中可以从以下几个方面注意保存证据。

1. 公民在超市专卖店等场合消费要保存消费凭证

消费凭证包括超市收银小票、刷卡凭证、税务发票等。如在收银单据有收款计算错误或者买到了假冒伪劣产品时，消费者都可以持收款小票、发票等凭证要求索赔，还可以投诉或到法院起诉。

2. 消费者交费办卡时要注意保存证据

消费者在办理健身卡、美容卡时，仅保存消费卡是不够的，还必须尽量让办卡的店方提供收款收据，并在收据上加盖办卡店方的公章或者财务章，仅有经办人收条不行。万一投资者"跑路"，仅有收条在维权时难以取证。

3. 妥善保存网络支付凭证

消费者应该将网银汇款、微信、支付宝转账等页面截屏，下载打印，作为消费交易证据保存，以防账户变更、手机死机导致证据灭失。

4. 妥善保存书面合同原件或者复印件

公民或企业之间发生交易行为，要妥善保存书面交易合同原件或复印件。电子版签名合同要下载、打印、保存，防止源文件证据灭失。

5. 图书订单、参加活动报名表都具有合同性质

图书订单、会议培训报名表、邀请函、汇款凭证等都是具有合同约束力的书面承诺，要妥善保存，可以作为投诉、诉讼的证据。

6. 手机留言截屏下载保存证据

很多人习惯于用手机下订单，购买方要把订货留言信息内容截屏并转换成图片格式打印、保存。日后可以作为投诉、诉讼的证据。

7. 保存收发货单据、快递签收单等证据信息

收发货单据、快递签收单等证据信息对于维护债权或者发起消费纠纷索赔诉讼而言是重要的证据。购货付款方应该尽量保留供货收款方的身份信息，比如住址、身份证号码和手机号码。否则，将来万一收款方失信，会导致投诉、报案和起诉时没有证据。

8. 现金交易时要保存好收条

收条上应写明金额、收费地点和时间，收款人名称、身份证号码及其手机号码，还有购买商品的名称、数量、发货时间承诺。万一供方失信，事后发现商品类别、数量、质量等有问题，可作为索赔证据。

9. 电话口头报单、订货要保存录音证据

有些人习惯用手机或者电话口头报单交易，最好在通话之前做好录音准备，通话过程中通过手机或座机电话录音保留证据。

二、公民应具备契约精神与合同意识

契约精神是指存在于商品经济社会的一种自由、平等、守信的精神。重视契约精神，可以事先、主动控制交易风险，避免诉讼发生。合同意识体现在以下几个层面：

1. 主动要求签订书面合同

当事人在与他人进行某项交易之前，要有主动与对方签书面合同的意识。当事人对交易主体、价格、质量、数量、交付时间地点等要件必须在合同中有清晰的表述，避免在执行过程中因为合同模糊、粗线条表述或者对方理解的偏差而发生纠纷。

2. 认真审核合同内容

对方主动提出签约或对方提供格式合同模版，作为接受邀约的一方要有审查合同内容的意识和习惯。不要马马虎虎，只看合同格式和标题内容，而不看或者忽略具体条文或者次要内容，就在对方打印好的合同书上稀里糊涂地签字。一旦合同条款有陷阱签约方将会"后悔莫及"，而且将来诉讼时还很难胜诉，这种马虎大意的态度会增加交易中的法律风险。

3. 警惕有人利用合同书做手脚

不管对方是熟人还是陌生人，签约时，合同空白处都要写上"此处无内容"，避免对方私自打印、增加内容；每页合同都加盖骑缝章，避免对方伪造或者替代部分合同页码的内容。这样做不要不好意思，实际上，这符合老百姓说的"先小人后君子"，"害人之心不可有，防人之心不可无"的道理。

4. 合同执行中出现问题及时协商，应对变化与变故

有些合同和交易行为，受到各种内在、外在因素的干扰，或者市场需求的变化，原来合同中的某些条款和约定需要变更、变项或者补充合同执行细则、中止或者终止合同执行等。当事人在发现存在异常情况时必须与对方及时沟通、协商，否则会导致违约，进而使自己遭受不必要的损失。

5. 双方认同作废或不执行的合同也要消除隐患

对于没有执行的合同，即便双方默认或者口头同意，当事人也应该及时与对方协商，当面销毁合同原件，或者当面签字盖章声明作废，不要电话说一声"作废了"便轻信口头认同，这样会为虚假诉讼埋下后患。

三、消费场所的管理者应该具有责任主体意识

生产方、销售方或者服务提供方必须要有为购买者负责的主体意识，确保自己生产、销售的产品或提供的服务是物有所值、安全可靠的，而不是含有欺骗成分或者存在安全隐患的。以下是我们总结的消费场所常见的责任主体：①宾馆、商场、银行、车站、娱乐场所等公共场所的管理人或者群众性活动的组织者，未尽到安全保障义务，造成他人损害的，应当承担侵权责任。②消费场所工作人员因执行工作任务造成他人损害的，由用人单位承担侵权责任。③个人之间形成劳务关系，提供劳务一方因劳务造成他人损害的，由雇主方或者劳务接受方承担侵权责任。④无民事行为能力人、限制民事行为能力人造成他人损害的，由监护人承担侵权责任。监护人尽到监护责任的，可以减轻其侵权责任。⑤无民事行为能力人在幼儿园、学校或者其他教育机构学习、生活期间受到人身损害的，幼儿园、学校或者其他教育机构应当承担责任，但能够证明尽到教育、管理职责的，不承担责任。⑥限制民事行为能力人在学校或者其他教育机构学习、生活期间受到人身损害，学校或者其他教育机构未尽到教育、管理职责的，应当承担责任。⑦居民或饲养场饲养的动物造成他人损害的，动物饲养人或动物主人应承担侵权责任，但能够证明损害是因被

侵权人故意或重大过失造成的，可以不承担或者减轻责任。遗弃动物造成他人损害的，由原动物饲养人或管理人承担侵权责任。

第三节 《宪法》规定的公民权利

一、《宪法》简介

《宪法》是中国的根本大法，拥有最高的法律效力。《宪法》曾于1954年被制订，现行《宪法》依据1982年版本修正，并历经1988年、1993年、1999年、2004年、2018年五次修正。《宪法》关于"公民的基本权利和义务"有24条之多，包括政治权利、政治自由、人格尊严不受侵犯，对政府的监督权、批评权、建议权，法律上的控告、检举、申诉权等内容。

二、《宪法》公民基本权利保障（摘录）

第33条 凡具有中华人民共和国国籍的人都是中华人民共和国公民。

中华人民共和国公民在法律面前一律平等。

国家尊重和保障人权。

任何公民享有宪法和法律规定的权利，同时必须履行宪法和法律规定的义务。

第34条 中华人民共和国年满十八周岁的公民，不分民族、种族、性别、职业、家庭出身、宗教信仰、教育程度、财产状况、居住期限，都有选举权和被选举权；但是依照法律被剥夺政治权利的人除外。

第35条 中华人民共和国公民有言论、出版、集会、结社、游行、示威的自由。

第36条 中华人民共和国公民有宗教信仰自由。

任何国家机关、社会团体和个人不得强制公民信仰宗教或者不信仰宗教，不得歧视信仰宗教的公民和不信仰宗教的公民。

国家保护正常的宗教活动。任何人不得利用宗教进行破坏社会秩序、损害公民身体健康、妨碍国家教育制度的活动。

宗教团体和宗教事务不受外国势力的支配。

第37条 中华人民共和国公民的人身自由不受侵犯。

任何公民，非经人民检察院批准或者决定或者人民法院决定，并由公安机关执行，不受逮捕。

禁止非法拘禁和以其他方法非法剥夺或者限制公民的人身自由，禁止非法搜查公民的身体。

第38条　中华人民共和国公民的人格尊严不受侵犯。禁止用任何方法对公民进行侮辱、诽谤和诬告陷害。

第39条　中华人民共和国公民的住宅不受侵犯。禁止非法搜查或者非法侵入公民的住宅。

第40条　中华人民共和国公民的通信自由和通信秘密受法律的保护。……任何组织或者个人不得以任何理由侵犯公民的通信自由和通信秘密。

第41条　中华人民共和国公民对于任何国家机关和国家工作人员，有提出批评和建议的权利；对于任何国家机关和国家工作人员的违法失职行为，有向有关国家机关提出申诉、控告或检举的权利，但是不得捏造或者歪曲事实进行诬告陷害。

对于公民的申诉、控告或者检举，有关国家机关必须查清事实，负责处理。任何人不得压制和打击报复。

由于国家机关和国家工作人员侵犯公民权利而受到损失的人，有依照法律规定取得赔偿的权利。

第45条　中华人民共和国公民在年老、疾病或者丧失劳动能力的情况下，有从国家和社会获得物质帮助的权利。国家发展为公民享受这些权利所需要的社会保险、社会救济和医疗卫生事业。

国家和社会保障残废军人的生活，抚恤烈士家属，优待军人家属。

国家和社会帮助安排盲、聋、哑和其他有残疾的公民的劳动、生活和教育。

第46条第1款　中华人民共和国公民有受教育的权利和义务。

第47条　中华人民共和国公民有进行科学研究、文学艺术创作和其他文化活动的自由。……

第48条　中华人民共和国妇女在政治的、经济的、文化的、社会的和家庭的生活等各方面享有同男子平等的权利。

国家保护妇女的权利和利益，实行男女同工同酬，培养和选拔妇女干部。

第49条　婚姻、家庭、母亲和儿童受国家的保护。……

父母有抚养教育未成年子女的义务，成年子女有赡养扶助父母的义务。
禁止破坏婚姻自由，禁止虐待老人、妇女和儿童。

第 50 条　中华人民共和国保护华侨的正当的权利和利益，保护归侨和侨眷的合法的权利和利益。

三、国家宪法日与宪法宣誓制度

2014 年第十二届全国人大常委会第十一次会议表决通过决定，将 12 月 4 日设立为"国家宪法日"。设立"国家宪法日"是为了普及宪法，在公民心目中形成尊崇宪法的仪式感，使得这一天成了全民的宪法"教育日、普及日、深化日"，形成举国上下尊重宪法、宪法至上、用宪法维护人民权益的社会氛围。让宪法思维内化于国家公职人员心中，权力属于人民，必须体现权力服从于宪法，一切违反宪法和法律的行为都必须予以追究和纠正。

2015 年 7 月 1 日，第十二届全国人大常委会第十五次会议通过《全国人民代表大会常务委员会关于实行宪法宣誓制度的决定》（2018 年修订）。各级人大、政府、监察委员会、司法机关任命的国家工作人员必须宣誓。领誓人左手抚按《中华人民共和国宪法》，右手举拳，领诵誓词；其他宣誓人整齐排列，右手举拳，跟诵誓词。宣誓场所应当庄重、严肃，悬挂中华人民共和国国旗或者国徽。宣誓仪式应当奏唱中华人民共和国国歌。

宣誓誓词如下："忠于中华人民共和国宪法，维护宪法权威，履行法定职责，忠于祖国、忠于人民，恪尽职守、廉洁奉公，接受人民监督，为建设富强民主文明和谐美丽的社会主义现代化强国努力奋斗！"

第四节　公民维权方式的选择

公民遇到侵权问题，不同权益的损害要用不同的方式解决。有些需要民间协商，有些需要调解、仲裁，有些则必须走司法程序。应该综合考虑时间、成本、风险、难度等各种因素策划和实施维权行动。以下是公民常见的一些维权模式。

一、普通民事纠纷可通过居间调解

同事之间、邻里之间、合作伙伴之间发生纠纷，或者个人利益受到轻度损害，根据中国人"以和为贵"的传统理念和处事习惯，一般由双方协商解决；也可以由双方认可的中间人或单位工会、妇联、党办、社区人民调解办公室、基层乡镇组织等通过非诉方式调解解决。

二、通过人民调解和法律服务机构调解

在社会自然人之间、公民与政府、公民与企事业单位等不同法人主体之间发生单纯的经济利益纠纷或其他民事纠纷，协商未果可寻求第三方机构（比如司法所、律师事务所、法务咨询中心等法务机构）调解。调解机构可以制作调解笔录或调解协议，由双方当事人分别签字盖章。调解的基础是自愿。其法律依据是《民法典》《人民调解法》。

三、通过行政投诉程序解决

公民因购物和服务等消费行为发生纠纷时，可与商家、厂家协商解决。协商未果可向政府行政主管部门（如消费者权益保护协会、市场监督管理部门、食品药品监督管理部门）投诉，或拨打消费者申诉举报热线 12315 投诉。其法律依据是《消费者权益保护法》《产品质量法》《食品安全法》等。

四、通过仲裁机构仲裁

当通过民间非诉途径无法解决纠纷和利益冲突时，还可寻求商业仲裁或劳动仲裁机构仲裁解决。商业仲裁机构有各地的仲裁委员会，还有中国国际经济贸易仲裁委员会等。各省、市、县各行政区划内都设有劳动仲裁机构。与民间调解、协商谈判不同的是，仲裁机构作出的仲裁书对各方当事人均具有直接的法律约束力。当事人可以凭借仲裁书申请履行法院执行程序。其法律依据是《仲裁法》和《劳动合同法》等。

五、行政调解或听证

国家行政机关根据法律规定，对属于其职权管辖范围内的民事纠纷，通过说服教育和召集各方相关人员举行听证会，使纠纷得到解决或者各方当事人达成互相谅解，在平等协商、公开透明的基础上达成一致签署《谅解备忘录》《行政调解听证纪要》等文件，化解矛盾。

六、行政复议

行政复议是与行政行为具有法律上利害关系的人认为行政机关所作出的行政行为侵犯了其合法权益，依法向具有法定权限的行政机关申请复议，由复议机关依法对被申请行政行为的合法性和合理性进行审查并作出决定的制度。行政复议兼具行政监督、行政救济和行政司法行为的特征和属性。它对于监督和维护行政主体依法行使行政职权，保护相对人的合法权益等均具有重要的意义和作用。

七、被侵害案件应该到公安部门报案

当公民生命健康权受到威胁或者财产受到不法损害（比如，遭遇故意伤害、人格受到侮辱、人身自由权被剥夺、抢劫、抢夺、强奸、诈骗、非法拘禁、被殴打等侵害行为）时，被侵害人、目击证人和公民都可以拨打 110 报警，或者亲自到公安部门、派出所报案。其法律依据是《刑法》《治安管理处罚法》。

1. 报案人向受理机关报案手续

公民报案后，公安机关经办人应该出具一份《受案（立案）通知书》，凭借这个书面通知书，报案人或者受害人可以了解公安机关对案件的定性和办理案件的进度。

2. 公安局不予立案也应该要一份手续

公安机关经办人员不立案的，报案人认为应该追究侵害人法律责任的，应该向公安机关经办人索要《不立案通知书》。拿到书面不予立案的凭据，再进入行政监督程序。

3. 可以向上级公安机关内部监督部门或者上级公安机关申请行政复议

《公安机关办理刑事案件程序规定》第 178 条第 1、2 款规定："公安机关接受案件后，经审查，认为有犯罪事实需要追究刑事责任，且属于自己管辖的，经县级以上公安机关负责人批准，予以立案；认为没有犯罪事实，或者犯罪事实显著轻微不需要追究刑事责任，或者具有其他依法不追究刑事责任情形的，经县级以上公安机关负责人批准，不予立案。对有控告人的案件，决定不予立案的，公安机关应当制作不予立案通知书，并在三日以内送达控告人。"第 179 条第 1、2 款规定："控告人对不予立案决定不服的，可以在收到不予立案通知书后七日以内向作出决定的公安机关申请复议；公安机关应当在收到复议申请后三十日以内作出决定，并将决定书送达控告人。控告人对不予立案的复议决定不服的，可以在收到复议决定书后七日以内向上一级公安机关申请复核；上一级公安机关应当在收到复核申请后三十日以内作出决定。对上级公安机关撤销不予立案决定的，下级公安机关应当执行。"

4. 可以向当地同级检察机关申诉，寻求执法监督

最高人民检察院、公安部《关于刑事立案监督有关问题的规定（试行）》规定，检察院制作《要求说明立案理由通知书》《要求说明不立案理由通知书》要求公安机关说明立案或不立案理由。公安机关应在收到以上文件后 7 日内作出书面说明；主动立案或撤案的，应当将《立案决定书》或《撤销案件决定书》的复印件及时送达检察院。

八、可依法信访

当自然人或企业法人权益受到侵害时，基于情况复杂、时间久远或涉及多个行政部门等问题，当事人可依据《信访条例》到属地政府信访部门投诉和反映。信访机构会在法律规定的时间内给出答复或者回复。

九、向纪检监察机关举报

当公民遭到公职人员刁难、索贿、滥用执法等违纪、违规、违法事件时，受害当事人可到当地纪检监察机关举报，也可到属地上级纪检监察机关实名举报，举报方式包括电话、信件或亲自上门举报。纪检监察机关接到举报线索后会按照规定登记、回执、调查、反馈。如在规定时间内没有收到受理举报纪检监察机关的反馈，还可以到检察院监督科和当地人大信访监督部门反映。其法律依据是《监察法》《公务员法》《公职人员政务处分法》等。

十、通过司法诉讼途径

诉讼俗称"打官司"。我国的诉讼活动分为刑事诉讼、民事诉讼、行政诉讼三大类。我国诉讼在程序上实行两审终审制，公民对一审法院的判决或裁定不服，可以向上级法院提起上诉，也可以向司法判决所在地同级检察院递交再审申请书，行使诉讼当事人抗诉权。法院作为国家司法机关，其判决具

有权威性和强制性，当事人必须遵照执行。公民权益在受到如财产被骗、借贷不还或名誉权、肖像权、专利权、著作权、继承权等权益侵害时，均可向法院起诉。其法律依据是《民事诉讼法》《刑事诉讼法》《行政诉讼法》等。

十一、通过舆论监督

当公民权益受到侵害，通过各种非诉和诉讼途径均无法得到解决或长时间没有得到回复时，被侵害人也可以邀请媒体记者采访、发稿、曝光，或利用自媒体曝光。其法律依据是《宪法》《监察法》等赋予人民的监督与舆论监督权。但是，也要注意不要违背国家制定的有关互联网发布信息的管理规定。没有事实依据的，不得曝光，尤其是在涉及隐私的情况下，否则涉嫌诽谤可能会被追究法律责任。

第五节　当事人的诉讼心态

一、时间上的充分准备

根据法律规定，民事诉讼简易程序需要 3 个月，普通程序需要 6 个月。加上需要上诉的二审程序，还有败诉后申请再审的程序、申诉程序等，有些复杂的案件甚至需要好几年。所以，作为诉讼当事人一定要有充分的思想准备。

二、精神上的充分准备

对于不懂法律和诉讼程序的当事人，打官司是一件非常痛苦的事。所以，老百姓从古至今流传一句话"屈死不告状"。主要有三个原因：一是告赢太难；二是代价太大；三是应对的过程太累、太痛苦。老百姓参加诉讼不仅有经济成本、时间成本，而且还有巨大的精神成本。经济上的成本可以计算，精神上的成本很难计算。尤其是发生在亲人之间的诉讼，当事人还需要忍受情感上的痛苦煎熬。

三、失去平和的心态

参加诉讼需要良好的心理素质，否则当事人很容易失去平和的心态。甚至会出现狂躁不安、多疑、仇恨、愤怒等负面情绪。所以，无论是诉讼方还是应诉方,都应该想办法调整好自己的心态,尽可能保持平和、理智、理性思考的状态,不要让不良情绪困扰自己。

四、影响身心健康

有些诉讼当事人或被侵权人在诉讼过程中会产生心理失衡。特别是气量小、性格内向的当事人,总是对受害的行为耿耿于怀,很难接受诉讼过程中不满意的判决。有的人发无名火或者生闷气,气出一身病。或者因为打官司心理负担太重,严重影响身心健康。

五、受冤枉容易出现偏执型人格障碍

有些诉讼当事人被一场诉讼拖上几年甚至十几年,自以为很冤枉,或遭遇不公判决,带着蒙冤受屈的心情到处上访、投诉、举报,自己的问题迟迟得不到解决、权利得不到主张,久而久之会以为自己遭到不公待遇而引申和怀疑诉讼背后有司法干预或者司法腐败,极端者会精神失常,报复办案人员或者社会无辜群众(比如,湖南省永州市曾经发生枪杀3名法官的恶意报复案件),甚至以自杀的极端方式证明自己的清白。还有的人面对判决不公发誓与司法体制"死磕到底",一条道走到黑,以报复侵权方的暴力形式实现自己内心坚守的所谓"正义"。由此可见,作为诉讼当事人,不管诉讼最后是什么结果,都必须树立一个正确的心态,不能过于任性、死磕、偏执。

六、尝试换一种方法主张权利

当事人应有充分的思想认识。如果上访无法解决,可以走诉讼司法程序;法院不予立案,可以通过检察院申请。如果在司法程序中怀疑有人干预案件公正判决,可以到纪委监委、打黑办、检察院监督科举报、投诉或通过舆论监督等渠道实现正义。无论如何,当事人都不应采取极端行为,以暴制暴。

七、把打官司当作学法、用法的好机会

法治社会的公民应该把维权和诉讼看作人生中的一种常态,甚至当作是难得的法治教育课和实战运用法律的好机会。

八、法治社会不要迷信潜规则

过去，一些老百姓"信关系不信法律"，一旦遇到诉讼，便到处"找熟人，买路子"，希望通过"万能的关系网""搞定"对方。可是，如今是法制健全的社会，纪检监察一直呈现高压态势，检察官、法官办案都是终身追责制，司法人员一旦涉嫌滥用职权、枉法裁判，不仅要"丢饭碗"，而且还可能构成刑事犯罪。所以，拥有法治观念的守法公民应该依法维权，不要迷信过去那种"万能的潜规则"。要选择相信法律，积极地学法、用法，主动参与诉讼，也可以委托具有专业能力和丰富诉讼经验的执业律师、法务师代理诉讼。

第六节 诉讼当事人的应对策略

诉讼当事人无非有三种结果：一种是自己胜诉，对方败诉；一种是自己败诉，对方胜诉；还有一种结果是原告和被告双方都没有完全达到诉讼的预期目的。下面，我们再总结一下当事人常用的诉讼策略：

一、心态平和 沉着应对

诉讼不可操之过急，当事人需要具备良好的心理素质、灵活的智慧和坚定的意志。法律程序需要一道一道地走，一定要理性、冷静、有条不紊地应对。第 13 期全国廉政法治建设研修班学员朱以山拥有多年公民代理维权的经历。他曾说："如果害怕赔钱，就不要经商；如果害怕败诉，就不要告状。"诉讼维权患得患失，前怕狼后怕虎；证据原件交给法官又害怕证据丢失；法官一句平常的话也会神经过敏、反复分析，实际上根本没有必要。诉讼总是有输有赢，要善于从输掉的诉讼中找到赢的机会和可能。胜诉败诉都很正常；关键是败诉后要善于从中找出败诉的原因；有些败诉的原因如当事人没有足够的证据支持、诉求不合理、辩论不到位等，值得思考。

二、讲究策略 有序推进

关于案件受理问题，如果法院驳回了当事人的行政诉讼，那就按照法院的书面认定提起民事诉讼；如果法院驳回了当事人的民事诉讼，那就按照法院的书面认定提起行政诉讼。有些案件不能直接提起民事诉讼，比如，土地使用权被剥夺，应该首先申请乡镇政府解决；乡镇政府不能解决，再以乡镇政府为被告向法院提起行政诉讼；如果法院不受理，当事人就让法院书面驳回，千万不要撤诉。法院驳回了行政诉讼，还可以再以法院的裁定为证据提起民事诉讼；如法院还不依法受理，当事人就直接控告法院和法官。

此外，尽可能在庭审之前完成取证并在庭审举证环节掌握主动权。法庭询问与辩论时尽量不要与法官抢话，要平静表达、有理有据。

三、多方合作　合力推进

当事人和代理律师既要有分工，又要有合作，特别是在取证方面，还需要与证人及时沟通、对接，争取拿到对自己有利的证据。各项起诉、应诉工作应做到有主有次，节奏上有快有慢，时间节点要紧凑。

四、抓住重点　目标准确

在司法程序审理阶段，如果检察院、法院工作人员确实有需要回避的，可以通过正当的法律程序提出申请回避，以免人情案影响公正的判决结果。诉讼当事人尽量不要偏离主题，慎重举报办案人员滥用职权、违规操作或指责诉讼对手"搞潜规则"，以免浪费时间。

五、适当时候　懂得退让

退让是指在一般性民事与经济纠纷、轻微伤害的刑事自诉案件中，一旦接近自己的目标，就要注意在调解环节作出适当退让。轻微伤害的刑事自诉案件，如加害人对被害人有了比较好的沟通和赔偿行动，也可在起诉阶段请求或获得司法机关的从轻处罚。

六、注重证据

无论采用何种方式，在仲裁庭或法庭上，证据都是决定胜败的关键。(1) 当事人应注意收集和保存好相关证据，特别是证据的原件。(2) 有些证据需要到有关部门进行鉴定，比如，当事人受到不法侵害需要到有鉴定资质的法医鉴定机构进行鉴定。(3) 有些证据需要提前提交给法院；有些证据需要当庭出示，什么时候提供都要讲究策略，对于民事诉讼原告可以直接提供；对于被告，可以在临近开庭时再提供。(4) 针对未经当庭出示、辨认、质证而被采纳的证据，比如，在案件审理程序中，如果有的证据未经当庭出示、辨认、质证，未经法庭调查就采纳了，可以考虑申诉。根据最高人民检察院指导性案例裁判要旨的相关内容，证据是刑事诉讼的基石，认定案件事实，必须以证据为根据。证据未经当庭出示、辨认、质证等法庭调查程序查证属实，不能作为定案的根据。对于在案发现场提取的物证等实物证据，未经鉴定，且在诉讼过程中丢失或者毁灭，无法在庭审中出示、质证，有罪供述的主要情节又得不到其他证据印证，而原审裁判认定被告人有罪的，应当依法进行监督。该要旨具有两大指导意义：第一，切实强化证据裁判和证据审查意识；第二，坚持综合审查判断证据规则。（5）当事人提供的新证据足以推翻原判决裁定的，法院应当启动再审程序。新的证据，包括以下四种情况：①原审庭审结束前与客观存在庭审结束后新发现的证据；②庭审结束前已经发现但因客观原因无法取得或者在规定的期限内不能提供的证据；③原审庭审结束后作出鉴定结论，经勘验笔录者重新鉴定勘验推翻原结论的证据；④当事人在原审中提供的主要证据，原审未予质证认证，但是足以推翻原审判决裁定的，应当视为新的证据。（6）庭审时反驳对方证据应注意以下问题：当事人或者代理人要就证据的真实性、合法性和关联性进行反驳：①这个证据是复印件，不能反映客观的事实，缺乏真实性；②这个证据是违法取得的，不具备合法性；③这个案件说的是张三，证据证明的是李四，与本案无关，没有关联性。这三点中任何一个被证实，对方的证据都会失去作用。

第七节　诉讼的经济成本考量

一、诉讼费用成本的构成

①一审诉讼费用是由原告预交诉讼费。原告在接到法院预交诉讼费通知后在规定时间内预交，有些案件还需要交纳案件信息公告费。②反诉的当事人在提出反诉的同时预交案件受理费。③上诉案件诉讼费用由上诉人向法院提交上诉状时预交。双方当事人都提出上诉的，诉讼费由双方分别预交。④预交诉讼费有困难的，当事人可在预交期内向法院申请缓交。⑤申请执行等费用由申请人在提出申请时预交。⑥部分案件的当事人不预交诉讼费，结案时按诉讼标的额由败诉方交纳（比如申请破产案）。⑦诉讼当事人委托律师代理

诉讼的，需要向律师事务所交纳律师代理费。律师的差旅费一般由委托人负担。律师诉讼服务包括帮助写起诉状、协助收集和提交证据、会见涉案在押人、申请取保候审、保外就医等。

二、目前我国法院诉讼费标准

1. 财产案件收费标准

财产案件根据诉讼请求的金额或者价额，按照下列比例分段累计交纳：

（1）不超过1万元的，每件交纳50元；

（2）超过1万元至10万元的部分，按照2.5%交纳；

（3）超过10万元至20万元的部分，按照2%交纳；

（4）超过20万元至50万元的部分，按照1.5%交纳；

（5）超过50万元至100万元的部分，按照1%交纳；

（6）超过100万元至200万元的部分，按照0.9%交纳；

（7）超过200万元至500万元的部分，按照0.8%交纳；

（8）超过500万元至1000万元的部分，按照0.7%交纳；

（9）超过1000万元至2000万元的部分，按照0.6%交纳；

（10）超过2000万元的部分，按照0.5%交纳。

2. 行政诉讼案件收费标准

行政诉讼案件全国统一收费标准是每件50元。

3. 其他案件收费标准

（1）离婚案每件50元至300元，财产分割总额超过20万元的部分收取标的额的0.5%；（2）侵害人身权案每件100元至500元，赔偿金额超过5万元至10万元的部分收取标的额的1%；赔偿金额超过10万元的部分收取标的额的0.5%；（3）其他非财产类案件：每件50元至100元；（4）劳动争议案件：每件10元；（5）知识产权纠纷案件：每件500元至1000元，有争议金额的按财产案件标准；（6）商标、专利、海事行政案件：每件100元；（7）破产案依据破产财产总额计算按财产案件受理费标准减半交纳，最高不超过30万元。

第八节　诉讼代理

诉讼代理人指的是在代理的权限内，代理被代理人进行诉讼活动的人。在中国，除法律规定必须由当事人亲自进行诉讼的案件外，刑事诉讼中的被害人、自诉人以及民事诉讼中的原告、被告和第三人，均可由诉讼代理人代理诉讼。民事诉讼代理人是指以当事人的名义，在一定权限范围内，为当事人的利益进行诉讼活动的人。

一、委托诉讼代理人的资格（含公民代理）

《民法典》第126条规定："民事主体享有法律规定的其他民事权利和利益。"第130条规定："民事主体按照自己的意愿依法行使民事权利，不受干涉。"第165条规定："委托代理授权采用书面形式的，授权委托书应当载明代理人的姓名或者名称、代理事项、权限和期限，并由被代理人签名或者盖章。"

根据《民事诉讼法》第58条的规定，我国的委托诉讼代理人包括以下人士：（1）执业律师（编者注：不包括被吊销律师职业证书者）；（2）基层法律服务工作者；（3）当事人的近亲属或者工作人员；（4）当事人所在社区、单位以及有关社会团体推荐的公民。而实际的诉讼实践中，受当事人委托的普通公民也可以受托代理诉讼。

《行政诉讼法》第31条规定："当事人、法定代理人，可以委托一至二人作为诉讼代理人。下列人员可以被委托为诉讼代理人：（一）律师、基层法律服务工作者；（二）当事人的近亲属或者工作人员；（三）当事人所在社区、单位以及有关社会团体推荐的公民。"

《行政诉讼法》第32条规定："代理诉讼的律师，有权按照规定查阅、复制本案有关材料，有权向有关组织和公民调查，收集与本案有关的证据。对涉及国家秘密、商业秘密和个人隐私的材料，应当依照法律规定保密。当事人和其他诉讼代理人有权按照规定查阅、复制本案庭审材料，但涉及国家秘密、商业秘密和个人隐私的内容除外。"

《行政诉讼法》第32条第1款规定"代理诉讼的律师，有权按照规定查阅、复制本案有关材料"；第2款规定，"当事人和其他诉讼代理人有权按照规定查阅、复制本案庭审材料"。由此可见，这里的"其他诉讼代理人"不是指律师，否则法条没有必要用两个条款重复表述。因此，"其他诉讼代理人"可被理解为当事人的亲友、其他法律工作者或者当事人信赖的、没有犯罪记录、熟悉诉讼程序的普通公民。

《刑事诉讼法》第33条规定："……下列的人可以被委托为辩护人：（一）律师；（二）人民团体或者犯罪嫌疑人、被告人所在单位推荐的人；（三）犯罪嫌疑人、被告人的监护人、亲友。正在被执行刑罚或者依法被剥夺、限制人身自由的人，不得担任辩护人。被开除公职和被吊销律师、公证员执业证书的人，不得担任辩护人，但系犯罪嫌疑人、被告人的监护人、近亲属的除外。"

二、不能作为诉讼代理人的自然人

无民事行为能力人、限制民事行为能力人或可能损害被代理人利益的人以及人民法院认为不宜作诉讼代理人的人，不能作为诉讼代理人。当事人、法定代理人可以委托1人~2人作为诉讼代理人。如当事人委托两人作为诉讼代理人，应在授权委托书中载明各自的代理事项和代理权限。

三、委托诉讼代理人的代理权限

委托诉讼代理人的代理权限来源于当事人、法定代表人或法定代理人的委托。委托诉讼代理人只能在被代理人授权的范围内实施诉讼行为。只有在被代理人授权范围内实施诉讼代理行为，其行为的法律后果才能由被代理人承担。

特别授权是指被代理人对涉及自己的实体权利的处分事项，专门、明确地授予诉讼代理人特定权限。有的委托书只笼统地写上"代理诉讼""特别代理""全权代理"，这些都是不正确的。对此，《最高人民法院关于适用〈中华人民共和国民事诉讼法〉的解释》（2020年修正）第89条规定，授权委托书仅写"全权代理"而无具体授权的，诉讼代理人无权代为承认、放弃、变更诉讼请求，进行和解，提起反诉或者上诉。正确的授权方法是明确地写明授予何种涉及实体权利的处分权限。对于非实体权利，由于不涉及被代理人实体权利的处分权限，因此无须被代理人的特别授权。

四、诉讼代表人的功能与特点

诉讼代表人参加诉讼，既以被代表人的名义，也以自己的名义进行诉讼，诉讼的法律后果是由被代表的共同诉讼人和本人承担的。诉讼代表人有两种：一是人数众多的共同诉讼代表人；二是集团诉讼代表人。诉讼代表人有以下主要特点：一是诉讼标的有共同权利义务关系或者处于相同的地位、有共同利益关系。二是代表人代为诉讼的案件，必须是人数众多的共同诉讼或者集团诉讼。人数众多，一般指 10 人以上。三是代表人进行的诉讼行为，不仅是为了保护自己利益，也是为了保护被代理人的利益。

五、"公民代理"的特点与性质

"公民代理"并不是一个新概念，在我国司法实践中已经存在了几十年。但是，没有法律和司法解释明文规定其合法性，也没有法律规定其违法，现有司法行政管理机关文件只是规定公民代理人不能收取诉讼代理费。所以，根据"存在即合理"的常理认知和"法无禁止皆可为"的法律文化通识，似有普遍存在的必要。我国律师人数较少，难以满足当事人法律服务的需求；加上我国经济发展不平衡，特别是广大农村的多数当事人经济状况比较差，难以承担律师代理费用，专业法律服务市场的局限性非常明显。因此，公民代理制度仍然是当前我国诉讼代理制度中不可或缺的一部分。

1. 公民代理可以弥补我国律师队伍不足的人才缺口

据统计，我国执业律师和法律顾问人才缺口很大。随着法治国家、法治社会的深入，未来我国相当一段时期依然面临法律人才严重短缺的现实。所以，"公民代理"是对非律师和法律工作者民间法律人才资源的有效利用，对于国家和社会而言，可以减少法律人才的浪费。

2. 许多公民代理人是有法律知识和经验的人士

众所周知，考取律师执业证书的门槛较高，很多曾经涉法的干部、学者和法律爱好者都接受过专门的法律培训，掌握了法律知识，熟悉司法程序，完全可以以"公民代理"的身份代理一些难度不大的诉讼。虽然他们不是执业律师和职业法律工作者，但是他们中的一些人曾经担任过人民陪审员、人民监督员、人民调解员，或者从事过司法、执法、纪检监察、政法等工作，还有的是学校与培训机构的法学讲师、法学社团组织工作者，普法与法律咨询服务工作者、法律媒体工作者，还包括退休 3 年以上，符合国家相关法律规定"竞业限制"的司法与纪检监察干部等。他们以公民身份成为"诉讼代理人"是对社会法律人才资源的发掘和利用。

3. 律师不便代理或经济收益偏低的案件

对于一些耗时费力、经济收益明显偏低的案件，特别是不容易立案、诉讼与信访交叉的行政案件和民事案件，县乡基层法院和法庭受理得较多，可以由"公民代理"填补这个市场空缺。

4. 有利于当事人选择的多元化和降低法律服务成本

一些专业性强、难度大、涉及面广、案情复杂的案件，当事人不仅会首选执业律师，而且还会根据案件的难度选择大牌律师，希望收获最好的结果。但是一些专业性不强、难度不大、涉及面和案情不复杂的案件，还有非诉程序耗时较长，代理人费用偏低的案件，由"公民代理"去办理，既可以为当事人节约费用，又可以确保代理人有充分的服务时间保障。对繁荣活跃法律服务市场、弥补法律人才不足和低收入群体法律服务需求等都是有利的。

5. 国家对非执业律师法律服务的限制

世界各国在诉讼代理法律服务领域都倾向于保护律师群体的利益。因此，会对非执业律师从事法律服务有所限制。中国也不例外。2017 年修正的《律师法》第 13 条规定："没有取得律师执业证书的人员，不得以律师名义从事法律服务业务；除法律另有规定外，不得从事诉讼代理或者辩护业务。"没有律师执业证书的人不得以律师名义执业，不得以诉讼代理牟利。一些地区的司法部门和法院也有类似的规定。比如，规定公民代理案件不得收费，否则便属于非法营利行为。最高人民法院曾就重庆市高级人民法院有关公民代理合同中给付报酬约定的效力问题作出答复，未经司法行政机关批准的公民个人与他人签订的有偿法律服务合同，法院不予保护，但委托人自愿支付的法律服务费用法院也不干涉。但是，最高人民法院在回函中提出，对受托人为提供服务而实际发生的差旅等合法费用，法院可根据当事人的请求给予支持。

笔者认为，《行政诉讼法》第 31 条规定，"当事人所在社区、单位以及有关社会团体推荐的公民"。该法条中的"公民"应该包括当事人信赖的、没有犯罪记录、熟悉诉讼程序的普通公民。但是，根据目前司法管理部门和法院的相关规定，公民代理服务收费不具合法性，委托方和受托方一旦发生服务合同纠纷，公民代理的诉求法院一般不予支持。不过，公民之间自愿支付的合理费用，一般官方也不予追究。毕竟，在市场开放的当下，公民可以在政府市场监管部门合法申请注册法律咨询、服务企业，说明公民以法律服务中心名义签约提供法律咨询服务的经营项目和咨询收入都是合法的。

第九节 诉讼策略与技巧

一、证据收集技巧

根据《刑事诉讼法》《民事诉讼法》和《行政诉讼法》的相关规定，只有采取合法手段获取的证据才可以被作为有效证据在庭审前提供。通过刑讯逼供、诱骗、偷采、欺诈、暴力强迫写下字据等非法手段获取的证据材料，不能作为有效证据向法院提供。以非法手段取得的证据，主要是指违反法定程序收集的证据材料。以下是笔者总结的合法取证方法：

1. 巧妙获取被告人身份信息

因为没有被告身份信息，无法提起诉讼。不过，可以采取以下几种技巧获取被告身份信息：①替被告交电话费，然后去手机电话营业厅打印电话费发票，就可以证明该手机的使用人是谁；②邀请被告参加公益活动，在签名簿中获得其手机号和签名；③发布商业促销信息，吸引对方参与免费领取礼品促销活动，可以获取对方身份证号码信息；④如其他办法都无效，可以委托律师或者当事人申请法院调查令获取。

2. 微信支付被骗的取证与挽回损失的方法

第一步，在微信的右下角，点击"我"，再点击支付功能菜单；第二步，进入支付菜单主界面后，点击"钱包"，再点击界面右上角的账单；第三步，在账单功能界面点击右上角的常见问题按钮，该界面上方出现"下载账单"功能，点击该功能进入账单下载界面；第四步，在账单下载界面点击用作证明材料选项，然后按照提示要求输入账单时间、邮箱地址、姓名、身份证号、支付密码，接着当事人的邮箱会收到加密的微信交易明细证明，同时，手机微信支付公众号会收到解码，输入解码，当事人就可以获取盖有专用章的微信支付交易明细证据了。

3. 微信聊天记录可以作为电子证据

在《民法典》颁布后，可采取以下方式搜集对方当事人民事侵权行为或者债务催收的法律证据：①要证明这个微信号是谁在使用，这些在法律上属于微信号的主体信息；②最好用文字、图片、视频、语音的聊天记录方式相互印证；③一定要保存好手机，不要清空手机信息，开庭时法官要当庭查看当事人的手机信息，只有聊天记录截图，法院有可能不采信；④建议用一部手机拍摄另一部手机的取证过程，或者去公证处进行证据公证，这样的证据更有说服力。

4. 通过查询开房信息取证

如果公民之间因为民事债务纠纷或者配偶婚外过错取证，可以查宾馆的开房信息，获得当事人需要的信息证据。只要目标行为人外出，入住宾馆、酒店，除了因无证经营而不给旅客办理登记手续的私人小旅店之外，宾馆的信息系统都是与公安机关联网的，行为人把入住身份证递给前台人员后，开房记录就会被自动上传到公安机关的信息系统，开房记录是永不删除的。如果个别管理不正规的小宾馆，前台人员没有上传到公安机关的内部系统，那就要看宾馆住宿登记簿台账保存多久了，只要没有销毁便可以查到开房记录。此外，还可以根据行为人的手机支付系统，倒查宾馆、饭店消费住宿信息。

5. 到鉴定机构获得伤情鉴定报告

公民被侵权人伤害，报案后公安局通知受害人鉴定意见出来了，构成了轻伤×级、轻微伤或者重伤。如果受害人认为鉴定意见书不属实，还可以请求其他鉴定机构重新做鉴定。如果民警不向当事人出具《鉴定意见书》，根据法律规定，嫌疑人或者被害人都有权提起重新鉴定、补充鉴定的申请。因为公安局不向当事人出具《鉴定意见书》，当事人无法知道鉴定意见是否正确、适当，也无法提起重新鉴定的申请。

6. 寻找有资质的机构做司法鉴定

根据《全国人民代表大会常务委员会关于司法鉴定管理问题的决定》规定，司法鉴定机构需要取得司法鉴定执业证书，并依法为委托人提供专业化、职业化、规范化和科学化的鉴定服务。司法鉴定机构受理鉴定委托后，应当指定本机构中具有该鉴定执业资格的司法鉴定人进行鉴定。①当事人可以到当地省、市、县司法鉴定机构网站或当地司法厅（局）网站查询。②司法鉴定分为：文书司法鉴定、痕迹司法鉴定、微量物证鉴定、计算机司法鉴定、声像资料司法鉴定、法医病理鉴定、法医临床鉴定、法医精神病鉴定、法医物证鉴定、法医毒物鉴定、司法会计鉴定、知识产权司法鉴定。③司法鉴定机构接受委托的程序。司法部于 2016 年公布的《司法鉴定程序通则》第 4 条规定："司法鉴定机构和司法鉴定人进行司法鉴定活动，应当遵守法律、法规、规章，遵守职业道德和执业纪律，尊重科学，遵守技术操作规范。"司法鉴定机构接受鉴定委托，应当要求委托人出具鉴定委托书，提供委托人的身份证明，并提供委托鉴定事项所需的鉴定材料。委托人委托他人代理的，应当要求出具委托书。④有些技术鉴定需要获得特别许可资质。比如，法医物证、法医毒物、微量物证、环境损害的司法鉴定需要取得国家认证、认可的监督管理委员会颁发的 CMA 资质和 CNAS 资质。

7. 录音取证的方法与技巧

第一，录音取证必须采取合法手段。录音取证应在不侵犯他人合法权益的情况下进行。以侵害他人合法权益或者违反法律禁止性规定的方法取得的证据，不能被作为认定案件事实的依据。

第二，采取合法方法获取没有瑕疵的录音资料。①录音取得的过程必须是在合理的场所进行的，切不可采取窃听的方式，窥探他人的隐私，侵犯他人隐私权，由此取得的录音资料会因为手段违法而被排除。②对方的言论必须是当时真实意思的表达，没有受到任何的胁迫与威胁。③录音资料的内容需要具备真实性、连贯性，不可进行剪辑，需要以原始状态呈现，谈话内容音质需要清晰，且对于待证实案件部分有准确、完整的描述。④有其他证据佐证。

第三，特别注意取证的细节。①制定一个录音取证实施方案，避免盲目进行，打草惊蛇，丧失取证机会。②精心选择录音的时间和地点。从有利诉讼的角度来看，录音应尽早进行。特别是在初次交涉时，一般不会歪曲事实，而几经交涉后，对方会持防备态度。尽量寻找比较安静、不受干扰的地方，能够获得较好的录音效果。③确保录音器材使用时不出故障。尽量选择体积小、易隐藏、录音时间长、音质高的设备。采访机、录音笔或带录音功能的MP3 或者手机都可以，便于复制。电话录音一般不如现场录音效果好。④取证前做好充分的准备工作。事先考虑好所要提出的问题和对方可能的态度，诱导对方表态。⑤突然约见，攻其不备，对方没有思想准备时效果更佳。⑥既然是私录，谈话方式神态、语气都要保持自然。

第四，录音对话时应该注意的其他环节。①故意在谈话中交代一下时间、地点，明确各方谈话者的身份和与谈论事实的关系，在交谈时尽量用全名称呼，以增强录音的关联性和可信度。②注意与其他证据的内容相互印证，因为有其他证据佐证是录音证据被采信的条件。③谈话内容不要涉及与案情无关的个人隐私或商业秘密，也不要采用要挟口吻，否则便可能会被法庭认定为证据不合法而不予采信。④着眼于事实的叙述、承认或否认，不要纠缠于法律责任的争论。⑤注意控制谈话时间，能问到希望对方承认的事实，说到要点即可。

第五，在开展证据公证的地方，必要时可以请公证机关公证录音过程，确保录音证据的合法性。在公证员面前拨打电话并录音，公证处会出具证据保全公证书。

二、法庭辩护策略

法庭内外的诉讼较量如同看不见硝烟的战场，是人和人之间的博弈。受托代理人或辩护人身兼军师和战士的双重身份，以唇舌为刀枪，以事实、证据作子弹，用法律法规作盾牌，为了维护委托人利益，通过三尺审判台的裁决，得到或胜或败或和的结果。法庭之外的措施采纳以及法庭之上采用合适的辩护作战技巧会成为最终取得胜负的关键因素。以下是全国廉政法治研修班学员、人民陪审员徐兴东先生总结的代理人法庭内外的应对策略与技巧：

1. 化解矛盾的策略

诉讼是经济与时间成本较高且收益不确定的解决矛盾的途径。因此，庭前通过第三方途径调解化解矛盾是当事人的首选策略。受托人为当事人度身定制覆盖事前、事中、事后的矛盾化解方案，显然是成本最低的策略。包括诉前民间协商和解、行政听证、法院庭前调解等。公民代理人通过具备公正性的第三方服务平台，联手政府专业机构和民间调解机构，介入非诉讼或者代理诉讼程序，在一定程度上可以获得委托人和社会的信任。

2. 制定诉讼策略以及配备资源

按照委托人的案件性质、证据支持条件、当地司法环境、公序良俗等因素进行诉讼方案的设计优化，并根据诉讼进展适时调整方案，并由团队落实执行。

3. 沙盘模拟法庭演练

通过执业律师或者有实战经验的公民代理的现场指导，案件当事人和诉讼代理人可以进行庭审预演彩排，也可以与同行人士在线讨论模拟预案。重点模拟法庭举证、质证、辩论环节，特别是主要证据不被法官采信或者对手辩论排除证据，最好有针对性地作出一个预案，以免在法庭上措手不及、大乱阵脚。在模拟庭审时，通过案情分析、角色扮演、法律文书准备、预演、正式开庭等环节模拟审判或者仲裁的过程。识别风险、排查漏洞、完善证据，从而改进诉讼策略，优化庭审应对方案。

4. 主动与被动策略

庭审时，律师一般必须遵守法庭纪律，法官不发问，尽量少说话，这属于被动策略，否则会引起法官反感。但是，如果是媒体关注度很高的公开审理案件，辩护律师应该抓住机会主动说出对犯罪嫌疑人有利的证据或者辩护观点，这是主动策略。

不过，现有的庭审程序也有不完善的地方，可能会影响律师辩护技巧的发挥。比如，刑事案件控方举证、辩方质证，质证的目的就是辩方质疑控方的证据。而绝大多数法官不允许在质证阶段针对某一个具体证据进行辩论，要求律师在下一个辩论阶段发表意见。但是到了法庭辩论阶段，有些法官会强调现在是辩论阶段，不允许针对某一个争议的具体证据发表专门性的辩论意见，这可能导致辩护律师失去质证的机会。

5. 庭审中应该注意的几个问题

有的当事人认为自己有道理，却仍然打不赢诉讼。实际上，在诉讼程序中，当事人或者代理人是要讲究策略的。一审、二审、再审、抗诉、申诉，很多的案件程序走完了，当事人本来确实有道理，可是最终官司却输了。究其原因，可能有以下几点：①自作聪明的当事人自以为什么都懂，败诉了也不自我反思，只怪法官太差；②永远只说自己想说的，不是去说法官想听的，自己说得痛快，法官听着很烦；③用生活经验来代替法律逻辑，生活和诉讼完全是两码事儿，生活是随意的，诉讼是你死我活的较量，两者的逻辑完全不同；④把希望寄托在"拉关系"上，指望找熟人卖人情可以打赢诉讼；⑤有的当事人找律师又不信任律师的专业能力，只是为了证明自己的观点是正确的，对律师的不同思路根本听不进去。

6. 庭审辩护禁忌

在庭审辩护过程中，语气不能太有激情，像在发表具有煽动性的演讲，要掌握好引用法律的正确，语气和速度的平和，让法官有耐心听下去，避免死气沉沉、细枝末节的陈述，让人感觉底气不足和思维混乱。通常应该注意以下问题：①忌鼓动性和煽动性；②忌辩护风格变成大而空的政治报告或学术报告；③忌对案情、法律条款不熟，司法术语表达不熟等技术错误；④忌辩护人进入被告人"角色"，辩护人始终不要忘记自己的站位和职责；⑤忌死磕到底、忌细节上钻牛角尖，吹毛求疵；⑥忌无话找话，炫耀才华，引起法官的反感；⑦忌滔滔不绝地表达，不看法官和对方律师反馈；⑧忌讽刺挖苦，充满敌意的攻击；⑨忌讨好法官或者对委托人表功的张扬与炫耀；⑩忌代替法官下结论或者强迫对方接受自己的辩护观点；⑪忌缺乏策略与充分准备的临场发挥，否则很容易节外生枝。

司法分工与办案流程

根据我国的法律规定，所有案件大致分为刑事案件（细分为公诉和自诉两类）、民事案件、行政诉讼三大类。

第一节　刑事案件审理的四个阶段

一般刑事案件都是公诉案件。公诉案件不需要被害人或者受害人起诉，全程由执法、司法机关办理。公安局、检察院、法院、司法局四个执法、司法部门各有分工，相互配合衔接，互相制约和监督。四个机关的具体分工和顺序是：公安局负责侦查。侦查的目的是找到犯罪人和收集能够证明案件事实的证据。检察院负责审查起诉。检察院接到侦查机关移送的案件以后，案件进入到审查起诉阶段。法院负责审判。法院在收到并审查检察院移送起诉的案件后，除涉及国家秘密、商业秘密或个人隐私的案件，一般会公开开庭审理。最后是司法局的监狱管理机关具体负责罪犯的收监关押，执行犯人的刑期。

从司法制度设计上看，公、检、法、司四个执法、司法部门分管刑事案件的四个阶段，可以有效避免冤假错案的发生。根据《刑事诉讼法》的相关规定，立案之后的程序具体包括以下四个阶段：

一、第一阶段：刑事侦查

公诉刑事案件由公安机关负责立案。侦查的目的有两个：一是找到犯罪人；二是收集能够证明案件事实的证据。经过侦查，对有证据证明存在犯罪嫌疑的人，为了防止其阻碍诉讼的正常进行（如防止犯罪嫌疑人串供、毁灭证据、逃跑、自杀等情形），可以采取强度不同的强制措施：常见的如取保候审、拘留、逮捕等。公安机关有权采取讯问犯罪嫌疑人和询问证人，进行勘验、检查、搜查，扣押物证、书证，组织鉴定、发布通缉令等侦查措施。

二、第二阶段：审查起诉

此阶段的工作由检察院负责。接到侦查机关移送的案件后，检察院即会进入审查起诉阶段。检察院对《起诉意见书》以及全部案卷材料和证据进行全面审查，讯问犯罪嫌疑人，听取被害人的意见，调查核实其他证据，认为案件事实不清、证据不足，需要对案件作进一步侦查时，可以退回侦查机关补充侦查。检察院审查后，在案件事实已经查清，证据确实、充分的前提下，会有两种处理方式：一是对于依法应当追究犯罪嫌疑人刑事责任的，向法院提起诉讼；二是对于依法不应追究刑事责任免除处罚的，或补充侦查案件证据仍然不足的，不予起诉。

三、第三阶段：法庭审判

此阶段的工作由法院负责。法院在收到并审查检察院移送起诉的案件后，除涉及国家秘密、商业秘密或个人隐私的案件，一般会公开审理。法庭审理后，根据已经查明的事实、证据和有关的法律规定，分别根据实际情况作出有罪判决和无罪判决。一审判决作出以后，如被告人和检察院不提出上诉或抗诉，则该判决在 10 日后生效并交付执行。被告人如果对判决不服，可以在 10 日内以口头或书状形式提出上诉。检察院不服判决可以提起抗诉。

四、第四阶段：执行处罚

此阶段的工作根据处罚时限和性质分别由公安机关和司法（监狱管理局）机关负责执行。

以下是公、检、法、司机关的详细分工与办案流程。

第二节 公安机关立案流程

立案是指公安、司法机关及其他行政执法机关对于报案、控告、举报、自首以及自诉人起诉等材料，按照各自的管辖范围进行审查后，认为有犯罪事实发生并需要追究刑事责任时，决定将其作为刑事案件进行侦查或者审判的一种诉讼活动。

一、报案程序

1. 单位和个人均有报案、举报资格

《刑事诉讼法》第 110 条第 1 款规定："任何单位和个人发现有犯罪事实或者犯罪嫌疑人，有权利也有义务向公安机关、人民检察院或者人民法院报案或者举报。"

2. 被害人或其法定代理人的报案与控告

报案是指被害人或其法定代理人将其人身、财产权利遭受侵害的犯罪事实报告给公安司法机关的行为。控告是指被害人或其法定代理人向公安司法机关揭发犯罪嫌疑人及其犯罪。

3. 犯罪嫌疑人的自首

自首是指犯罪人在犯罪后、被发觉之前主动向司法机关投案的行为。我国《刑法》明确规定，犯罪人自首的，可以从轻、减轻或者免除处罚。

4. 司法机关自行发现犯罪事实或者犯罪嫌疑人

司法机关在执行公务的过程中，一旦发现犯罪事实或者犯罪嫌疑人，就应当主动立案侦查。司法机关对犯罪案件或民事纠纷进行审查后，决定列为诉讼案件进行侦查或审理的诉讼活动，是诉讼活动的开始阶段。一般包含刑事案件立案、行政诉讼案件立案及民事诉讼案件立案。

二、报案受理程序

1. 报案笔录与回执

报案人通过电话报警后，一般需要亲自去公安局派出所报案并领取回执。民警接待后应该对报案情况做笔录，报案人在笔录上签字，经办民警给报案人出具一个书面回执。根据《公安机关办理刑事案件程序规定》第 171 条的规定，公安机关接受案件时，应当制作受案登记表，并出具回执。报警回执是公安机关发给前来报警的群众，表示已受理该人报警的一种凭证。报警回执上有报警人的姓名、公安机关对报警人反映情况将依法处理的承诺、报警联系电话、警务监督电话和值班民警姓名等内容。

2. 报案受理人的告知义务

接受控告、举报的工作人员，应当向控告人、举报人说明诬告应负的法律责任，要求他们实事求是、忠于事实、忠于法律。但是，诬告不同于错告。因为诬告是行为人故意捏造事实、伪造证据，无中生有地控告他人犯罪的行为；错告则是行为人由于认识上的错误而致使所告之事与事实有出入。两者的性质截然不同，前者属于故意行为，对此应当根据法律规定追究法律责任，后者应当向其讲明情况，让其接受教训，不应追究法律责任。

3. 接受报案材料

对立案材料的接受，是指公安机关、检察院或法院对于报案、控告、举报和自首人员或材料的接待和收留的活动。

根据《刑事诉讼法》第 110 条、第 111 条的规定，公安机关、检察院或法院对报案、控告、举报和自首的材料，不论是否属于自己管辖的案件，都应当接受。然后，按照管辖的规定移送主管机关处理。对口头报案、控告、举报和自首的，应当仔细地询问和讯问，并将内容写成笔录，经宣读或者交本人阅读后，若有意见，应当允许更正；若认为无误，应让其在笔录上签名或者盖章。

4. 审查案件材料

对立案材料的审查，是指公安机关、检察院或法院对已经接受的材料进行核对、调查的活动。其任务是正确认定有无犯罪事实的发生，是否应追究行为人的刑事责任，为正确作出立案或者不立案的决定打下基础。对立案材料的审查工作，一般采取下列步骤和方法：

（1）事实审查。审查事实，首先要审查有无事件发生，然后审查已经发生的事件是否属于犯罪案件。如果属于犯罪案件，还要审查对行为人是否需要追究刑事责任。

（2）证据或证据线索审查。通常的做法有：向报案人、控告人、举报人或自首人进行询问或讯问；向有关的单位或组织调阅与犯罪事实及犯罪嫌疑人有关的证据材料；必要时委托有关单位或组织对某些问题代为调查；对特殊案件在紧急情况下可以采取必要的专门调查措施；对自诉案件，人民法院应当认真进行审查，认为证据不充分的，告知自诉人提供补充证据，在立案前法院一般不再进行调查。

在立案阶段所进行的调查，其目的在于了解与犯罪有关的事实情况，应当限定在查明是否有犯罪事实发生和是否应追究刑事责任的范围内进行，不能扩大范围。

三、立案审查处理与司法衔接

公安机关对立案材料进行审查和必要的调查后，分不同情况予以处理：

1. 公安机关准予立案程序

公安机关对于需要立案的案件，先由承办人员填写《立案报告表》，包括：填报单位、案别、编号、发案时间和地点、伤亡情况及财物损失、案情概述、承办人员姓名及填表时间等。然后，制作《立案申请报告》，经本机关或部门负责人审批后，制作《立案决定书》。最后，由负责审批人签名或盖章。

2. 检察院报请备案程序

属于检察院直接受理的案件，在本院履行立案手续，还要报请上级检察院备案。上级检察院认为不应当立案的，以书面形式通知下级检察院撤销案件。

四、立案必备的两个条件

根据《刑事诉讼法》的规定，立案必须具备两个条件：①有犯罪事实存在；②该犯罪事实依法需追究刑事责任。如果有犯罪事实，但法律规定不应当追究刑事责任的，不能立案。

五、不予追究刑事责任的不立案情况

凡具有下列情形之一的，不追究刑事责任，不能立案；已经追究的，应当撤销案件，或不起诉，或终止审理，或宣告无罪。①情节显著轻微、危害不大的，不认为是犯罪的。②犯罪已过追诉时效期限的。③经特赦令免除刑罚的。④依《刑法》的规定，告诉才处理的犯罪，没有告诉或者撤回告诉的。⑤犯罪嫌疑人、被告人已经死亡的。⑥其他法律规定免予追究刑事责任的，均不追究刑事责任。

六、管辖权审查确认

1. 管辖权确认

《刑事诉讼法》第19条规定，刑事案件的侦查由公安机关进行，法律另有规定的除外。除了由法院直接受理的、检察院自行侦查的，以及监察机关

自行调查的刑事案件，其他的绝大多数的刑事案件均由公安机关受理立案侦查。

2. 案件管辖权移送

公安机关对于不属于自己管辖的案件，应移送主管机关处理，并通知控告人、检举人；对于不属于自己管辖而又必须采取紧急措施的，应先采取紧急措施，然后移送主管机关。

（1）对符合立案条件的准予立案。案件如符合立案条件，公安机关应当立案。如没有犯罪事实，或者依法不应追究刑事责任，则不予立案。立案后，一般由公安机关、检察院开始侦查。

（2）自诉案件的受理与审理。民事、刑事、行政自诉案件，一般由所在地县区级人民法院直接受案、审理。《民事诉讼法》规定，人民法院接到起诉状或者口头起诉，经审查，认为应予受理的，应在 7 日内立案；认为不应受理的，应在 7 日内通知原告，并说明理由。

（3）公益诉讼案件的受理。公益诉讼案件的范围通常是基于环境保护、国有资产流失或者群体利益提起的诉讼案件。①《民事诉讼法》第 119 条规定，原告是与本案有直接利害关系的公民、法人和其他组织，而公益诉讼是一种分散性的权利，往往没有直接、明确的受害人，所以检察院作为法律监督机关有权提起公益诉讼。②《民事诉讼法》第 55 条规定，对污染环境、侵害众多消费者合法权益等损害社会公共利益的行为，法律规定的机关和有关组织可向法院提起诉讼。③《环境保护法》第 58 条规定："对污染环境、破坏生态，损害社会公共利益的行为，符合下列条件的社会组织可以向人民法院提起诉讼：（一）依法在设区的市级以上人民政府民政部门登记；（二）专门从事环境保护公益活动连续五年以上且无违法记录。符合前款规定的社会组织向人民法院提起诉讼，人民法院应当依法受理。提起诉讼的社会组织不得通过诉讼牟取经济利益。"④对涉及人数较多的群体性劳动维权案件可以作为公益诉讼案件立案，由检察院同级的法院审理。⑤全国人大授权最高人民检察院受理的公益诉讼。

3. 刑事案件的管辖

《公安机关办理刑事案件程序规定》第 15 条、第 16 条规定，刑事案件由犯罪地的公安机关管辖。犯罪行为发生地，包括犯罪行为的实施地以及预备地、开始地、途经地、结束地等与犯罪行为有关的地点；犯罪行为有连续、持续或者继续状态的，犯罪行为连续、持续或者继续实施的地方都属于犯罪行为发生地。犯罪结果发生地，包括犯罪对象被侵害地、犯罪所得的实际取得地、藏匿地、转移地、使用地、销售地。居住地包括户籍所在地、经常居住地。

4. 交通工具上发生的刑事案件管辖

《公安机关办理刑事案件程序规定》第 18 条规定："行驶中的交通工具上发生的刑事案件，由交通工具最初停靠地公安机关管辖；必要时，交通工具始发地、途经地、目的地公安机关也可以管辖。"

5. 交叉与共同管辖的案件

《公安机关办理刑事案件程序规定》第 21 条规定："几个公安机关都有权管辖的刑事案件……具有下列情形之一的，公安机关可以在职责范围内并案侦查：（一）一人犯数罪的；（二）共同犯罪的；（三）共同犯罪的犯罪嫌疑人还实施其他犯罪的；（四）多个犯罪嫌疑人实施的犯罪存在关联，并案处理有利于查明犯罪事实的。"

6. 管辖地不明确的案件

《公安机关办理刑事案件程序规定》第 22 条第 1、2 款规定："对管辖不明确或有争议的刑事案件，可以由有关公安机关协商。协商不成的，由共同的上级公安机关指定管辖。对情况特殊的刑事案件，可以由共同的上级公安机关指定管辖。"

7. 指定管辖的案件

《公安机关办理刑事案件程序规定》第 23 条规定："上级公安机关指定管辖的，应当将指定管辖决定书分别送达被指定管辖的公安机关和其他有关的公安机关，……对指定管辖的案件，需要逮捕犯罪嫌疑人的，由被指定管辖的公安机关提请同级人民检察院审查批准；需要提起公诉的，由该公安机关移送同级人民检察院审查决定。"

七、不属于公安管辖的案件

根据《刑事诉讼法》的相关规定，公安机关对下列刑事案件没有管辖权：①国家工作人员的渎职犯罪、公职人员贪污贿赂等犯罪案件。②自诉案件，但对法院直接受理的被害人有证据证明的轻微刑事案件，因证据不足驳回起诉，法院移送公安机关或被害人向公安机关控告的，公安机关应当受理；被害人直接向公安机关控告的，公安机关应当受理。③军人违反职责的犯罪和军队内部发生的刑事案件。④罪犯在监狱内犯罪的刑事案件。⑤其他依照法律和规定应当由其他机关管辖的刑事案件。

八、报案人、举报人的保护和义务

1. 受理举报机关对举报人信息严格保密

依据相关法律的规定，受理案件的机关要对举报人的信息进行保密，在有必要的情况下要保障报案人的人身安全不受威胁。公、检、法机关应当保障报案人、控告人、举报人及其近亲属免遭打击报复，确保其安全。如报案人、控告人、举报人不愿公开自己的姓名和报案、控告、举报行为的，在刑事诉讼中，受理机关应当为他们保守秘密。

《最高人民检察院关于保护公民举报权利的规定》第 3 条规定："检察机关受理公民举报和查处举报案件，必须严格保密。1. 受理举报应在固定场所进行，专人接谈，无关人员不得接待、旁听和询问。2. 举报信件的收发、拆阅、登记、转办、保管和当面或电话举报的接待、接听、记录、录音等工作，应建立健全责任制，严防泄露或遗失举报材料。3. 对举报人的姓名、工作单位、家庭住址等有关情况及举报的内容必须严格保密，举报材料不准私自摘抄和复制。4. 严禁将举报材料和举报人的有关情况透露或转给被举报单位、被举报人。向被举报单位或被举报人调查情况时，不得出示举报材料原件或复印件。5. 任何单位和个人不得追查举报人，对匿名举报除侦查工作需要外，不准鉴定笔迹。6. 向举报人核查情况时，应在做好保密工作、不暴露举报人身份的情况下进行。7. 在宣传报道和对举报有功人员的奖励工作中，除征得举报人的同意外，不得公开举报人的姓名、单位。"

2. 匿名举报不能作为立案依据

对匿名举报应当进行具体分析。对匿名举报的材料在查证以前，只能作为立案材料来源线索，而不能作为立案的根据。

九、关于"立案难"问题

当事人在行政诉讼和治安案件中时常会遇到"立案难"问题。①针对治安与轻微刑事犯罪，公安局不立案，当事人拿到派出所《不予立案通知书》后，如果质疑受案民警不作为或者有违纪违规行为，当事人可以拨打违纪违法举报热线电话 12389，也可以向公安局法制（处）科或者纪检组汇报，要求书面回复。公安局法制处（科）是公安机关的综合性职能部门，该部门负责公安机关内部执法检查监督，考核评议、执法过错责任追究。如果当事人认为应该立案，公安机关认定不予立案的，当事人可以向上级公安机关申请行政复议；行政复议被驳回，还是决定不立案，可以到同级人民检察院监督科要求启动立案监督程序。②针对行政诉讼案件"立案难"问题，依照我国《行政诉讼法》的规定，行政类案件符合立案条件的，应当当场出具立案凭证，立案的审查期是 7 天，如果接收了诉状等立案材料，超过了审查期限不予立案的，或者接收了诉讼材料，不出具书面的立案凭证的，当事人可以向上级人民法院进行投诉。

第三节　侦查与诉讼传唤程序

传唤是在侦查活动中讯问不需要拘留的犯罪嫌疑人的时候，依法采用的使犯罪嫌疑人到案接受讯问的一种强制措施。

一、三种传唤情形

①公安机关在侦查刑事案件过程中，可以依法传唤犯罪嫌疑人，如果犯罪嫌疑人不到场，一般根据规定视情况依法采取刑事拘留措施。②行为人有违反治安管理行为嫌疑的，公安机关可以传唤，如果行为人拒绝传唤，公安机关可以强制传唤，即强行带至公安机关。③行为人有其他行政违法行为（除《治安管理处罚法》）嫌疑的，公安机关可以传唤，但不可强制传唤。《刑事诉讼法》第 119 条第 1 款规定："对不需要逮捕、拘留的犯罪嫌疑人，可以传唤到犯罪嫌疑人所在市、县内的指定地点或者到他的住处进行讯问，但是应当出示人民检察院或者公安机关的证明文件。对在现场发现的犯罪嫌疑人，经出示工作证件，可以口头传唤，但应当在讯问笔录中注明。"

二、传唤犯罪嫌疑人需要具备的条件

1. 拘传条件

采取拘传只是为了使犯罪嫌疑人到案接受讯问。犯罪嫌疑人没有反抗，不得使用戒具。使用戒具的，一旦犯罪嫌疑人到案，就不再继续使用戒具。

在采用拘传时，应同时具备两个条件：①犯罪嫌疑人必须经过传唤而不到案。②不到案没有正当理由，而且有影响诉讼进行的可能。如犯罪嫌疑人没被传唤或没有接到传唤，或虽接到传唤，但因意外原因（如遇自然灾害、患重病等）无法到案的，都不应采取拘传的方法。

2. 非强制传唤措施

对于不需要关押的犯罪嫌疑人，可以传唤到犯罪嫌疑人所在的市县内的指定地点进行讯问。指定地点应当是犯罪嫌疑人当时工作生活所在市县公安局、派出所、基层组织及所在单位等，不能到外省、市、县。

3. 传唤和拘传的程序与手续

《治安管理处罚法》第82条规定，需要传唤违反治安管理行为人接受调查的，经公安机关办案部门负责人批准，使用传唤证传唤。警察经出示工作证件对现场发现的违反治安管理的行为人，可以口头传唤，但应当在讯问笔录中注明。公安机关应当将传唤的原因和依据告知被传唤人。公安机关对无正当理由不接受传唤或逃避传唤的人，可以强制传唤。

对犯罪嫌疑人进行传唤和拘传时，必须出示检察院或公安机关的证明文件。证明文件包括《传唤通知书》及检察院和公安机关证明侦查人员身份、讯问任务的证明信。传唤犯罪嫌疑人时必须出示《传唤通知书》和侦查人员的工作证件，并责令其在《传唤通知书》上签名（盖章）、捺指印。

三、传唤和拘传的时限、地点规定

公安机关应及时将传唤的原因和处所通知被传唤人家属。犯罪嫌疑人到案后，应当由其在《传唤通知书》上填写到案时间。讯问结束时，应当由其在《传唤通知书》上填写讯问结束时间。拒绝填写的，侦查人员应当在《传唤通知书》上注明。

1. 对公民的询问查证传唤

对违反治安管理的行为人，公安机关传唤后应当及时询问查证，询问查证的时间不得超过8小时。

2. 对犯罪嫌疑人的传唤

公安机关传唤犯罪嫌疑人必须严格遵守法律规定的时间，即传唤、拘传所持续的时间不得超过12小时，不得以连续传唤、拘传的形式变相拘禁犯罪嫌疑人。对在12小时以内确实难以证实或者排除其违法犯罪嫌疑的，案情特别重大、复杂，需要采取拘留、逮捕措施的，传唤、拘传持续的时间不得超过 24 小时。

3. 延长传唤时间

公安机关传唤后，犯罪嫌疑人不讲真实姓名、身份，且在 24 小时以内仍不能证实或者排除其违法犯罪嫌疑的，可延长至 48 小时。

4. 传唤地点规定

《公安机关办理刑事案件程序规定》第 198 条规定，公安机关对于不需要拘留、逮捕的犯罪嫌疑人，经县级以上公安机关负责人批准，可传唤到犯罪嫌疑人所在市、县公安机关执法办案场所或者到其住处进行讯问。

四、盘查、询问与登门查证

《公安机关办理行政案件程序规定》第 57 条规定，警察对有违法嫌疑的人员，经表明执法身份后可当场盘问、检查。对当场盘问、检查后不能排除其违法嫌疑，依法可以适用继续盘问的，经公安派出所负责人批准，对其继续盘问。对违反出境入境管理的嫌疑人依法适用继续盘问的，应当经县级以上公安机关或者出入境边防检查机关负责人批准。

民警经过批准具有上门侦查的权力，公民遇到警察敲门要根据以下具体情况冷静地采取措施：①先看是本地警察还是外地警察，如果是外地警察，没有本地警方配合，可以报警求助；②问清事由，知道对方来自哪个地方的公安局；③问一下是什么案件，是否被诬告或者因民警搞错人而产生误会；④如果当事人要被警察带走，及时打电话通知家属，告诉家属被哪个地方的公安局带走了；⑤要求家属第一时间通知律师，请求律师以最快的速度会见当事人。

五、执行传唤的纪律规定

公安干警在执行传唤公务时，应该遵守以下纪律规定：①需要传唤违法嫌疑人接受调查的，经公安派出所或县级以上公安机关办案部门负责人批准，使用传唤证传唤。②对现场发现的违法嫌疑人，人民警察经出示工作证件，可以口头传唤，并在询问笔录中注明违法嫌疑人到案经过、到案时间和离开时间。③公安机关应当将传唤的原因和依据告知被传唤人。④对无正当理由不接受传唤或者逃避传唤的违反治安管理行为人以及法律规定可以强制传唤的其他违法行为人，可以强制传唤。强制传唤时，可以依法使用手铐、警绳等约束性警械。⑤公安机关应当及时将传唤原因和处所通过电话、手机短信、传真等方式通知被传唤人家属。⑥公安机关传唤违法嫌疑人时，其家属在场的，应当当场将传唤原因和处所口头告知其家属，并在询问笔录中注明。⑦被传唤人拒不提供家属联系方式或有其他无法通知的情形的，可以不予通知，但应当在询问笔录中注明。⑧使用传唤证传唤的，违法嫌疑人被传唤到案后和询问查证结束后，应当由其在传唤证上填写到案时间和询问查证结束时间并签名。拒绝填写或者签名的，办案人民警察应当在传唤证上注明。⑨不得以连续传唤的形式变相拘禁违法嫌疑人。⑩不得以传唤程序变相进行刑事拘留。

第四节　检察机关立案公诉程序

一、公诉的概念

公诉是指检察机关对侦查机关（监察委员会为调查机关）侦查终结（监察委员会移送案件称调查终结），移送审查起诉的案件，依法定职权进行审查，决定向人民法院提起公诉、出庭支持公诉、对刑事判决进行审查，或依法决定不起诉的诉讼活动。根据《刑事诉讼法》第176条第1款的规定："人民检察院认为犯罪嫌疑人的犯罪事实已经查清，证据确实、充分，依法应当追究刑事责任的，应当作出起诉决定，按照审判管辖的规定，向人民法院提起公诉，并将案卷材料、证据移送人民法院。"

二、提起公诉的对象

检察院决定起诉的，应依法按照审判管辖的规定，向同级法院提出，不许越级起诉。如检察院受理不属于同级法院管辖的案件，应分别情况报送相应的上级或移送相应的下级检察院，由它向其同级法院提起公诉。地市级检察院受理的属于县级法院管辖的案件，应移送市、县、区检察院，由它向其同级的县级法院提起公诉。

三、提起公诉的条件

根据《刑事诉讼法》第176条的规定，检察院提起公诉的条件有以下几点：

1. 犯罪嫌疑人的犯罪事实已经查清

检察院提起公诉，首先查清犯罪嫌疑人的犯罪事实。"犯罪事实"是指影响定罪量刑的犯罪事实，包括：①确定犯罪嫌疑人实施的行为是犯罪，而不是一般违法行为的事实。②确定犯罪嫌疑人是否负刑事责任或者免除刑事责任的事实。比如，犯罪嫌疑人的主观状态（包括故意、过失、动机和目的）、犯罪嫌疑人的年龄、精神状态等。③确定对犯罪嫌疑人应当或可以从轻、减轻或者从重处罚的事实。

2. 证据确实、充分

证据是认定犯罪事实的客观依据。检察院指控犯罪必须有充分的事实证据证明犯罪事实。证据确实充分是提起公诉的必要条件。

3. 依法应当追究刑事责任

依照法律规定，犯罪嫌疑人实施了某种犯罪，并非一定要负刑事责任。决定对犯罪嫌疑人提起公诉，检察院还必须排除法定不予追究刑事责任的情形。依法应当追究犯罪嫌疑人的刑事责任成了对其提起公诉的又一必要条件。

四、起诉书的制作与移送流程

起诉书是人民检察院出具的重要的司法文书，它具有揭露犯罪、证实犯罪的功效，是将被告人交付人民法院审判的书面凭证，是人民法院对被告人得以行使审判权的法律依据。根据《刑事诉讼法》和最高人民检察院颁发的《人民检察院刑事诉讼法律文书格式样本》的规定，起诉书由下列部分组成：①标题。主要写明"××人民检察院起诉书"字样。其右下方注明案号。②被告人基本情况：被告人姓名、性别、年龄、籍贯、身份证号、民族、文化程度、职业、住址、主要简历（包括有无前科）、何时被拘留、逮捕、在押被告人的关押处所等。共同犯罪的案件，应当逐个写明被告人的上述情况。③案由和来源。写明人民检察院对案件所认定的罪名和案件来源。采用何种方式表述，可根据具体情况决定，但必须把案由、案件来源和查明的犯罪事实三项写清楚。犯罪事实和证据是起诉书的主要部分。起诉书要写明被告人的罪名、罪状、罪证以及认罪态度。在记叙被告人的犯罪事实时，一定要写明犯罪的时间、地点、经过、手段、动机、目的、危害后果等要素。起诉书所写的内容是经过检察院严格审查和核实所认定的，而不是对公安机关起诉意见书所写内容的复述、照搬，也不是对它的缩写或改写。检察院提起公诉的案件，应当向法院移送起诉书、证据目录、证人名单和主要证据复印件或者照片。检察院应当按照审判管辖的规定向同级法院起诉。

五、建议采取简易程序

依相关法律规定，属于检察院建议适用简易程序的公诉案件，在检察院向法院提起公诉时，检察院对下列案件应不建议适用简易程序：①依法可能判处 3 年以上有期徒刑的；②对于案件事实、证据存在较大争议的；③比较复杂的共同犯罪案件；④被告人是否犯罪、犯有何罪存在争议的；⑤被告人要求适用普通程序的；⑥被告人是盲、聋、哑的；⑦辩护人作无罪辩护的；⑧其他不宜适用简易程序的。

六、移送审查起诉程序

1. 案件审查起诉程序

审查起诉是指检察院在提起公诉阶段，为了确定经侦查终结的刑事案件是否应当公诉，而对侦查机关确认的犯罪事实和证据、犯罪性质和罪名进行审查核实，并作出处理决定的一项诉讼活动。它是实现检察院公诉职能的一项基本准备工作，也是检察院对侦查活动实行法律监督的重要手段。

2. 移送审查起诉案件的受理

根据我国刑事诉讼法的相关规定，检察院对于公安机关移送审查起诉的案件，应当在 7 日内进行审查，审查的期限计入审查起诉的期限。检察院收到公安机关提交《起诉意见书》后，应当指定检察人员审查案件是否属于本院管辖，《起诉意见书》以及案卷材料是否齐备，案卷装订、移送是否符合有关规定和要求，诉讼文书、技术性鉴定材料是否单独装订成卷，作为证据使用的实物是否随案移送及移送的实物与物品清单是否相符，犯罪嫌疑人是否在案及采取强制措施的情况。经过审查，对具备受理条件的，填写受理审查起诉登记表，对移送的起诉意见书及其他材料不符合有关规定和要求或者有遗漏的，应当要求公安机关按照要求制作后移送或在 3 日内补送。

七、检察院必须审查的案件内容

根据《刑事诉讼法》第 171 条的规定，人民检察院在审查案件的时候，必须查明以下内容：

1. 犯罪事实、情节是否清楚，证据是否确实、充分，犯罪性质和罪名的认定是否正确

在查明犯罪事实和取得确实、充分证据的基础上，应当对犯罪的性质和罪名的认定是否恰当进行鉴别。因为在同一性质的犯罪中，法律可能又规定了若干罪名。可见，审查犯罪性质与审查具体的罪名应当同时进行。

2. 有无遗漏罪行和其他应当追究刑事责任的人

检察院在审查起诉时要注意审查有无遗漏犯罪嫌疑人的罪行和其他应当追究刑事责任的人。对共同犯罪案件要查获所有实施犯罪的人。还应审查共同犯罪嫌疑人在共同犯罪活动中的责任认定是否恰当。

3. 是否属于不应追究刑事责任的情形

在审查案件时，须查明犯罪嫌疑人有无不应追究刑事责任的情形。《刑事诉讼法》第16条对此作了明确的规定。

4. 有无附带民事诉讼

《刑事诉讼法》第101条规定，被害人由于被告人的犯罪行为而遭受物质损失的，在刑事诉讼过程中，有权提起附带民事诉讼。检察院在审查起诉时，首先要审查犯罪嫌疑人的犯罪行为是否给被害人造成了经济损失；被害人是否提起了附带民事诉讼。已提起的，要保护被害人的这项权利，没有提起的，应主动告知被害人有权提起。

5. 侦查活动是否合法

检察院对案件进行审查时，要注意审查侦查人员的侦查活动是否符合法定程序，法律手续是否完备，特别是要查明在讯问犯罪嫌疑人和询问证人的过程中是否有刑讯逼供和以威胁、引诱、欺骗以及其他非法方法收集证据的情况。一旦发现侦查中存在构成犯罪的行为，应依法追究刑事责任。还应当注意审查以下内容：①案件是否属于本院管辖。②证据是否随案移送；对不宜移送的证据，要附有不宜移送的证据的清单、照片或者其他证明文件。③与犯罪有关的财物及其孳息是否扣押、冻结并妥善保管，以供核查。

八、审查步骤与方法

审查起诉是一项重要的诉讼活动。为保证审查起诉得以顺利进行，审查起诉的具体方法和步骤应当符合如下要求：

1. 管辖权审查

检察院受理移送审查起诉案件，应当指定检察员或经检察长批准代行检察员职务的助理检察员办理，也可以由检察长办理。

2. 审阅案卷材料

办案人员接到案件后，应当及时审查公安机关或刑事侦查部门移送的案件材料是否齐备，有无《起诉意见书》、证据材料和其他法律文书。如犯罪嫌疑人被拘留、逮捕和被搜查过，审查有无搜查证、拘留证和逮捕证。按照法定审查起诉的五项内容，逐项进行审查，并制作阅卷笔录。发现疑问可向侦查人员询问。

3. 讯问犯罪嫌疑人

讯问犯罪嫌疑人是检察院核实证据、正确认定案件事实、监督侦查活动是否合法所必需的。讯问犯罪嫌疑人还有助于直接了解犯罪嫌疑人的精神状态和悔罪态度，为其提供辩护的机会，倾听其辩解理由。根据《刑事诉讼法》的规定，讯问只能由检察人员进行，讯问时不得少于 2 人，并且首先应当讯问犯罪嫌疑人是否有犯罪行为，向犯罪嫌疑人提出问题让其回答。讯问必须做好笔录。

4. 听取被害人和犯罪嫌疑人等的意见

检察院自收到移送审查起诉的案件材料之日起 3 日内，应当告知犯罪嫌疑人有权委托辩护人，并应告知被害人及其法定代理人或近亲属有权委托诉讼代理人。询问被害人和犯罪嫌疑人、被害人的委托人，并听取他们的意见。刑事案件中的被害人是犯罪行为的受害者，对案件情况比较了解，因而听取被害人的意见，有助于查清案件事实，有利于对被害人合法权益的保护。询问时应做好笔录。

5. 必要时通知补充侦查

补充侦查的目的在于查清有关事实和证据，以决定是否将犯罪嫌疑人交付人民法院审判。《刑事诉讼法》第 175 条规定，补充侦查有两种形式：一种是由检察院退回公安机关进行。检察院制作《退回补充侦查决定书》，写明退回的理由和需要补充查明的具体事项及要求。另一种是由检察院自行侦查。这种方式一般适用于公安机关侦查活动中有违法情况，在认定事实和证据上与公安机关有较大分歧或已经退回补充侦查过但仍未查清的案件。检察院对物证、书证、视听资料、勘验、检查笔录存在疑问的，应要求办案人员提供这些证据制作的有关情况，必要时应重新收集物证、书证等进行鉴定。根据《刑事诉讼法》第 175 条的规定，补充侦查应当在 1 个月以内补充侦查完毕。补充侦查以 2 次为限。

6. 作出决定

检察院的检察人员审查起诉，查清全部案件事实后，拟写《案件审查意见书》，提出起诉或不起诉等意见，报请审查起诉部门负责人审核；审查起诉部门负责人对案件进行审核后，应当提出审核意见，报请检察长或检察委员会决定起诉或者不起诉。

九、期限规定

1. 常规期限

《刑事诉讼法》第 172 条规定，检察院对于公安机关移送起诉的案件，应当在 1 个月以内作出决定，重大、复杂的案件，可以延长 15 日。

2. 改变管辖权期限计算

人民检察院审查起诉的案件，改变管辖的，从改变后的人民检察院收到案件之日起计算审查起诉期限。

3. 补充侦查时限规定

《刑事诉讼法》第 175 条规定，对于补充侦查的案件，应当在 1 个月以内补充侦查完毕。补充侦查以 2 次为限。补充侦查完毕移送检察院后，检察院重新计算审查起诉期限。以上规定的审查起诉期限是针对犯罪嫌疑人被羁押的案件。在司法实践中，对犯罪嫌疑人未被羁押的案件，检察院不受 1 个月至 1 个半月期限的限制，既可以在 1 个月至 1 个半月内完成，也可以超过这个期限。但是，必须贯彻迅速、及时原则，不得中断对案件的审查。

4. 中止审查时限计算

如在审查起诉过程中犯罪嫌疑人在逃的，检察院应当中止审查，并按照刑事诉讼法的有关规定作出通缉的决定并通知公安机关执行。共同犯罪中的部分犯罪嫌疑人在逃的，对在逃犯罪嫌疑人应当中止审查，对其他犯罪嫌疑人的审查起诉应当照常进行。中止审查应当报请检察长决定。中止审查的时间不计入审查起诉的期限。

第五节　人民法院诉讼程序

一、一般诉讼程序与流程

诉讼纠纷的当事人都应该了解诉讼常识、司法程序、法律条文等知识，必要时还必须找到法律诉讼代理的专业人士——律师。诉讼程序是由法律规定，有一套严肃、严谨的诉讼与司法程序规范的诉讼行为。在此，本书将简要介绍一下一审程序与环节：

1. 写起诉状

民事起诉状是启动法律程序的一个重要法律文书，也是决定诉讼行为成败的重要因素。作为诉讼原告，需要按照规定的文本格式，撰写自己的诉讼请求，包括原告、被告基本信息、主要事实与理由的陈述、法律依据和权利主张等内容。诉状要有好的构思和设计，内容要简明扼要，篇幅不宜过长，条理清晰，逻辑关系和时间顺序井然有序、用词准确，不涉及与诉求无关的过程细节。否则会影响诉讼结果，造成费用的损失。

2. 选择有管辖权的法院

诉讼行为人选择有管辖权的法院递交申请诉状和证据及其他相关材料。争取以最快速度被法院受理，拿到立案通知书后，到法院收费窗口缴纳诉讼费，然后等待法院传票，通知开庭。

3. 积极举证和补充证据

起诉人递交诉状被法院受理后，法官会电话提醒或者发《举证通知书》，要求原告提交证据材料。所有证据材料都必须要在规定期限内提交，逾期法院将不再接受。证据提交后等候开庭。开庭前，如原告提交的证据不足，法官会通知原告在规定时间内补充证据。同时，法院将会向被告发传票，通知被告或者被告代理人开庭时间。

4. 开庭程序

开庭程序主要包括法庭庭审各方人员介绍和原告被告权利告知、法庭调查和法庭辩论。其中，法庭调查阶段的举证、质证是具有一定专业性的诉讼环节。辩论阶段是充分阐述支持自己主张的事实理由、希望法庭采信的证据和法律依据的关键环节，也是原告、被告出现严重意见分歧，有可能发生争论、辩论、争执的环节。争论的目的都是企图说服法官认同、采纳自己的观点。辩论结束后，法院当庭判决或庭审结束后书面通知判决结果，将《判决书》邮寄给原告和被告。如诉讼一方缺席，不影响法庭如期判决。但是，缺席的一方会失去在法庭上辩护的机会，因法官掌握的材料和证据信息不对称，判决结果会对缺席者不利。通知后，当事人无故不到庭，也会被法官认为是在藐视法律。

5. 判决

法院判决主要有三种形式：第一种是支持原告的全部诉讼请求；第二种是支持原告的部分诉讼请求；第三种是驳回原告的诉讼请求。拿到判决书后，民事诉讼 15 天、刑事诉讼 10 天时间内当事人必须决定是否上诉到上一级法院。原告、被告收到判决书后，如果对判决结果满意，会服从判决。如果当事人拿到判决书后，不服判决要在规定的时间内，及时上诉并提交上诉书，启动二审程序。如果不在规定时间内提起上诉，等到一审判决生效，双方争议的问题就必须按照判决履行。

6. 执行

判决生效后，如当事人不在判决确定的期限内主动履行义务，另一方当事人应及时申请法院执行。拒不履行判决，法院可对拒执当事人采取拘留、罚款等惩罚性措施，情节严重的可追究刑事责任。在执行程序中应该注意以下问题：（1）行政执法部门要求由人民法院强制执行的案件，须报经上一级人民法院审查批准，方可采取强制执行，对涉及面广、社会影响大、社会关注度高的案件，上级人民法院应当加强监督指导。（2）执行财产赔偿或者支付债款的，要保障被执行人的基本生活权利，被执行人及其所扶养的家属的生活所必需品、生活费用、完成义务教育所必需的物品不得被强制执行。另外，备受欢迎的善意执行也在推行。法律规定的被执行人的生活必需品是：①被执行人及其所扶养家属生活所必需的衣服、家具、炊具、餐具及其他家庭生活所必需的物品；②被执行人及其所扶养家属所必需的生活费用，当地有最低生活保障标准的，必需的生活费用依照该标准确定；③被执行人及其所扶养家属完成义务教育所必需的物品；④未公开的发明或者未发表的著作；⑤被执行人及其所扶养家属基于身体缺陷所必需的辅助工具、医疗物品；⑥被执行人所得的勋章及其他荣誉表彰的物品。（3）可以先予执行的民事案件，依据《民事诉讼法》第 106 条的规定，人民法院对下列案件，根据当事人的申请，可以裁定先予执行：追索赡养费、扶养费、抚育费、抚恤金、医疗费用的；追索劳动报酬的；因情况紧急需要先予执行的。第107条规定的先予执行条件：当事人之间权利义务关系明确，不先予执行将严重影响申请人的生活或者生产经营的；被申请人有履行能力。人民法院可以责令申请人提供担保，申请人不提供担保的，驳回申请。申请人败诉的，应当赔偿被申请人因先予执行遭受的财产损失。（4）遇到被执行人故意毁坏财产的情形。被执行人故意毁坏财产中的个人财产达到2万元，或毁坏单位财产达到20万元，导致法院生效裁判无法执行的，就属于《刑法》规定的有能力执行而拒不执行情节严重的情形，将构成犯罪，可能被判处刑罚。（5）对于失信被执行人没有还款能力的，列入失信被执行人名单。被法院列入失信被执行人名单的"老赖"，原则上公示期是2年。具有其他暴力威胁方法妨碍执行的，公示期可能会被延长1年至3年。失信名单时间到期后，"老赖"可以依照程序主动申请移出黑名单。有些人认为，只要"老赖"不履行债务，就应一直保留在黑名单里。实际上，这是一种误解。

二、一审、二审细化流程与环节

一审程序包括普通程序和简易程序。适用普通程序审理的案件，根据《民事诉讼法》的规定，应当在立案之日起6个月内审结。有特殊情况需要延长的，由本院院长批准，可以延长6个月；还需要延长的，报请上级法院批准。

1. 一审起诉人筹备环节

（1）起诉人的资格。《民事诉讼法》规定，起诉必须符合下列条件：①原告是与本案有直接利害关系的公民、法人和其他组织；②有明确的被告；③有具体的诉讼请求、事实和理由；④属于人民法院受理民事诉讼的范围和受诉人民法院管辖。

（2）起诉方式。应当以书面起诉为原则，口头起诉为例外。在实践中，基本都是采用书面起诉方式。《民事诉讼法》规定，起诉应当向人民法院提交起诉状，并按照被告人数提出副本。

（3）起诉状要求。起诉状应当记明下列事项：①当事人姓名、性别、年龄、民族、职业、工作单位和住所，法人或其他组织的名称、住所和法定代表人或主要负责人的姓名、职务；②诉讼请求和所根据的事实和理由；③证据和证据来源，证人姓名和住所。起诉状最好写明案由。民事案件案由是民事诉讼案件的名称，反映案件所涉及的民事法律关系的性质。

2. 一审案件法院受理环节

《民事诉讼法》规定，法院收到起诉状，经审查，认为符合起诉条件的，应当在 7 日内立案并通知当事人。认为不符合起诉条件的，应当在 7 日内裁定不予受理。原告对裁定不服的，可以提起上诉。审理前的主要准备工作如下：

（1）送达起诉状副本和提出答辩状。《民事诉讼法》规定，法院应当在立案之日起 5 日内将起诉状副本发送给被告，被告在收到之日起 15 日内提出答辩状。被告提出答辩状的，人民法院应当在收到之日起 5 日内将答辩状副本发送原告。被告不提出答辩状的，不影响法院审理。

（2）告知当事人诉讼权利义务及组成合议庭。法院对决定受理的案件，应当在受理案件通知书和应诉通知书中向当事人告知有关的权利和义务，或口头告知。普通程序的审判组织应当采用合议制。合议庭组成人员确定后，应当在 3 日内告知当事人。

3. 第一审开庭审理环节

（1）法庭调查。法庭调查，是在法庭上出示与案件有关的全部证据，对案件事实进行全面调查并有当事人进行质证的程序。法庭调查按照下列程序进行：①当事人陈述；②告知证人的权利义务，证人作证，宣读未到庭的证人证言；③出示书证、物证和视听资料；④宣读鉴定意见；⑤宣读勘验笔录。

（2）法庭辩论。法庭辩论，是当事人及其诉讼代理人在法庭上行使辩论权，针对有争议的事实和法律问题进行辩论的程序。法庭辩论的目的是通过当事人及其诉讼代理人的辩论，对有争议的问题逐一进行审查和核实，借此查明案件的真实情况和正确适用法律。

（3）法庭笔录。书记员应当将法庭审理的全部活动记为笔录，由审判人员和书记员签名。法庭笔录应当当庭宣读，也可以告知当事人和其他诉讼参与人当庭或者在 5 日内阅读。当事人和其他诉讼参与人认为对自己的陈述记录有遗漏或者差错的，有权申请补正。如果不予补正，应当将申请记录在案。法庭笔录由当事人和其他诉讼参与人签名或者盖章。

（4）宣判。法庭辩论终结，应当依法作出判决。根据《民事诉讼法》的规定，判决前能够调解的，可以进行调解。调解书经双方当事人签收后，即具有法律效力。调解不成的，法院应当及时判决。原告经传票传唤无正当理由拒不到庭的，或未经法庭许可中途退庭的，可以按撤诉处理；被告反诉的，可以缺席判决。被告经传票传唤，无正当理由拒不到庭的，或者未经法庭许可中途退庭的，可以缺席判决。法院一律公开宣告判决，同时必须告知当事人上诉权利、上诉期限和上诉法院。

4. 第二审程序

又称终审程序，是指民事诉讼当事人不服地方各级法院尚未生效的第一审判决或裁定，在法定上诉期间内，向上一级法院提起上诉而引起的诉讼程序。由于我国实行两审终审制，上诉案件经二审法院审理后作出的判决、裁定为终审判决、裁定，此时诉讼程序即告终结。

（1）上诉期限。当事人不服地方人民法院第一审判决的，有权在判决书送达之日起 15 日内向上一级人民法院提起上诉；不服地方人民法院第一审裁定的，有权在裁定书送达之日起 10 日内向上一级人民法院提起上诉。

（2）上诉状。当事人提起上诉应当递交上诉状。上诉状应当通过原审法院提出，并按照对方当事人或者代表人的人数提出副本。

（3）二审法院对上诉案件的处理。第二审法院对上诉案件，经过审理，按照下列情形，分别处理：①原判决认定事实清楚，适用法律正确的，判决驳回上诉，维持原判；②原判决认定事实错误或者适用法律错误的，依法改判、撤销或者变更；③原判决认定基本事实不清，裁定撤销原判决，发回原审人民法院重审，或者查清事实后改判；④原判决严重违反法定程序，可能影响案件正确判决的，裁定撤销原判决，发回原审人民法院重审。

第二审法院作出的具有给付内容的判决具有强制执行力。如果有履行义务的当事人拒不履行，对方当事人有权向法院申请强制执行。对于发回原审法院重审的案件，原审法院仍将按一审程序进行审理。因此，当事人对重审案件的判决、裁定，仍可上诉。

三、类案检索制度

2020 年 7 月，最高人民法院发布《关于统一法律适用加强类案检索的指导意见（试行）》规定，各级人民法院实施类案检索制度，就是同级或者上一级的法院作出的类似判决，法官在很大程度上是要参考的。这些案例均在中国裁判文书网发布，当事人根据文书网的类似案件可以判断自己的案件会得到怎样的判决，不请律师也可以起诉和应诉。最高人民法院类案检索规定包括：

（1）人民法院办理的案件具有下列情形之一的，应当进行类案检索：①拟提交专业（主审）法官会议或者审判委员会讨论的；②缺乏明确裁判规则或者尚未形成统一裁判规则的；③院长、庭长根据审判监督管理权限要求进行类案检索的；④其他需要进行类案检索的。

（2）类案检索范围一般包括：①最高人民法院发布的指导性案例；②最高人民法院发布的典型案例及裁判生效的案件；③本省（自治区、直辖市）高级人民法院发布的参考性案例及裁判生效的案件；④上一级人民法院及本院裁判生效的案件。除指导性案例以外，优先检索近3年的案例或者案件；已经在前一顺位中检索到类案的，可以不再进行检索。

（3）检索到的类案为指导性案例的，人民法院应当参照作出裁判，但与新的法律、行政法规、司法解释相冲突或者为新的指导性案例所取代的除外。检索到其他类案的，人民法院可以作为作出裁判的参考。

第六节　审判监督程序

审判监督程序即再审程序，是指由有审判监督权的法定机关和人员提起，或由当事人申请，由人民法院对发生法律效力的判决、裁定、调解书再次进行审理的程序。

一、法院提起再审的程序

人民法院提起再审，必须是已经发生法律效力的判决裁定确有错误。其程序为：

（1）各级人民法院院长对本院已经发生法律效力的判决、裁定，发现确有错误，认为需要再审的，应当提交审判委员会讨论决定。

（2）最高人民法院对地方各级人民法院已经生效的判决、裁定，上级人民法院对下级人民法院已生效的判决、裁定，发现确有错误的，有权提审或指令下级人民法院再审。按照审判监督程序决定再审的案件，裁定中止原判决的执行。

（3）人民法院按照审判监督程序再审的案件，发生法律效力的判决、裁定是由第一审法院作出的，按照第一审程序审理，对所作的判决、裁定，当事人可以上诉；发生法律效力的判决、裁定是由第二审法院作出的，按照第二审程序审理，所作的判决、裁定是发生法律效力的判决、裁定；上级人民法院按照审判监督程序提审的，按照第二审程序审理，所作的判决、裁定是发生法律效力的判决、裁定。

（4）最高人民法院《关于适用〈中华人民共和国民事诉讼法〉审判监督程序若干问题的解释》规定，人民法院审理再审案件应当开庭审理。但按照第二审程序审理的，双方当事人已经以其他方式充分表达意见，且书面同意不开庭审理的除外。

二、当事人申请再审的程序

当事人申请不一定引起审判监督程序，只有在同时符合下列条件的前提下，由人民法院依法决定，才可以启动再审程序。

（1）当事人申请再审的条件。当事人的申请符合下列情形之一的，法院应当再审：①有新的证据，足以推翻原判决、裁定的；②原判决、裁定认定的基本事实缺乏证据证明的；③原判决、裁定认定事实的主要证据是伪造的；④原判决、裁定认定事实的主要证据未经质证的；⑤对审理案件需要的主要证据，当事人因客观原因不能自行收集，书面申请法院调查收集，法院未调查收集的；⑥原判决、裁定适用法律确有错误的；⑦审判组织的组成不合法或依法应当回避的审判人员没有回避的；⑧无诉讼行为能力人未经法定代理人代为诉讼或应当参加诉讼的当事人，因不能归责于本人或其诉讼代理人的事由，未参加诉讼的；⑨违法剥夺当事人辩论权利的；⑩未经传票传唤缺席判决的；⑪原判决、裁定遗漏或超出诉讼请求的；⑫据以作出原判决、裁定的法律文书被撤销或者变更的；⑬审判人员在审理时有贪污受贿，徇私舞弊，枉法裁判行为的，法院应当再审。

（2）当事人可以申请再审的时间。当事人申请再审，应当在判决、裁定发生法律效力后6个月内提出。存在上段中①③⑫⑬情形的，自知道或应当知道之日起6个月内提出。最高人民法院《关于适用〈中华人民共和国民事诉讼法〉审判监督程序若干问题的解释》规定，申请再审期间不适用中止、中断和延长的规定。

三、检察院抗诉的程序

抗诉是指检察院对法院发生法律效力的判决、裁定，发现有提起抗诉的法定情形，提请法院对案件重新审理。地方各级检察院对同级法院已经发生法律效力的判决、裁定，发现有符合当事人可以申请再审情形之一的，可以提请上级检察院向同级人民法院提出抗诉；也可以向同级人民法院提出检察建议，并报上级人民检察院备案。最高人民检察院对各级法院已经发生法律效力的判决、裁定，上级检察院对下级法院已经发生法律效力的判决、裁定，发现有符合当事人可申请再审条件的，或者发现调解损害国家利益、社会公共利益的，应当按照审判监督程序提起抗诉。

第七节　不同诉讼的流程与时限规定

一、民事诉讼流程与时限

民事诉讼是指当事人之间因民事权益矛盾或经济利益冲突，向法院提起诉讼，法院立案受理，在双方当事人和其他诉讼参与人的参加下，经法院审理解决民事案件、经济纠纷案件和法律规定由法院审理的特殊案件的活动，以及这些诉讼活动中所产生的法律关系的总和。当事人通过诉讼达到制裁民事违法行为、保护合法权益的目的。

1. 民事诉讼的流程和时限规定

民事诉讼时效是指权利人经过法定期限不行使自己的权利，依法律规定其申诉权便归于消灭的制度。一般权利人向人民法院请求保护民事权利的诉讼时效期间为 3 年，法律另有规定的除外。

2. 诉讼流程对应的时间限制

（1）起诉。权利人在诉讼有效期（即 3 年）内任何时间均可向有管辖权的法院立案庭递交诉状。

（2）立案审查与交费期限。经法院审核符合立案条件，通知当事人 7 日内交诉讼费，交费后立案；不符合立案条件，裁定不予受理。

（3）上诉。如果对裁定驳回起诉不服，须在 10 日内向上级人民法院提出上诉。

（4）答辩。案件受理后，法院 5 日内应将起诉状副本送达对方当事人，对方当事人 15 日内进行答辩，通知当事人进行证据交换，可根据当事人申请，作出财产保全裁定，并立即开始执行。

（5）排期开庭。提前 3 日（或 3 日以上）通知当事人开庭时间、地点、承办人；公开审理的案件提前 3 日进行公告。

（6）开庭审理。开庭当天，原告、被告或者其代理人必须按时到法庭，当事人无故迟到将受到法官批评；当事人一方无故未到庭，不影响法庭庭审和裁决。

（7）判决（裁定）。民事判决是指人民法院在对民事案件审理完结时，查明并认定案件事实，正确适用法律，行使国家审判权，对案件中的实体问题作出的权威性判定。一般为协议和解、当庭裁决或者 1 周内告知判决结果。

（8）判决书（裁定书）送达。原告被告同意判决，当事人自动履行裁判文书确定的义务或向人民法院提出执行申请。

（9）上诉时限规定。若一方不同意裁定、判决，在法院裁定书送达之日起 10 日内向上级人民法院提出上诉；法院判决书送达之日起 15 日内向上级人民法院提出上诉。

3.《民法典》规定的亲属包括哪些人？

《民法典》第 1045 条："亲属包括配偶、血亲和姻亲。配偶、父母、子女、兄弟姐妹、祖父母、外祖父母、孙子女、外孙子女为近亲属。配偶、父母、子女和其他共同生活的近亲属为家庭成员。"

"近亲属"一词，包括婚生子女、非婚生子女、养子女和有扶养关系的继子女；包括生父母、养父母和有扶养关系的继父母；本法所说的兄弟姐妹，包括同父母的兄弟姐妹、同父异母的兄弟姐妹和同母异父的兄弟姐妹、养兄弟姐妹和有抚养关系的继兄弟姐妹。

二、刑事诉讼流程和时限规定

1. 刑事诉讼程序

刑事诉讼是指人民法院、人民检察院和公安机关在当事人及其他诉讼参与人的参加下，依照法律规定的程序，解决被追诉者刑事责任问题的活动。通常分为五个环节：①立案；②侦查；③审查起诉；④审判阶段；⑤执行。

2. 刑事追诉的时效性

刑事追诉时效制度的规定具有预防犯罪、保障人权、保证量刑制度的落实、实现法律正义等诸多价值，因而设立该制度很有必要。刑事追诉时效是刑法规定的司法机关追究犯罪人刑事责任的有效期限。犯罪已过法定追诉时效期限的，不再追究刑事责任；已经追究的，应当撤销案件，或不予起诉，或宣告无罪。

《刑法》第 87 条规定："犯罪经过下列期限不再追诉：（一）法定最高刑为不满五年有期徒刑的，经过五年；（二）法定最高刑为五年以上不满十年有期徒刑的，经过十年；（三）法定最高刑为十年以上有期徒刑的，经过十五年；（四）法定最高刑为无期徒刑、死刑的，经过二十年。如果二十年以后认为必须追诉的，须报请最高人民检察院核准。"第 88 条规定："在人民检察院、公安机关、国家安全机关立案侦查或者在人民法院受理案件以后，逃避侦查或者审判的，不受追诉期限的限制。被害人在追诉期限内提出控告，人民法院、人民检察院、公安机关应当立案而不予立案的，不受追诉期限的限制。"第 89 条规定："追诉期限从犯罪之日起计算；犯罪行为有连续或者继续状态的，从犯罪行为终了之日起计算。在追诉期限以内又犯罪的，前罪追诉的期限从犯后罪之日起计算。"

3. 刑事诉讼"近亲属"范围的认定

2018 年修改的《刑事诉讼法》第 108 条规定，"近亲属"是指夫、妻、父、母、子、女、同胞兄弟姐妹。这一条实际上继续沿用 1996 年《刑事诉讼法》第 82 条第（六）项关于近亲属的规定。刑事诉讼中"近亲属"的范围会影响刑事罪行认定。对"近亲属"的认定会直接影响到刑事案件中罪与非罪的认定。

2005 年最高人民法院发布的《关于审理抢劫、抢夺刑事案件适用法律若干问题的意见》第 7 条第 3 款规定："为个人使用，以暴力、胁迫等手段取得家庭成员或近亲属财产的，一般不以抢劫罪定罪处罚。……"2006 年最高人民法院发布的《关于审理未成年人刑事案件具体应用法律若干问题的解释》第 9 条第 3 款规定："已满十六周岁不满十八周岁的人盗窃自己家庭或者近亲属财物，或者盗窃其他亲属财物但其他亲属要求不予追究的，可不按犯罪处理。"

三、行政诉讼流程和时限规定

1. 行政诉讼起诉人必须提供的材料

2018 年最高人民法院施行的《关于适用〈中华人民共和国行政诉讼法〉的解释》（以下简称《行诉法解释》）第 54 条规定，依照《行政诉讼法》第

49 条的规定，公民、法人或其他组织提起诉讼时应当提交以下起诉材料：①原告的身份证明材料以及有效联系方式；②被诉行政行为或者不作为存在的材料；③原告与被诉行政行为具有利害关系的材料；④人民法院认为需要提交的其他材料。

2. 行政诉讼受案范围

《行诉法解释》第 1 条规定："公民、法人或其他组织对行政机关及其工作人员的行政行为不服，依法提起诉讼的，属于人民法院行政诉讼的受案范围。下列行为不属于人民法院行政诉讼的受案范围：（一）公安、国家安全等机关依照刑事诉讼法的明确授权实施的行为；（二）调解行为以及法律规定的仲裁行为；（三）行政指导行为；（四）驳回当事人对行政行为提起申诉的重复处理行为；（五）行政机关作出的不产生外部法律效力的行为；（六）行政机关为作出行政行为而实施的准备、论证、研究、层报、咨询等过程性行为；（七）行政机关根据人民法院的生效裁判、协助执行通知书作出的执行行为，但行政机关扩大执行范围或者采取违法方式实施的除外；（八）上级行政机关基于内部层级监督关系对下级行政机关作出的听取报告、执法检查、督促履责等行为；（九）行政机关针对信访事项作出的登记、受理、交办、转送、复查、复核意见等行为；（十）对公民、法人或其他组织权利义务不产生实际影响的行为。"

3. 准予立案和不予立案的规定

《行诉法解释》第 53 条规定，人民法院对符合起诉条件的案件应当立案。对当事人依法提起的诉讼，人民法院应当根据《行政诉讼法》第 51 条的规定接收起诉状。能够判断符合起诉条件的，应当场登记立案；当场不能判断是否符合起诉条件的，应当在接收起诉状后 7 日内决定是否立案；7 日内仍不能作出判断的，应当先予立案。《行诉法解释》第 55 条规定了不予立案的情况，依照《行政诉讼法》第 51 条的规定，人民法院应当就起诉状内容和材料是否完备以及是否符合行政诉讼法规定的起诉条件进行审查。起诉状内容或者材料欠缺的，人民法院应当给予指导和释明，并一次性全面告知当事人需要补正的内容、补充的材料及期限。在指定期限内补正并符合起诉条件的，应当登记立案。当事人拒绝补正或经补正仍不符合起诉条件的，退回诉状并记录在册；坚持起诉的，裁定不予立案，并载明不予立案的理由。《行诉法解释》第 56 条第 1 款规定，法律、法规规定应当先申请复议，公民、法人或其他组织未申请复议直接提起诉讼的，人民法院裁定不予立案。依照《行政诉讼法》第45条，复议机关不受理复议申请或在法定期限内不作出复议决定，公民、法人或其他组织不服，依法向人民法院起诉，人民法院应立案。

4. 管辖权异议

根据《行诉法解释》第10条规定，人民法院受理案件后，被告提出管辖异议的，应当在收到起诉状副本之日起15日内提出。对当事人提出的管辖异议，人民法院应当进行审查。异议成立的，裁定将案件移送有管辖权的人民法院；异议不成立的，裁定驳回。《行诉法解释》第11条规定："有下列情形之一的，人民法院不予审查：（一）人民法院发回重审或按第一审程序再审的案件，当事人提出管辖异议的；（二）当事人在第一审程序中未按照法律规定的期限和形式提出管辖异议，在二审程序中提出的。"

5. 行政诉讼（群体性）重大案件的管辖权

《行诉法解释》第6条规定："当事人以案件重大复杂为由，认为有管辖权的基层人民法院不宜行使管辖权或者根据行政诉讼法第五十二条的规定，向中级人民法院起诉，中级人民法院应当根据不同情况在七日内分别作出以下处理：（一）决定自行审理；（二）指定本辖区其他基层人民法院管辖；（三）书面告知当事人向有管辖权的基层人民法院起诉。"

6. 行政诉讼"近亲属"的界定

《行诉法解释》第14条第1款规定："行政诉讼法第二十五条第二款规定的'近亲属'，包括配偶、父母、子女、兄弟姐妹、祖父母、外祖父母、孙子女、外孙子女和其他具有扶养、赡养关系的亲属。"

7. 被告主体变更与资格确认

《行诉法解释》第23条规定，行政机关被撤销或者职权变更，没有继续行使其职权的行政机关的，以其所属的人民政府为被告；实行垂直领导的，以垂直领导的上一级行政机关为被告。第26条规定，原告所起诉的被告不适格，法院应当告知原告变更被告；原告不同意变更的，裁定驳回起诉。应当追加被告而原告不同意追加的，法院应当通知其以第三人的身份参加诉讼，但行政复议机关作共同被告的除外。

8. 行政赔偿举证

《行诉法解释》第47条规定，根据《行政诉讼法》第38条第2款，在行政赔偿、补偿案件中，因被告的原因导致原告无法就损害情况举证的，应由被告就该损害情况承担举证责任。各方主张损失的价值无法认定的，应当由负有举证责任的一方当事人申请鉴定；负有举证责任的当事人拒绝申请鉴定的，由其承担不利的法律后果。当事人的损失因客观原因无法鉴定的，法院应当结合当事人的主张和在案证据，遵循法官职业道德，运用逻辑推理和生活经验、生活常识等，酌情确定赔偿数额。

9. 行政诉讼第一审程序

行政诉讼第一审程序是法院对行政案件初次审理所适用的程序。第一审程序有普通程序和特别程序之分。普通程序是法院一般的第一审行政案件广泛适用的程序；特别程序是法院审理特殊类型行政案件所适用的程序。第一审程序的任务是在当事人和其他诉讼参与人的参加下，对行政案件的事实和证据进行法庭调查和辩论，查清案件事实。根据有关法律、法规的规定，作出裁定或判决，解决行政争议，并通过行政案件的审判，向当事人及其他公民、法人或其他组织和行政机关进行遵纪守法和依法行政的宣传教育。

10. 行政诉讼第二审程序

行政诉讼第二审程序是上一级法院对下级法院就第一审行政案件所作的裁判，在其发生法律效力以前，由于当事人的上诉，而对上诉案件进行审理所适用的程序。根据《行政诉讼法》的规定，法院审理行政案件，除最高人民法院管辖的行政案件实行第一审终审外，其他行政案件的审理实行两审终审制。第二审程序是继第一审程序之后的又一个独立的诉讼程序，与第一审程序既有区别又有联系。

第二审程序是为了保证当事人依法行使上诉权和上一级法院依法进行审判而设置的，其发生的基础是第二审法院在审判上的监督权和当事人不服第一审法院对案件所作裁判的上诉权。第二审程序发生后，上一级法院就要继续行使国家赋予的审判权，全面审查第一审法院的判决、裁定在认定事实和适用法律上是否正确，作出终审判决或裁定。第二审程序虽不是每个行政案件的必须程序，但第二审程序可以纠正第一审裁判中的错误，保护行政诉讼当事人的合法权益，有利于上一级法院监督和检查下级法院的行政审判工作。

11. 行政诉讼的时效规定

（1）复议后的起诉时效。《行政诉讼法》第45条规定，公民、法人或者其他组织不服复议决定的，可以在收到复议决定书之日起15日内向人民法院提起诉讼。复议机关逾期不作决定的，申请人可以在复议期满之日起 15 日内向人民法院提起诉讼。法律另有规定的除外。①自侵权之日起计算的时效。应当在知道作出具体行政行为之日起 6 个月内提出。法律另有规定的除外。②当事人不知情者诉讼有效期为 1 年。③不动产行政诉讼时限规定长达 20 年。因不动产提起诉讼的案件自行政行为作出之日起超过 20 年，其他案件自行政行为作出之日起超过 5 年提起诉讼的不予受理。

（2）行政诉讼时效届满。行政诉讼时效届满并不消灭实体权利。诉讼时效届满，导致权利人的胜诉权消失，法院不再予以强制保护。但权利人基于民事法律关系所享有的民事实体权利仍然存在。《民法典》第 192 条规定："诉讼时效期间届满的，义务人可以提出不履行义务的抗辩。诉讼时效期间届满后，义务人同意履行的，不得以诉讼时效期间届满为由抗辩；义务人已经自愿履行的，不得请求返还。"义务人在诉讼时效届满之后自愿向权利人履行义务的，权利人仍然有权接受。不受诉讼时效限制。而且基于当事人实体权利义务的存在，义务人在自愿履行义务后，又以超过诉讼时效为由反悔的，人民法院也不予以支持。

12. 行政诉讼时效的举证责任

最高人民法院《关于行政诉讼证据若干问题的规定》第 4 条规定，向法院起诉时，应当提供其符合起诉条件的相应的证据材料。但被告认为原告起诉超过法定期限的，由被告举证。起诉是否超过起诉期限的举证责任在行政机关。《行诉法解释》第 69 条规定，超过法定起诉期限且无时效中止情形的将被驳回起诉。

13. 不当得利返还

如果有证据证明实体权利本身已因其他原因而消灭的，则履行义务的义务人可以不当得利为由要求返还。

四、公益诉讼案件程序与时限规定

1. 公益诉讼分两类

（1）民事公益诉讼。检察机关在履行职责中发现的侵害众多消费者合法权益等损害社会公共利益的案件。包括生态环境和资源保护、食品药品安全领域。

（2）行政公益诉讼。行政机关违法行使职权或不作为，造成国家和社会公共利益受到侵害的案件。包括生态环境和资源保护、食品药品安全、国有财产保护、国有土地使用权出让等领域。

2. 公益诉讼案件办案范围

民事公益诉讼办案范围：检察机关对履行职责中发现的破坏生态环境和资源保护、食品药品安全领域的案件可以提起民事公益诉讼。案件范围为因侵权人实施的污染环境、破坏资源、食品药品安全、国有土地使用权出让、国有财产保护、侵害众多消费者权益等行为造成的生态遭受损害、其他社会公共利益遭受损害、有重大损害危险行为的案件。刑事附带民事公益诉讼办案范围：人民检察院对破坏生态环境和资源保护、食品药品安全领域侵害众多消费者合法权益等损害社会公共利益的犯罪行为提起公诉时，可以向人民法院一并提起附带民事公益诉讼，由人民法院统一组织审理。

3. 检察机关对行政公益诉讼案件予以审查的过程

（1）诉前审查监督程序。检察机关对调查所收到的材料内容进行审查。诉前审查终结的，制作《诉前审查报告》，经检察官办案组集体讨论形成意见后，报检察长批准。诉前审查结果一般有两种：第一种，终结审查的，应制作《终结审查决定书》；第二种，经查确有公共利益受到侵害的，应向行政机关提出检察建议，督促其依法履行职责。检察机关要在 7 日内将《检察建议》发送给被监督的行政机关，行政机关应当在收到检察建议书后 1 个月内依法办理，并将办理情况及时书面回复检察机关。检察机关对其履职行为和过程进行监督。

（2）起诉审查程序。人民检察院制作《起诉审查报告》，并提出具体处理意见，由检察官办案组集体形成意见后，报经检察长批准。决定起诉的，制作《行政公益起诉书》；决定不提起诉讼的，制作《结案决定书》。

4. 公益诉讼案件办理程序

（1）民事公益诉讼办理程序。当社会公共利益处于受侵害状态，经过诉前程序，法律规定的机关和有关组织没有提起民事公益诉讼，或者没有适格主体提起诉讼，检察机关就可以提起民事公益诉讼。

（2）行政公益诉讼的时效。我国公益诉讼起步晚，截至 2020 年初，我国还没有专门针对公益诉讼的时限规定。可参照最高法对行政诉讼法相关时效解释执行。《刑诉法解释》第 64 条第 1 款规定："行政机关作出具体行政行为时，未告知公民、法人或者其他组织起诉期限的，起诉期限从公民、法人或者其他组织知道或者应当知道起诉期限之日起计算，但从知道或者应当知道具体行政行为内容之日起最长不得超过一年。"遇到行政公益诉讼时效问题，检察机关根据具体情况确定，可以参照最高人民法院司法解释为"一年期限"。

第八节 违纪违规检举控告程序与规则

一、《宪法》规定的公民检举权利（摘要）

依据 2018 年《宪法》，党员干部和普通群众均享有对国家工作人员的监督权。《宪法》第 33 条规定："凡具有中华人民共和国国籍的人都是中华人民共和国公民。中华人民共和国公民在法律面前一律平等。国家尊重和保障人权。任何公民享有宪法和法律规定的权利，同时必须履行宪法和法律规定的义务。"第 41 条规定："中华人民共和国公民对于任何国家机关和国家工作人员，有提出批评和建议的权利；对于任何国家机关和国家工作人员的违法失职行为，有向有关国家机关提出申诉、控告或者检举的权利，但是不得捏造或者歪曲事实进行诬告陷害。对于公民的申诉、控告或者检举，有关国家机关必须查清事实，负责处理。任何人不得压制和打击报复。由于国家机关和国家工作人员侵犯公民权利而受到损失的人，有依照法律规定取得赔偿的权利。"

二、《监察法》规定的公民检举权利（摘要）

2018 年颁布的《监察法》对人民监督、社会监督、检举举报也有明确规定。《监察法》第 54 条规定："监察机关应当依法公开监察工作信息，接受民主监督、社会监督、舆论监督。"第 56 条规定："监察人员必须模范遵守宪法和法律，忠于职守、秉公执法，清正廉洁、保守秘密；必须具有良好的政治素质，熟悉监察业务，具备运用法律、法规、政策和调查取证等能力，自觉接受监督。"

《监察法》第 58 条规定："办理监察事项的监察人员有下列情形之一的，应当自行回避，监察对象、检举人及其他有关人员也有权要求其回避：（一）是监察对象或者检举人的近亲属的；（二）担任过本案的证人的；（三）本人或者其近亲属与办理的监察事项有利害关系的；（四）有可能影响监察事项公正处理的其他情形的。"第 63 条规定："有关人员违反本法规定，有下列行为之一的，由其所在单位、主管部门、上级机关或者监察机关责令改正，依法给予处理：（一）不按要求提供有关材料，拒绝、阻碍调查措施实施等拒不配合监察机关调查的；（二）提供虚假情况，掩盖事实真相的；（三）串供或伪造、隐匿、毁灭证据的；（四）阻止他人揭发检举、提供证据的；（五）其他违反本法规定的行为，情节严重的。"

三、《中国共产党章程》规定的检举举报权利（摘要）

检举举报是写入中国共产党章程的党员基本权利之一，党员和普通公民对党员干部均享有监督权和检举举报权。《中国共产党章程》第 4 条第（四）项规定："在党的会议上有根据地批评党的任何组织和任何党员，向党负责地揭发、检举党的任何组织和任何党员违法乱纪的事实，要求处分违法乱纪的党员，要求罢免或撤换不称职的干部。"第 4 条第（六）项规定："在党组织讨论决定对党员的党纪处分或作出鉴定时，本人有权参加和进行申辩，其他党员可以为他作证和辩护。"第 4 条第（八）项规定："向党的上级组织直至中央提出请求、申诉和控告，并要求有关组织给以负责的答复。"

四、《中国共产党党内监督条例》规定的党员检举权利（摘要）

《中国共产党党内监督条例》是针对组织、党员个体和人民群众的一部专门的监督法规，条例规定了重点监督对象："党内监督的重点对象是党的领导机关和领导干部特别是主要领导干部。"

第 36 条　党员应当本着对党和人民事业高度负责的态度，积极行使党员权利，履行下列监督义务：

（一）加强对党的领导干部的民主监督，及时向党组织反映群众意见和诉求；

（二）在党的会议上有根据地批评党的任何组织和任何党员，揭露和纠正工作中存在的缺点和问题；

（三）参加党组织开展的评议领导干部活动，勇于触及矛盾问题、指出缺点错误，对错误言行敢于较真、敢于斗争；

（四）向党负责地揭发、检举党的任何组织和任何党员违纪违法的事实，坚决反对一切派别活动和小集团活动，同腐败现象作坚决斗争。

第39条　各级党组织和党的领导干部应当认真对待、自觉接受社会监督，利用互联网技术和信息化手段，推动党务公开、拓宽监督渠道，虚心接受群众批评。新闻媒体应当坚持党性和人民性相统一，坚持正确导向，加强舆论监督，对典型案例进行剖析，发挥警示作用。

第41条　党组织对监督中发现的问题应当做到条条要整改、件件有着落。整改结果应当及时报告上级党组织，必要时可以向下级党组织和党员通报，并向社会公开。

对于上级党组织交办以及巡视等移交的违纪问题线索，应当及时处理，并在3个月内反馈办理情况。

第43条　党组织应当保障党员知情权和监督权，鼓励和支持党员在党内监督中发挥积极作用。提倡署真实姓名反映违纪事实，党组织应当为检举控告者严格保密，并以适当方式向其反馈办理情况。对干扰妨碍监督、打击报复监督者的，依纪严肃处理。

五、《公务员法》对公务员遵纪守法的要求（摘要）

第59条　公务员应当遵纪守法，不得有下列行为：

（一）散布有损宪法权威、中国共产党和国家声誉的言论，组织或者参加旨在反对宪法、中国共产党领导和国家的集会、游行、示威等活动；

（二）组织或者参加非法组织，组织或者参加罢工；

（三）挑拨、破坏民族关系，参加民族分裂活动或者组织、利用宗教活动破坏民族团结和社会稳定；

（四）不担当，不作为，玩忽职守，贻误工作；

（五）拒绝执行上级依法作出的决定和命令；

（六）对批评、申诉、控告、检举进行压制或者打击报复；

（七）弄虚作假，误导、欺骗领导和公众；

（八）贪污贿赂，利用职务之便为自己或者他人谋取私利；

（九）违反财经纪律，浪费国家资财；

（十）滥用职权，侵害公民、法人或者其他组织的合法权益；

（十一）泄露国家秘密或者工作秘密；

（十二）在对外交往中损害国家荣誉和利益；

（十三）参与或者支持色情、吸毒、赌博、迷信等活动；

（十四）违反职业道德、社会公德和家庭美德；

（十五）违反有关规定参与禁止的网络传播行为或者网络活动；

（十六）违反有关规定从事或者参与营利性活动，在企业或者其他营利性组织中兼任职务；

（十七）旷工或者因公外出、请假期满无正当理由逾期不归；

（十八）违纪违法的其他行为。

六、《公职人员政务处分法》的规定

《公职人员政务处分法》于 2020 年 6 月 20 日十三届全国人大常委会第十九次会议通过。自 2020 年 7 月 1 日起施行。

第 30 条 有下列行为之一的，予以警告、记过或者记大过；情节严重的，予以降级或者撤职：

············

（二）拒不执行或者变相不执行、拖延执行上级依法作出的决定、命令的。

第 32 条 有下列行为之一的，予以警告、记过或者记大过；情节较重的，予以降级或者撤职；情节严重的，予以开除：

············

（三）对依法行使批评、申诉、控告、检举等权利的行为进行压制或者打击报复的；

············

第 33 条第 1 款 有下列行为之一的，予以警告、记过或者记大过；情节较重的，予以降级或者撤职；情节严重的，予以开除：

（一）贪污贿赂的；

（二）利用职权或者职务上的影响为本人或者他人谋取私利的；

（三）纵容、默许特定关系人利用本人职权或者职务上的影响谋取私利的。

第 34 条 收受可能影响公正行使公权力的礼品、礼金、有价证券等财物

的，予以警告、记过或者记大过；情节较重的，予以降级或者撤职；情节严重的，予以开除。

向公职人员及其特定关系人赠送可能影响公正行使公权力的礼品、礼金、有价证券等财物，或者接受、提供可能影响公正行使公权力的宴请、旅游、健身、娱乐等活动安排，情节较重的，予以警告、记过或者记大过；情节严重的，予以降级或者撤职。

第38条第1款 有下列行为之一，情节较重的，予以警告、记过或者记大过；情节严重的，予以降级或者撤职：

（一）违反规定向管理服务对象收取、摊派财物的；

（二）在管理服务活动中故意刁难、吃拿卡要的；

（三）在管理服务活动中态度恶劣粗暴，造成不良后果或者影响的；

（四）不按照规定公开工作信息，侵犯管理服务对象知情权，造成不良后果或者影响的；

（五）其他侵犯管理服务对象利益的行为，造成不良后果或者影响的。

第39条 有下列行为之一，造成不良后果或者影响的，予以警告、记过或记大过；情节较重的，予以降级或者撤职；情节严重的，予以开除：

（一）滥用职权，危害国家利益、社会公共利益或者侵害公民、法人、其他组织合法权益的；

（二）不履行或者不正确履行职责，玩忽职守，贻误工作的；

（三）工作中有形式主义、官僚主义行为的；

（四）工作中有弄虚作假，误导、欺骗行为的；

（五）泄露国家秘密、工作秘密，或者泄露因履行职责掌握的商业秘密、个人隐私的。

第40条第1款 有下列行为之一的，予以警告、记过或者记大过；情节较重的，予以降级或者撤职；情节严重的，予以开除：

（一）违背社会公序良俗，在公共场所有不当行为，造成不良影响的；

（二）参与或者支持迷信活动，造成不良影响的；

（三）参与赌博的；

（四）拒不承担赡养、抚养、扶养义务的；

（五）实施家庭暴力，虐待、遗弃家庭成员的；

（六）其他严重违反家庭美德、社会公德的行为。

公民遇到国家公职人员有以上不作为、乱作为的违法行为，可以直接向当地监察委举报。这是国家法律赋予每个公民的权利。

第九节 司法收监执行程序

一、刑罚执行程序：收监

收监是指关进监狱，又称收押。收监是对罪犯执行刑罚，实施惩罚和改造的首要环节。监狱、拘役所等国家刑罚执行机关对被判处死刑及死刑缓期二年执行、无期徒刑、有期徒刑和拘役的罪犯依照法定程序予以收监关押的执法活动。为了保证准确执行刑罚，有效地惩罚和改造罪犯，收监必须严格依法进行。监狱按照法定程序将被判处死刑缓期二年执行、无期徒刑、有期徒刑的罪犯收押入监。收监意味着刑罚执行的开始，是一项严肃的执法活动，必须严格依照法定程序执行。

羁押罪犯的公安机关在收到人民法院对被判处死刑缓期二年执行、无期徒刑、有期徒刑罪犯的执行通知书、判决书之日起1个月内应当将罪犯送交监狱执行刑罚。罪犯收监后，监狱应通知罪犯家属，通知书应当自收监之日起5日内发出。

二、收监的条件

人民法院在将罪犯交付监狱执行刑罚时，应当同时送达必备的法律文书，包括检察院的起诉书副本，法院的判决书、执行通知书和结案登记表。监狱在罪犯被交付执行时，如果没有收到上述法律文书，不得收监。上述文件不齐全或记载有误的，作出生效判决的法院应当及时补充或者作出更正；对其中可能导致错误收监的，不予收监。

根据我国《监狱法》的规定，收监条件是：①必须是判处死刑缓期二年执行、无期徒刑和有期徒刑的罪犯。②不具有应暂予监外执行的法定情况。③必须具有检察院的起诉书副本、法院的判决书、执行通知书、罪犯结案登记表等法律文书。监狱没有收到上述文件不得收监；上述文件不齐全或记载有误可能导致错误收监的，不予收监。

三、收监对象

《刑事诉讼法》第264条第2款规定："对被判处死刑缓期二年执行、无期徒刑、有期徒刑的罪犯，由公安机关依法将该罪犯送交监狱执行刑罚。对被判处有期徒刑的罪犯，在被交付执行刑罚前，剩余刑期在三个月以下的，由看守所代为执行。对被判处拘役的罪犯，由公安机关执行。"可见，我国刑罚执行机关收押的对象是被判处死刑缓期二年执行、无期徒刑、有期徒刑和拘役的罪犯。

四、收押机关与三种收监场所

犯人的收押机关主要有监狱、拘役所和看守所三种。根据刑罚的轻重选择不同的收监场所。①《监狱法》第2条规定，被判处死刑缓期二年执行、无期徒刑、有期徒刑的罪犯，在监狱内执行刑罚。②对在被交付执行刑罚前，剩余刑期在3个月以下的罪犯，由看守所代为执行。③被判处拘役的犯罪分子由公安机关就近执行，即有拘役所的放在拘役所执行，没有拘役所的可放在就近的监狱执行，远离监狱的，可放在看守所内执行。

五、收监程序

监狱收押罪犯必须遵守一定的工作规程，按照我国《监狱法》规定，监狱收押罪犯的程序是：

1. 审查送押罪犯的法律文书

即审查人民法院的刑事判决书是否已发生法律效力，人民检察院的起诉书副本、人民法院的判决书、执行通知书、结案登记表是否齐备，记载是否有误。

2. 对送押罪犯进行身体检查

检查罪犯是否患有严重疾病，女犯是否正怀孕或哺乳婴儿等。

3. 人身和物品检查

如发现违禁品或赃物，应当予以没收，送请法院处理；如发现可供侦查审判的材料，应及时送交主管的侦查、审判机关。

4. 为收监的罪犯填写《罪犯入监登记表》

《罪犯入监登记表》是收押新入监的罪犯所填写的登记罪犯身份和基本概

况的表格类执法文书。由五部分组成：①标题。填写单位名称和入监时间。②罪犯的基本概况。填明姓名、性别、民族、出生年月、文化程度、拘留时间、逮捕机关、判决机关、罪名、刑种、刑期、起止日期、剥夺政治权利年限、捕前职业和政治面貌、有何特长、籍贯、口音、家庭住址、受过何种惩处等 22 项，不能漏项。③本人简历。写明履历，还要将其性格、特征等逐一说明。④主要犯罪事实。以法院判决书为准，需要逐条归类摘录。⑤家庭成员及主要社会关系。填清关系、姓名、性别、年龄、工作单位、住址、政治面貌等 7 项，不能漏项。

5. 向罪犯家属发出通知书

罪犯入监后，监狱 5 日内通知其家属。对无家属的罪犯，监狱可通知其所在单位、基层组织或原居住地的公安派出所。

第十节　依法限制公民人身自由的场所

根据我国现有法律规定，派出所和公安局审讯室、看守所（包括犯人劳动改造场所）、拘留所、监察委指定的留置场所和监狱等场所具备限制人身自由的强制权。

一、公安机关审讯场所

1. 派出所和公安局案件审理室

派出所为公安系统的基层组织，上级公安机关的派出机构。在我国，派出所依照国家治安管理法规和上级公安机关规定的权限履行职权，其主要任务是：受理公民报案；同犯罪分子做斗争；防控各种事故的发生，管理社会治安，维护公共秩序；保障人民合法权益不受侵犯等。根据我国相关法律规定，公安局侦查部门和派出所，作为社会治安管理和案件侦查机构，可以依法对涉嫌刑事犯罪嫌疑人或者其他违法犯罪分子采取传唤措施。应当将传唤的原因和依据告知被传唤人。对无正当理由不接受传唤或者逃避传唤的人，可以强制传唤。《治安管理处罚法》第 83 条规定，对违反治安管理行为人，公安机关传唤后应当及时询问查证，询问查证的时间不得超过 8 小时；情况复杂，依照本法规定可能适用行政拘留处罚的，询问查证的时间不得超过 24 小时。公安机关应当及时将传唤的原因和处所通知被传唤人家属。从法律程序上说，公安局侦查部门使用的审讯室和派出所对涉案当事人或者犯罪嫌疑人具有限制人身自由最长不超过 24 小时的权力。

2. 看守所

看守所是羁押依法被逮捕、刑事拘留的犯罪嫌疑人的机关。被判处有期徒刑的罪犯，在被交付执行刑罚前，剩余刑期在 3 个月以下的，由看守所代为执行。

3. 拘留所

拘留所是依据中国现行的法律、法规、条例和相关规定而设置的羁押场所，由公安部门统一负责管理。

二、纪检监察机关留置场所

这是针对公务人员涉嫌犯罪审查调查期间限制人身自由的场所。《监察法》第 22 条第 1 款规定："被调查人涉嫌贪污贿赂、失职渎职等严重职务违法或者职务犯罪，监察机关已经掌握其部分违法犯罪事实及证据，仍有重要问题需要进一步调查，并有下列情形之一的，经监察机关依法审批，可以将其留置在特定场所：（一）涉及案情重大、复杂的；（二）可能逃跑、自杀的；（三）可能串供或者伪造、隐匿、毁灭证据的；（四）可能有其他妨碍调查行为的。"经过上级监察机关批准或国家监察委员会备案，可以对监察调查对象留置 3 个月，经过批准还可以再延长 3 个月。限制人身自由最长不超过 6 个月。留置是最重要的监察措施，必须实行最严格的监督。留置场所的设置、管理和监督依照国家有关规定执行。有条件的地区建设了留置专区等专门场所。留置专区的整体管理由监察委员会负责，监控巡视看护安全管理工作由公安机关负责。同时，规定留置过程必须全程同步录音录像，强化对留置过程的实时监督。确保留置工作中监察机关与公安机关各司其职、各负其责、相互制约的工作机制，切实保障被留置人的合法权益，有效杜绝留置过程中的违法违规行为。暂时没有建立留置专区的地区，由监察委和纪委指定的安全场所，由纪委监察委派专职干部对被审查调查人值守。由当地公安干警和辅警配合值守，以确保被调查审查人的人身安全。

三、监禁的场所：监狱

依照《刑法》和《刑事诉讼法》的规定，被判处死刑缓期二年执行、无期徒刑、有期徒刑的罪犯，在监狱内执行监禁刑罚。对罪犯实行惩罚和改造相结合、教育和劳动相结合的原则，将罪犯改造成为守法公民。监狱的主管部门是监狱管理局，最高行政主管部门是司法部。

《看守所条例》规定，看守所是羁押依法被逮捕、刑事拘留的人犯的机关。被判处有期徒刑1年以下，或余刑在1年以下，不便送往劳动改造场所执行的罪犯，也可由看守所监管。看守所的任务是依据国家法律对被羁押的人犯实行武装警戒看守，保障安全；对人犯进行教育；管理人犯的生活和卫生；保障侦查、起诉和审判工作的顺利进行。

第十一节　减刑流程

一、减刑制度

《刑法》第78条规定，减刑是指对于被判处管制、拘役、有期徒刑和无期徒刑的犯罪分子，在刑罚执行期间，由于认真遵守监规，接受教育改造，确有悔改或者立功表现，因而将其原判刑罚予以适当减轻的制度。

二、减刑的条件

1. 减刑对象条件

减刑只适用于被判处管制、拘役、有期徒刑、无期徒刑的犯罪分子。说明减刑的适用对象，只有刑罚种类的限制，没有刑期长短和犯罪性质的限制。只要是被判处上述四种刑罚之一的犯罪分子，无论其犯罪行为是故意犯罪还是过失犯罪，是重罪还是轻罪，只要具备法定的减刑条件，都可以减刑。

2. 实质条件

减刑的实质条件是指受刑人在刑罚执行过程中确有悔改或立功表现。将有悔改或立功表现作为减刑的实质条件，激励人犯继续努力改造，逐步减少以至消除犯罪人的人身危险性，使其不再危害社会。受刑人的人身危险性是否减少以至消除，重要的标志是其在刑罚执行期间是否确有悔改或立功表现。刑法规定减刑可以分为可以减刑与应当减刑两种情况，前者是相对减刑，后者是绝对减刑，现分述如下：

（1）相对减刑的实质条件。在刑罚执行期间，认真遵守监规，接受教育改造，确有悔改表现或有立功表现。相对减刑具有两种实质条件：一是悔改表现；二是立功表现。悔改和立功通常是相通的。悔改和立功并不要求同时具备，具备其中之一就可以减刑。

（2）绝对减刑的实质条件。在刑罚执行期间，受刑人具有重大立功表现。根据《刑法》第78条规定，重大立功表现主要是指：①阻止他人重大犯罪活动的，即受刑人在服刑期间，发现他人正在进行重大犯罪活动而予以制止。②检举监狱内外重大犯罪活动的，即受刑人在服刑期间，发现他人在监狱内正在进行重大犯罪活动而予以告发或获知他人在监狱外有重大犯罪活动的线索而予以揭发。③有发明创造或者重大技术革新的，即学有专长的受刑人在服刑期间认真钻研科技，有发明创造或者重要技术革新。④在日常生产、生活中舍己救人的，即受刑人在他人的人身遭受严重危险的情况下，奋不顾身，抢救他人。⑤在抗御自然灾害或者排除重大事故中，有突出表现的，即在抗御自然灾害或排除重大事故的紧要关头，受刑人积极投入救灾抢险，表现突出。⑥对国家和社会有其他重大贡献的。只有与前五项情形相当者，才能视为对国家和社会有其他重大贡献而应当减刑。

（3）限度条件。主要是基于以下考虑：①维护原判决的稳定性和权威性。②报应因素。原判刑罚体现了刑罚的报应性。③威慑因素。如果减刑没有限度，势必减弱一般预防效果。对减刑设置一定的限度条件是完全必要的。我国《刑法》第78条第2款规定，减刑以后实际执行的刑期，判处管制、拘役、有期徒刑的，不能少于原判刑期的1/2；判处无期徒刑的，不能少于13年；对于依法律规定限制减刑的死刑缓期二年执行的罪犯，缓期执行期满后依法减为无期徒刑的，不能少于25年，缓期执行期满后依法减为25年有期徒刑的，不能少于20年。我国减刑的形式有两种：一是刑种的变更，例如，将无期徒刑减为有期徒刑；二是刑期的变更，例如，有期徒刑本身刑期的缩短。除无期徒刑的限度是实际执行13年以外，其他刑罚的限度采用的是比例制，即实际执行的刑期，不能少于原判刑期的1/2。这也体现了刑罚的公正性。

第四章 | CHAPTER 04

《民法典》与公民法务

第一节 《民法典》出台背景简介

1997 年 9 月，中共十五大报告首次明确提出"建立社会主义法治国家"；2014 年 10 月，党的十八届四中全会通过《中共中央关于全面推进依法治国若干重大问题的决定》，把实现"科学立法、严格执法、公正司法、全民守法"作为全面推进依法治国的重要环节。2014 年中共中央提出法治国家、法治政府、法治社会"三位一体"建设任务，2015 年中共中央、国务院提出《法治政府建设实施纲要（2015-2020 年）》，编纂《中华人民共和国民法典》是其中一项。2015 年春天，全国人大常委会法制工作委员会启动民法典编撰。2019 年 12 月，全国人大常委会法制工作委员会对民法典各分编草案进行了修改完善。《民法典（草案）》共 7 编，依次为总则编、物权编、合同编、人格权编、婚姻家庭编、继承编、侵权责任编以及附则，共 1260 条。2020 年 5 月 28 日，第十三届全国人民代表大会第三次会议表决通过，2021 年 1 月 1 日起施行。

第二节 《民法典》出台的意义与价值

一、《民法典》是中国有史以来第一部完整的民法大典

1930 年中华民国民法典编撰，由于当时中国法学人才短缺，编修法条不够专业；1954 年至 1956 年民法分编虽有起草，但因不系统而没有通过；1964 年再次起草，后来因为政治运动被搁置。五十多年后的今天，完整版的《民法典》终于得以出台，这是中国民法界一件大事，也是中国法治文明建设的一个重大成就。

二、《民法典》是中国民法领域的各种专门法律的集成

《民法典》类似一部中国民法大全，有民事法律百科全书的性质；它把《民法通则》《民法总则》《婚姻法》《继承法》《收养法》《物权法》《担保法》《侵权责任法》等八部法律合并为一部，增加了人格权编，共有7编，依次为总则编、物权编、合同编、人格权编、婚姻家庭编、继承编、侵权责任编以及附则。

三、《民法典》充分体现了以人为本的法治精神

《民法典》强调平等与人权的法治精神，专设人格权编。强调"人权价值高于物权价值"。《民法典》第2条对这部法典的定位做了描述："民法调整平等主体的自然人、法人和非法人组织之间的人身关系和财产关系。"第3条规定："民事主体的人身权利、财产权利以及其他合法权益受法律保护，任何组织或者个人不得侵犯。"第4条规定："民事主体在民事活动中的法律地位一律平等。"这些条款不仅在中国过去的法律条文中没有明确表述，在司法实践中，政府法人也很难与自然人、公民之间在主体地位上完全实现平等。过去只有《宪法》中有"法律面前人人平等"的表述。但是，并没有包括"法人"组织在内的明确表述，依然是普通民众理解的所有自然人。现在《民法典》明确表述，"自然人、法人和非法人组织（三种不同的）民事主体在民事活动中的法律地位一律平等"。有了法理上完全平等的地位，才会有法院依法作出的公平、公正判决。因此，从立法创新角度看，《民法典》最有价值的是"人格权编"。

第三节 《民法典》疑难问题解答

一、《民法典》民事权利的相关问题

1. 公民面临的两个法律底线是什么？

【答】《民法典》第8条："民事主体从事民事活动，不得违反法律，不得违背公序良俗。"公民做事的两个底线：（1）是否违背法律法规的规定；（2）是否违背社会公共秩序与善良风俗。

【案例】个别农村地区"婚闹"习俗中的违法行为，使人受伤或遭到猥亵、性侵等。某市一女孩因为房屋中介没有退还租房押金，一气之下给房屋中介送花圈。这些都是违背公序良俗的行为。

2. 为何不得违背节约和环保原则？

【答】《民法典》第9条："民事主体从事民事活动，应当有利于节约资源、保护生态环境。"作为有社会责任感的公民，我们应该遵循的生活原则是：（1）倡导节约，反对浪费，特别是餐桌上的浪费触目惊心。（2）倡导低碳生活，保护生态环境。

【案例】某商人一桌生日宴会吃掉200多万元。某女士购买鞋子3000多双，各种女式包300多个，价值千万元。针对这种浪费现象，作家莫言在日本演讲时说："富人奢侈浪费是有罪的。"

3. 处理民事纠纷依据哪些原则？

【答】《民法典》第10条规定："处理民事纠纷，应当依照法律；法律没有规定的，可以适用习惯，但是不得违背公序良俗。"

【体会】公民处理民事纠纷应该掌握三条原则：①依据国家法律法规（含党纪政规）；②中华民族沿袭传承的文化习惯；③不得违背公共秩序与风俗美德。处理纠纷的方法包括：①当事人协商；②居间人调解；③人民调解与基层司法所调解；④投诉与行政调解；⑤到仲裁机构申请仲裁；⑥通过司法诉讼，法院裁定等。

4. 胎儿是否具有民事行为权利？

【答】《民法典》第14条规定："自然人的民事权利能力一律平等。"第16条规定："涉及遗产继承、接受赠与等胎儿利益保护的，胎儿视为具有民事权利能力。但是，胎儿娩出时为死体的，其民事权利能力自始不存在。"由此可见，自然人（包括胎儿）出生后只要是活体，就有民事权利能力，但是不一定有民事行为能力。

5. 民事行为能力有何规定？

【答】《民法典》第17条规定："十八周岁以上的自然人为成年人。不满十八周岁的自然人为未成年人。"第18条规定："成年人为完全民事行为能力人，可以独立实施民事法律行为。十六周岁以上的未成年人，以自己的劳动收入为主要生活来源的，视为完全民事行为能力人。"第19条规定："八周岁以上的未成年人为限制民事行为能力人，实施民事法律行为由其法定代理人代理或者经其法定代理人同意、追认；但是，可以独立实施纯获利益的民事法律行为或者与其年龄、智力相适应的民事法律行为。"第20条规定："不满八周岁的未成年人为无民事行为能力人，由其法定代理人代理实施民事法律行为。"

法律规定的民事行为能力和自然人年龄有关，8周岁以下为"无民事行为能力人"；8周岁以上16周岁以下的属于法律规定的"限制民事行为能力人"；16周岁至18周岁为"不完全民事行为能力人"；18周岁以上才是"完全民事行为能力人"，但是有智力障碍和心智糊涂的老年人也是"不完全民事行为能力人"，其民事行为责任需要监护人确认、追认并承担。

6. 公民出生与死亡时间如何确认？

【答】《民法典》第15条规定："自然人的出生时间和死亡时间，以出生证明、死亡证明记载的时间为准；没有出生证明、死亡证明的，以户籍登记或者其他有效身份登记记载的时间为准。有其他证据足以推翻以上记载时间的，以该证据证明的时间为准。"

7. "失独"的父母可以提前为自己选定监护人吗？

【答】《民法典》第33条规定："具有完全民事行为能力的成年人，可以与其近亲属、其他愿意担任监护人的个人或者组织事先协商，以书面形式确定自己的监护人，在自己丧失或者部分丧失民事行为能力时，由该监护人履行监护职责。"这里的近亲属包括当事人的兄弟、姐妹的子女，即侄子、侄女；外甥、外甥女等。

8. 有暴虐行为的父母是否会被撤销监护资格？

【答】《民法典》第36条规定："监护人有下列情形之一的，人民法院根据有关个人或者组织的申请，撤销其监护人资格，安排必要的临时监护措施，并按照最有利于被监护人的原则依法指定监护人：（一）实施严重损害被监护人身心健康的行为；（二）怠于履行监护职责，或者无法履行监护职责且拒绝将监护职责部分或者全部委托给他人，导致被监护人处于危困状态；（三）实施严重侵害被监护人合法权益的其他行为。本条规定的有关个人、组织包括：其他依法具有监护资格的人，居民委员会、村民委员会、学校、医疗机构、妇女联合会、残疾人联合会、未成年人保护组织、依法设立的老年人组织、民政部门等。前款规定的个人和民政部门以外的组织未及时向人民法院申请撤销监护人资格的，民政部门应当向人民法院申请。"

9. 被撤销监护资格者依然需要承担赡养义务吗？

【答】《民法典》第 37 条规定："依法负担被监护人抚养费、赡养费、扶养费的父母、子女、配偶等，被人民法院撤销监护人资格后，应当继续履行负担的义务。"由此可见，法定监护人经人民法院撤销监护人资格后，只要子女未成年就必须继续支付抚养费，对负有赡养义务的父母（被监护人）应当继续支付赡养费；对离婚或者被遗弃没有自主生活能力的配偶应当继续支付扶养费。

10. 被撤销监护资格者是否有反悔权？

【答】《民法典》第 38 条规定："被监护人的父母或者子女被人民法院撤销监护人资格后，除对被监护人实施故意犯罪的外，确有悔改表现的，经其申请，人民法院可以在尊重被监护人真实意愿的前提下，视情况恢复其监护人资格，人民法院指定的监护人与被监护人的监护关系同时终止。"

11. 民事法律行为在什么情况下有效？

【答】《民法典》第 143 条规定："具备下列条件的民事法律行为有效：（一）行为人具有相应的民事行为能力；（二）意思表示真实；（三）不违反法律、行政法规的强制性规定，不违背公序良俗。"

12. "民俗习惯"可以作为法官的裁定依据吗？

【答】《民法典》第 153 条规定："违反法律、行政法规的强制性规定的民事法律行为无效。……违背公序良俗的民事法律行为无效。"处理民事诉讼纠纷，法官应当依照法律；法律法规没有规定的，可以适用当地约定俗成的习惯，但是不得违背公序良俗。

13. 在什么情况下民事法律行为无效？

【答】①《民法典》第 8 条规定："民事主体从事民事活动，不得违反法律，不得违背公序良俗。"②第 144 条规定："无民事行为能力人实施的民事法律行为无效。"③第 145 条："限制民事行为能力人实施的纯获利益的民事法律行为或者与其年龄、智力、精神健康状况相适应的民事法律行为有效；实施的其他民事法律行为经法定代理人同意或者追认后有效。相对人可以催告法定代理人自收到通知之日起三十日内予以追认。法定代理人未作表示的，视为拒绝追认。民事法律行为被追认前，善意相对人有撤销的权利。撤销应当以通知的方式作出。"④第 146 条："行为人与相对人以虚假的意思表示实施的民事法律行为无效。以虚假的意思表示隐藏的民事法律行为的效力，依照有关法律规定处理。"⑤第 147 条："基于重大误解实施的民事法律行为，行为人有权请求人民法院或者仲裁机构予以撤销。"⑥第 148 条："一方以欺诈手段，使对方在违背真实意思的情况下实施的民事法律行为，受欺诈方有权请求人民法院或者仲裁机构予以撤销。"⑦第 149 条："第三人实施欺诈行为，使一方在违背真实意思的情况下实施的民事法律行为，对方知道或者应当知道该欺诈行为的，受欺诈方有权请求人民法院或者仲裁机构予以撤销。"⑧第 150 条："一方或者第三人以胁迫手段，使对方在违背真实意思的情况下实施的民事法律行为，受胁迫方有权请求人民法院或者仲裁机构予以撤销。"⑨第 151 条："一方利用对方处于危困状态、缺乏判断能力等情形，致使民事法律行为成立时显失公平的，受损害方有权请求人民法院或者仲裁机构予以撤销。"

14. 民事法律行为无效会产生哪些法律后果？

【答】无效的或者被撤销的民事法律行为自始没有法律约束力。《民法典》第 153 条："违反法律、行政法规的强制性规定的民事法律行为无效。但是，该强制性规定不导致该民事法律行为无效的除外。违背公序良俗的民事法律行为无效。"第 157 条："民事法律行为无效、被撤销或者确定不发生效力后，行为人因该行为取得的财产，应当予以返还；不能返还或者没有必要返还的，应当折价补偿。有过错的一方应当赔偿对方由此所受到的损失；各方都有过错的，应当各自承担相应的责任。法律另有规定的，依照其规定。"

15. 成年之后能否向父母要回压岁钱？

【答】《民法典》第 190 条规定："无民事行为能力人或者限制民事行为能力人对其法定代理人的请求权的诉讼时效期间，自该法定代理终止之日起计算。"按照这个规定，成年人是完全民事行为能力人，子女成年后要回父母代管的压岁钱是符合法律的。

16. 学生受伤学校要负责吗？

【答】学生在学校期间受到伤害，学校如果没有尽到教育、管理职责便要负责。对于无民事行为能力人，学校适用的通常都是过错推定责任，也就是要求学校要尽到更高的管理职责。学校如果未尽到教育、管理职责便要负责。根据《民法典》侵权责任编的规定，无民事行为能力人（一般是指不满 8 周岁的未成年人）在学校期间受到伤害的，学校要负责。但是学校能够证明已经尽到了教育和管理的职责，可以不负责。限制民事行为能力人（一般是指 8

周岁以上，不满 18 周岁的未成年人）在学校期间受到伤害的，学校未尽到教育、管理职责的，校方要负责。对于无民事行为能力人在幼儿园、学校或者其他教育机构学习、生活期间受到了人身损害的，适用过错推定原则；对于限制民事行为能力人在幼儿园、学校或者其他教育机构学习、生活期间受到人身损害的，适用过错责任原则。第三人的行为造成学生受到损害的，适用过错责任原则。

17. 被群主踢出群聊是否构成侵权？

【答】目前，针对群员被群主踢出群聊是否属于侵权，法规没有明确的规定。但是有可供参考的判例。2019 年 7 月，山东省莱西市人民法院受理了一起当事人被踢出群聊，遂向群主索赔 2 万元的诉讼请求。法院对原告柳某诉被告刘某名誉权纠纷案一审公开开庭审理并当庭作出裁定：驳回原告的诉讼请求，案件受理费 500 元不予退还。将发表不当言论的柳某移出群聊是群主对本群进行管理的自治行为，符合群规。群主将柳某移出群聊的行为不是侵权行为，没有损害事实、过错和因果关系，不符合侵权责任的构成要件。法院判决"被移出群聊"行为属自然人合意自治范畴，不属于法律管辖范畴。

18. 见义勇为者能否向受益人提出补偿？

【答】《民法典》第 183 条规定："因保护他人民事权益使自己受到损害的，由侵权人承担民事责任，受益人可以给予适当补偿。没有侵权人、侵权人逃逸或者无力承担民事责任，受害人请求补偿的，受益人应当给予适当补偿。"

19. 缴纳了交强险后出交通事故都能理赔吗？

【答】汽车发生事故，保险公司会找各种借口不赔偿，比如，没有驾驶执照、酒驾、驾驶人员存在过错等，这些借口对商业保险可能是有效的。但是，对于交强险而言，所有的这些说法都不成立，需要依法理赔。保险人按照交强险合同的约定对每次事故在下列赔偿限额内负责赔偿：①死亡伤残赔偿限额为 110 000 元；②医疗费用赔偿限额为 10 000 元；③财产损失赔偿限额为 2000 元；④被保险人无责任时，无责任死亡伤残赔偿限额为 11 000 元。交强险中，凡是对第三方（除本车、本车上的人）造成损失的，无论是否有责任，都是其所要赔偿范围。

当被保险人有责任时，第三方的财产损失最高赔偿 2000 元，医疗费最高赔偿 10 000 元，死亡伤残最高赔偿 110 000 元。当被保险人无责任时，第三方的财产损失最高赔偿 100 元，医疗费最高赔偿 1000 元，死亡伤残最高赔偿

11 000 元。医疗费包括：医药费、诊疗费、住院费、住院伙食补助费、必要合理的后续治疗费、整容费、营养费等。

二、《民法典》物权编

1. 确认房屋产权的途径与程序是什么？

【答】房屋产权的确认，即划分和证明房屋产权的归属。与房屋产权取得的方式相适应，不动产登记机关确认房屋产权的主要方式是：第一，查证有无房屋所有权原始取得的事实；第二，查证有无继承取得房屋产权的事实。其中之"事实"，首先应以书证和物证为依据，没有书证和物证时，可以寻找证人、证言或其他证明。书证和物证主要包括：①产权证，如土地改革时发给的房地产证、建造房屋后领取的房屋所有权证、产权变更后领取的所有权证（通过买受、受赠、继承等方式取得的房屋产权证）。②证书和物证。如遗嘱、信件、分家析产合约书、基建时的加工费及材料费单据、历年缴纳房地产税的税单和赠与书等可以证明房屋产权归属的证书、物证。③其他证明。

2. 房屋产权纠纷如何处理？

【答】在社会生活中，产权纠纷集中在房屋产权确认方面，主要存在以下几类问题：①由共建房屋产权归谁所有引起的纠纷；②由遗产分割引起的房屋产权纠纷；③由赠与引起的房屋产权纠纷；④由添附引起的房屋产权纠纷等。

（1）公民之间共建房屋产权登记纠纷的处理。如双方或多方出资以合伙经营期间的资金收益共同购买房屋，产权共同登记过户后，应由出资人共同所有。主张产权为个人所有但均提不出有力证据的，不予支持。但如一方在产权过户时主动放弃登记，又无其他约定，在他方已登记过户后才反悔而主张产权共有的，应认定产权归登记过户一方所有，并由登记方退回放弃登记一方的买房款；如一方在登记时未明确表示放弃产权，只登记在另一方名下，但多年来双方共同居住、使用、管理，登记方既未退款又长期无异议的，发生纠纷后，可实事求是地认定产权归出资双方共有，并更改产权证。如一方出资购买房屋后，将产权登记为自己和他人所共有，双方长期共管使用该房屋，可视为出资方赠与他方，产权归双方共有。

（2）由换房引起的产权纠纷的处理。双方当事人在自愿基础上协商订立的互换房屋协议，经房管部门批准并办理了产权转移过户手续的，应认定有效，一方反悔的，不予支持。城市房屋互换虽未办理过户手续，但换房发生在《城市私有房屋管理条例》施行以前，且实际交换使用管理多年，又无欺诈、胁迫或乘人之危以及其他违法行为的，一般应认定互换产权有效，但应令其补办过户手续。该条例施行后，换房未办理产权转移手续的，发生纠纷后，一般应认定换房无效。有契约并已实际交付使用，在发生纠纷后房管部门又补办了手续的，可认定为有效。承租人未经出租人同意，擅自与第三人互换房屋使用权的，除出租人追认的以外，一般应认定换房无效，责令各自腾房。

（3）由房屋赠与引起的产权纠纷的处理。赠与城市房屋，如根据书面赠与合同办理了过户手续，应当认定赠与关系成立；未办理过户手续，但赠与人根据书面赠与合同已将产权证书交与受赠人，受赠人根据赠与合同已占有使用该房屋的，可以认定赠与有效但应令其补办过户手续。房屋赠与人为了逃避其应履行的法定义务而将自己的房产赠与他人，利害关系人主张权利的，应当认定该房屋赠与关系无效。赠与农村房屋一般以书面赠与合同和房屋实际交付为准。

（4）由添附而取得房屋产权纠纷的处理。非产权人在合法使用他人房屋期间增添的附属物，房屋产权人同意并经有关主管部门批准的，双方就房产返还时附属物的处理有约定的，按约定办理；没有约定的，附属物应随物主，产权人可给添附人以适当的补偿。添附人以自己经申请批准为由主张附属物产权的，一般不予支持；不能拆除的，可折价归房产所有人。对不符合添附要件而主张产权的，不予支持。

（5）非产权人对房屋改扩建主张产权的纠纷的处理。非产权人在租用、借用或承包时对房屋进行改建、扩建之前，已征得房主同意，并且双方对产权问题有约定的，应按约定处理；对产权没有约定的，房屋产权仍属原房主所有，改扩建或增添附属物的费用由房主折价偿付；如果系产权人未经房主同意，擅自改扩建或增添附属物，产权仍归原房主所有，房主原则上不予补偿。

（6）借用者对房屋进行修缮而主张产权引起纠纷的处理。房屋借用关系存续期间，借用人不能以任何理由主张产权。原产权明确的房屋，如果双方没有商定借用期限，产权人有权随时收回。借用人对所借住的房屋有修缮的义务，借用房屋的产权仍归原产权人。

（7）家庭成员之间房屋产权纠纷的处理。第一，兄弟姐妹间产权纠纷的处理。父母遗留房产由兄弟姐妹中一人以个人名义领取产权证，其他兄弟姐妹虽无异议，但一直在此房屋内共同居住、共同生活、因登记一方主张为己独有而发生纠纷的，应认定登记人是全部共有人的代表登记产权，产权应归兄弟姐妹共有。第二，父母、子女间产权纠纷的处理。父母购置或建造的房屋，登记在子女一人名下，如果父母生前明确表示赠与登记人，如房产证上或房屋管理机关的档案中有赠与的明确记载，或有购置人赠与房产的公证书，或有其他明确证据足以证明购房人在购置房屋时有赠与产权登记人的意思表示，产权归登记人所有。父母生前没有明确赠与表示，父母去世后子女就产权发生争议，未登记方负有举证责任的，如其无确凿证据推翻登记，产权应归登记人所有；如有确凿证据证明登记人只是作为产权人代表，则应认定产权为父母所有，由其法定继承人继承。父母用子女的赡养费购建房屋并登记了产权的，产权应确认归父母所有，子女主张产权共有的，不予支持。家庭成员中一人经批准新建房屋，其他家庭成员以少量物料、钱财或劳动投入，有约定的，按约定处理；没有约定的，应属亲属之间的帮助，其他家庭成员一般不能取得新建房屋的产权，可由产权人予以适当补偿。

3. 出借私家车给他人有哪些法律风险？

【答】随意出借机动车给他人确实要承担很多法律风险，一旦发生事故车主可能就要承担赔偿责任。《民法典》侵权责任编第1209条规定："因租赁、借用等情形机动车所有人、管理人与使用人不是同一人时，发生交通事故造成损害，属于该机动车一方责任的，由机动车使用人承担赔偿责任；机动车所有人、管理人对损害的发生有过错的，承担相应的赔偿责任。"相关法律规定，基于租赁、借用等情形，机动车所有人与使用人不是同一人时，发生交通事故后属于该机动车一方责任的，由保险公司在机动车强制保险责任限额范围内予以赔偿，不足部分，由机动车使用人承担赔偿责任；机动车所有人对损害的发生有过错的，承担相应的连带赔偿责任。

根据最高人民法院《关于审理道路交通事故损害赔偿案件适用法律若干问题的解释》的规定，借车人遇以下情况需承担法律责任：①知道或者应当知道机动车存在缺陷，且该缺陷是交通事故发生原因之一的；②知道或者应当知道驾驶人无驾驶资格或者未取得相应驾驶资格的；③知道或者应当知道驾驶人因饮酒、服用国家管制的精神药品或者麻醉药品，或者患有妨碍安全驾驶机动车的疾病等依法不能驾驶机动车的；④其他应当认定机动车所有人或者管理人有过错的。

4. 家人和亲人借用医保卡有什么法律风险？

【答】医保卡借给别人使用，实际上相当于骗保，即便是家人、亲人、朋友、熟人，也不能外借，否则便属于违法行为。因为医疗保险统筹基金里的钱是广大参保人的，卡主把医保卡借给没有医保卡的人使用，便会涉嫌骗取医疗保障金。情节严重的，可能会负刑事责任。《社会保险法》第88条规定："以欺诈、伪造证明材料或者其他手段骗取社会保险待遇的，由社会保险行政部门责令退回骗取的社会保险金，处骗取金额二倍以上五倍以下的罚款。"投保前需要健康告知，如医保卡曾经借给他人使用，留下了医疗记录，保险公司会默认是卡主的过往病史。保险公司为了降低风险，避免理赔纠纷，可能会拒保。已经投保的，也可能遭遇拒赔。

5. 公民外借房产证有什么法律风险？

【答】出借不动产权证的情况有多种，如朋友拿去注册公司，或者是租户借来申请住房补贴等，可能存在以下风险：①被借去做抵押贷款，到期没能偿还贷款，出借人就要负连带赔偿的责任。如果贷款人逾期不还贷款，银行将有权对抵押物作出处理，或进行拍卖、转让等，以此获得的款项作为偿还借款人所借款目，出借人将失去自己的房产。②在出借人不知情的状况下被调包。有的人对借出去再还回来的东西并不设防。现在的造假技术很高，千万别高估自己的鉴别能力，尤其是借房产证原件，千万要注意。

6. 父母赠与子女房产但未过户，赠与行为是否有效？

【答】公民之间赠与关系的成立，以赠与物的交付为准。赠与房屋，如根据书面赠与合同办理了过户手续，应当认定赠与关系成立；未办理过户手续，但赠与人根据书面赠与合同已将产权证书交予受赠人，受赠人根据赠与合同已占有、使用该房屋的，可以认定赠与有效，但应令其补办过户手续。

7. 通过"假结婚"手段卖房逃避债务，房屋买卖合同是否有效？

【答】日常生活中"假结婚"买房的现象比较常见。目的是规避政策性规定对买房的户口限制或逃避高税收。虽然这种民事行为违规，也违背税收法律，但是我国民事法律原则一直是"民不举，法不究"。没有人举报、诉讼追究，法院不会找上门处罚违法违规者。但是，如果当事人为了逃避债务，低价卖房或者利用"假离婚"的手段逃避债务或者利用"假结婚"过户房本，一旦被债主发现，法院查证房屋买卖属于非正常交易，卖房人短期内与原配离婚，与他人火速结婚，房本过户后又迅速离婚，即可判定房屋买卖的实际目的是转移资产、逃避还债，法院可以依法判决房屋买卖合同无效，虚假离婚、结婚、再离婚等婚姻登记也是无效的。

8. 居民小区的电梯坏了、屋顶漏水了如何维修？

【答】《民法典》第281条规定："建筑物及其附属设施的维修资金，属于业主共有。经业主共同决定，可以用于电梯、屋顶、外墙、无障碍设施等共有部分的维修、更新和改造。建筑物及其附属设施的维修资金的筹集、使用情况应当定期公布。紧急情况下需要维修建筑物及其附属设施的，业主大会或者业主委员会可以依法申请使用建筑物及其附属设施的维修资金。"

9. 涉房不动产证书有何法律功能？

【答】①房产所有权证书，属于房产所有权和土地所有权合一的证书，属于私人财产，产权人随时可以进行买卖和抵押。两人或者多人共有的可以办理《不动产共有权证书》。②房屋使用权证书，经济适用房的房屋使用权证书在规定期限内不得交易，这类房产5年以后才可以上市交易，而且买卖时还需要补交土地出让金。③房屋的占有权通常由所有权人来行使，但有时也由别人来行使，这就是使用权与所有权分离的情况。例如，房屋出租便是将房屋一定时期内的占有、使用权让渡给承租人行使。2021年1月1日后，国家实施占有权登记制度，还会办理《不动产占有权证》。④房屋他项权证书，指在他项权利登记后，由房管部门核发、由抵押权人持有的权利证书。《房屋他项权证》是房屋产权登记机关颁发给抵押权人或者典权人等他项权利人的法定凭证。房屋他项权证是房屋产权登记机关颁发给抵押权人或者典权人等他项权利人的法定凭证。房屋他项权证书由他项权利人收执。他项权利人依法凭证行使他项权利，受国家法律保护。所以，买房的时候一定要问清楚房产证的属性。

10. 物业服务不到位业主是否可以减免物业费？

【答】物业服务不到位，业主需要收集充分的证据。比如，绿化、安保、卫生等方面服务达不到基本要求的，可以拿着这些证据跟物业公司协商物业费打折。物业公司执意要起诉的，提供这些证据，法院也会判令适当程度地减免物业费，目前能查到的最高减免比例为50%。某别墅区的业主楼侧堆放了大量的建筑垃圾，长达1年之久，物业一直不清理。后来引发诉讼，法院判定业主只需要交纳50%的物业费，而且不支持任何违约金和滞纳金。

11. 娘家拆迁外嫁女可以分房吗？

【答】在娘家拆迁的情况下，外嫁女和其他村民一样，享有同等拆迁安置回迁的权利。如果外嫁女得不到拆迁安置补偿，可以直接起诉村委会，维护自己的合法权益。

12. 什么情况下才能解除担保责任？

【答】如果在担保期间，债权人同意其债务可由另外一个人偿还，那么如果担保人对此并不知情，担保人就不用承担担保责任。还有一种情况，属于一般担保的债权，债务逾期半年债权人没有起诉的，担保责任失效。

13. 如何设立房屋的居住权？

【答】居住权是满足生活居住需要，对他人的住宅享有占有、使用的用益物权。居住权人只能使用，不能出租、转让、继承、处置。居住权期限届满或者居住权人死亡的，居住权消灭。居住权可以通过书面合同或者遗嘱的方式设立；居住权自登记时设立。登记后的居住权能够对抗第三人，从而最大限度地保护当事人的合法利益。

14. 哪些情况可以设立居住权？

【答】①遗嘱中可设立居住权。再婚夫妇未生育子女，在其中一方去世前，将房产的所有权与居住权进行分割，将所有权留给子女并赋予生存配偶居住权。可以签订居住权合同，约定子女配偶享有房屋居住权。如被继承人有多个子女继承人，但其中一个子女生活困难需要帮助，可以为需要帮扶的子女设立居住权。②夫妻财产约定中设立居住权。夫妻关系中，由于房产登记在一方名下，或房产为一方婚前财产，为了保障夫妻另一方的利益，可以在结婚时设立居住权，以保障未来弱势一方长期居住房屋的权利。③离婚协议中设立居住权。④基于以房养老问题设立居住权。有房但无子女的老人保留居住权，将自己的住宅卖给专业养老机构，该机构定期支付老人的生活或医疗保险费用，实现以房养老。老人去世时居住权灭失，第三人则获得房产处置权。⑤老人给保姆或其他人设立登记的居住权，老人去世后，即便子女继承了房屋，保姆或其他人仍享有居住权，如果没有写居住权期限，保姆或其他人可以住到去世为止。在此，需要提醒买房人，《民法典》生效后，购房时不仅需要查询房屋的权属、司法查封、设立抵押等情况，还应注意查询房屋是否登记了居住权。

15. 农村户口居民一户多宅如何办证？

【答】最近几年，我国农村正在开展宅基地确权工作，以下情况可以一户多宅：①好几个儿女都已经符合分户的标准，一直没有进行分户的可以分户；②本来只有一处宅基地，家里老人去世后继承的宅基地；③虽然有多个宅基地，但是每个宅基地的面积都很小，即使几个宅基地加起来也符合标准；④本来自己有一个宅基地又从本村的村民手上购买的新的宅基地。

16. 购房人如何防止一房多卖的法律风险？

【答】购房人交了首付款以后，要立刻做以下三件事，不然房屋产权就会有风险：①预售备案，防止开发商一房多卖；②预告登记，可以防止他人竞买同一套房子；③找鉴定机构测量房屋面积，只要面积误差超过3%，就可以主张退房，并且要求赔偿。

17. 哪些物业费不用业主分担？

【答】物业管理规定进行了修订，2019年9月1日起，全国多地出台新规定，多项物业费用不用再交了，主要为公摊水电费、电梯费、垃圾清运费等杂费全部取消。

18. 居民的汽车在小区停车场被人剐蹭由谁负责？

【答】如果居民的汽车在小区停车场停放期间被人剐蹭了，恰巧监控器也坏了，无法调取录像寻找剐蹭汽车的人，找不到肇事者，可以直接去找物业承担损失赔偿责任。因为《物业管理条例》明确规定，如果监控设备出现故障、老旧等问题，物业应及时维修、更换，如果因此受到损失，物业公司要承担法律责任。

19. 债权人索要欠款如何用手机收集证据？

【答】①首先要证明欠款人的手机号是欠款人本人的；②债权人收到的债务人的短信、微信里有证明欠款关系的内容；③短信或微信不要删除，删除无法在诉讼举证时让法官看到手机里的信息，法官仅仅凭借手机截图内容，无法确认彼此的债权债务关系。

20. 如何实现动产的物权交付？

【答】买卖双方就一部手机进行交易，两人同意以2000元成交，甲方把钱给了乙方，但是乙方并没有把手机移交给甲方，这时候手机的所有权归谁？另外一种情况，乙方把手机给甲方了，但是甲方并没有给乙方钱，这个时候手机的所有权归谁？这就牵扯到法律上的一个小知识，那就是动产的物权转移是"以交付为界限"。也就是说，交易的标的在谁手里，所有权就是谁的。卖方把手机给买方了，但是买方并没有给卖方手机的所有权。这种情况买方欠卖方 2000 元钱。

21. 如何通过抵押权保障亲人房本过户？

【答】父母买房以后还得过户给自己的子女，到时候会产生大量的费用，但是如果将房产落户于孩子的名下，又担心孩子偷偷把房子卖掉。应对上述情况有一个两全其美的方法：在孩子买完房子以后办理产权登记时，同时办理一个抵押登记，将父母登记为抵押权人，那么房子以后无论是赠与还是出售，都必须先征得父母同意，先注销抵押登记权，才可以处置父母的房产。

22. 如何理解《民法典》规定的无因管理？

【答】《民法典》第 979 条对无因管理的规定为："管理人没有法定的或者约定的义务，为避免他人利益受损失而管理他人事务的，可以请求受益人偿还因管理事务而支出的必要费用；管理人因管理事务受到损失的，可以请求受益人给予适当补偿。"第 980 条规定的是受益人享有管理利益时的法律适用："管理人管理事务不属于前条规定的情形，但是受益人享有管理利益的，受益人应当在其获得的利益范围内向管理人承担前条第一款规定的义务。"第 981 条规定的是管理人适当管理义务："无正当理由不得中断。"第 983 条规定的是管理人报告和交付义务："管理结束后，管理人应当向受益人报告管理事务的情况。管理人管理事务取得的财产，应当及时转交给受益人。"

无因管理的成立要件包括：①主观要件：无因管理的构成在主观上须管理人有为他人管理的意思。管理行为所生的事实上的利益归属于他人。②客观要件：第一，为他人管理事务，为他人进行管理或服务，这是无因管理的首要条件；第二，没有法定或约定的义务，没有合同规定的义务；第三，无因管理的效力表现在无因管理一经成立，管理人与本人之间即产生债的关系。管理人有权要求本人偿付因管理而支付的必要费用和补偿因管理而遭受的相应损失的权利，偿还管理人为管理事务支付的必要费用及其利息；清偿管理人为本人负担的必要债务；赔偿管理人因管理事务而遭受的损失。

23. 车位的产权与收益权有何规定？

【答】《民法典》规定，占用业主共有的道路或者其他场地用于停放汽车的车位，属于业主共有。这些车位的停车收入，物业公司按照一定比例扣除管理费后，应该将其余收入支付给业主委员会或者按照业主产权证面积计算直接分配给每个业主。业主一旦就小区公共区域停车费租金收入和电梯、停车场广告位收入对物业公司提起诉讼，人民法院应该维护业主共有产权人的合法权益。

24. 哪些是不能作为抵押标的物的财产？

【答】在抵押合同中，若抵押的财产不可抵押，则该合同无效。不可抵押的财产一般有以下几种：①土地所有权；②耕地、宅基地、自留地、自留山等集体所有土地使用权，但法律规定可以抵押的除外；③学校、幼儿园、医院等以公益为目的的事业单位、社会团体的教育设施、医疗卫生设施和其他社会公益设施；④所有权、使用权不明或有争议的财产；⑤依法被查封、扣押、监管的财产；⑥乡镇、村企业的建设用地使用权不得单独抵押。以乡镇、村企业的厂房等建筑物抵押的，其占用范围内的建设用地使用权一并抵押；⑦法律、法规规定不得抵押的其他财产。

25. 什么是抵押权人的权利保全？

【答】①抵押权的保全。在抵押权人因抵押物受到损害而遭受损失时，抵押权人基于其抵押权可以行使如下权利，保全其抵押权：第一，在抵押人的行为足以使抵押物的价值减少时，抵押权人有权要求抵押人停止其行为。第二，抵押物价值减少时，抵押权人有权要求抵押人恢复抵押物，或提供与减少的价值相当的担保。抵押人对抵押物价值的减少无过错的，抵押权人有权在抵押人因损害而得到的赔偿范围内要求提供担保。抵押物价值减少的部分，仍作为债权的担保。②在债权到清偿期而未受到清偿时，债权人有权将标的物进行处分以受偿。③抵押权人对抵押物具有优先受偿权。

26. 不动产权属争议与不动产登记争议如何处理？

【答】在相当一部分涉及不动产登记的案件中，当事人主要争议的是登记所涉及的民事法律关系，由于不动产物权基于登记而生效，导致登记行为被卷入诉讼，从而呈现出民事纠纷与行政纠纷交织的现象。当事人往往认为，不动产登记系国家机关作出的行政确认行为，如果不动产登记上的错误不被纠正及相应不动产权利证书不被撤销，则表明其记载的权属状况正确无误。因此，撤销最后的登记发证行为，是权属问题最终解决的最有效、最直接的途径。如果是因为错误的产权登记导致的产权纠纷，应先按照《行政诉讼法》规定的诉讼程序撤销错误的产权登记。法官在审理时应根据事实而不完全根据权属证书做出公正判决。物权证书只是对权利人的书面证明方式，并不是唯一的确权方式和法律证明。比如，亲人之间对房屋共有权的确认可以是口头认同、分家协议、共有权互认承诺书等形式，也可以去房地产登记部门领取《不动产共有权证书》。物权的实质性归属起决定性作用，而不是仅靠一张权利证书判定实质性权属关系。这样才能真正体现法律维护公平正义的作用。法官在审理物权权属纠纷时必须以事实为依据，以法律为准绳，才能作出公正的裁决。

三、《民法典》合同编

1. 民间借贷中应该注意哪些细节问题？

【答】借条是表明债权债务关系的书面凭证，一般由债务人书写并签章，表明债务人已经欠下债权人借条注明金额的债务。钱物归还后，债务人收回借条，即作废或撕毁。所以，借款人千万要注意以下几点，否则很容易让自己吃亏：①打借条时避免使用多音、多义字。汉字存在一字多解的现象，在借条中使用这些汉字有可能造成纠纷。比如，"还欠款人民币壹万元"，既可以理解成"已归还欠款人民币壹万元"，也可以理解成"仍欠款人民币壹万元"。所以，必须在文字上表达清晰。应该这样表述："本人欠×××款壹萬圆整，将在一年内凭借本欠款条还清此款。欠款人：×××日期：2020 年×月×日。"②利息要合乎法律规定。2020 年 8 月最高人民法院公布，民间借贷利率可适当高于银行利率，但最高不得超过银行同类贷款利率的 4 倍（公布时最高年息为 15.4%）。否则，超过部分的利息不受法律保护。私人之间借钱，如果事先没有约定利息，根据《民法典》合同编的规定，私人借贷合同对支付利息没有约定或者约定不明确的，视为不支付利息。欠条中没有约定利息的，也属于无利息。但是过了还款日未还款的，到时可以要求按银行利息计算利息。③还钱时要当场索回欠条或者借条。若对方将借条遗失或一时找不到，则应让对方当场写下收据，并在收据中注明是归还什么时期的这笔欠款或者借款。④借款人打好借条，出借人实际上没有付款反而还将借款人起诉了，借款人败诉的案例还是有的。毕竟，法院判决是重证据的。所以，法务咨询师在为客户提供债权债务纠纷咨询时，必须提醒对方，最好是借款同一天写下欠条或者借条。出借人汇款后担心借款人不认账，可以让借款人在汇款底联签名备注"此笔款本人已经于××××年×月×日收到"。

2. 与未成年人签合同是否可以得到法律支持？

【答】与未成年人签的合同是否有效分为以下几种情况：①16 周岁以上不满 18 周岁的公民，以自己的劳动收入为主要生活来源的，视为完全民事行为能力人。此时的未成年人有权依照合同自由原则订立合同，和他人签订合同并不违法，只要合同没有其他效力瑕疵，合同就是有效的。②10 周岁以上的未成年人，他们是限制民事行为能力人，可以进行与他的年龄、智力相适应的民事活动。此时的未成年人可以签订纯获利益的合同，如作为受赠人签订赠与合同。其他的合同经法定代理人追认后，合同有效，法定代理人拒绝追认的，合同无效。③不满 10 周岁的未成年人，他们是无民事行为能力人，只能由他的法定代理人代理民事活动。原则上无权订立合同，但是如果订立的合同被其法定代理人追认，则合同有效。相对人可以催告法定代理人在 1 个月内予以追认。法定代理人未作表示的，视为拒绝追认。合同被追认之前，善意相对人有撤销的权利，即在签订合同的时候并不知道对方是限制行为能力人或者是无民事行为能力人。撤销应当以通知的方式作出。

3. 借条与欠条有什么区别？

【答】①借条证明借款关系，欠条证明欠款关系。借款肯定是欠款，但欠款则不一定是借款。②借条形成的原因是特定的借款事实。欠条形成的原因有很多，可以基于多种事实而产生，如因买卖产生的欠款、因劳务产生的欠款、因企业承包产生的欠款、因损害赔偿产生的欠款等。③借条持有人凭借条向法院起诉后，由于通过借条本身较易于辨识和认定当事人之间存在的借款事实，借条持有人一般只需向法官简单地陈述借款的事实经过即可，对方要抗辩或抵赖一般都很困难。但是，当欠条持有人凭欠条向法院起诉后，欠条持有人必须向法官陈述欠条形成的事实，如果对方对此事实进行否认、抗辩，欠条持有人必须进一步举证证明存在欠条形成事实。

借条与欠条的法律效力是一样的，两者之间的法律效力没有大小之分。借条与欠条均能有效证明自然人之间借贷关系的存在，对于第三人而言，有理由相信这两者均为真实有效的。借条与欠条的区别在于书写该份文件的人不同，所以名称上有差别而已。借条一般都是相对于出借人而言的，即出借人载明了共借了多少钱给债务人，并且让债务人在上述文件上签字盖章，出借人按借条上载明的金额付给债务人，该借条即生效。而欠条则是相对于债务人而言，是债务人写给出借人的文件，以证明债务人曾向出借人借了钱并承诺届满还钱。

4. 缔约过失责任与违约责任有哪些区别？

【答】①发生的时间不同。缔约过失责任发生在合同缔结阶段，违约责任则发生在合同有效成立之后。②性质不同。缔约过失责任是一种法定的损害赔偿责任，其目的是解决没有合同关系的情况下因一方的过错而造成另一方信赖利益损失的问题；违约责任则可以由当事人自行约定，如当事人可以约定违约金、损害赔偿金的计算方法和数额等。③赔偿范围不同。缔约过失责任赔偿当事人的信赖利益损失，以求恢复到先前的状态；违约责任则赔偿当事人的期待利益损失，目的在于达到犹如合同全部履行的状态；在具体的责任形式上，缔约过失责任表现为单一的损害赔偿责任，而违约责任则表现为支付违约金、赔偿损失和实际履行等。④损害赔偿的限度不同。基于违约责任而产生的损失赔偿原则上不能超过违反合同的一方在订立合同时应当预见到的因违约而可能造成的损失；在缔约过失责任中则不存在这样的限制性规定。

缔约过失责任的类型主要有以下几种：①假借订立合同，恶意进行磋商。所谓"假借"就是根本没有与对方订立合同的意思，与对方进行谈判只是个借口，目的是损害订约对方当事人的利益。此处所说的"恶意"，是指假借磋商、谈判而故意给对方造成损害的主观心理状态。恶意必须包括两方面的内容：一是行为人主观上并没有谈判意图；二是行为人主观上具有给对方造成损害的目的和动机。恶意是此种缔约过失行为构成的最核心的要件。②故意隐瞒与订立合同有关的重要事实或者提供虚假情况。此种情况属于缔约过程中的欺诈行为。欺诈是指一方当事人故意实施某种欺骗他人的行为，并使他人陷入错误而订立合同。而且，无论何种欺诈行为都具有两个共同的特点：一是欺诈方故意陈述虚假事实或隐瞒真实情况；二是欺诈方客观上实施了欺诈行为。③泄露或不正当地使用商业秘密。所谓泄露是指将商业秘密透露给他人，包括在要求对方保密的条件下向特定人、少部分人透露商业秘密，以及披露通过不正当的手段获取的商业信息，其披露当然是违背权利人的意思的。所谓不正当使用是指未经授权而使用该秘密或将该秘密转让给他人。如将商业秘密用于自己的生产经营，由自己直接利用商业秘密的使用价值的行为或状态，或非法允许他人使用。无论行为人是否因此而获取一定的利益，都有可能构成缔约过失责任。④有其他违背诚实信用原则的行为。也即包括除了前三种情形以外的违背先契约义务的行为。在缔约过程中常表现为，一方当事人未尽到通知、协助、告知、照顾和保密等义务而造成对方当事人人身或财产损失的情形。

5. 房地产交易合同纠纷如何解决?

【答】①签订合同前，要严格审查售房主体的资格。为了防止和减少交易纠纷的发生，在正式签订房屋买卖合同前，包括签订意向书或缴纳定金时，要先审查开发商的"五证"，即《国有土地使用证》《建设用地规划许可证》《建设工程规划许可证》《建设工程施工许可证》《商品房屋预售许可证》。特别是《国有土地使用证》和《商品房屋预售许可证》这两证，要认真查看其中批准销售的面积、地点、项目名称、销售内容等，防止开发商将批准销售范围之外的房屋对外出售。因此，在签订认购协议缴纳定金时，要先了解主合同无法签订时，定金是否能够返还；买受人在签订认购书，被收取数万元的定金后，开发商是否会有"潜规则"，抛出不合理交易条件，胁迫买受人签订违心合同。②在办理房屋权属证书环节，依据国务院发布的《城市房地产开发经营管理条例》第32条的规定，预售商品房的购买人应当自商品房交付使用之日起90日内，办理土地使用权变更和房屋所有权登记手续；现售商品房的购买人应当自销售合同签订之日起90日内，办理土地使用权变更和房屋所有权登记手续。买受人与出卖人两者之间互有协助履行办理产权证的义务。买受人可以要求出卖人签订协议，严格依据合同的约定，按照双方约定的办证种类进行办证；在双方没有进行约定的情况下，应该由相关的房地产主管部门决定房屋的办证种类。③当事人对税费的支付有明确约定的，应遵守约定；当事人对税费的支付没有约定或约定不明的，应根据国家税费法规确定承担主体。若双方当事人对税费的支付做出约定后，又因宏观政策调控而发生税费增减，除当事人协商一致外，增减部分仍应按国家税费法规确定承担主体。双方不能达成一致意见的，人民法院不宜直接对合同予以适当调整或判决解除合同，双方仍应履行合同义务。

四、《民法典》人格权编

1. 《民法典》人格权编有什么重大创新?

【答】从立法角度看，《民法典》人格权编有以下几点创新：一是构建了相对完善的人格权规则体系；二是充分体现了互联网、大数据、高科技时代的特征；三是对各项人格权进行积极确权，丰富了人格权保护规则；四是同时规定具体人格权与一般人格权，协调了人格权法定性与开放性之间的关系；五是系统规定了人格利益许可使用制度；六是注重对侵害人格权行为的事先预防。

2. 民事主体享有哪些人格权法律保护？

【答】《民法典》第 990 条规定："人格权是民事主体享有的生命权、身体权、健康权、姓名权、名称权、肖像权、名誉权、荣誉权、隐私权等权利。除前款规定的人格权外，自然人享有基于人身自由、人格尊严产生的其他人格权益。"第 991 条规定："民事主体的人格权受法律保护，任何组织或者个人不得侵害。"第 992 条规定："人格权不得放弃、转让或者继承。"第 993 条规定："民事主体可以将自己的姓名、名称、肖像等许可他人使用，但是依照法律规定或者根据其性质不得许可的除外。"

【提示】民事主体的姓名、名称、肖像等经过授权许可允许他人有偿或无偿使用，但是一定要有书面的授权书或合同，以免引发纠纷和诉讼。目前，社会上常见的侵犯肖像权的现象就是某些私立医院委托制作的街头散发赠送的广告刊物，大多没有经过本人许可，就采用名人的肖像，影响名人的形象和名誉。还有一些保健品厂家在产品宣传材料中使用用户的姓名、肖像，也属于侵权违法行为。只要被侵权人提起诉讼，广告主和广告制作商便都会被判经济赔偿。

【案例】2017 年，成都市未成年人梁某将其与父母一同游玩的照片发布至微信朋友圈，某报社未经梁某及其法定监护人许可，在为某学前教育研究机构制作的广告中将梁某的照片刊登于某报纸的栏目中，侵犯了其本人的肖像权。成都市金牛区人民法院经审理作出判决：报社应于本判决生效之日起 10 日内以书面形式向梁某赔礼道歉，并支付梁某 4000 元精神赔偿金。双方当事人没有上诉，一审判决生效。

3. 死去的人是否有人格权？谁可以主张死者的人格权利？

【答】《民法典》第 994 条规定："死者的姓名、肖像、名誉、荣誉、隐私、遗体等受到侵害的，其配偶、子女、父母有权依法请求行为人承担民事责任；死者没有配偶、子女且父母已经死亡的，其他近亲属有权依法请求行为人承担民事责任。"

【案例】2018 年 5 月 12 日下午，淮安市恒大名都小区高层住宅发生火灾，消防战士谢勇不幸从火场坠亡。淮安网民曾某在微信群中公然发表"不死是狗熊，死了就是英雄"等侮辱性言论，歪曲烈士谢勇英勇牺牲的事实。淮安市中级人民法院当庭作出判决，确认被告曾某的行为侵害了谢勇烈士的名誉，损害了社会公共利益，责令被告曾某在判决生效7日内在市级以上媒体公开赔礼道歉，消除影响。

4. 如何获得精神损害赔偿？

【答】《民法典》第995条规定："人格权受到侵害的，受害人有权依照本法和其他法律的规定请求行为人承担民事责任。受害人的停止侵害、排除妨碍、消除危险、消除影响、恢复名誉、赔礼道歉请求权，不适用诉讼时效的规定。"

【链接】最高人民法院《关于人民法院赔偿委员会审理国家赔偿案件适用精神损害赔偿若干问题的意见》规定，"人民法院赔偿委员会适用精神损害赔偿条款，应当以公民的人身权益遭受侵犯为前提条件"。精神损害赔偿具体包括以下几个方面：①侵害人格权的精神损害赔偿；②侵害身份权的精神损害赔偿；③侵害财产权的精神损害赔偿；④侵害婚姻关系的精神损害赔偿；⑤侵害死者的精神损害赔偿；⑥违约行为造成的精神损害赔偿。

5. 合同违约可以要求精神损害赔偿吗？

【答】《民法典》第996条规定："因当事人一方的违约行为，损害对方人格权并造成严重精神损害，受损害方选择请求其承担违约责任的，不影响受损害方请求精神损害赔偿。"

【体会】精神损害赔偿行使的前提是合同违约行为导致的对方人格权受损，而且造成了严重的精神损害结果。过去，精神损害赔偿的条件很高，必须造成身心器官性损害，比如因精神压力而长期失眠、脱发、精神失常等。在近年来的司法实践中，轻微的精神损害，被侵害人没有明显的身心疾病，法院一般会判侵权人支付精神赔偿金5000元左右。商业广告肖像权和精神文化服务行业发生精神损害赔偿案件的概率高于其他行业。比如，旅游上当受骗、婚礼服务丢失或毁坏录像资料、培训机构让客户走火入魔导致精神疾病等均可请求精神损害赔偿。

《民法典》第999条还规定，"为公共利益实施新闻报道、舆论监督等行为的"，在未经许可的前提下，"可以合理使用民事主体的姓名、名称、肖像、个人信息等；使用不合理侵害民事主体人格权的，应当依法承担民事责任"。

6. 《民法典》为何新增人格权诉前禁令制度？

【答】《民法典》第 997 条规定："民事主体有证据证明行为人正在实施或者即将实施侵害其人格权的违法行为，不及时制止将使其合法权益受到难以弥补的损害的，有权依法向人民法院申请采取责令行为人停止有关行为的措施。"权益受侵害方可以在预见其合法权益将受到严重损害的前提下，向人民法院提出申请，责令实施侵害方停止侵害行为。

【体会】该法条有利于制止正在发生或正在延续的侵犯人格权行为。

7. 侵犯人格权拒不履行法院判决怎么办？

【答】《民法典》第 1000 条规定："行为人因侵害人格权承担消除影响、恢复名誉、赔礼道歉等民事责任的，应当与行为的具体方式和造成的影响范围相当。行为人拒不承担前款规定的民事责任的，人民法院可以采取在报刊、网络等媒体上发布公告或者公布生效裁判文书等方式执行，产生的费用由行为人负担。"

【体会】侵权行为人拒不履行法院判决，法院可公布裁判文书安慰受害人。但是，还应该实施对侵权人的经济处罚才能体现法律的公正性。

8. 自然人有哪些基本人权保障？

【答】《民法典》第 1002 条规定："自然人享有生命权。自然人的生命安全和生命尊严受法律保护。任何组织或者个人不得侵害他人的生命权。"

《民法典》第 1003 条规定："自然人享有身体权。自然人的身体完整和行动自由受法律保护。任何组织或者个人不得侵害他人的身体权。"

《民法典》第 1004 条规定："自然人享有健康权。自然人的身心健康受法律保护。任何组织或者个人不得侵害他人的健康权。"

【体会】自然人享有生命权、身体权、健康权三种最基本的人格权利，任何个人和法人组织都不得侵害，否则便构成违法、犯罪。

9. "见死不救"是否违法？

【答】《民法典》第 1005 条规定："自然人的生命权、身体权、健康权受到侵害或者处于其他危难情形的，负有法定救助义务的组织或者个人应当及时施救。"

10. 关于买卖人体器官和人体细胞医学科研有何规定？

【答】《民法典》第 1007 条规定："禁止以任何形式买卖人体细胞、人体组织、人体器官、遗体。违反前款规定的买卖行为无效。"

《民法典》第 1009 条规定："从事与人体基因、人体胚胎等有关的医学和科研活动，应当遵守法律、行政法规和国家有关规定，不得危害人体健康，不得违背伦理道德，不得损害公共利益。"

【体会】这里的条款仅规定了"买卖人体细胞、人体组织、人体器官、遗体"的买卖行为无效。目前，在双方自愿的前提下买卖器官，包括非法买卖精子、卵子的行为，一旦对人体构成伤害，应该判定民事侵权，同时对伤害程度构成轻伤者追究其摘除器官的刑事责任。

11. 《民法典》禁止性骚扰无性别限制有何意义？

【答】《民法典》第 1010 条规定："违背他人意愿，以言语、文字、图像、肢体行为等方式对他人实施性骚扰的，受害人有权依法请求行为人承担民事责任。机关、企业、学校等单位应当采取合理的预防、受理投诉、调查处置等措施，防止和制止利用职权、从属关系等实施性骚扰。"

【体会】在过去，在妇女权益保障法等法规中，"性骚扰"主要是男性针对女性，如今法条中没有性别指向，说明异性之间乃至同性之间的性骚扰都包含在内。这是基于现实情况的法律规定，司法实践中存在女性骚扰男性，甚至同性之间的性骚扰。因此，立法要与时俱进。

12. 姓名权、笔名、艺名、网名等都受法律保护吗？

【答】《民法典》第 1014 条规定："任何组织或者个人不得以干涉、盗用、假冒等方式侵害他人的姓名权或者名称权。"

《民法典》第 1017 条规定："具有一定社会知名度，被他人使用足以造成公众混淆的笔名、艺名、网名、译名、字号、姓名和名称的简称等，参照适用姓名权和名称权保护的有关规定。"

13. 文艺作品利用真人形象的作品是否会构成侵权？

【答】《民法典》第 1018 条规定："自然人享有肖像权，有权依法制作、使用、公开或者许可他人使用自己的肖像。肖像是通过影像、雕塑、绘画等方式在一定载体上所反映的特定自然人可以被识别的外部形象。"

《民法典》第 1019 条规定："任何组织或者个人不得以丑化、污损，或者利用信息技术手段伪造等方式侵害他人的肖像权……未经肖像权人同意，肖像作品权利人不得以发表、复制、发行、出租、展览等方式使用或者公开肖像权人的肖像。"

《民法典》第 1020 条规定："合理实施下列行为的，可以不经肖像权人同意：（一）为个人学习、艺术欣赏、课堂教学或者科学研究，在必要范围内使用肖像权人已经公开的肖像；（二）为实施新闻报道，不可避免地制作、使用、公开肖像权人的肖像；（三）为依法履行职责，国家机关在必要范围内制作、使用、公开肖像权人的肖像；（四）为展示特定公共环境，不可避免地制作、使用、公开肖像权人的肖像；（五）为维护公共利益或者肖像权人合法权益，制作、使用、公开肖像权人的肖像的其他行为。"

【体会】南京某艺术家，声称要为作家方方制作跪像雕塑。果真如此，此人很可能构成对方方（作家笔名）的姓名权和肖像权的侵害。但是，用于美术教学的鲁迅、贝多芬、大卫石膏像等不构成侵犯肖像权。

14. 如何理解民事主体享有名誉权和荣誉权？

【答】《民法典》第 1024 条规定："民事主体享有名誉权。任何组织或者个人不得以侮辱、诽谤等方式侵害他人的名誉权。名誉是对民事主体的品德、声望、才能、信用等的社会评价。"

《民法典》第 1031 条第 1 款规定："民事主体享有荣誉权。任何组织或者个人不得非法剥夺他人的荣誉称号，不得诋毁、贬损他人的荣誉。"

【体会】侵犯名誉权的构成要件包括：①行为人主观有过错，即主观上故意为之；②行为人有客观上的过失过错；③行为人的侵权行为违法；④行为人对被侵权人的侵害造成了不良后果，即危害程度。这些要件的构成与判罚相一致，才能充分体现公平的立法精神。

15. 对新闻报道、舆论监督、文艺创作等侵权有何规定？

【答】《民法典》第 1025 条规定："行为人为公共利益实施新闻报道、舆论监督等行为，影响他人名誉的，不承担民事责任，但是有下列情形之一的除外：（一）捏造、歪曲事实；（二）对他人提供的严重失实内容未尽到合理核实义务；（三）使用侮辱性言辞等贬损他人名誉。"

《民法典》第 1027 条规定："行为人发表的文学、艺术作品以真人真事或者特定人为描述对象，含有侮辱、诽谤内容，侵害他人名誉权的，受害人有权依法请求该行为人承担民事责任。行为人发表的文学、艺术作品不以特定人为描述对象，仅其中的情节与该特定人的情况相似的，不承担民事责任。"

16. 民事主体的信用评价是否受法律保护？

【答】《民法典》第 1029 条规定："民事主体可以依法查询自己的信用评价；发现信用评价不当的，有权提出异议并请求采取更正、删除等必要措施。

信用评价人应当及时核查，经核查属实的，应当及时采取必要措施。"

《民法典》第 1030 条规定："民事主体与征信机构等信用信息处理者之间的关系，适用本编有关个人信息保护的规定和其他法律、行政法规的有关规定。"

【提示】这里所说的民事主体的信用评价，既包括自然人，也包括法人组织。信用评级机构和发布机构一旦发现对公民个人或者法人组织、非法人组织的信用评价不当，应该立即撤除信息，根据实际情况如实评价和发布评价结果。否则，便构成对民事主体的信用评价不当，造成名誉权损失的，将承担民事法律责任。

17. 收集、处理公民个人信息为何必须保护隐私权？

【答】《民法典》第 1032 条规定："自然人享有隐私权。任何组织或者个人不得以刺探、侵扰、泄露、公开等方式侵害他人的隐私权。隐私是自然人的私人生活安宁和不愿为他人知晓的私密空间、私密活动、私密信息。"

《民法典》第 1033 条规定："除法律另有规定或者权利人明确同意外，任何组织或者个人不得实施下列行为：（一）以电话、短信、即时通讯工具、电子邮件、传单等方式侵扰他人的私人生活安宁；（二）进入、拍摄、窥视他人的住宅、宾馆房间等私密空间；（三）拍摄、窥视、窃听、公开他人的私密活动；（四）拍摄、窥视他人身体的私密部位；（五）处理他人的私密信息；（六）以其他方式侵害他人的隐私权。"

《民法典》第 1034 条第 1 款和第 2 款规定："自然人的个人信息受法律保护。个人信息是以电子或者其他方式记录的能够单独或者与其他信息结合识别特定自然人的各种信息，包括自然人的姓名、出生日期、身份证件号码、生物识别信息、住址、电话号码、电子邮箱、健康信息、行踪信息等。"

【体会】侵犯个人信息和安静生活权会被处罚。未来还应补偿受害人。

【案例】2020 年 6 月，因某公司利用收集的公民手机号，通过电话推销商品房。某市市场监督管理局接到公民举报后，对该公司施予行政处罚 50 万元。

18. 处理个人信息应当遵循哪些原则？

【答】《民法典》第 1035 条规定："处理个人信息的，应当遵循合法、正当、必要原则，不得过度处理，并符合下列条件：（一）征得该自然人或者其监护人同意，但是法律、行政法规另有规定的除外；（二）公开处理信息的规则；（三）明示处理信息的目的、方式和范围；（四）不违反法律、行政法规的规定和双方的约定。个人信息的处理包括个人信息的收集、存储、使用、加工、传输、提供、公开等。"

五、《民法典》婚姻家庭编

1. 《民法典》为何不再保留计划生育的有关内容？

【答】为适应我国人口形势新变化，《民法典》不再规定有关计划生育的内容。这说明，我国对公民生育权的限制相对宽松。此外，2017 年以来，我国新生人口增长一直呈现下降趋势。

2. 如何界定"夫妻共同债务"？

【答】关于共债共签的问题，《民法典》第 1064 条与 2018 年最高人民法院出台的司法解释第 1 条基本一致：①夫妻双方共同签字或者夫妻一方事后追认等共同意思表示所负的债务，应当认定为夫妻共同债务。②《民法典》第 1064 条规定，夫妻一方在婚姻关系存续期间以个人名义为家庭日常生活需要所负的债务，属于夫妻共同债务。夫妻一方借贷资产用于或者部分用于日常生活开支的，夫妻的另一方承担连带偿还责任。③对于一方因侵权或者犯罪而发生的债务，《民法典》没有规定，如果系基于夫妻共同生活或共同生产经营而产生的，也属于共同债务。债务用于共同生活或共同生产经营，证明难度较大，可通过书证、证言、录音录像等证据形式，也可通过转账记录等来证明。④夫妻一方在婚姻关系存续期间以个人名义超出家庭日常生活需要所负的债务，不属于夫妻共同债务。但是，债权人能够证明该债务用于夫妻共同生活、共同生产经营或者基于夫妻双方共同意思表示的除外。《民法典》第 1089 条规定："离婚时，夫妻共同债务应当共同偿还。共同财产不足清偿或者财产归各自所有的，由双方协议清偿；协议不成的，由人民法院判决。"

3. 婚前隐瞒疾病如何处理？

【答】为尊重当事人的婚姻自主权，《民法典》规定，一方患有重大疾病的，应当在结婚登记前如实告知另一方；不如实告知的，另一方可以向人民法院请求撤销婚姻。

4. 骗取结婚登记的婚姻是否有效？

【答】利用伪造、变造或冒用他人身份证、户口簿、无配偶证明等方式骗取结婚登记的行为，为无效婚姻，依法予以撤销。

5. 《民法典》规定订婚收彩礼违法吗？

【答】《民法典》婚姻家庭编第 1042 条规定，"禁止借婚姻索取财物"，是指禁止把索要彩礼作为婚姻主要条件的借机敛财行为。这条法律规定也有可能被作为男方拒绝支付彩礼的法律依据。其实，2001 年制定的《婚姻法》（已失效）第 3 条就有"禁止借婚姻索取财物"条款，并不是新内容。收取彩礼是一种我国延续千年的民俗，虽然已经上升到法律层面，但是主要指制止那些索要巨额彩礼的行为。如果女方以索取巨额彩礼作为结婚的条件，会有买卖婚姻的嫌疑，所以法律规定要予以禁止。

根据男方家庭经济条件自愿支付一定数额的彩礼并不违法。

2020 年 5 月，民政部印发了《关于开展婚俗改革试点工作的指导意见》。倡导"风雨同舟、相濡以沫、责任担当、互敬互爱"的婚姻理念和在淳化民风中的重要作用，开展对天价彩礼、铺张浪费、低俗婚闹、随礼攀比等不正之风的整治，文件并没有禁止付彩礼的民俗。所以我们对法律的解释不能以偏概全，误导公众。

6. 借钱结婚算共同债务吗？

【答】借钱结婚是否属于夫妻共同债务，要视具体情况而定。根据我国的婚姻习俗，在办理登记结婚后通常要办结婚酒席，也有可能是先领证再办席，还有可能是先办席再领证。如果先办理结婚登记，再办结婚酒席，借款行为应当被认定为是夫妻共同债务；如果先办席再领证，借来结婚的钱就不应当被认定为夫妻共同债务。因为夫妻共同债务的成立首要以夫妻关系为基础，然后再看是否是基于夫妻双方的共同意思而举债，以及举债是否被用于家庭共同生活。还有，可以按照夫妻双方意思认定是否属于夫妻共同债务，夫妻双方共同签字或者夫妻一方事后追认等共同意思表示所负的债务，应当被认定为夫妻共同债务。因为，不管是登记在前，还是婚宴在前，只要夫妻两人共同签字认可，或者夫妻一方事后进行了追认，那么该债务就应当被认定为夫妻共同债务。以上符合民法对夫妻共同债务认定中的"夫妻协议约定为共同债务的债务"和"其他应当认定为夫妻共同债务的债务"等条款。

7. 增加离婚冷静期规定是否意味着离婚难？

【答】由于当今中国适龄结婚的年轻群体生活压力大，心态浮躁，轻率、冲动型离婚案例增多，这样不利于家庭和谐与社会稳定。《民法典》新增了协议离婚"一个月离婚冷静期"的规定，在申请离婚登记后，任何一方在一个月内可以请求登记机关撤回离婚登记申请。这就意味着协议离婚需要 60 天时间。因为逾期 1 个月一方不领离婚证，将视为离婚申请被撤销。这样可以有效地避免"闪离"的随意性。通过法院诉讼程序离婚没有冷静期限制。不过，民事案件最快的处理程序也需要 3 个月，第一次起诉离婚都要调解，1 年后可以再起诉。按照我国两审终审制度，走完诉讼离婚程序需要 1 年 3 个月乃至更长时间。领取离婚判决后无须再去办理离婚证。

8. 离婚冷静期内，男方强行同房有什么风险？

【答】特别提醒男士，离婚冷静期内一定要克制自己的欲望，不要强行和配偶同房，虽然彼此法律上的婚姻关系没有解除，但是女方已经没有夫妻生活的义务了。否则，女方一旦报警，男士便涉嫌构成强奸罪。

9. 离婚时有过错方是否要对无过错方进行赔偿？

【答】我国《婚姻法》曾规定了 4 种适用于离婚损害赔偿的情形，《民法典》增加了离婚损害赔偿的兜底条款，将一些确实给对方造成严重损害的情形纳入损害赔偿范围。涉及无过错方的权益保障，主要包括这两点：第一，离婚分割夫妻共同财产时，应当照顾无过错方的权益。《民法典》第 1087 条第 1 款规定："离婚时，夫妻的共同财产由双方协议处理，协议不成的，由人民法院根据财产的具体情况，按照照顾子女、女方和无过错方权益的原则判决。"《民法典》新增了在分割夫妻共同财产时，应按照照顾无过错方的原则进行处理。这意味着，如果对方存在过错行为，无过错方完全可以主张多分财产，并且在很大程度上能实现这一诉讼主张。婚内出轨行为将成为少分财产的法定理由。第二，有其他重大过错行为导致离婚的，无过错方有权请求损害赔偿。《民法典》第 1091 条规定："有下列情形之一，导致离婚的，无过错方有权请求损害赔偿：（一）重婚；（二）与他人同居；（三）实施家庭暴力；（四）虐待、遗弃家庭成员；（五）有其他重大过错。"《民法典》新增了第（五）项，作为损害赔偿的法定情形，配偶的过错赔偿行为包括吸毒、赌博、嫖娼、出轨、通奸、挥霍家产等。

10. 做"小三"、情人有哪些法律风险？

【答】①名誉上面临身败名裂，遭受熟人圈子或者公众的道德谴责。②人身不够安全。"小三"的地下情一旦暴露，很有可能被"原配"或者其指使的人殴打。③有可能人财两空。因为婚姻中的男人赠予"小三"的所有财产都属于无效赠予，被"原配"发现可以请求法院判决撤销赠予并追回。④与已婚的现役军人同居或结婚的会构成破坏军婚罪。⑤以曝光隐秘恋情关系相要挟，向已婚情人索要"分手费"可能构成敲诈勒索罪。⑥与情人勾结，伙同贪污、挪用公款受贿的，将会以同犯论处。⑦"小三"一旦与"丈夫"以夫妻名义同居，便有可能构成重婚罪。

【案例】2013 年，珠海一富豪王某夫妻二人常年分居，分居期间他与第三者同居生活，并立遗嘱要把自己的部分财产留给同居女友。后来，王某因病去世，王某的生前女友起诉到法院，要求继承该套房产。法院认为，王某婚内与第三者同居不受法律保护，男方订立的遗嘱虽然形式上合法，但是违背公序良俗，遂驳回了第三者的请求。该套房产属于男方的夫妻共同财产，所以男方无权订立遗嘱。实际上，即使该套房产属于男方的个人财产，或者是男方将自己享有的份额留给第三者，法院一般也不会支持。遗嘱要合法，而且不能违背公序良俗。

11. 夫妻之间签约一方出轨净身出户是否有效？

【答】有的夫妻之间为了约束相互忠诚，书面承诺"一方出轨则净身出户"，这样的协议内容法律并不支持。《民法典》规定，夫妻应当互相忠实、互相尊重。该条款所规定的忠实义务是一种情感上的义务，而不是法律义务。法律并不赋予此类协议强制执行的效力。

12. 丈夫不允许妻子跟男闺蜜晚上出去喝酒是否违法？

【答】是违法行为，但是这个违法是广义上的违法。虽然广义上违法了，但没有相应的处罚规定。《民法典》第 1057 条规定："夫妻双方都有参加生产、工作、学习和社会活动的自由，一方不得对另一方加以限制或者干涉。"妻子跟男闺蜜晚上出去喝酒，丈夫无权干涉。同样的道理，丈夫出去和朋友打牌聊天，妻子也不得干涉。

13. 签订分居协议对保护财产安全有何用途？

【答】如果自己的收入或财产明显高于对方，在双方出现感情危机时，如果不着急离婚，最好签订分居协议。分居协议可以起到两个作用：第一，可以确认分居的事实；第二，可以对财产进行分割和约定，保障自己在分居期间获得的财产利益。

14. 父母为子女买房时在房产证上是否要加上孩子的名字？

【答】不管是父母将来留给孩子继承的房产，还是父母在子女婚前为子女购买赠与的房产，只要房产证加上孩子的名字，至少可以避免财产损失。具体有以下几点好处：①节省了将来办理赠与、继承或者重新过户的费用；②如果父母做生意遭遇破产，孩子名下的财产不会被清算或者拍卖；③如果将来父母离婚，其子女名下的房产不会被分割；④如果将来子女离婚，这套房子就属于子女的婚前财产，仍然不会被分割。

15. 如何收集配偶出轨和婚外情的证据？

【答】当配偶出现异常行为时，无过错方可留心搜集对自己有利的证据。①查阅配偶的手机、电脑、iPad、硬盘、U 盘等电子产品。查阅微信、QQ 聊天、邮箱、抖音、快手等社交平台的聊天记录、转账记录、短信微信聊天记录；手机备忘录、相册、网盘等储存信息记录；查阅携程、大众点评、滴滴打车等涉及旅游、美食、电影、出行及住店的历史记录。从中可分析到配偶是否有出轨的可疑迹象及收集到出轨证据。还有租房合同、水电费凭据、开房记录、票据、视听资料、互赠礼物、村（居）委会、派出所的证明等，间接证据形成完整证据链，也可认定事实成立。②可以在夫妻共用的车辆上安装定位器（当然一定是合法装置才行），以判断配偶的行踪是否正常。但是，非法安装监听监视设备收集的证据将会被排除，同时还可能因为侵犯第三方权利而承担法律责任，所以监听需慎行。③可以通过跟踪确定配偶在公共场合交往的行踪。带上有长焦镜头的拍照设备，以固定配偶与异性交往的证据。④可以查询配偶在微信、支付宝、网银转账中的消费记录，以判断其资金是否被用于婚外情，尤其是重点查询情人节、"520"等特殊日期。

16. 婚内与他人以夫妻名义同居是否构成重婚罪？

【答】有些人有婚外情，甚至和别人生了孩子，但却不一定构成重婚罪，比如偶尔开房同居、金屋藏娇等。但如果掩盖已婚事实与他人再婚，或者以夫妻名义长期同居，则有可能构成重婚罪。

17. 夫妻能否通过假离婚逃避债务？

【答】有些债务人以合法形式掩盖非法目的的违法行为，该约定无效，法院有权责令或强制这对离婚夫妻对债务承担连带清偿责任，因此假离婚并不能逃避债务。

18. 离婚时为家庭付出更多的一方是否有权利请求补偿？

【答】有。《民法典》采用法定共同财产制，将夫妻纳入适用离婚经济补偿的范围，以加强对家庭负担较多义务一方权益的保护。《民法典》第 1088 条规定，夫妻一方因抚育子女、照料老年人、协助另一方工作等负担较多义务的，离婚时有权向另一方请求补偿，另一方应当给予补偿。具体办法由双方协议；协议不成的，由人民法院判决。

19. 为何离婚时不要轻易相信被告当庭的承诺？

【答】因为不守信用的一方随时可能变卦。一对夫妻诉讼离婚，女方相信了男方在法庭上的保证和承诺，所以撤诉了，但是撤诉后男方并没有兑现承诺。后来，女方再次起诉，开庭时男方信誓旦旦地做出承诺，为了表示诚恳的态度，还给妻子、律师和法官下跪。男方答应轮流抚养孩子，每人抚养 1 周。可是，调解签字后，男方却失踪了。所以，不要轻易相信对方当庭的口头承诺。

20. 夫妻共同财产增加了哪些规定？

【答】《民法典》第 1062 条第 1 款规定："夫妻在婚姻关系存续期间所得的下列财产，为夫妻的共同财产，归夫妻共同所有：（一）工资、奖金、劳务报酬；（二）生产、经营、投资的收益；（三）知识产权的收益；（四）继承或者受赠的财产，但是本法第一千零六十三条第三项规定的除外；（五）其他应当归共同所有的财产。"

就夫妻共同财产的范围，《民法典》增加了"其他劳务报酬""投资的收益"两项收入。夫妻对共同财产有平等的处理权。如夫妻一方在婚前有公司股权，结婚后公司还在继续经营，那么婚后夫妻一方所获得的股东分红和股权的增值就属于夫妻共同财产。婚前是企业的合伙人，合伙企业和份额如在结婚后有利润分配，也会变成夫妻共同财产。此外，在婚前购买银行的理财产品、基金、股票、信托产品，这些金融理财产品在婚后的投资收益也会变成共同财产。《民法典》第 1062 条没有明确列举的劳务报酬，只要是婚后所得，原则上视为夫妻共同财产。这一条实际上扩大了夫妻共同财产的范围，只要是婚后通过夫妻双方或一方在婚后带来的收入，原则上便都应视为夫妻共同财产。

21. 《民法典》为何新增夫妻日常家事代理权规定？

【答】《民法典》第 1060 条规定："夫妻一方因家庭日常生活需要而实施的民事法律行为，对夫妻双方发生效力，但是夫妻一方与相对人另有约定的除外。夫妻之间对一方可以实施的民事法律行为范围的限制，不得对抗善意相对人。"本条明确了夫妻日常家事代理权，平衡了夫妻间的内部利益，保护了夫妻间的合法财产，对保护交易相对方、维护社会交易稳定也起到了积极的作用。夫妻日常家事代理权，是指夫妻一方因家庭日常生活需要而与第三方为一定民事法律行为时互为代理的权利。夫妻一方在日常家庭事务范围内实施的民事法律行为，视为依夫妻双方的意思表示所为的民事法律行为，另一方也应承担因此而产生的法律后果。

　　为了突出夫妻平等权利，维护相对均衡、稳定的婚姻家庭生活秩序，《民法典》规定了夫妻双方日常家事代理权。正确理解本条规定，需要注意以下几个方面：①夫妻日常家事代理权的权利主体。夫妻双方在处理日常家庭事务时互为代理人，各自都可以行使夫妻日常家事代理权。②夫妻日常家事代理权的存续期间。夫妻日常家事代理权由法律直接规定，以夫妻身份的存在为前提。③夫妻日常家事代理权的行使方式。对于夫妻日常家事代理权，夫妻任何一方在日常家事范围内与第三人为民事法律行为时，不必明确其代理权，可直接以自己名义、另一方名义或者双方名义为之。④夫妻日常家事代理权的行使范围仅限于"因家庭日常生活需要而实施的民事法律行为"，通说概括为"日常家庭事务"或者"日常家事"。⑤夫妻任何一方行使夫妻日常家事代理权所实施的民事法律行为，对夫妻双方都发生效力，即该民事法律行为所产生的法律效果归属于夫妻双方。为了维护正常服务交易安全，保护第三人的合法权益，如夫妻双方并不完全认同价格的家务外包服务，法律明确规定这种分歧不能限制一方的权利，更不能对抗善意相对人，即家务服务的提供者。

　　22.《民法典》是否强化了家务劳动的经济价值？

　　【答】《民法典》第 1088 条规定，夫妻一方因抚育子女、照料老年人、协助另一方工作等负担较多义务的，离婚时有权向另一方请求补偿，另一方应当给予补偿。具体办法由双方协议；协议不成的，由人民法院判决。这条规定承认了女性在家务劳动上的价值，并且家务劳动经济补偿不再像过去的《婚姻法》规定得那样，要求以夫妻 AA 制（即约定分别财产制）为前提，无论夫妻之间实行的是共同财产制还是分别财产制，如发生这种情形，从事家务劳动比较多的一方就可以向另外一方请求补偿，而且这份经济补偿是在离婚财产分割之外的补偿。

　　【体会】该法条具有价值导向作用，会使得更多的男性认识到妻子的家务劳动与丈夫在外面打拼为家挣钱是同等重要的。

　　23. 在哪种情形下婚内可分割夫妻共同财产？

　　【答】《民法典》增设了婚内分割夫妻共同财产制度，规定婚姻关系存续期间，有下列情形之一的，夫妻一方可以向人民法院请求分割共同财产：①一方隐藏、转移、变卖、毁损、挥霍夫妻共同财产，或伪造夫妻共同债务等严重损害夫妻共同财产利益行为的；②一方负有法定抚养义务的人患重大疾病需医治，另一方不同意支付相关医疗费用的。

24. 《民法典》设立居住权对婚姻会产生什么影响？

【答】《民法典》规定，房屋的居住权可以通过合同和遗嘱两种方式设立，合同设立需要到产权管理部门登记；通过遗嘱设立居住权，不需要居住权合同，不以去房管局登记为生效要件，自继承开始时设立。居住权的设立对婚姻家庭将产生重大影响。婚前一方出资购买的房屋，如果婚后没有产权的配偶要求对该房屋进行居住权登记，在一般情况下产权方不好意思拒绝。将来万一双方离婚了，如果居住权登记是终身期限，虽然离婚时不会就作为婚后夫妻共同财产进行分割，但是如果离婚后，拥有居住权的一方不搬走，理论上讲是可以一直居住到生命终结的。产权方当然也可以共同居住，这就会造成长期的"离婚不离家"关系。特别是离婚后再婚，如果仅有居住权的一方继续与配偶合住，未来会产生新的矛盾和纠纷。还有，居住权可以通过遗嘱设立，如果老人把居住权留给保姆，那就意味着老人去世后保姆可以在居住权设立的时间规定期内免费居住。一旦设立了居住权，产权方要想卖房子，买家将无权对抗拥有居住权的善意第三人，给房产处置设置了重大障碍。

25. 夫妻感情破裂后有哪些准予离婚的情况？

【答】根据《民法典》第1079条的规定，人民法院在调解无效的情况下，依法应当认定夫妻双方感情确已破裂并判决离婚的情况包括：①重婚或有配偶者与他人同居的。重婚和有配偶者与他人同居的行为严重违反我国一夫一妻制的婚姻制度，会严重伤害夫妻感情，是导致离婚的情形之一。重婚是指有配偶者又与他人结婚的违法行为。其表现为法律上的重婚和事实上的重婚。前者是指有配偶又与他人登记结婚。后者是指有配偶者又与他人以夫妻名义同居生活。有配偶者与他人同居是指有配偶者与婚外异性，不以夫妻名义，持续、稳定地共同居住。有的法院对共同生活的持续时间会有要求。②实施家庭暴力或虐待、遗弃家庭成员的。家庭暴力，是指行为人以殴打、捆绑、残害、强行限制人身自由或者其他手段，给其家庭成员的身体、精神等方面造成一定伤害后果的行为。持续性、经常性的家庭暴力，构成虐待。遗弃是指对于需要扶养的家庭成员，负有扶养义务而拒绝扶养的行为。表现为经济上不供养，生活上不照顾，使被扶养人的正常生活不能维持，甚至连生命和健康都得不到保障。③有赌博、吸毒等恶习屡教不改。沾染赌博、吸毒等恶习的人好逸恶劳、不务正业，不但不履行家庭义务，反而常常引发家庭暴力，消耗家庭的经济积蓄，使家庭的安宁、正常的生活难以为继。对于这类案件，人民法院应当查明有赌博、吸毒等行为一方的一贯表现和事实情况。对情节较轻、有真诚悔改表现、对方也能谅解的，应着眼于调解和好。对于恶习难改、一贯不履行家庭义务、夫妻感情难以重建、夫妻难以共同生活的，经调解无效，应准予离婚。④因感情不和分居满2年的，诉讼离婚时法院一般判离。⑤一方患有法定禁止结婚疾病的，或一方有生理缺陷，或其他原因不能发生性行为且难以治愈的。《民法典》已将疾病婚修改为可撤销婚姻，婚前一方对另一方患有重大疾病（包括原法定禁止结婚的疾病）的情况知情且愿意结婚的，可能会影响适用该项规定。⑥《民法典》实施前的相关司法解释规定，婚前缺乏了解、草率结婚，婚后未建立起夫妻感情、难以共同生活的。⑦婚前隐瞒了精神病，婚后久治不愈，或者婚前知道对方患有精神病而与其结婚，或一方在夫妻共同生活期间患精神病，久治不愈的。《民法典》已将疾病婚修改为可撤销婚姻，婚前一方对另一方患有重大疾病（包括精神病）的情况知情且愿意结婚的，可能会影响适用该项规定。⑧一方欺骗对方，或者在结婚登记时弄虚作假，骗取《结婚证》的。⑨双方办理结婚登记后，未同居生活，无和好可能的。⑩包办、买卖婚姻，婚后一方随即提出离婚，或者虽共同生活多年，但却未建立起夫妻感情的。⑪一方与他人通奸、非法同居，经教育仍无悔改表现，无过错一方起诉离婚，或者过错方起诉离婚，对方不同意离婚，经批评教育、处分，或在人民法院判决不准离婚后，过错方又起诉离婚，确无和好可能的。⑫一方重婚，对方提出离婚的。⑬一方被依法判处长期徒刑，或其违法、犯罪行为严重伤害夫妻感情的。比如，一方犯有强奸罪、奸淫幼女罪、侮辱妇女罪等罪行。⑭一方下落不明满2年，经3个月公告查找确无下落的，对方起诉离婚。婚姻关系已名存实亡，另一方提出离婚请求的，人民法院即应判决准予离婚。⑮受对方的虐待、遗弃，或者受对方亲属虐待，或虐待对方亲属，经教育不改，另一方不谅解的。⑯因其他原因导致夫妻感情确已破裂的。⑰《民法典》增加了一款法定离婚情形，即"经人民法院判决不准离婚后，双方又分居满一年，一方再次提起离婚诉讼的，应当准予离婚"。

26. 离婚后子女抚养依据什么原则?

【答】《民法典》遵循有利于子女成长的原则处理离婚后子女抚养问题。①2 周岁以下婴儿由母亲抚养,2 周岁以上按照最有利于未成年人子女的原则判决。②8 周岁以上的子女,必须征求孩子的意见。8 周岁以上的未成年人为限制民事行为能力人,法院应充分尊重 8 周岁以上子女的个人意愿,这样判定抚养权更有利于其健康成长。希望获得抚养权的依法必须提供自身具备抚养条件的证据(如工作性质、收入和居住条件、文化程度、性格修养等)。提供祖父母或外祖父母要求并有能力照顾孩子的证据。③提供孩子能够获得更好的生活和教育环境的证据。④夫妻分居或者离婚必须确保不抚养子女的一方不间断地支付抚养费。这是父母的法定义务。

27. 在什么情况下法律规定可增加子女抚养费?

【答】法律规定,在以下几种情况下可增加抚养费:①子女要求增加抚育费父或母有给付能力的;②原定抚育费数额不足以维持当地实际生活水平的;③因子女患病、上学,实际需要已超过原定数额的;④有其他正当理由应当增加的。

28. 离婚父母对子女是否有探望权?

【答】离婚后,孩子的父母均有探望权。《民法典》第 1086 条规定:"离婚后,不直接抚养子女的父或者母,有探望子女的权利,另一方有协助的义务。行使探望权利的方式、时间由当事人协议;协议不成的,由人民法院判决。父或者母探望子女,不利于子女身心健康的,由人民法院依法中止探望;中止的事由消失后,应当恢复探望。"

29. 《民法典》如何界定"亲属"概念?

【答】《民法典》规定的亲属范围包括配偶、血亲和姻亲;家庭成员为配偶、父母、子女和其他共同生活的近亲属。近亲属为配偶、父母、子女、兄弟姐妹、祖父母、外祖父母、孙子女、外孙子女。

30. 离婚时不知道对方银行存款有多少怎么办?

【答】离婚时不知道对方银行存款可采取以下行为:①如果夫妻尚在一起居住的话,注意收集对方的存折、银行卡信息。如果不知道对方开户账号,但知道在具体哪一家银行开的账户,一般也可以查到储蓄信息。②如果夫妻未在一起居住,又无法通过上述手段查到对方的银行存款信息,可以采用以下方法了解对方银行存款情况:一是起诉后,申请法院调查。法院根据当事人的申请有义务查询当事人的账户余额。二是起诉后，向法院申请调查令，由律师持调查令到银行查询。在支持法院调查令的地区，律师可以持法院调查令的方式到银行查询对方当事人的存款情况。

31. 离婚后发现对方隐瞒财产怎么办？

【答】离婚后依然可以诉请法院要求分割被隐匿的财产。比如，有以下几种情况的：①离婚时未对婚姻存续期间财产进行分割，离婚后双方可协议分割或通过法院诉讼分割；②离婚时一方隐瞒或转移婚姻期间属于夫妻共有的财产，离婚后被对方查获，对方可通过法院诉讼要求重新分割；③离婚时双方已经协商分割财产，离婚后一方提出重新分割财产的要求，如对方同意可重新分割，但对方若不同意，则不能重新分割。

32. 夫妻一方故意隐匿财产会有什么后果？

【答】协议离婚或者诉讼离婚，都可能会遇到分割夫妻共同财产问题。如果一方故意将夫妻共同财产隐匿、转移拒不交出，或者非法变卖、毁损，在分割财产时，对故意隐匿、转移、变卖、毁损财产的一方应予以少分或者不分。在具体处理时，应把隐匿、转移、变卖、毁损的财产作为一份分给隐匿、转移、变卖、毁损方，以其他财产折抵分给另一方，不足的部分由隐匿、转移、变卖、毁损方给予赔偿。在离婚分割夫妻共同财产时故意将夫妻共同财产隐匿、转移、变卖、毁损拒不交出的，还可以按《民事诉讼法》第111条第1款的规定处理："诉讼参与人或者其他人有下列行为之一的，人民法院可以根据情节轻重予以罚款、拘留；构成犯罪的，依法追究刑事责任：（一）伪造、毁灭重要证据，妨碍人民法院审理案件的；（二）以暴力、威胁、贿买方法阻止证人作证或者指使、贿买、胁迫他人作伪证的；（三）隐匿、转移、变卖、毁损已被查封、扣押的财产，或者已被清点并责令其保管的财产，转移已被冻结的财产的；（四）对司法工作人员、诉讼参加人、证人、翻译人员、鉴定人、勘验人、协助执行的人，进行侮辱、诽谤、诬陷、殴打或者打击报复的；（五）以暴力、威胁或者其他方法阻碍司法工作人员执行职务的；（六）拒不履行人民法院已经发生法律效力的判决、裁定的。"单位违反前述规定的，对主要负责人或者直接责任人予以罚款、拘留，构成犯罪的，依法追究刑事责任。不过，在司法实践中，法官和律师一般都很少把离婚民事案件隐匿财产和其他民事案件的隐匿财产区别对待。这实际上是一种文化习惯认同，并不完全符合法理，民法也应该对离婚当事人隐匿、转移、变卖、毁损拒不交出的财产的违法行为进行强制性惩罚。这并不是普通百姓认为的"家务事"，而是一个公民剥夺另一个公民合法财产的违法行为。

33. 父母的房子加上子女名字是否提高了法律上的安全性？

【答】父母的房子加上子女名字有以下几点好处：第一，可以减少将来财产继承的过户费；第二，万一父母欠债无力偿还，败诉后以名下财产为抵押，拍卖偿债，孩子名下的财产不会被拍卖；第三，夫妻离婚时不会被作为夫妻共有财产分割；第四，即使子女将来离婚了，由于该房屋属于其婚前财产，因此不会被配偶分割。

34. 单身的"小三"与有妇之夫同居是否有坐牢风险？

【答】"小三"通常是插足其他有婚姻关系生活的第三者，即使"小三"是未婚人士，如果明知对方有配偶仍与对方以夫妻名义共同生活，则不只是对方会涉嫌重婚罪，"小三"也会涉嫌重婚罪，面临被判刑坐牢的法律风险。

六、《民法典》继承与收养编

1. 《民法典》对夫妻收养子女有何规定？

【答】《民法典》第 1100 条第 1 款规定："无子女的收养人可以收养两名子女；有子女的收养人只能收养一名子女。"第 1102 条规定："无配偶者收养异性子女的，收养人与被收养人的年龄应当相差四十周岁以上。"

【体会】收养规定与计划生育类似，无子女的收养人可以收养 2 名子女；有子女的收养人只能收养 1 名子女。无配偶的单身人士收养异性子女，年龄必须相差 40 岁以上。有明显的长幼年龄与代际差别。该规定不仅体现了男女平等，而且保证了约定俗成的长幼有别的代际伦理关系。从法律上也尽可能避免年龄相差过小，防止有可能发生的性侵害以及被收养人成年后与收养人结婚。

2. 收养 8 周岁以上未成年人是否需要征得本人同意？

【答】《民法典》第 1104 条规定："收养人收养与送养人送养，应当双方自愿。收养八周岁以上未成年人的，应当征得被收养人的同意。"

【体会】收养人收养与送养人送养，应当基于双方自愿。收养 8 周岁以上的未成年人应当征得被收养人本人的同意。

3. 《民法典》规定的代位继承如何理解？

【答】代位继承是指被继承人的兄弟姐妹先于被继承人死亡的，由被继人的兄弟姐妹的子女代位继承。即继承人的侄女侄子，外甥外甥女都被纳入了代位继承的范围。

4. 膝下无子女的老人如何解决无人照顾问题？

【答】《民法典》第 1158 条规定，"自然人可以与继承人以外的组织或者个人签订遗赠扶养协议"。

【体会】《民法典》完善了遗赠扶养协议制度，适当扩大了扶养人的范围，明确继承人以外的组织或者个人均可以成为扶养人。按照遗赠抚养协议，该组织或者个人承担该自然人生养死葬的义务，享有受遗赠的权利。可以签订遗赠抚养协议。

5. 公婆的财产儿媳妇有份吗？

【答】儿媳妇是否拥有公公、婆婆财产的继承权主要看老人的遗嘱如何表述。一位 78 岁的老人王先生立下遗嘱，但遗嘱中房产少写了儿子"单独"继承两个字，不久老先生便因意外去世。3 个月后，王先生的儿子和妻子闹离婚，分割夫妻共同财产。财产遗嘱的表述是"儿子继承我名下的全部财产，包括现金及房屋"，没有明确排除王××的配偶，所以该遗产是夫妻共同财产，离婚时被儿媳分走一半。

6. 遗嘱人立了多份遗嘱，应该以哪份为准？

【答】《民法典》第 1142 条规定："遗嘱人可以撤回、变更自己所立的遗嘱。立遗嘱后，遗嘱人实施与遗嘱内容相反的民事法律行为的，视为对遗嘱相关内容的撤回。立有数份遗嘱，内容相抵触的，以最后的遗嘱为准。"

7. 继子女对继母有赡养义务吗？

【答】亲属关系有两种：一种是自然血亲关系，父母与亲生的子女之间属于血缘关系；另一种是拟制血亲关系，父母再婚，与继子女之间没有血缘关系，也有抚养与赡养关系。在继子女与继母或继父共同生活时，继父母把孩子养大成人，那么子女成人后也有对继父母养老送终的赡养义务。

8. 为何独生子不能继承父母的全部遗产？

【答】主要看父母去世时是否有其他亲人分割财产。虽然是独生子，但因父母去世前没有遗嘱，父母过世后爷爷奶奶还健在。由于配偶的子女、父母都属于第一顺序继承人。当事人父亲的那部分遗产在法律上应该属于当事人和其爷爷奶奶共同所有。爷爷奶奶去世后，祖辈的那部分继承权归当事人的叔叔、姑姑共有，除非让其叔叔、姑姑去公证处书面声明放弃这部分遗产继承权，否则当事人只能继承大概 4/5 的遗产。

9. 单身男子有性侵少女的违法犯罪记录能否收养女儿？

【答】不能。为进一步强化对被收养人利益的保护，《民法典》在收养人的条件中增加规定"无不利于被收养人健康成长的违法犯罪记录"，并规定了民政部门应当依法进行收养评估。此外，《民法典》第1102条规定："无配偶者收养异性子女的，收养人与被收养人的年龄应当相差四十周岁以上。"

10. 债务人死亡，债权自然灭失吗？

【答】债务人死亡即丧失了民事主体资格，但所欠债务不会消灭。债权人可采取以下方式请求债权：①分析债务属于个人债务还是夫妻共同债务。如属夫妻共同债务，债权人可向债务人的配偶提出还款要求；如为债务人所负的个人债务，则要看债务人有无遗产。如没有遗产，则无权要求债务人的继承人偿还；如有遗产，则可向债务人的继承人要求在继承遗产范围内进行偿还。②向债务人的继承人主张清偿。《民法典》规定，继承遗产应当清偿被继承人依法应当缴纳的税款和债务，缴纳税款和清偿债务以其遗产的实际价值为限。超过遗产实际价值部分，继承人自愿偿还的不在此限。继承人放弃继承的，对被继承人的债务可以不负偿还责任。

11. 如何查询已故亲人的银行账户？

【答】继承人可以通过出示以下文件查询已故亲人的银行存款：①死亡证明；②亲属关系证明文件，如户口本等；③本人的身份证。

12. 继承权的丧失和恢复有何规定？

【答】《民法典》第1125条规定："继承人有下列行为之一的，丧失继承权：（一）故意杀害被继承人；（二）为争夺遗产而杀害其他继承人；（三）遗弃被继承人，或者虐待被继承人情节严重；（四）伪造、篡改、隐匿或者销毁遗嘱，情节严重；（五）以欺诈、胁迫手段迫使或者妨碍被继承人设立、变更或者撤回遗嘱，情节严重。继承人有前款第三项至第五项行为，确有悔改表现，被继承人表示宽恕或者事后在遗嘱中将其列为继承人的，该继承人不丧失继承权。受遗赠人有本条第一款规定行为的，丧失受遗赠权。"

13. 订立口头遗嘱应该注意哪些事项？

【答】《民法典》第1138条规定："遗嘱人在危急情况下，可以立口头遗嘱。口头遗嘱应当有两个以上见证人在场见证。危急情况消除后，遗嘱人能够以书面或者录音录像形式立遗嘱的，所立的口头遗嘱无效。"

【体会】《民法典》删除了原来《继承法》的公证遗嘱效力优先规则。当一个人立有数份遗嘱时，如这些遗嘱内容相互冲突，以最后一份遗嘱为准。

14. 如何确认"遗产管理人"？

【答】《民法典》第1145条规定："继承开始后，遗嘱执行人为遗产管理人；没有遗嘱执行人的，继承人应当及时推选遗产管理人；继承人未推选的，由继承人共同担任遗产管理人；没有继承人或者继承人均放弃继承的，由被继承人生前住所地的民政部门或者村民委员会担任遗产管理人。"第1146条规定："对遗产管理人的确定有争议的，利害关系人可以向人民法院申请指定遗产管理人。"

【体会】《民法典》规定了遗产管理人制度，包括遗产管理人的选任、遗产管理人的指定、遗产管理人的职责范围，以及遗产管理人没有尽职尽责造成损害的赔偿责任。其他国家法律规定的"遗产管理人"多为律师机构担任，而我国相关法律规定的"遗产管理人"是"民政部门或者村民委员会担任遗产管理人"。法院也只能在这个范围内指定"遗产管理人"，从立法角度已经排除了律师事务所的受托代理资格。对比之下，律师更精通法律、代管理资产显得更加专业。除此之外，很多现代法治国家的律师事务所均可受理公民法律公正业务，可以提高民事法律公正的效率，有效地保护当事人的权益。

15. "遗产管理人"有哪些义务和权利？

【答】《民法典》第1147条规定："遗产管理人应当履行下列职责：（一）清理遗产并制作遗产清单；（二）向继承人报告遗产情况；（三）采取必要措施防止遗产毁损、灭失；（四）处理被继承人的债权债务；（五）按照遗嘱或者依照法律规定分割遗产；（六）实施与管理遗产有关的其他必要行为。"第1148条规定："遗产管理人应当依法履行职责，因故意或者重大过失造成继承人、受遗赠人、债权人损害的，应当承担民事责任。"第1149条规定："遗产管理人可以依照法律规定或者按照约定获得报酬。"

16. 做失踪人的"财产代管人"有哪些责任？

【答】《民法典》第42条规定："失踪人的财产由其配偶、成年子女、父母或者其他愿意担任财产代管人的人代管。代管有争议，没有前款规定的人，或者前款规定的人无代管能力的，由人民法院指定的人代管。"第43条规定："财产代管人应当妥善管理失踪人的财产，维护其财产权益。失踪人所欠税款、债务和应付的其他费用，由财产代管人从失踪人的财产中支付。财产代管人因故意或者重大过失造成失踪人财产损失的，应当承担赔偿责任。"

七、《民法典》侵权责任编

1. 如何认定侵权行为责任并有效阻止侵权？

【答】《民法典》第 1165 条规定："行为人因过错侵害他人民事权益造成损害的，应当承担侵权责任。依照法律规定推定行为人有过错，其不能证明自己没有过错的，应当承担侵权责任。"

第 1166 条规定："行为人造成他人民事权益损害，不论行为人有无过错，法律规定应当承担侵权责任的，依照其规定。"

第 1167 条规定："侵权行为危及他人人身、财产安全的，被侵权人有权请求侵权人承担停止侵害、排除妨碍、消除危险等侵权责任。"

第 1170 条规定："二人以上实施危及他人人身、财产安全的行为，其中一人或者数人的行为造成他人损害，能够确定具体侵权人的，由侵权人承担责任；不能确定具体侵权人的，行为人承担连带责任。"

【提示】这是对侵权行为危及他人人身和财产安全的责任定性，还有行为过错、停止侵害、排除妨碍、消除危险等侵权责任的相关规定。

2. 行为人有过错如何承担侵权责任？

【答】《民法典》第 1165 条规定："行为人因过错侵害他人民事权益造成损害的，应当承担侵权责任。根据法律规定推定行为人有过错，其不能证明自己没有过错的，应当承担侵权责任。"

第 1166 条规定："行为人造成他人民事权益损害，不论行为人有无过错，法律规定应当承担侵权责任的，依照其规定。"

第 1167 条规定："侵权行为危及他人人身、财产安全的，被侵权人有权请求侵权人承担停止侵害、排除妨碍、消除危险等侵权责任。"

【提示】按照侵权行为划分责任。①按构成要件分为：一般侵权行为是指行为人基于过错直接致人损害，因而适用民法中一般责任条款的行为。特殊侵权行为是指行为人虽无过错，但依民法特别责任条款或民事特别法应承担责任的行为。②按侵害对象分为：侵害财产权行为，包括侵害物权及知识产权中的财产权行为；侵害人身权行为，包括侵害他人身体和心理的行为。③按致害人的人数分为：单独侵权行为，致害人仅为一人的侵权行为；共同侵权行为，致害人为二人以上的侵权行为，致害人应负连带的损害赔偿责任。

④按行为性质分为：积极侵权行为，指致害人以积极作为的形式致人损害的行为；消极侵权行为，指致害人以消极不作为的形式致人损害的行为。

3. 侵害他人造成人身损害的应该如何赔偿？

【答】《民法典》第 1179 条规定："侵害他人造成人身损害的，应当赔偿医疗费、护理费、交通费、营养费、住院伙食补助费等为治疗和康复支出的合理费用，以及因误工减少的收入。造成残疾的，还应当赔偿辅助器具费和残疾赔偿金；造成死亡的，还应当赔偿丧葬费和死亡赔偿金。"

4. 被侵权人死亡的，什么人有权请求侵权人赔偿？

【答】《民法典》第 1181 条规定："被侵权人死亡的，其近亲属有权请求侵权人承担侵权责任。被侵权人为组织，该组织分立、合并的，承继权利的组织有权请求侵权人承担侵权责任。被侵权人死亡的，支付被侵权人医疗费、丧葬费等合理费用的人有权请求侵权人赔偿费用，但是侵权人已经支付该费用的除外。"

5. 被侵权人能否请求侵权人财产赔偿？

【答】可以。《民法典》第 1182 条规定："侵害他人人身权益造成财产损失的，按照被侵权人因此受到的损失或者侵权人因此获得的利益赔偿；被侵权人因此受到的损失以及侵权人因此获得的利益难以确定，被侵权人和侵权人就赔偿数额协商不一致，向人民法院提起诉讼的，由人民法院根据实际情况确定赔偿数额。"

6. 被侵权人是否有权请求精神赔偿？

【答】《民法典》第 1183 条第 1 款规定："侵害自然人人身权益造成严重精神损害的，被侵权人有权请求精神损害赔偿。"

7. 知识产权被侵犯能否主张惩罚性赔偿？

【答】可以。《民法典》第 1185 条规定："故意侵害他人知识产权，情节严重的，被侵权人有权请求相应的惩罚性赔偿。"

8. 谁承担环境污染侵权的举证责任？

【答】《民法典》第 1229 条规定："因污染环境、破坏生态造成他人损害的，侵权人应当承担侵权责任。"

第 1230 条规定："因污染环境、破坏生态发生纠纷，行为人应当就法律规定的不承担责任或者减轻责任的情形及其行为与损害之间不存在因果关系承担举证责任。"

【体会】这个规定类似《消费者权益保护法》，区别于其他民事诉讼的"谁主张，谁举证"。当被侵害人提起诉讼时，侵害人必须提供污染不是其导致的证据。因此，被侵害人掌握了诉讼主动权。

9. 建筑物倒塌致害责任如何承担？

【答】《民法典》第 1252 条规定："建筑物、构筑物或者其他设施倒塌、塌陷造成他人损害的，由建设单位与施工单位承担连带责任，但是建设单位与施工单位能够证明不存在质量缺陷的除外。建设单位、施工单位赔偿后，有其他责任人的，有权向其他责任人追偿。因所有人、管理人、使用人或者第三人的原因，建筑物、构筑物或者其他设施倒塌、塌陷造成他人损害的，由所有人、管理人、使用人或者第三人承担侵权责任。"

10. 抛掷坠落物品致害责任如何承担？

【答】《民法典》第 1254 条规定："禁止从建筑物中抛掷物品。从建筑物中抛掷物品或者从建筑物上坠落的物品造成他人损害的，由侵权人依法承担侵权责任；经调查难以确定具体侵权人的，除能够证明自己不是侵权人的外，由可能加害的建筑物使用人给予补偿。可能加害的建筑物使用人补偿后，有权向侵权人追偿。物业服务企业等建筑物管理人应当采取必要的安全保障措施防止前款规定情形的发生；未采取必要的安全保障措施的，应当依法承担未履行安全保障义务的侵权责任。发生本条第一款规定的情形的，公安等机关应当依法及时调查，查清责任人。"比如，一条狗从一栋居民楼掉下，砸伤了一名过路人。因为找不到狗的主人，法院判决该楼房住户（除证明家中无人居住者外）平均分担赔偿费。因为无法确定具体侵权人，只能让所有在这栋建筑物里的住户补偿受害人的损失，属于连带捆绑式责任认定。

第 1255 条规定："堆放物倒塌、滚落或者滑落造成他人损害，堆放人不能证明自己没有过错的，应当承担侵权责任。"

11. 人身损害赔偿应该"同命同价"吗？

【答】近年，国家制度设计正在向着城乡统一的标准调整。2019 年 4 月 15 日，中共中央、国务院发布《关于建立健全城乡融合发展体制机制和政策体系的意见》（以下简称《意见》），要建立健全有利于城乡基本公共服务普惠共享的体制机制，改革人身损害赔偿制度，统一城乡居民赔偿标准。《意见》的三个部分内容摘录如下："……（十六）完善城乡统一的社会保险制度。完善统一的城乡居民基本医疗保险、大病保险和基本养老保险制度。巩固医保全国异地就医联网直接结算。建立完善城乡居民基本养老保险待遇确定和基础养老金正常调整机制……（十七）统筹城乡社会救助体系。做好城乡社会救助兜底工作……改革人身损害赔偿制度，统一城乡居民赔偿标准……（二十八）……推动形成平等竞争、规范有序、城乡统一的劳动力市场……落实农民工与城镇职工平等就业制度……"

最高人民法院在 2019 年 10 月 10 日给陈美辰关于《对人身损害赔偿解释第 29 条"同命不同价"的答复》中，引用了《人身损害解释》（2003 年）第 29 条的规定："死亡赔偿金按照受诉法院所在地上一年度城镇居民人均可支配收入或者农村居民人均纯收入标准，按二十年计算。但六十周岁以上的，年龄每增加一岁减少一年；七十五周岁以上的，按五年计算。"《人身损害解释》（2003 年）第 35 条规定，"城镇居民人均可支配收入""农村居民人均纯收入""城镇居民人均消费性支出""农村居民人均年生活消费支出""职工平均工资"，按照政府统计部门公布的各省、自治区、直辖市以及经济特区和计划单列市上一年度相关统计数据确定。在审判实践中，对于上述规定，法院当然也要遵循。

八、其他民事赔偿

1. 骑共享单车时刹车失灵撞伤人的责任划分？

【答】①骑行人的责任：骑行人需要承担赔偿责任，在承担相关的赔偿责任后，可以向共享单车平台追偿。骑行人作为造成损害的直接作用人，应先确定骑行人是否存在过失、违章驾驶等情形，向受害人赔偿损失，再向共享单车平台追偿。②共享单车平台的责任：需承担连带责任。因为共享单车没有尽到瑕疵保证义务。共享单车平台应该按照约定将租赁物交付承租人，并在租赁期间保障租赁物符合约定的用途。这就规定了租赁合同中出租人的基本义务有两项：交付租赁物；在租赁期间保证租赁物符合实现租赁目的的状态，即瑕疵担保责任。共享单车出现刹车失灵等故障，而没有进行及时检修，是造成事故的主要原因，因此其应该承担连带责任，赔偿损失。这也将促进共享单车平台良好、有序地发展，提高其责任感。当骑行人要求共享单车承担连带赔偿责任时，需证明以下事实：①共享单车存在刹车失灵的事实（提供实物证据或者视频证据）。②交通事故主要是由刹车失灵造成。

2. 车祸受害人能否要求精神赔偿？

【答】从法理上看，刑事、民事违法行为对当事人构成精神伤害的，受害人均可通过诉讼要求精神赔偿。交通事故的受害人也有这种权利。交通事故赔偿中的医疗费、误工费、营养费、陪护费等费用有标准可依，法院作出裁定后一般争议不多，而精神损害赔偿的标准不明确，赔偿费问题容易引发争议。司法实践中，基于交通事故要求精神损害赔偿的成功案例不太多，因为提供证据的难度比较大。《民法典》规定，合同有过错方给无过错方造成精神伤害的（比如上当受骗的），受害人可向过错方提出精神赔偿诉求。这是立法的一种进步。未来交通事故赔偿中会有越来越多的受害人或者受害人家属向肇事者提出精神赔偿的诉求。双方当事人可以就精神损害赔偿金数额进行协商，可以通过双方协议的方式解决，具体的赔偿金额可以计算，必要时可以求助于专业律师或法务咨询师。如对方拒不赔偿，或者对于赔偿数额争议很大，可以通过诉讼渠道解决，受害方提起诉讼时应提供以下证据：①双方身份证明材料。②交通事故责任认定书，道路交通事故损害赔偿终结书等交警部门出具或可能出具的相关文书材料。③有关损害结果的证明材料。如伤残等级证明，死亡证明等。④精神损害证明，比如证人证言、录音录像、医疗证明等。

3. 车险理赔时的基本流程是什么？

【答】①出示保险单证、行驶证、驾驶证、被保险人身份证、保险单。②填写出险报案表，详细填写出险经过，详细填写报案人、驾驶员和联系电话。③检查车辆外观，拍照定损。④理赔员带领车主进行车辆外观检查，根据车主填写的报案内容拍照核损，理赔员提醒车主车辆上有无贵重物品，交付维修站修理。⑤理赔员开具任务委托单确定维修项目及维修时间，车主签字认可。⑥车主将车辆交于维修站维修。⑦修理好车辆后向保险公司提交理赔材料，保险公司审核核算之后发放理赔款。

4. 保险理赔有何规定？

【答】理赔是保险公司履行合同义务的行为，保险理赔是指保险人依据保险合同或有关法律法规的规定，受理被保险人提出的保险赔偿请求，进行查勘、定损、理算和实行赔偿的业务活动，是保险法律制度中十分重要的一环，是保险人履行其义务的主要形式。为了使被保险人尽快获得经济补偿，保险人应积极主动地做好理赔工作。《保险法》第 21 条规定："投保人、被保险人或者受益人知道保险事故发生后，应当及时通知保险人。故意或者因重大过失未及时通知，致使保险事故的性质、原因、损失程度等难以确定的，保险人对无法确定的部分，不承担赔偿或者给付保险金的责任，但保险人通过其他途径已经及时知道或者应当及时知道保险事故发生的除外。"理赔遵循以保险合同为依据、遵守国际惯例和有关国际公约、及时和合理地作出赔偿的原则。保险的理赔一般是从接受出险通知开始，经过查勘、检验或委托检验、核实案情、理算赔偿金额和支付赔偿几个阶段。根据我国《海商法》第251条的规定："保险事故发生后，保险人向被保险人支付保险赔偿前，可以要求被保险人提供与确认保险事故性质和损失程度有关的证明和资料。"

5. 邮局丢失邮件如何赔偿？

【答】邮局对平信丢失不予以赔偿。但是，邮政企业因故意或者重大过失造成平常邮件损失的除外。《邮政法》第46条规定："邮政企业对平常邮件的损失不承担赔偿责任。但是，邮政企业因故意或者重大过失造成平常邮件损失的除外。"第47条规定："邮政企业对给据邮件的损失依照下列规定赔偿：（一）保价的给据邮件丢失或者全部损毁的，按照保价额赔偿；部分损毁或者内件短少的，按照保价额与邮件全部价值的比例对邮件的实际损失予以赔偿。（二）未保价的给据邮件丢失、损毁或者内件短少的，按照实际损失赔偿，但最高赔偿额不超过所收取资费的三倍；挂号信件丢失、损毁的，按照所收取资费的三倍予以赔偿。邮政企业应当在营业场所的告示中和提供给用户的给据邮件单据上，以足以引起用户注意的方式载明前款规定。邮政企业因故意或者重大过失造成给据邮件损失，或者未履行前款规定义务的，无权援用本条第一款的规定限制赔偿责任。"第48条规定："因下列原因之一造成的给据邮件损失，邮政企业不承担赔偿责任：（一）不可抗力，但因不可抗力造成的保价的给据邮件的损失除外；（二）所寄物品本身的自然性质或者合理损耗；（三）寄件人、收件人的过错。"《民法典》第825条规定，托运人办理货物运输，应当向承运人准确表明收货人的姓名、名称或者凭指示的收货人，货物的名称、性质、重量、数量，收货地点等有关货物运输的必要情况。因托运人申报不实或者遗漏重要情况，造成承运人损失的，托运人应当承担赔偿责任。

6. 《刑法》对丢失、损坏邮件有何规定？

【答】刑法与邮政业务相关的条款是，邮政员私拆并把邮寄物品占为己有，依照《刑法》第270条第1款侵占罪的相关规定追究刑事责任。

《刑法》第270条第1款规定："将代为保管的他人财物非法占为己有，数额较大，拒不退还的，处二年以下有期徒刑、拘役或者罚金；数额巨大或者有其他严重情节的，处二年以上五年以下有期徒刑，并处罚金。"

第 275 条规定："故意毁坏公私财物，数额较大或者有其他严重情节的，处三年以下有期徒刑、拘役或者罚金；数额巨大或者有其他特别严重情节的，处三年以上七年以下有期徒刑。"

第 304 条规定："邮政工作人员严重不负责任，故意延误投递邮件，致使公共财产、国家和人民利益遭受重大损失的，处二年以下有期徒刑或者拘役。"

第 37 条规定："对于犯罪情节轻微不需要判处刑罚的，可以免予刑事处罚，但是可以根据案件的不同情况，予以训诫或者责令具结悔过、赔礼道歉、赔偿损失，或者由主管部门予以行政处罚或者行政处分。"

《民事诉讼法》与公民法务

第一节 《民事诉讼法》 简介

《民事诉讼法》于 1991 年 4 月颁布；于 2007 年、2012 年、2017 年三次修正。全文 27 章 284 条。

第二节 《民事诉讼法》 释义

最高人民法院《关于适用〈中华人民共和国民事诉讼法〉的解释》（法释〔2020〕20 号），根据修改后的民事诉讼法，制定本解释。

第三节 民事诉讼案件的时限规定

一、民事案件的普通程序审限

《民事诉讼法》第 149 条规定："人民法院适用普通程序审理的案件，应当在立案之日起六个月内审结。有特殊情况需要延长的，由本院院长批准，可以延长六个月；还需要延长的，报请上级人民法院批准。"

二、民事案件的一审诉讼时效

向人民法院请求保护民事权利的诉讼时效期间为 3 年。因国际货物买卖合同和技术进出口合同提出诉讼或仲裁的，诉讼时效为 4 年。最长诉讼时效为从权利受侵害之日起 20 年。

三、申请财产保全时效

（1）诉前财产保全。根据《民事诉讼法》第101条的规定，法院应在48小时内作出裁定，裁定保全的，应立即执行（申请人必须提供担保）。申请人应该在采取保全措施后30日内起诉。

（2）诉中财产保全。根据《民事诉讼法》第100条的规定，情况紧急的，法院应在48小时内作出裁定，裁定保全的，应该立即执行。

（3）申请复议。根据《民事诉讼法》第108条的规定，当事人对保全或先予执行裁定不服的，可以申请复议一次。

四、民事案件的立案时效

（1）立案。根据最高人民法院《关于严格执行案件审理期限制度的若干规定》第6、7条的规定，法院应在收到起诉状或口头起诉后7日内立案，立案机构应在决定立案的3日内将案卷材料移送审判庭。

（2）申请先于执行。《民事诉讼法》第101条规定："利害关系人因情况紧急，不立即申请保全将会使其合法权益受到难以弥补的损害的，可以在提起诉讼或者申请仲裁前向被保全财产所在地、被申请人住所地或者对案件有管辖权的人民法院申请采取保全措施。申请人应当提供担保，不提供担保的，裁定驳回申请。人民法院接受申请后，必须在四十八小时内作出裁定；裁定采取保全措施的，应当立即开始执行。申请人在人民法院采取保全措施后三十日内不依法提起诉讼或者申请仲裁的，人民法院应当解除保全。"

（3）公告送达。根据《民事诉讼法》第92条的规定，公告送达适用于受送达人下落不明或者用其他方式无法送达的，自发出公告之日起经过60日的，视为送达。根据《民事诉讼法》第267条的规定，涉外的送达，不能用其他方式送达的，自公告之日起满3个月。

（4）答辩期。根据《民事诉讼法》第125条的规定，法院应在立案之日起5日内将起诉状副本送达被告，被告应在收到之日起15日内提出答辩状，法院收到答辩状之日起5日内将答辩状副本发送原告（但被告提交的证据何时提交给原告没有明确规定）。根据《民事诉讼法》第268条的规定，涉外的答辩，答辩期为30日，并可申请延长。

（5）管辖权异议。在答辩期间内提出的，法院应在收到异议之日起15日内作出书面裁定。对该裁定不服的，可向上级法院提出上诉，上级法院应在30日内审结。

五、民事案件的举证期限

（1）简易转普通程序后的举证期限。根据最高人民法院《关于适用〈关于民事诉讼证据的若干规定〉中有关举证时限规定的通知》（2008年12月11日，以下简称《举证时限规定通知》）的规定，简易程序转为普通程序的，应补足不少于30日的举证期限，但在征得当事人同意后可少于30日。

（2）管辖权异议后的举证期限。根据《举证时限规定通知》的规定，"当事人在一审答辩期内提出管辖权异议的，人民法院应当在驳回当事人管辖权异议的裁定生效后，依照《证据规定》第三十三条第三款的规定，重新指定不少于三十日的举证期限。但在征得当事人同意后，人民法院可以指定少于三十日的举证期限"。

（3）法院调查证据反证期间。《举证时限规定通知》对人民法院依职权调查收集的证据提出相反证据的举证期限问题作出了规定，即"人民法院依照《证据规定》第十五条调查收集的证据在庭审中出示后，当事人要求提供相反证据的，法院可以酌情确定相应的举证期限"。

（4）增加当事人的举证期限。关于增加当事人时的举证期限问题。根据《举证时限规定通知》第5条的规定，"人民法院在追加当事人或者有独立请求权的第三人参加诉讼的情况下，应当依照《证据规定》第三十三条第三款的规定，为新参加诉讼的当事人指定举证期限。该举证期限适用于其他当事人"。

（5）申请延期举证。应在举证期限内提出，并可再次提出，延长的期限同样适用于其他当事人。

六、审判期间的其他时效规定

审判期间的其他时效规定如下：

（1）申请证人出庭。根据最高人民法院《关于民事诉讼证据的若干规定》（以下简称《民事诉讼证据若干规定》）的规定，应在举证期限届满前提出。

（2）申请调查取证。根据《民事诉讼证据若干规定》第20条的规定，申请法院调查取证应该在举证期限届满前提出。

（3）申请鉴定。应在人民法院指定期间内提出，鉴定机构、人员由双方协商，协商不成的，由法院指定。当事人对人民法院委托的鉴定有异议且符合法定情形的，可申请重新鉴定。《民事诉讼证据若干规定》第 41 条规定，对于一方当事人就专门性问题自行委托有关机构或者人员出具的鉴定意见，另一方当事人有证据或者理由足以反驳并申请重新鉴定的，法院应予准许。

（4）增加、变更诉讼请求或提出反诉期间。原则上应在举证期限届满前提出，但在《民事诉讼证据若干规定》第 53 条规定的情形下，可以根据法庭审理情况变更诉讼请求。当事人主张的法律关系的性质或者民事行为的效力与法院根据案件事实作出的认定不一致的，法院应当告知当事人可以变更诉讼请求。根据《民事诉讼证据若干规定》第 55 条的规定，当事人变更诉讼请求的，法院应当重新确定举证期限。

（5）变更诉讼请求。请求权竞合的情况下，当事人依据相关规定起诉时作出选择后，在一审开庭以前又变更诉讼请求的，法院应该准许。

（6）变更诉讼请求或反诉后举证期限。根据《举证时限规定通知》的规定，法院应当根据案件的具体情况重新指定举证期限，当事人对期限有约定的，可以由当事人协商一致，并经法院认可。

（7）申请增加当事人的期限。对于申请增加当事人，没有明确规定在什么期限内提出，但是鉴于申请增加当事人必然涉及增加、变更诉讼请求。因此，应在举证期限内提出。

（8）证据交换。根据《民事诉讼证据若干规定》的相关规定，交换证据应该在答辩期满后，开庭审理前交换。法院组织证据交换的，交换之日举证期限届满。

（9）提交新证据。当事人提交新证据，应当在开庭前或开庭时提出，人民法院指定举证期限不受少于 30 日限制。

（10）再审新证据提供。再审新证据应当在申请再审时提出。

（11）传唤期限。法院应当在开庭前 3 日用传票传唤当事人。对代理人应当用通知书通知到庭。传票传唤是按撤诉处理和缺席判决的前提条件。

（12）申请回避。根据《民事诉讼法》第 45 条、第 47 条的规定，申请回避可在案件开始审理时提出，也可在法庭辩论终结前提出。法院应在申请提出后 3 日内以口头或书面的形式作出决定，申请人对决定不服的，可以在接到决定时申请复议一次，法院应在 3 日内对复议作出决定，并通知复议申请人。

（13）期限耽误后的补救。根据《民事诉讼法》第 83 条的规定，当事人因不可抗拒的事由或者其他正当理由耽误期限的，可在障碍消除后的 10 日内向法院申请延期。

七、民事案件一审期限规定

民事案件的一审审理期限规定如下：①普通程序审限 6 个月，经院长批准可延长 6 个月，还需延长的，报上级法院批准可以再延长 3 个月。②简易程序。审限 3 个月，无延长规定，如超过 3 个月，则转为普通程序，从立案之日起计算审限（刑事案子从转为普通程序之日起计算审限）。③特别程序。审限 30 日，经本院院长批准可以延长 30 天。但审理选民资格的案件必须在选举日前审结。④船舶碰撞、共同海损。根据最高人民法院《关于严格执行案件审理期限制度的若干规定》第 2 条的规定，审限为 1 年，经本院院长批准可以延长 6 个月。⑤判决书送达期限。当庭宣判的，应当在 10 日内发送判决书；定期宣判的，宣判后立即发给判决书。

八、民事案件的二审期限规定

民事案件的二审审判期限规定，具体时间如下：

（1）上诉期间。根据《民事诉讼法》第 164 条的规定，对判决的上诉期为 15 日。

（2）对裁定的上诉。根据《民事诉讼法》第 164 条的规定：裁定的上诉期为 10 日。

（3）涉外案件的上诉期。根据《民事诉讼法》第 269 条的规定，对判决、裁定的上诉期均为 30 日，并可申请延长。

（4）上诉后法院移送案件期限。根据《民事诉讼法》第 167 条的规定，原审法院收到上诉状后，应在 5 日内将上诉状副本送达对方当事人，对方当事人在收到之日起 15 日内提出答辩状，法院应在收到答辩状后 5 日内将答辩状副本送达上诉人；原审法院在收到上诉状、答辩状后应在 5 日内连同全部案卷和证据报送二审法院。

九、民事案件再审期限规定

（1）再审申请期限。根据《民事诉讼法》第 200 条、第 205 条的规定，当事人向法院申请再审，应在判决、裁定、调解书发生法律效力后 6 个月内提出。有新的证据足以推翻原判决、裁定的；原判决、裁定认定事实的主要证据是伪造的；据以作出原判决、裁定的法律文书被撤销或变更以及发现审判人员审理该案件时有贪污受贿、徇私舞弊、枉法裁判行为的，自知道或应当知道之日起 6 个月内提出。

（2）当事人申请检察建议或抗诉。根据《民事诉讼法》第 209 条的规定，人民法院驳回再审申请的；法院逾期未对再审申请作出裁定的；再审判决、裁定有明显错误的，检察院的审查期限为 3 个月，当事人不得再次申请。

（3）接受抗诉。根据《民事诉讼法》第 211 条的规定，法院应在收到抗诉书之日起 30 日内作出再审的裁定。

（4）法院审查再审期限。根据《民事诉讼法》第 204 条的规定，法院应在收到再审申请书之日起 3 个月内审查是否符合《民事诉讼法》第 200 条再审条件，如需延长，应经本院院长批准。

（5）再审审限。再审审限按照第一审或第二审审限规定。

第四节 《民事诉讼法》 疑难解析

一、民事案件的举证责任

民事案件举证责任分为三种：①当事人举证责任。《民事诉讼法》第 64 条第 1 款规定："当事人对自己提出的主张，有责任提供证据。"②法院举证责任。《民事诉讼法》第 64 条第 2 款规定："当事人及其诉讼代理人因客观原因不能自行收集的证据，或者人民法院认为审理案件需要的证据，人民法院应当调查收集。"③举证责任倒置。由侵权人负责举证，证明其与损害结果之间不存在因果关系以及受害人或者第三人有过错。

二、侵权诉讼的举证责任倒置

民事侵权案件侵权诉讼，按照以下规定承担举证责任：①因新产品制造方法、发明专利引起的专利侵权诉讼，由制造同样产品的单位或个人对其产品制造方法不同于专利方法承担举证责任；②高度危险作业致人损害的侵权诉讼，由加害人就受害人故意造成损害的事实承担举证责任；③因环境污染引起的损害赔偿诉讼，由加害人就法律规定的免责事由及其行为与损害结果之间不存在因果关系承担举证责任；④建筑物或者其他设施以及建筑物上的搁置物、悬挂物发生倒塌、脱落、坠落致人损害的侵权诉讼，由所有人或管理人对其无过错承担举证责任；⑤饲养动物致人损害的侵权诉讼，由动物饲养人或者管理人就受害人有过错或第三人有过错承担举证责任；⑥因缺陷产品致人损害的侵权诉讼，由产品生产者就法律规定免责事由承担举证责任；⑦因共同危险行为致人损害的侵权诉讼，由实施危险行为人就其行为与损害结果之间不存在因果关系承担举证责任；⑧因医疗行为引起侵权诉讼，由医疗机构就医疗行为与损害结果之间不存在因果关系及不存在医疗过错承担举证责任。

三、诉讼过程中的管辖权异议

原告和被告都享有管辖权异议权利，理由如下：①《民事诉讼法》第127条规定，管辖权异议"应当在提交答辩状期间提出"，而在第一审程序中，有权利提交答辩状的当事人只有被告。②管辖法院是原告自己选择的，应当推定其认可受诉法院的管辖权，否则其不应向该法院起诉，即使其后来发现受诉法院无管辖权，也可以通过撤诉的方式来否定法院的管辖权，因此，原告无权提出管辖权异议。③必要共同诉讼的原告自己申请参加诉讼，说明其已经承认了原告的诉讼行为，那么其应受约束，不能再对原告选择的法院提出管辖权异议。④有独立请求权的第三人可以申请参加诉讼，也可不申请参加诉讼而另行起诉。假如第三人申请参加诉讼，则表明其承认和接受了法院的管辖，如果其对受诉法院管辖有异议，则完全可以不参加诉讼而另行向有管辖权的法院起诉。因此无独立请求权第三人在诉讼中无权提出管辖权异议。

四、民事诉讼案件的宣判前撤诉问题

《民事诉讼法》第145条规定："宣判前，原告申请撤诉的，是否准许，由人民法院裁定。人民法院裁定不准许撤诉的，原告经传票传唤，无正当理由拒不到庭的，可以缺席判决。"

五、民诉案件开庭审理前的准备事项

《民事诉讼法》第134条规定："人民法院审理民事案件，除涉及国家秘

密、个人隐私或者法律另有规定的以外，应当公开进行。离婚案件，涉及商业秘密的案件，当事人申请不公开审理的，可以不公开审理。"第135条规定："人民法院审理民事案件，根据需要进行巡回审理，就地办案。"第136条规定："人民法院审理民事案件，应当在开庭三日前通知当事人和其他诉讼参与人。公开审理的，应当公告当事人姓名、案由和开庭的时间、地点。"

最高人民法院《关于适用〈中华人民共和国民事诉讼法〉的解释》第99条第2款、第3款规定："人民法院确定举证期限，第一审普通程序案件不得少于十五日，当事人提供新的证据的第二审案件不得少于十日。举证期限届满后，当事人对已经提供的证据，申请提供反驳证据或对证据来源、形式等方面的瑕疵进行补正的，人民法院可以酌情再次确定举证期限，该期限不受前款规定的限制。"

六、民事诉讼案件的法庭调查程序

根据《民事诉讼法》第138条的规定，法庭调查按照下列顺序进行：①当事人陈述；②告知证人的权利义务，证人作证，宣读未到庭的证人证言；③出示书证、物证、视听资料和电子数据；④宣读鉴定意见；⑤宣读勘验笔录。第139条规定，当事人在法庭上可以提出新的证据。当事人经法庭许可，可以向证人、鉴定人、勘验人发问。当事人要求重新进行调查、鉴定或者勘验的，是否准许，由人民法院决定。第140条规定，原告增加诉讼请求，被告提出反诉，第三人提出与本案有关的诉讼请求，可以合并审理。

七、民事诉讼案件的法庭辩论程序

《民事诉讼法》第141条规定，法庭辩论按照下列顺序进行：①原告及其诉讼代理人发言；②被告及其诉讼代理人答辩；③第三人及其诉讼代理人发言或者答辩；④互相辩论。法庭辩论终结，由审判长按照原告、被告、第三人的先后顺序征询各方最后意见。第142条规定，法庭辩论终结，应当依法作出判决。判决前能够调解的，还可以进行调解，调解不成的，应当及时判决。

八、民事案件原告或被告未到庭的处理

《民事诉讼法》第143条规定，原告经传票传唤，无正当理由拒不到庭的，或者未经法庭许可中途退庭的，可以按撤诉处理；被告反诉的，可以缺

席判决。第 144 条规定，被告经传票传唤，无正当理由拒不到庭的，或者未经法庭许可中途退庭的，可以缺席判决。第 145 条规定，宣判前，原告申请撤诉的，是否准许，由人民法院裁定。人民法院裁定不准许撤诉的，原告经传票传唤，无正当理由拒不到庭的，可以缺席判决。

九、民事诉讼案件的延期开庭情形

《民事诉讼法》第 146 条规定的可以延期开庭审理的情形：①必须到庭的当事人和其他诉讼参与人有正当理由没有到庭的；②当事人临时提出回避申请的；③需要通知新的证人到庭，调取新的证据，重新鉴定、勘验或者需要补充调查的；④其他应当延期的情形。

十、民事案件的执行审限

民事案件的执行审限规定如下：

（1）申请执行期限。《民事诉讼法》第 239 条规定，申请强制执行的期间为 2 年，适用中止、中断的规定，自法律文书规定履行期间的最后 1 日起计算。

（2）债务人不作为。最高人民法院《关于适用〈中华人民共和国民事诉讼法〉执行程序若干问题的解释》（以下简称《关于〈民事诉讼法〉执行程序解释》）第 21 条规定，生效法律文书规定债务人负有不作为义务的，申请执行时效期间从债务人违反不作为义务之日起计算。

（3）申请执行中止。《关于〈民事诉讼法〉执行程序解释》第 19 条规定，在申请执行时效期间的最后 6 个月内，因不可抗力或其他障碍不能行使请求权的，申请执行时效中止。从中止时效的原因消除之日起，申请执行时效期间继续计算。

（4）通知被执行人期限。根据最高人民法院《关于人民法院执行工作若干问题的规定（试行）》的规定，法院受理执行案后，应在 10 日内向被执行人发出执行通知书。

（5）执行管辖权异议时限。根据《关于〈民事诉讼法〉执行程序解释》第 3 条的规定，应当自收到执行通知书之日起 10 日内提出。

（6）次债务人的执行异议期。最高人民法院《关于人民法院执行工作若干问题的规定》（试行）第 45 条规定，执行债务人对第三人享有到期债权的，第三人应在收到履行通知书后的 15 日内提出异议，逾期法院不审查异议。

（7）对执行行为书面异议的处理期限。《关于〈民事诉讼法〉执行程序解释》第 5 条规定，当事人、利害关系人认为执行法院的执行行为违反法律规定的，执行法院应当自收到书面异议之日起 15 日内审查并作出裁定。《民事诉讼法》第 225 条规定，当事人、利害关系人认为执行行为违反法律规定的，可以向负责执行的人民法院提出书面异议。当事人、利害关系人提出书面异议的，人民法院应当自收到书面异议之日起 15 日内审查，理由成立的，裁定撤销或者改正；理由不成立的，裁定驳回。当事人、利害关系人对裁定不服的，可以自裁定送达之日起 10 日内向上一级法院申请复议。

（8）对执行标的书面异议处理期限。《民事诉讼法》第 227 条规定，执行过程中，案外人对执行标的提出书面异议的，人民法院应当自收到书面异议之日起 15 日内审查，理由成立的，裁定中止对该标的的执行；理由不成立的，裁定驳回。案外人、当事人对裁定不服，认为原判决、裁定错误的，依照审判监督程序办理；与原判决、裁定无关的，可以自裁定送达之日起 15 日内向人民法院提起诉讼。

（9）财产分配方案异议期限。《关于〈民事诉讼法〉执行程序解释》第 17 条规定，债权人或者被执行人对分配方案有异议的，应当自收到分配方案之日起 15 日内向执行法院提出书面异议。第 18 条规定，未提出异议的债权人、被执行人收到财产分配方案异议通知之日起 15 日内未提出反对意见的，执行法院依异议人的意见对分配方案审查修正后进行分配；提出反对意见的，应当通知异议人。异议人可以自收到通知之日起 15 日内，以提出反对意见的债权人、被执行人为被告，向执行法院提起诉讼；异议人逾期未提起诉讼的，执行法院依原分配方案进行分配。

（10）执行措施期限。冻结存款及其他资金的期限不得超过 1 年。查封、扣押动产的期限不得超过 2 年。查封不动产、冻结其他财产权不得超过 3 年。续行期限不得超过前款规定的期限。

（11）应给予被执行的宽限期。最高人民法院《关于人民法院执行设定抵押的房屋的规定》第 2 条规定，人民法院对已经依法设定抵押的被执行人及其所扶养家属居住的房屋，在裁定拍卖、变卖或者抵债后，应当给予被执行人 6 个月的宽限期。在此期限内，被执行人应当主动腾空房屋，人民法院不得强制被执行人及其所扶养家属迁出该房屋。

（12）拍卖评估报告期限。法院收到评估机构作出的评估报告后，应当在

5 日内将评估报告发送给当事人及其他利害关系人。当事人或者其他利害关系人对评估报告有异议的，可在收到评估报告后 10 日内以书面形式向法院提出。

（13）拍卖公告发布期限。根据最高人民法院《关于人民法院民事执行中拍卖、变卖财产的规定》第 8 条的规定，拍卖动产的，应当在拍卖 7 日前公告；拍卖不动产或者其他财产权的，应当在拍卖 15 日前公告。

（14）拍卖前通知相关人员期限。根据最高人民法院《关于人民法院民事执行中拍卖、变卖财产的规定》第 11 条的规定，人民法院应当在拍卖 5 日前以书面或者其他能够确认收悉的适当方式，通知当事人和已知的担保物权人、优先购买权人或者其他优先权人于拍卖日到场。

（15）恢复拍卖的时限。根据最高人民法院《关于人民法院民事执行中拍卖、变卖财产的规定》第 18 条的规定，暂缓执行期限届满或中止执行的事由消失后，需要继续拍卖的，人民法院应该在 15 日内通知拍卖机构恢复拍卖。

（16）拍卖裁定期限。根据最高人民法院《关于人民法院民事执行中拍卖、变卖财产的规定》第 20 条的规定，拍卖成交或者以流拍的财产抵债的，人民法院应当作出裁定，并于价款或者需要补交的差价全额交付后 10 日内，送达买受人或者承受人。

（17）拍卖物移交期。根据最高人民法院《关于人民法院民事执行中拍卖、变卖财产的规定》第 27 条的规定，人民法院裁定拍卖成交或者以流拍的财产抵债后，除有依法不能移交的情形外，应当于裁定送达后 15 日内，将拍卖的财产移交买受人或者承受人。被执行人或者第三人占有拍卖财产应当移交而拒不移交的，强制执行。

（18）第二次拍卖限期。根据最高人民法院《关于人民法院民事执行中拍卖、变卖财产的规定》第 23 条的规定，拍卖时无人竞买或者竞买人的最高应价低于保留价，到场的申请执行人或者其他执行债权人不申请以该次拍卖所定的保留价抵债的，应当在 60 日内再行拍卖。

（19）第三次拍卖时限。根据最高人民法院《关于人民法院民事执行中拍卖、变卖财产的规定》第 24、25 条的规定，第二次流拍的不动产或者其他财产权，应当在 60 日内举行第三次拍卖，第三次拍卖流拍，法院应当于第三次拍卖终结之日起 7 日内发出变卖公告。自公告之日起 60 日内没有买受人愿意以第三次拍卖的保留价买受该财产，且申请执行人、其他执行债权人仍不表示接受该财产抵债的，应当解除查封、冻结，将该财产退还被执行人，但对该财产可以采取其他执行措施的除外。动产不能进行第三次拍卖。

（20）执行审限。诉讼执行实施案件一般应在立案之日起 6 个月内结案，有特殊情况需延长执行期限的，应在期满前 5 日内提出，报本院院长批准。下列期间不计入办案期限：①公告送达执行法律文书的期间；②暂缓执行的期间；③中止执行的期间；④与执行实施案件有关的执行请示案件办理期间；⑤财产的评估、拍卖、变卖期间；⑥与执行实施案件有关的执行争议案件办理期间。

（21）申请上级法院执行期间。根据《关于〈民事诉讼法〉执行程序解释》第 10 条的规定：①债权人申请执行时被执行人有可供执行的财产，执行法院自收到申请执行书之日起超过 6 个月对该财产未执行完结的；②执行过程中发现被执行人可供执行的财产，执行法院自发现财产之日起超过 6 个月对该财产未执行完结的；③对法律文书确定的行为义务的执行，执行法院自收到申请执行书之日起超过 6 个月未依法采取相应执行措施的；④其他有条件执行超过 6 个月未执行的。

（22）不受期限限制。采取《民事诉讼法》所规定的执行措施后，被执行人仍不能偿还债务的，应当继续履行义务。依据《民事诉讼法》第 254 条的规定，债权人发现被执行人有其他财产的，可以随时请求人民法院执行。

十一、民事案件执行需要提交的文件和证件

最高人民法院《关于人民法院执行工作若干问题的规定（试行）》第 17 条规定，生效法律文书的执行，一般应当由当事人依法提出申请。发生法律效力的具有给付赡养费、扶养费、抚育费内容的法律文书、民事制裁决定书，以及刑事附带民事判决、裁定、调解书，由审判庭移送执行机构执行。第 18 条规定，申请执行，应向人民法院提交下列文件和证件：①申请执行书。申请执行书中应当写明申请执行的理由、事项、执行标的，以及申请执行人所了解的被执行人的财产状况。申请执行人书写申请执行书确有困难的，可以口头提出申请。人民法院接待人员对口头申请应当制作笔录，由申请执行人签字或盖章。外国一方当事人申请执行的，应当提交中文申请执行书。当事人所在国与我国缔结或共同参加的司法协助条约有特别规定的，按照条约规定办理。②生效法律文书副本。③申请执行人的身份证明。自然人申请的，

应当出示居民身份证；法人申请的，应当提交法人营业执照副本和法定代表人身份证明；非法人组织申请的，应当提交营业执照副本和主要负责人身份证明。④继承人或权利承受人申请执行的，应当提交继承或承受权利的证明文件。⑤其他应当提交的文件或证件。第19条规定，申请执行仲裁机构的仲裁裁决，应当向人民法院提交有仲裁条款的合同书或仲裁协议书。申请执行国外仲裁机构的仲裁裁决的，应当提交经我国驻外使领馆认证或我国公证机关公证的仲裁裁决书中文本。第20条规定，申请执行人可以委托代理人代为申请执行。委托代理的，应当向人民法院提交经委托人签字或盖章的授权委托书，写明代理人的姓名或者名称、代理事项、权限和期限。委托代理人代为放弃、变更民事权利，或代为进行执行和解，或代为收取执行款项的，应当有委托人的特别授权。第21条规定，执行申请费的收取按照《诉讼费用交纳办法》办理。

《治安管理处罚法》与公民法务

第一节　《治安管理处罚法》简介

《治安管理处罚法》于 2005 年颁布，2012 年 10 月修正，2013 年 1 月 1 日执行。

第二节　《治安管理处罚法》相关规定解释

以下为公安部于 2006 年 3 月 1 日发布实施的《公安机关执行〈中华人民共和国治安管理处罚法〉有关问题的解释》（部分失效）。

一、关于治安案件的调解

根据《治安管理处罚法》第 9 条的规定，对于因民间纠纷引起的打架斗殴或者损毁他人财物等违反治安管理行为，情节较轻的，公安机关应当本着化解矛盾纠纷、维护社会稳定、构建和谐社会的要求，依法尽量予以调解处理。特别是对因家庭、邻里、同事之间纠纷引起的违反治安管理行为，情节较轻，双方当事人愿意和解的，如制造噪声、发送信息、饲养动物干扰他人正常生活，放任动物恐吓他人、侮辱、诽谤、诬告陷害、侵犯隐私、偷开机动车等治安案件，公安机关都可以调解处理。同时，为确保调解取得良好效果，调解前应当及时依法做深入细致的调查取证工作，以查明事实、收集证据、分清责任。调解达成协议的，应当制作调解书，交双方当事人签字。

二、关于不予处罚问题

《治安管理处罚法》第 12 条、第 13 条、第 14 条、第 19 条对不予处罚的情形作了明确规定，公安机关对依法不予处罚的违反治安管理行为人，有违法所得的，应当依法予以追缴；有非法财物的，应当依法予以收缴。《治安管理处罚法》第 22 条对违反治安管理行为的追究时效作了明确规定，公安机关对超过追究时效的违反治安管理行为不再处罚。

三、关于对单位违反治安管理的处罚问题

《治安管理处罚法》第 18 条规定，"单位违反治安管理的，对其直接负责的主管人员和其他直接责任人员依照本法的规定处罚。其他法律、行政法规对同一行为规定给予单位处罚的，依照其规定处罚"，并在第 54 条规定可以吊销公安机关发放的许可证。单位实施《治安管理处罚法》第三章所规定的违反治安管理行为的，应当依法对其直接负责的主管人员和其他直接责任人员课以治安管理处罚；其他法律、行政法规对同一行为明确规定由公安机关给予单位警告、罚款、没收违法所得、没收非法财物等处罚，或采取责令其限期停业整顿、停业整顿、取缔等强制措施的，应当依照其规定办理。对被依法吊销许可证的单位，应当同时依法收缴非法财物、追缴违法所得。

四、关于取缔问题

根据《治安管理处罚法》第 54 条的规定，对未经许可，擅自经营按照国家规定需要由公安机关许可的行业的，予以取缔。这里的"按照国家规定需要由公安机关许可的行业"，是指按照有关法律、行政法规和国务院决定的有关规定，需要由公安机关许可的旅馆业、典当业、公章刻制业、保安培训业等行业。取缔应当由违反治安管理行为发生地的县级以上公安机关作出决定，按照《治安管理处罚法》的有关规定采取相应的措施，如责令停止相关经营活动、进入无证经营场所进行检查、扣押与案件有关的需要作为证据的物品等。在取缔的同时，应当依法收缴非法财物、追缴违法所得。

五、关于询问查证时间问题

《治安管理处罚法》第 83 条第 1 款规定："对违反治安管理行为人，公安

机关传唤后应当及时询问查证，询问查证的时间不得超过八小时；情况复杂，依照本法规定可能适用行政拘留处罚的，询问查证的时间不得超过二十四小时。"根据《治安管理处罚法》第82条和第83条的规定，公安机关或者办案部门负责人在审批书面传唤时，可以一并审批询问查证时间。对经过询问查证，属于"情况复杂"且"依照本法规定可能适用行政拘留处罚"的案件，需对违反治安管理行为人适用超过8小时询问查证时间的，需口头或书面报经公安机关或其办案部门负责人批准。对口头报批的，办案民警应当记录在案。

六、关于限制人身自由的强制措施折抵行政拘留问题

《治安管理处罚法》第92条规定："对决定给予行政拘留处罚的人……限制人身自由一日，折抵行政拘留一日。"这里包括被行政拘留人在被行政拘留前因同一行为被依法刑事拘留、逮捕的时间。被行政拘留人被刑事拘留、逮捕的时间已超过被行政拘留的时间的，行政拘留不再执行，但办案部门必须将《治安管理处罚决定书》送达被处罚人。

七、关于办理治安案件期限问题

《治安管理处罚法》第99条规定："公安机关办理治安案件的期限，自受理之日起不得超过三十日；案情重大、复杂的，经上一级公安机关批准，可以延长三十日。为了查明案情进行鉴定的期间，不计入办理治安案件的期限。"这里的"鉴定的期间"，是指自公安机关提交鉴定之日起至鉴定机构作出鉴定结论并送达公安机关的期间。对因违反治安管理行为人在逃，导致无法查清案件事实、无法收集足够证据而结不了案的，公安机关应当向被侵害人说明原因。对调解未达成协议或者达成协议后不履行的治安案件的办案期限，应当从调解未达成协议或者达成协议后不履行之日起开始计算。

八、关于将被拘留人送达拘留所执行问题

《治安管理处罚法》第103条规定："对被决定给予行政拘留处罚的人，由作出决定的公安机关送达拘留所执行。"其是指作出行政拘留决定的公安机关将被决定行政拘留的人送到拘留所并交付执行，拘留所依法办理入所手续后即为送达。

九、关于治安行政诉讼案件的出庭应诉问题

《治安管理处罚法》取消了行政复议前置程序。被处罚人对治安管理处罚决定不服的，既可申请行政复议，也可直接提起行政诉讼。对未经行政复议和经行政复议决定维持原处罚决定的行政诉讼案件，由作出处罚决定的公安机关负责人和原办案部门的承办民警出庭应诉；对经行政复议决定撤销、变更原处罚决定或责令被申请人重新做出具体行政行为的行政诉讼案件，由行政复议机关负责人和行政复议机构的承办民警出庭应诉。

第三节 《治安管理处罚法》疑难问答

一、上访者被训诫不等于违反《治安管理处罚法》

有些上访者会被接访所在地公安局训诫，甚至开具《训诫书》。但是训诫并不能证明上访者违反《治安管理处罚法》的客观事实存在。"训诫"不属于《行政处罚法》第9条规定的六类行政处罚之一，也不属于《治安管理处罚法》第10条规定的四类治安管理处罚之一。因此，警方作出的《训诫书》并不能证明行为人存在违反《治安管理处罚法》的行为。

二、公安机关没有跨区域行政处罚权

外地公安机关对当地的上访者发生在当地的违法行为，依法不享有治安管理的行政处罚权。根据《治安管理处罚法》第3条的规定："治安管理处罚的程序，适用本法的规定；本法没有规定的，适用《中华人民共和国行政处罚法》的有关规定。"根据《行政处罚法》第23条的规定："行政处罚由县级以上地方人民政府具有行政处罚权的行政机关管辖。法律、行政法规另有规定的，从其规定。"根据《信访条例》第47条第2款的规定："……构成违反治安管理行为的，由公安机关依法采取必要的现场处置措施、给予治安管理处罚……"《行政处罚法》第22条、《治安管理处罚法》第7条、《公安机关办理行政案件程序规定》第10条都明确规定了治安管理行政处罚的管辖权。

三、治安管理行为追究时效的规定

《治安管理处罚法》第 22 条规定："违反治安管理行为在六个月内没有被公安机关发现的，不再处罚。前款规定的期限，从违反治安管理行为发生之日起计算；违反治安管理行为有连续或者继续状态的，从行为终了之日起计算。"以上规定指的是违法行为发生或产生违法后果之时起 6 个月内没有被公安机关发现的，不再处罚。不过，有些行为是连续发生的，例如故意制作、传播计算机病毒等破坏性程序，进而影响计算机信息系统正常运行的。此类违法行为造成的危害需要持续一段时间才能被发现或终止，则对其违法行为追究时效的起算日期为该行为被发现或终止之日。

四、伪造、变造或者买卖公文和印章的处罚

《治安管理处罚法》第 52 条规定："有下列行为之一的，处十日以上十五日以下拘留，可以并处一千元以下罚款；情节较轻的，处五日以上十日以下拘留，可以并处五百元以下罚款：（一）伪造、变造或者买卖国家机关、人民团体、企业、事业单位或者其他组织的公文、证件、证明文件、印章的；（二）买卖或者使用伪造、变造的国家机关、人民团体、企业、事业单位或者其他组织的公文、证件、证明文件的；（三）伪造、变造、倒卖车票、船票、航空客票、文艺演出票、体育比赛入场券或者其他有价票证、凭证的；（四）伪造、变造船舶户牌，买卖或者使用伪造、变造的船舶户牌，或者涂改船舶发动机号码的。"

五、侮辱他人行为的认定及处罚

侮辱他人可以是暴力倾向的，口头的、书面的，还有通过图片、声音、视频等形式，对被侵害人进行嘲笑、辱骂和人格攻击。被侵害人是否在场并不影响本行为的成立。《治安管理处罚法》第 42 条规定："有下列行为之一的，处五日以下拘留或者五百元以下罚款；情节较重的，处五日以上十日以下拘留，可以并处五百元以下罚款：（一）写恐吓信或者以其他方法威胁他人人身安全的；（二）公然侮辱他人或者捏造事实诽谤他人的；（三）捏造事实诬告陷害他人，企图使他人受到刑事追究或者受到治安管理处罚的；（四）对证人及其近亲属进行威胁、侮辱、殴打或者打击报复的；（五）多次发送淫

秽、侮辱、恐吓或者其他信息，干扰他人正常生活的；（六）偷窥、偷拍、窃听、散布他人隐私的。"

六、关于殴打他人或故意伤害他人的处罚规定

《治安管理处罚法》第43条规定："殴打他人的，或者故意伤害他人身体的，处五日以上十日以下拘留，并处二百元以上五百元以下罚款；情节较轻的，处五日以下拘留或者五百元以下罚款。有下列情形之一的，处十日以上十五日以下拘留，并处五百元以上一千元以下罚款：（一）结伙殴打、伤害他人的；（二）殴打、伤害残疾人、孕妇、不满十四周岁的人或者六十周岁以上的人的；（三）多次殴打、伤害他人或者一次殴打、伤害多人的。"

第43条第1款规定了关于殴打他人或者故意伤害他人身体的处罚规定。其行为表现为：第一，行为人必须是故意。第二，行为人实施了殴打他人或故意伤害他人身体的行为。伤害他人的形式是多种多样的，包括用石头、棍棒打人，驱使动物咬人，用针扎人，用开水烫人等。这种伤害行为已经给他人的身体造成了轻微伤害，但尚不足以实施刑事处。第43条规定，殴打、伤害他人加重处罚包括四项行为：①结伙殴打、伤害他人的。②殴打、伤害残疾人、孕妇、不满14周岁的人或60周岁以上的人的。残疾人包括视力残疾、听力残疾、言语残疾、肢体残疾、智力残疾、精神残疾、多重残疾和其他残疾的人。残疾人、孕妇、儿童和老人，对于殴打伤害这类人员必须要给予严厉的惩处。③多次殴打为3次以上；伤害多人一般指3人及以上。④结伙斗殴则是指双方都违反了治安管理规定，对双方行为人都要依法给予处罚。

七、给予警告和罚款的治安管理处罚

《治安管理处罚法》第10条第1款规定："治安管理处罚的种类分为：（一）警告；（二）罚款；（三）行政拘留；（四）吊销公安机关发放的许可证。"第91条规定："治安管理处罚由县级以上人民政府公安机关决定；其中警告、五百元以下的罚款可以由公安派出所决定。"

从以上法规我们可以看出，治安管理处罚被分为4个类别，其中警告和500元以下的罚款派出所即可做出，外勤民警也可以现场执行罚款处罚。而"行政拘留""吊销公安机关发放的许可证"这两项严厉的特殊处罚措施则需要比较复杂、慎重的程序。普通治安管理处罚包括以下轻度违法行为，即

《治安管理处罚法》第 23 条规定的下列行为：①扰乱机关、团体、企业、事业单位秩序，致使工作、生产、营业、医疗、教学、科研不能正常进行，尚未造成严重损失的；②扰乱车站、港口、码头、机场、商场、公园、展览馆或者其他公共场所秩序的；③扰乱公共汽车、电车、火车、船舶、航空器或者其他公共交通工具上的秩序的；④非法拦截或者强登、扒乘机动车、船舶、航空器以及其他交通工具，影响交通工具正常行驶的；⑤破坏依法进行的选举秩序的。聚众实施前款行为的，对首要分子处 10 日以上 15 日以下拘留，可以并处 1000 元以下罚款。

普通治安管理处罚还包括《治安管理处罚法》第 24 条规定的扰乱文化、体育等大型群众性活动秩序的行为；第 32 条规定的非法携带枪支、弹药或者弩、匕首等国家规定的管制器具的行为；第 36 条规定的擅自进入铁路防护网或者火车来临时在铁路线路上行走坐卧、抢越铁路，影响行车安全的行为；第 41 条规定的胁迫、诱骗或者利用他人乞讨的行为；第 45 条规定的虐待家庭成员，被虐待人要求处理的，或者遗弃没有独立生活能力的被扶养人的行为；第 58 条规定的违反关于社会生活噪声污染防治的法律规定，制造噪声干扰他人正常生活等轻度违法行为。

八、构成妨碍公务罪的情形与处罚

行为人违反《治安管理处罚法》第 50 条，属于妨害社会管理的行为，情节较重的可以认定构成"妨碍公务罪"。《治安管理处罚法》第 50 条规定，有下列行为之一的，处警告或者 200 元以下罚款；情节严重的，处 5 日以上 10 日以下拘留，可以并处 500 元以下罚款：①拒不执行人民政府在紧急状态情况下依法发布的决定、命令的；②阻碍国家机关工作人员依法执行职务的；③阻碍执行紧急任务的消防车、救护车、工程抢险车、警车等车辆通行的；④强行冲闯公安机关设置的警戒带、警戒区的。以上行为中的任何一项或者多项均可构成"妨碍公务罪"，对违法的行为人依法给与处罚。第 50 条第 2 款还特意追加补充了一条阻碍人民警察执行公务的，应该"从重处罚"的情形，即"阻碍人民警察依法执行职务的，从重处罚"。

第七章 CHAPTER 07

《消费者权益保护法》与公民法务

第一节 《消费者权益保护法》简介

《消费者权益保护法》，1993 年第八届全国人大常委会第四次会议通过。分别于 2009 年、2013 年 2 次修正。该法共有 8 章 63 条。

第二节 《消费者权益保护法》疑难问答

1. 如何理解消费者维权的举证责任倒置？

【答】《消费者权益保护法》第 23 条规定，经营者提供的机动车、计算机、电视机、电冰箱、空调器、洗衣机等耐用商品或装饰装修等服务，消费者自接受商品或者服务之日起 6 个月内发现瑕疵，发生争议的，由经营者承担有关瑕疵的举证责任。

【提示】在日常接受的投诉中，消费者维权的难点是举证难。《消费者权益保护法》修改后，将消费者"拿证据维权"转换为经营者"自证清白"，实行举证责任倒置，化解了消费者举证难问题。不过，需要提醒消费者注意的是，该规则仅适用于机动车等耐用品和装饰装修等服务，且仅限于购买或者接受服务之日起 6 个月内，超过 6 个月后，不再适用。

2. 消费者如何行使反悔权？

【答】《消费者权益保护法》第 25 条规定，经营者采用网络、电视、电话、邮购等方式销售商品，消费者有权自收到商品之日起 7 日内退货，且无需说明理由，但下列商品除外：①消费者定作的；②鲜活易腐的；③在线下载或者消费者拆封的音像制品、计算机软件等数字化商品；④交付的报纸、期刊。除前款所列商品外，其他根据商品性质并经消费者在购买时确认不宜退货的商品，不适用无理由退货。

【提示】近几年，网购逐渐成为消费者购物的主流方式之一。网购的"非现场性"导致消费者和商家的信息不对称，个别不良商家可能隐瞒了商品的真实信息，消费者因无法直接接触商品，有可能遭受损失，权益受损。修正后的《消费者权益保护法》赋予了消费者7天的反悔权，旨在促进买卖双方的平等地位。提醒消费者，反悔权仅适用于网络等远程购物方式，消费者直接到商店购买的物品，不适用该条规定。另外，反悔权的期限是7日内，且根据商品性质不宜退货的商品，不在此列。还有，网络交易退货是通过快递公司返还商品，为了避免发生货物丢失或者缺少配件等纠纷，退货人最好列一份两联的《退货清单》，放在包装盒里一份，自己留存一份。可以避免卖货方收货后核对原发货清单和实际退货清单不一致产生纠纷。

3. 如何利用知假售假"退一赔三"条款？

【答】新《消费者权益保护法》在惩罚性赔偿方面作出了很大调整。第55条第1款规定："经营者提供商品或者服务有欺诈行为的，应当按照消费者的要求增加赔偿其受到的损失，增加赔偿的金额为消费者购买商品的价款或者接受服务的费用的三倍；增加赔偿的金额不足五百元的，为五百元。法律另有规定的，依照其规定。"此赔偿原则仅针对经营者存在欺诈消费者的行为。所谓欺诈消费者的行为，是指经营者在提供商品或者服务中，采取虚假或者其他不正当手段欺骗、误导消费者，使消费者的合法权益受到损害。

4. 如何保护个人的信息？

【答】《消费者权益保护法》第29条规定，经营者收集、使用消费者个人信息，应当遵循合法、正当、必要的原则，明示收集、使用信息的目的、方式和范围，并经消费者同意。经营者收集、使用消费者个人信息，应当公开其收集、使用规则，不得违反法律、法规的规定和双方的约定收集、使用信息。经营者及其工作人员对收集的消费者个人信息必须严格保密，不得泄露、出售或者非法向他人提供。经营者应当采取技术措施和其他必要措施，确保信息安全，防止消费者个人信息泄露、丢失。在发生或者可能发生信息泄露、丢失的情况时，应当立即采取补救措施。在日常消费行为中，个别不良商家采取不同的形式，随意泄露或买卖消费者的个人信息，影响了消费者的正常生活，侵害合法权益。这一维权规定的具体操作性不强。如消费者如何取证、维权等相关问题还需要在《消费者权益保护法》实施细则中具体规定。

5. 商家是否必须遵循缺陷产品召回制度？

【答】《消费者权益保护法》对消费者权益的保护力度加大，但是没有实施细则，很多法条无法精准理解，也就很难执行。国务院法制办起草的《消费者权益保护法实施条例（送审稿）》很多内容都增加了《消费者权益保护法》的落地和可操作性。比如，《消费者权益保护法实施条例》第7条规定的"产品召回"：经营者发现其提供的商品或者服务存在缺陷，有危及人身、财产安全危险的，应当立即向有关行政部门报告和告知消费者，并采取停止销售、警示、召回、无害化处理、销毁、停止生产或者服务等措施。采取召回措施的，生产或者进口商品的经营者应当制定召回计划，发布召回信息，并保存完整的召回记录。

《土地管理法》与公民法务

第一节 《土地管理法》简介

《土地管理法》于 1986 年 6 月经第六届全国人大常委会第十六次会议审议通过，1987 年 1 月 1 日实施。于 2019 年第三次修正，2020 年 1 月 1 日起施行。

第二节 《土地管理法》要点解读

一、《土地管理法》完善了对被征地农民的保障机制

《土地管理法》明确规定，因政府组织实施基础设施建设、公共事业、成片开发建设等六种情形需要用地的，可以征收集体土地。其中成片开发可以征收土地的范围被限定在土地利用总体规划确定的城镇建设用地范围内，此外不能再实施"成片开发"征地，为集体经营性建设用地入市预留空间。

《土地管理法》要求市、县人民政府在申请征收土地前进行土地现状调查、公告听取被征地的农村集体经济组织及其成员意见、组织开展社会稳定风险评估等前期工作，与拟征收土地的所有权人、使用权人就补偿安置等签订协议，测算并落实有关费用，保证足额到位，方可申请征收土地。个别确实难以达成协议的，应当在申请征收土地时如实说明，供审批机关决策参考，并在总结试点经验的基础上，将公平合理补偿，保障被征地农民原有生活水平不降低、长远生计有保障作为基本要求。

征收土地方案经依法批准后，由被征收土地所在地的市、县人民政府组

织实施，并将批准征地机关、批准文号、征收土地的用途、范围、面积以及征地补偿标准、农业人员安置办法和办理征地补偿的期限等，在被征收土地所在地的乡（镇）、村予以公告。被征收土地的所有权人、使用权人应当在公告规定的期限内，持土地权属证书到公告指定的人民政府土地行政主管部门办理征地补偿登记。市、县人民政府土地行政主管部门根据经批准的征收土地方案，会同有关部门拟订征地补偿、安置方案，在被征收土地所在地的乡（镇）、村予以公告，听取被征收土地的农村集体经济组织和农民的意见。征地补偿、安置方案报市、县人民政府批准后，由市、县人民政府土地行政主管部门组织实施。对补偿标准有争议的，由县级以上地方人民政府协调；协调不成的，由批准征收土地的人民政府裁决。征地补偿、安置争议不影响征收土地方案的实施。征收土地的各项费用应当自征地补偿、安置方案批准之日起3个月内全额支付。

二、明确了集体用地入市条件

对土地利用总体规划确定为工业、商业等经营性用途，并经依法登记的集体建设用地，允许土地所有权人通过出让、出租等方式交由单位或个人使用，并签订书面合同，明确用地供应、动工期限、使用期限、规划用途和双方其他权利义务。集体建设用地的使用者应当严格按照土地利用规划、城乡规划确定的用途使用土地。

三、国家土地用途管制制度

根据《土地管理法》第4条的规定，国家编制土地利用总体规划，规定土地用途，将土地分为农用地、建设用地和未利用地。农用地是指直接用于农业生产的土地；建设用地是指建造建筑物、构筑物的土地，包括城乡住宅和公共设施用地、工矿用地、交通水利设施用地、旅游用地、军事设施用地等；未利用地是指农用地和建设用地以外的土地。使用土地的单位和个人必须严格按照土地利用总体规划确定的用途使用土地。个人或者企业用地必须具备以下条件：第一，限定在政府规划范围之内，超出规划范围涉嫌违法；第二，合法取得土地使用权后不得改变土地用途，比如农田不得搞建设、工业用地不得改为商住用地；第三，获得建设用地必须经政府规划、建设部门许可。

四、国家对土地实行分类管理

土地利用总体规划的规划期限一般为 15 年。禁止单位和个人在土地利用总体规划确定的禁止开垦区内从事土地开发活动。开发未确定土地使用权的国有荒山、荒地、荒滩从事种植业、林业、畜牧业或渔业生产的，经县级以上政府依法批准，可确定给开发单位或个人长期使用，使用期限最长不得超过 50 年。

五、农村征地附着物补偿

土地补偿费归农村集体经济组织所有；地上附着物及青苗补偿费归地上附着物及青苗的所有者所有。征收土地的安置补助费必须专款专用，不得挪作他用。需要安置的人员由农村集体经济组织安置的，安置补助费支付给农村集体经济组织，由农村集体经济组织管理和使用；由其他单位安置的，安置补助费支付给安置单位；不需要统一安置的，安置补助费发放给被安置人员个人或者征得被安置人员同意后用于支付被安置人员的保险费用。市、县和乡（镇）人民政府应当加强对安置补助费使用情况的监督。

六、土地行政监督管理

土地行政主管部门履行监督检查职责，除采取相关法律规定的措施外，还可以采取下列措施：①询问违法案件的当事人、嫌疑人和证人；②进入被检查单位或者个人非法占用的土地现场进行拍照、摄像；③责令当事人停止正在进行的土地违法行为；④对涉嫌土地违法的单位或个人，停止办理有关土地审批、登记手续；⑤责令违法嫌疑人在调查期间不得变卖、转移与案件有关的财物。

在临时使用的土地上修建永久性建筑物、构筑物的，由县级以上人民政府土地行政主管部门责令限期拆除；逾期不拆除的，由作出处罚决定的机关依法申请人民法院强制执行。

七、农村宅基地建房的法定手续

农业农村部与自然资源部联合印发的《农业农村部、自然资源部关于规范农村宅基地审批管理的通知》规定，农村宅基地建房需要获得《农村宅基地批准书》和《乡村建设规划许可证》，凭借这两个证件就可以合法建设农民的住宅。

八、非法占地的法律风险

对非法占地行为，占用永久基本农田达到 5 亩以上、一般耕地达到 10 亩以上，造成种植条件严重毁坏的，要依法追究刑事责任。对非法转让行为，非法转让、倒卖基本农田达到 5 亩以上、一般耕地达到 10 亩以上、非法获利达到 50 万元以上，或接近上述数量标准并具有其他恶劣情节的，要依法追究刑事责任。对非法批准征收、使用土地行为，永久基本农田达到 10 亩以上、一般耕地达到 30 亩以上的，以及虽未达到上述标准，但造成直接经济损失 30 万元以上，造成耕地大量毁坏等恶劣情节的，要依法追究刑事责任。

《国有土地上房屋征收与补偿条例》与公民法务

第一节 《国有土地上房屋征收与补偿条例》简介

《国有土地上房屋征收与补偿条例》由国务院颁布，于 2011 年 1 月 21 日公布之日起施行。

第二节 《国有土地上房屋征收评估办法》（节选）

住房和城乡建设部于 2011 年 6 月 3 日公布了《国有土地上房屋征收评估办法》。

第 3 条 房地产价格评估机构、房地产估价师、房地产价格评估专家委员会（以下称评估专家委员会）成员应当独立、客观、公正地开展房屋征收评估、鉴定工作，并对出具的评估、鉴定意见负责。

任何单位和个人不得干预房屋征收评估、鉴定活动。与房屋征收当事人有利害关系的，应当回避。

第 4 条 房地产价格评估机构由被征收人在规定时间内协商选定；在规定时间内协商不成的，由房屋征收部门通过组织被征收人按照少数服从多数的原则投票决定，或者采取摇号、抽签等随机方式确定。具体办法由省、自治区、直辖市制定。

房地产价格评估机构不得采取迎合征收当事人不当要求、虚假宣传、恶意低收费等不正当手段承揽房屋征收评估业务。

第6条 房地产价格评估机构选定或者确定后，一般由房屋征收部门作为委托人，向房地产价格评估机构出具房屋征收评估委托书，并与其签订房屋征收评估委托合同。……

房屋征收评估委托合同应当载明下列事项：

（一）委托人和房地产价格评估机构的基本情况；

（二）负责本评估项目的注册房地产估价师；

（三）评估目的、评估对象、评估时点等评估基本事项；

（四）委托人应提供的评估所需资料；

（五）评估过程中双方的权利和义务；

（六）评估费用及收取方式；

（七）评估报告交付时间、方式；

（八）违约责任；

（九）解决争议的方法；

（十）其他需要载明的事项。

第8条 被征收房屋价值评估目的应当表述为"为房屋征收部门与被征收人确定被征收房屋价值的补偿提供依据，评估被征收房屋的价值"。

用于产权调换房屋价值评估目的应当表述为"为房屋征收部门与被征收人计算被征收房屋价值与用于产权调换房屋价值的差价提供依据，评估用于产权调换房屋的价值"。

第9条 房屋征收评估前，房屋征收部门应当组织有关单位对被征收房屋情况进行调查，明确评估对象。评估对象应当全面、客观，不得遗漏、虚构。

房屋征收部门应当向受托的房地产价格评估机构提供征收范围内房屋情况，包括已经登记的房屋情况和未经登记建筑的认定、处理结果情况。调查结果应当在房屋征收范围内向被征收人公布。

对于已经登记的房屋，其性质、用途和建筑面积，一般以房屋权属证书和房屋登记簿的记载为准；房屋权属证书与房屋登记簿的记载不一致的，除有证据证明房屋登记簿确有错误外，以房屋登记簿为准。对于未经登记的建筑，应当按照市、县级人民政府的认定、处理结果进行评估。

第10条 被征收房屋价值评估时点为房屋征收决定公告之日。

用于产权调换房屋价值评估时点应与被征收房屋价值评估时点一致。

第 11 条　被征收房屋价值是指被征收房屋及其占用范围内的土地使用权在正常交易情况下，由熟悉情况的交易双方以公平交易方式在评估时点自愿进行交易的金额，但不考虑被征收房屋租赁、抵押、查封等因素的影响。

前款所述不考虑租赁因素的影响，是指评估被征收房屋无租约限制的价值；不考虑抵押、查封因素的影响，是指评估价值中不扣除被征收房屋已抵押担保的债权数额、拖欠的建设工程价款和其他法定优先受偿款。

第 12 条　房地产价格评估机构应当安排注册房地产估价师对被征收房屋进行实地查勘，调查被征收房屋状况，拍摄反映被征收房屋内外部状况的照片等影像资料，做好实地查勘记录，并妥善保管。

被征收人应当协助注册房地产估价师对被征收房屋进行实地查勘，提供或者协助搜集被征收房屋价值评估所必需的情况和资料。

房屋征收部门、被征收人和注册房地产估价师应当在实地查勘记录上签字或者盖章确认。……

第 13 条　……被征收房屋的类似房地产有交易的，应当选用市场法评估；被征收房屋或其类似房地产有经济收益的，应当选用收益法评估；被征收房屋是在建工程的，应当选用假设开发法评估。……

第 14 条　被征收房屋价值评估应当考虑被征收房屋的区位、用途、建筑结构、新旧程度、建筑面积以及占地面积、土地使用权等影响被征收房屋价值的因素。

被征收房屋室内装饰装修价值，机器设备、物资等搬迁费用，以及停产停业损失等补偿，由征收当事人协商确定；协商不成的，可以委托房地产价格评估机构通过评估确定。

第 17 条　分户初步评估结果公示期满后，房地产价格评估机构应当向房屋征收部门提供委托评估范围内被征收房屋的整体评估报告和分户评估报告。房屋征收部门应当向被征收人转交分户评估报告。

整体评估报告和分户评估报告应当由负责房屋征收评估项目的两名以上注册房地产估价师签字，并加盖房地产价格评估机构公章。不得以印章代替签字。

第 20 条　被征收人或者房屋征收部门对评估结果有异议的，应当自收到评估报告之日起 10 日内，向房地产价格评估机构申请复核评估。

申请复核评估的，应当向原房地产价格评估机构提出书面复核评估申请，并指出评估报告存在的问题。

第21条　原房地产价格评估机构应当自收到书面复核评估申请之日起10日内对评估结果进行复核。复核后，改变原评估结果的，应当重新出具评估报告；评估结果没有改变的，应当书面告知复核评估申请人。

第22条　被征收人或者房屋征收部门对原房地产价格评估机构的复核结果有异议的，应当自收到复核结果之日起10日内，向被征收房屋所在地评估专家委员会申请鉴定。被征收人对补偿仍有异议的，按照《国有土地上房屋征收与补偿条例》第二十六条规定处理。

第25条　评估专家委员会应当自收到鉴定申请之日起10日内，对申请鉴定评估报告的评估程序、评估依据、评估假设、评估技术路线、评估方法选用、参数选取、评估结果确定方式等评估技术问题进行审核，出具书面鉴定意见。

经评估专家委员会鉴定，评估报告不存在技术问题的，应当维持评估报告；评估报告存在技术问题的，出具评估报告的房地产价格评估机构应当改正错误，重新出具评估报告。

第29条　除政府对用于产权调换房屋价格有特别规定外，应当以评估方式确定用于产权调换房屋的市场价值。

第30条　被征收房屋的类似房地产是指与被征收房屋的区位、用途、权利性质、档次、新旧程度、规模、建筑结构等相同或者相似的房地产。

被征收房屋类似房地产的市场价格是指被征收房屋的类似房地产在评估时点的平均交易价格。确定被征收房屋类似房地产的市场价格，应当剔除偶然的和不正常的因素。

第31条　房屋征收评估、鉴定费用由委托人承担。……

第三节　《房屋征收补偿条例》疑难问题解答

1. 房屋征收与补偿的法律依据有哪些？

【答】《国有土地上房屋征收与补偿条例》第3条规定："房屋征收与补偿应当遵循决策民主、程序正当、结果公开的原则。"我们应该全面理解法条的内涵：①是为了公共利益的需要征收国有土地上单位、个人的房屋。这明确了实施房屋征收的前提。②房屋和土地依法征收。主要依据是《宪法》和有关法律：《宪法》第 13 条第 3 款规定，国家为了公共利益的需要，可以依照法律规定对公民的私有财产实行征收或者征用并给予补偿。③对被拆迁单位和个人依法给予补偿。《城市房地产管理法》第 6 条规定，为了公共利益的需要，国家可以征收国有土地上单位和个人的房屋，并依法给予拆迁补偿，维护被征收人的合法权益；征收个人住宅的，还应当保障被征收人的居住条件。具体办法由国务院规定。④条例适用范围包括适用于征收国有土地上单位、个人的房屋，不适用于集体土地征收。国有土地上的房屋征收和集体土地征收是分别由条例和《土地管理法》调整的。本条例适用于国有土地上房屋征收活动，但不限于城市规划区内。⑤公平补偿的原则。条例强调征收国有土地上单位、个人的房屋的，应当对被征收人给予公平补偿。公平补偿，一方面是指补偿与被征收财产价值相当，体现了政府征收虽然有强制性，但是在补偿上不应让为公共利益作出贡献的被征收人吃亏；另一方面是指对全体被征收人应当适用统一的标准，体现被征收人之间的公平。

2. 哪些部门有资格作为房屋征收部门与委托房屋征收实施单位？

【答】《国有土地上房屋征收与补偿条例》第 5 条规定的是房屋征收主管部门可以委托房屋征收的实施单位。由实施单位"承担房屋征收与补偿的具体工作。房屋征收实施单位不得以营利为目的"。为了确保房屋征收补偿工作按时完成，对房屋征收实施单位一般授权下属"具有管理公共事务职能的"专门机构承担，不能是社会性营利性组织，并且主管部门对受委托单位应当进行严格的监管。因涉及国家补偿款发放，不能委托开发商、建设单位以及一切与该项目有利益关系的单位从事房屋征收补偿工作。委托的事项一般包括：协助进行调查、登记，协助编制征收补偿方案，协助进行房屋征收与补偿政策的宣传、解释，就征收补偿的具体问题与被征收人协商，征求意见、听证、论证、公示以及组织对被征收房屋的拆除等。对受委托的房屋征收实施单位所需工作经费应当由政府财政予以保障。

3. 房屋征收与补偿实施工作如何分工？

【答】根据《国有土地上房屋征收与补偿条例》第 4 条的规定，市、县级人民政府确定的房屋征收部门组织实施本行政区域的房屋征收与补偿工作；同时，市、县级人民政府财政、国土资源、发展改革等有关部门依照本条例的规定和本级人民政府规定的职责分工，各负其责，互相配合，保障房屋征收与补偿工作的顺利进行。

4. 房屋征收与补偿工作违规如何监督与举报？

【答】《国有土地上房屋征收与补偿条例》第7条是关于房屋征收与补偿工作的举报和监察的规定。建立房屋征收与补偿工作举报制度，是保障《宪法》赋予公民的监督权利的必然要求，也是确保本条例正确实施的客观需要。根据《宪法》第41条的规定，公民对于任何国家机关和国家工作人员的违法失职行为，有向有关国家机关提出申诉、控告或者检举的权利。对于公民的申诉、控告或者检举，有关国家机关必须查清事实，负责处理。任何人不得压制和打击报复。

《国有土地上房屋征收与补偿条例》第7条规定，任何组织和个人对违反本条例规定的行为，都有权向有关人民政府、房屋征收部门和其他有关部门举报。按照这一规定，举报的主体既包括被征收人和利害关系人（例如被征收人的亲属、被征收房屋的抵押权人、被征收人所负债务的债权人等），也包括与征收活动没有利害关系的任何组织和个人。举报的内容既包括人民政府的行为，也包括政府工作部门及其工作人员的行为。例如，违反规定作出房屋征收决定，违反规定给予补偿，政府工作人员不履行职责、滥用职权、玩忽职守、徇私舞弊，贪污、挪用、截留私分、拖欠征收补偿费用等。

5. 征收房屋必须符合建设规划年度计划吗？

【答】为了避免对房屋土地征收的随意性，《国有土地上房屋征收与补偿条例》第9条规定，确需征收房屋的建设活动应当符合国民经济和社会发展规划、土地利用总体规划、城乡规划和专项规划。保障性安居工程建设、旧城区改建，应当纳入市、县级国民经济和社会发展年度计划。《城乡规划法》第26条规定："城乡规划报送审批前，组织编制机关应当依法将城乡规划草案予以公告，并采取论证会、听证会或者其他方式征求专家和公众的意见。公告的时间不得少于三十日。"这些措施有效地保证了公众对城乡规划制定的知情权和参与权。城市居民保障性安居工程建设、旧城区改建项目都应该纳入市、县级国民经济和社会发展年度计划。根据《地方各级人民代表大会和地方各级人民政府组织法》的规定，市、县级国民经济和社会发展年度计划应当经市、县级人民代表大会审查和批准。保障性安居工程建设和旧城区改建应当经市、县级人民代表大会审议通过，方可实施房屋征收。没有纳入规划、计划的项目，政府机关没有权利行使房屋征收权。

6. 房屋征收征收补偿方案必须公开征询意见?

【答】《国有土地上房屋征收与补偿条例》第 10 条规定:"房屋征收部门拟定征收补偿方案,报市、县级人民政府。市、县级人民政府应当组织有关部门对征收补偿方案进行论证并予以公布,征求公众意见。征求意见期限不得少于 30 日。"房屋征收补偿方案应当满足必要条件:①拆迁补偿方案要依法论证报批,由市、县人民政府负责组织发展改革、城乡规划、国土资源、环境资源保护、文物保护、财政、建设等有关部门对征收补偿方案是否符合本条例及其他有关法律法规的规定进行论证。②履行公开征求意见的民主决策程序,房屋征收部门拟定房屋征收补偿方案,需要公示、征求公众意见。征收补偿方案明确征求意见的期限不得少于 30 日。其主要目的是保障公众的知情权、参与权、建议权。③方案合法合规,补偿方式、征收评估、保障被征收人居住条件等符合法律要求,即征收补偿方案的内容应当符合条例规定。④方案合理,即征收补偿方案的内容应当是大多数人都能够接受的。⑤方案可行,征收补偿方案的内容符合当地的实际情况等因素。

7. 征收征求意见反馈和旧城区改建征收有何特别规定?

【答】根据《国有土地上房屋征收与补偿条例》第 11 条的规定,市、县级人民政府应当将征求意见情况和根据公众意见修改的情况及时公布。因旧城区改建需要征收房屋,多数被征收人认为征收补偿方案不符合本条例规定的,市、县级人民政府应当组织由被征收人和公众代表参加的听证会,并根据听证会情况修改方案。本条是关于市、县级人民政府公布征求意见情况的规定以及因旧城区改建需要征收房屋的特别规定。市、县级人民政府应当对征求意见情况进行汇总,根据公众意见反馈情况对征收补偿方案进行修改,及时公布。必要时,市县级政府应当组织召开听证会进一步听取意见,这里的"多数"应当理解为半数以上。市、县政府应当对征收补偿方案进行修改完善,对合理意见和建议要充分吸收采纳。

8. 房屋征收是否需要社会稳定风险评估?

【答】根据《国有土地上房屋征收与补偿条例》第 12 条的规定,市、县级人民政府作出房屋征收决定前,应当按照有关规定进行社会稳定风险评估。市、县级政府作出房屋征收决定,必须开展社会稳定风险评估,从源头上预防和化解社会矛盾。2010 年 5 月,国务院办公厅印发了《国务院办公厅关于进一步严格征地拆迁管理工作切实维护群众合法权益的紧急通知》,要求拆迁项目立项前要组织专家论证，广泛征求意见，进行社会稳定风险评估。对于没有经过社会稳定风险评估或群众意见较大的项目，一律不得颁发房屋拆迁许可证。《国有土地上房屋征收与补偿条例》强调的专户存储是保证补偿费用不被挤占、拖延的有效措施。专款专用是指征收补偿费用只能被用于发放征收补偿，不得挪作他用，否则便构成违法违规。

9. 保障被征收人权利有什么司法救济渠道？

【答】《国有土地上房屋征收与补偿条例》第 14 条规定："被征收人对市、县级人民政府作出的房屋征收决定不服的，可以依法申请行政复议，也可以依法提起行政诉讼。"被征收人对市、县级人民政府作出的房屋征收决定不服的，可以依法申请行政复议，也可以依法提起行政诉讼，明确了被征收人的救济途径。《行政复议法》规定，公民、法人或者其他组织认为行政机关违法征收财物的，可以申请行政复议……自知道该具体行政行为之日起 60 日内提出行政复议申请；第 16 条规定，公民、法人或者其他组织申请行政复议，行政复议机关已经依法受理的，或者法律、法规规定应当先向行政复议机关申请行政复议，对行政复议决定不服再向人民法院提起诉讼的，在法定行政复议期限内不得向人民法院提起行政诉讼；公民、法人或者其他组织向人民法院提起行政诉讼，人民法院已经依法受理的，不得申请行政复议。《行政诉讼法》第 2 条规定，公民、法人或者其他组织认为行政机关和行政机关工作人员的行政行为侵犯其合法权益，有权依照本法向人民法院提起诉讼；第 45 条规定，公民、法人或者其他组织不服复议决定的，可以在收到复议决定书之日起 15 日内向人民法院提起诉讼；第 46 条规定，公民、法人或者其他组织直接向人民法院提起诉讼的，应当自知道或者应当知道作出行政行为之日起 6 个月内提出。

10. 征收范围确定后是否可以实施新建、扩建、改建房屋？

【答】《国有土地上房屋征收与补偿条例》第 16 条规定，"房屋征收范围确定后，不得在房屋征收范围内实施新建、扩建、改建房屋和改变房屋用途等不当增加补偿费用的行为；违反规定实施的，不予补偿"，"暂停办理相关手续的书面通知应当载明暂停期限。暂停期限最长不得超过 1 年"。房屋征收范围确定后，被征收人不得在征收范围内实施扩建和新增面积，否则就会增加补偿费用的成本；同时，住宅用房也不得改建为营业用房。

11. 暴力拆迁需要承担哪些法律责任？

【答】暴力拆迁指通过暴力手段强制征地拆迁的行为。包括强行冲进被拆迁户家中暴力打砸；或采取夜晚强行入户，暴力拖拽把被拆迁人强行带离房屋，然后强行拆除房屋；还有停水、断电、放狗、放蛇、放棺材恐吓等软暴力；这些行为都被称为"暴力拆迁"。《国有土地上房屋征收与补偿条例》第27条第3款规定："任何单位和个人不得采取暴力、威胁或者违反规定中断供水、供热、供气、供电和道路通行等非法方式迫使被征收人搬迁。禁止建设单位参与搬迁活动。"其第31条至第32条，都是对暴力拆迁的法律规定。

暴力拆迁涉及以下违法犯罪：①故意伤害罪。暴力强拆过程中涉嫌构成故意伤害罪，根据《刑法》第234条的规定，故意伤害他人身体的，处3年以下有期徒刑、拘役或者管制。②故意杀人罪。暴力强拆过程中造成人员死亡，构成故意杀人罪。《刑法》第232条规定，故意杀人的，处死刑、无期徒刑或者10年以上有期徒刑；情节较轻的，处3年以上10年以下有期徒刑。③非法拘禁罪。暴力强拆过程中限制他人自由，将构成非法拘禁罪。《刑法》第238条规定，非法拘禁他人或者以其他方法非法剥夺他人人身自由的，处3年以下有期徒刑、拘役、管制或者剥夺政治权利。具有殴打、侮辱情节的，从重处罚。④故意毁坏财物罪。暴力强拆过程中非法破坏他人财物的，根据《刑法》第275条的规定构成故意毁坏财物罪。⑤破坏生产经营罪。暴力强拆过程中破坏农田或其他经营设施的，构成破坏生产经营罪。《刑法》第276条规定，由于泄愤报复或者其他个人目的，毁坏机器设备、残害耕畜或者以其他方法破坏生产经营的，构成破坏生产经营罪。⑥寻衅滋事罪。根据《刑法》第293条的规定，暴力强拆过程中要横斗狠肆意滋扰的，构成寻衅滋事罪。⑦非法侵入住宅罪。根据《刑法》第245条的规定，暴力强拆过程中强行非法闯入他人住宅的，非法搜查他人住宅的，构成非法侵入住宅罪。⑧侮辱罪。《刑法》第246条规定，暴力强拆过程中对被拆迁人进行公然侮辱情节严重的，构成侮辱罪。该罪告诉才处理。⑨报复陷害罪。《刑法》第254条规定，国家机关工作人员滥用职权、假公济私，对控告人、申诉人、批评人、举报人实行报复陷害的，暴力强拆过程中，对违法行为的举报人进行报复陷害的，构成报复陷害罪。⑩强迫交易罪。根据《刑法》第226条的规定，暴力强拆过程中，强迫签订协议，以暴力、威胁手段强迫他人交易或者退出经营活动的，构成强迫交易罪。

12. 对暴力拆迁背后的黑恶势力惩处？

【答】最高人民法院、最高人民检察院、公安部、司法部《关于办理黑恶势力犯罪案件若干问题的指导意见》第14条规定，"恶势力"是指经常纠集在一起，以暴力、威胁或者其他手段，在一定区域或者行业内多次实施违法犯罪活动，为非作恶，欺压百姓，扰乱经济、社会生活秩序，造成较为恶劣的社会影响，但尚未形成黑社会性质组织的违法犯罪组织。具体表现在：随意殴打他人，追逐、拦截、辱骂、恐吓他人，强拿硬要或者任意损毁、占用公私财物，在公共场所起哄闹事等行为，这些行为完全可能构成故意伤害罪、侮辱罪、寻衅滋事罪、故意毁坏财物罪等罪名。如在暴力拆迁现场发现有下列人员，有可能是黑恶势力团伙成员：①佩戴夸张金银饰品炫耀的人员和以凶兽文身等彪悍、跋扈的人员。②态度蛮横、粗暴，随身随车携带管制刀具或棍棒的人员。③以摆队形、站场子等形式威胁、恐吓征地拆迁对象的人员。④作为社会闲散人员积极参与纠纷、伤害类事件处置的人员。⑤砸玻璃窗、损毁门锁、随意喷涂（泼粪泼漆）、破坏监控等的人员。

13. 拆迁补偿不合理如何维权？

【答】《国有土地上房屋征收与补偿条例》第25条规定："房屋征收部门与被征收人依照本条例的规定，就补偿方式、补偿金额和支付期限、用于产权调换房屋的地点和面积、搬迁费、临时安置费或者周转用房、停产停业损失、搬迁期限、过渡方式和过渡期限等事项，订立补偿协议。"被征收人对补偿决定不服的，可以依法申请行政复议，也可以依法提起行政诉讼。被拆迁人对补偿方案或补偿方案未执行可以采取调解、行政复议、诉讼等方式维权。需要收集好对维权有利的证据。特别是《拆迁公告》《补偿标准》，以及补偿评估机构材料和《补偿协议》《房屋产权证明》、户主身份证等手续要带齐。

①保留一切证据。在拆迁公告发布后，如果有拆迁公司找到被拆迁人协商，被拆迁人要索要他们的授权委托书，让他们出示工作证等相关证件，因为拆迁人很有可能动用社会闲散人员恐吓威胁被拆迁人。与拆迁办工作人员沟通时，在必要时做录音，这些话可能作为将来协商谈判取得重要补偿的信息线索，有些被拆迁户没有固定证据，很难证明对方的口头承诺。②对拆迁房屋申请重新评估。为了确保公正，可以自己找有品审资格的房屋评估机构重新评估。理由是拆迁方单方面对评估方进行委托的评估报告，被拆迁人不认同其评估结果。③违规举报。对拆迁过程中的公职人员违法违纪行为到当

地纪委、监察委举报。④申请复议。向拆迁执行单位的上级申请，要求他们因为补偿标准过低或者不合理事宜给予行政复议结果。对行政复议结果不满意，还可以去法院起诉。⑤申请信息公开或提起行政诉讼。被拆迁人有权对补偿不合理的征收行为申请信息公开，查看政府设定的各项补偿和相应的文件方案。核实一下，补偿方案执行过程中是否存在不公平、不公正的问题。比如，同样的房屋、同样的地段，采用较低的补偿标准，就是明显的不公平。如果拆迁补偿数额明显过低，这其中必然涉及拆迁方的一些不合理、不合法的行政作为，以拆迁方的违法点作为切入口，是获取主动权的有效途径。

14. 遇到拆迁补偿不公如何提起行政诉讼？

【答】①起诉。起诉人在知道具体行政行为作出的6个月内起诉。②审查受理。法院收到起诉状后7日立案或裁定不予受理。③答辩。法院应当在立案之日起5日内，将诉状副本发送给被告；被告应在收到起诉状副本之日起15日内向人民法院提交作出具体行政行为的有关材料，并提出答辩状；人民法院应当在收到答辩状之日起5日内，将答辩状副本发送原告。④开庭。最重要的环节是法庭调查时的质证举证，一定把重要的、对自己有利的证据全部准备好，出示给法官；经过有条不紊的法庭辩论。争取主审法官采信原告提供的证据。⑤法官依据法律和证据作出判决。如果对判决结果达到满意或者基本满意，即可跟着法院执行环节。当然，还要做好对方上诉的准备。不服一审判决的一方，应当收到判决书后15日内向上一级法院上诉。上诉或二审答辩败诉，还可以走申诉渠道。

15. 被拆迁人可以对政府提起行政诉讼？

【答】结合房屋拆迁行为的过程，被拆迁人可以提起行政诉讼的具体行为有：①含有具体行政行为内容的拆迁公告。如果被拆迁人发现拆迁公告中包含对特定对象的拆迁补偿安置标准，搬迁方法和某些限制性强制措施，被拆迁人认为公告的这些内容不合法可提起行政诉讼的，人民法院应当受理。②有关部门的强制拆迁行为。被拆迁人或者房屋承租人在裁决规定的搬迁期限内未搬迁的，由房屋所在地的市、县级人民政府责令有关部门强制拆迁。据此，市、县级人民政府责令相关部门进行强制拆迁行为，属于政府的权限范围，亦是一种具体行政行为，被拆迁人如果对强制拆迁行为不服或认为强制拆迁行为侵犯了自己的合法权益，可以据此向人民法院提起行政诉讼。③房屋拆迁管理部门或人民政府的裁决行为。拆迁人、被拆迁人及承租人达不成拆迁补偿安置协议的，经当事人申请由房屋拆迁管理部门裁决。当事人对裁决不服的，自裁决书送达之日起 3 个月内向法院起诉。

行政机关在没有法律、法规、规章授权的情况下，授权其内设机构、派出机构实施行政行为，应当视为委托，公民、法人、其他组织不服提起诉讼的，应该以该行政机关为被告。如果办事处、镇乡级人民政府拆迁管理部门颁发拆迁许可证的，应视为受县级人民政府拆迁主管部门的委托，提起行政诉讼可以县级拆迁主管部门为被告。

16. 强拆人员如果不是政府人员，政府机关需要担责吗？

【答】根据［2018］最高法行再 106 号判决案例，市民韩某诉武汉市人民政府行政违法强拆房屋一案，即使强拆人员不是政府人员，政府机关也要担责。《土地管理法》第 47 条规定，国家征收土地的，依照法定程序批准后，由县级以上地方人民政府予以公告并组织实施。"《土地管理法实施条例》（2014 年修订）（已失效）第 25 条规定，征收土地方案经依法批准后，由被征收土地所在地的市、县人民政府组织实施。

据此，在集体土地征收过程中，有且仅有市、县级人民政府才具有依法征收土地及其附属物的职权，发布公告亦是其履行职权的表现。人民法院可以依据上述法律规定，推定强制拆除行为系市、县级人民政府或其委托的主体实施。

17. 拆迁户应对拆迁需要哪些策略？

【答】拆迁户遇到这种情况很抵触，在收到动迁干部征收决定时，不签字，房屋评估报告不签字，随手扔掉，限期拆除决定签收还是不签字，最后是《限期拆除决定书》，这些文件不签字或不签收，行政机关依然会推进拆迁工作，最后要么是法院颁布强制拆迁令，要么是措手不及的强拆行动。居民遇到拆迁需要签字的文件，不能一概拒绝。比如，房屋评估报告，这种文件当事人不配合签字，拆迁户想改变评估标准是不可能的，可以通过申请复核专家委员会鉴定，同时针对征收补偿决定提起复议或者诉讼来寻求救济；也可以申请行政复议，请求人民法院撤销征地审批。如果认为该通知侵害了当事人的合法权益，最好的解决途径就是向复议机关申请复议或向法院提起诉讼。

18. 公民可对违法强拆的公务员个人追责吗？

【答】国务院《关于加强政务诚信建设的指导意见》指出，要将各级人民政府和公务员在履职过程中，因违法违规失信违约被司法判决的信息纳入政务失信记录，取消相关部门评优评先资格，通报批评，并对主要责任人追究责任。在当事人帮拿到胜诉判决后，还可以要求纪检委对强拆违法的公务员个人进行追责。

19. 商业产权房屋拆迁如何补偿？

【答】对于手续齐全且产权证记载的用途为商业的产权房，依据《国有土地上房屋征收与补偿条例》的规定，对商铺房屋本身的补偿不低于房屋征收决定公告之日被征收房屋类似房地产的市场价格，如果属于住宅非手续齐全，经营年限久，补偿一般介于普通住宅和前一种补偿标准之间。此外，商铺还有停产停业补偿、拆迁过程中的设备搬迁费、员工补偿费、装修费、不可移动设施补偿等。

20. 房子被强拆如何维权？

【答】城乡居民房子被强拆应该采取以下方式维权：①及时电话报警，索要报警记录。正确的电话报警方式是：要第一时间拨打110报警电话，注意按下录音键，保存报警证据，可以有效地避免人身损害，并有效地保护自己的财产。电话接通后，说出自己的姓名、报警时间、被拆房屋地址。房屋遭遇了强拆，拆迁方通过这样的方式逼迫搬迁，希望尽快派民警来现场制止。②土地或房屋被征收人的维权时间。土地或房屋被征收人在收到补偿决定书后，必须在60日之内申请行政复议，或者在6个月之内提起行政诉讼。③被征收人在补偿决定规定的期限内没有搬迁，拆迁方按照法定程序申请人民法院强制执行，并且人民法院已经作出了强制执行的行政裁定书，收到补偿决定以后，被拆迁人再想跟征收方通过谈判的形式来提高补偿金额就很难了，所以要把握这6个月的维权时间，通过法律途径争取合理的补偿，否则一旦错过了维权的时间点，就很可能遭到强拆。

21. 当事人遇到拆迁上访有用吗？

【答】一旦遇到拆迁，当事人往往会选择到国家信访局、省级政府的信访部门反映情况，误以为信访部门能够很快帮助解决。但是，我们国家法律明确规定，信访机关依据信访条例作出的任何行为均不具有强制力，如受理的行为、转办的行为、交办的行为、协调处理的行为等，甚至依据信访条例不履职的行为，都不能够向法院提起诉讼，法院不会受理，反而耽误本应该进行的诉讼法律程序，因为诉讼必须在6个月内提起，如果6个月内没有提起行政诉讼，当事人将丧失起诉权。

22. 举报土地违法需要提交哪些材料？

【答】公民举报土地违法现象和行为需要提交两类材料。第一类是提供一份全面介绍涉嫌违背《土地管理法》的行为、过程和造成的后果，该材料通常被称为《土地违法举报信》；第二类是围绕举报土地违法基本事实提供证据，具体证据包括：①土地位置与面积平面图；②土地现状照片；③非法占用、出售土地的协议书；④毁坏集体或者承包土地的村民和受害人邻居的证人证言，签名、摁指纹等。

23. 先拆迁后补偿如何处理？

【答】"先补偿，后搬迁"在司法实践中是一个非常复杂的问题，强制搬迁被征收人的房屋，将致使被征收人的合法权益无法得到保障。实质上"先补偿，后搬迁"包含两种情况：首先是房屋征收双方当事人（即征收人和被征收人）就房屋征收达成一致，签订协议，双方按照协议履行相关的义务；其次是如果征收人和被征收人未就补偿安置协议达成一致，征收部门已经依法作出补偿决定，货币补偿已经专户储存、产权调换房屋和周转用房的地点和面积已经确定。符合以上两种情况便属于先补偿。此外，由于补偿方式不同，具体情况也会有所不同。如实行货币补偿的，一旦货币补偿已经专户存储、被征收人可以随时支取即可视为对被征收人已经进行补偿；对于实行现房产前调换的，征收人可以确定安置房源，待被征收人搬迁完毕后再实际办理交付手续；实行期房产权调换的，征收方则应当在协议确定安置房源后要求被征收人搬迁，待安置房竣工后再按照之前安置协议的约定交付房屋。

24. 拆违搬迁补偿如何计算？

【答】拆迁补偿费主要包括房屋补偿费、周转补偿费和奖励性补偿费三方面。①房屋补偿费（房屋重置费）：用于补偿被拆迁房屋所有权人的损失，以被拆迁房屋的结构和折旧程度划档，按平方米单价计算。②周转补偿费：用于补偿被拆迁房屋住户临时居住房或自找临时住处的不便，以临时居住条件划档，按被拆迁房屋住户的人口每月予以补贴。③奖励性补偿费：用于鼓励被拆迁房屋住户积极协助房屋拆迁或主动放弃一些权利（如自愿迁往郊区或不要求拆迁单位安置住房），房屋拆迁补偿费的各项标准由当地人民政府根据本地的实际情况和国家有关法律政策加以确定。

25. 警察参与地方拆迁是否合法？

【答】我国明确禁止公安民警参与征地拆迁等非警务活动，同时明确定性这种行为是严重的违法犯罪行为，对随意动用警力参与强拆等造成严重后果的，严肃追究相关人员的责任，为此，公安部还开设了 12389 举报电话，积极回应群众呼声。

26. 法院认定违法建设需要考量哪些因素？

【答】行政机关认定违法建设的时候需要考量的因素绝不仅仅只有是否取得规划许可，在没有考量是否属于法律上"尚可采取改正措施消除对规划实施的影响的"情形并说明理由的情况下径行强制拆除，属于认定事实不清。

对于认定为违法建设的必须依法作出限期拆除决定，并必须要等到当事人对该限期拆除决定法定起诉期限届满才可以依法启动强制执行程序，就是考虑到违法建设往往涉及当事人重大财产权益，需要给予当事人充分的救济保障，以免径行强制执行错误造成被动和赔偿法律风险。这里的限期拆除决定，不仅是查处违法建设的必经程序，更是实施强制执行的必不可缺的事实基础。

27. 当事人提起金钱补偿诉求法院提出如何处理？

【答】在征收补偿案件中，当事人提起的金钱补偿请求属于给付之诉。如果人民法院对于当事人的损失能够查明相关补偿方式和数额，且依据比较明确，人民法院应当作出符合当事人诉求的判决，以便尽快稳定行政法律关系，但如果相关补偿方式和数额依据并不明确，行政机关在实际给补之前尚有优先判断或者裁定余地，法院应待行政机关先行处理后，再对其是否合法以及明显不当进行审查，在行政机关没有就补偿问题作出决定的情况下，法院不宜运用司法权判定补偿。

28. 执法部门做出的不合法的征收决定也有效吗？

【答】行政行为一旦做出，不论合法与否，除因严重违法而依法无效外，在未经法定机关和法定程序撤销或变更之前，都应推定为有效，对行政机关相对人、其他利害关系人以及其他国家机关均具有约束力。征收决定也是如此。征收决定一旦作出，不论是否合法都会发生法律效力，因此被征收人在收到不合法的征收决定时，应当及时启动司法程序，主张权利，不要置之不理，贻误良机。

29. 常见的违法征地有哪些？

【答】农村有些地方村委会把土地卖给开发商，而土地补偿款却被无故扣留，当地村民也没有找到政府征收土地的文件，这种征收土地的行为就是违法的，村民一旦发现，要拒绝签订相关征收文件。笔者整理出了 4 种违法的土地征收行为，以提醒广大村民注意防范。①没有征收公告和补偿方案。征收土地，却没有任何征收公告和补偿方案等文件，只有村干部空口承诺补偿多少钱；或者来人丈量了一下地块，就让村民签字确认领钱。这种情况很有可能是开发商和村干部一起作出的违法征地行为。正规的征收土地要依据法定程序进行，村民会看到关于征地的文件，包括征地公告、补偿方案、房屋评估、分户报告等。未依法进行征收土地公告的，被征地农村集体经济组织、农村村民或者其他权利人有权依法要求公告，有权拒绝办理征地补偿登记手续。也就是说，如果遇到有人征收土地却什么文件都没有发，村民可以拒绝办理征收手续，拒绝签订征地补偿协议。②乡镇政府、村委会要征收土地。现实当中，村委会征地的情况较少，比较多的是乡镇政府以自己的名义发布公告说要征地。那么，乡镇政府有没有权力发布征地文件呢？根据《土地管理法》的规定，征收土地的法定主体只能是县级及以上人民政府。因此，乡镇政府以自己名义发的征收公告和补偿方案属于违法。另外，依照相关法律规定，土地征收要经过国务院或省级人民政府批准，没有合法的征地审批程序，即使是县政府发布了文件，也属于违法征地。③补偿支付期限未按照法律规定。《土地管理法实施条例》（2014 年修订）（已失效）第 25 条第 4 款规定，征收土地的各项费用应当自征地补偿、安置方案批准之日起 3 个月内全额支付。有的地方征收补偿搞分期支付，分几个月或者几年支付，甚至采用以租代征的形式，这些行为也都属于违法，被征收人可以拒绝。④村委会私自卖地。集体土地在村民不知情的情况下，被卖给了开发商，名义上说是协议征收，但是实际上却是利用民事合同取得被征收人的房屋及土地，这也是违法的。协议征收在我国是没有法律依据的。

30. 农民农业养殖设施不需要规划建设审批吗？

【答】农民在自己承包的农用地上建鸡舍、羊圈，没有经过建设主管部门的审批，也没有必要申领《建设规划许可证》，法院并不能认定涉案养殖所用建筑是违建。其原因是：①城乡规划主管部门并无管理农用地上的农用设施的职责，所以没有必要申请办理建设规划许可证；②虽然没有进行设施农地的审批，但是当事人在建造鸡舍、羊圈时，镇政府和区农业局是同意的，所以具有一定的合法性。从这些实际判例可以看出，法院在审判的时候会更多地考虑当事人的实际情况，从而做出公正的裁决。

31. 什么情况下村民可以举报村干部？

【答】村民一旦发现村干部有以下几种行为，可以匿名或者实名举报村干部。①私自变卖村民集体所有土地、财产的；②违规竞选村干部的；③截留村集体经济补偿款的；④利用职权贪污村民或村集体财产的；⑤充当村霸和黑社会保护伞的。村民举报可拨打纪检监察机关举报电话 12388，也可以向纪委监委写信举报。

《信访条例》相关释义

第一节　《信访条例》简介

《信访条例》属于国务院颁布的行政法规，于 2005 年 5 月 1 日起施行。1995 年发布的《信访条例》同时失效。

第二节　《信访条例》疑难问题解析

一、信访形式与信访渠道

《信访条例》对"信访人"的定义是：采用前款规定的形式，反映情况，提出建议、意见或者投诉请求的公民、法人或者其他组织，称信访人。条例从制度、组织等层面对固定的信访渠道进行了体制性规定。《信访条例》规定，各级人民政府、县级以上人民政府工作部门应当向社会公布信访工作机构的通信地址、电子信箱、投诉电话、信访接待的时间和地点、查询信访事项处理进展及结果的方式等相关事项。设区的市级、县级人民政府及其工作部门，乡镇人民政府应当建立行政机关负责人信访接待日制度，由行政机关负责人协调处理信访事项。信访人可以在公布的接待日和接待地点向有关行政机关负责人当面反映信访事项。县级以上人民政府及其工作部门负责人或者其指定的人员，可以就信访人反映突出的问题到信访人居住地与信访人面谈沟通。《信访条例》规定，信访人采用走访形式提出信访事项的，应当向依法有权处理的本级或上一级机关提出，信访事项已受理或正在办理的，信访人在规定期限内向受理、办理机关的上级机关再提出同一事项的，该上级机关不予受理。信访人提出信访事项一般应当采用书信、电子邮件、传真等书面形式，信访人采用走访形式的应当到有关机关设立或者指定的接待场所提出信访事项。

二、关于维护正常信访秩序的规定

《信访条例》对围堵、冲击国家机关，堵塞、阻断交通，携带危险物品或管制器具，侮辱、殴打、威胁国家机关工作人员等 6 类行为作了禁止性规定，规定经劝阻、批评和教育无效的，由公安机关予以警告、训诫或者制止；违反集会游行示威的法律、行政法规，或者构成违反治安管理行为的，由公安机关依法采取必要的现场处置措施，给予治安管理处罚，构成犯罪的依法追究刑事责任。

三、信访工作应当遵循的原则与职责

《信访条例》规定了信访工作的原则：信访工作应当在各级人民政府领导下，坚持属地管理、分级负责，谁主管、谁负责，依法、及时、就地解决问题与疏导教育相结合的原则。县级以上人民政府应当采用如下方式及时化解矛盾：县级以上人民政府通过联席会议、建立排查调处机制、信访督查工作制度等方式解决上访疑难问题。县级以上人民政府信访工作机构职责的前 4 项与上访人利益有关：①受理、交办、转送信访人提出的信访事项；②承办上级和本级人民政府交由处理的信访事项；③协调处理重要信访事项；④督促检查信访事项的处理。

四、采取下基层的办法化解矛盾与问题

《信访条例》规定，针对信访人反映的突出问题可用如下方式解决：县级以上人民政府及其工作部门指定的人员，可以就信访人反映的突出问题到信访人居住地与信访人面谈沟通。一些地方党委和政府灵活运用法律法规，把基层党风廉政建设与信访、民政、综合治理、人民调解等五项职能融合一体，由纪委或者政法委牵头，共同推进，收效良好。比如，中国反腐败司法研究中心于 2019 年底到河北省迁安市五重安乡开展考察调研，发现迁安市纪委牵头发起的"小微权力清单"制度推广成效显著，五重安乡实现了廉政建设与信访、民政、综合治理、人民调解等在乡镇和村级的多部门联合，收获了风

清气正、信访案件与社会治安案件大大减少、社会充满和谐的综合治理效果，值得全国其他地方学习借鉴。

五、信访工作机构应当及时处理信访人的诉求

《信访条例》规定，信访工作机构应当组织相关社会团体、法律援助机构、相关专业人员、社会志愿者等共同参与，运用咨询、教育、协商、调解、听证等方法，依法、及时、合理地处理信访人的投诉请求。

六、越级上访不受理

《信访条例》规定，信访事项已经受理或者正在办理的，信访人在规定期限内向受理、办理机关的上级机关再提出同一信访事项的，该上级机关不予受理。

七、信访程序的时限规定

《信访条例》第 33 条规定："信访事项应当自受理之日起 60 日内办结；情况复杂的，经本行政机关负责人批准，可以适当延长办理期限，但延长期限不得超过 30 日，并告知信访人延期理由。法律、行政法规另有规定的，从其规定。"因此，信访案件法定得到答复的时限是 60 天~90 天。

《信访条例》第 34 条规定："信访人对行政机关作出的信访事项处理意见不服的，可以自收到书面答复之日起 30 日内请求原办理行政机关的上一级行政机关复查。收到复查请求的行政机关应当自收到复查请求之日起 30 日内提出复查意见，并予以书面答复。"这就意味着，上访人要求上级行政机关复查，从本人提交复查申请之日起，上级复查意见会在 30 天内答复。

《信访条例》第 35 条第 1 款、第 2 款规定："信访人对复查意见不服的，可以自收到书面答复之日起 30 日内向复查机关的上一级行政机关请求复核。收到复核请求的行政机关应当自收到复核请求之日起 30 日内提出复核意见。复核机关可以按照本条例第三十一条第二款的规定举行听证，经过听证的复核意见可以依法向社会公示。听证所需时间不计算在前款规定的期限内。"

信访人经历了初查答复、复查、复核三轮程序后，依然"对复核意见不服，仍然以同一事实和理由提出投诉请求的，各级人民政府信访工作机构和其他行政机关不再受理"。对于当事人来说，三道（初查意见、复查意见、复核意见）、三级（县、市、省）信访程序全部走完，问题依然没有得到满意答

复或解决，而自己却已付出了 4 个月到半年的时间代价。在实践中，很多信访案件被拖了好多年。信访人所耗费的时间、精力，甚至路途中花掉的差旅费丝毫不比走司法诉讼程序更快、更节省。因为，对于普通民事案件，在法院一般在半年内可以审理完毕。相比之下，信访唯一的优点是免费，但是结果大多并不理想，有些问题被信访程序拖得太久，反而会让当事人错过走诉讼程序维权的机会。

八、过激信访构成犯罪将追究刑事责任

《信访条例》对围堵、冲击国家机关，拦截公务车辆，堵塞、阻断交通，携带危险物品或者管制器具，侮辱、殴打、威胁国家机关工作人员，煽动、串联、胁迫、以财物诱使、幕后操纵他人信访或者以信访为名借机敛财等六类行为作了禁止性规定，并与刑法等法律作了衔接，规定经劝阻、批评和教育无效的，由公安机关予以警告、训诫或者制止；违反集会游行示威的法律、行政法规，或者构成违反治安管理行为的，由公安机关依法采取必要的现场处置措施、给予治安管理处罚，构成犯罪的，依法追究刑事责任。

第三节 非法上访的法律风险

公安部《关于公安机关处置信访活动中违法犯罪行为适用法律的指导意见》明确下述 32 种上访行为属于违法犯罪：

1. 越级上访

违反《信访条例》第 16 条、第 18 条规定，越级走访，或者多人就同一信访事项到信访接待场所走访，拒不按照《信访条例》第 18 条第 2 款的规定推选代表，经有关国家机关工作人员劝阻、批评和教育无效的，依据《信访条例》第 47 条第 2 款规定，公安机关予以警告、训诫或者制止；符合《治安管理处罚法》第 23 条第 1 款第 1 项、第 2 款规定的，以扰乱单位秩序、聚众扰乱单位秩序依法予以治安管理处罚。

2. 未按法定途径投诉

违反《信访条例》第 14 条、第 15 条、第 34 条和第 35 条规定，拒不通过法定途径提出投诉请求，不依照法定程序请求信访事项复查、复核，或者信访诉求已经依法解决，仍然以同一事实和理由提出投诉请求，在信访接待场所多次缠访，经有关国家机关工作人员劝阻、批评和教育无效的，依据《信访条例》第47条第2款规定，公安机关予以警告、训诫或者制止；符合《治安管理处罚法》第23条第1款第1项规定的，以扰乱单位秩序依法予以治安管理处罚。

3. 信访场所滞留和滋事

在信访接待场所滞留、滋事，或者将年老、年幼、体弱、患有严重疾病、肢体残疾等生活不能自理的人弃留在信访接待场所，经有关国家机关工作人员劝阻、批评和教育无效的，依据《信访条例》第47条第2款规定，公安机关予以警告、训诫或者制止；符合《治安管理处罚法》第23条第1款第1项规定的，以扰乱单位秩序依法予以治安管理处罚。

4. 摆放违禁物品

在信访接待场所摆放花圈、骨灰盒、遗像、祭品，焚烧冥币，或者停放尸体，不听有关国家机关工作人员劝阻、批评和教育，扰乱信访工作秩序，符合《治安管理处罚法》第23条第1款第1项、第65条第2项规定的，以扰乱单位秩序、违法停放尸体依法予以治安管理处罚。

5. 以过激方式表达诉求

煽动、串联、胁迫、诱使他人采取过激方式表达诉求，扰乱信访工作秩序，符合《治安管理处罚法》第23条第1款第1项、第2款规定的，以扰乱单位秩序、聚众扰乱单位秩序依法予以治安管理处罚。

6. 聚众扰乱信访工作秩序

聚众扰乱信访工作秩序，情节严重，符合《刑法》第290条第1款规定的，对首要分子和其他积极参加者以聚众扰乱社会秩序罪追究刑事责任。

7. 驾驶机动车任意冲闯

为制造社会影响、发泄不满情绪、实现个人诉求，驾驶机动车在公共场所任意冲闯，危害公共安全，符合《刑法》第114条、第115条第1款规定的，以危险方法危害公共安全罪追究刑事责任。

8. 影响交通工具正常行驶

以递交信访材料、反映问题等为由，非法拦截、强登、扒乘机动车或者其他交通工具，或者乘坐交通工具时抛撒信访材料，影响交通工具正常行驶，符合《治安管理处罚法》第23条第1款第4项规定的，以妨碍交通工具正常行驶依法予以治安管理处罚。

9. 携带管制物品危及公共安全

在信访接待场所、其他国家机关或者公共场所、公共交通工具上非法携带枪支、弹药、弓弩、匕首等管制器具，或者爆炸性、毒害性、放射性、腐蚀性等危险物质的，应当及时制止，收缴枪支、弹药、管制器具、危险物质；符合《治安管理处罚法》第 32 条、第 30 条规定的，以非法携带枪支、弹药、管制器具、非法携带危险物质依法予以治安管理处罚；情节严重，符合《刑法》第 130 条规定的，以非法携带枪支、弹药、管制刀具、危险物品危及公共安全罪追究刑事责任。

10. 以危险方法危害公共安全

采取放火、爆炸或者以其他危险方法自伤、自残、自杀，危害公共安全，符合《刑法》第 114 条和第 115 条第 1 款规定的，以放火罪、爆炸罪、以危险方法危害公共安全罪追究刑事责任。

11. 故意伤害他人身体

殴打他人或者故意伤害他人身体，符合《治安管理处罚法》第 43 条规定的，以殴打他人、故意伤害依法予以治安管理处罚；符合《刑法》第 234 条规定的，以故意伤害罪追究刑事责任。明知患有艾滋病或者其他严重传染疾病，故意以撕咬、抓挠等方式伤害他人，符合《刑法》第 234 条规定的，以故意伤害罪追究刑事责任。

12. 侮辱诽谤他人

采取口头、书面等方式公然侮辱、诽谤他人，符合《治安管理处罚法》第 42 条第 2 项规定的，以侮辱、诽谤依法予以治安管理处罚；侮辱、诽谤情节严重，被害人要求公安机关立案侦查的，应当严格执行《公安部关于严格依法办理侮辱诽谤案件的通知》的规定，除严重危害社会秩序和国家利益的由公安机关立案侦查外，应当将有关案件材料移送人民法院，同时告知被害人自行向人民法院起诉。

13. 威胁他人人身安全

写恐吓信或者以其他方法威胁他人人身安全，或者多次发送侮辱、恐吓或者其他信息，干扰他人正常生活，符合《治安管理处罚法》第 42 条第 1 项、第 5 项规定的，以威胁人身安全、发送信息干扰正常生活依法予以治安管理处罚。

14. 侵犯他人隐私

偷窥、偷拍、窃听、散布他人隐私，符合《治安管理处罚法》第 42 条第 6 项规定的，以侵犯隐私依法予以治安管理处罚；情节严重，符合《刑法》第 253 条之一第 2 款规定的，以非法获取公民个人信息罪追究刑事责任。

15. 诬告陷害他人

捏造、歪曲事实诬告陷害他人，企图使他人受到刑事追究或者受到治安管理处罚，符合《治安管理处罚法》第 42 条第 3 项规定的，以诬告陷害依法予以治安管理处罚；符合《刑法》第 243 条规定的，以诬告陷害罪追究刑事责任。

16. 故意裸露身体

在信访接待场所或者其他公共场所故意裸露身体，情节恶劣，符合《治安管理处罚法》第 44 条规定的，以在公共场所故意裸露身体予以治安管理处罚。

17. 故意损毁公私财物

故意损毁公私财物，符合《治安管理处罚法》第 49 条规定的，以故意损毁财物依法予以治安管理处罚；符合《刑法》第 275 条规定的，以故意毁坏财物罪追究刑事责任。

18. 敲诈勒索

以制造社会影响、采取极端闹访行为、持续缠访闹访等威胁、要挟手段，敲诈勒索，符合《治安管理处罚法》第 49 条规定的，以敲诈勒索依法予以治安管理处罚；符合《刑法》第 274 条规定的，以敲诈勒索罪追究刑事责任。

19. 骗取公私财物

以帮助信访为名骗取他人公私财物，符合《治安管理处罚法》第 49 条规定的，以诈骗依法予以治安管理处罚；符合《刑法》第 266 条规定的，以诈骗罪追究刑事责任。

20. 扰乱单位秩序

在国家机关办公场所周围实施静坐，张贴、散发材料，呼喊口号，打横幅，穿着状衣、出示状纸，扬言自伤、自残、自杀等行为或者非法聚集，经有关国家机关工作人员劝阻、批评和教育无效的，依据《信访条例》第 47 条第 2 款规定，公安机关予以警告、训诫或者制止，收缴相关材料和横幅、状纸、状衣等物品；符合《治安管理处罚法》第 23 条第 1 款第 1 项、第 2 款规定的，以扰乱单位秩序、聚众扰乱单位秩序依法予以治安管理处罚；符合《刑法》第290条第1款规定的，对非法聚集的首要分子和其他积极参加者以聚众扰乱社会秩序罪追究刑事责任；聚集多人围堵、冲击国家机关，扰乱国家机关正常秩序，符合《刑法》第290条第2款规定的，对首要分子和其他积极参加者以聚众冲击国家机关罪追究刑事责任。

21. 扰乱公共场合秩序

在车站、码头、商场、公园、广场等公共场所张贴、散发材料，呼喊口号，打横幅，穿着状衣、出示状纸，或者非法聚集，以及在举办文化、体育等大型群众性活动或者国内、国际重大会议期间，在场馆周围、活动区域或者场内实施前述行为，经劝阻、批评和教育无效的，依据《信访条例》第47条第2款规定，公安机关予以警告、训诫或者制止，收缴相关材料和横幅、状纸、状衣等物品；符合《治安管理处罚法》第23条第1款第2项、第2款或者第24条第1款第1项、第3项、第5项规定的，以扰乱公共场所秩序、聚众扰乱公共场所秩序或者强行进入大型活动场所内、在大型活动场所内展示侮辱性物品、向大型活动场所内投掷杂物依法予以治安管理处罚；聚众扰乱公共场所秩序，抗拒、阻碍国家治安管理工作人员依法执行职务，情节严重，符合《刑法》第291条规定的，对首要分子以聚众扰乱公共场所秩序罪追究刑事责任。

22. 妨碍交通工具正常行驶

在信访接待场所、其他国家机关门前或者交通通道上堵塞、阻断交通或者非法聚集，影响交通工具正常行驶，符合《治安管理处罚法》第23条第1款第4项、第2款规定的，以妨碍交通工具正常行驶、聚众妨碍交通工具正常行驶依法予以治安管理处罚；符合《刑法》第291条规定的，对首要分子以聚众扰乱交通秩序罪追究刑事责任。

23. 扰乱涉外场所公共秩序

在外国使领馆区、国际组织驻华机构所在地实施静坐，张贴、散发材料，呼喊口号，打横幅，穿着状衣、出示状纸等行为或者非法聚集的，应当立即制止，根据《人民警察法》第8条的规定，迅速带离现场，并收缴相关材料和横幅、状纸、状衣等物品；符合《治安管理处罚法》第23条第1款第1项、第2款规定的，以扰乱公共场所秩序、聚众扰乱公共场所秩序依法予以治安管理处罚；符合《刑法》第290条第1款规定的，对首要分子和其他积极参加者以聚众扰乱社会秩序罪追究刑事责任。

24. 非法集会游行示威

煽动、策划非法集会、游行、示威，不听劝阻，符合《治安管理处罚法》第55条规定的，以煽动、策划非法集会、游行、示威依法予以治安管理处罚；举行集会、游行、示威活动未经主管机关许可，未按照主管机关许可的目的、方式、标语、口号、起止时间、地点、路线进行，或者在进行中出现危害公共安全、破坏社会秩序情形的，根据《集会游行示威法》第27条规定予以制止、命令解散；不听制止，拒不解散的，依法强行驱散、强行带离现场或者立即予以拘留；符合《集会游行示威法》第28条规定的，对其负责人和直接责任人员依法予以警告或者拘留；拒不服从解散命令，符合《刑法》第296条规定的，对负责人和直接责任人员，以非法集会、游行、示威罪追究刑事责任。集会游行示威过程中实施其他违法犯罪行为的，依法追究法律责任。

25. 以自伤等方式扰乱单位秩序

实施跳河、跳楼、跳桥，攀爬建筑物、铁塔、烟囱、树木，或者其他自伤、自残、自杀行为，制造社会影响的，应当积极组织解救；符合《治安管理处罚法》第23条第1款第1项、第2项规定的，以扰乱单位秩序、扰乱公共场所秩序依法予以治安管理处罚；符合《刑法》第290条第1款规定的，对首要分子和其他积极参加者以聚众扰乱社会秩序罪追究刑事责任；符合《刑法》第291条规定的，对首要分子以聚众扰乱公共场所秩序罪追究刑事责任。

26. 乘坐公共交通工具拒不按照规定购票

乘坐公共交通工具拒不按照规定购票，或者采取其他方式无理取闹，符合《治安管理处罚法》第23条第1款第3项规定的，以扰乱公共交通工具上的秩序依法予以治安管理处罚。

27. 以虚构事实扰乱公共秩序

散布谣言，谎报险情、疫情、警情，投放虚假的爆炸性、毒害性、放射性、腐蚀性物质或者传染病病原体等危险物质，扬言实施放火、爆炸、投放危险物质，制造社会影响、扰乱公共秩序，符合《治安管理处罚法》第25条规定的，以虚构事实扰乱公共秩序、投放虚假危险物质扰乱公共秩序、扬言实施放火、爆炸、投放危险物质扰乱公共秩序依法予以治安管理处罚；符合

《刑法》第291条之一规定的，以投放虚假危险物质罪，编造、故意传播虚假恐怖信息罪追究刑事责任。

28. 阻碍国家机关工作人员执行职务

阻碍国家机关工作人员依法执行职务，强行冲闯公安机关设置的警戒带、警戒区，或者阻碍执行紧急任务的消防车、救护车、工程抢险车、警车等车辆通行，符合《治安管理处罚法》第50条第1款第2项、第3项、第4项规定的，以阻碍执行职务、阻碍特种车辆通行、冲闯警戒带、警戒区依法予以治安管理处罚；阻碍人民警察依法执行职务的，从重处罚；使用暴力、威胁方法阻碍国家机关工作人员依法执行职务，符合《刑法》第277条规定的，以妨害公务罪追究刑事责任。

29. 任意损毁占用他人财物

任意损毁、占用信访接待场所、国家机关或者他人财物，符合《治安管理处罚法》第26条第3项规定的，以寻衅滋事依法予以治安管理处罚；符合《刑法》第293条规定的，以寻衅滋事罪追究刑事责任。

30. 煽动群众暴力抗法

煽动群众暴力抗拒国家法律、行政法规实施，符合《刑法》第278条规定的，以煽动暴力抗拒法律实施罪追究刑事责任。

31. 通过网络散播虚假消息

通过网站、论坛、博客、微博、微信等制作、复制、传播有关信访事项的虚假消息，煽动、组织、策划非法聚集、游行、示威活动，编造险情、疫情、警情，扬言实施爆炸、放火、投放危险物质或者自伤、自残、自杀等，符合《计算机信息网络国际联网安全保护管理办法》第20条规定的，依法予以警告、罚款或者其他处罚；符合《治安管理处罚法》《刑法》有关规定的，依法追究法律责任。在收集、固定证据后，要依法及时删除网上的有害信息。

32. 其他违法犯罪行为

在信访活动中或者以信访为名，实施本指导意见所列以外其他违法犯罪行为的，依照有关法律、法规的规定予以处置。教唆、胁迫、诱骗他人实施相关违法犯罪行为的，按照其教唆、胁迫、诱骗的行为处罚。

《刑法》第100条第1款规定："依法受过刑事处罚的人，在入伍、就业的时候，应当如实向有关单位报告自己曾受过刑事处罚，不得隐瞒。"这是我国在《刑法》中设置的前科报告制度。以下是笔者通过网络汇总的曾受过刑事处罚的人及其子女，不得从事的行业：①公务员；②法官、法院书记员；③人民陪审员；④检察官；⑤人民监督员；⑥警察；⑦律师；⑧基层法律服务人员；⑨公证员；⑩司法鉴定人员；⑪外交人员；⑫交通运输行政执法人员；⑬行政执法人员；⑭教师；⑮幼儿园工作人员；⑯执业医师；⑰广播电视编辑记者、播音员主持人；⑱会计；⑲注册会计师；⑳期货从业人员；㉑证券公司风险处置工作人员；㉒企业破产管理人；㉓保险精算师；㉔保险经纪机构高级管理人员；㉕保险营销员；㉖拍卖师；㉗典当行业从业人员；㉘直销工作人员；㉙专利代理人；㉚证券从业人员；㉛证券、期货投资咨询从业人员；㉜导游；㉝公司董事、监事、经理；㉞基金会董事长、副董事长、秘书长；㉟民用保障物品的生产、销售、购买、运输和爆破人员；㊱注册建造师；㊲注册安全工程师；㊳注册测绘师；㊴公安安全技术防范产品的生产和销售人员；㊵人工影响天气作业人员；㊶锁具修理经营者；㊷特种行业和公共场所保安人员；㊸保安；㊹房地产中介服务人员；㊺土地估价师；㊻生产经营单位负责人。

第四节　中央政法委三个涉访文件（摘要）

针对信访程序中央政法委印发了《关于建立涉法涉诉信访事项导入法律程序工作机制的意见》《关于建立涉法涉诉信访执法错误纠正和瑕疵补正机制的指导意见》《关于健全涉法、涉诉信访依法终结制度的实施意见》，文件主要针对群众反映最强烈的制约涉法涉诉信访改革中突出的三大难题：一是入口不顺，二是法律程序"空转"，三是出口不畅。以下为内容摘要：

（一）中央政法委《关于建立涉法涉诉信访事项导入法律程序工作机制的意见》

1. 实行诉讼与信访分离

（1）涉法涉诉信访统一由政法机关依法按程序办理。各级政法机关要积极配合党委、人大、政府等信访部门做好涉法涉诉信访与普通信访分流工作，引导涉法涉诉信访群众依法按程序向政府机关反映问题。对党委、人大、政府信访部门按规定转交的涉法涉诉信访事项，同级政法机关应当及时接收，依法处理。

（2）畅通和拓宽涉法涉诉信访渠道。各级政法机关对不属于本单位管辖的信访事项，要详细解释相关法律规定，告知信访人向有管辖权的部门或层级反映问题，或者将信访材料转交相关部门处理。努力减少进京访、越级访、非正常访。

（3）准确区分涉法涉诉信访事项的诉与访。对符合法律法规规定，属于政法机关管辖的信访事项，可以通过司法程序或相关法定救济途径解决的，作为诉类事项办理；对不能通过司法程序或法定救济途径解决的信访事项，以及公安、司法行政机关应当依照《信访条例》处理的信访事项，作为访类事项办理。各单位要按照《刑事诉讼法》《民事诉讼法》《行政诉讼法》《行政复议法》《国家赔偿法》及其他相关法律法规，进一步明确诉与访的甄别标准和区分界限，细化受理范围和条件。

（4）认真做好诉与访的审查分流工作。准确把握信访问题的性质和类别，一般应在 15 日内解决是否受理，并及时答复信访人；不予受理的应进行解释说明。要全面审查原案件实体和程序是否存在问题，符合法定立案条件的，及时导入相应法律程序办理；不符合法定立案条件的，应当书面答复信访人并讲清法律依据和理由。除法律有明确规定外，涉法涉诉信访事项审查、立案一般应在 3 个月内完成。

2. 将诉类事项导入相应法律程序办理

（1）导入审判机关诉讼程序。对政法机关办理的国家赔偿案件不服；对公安机关、司法行政机关办理的行政复议案件不服；对公安机关就火灾、交通事故等已作出责任认定，或者是对违法行为造成的损害赔偿纠纷调解不成，要求获得民事赔偿；对人民法院生效判决、裁定、决定及调解书不服等，向人民法院提出赔偿申请、起诉、申请再审、申诉、申请执行、申请复议，符合法定受理条件的，以及其他应当导入审判机关诉讼程序办理的，人民法院应当依法受理。

（2）导入检察机关法律监督程序。不服公安机关刑事处理决定以及对侦查活动违法行为的申诉或控告处理决定，不服人民法院生效裁判、调解书、国家赔偿决定，以及在民事执行、行政执行、刑罚执行活动中存在违法情形等，请求检察机关进行法律监督，依法属于检察机关管辖的，处理群众举报线索久拖不决或未查处、未答复，请求检察机关进行国家赔偿等，符合法定受理条件的，以及其他依法应当导入检察机关法律监督程序办理的，检察机关应当依法受理。

（3）导入公安机关、司法行政机关法律程序。对公安机关正在办理的刑事案件，就办案程序提出复议、复核；反映公安机关违法侦查活动或违法采取刑事强制措施，向公安机关申诉、控告；对公安机关、司法行政机关行政处罚、行政许可、行政强制措施等具体行为不服，申请行政复议；对公安机关火灾、交通事故认定及委托鉴定等不服，要求公安机关复核或重新鉴定；对公安机关、司法行政机关及民警违法行使职权，造成损害，要求取得国家赔偿等，符合法定受理条件的，以及其他依法应当导入公安机关、司法行政机关法定程序办理的，公安机关、司法行政机关应当依法受理。

（4）依法公正办理诉类事项。政法各单位落实首办责任，不得拖力缓办，不得在法律程序中"空转"，确保公正处理，按期办结。经审理、复议、复核，原案件办理没有问题的，依法维持原结论。存在执法差错的，依法纠正错误、补正瑕疵；属于国家赔偿范围的，依照国家赔偿的有关规定办理。要做好群众工作，促使当事人息诉息访。案件办理程序、进展情况和结果，应当按照规定的期限和方式，及时告知信访人。

3. 对访类事项按照相关规定办理

（1）执行信访条例。对属于公安机关、司法行政机关不能导入司法程序解决，或者无法导入公安机关、司法行政机关法律程序解决的信访事项，依照《信访条例》和相关规定办理。

（2）加强解释疏导。人民法院、人民检察院对于依法不能导入司法程序的信访事项，做好解疑释惑和教育疏导工作。必要时由原案件承办单位，针对信访人提出的问题，就案件事实认定、处理依据等进行法律释明。符合国家司法救助条件的，及时给予救助。

（3）依法终结退出。对已经依法终结的涉法涉诉信访事项，除有法律规定的情形外，政法机关不再启动复查程序，不再作为涉法涉诉信访事项进行统计、交办、通报，但要配合地方党委和政府做好释法明理工作。

4. 做好政法机关内外的衔接配合工作

（1）加强政法机关与相关部门的协调配合。各级政法机关要加强与党委、人大、政府等信访部门对口联系，做好涉法涉诉信访事项分流、对接、移交工作。政法机关对与其他党政部门存在受理争议的信访事项、涉法涉诉信访与普通信访交织的疑难复杂事项、涉众型或涉及相关政策落实的涉法涉诉信访事项，可报请同级处理信访突出问题及群体性事件联席会议，协调相关部门，其同做好化解工作。

（2）加强政法各单位间的分工协作。各级党委政法委要建立依法处理涉法涉诉信访问题会商机制。对同一涉法涉诉信访事项，两个以上政法单位都有管辖权的，信访接待单位应当依照职权分别审查受理，并将受理情况及时通知其他有管辖权的政法单位；对同一信访人提出多个诉求，分别属于不同政法单位管辖的，有管辖权的单位应分别审查办理；对跨地区有涉法涉诉信访事项，由共同的上级单位协调办理；对涉法涉诉信访事项管辖权存在争议且协商不一致的，报请各自的上级政法单位协调，或者提请同级党委政法委牵头协商解决。

（3）加强政法各单位内部信访处理工作的衔接。政法各单位要按照责任明晰、配合有力、流转顺畅的要求，加强各环节之间的衔接配合，加快案件流转，防止形成积压。信访部门及时移送、立案部门细致审查、及时导入法律程序，案件承办部门查清问题、依法公正处理，案件管理部门全程监控、提示预警，环环相扣，确保符合条件的涉法涉诉信访事项能够顺利导入法律程序办理。

（4）加强职能监督和督导检查。要充分发挥审判监督、法律监督、警务监督、狱务监督作用，及时发现和纠正涉法涉诉信访工作中有访不理、有案不立、有错不纠等问题。对重大疑难复杂、久拖不决的信访事项，要采取案件评查、公开听证、提级办理、异地办理等方式，查清问题，依法公正处理。对检察机关提出抗诉、检察建议、纠正违法通知的案件，原办案机关应认真落实受理、办理、反馈机制，确保执法错误和瑕疵在程序内得到依法解决。上级机关发现下级机关涉法涉诉信访事项受理、立案存在错误的，应当指导或责令下级机关依法纠正。对群众反映突出的立案难、申诉难、执行难等问题，各级党委政法委要会同政法各单位，采取执法检查、专项督查等方式，组织开展专项治理。要严格责任查究，对敷衍搪塞信访群众，不依法及时受理、不按期办结，造成案件积压，形成新的重复访、越级访、非正常访的，引发极端事件或重大群体性事件的，以及对存在执法错误和瑕疵拒不依法纠正、补正的，依纪依法追究相关办案人员和领导责任。

（二）中央政法委《关于建立涉法涉诉信访执法错误纠正和瑕疵补正机制的指导意见》

（1）依法纠正错误、补正瑕疵，防止程序空转。凡是有错误的案件必须依法纠正，凡是有瑕疵的案件都要给当事人一个说法，让当事人感受到依法按程序就能公正解决问题。

（2）要以过硬的措施，确保执法错误依法得到公正解决。大力推行信访办理回避制度，需要依法复查、再审的信访事项，实行原办案人员回避；可能存在执法错误或瑕疵，经多次复查仍未解决的信访事项，要实行异地审查；上级发回重新处理，仍未能解决的，可实行提级审查。要严格落实倒查问责制，对存在执法错误、瑕疵，久拖不决的，不仅要倒查原办案单位、办案干警的责任，也要倒查信访办理部门和干警的责任。

（3）要以规范的救济手段，妥善弥补瑕疵。对每一个执法瑕疵，都要向当事人耐心说明瑕疵问题不影响案件处理结果的理由和依据，通过释法析理，努力消除当事人误解。对文书制作疏漏、事实表述不准、法条引用失误等方面的瑕疵，要通过裁定、决定等方式依法予以补正。对办案程序不严格、证据收集不规范，以及对待当事人冷硬横推、简单粗暴等态度作风问题，无法恢复原状的，应当向当事人作出合理解释，争取谅解。对常见多发的、当事人反映强烈的问题要组织开展专项治理，建立长效防范机制。

（4）要以办理过程的公开，提高依法纠错的效果。既要依法公开执法办案的依据、流程、结果和裁判文书，也要依法公开信访事项的处理情况，方便群众监督，以公开促公正。对问题已经依法公正解决，仍缠访缠诉的，要把政法机关的处理情况和当事人的诉求公之于众，以公开促息诉。对当事人反映问题已经依法按程序处理完毕，合理诉求已经依法按政策公正处理，除有法律规定的情形外，对该信访事项依法终结，不再启动复查程序。

（三）中央政法委《关于健全涉法涉诉信访依法终结制度的实施意见》

1. 执法监督存在的主要问题

（1）执法监督方式趋于被动性。

（2）执法监督措施不够规范。在监督来源上，案件协调工作中有时受理以单位党组名义提请的协调，有时接受以单位名义提请的协调；在具体形式上，案件指导工作中有时采用普通信函，有时采取口头方式；在监督结果处理上，指导协调的结论有时以审批表的形式下发，有时以决定的形式下发。如此种种，导致执法监督措施不够规范。

（3）执法监督效果不理想。监督制度和形式往往是走过场流于形式，检查组听汇报，没有深入了解情况，监督效果不佳。

2. 执法监督出现问题的主要原因

①思想上认识不足；②规范性制度不完善；③协管干部权力缺乏刚性；④与其他监督力量没有形成合力。

（四）执法监督过程中存在问题的解决对策

①端正执法监督思想。②终结应当依法有据。政法各单位涉及诉讼的信访事项，依据《刑事诉讼法》《民事诉讼法》《行政诉讼法》等法律和相关政策规定进行终结。公安司法行政机关非诉讼信访事项，依据《信访条例》及相关法律政策进行终结。③慎用终结手段。对当事人诉求尚有法律救济渠道的，应当引导其依法行使权利，一般不宜终结。因刑事案件失去破案条件、民事案件无财产可供执行等造成信访人生活严重困难的信访事项，原则上不予终结，重点是做好对信访人的救助帮扶和教育疏导工作。④以终结促息诉息访。⑤法律问题解决到位。⑥执法责任追究到位。对执法办案过程中因故意或过失造成执法错误，或有其他违纪违法行为的，已经依纪依法作出相应处理。⑦解释疏导教育到位。从法理、道理、情理等方面对涉法涉诉信访人进行了耐心细致的解释说明、思想疏导。⑧司法救助到位。涉法涉诉信访人生活困难，符合救助规定的给予必要的救助帮扶。⑨依法终结的责任主体是中央政法单位和省级政法单位。不服省级及省级以下政法单位生效法律结论的，一般由省级政法单位审查终结；不服中央政法单位生效法律结论的，由中央政法单位审查终结。经中央政法单位复查，维持地方政法单位生效法律结论的，根据需要，可由省级政法单位终结；不服省级政法单位生效法律结论的重大疑难事项，可报中央政法单位终结。⑩涉及诉讼监督的事项可由原办案单位按程序终结。信访人向原办案单位缠访缠诉的，由原办案单位按程序申报终结；信访人向检察机关缠访缠诉的，检察机关可根据案件情况建议原办案单位按程序申报终结，并附检察机关审查意见。⑪复查听证。对反复缠访闹访、社会影响大的信访事项，应当组织公开听证，提高处理决定的公信度。⑫终结申报。由申报单位审判委员会、检察委员会、厅（局）务会集体研究决定申报终结的，逐级报省级政法单位审批。⑬审查决定。中央和省级政法单位明确责任部门，负责对下级申报终结或本级直接启动终结程序的信访事项进行审查。提出重新复查或纠正意见，予以退回。审查决定应在收到申报材料后 2 个月内作出。⑭终结备案。省级政法单位决定终结的事项，应在作出终结决定后 10 个工作日内报中央政法单位备案。中央政法单位发现

报备事项不符合要求的，应当通知报备单位及时改正。⑮终结告知。终结告知书一般应在有关信访接待场所公布。对违法闹访，扰乱公共秩序、妨害公共安全的，公安、司法机关应当依法及时处理。⑯加强督促指导。⑰搞好统筹协调。⑱严肃查究责任。对终结工作中不严格按照标准和程序，随意终结，导致定性、处理错误或其他严重后果的，由本级或上级政法机关依纪依法严肃追究相关部门和人员责任；对问题突出的地方和单位，予以通报并责令整改。对已经终结的信访事项，不认真落实教育疏导，造成极端事件的，报请当地党委和政府，追究相关部门和人员责任。

与公民有关的《刑法》规定

第一节 《刑法》简介

《刑法》于 1979 年 7 月 1 日通过，1997 年 3 月 14 日修订，2009 年 8 月 27 日修正。截至目前我国已通过了 11 部刑法修正案。

第二节 《刑法》疑难问答

1. 当生命健康受到威胁时，暴力反击属于正当防卫吗？

【答】2018 年 12 月 19 日，最高人民检察院印发第十二批指导性案例，涉及的 4 个案例均为正当防卫或者防卫过当案件。"昆山龙哥被反杀案"涉及正当防卫问题，社会关注度非常高。最高人民检察院下发的第十二批指导性案例分别是陈某正当防卫案（检例第 45 号）、朱凤山故意伤害（防卫过当）案（检例第 46 号）、于海明正当防卫案（检例第 47 号）、侯秋雨正当防卫案（检例第 48 号）。最高人民检察院发布第十二批指导性案例，专门阐释正当防卫的界限和把握标准，进一步明确了对正当防卫权的保护，积极解决正当防卫适用中存在的突出问题，为检察机关的司法办案提供参考。

2. 自卫者如何以暴力方式行使防卫权？

【答】最高人民检察院下发的第十二批指导性案例新的解释原则是，不以结果论防卫是否过当，而是以暴力手段论，只要暴力手段对等就可以认定正当防卫。如果肇事者拿刀砍人，处于危险境地的自卫者可以拿刀砍回去。即便对方逃跑，自卫者如果判断自己不安全也可以继续追砍。直到行凶者远离现场或完全不能对受害者构成威胁，正当防卫的合理性才算解除。只要加害方表现出行凶的可能性，受害方就可以按照已经行凶进行防卫。最高人民检察院副检察长孙谦指出，激活防卫制度可以警示恶意滋事者，让公民敢于行使正当防卫权，保证公民面对凶残暴徒时无须缩手缩脚。同时，充分行使正当防卫权不等于"以暴制暴"而是"以正制不正"，所以在发生社会矛盾时，滥用武力不是正当防卫。

3. 虚拟网络平台涉嫌欺诈需要承担哪些法律责任？

【答】诈骗罪是指以非法占有为目的，用虚构事实或者隐瞒真相的方法，骗取数额较大的公私财物的行为所构成的犯罪。《刑法》第 266 条规定，诈骗公私财物，数额较大的，处 3 年以下有期徒刑、拘役或者管制，并处或者单处罚金；数额巨大或者有其他严重情节的，处 3 年以上 10 年以下有期徒刑，并处罚金；数额特别巨大或者有其他特别严重情节的，处 10 年以上有期徒刑或者无期徒刑，并处罚金或者没收财产。《刑事诉讼法》第 50 条规定，可以用于证明案件事实的材料，都是证据。证据包括：物证；书证；证人证言；被害人陈述；犯罪嫌疑人、被告人供述和辩解；鉴定意见；勘验、检查、辨认、侦查实验等笔录；视听资料、电子数据。证据必须经过查证属实，才能作为定案的根据。如果网络平台发起人涉嫌诈骗，受害人需要取证，提交检察机关起诉，没有证据检察机关无法立案起诉。《人民检察院刑事诉讼规则》第 368 条规定，具有下列情形之一，不能确定犯罪嫌疑人构成犯罪和需要追究刑事责任的，属于证据不足，不符合起诉条件：①犯罪构成要件事实缺乏必要的证据予以证明的；②据以定罪的证据存在疑问，无法查证属实的；③据以定罪的证据之间、证据与案件事实之间的矛盾不能合理排除的；④根据证据得出的结论具有其他可能性，不能排除合理怀疑的；⑤根据证据认定案件事实不符合逻辑和经验法则，得出的结论明显不符合常理的。

4. 一般诈骗罪的立案起点金额是多少？

【答】法律规定，诈骗犯罪超过 2000 元以上可以按治安案件处理。诈骗金额 3000 元以上属于数额较大，可以刑事立案；个人诈骗公私财物 30 000 元以上的，属于数额巨大；个人诈骗公私财物 200 000 万元以上的，属于诈骗数额特别巨大，均可立案。不过，在实践中，南方经济发达地区的起点高于法律规定。

5. 信用卡诈骗罪的起点金额是多少？

【答】恶意透支信用卡 10 000 元以上，持卡人以非法占有为目的，并且经发卡银行两次催收后超过 3 个月仍不归还的，以信用卡诈骗罪追究刑事责任。《刑法》第 196 条第 1 款规定，有下列情形之一，进行信用卡诈骗活动，数额较大的，处 5 年以下有期徒刑或者拘役，并处 20 000 元以上 200 000 元以下罚金；数额巨大或者有其他严重情节的，处 5 年以上 10 年以下有期徒刑，并处 50 000 元以上 500 000 元以下罚金；数额特别巨大或者有其他特别严重情节的，处 10 年以上有期徒刑或者无期徒刑，并处 50 000 元以上 500 000 元以下罚金或者没收财产：①使用伪造的信用卡，或者使用以虚假的身份证明骗领的信用卡的；②使用作废的信用卡的；③冒用他人信用卡的；④恶意透支的。恶意透支数额在 10 000 元以上不满 100 000 元的，应当认定为《刑法》第 196 条规定的"数额较大"；数额在 100 000 元以上不满 1 000 000 元的，应当认定为《刑法》第 196 条规定的"数额巨大"；数额在 1 000 000 元以上的，应当认定为《刑法》第 196 条规定的"数额特别巨大"。

6. 刑事案件如何使用简易程序？

【答】对所有基层法院管辖的案件，如果案件事实清楚、证据充分，被告人认罪且对适用简易程序没有异议的，要依法适用简易程序进行审判，对可能判处 3 年有期徒刑以下刑罚的，一般应由审判员一人独任审判，特殊案件、确有必要的，可与人民陪审员或者审判员组成合议庭进行审判，以确保简单案件尽可能得到高效处理。最高人民法院《关于适用〈中华人民共和国刑事诉讼法〉的解释》第 359 条规定，基层人民法院受理公诉案件后，经审查认为案件事实清楚、证据充分的，在将起诉书副本送达被告人时，应当询问被告人对指控的犯罪事实的意见，告知其适用简易程序的法律规定。被告人对指控的犯罪事实没有异议并同意适用简易程序的，可以决定适用简易程序，并在开庭前通知人民检察院和辩护人。对人民检察院建议或者被告人及其辩护人申请适用简易程序审理的案件，依照前款规定处理；不符合简易程序适用条件的，应当通知人民检察院或者被告人及其辩护人。

7. 哪些刑事案件不适合简易程序？

【答】《刑事诉讼法》第 215 条规定，有下列情形之一的，不适用简易程序：①被告人是盲、聋、哑人，或者是尚未完全丧失辨认或者控制自己行为能力的精神病人的；②有重大社会影响的；③共同犯罪案件中部分被告人不认罪或者对适用简易程序有异议的；④其他不宜适用简易程序审理的。

8. 单位犯罪案件没有诉讼代表人出庭如何处理？

【答】最高人民法院《关于适用〈中华人民共和国刑事诉讼法〉的解释》第337条规定，开庭审理单位犯罪案件，应当通知被告单位的诉讼代表人出庭；诉讼代表人不符合前条规定的，应当要求人民检察院另行确定。被告单位的诉讼代表人不出庭的，应当按照下列情形分别处理：①诉讼代表人系被告单位的法定代表人、实际控制人或者主要负责人，无正当理由拒不出庭的，可以拘传其到庭；因客观原因无法出庭，或者下落不明的，应当要求人民检察院另行确定诉讼代表人；②诉讼代表人系其他人员的，应当要求人民检察院另行确定诉讼代表人。

最高人民法院《关于适用〈中华人民共和国刑事诉讼法〉的解释》第340条规定，对应当认定为单位犯罪的案件，人民检察院只作为自然人犯罪起诉的，人民法院应当建议人民检察院对犯罪单位追加起诉。人民检察院仍以自然人犯罪起诉的，人民法院应当依法审理，按照单位犯罪直接负责的主管人员或者其他直接责任人员追究刑事责任，并援引刑法分则关于追究单位犯罪中直接负责的主管人员和其他直接责任人员刑事责任的条款。

9. 单位被注销、破产、重组等的情况如何实施刑事追责？

【答】最高人民法院《关于适用〈中华人民共和国刑事诉讼法〉的解释》第344条规定，审判期间，被告单位被吊销营业执照、宣告破产但尚未完成清算、注销登记的，应当继续审理；被告单位被撤销、注销的，对单位犯罪直接负责的主管人员和其他直接责任人员应当继续审理。第345条规定，审判期间，被告单位合并、分立的，应当将原单位列为被告单位，并注明合并、分立情况。对被告单位所判处的罚金以其在新单位的财产及收益为限。

10. 单位犯罪的相关财产如何处理？

【答】最高人民法院《关于适用〈中华人民共和国刑事诉讼法〉的解释》第341条规定，被告单位的违法所得及其他涉案财物，尚未被依法追缴或者查封、扣押、冻结的，人民法院应当决定追缴或者查封、扣押、冻结。第342条规定，为保证判决的执行，人民法院可以先行查封、扣押、冻结被告单位的财产，或者由被告单位提出担保。

11. 刑事附带民事诉讼上诉案件如何处理？

【答】最高人民法院《关于适用〈中华人民共和国刑事诉讼法〉的解释》第409条规定，第二审人民法院审理对附带民事部分提出上诉，刑事部分已经发生法律效力的案件，应当对全案进行审查，并按照下列情形分别处理：①第一审判决的刑事部分并无不当的，只需就附带民事部分作出处理；②第一审判决的刑事部分确有错误的，依照审判监督程序对刑事部分进行再审，并将附带民事部分与刑事部分一并审理。第408条规定，刑事附带民事诉讼案件，只有附带民事诉讼当事人及其法定代理人上诉的，第一审刑事部分的判决在上诉期满后即发生法律效力。应当送监执行的第一审刑事被告人是第二审附带民事诉讼被告人的，在第二审附带民事诉讼案件审结前，可暂缓送监执行。

12. 哪些案件在二审时需要开庭审理？

【答】最高人民法院《关于适用〈中华人民共和国刑事诉讼法〉的解释》第393条规定，下列案件，根据《刑事诉讼法》第234条的规定，应当开庭审理：①被告人、自诉人及其法定代理人对第一审认定的事实、证据提出异议，可能影响定罪量刑的上诉案件；②被告人被判处死刑的上诉案件；③人民检察院抗诉的案件；④应当开庭审理的其他案件。被判处死刑的被告人没有上诉，同案的其他被告人上诉的案件，第二审人民法院应当开庭审理。

13. 二审时检察院查阅案卷的时间是否计入审理期限？

【答】最高人民法院《关于适用〈中华人民共和国刑事诉讼法〉的解释》第396条规定，开庭审理第二审公诉案件，应当在决定开庭审理后及时通知人民检察院查阅案卷。自通知后的第二日起，人民检察院查阅案卷的时间不计入审理期限。

14. 是否有二审不得加重被告人刑罚的规定？

【答】最高人民法院《关于适用〈中华人民共和国刑事诉讼法〉的解释》第401条规定，审理被告人或者其法定代理人、辩护人、近亲属提出上诉的案件，不得对被告人的刑罚作出实质不利的改判，并应当执行下列规定：（一）同案审理的案件，只有部分被告人上诉的，既不得加重上诉人的刑罚，也不得加重其他同案被告人的刑罚；……第402条规定，人民检察院只对部分被告人的判决提出抗诉，或者自诉人只对部分被告人的判决提出上诉的，第二审人民法院不得对其他同案被告人加重刑罚。

15. 二审法院改判罪名是否可以违反上诉不加刑原则？

【答】最高人民法院《关于适用〈中华人民共和国刑事诉讼法〉的解释》第401条规定："审理被告人或者其法定代理人、辩护人、近亲属提出上诉的案件，不得对被告人的刑罚作出实质不利的改判，并应当执行下列规定：……（二）原判认定的罪名不当的，可以改变罪名，但不得加重刑罚或对刑罚执行产生不利影响……"

16. 为何要确保死刑案件的审判质量？

【答】二审法院应当及时查明被判处死刑立即执行的被告人是否委托了辩护人。没有委托辩护人的，应告知被告人可以自行委托辩护人或通知法律援助机构指定的律师为其提供辩护。法院应当通知检察院、被告人及其辩护人在开庭5日以前提供出庭作证的证人、鉴定人名单，在开庭3日以前送达传唤当事人的传票和通知辩护人、证人、鉴定人、翻译人员的通知书。死刑二审审理应依照法律和有关规定实行开庭审理。法院必须在开庭10日以前通知检察院查阅案卷。同级检察院应当按照法院通知的时间派员出庭。第二审法院作出判决、裁定后，当庭宣告的，应当在5日以内将判决书或者裁定书送达当事人、辩护人和同级检察院；定期宣告的，应当在宣告后立即送达。

17. 二审上诉的期间如何计算？

【答】当事人对一审法院作出的判决、裁定不服的，均可在上诉期限内向上一级法院提出上诉。上诉期限的计算，是从判决书或裁定书送达当事人的次日起计算。来信所述按照普通程序审理并当庭宣告判决的一审案件，如果当庭送达判决书、裁定书，上诉期限应从第二日起计算；庭后送达的，上诉期限从送达之次日起计算。由此可见，上诉期限的起算是以判决书或裁定书的送达或接到为准。

18. 被害人为何没有抗诉请求权？

【答】最高人民法院认为：注意维护被害人的抗诉请求权。被害人没有上诉、抗诉权，但有权请求人民检察院提出抗诉。被害人及其法定代理人不服地方各级法院第一审的判决的，自收到判决书后5日以内，有权请求检察院提出抗诉。检察院自收到被害人及其法定代理人的请求后5日以内，应当作出是否抗诉的决定并且答复请求人。

19. 抗诉的检察官超出抗诉书范围如何处理？

【答】二审法院可以依据《刑事诉讼法》有关规定的精神，对于出庭检察人员超出抗诉书范围当庭发表的新的不利于被告人的抗诉主张，法庭应不予采纳。所谓超出抗诉书范围，主要指当庭提出的与抗诉书所载抗诉主张不一致的即新的抗诉主张，如更换罪名或追加、减少罪名或新的量刑主张。有时，出庭检察人员当庭发表的新的抗诉主张可能会更有利于被告人，即使这样，二审法院一般也不宜作为抗诉意见直接采纳。在不影响被告人辩护权的前提下，法院对于检察人员当庭发表的正确意见也可以"采纳"，但这种"采纳"不是对抗诉意见的采纳，而仅仅是对一种正确意见的吸收。如出席二审法庭的检察人员仅仅是对抗诉书所载的抗诉理由进行补充或对不妥当之处进行修改，未提出新的抗诉主张，则不属于超越抗诉书范围。

20. 原审法院发现漏定处罚情节如何处理？

【答】原审法院在审理过程中已经发现但漏定的从重处罚情节，不属于法律规定的原判决事实不清或者证据不足的情况，第二审法院依法不得以之为由发回重审。如果案件中同时存在事实不清或者证据不足等问题，第二审法院将案件发回重审的，根据《刑事诉讼法》第237条第1款的规定，除有新的犯罪事实，人民检察院补充起诉的以外，原审法院不得以一审漏定从重处罚情节为由加重被告人的刑罚。如果确有必要纠正的，由第二审法院提起再审程序，可以指令原审法院重新审判，把漏定的从重处罚情节补上，依法重新定罪量刑。

21. 刑事案件可以发回重审多少次？

【答】《刑事诉讼法》第236条第2款规定，原审人民法院对于依前款第3项规定发回重新审判的案件作出判决后，被告人提出上诉或者人民检察院提出抗诉的，第二审法院应当依法作出判决或者裁定，不得再发回原审人民法院重审审判。限制发回重审的次数，就是为了解决实践中存在的因多次发回审审而导致案件久拖不决、被告人长期羁押、司法公信和权威受损等问题。

22. 什么情况下二审会宣告无罪？

【答】二审法院经审理认定检察机关指控被告人犯罪的证据不足的案件，根据《刑事诉讼法》第236条第1款第（三）项："原判决事实不清楚或者证据不足的，可以在查清事实后改判，也可以裁定撤销原判，发回原审人民法院重新审判。"可以在查清事实的基础上改判，也可撤销原判，发回原审法院重审。但如果案件经过检察机关和一审法院做了反复补查，仍未取得能够排除认定被告人构成犯罪的证据。说明案件事实已经查清，只是根据已查清的事实认定被告人的行为是否构成犯罪。如认定被告人的行为构成犯罪，必须有足够的证据能够认定；如果控方没有提供有罪证据，属于证据不足，指控的犯罪不能成立。在这种情况下，发回原审法院，由检察机关撤回起诉，补充侦查已无可能，故没有必要撤销原判，发回重审。

23. 二审期间被告人退赃是否构成从轻处罚情节？

【答】被告人在一审期间拒不退赃，二审期间退清全部赃款，并被二审法院依法予以收缴的，如一审判决以退赃问题作为从重处罚的情节之一，对被告人判处刑罚的，二审期间可根据被告人的退赃表现并结合案件的其他情况，对被告人酌情予以从轻处罚。

24. 如何理解刑事再审制度与一事不再理原则？

【答】刑事"一事不再理"原则的基本含义是指对实质上的同一罪行，法院已作出实体的生效裁判或有关实体的程序性裁判，不得再次起诉、审判、定罪与科刑。法院的裁判经过诉辩对抗、法官居中裁判等一系列程序，其结论通常来说是正确的。但也可能由于各种原因，导致法院的裁判在事实上或法律上存有错误。对那些错误的生效裁判，以维护司法权威和既判力为借口来抵制依法纠错，只会损害司法权威。因此，在确立"一事不再理"原则的同时也规定了再审制度。

25. 审判监督程序的审理期限有何规定？

【答】《刑事诉讼法》第258条第1款规定："人民法院按照审判监督程序重新审判的案件，应当在作出提审、再审决定之日起三个月以内审结，需要延长期限的，不得超过六个月。"

26. 人民法院如何启动审判监督程序？

【答】启动审判监督程序要做如下多项庭前准备工作：①确定合议庭的组成人员，将再审决定书、申诉书副本至迟在开庭30日前，重大、疑难案件至迟在开庭60日前送达同级检察院，并通知其查阅案卷和准备出庭。②将再审决定书或抗诉书副本至迟在开庭30日前送达原审被告人，告知其可以委托辩护人或依法通知法律援助机构为其指派律师担任辩护人。③至迟在开庭15日前，重大、疑难案件至迟在开庭60日前，通知辩护人查阅案卷和准备出庭。④将开庭的时间、地点在开庭7日前通知检察院，并通知诉讼参与人。⑤传唤当事人，通知辩护人、诉讼代理人、证人、鉴定人和翻译人员，传票和通知书至迟在开庭 7 日前送达。⑥公开审判的案件，在开庭 7 日前先期公布案由、原审被告人姓名、开庭时间和地点。⑦法院决定再审或受理抗诉书后，原审上诉人正在服刑的，法院依据再审决定书或抗诉书及提押票等文书办理提押。⑧如原审上诉人在押，再审可能改判宣告无罪的，法院可以裁定中止原判决、裁定的执行，改采取保候审措施。⑨开庭审理前，合议庭应当核实原审上诉人何时因何案被人民法院依法裁判，在服刑中有无重新犯罪，有无减刑、假释，何时刑满释放等情形。⑩控辩双方收到再审决定书或抗诉书后，法院通知开庭之日前，可提交新的证据。开庭后，法院不再接纳新证据。法院应在开庭 30 日前通知检察院、当事人或者辩护人查阅、复制双方提交的新证据目录及新证据复印件、照片。法院应当在开庭 15 日前通知控辩双方查阅证据。

27. 在押被告人被一审法院宣告无罪能否释放？

【答】原在押的被告人被一审法院宣告无罪后应否立即释放。《刑事诉讼法》第 260 条的有关规定："第一审人民法院判决被告人无罪、免除刑事处罚的，如果被告人在押，在宣判后应当立即释放。"但是，人民法院在判决生效前，应当根据案件的具体情况，对被告人变更强制措施，办理取保候审手续。同时，应将判决书送原关押公安机关办理解除关押手续。

28. 司法认定黑恶势力的标准和依据是什么？

【答】根据警方的总结，以下是黑恶势力 29 种常见外在表现形式，群众可以识别。①佩戴夸张金银饰品炫耀的人员和以凶兽文身等彪悍、跛扈人员从事违法活动的。②态度蛮横、粗暴，随身随车携带管制刀具或棍棒。③昼伏夜出，在夜宵摊等公共场所成群结伙、惹是生非的。④社会闲散人员参与开发商征地拆迁，以摆队形、站场子等形式威胁、恐吓征地拆迁对象的。⑤控制土方、沙石、钢材等材料市场价格，存在明显不符合市场规律经营行为的。⑥在一定范围内独揽建设工程、商品供应的。⑦强行介入酒店、娱乐场所的酒水、食品等供应的。⑧在各类市场中，为争夺业务而追逐、拦截、恐吓当事人，并经常更换从业人员的。⑨在娱乐场所中存在卖淫嫖娼、赌博、吸食注射毒品情形的。⑩以接受他人委托为名讨要债务，采用贴身跟随、逗留债务人住所、短期非法拘禁等手段逼债讨债的。⑪KTV、酒吧等场所以内保人员身份在处置场所内发生纠纷时肆意侵害他人合法权益。⑫在纠纷、伤害类警情处置中，报警人称有社会闲散人员参与其中的。⑬无关人员刺探、干扰、阻挠公安机关案件办理的。⑭在外来人员聚集区域，以所谓个人影响力私下调停各类纠纷的。⑮有赌博等涉黑涉恶违法犯罪前科，且当前无固定职业或稳定经济来源、多次反复出入境的。⑯在医院、私人诊所等医疗机构接诊过程中，发现有刀伤、枪伤等可疑情形的。⑰外来人员以亲缘地缘为纽带拉帮结派，排挤他人在一定区域从事经营的。⑱以管理费、卫生费等为名，向经营业主强行摊派或收取费用的。⑲在娱乐场所中控制多名"失足人员"，频繁更换服务场所的。⑳在宾馆、浴室、KTV 等休闲娱乐场所发放小卡片，为客人提供色情服务的。㉑在广场、商场、停车场等公共场所散发、张贴追讨债务、私人调查、贷款担保等小广告的。㉒在工程建设招投标过程中，招、投标方恶意串标或投标人相互勾结进行围标的。㉓因各类纠纷引发砸玻璃窗、损毁门锁、随意喷涂、破坏监控等情形的。㉔无正当经济来源的却驾驶豪车、经常出入酒店等高档消费场所的。㉕在一定范围内多次向企事业主、经营户强行推销茶叶、红酒、礼品高附加值等商品行为的。㉖以过生日、搬家、公司开张等各种理由摆酒宴客，强行索要礼金的。㉗在酒店、娱乐场所长期挂单、强行消费的。㉘本地人员突然异常举家搬迁或下落不明的。㉙其他需要关注的异常情况。

29. 如何精准理解"上诉不加刑"？

【答】"上诉不加刑"其实是对《刑事诉讼法》第 237 条规定的简化表述，不是一些法律人误读的《刑事诉讼法》的"原则"。《刑事诉讼法》总则里没有"上诉不加刑"的说法。《刑事诉讼法》第 237 条规定："第二审人民法院审理被告人或者他的法定代理人、辩护人、近亲属上诉的案件，不得加重被告人的刑罚。第二审人民法院发回原审法院重新审判的案件，除有新的犯罪事实，人民检察院补充起诉的以外，原审人民法院也不得加重被告人的刑罚。人民检察院提出抗诉或者自诉人提出上诉的，不受前款规定的限制。"

上述法条的明确含义是：第一，只有被告人上诉的案件，二审判决绝对不可以比一审判刑重。第二，无论被告人是否上诉，人民检察院提出抗诉或者自诉人提出上诉，二审可以判得比一审重。这里的人民检察院提出抗诉和自诉人提出上诉，显然是人民检察院或者自诉人要求二审人民法院对一审被告判决更重的刑罚，因而提出的抗诉或者上诉。第三，二审人民法院发回重新审判的案件，有新的事实，并且人民检察院将其作为补充起诉的内容向人民法院提起公诉，具备这些条件，二审才可以判得比一审重。

30. 微信营销卖违法商品有什么刑事法律风险？

【答】网购营销、微信营销是近年来流行的新型营销手段和模式。如果通过这种营销形式出售违禁商品，一样会受到法律惩罚，可能构成非法经营罪，根据违法犯罪的情节轻重将被判刑。比如，不能买卖毒品、黄色书刊，发布黄色信息；不能销售"水光针""美白针""肉毒针""玻尿酸"之类的填充注射剂等美容针剂产品，假冒名牌产品、香烟、假币等。

31. 确认"违法所得"的财产范围有哪些？

【答】《刑法》第64条规定："犯罪分子违法所得的一切财物，应当予以追缴或者责令退赔；……""违法所得的一切财物"是指犯罪分子因实施犯罪活动而取得的全部财物。违法所得依其客观形态可被分为具体的财物和抽象的财产，除了普通的动产外，还包括存折、存单、信用卡、股票、债券、基金、权证、期货、其他有价证券、不动产、生产设备或其他财产等。2015年中共中央办公厅、国务院办公厅联合下发的《关于进一步规范刑事诉讼涉案财物处置工作的意见》要求，司法机关应当严格依照该规定来执行。《刑事诉讼法》第245条第3款规定："人民法院作出的判决，应当对查封、扣押、冻结的财物及其孳息作出处理。"第4款规定："人民法院作出的判决生效以后，有关机关应当根据判决对查封、扣押、冻结的财物及其孳息进行处理。对查封、扣押、冻结的赃款赃物及其孳息，除依法返还被害人的以外，一律上缴国库。""违法所得的一切财物"的范围应该仅限于该财物本身及其孳息，不包括涉案人或者涉案企业的其他财产。

32. 挪用公款的定罪起点金额是多少？

【答】根据最高人民法院《关于审理挪用公款案件具体应用法律若干问题的解释》，挪用公款归个人使用，进行非法活动的，以5000元至10 000元为起点；挪用公款归个人进行营利活动的或挪用公款归个人使用超过3个月未还的，以10 000元至30 000元为起点。

33. 公职人员吃拿卡要行为如何定性？

【答】公职人员或者国有企业职员在工作期间，对服务对象吃拿卡要，数量低于5000元的一般不构成犯罪，达不到立案标准。只要达到立案标准，就有可能构成职务犯罪。索贿金额累计达到5000元以上者即可立案。

34. 行贿罪、受贿罪、贪污罪的立案金额是多少？

【答】行贿、受贿行为的认定是以性质来确定的。行贿罪的立案追诉标准是 10 000 元以上；受贿罪的立案追诉标准是 5000 元以上。

35. 依法天价索赔是否构成敲诈勒索罪？

【答】基于合法权益被侵犯的"天价索赔"，不等于敲诈勒索；属于"维权过度"，其行为被限定在民事法律规制之内，不能用《刑法》定罪量刑。天价索赔和敲诈勒索的定性主要看索赔者是否有敲诈勒索的犯罪故意（犯罪动机）。比如个别人以打假名义，知假买假，超出生活需求故意购买大量有瑕疵的商品，向商家提出高额、巨额（购买价 10 倍以上）索赔，并威胁厂家商家，希望通过"私了"等非法途径获得巨额赔偿。这就明显具有敲诈勒索的犯罪动机。而普通消费者基于生活自身需求购买产品，发现产品不符合国家《产品质量法》规定，或者商品变质损坏，通过投诉、起诉、媒体曝光等合法途径，希望获得远高于商品价值的赔偿，并不违法。即便消费者到法院起诉商家和厂家，要求巨额赔偿，此行为本身也不构成敲诈勒索罪。所以，公安机关不得以涉嫌敲诈勒索罪拘捕消费者。从法律角度来看，消费者的天价索赔只是"维权过度"的民事赔偿诉求问题，不属于刑事犯罪管辖的范畴。

36. 真记者索要"好处费""封口费"属于犯罪吗？

【答】新闻媒体的新闻稿件采写者被统称记者。其可能会掌握一些单位和个人不易被报道的负面新闻，比如矿难、环境污染等安全生产事故、消费者投诉等。如果持有新闻出版主管部门颁发《记者证》的真记者以职务之便向被采访人或者单位索要"好处费""封口费"，此行为属于公职人员索贿，索贿金额低于 10 000 元者，一般由媒体单位对记者进行批评教育，退回索要的贿金，写出书面检查，给予党纪或者政务处分。违纪情节较重的，给予吊销记者证件政务处分或者开除公职、解聘处分并退出赃款。根据司法实践，一次或者累计索贿金额 50 000 元以上者属于情节特别严重，要移送司法机关追究其刑事责任。

37. 假记者索要"好处费""封口费"如何定性犯罪？

【答】经营性网站或者自媒体的采访者一般都没有新闻出版部门颁发的《记者证》等合法证件，信息网站、自媒体或者社团组织从业者利用"采访"、处理投诉调查之便，掌握了被采访单位或者个人不易被社会公众知道的负面消息，威胁被采访单位或个人不给"好处费""封口费""宣传费""赞助费"就曝光，有可能会构成敲诈勒索罪。因为行为人的身份不属于记者。全国"扫黄打非"办公室曾经开展了专项行动，将打击"假媒体、假记者站、假记者"及新闻敲诈行为作为工作重点。严厉打击违法犯罪的假记者，同时还严厉查处暗中串通的真记者。一些假记者以"采访"为名敲诈相关单位钱财，犯罪嫌疑人被批准逮捕。他们搜集并以媒体曝光环境污染、征地拆迁、行政执法等负面消息为要挟，对一些党政机关、企事业单位实施敲诈勒索。涉案人敲诈金额在 10 000 元以上者，根据情节严重程度和社会危害程度，法院分别判处其敲诈勒索罪，刑期分别为 1 年、3 年、缓刑不等，并处罚金若干。

38. 国家采取什么刑事手段打击"套路贷"？

【答】"套路贷"属于新型诈骗犯罪，本质上是出借人以民间借贷为名，实质利用各种欺诈、胁迫等手段诈骗借款人名下财产的违法犯罪行为。最高人民法院针对"套路贷"行为的定性是："它不仅是变相收取高息的行为，而是非法侵占他人财物的犯罪行为，针对此类可能涉嫌非法侵犯他人财物的新型犯罪应予以刑事打击。"2018 年 8 月，最高人民法院发布《关于依法妥善审理民间借贷案件的通知》。该通知要求各级人民法院应加大对借贷事实和证据的审查力度，人民法院对已按普通民间借贷纠纷的"套路贷"作出的生效判决，应当及时通过审判监督程序予以纠正。上述通知针对"套路贷"行为的定性，不仅是变相收取高息的借贷行为，而是非法侵占他人财物的诈骗犯罪。即使"套路贷"不法行为人已经拿到了法院的民事生效判决，如果行为确实是非法侵犯他人财产犯罪，法院也会通过审判监督程序启动再审予以纠正。

39. 地下钱庄洗钱的违法犯罪行为如何认定？

【答】地下钱庄和洗钱属于犯罪行为。根据最高人民法院、最高人民检察院于 2019 年 2 月 1 日起施行的司法解释，以下四种经营行为属于办理非法从事资金支付结算业务、非法买卖外汇刑事案件，违反国家规定，具有下列情形之一的，属于《刑法》第 225 条第 3 项规定的"非法从事资金支付结算业务"：①使用受理终端或者网络支付接口等方法，以虚构交易、虚开价格、交易退款等非法方式向指定付款方支付货币资金的；②非法为他人提供单位银行结算账户套现或单位银行结算账户转个人账户服务的；③非法为他人提供支票套现服务的；④其他非法从事资金支付结算业务的情形。违反国家规定，依照《刑法》第 225 条第 4 项的规定，以非法经营罪定罪处罚。

40. 当事人信用卡"恶意透支"涉嫌犯罪如何应对?

【答】透支信用卡额度过大,逾期不还,都有构成"恶意透支银行卡"犯罪的风险。遇到信用卡恶意透支"被抓",应该采取以下应急措施:第一时间搞清楚管辖地。一般在 48 小时,最迟 72 小时之内会移送到报案所在地的看守所。请律师尽早介入,进行会见。被采取强制措施 24 小时后律师就可以会见。行为人为了避免即将面临的刑罚,最有效的办法是尽快筹钱,由家属或者亲友把透支的款项归还银行。然后,在律师和银行的人员陪同下,到派出所或经侦队办公室,双方约谈妥善处理方案,由警方见证,如实讲明款项已经全部归还。如家里实在困难无法全部还清,可以与银行协商分期还款方案。还款之后,让银行出具《谅解书》,律师将《谅解书》副本转交警方,再出面申请取保候审,家属或担任保证人缴纳保证金,使得被拘留的当事人恢复公民自由。

41. 债主住在债务人家里不走是否违法?

【答】债主住在债务人家里不走,属于非法侵入住宅的犯罪行为。《刑法》第 245 条规定:"非法搜查他人身体、住宅,或者非法侵入他人住宅的,处三年以下有期徒刑或者拘役。司法工作人员滥用职权,犯前款罪的,从重处罚。"因此,债权人或者雇佣的催收人闯入家中催收债务,并且在债务人家里滞留不走,已经构成了非法侵入住宅罪。

42. 偷拿情人的钱是否构成犯罪吗?

【答】如果是偷拿家庭成员或者近亲属的财物,只要获得了他们的谅解,一般不认为是犯罪,必须要追究刑事责任的,也要酌情从宽。但是,情人不是家庭成员,更不是近亲属,只要盗窃的金额情节达到标准,就构成盗窃罪。

43. 没有被法院定罪的人是否可以开具无犯罪记录证明?

【答】如果检察院认为犯罪情节轻微,不予批捕,法院没有判定有罪,任何其他机构均不得认定有罪。所以,派出所应该为当事人开具无犯罪记录证明。如果派出所不给开具无犯罪记录证明,可以向上级公安机关或者检察机关投诉,寻求上级公安机关行政复议。

44. 什么情况下法院需要召开庭前会议?

【答】根据最高人民法院《关于适用〈中华人民共和国刑事诉讼法〉的解释》第 226、227、228 条规定,召开庭前会议,主要是当事人辩护人诉讼代理人申请排除非法证据的,或者是证据材料较多的,或者是案情重大复杂的社会影响大的，需要召开庭前会议。根据案件情况，庭前会议可以通知被告人参加，主要内容包括：对案件管辖权是否有异议，是否申请有关人员回避……在审查起诉期间，公安局，检察院是否有侦查的证明，被告人无罪罪轻的证据是否移送，是否有通知提交新的证据。

45. 打人者坐牢了，受害人如何请求民事赔偿？

【答】打人者坐牢承担的是刑事责任，而赔钱承担的是民事责任。受害人有权要求打人者民事赔偿。在犯罪嫌疑人刑事审判时提起民事赔偿属于"刑事附带民事诉讼"，此类诉讼不需要向法院交诉讼费。

46. 公民遇到诈骗怎么通过法院要回被骗的钱？

【答】如果公民遇到诈骗，被骗走钱财，这类案件属于刑事犯罪，应由检察院提起公诉，法院审判。受害人无权提起刑事附带民事诉讼，也不能另行提起民事诉讼，唯一能帮受害人要回钱的办法是请法官在被告人的刑事判决书里写明予以追缴或者责令退赔的具体内容，所以刑事立案后，受害人应该积极地去登记申报说明情况，才能保证自己的赔偿诉求写在犯罪嫌疑人的《刑事判决书》里。

47. 微信支付被人骗钱如何追回？

【答】微信支付被人拉黑，可采取以下补救措施追回被骗走的钱：第一步，在微信首页的右下角找到"我"；第二步，在个人的页面单击"支付"；第三步，在右上角找到"钱包"页面，单击右上方的"账单"，找到被骗子骗钱的交易记录；第四步，点击对"订单有疑惑"以及根据自己的情况选择被骗投诉；第五步，根据被骗的类型，单击"遇到付款后被拉黑"；第六步，详细填写相关信息，比如被骗原因等；第七步，点击"+"号上传相关证据后，单击"提交"按钮等候审核结果。如果投诉情况属实，被骗的钱就会被退回来。

48. 为什么申请取保候审的黄金时间是 37 天？

【答】所谓申请取保候审的黄金时间，是指 30 天的刑事拘留最长期限；7天是指批准逮捕的时间。这期间，涉及公安局和检察院两个司法机关，律师既可以向公安局申请取保候审，又可以向检察院申请不批准逮捕，这样犯罪嫌疑人解除强制措施的成功率就更大。

49. 取保候审后，多久可以撤销案件？

【答】嫌疑人被取保候审，最长期间不超过 12 个月，期间内不得停止案件的侦查。从法律程序上看，嫌疑人在被取保之后，侦查机关获得新的证据，还是有可能会被公安机关移送检察院提起公诉的，只有经过法院判决才能定罪。最可怕的是长期侦查没有结果，又不撤销案件，案子就无限期地悬在嫌疑人的头上。根据国家有相关规定，公安机关办理经济犯罪案件解除强制措施之后，如果 12 个月内不能移送审查起诉或者依法处理，就应当撤销案件。

50. 当事人如何行使审判监督程序申请权？

【答】审判监督程序又称"再审程序"。是指人民检察院对人民法院作出的已发生法律效力的判决、裁定，发现确有错误，依职权提起再行审理的特殊诉讼程序。

审判监督程序如下：①受理、审查申诉一般由作出发生法律效力的判决、裁定的人民法院进行。②原审人民法院审查处理的申诉、上级人民法院直接处理的申诉和转交下级人民法院审查处理的申诉，应当立申诉卷。③第二审人民法院对不服本院维持第一审人民法院裁判的申诉，可以交由第一审人民法院审查。④对最高人民法院核准死刑的案件或者授权高级人民法院核准死刑案件的申诉，可以由原核准的人民法院直接处理，也可以交由原审人民法院审查。⑤人民法院受理申诉后，应当在 3 个月内作出决定，至迟不得超过 6 个月。⑥申诉人对驳回申诉不服的，可以向上一级人民法院申诉。

51. 当事人如何行使再审程序申请权？

【答】当事人对法院终审判决不服，可以申请法院再审。申请再审民事案件，需要制作民事再审申请书；刑事案件申请再审，需要制作刑事申诉状，然后提交到申诉审查厅。拿到其中再审的裁定后，案件会转入审判监督庭进行重新审理，这样才有机会最终推翻原判决裁定。

法务咨询师

FAWU ZIXUNSHI

企业法务卷

李笑天 / 主编

中国政法大学出版社

2021·北京

目　录
CONTENTS

企业法务概论

第一节 企业法务咨询师概论

一、法务咨询师

法务咨询师是从企业管理职业岗位分工细化出的一种新型职业岗位，是经过专门的企业法务或者社会性法务咨询的职业岗位，是具备法律专业知识和法律职业技能，负责企业或者其他组织法律事务工作的专职或者兼职人员。

从企业岗位分工来看，法务咨询师最初是从执业律师、企业法律顾问和企业人力资源管理师的岗位中细分出来的一个新职业岗位，其职业定位、素质要求、岗位职能和工作任务与职业律师、企业法律顾问和企业人力资源管理师等岗位有所不同。

法务师分为持证人员和非持证人员两种。持证人员包括持有《律师执业资格证书》《法律职业资格证书》和《法务师培训合格证书》的法务工作者；也包括法学院系毕业生和在企业担任法律顾问的其他法律工作者，包括法学院校教师、法学社团会员和职员、普法办工作人员、商务仲裁员、劳动仲裁员、人民调解员、司法监督员、人民陪审员等法律工作者。

法务师的就业领域包括行政执法部门、企事业单位、管理咨询公司、社区管理、乡镇司法所等法律服务领域和岗位。

二、执业律师

执业律师是指通过国家统一法律职业资格考试并依法取得律师执业证书的合法律师，可以依据国家相关法律代理各种案件，包括刑事、民事、行政、公益四大类案件，同时执业律师的权益受到《律师法》《劳动合同法》等法律的保护。

三、企业法律顾问

法律顾问是指提供法律询问服务与法律帮助的专门人员，分为专职和兼职两种；专职法律顾问日常需要在企业值班。兼职法律顾问不需要专职上班，企业有法律事务需要咨询时可以发邮件，比如修改法律文书或者审核合同文本，还可以为企业提供线上视频法律咨询服务。由企业按照年度颁发聘书或者签订《法律顾问协议书》聘请，为企业处理有关法律事务，或接受非诉讼事件当事人的委托，提供法律帮助，或在民事诉讼中作为当事人的诉讼代理人出庭，或在刑事诉讼中作为被告的辩护人出庭辩护。

企业法律顾问的作用与企业法务师相似，包括当好董事会决策层和企业管理层的法务智囊；执行政府和企业制定的法律和政策；防范企业潜在的法律风险；处理企业存在的法律问题；促进聘请方管理工作的法治化、规范化；预防企业运营中的损害发生；节约企业承办费用；成为商务合作的护航者，企业内部纠纷的仲裁者，促进企业效益增长的协调者；等等。

随着市场经济的发展和法务纠纷的增加，企业法律顾问的作用也变得越来越重要。企业法律顾问的主要职责是为聘请的企业就业务交往和企业运营中的法律问题提供意见，草拟、审查法律事务文书，代理参加诉讼、调解或者仲裁活动，维护企业的合法权益。目前，我国企业的法律顾问主要由执业律师担任，近年来，也有一批从事法律工作的离退休人员、接受过法务咨询师培训的学员陆续加入了法律顾问的人才队伍，大大扩充了法律顾问队伍的规模。据估计，我国执业律师的数量应该远远大于 40 万人。但由于执业律师的数量远远达不到中国 8000 多万家企业的市场需求。所以近年来，社会对法务咨询师的巨大市场需求也催生和促进了法务人才培训市场的发展。

第二节　企业法务人员的职业岗位职责与任职资格

一、企业法务师任职资格与职业岗位职责

企业法务师的任职资格要求：①热爱法律工作岗位，廉洁公正，作风正派，有敬业精神；②具有企业法务团队组织力、沟通力、领导力和执行力；

③大学本科以上法律专业学历或者从事普法工作5年以上的法律工作者；④具备企业管理基本知识与技能；有1年以上企业法务工作、律师事务所执业工作经验或者从事社会性法律工作5年以上；⑤有较强的沟通能力、工作责任心，适应、接受能力强；⑥具有逻辑性较强的口头表达和公众演说能力；⑦具有撰写法律制度、诉状、答辩状、合同等法律文书起草、审核、修改能力。

企业法务师的岗位职责：①制定企业各种法务管理有关制度，并负责企业所有制度内容的合法性审核；②及时调研、提出企业法律风险防控与整改意见；③参与重大项目商务谈判；④负责企业重要合同审核；⑤负责企业相关法律文件的审核、签发；⑥负责与上级就企业法务工作的沟通协调与汇报；⑦负责监督法务部制度的执行情况；⑧负责处理企业重大诉讼纠纷；⑨为企业高层决策提供法律咨询与参考意见。

二、企业法务工作者任职资格职业与岗位职责

企业法务工作者的任职资格要求：①热爱法律工作岗位，廉洁公正，作风正派，有敬业精神；②具有大专以上法律专业学历或者从事普法及法律咨询工作1年以上的法律工作者；③具有管理专业大学本科学历或者司法专业大、中专学历；④具备企业管理基本知识、接受过社会培训机构专业法律培训并从事企业涉法事务工作1年以上；⑤有一定的法务实践经验或者律师事务所工作经验；⑥有较强的沟通能力和适应接受能力；⑦具备流利的口头表达能力；⑧具备诉状、答辩状、合同等法律文书文案撰写能力。

企业法务工作者的岗位职责要求比法务师相对低一些，具体包括以下内容：①参与制订法务部年度工作目标和工作计划，申请经费预算，报批通过后执行；②负责法务部日常工作的施行；③及时、准确地传达法务部和其他上级领导的指示并贯彻执行；④遵守员工行为规范，依法保护企业利益；⑤在技术层面，保护企业知识产权和商业秘密，在发现侵犯企业商标权、专利权，泄露商业秘密等行为时及时上报主管领导；⑥经过主管领导授权，负责处理企业一般性法律纠纷；⑦负责企业专利权的申办、注册、反馈、归档；⑧负责审核企业一般合同、协议、对外公文的合法性；⑨负责为企业各职能部门的生产、经营、管理活动提供法律咨询服务；⑩配合有关部门调查、处理员工违法乱纪行为；⑪负责管理法务部工作情况和相关数据；⑫定期向主管领导述职。

三、兼职法务人员任职资格与岗位职责

企业兼职法务人员的任职资格要求：①态度踏实、作风严谨、注重责任，学习和运用能力强，具有良好的团队协作精神；②本科或者专科管理类专业学历，法律相关专业更佳（通过司法考试者优先）；③拥有一定的组织管理经验；④拥有企业相关的法务工作经验；⑤熟悉运用《公司法》《民法典》《消费者权益保护法》《知识产权法》等相关法律法规。

企业兼职法务人员的岗位职责：①能够处理企业日常法律事务；②起草、审查和修改企业一般性法律文书及合同；③为企业中高层经营管理者提供法律意见；④解答一般性法律咨询问题；⑤协助部门工作与经营管理实施监督；⑥提示、纠正关键岗位、关键员工的违法、违规、违纪行为；⑦与行政机关、司法机关联络处理和协调相关法律事务；⑧对接、协助外聘律师处理法务事务。

第三节　企业法务咨询师的岗位工作任务

企业法务咨询师是企业不可或缺的专业技术岗位人才。其主要职责与工作任务可以被概括为以下几个方面：

一、建立或者协助完善企业法务体系

企业法务体系包括企业法务工作计划、法务制度、文件合法性审查制度、保密制度、法律文书签审与法务档案制度管理、法务人员守则等。企业法务师必须熟悉企业法务制度建设的流程、内容，以及制度实施监督体系。

二、负责企业法律风险的防控工作

企业法务咨询师的一个主要岗位职能是做好企业法律风险防控工作，涵盖企业股权风险、项目合作风险、市场风险、财税风险、知识产权保护与技术泄密风险、人力资源风险等企业运营管理的各个环节与部门，包括企业股权期权设立、兼并重组的法律事务、对外合作合同草拟与合同审核、投融资和担保法律风险预案制定、诉讼案件代理、企业用工劳资纠纷等法律问题，因此需要聘请专业的法务咨询师或者法律顾问承担这一职能。

三、起草、审查和修改企业各类法律文书及合同

企业在日常管理中会有各类法律文书、合同需要企业法务师负责起草、修改和审核，有些重要内容或者涉及重大项目的情况甚至还需要召开专门的会议讨论。因此，法律文书工作需要缜密、细致、周到，不允许出现关键环节失误和技术失误。

四、当好企业知识产权的好管家

随着企业知识产权保护意识的加强，知识产权和无形资产管理也被纳入了企业常规管理。过去，很多企业只有在遇到知识产权纠纷时才会重视这方面的工作，现在则属于企业常规管理的内容。知识产权包括企业商标、商誉、版权、专利权、计算机软件、独特的商业模式、商业秘密等，企业法务咨询师应该在企业知识产权保护方面提供切实可行的法律意见。

五、参与企业商务谈判

企业法务咨询师属于企业商务谈判活动的配角和协助者，谈判主角是业务部门或者谈判项目负责人。法务咨询师主要参与企业商务谈判的法律文书审核、谈判过程的法律边界控制，以免当事人因为一时冲动或者考虑不周而导致企业或者谈判项目出现重大法律风险。

六、处理各类诉讼或非诉讼法律事务

企业法务咨询师代表企业处理各类诉讼或非诉讼法律事务，维护企业的合法权益，确保企业权益不受损失。

七、为企业决策提供法律保障服务

企业法务咨询师协助公司重大经营决策的法律论证和法律保障，及时提醒企业决策者公司潜在的法律风险。

八、为企业日常经营管理活动提供法律咨询

企业法务咨询师应该为企业的日常经营管理活动提供法律咨询，具体包括内部人员经营管理工作中的合法性，企业内审与监督机制的完善，基于法

律认识或者事件性质确认而产生的分歧矛盾的协调，对外商务交往中的法律边界与风险点提示等工作。

九、对外衔接律师和法律顾问

企业法务咨询师负责对外衔接律师和法律顾问，协助收集、提供诉讼需要的文件、资料和证据，当好律师和法律顾问的助手与协同工作者。

十、负责普法及与业务有关的法律常识培训

企业法务咨询师负有企业全员普法的工作责任。其尤其要重视与公司业务有关的法律常识培训，增强业务人员的法律意识，提升关键岗位员工的法律风险防范意识与防控技能，有效地预防和降低企业运营过程中的法律风险，促进企业运营管理的规范化、法治化、程序化，做到涉及生产安全和运营责任全程可追溯，责任到人。

十一、上级交办的其他事宜

企业法务咨询师应履行企业赋予本岗位的其他职责，配合其他部门和岗位的工作，完成上级交办的其他事宜。

第四节 企业法务咨询师的职业素养

针对衡量企业法务咨询师的专业度，多数企业家和高管层基本上都停留在一般认知层面，最关注的是他们的服务专业知识与经验：包括从业人员的法律资质、执业年限和法律服务能力。从资质上来看，律师比法务人员的专业度更高；从执业年限上来看，执业年限越长的人经验越丰富；从服务方式上看，团队服务能解决个人专业覆盖面过窄的问题。

企业法务咨询师是企业法治建设的设计者、宣讲者和推动者，法务咨询师要想做好企业法务工作，就必须具备企业法务咨询师的基本职业素养和达到法律咨询服务专业度的要求。具体总结为以下几个方面：

一、良好的综合素养与品行

企业法务咨询师属于智力服务职业岗位，具有知识含量高、技术含量高、

责任心强等职业岗位特点，既要有专业知识，还必须具备渊博的知识面，特别是企业管理知识和待人接物的社交技巧，还要具备成熟稳定的心态，爱岗敬业、廉洁公正的职业道德及文明礼貌、宽厚包容的涵养与教养。对内是企业法务的领航者，对外是企业形象的代言人。

二、掌握专业法律知识，具有一定的法律实践和法律经验

企业法务咨询师必须熟练掌握法律专业知识，同时注意积累和掌握企业运营实践中各个环节的知识和经验，无论从事哪一项法律咨询和服务工作，都必须具备法律知识和企业运营管理知识，否则将很难胜任这个岗位。

三、认同企业文化，服务企业大局

企业文化是主导企业发展的意识形态，企业法务咨询师或者法务工作者要尽量与企业发展的大目标、大方向一致。同时，企业法务咨询师和企业法务人员也不同于执业律师，法务部门是企业管理结构中的一部分，不具有行政管理上的独立性。因此，法务部门的工作也必须服从公司的整体规划，服务于公司发展，认同公司的企业文化，调整本部门的工作方式。

四、坚持自己相对独立的职业操守

企业法务咨询师身为企业法务人员，最好有独立执业的律师经历或者独立的法务咨询经验。包括独立承办案件、独立法律分析、独立诉讼代理、法务协调、法律文书撰写等专业能力。

企业法务咨询师或者法务工作人员兼具执业律师或者法务咨询师身份，在法律原则性问题上，不能过多地考虑服务与被服务的关系，或者企业组织管理中的上下级隶属关系。在涉及企业重大决策法律风险的问题上，企业法务咨询师和法务工作者可以保留和坚持自己的独立观点，坚持自己的职业操守，努力以法律思维的标准要求自己，对事不对人，尽最大努力预防和避免企业陷入法律风险困境和危机。

五、具备职业人士的法律专业优势

企业法务咨询师或者法律工作会涉及不同的行业及事务、不同的环节、不同的场景、不同的当事人，但法律做不到对每一项事务都"一事一立法"，

因此，法务人员必须在掌握法律知识的基础上，了解必要的行业知识及基础的业务知识，以利于就企业运营管理过程中发生的法律问题进行更合乎实际的法律分析、定位、风险防控，制定应对策略。

六、具备法律风险的识别、评估能力

企业法务咨询师或者法务人员应当具备识别法律风险，评估法律风险的能力。对即将出现或者已经出现苗头的法律风险做出及时、准确的判断和评估。从"是否构成法律风险""法律风险程度""法律风险后果预测"等方面做出明确、清晰的判断，找到消除、化解企业法律风险的方法与途径，敦促企业高层决策者，结合法律风险与商业利益，权衡利弊，迅速做出正确的、恰当的决策。

七、具备逻辑清晰、流畅的文书撰写、口头表达、演说能力

企业法务咨询师或者法务工作者不仅是应对、处理企业法务的专业人士，同时也是企业法律培训的宣讲者和法制建设的鼓动者、推动者。因此，他们必须具有良好的法律思维能力、清晰的逻辑思维能力和规范的法律文书写作能力，同时还要具备良好的公众演说、表达能力，如此才能有力地推动企业法治建设，开展员工普法和培育员工的法律意识，有效地防控企业法律风险，推动企业各项法务工作的顺利实施。

八、掌握高效、灵活的工作方法

企业法务咨询师或者法务工作者所从事的工作涉及各个职能部门，在任何组织，跨部门协调、沟通都是难度很大的关键环节。如果企业法务咨询师或者法务工作者采取死板、简单或者命令的方式开展工作，势必会引起法务部门与其他部门的抵触，这样法务部门的工作就会处处受到阻碍。法务部门属于跨部门管理协调机构。对上，为董事长董事会和监事会等高层负责；对同级，属于协同关系；对下，也是协调关系，不是领导与被领导关系。因此，企业法务咨询师或者法务工作者一定要善于摆正自己部门和自己岗位的职业位置，千万不要居高临下，以内行人士的身份命令其他部门配合，要讲究有高度、有力度、有原则的工作节奏与方法，这样才能得到上上下下各个部门的配合，努力营造严肃、高效、灵活、和谐的工作氛围，出色地完成法务部

的各项工作。

九、遇到正面冲突分歧具备回避、化解的能力

企业决策者和管理者一般不具备专业法律知识，没有养成法律意识和法律思维的习惯，难免会像普通百姓那样对法律的理解停留于常识认知的层面，加上企业家创业经验丰富，容易根据过去成功的经验处理今天问题的方法。比如，企业出了违法、违纪、违规问题，企业家首先想到的往往是到政府机关找关系"摆平"，而实际上，有些做法在法治社会存在着巨大的风险，比如行贿受贿的风险。

当企业法务咨询师、法务工作者与企业决策者、企业监管部门存在重大分歧时，从业者要学会坚持与妥协，注意处理问题和分歧的方式方法。同时，企业决策者也不要简单地对法务部门的法律建议提出否定、指责或轻视的意见，企业法务咨询师或者法务工作者也没有必要和企业决策者、监管层领导就"合理不合法""合情不合理"等问题展开争论，而是需要善于运用灵活的工作方法，沟通、说服、化解，避免管理层内耗。

十、对自身工作职责和定位有客观的认知

企业法务咨询师或者法务工作者要区分常规律师代理事务与专项法律咨询服务。常规法律事务可以通过法律知识与技能解决，做到"尽人事，听天命"即可。但是，企业的很多法务工作环节是"非标"的，具有一事一议的性质，如果法务部门和决策层、监管层、管理层暂时无法达成统一意见（比如是否应对大额商务合同的当事人进行必要的尽职调查与身份验证等），企业法务咨询师或者法务工作者有责任从专业角度提出依法可行的法律方案和业务操作规范，对其他业务部门的建议或异议要认真听取并作出综合的分析判断。最终共同找到一个既能兼顾企业效益又能确保企业法律安全的解决方案。

第五节　企业法务咨询师的线上咨询现状

传统法律顾问服务费用较高，而且单一律师服务的模式会受到律师个人专业领域的限制，难以适应各领域的专业度。法律顾问的咨询和合同起草、审核服务等事项的90%可以通过在线方式完成，剩下的则通过线下服务方式

满足。正因如此，众多法律服务电商纷纷推出了相对廉价的线上法律顾问服务，以满足不同企业的需求。

　　企业法务咨询在线法律咨询服务，其运营方式分为自营和众包两种模式。由于在自营模式下平台对法务人员或律师的选拔和监管更有力，服务质量相对来讲更有保障。

　　法律咨询服务的线上平台很多，有些是有影响力的律师事务所打造的法务咨询网络平台，有的是法律学术社团组织的门户网站，还有法务咨询机构搭建、运营的线上法律咨询平台。比如，"找法网"就是以普及法律知识为主打内容，通过免费法律知识咨询吸引线下客户群体的法律咨询平台。再比如，"易法通"专注在线法律咨询和法律咨询服务，提供多方位的合同起草审查、诉讼、法律顾问服务。还有以传播法律知识、报道法务政策、分析法律事件为主的"中国法务网"，以廉政与普法培训为主打内容的"法治文明网"等，这些网络平台都具有线上传播法律知识、提供法律咨询，线下吸引客户下单付费的功能。其运营模式大同小异。

　　以下是笔者通过网络搜集的四家网络法务平台的对比数据。虽然我们不能看到中国互联网法务咨询的整体趋势，但是可以从微观上得出一个基本判断，那就是法律咨询的线上服务的服务范围和影响力还比较小。很多案件比较复杂，很难通过简单的在线沟通解决问题，需要更加深度、具体的法律专业咨询。

	易法通	律云	快法务	法海网
运营方式	自营	自营	众包	自营
服务人员构成	法务人员+律师	律师	律师	律师
律师从业经验	未提及	5年以上	3年以上	10年以上
服务方式	团队服务	个人服务	个人服务	团队服务

　　近两年，有很多律师开始利用"抖音"等免费平台，参与普法宣传工作，达到很好的"吸粉"效果。其中，"李书凡律师"的抖音视频观看量已经突破千万人次。这是传统律师通过代理案件和线下普法授课很难实现的一个打造律师个人品牌的奇迹。

企业法律风险防控

第一节　企业家应有法律风险意识

一、企业家应重视学习法律知识

企业是国民经济的支柱和主要税源，法治建设直接影响着企业自身的发展和法治文明的进步。企业家应该积极响应党中央关于"法治国家、法治政府、法治社会"建设一体推进的号召，积极、自觉地学习法律，依法维权，逐渐适应依法办事的法治社会环境。

目前，我国已经出台了200多部法律，出台或修订了100多部党内法规，还有380多部国务院行政规章，随着全面依法治国、全面从严治党战略部署的推进，中国的市场环境与法治环境必然会得到巨大改善。政府依法行政，企业依法运营，公民学法、守法、用法必然会成为一种法治社会的氛围。因此，中国企业家特别是民营企业家应该重视法律学习，逐步培养自己的依法维权意识和养成合法、合规运营、管理企业的习惯，在日常经营管理工作中自觉遵循国家法律法规和政策规定。

过去，中国的企业家大多忙于企业创业、战略、发展和运营管理，很少抽出时间专门学习、研读法律。虽然很多具有一定规模的企业都有法律顾问，但企业家不能缺少法律意识和法律常识。如果企业家有足够的法律意识和风险意识，完全可以把法律风险防控工作贯彻到企业日常经营管理工作之中，有效地预防企业决策、运营、管理各个环节的法律风险。有条件的企业还可以设立专门的法务机构，审核企业对外的合同文本，经过专业法务人士逐条审核的合同当然可以预防签约过程中的法律风险。

二、企业管理者都需要学习法律知识

虽然中国企业家和职业经理人经过多年的市场打拼和历练，掌握了一定的法律知识，法律意识和企业依法维权意识普遍有所提高，但是法律的漏洞和无处不在的商业诈骗和陷阱"花样翻新"，一不留神就会上当受骗。从现实观察，目前我国企业家和经理人亡羊补牢的多，事前防范的少，只有在发生纠纷时，才会想起法律并拿起法律的武器。

企业关键岗位的中高层经理人学习法律知识尤为重要。比如，企业人力资源和销售部门的经理人，企业对这些经理人应该不定期进行法律知识和实践应用的专门培训，提高经理人的法律素养，增强依法合规管理企业的意识。只有这样才能做到事前防范法律风险。

三、职场人士学法的好处

企业家、职业经理人、创业者和其他职场人士都需要学习法律知识，掌握基本的依法维权技巧才能避免在创业和经营管理过程中因为法律知识缺乏而付出巨大的代价。笔者根据自身体会，总结了企业家、职业经理人和其他单位管理者学习应用法律知识的作用：

（1）企事业单位的党员干部通过学习廉政法治知识，可以提高政治觉悟，有效预防腐败。

（2）职场人士学习政治常识和法律知识可以提高自己的政治素养和政策理解力，强化法治观念，追求政治进步，拓展更好的职业前景和提升人生安全感、幸福指数。

（3）普通公民学习实用法律知识，可以提高自己的法商素养，养成学法、用法、依法维权的习惯，保护自身权益不受非法侵害。

（4）参加法律学习的学员可以利用自己学习的法律知识帮助他人，提高自己的人生价值。

（5）企业家学法、懂法后按照政策与法律经营管理企业，培养合规、合法运营习惯，避免权钱交易、职务犯罪等法律风险，自觉履行企业社会责任，提升管理水平。

（6）公务员和国企事业单位管理者学习法律知识，可以提升自我依法行政、依法为民提供服务的素养，避免由不懂法导致的违纪、违规、违法行为，为自己事业的发展提供安全保障。

（7）离退休法律工作者和在职的法律人可以通过学习法律专业知识，提升法律业务素养，参与国家法治文明建设和普法工作，担任普法课程讲师和宣讲员，为社会文明建设贡献自己的智慧。

（8）对廉政与法治题材感兴趣的文化艺术人才，还可以参与廉政与法治文学艺术题材的创作，参演法治题材短剧的拍摄，参加廉政文化与法治文化书画展等，提升自己的法商素养和文艺境界。

第二节　企业常见法律风险提示

一、企业签约与履行合同的风险

（一）企业签约的合同主体风险

根据合同相对性原则，在通常情况下，合同只能约束签约双方，对第三人不产生约束力。如果签约主体和履行主体不一致，在合同履行过程中往往会出现纠纷，给合同双方制造维权障碍。

合同履行规则是指法律规定的适用于某类合同或某种情形，当事人履行合同时必须共同遵守的具体准则。合同履行的规则主要涉及履行的主体、履行的标的和履行的方法。

①合同相对人的主体身份。②合同签订人签订合同的权利。③法律对某些行业的从业资格做了限制性规定，不具有相应的资质证书可能对合同效力产生影响。④关于内设机构签订合同的问题。

（二）合同履行风险

合同履行规则是指法律规定的适用于某类合同或某种情形，当事人履行合同时必须共同遵守的具体准则。合同履行的规则主要涉及履行的主体、履行的标的和履行的方法。

风险提示：①因语言多义导致价款计算差异。②结算人员、方式、流程约定不明。③付款时间约定不明。④对产品质量和规格约定不明。⑤在合同履行过程中，除了保留往来过程中形成的原始物证、书证，还需要对履行通知义务、协助义务等事实或行为保留证据。⑥合同终止、变更、解除等要以书面方式进行。

(三) 技术服务合同的风险

技术服务合同是指服务方以自己的技术和劳力为委托方解决特定的技术问题，而委托方接受工作成果并支付约定报酬的协议。

风险提示：①合同签订前对合作方技术能力审查不严。②技术合同签订不规范。③因技术合同用语不规范而产生歧义。④利用现有技术或在现有技术基础上进行后续研发，却未对现有技术的权属进行核查。⑤在合同履行过程中，不注重对技术成果等相应证据的固定。

(四) 建设工程的业主与承包风险

建筑工程行业存在许多风险，主要有业主风险和承包商风险。

风险提示：①违法发包承包工程。②合同签订及价款结算不规范。③实际施工人证据意识淡薄。

二、公司股权与运营风险

(一) 企业股东出资

自注册资本认缴登记制改革以来，有限责任企业的股东认缴出资额、出资方式、出资期限等由股东自行约定，并被记载于企业章程。股东出资不足或逾期出资将给债权人和自身带来风险。

风险提示：①债权人的交易风险。②股东出资认缴期限尚未届至，债权人不能直接要求股东加速履行出资义务。③股东承担连带清偿责任或者补充赔偿责任。④企业减少注册资本时，应由股东会或股东大会作出决议，经代表 2/3 以上表决权的股东通过，并编制资产负债表及财产清单，依法通知债权人以及向企业登记机关办理变更登记。

(二) 企业章程

有限责任公司章程由股东共同制定，经全体股东一致同意，由股东在公司章程上签名盖章。

风险提示：当章程缺乏相对应的规定时，往往充满不确定性，容易导致诉讼，尤其是可能对中小企业投资者不利。

(三) 企业规章制度

企业的规章制度是基于各项管理工作和生产作业的要求所作的规定，是全体员工行动的规范和准则。建立和健全作业规章制度是企业管理的一项极其重要的基础工作。

风险提示：①规章制度未经过民主程序或者公示告知员工，该规章对员工不具有约束力。②企业规章制度不得与法律法规相抵触，否则不仅无效，而且员工起诉企业，企业很可能会败诉。

（四）公章管理

公章代表公司的法律确认行为，必须严格管理。公章和法定代表人名章都必须妥善保存。不当使用公章会存在风险。

风险提示：①在公章使用过程中，盖章人员对公章管理不严、签约时没有加盖骑缝章，导致伪造合同内容引发诉讼。②使用公章发布不当文件或者信息，一旦构成侵权，公司将承担法律责任；③加盖公章的空白介绍信、合同书、意向书等，经办人一旦越权签约或者承诺，侵犯了善意第三人的利益，便有可能构成"表见代理"，由公司承担法律责任。

（五）股权转让

有限责任公司的股东之间以及向股东以外的人可以转让其全部或者部分股权，转让股权后，企业应当注销原股东的出资证明书、向新股东签发出资证明书，并修改相应企业章程和股东名册中有关股东及其出资额的记载。

风险提示：①混淆转让全部股权和退股。②忽视企业章程对股权转让的限制。③转让方是名义股东，实际出资人追认的，根据合同法规定，该转让合同应为有效。但若实际出资人不追认，一般按照物权法善意取得制度予以认定。④转让方是实际出资人，若名义股东配合且受让方不需进行工商登记，则不存在操作障碍。

（六）子公司运营

母公司和子公司经营存在混淆的风险。母公司与旗下子企业之间有大量往来借款且存在人员身份混同的情况，可能会造成母、子公司需要承担连带责任。

（七）股东清算义务

企业因故解散的，应当在解散事由出现之日起15日内成立清算组，开始清算。有限责任企业的清算组由股东组成，股份有限公司的清算组由董事或者股东大会确定的人员组成。逾期不成立清算组进行清算的，债权人可申请人民法院指定有关人员组成清算组进行清算。法院应当受理该申请，并及时成立清算组进行清算。

风险提示：①未按期成立清算组。②怠于履行义务。③作为清算组成员的股东，未将企业解散清算事宜书面通知全体已知债权人，并在规定的报纸上发布公告，导致债权人因未及时申报债权而未获清偿的，可能会承担连带赔偿责任。

（八）股东会决议

股东会是企业的最高权力机构，依法作出的股东会决议具有法律效力，但股东会作出的决议应当做到决议程序合法、内容合法并符合企业章程规定，否则就可能会影响股东会决议的效力。

风险提示：①在部分中小企业中，基于股东人数较少、股东之间关系密切或者法律意识淡薄等原因，企业经营者往往不重视股东会，常常出现股东会决议存在问题但不属于法律规定的可撤销或无效的情形，比如未召开股东会或不需要召开股东会但缺少全体股东签名、盖章等。②在涉及借款时，应关注企业章程是否记载有向他人提供担保的特殊规定。

（九）进出口业务中的法律风险

不懂国际贸易法律规则的经办人更应该注意法律风险。

风险提示：①国际商会制定的《国际贸易术语解释通则》完整总结并解释了国际贸易中与交付、价格、费用等密切相关的贸易条件，虽不具有强制性，但对当事人订立和履行合同具有较强规范和指引作用，已经成了一种国际惯例，进而被交易各方一致遵守。②防范"D/P—记名提单—D/A"诈骗。

（十）商标防止侵权风险

商标是商品的生产者、经营者在其生产、制造、加工、拣选或者经销的商品上或者服务的提供者在其提供的服务上采用的，用于区别商品或服务来源的，由文字、图形、字母、数字、三维标志、颜色组合或上述要素组合而成的，具有显著特征的标志，是现代经济发展的产物。

风险提示：①对注册商标的"源头"维护不够重视。②对注册商标的日常流通进行粗放管理，对经销商识别正品标识的指导不到位。③商标授权使用随意且缺乏有效监管。④遇到商标权侵害时维权不力。⑤忽视防伪技术在注册商标上的应用。

（十一）商业秘密风险

商业秘密，是指不为公众所知悉，能为权利人带来经济利益，具有实用性并经权利人采取保密措施的技术信息和经营信息。

由于证据复杂、隐蔽，商业秘密案件通常审理难度较大。

（十二）著作权法律风险

著作权也称版权，是指作者及其他权利人对文学、艺术和科学作品享有的人身权和财产权的总称。

部分企业未严格依照合同约定在该著作权集体管理组织享有著作权的作品范围内使用相关作品，容易引发纠纷。

（十三）个人信息安全问题

随着科技的进步，利用个人信息来实施各种形式的欺诈和犯罪的事件高发。

风险提示：①部分民营企业在经营过程中获取了大量客户的个人信息，但没有充分意识到个人信息对于公民的重要性并欲以此牟利，甚至在案件被起诉至法院时仍未意识到违法使用个人信息的严重性。②《刑法修正案（九）》以及最高人民法院、最高人民检察院《关于办理侵犯公民个人信息刑事案件适用法律若干问题的解释》对侵犯公民个人信息的犯罪行为进行了详细规定，民营企业在经营中一定要严格遵守相关法律法规，避免踩红线。

（十四）劳动合同法律风险

《劳动合同法》明确了劳动合同双方当事人的权利和义务，违反相关规定会导致用人单位用工成本增加。

风险提示：①民营企业不与劳动者签订书面劳动合同，劳动者有权请求企业支付双倍工资。②用工单位违反法律、法规规定将承包业务转包给不具有用工主体资格的组织或自然人，该组织或自然人聘用的劳动者请求确认与用工单位之间存在劳动关系的，法院不予支持。如承包业务时因工伤亡，该用工单位应承担工伤保险待遇赔付责任。③劳动关系解除后，用人单位未在规定期限内将失业人员的名单、档案提交社会保险经办机构，致使劳动者不能享有失业保险待遇的。民营企业不与职工签订书面劳动合同超过 1 年，视为与职工订立无固定期限劳动合同。职工可随时辞职，且不承担违约责任。④劳动关系解除后，用人单位未在规定期限内将失业人员的名单、档案提交社会保险经办机构，致使劳动者不能享有失业保险待遇的，用人单位应当承担赔偿责任。⑤用人单位以 2 份非全日制用工合同形式规避全日制用工法律责任的约定无效，仍应按照全日制用工来认定劳动者与用人单位的劳动关系。⑥在劳动者工作环境、内容、工资待遇均未发生变化的情况下，用人单位以其他单位名义与劳动者签订固定期限劳动合同，旨在规避其应与劳动者签订无固定期限劳动合同的法律责任的，应认定劳动者在用工期间与实际用工的用人单位存在劳动关系，并由该用人单位承担相应的法律责任。

（十五）动产质押风险

动产质押无须办理质押手续，动产物权的设立和转让，自交付时发生效力。但船舶、航空器和机动车等物权的设立、变更、转让和消灭，未经登记，不得对抗善意第三人。

风险提示：①当事人未就质押物的品牌、规格、型号等予以明确约定，可能导致质押合同不成立。如果动产质押未交付质押物，将导致质权不能成立。同时，对质押物数量、质量约定不明，也会影响质押物的价值评估，最终影响债权实现。②质押物价值的稳定性是防控信用风险的重要因素，一旦质押物价格大幅下跌，质押物的处置变现能力将会被严重削弱。同时，借款人的偿债意愿也会随之下降，从而给债权人带来信用风险。③为实现动产交付，质权人通常会委托第三方监管机构代为监管，并指定出质人将质物存入第三方监管机构仓库。质权人、出质人、监管机构三方签署监管协议，约定监管费用由出质人承担。但在发生融资风险，出质人无力支付监管费用时，监管机构有权对质物行使留置权，或要求解除监管协议。

第三节　企业刑事合规的风险防控

一、企业刑事合规概念

企业刑事合规风险防控是从美国引进的企业法律管理模式。企业合规是要求企业的经济活动都符合法律法规的规定。或者，换句话说，企业的一切经济活动都应该在合法、合规的前提下进行。国际上合规的定义是指："企业及其员工的经营管理行为符合有关法律法规、国际条约、监管规定、行业准则、商业惯例、道德规范和企业依法制定的章程及规章制度等要求。"

我国《中央企业合规管理指引（试行）》第2条第2款："本指印所称合规，是指中央企业及其员工的经营管理行为符合法律法规、监管规定、行业准则和企业章程、规章制度以及国际条约、规则等要求。"上述两种概念实际上是从企业合规的外部形式来界定的。

二、企业刑事合规的三个目标

刑事合规有以下三个目标：一是降低员工发生犯罪行为的风险；二是执法部门对于企业事前或事后建立的合规系统的认可；三是从企业外部来说，旨在避免或降低因刑事犯罪而给企业造成损害，这是企业刑事合规的目标。

三、企业刑事合规的基本内涵与功能

刑事合规源起于美国。2014 年，国际标准化组织（ISO）发布了《合规管理体系指南》。2018 年，国家发展和改革委员会等七部门联合出台了《企业境外经营合规管理指引》，国务院国有资产管理委员会也颁布了《中央企业合规管理指引（试行）》。从此，企业合规在我国开始正式从理论走向法律实践。企业刑事合规的功能可以被归结为基础功能和扩展功能两类：

（一）刑事合规的基础功能

降低企业刑事犯罪风险。推行企业的刑事合规制度，能起到预防公司犯罪、强化公司治理、构建和完善现代企业制度的重要作用。刑事合规的实施可以使企业内部管理更为细化、合理、严密，有助于堵塞各类犯罪可能利用的漏洞。由于缺乏有效的刑事风险审查、管理措施，企业往往无法避免刑事法律风险的发生。而一旦发生刑事法律风险，企业便会遭受灭顶之灾。

（二）刑事合规的扩展功能

我国《公司法》第 5 条第 1 款对公司的义务作出了规定："公司从事经营活动，必须遵守法律、行政法规，遵守社会公德、商业道德，诚实守信，接受政府和社会公众的监督，承担社会责任。"推动企业合理承担社会责任。其一，刑事合规旨在防止由刑事犯罪造成的损害。企业应建立健全刑事合规制度，做到生产经营与风险防范并重。通过审查，能够提早发现潜在的刑事法律风险，提前进行预防和控制，进而保障企业的生产经营。其二，企业建立合规制度，能够强化企业预防犯罪的责任感，增强对自身人员和业务中可能出现的犯罪的预防，从而积极分担社会责任，弥补国家预防犯罪力量的不足。

四、企业刑事合规风险预防

（一）企业家、高层主管和关键岗位员工为风险主体

企业家一词的原意是指"冒险事业的经营者或组织者"。因此，企业家在

从事经营活动时，必然承担着各类风险。按照风险排序：第一是企业家；第二是中高层管理者；第三是关键岗位的员工；第四是普通员工；第五是企业供应链合作者（比如，三聚氰胺事件）。企业刑事合规风险存在于从企业设立、发展直至破产清算的全流程，分布于企业经营管理的各个环节并伴随企业终身。

（二）企业刑事合规风险涉及的罪名

社会上流行一种幽默的说法，"企业家不在监狱里，就在通往监狱的路上"。因为涉及企业和企业家的刑事罪名有上百种，包括非法经营罪、非法集资罪、职务侵占罪、受贿罪、非国家工作人员受贿罪、单位行贿罪、合同诈骗罪、非法吸收公众存款罪、信用证诈骗罪、重大事故责任罪等等。

（三）企业刑事犯罪合规风险常见领域

企业刑事合规风险集中体现在不正当竞争、垄断、商业贿赂、违法招投标、生产安全、生产污染、生产销售伪劣产品、逃税、虚开发票、购买发票、出售发票等犯罪领域。企业整体实施的犯罪体现了企业的整体意志。

（四）合规内控机制可以有效防控企业犯罪

企业合规管理要具有一定的独立性，特别是在刑事合规领域，不应当随着企业高管层意志的变动而随意调整。特别是《刑法修正案（九）》，针对公司企业创设了许多新的罪名，还在原有罪名的基础上增加了单位犯罪主体。这说明，我国《刑法》越来越重视企业的刑事责任，构建刑事合规体系可以有效地预防企业犯罪的刑事风险。

五、建立与完善企业法律防控制度

（一）建立企业法律文件审查制度

法律文件审查制度主要是指法律专业人员对各部门、各企业的法律文件（特别是经济合同）依据现有的法律、政策对其合法性进行审查，并对其可能产生的风险及履行合同的法律后果等进行分析、预测，提出具有指导性的法律意见，以作为合同谈判、签订的参考。

（二）建立企业法律咨询和指导制度

企业法律咨询和指导制度主要是指法律顾问通过咨询的指导方式，协调处理集团企业和其他部门涉及的法律事务，保证企业经营管理活动的安全性。集团企业和其他部门在经营管理活动中遇到需要咨询的事项时，应当主动向法律顾问提出咨询，法律顾问则应依据法律的规定并结合企业的具体情况提出合理的咨询意见，以作为决策的参考。

（三）企业法律风险防范与处理要点

（1）参与企业经营决策，保证合法经营。为了在生产经营过程中有效地避免法律风险，在重大决策未形成决定前法务咨询师对该项决策的法律意见进行充分的陈述和说明，及时提出法律方面的意见，为企业管理人员提供参考。

（2）预测决策风险。对企业法律风险进行有效防控，就是要对各种决策方案的风险因素进行预测和分析，使企业选择风险最小、获利最大的方案，并提出法律上的建议和意见，使得风险能得以避免或者减少到最低限度。

（3）建立内部规章制度。坚持以预防风险为原则，充分利用法律、法规和规章制度的规范性、科学性和超前性，约束和指导各项管理工作关系，使企业的经济活动沿着法治的轨道有条不紊地、良性有序地发展，从而避免或防止一切不必要的偏差和失误发生，起到防患于未然的作用。

（四）强化合同监控

为了保证合同的顺利履行，企业必须强化合同监控，这样能够大大降低企业法律风险。①实行合同集中管理。由集团按规定程序进行审批，从源头上防止经济纠纷产生。②实行合同网上监控。将涉及合同的各种数据录入计算机，并对录入数据进行网络实时维护、审核、监控。③实行合同文本标准化。规范常用的合同文本，减少并逐渐杜绝签订合同过程中出现的经营漏洞。

（五）及时处理经济纠纷维护企业的合法利益。

企业应善于运用法律武器维护企业合法权益，积累司法维权经验与降低法律风险。①做好个案自我过错分析。对由企业违约、侵权导致的纠纷，认真分析企业自身出错原因；有针对性地采取防范措施。②重视日常证据的收集归档管理。正确使用合同担保制度，预防、规避合同项目风险，做到未雨绸缪，防患于未然。

六、构建企业刑事合规的步骤

（一）风险点定位

刑事风险点的定位是企业刑事合规制度建构的前提，企业面临的刑事犯罪风险可以被分为一般风险和特殊风险两类：前者是企业作为市场经营主体必然会存在的刑事犯罪风险，例如商业贿赂犯罪风险，这是所有企业都必须关注的领域；而后者则是企业基于自身业务特殊性而产生的刑事犯罪风险。

（二）刑事法律风险评估

在完成企业刑事风险定位后，需要将零散的刑事风险进行系统化整理，对识别出的刑事法律风险进行定性、定量分析，评估导致刑事法律风险发生的原因、刑事法律风险发生的可能性及其后果、影响可能性及后果的因素等。风险评估是制定应对刑事合规计划的基础。

（三）刑事合规计划的制定

刑事合规计划通常包括三个层次的目标：

第一层次是宏观目标。主要包括企业内部和外部的刑事犯罪风险。如何在企业刑事犯罪风险产生后及时发现并将其化解，减少犯罪对企业利益的损害。

第二层次是价值目标。提供正式的规范化文件，建立企业内部制度机制，确保刑事合规被广泛地理解和执行；使刑事合规成为企业经营管理的关键性环节，提升企业高管、企业法务人员和企业管理者的刑事合规意识；遵循外部刑事法律规范的发展趋势，使刑事合规体现最新的刑事立法更新，履行企业刑事法律义务，在拓展新的企业经营范围时，首先明确新领域的相关法律义务。

第三层次是功能目标。①为企业建立独立的、对企业经营管理行为的刑事犯罪风险进行反馈的相关机制，寻求法律专业性的帮助和建议；②为企业提供实时更新的刑事犯罪风险预警，将刑事合规同企业业务扩展更新联系起来；③收集企业内外部对刑事合规工作的意见信息，修正错误、改进不足，提升企业刑事合规的刑事犯罪风险防控效果；④对企业刑事合规工作效果认识清晰，评估企业刑事合规具有真实性、长期性稳定性和现实效果；⑤建立重大事件、紧急事件、突发性事件发生时，刑事合规专员的介入程序和方式。

（四）刑事合规计划的执行跟踪

大部分企业往往都会忽视甚至弃用刑事合规计划。刑事合规行为的执行不力会直接引发刑事合规风险，会对企业造成巨大的隐性损害，一旦风险爆发便会导致企业遭受巨大损失。因此，需要加强企业刑事合规的审查问责机制。应当将企业刑事合规纳入企业经营成本的基本构成。为避免管理层懈怠，有必要适当引入外部监督机制。形成企业自身、行业监督、政府监管的三层合规执行监管体系，确保刑事合计划落地生根。

（五）刑事合规动态管理机制

刑事合规制度是一个动态的制度。应该把刑事合规的监测和评估纳入企业自身管理工作，也可引入外部专业机构评估。

七、企业民事法律风险技术性预防

（一）企业签约风险的防范

①管好法定代表人的私人名章，避免违规使用。②要留下对方授权委托书的原件。特别提醒：在确认了对方的授权委托书后，还必须留下法人代表委托书原件。对于代理人的授权期满或者没有具体收取期限的授权书，企业必须及时收回，如果丢失应该公开登报。③避免经理人越权签约，构成"表见代理"。公司辞退经理人后要向过去合作过的企业或者单位发书面通知，以免被辞退的经理人伪造企业合同、印章签约，导致由企业承担违约责任。④切记：法人代表知道他人以自己的名义签约而不做否认表示，构成容忍委托授权。

（二）认真考察签约方的主体资格及资信情况

①营业范围与特许经营、专营等。②是否存在吊销营业执照与注销营业执照的情况。③签约方的银行资信状况。④查询该企业是否有法院判决不执行的信用缺陷。⑤查询对方是否存在网络媒体曝光失信信息。

（三）考察对方的资信情况

①防止对方合同欺诈。认真审核合同主体、标的财产、履约能力等，避免陷入错误；②异地签约注意对方有无文字改动；③连环合同可能出现的合同陷阱；④标的物交付时的合同陷阱；⑤银行有无可能对企业进行商事留置；⑥审核买卖合同检验期限设计是否有漏洞或者含糊不清之处；⑦防止合同条款与封存样品的不一致。提醒注意最高人民法院《关于审理买卖合同纠纷案件适用法律问题的解释》（以下简称《买卖合同解释》）的规定较为含糊，可能给企业带来不利后果。

（四）法律的合法规避与违法规避

合法规避与违法规避的区分标准。比如，发起人股份的转让；租期合同的租期延长；恶意串通时合同的效力；租用带司机的挖掘机的租赁合同；中介合同涉及的返点与回扣；为了规避利益或者法规签订的阴阳（黑白）两份合同的效力如何认定；合同合作或者挂靠合作的借壳行为；最高人民法院《关于审理建设工程施工合同纠纷案件适用法律问题的解释（一）》（以下简称《施工合同解释》）规定，阴阳合同与补充协议与备案合同内容不一致的，法院一般会认定无效。这些合同签订后都充满风险。

（五）企业担保风险防范

①担保资格的自我审核。根据《民法典》有关担保资格的规定，确认是否具备担保资格，比如法律规定国家机关、学校、医院等资产不得作为抵押担保物。②关于程序方面的规定。应符合《公司法》和其他法律法规的规定。③质押和抵押风险的防范。在质押行为发生之前要做好规避处罚的风险评估并制定自我救济预案。

（六）企业的自我救济及诉讼

①及时行使抗辩权。企业一旦遭遇欺诈性经营行为，要及时行使占有抗辩权。对此不可掉以轻心，特别是在规定期限内行驶抗辩权。②合同的解除权。明显失却公平或者对方恶意不履行合同义务，守约方应该及时通过协商、仲裁、起诉等途径行使合同解除权。③行使代位权。根据需要，企业不得利用"二进宫"和"杀回马枪"规则维护实际的合法权益。④行使撤销权。企业在遇到债务人怠于行使或者推延债务时，要善于依法行使债务撤销权。⑤及时起诉或申请仲裁。在协商无法实现解决纠纷，对方故意找理由拖延时间时，企业一定要在3年诉讼时效内提起诉讼。否则逾期将失去诉讼权。

（七）投资与吸纳资金时的风险防范

①隐名股东与显名股东问题。依据最高人民法院《关于适用〈中华人民共和国公司法〉若干问题的规定（三）》（以下简称《公司法解释（三）》）的有关规定处理。②股东的出资金额和出资的形式。第一是善意取得的资金；第二是写明能否回购。③股权转让和继承。参照《公司法》的规定执行，不要轻信任何人的口头承诺。④企业之间的借款与集资。参照国家关于对企业金融活动的司法解释。⑤竞业禁止与保密义务。参照《公司法》的有关规定。

（八）企业知识产权风险的防范

①知识产权的归属：一是著作权的归属，比如包装设计有无著作权。二是技术成果的归属，职务技术成果申请专利，专利权归属问题必须明晰。②专利转让合同一定要写明一次性授权使用还有使用费用、继续使用的违约责任、侵犯专利的法律责任等、含糊的合同必然埋下隐患。③外观设计专利与著作

权的双重保护，最好同步进行。

（九）商标的法律风险

①企业应尽可能做到商标权注册与著作权登记的双重保护。这样可以避免商标权与设计著作权纷争。②OEM（原始设备制造商）在定做商品时必须写明时间、产品名称、数量等要素，定做者不得私自销售贴标生产的产品，否则构成商标侵权。③商标授权使用，一定要写明产品的品类、时间、数量等限制，否则便会构成违法与侵权。

八、企业泄密风险与商业保密法律风险防范

商业秘密属于企业无形资产，必须有严格的管理制度，尤其是企业核心技术和市场客户材料等秘密，一旦泄露便很可能决定企业的生死存亡。因此，企业应采取以下有效措施建立保密制度，防范泄密事件发生。

①制定企业商业保密工作计划；②加强对保密工作风险点的管控；③密切关注关键部门、关键岗位的员工；④注意区分涉密资料管理；⑤加强对外聘、外包人员的精细化管理；⑥不定期开展保密工作专项检查；⑦注重培养员工规范管理的严谨作风；⑧建立泄密内部举报机制。

企业可以通过保密制度建设，有效地避免商业泄密风险：①设立专业或者兼管商业秘密的部门；②制定适合本单位实际情况的保密制度；③完善商业秘密分管制度体系；④加强对商业秘密及其载体的管理；⑤建立和完善商业秘密载体管理制度；⑥对商业秘密中的经营信息进行分区管理；⑦对核心技术商业秘密信息进行分段管理；⑧涉密岗位招聘员工必须进行尽职调查；⑨建立和完善员工保密制度和竞业禁止制度；⑩建立企业法律文件内部保管与调阅制度；⑪建立商业机密法律培训指导制度。

第四节　企业非法经营风险

一、非法吸收公众存款罪

（一）罪名定义与犯罪行为方式的主要表现

根据《刑法》第176条的规定，非法吸收公众存款罪是指违反国家金融管理法规，非法吸收公众存款或者变相吸收公众存款，扰乱金融秩序的行为。

其犯罪行为表现有如下特征：第一，以非法提供存款利率的方式吸收存款，扰乱金融秩序。吸收存款人径直在当场交付存款人或储户的存单上开出高于央行法定利率的利率数。此种为"账面上有反映"的方式。第二，以变相提高利率的方式吸收存款、扰乱金融秩序。

实践中，行为人吸收存款的具体方式有：①以"体外循环"手法非法以贷吸存。通常指贷方银行或其他金融机构未在上级行规定的放贷规模内放贷，而以账外吸收存款、账外发放贷款的违规操作手法存贷。②以在存款中先行补足自己擅自抬高的利率息差的方式非法吸收存款。③以擅自在社会上大搞有奖储蓄的办法非法吸收公众存款。④以暗自先行给付实物或期约给付实物的手段非法吸收存款。⑤以暗自期许存款方对其动产、不动产的长期使用权来非法招揽存款。⑥依法无资格从事吸收公众存款业务的单位非法吸收公众存款。只要其从事了"吸收公众存款的行为"即属"非法"行为，一概构成本罪。

（二）立案标准与刑期

对于非法吸收公众存款是否立案侦查，从造成的经济损失上来看，个人非法吸收或者变相吸收公众存款给存款人造成直接经济损失数额在 10 万元以上的，单位非法吸收或者变相吸收公众存款给存款人造成直接经济损失数额在 50 万元以上的。《刑法》第 176 条第 1、2 款规定："非法吸收公众存款或者变相吸收公众存款，扰乱金融秩序的，处三年以下有期徒刑或者拘役，并处或者单处罚金；数额巨大或者有其他严重情节的，处三年以上十年以下有期徒刑，并处罚金；数额特别巨大或者有其他特别严重情节的，处十年以上有期徒刑，并处罚金。单位犯前款罪的，对单位判处罚金，并对其直接负责的主管人员和其他直接责任人员，依照前款的规定处罚。"

（三）确定本罪的证据链

【犯罪客观方面】①犯罪预备情况（非法吸收资金起意的时间；为吸收资金所做的准备；拟用的吸收资金手段）。②是否取得吸收资金资格（未取吸收资金资格；骗取有关审批部门或不法手段拉拢、收买、胁迫管理部门的工作人员获得吸收资金资格；获得吸收资金资格，但未按照批文内容，超范围、超标准、超时间吸收资金）。③吸收资金的对象（直接面向不特定的社会公众；间接面向不特定的社会公众）、身份。④吸收资金的时间、地点、参与人、具体过程，被吸收资金的人（户）数及个人（户）被吸收资金的具体数额。⑤吸收资金的方式（不具有房产销售的真实内容或者不以房产销售为主要目的，以返本销售、售后包租、约定回购、销售房产份额等方式非法吸收资金；以转让林权并代为管护等方式非法吸收资金；以代种植、租种植、联合种植等方式非法吸收资金；不具有销售商品、提供服务的真实内容或者不以销售商品、提供服务为主要目的，以商品回购、寄存代售等方式非法吸收资金；不具有发行股票、债券的真实内容，以虚假转让股权、发售虚构债券等方式非法吸收资金；不具有募集基金的真实内容，以假借境外基金、发售虚构基金等方式非法吸收资金；不具有销售保险的真实内容，以假冒保险公司、伪造保险单据等方式非法吸收资金；以投资入股的方式非法吸收资金；以委托理财的方式非法吸收资金；利用民间"会""社"等组织非法吸收资金）。⑥吸收资金是否签订合同及合同的主要内容。⑦犯罪嫌疑人虚构事实、隐瞒真相的情况（吸收资金的方式；承诺高额回报；编造虚假项目；虚假宣传造势，如请明星代言，在著名报刊上刊登专访文章，在报纸、电视、媒体上宣传投资前景、收益，通过推介会、传单、手机短信等途径向社会公开宣传，雇人广为散发宣传单，进行社会捐赠，提供虚假证明文件，口口相传等；利用亲情诱骗，如利用亲戚朋友、同乡等关系，用高额回报诱惑社会公众参与投资）。⑧犯罪嫌疑人与被害人的关系（之前有无合作、纠纷关系等）。⑨被害人对吸收资金行为的认识（是否陷入错误认识；是否自愿交付资金）。⑩犯罪嫌疑人履行合同的能力。⑪犯罪嫌疑人承诺投资项目的经营、收益情况。⑫犯罪嫌疑人承诺的投资回报率、实际支付的回报率。⑬吸收的资金的流向、犯罪嫌疑人账务情况及资金流向关联账户的情况。⑭犯罪嫌疑人支付被害人投资本金及投资回报的资金来源（生产经营收益；借款；非法吸收他人的资金）。⑮导致吸收的资金无法返还、被害人直接经济损失的。⑯非法吸收资金是否曾受到过国家有关机关的行政处罚，及行政处罚的时间、种类、罚款金额等。⑰单位涉嫌犯罪的情况。

【犯罪嫌疑人供述和辩解】①犯罪嫌疑人基本情况：自然人犯罪嫌疑人的基本情况。②单位犯罪嫌疑人（含实际控制人）的基本情况。

【犯罪主观方面】①犯罪时的主观状态（明知不具备吸收资金的资格或者吸收资金的方式、内容不合法，仍然吸收或变相吸收资金）。②犯罪原因、动机（获取非法利益等）。

【共同犯罪情况】①犯意的提起、策划、联络、分工、实施、分赃等情况。②为犯罪嫌疑人非法吸收资金提供帮助，从中收取代理费、好处费、返点费、佣金、提成等费用的情况。

【影响定罪量刑的情况】犯罪嫌疑人对有罪无罪，法定、酌定加重、从重、减轻、从轻情节的供述与辩解。

【证人证言】通过询问吸收资金审批及其他相关单位人员、吸收资金单位（个人）工作人员（含财务人员）、中间人、知情人，调查了解：①吸收资金行为的审批审核情况。②吸收资金的时间、地点、数额、过程。③吸收资金的数额、方式、手段、宣传、承诺。④所吸收资金的交付、流转及用途。⑤犯罪嫌疑人履约能力及造成被害人直接经济损失。⑥共同犯罪的，犯意的提起、策划、联络、分工、实施及分赃。

【物证书证】物证包括：①被吸收的资金及照片。②利用吸收资金所购买的物品（含不动产）及照片。③作案工具（伪造的印章、银行信用卡及其他）及照片。

书证包括：①吸收资金资格的审批审核材料。②伪造的吸收资金证件、文件。③吸收资金说明书、宣传海报等。④为吸收资金所签订的合同文本、补充协议、会议纪要（记录）、往来传真等。⑤伪造、变造、作废的票据，虚假的产权证明等相关文件。⑥为吸收资金而出具的借据、欠据、收条、证明等。⑦被吸收资金进出记录、银行流水账及相关票据（支票、汇票、本票）。⑧犯罪嫌疑人的会计凭证、会计账本、资金进出记录、银行流水账等。⑨关联账户资金进出记录。⑩犯罪嫌疑人利用所吸收的资金挥霍、消费、购买物品（含不动产）产生的消费凭据、票据、产权证明等。⑪中国银行业（证券业、保险业）监督管理委员会出具的犯罪嫌疑人的行为属于非法吸收或变相吸收资金（公众存款）的行政认定书。⑫单位犯罪的，形成单位决定（意志）的会议记录、决策人员批示或授权等材料。

【勘查、辨认等形成的笔录】

（1）现场勘查笔录（被吸收资金及其他涉案财产藏匿场所）。包括：①勘查时间、地点、现场概貌（空间、方位、大小及建筑布局）。②涉案资金及其他涉案物品的种类、数量、具体位置。③提取物品的名称、数量、标记和特征。

（2）辨认笔录。包括：①犯罪嫌疑人辨认笔录（涉案财物藏匿场所、共同犯罪嫌疑人、作案工具及其他与案件有关物品、场所的辨认）。②被害人、证人辨认笔录（犯罪嫌疑人、作案工具及其他与案件有关物品、场所的辨认）。

【视听资料】①监控视频资料（记载犯罪嫌疑人犯罪情况的现场监控录像、录音资料）。②相关人员通过录音录像设备拍摄的视听资料（现场当事人、证人用手机、相机等设备拍摄的反映案件情况的资料）。③审讯过程的视听资料（对犯罪嫌疑人供述经过的录音、录像资料等）。④其他与案件有关的视听资料（合同各方商谈合同过程的录像资料及犯罪嫌疑人为吸收资金宣传造势的视频资料等）。

【电子数据】①犯罪嫌疑人与被害人的网上交易记录。②犯罪嫌疑人挥霍吸收的资金的交易记录。③与案件有关电子账本等。

【其他证据材料】①自然人犯罪嫌疑人身份证据材料。②犯罪嫌疑人前科证据材料。③涉及单位犯罪的，单位犯罪嫌疑人的身份证据材料。④犯罪嫌疑人自书、投案、自首、立功等证据材料。⑤报案材料、公安机关出警经过、犯罪嫌疑人归案材料等。

二、集资诈骗罪

（一）罪名定义与犯罪行为方式的主要表现

根据《刑法》第192条的规定，集资诈骗罪是指，以非法占有为目的，违反有关金融法律、法规的规定，使用诈骗方法进行非法集资，扰乱国家正常金融秩序，侵犯公私财产所有权，且数额较大的行为。本罪在客观方面表现为行为人必须实施了使用诈骗方法非法集资，数额较大的行为。集资诈骗行为与一般正常合法的集资行为（尤其是与集资经济合同纠纷）之间的界限并不十分清晰。区分的关键是要进行认真的综合考察：

（1）考察行为人是否具有非法占有的目的。集资诈骗罪行为人则在主观上有占有他人集资款物的故意，其与他人签订集资合同并不是为了履行合同，而只是作为一种诈骗的手段，因为在签订集资合同时，行为人已经具有了非法占有他人财物的故意。

（2）考察行为人是否采用了欺骗的方法。正常合法的集资行为，并不需要采用欺骗的方法，也不会用欺骗的方式来达到自己的集资目的；而集资诈骗罪的行为人则必须使用欺骗的方法，使人上当，从而达到占有他人财物的目的。

（3）考察行为人履行集资合同的能力和诚意。正常合法的集资行为当事人,对集资合同中约定的义务在客观上有完全或部分履行能力,且在主观上有履行的诚意并做了一定的努力。而集资诈骗罪的行为人则根本无履行合同的诚意,也不会为合同的履行作任何努力。

(4)考察行为人违约后的态度。正常当事人在违约后不会故意逃避责任。而集资诈骗罪的行为人则会采取潜逃、抵赖等方法进行逃避,使投资者无法追回。

(二)立案标准与刑期

行为人具有下列情形之一的,应认定其行为属于使用诈骗方法非法集资:①集资后携带集资款潜逃的。②未将集资款按约定用途使用,而是擅自挥霍、滥用,致使集资款无法返还的。③使用集资款进行违法犯罪活动,致使集资款无法返还的。④向集资者允诺到期支付超过银行同期最高浮动利率50%以上的高回报率的。

犯集资诈骗罪的,处3年以上7年以下有期徒刑,并处罚金;情节严重的,处7年以上有期徒刑或者无期徒刑,并处罚金或者没收财产。

(三)确定本罪的证据链

①犯罪嫌疑人供述和辩解(犯罪过程供述略);②非法集资的方式;③集资手续(犯罪嫌疑人虚构事实情况);④犯罪嫌疑人与被害人的关系;⑤犯罪嫌疑人获得集资后的表现;⑥非法集资的证据;⑦聚集资金的流向与投资回报;⑧被害人直接经济损失;⑨犯罪主观方面因素口供;⑩共同犯罪供述情况;⑪分赃制度与非法所得;⑫对影响量刑的供述与辩解;⑬被害人陈述材料、证人证言;⑭物证、书证材料;⑮相关印章、票据、证明文件等鉴定意见;⑯勘查、搜查、辨认等笔录;⑰视听资料、电子数据;⑱其他证据材料(同上,略)。

三、非法集资罪

(一)非法集资犯罪的定义

非法集资是一种犯罪活动,根据《中国人民银行关于取缔非法金融机构和非法金融业务活动中有关问题的通知》的规定,是指单位或者个人未依照法定程序经有关部门批准,以发行股票、债券、彩票、投资基金证券或其他债权凭证的方式向社会公众筹集资金,并承诺在一定期限内以货币、实物及其他方式向出资人还本付息或给予回报的行为。

（二）非法集资罪的表现

"非法集资"归纳起来主要有以下几种：

第一，通过发行证券、会员卡或债券等形式吸收资金。

①以发行或变相发行股票、债券、彩票、投资基金等权利凭证或者以期货交易、典当为名进行非法集资。②对物业、地产等资产进行等份分割，通过出售其份额的处置权进行高息集资。通过出售其份额并承诺售后返租、售后回购、定期返利等方式进行非法集资。③利用民间会社或地下钱庄进行非法集资。④以签订商品购销合同进行非法集资。常见的方式是以商品销售与返租、回购与转让、发展会员、商家加盟、"积分返现"等进行非法集资。⑤以发行或变相发行彩票的方式集资。⑥利用传销非法集资。⑦借种植、养殖、庄园开发、生态环保等投资名义非法集资。⑧利用网络技术构造虚拟产品，如通过电子商铺、虚拟商城投资委托经营、到期回购等方式进行非法集资。⑨利用互联网设立投资基金的形式进行非法集资。⑩利用"电子黄金投资"形式进行非法集资。

第二，犯罪特征。最高人民法院 2010 年 12 月 13 日发布的《关于审理非法集资刑事案件具体应用法律若干问题的解释》第 1 条第 1 款规定："违反国家金融管理法律规定，向社会公众（包括单位和工人）吸收资金的行为，同时具备下列四个条件的，除刑法另有规定的以外，应当认定为刑法第一百七十六条规定的'非法吸收公众存款或者变相吸收公众存款'：（一）未经有关部门依法批准或者借用合法经营的形式吸收资金；（二）通过媒体、推介会、传单、手机短信等途径向社会公开宣传；（三）承诺在一定期限内以货币、实物、股权等方式还本付息或者给付回报；（四）向社会公众即社会不特定对象吸收资金。"请注意：在亲友或单位内部针对特定对象吸收资金的，不属于非法吸收或变相吸收公众存款。

（三）集资的具体手段

①承诺高额回报。非法集资者用后集资人的钱兑现先前的本息，等达到一定规模后，便秘密转移资金，携款潜逃。②编造虚假项目或订立陷阱合同。以各种虚假项目骗取群众"投资入股"；承诺高额固定收益，吸收公众存款。③混淆投资理财概念，让群众在眼花缭乱的新名词前失去判断力。④装点门面，用合法的外衣或名人效应骗取群众的信任。在豪华写字楼租赁办公地点，聘请名人做宣传，骗取信任。⑤利用网络虚拟空间实施犯罪、逃避打击。

（四）集资罪的认定条件

最高人民法院《关于审理非法集资刑事案件具体应用法律若干问题的解释》第2条规定："实施下列行为之一，符合本解释第一条第一款规定的条件的，应当依照刑法第一百七十六条的规定，以非法吸收公众存款罪定罪处罚：（一）不具有房产销售的真实内容或者不以房产销售为主要目的，以返本销售、售后包租、约定回购、销售房产份额等方式非法吸收资金的；（二）以转让林权并代为管护等方式非法吸收资金的；（三）以代种植（养殖）、租种植（养殖）、联合种植（养殖）等方式非法吸收资金的；（四）不具有销售商品、提供服务的真实内容或者不以销售商品、提供服务为主要目的，以商品回购、寄存代售等方式非法吸收资金的；（五）不具有发行股票、债券的真实内容，以虚假转让股权、发售虚构债券等方式非法吸收资金的；（六）不具有募集基金的真实内容，以假借境外基金、发售虚构基金等方式非法吸收资金的；（七）不具有销售保险的真实内容，以假冒保险公司、伪造保险单据等方式非法吸收资金的；（八）以投资入股的方式非法吸收资金的；（九）以委托理财的方式非法吸收资金的；（十）利用民间"会"、"社"等组织非法吸收资金的；（十一）其他非法吸收资金的行为。"

（五）非法集资的定罪量刑

最高人民法院《关于审理非法集资刑事案件具体应用法律若干问题的解释》第3条第1、2款规定："非法吸收或者变相吸收公众存款，具有下列情形之一的，应当依法追究刑事责任：（一）个人非法吸收或者变相吸收公众存款，数额在20万元以上的，单位非法吸收或者变相吸收公众存款，数额在100万元以上的；（二）个人非法吸收或者变相吸收公众存款对象30人以上的，单位非法吸收或者变相吸收公众存款对象150人以上的；（三）个人非法吸收或者变相吸收公众存款，给存款人造成直接经济损失数额在10万元以上的，单位非法吸收或者变相吸收公众存款，给存款人造成直接经济损失数额在50万元以上的；（四）造成恶劣社会影响或者其他严重后果的。具有下列情形之一的，属于刑法第一百七十六条规定的'数额巨大或者有其他严重情节'：（一）个人非法吸收或者变相吸收公众存款，数额在100万元以上的，单位非法吸收或者变相吸收公众存款，数额在500万元以上的；（二）个人非法吸收或者变相吸收公众存款对象100人以上的，单位非法吸收或者变相吸收公众存款对象500人以上的；（三）个人非法吸收或者变相吸收公众存款，给存款人造成直接经济损失数额在 50 万元以上的，单位非法吸收或者变相吸收公众存款，给存款人造成直接经济损失数额在 250 万元以上的；（四）造成特别恶劣社会影响或者其他特别严重后果的。非法吸收或变相吸收公众存款的数额，以行为人所吸收的资金全额计算。案发前后已归还的数额，可作为量刑情节酌情考虑。非法吸收或者变相吸收公众存款，主要用于正常的生产经营活动，能够及时清退所吸收资金，可以免予刑事处罚；情节显著轻微的，不作为犯罪处理。"

四、领导传销活动罪

（一）定义与犯罪行为方式的主要表现

根据《刑法》第 224 条之一的规定，组织、领导传销活动罪是指以推销商品、提供服务等经营活动为名，要求参加者以缴纳费用或者购买商品、服务等方式获得加入资格，并按照一定顺序组成层级，直接或者间接以发展人员的数量作为计酬或者返利依据，引诱、胁迫参加者继续发展他人参加，骗取财物，扰乱经济社会秩序的传销活动。本罪在客观方面表现为违反国家规定，组织、从事传销活动，扰乱市场秩序，情节严重的行为。但不是所有的传销行为都构成犯罪，情节一般的，属于一般违法行为，由市场监督管理部门予以行政处罚。只有在行为人实施传销行为情节严重才构成犯罪，依法应追究刑事责任。

（二）本罪行为的客观条件

①不交纳高额入门费或购买与高额入门费等价的道具商品，根本得不到入门资格。②从经营对象上看，根本没有产品销售，或只以价格与价值严重背离的道具商品为幌子，且不许退货，主要以发展下线人数为主要目的。③从人员的收入来源上来看，主要取决于发展的下线人数多少和新人会成员的高额入门费。④从组织存在和维系的条件来看，直接取决于是否有新会员以一定倍率不断加入。⑤从收入奖励分配层级来看，存在三级以上奖励制度者一般会被确认为传销。⑥传销与直销的区别。作为对比的是，直销销售人员获取从业资格时没有被要求缴纳高额入门费、以销售产品为导向、商品定价基本合理且有退货保障、人员收入来源主要是销售业绩和奖金、直销公司的生存与发展取决于产品销售业绩和利润。

（三）立案标准与量刑标准

最高人民检察院、公安部 2010 年 5 月 7 日颁布施行的《关于公安机关管辖的刑事案件立案追诉标准的规定（二）》第 78 条规定："组织、领导以推销商品、提供服务等经营活动为名，要求参加者以缴纳费用或者购买商品、服务等方式获得加入资格，并按照一定顺序组成层级，直接或者间接以发展人员的数量作为计酬或者返利依据，引诱、胁迫参加者继续发展他人参加，骗取财物，扰乱经济社会秩序的传销活动，涉嫌组织、领导的传销活动人员在三十人以上且层级在三级以上的，对组织者、领导者，应予立案追诉。本条所指的传销活动的组织者、领导者，是指在传销活动中起组织、领导作用的发起人、决策人、操纵人，以及在传销活动中担负策划、指挥、布置、协调等重要职责，或者在传销活动实施中起到关键作用的人员。"针对扰乱经济社会秩序的传销活动主犯，处 5 年以下有期徒刑或者拘役，并处罚金；情节严重的，处 5 年以上有期徒刑，并处罚金。

（四）定罪的证据链（略）

五、经营非法出版物罪

（一）非法出版物定义及表现形式

非法出版物是非国家批准的出版单位出版的在社会上公开发行的图书，报刊和音像出版物，以及违反《出版管理条例》未经批准擅自出版的出版物。包括盗用、假冒正式出版单位或者报纸、期刊名义出版的出版物、光盘、音乐影视作品等，买卖书刊、版号出版的出版物；擅自印刷或复制的境外出版物；非法进口的出版物等。具体违法表现如下：①盗用、假冒正式出版单位或者报纸、期刊名义出版的出版物；②伪称根本不存在的出版单位或者报纸、期刊名称出版的出版物；③盗印、盗制合法出版物而公开销售的出版物；④公开发行的不署名出版单位或署名非出版单位的出版物；⑤承印者以牟利为目的擅自加印、加制的出版物；⑥被明令解散的出版单位的成员擅自重印或以原单位名义出版的出版物；⑦未经新闻出版行政部门批准的内部资料性出版物；⑧买卖书（刊、版）号出版的出版物；⑨擅自印刷或复制的境外出版物；⑩非法进口的出版物。

（二）经营非法出版物的行政处罚规定

相关法律规定，违反规定发行、散发、附送和出租含有违反《宪法》，危害国家利益和主权，违反国家民族政策，宣扬淫秽、迷信、暴力及法律法规禁止内容的出版物的；发行、散发、附送和出租国家明令查禁的出版物的；发行、散发、附送和出租盗版、盗印的出版物的；发行、散发、附送和出租无书号、刊号、版号及伪造、假冒出版单位出版的非法出版物的。有上列行为之一的，由新闻出版行政部门没收违法发行的出版物和违法所得，并处违法所得 2 倍以上 10 倍以下的罚款；没有违法所得的，处 3000 元以上 10 000 元以下的罚款；情节严重的，由原发证部门责令停业整顿或者吊销许可证。

经营非法出版物定罪基准刑罚金标准：非法经营出版物数额 10 万元、违法所得 3 万元、经营报纸 5500 份、期刊 5500 本、图书 2500 册、音像制品、电子出版物 550 张（盒）以内的，基准刑为罚金刑。

（三）刑事处罚（刑拘）与判刑标准

非法经营数额 10 万元以上不足 12 万元、违法所得在 3 万元以上不足 4 万元、经营报纸 5500 份以上不足 6000 份或者期刊 5500 本以上不足 6000 本或者图书 2000 册以上不足 3000 册、音像制品、电子出版物 550 张（盒）以上不足 600 张（盒）的，基准刑为拘役刑。

①非法经营数额达 12 万元或者违法所得 4 万元、经营报纸 6000 份或者期刊 6000 本或者图书 3000 册、音像制品、电子出版物 600 张（盒）的，基准刑为有期徒刑 6 个月，每增加犯罪数额 3000 元或者违法所得 800 元或者报刊 200 份或者图书 20 册或者电子出版物 20 张（盒）的，刑期增加 1 个月。②5 年以上有期徒刑的量刑标准：非法经营数额 25 万元、违法所得 7 万元、经营报纸 1.5 万份或者期刊 1.5 万本或者图书 5000 册或者音像制品、电子出版物 1500 张（盒）的，基准刑为有期徒刑 5 年。③每增加犯罪数额 1 万元、违法所得 1000 元、报刊 300 份或者图书 50 册或者电子出版物 20 张（盒）的，刑期增加 1 个月。

（四）"情节严重"的非法经营行为认定标准

最高人民法院《关于审理非法出版物刑事案件具体应用法律若干问题的解释》第 11 条规定："违反国家规定，出版、印刷、复制、发行本解释第一条至第十条规定以外的其他严重危害社会秩序和扰乱市场秩序的非法出版物，情节严重的，依照刑法第二百二十五条第（三）项的规定，以非法经营罪定罪处罚。"第 12 条规定："个人实施本解释第十一条规定的行为，具有下列情形之一的，属于非法经营行为'情节严重'：（一）经营数额在五万元至十万元以上的；（二）违法所得数额在二万元至三万元以上的；（三）经营报纸五千份或者期刊五千本或者图书二千册或者音像制品、电子出版物五百张（盒）以上的。具有下列情形之一的，属于非法经营行为'情节特别严重'：（一）经营数额在十五万元至三十万元以上的；（二）违法所得数额在五万元至十万元以上的；（三）经营报纸一万五千份或者期刊一万五千本或者图书五千册或者音像制品、电子出版物一千五百张（盒）以上的。"根据最高人民法院的解释，出版、印刷、复制、发行非法出版物达到追诉标准的构成非法经营罪。个人非法收入2万元以上或售卖5000份非法期刊报纸的便已经构成犯罪了。《刑法》第225条规定："违反国家规定，有下列非法经营行为之一，扰乱市场秩序，情节严重的，处五年以下有期徒刑或者拘役，并处或者单处违法所得一倍以上五倍以下罚金；情节特别严重的，处五年以上有期徒刑，并处违法所得一倍以上五倍以下罚金或者没收财产：……"

六、其他严重扰乱市场秩序犯罪

（一）其他扰乱市场秩序的违法犯罪行为表现

最高人民检察院、公安部《关于公安机关管辖的刑事案件立案追诉标准的规定（二）》第79条规定："违反国家规定，进行非法经营活动，扰乱市场秩序，涉嫌下列情形之一的，应予立案追诉：……（五）出版、印刷、复制、发行严重危害社会秩序和扰乱市场秩序的非法出版物，具有下列情形之一的：1.个人非法经营数额在五万元以上的，单位非法经营数额在十五万元以上的；2.个人违法所得数额在二万元以上的，单位违法所得数额在五万元以上的；3.个人非法经营报纸五千份或者期刊五千本或者图书二千册或者音像制品、电子出版物五百张（盒）以上的，单位非法经营报纸一万五千份或者期刊一万五千本或者图书五千册或者音像制品、电子出版物一千五百张（盒）以上的；4.虽未达到上述数额标准，但具有下列情形之一的：（1）两年内因出版、印刷、复制、发行非法出版物受过行政处罚二次以上的，又出版、印刷、复制、发行非法出版物的；（2）因出版、印刷、复制、发行非法出版物造成恶劣社会影响或者其他严重后果的。（六）非法从事出版物的出版、印刷、复制、发行业务，严重扰乱市场秩序，具有下列情形之一的：1.个人非法经营数额在十五万元以上的，单位非法经营数额在五十万元以上的；2.个人违法所得数额在五万元以上的，单位违法所得数额在十五万元以上的；3.个人非法经营报纸一万五千份或者期刊一万五千本或者图书五千册或者音像制品、电子出版物一千五百张（盒）以上的，单位非法经营报纸五万份或者期刊五万本或者图书一万五千册或者音像制品、电子出版物五千张（盒）以上的；4. 虽未达到上述数额标准，两年内因非法从事出版物的出版、印刷、复制、发行业务受过行政处罚二次以上的，又非法从事出版物的出版、印刷、复制、发行业务的。……"

（二）严重扰乱市场秩序的认定

（1）《刑法》第225条规定："违反国家规定，有下列非法经营行为之一，扰乱市场秩序，情节严重的，处五年以下有期徒刑或者拘役，并处或者单处违法所得一倍以上五倍以下罚金；情节特别严重的，处五年以上有期徒刑，并处违法所得一倍以上五倍以下罚金或者没收财产：（一）未经许可经营法律、行政法规规定的专营、专卖物品或者其他限制买卖的物品的；（二）买卖进出口许可证、进出口原产地证明以及其他法律、行政法规规定的经营许可证或者批准文件的；（三）未经国家有关主管部门批准非法经营证券、期货、保险业务的，或者非法从事资金支付结算业务的；（四）其他严重扰乱市场秩序的非法经营行为。"

（2）最高人民法院《关于准确理解和适用刑法中"国家规定"的有关问题的通知》规定："三、各级人民法院审理非法经营犯罪案件，要依法严格把握刑法第二百二十五条第（四）的适用范围。对被告人的行为是否属于刑法第二百二十五条第（四）规定的'其它严重扰乱市场秩序的非法经营行为'，有关司法解释未作明确规定的，应当作为法律适用问题，逐级向最高人民法院请示。"

（3）最高人民法院《关于审理骗购外汇、非法买卖外汇刑事案件具体应用法律若干问题的解释》第3条规定："在外汇指定银行和中国外汇交易中心及其分中心以外买卖外汇，扰乱金融市场秩序，具有下列情形之一的，按照刑法第二百二十五条第（三）项的规定定罪处罚：（一）非法买卖外汇二十万美元以上的；（二）违法所得五万元人民币以上的。"第4条规定："公司、企业或者其他单位，违反有关外贸代理业务的规定，采用非法手段、或者明知是伪造、变造的凭证、商业单据，为他人向外汇指定银行骗购外汇，数额在五百万美元以上或者违法所得五十万元人民币以上的，按照刑法第二百二十五条第（三）项的规定定罪处罚。居间介绍骗购外汇一百万美元以上或者违法所得十万元人民币以上的，按照刑法第二百二十五条第（三）项的规定定罪处罚。"

（4）最高人民法院《关于审理非法出版物刑事案件具体应用法律若干问题的解释》第 11 条规定："违反国家规定，出版、印刷、复制、发行本解释第一条至第十条规定以外的其他严重危害社会秩序和扰乱市场秩序的非法出版物，情节严重的，依照刑法第二百二十五条第（三）项的规定，以非法经营罪定罪处罚。"第 15 条规定："非法从事出版物的出版、印刷、复制、发行业务，严重扰乱市场秩序，情节特别严重，构成犯罪的，可以依照刑法第二百二十五条第（三）项的规定，以非法经营罪定罪处罚。"

（5）最高人民法院《关于审理扰乱电信市场管理秩序案件具体应用法律若干问题的解释》第 1 条规定："违反国家规定，采取租用国际专线、私设转接设备或者其他方法，擅自经营国际电信业务或者涉港澳台电信业务进行营利活动，扰乱电信市场管理秩序，情节严重的，依照刑法第二百二十五条第（四）项的规定，以非法经营罪定罪处罚。"

（6）最高人民检察院《关于非法经营国际或港澳台地区电信业务行为法律适用问题的批复》的相关规定。

（三）对非法经营行为的处罚

《刑法》第 225 条规定："违反国家规定，有下列非法经营行为之一，扰乱市场秩序，情节严重的，处五年以下有期徒刑或者拘役，并处或者单处违法所得一倍以上五倍以下罚金；情节特别严重的，处五年以上有期徒刑，并处违法所得一倍以上五倍以下罚金或者没收财产：（一）未经许可经营法律、行政法规规定的专营、专卖物品或者其他限制买卖的物品的；（二）买卖进出口许可证、进出口原产地证明以及其他法律、行政法规规定的经营许可证或者批准文件的；（三）未经国家有关主管部门批准非法经营证券、期货或者保险业务的，或者非法从事资金支付结算业务的；（四）其他严重扰乱市场秩序的非法经营行为。"从事非法经营行为的行为人会被没收非法经营所得，也可能会被拘役或判有期徒刑。具体处罚需要根据情节严重性决定。对于非法经营行为如何治安处罚，可以查询最高人民法院、最高人民检察院的司法解释等相关规定。

第三章 CHAPTER 03
企业与企业家权益保护

第一节　国家法律与政策保护措施

我国的许多企业实行的都是一元化决策领导体制。企业和企业家不仅要懂经营管理，还要学习法律、遵守法律、依法维护自身的合法权益，同时还应该对国家政策导向、法治环境、政商关系、社会责任等有所了解。只有提高自身的政治、政策、商务和社会综合适应能力，才能确保企业的稳健运营与发展。2017 年至 2020 年，从国家决策层面来看，我国对民营企业和企业家的保护力度在不断增强。近几年，中央政府不仅出台了一系列文件，还修改了法律解释，发布了平反冤假错案的指导性案例。企业家合法权益保障体系越来越健全。中央纪委遏制腐败的力度加强，国务院推进政府"放管服"政策的落地，法治环境、政商关系得到了明显改善。

一、国家出台企业家创新的保护政策

2017 年 9 月 8 日，中共中央、国务院出台了《关于营造企业家健康成长环境弘扬优秀企业家精神更好发挥企业家作用的意见》。在立法、执法、司法、守法等各方面各环节，加快建立依法平等保护各种所有制经济产权的长效机制。以下为内容摘要：

（1）依法保护企业家创新权益。探索在现有法律法规框架下以知识产权的市场价值为参照确定损害赔偿额度，完善诉讼证据规则、证据披露以及证据妨碍排除规则。探索建立非诉行政强制执行绿色通道。研究制定商业模式、文化创意等创新成果的知识产权保护办法。

．．．．．．．．．．

（5）依法保护企业家自主经营权。企业家依法进行自主经营活动，各级政府、部门及其工作人员不得干预。研究设立全国统一的企业维权服务平台。

（6）强化企业家公平竞争权益保障。落实公平竞争审查制度，确立竞争政策基础性地位。完善权利平等、机会平等、规则平等的市场环境，促进各种所有制经济依法依规平等使用生产要素、公开公平公正参与市场竞争、同等受到法律保护。

（7）健全企业家诚信经营激励约束机制。……

（8）持续提高监管的公平性规范性简约性。

有条件的领域积极探索跨部门综合执法。探索建立鼓励创新的审慎监管方式。清除多重多头执法，提高综合执法效率，减轻企业负担。

（9）构建"亲""清"新型政商关系。畅通政企沟通渠道，规范政商交往行为。

（10）树立对企业家的正向激励导向。营造鼓励创新、宽容失败的文化和社会氛围，对企业家合法经营中出现的失误失败给予更多理解、宽容、帮助。

（11）营造积极向上的舆论氛围。

．．．．．．．．．．

（13）强化企业家自觉遵纪守法意识。

．．．．．．．．．．

（21）以市场主体需求为导向深化"放管服"改革。

．．．．．．．．．．

（27）加强企业家教育培训。支持高等学校、科研院所、行业协会商会等开展精准化的理论培训、政策培训、科技培训、管理培训、法规培训，全面增强企业家发现机会、整合资源、创造价值、回馈社会的能力。

二、最高人民检察院保护企业家合法权益的文件

2017年12月4日，最高人民检察院发布《关于充分发挥职能作用营造保护企业家合法权益的法治环境支持企业家创新创业的通知》。此文是根据2017年中共中央、国务院出台的《关于营造企业家健康成长环境弘扬优秀企业家精神更好发挥企业家作用的意见》的精神制定的为企业家保驾护航的专门文件。内容摘要如下：

一、营造促进企业家公平竞争、诚信经营的市场环境。构建亲清新型政商关系……要紧密结合检察工作实际，综合发挥打击、预防、监督、教育、保护等检察职能，找准依法保护企业家权益、服务企业家创新创业的切入点和着力点，积极履职尽责，为企业家健康成长和事业发展营造宽松环境……

二、立足检察职能，努力营造企业家创业发展的法治环境

第一，准确把握法律政策界限，依法保护企业家合法权益和正常经济活动……以"谦抑、审慎、文明"理念作为办案指导思想，严格把握罪与非罪界限。……只要不属于有令不行、有禁不止、不当谋利、失职渎职等情形，要予以容错。

第二，规范自身司法行为，改进办案方式方法，最大程度减少、避免办案活动对企业家合法权益和正常经济活动可能带来的负面影响……在采取强制措施、侦查措施时注意维护企业正常经营秩序、合法权益，……做到严格公正廉洁司法与理性平和文明规范司法并重……切实防止久押不决、久拖不决，最大程度减少对企业正常生产经营活动造成的负面影响。对不涉案的款物、账户、企业生产经营资料等，一律不得查封、扣押、冻结。对主动配合检察机关调查取证，认罪态度好，没有社会危险性的，不采取拘留、逮捕、指定居所监视居住措施……检察机关要积极探索运用认罪认罚从宽制度……准确把握不起诉以及减轻、从轻、适用缓刑等量刑建议之间的界限等问题。

第三，加大惩治侵犯产权犯罪力度，切实维护企业家财产权、创新权益及经营自主权等合法权益……依法打击侵犯企业家合法权益的职务犯罪，推动构建亲清新型政商关系。……

第四，强化刑事诉讼监督，促进公正司法，依法保障涉案企业家的合法权益。……加大对该立案不立案、不该立案而立案以及选择性执法等执法不严、司法不公问题的监督纠正力度，严防将民事纠纷当作刑事案件来办。……重点监督判决、裁定在认定事实、采信证据、适用法律方面确有错误的案件，对符合法定条件的依法提出抗诉。……

第五，加强民事行政检察工作及刑事申诉、国家赔偿案件的办理，……重点监督因不依法履行执行职责及错误采取执行措施、错误处置执行标的物、错误追加被执行人，致使当事人或者利害关系人、案外人等财产权受到侵害的案件。加大对涉产权虚假诉讼、恶意诉讼监督力度。……依法处理涉产权的有冤假错可能的企业家服刑案件，……保障符合赔偿条件的产权主体依法

获得赔偿。

三、加强组织领导和法制宣传，营造尊重和支持企业家氛围。

三、最高人民法院维护企业家良好法治环境的文件

2018年1月2日，最高人民法院发布了《关于充分发挥审判职能作用为企业家创新创业营造良好法治环境的通知》。全文共10条，内容提要如下：

一、深刻认识依法平等保护企业家合法权益的重大意义。……人民法院充分发挥审判职能作用，……为企业家创新创业营造良好法治环境，……使企业家安心经营、放心投资、专心创业。……

二、依法保护企业家的人身自由和财产权利。……坚决防止利用刑事手段干预经济纠纷。坚持罪刑法定原则，对企业家在生产、经营、融资活动中的创新创业行为，只要不违反刑事法律的规定，不得以犯罪论处。严格非法经营罪、合同诈骗罪的构成要件，防止随意扩大适用。……严格区分企业家违法所得和合法财产，没有充分证据证明为违法所得的，不得判决追缴或者责令退赔。……在处理企业犯罪时不得牵连企业家个人合法财产和家庭成员财产。

三、依法保护诚实守信企业家的合法权益。妥善认定政府与企业签订的合同效力，对有关政府违反承诺，特别是仅因政府换届、领导人员更替等原因违约、毁约的，依法支持企业的合理诉求。……

四、依法保护企业家的知识产权。完善符合知识产权案件特点的诉讼证据规则，……推进知识产权民事、刑事、行政案件审判三合一，增强知识产权司法保护的整体效能。……依法保护用人单位的商业秘密等合法权益。

五、依法保护企业家的自主经营权。……加强破产案件审理，对于暂时经营困难但是适应市场需要具有发展潜力和经营价值的企业，综合运用重整、和解等手段……加强对虚假诉讼和恶意诉讼的审查力度，对于恶意利用诉讼打击竞争企业，破坏企业家信誉的，要区分情况依法处理。

六、努力实现企业家的胜诉权益。……强化对失信被执行人的信用惩戒力度，推动完善让失信主体"一处失信、处处受限"的信用惩戒大格局。……对经营失败无偿债能力但无故意规避执行情形的企业家，要及时从失信被执行人

名单中删除。

七、切实纠正涉企业家产权冤错案件。……对于涉企业家产权错案冤案，要依法及时再审，尽快纠正。……加大赔偿决定执行力度，依法保障企业家的合法权益。

八、不断完善保障企业家合法权益的司法政策。……加大制定司法解释、发布指导性案例工作力度，统一司法尺度和裁判标准。……

九、推动形成依法保障企业家合法权益的良好社会氛围。……

十、增强企业家依法维护权益、依法经营的意识。……

四、司法部为民营企业发展营造良好法治环境的文件

2018年11月10日，司法部出台《关于充分发挥职能作用为民营企业发展营造良好法治环境的意见》，摘录如下：

一、充分认识支持和促进民营企业发展的重要意义

…………

二、加快推动相关法律法规立改废释为促进民营企业发展提供有力法律保障

1. 完善促进民营经济发展的法律法规制度。……确立民营企业"法无禁止即可准入"原则。……保障民营企业与其他市场主体公平竞争。……

2. 全面清理不利于民营企业发展的法律法规和规范性文件。……积极为民营企业发展提供平等法治保障。

3. 健全充分听取民营企业意见的立法工作机制。……对征求意见中民营企业反映比较集中的意见，通过有效渠道及时反馈研究采纳情况，……

三、推进严格规范公正文明执法，为民营企业公平发展营造良好法治环境

4. 依法保护民营企业合法权益。……民企产权保护慎用查封、扣押、冻结等措施，降低对涉案企业正常生产经营活动的不利影响。……

5. 坚持公平公正执法。……坚决摒除随意检查、多重检查、重复处罚等执法歧视行为。……推动阳光执法，坚决避免人情监管、选择执法、执法不公、暗箱操作等现象。

6. 坚持规范文明执法。坚持"法定职责必须为、法无授权不可为",……从制度上推动解决行政执法"不作为""乱作为"问题。……

7. 加强行政执法监督。……对民营企业投诉举报的"乱执法、随意执法"问题,必须及时查处,做到有错必究,对有关责任人员依法问责。……

8. 大力推动简政放权。……

9. 持续开展"减证便民"行动。……

10. 加快实现"一网通办"。推动落实审批服务"马上办、网上办、就近办、一次办"要求,……最大限度缩短民营企业办事时限。……

11. 推动创新监管模式和执法方式。……实施包容审慎监管。……

四、创新拓展公共法律服务,为民营企业提供优质高效的法律服务

12. 发挥公共法律服务平台服务民营企业功能。……推行服务事项网上办理,……与民营企业密切相关的服务事项在网络平台一站式办理。

13. 组织引导律师积极服务民营企业。……

14. 拓展创新公证服务民营企业工作。……

15. 建立民营企业矛盾纠纷调解工作机制。……

16. 推进民营企业民商事纠纷仲裁工作。……

17. 积极做好民营企业员工的法律援助工作。……

五、加大法治宣传力度,引导民营企业依法经营依法治企

18. 深入推进"法律进民企"。……将"法律进企业"活动引向深入。

19. 紧扣重要时间节点开展集中宣传。……提升普法效果,传播法律知识。……

20. 创新普法宣传内容和方式。……

第二节 企业经济纠纷的解决渠道

一、经济纠纷的仲裁解决方式

仲裁是指双方当事人在纠纷发生之前或者发生之后达成书面的仲裁协议,自愿将他们之间的纠纷提交给双方同意的仲裁机构进行审理并作出裁决,以解决纠纷的方法。我国经济仲裁的受案范围十分广泛。我国《仲裁法》规定,平等主体的公民、法人和其他组织之间发生的合同纠纷和其他财产权益纠纷,

可以申请仲裁。

二、行政复议的受案范围

复议机关受理的 10 类具体行政行为：①行政处罚案件；②行政强制措施案件；③许可证管理案件；④行政确认权案件；⑤侵犯法定经营自主权案件；⑥农业承包合同案件；⑦违法要求履行义务案件；⑧行政许可案件；⑨不履行法定职责案件；⑩行政给付案件。

三、消费纠纷解决途径

《消费者权益保护法》第 39 条规定："消费者和经营者发生消费者权益争议的，可以通过下列途径解决：（一）与经营者协商和解；（二）请求消费者协会或者依法成立的其他调解组织调解；（三）向有关行政部门投诉；（四）根据与经营者达成的仲裁协议提请仲裁机构仲裁；（五）向人民法院提起诉讼。"

四、经济纠纷的诉讼途径

（一）经济诉讼的概念和任务

经济诉讼是指法院在经济纠纷当事人和其他诉讼参与人的参加下，审理和解决经济纠纷案件的诉讼活动，以及由此而产生的诉讼法律关系的总和。经济诉讼的任务是保护当事人行使诉讼权利，保证人民法院查明事实，分清是非，正确适用法律，及时审理经济纠纷案件，确认经济权利义务关系，制裁经济违法行为，保障社会稳定。

（二）经济诉讼的主体

①人民法院（人民法院是国家的审判机关，在经济诉讼中，它代表国家依法行使审判权并履行相应的职责）；②诉讼当事人；③诉讼代理人；④其他诉讼参与人。

（三）经济诉讼的基本原则

①当事人诉讼权利平等原则；②法院调解原则；③处分原则；④辩论原则；⑤支持起诉原则；⑥同等原则和对等原则；⑦检察监督原则。

（四）经济案件的受案范围

依照法律规定，人民法院受理平等主体的法人之间、其他组织之间、公民之间以及他们相互之间因财产关系发生的经济权益纠纷案件，主要包括各种合同纠纷案件和经济损害赔偿纠纷案件。

第三节 经济纠纷与经济犯罪案件应分开审理

一、经济纠纷案件和经济犯罪嫌疑案件应分开审理

最高人民法院《关于在审理经济纠纷案件中涉及经济犯罪嫌疑若干问题的规定》第1条规定："同一自然人、法人或非法人组织因不同的法律事实，分别涉及经济纠纷和经济犯罪嫌疑的，经济纠纷案件和经济犯罪嫌疑案件应当分开审理。"

二、明确了经济犯罪的单位责任

最高人民法院《关于在审理经济纠纷案件中涉及经济犯罪嫌疑若干问题的规定》第2条明确了经济犯罪的单位责任："单位直接负责的主管人员和其他直接责任人员，以为单位骗取财物为目的，采取欺骗手段对外签订经济合同，骗取的财物被该单位占有、使用或处分构成犯罪的，除依法追究有关人员的刑事责任，责令该单位返还骗取的财物外，如给被害人造成经济损失的，单位应当承担赔偿责任。"

三、明确了单位经济犯罪的主体责任

最高人民法院《关于在审理经济纠纷案件中涉及经济犯罪嫌疑若干问题的规定》第4条明确了借用单位名义经济犯罪的主体责任："个人借用单位的业务介绍信、合同专用章或者盖有公章的空白合同书，以出借单位名义签订经济合同，骗取财物归个人占有、使用、处分或者进行其他犯罪活动，给对方造成经济损失构成犯罪的，除依法追究借用人的刑事责任外，出借业务介绍信、合同专用章或者盖有公章的空白合同书的单位，依法应当承担赔偿责任。但是，有证据证明被害人明知签订合同对方当事人是借用行为，仍与之签订合同的除外。"

四、盗用单位名义经济犯罪的行为人责任

最高人民法院《关于在审理经济纠纷案件中涉及经济犯罪嫌疑若干问题

的规定》第 5 条明确了盗用单位名义经济犯罪的行为人责任："行为人盗窃、盗用单位的公章、业务介绍信、盖有公章的空白合同书，或者私刻单位的公章签订经济合同，骗取财物归个人占有、使用、处分或者进行其他犯罪活动构成犯罪的，单位对行为人该犯罪行为所造成的经济损失不承担民事责任。行为人私刻单位公章或者擅自使用单位公章、业务介绍信、盖有公章的空白合同书以签订经济合同的方法进行的犯罪行为，单位有明显过错，且该过错行为与被害人的经济损失之间具有因果关系的，单位对该犯罪行为所造成的经济损失，依法应当承担赔偿责任。"

最高人民法院《关于在审理经济纠纷案件中涉及经济犯罪嫌疑若干问题的规定》第 10 条明确规定经济纠纷与经济犯罪案件应分开审理："人民法院在审理经济纠纷案件中，发现与本案有牵连，但与本案不是同一法律关系的经济犯罪嫌疑线索、材料，应将犯罪嫌疑线索、材料移送有关公安机关或检察机关查处，经济纠纷案件继续审理。"

五、不同的案件性质应交不同的司法机关受理

最高人民法院《关于在审理经济纠纷案件中涉及经济犯罪嫌疑若干问题的规定》第 11 条规定："人民法院作为经济纠纷受理的案件，经审理认为不属经济纠纷案件而有经济犯罪嫌疑的，应当裁定驳回起诉，将有关材料移送公安机关或检察机关。"第 12 条规定："法院已立案审理的经济纠纷案件，公安机关或检察机关认为有经济犯罪嫌疑，并说明理由附有关材料函告受理该案的人民法院的，有关人民法院应当认真审查。经过审查，认为确有经济犯罪嫌疑的，应当将案件移送公安机关或检察机关，并书面通知当事人，退还案件受理费；如认为确属经济纠纷案件的，应当依法继续审理，并将结果函告有关公安机关或检察机关。"

第四节　近年来我国法治环境的改善

近年来，随着我国高层决策者对依法治国战略的落实，我国法治环境逐步得到改善，过去积压的一些错案得到纠正，冤案得到平反。

一、加强对企业产权保护的力度

2016 年 11 月底，最高人民法院发布了《关于充分发挥审判职能作用切实加强产权司法保护的意见》和《关于依法妥善处理历史形成的产权案件工作实施意见》两个文件，确立了产权司法保护的基本原则和司法政策，明确了目标任务和工作要求。最高人民法院坚持实事求是，有错必究，对于已经发生的冤错案件坚决依法及时纠正，同时采取切实有效的措施，强力防范冤错案件的发生。5 年来，人民法院共依法纠正重大冤错案件 45 件 91 人，再审改判刑事案件 6700 多件。

二、防范刑事冤假错案的发生

与此同时，最高人民法院还发布了《关于建立健全防范刑事冤假错案工作机制的意见》等司法文件，从司法理念、证明标准、诉讼程序、职责把关等几个方面确立了防范刑事冤假错案的工作机制。以司法责任制为核心的司法体制改革在法院系统全面铺开，员额制改革成功落地，"让审理者裁判，由裁判者负责"正逐步成为现实。随着程序制度的不断完善，冤假错案只会越来越少。

三、责令纠正企业家经济犯罪的错案判例

2018 年至 2019 年，最高人民法院先后公布了几宗知名度较高的错案纠正改判的案例。2018 年 5 月 31 日，最高人民法院对物美集团行贿，张文中诈骗、单位行贿、挪用资金，张伟春诈骗再审一案作出判决，撤销该案原审判决，改判张文中、张伟春和物美集团无罪。顾雏军于 2005 年因涉嫌虚假出资、虚假财务报表、挪用资产和职务侵占等罪名被警方正式拘捕，后来被佛山市中级人民法院判刑 12 年。2017 年 12 月 28 日，最高人民法院决定提审顾雏军一案。2018 年重新审理；2019 年 4 月 10 日改判，撤销了顾雏军违规披露、不披露重要信息罪和挪用资金罪的量刑罪名，判决撤销原判对顾雏军犯虚报注册资本罪，对顾雏军犯挪用资金罪改判有期徒刑 5 年（原判此罪名刑期 8 年）。顾雏军等人使用虚假证明文件以不实货币置换无形资产出资的事实是客观存在的，但属于情节显著轻微、危害不大的情形，不构成犯罪，原审判定顾雏军等人违规披露、不披露重要信息罪的事实不清，证据不足，不应追究顾雏军等人的刑事责任。最高人民法院领导指出，要始终坚持依法办案，

坚决防止利用刑事手段介入经济纠纷。

第五节　破解执行难问题

一、法院执行的一般流程

①申请立案裁判文书生效后，胜诉方向一审法院立案庭提交执行申请书，法院经审查认为符合强制执行条件的，会立案执行。②通知被执行人。执行法官会通知被执行人，并责令其在指定的期限内履行判决义务。③强制执行。被执行人没有在指定期限内执行判决内容的，法院会采取查询、冻结、评估、拍卖等强制措施。④债权实现执行终结。或者经查询无财产可供执行则终结本次执行，发现有可供执行的财产，再恢复执行。

二、当事人申请强制执行，法院拖延执行

《民事诉讼法》第 226 条规定："人民法院自收到申请执行书之日起超过六个月未执行的，申请执行人可以向上一级人民法院申请执行。上一级人民法院经审查，可以责令原人民法院在一定期限内执行，也可以决定由本院执行或者指令指定其他人民法院执行。"企业面临一个普遍现象，那就是债权人胜诉以后拿不到钱，甚至"赢了官司输了钱"。债权人胜诉后拿不到钱的现象普遍存在。以前可以诉讼保全，同时，将债务人财产、房子、汽车查封、冻结，但是以前的要求申请人提供担保，需要用 50 万元财产去保全 50 万元执行款，现在只需要用 1000 元买一份诉讼保全保险，大概就能保 100 万元。如果申请人在保全过程中出现问题，投保人不用承担风险，由保险公司承担。

三、法律对失信被执行人采取限制措施

为破解执行难问题，我国出台了以下规定：①被执行人的车辆不能上高速，只要进出高速，收费站就将被扣押，由高速执法部门直接移交给法院；②被执行人买不了飞机票和高铁票；③不许被执行人买房子，也不许装修房子，旅游度假、申请贷款通通禁止；④被执行人的养老金可以直接划扣；⑤根据刑法修正案，对人民法院的判决有偿还能力而拒不偿还的，可以按照拒不执行判决、裁定罪最高判刑 7 年。

四、防止被执行人转移财产

被执行人转移财产是逃避债务的常用手法。如发现被执行人名下财产都没有了，全部转移到子女、亲戚或离婚配偶名下，债权人可申请撤销他们之间的财产转让、过户合同，债权人可以去法院行使债权人的撤销权，申请撤销转让合同。法院裁决生效或债权人申请强制执行，但是却苦于找不到被执行人的财产。根据最高人民法院《关于民事执行中财产调查若干问题的规定》第 21 条的规定，当事人可以向法院书面申请发布悬赏公告，通过悬赏的方式来实现债权。

第六节　企业家的自我法律保护

在司法判例中，有些明显属于正常合同和交易经济纠纷，有些当事人试图把一般性经济纠纷往经济犯罪条款上靠。比如，把合同利益纠纷定性为合同诈骗，把企业之间或者企业与自然人之间、自然人与自然人之间的合同或者借条借贷关系，变为借款人非法集资的经济犯罪或者按诈骗罪审理等等。这些手段人为地改变了案件的属性，很多本来属于经济活动的民事纠纷被作为刑事案件审理，导致冤假错案发生，致使一些企业和企业家权益受到损害。

为了避免虚假诉讼和改变经济行为的性质，企业家在经济交易签约时，应该提高警惕，尽量从源头上预防此类诉讼案件的发生。在双方签约时，最好在借款性质、交易性质条项中写明借款性质与用途及交易的属性。必须把双方借款的性质或交易合作的项目写清楚，借款人逾期无法还款应该如何处理，项目合作、入股合作、利润分配和债务承担、抵押物物权转移等重要事项必须在合同中写得清清楚楚。

在借款行为发生时，可以在借款合同中写明如下内容："如果逾期不能还款，先经过双方协商延期还款，再由出借人所在地法律服务部门调解；调解未果可以到人民法院起诉。"不能把借款合同、交易合同、合伙人合同写得太简单模糊，避免对方利用法律漏洞，在诉讼过程中改变借款性质或交易性质（比如把正常的交易行为变为合同诈骗）。此外，在合同执行过程中还要注意保管好收条、欠条、协议、补充协议、交货、验货清单、电子邮件、微信聊天记录、短信记录等证据，形成包含完整、正常的借贷、交易程序证据链。

第七节　企业安全生产法律责任

企业安全生产法律责任主要包括以下五种形式：

一、政府承担的行政监管责任

建立安全生产法律制度的目的是规范政府的安全生产监管行为，由此，行政责任是安全生产法律责任的主要形式。《安全生产法》第 90 条规定对安全生产监督检查人员违反安全生产法律规范的行为给予降级或者撤职的行政处分。

二、中介机构承担的法律责任

根据《安全生产法》第 92 条的规定，对中介机构违反安全生产法律规范的行为可以做出没收违法所得、罚款、撤销资格等行政处罚。

三、生产企业承担的民事责任

指责任主体违反安全生产法律规定造成民事损害，由人民法院依照民事法律强制其进行民事赔偿，形式为经济赔偿。

四、生产企业承担的刑事责任

企业在安全生产过程中的刑事责任是指企业及本企业安全负责人、从业人员违反国家和企业关于安全生产的相关规定，给企业和国家造成了相应损失，需要承担的刑事上的责任。企业安全生产刑事责任的承担主体为安全生产的主要负责人和生产活动中的具体操作人员，即安全生产责任的刑事责任由上述人员承担。

五、企业生产经营人员不当行为的责任

（1）生产经营单位的不当行为。①未设立安全生产管理人员，管理、生产人员未经专门培训；②安全设施设计审查和竣工验收不符合规定；③安全设备管理不符合规定，未为从业人员提供符合标准的劳动防护用品，特种设备以及危险物品的容器使用国家明令淘汰、禁止使用的生产安全的工艺、设

备；④重大危险源安全管理不符合规定；⑤承包租赁安全管理不符合规定；⑥交叉作业安全管理不符合规定；⑦生产、经营、储存、使用危险物品的车间、商店、仓库与员工宿舍在同一座建筑内，或与员工宿舍的距离不符合安全要求，未设符合需要的出口或封闭、堵塞生产经营场所、员工宿舍出口。

（2）从业人员的不当行为。生产经营单位从业人员不当行为主要表现为不服从管理，违反安全生产规章制度或者操作规程。

（3）从业人员不当行为承担的法律责任。①给予批评教育；②依照有关规章制度给予处分（包括降职、撤职以及要求赔偿经济损失等）；③追究刑事责任。

《刑法》第 134 条规定："在生产、作业中违反有关安全管理的规定，因而发生重大伤亡事故或者造成其他严重后果的，处三年以下有期徒刑或者拘役；情节特别恶劣的，处三年以上七年以下有期徒刑。强令他人违章冒险作业，或者明知存在重大事故隐患而不排除，仍冒险组织作业，因而发生重大伤亡事故或者造成其他严重后果的，处五年以下有期徒刑或者拘役；情节特别恶劣的，处五年以上有期徒刑。"

《刑法》第 136 条规定："违反爆炸性、易燃性、放射性、毒害性、腐蚀性物品的管理规定，在生产、储存、运输、使用中发生重大事故，造成严重后果的，处三年以下有期徒刑或者拘役；后果特别严重的，处三年以上七年以下有期徒刑。"

《刑法》第 139 条规定："违反消防管理法规，经消防监督机构通知采取改正措施而拒绝执行，造成严重后果的，对直接责任人员，处三年以下有期徒刑或者拘役；后果特别严重的，处三年以上七年以下有期徒刑。"

由此可见，企业生产经营过程中一旦发生安全事故，企业负责安全生产管理的主要负责人、现场操作者和企业法定代表人，都会受到法律的惩罚。

第八节　企业知识产权保护

一、知识产权保护与纠纷规避

知识产权是一个法律概念，指"权利人对其智力劳动所创作的成果和经营活动中的标记、信誉所依法享有的专有权利"，一般只在有限时间内有效。

工业产权包括专利、商标、服务标志、厂商名称、原产地名称，以及植物新品种权和集成电路布图设计专有权等。2017年4月20日，最高人民法院首次发布《中国知识产权司法保护纲要（2016-2020）》。2018年2月，中共中央办公厅、国务院办公厅发布了《关于加强知识产权审判领域改革创新若干问题的意见》。知识产权所有者要学会利用知识产权"游戏规则"，应对知识产权纠纷。

（一）要建立防患于未然的预警机制

（1）在产品开发期，进行专利检索。为了规避诉讼风险，企业应当在产品的开发期就进行专利检索，以了解本行业及所开发产品的专利情况，避免在研发期间便落入侵犯他人专利的不利境地，同时也可节约产品开发时间和成本。

（2）通过专利回避设计，避免侵权。在有可能侵犯他人知识产权的情况下，企业可通过研究国际贸易规则、国内外相关知识产权的法律法规以及他人专利的请求书和说明书，对自己的产品进行改良，以避免侵权，这通常被称作"专利回避设计"。

（3）建立知识产权预警机制。在广播、报纸上进行，试探对方的反应，而后采取谈判、发律师函等方式，最后才是诉讼。企业面临专利诉讼问题，有两个原因：一是企业发展已经影响到了竞争对手的生存空间；二是企业已经侵犯了别人的知识产权。这是先兆问题。

（二）知识产权纠纷和解的双赢策略

和解也是企业解决问题的一条路径。在通常情况下，诉讼不过是企业争夺市场和获得利益的一种手段。对方真正要得到的，可能是通过诉讼增加谈判的砝码，以得到更高的专利使用费，也可能是通过诉讼排挤竞争对手。企业可以采用专利合作的方式，包括技术的交叉许可和专利互换的方式达成和解；如果对方是为了使用费，就应该把握好谈判的时机，促成和解。支付使用费不仅可以免去"侵权"的恶名，为企业挽回名誉，还可以继续使用权利人的专利以获取自己的利益。

（1）运用国际法和国内法的规则进行抗辩。企业可以利用我国已经加入的国际条约的规定，争取有利于我方的判决结果。如《保护工业产权巴黎公约》规定：各成员应在构成商标注册国或使用国主管机关认定在该国已经驰名的商标予以保护，不管该商标是否注册，都应当加以保护。如果侵权行为地发生在国内，就应当应用《反垄断法》《专利法》《商标法》等法律维护合法的知识产权权益。

（2）查明原告专利权状况和司法违规。查明专利权是否依然有效、在执行中是否违反相关规定。一是证明原告是否有专利权。二是证明专利无效。任何一个技术方案被授予专利权至少要满足三个条件，即新颖性、创造性及实用性。其中，缺乏新颖性及创造性是质疑专利权有效性常用的方法。三是证明该专利不具有执行性也是重要的抗辩点。

（3）规避实质性专利维权。在对方存在有效专利并存在相关产业的情况下，证明自己没有侵犯对方专利依据专利侵权判断的一般原则，对于发明和实用新型专利，只有在权利要求书中的独立权利要求的全部必要技术特征被覆盖利用，并且该利用行为具有生产经营目的的情况下才构成侵权。通过自己独立研发、反向工程等手段拥有相同技术并不构成侵权。

（三）寻求行业协会和政府的支持帮助

行业协会可以帮助应诉企业建立合理的费用分摊机制，积极组织协调被调查企业的应诉和反诉，为企业提供信息支持。

二、刑法规定的侵犯知识产权犯罪

（一）侵犯知识产权罪

侵犯知识产权罪是指违反知识产权保护法规，未经知识产权所有人许可，非法利用其知识产权，侵犯国家对知识产权的管理秩序和知识产权所有人的合法权益，违法所得数额较大或者情节严重的行为。我国对知识产权犯罪的规定过去仅分散见于《商标法》《专利法》《全国人民代表大会常务委员会关于惩治假冒注册商标犯罪的补充规定》《全国人民代表大会常务委员会关于惩治侵犯著作权的犯罪的决定》中，并没有将其认定为独立的犯罪类别。

（二）刑法规定的侵犯知识产权罪罪名

修订后的《刑法》对于侵犯知识产权犯罪的规定，大体上可以被分为四类：①假冒注册商标罪、销售假冒注册商标的商品罪、非法制造或者销售非法制造注册商标标识罪；②侵犯著作权罪、销售侵权复制品罪；③假冒专利罪；④侵犯商业秘密罪。

（三）侵权犯罪的行为

犯罪行为包括：未经注册商标所有人许可，在同一种商品上使用与其注册商标相同的商标，情节严重构成犯罪的；销售明知是假冒注册商标的商品，销售金额数额较大构成犯罪的；伪造、擅自制造他人注册商标标识或者销售伪造、擅自制造的注册商标标识，情节严重构成犯罪的。

（四）《刑法》对知识产权罪的处罚规定

第213条："未经注册商标所有人许可，在同一种商品、服务上使用与其注册商标相同的商标，情节严重的，处三年以下有期徒刑，并处或者单处罚金；情节特别严重的，处三年以上十年以下有期徒刑，并处罚金。"

第214条："销售明知是假冒注册商标的商品，违法所得数额较大或者有其他严重情节的，处三年以下有期徒刑，并处或者单处罚金；违法所得数额巨大或者有其他特别严重情节的，处三年以上十年以下有期徒刑，并处罚金。"

第215条："伪造、擅自制造他人注册商标标识或者销售伪造、擅自制造的注册商标标识，情节严重的，处三年以下有期徒刑，并处或者单处罚金；情节特别严重的，处三年以上十年以下有期徒刑，并处罚金。"

第216条："假冒他人专利，情节严重的，处三年以下有期徒刑或者拘役，并处或者单处罚金。"

第217条："以营利为目的，有下列侵犯著作权或者与著作权有关的权利的情形之一，违法所得数额较大或者有其他严重情节的，处三年以下有期徒刑，并处或者单处罚金；违法所得数额巨大或者有其他特别严重情节的，处三年以上十年以下有期徒刑，并处罚金：（一）未经著作权人许可，复制发行、通过信息网络向公众传播其文字作品、音乐、美术、视听作品、计算机软件及法律、行政法规规定的其他作品的；（二）出版他人享有专有出版权的图书的；（三）未经录音录像制作者许可，复制发行、通过信息网络向公众传播其制作的录音录像的；（四）未经表演者许可，复制发行录有其表演的录音录像制品，或者通过信息网络向公众传播其表演的；（五）制作、出售假冒他人署名的美术作品的；（六）未经著作权人或者与著作权有关的权利人许可，故意避开或者破坏权利人为其作品、录音录像制品等采取的保护著作权或者与著作权有关的权利的技术措施的。"

第218条："以营利为目的，销售明知是本法第二百一十七条规定的侵权复制品，违法所得数额巨大或者有其他严重情节的，处五年以下有期徒刑，并处或者单处罚金。"

第219条："有下列侵犯商业秘密行为之一，情节严重的，处三年以下有期徒刑，并处或者单处罚金；情节特别严重的，处三年以上十年以下有期徒刑，并处罚金：（一）以盗窃、贿赂、欺诈、胁迫、电子侵入或者其他不正当手段获取权利人的商业秘密的；（二）披露、使用或者允许他人使用以前项手段获取的权利人的商业秘密的；（三）违反保密义务或者违反权利人有关保守商业秘密的要求，披露、使用或者允许他人使用其所掌握的商业秘密的。明知前款所列行为，获取、披露、使用或者允许他人使用该商业秘密的，以侵犯商业秘密论。本条所称权利人，是指商业秘密的所有人和经商业秘密所有人许可的商业秘密使用人。"

第219条之一："为境外的机构、组织、人员窃取、刺探、收买、非法提供商业秘密的，处五年以下有期徒刑，并处或者单处罚金；情节严重的，处五年以上有期徒刑，并处罚金。"

第九节　合同陷阱预防

一、企业家和公民的法律风险无处不在

无论是企业家，还是普通公民，大多数均对自己身边可能存在的法律风险没有足够的警惕性，对法律风险的防范意识较弱。很多人对法律都有一个错误的认识，认为自己平时遵纪守法就足够了，日常生活和工作中根本用不着法律。可是，等到有一天突然需要法律保护自身权益的时候，这些人又往往会措手不及。实际上，每个人都难免会遇到这样那样的法律问题，如果对法律陷阱和危机缺乏足够的警惕，一旦遇到法律纠纷便很容易陷入忙乱与恐慌之中，生活和工作也会随之陷入瘫痪甚至崩溃。

二、企业家应该对法律风险有足够的认识

随着我国法律的不断完善，公民应随之进一步转变观念，自觉地提升自己的法律意识和风险防范能力。企业家依法维权不仅可以有效避免企业面临的经济和刑事风险，还可以通过依法合规的经营，提升企业品牌形象。即便是普通职场人士，养成了法律风险预测和防范意识，最起码也可以避免和预防自身的刑事和民事责任风险，避免给单位造成意想不到的损失，有效地减

少诉讼发生，有利于企业家、职业经理人和公民安心地工作和生活，不会被动地陷入诉讼纠纷事务之中。

三、常见签约计谋识别

合同纠纷是仲裁和司法诉讼中最常见的一种纠纷。因此，我们在签约时要格外慎重。如自己作为发起方，在起草、设计合同格式和内容时要防止合同条款有漏洞；如果对方是发起方，还要防止对方在合同条款上做手脚、设陷阱。为了减少合同纠纷，我们需要对常见的合同陷阱进行归纳总结，这样才能有效地防范由签约行为导致的法律风险。

1. 钓鱼合同

"钓鱼合同"的特点是先让当事人尝到甜头，把最吸引当事人的合同条款放在显著的位置，并且特意强调合同对当事人的好处，尽量缩小、降低甚至忽略当事人的合同风险。或者对方先履行合同中的小额资金，待取得当事人的信任后，再大量骗取当事人的资金或者商品。许多"钓鱼合同"均涉嫌诈骗活动，但是一般人并不会有专业人士那种识别能力。

2. 以假乱真

此类陷阱在借款抵押中比较常见。合同伪造者以作废的票据变造的虚假产权证明、土地使用证、房屋所有权证等虚假证件或文书作担保，夸大自己的经济实力，骗取出借人、合伙人的信任，再利用经济合同诈骗钱财。针对此类情况，当事人在签约前一定要核实对方所提供的资质文件是否属实。现在网络信息比较发达，核实此类信息并不难。特别是不要被对方设定的时间紧迫所迷惑，因为当场"拍板"或者短时间内就决定确立抵押借贷关系，不管借款人给出多么优厚的条件和多么可靠的承诺，都会增加出借人的资金风险。

3. 偷梁换柱

此类合同陷阱大多发生在劳务纠纷以及采购交易活动中。行为人替换合同中的关键性条款，然后伪造一方的签字，或者保留合同签字页，只更换打印的文字合同条款内容，从而侵害受害方的利益。

为了避免此类合同风险，最好在合同的每一页都签字，加盖骑缝章，并且在合同空白页写上"此处无内容"字样。这样就可以有效防止对方私自增加或者修改合同关键或者要害条款。这样一旦发生纠纷，便可以拿出有力的证据。

4. 隔山卖磨

此类陷阱的主要特点是虚构标的，合同标的物根本不存在。行为人把别人的货说成自己的，假装签约交易，骗取买主的定金或者货款。尤其是在市场上紧俏的商品，一般渠道拿不到货，这样对方通过现场拍照、伪造发货单和电子收款凭证，骗取订货方的信任。

5. 一女多嫁

此类合同陷阱在汽车和房产租赁等交易中较多。行骗者针对某一个固定标的，和不同的人就该标的签署多份交易合同，目的是骗取购买者的合同履行保证金，这样的合同在履行过程中便会出现无理由中止或卖方跑路失踪。常见的方式如"一车多卖、一房多租"。

6. 移花接木

和偷梁换柱类似，通过伪造合同一方的签字来获取不当利益。移花接木有时会涉及第三方的加入，比如在"三角债"中，为了躲避和其中一方的债务，而私自将第三方的合同移转到受害方。

7. 改头换面

骗子一旦将货物或货款骗到手，便立即变更联系方式、发货地址、企业名称等。充分利用其所具有的"天时地利"优势，与讨债人周旋，"变戏法"，玩"游击战"和"消耗战"，直到将外地债权人拖垮或者放弃。

8. 金蝉脱壳

行骗人把货物或者货款骗到手后，把原来的签约公司转让、注销或者变更法定代表人，让上门索债的人索债无门。

9. 欲擒故纵

通过第三方抬高产品或服务的价格，造成机不可失、供不应求的假象，利用商人追风和贪占便宜的心理弱点，达到行骗目的。

10. 钱色引诱

多发生在采购业务领域，供货方利用高回扣、高返点甚至色相贿赂引诱对方签约，给企业造成财产损失。购货方经办人由于拿了供货方的好处，只好隐瞒真相，让自己的公司吃哑巴亏。

11. 隐匿合同

在房屋买卖中不让购房人持有合同书。卖方或中介方以办理房产合同登记备案手续为由，故意不给购房人合同书原件，甚至也不让复印。导致购房者一旦被推迟交房、偷换户型，或者遇到争议纠纷、卖方违约等情况，便会因为没有凭证导致无法维权。

12. 单位代管合同

有些单位与职工签完劳动合同，却不让员工保存，而是交给人力资源部门保管。合同条款很可能存在不公平、不公正或者对劳动者不利的内容。劳动者要举报或者打官司，手里没有劳动合同，无法举证，只好认倒霉或者自己吃亏，走人了事。

《民法典》（民商事内容）

第一节　《民法典》关于"法人"的相关规定

一、《民法典》关于"法人"的基本规定

（一）法人的民事权利能力和民事行为能力

第57条　法人是具有民事权利能力和民事行为能力，依法独立享有民事权利和承担民事义务的组织。

（二）法人的依法设立与终止

第58条　法人应当依法成立。法人应当有自己的名称、组织机构、住所、财产或者经费。法人成立的具体条件和程序，依照法律、行政法规的规定。设立法人，法律、行政法规规定须经有关机关批准的，依照其规定。

第59条　法人的民事权利能力和民事行为能力，从法人成立时产生，到法人终止时消灭。

二、法人应该承担的民事责任规定

第60条　法人以其全部财产独立承担民事责任。

第61条　依照法律或法人章程的规定，代表法人从事民事活动的负责人，为法人的法定代表人。法定代表人以法人名义从事的民事活动，其法律后果由法人承受。法人章程或法人权力机构对法定代表人代表权的限制，不得对抗善意相对人。

第62条　法定代表人因执行职务造成他人损害的，由法人承担民事责任。法人承担民事责任后，依照法律或者法人章程的规定，可以向有过错的

法定代表人追偿。

三、法人的住所等登记事项的变更

第63条 法人以其主要办事机构所在地为住所。依法需要办理法人登记的，应当将主要办事机构所在地登记为住所。

第64条 法人存续期间登记事项发生变化的，应当依法向登记机关申请变更登记。

第65条 法人的实际情况与登记的事项不一致的，不得对抗善意相对人。

第66条 登记机关应依法及时公示法人登记的有关信息。

四、法人的合并与分立

第67条 法人合并的，其权利和义务由合并后的法人享有和承担。法人分立的，其权利和义务由分立后的法人享有连带债权，承担连带债务，但是债权人和债务人另有约定的除外。

五、法人的解散、清算与注销规定

第68条 有下列原因之一并依法完成清算、注销登记的，法人终止：（一）法人解散；（二）法人被宣告破产；（三）法律规定的其他原因。法人终止，法律、行政法规规定须经有关机关批准的，依照其规定。

第69条 有下列情形之一的，法人解散：（一）法人章程规定的存续期间届满或者法人章程规定的其他解散事由出现；（二）法人的权力机构决议解散；（三）因法人合并或者分立需要解散；（四）法人依法被吊销营业执照、登记证书，被责令关闭或者被撤销；（五）法律规定的其他情形。

第70条 法人解散的，除合并或者分立的情形外，清算义务人应当及时组成清算组进行清算。法人的董事、理事等执行机构或者决策机构的成员为清算义务人。法律、行政法规另有规定的，依照其规定。清算义务人未及时履行清算义务，造成损害的，应当承担民事责任；主管机关或者利害关系人可以申请人民法院指定有关人员组成清算组进行清算。

第71条 法人的清算程序和清算组职权，依照有关法律的规定；没有规定的，参照适用公司法律的有关规定。

第72条 清算期间法人存续，但不得从事与清算无关的活动。法人清算后的剩余财产，按照法人章程的规定或者法人权力机构的决议处理。法律另有规定的，依照其规定。清算结束并完成法人注销登记时，法人终止；依法不需要办理法人登记的，清算结束时，法人终止。

六、法人的破产与法人终止

第73条 法人被宣告破产的，依法进行破产清算并完成法人注销登记时，法人终止。

第二节 《民法典》合同编解读

一、《民法典》合同编简介

《民法典》第三编合同编有526条；典型合同多达19种（原《合同法》只有15种）：买卖合同，供用电、水、气、热力合同，赠与合同，借款合同，保证合同，租赁合同，融资租赁合同，保理合同，承揽合同，建设工程合同，运输合同（客运合同、货运合同、多式联运合同），技术合同（技术开发合同、技术转让合同和技术许可合同、技术咨询合同和技术服务合同），保管合同，仓储合同，委托合同，物业服务合同，行纪合同，中介合同，合伙合同等。

二、《民法典》合同第一分编解读

1. 合同的形式与内容设计有何规定？

【法条】第464条 合同是民事主体之间设立、变更、终止民事法律关系的协议。

婚姻、收养、监护等有关身份关系的协议，适用有关该身份关系的法律规定；没有规定的，可以根据其性质参照适用本编规定。

【提示】婚姻、收养、监护等有关身份关系的协议，属于《民法典》总则民事法律与婚姻家庭编的范围，包括婚前财产协议、离婚协议、收养协议、监护人协议、遗嘱、遗产分割协议等。不是合同编调整范围。

2. 如何界定合同的法律效力?

【法条】第 465 条 依法成立的合同,受法律保护。

依法成立的合同,仅对当事人具有法律约束力,但是法律另有规定的除外。

第 466 条 当事人对合同条款的理解有争议的,应当依据本法第一百四十二条第一款的规定,确定争议条款的含义。

【法条链接】《民法典》第 142 条 有相对人的意思表示的解释,应当按照所使用的词句,结合相关条款、行为的性质和目的、习惯以及诚信原则,确定意思表示的含义。无相对人的意思表示的解释,不能完全拘泥于所使用的词句,而应当结合相关条款、行为的性质和目的、习惯以及诚信原则,确定行为人的真实意思。

【体会】有的合同有相对人,比如不仅有甲方,而且有相对应的乙方,乃至丙方,或多方合作的合同,这样的合同对签约的各方都依据合同条文产生约束力。有些合同性质的文书,比如遗嘱、悬赏告示、寻人寻物启事等,就没有相对人,只是立遗嘱者的个人真实意图的表达,或悬赏者个人对未来提供线索者或归还物品者的一种合同性质的承诺。但是,其在法律上却又具有合同的性质,是保障权利人诉权的依据。

【法条链接】《民法典》总则编第 143 条 具备下列条件的民事法律行为有效:(一)行为人具有相应的民事行为能力;(二)意思表示真实;(三)不违反法律、行政法规的强制性规定,不违背公序良俗。

第 144 条 无民事行为能力人实施的民事法律行为无效。

【体会】《民法典》规定,无民事行为能力人实施的民事法律行为无效。也就是说,未成年人和精神病人等无民事行为能力人、限制民事行为能力人所签的合同没有法律效力。此外,认定民事法律行为有效需要具备以下三个条件:①签约人具有相应的民事行为能力;②合同内容是真实意思的表达,不是在受人强迫、胁迫等非正常状态下签署;③合同内容没有违反法律、行政法规的强制性规定,也没有违背公序良俗(即公共道德、善良的伦理风俗)。

3. 合同的形式是否影响法律效力?

【法条】第 469 条 当事人订立合同,可以采用书面形式、口头形式或者其他形式。书面形式是合同书、信件、电报、电传、传真等可以有形地表现所载内容的形式。以电子数据交换、电子邮件等方式能够有形地表现所载内容，并可以随时调取查用的数据电文，视为书面形式。

【体会】 常见的是双方或多方签署的合同，也有非合同形式但是具备合同效力的文书，比如图书订单、广告认刊书、会议报名表、招生简章、健身房美容店会员卡等均属于非合同形式的合约承诺。

合同的本质是对某交易行为或服务的有偿承诺，是实现民事权利与民事行为能力的一种方式。但是，一旦发生合同纠纷，电子购物单截屏和快递发货收货签收单等都可以作为合同凭证。

4. 合同必须具备哪些基本条款？

【法条】 第470条 合同的内容由当事人约定，一般包括下列条款：（一）当事人的姓名或者名称和住所；（二）标的；（三）数量；（四）质量；（五）价款或者报酬；（六）履行期限、地点和方式；（七）违约责任；（八）解决争议的方法。当事人可以参照各类合同的示范文本订立合同。

【体会】 现实交易中的合同内容远比法律条文规定的复杂得多，有些工程类和技术服务类合同涉及几十项内容，还有许多与之配套的图表和附件等，厚达数十页。《民法典》第470条规定的8项是最基本的合同内容。有些人为了图方便，合同条款过于简单，在执行过程中，由于内容模糊或者没有明确规定会产生不同理解。到了发生纠纷提起诉讼的时候，没有足够的书面文字证据，法官很难作出准确、公平的判断。所以，合同基本内容和框架要素要具备，以免留下后患。

【提示】 ①不管是起草的合同，还是从网络上下载的格式合同，签约人都要认真阅读所有条款，确认没有漏洞再签字盖章。②合同每页都要盖骑缝章，以免丢失页码或者被对方增加页码。③合同不能留空白，必须在空白处注明"此处或者此页无内容"字样。④如预计合同履行过程中会受到政府政策影响而无法履行，一定要写明免责条款。⑤合同有担保人的，一定要写明担保人的权利和责任。⑥贷款人没有抵押物，不要提供贷款合同担保。⑦合同中要写明合同争议解决方式和诉讼管辖地，避免诉讼时有管辖权争议。⑧如果合同涉及第三人利益，要明确表述合同发生诉讼时第三人的诉讼权利。⑨可以预见的风险要尽可能在签约前厘清或者排除，否则宁可放弃，也不要匆忙签约。⑩不要签有可能被对方设置陷阱的抵押贷款、高利贷、套路贷等合同。一份危险的合同足以改变人一生的命运。

5. 要约与承诺也属于合同吗？

【法条】第 471 条　当事人订立合同，可以采取要约、承诺方式或者其他方式。

第 472 条　要约是希望与他人订立合同的意思表示，该意思表示应当符合下列条件：(一)内容具体确定；(二)表明经受要约人承诺，要约人即受该意思表示约束。

第 473 条　要约邀请是希望他人向自己发出要约的表示。拍卖公告、招标公告、招股说明书、债券募集办法、基金招募说明书、商业广告和宣传、寄送的价目表等为要约邀请。商业广告和宣传的内容符合要约条件的，构成要约。

【体会】要约是一方当事人以缔结合同为目的，向对方当事人提出合同条件，希望对方当事人接受的意思表示。发出要约的一方称要约人，接受要约的一方称受要约人。承诺应在要约确定的期限内到达要约人。承诺应与要约的内容一致。受要约人对要约的内容作了实质性的变更或修改的，都不构成承诺，而只是一个新的要约。可以撤回承诺，但撤回通知必须于承诺到达要约人之前或与承诺同时到达要约人。

要约的成立需要具备以下几个条件：①要约应当是由特定的要约人发出的意思表示。特定要约人可以是自然人，也可以是法人或其他组织。车站、街头等公共场所设立的自动提款机、售货机、售票机、无人售票车等也是要约的一种特殊形式。②要约必须具有订立合同的意图。只有这样才可能在受要约人承诺的情况下缔结合同。③要约的内容必须确定和完整。要约的内容必须具有足以使合同成立的基本条件，若表达含糊不清，受要约人不能真正理解，则无法承诺。④要约必须向要约人希望与之缔结合同的受要约人作出。在报刊上刊登的悬赏广告属于向不特定的人发出，但也构成要约。⑤要约必须送达受约人，才能对受要约人产生实际的约束力。

承诺是指受要约人将同意接受要约的全部条件而缔结合同的意思表示。承诺的成立应具备下列几个要件：①承诺必须是受要约人作出；②承诺的方式符合要约的要求；③承诺必须在要约的有效期限内到达要约人；④承诺的内容必须要与要约的内容相一致。

6. 当事人如何撤回要约？

【法条】第 475 条　要约可以撤回。要约的撤回适用本法第一百四十一条的规定。

【法条链接】《民法典》第141条 行为人可以撤回意思表示。撤回意思表示的通知应当在意思表示到达相对人前或者与意思表示同时到达相对人。

第476条 要约可以撤销，但是有下列情形之一的除外：（一）要约人以确定承诺期限或者其他形式明示要约不可撤销；（二）受要约人有理由认为要约是不可撤销的，并已经为履行合同做了合理准备工作。

【体会】从法条我们可以看出，撤回要约，必须要在法定时间内有效传达撤回意思的表示。撤回的通知应当在意思表示到达相对人之前或与意思表示同时到达相对人。如果超过要约期到达，受要约人已经为此做了准备，并且已经为履行合同做了合理准备工作，在这样的情况下，要约不可撤销。如单方面决定撤销，受要约人可以请求损失赔偿。

7. 什么情况下要约失效？

【法条】第478条 有下列情形之一的，要约失效：（一）要约被拒绝；（二）要约被依法撤销；（三）承诺期限届满，受要约人未作出承诺；（四）受要约人对要约的内容作出实质性变更。

【法条链接】《民法典》第488条 承诺的内容应当与要约的内容一致。受要约人对要约的内容作出实质性变更的，为新要约。有关合同标的、数量、质量、价款或者报酬、履行期限、履行地点和方式、违约责任和解决争议方法等的变更，是对要约内容的实质性变更。

【体会】受要约人对要约内容作出关于标的、数量、质量、价款、报酬、履行期限、履行地点和方式、违约责任等实质性变更的，是对要约内容的实质性变更，这些均被法律规定为新的要约。

8. 如何做出有效承诺？

【法条】第479条 承诺是受要约人同意要约的意思表示。

第480条 承诺应以通知的方式作出；但是，根据交易习惯或者要约表明可以通过行为作出承诺的除外。

第481条 承诺应当在要约确定的期限内到达要约人。要约没有确定承诺期限的，承诺应当依照下列规定到达：（一）要约以对话方式作出的，应当即时作出承诺；（二）要约以非对话方式作出的，承诺应当在合理期限内到达。

第482条 要约以信件或者电报作出的，承诺期限自信件载明的日期或者电报交发之日开始计算。信件未载明日期的，自投寄该信件的邮戳日期开始计算。要约以电话、传真、电子邮件等快速通讯方式作出的,承诺期限自要约到达受要约人时开始计算。

【体会】 承诺须满足以下两个条件:①在要约规定的期限内承诺到达要约人处,或按交易习惯或要约的要求作出一定的行为。如果在要约规定的期限内作出承诺,非因受要约人原因未及时到达,除非要约人特别通知,否则承诺有效;②对要约的内容未进行实质变更,即对标的、质量、数量、价款或报酬、履行期限、履行地点和方式、争议解决方式、违约责任未作变更。否则,不是有效承诺,而是属于新的要约。

9. 当事人如何撤回承诺?

【法条】 第485条 承诺可以撤回。承诺的撤回适用本法第一百四十一条的规定。

【法条链接】《民法典》第141条 行为人可以撤回意思表示。撤回意思表示的通知应当在意思表示到达相对人前或者与意思表示同时到达相对人。

【提示】 承诺可以撤回,但不能撤销。撤回承诺的通知应在承诺通知到达要约人之前或与承诺通知同时到达要约人。受要约人于承诺期限内发出承诺,按照通常情形能够及时到达要约人,但因其他原因承诺到达要约人时超过承诺期限的,除要约人及时通知受要约人因承诺超过期限不接受该承诺的以外,该承诺有效。

10. 承诺与要约的实质性内容变更怎么办?

【法条】 第488条 承诺的内容应当与要约的内容一致。受要约人对要约的内容作出实质性变更的,为新要约。有关合同标的、数量、质量、价款或者报酬、履行期限、履行地点和方式、违约责任和解决争议方法等的变更,是对要约内容的实质性变更。

第489条 承诺对要约的内容作出非实质性变更的,除要约人及时表示反对或者要约表明承诺不得对要约的内容作出任何变更外,该承诺有效,合同的内容以承诺的内容为准。

【体会】《民法典》第488条与原《合同法》第30条都有相同的规定:"承诺的内容应当与要约的内容一致。受要约人对要约的内容作出实质性变更的,为新要约。有关合同标的、数量、价款或者报酬、履行期限、履行地点和方式、违约责任和解决争议方法等的变更,是对要约内容的实质性变更。"

该条规定揭示了承诺的内容要件，即承诺的内容必须与要约内容一致。所谓内容一致，具体表现在：承诺是无条件的同意，不得限制、扩张或者变更要约的内容，否则不构成承诺，而应视为对要约的拒绝并作出一项新要约或称为反要约。但承诺的内容并不要求与要约的内容绝对一致或完全等同，即允许承诺对要约的内容作非实质性变更。因此，《民法典》第489条规定："承诺对要约的内容作出非实质性变更的，除要约人及时表示反对或者要约表明承诺不得对要约的内容作出任何变更外，该承诺有效，合同的内容以承诺的内容为准。"非实质性变更的承诺在以下两种情况下不能生效：一是要约人及时表示反对；二是要约中明确表示不得作任何变更。

11. 尚未签约提前履行义务的合同是否受法律保护？

【法条】第490条第1款　当事人采用合同书形式订立合同的，自当事人均签名、盖章或者按指印时合同成立。在签名、盖章或者按指印之前，当事人一方已经履行主要义务，对方接受时，该合同成立。

【体会】合同的成立，一个是合同，另一个是交易习惯，还有预约书、意向书只要进入实质性执行阶段，便都有一定的法律效力。这与双方相熟程度和信任程度直接有关。有的合同起草好，发给对方电子版，签字盖章邮寄感觉比较麻烦，就会在合同还没有双方签字盖章的情况下，提前执行合同约定的交易项目。有些交易项目已经全部完成，双方也没有签约。这些都是基于双方的信任和认同的交易习惯。但是，交易双方不熟悉或者风险较大的交易项目最好谨慎处置。即便对方不是故意违约，也有因为其他不可控因素而违约的可能。

12. 电子合同下单成功后，合同责任如何规定？

【法条】第491条第2款　当事人一方通过互联网等信息网络发布的商品或者服务信息符合要约条件的，对方选择该商品或者服务并提交订单成功时合同成立，但是当事人另有约定的除外。

【解读】电子合同一旦成立并生效，合同相对方依照法律的规定及合同的规定所产生的义务便具有了法律的强制性。电子合同下单成功说明合同成立，卖方承担运送风险并如期交货，快递过程中商品灭失的风险由商家承担。如果买家反悔，卖家可以不退款。买家签收商品后，即完成了电子合同的履行程序——合同标的的交付。合同标的物交付后，商品损毁、灭失的风险被由网络卖家转移到了网购买家身上。

【案例】李明在某电商平台看中了一款品牌皮包。在平台上与卖家张红沟通后,李明预付了10 000元定金并提交订单。随后,李明后悔,不想购买此皮包了,遂与卖家张红联系,欲取消交易并退还定金。而张红却告知李明:买卖合同已成立,不得随意解除。

【点评】根据《民法典》第491条的规定,在李明支付定金并成功提交订单之时,买卖合同就已成立,双方均应依约履行,否则将承担相应的违约责任。不过,电商竞争激烈,许多平台承诺,对下单客户可以无理由退货,这无疑提高了卖家的风险和交易成本。特别是商品快递到买主手中后,买主可以随时退货且发货费用由卖家承担,退货费用由买家承担。这样也基本上是公平的。但是客观上提升了卖家的风险,因为商品一旦在运输、快递过程中损坏,其需要承担损失。

13. 预订书、认购书属于合同吗?

【法条】第495条 当事人约定在将来一定期限内订立合同的认购书、订购书、预订书等,构成预约合同。

当事人一方不履行预约合同约定的订立合同义务的,对方可以请求其承担预约合同的违约责任。

【体会】在日常服务交易中,除了认购书、订购书、预订书、意向书、备忘录之外,办理会员卡订金、图书刊物订单、广告刊认单、会议参会报名表、培训报名表等都带有预约合同性质。客户预交书款、参会费、培训费,而所购买的商品或者服务却还没有发生。如果购买者反悔要求退款,服务方不同意,购买方起诉要求退费,法院一般不会支持。

判断商品房认购书的性质为预约合同还是本约合同,最主要的是看其是否具备《商品房销售管理办法》第16条规定的商品房买卖合同的主要内容。如双方当事人在协议中约定在具备商品房预售条件时还需重新签订商品房买卖合同,该协议应被认定为预约合同。当事人签订认购书等预约合同,约定在将来一定期限内订立买卖合同,一方不履行订立买卖合同的义务,对方可请求其承担预约合同违约责任或者要求解除预约合同并主张损害赔偿。预约书定金性质明确为"认购该商品房的定金"。购房者反悔起诉要求退还定金的,法院一般不支持。

14. 格式合同中的"霸王条款"是否有效?

【法条】第496条 格式条款是当事人为了重复使用而预先拟定,并在订立合同时未与对方协商的条款。采用格式条款订立合同的，提供格式条款的一方应当遵循公平原则确定当事人之间的权利和义务，并采取合理的方式提示对方注意免除或者减轻其责任等与对方有重大利害关系的条款，按照对方的要求，对该条款予以说明。提供格式条款的一方未履行提示或者说明义务，致使对方没有注意或者理解与其有重大利害关系的条款的，对方可以主张该条款不成为合同的内容。

第 497 条　有下列情形之一的，该格式条款无效：（一）具有本法第一编第六章第三节和本法第五百零六条规定的无效情形；（二）提供格式条款一方不合理地免除或者减轻其责任、加重对方责任、限制对方主要权利；（三）提供格式条款一方排除对方主要权利。

【法条链接】《民法典》第 506 条　合同中的下列免责条款无效：（一）造成对方人身损害的；（二）因故意或者重大过失造成对方财产损失的。

【提示】很多格式合同均属于垄断性服务合同，比如水、电、气、暖服务合同。其设立合同者处于优势地位，容易出现"霸王条款"和对服务者的"免责条款"。比如，在供暖合同中，不管用户用几天都必须按一个采暖季收费；还有些写字楼装修，不管用户是否自己清理垃圾，都必须按平方米收取不菲的管理费。处于服务对象的一方没有任何选择权。这样用户明显处于弱势地位。很多垄断性服务项目提供者不允许服务客户修改格式合同内容。一旦发生纠纷只能靠法院裁定。不过，有些网络下载的租房合同、房屋买卖合同、技术服务合同等，合同书的提供方往往会对模版内容进行有利于自己的条款修改，此时签约人需要认真阅读合同内容，对合同模糊不清或者对自己不利的条款要认真协商修改。

15. 格式合同对相对方的不利条款如何解释？

【法条】第 498 条　对格式条款的理解发生争议的，应当按照通常理解予以解释。对格式条款有两种以上解释的，应当作出不利于提供格式条款一方的解释。格式条款和非格式条款不一致的，应当采用非格式条款。

【提示】对于格式合同中对自身有重大利害关系的条款，相对方可主张格式条款不成为合同内容。提供格式条款一方不合理地免除或减轻自身责任、加重对方责任、限制对方主要权利的，格式条款无效。对格式条款有两种以上解释的，应当作出不利于提供格式合同一方的解释。

16. 在什么情况下合同造成损失需要承担赔偿责任？

【法条】 第500条 当事人在订立合同过程中有下列情形之一，造成对方损失的，应当承担赔偿责任：（一）假借订立合同，恶意进行磋商；（二）故意隐瞒与订立合同有关的重要事实或者提供虚假情况；（三）有其他违背诚信原则的行为。

【体会】 此法条立法意图非常明显，旨在鼓励订立合同的行为必须建立在双方真实意愿的表达和诚实守信的基础上。如果一方在订立合同的过程中故意隐瞒主要事实、提供虚假情况，带有恶意欺骗性质，这样的合同给对方造成损失的，不仅应该返还合同款项，而且应该承担赔偿责任。

17. 合同订立项目需要政府审批如何处理？

【法条】 第502条 依法成立的合同，自成立时生效，但是法律另有规定或者当事人另有约定的除外。依照法律、行政法规的规定，合同应当办理批准等手续的，依照其规定。未办理批准等手续影响合同生效的，不影响合同中履行报批等义务条款以及相关条款的效力。应当办理申请批准等手续的当事人未履行义务的，对方可以请求其承担违反该义务的责任。依照法律、行政法规的规定，合同的变更、转让、解除等情形应当办理批准等手续的，适用前款规定。

【提示】 很多人都有个误会，以为合同中有需要政府审批的表述，如果政府没有批准，合同就自然失效了，合同的其他条款也可以不再执行了。这是一个很容易发生的错误判断。提请大家注意，未办理政府批准等手续影响合同生效的，不影响合同中履行报批等义务条款，此外其他生效的合同条款依然有效。

18. 越权或超出授权范围订立的合同是否有效？

【法条】 第504条 法人的法定代表人或者非法人组织的负责人超越权限订立的合同，除相对人知道或者应当知道其超越权限外，该代表行为有效，订立的合同对法人或者非法人组织发生效力。

第505条 当事人超越经营范围订立的合同的效力，应当依照本法第一编第六章第三节和本编的有关规定确定，不得仅以超越经营范围确认合同无效。

【提示】 法定代表人超越权限签约的，在一般情况下，法定代表人会根据实际情况做出适当的决策调整，也可与董事会主要成员沟通，即便来不及沟通，也会主动控制越权签约的风险。其他经理人没有获得授权就私自签约的隐患很大。一种是对项目风险估计不足，一种是经办人有私心或急于求成、追求业绩，盲目决策；还有的是经办人想从项目中捞好处，甚至利用企业名义把项目盈利隐瞒不报。为了控制经理人的私下签约风险，企业不许随身携带空白合同，公章必须由专人管理，没有法定代表人授权任何人不得使用企业印章。为了防止辞退的经理人私刻公章对外签约，<u>企业应将辞退信息通报合作过的老客户，避免他们利用过去对企业和个人的信任越权（表见代理）签约合作，损害企业利益</u>。

19. 合同无效条款如何中止履行？

【法条】第506条　合同中的下列免责条款无效：（一）造成对方人身损害的；（二）因故意或者重大过失造成对方财产损失的。

第507条　合同不生效、无效、被撤销或者终止的，不影响合同中有关解决争议方法的条款的效力。

【提示】有些签约人为了确保自己能够履约或迫使对方履约，会在合同中约定造成对方人身损害却没有法律效力的条款，比如借款合同约定，借款到期后如债务人不能按时还款，债务人允许债权人暴力殴打催收。民间有一种朴素的诚信原则，那就是"白纸黑字"写在纸上的都应该遵守，合同中不合法的条款不能去执行，否则将构成比违约更严重的违法犯罪行为。

20. 合同履行应该遵循哪些原则？

【法条】第509条第1款、第2款　当事人应当按照约定全面履行自己的义务。

当事人应当遵循诚信原则，根据合同的性质、目的和交易习惯履行通知、协助、保密等义务。

【体会】在这里笔者需要强调两点：第一，全面履行自己的义务。有些人对合同条款有选择地执行，对容易做到的条款积极履行，对难度大的合同义务拖延或者不执行，或者执行不到位，这就没有做到"全面履行自己的义务"；第二，在合同执行过程中，根据交易习惯应该履行通知、协助、保密等义务，即在必要的时候提醒对方，协助对方履行合同义务，不要故意等到对方没有及时履行合同而违约被罚。

21. 合同约定不明事项怎么办？

【法条】第511条　当事人就有关合同内容约定不明确，依据前条规定仍不能确定的,适用下列规定:(一)质量要求不明确的,按照强制性国家标准履行;没有强制性国家标准的,按照推荐性国家标准履行;没有推荐性国家标准的,按照行业标准履行;没有国家标准、行业标准的,按照通常标准或者符合合同目的的特定标准履行。(二)价款或者报酬不明确的,按照订立合同时履行地的市场价格履行;依法应当执行政府定价或者政府指导价的,依照规定履行。(三)履行地点不明确,给付货币的,在接受货币一方所在地履行;交付不动产的,在不动产所在地履行;其他标的,在履行义务一方所在地履行。(四)履行期限不明确的,债务人可以随时履行,债权人也可以随时请求履行,但是应当给对方必要的准备时间。(五)履行方式不明确的,按照有利于实现合同目的的方式履行。(六)履行费用的负担不明确的,由履行义务一方负担;因债权人原因增加的履行费用,由债权人负担。

【体会】在日常交易行为中,很多人是依据交易习惯和口头约定,即便签约也很简便,合同执行中的细节问题也会通过沟通解决。不过,一旦出现分歧和纠纷,调查取证将比较困难,法官判定违约责任也缺乏依据支撑。所以,《民法典》制定了当事人就有关合同内容(比如质量、价格、报酬、履约地点、费用负担等)约定不明确的适用规定,为解决合同纠纷提供了原则性的标准。不管是通过民间协商,还是通过调解、仲裁、诉讼都有了可以遵循的依据。

22. 电子合同的交付期限如何确认?

【法条】第512条 通过互联网等信息网络订立的电子合同的标的为交付商品并采用快递物流方式交付的,收货人的签收时间为交付时间。电子合同的标的为提供服务的,生成的电子凭证或者实物凭证中载明的时间为提供服务时间;前述凭证没有载明时间或者载明时间与实际提供服务时间不一致的,以实际提供服务的时间为准。电子合同的标的物为采用在线传输方式交付的,合同标的物进入对方当事人指定的特定系统且能够检索识别的时间为交付时间。电子合同当事人对交付商品或者提供服务的方式、时间另有约定的,按照其约定。

【提示】电子合同和书面合同一样具有法律效力。如电子合同有修改或多份版本,在发送给签约方时一定要注明"以最后发送的电子合同为准,以前所发的同一交易项目合同作废"。这样就可避免因不同合同版本有不同的交易条件,发生纠纷时不好判定以哪份合同为准,还是几份合同都有效。双方以微信、短信留言形式沟通、交易的，收到信息的一方应该对对方信息有反馈。否则便会被对方认为是默认同意的表示。

23. 执行政府定价/指导价的合同价格变动怎么办？

【法条】第513条　执行政府定价或者政府指导价的，在合同约定的交付期限内政府价格调整时，按照交付时的价格计价。逾期交付标的物的，遇价格上涨时，按照原价格执行；价格下降时，按照新价格执行。逾期提取标的物或者逾期付款的，遇价格上涨时，按照新价格执行；价格下降时，按照原价格执行。

【提示】《民法典》第513条和《合同法》第63条的规定是一样的。合同在履行过程中，若遇政府指导价调整，合同履行总的原则是，保护按约履行合同的一方，惩罚违约方。国家针对买卖标的规定，有政府指导价的，出卖人和买受人应在指导价的幅度内商定买卖标的的价格。国家对买卖标的规定了政府定价的，出卖人违反价格管理规定的，买受人可以请求其退还多收的价款。在执行政府定价（指导价）的合同中，双方当事人必须按照政府指导价确定其价格，不得另外约定价格。

还有一个细节问题需注意，如买方已经签约付款订货，货到卖方后尚未交付买方时政府指导价提高了，而买方如果在政府提价之前支付了定金，这样会造成卖方购入价格明显高于与买方交付时的交易价，进而导致亏损交易。在明知卖方亏损的前提下，如买方不同意按新的价格补充汇款，双方可协商确保卖方的保本交易：即低于政府指导价高于原合同交易价，买卖双方可在两者之间寻找一个平衡点。这样既可以避免支付诉讼成本，又可以确保双方不伤和气，可以继续合作。

24. 债务人在履行还债时是否有选择权？

【法条】第515条　标的有多项而债务人只需履行其中一项的，债务人享有选择权；但是，法律另有规定、当事人另有约定或者另有交易习惯的除外。享有选择权的当事人在约定期限内或者履行期限届满未作选择，经催告后在合理期限内仍未选择的，选择权转移至对方。

第516条　当事人行使选择权应当及时通知对方，通知到达对方时，标的确定。标的确定后不得变更，但是经对方同意的除外。可选择的标的发生不能履行情形的，享有选择权的当事人不得选择不能履行的标的，但是该不能履行的情形是由对方造成的除外。

【体会】法律在制定时会尽可能保持交易双方和债权人、债务人的权利与义务的对等性。有多项标的而债务人只需履行其中一项的，债务人享有选择权；并且应该将自己的选择结果告知债权人。如果"债务人在约定期限内或者履行期限届满未作选择，经催告后在合理期限内仍未选择的，选择权转移至对方"，即债权方。还规定"享有选择权的当事人不得选择不能履行的标的"。这样的法条表述，无非是保护守信者的利益，惩罚不守信用者的失信行为。

25. 如何实现合同对第三人权益的主张？

【法条】第522条 当事人约定由债务人向第三人履行债务，债务人未向第三人履行债务或者履行债务不符合约定的，应当向债权人承担违约责任。

法律规定或当事人约定第三人可以直接请求债务人向其履行债务，第三人未在合理期限内明确拒绝，债务人未向第三人履行债务或履行债务不符合约定的，第三人可以请求债务人承担违约责任；债务人对债权人的抗辩，可以向第三人主张。

【案例】华洋公司为"鑫源顺6"轮船向保险公司投保，保额为1800万元，保险期限为12个月。同年，"鑫源顺6"轮船在泉州湾海域发生事故沉没。华洋公司此前向农村信用社贷款1200万元，并以"鑫源顺6"轮船作为抵押物。按借款合同约定，华洋公司对抵押物进行保险，并指定农村信用社作为第一受益人。事故发生后，保险公司拒绝赔偿，华洋公司将保险公司诉至法院。此时，农村信用社向法院提出申请，要求以有独立请求权的第三人身份参加本案诉讼。由于该笔贷款已经逾期，故华洋公司请求法院判令被告将包括贷款本金以及利息在内的保险赔偿金支付给第三人。厦门海事法院最终允许农村信用社作为无独立请求权第三人参加诉讼。

【案例点评】《民法典》新增规定了利益第三人合同中第三人所享有的拒绝权、履行请求权以及在债务人不履行债务时的违约责任请求权，这些都是《合同法》未作出规定的内容。在本判例中，厦门海事法院根据《合同法》第64条的规定，只追加农村信用社作为无独立请求权第三人参加本案诉讼，不同意追加农村信用社为有独立请求权的第三人。今后若按照《民法典》，农村信用社是可以凭借款合同向保险公司主张还款并要求其承担违约责任的。

26. 债务履行中可否采取债权转让？

【法条】第523条 当事人约定由第三人向债权人履行债务，第三人不履行债务或者履行债务不符合约定的，债务人应当向债权人承担违约责任。

第524条 债务人不履行债务，第三人对履行该债务具有合法利益的，第三人有权向债权人代为履行；但是，根据债务性质、按照当事人约定或者依照法律规定只能由债务人履行的除外。债权人接受第三人履行后，其对债务人的债权转让给第三人，但是债务人和第三人另有约定的除外。

【体会】关于债权转让与转移，《民法典》已有规定。债务人无法履行债务，第三人对履行该债务具有合法利益的，第三人有权向债权人代为履行；债权人接受了第三人履行后，其对债务人的债权实际上已经被转让或转移给第三人。假如第三人没有完全偿还债务，债权人依然有权要求债务人履行偿债责任。不过，请注意：一旦债权债务签约转移，原债务人免除一切权利义务，原合同权利义务都归第三人所有。所以，法院不能追究第三人的违约责任，更不能强制执行第三人的财产。

27. 什么情况下需要中止合同履行？

【法条】第527条 应当先履行债务的当事人，有确切证据证明对方有下列情形之一的，可以中止履行：（一）经营状况严重恶化；（二）转移财产、抽逃资金，以逃避债务；（三）丧失商业信誉；（四）有丧失或者可能丧失履行债务能力的其他情形。当事人没有确切证据中止履行的，应当承担违约责任。

【体会】在交易实践中，存在一方守约履行合同，而另一方不守信用、转移资产、抽逃资金，企图逃避债务的情况。这样守约的一方可以终止履行合同，把自身损失降到最低。如果明知对方不守信用，守约方依然认真履约，最终只能增大守约方的交易风险。表面上看来是信守承诺的行为，实际上却是在纵容失信方的不诚信行为。

28. 是否可以因为当事人变更中止合同履行？

【法条】第532条 合同生效后，当事人不得因姓名、名称的变更或者法定代表人、负责人、承办人的变动而不履行合同义务。

【体会】当事人为了逃避履行合同义务，会以签约人名称变更或法定代表人、经办人变动为由拒绝履行合同义务。遇到这种情况，对方当事人可以通过提起诉讼主张自己的合法权利。

29. 在什么情况下可以请求变更和解除合同？

【法条】第533条 合同成立后，合同的基础条件发生了当事人在订立合同时无法预见的、不属于商业风险的重大变化，继续履行合同对于当事人一方明显不公平的，受不利影响的当事人可以与对方重新协商；在合理期限内协商不成的，当事人可以请求人民法院或者仲裁机构变更或者解除合同。人民法院或者仲裁机构应当结合案件的实际情况，根据公平原则变更或者解除合同。

【体会】交易合同纠纷难免会遇到一些"无法预见的、不属于商业风险的重大变化，继续履行合同对于当事人一方明显不公平的"，合同双方应该重新协商调整合同内容；协商不成可请求仲裁机构或法院变更或解除合同。避免因合同无法履行而引发诉讼，导致两败俱伤的结果。

30. 如何采取合同的保全措施？

【法条】第535条 因债务人怠于行使其债权或者与该债权有关的从权利，影响债权人的到期债权实现的，债权人可以向人民法院请求以自己的名义代位行使债务人对相对人的权利，但是该权利专属于债务人自身的除外。代位权的行使范围以债权人的到期债权为限。债权人行使代位权的必要费用，由债务人负担。相对人对债务人的抗辩，可以向债权人主张。

【体会】代位权是债权人合同保全的一种措施。是债权人代替债务人，把第三方欠债务人的债追回来，偿还债务人所欠债权人的债。代位权的效力及于债权人、债务人和次债务人（或第三方债务人）。它是指债务人怠于行使其对第三方债务人享有的到期的权利，而在对债权人的债权造成危害时，债权人为了保全自己的债权，可以向法院请求以自己的名义向第三方债务人代位行使债务人的债权。

31. 债权人向破产管理人申报债务履行请求？

【法条】第536条 债权人的债权到期前，债务人的债权或者与该债权有关的从权利存在诉讼时效期间即将届满或者未及时申报破产债权等情形，影响债权人的债权实现的，债权人可以代位向债务人的相对人请求其向债务人履行、向破产管理人申报或者作出其他必要的行为。

第537条 人民法院认定代位权成立的，由债务人的相对人向债权人履行义务，债权人接受履行后，债权人与债务人、债务人与相对人之间相应的权利义务终止。债务人对相对人的债权或者与该债权有关的从权利被采取保全、执行措施，或者债务人破产的，依照相关法律的规定处理。

【体会】主权利是指能够独立存在的权利，不需要依附其他权利存在的权利，比如债权。从权利指必须要依附某主权利才能存在的权利，比如抵押权、质押权、留置权。一方向另一方借款，以自己的房产作为抵押，债权人所享有的房产抵押权是依附于他所享有的债权的，因此债权是主权利，抵押权是从权利。债权不存在了，抵押权也就没有了。如果债务人面临破产清算，债权人为了避免自己的债权灭失，可以代位向债务人的相对人请求履行对债务人的偿债义务，而且要向破产管理人申报，否则会面临债务灭失风险。法院认定代位权成立的，由债务人的相对人向债权人履行义务，债权人接受履行后，债权人与债务人、债务人与相对人之间相应的权利义务终止。这样债权人可以对相对人的抵押物直接申请财产保全，确保债权人实施债权保障的标的物存在。

32. 什么情况下债权人可请求撤销债务人转让财产？

【法条】 第 538 条　债务人以放弃其债权、放弃债权担保、无偿转让财产等方式无偿处分财产权益，或者恶意延长其到期债权的履行期限，影响债权人的债权实现的，债权人可以请求人民法院撤销债务人的行为。

第 539 条　债务人以明显不合理的低价转让财产、以明显不合理的高价受让他人财产或者为他人的债务提供担保，影响债权人的债权实现，债务人的相对人知道或者应当知道该情形的，债权人可以请求人民法院撤销债务人的行为。

第 540 条　撤销权的行使范围以债权人的债权为限。债权人行使撤销权的必要费用，由债务人负担。

第 541 条　撤销权自债权人知道或者应当知道撤销事由之日起一年内行使。自债务人的行为发生之日起五年内没有行使撤销权的，该撤销权消灭。

【体会】 债务人为了达到逃废债务目的，以放弃其债权、放弃债权担保、无偿转让财产、低价转让财产等方式处分财产权益，或者恶意延长其到期债权的履行期限，债权人可以自知道或者应当知道 1 年内，向法院请求撤销债务人以逃废债务为目的的处置财产行为。被撤销的财产回归到原来产权归属，确保债权人胜诉后债务人有可供执行的标的物。在司法实践中，许多债权人忽略了对债务人恶意逃废债务而低价转让或无偿处置财产的行为，最后即便债权人打赢官司，债务人也将没有什么可供执行的财产。

33. 在什么情形下当事人可以解除合同？

【法条】 第 563 条　有下列情形之一的，当事人可以解除合同：（一）因不可抗力致使不能实现合同目的；（二）在履行期限届满前，当事人一方明确表示或者以自己的行为表明不履行主要债务；(三) 当事人一方迟延履行主要债务，经催告后在合理期限内仍未履行；(四) 当事人一方迟延履行债务或者有其他违约行为致使不能实现合同目的；(五) 法律规定的其他情形。以持续履行的债务为内容的不定期合同，当事人可随时解除合同，但是应当在合理期限之前通知对方。

【体会】《民法典》第563条规定了5种可以解除合同的情形。当事人一方因不可抵抗力、一方明确表示、以自己的行为表明不履行或根本没有能力履行主要债务时，以持续履行的债务为内容的不定期合同，当事人随时可要求解除合同。这种交易行为，一方一旦无法供货或支付货款，交易风险便会随之增大，解除合同显然是为了降低交易风险。

行使合同解除权，需要依法通知对方。合同自通知到达对方时解除。对方有异议的，可请求法院或仲裁机构确认解除合同的效力。法律、行政法规规定解除合同应当办理批准、登记等手续的，依照其规定。可见，解除权行使的方式主要可被分为通知与进行批准，登记。

34. 合同终止履行能否请求赔偿？

【法条】第566条第1款、第2款 合同解除后，尚未履行的，终止履行；已经履行的，根据履行情况和合同性质，当事人可以请求恢复原状或者采取其他补救措施，并有权请求赔偿损失。

合同因违约解除的，解除权人可以请求违约方承担违约责任，但是当事人另有约定的除外。

【体会】合同解除后尚未来得及履行的条款，解除后立即终止履行；已经履行的条款，根据履行情况和合同性质，当事人可以请求恢复原状或者采取其他补救措施弥补损失，并有权请求对方赔偿损失。如果合同因对方违约而被迫解除，解除权人可以请求违约方承担违约责任，包括赔偿守约方的经济损失。这样才能充分体现法律的公正性。

35. 如何应对合同履行中的情势变更？

【法条】第536条 债权人的债权到期前，债务人的债权或者与该债权有关的从权利存在诉讼时效期间即将届满或者未及时申报破产债权等情形，影响债权人的债权实现的，债权人可以代位向债务人的相对人请求其向债务人履行、向破产管理人申报或者作出其他必要的行为。

【解读】在过去，对于这样的合同纠纷案件，法院有权对涉案事实是否涉及情势变更进行审查，这只是法院的法定职责。裁判依据的是最高人民法院的司法解释，没有明确的法律条文。如今情势变更被写入《民法典》合同编，为处理合同履行过程中的情势变更提供了直接的法条依据。

【案例】甲方就电厂锅炉烟气脱硫工程项目与乙公司签定了涉及提供技术服务、售后服务等事项的合同。签约后不久，甲方以国家计划调整为由单方面取消合同，导致乙方遭受经济损失。法院经审理认为，涉案合同在履行过程中，当地政府调整了节能减排的政策，明确要求甲方自备电厂限期拆除燃煤锅炉，客观情况发生了重大变化，该变化是当事人无法预见的，属于合同当事人意志之外的客观情况发生重大变化的情形。因此，法院认定本案属于情势变更情形。甲方电厂解除合同不属于违约行为。

【点评】政府政策调整属于无法预见的情形，由于该政府政策调整导致合同目的无法实现或继续履行合同对一方当事人明显不公平，因此法院将上述政府政策的调整认定为情势变更。

36. 如何进行合同变更与转让？

【法条】第543条 当事人协商一致，可以变更合同。

第544条 当事人对合同变更的内容约定不明确的，推定为未变更。

第555条 当事人一方经对方同意，可以将自己在合同中的权利和义务一并转让给第三人。

第556条 合同的权利和义务一并转让的，适用债权转让、债务转移的有关规定。

【提示】合同变更和转让需要注意以下几点：①当事人协商一致，可以变更合同。②当事人协商无法达成一致意见，可以寻求仲裁的；无法达成仲裁的，可以请求法院判决是否变更与解除。③合同一方经对方同意，可以将自己在合同中的权利和义务一并转让给第三人。④合同转让时，权利和义务一并转让的，适用债权转让、债务转移的有关规定。

37. 如何实施债权转让？

【法条】第545条 债权人可以将债权的全部或者部分转让给第三人，但是有下列情形之一的除外：（一）根据债权性质不得转让；（二）按照当事人约定不得转让；（三）依照法律规定不得转让。当事人约定非金钱债权不得转让的，不得对抗善意第三人。当事人约定金钱债权不得转让的，不得对抗第三人。

第 546 条 债权人转让债权，未通知债务人的，该转让对债务人不发生效力。债权转让的通知不得撤销，但是经受让人同意的除外。

第 547 条 债权人转让债权的，受让人取得与债权有关的从权利，但是该从权利专属于债权人自身的除外。受让人取得从权利不因该从权利未办理转移登记手续或者未转移占有而受到影响。

第 548 条 债务人接到债权转让通知后，债务人对让与人的抗辩，可以向受让人主张。

第 551 条 债务人将债务的全部或者部分转移给第三人的，应当经债权人同意。

债务人或者第三人可以催告债权人在合理期限内予以同意，债权人未作表示的，视为不同意。

第 555 条 当事人一方经对方同意，可以将自己在合同中的权利和义务一并转让给第三人。

【体会】债权转让需要满足以下条件：①根本前提是存在有效债权。②虚构的、无效的、已经消灭的、标的不能实现债权转让的，无法转让他人，或者导致债权让与无效。③让与人与受让人须就债权的转让达成协议，并且不得违反法律的有关规定。④债权的转让必须通知债务人。根据《民法典》第546 条的规定，债权人转让权利的，应当通知债务人。未经通知，该转让对债务人不发生效力。

38. 哪些债权不得转让？

【法条】第 555 条 当事人一方经对方同意，可以将自己在合同中的权利和义务一并转让给第三人。

第 556 条 合同的权利和义务一并转让的，适用债权转让、债务转移的有关规定。

【法条链接】原《合同法》第 79 条规定，以下三类债权不得转让：根据合同性质不得转让的债权、按照当事人的约定不得转让的债权、依照法律规定不得转让的债权。

【体会】以下三种合同债权不得转让：①根据合同或债权性质不得转让的合同债权主要有：基于个人信任关系而发生的债权（例如雇佣、委托、租赁等合同所生债权）；合同的标的与当事人的人身关系相关的合同债权，不作为的合同债权，与第三人利益有关的合同债权。例如，特定演员的演出合同、特定讲师的授课合同。但从权利可与主权利分离而单独存在的可以转让，如已经产生的利息债权可以与本金债权相分离而单独转让。②按照当事人的约定不得转让的债权。③法律规定不得转让的合同债权。如《担保法》第61条规定，最高额抵押的主合同债权不得转让。

39. 什么情况下债权债务终止？

【法条】 第557条　有下列情形之一的，债权债务终止：（一）债务已经履行；（二）债务相互抵销；（三）债务人依法将标的物提存；（四）债权人免除债务；（五）债权债务同归于一人；（六）法律规定或者当事人约定终止的其他情形。合同解除的，该合同的权利义务关系终止。

第559条　债权债务终止时，债权的从权利同时消灭，但是法律另有规定或者当事人另有约定的除外。

【体会】 债权债务终止有以下几种情形：①债的履行，即清偿，债务人向债权人为特定行为，从债务人方面说，为给付；从债权人方面说，为履行；从债的消灭上说，为清偿。债务人清偿了债务，债权人的权利实现，即意味着债的消灭。②债的解除，即因双方的协议消灭而导致债的消灭、双方的债终止。③债权债务抵销。抵销是指当事人双方相互负有相同种类的给付，将两项债务相互冲抵，等额抵销债务。④标的物提存是指债务人在债务履行期届满时，将无法给付的标的物交提存机关，以消灭债务的行为。⑤债务免除是指债权人放弃债权，单方免除债务人债务的民事行为。债务人的债务免除后，债权人的债权将不再存在。⑥债权与债务混同。即债权与债务同归于一个民事主体，而使债的关系消灭的法律事实。⑦主债权终止后，债权的从权利同时消灭。⑧债务更新，是指当事人双方成立新债务而使旧债务消灭的法律行为。

【提示】 债权人对即将逾期的债务，可以与债务人协商推迟还债。写好一张新的借条，把旧债借条作废，这样3年内还可以保证自己的民事诉权。如果对方不配合，必须在借条到期之前向有管辖权的法院递交诉状。否则，借条逾期债权人将失去诉讼权利。

40. 什么情况下可以解除合同？

【法条】 第563条　有下列情形之一的，当事人可以解除合同：（一）因不可抗力致使不能实现合同目的；（二）在履行期限届满前，当事人一方明确表示或者以自己的行为表明不履行主要债务；（三）当事人一方迟延履行主要债务，经催告后在合理期限内仍未履行；(四) 当事人一方迟延履行债务或者有其他违约行为致使不能实现合同目的；(五) 法律规定的其他情形。以持续履行的债务为内容的不定期合同，当事人可随时解除合同，但是应当在合理期限之前通知对方。

第 564 条　法律规定或者当事人约定解除权行使期限，期限届满当事人不行使的，该权利消灭。法律没有规定或者当事人没有约定解除权行使期限，自解除权人知道或者应当知道解除事由之日起一年内不行使，或者经对方催告后在合理期限内不行使的，该权利消灭。

第 565 条　当事人一方依法主张解除合同的，应当通知对方。合同自通知到达对方时解除；通知载明债务人在一定期限内不履行债务则合同自动解除，债务人在该期限内未履行债务的，合同自通知载明的期限届满时解除。对方对解除合同有异议的，任何一方当事人均可以请求人民法院或者仲裁机构确认解除行为的效力。当事人一方未通知对方，直接以提起诉讼或者申请仲裁的方式依法主张解除合同，人民法院或者仲裁机构确认该主张的，合同自起诉状副本或者仲裁申请书副本送达对方时解除。

第 566 条　合同解除后，尚未履行的，终止履行；已经履行的，根据履行情况和合同性质，当事人可以请求恢复原状或者采取其他补救措施，并有权请求赔偿损失。合同因违约解除的，解除权人可以请求违约方承担违约责任，但是当事人另有约定的除外。主合同解除后，担保人对债务人应当承担的民事责任仍应当承担担保责任，但是担保合同另有约定的除外。

第 567 条　合同的权利义务关系终止，不影响合同中结算和清理条款的效力。

【体会】合同解除分为合意解除和法定解除，具体可细分为以下解除形式：①约定解除，是指当事人以合同形式，约定为一方或双方保留解除权的解除。②合同解除的条件由法律直接加以规定者，其解除为法定解除。③在适用情势变更原则时，合同解除是指履行合同实在困难，若履行将显失公平，法院将裁决解除合同。法院直接基于情事变更原则加以认定，而不是通过当事人的解除行为。④单方要求解除对方不同意的，提出方应给与对方解约补偿损失。

41. 如何实施合同标的物提存？

【法条】第 570 条　有下列情形之一，难以履行债务的，债务人可以将标的物提存：（一）债权人无正当理由拒绝受领；（二）债权人下落不明；（三）债权人死亡未确定继承人、遗产管理人，或者丧失民事行为能力未确定监护人；（四）法律规定的其他情形。标的物不适于提存或者提存费用过高的，债务人依法可以拍卖或者变卖标的物，提存所得的价款。

第571条　债务人将标的物或将标的物依法拍卖、变卖所得价款交付提存部门时，提存成立。提存成立的，视为债务人在其提存范围内已经交付标的物。

第572条　标的物提存后，债务人应当及时通知债权人或者债权人的继承人、遗产管理人、监护人、财产代管人。

【体会】《民法典》第570~572条是关于合同标的物提存的规定。法律术语的提存是指债务人履行其到期债务时，因债权人的原因无正当理由而拒绝受领，或者因债权人下落不明等原因导致债务人无法向债权人履行债务时，可依法将其履行债务的标的物送交有关部门，以代替履行的制度。

【提示】执行提存应注意以下几点：①提存是代为履行的方法，《民法典》规定了提存的条件和方式，债权人失踪或者去世的，提存标的物由债权人的继承人、遗产管理人、监护人、财产代管人管理。②提存物无法实现提存时，可以货币变现价款提存。③提存环节完成之后，合同规定的权利义务终止。

42. 合同违约赔偿有何法律规定？

【法条】第584条　当事人一方不履行合同义务或者履行合同义务不符合约定，造成对方损失的，损失赔偿额应当相当于因违约所造成的损失，包括合同履行后可以获得的利益；但是，不得超过违约一方订立合同时预见到或者应当预见到的因违约可能造成的损失。

第585条　当事人可以约定一方违约时应当根据违约情况向对方支付一定数额的违约金，也可以约定因违约产生的损失赔偿额的计算方法。约定的违约金低于造成的损失的，人民法院或者仲裁机构可以根据当事人的请求予以增加；约定的违约金过分高于造成的损失的，人民法院或者仲裁机构可以根据当事人的请求予以适当减少。当事人就迟延履行约定违约金的，违约方支付违约金后，还应当履行债务。

【提示】合同是平等主体之间签订的设立、变更、终止民事关系的协议，这种协议是双方当事人之间意思表示一致的内容，在发生合同违约时也会有相应的违约责任。合同违约赔偿应注意以下几点：①依据当事人合同中约定的违约金赔偿，称之为固定金额的约定赔偿。②当事人在订立合同时，损失范围难以确定，当事人在合同中约定赔偿的计算办法，不属于固定的赔偿数额。但约定赔偿超过实际损失的30%的部分，一般不被支持。③合同的法定赔偿是指在当事人一方违约造成对方损失时，按照法律规定的办法计算赔偿额。约定的违约金低于造成的损失的，当事人可以请求法院或者仲裁机构予以增加；约定的违约金过分高于造成的损失的，当事人可以请求法院或仲裁机构予以适当减少。④守约方可以追究违约方因合作项目导致的直接经济损失赔偿责任。不过，损失的计算需要仲裁机构和法院认定。

43. 合同定金有何法律规定？

【法条】第586条　当事人可以约定一方向对方给付定金作为债权的担保。定金合同自实际交付定金时成立。定金的数额由当事人约定；但是，不得超过主合同标的额的百分之二十，超过部分不产生定金的效力。实际交付的定金数额多于或者少于约定数额的，视为变更约定的定金数额。

第587条　债务人履行债务的，定金应当抵作价款或者收回。给付定金的一方不履行债务或者履行债务不符合约定，致使不能实现合同目的的，无权请求返还定金；收受定金的一方不履行债务或者履行债务不符合约定，致使不能实现合同目的的，应当双倍返还定金。

第588条　当事人既约定违约金，又约定定金的，一方违约时，对方可以选择适用违约金或者定金条款。定金不足以弥补一方违约造成的损失的，对方可以请求赔偿超过定金数额的损失。

【提示】定金与定金合同在执行中应该注意以下要点：①定金是指当事人双方为了保证债务的履行，约定由当事人方先行支付给对方一定数额的货币作为担保。②定金的数额由当事人约定，但不得超过主合同标的额的20%。③定金合同从实际交付定金之日起生效。④依据定金合同，债务人履行债务后，定金应当收回或者抵作价款。⑤给付定金的一方不履行约定债务的，无权要求返还定金；收受定金的一方不履行约定的债务的，应当双倍返还定金。⑥交付定金的一方在合同履行期间有违约行为者，定金可以不退或者部分退还。

44. 如何承担合同不能履行的违约责任？

【法条】第590条　当事人一方因不可抗力不能履行合同的，根据不可抗力的影响，部分或者全部免除责任，但是法律另有规定的除外。因不可抗力不能履行合同的，应当及时通知对方，以减轻可能给对方造成的损失，并应当在合理期限内提供证明。当事人迟延履行后发生不可抗力的，不免除其违约责任。

【提示】不可抗力，是指合同订立时不能预见、不能避免并不能克服的客观情况。笔者在此提示大家注意以下方面：①不可抗力，属于合同必备的法律条款。构成不可抗力需要具备三大要素：不可预见的偶然性、不可控制的客观性、不可克服性。②合同双方对不可抵抗力有共识者，可以协商解除合同，互不赔偿，应该恢复到合同执行前的状态；不属于合同违约，可以请求定金返还。③不可抗力条款是法定免责条款，当事人大于法定免责范围的请求，超出部分应视为另外成立免责条款。不被对方认可者可以通过仲裁或者诉讼解决。④不可抗力作为免责条款具有强制性，当事人在合同中或者在合同执行中不得约定将"不可抗力"排除在免责事由之外。

因不可抗力不能履行合同的，根据不可抗力的影响，部分或全部免除责任。但有以下例外：①金钱债务的迟延责任不得因不可抗力而免除；②迟延履行期间发生的不可抗力不具有免责效力。

45. 如何应对合同违约？

【法条】第591条　当事人一方违约后，对方应当采取适当措施防止损失的扩大；没有采取适当措施致使损失扩大的，不得就扩大的损失请求赔偿。当事人因防止损失扩大而支出的合理费用，由违约方负担。

第592条　当事人都违反合同的，应当各自承担相应的责任。当事人一方违约造成对方损失，对方对损失的发生有过错的，可以减少相应的损失赔偿额。

第593条　当事人一方因第三人的原因造成违约的，应当依法向对方承担违约责任。当事人一方和第三人之间的纠纷，依照法律规定或者按照约定处理。

【体会】《民法典》第591条、第592条、第593条规定的是三种不同的违约责任归属：①当事人一方违约后，对方应当采取措施防止损失的扩大；否则，不得就扩大的损失请求赔偿。同时，违约方应该承担守约方为防止损失扩大而支出的合理费用。②当事人双方都违反合同的，应当各自承担相应的责任。责任的大小分配、先后顺序依据合同约定；合同没有约定的，双方可以理性、客观协商，也可以找居间方调解；协商和调解失败的可以申请仲裁或者诉讼。③当事人一方因第三人的原因造成违约的，应当向对方承担违约责任。当事人在承担责任后可以另行追究第三人的赔偿责任。

46. 国际贸易与服务合同诉讼有效期有何规定？

【法条】第594条　因国际货物买卖合同和技术进出口合同争议提起诉讼或者申请仲裁的时效期间为四年。

【提示】《民法典》第188条规定，向法院请求保护民事权利的诉讼时效期间为3年。超过3年的合同纠纷诉讼法院不再受理。但是，《民法典》第594条规定，国际货物买卖合同和技术进出口合同争议提起诉讼或者申请仲裁的时效期间为4年。比国内合同争议法定有效期长1年，主要是考虑到国际贸易合同纠纷取证和跨国诉讼所花费的时间更长。

三、《民法典》第二分编典型合同解读

1. 买卖合同转移标的物有何规定？

【法条】第595条　买卖合同是出卖人转移标的物的所有权于买受人，买受人支付价款的合同。

第596条　买卖合同的内容一般包括标的物的名称、数量、质量、价款、履行期限、履行地点和方式、包装方式、检验标准和方法、结算方式、合同使用的文字及其效力等条款。

第597条　因出卖人未取得处分权致使标的物所有权不能转移的，买受人可以解除合同并请求出卖人承担违约责任。

法律、行政法规禁止或者限制转让的标的物，依照其规定。

第598条　出卖人应当履行向买受人交付标的物或者交付提取标的物的单证，并转移标的物所有权的义务。

【提示】签署买卖合同应注意以下几点：①买卖是典型的商品交换有偿合同，必须写明产品名称和价款。②按照《民法典》第596条规定的买卖合同要件起草合同内容，明确权利与义务。③出卖人不能按时交付或转移标的物时，买受人可解除合同并请求出卖人违约赔偿。④合同一方执行合同预感有困难的，应该主动与对方协商取得谅解，修改合同，以免被动违约造成损失。

2. 出卖具有知识产权的标的物有何规定？

【法条】第600条　出卖具有知识产权的标的物的，除法律另有规定或者当事人另有约定外，该标的物的知识产权不属于买受人。

【提示】出卖人出售具有知识产权的商品，如果担心购买者仿制，可以在交易合同中写明："本商品外观设计或者新型实用功能属于国家专利，产品购买使用人未经许可，不得仿制"，或者注明"该标的物的所有权和使用权归买受人，而知识产权属于出售人"。这样可以有效地杜绝买受人侵权。

3. 标的物交付过程中的灭失责任如何承担？

【法条】第603条　出卖人应当按照约定的地点交付标的物。

当事人没有约定交付地点或者约定不明确，依据本法第五百一十条的规定仍不能确定的，适用下列规定：（一）标的物需要运输的，出卖人应当将标的物交付给第一承运人以运交给买受人；（二）标的物不需要运输，出卖人和买受人订立合同时知道标的物在某一地点的，出卖人应当在该地点交付标的物；不知道标的物在某一地点的，应当在出卖人订立合同时的营业地交付标的物。

第604条　标的物毁损、灭失的风险，在标的物交付之前由出卖人承担，交付之后由买受人承担，但是法律另有规定或者当事人另有约定的除外。

第605条　因买受人的原因致使标的物未按照约定的期限交付的，买受人应当自违反约定时起承担标的物毁损、灭失的风险。

第606条　出卖人出卖交由承运人运输的在途标的物，除当事人另有约定外，毁损、灭失的风险自合同成立时起由买受人承担。

第607条第1款　出卖人按照约定将标的物运送至买受人指定地点并交付给承运人后，标的物毁损、灭失的风险由买受人承担。

第608条　出卖人按照约定或者依据本法第六百零三条第二款第二项的规定将标的物置于交付地点，买受人违反约定没有收取的，标的物毁损、灭失的风险自违反约定时起由买受人承担。

【提示】以上法条规定了标的物在交付过程中的责任承担：①出卖人应当按照约定的地点交付标的物。②不知道标的物在某一地点的，应当在出卖人订立合同时的营业地交付标的物。③标的物毁损、灭失的风险，在标的物交付之前由出卖人承担，交付之后由买受人承担。④出卖人出卖交由承运人运输的在途标的物，毁损、灭失的风险自合同成立时起由买受人承担。⑤出卖人按约定将标的物运送到交付地点，买受人违反约定没有收取的，标的物毁损、灭失的风险由买受人承担。

4. 买受人发现标的物不符合质量要求怎么办？

【法条】 第 610 条 因标的物不符合质量要求，致使不能实现合同目的的，买受人可以拒绝接受标的物或者解除合同。买受人拒绝接受标的物或者解除合同的，标的物毁损、灭失的风险由出卖人承担。

第 620 条 买受人收到标的物时应当在约定的检验期限内检验。没有约定检验期限的，应当及时检验。

第 621 条第 1 款 当事人约定检验期限的，买受人应当在检验期限内将标的物的数量或者质量不符合约定的情形通知出卖人。买受人怠于通知的，视为标的物的数量或者质量符合约定。

【提示】 买受人应注意以下几点：①因标的物不符合质量要求，买受人可拒绝接受标的物或解除合同。买受人拒绝接受标的物导致标的物毁损、灭失风险由出卖人承担。②买受人收到标的物时应当及时检验数量和质量是否符合约定。③双方有约定检验期限的，买受人应当在检验期限内将标的物的数量、质量不符合约定的情形通知出卖人。买受人不通知对方，意味着标的物的数量、质量符合约定。

5. 标的物的买受人如何支付价款？

【法条】 第 626 条 买受人应当按照约定的数额和支付方式支付价款。对价款的数额和支付方式没有约定或者约定不明确的，适用本法第五百一十条、第五百一十一条第二项和第五项的规定。

第 628 条 买受人应当按照约定的时间支付价款。对支付时间没有约定或者约定不明确，依据本法第五百一十条的规定仍不能确定的，买受人应当在收到标的物或者提取标的物单证的同时支付。

第 634 条 分期付款的买受人未支付到期价款的数额达到全部价款的五分之一，经催告后在合理期限内仍未支付到期价款的，出卖人可以请求买受人支付全部价款或者解除合同。

出卖人解除合同的，可以向买受人请求支付该标的物的使用费。

【提示】 买受人应当按照约定的数额和支付方式支付价款。卖方在交货后的催款过程中应注意以下几点：①要求买方根据合同约定的时间支付货款。②根据双方的交易习惯支付货款。比如，发货前先支付20%定金，收货当天支付或者收货几天内付款。③买方没有按约定时间付款，催告无效，卖方可以要求买方支付欠款，或者返还货物，并请求货物的使用费和发货、退货的费用。④如果买方不配合，卖方可以起诉要求买方支付余款并支付逾期的滞纳金。

6. 试用买卖标的物毁损、灭失的风险如何承担？

【法条】第637条　试用买卖的当事人可以约定标的物的试用期限。对试用期限没有约定或者约定不明确，依据本法第五百一十条的规定仍不能确定的，由出卖人确定。

第638条　试用买卖的买受人在试用期内可以购买标的物，也可以拒绝购买。试用期限届满，买受人对是否购买标的物未作表示的，视为购买。试用买卖的买受人在试用期内已经支付部分价款或者对标的物实施出卖、出租、设立担保物权等行为的，视为同意购买。

第639条　试用买卖的当事人对标的物使用费没有约定或者约定不明确的，出卖人无权请求买受人支付。

第640条　标的物在试用期内毁损、灭失的风险由出卖人承担。

【提示】在交易实践中，试用商品买卖当事人可以采取以下方式确认试用期和购买过程的责任：①双方应尽量书面约定商品的试用期限。②对试用期限没有约定或者约定不明确，收货后由出卖人单方向试用人许诺试用到期的具体日期。③试用的买受人拒绝购买，应该告知卖方。否则试用期满，视为买受人同意购买。卖方可以请求试用人付款。④买受人在试用期内已支付部分价款或者对商品实施出卖、出租等行为的，视为同意购买。⑤试用买卖的当事人对商品使用费没有约定的，出卖人无权请求买受人支付货款。⑥试用期内商品的毁损、灭失风险由出卖人承担。

7. 供电合同的基本条款与责任有哪些？

【法条】第649条　供用电合同的内容一般包括供电的方式、质量、时间，用电容量、地址、性质，计量方式，电价、电费的结算方式，供用电设施的维护责任等条款。

第654条第1款　用电人应当按照国家有关规定和当事人的约定及时支付电费。用电人逾期不支付电费的，应当按照约定支付违约金。经催告用电人在合理期限内仍不支付电费和违约金的，供电人可以按照国家规定的程序中止供电。

【提示】供用电、水、气、热力、电信合同等一般都是格式合同，是甲方印刷好的内容，客户基本上只有签字的权利，没有修改条款的自由。不过，如果供应设备损坏，不能及时维修恢复正常使用，客户可以投诉要求赔偿损失，在仲裁和诉讼时，一些对用户不利的条款（通常说的霸王条款、免责条款）没有法律效力。

8. 签署赠与合同有哪些法律规定？

【法条】《民法典》第十一章是赠与合同的内容。主要法条如下：

第657条　赠与合同是赠与人将自己的财产无偿给予受赠人，受赠人表示接受赠与的合同。

第658条第1款　赠与人在赠与财产的权利转移之前可以撤销赠与。

第659条　赠与的财产依法需要办理登记或者其他手续的，应当办理有关手续。

第660条　经过公证的赠与合同或者依法不得撤销的具有救灾、扶贫、助残等公益、道德义务性质的赠与合同，赠与人不交付赠与财产的，受赠人可以请求交付。

依据前款规定应当交付的赠与财产因赠与人故意或者重大过失致使毁损、灭失的，赠与人应当承担赔偿责任。

第662条　赠与的财产有瑕疵的，赠与人不承担责任。附义务的赠与，赠与的财产有瑕疵的，赠与人在附义务的限度内承担与出卖人相同的责任。

赠与人故意不告知瑕疵或者保证无瑕疵，造成受赠人损失的，应当承担赔偿责任。

【提示】赠与人和受赠人应该依据法律规定履行各自的权利与义务：（1）赠与人的权利与义务：①赠与人在赠与财产的权利转移之前可以撤销赠与。但是，经过公证的赠与合同或依法不得撤销的具有救灾、扶贫、助残等公益性赠与合同，赠与人不交付赠与财产的，受赠人可以请求交付。②交付赠与标的物的义务。赠与合同系无偿合同，赠与人在因故意和重大过失致使赠与的财产毁损、灭失的，赠与人应承担损害赔偿责任。③赠与合同中，一般不要求赠与人承担瑕疵担保义务。附义务的赠与，赠与的财产有瑕疵的，赠与人在附义务的限度内承担与出卖人相同的责任。④附加条件的赠与行为，赠与人不得向受赠人请求结果的实现，而只能在结果不能实现时请求受赠人返还不当得利；而在附义务赠与中，受赠人不按照约定履行义务的，赠与人可以请求其履行。⑤赠与人故意不告知赠与财产的瑕疵或保证赠与的财产无瑕疵，造成受赠人损失的，应当承担损害赔偿责任。（2）受赠人的主要权利义务：①受赠人有无偿取得赠与物的权利，但赠与合同约定负担义务的，受赠人须按约定履行义务。②对于具有救灾、扶贫等社会公益性质的赠与合同，以及经过公证的赠与合同，赠与人不交付赠与物的，受赠人可以请求交付。同时，受赠人应将赠与物用于赠与人指定的公益项目并把赠与物的使用情况反馈给赠与人（确保赠与人的知情权）。③在赠与属于附义务赠与时，受赠人应在赠与物的价值限度内履行所附义务，受赠人不履行其义务时，应该返还赠与的财物。

9. 什么情况下赠与合同可以撤销或终止履行？

【法条】第 663 条　受赠人有下列情形之一的，赠与人可以撤销赠与：（一）严重侵害赠与人或者赠与人近亲属的合法权益；（二）对赠与人有扶养义务而不履行；（三）不履行赠与合同约定的义务。赠与人的撤销权，自知道或者应当知道撤销事由之日起一年内行使。

第 666 条　赠与人的经济状况显著恶化，严重影响其生产经营或者家庭生活的，可以不再履行赠与义务。

【体会】公正的法律总是在条文上尽可能体现对等的权利与义务，赠与行为也是如此：受赠人不履行受赠义务，严重侵害赠与人或赠与人近亲属的合法权益；对赠与人有扶养义务而不履行，赠与人可以撤销赠与。赠与人的经济状况恶化，自身生产经营或者家庭生活无法保障的，可以不再履行赠与义务。

10. 借款合同有什么法律规定？

【法条】《民法典》第十二章借款合同

第 667 条　借款合同是借款人向贷款人借款，到期返还借款并支付利息的合同。

第 668 条　借款合同应当采用书面形式，但是自然人之间借款另有约定的除外。借款合同的内容一般包括借款种类、币种、用途、数额、利率、期限和还款方式等条款。

第 669 条　订立借款合同，借款人应当按照贷款人的要求提供与借款有关的业务活动和财务状况的真实情况。

第 670 条　借款的利息不得预先在本金中扣除。利息预先在本金中扣除的，应当按照实际借款数额返还借款并计算利息。

第 671 条　贷款人未按照约定的日期、数额提供借款，造成借款人损失的，应当赔偿损失。

借款人未按照约定的日期、数额收取借款的，应当按照约定的日期、数额支付利息。

【提示】"借款合同"（或借条）当事人应注意如下几点：①最好书面签订借款合同。②借款合同内容应该包括借款币种、用途、数额、利率、期限、借款地点和还款方式等条款。③借款人应向贷款人提供与借款有关的业务活动和财务状况的真实情况。④借款利息不得预先在本金中扣除。⑤贷款人未按照约定的日期、数额提供借款，造成借款人损失的，应当赔偿损失。⑥借款人未按照约定的日期、数额收取借款的，应当按照约定的日期、数额支付利息。⑦借款到期未偿还，贷款人可通过调解、仲裁、诉讼等途径催还。

11. 贷款人对借款人是否有借款用途监督权？

【法条】第672条 贷款人按照约定可以检查、监督借款的使用情况。借款人应当按照约定向贷款人定期提供有关财务会计报表或者其他资料。

第673条 借款人未按照约定的借款用途使用借款的，贷款人可以停止发放借款、提前收回借款或者解除合同。

【提示】贷款人对借款人的借款用途具有监督权，避免借款被挥霍、挪用发生坏账风险：①贷款人可以通过查询借款人财务报表，监督借款用途。②借款分批划到借款人账户，贷款人发现借款人未按照约定的借款用途使用借款的可停止发放借款、提前收回借款或解除合同。这样可及时控制借款人的还贷风险。③如贷款人现场监督、调查，发现借款人向贷款人提供借款材料，虚拟经营项目，而实际用于生活、挥霍或者还债的，贷款人除了及时停止后续支付借款外，还可以及时采取必要措施挽回损失，包括指控借款人构成欺诈犯罪。

12. 借款人如何按照约定还款和支付利息？

【法条】第674条 借款人应当按照约定的期限支付利息。对支付利息的期限没有约定或者约定不明确，依据本法第五百一十条的规定仍不能确定，借款期间不满一年的，应当在返还借款时一并支付；借款期间一年以上的，应当在每届满一年时支付，剩余期间不满一年的，应当在返还借款时一并支付。

第675条 借款人应当按照约定的期限返还借款。对借款期限没有约定或者约定不明确，依据本法第五百一十条的规定仍不能确定的，借款人可以随时返还；贷款人可以催告借款人在合理期限内返还。

第676条 借款人未按照约定的期限返还借款的，应当按照约定或者国家有关规定支付逾期利息。

第677条 借款人提前返还借款的，除当事人另有约定外，应当按照实际借款的期间计算利息。

第678条 借款人可以在还款期限届满前向贷款人申请展期；贷款人同意的，可以展期。

第680条 禁止高利放贷，借款的利率不得违反国家有关规定。

借款合同对支付利息没有约定的，视为没有利息。

借款合同对支付利息约定不明确，当事人不能达成补充协议的，按照当地或者当事人的交易方式、交易习惯、市场利率等因素确定利息；自然人之间借款的，视为没有利息。

【法条链接】《民法典》第510条 合同生效后，当事人就质量、价款或者报酬、履行地点等内容没有约定或者约定不明确的，可以协议补充；不能达成补充协议的，按照合同相关条款或者交易习惯确定。

【体会】 笔者在此特别强调与普通人常识认知不同的内容：①借款人应当按照约定的期限支付利息。借款期间不满1年的，应当在返还借款时一并支付；借款期间1年以上的，应当在每届满1年时支付，剩余期间不满1年的，应当在返还借款时一并支付。②借款人应当按照约定的期限返还借款。对借款期限没有约定或约定不明确的，借款人可随时返还；贷款人可催告借款人在合理期限内返还。③借款人未按照约定的期限返还借款的，应当支付逾期利息。④借款人提前返还借款的，应按照实际借款的期间计算利息。⑤借款人可在还款期限届满前申请延期。⑥法律禁止高利放贷，借款利率超过15.4%的年利率无效。⑦借款合同没有约定支付利息的视为无利息。⑧自然人借款无约定利率视为无利息。

13. 签署保证合同有哪些基本要求？

【法条】 第681条 保证合同是为保障债权的实现，保证人和债权人约定，当债务人不履行到期债务或者发生当事人约定的情形时，保证人履行债务或者承担责任的合同。

第682条 保证合同是主债权债务合同的从合同。主债权债务合同无效的，保证合同无效，但是法律另有规定的除外。

保证合同被确认无效后，债务人、保证人、债权人有过错的，应当根据其过错各自承担相应的民事责任。

第684条　保证合同的内容一般包括被保证的主债权的种类、数额，债务人履行债务的期限，保证的方式、范围和期间等条款。

第685条　保证合同可以是单独订立的书面合同，也可以是主债权债务合同中的保证条款。

第三人单方以书面形式向债权人作出保证，债权人接收且未提出异议的，保证合同成立。

14. 什么法人和非法人机构不得作为保证人？

【法条】第683条　机关法人不得为保证人，但是经国务院批准为使用外国政府或者国际经济组织贷款进行转贷的除外。

以公益为目的的非营利法人、非法人组织不得为保证人。

15. 如何区分一般保证和连带责任保证？

【法条】第686条　保证的方式包括一般保证和连带责任保证。

当事人在保证合同中对保证方式没有约定或者约定不明确的，按照一般保证承担保证责任。

第687条　当事人在保证合同中约定，债务人不能履行债务时，由保证人承担保证责任的，为一般保证。

一般保证的保证人在主合同纠纷未经审判或者仲裁，并就债务人财产依法强制执行仍不能履行债务前，有权拒绝向债权人承担保证责任，但是有下列情形之一的除外：（一）债务人下落不明，且无财产可供执行；（二）人民法院已经受理债务人破产案件；（三）债权人有证据证明债务人的财产不足以履行全部债务或者丧失履行债务能力；（四）保证人书面表示放弃本款规定的权利。

第688条　当事人在保证合同中约定保证人和债务人对债务承担连带责任的，为连带责任保证。

连带责任保证的债务人不履行到期债务或者发生当事人约定的情形时，债权人可以请求债务人履行债务，也可以请求保证人在其保证范围内承担保证责任。

【体会】担保法实施后，对于保证方式没有约定或约定不明的，按照连带保证责任处理。由于连带保证责任的保证人没有先诉抗辩权，在债务人没有履行债务的情况下债权人可以要求保证人承担保证责任。如保证人承担一般保证责任，则需要在债务人不能履行债务的情况下，才承担保证责任。"没有履行"不需要问原因，"不能履行"则是债务人没有履行能力。对于保证人来说，连带保证责任显然是加重了其负担。《民法典》合同编规定：当事人在保证合同中对保证方式没有约定或者约定不明确的，按照一般保证承担保证责任。这一规定显然更为合理，由于没有先诉抗辩权，连带保证人的责任比一般保证要更为严苛。显然，一般保证是原则，连带保证只是例外。

16. 如何认定保证期限届满与保证责任终止？

【法条】第 692 条 保证期间是确定保证人承担保证责任的期间，不发生中止、中断和延长。

债权人与保证人可以约定保证期间，但是约定的保证期间早于主债务履行期限或者与主债务履行期限同时届满的，视为没有约定；没有约定或者约定不明确的，保证期间为主债务履行期限届满之日起六个月。

债权人与债务人对主债务履行期限没有约定或者约定不明确的，保证期间自债权人请求债务人履行债务的宽限期届满之日起计算。

第 693 条 一般保证的债权人未在保证期间对债务人提起诉讼或者申请仲裁的，保证人不再承担保证责任。

连带责任保证的债权人未在保证期间请求保证人承担保证责任的，保证人不再承担保证责任。

第 694 条 一般保证的债权人在保证期间届满前对债务人提起诉讼或者申请仲裁的，从保证人拒绝承担保证责任的权利消灭之日起，开始计算保证债务的诉讼时效。

连带责任保证的债权人在保证期间届满前请求保证人承担保证责任的，从债权人请求保证人承担保证责任之日起，开始计算保证债务的诉讼时效。

【提示】关于担保有效期限与责任，笔者在此提示注意以下几点：①保证人与债权人约定保证期间，按照约定执行。②保证人和债权人未约定保证期间的，法律规定保证期间为 6 个月。③保证期间均自主债务履行期届满之日起计算。④一般保证的债权人在保证期间内未对债务人提起诉讼或申请仲裁的，保证人免除保证责任。⑤连带责任保证的债权人在保证期间内没要求保证人承担保证责任的，保证人免除保证责任。

17. 在什么情况下担保人可以不再承担保证责任？

【法条】第 696 条 债权人转让全部或者部分债权，未通知保证人的，该转让对保证人不发生效力。

保证人与债权人约定禁止债权转让，债权人未经保证人书面同意转让债权的，保证人对受让人不再承担保证责任。

第697条 债权人未经保证人书面同意，允许债务人转移全部或者部分债务，保证人对未经其同意转移的债务不再承担保证责任，但是债权人和保证人另有约定的除外。

第三人加入债务的，保证人的保证责任不受影响。

第698条 一般保证的保证人在主债务履行期限届满后，向债权人提供债务人可供执行财产的真实情况，债权人放弃或者怠于行使权利致使该财产不能被执行的，保证人在其提供可供执行财产的价值范围内不再承担保证责任。

【提示】笔者在此提请债权人特别注意，在以下四种情况下，保证人不再承担保证责任：①债权人转让全部或者部分债权，未通知保证人的，该转让对保证人不发生效力。②保证人与债权人约定禁止债权转让，债权人未经保证人书面同意转让债权的，保证人对受让人不再承担保证责任。③未经保证人书面同意，债权人允许债务人转移全部或者部分债务，保证人对未经其同意转移的债务不再承担保证责任。④一般保证的保证人向债权人提供债务人可供执行财产的真实情况，债权人放弃或怠于行使权利致使该财产不能被执行的，保证人在其提供可供执行财产的价值范围内不再承担保证责任。

18.《民法典》对租赁合同有何规定？

【法条】《民法典》第十四章租赁合同

第703条 租赁合同是出租人将租赁物交付承租人使用、收益，承租人支付租金的合同。

第704条 租赁合同内容一般包括租赁物名称、数量、用途、租赁期限、租金及其支付期限和方式、租赁物维修等条款。

第705条 租赁期限不得超过二十年。超过二十年的，超过部分无效。租赁期限届满，当事人可以续订租赁合同；但是，约定的租赁期限自续订之日起不得超过二十年。

第706条 当事人未依照法律、行政法规规定办理租赁合同登记备案手续的，不影响合同的效力。

第707条 租赁期限六个月以上的，应采用书面形式。当事人未采用书面形式，无法确定租赁期限的，视为不定期租赁。

第710条　承租人按照约定的方法或者根据租赁物的性质使用租赁物，致使租赁物受到损耗的，不承担赔偿责任。

第711条　承租人未按照约定的方法或者未根据租赁物的性质使用租赁物，致使租赁物受到损失的，出租人可以解除合同并请求赔偿损失。

第712条　出租人应当履行租赁物的维修义务，但是当事人另有约定的除外。

第713条　承租人在租赁物需要维修时可以请求出租人在合理期限内维修。出租人未履行维修义务的，承租人可以自行维修，维修费用由出租人负担。因维修租赁物影响承租人使用的，应当相应减少租金或者延长租期。

因承租人的过错致使租赁物需要维修的，出租人不承担前款规定的维修义务。

第714条　承租人应当妥善保管租赁物，因保管不善造成租赁物毁损、灭失的，应当承担赔偿责任。

第716条　承租人经出租人同意，可以将租赁物转租给第三人。承租人转租的，承租人与出租人之间的租赁合同继续有效；第三人造成租赁物损失的，承租人应当赔偿损失。

承租人未经出租人同意转租的，出租人可以解除合同。

第718条　出租人知道或者应当知道承租人转租，但是在六个月内未提出异议的，视为出租人同意转租。

第721条　承租人应当按照约定的期限支付租金。对支付租金的期限没有约定或者约定不明确，依据本法第510条的规定仍不能确定，租赁期限不满一年的，应当在租赁期限届满时支付；租赁期限一年以上的，应当在每届满一年时支付，剩余期限不满一年的，应当在租赁期限届满时支付。

第722条　承租人无正当理由未支付或者迟延支付租金的，出租人可以请求承租人在合理期限内支付；承租人逾期不支付的，出租人可以解除合同。

第724条　有下列情形之一，非因承租人原因致使租赁物无法使用的，承租人可以解除合同：（一）租赁物被司法机关或者行政机关依法查封、扣押；（二）租赁物权属有争议；（三）租赁物具有违反法律、行政法规关于使用条件的强制性规定情形。

第725条　租赁物在承租人按照租赁合同占有期限内发生所有权变动的，

不影响租赁合同的效力。

第726条 出租人出卖租赁房屋的，应当在出卖之前的合理期限内通知承租人，承租人享有以同等条件优先购买的权利；但是，房屋按份共有人行使优先购买权或者出租人将房屋出卖给近亲属的除外。

出租人履行通知义务后，承租人在15日内未明确表示购买的，视为承租人放弃优先购买权。

第728条 出租人未通知承租人或者有其他妨害承租人行使优先购买权情形的，承租人可以请求出租人承担赔偿责任。但是，出租人与第三人订立的房屋买卖合同的效力不受影响。

第732条 承租人在房屋租赁期限内死亡的，与其生前共同居住的人或者共同经营人可以按照原租赁合同租赁该房屋。

第734条 租赁期限届满，承租人继续使用租赁物，出租人没有提出异议的，原租赁合同继续有效，但是租赁期限为不定期。

租赁期限届满，房屋承租人享有以同等条件优先承租的权利。

【提示】房屋租赁合同一般由业主（房东）或者中介公司起草或者提供格式合同，留下一些空白条款可以与租户协商填写，如租赁面积、租金、押金、租期、设施、付款时间与方式等，还有就是租赁双方的权利与义务。签署和履行房屋租赁合同中常见的纠纷问题总结如下，提请当事人注意：①承租人拖欠租金和滞纳金，出租人未能及时催告。②承租人私自改造或者装修未经出租人书面同意，租赁期满押金被扣除。③遇到情势变化，承租人不能支付租金，双方没有及时协商终止合同，由此给出租人带来较大损失。④承租人使用房屋设施不当导致漏水等事故与邻居发生纠纷的赔偿问题。⑤合同到期，承租人没有退租，依然按照原租金支付，可以默认自动续租，但是租期不固定，双方都有风险。承租人随时可能退租，合同押金也很难退还。⑥遇到类似非典、新冠疫情这样的不可抗力，双方没有及时协商解除合同，发生纠纷的概率很大。⑦有些承租人希望租期越长越好，而实际上超过20年的租期即便写入合同也不受法律保护。⑧出租人出卖房屋，承租人有优先购买权；出租人把房屋卖给第三人后，买卖双方可以过户，但是需要等待承租人合同到期才能交付使用权，过户后的租金由新的产权人收取。如果要求承租人提前退租，很容易发生纠纷。

19. 《民法典》对融资租赁合同有何规定？

【法条】《民法典》第十五章融资租赁合同

第735条　融资租赁合同是出租人根据承租人对出卖人、租赁物的选择，向出卖人购买租赁物，提供给承租人使用，承租人支付租金的合同。

第736条第1款　融资租赁合同的内容一般包括租赁物的名称、数量、规格、技术性能、检验方法，租赁期限，租金构成及其支付期限和方式、币种，租赁期限届满租赁物的归属等条款。

第739条　出租人根据承租人对出卖人、租赁物的选择订立的买卖合同，出卖人应当按照约定向承租人交付标的物，承租人享有与受领标的物有关的买受人的权利。

第740条　出卖人违反向承租人交付标的物的义务，有下列情形之一的，承租人可以拒绝受领出卖人向其交付的标的物：（一）标的物严重不符合约定；（二）未按照约定交付标的物，经承租人或者出租人催告后在合理期限内仍未交付。承租人拒绝受领标的物的，应当及时通知出租人。

第744条　出租人根据承租人对出卖人、租赁物的选择订立的买卖合同，未经承租人同意，出租人不得变更与承租人有关的合同内容。

第745条　出租人对租赁物享有的所有权，未经登记，不得对抗善意第三人。

第746条　融资租赁合同的租金，除当事人另有约定外，应当根据购买租赁物的大部分或者全部成本以及出租人的合理利润确定。

第747条　租赁物不符合约定或者不符合使用目的的，出租人不承担责任。但是，承租人依赖出租人的技能确定租赁物或者出租人干预选择租赁物的除外。

第748条　出租人应当保证承租人对租赁物的占有和使用。出租人有下列情形之一的，承租人有权请求其赔偿损失：（一）无正当理由收回租赁物；（二）无正当理由妨碍、干扰承租人对租赁物的占有和使用；（三）因出租人的原因致使第三人对租赁物主张权利；（四）不当影响承租人对租赁物占有和使用的其他情形。

第752条　承租人应当按照约定支付租金。承租人经催告后在合理期限内仍不支付租金的，出租人可以请求支付全部租金；也可以解除合同，收回租赁物。

第753条 承租人未经出租人同意，将租赁物转让、抵押、质押、投资入股或者以其他方式处分的，出租人可以解除融资租赁合同。

第754条 有下列情形之一的，出租人或者承租人可以解除融资租赁合同：（一）出租人与出卖人订立的买卖合同解除、被确认无效或者被撤销，且未能重新订立买卖合同；（二）租赁物因不可归责于当事人的原因毁损、灭失，且不能修复或者确定替代物；（三）因出卖人的原因致使融资租赁合同的目的不能实现。

第755条 融资租赁合同因买卖合同解除、被确认无效或者被撤销而解除，出卖人、租赁物系由承租人选择的，出租人有权请求承租人赔偿相应损失；但是，因出租人原因致使买卖合同解除、被确认无效或者被撤销的除外。

出租人的损失已经在买卖合同解除、被确认无效或者被撤销时获得赔偿的，承租人不再承担相应的赔偿责任。

第758条第1款 当事人约定租赁期限届满租赁物归承租人所有，承租人已经支付大部分租金，但是无力支付剩余租金，出租人因此解除合同收回租赁物，收回的租赁物的价值超过承租人欠付的租金以及其他费用的，承租人可以请求相应返还。

第760条 融资租赁合同无效，当事人就该情形下租赁物的归属有约定的，按照其约定；没有约定或者约定不明确的，租赁物应当返还出租人。但是，因承租人原因致使合同无效，出租人不请求返还或者返还后会显著降低租赁物效用的，租赁物的所有权归承租人，由承租人给予出租人合理补偿。

【提示】融资租赁需要提请当事人特别注意以下容易产生纠纷的问题：①出租人交付的租赁物设施不全导致无法正常使用（比如水电、下水道或者设备有缺陷不能正常使用的）。②出租人交付的租赁物与合同时间或者面积差距较大。③因融资租赁未经登记，出租人私自抵押贷款或者担保，导致租赁物被强制查封，承租人无法正常使用的。④租赁期间，因物价上涨出租人协商涨价承租人不同意，而出租人擅自将租赁物转租第三人的（即便承担违约责任也实际上剥夺了承租人的使用权）。⑤租赁期满，承租人并无欠交租金，要求租赁物办理产权过户手续被出租人拒绝的。当事人对可能出现的风险应有所防范。

20.《民法典》对保理合同有何规定？

【法条】《民法典》第十六章保理合同

第761条 保理合同是应收账款债权人将现有的或者将有的应收账款转

让给保理人，保理人提供资金融通、应收账款管理或者催收、应收账款债务人付款担保等服务的合同。

第762条第1款　保理合同的内容一般包括业务类型、服务范围、服务期限、基础交易合同情况、应收账款信息、保理融资款或者服务报酬及其支付方式等条款。

第763条　应收账款债权人与债务人虚构应收账款作为转让标的，与保理人订立保理合同的，应收账款债务人不得以应收账款不存在为由对抗保理人，但是保理人明知虚构的除外。

第764条　保理人向应收账款债务人发出应收账款转让通知的，应当表明保理人身份并附有必要凭证。

第765条　应收账款债务人接到应收账款转让通知后，应收账款债权人与债务人无正当理由协商变更或者终止基础交易合同，对保理人产生不利影响的，对保理人不发生效力。

第766条　当事人约定有追索权保理的，保理人可以向应收账款债权人主张返还保理融资款本息或者回购应收账款债权，也可以向应收账款债务人主张应收账款债权。保理人向应收账款债务人主张应收账款债权，在扣除保理融资款本息和相关费用后有剩余的，剩余部分应当返还给应收账款债权人。

第768条　应收账款债权人就同一应收账款订立多个保理合同，致使多个保理人主张权利的，已经登记的先于未登记的取得应收账款；均已经登记的，按照登记时间的先后顺序取得应收账款；均未登记的，由最先到达应收账款债务人的转让通知中载明的保理人取得应收账款；既未登记也未通知的，按照保理融资款或者服务报酬的比例取得应收账款。

【体会】《民法典》合同编增加了保理合同，该章的6个条文依次规定了保理的定义、虚构应收账款、保理人对债务人的通知、有追索权的保理、无追索权的保理以及应收账款的多家保理问题。不过，就其本质而言，保理其实无非是一种债权转让，受让人通知、追索权及重复让与的问题，依据债权让与的规则均可解决。

【问题】目前，我国公众普遍需要了解相关概念和业务范围，助其分辨潜在风险，保护自身权益，同时也可以说明保障行业商业保理健康发展对缓解中小企业融资难、服务实体经济的重要作用。合规和合法经营是对商业保理公司最基本的定位，但是从产业角度来看，现在产业管理面临着"虚构贸易"

"一女多嫁""自保自融""三套行为""重复仓单"等常见的欺诈现象。

【提示】保理合同当事人应该注意规避以下风险：①在签署保理合同时，债权方除了写明业务类型、服务范围、服务期限、基础交易合同情况、应收账款信息、保理融资款、保理服务报酬、支付方式外，为了避免保理人违法违规催收，还应该特别注明不得采取暴力或其他违法手段催收债务，以免承担连带责任。②法律只规定了"应收账款债权人与债务人虚构应收账款作为转让标的，与保理人订立保理合同的"的情形，却没有规定债权人以这种虚构的方式达到逃避自身债务的目的。这样通过虚拟应收账款和签署保理合同的方法比虚假诉讼还隐蔽，涉及当事人赖账和商业诚信风险。③债权人需要考虑，同一份债权委托多家保理机构保理，不同的保理机构索债人相互认识、串通，或者因为同行恶性竞争导致泄露商业秘密等副作用。

21. 《民法典》对承揽合同有何规定？

【法条】第770条 承揽合同是承揽人按照定作人的要求完成工作，交付工作成果，定作人支付报酬的合同。承揽包括加工、定作、修理、复制、测试、检验等工作。

第771条 承揽合同的内容一般包括承揽的标的、数量、质量、报酬，承揽方式，材料的提供，履行期限，验收标准和方法等条款。

第772条 承揽人应当以自己的设备、技术和劳力，完成主要工作，但是当事人另有约定的除外。

承揽人将其承揽的主要工作交由第三人完成的，应当就该第三人完成的工作成果向定作人负责；未经定作人同意的，定作人也可以解除合同。

第773条 承揽人可以将其承揽的辅助工作交由第三人完成。承揽人将其承揽的辅助工作交由第三人完成的，应当就该第三人完成的工作成果向定作人负责。

第777条 定作人中途变更承揽工作的要求，造成承揽人损失的，应当赔偿损失。

第778条 承揽工作需要定作人协助的，定作人有协助的义务。定作人不履行协助义务致使承揽工作不能完成的，承揽人可以催告定作人在合理期限内履行义务，并可以顺延履行期限；定作人逾期不履行的，承揽人可以解除合同。

第779条 承揽人在工作期间，应当接受定作人必要的监督检验。定作人不得因监督检验妨碍承揽人的正常工作。

第780条 承揽人完成工作的,应当向定作人交付工作成果,并提交必要的技术资料和有关质量证明。定作人应验收该工作成果。

第781条 承揽人交付的工作成果不符合质量要求的,定作人可以合理选择请求承揽人承担修理、重作、减少报酬、赔偿损失等违约责任。

第782条 定作人应当按照约定的期限支付报酬。对支付报酬的期限没有约定或者约定不明确,依据本法第五百一十条的规定仍不能确定的,定作人应当在承揽人交付工作成果时支付;工作成果部分交付的,定作人应当相应支付。

第783条 定作人未向承揽人支付报酬或者材料费等价款的,承揽人对完成的工作成果享有留置权或者有权拒绝交付,但是当事人另有约定的除外。

第784条 承揽人应妥善保管定作人提供的材料以及完成的工作成果,因保管不善造成毁损、灭失的,应承担赔偿责任。

第787条 定作人在承揽人完成工作前可以随时解除合同,造成承揽人损失的,应当赔偿损失。

【提示】承揽人的权利义务有:①按约定完成工作。②提供或接受原材料。③及时通知和保密的义务。④接受监督检查,确保质量。⑤交付工作成果。⑥对工作成果的瑕疵担保。承揽人的风险有:第一,定作人没有如期交货;第二,定作的产品达不到质量要求。定作人的权利义务有:①按照合同约定提供材料。②如期支付报酬。③定作过程的协助义务。④验收并受领工作成果。定作人的风险有:第一,定作人提供的原材料有瑕疵导致质量不合格。第二,定作人在制作过程中没有监督检查,做完后挑剔定作物不符合质量要求。第三,交付定作物时故意以有瑕疵压价减少报酬支付。第四,尾款支付时找理由拖延。第五,有些贵重物品定作达不到质量要求,不仅后期不付款,而且要求索赔。第六,有些不法商人假借农产品买料加工定作合同,欺骗多名参与加工的定作人。

22.《民法典》对建设工程合同有何规定?

【法条】第788条 建设工程合同是承包人进行工程建设,发包人支付价款的合同。建设工程合同包括工程勘察、设计、施工合同。

第790条 建设工程的招标投标活动,应当依照有关法律的规定公开、公平、公正进行。

第791条　发包人可以与总承包人订立建设工程合同，也可以分别与勘察人、设计人、施工人订立勘察、设计、施工承包合同。发包人不得将应当由一个承包人完成的建设工程支解成若干部分发包给数个承包人。

总承包人或者勘察、设计、施工承包人经发包人同意，可以将自己承包的部分工作交由第三人完成。第三人就其完成的工作成果与总承包人或者勘察、设计、施工承包人向发包人承担连带责任。承包人不得将其承包的全部建设工程转包给第三人或者将其承包的全部建设工程支解以后以分包的名义分别转包给第三人。

禁止承包人将工程分包给不具备相应资质条件的单位。禁止分包单位将其承包的工程再分包。建设工程主体结构的施工必须由承包人自行完成。

第792条　国家重大建设工程合同，应当按照国家规定的程序和国家批准的投资计划、可行性研究报告等文件订立。

第793条　建设工程施工合同无效，但是建设工程经验收合格的，可以参照合同关于工程价款的约定折价补偿承包人。

建设工程施工合同无效，且建设工程经验收不合格的，按照以下情形处理：（一）修复后的建设工程经验收合格的，发包人可以请求承包人承担修复费用；（二）修复后的建设工程经验收不合格的，承包人无权请求参照合同关于工程价款的约定折价补偿。发包人对因建设工程不合格造成的损失有过错的，应当承担相应的责任。

第794条　勘察、设计合同的内容一般包括提交有关基础资料和概预算等文件的期限、质量要求、费用以及其他协作条件等条款。

第795条　施工合同的内容一般包括工程范围、建设工期、中间交工工程的开工和竣工时间、工程质量、工程造价、技术资料交付时间、材料和设备供应责任、拨款和结算、竣工验收、质量保修范围和质量保证期、相互协作等条款。

第796条　建设工程实行监理的，发包人应当与监理人采用书面形式订立委托监理合同。发包人与监理人的权利和义务以及法律责任，应当依照本编委托合同以及其他有关法律、行政法规的规定。

第797条　发包人在不妨碍承包人正常作业的情况下，可以随时对作业进度、质量进行检查。

第799条　建设工程竣工后，发包人应当根据施工图纸及说明书、国家颁发的施工验收规范和质量检验标准及时进行验收。验收合格的，发包人应当按照约定支付价款，并接收该建设工程。

建设工程竣工经验收合格后，方可交付使用；未经验收或者验收不合格的，不得交付使用。

第800条　勘察、设计的质量不符合要求或者未按照期限提交勘察、设计文件拖延工期，造成发包人损失的，勘察人、设计人应当继续完善勘察、设计，减收或者免收勘察、设计费并赔偿损失。

第801条　因施工人的原因致使建设工程质量不符合约定的，发包人有权请求施工人在合理期限内无偿修理或者返工、改建。经过修理或者返工、改建后，造成逾期交付的，施工人应当承担违约责任。

第802条　因承包人的原因致使建设工程在合理使用期限内造成人身损害和财产损失的，承包人应当承担赔偿责任。

第803条　发包人未按照约定的时间和要求提供原材料、设备、场地、资金、技术资料的，承包人可以顺延工程日期，并有权请求赔偿停工、窝工等损失。

第804条　因发包人的原因致使工程中途停建、缓建的，发包人应当采取措施弥补或者减少损失，赔偿承包人因此造成的停工、窝工、倒运、机械设备调迁、材料和构件积压等损失和实际费用。

第805条　因发包人变更计划，提供的资料不准确，或者未按照期限提供必需的勘察、设计工作条件而造成勘察、设计的返工、停工或者修改设计，发包人应当按照勘察人、设计人实际消耗的工作量增付费用。

第806条　承包人将建设工程转包、违法分包的，发包人可解除合同。

发包人提供的主要建筑材料、建筑构配件和设备不符合强制性标准或者不履行协助义务，致使承包人无法施工，经催告后在合理期限内仍未履行相应义务的，承包人可解除合同。

合同解除后，已经完成的建设工程质量合格的，发包人应按照约定支付相应的工程价款；已经完成的建设工程质量不合格的，参照本法第七百九十三条规定处理。

第807条　发包人未按照约定支付价款的，承包人可以催告发包人在合理期限内支付价款。发包人逾期不支付的，除根据建设工程的性质不宜折价、拍卖外，承包人可以与发包人协议将该工程折价，也可以请求人民法院将该工程依法拍卖。建设工程的价款就该工程折价或者拍卖的价款优先受偿。

【提示】建设工程施工合同的有效性主要审查以下要项：①承包人未取得建筑施工企业资质或者超越资质等级承揽建设工程的合同无效。②没有资质的实际施工人使用有资质的建筑施工企业名义承揽工程的合同无效。在这里要特别注意区分挂靠关系与建筑企业的内部承包关系。如两者之间有产权联系、有统一的财务管理、有严格而规范的人事任免和调动或聘用手续就可认定为内部承包关系，而不认定为挂靠关系。反之，则为挂靠关系。③非法转包和违法分包的合同无效。④建设工程必须进行招标而未招标或中标无效的合同无效。⑤无取得土地使用权证、无取得建筑工程规划许可证、无办理报建手续的"三无"工程的施工合同应确认无效，但在审理期间已补办手续的，应确认合同有效。⑥承包人没有承揽建设工程的资质，但具有劳务分包资质的，其与总承包人、分包人签订的劳务分包合同有效。⑦垫资施工合同不作无效认定。对垫资没有约定而实际存在垫资事实的，按照工程欠款处理，对垫资利息没有约定，承包人请求支付利息的，不予支持。

常见的建设工程合同纠纷有以下几种：①因转包、违法分包合同发生纠纷，实际施工人只起诉承包人索要工程款的，应予准许，原则上不将发包人列为案件当事人。但为了查明案件事实需要，法院也可以追加发包人为第三人；实际施工人直接以发包人为被告主张权利的，应予准许。②施工人挂靠其他建筑施工企业并以被挂靠单位名义签订建设工程施工合同，挂靠施工人或者被挂靠单位起诉发包人的，发包人可申请追加被挂靠单位或者挂靠施工人为第三人。发包人起诉挂靠施工人或者被挂靠单位的，可以追加被挂靠单位或挂靠施工人为共同被告。③转包、分包（包括违法分包）工程因工程质量引起的纠纷，如发包人只起诉承包人或者发包人只起诉实际施工人的，可依当事人的申请，将实际施工人或者承包人追加为共同被告。④承包人经发包人同意将工程转包的，属于合同转让。合同一经转让转包，其起诉索要工程款，应当直接起诉发包人；与此相对应，发包人因工程质量问题应直接起诉实际施工单位。⑤多个承包人联合共同承包的，因其均为承包合同的一方当事人，发包人提起诉讼的，承包各方应作为共同被告。⑥工程项目经理部不是适格的诉讼主体，应以设立该项目经理部的法人为诉讼主体。

23. 《民法典》对运输合同有何规定？

【法条】第809条 运输合同是承运人将旅客或者货物从起运地点运输到

约定地点，旅客、托运人或者收货人支付票款或者运输费用的合同。

第810条 从事公共运输的承运人不得拒绝旅客、托运人通常、合理的运输要求。

第811条 承运人应当在约定期限或者合理期限内将旅客、货物安全运输到约定地点。

第812条 承运人应当按照约定的或者通常的运输路线将旅客、货物运输到约定地点。

第813条 旅客、托运人或者收货人应当支付票款或者运输费用。承运人未按照约定路线或者通常路线运输增加票款或运输费用的，旅客、托运人或收货人可以拒绝支付增加部分的票款或者运输费用。

24.《民法典》对客运合同有何规定？

【法条】第814条 客运合同自承运人向旅客出具客票时成立，但是当事人另有约定或者另有交易习惯的除外。

第815条 旅客应当按照有效客票记载的时间、班次和座位号乘坐。旅客无票乘坐、超程乘坐、越级乘坐或者持不符合减价条件的优惠客票乘坐的，应当补交票款，承运人可以按照规定加收票款；旅客不支付票款的，承运人可以拒绝运输。

实名制客运合同的旅客丢失客票的，可以请求承运人挂失补办，承运人不得再次收取票款和其他不合理费用。

第816条 旅客因自己的原因不能按照客票记载的时间乘坐的，应当在约定的期限内办理退票或者变更手续；逾期办理的，承运人可以不退票款，并不再承担运输义务。

第820条 承运人应当按照有效客票记载的时间、班次和座位号运输旅客。承运人迟延运输或者有其他不能正常运输情形的，应当及时告知和提醒旅客，采取必要的安置措施，并根据旅客的要求安排改乘其他班次或者退票；由此造成旅客损失的，承运人应当承担赔偿责任，但是不可归责于承运人的除外。

第821条 承运人擅自降低服务标准的，应当根据旅客的请求退票或者减收票款；提高服务标准的，不得加收票款。

第823条 承运人应当对运输过程中旅客的伤亡承担赔偿责任；但是，伤亡是旅客自身健康原因造成的或者承运人证明伤亡是旅客故意、重大过失造成的除外。

前款规定适用于按照规定免票、持优待票或者经承运人许可搭乘的无票旅客。

【体会】 根据《民法典》的规定，个别旅客"买短乘长、霸座"等属于违法行为。乘客购票乘车时，实际上已经与运营者构成合同关系。旅客应当按照有效客票记载的时间、班次和座位号乘坐。旅客无票乘坐、超程乘坐、越级乘坐或持不符合减价条件的优惠客票乘坐的，应当补交票款，承运人可以按照规定加收票款；旅客不支付票款的，承运人可以拒绝运输。如果乘客坐其他乘客的位置，或者占座超出约定的距离，已经构成违约违法。此前，可能通过行政手段解决此类问题，《民法典》对双方权利义务有详细的规定后，当事方维权有法可依，对各方都有利，也能减少和防止乘客不守法的行为发生。

【提示】 乘客与承运人的法定义务。（1）旅客的义务：持有效客票乘运的义务；携带有限量行李的义务；不随身携带或者在行李中夹带违禁物品的义务。（2）承运人的义务：告知义务；按照客票载明的时间和班次运输旅客的义务；在运输过程中的救助义务；安全运送任务。（3）旅客运输合同纠纷常见法律问题：①出租车司机没有正当理由，不得拒载。②免票乘车发生交通意外可以向车主索赔。法律规定承运人都有将乘客安全送达目的地的法定义务。③乘坐客车行李丢失可向承运方索赔。运输公司对乘客行李有妥善保管义务。④变更路线造成费用增加，有权要求旅客增加票款，承运人未按约定路线运输，增加票款或运输费用的，旅客、托运人或收货人可以拒绝支付增加部分的票款或运输费用。⑤客运公司擅自变更车辆，不得要求乘客加价。⑥承运人有义务保护旅客的安全，造成旅客伤亡的，承运人应当承担损害赔偿责任，除非旅客伤亡是由于旅客故意重大过失造成的。⑦当乘客将胳膊伸出车窗时，如司机和售票员劝阻无效，承运人就不存在过错，承运人无须为此承担赔偿责任。

25.《民法典》对货运合同有何规定？

【法条】 第825条　托运人办理货物运输，应当向承运人准确表明收货人的姓名、名称或者凭指示的收货人，货物的名称、性质、重量、数量，收货地点等有关货物运输的必要情况。

因托运人申报不实或者遗漏重要情况，造成承运人损失的，托运人应当承担赔偿责任。

第826条 货物运输需要办理审批、检验等手续的，托运人应当将办理完有关手续的文件提交承运人。

第829条 在承运人将货物交付收货人之前，托运人可以要求承运人中止运输、返还货物、变更到达地或者将货物交给其他收货人，但是应当赔偿承运人因此受到的损失。

第830条 货物运输到达后，承运人知道收货人的，应当及时通知收货人，收货人应当及时提货。收货人逾期提货的，应当向承运人支付保管费等费用。

第831条 收货人提货时应当按照约定的期限检验货物。对检验货物的期限没有约定或者约定不明确，依据本法第510条的规定仍不能确定的，应当在合理期限内检验货物。收货人在约定的期限或者合理期限内对货物的数量、毁损等未提出异议的，视为承运人已经按照运输单证的记载交付的初步证据。

第832条 承运人对运输过程中货物的毁损、灭失承担赔偿责任。但是，承运人证明货物的毁损、灭失是因不可抗力、货物本身的自然性质或者合理损耗以及托运人、收货人的过错造成的，不承担赔偿责任。

第834条 两个以上承运人以同一运输方式联运的，与托运人订立合同的承运人应当对全程运输承担责任；损失发生在某一运输区段的，与托运人订立合同的承运人和该区段的承运人承担连带责任。

第835条 货物在运输过程中因不可抗力灭失，未收取运费的，承运人不得请求支付运费；已经收取运费的，托运人可以请求返还。法律另有规定的，依照其规定。

第837条 收货人不明或者收货人无正当理由拒绝受领货物的，承运人依法可以提存货物。

【提示】 常见的物流运输合同纠纷：①单证纠纷。单证纠纷主要发生在承运人和托运人之间。包括由单证瑕疵引起的纠纷；由承运人签发单证时的失误引发的纠纷；因托运人未与收货人达成协议，却要求签发特殊单证（倒签或预借提单）而在承运人与托运人之间产生的纠纷。②货物损失、灭失的纠纷。该类纠纷一般发生在承运过程中。由包装不良、标识不清引起，也可能是由承运人的过错造成的，如积载不当、操作失误、运具选择不当等。另外，还有不可抗力造成的货物损失、灭失，应根据风险分配原则分担风险。③延迟交付纠纷。其原因包括因承运货物发生交通事故；因积载能力而必须将货物延迟发送；因过失造成中转滞留；因某种原因而绕行导致发生纠纷等。④运杂费纠纷是因托运人或收货人的故意或过失，未能及时或全额交纳运费，以及由履行合同中所生的其他费用引发的纠纷。⑤运输工具损害纠纷。是指因托运人的过失，造成对承运人的运输工具损害而引发的纠纷。

26.《民法典》对技术合同有何规定？

【法条】第 843 条　技术合同是当事人就技术开发、转让、许可、咨询或者服务订立的确立相互之间权利和义务的合同。

第 845 条　技术合同的内容一般包括项目的名称，标的的内容、范围和要求，履行的计划、地点和方式，技术信息和资料的保密，技术成果的归属和收益的分配办法，验收标准和方法，名词和术语的解释等条款。

与履行合同有关的技术背景资料、可行性论证和技术评价报告、项目任务书和计划书、技术标准、技术规范、原始设计和工艺文件，以及其他技术文档，按照当事人的约定可以作为合同的组成部分。

技术合同涉及专利的，应当注明发明创造的名称、专利申请人和专利权人、申请日期、申请号、专利号以及专利权的有效期限。

第 846 条　技术合同价款、报酬或者使用费的支付方式由当事人约定，可以采取一次总算、一次总付或者一次总算、分期支付，也可以采取提成支付或者提成支付附加预付入门费的方式。

约定提成支付的，可以按照产品价格、实施专利和使用技术秘密后新增的产值、利润或者产品销售额的一定比例提成，也可以按照约定的其他方式计算。提成支付的比例可以采取固定比例、逐年递增比例或者逐年递减比例。

约定提成支付的，当事人可以约定查阅有关会计账目的办法。

第 850 条　非法垄断技术或者侵害他人技术成果的技术合同无效。

【提示】审理技术合同纠纷案件的法律依据有：《民法典》《专利法》《对外贸易法》、最高人民法院《关于审理技术合同纠纷案件适用法律若干问题的解释》等。技术合同纠纷的种类如下：①就技术开发、转让、咨询或者服务订立的确立相互之间权利和义务的合同而发生的技术合同纠纷；②一方支付研究开发经费和报酬等，另一方接受委托就新技术、新产品、新工艺或者新材料进行研究开发所订立的技术委托开发合同引发的纠纷；③按照约定进行投资并分工参与研究开发工作所订立的合同引发的技术合作开发合同纠纷；④以实现该科技成果工业化应用为目标，约定后续试验、开发和应用等内容的技术转化合同引发的纠纷；⑤提供可行性论证、技术预测、专题技术调查、分析评价报告等技术咨询合同引发的纠纷；⑥当事人一方以技术知识为另一方解决特定技术问题所订立的技术服务合同引发的纠纷；⑦委托技术培训机构对指定学员进行特定项目专业技术训练与指导所订立的技术培训合同引发的纠纷；⑧技术中介合同纠纷；⑨境内外技术进口合同纠纷；⑩技术出口合同纠纷；⑪职务技术成果完成人奖励、报酬纠纷；⑫技术成果完成人署名权、荣誉权、奖励权纠纷；等等。

27.《民法典》对技术开发合同有何规定？

【法条】 第851条　技术开发合同是当事人之间就新技术、新产品、新工艺、新品种或者新材料及其系统的研究开发所订立的合同。

技术开发合同包括委托开发合同和合作开发合同。

技术开发合同应当采用书面形式。

当事人之间就具有实用价值的科技成果实施转化订立的合同，参照适用技术开发合同的有关规定。

第852条　委托开发合同的委托人应当按照约定支付研究开发经费和报酬，提供技术资料，提出研究开发要求，完成协作事项，接受研究开发成果。

第853条　委托开发合同的研究开发人应当按照约定制定和实施研究开发计划，合理使用研究开发经费，按期完成研究开发工作，交付研究开发成果，提供有关的技术资料和必要的技术指导，帮助委托人掌握研究开发成果。

第854条　委托开发合同的当事人违反约定造成研究开发工作停滞、延误或者失败的，应当承担违约责任。

【知识链接】委托开发合同技术开发合同是指当事人之间就新技术、新工艺和新工艺的新材料及其系统的研究开发所订立的合同。根据2001年起实施的《技术合同认定规则》的规定，技术开发合同的认定条件是：①有明确、具体的科学研究和技术开发目标；②合同标的为当事人在订立合同时尚未掌握的技术方案；③研究开发工作及其预期成果有相应的技术创新内容。

双方的权利义务。委托人义务：①按照约定交付研究开发费用和报酬。②按照合同约定提供技术资料、原始数据并完成协作事项。③按期接受研究开发成果。委托方无故拒绝或迟延接受成果，造成该研究开发成果被合同外第三人以合法形式善意获取时，或该成果遭到意外毁损或灭失时，委托方应承担责任。

研发人义务：①制定和实施研究开发计划。研究开发计划是指导研究开发方实现委托开发合同的预期目的的指导性文件，是技术开发合同的组成部分。②合理地使用研究开发经费。③按期完成研究开发工作，交付研究开发成果，以保证委托方实际应用该成果。④为委托方提供技术资料和具体技术指导，帮助委托方掌握应用研究开发成果。

28. 《民法典》对合作开发合同有何规定？

【法条】第855条 合作开发合同的当事人应当按照约定进行投资，包括以技术进行投资，分工参与研究开发工作，协作配合研究开发工作。

第856条 合作开发合同的当事人违反约定造成研究开发工作停滞、延误或者失败的，应当承担违约责任。

第857条 作为技术开发合同标的的技术已经由他人公开，致使技术开发合同的履行没有意义的，当事人可以解除合同。

第858条 技术开发合同履行过程中，因出现无法克服的技术困难，致使研究开发失败或者部分失败的，该风险由当事人约定；没有约定或者约定不明确，依据本法第五百一十条的规定仍不能确定的，风险由当事人合理分担。

当事人一方发现前款规定的可能致使研究开发失败或者部分失败的情形时，应当及时通知另一方并采取适当措施减少损失；没有及时通知并采取适当措施，致使损失扩大的，应当就扩大的损失承担责任。

第859条 委托开发完成的发明创造，除法律另有规定或者当事人另有约定外，申请专利的权利属于研究开发人。

研究开发人取得专利权的，委托人可以依法实施该专利。研究开发人转让专利申请权的，委托人享有以同等条件优先受让的权利。

第860条 合作开发完成的发明创造，申请专利的权利属于合作开发的当事人共有；当事人一方转让其共有的专利申请权的，其他各方享有以同等条件优先受让的权利。但是，当事人另有约定的除外。

合作开发的当事人一方声明放弃其共有的专利申请权的，除当事人另有约定外，可以由另一方单独申请或者由其他各方共同申请。申请人取得专利权的，放弃专利申请权的一方可以免费实施该专利。

合作开发的当事人一方不同意申请专利的，另一方或者其他各方不得申请专利。

第861条　委托开发或者合作开发完成的技术秘密成果的使用权、转让权以及收益的分配办法，由当事人约定；没有约定或者约定不明确，依据本法第五百一十条的规定仍不能确定的，在没有相同技术方案被授予专利权前，当事人均有使用和转让的权利。但是，委托开发的研究开发人不得在向委托人交付研究开发成果之前，将研究开发成果转让给第三人。

【知识链接】技术合同当事人有下列情形可解除合同：①因不可抗力致使不能实现合同目的的；②在履行期限届满前，当事人一方明确表示或以自己的行为表明不履行主要债务；③当事人一方迟延履行主要债务，经催告后在合理期限内仍未履行；④当事人一方迟延履行债务或者有其他违约行为致使不能实现合同目的的；⑤合同的标的技术已经由他人公开，致使履行技术开发合同没有意义。

【提示】合作开发合同成立后各方当事人必须忠实履行以下义务：①按照约定进行投资，包括以技术进行投资。这是合作开发各方当事人最基本的义务。是指当事人以提供资金、设备、材料、场地、试验条件、技术情报资料、专利权、非专利技术等方式，对研究开发项目所作的投入。②分工参与研究开发工作。合作开发的各方当事人均有进行研究开发的权利和义务。各方当事人应依合同约定的分工，参与研究开发工作。③协作配合研究开发工作。各方当事人应按照合同的约定相互协作配合，以保证研究开发工作的顺利进行。

合作开发合同纠纷属于知识产权案件，案件受理须遵守司法解释关于指定管辖和级别管辖的相关规定。最高人民法院《关于审理技术合同纠纷案件适用法律若干问题的解释》第43条规定："技术合同纠纷案件一般由中级以上人民法院管辖。各高级人民法院根据本辖区的实际情况并报经最高人民法院批准，可以指定若干基层人民法院管辖第一审技术合同纠纷案件。其他司法解释对技术合同纠纷案件管辖另有规定的，从其规定。合同中既有技术合同内容，又有其他合同内容，当事人就技术合同内容和其他合同内容均发生争议的，由具有技术合同纠纷案件管辖权的人民法院受理。"

29.《民法典》对技术转让与技术许可合同有何规定？

【法条】第862条第1款　技术转让合同是合法拥有技术的权利人，将现有特定的专利、专利申请、技术秘密的相关权利让与他人所订立的合同。

第 863 条第 1 款 技术转让合同包括专利权转让、专利申请权转让、技术秘密转让等合同。

第 865 条 专利实施许可合同仅在该专利权的存续期限内有效。专利权有效期限届满或者专利权被宣告无效的,专利权人不得就该专利与他人订立专利实施许可合同。

第 866 条 专利实施许可合同的许可人应当按照约定许可被许可人实施专利,交付实施专利有关的技术资料,提供必要的技术指导。

第 867 条 专利实施许可合同的被许可人应当按照约定实施专利,不得许可约定以外的第三人实施该专利,并按照约定支付使用费。

第 869 条 技术秘密转让合同的受让人和技术秘密使用许可合同的被许可人应当按照约定使用技术,支付转让费、使用费,承担保密义务。

第 870 条 技术转让合同的让与人和技术许可合同的许可人应当保证自己是所提供的技术的合法拥有者,并保证所提供的技术完整、无误、有效,能够达到约定的目标。

第 871 条 技术转让合同的受让人和技术许可合同的被许可人应当按照约定的范围和期限,对让与人、许可人提供的技术中尚未公开的秘密部分,承担保密义务。

第 872 条第 1 款 许可人未按照约定许可技术的,应当返还部分或者全部使用费,并应当承担违约责任;实施专利或者使用技术秘密超越约定的范围的,违反约定擅自许可第三人实施该项专利或者使用该项技术秘密的,应当停止违约行为,承担违约责任;违反约定的保密义务的,应当承担违约责任。

第 873 条第 1 款 被许可人未按照约定支付使用费的,应当补交使用费并按照约定支付违约金;不补交使用费或者支付违约金的,应当停止实施专利或者使用技术秘密,交还技术资料,承担违约责任;实施专利或者使用技术秘密超越约定的范围的,未经许可人同意擅自许可第三人实施该专利或者使用该技术秘密的,应当停止违约行为,承担违约责任;违反约定的保密义务的,应当承担违约责任。

第 876 条 集成电路布图设计专有权、植物新品种权、计算机软件著作权等其他知识产权的转让和许可,参照适用本节的有关规定。

【知识链接】技术转让合同具有以下主要法律特征：①技术转让合同转让的技术成果，是特定的技术方案。②技术合同标的应当是现有的、特定的技术使用权或转让权。③技术转让合同的履行表现为技术权益的转移。技术许可指专利技术所有人或其授权人许可他人在一定期限、一定地区、以一定方式实施其所拥有的专利，并向他人收取使用费用。技术转让是指技术成果由一方转让给另一方的经营方式。所转让的技术包括获得专利权的技术、商标，以及非专利技术，如专有技术、传统技艺生物品种、管理方法等。实践中使用得最多的是诉讼解决的方式，诉讼过程因为其公平、公正受到了更多当事人的欢迎。技术许可与技术转让并不相同，技术许可仅允许对方使用自己的技术，技术的所有权仍然属于转让方，而技术转让则将该专利技术转让给另一方经营，由另一方获得该技术专利的所有权。

【提示】审理技术合同纠纷案件应注意的几个问题：

（1）非专利技术成果未经鉴定不影响转让。《技术合同法》没有把经过鉴定当作对外转让的必备条件，因此应当认为非专利技术成果未经鉴定不影响对外转让。但是，法院可以依据技术未经鉴定的事实，判决技术转让合同无效。专利出让方最好进行非专利技术成果鉴定，该鉴定报告可以作为证据使用。

（2）处理技术合同纠纷案件不需要审查经营范围：①技术开发活动是向未知的领域延伸，不可能事先进行规范。②技术开发活动人人都可以从事，在我国技术发展水平比较低的情况下，不应进行限制。③从我国目前的技术开发和转让的主体来看，除了国有的大中型企业外，主要是一些大专院校和专门从事科研的事业单位，这些单位虽然没有工商登记证书，但并不影响其出让方主体的合法性。据此，法院在处理技术合同纠纷案件时不能以双方的营业执照经营范围和是否超范围经营作为确定合同效力的依据。④为了规范技术市场的管理，防止技术诈骗发生，建议技术研究院校和科研机构进行工商登记，以合法的技术研发、经营主体身份起诉和应诉。

（3）没有营利行为的科研活动不属于专利技术侵权。出于单纯科研目的而不是营利行为使用他人技术不应被认定为侵权。我国宪法规定公民有从事科学研究和文艺创作自由。

30. 对技术咨询合同与技术服务合同有何规定？

【法条】第878条　技术咨询合同是当事人一方以技术知识为对方就特定

技术项目提供可行性论证、技术预测、专题技术调查、分析评价报告等所订立的合同。

技术服务合同是当事人一方以技术知识为对方解决特定技术问题所订立的合同，不包括承揽合同和建设工程合同。

第879条　技术咨询合同的委托人应当按照约定阐明咨询的问题，提供技术背景材料及有关技术资料，接受受托人的工作成果，支付报酬。

第880条　技术咨询合同的受托人应当按照约定的期限完成咨询报告或者解答问题，提出的咨询报告应当达到约定的要求。

第881条　技术咨询合同的委托人未按照约定提供必要的资料，影响工作进度和质量，不接受或者逾期接受工作成果的，支付的报酬不得追回，未支付的报酬应当支付。

技术咨询合同的受托人未按期提出咨询报告或者提出的咨询报告不符合约定的，应当承担减收或者免收报酬等违约责任。

技术咨询合同的委托人按照受托人符合约定要求的咨询报告和意见作出决策所造成的损失，由委托人承担，但是当事人另有约定的除外。

第882条　技术服务合同的委托人应当按照约定提供工作条件，完成配合事项，接受工作成果并支付报酬。

第884条　技术服务合同的委托人不履行合同义务或履行合同义务不符合约定，影响工作进度和质量，不接受或者逾期接受工作成果的，支付的报酬不得追回，未支付的报酬应当支付。

技术服务合同的受托人未按照约定完成服务工作的，应当承担免收报酬等违约责任。

第885条　技术咨询合同、技术服务合同履行过程中，受托人利用委托人提供的技术资料和工作条件完成的新的技术成果，属于受托人。委托人利用受托人的工作成果完成的新的技术成果，属于委托人。当事人另有约定的，按照其约定。

【知识链接】技术咨询合同和技术服务合同具有以下特征：①主体构成的特定性。合同主体的一方，即受托人，是具有特定技术知识和经验，能够就咨询问题给出答案、提出建议、拿出方案的专门机构或专门人才。②标的内容的综合性。技术咨询合同不同于技术服务合同，技术服务合同的标的主要是解决具体的技术性问题。技术咨询合同的标的是科技咨询课题。③成果的决策参考性。受托人提供的咨询报告或意见，是委托人决策的依据和参考。

技术服务合同是指当事人一方以技术知识为另一方解决特定技术问题所订立的合同，不包括建设工程合同和承揽合同。其具有以下特征：①合同标的是解决特定技术问题的项目；②履行方式是完成约定的专业技术工作；③工作成果有具体的质量和数量指标；④专业技术知识的传递不涉及专利和技术秘密成果的权属问题。

31. 专利与技术服务合同纠纷审理的法律依据

【引用法律】为了正确审理专利纠纷案件，根据《民法通则》（2021年1月1日后依据《民法典》合同编）、《专利法》《民事诉讼法》和《行政诉讼法》等法律。依据2021年1月1日起施行的最高人民法院《关于审理技术合同纠纷案件适用法律若干问题的解释》；2021年1月1日起施行的最高人民法院《关于审理专利纠纷案件适用法律问题的若干规定》。

【案件内容分类】①专利申请权纠纷案件；②专利权权属纠纷案件；③专利权、专利申请权转让合同纠纷案件；④侵犯专利权纠纷案件；⑤假冒他人专利纠纷案件；⑥发明专利申请公布后专利权授予前使用费纠纷案件；⑦职务发明创造发明人、设计人奖励、报酬纠纷案件；⑧诉前申请停止侵权、财产保全；⑨发明人、设计人资格纠纷案件；⑩不服专利复审委员会维持驳回申请复审决定案件；⑪不服专利复审委员会专利权无效宣告请求决定案件；⑫不服国务院专利行政部门实施强制许可决定案件；⑬不服国务院专利行政部门实施强制许可使用费裁决案件；⑭不服国务院专利行政部门行政复议决定案件；⑮不服管理专利工作的部门行政决定案件；⑯其他专利纠纷案件。

32.《民法典》对保管合同有何规定？

【法条】第888条 保管合同是保管人保管寄存人交付的保管物，并返还该物的合同。

寄存人到保管人处从事购物、就餐、住宿等活动，将物品存放在指定场所的，视为保管，但是当事人另有约定或者另有交易习惯的除外。

第889条 寄存人应当按照约定向保管人支付保管费。

当事人对保管费没有约定或者约定不明确，依据本法第五百一十条的规定仍不能确定的，视为无偿保管。

第890条 保管合同自保管物交付时成立，但是当事人另有约定的除外。

第894条 保管人不得将保管物转交第三人保管，但是当事人另有约定的除外。

保管人违反前款规定,将保管物转交第三人保管,造成保管物损失的,应当承担赔偿责任。

第897条 保管期内,因保管人保管不善造成保管物毁损、灭失的,保管人应当承担赔偿责任。但是,无偿保管人证明自己没有故意或者重大过失的,不承担赔偿责任。

第898条 寄存人寄存货币、有价证券或者其他贵重物品的,应当向保管人声明,由保管人验收或者封存;寄存人未声明的,该物品毁损、灭失后,保管人可以按照一般物品予以赔偿。

第899条第1款 寄存人可以随时领取保管物。

第900条 保管期限届满或者寄存人提前领取保管物的,保管人应当将原物及其孳息归还寄存人。

第902条 有偿的保管合同,寄存人应当按照约定的期限向保管人支付保管费。

当事人对支付期限没有约定或者约定不明确,依据本法第五百一十条的规定仍不能确定的,应当在领取保管物的同时支付。

第903条 寄存人未按照约定支付保管费或者其他费用的,保管人对保管物享有留置权,但是当事人另有约定的除外。

【提示】处理保管合同纠纷需要注意以下事项:①保管合同性质的确认,是否属于有偿合同;有偿合同,保管物丢失、损坏应该赔偿;无偿保管且没有证明保管方有过错者,不予赔偿。②纠纷起诉的主要证据是寄存条、寄存单等。③寄存处的告示,关于寄存时间、领取寄存物时间等规定的告知书具有一定的合同约束力。④约定保管期限的,无特别事由,保管人不得请求寄存人提前领取保管物;没有约定保管期限的,保管人可以随时领取保管物。⑤保管期限届满或寄存人提前领取保管物的,应该向保管人支付保管费。

33.《民法典》对仓储合同有何规定?

【法条】第904条 仓储合同是保管人储存存货人交付的仓储物,存货人支付仓储费的合同。

第905条 仓储合同自保管人和存货人意思表示一致时成立。

第906条 储存易燃、易爆、有毒、有腐蚀性、有放射性等危险物品或易变质物品的,存货人应当说明该物品的性质,提供有关资料。

存货人违反前款规定的，保管人可以拒收仓储物，也可以采取相应措施以避免损失的发生，因此产生的费用由存货人负担。

保管人储存易燃、易爆、有毒、有腐蚀性、有放射性等危险物品的，应当具备相应的保管条件。

第 907 条　保管人应当按照约定对入库仓储物进行验收。保管人验收时发现入库仓储物与约定不符合的，应当及时通知存货人。保管人验收后，发生仓储物的品种、数量、质量不符合约定的，保管人应当承担赔偿责任。

第 908 条　存货人交付仓储物的，保管人应当出具仓单、入库单等凭证。

第 909 条　保管人应当在仓单上签名或者盖章。仓单包括下列事项：（一）存货人的姓名或者名称和住所；（二）仓储物的品种、数量、质量、包装及其件数和标记；（三）仓储物的损耗标准；（四）储存场所；（五）储存期限；（六）仓储费；（七）仓储物已经办理保险的，其保险金额、期间以及保险人的名称；（八）填发人、填发地和填发日期。

第 910 条　仓单是提取仓储物的凭证。存货人或者仓单持有人在仓单上背书并经保管人签名或盖章的，可以转让提取仓储物的权利。

第 912 条　保管人发现入库仓储物有变质或者其他损坏的，应当及时通知存货人或者仓单持有人。

第 914 条　当事人对储存期限没有约定或者约定不明确的，存货人或仓单持有人可以随时提取仓储物，保管人也可以随时请求存货人或仓单持有人提取仓储物，但是应当给予必要的准备时间。

第 915 条　储存期限届满，存货人或者仓单持有人应当凭仓单、入库单等提取仓储物。存货人或者仓单持有人逾期提取的，应当加收仓储费；提前提取的，不减收仓储费。

第 916 条　储存期限届满，存货人或者仓单持有人不提取仓储物的，保管人可以催告其在合理期限内提取；逾期不提取的，保管人可以提存仓储物。

第 917 条　储存期内，因保管不善造成仓储物毁损、灭失的，保管人应当承担赔偿责任。因仓储物本身的自然性质、包装不符合约定或者超过有效储存期造成仓储物变质、损坏的，保管人不承担赔偿责任。

【提示】仓储合同纠纷诉讼应注意以下几点：①仓储合同纠纷的受理法院一般由仓储所在地行政辖区法院管辖。②提供仓储合同或者仓单作为证据。③存货人违反违禁物品规定的，保管人可以拒收仓储物；保管人储存违禁物品的，应当具备相应的保管条件。不具备条件，保管人承担存放安全事故责任。④保管人验收时发现入库仓储物与约定不符合的，应当及时通知存货人。保管人验收后，发生仓储物的品种、数量、质量不符合约定的，保管人应当承担赔偿责任。⑤存货人交付仓储物的，保管人应当在仓单上签名或者盖章。仓单包括下列事项：存货人的姓名或名称和住所；仓储物的品种、数量、质量、包装及其件数和标记；仓储物的损耗标准；储存场所；储存期限；仓储费；仓储物已经办理保险的，其保险金额、期间以及保险人的名称；填发人、填发地和填发日期。⑥保管人发现入库仓储物有变质或者其他损坏的，应当及时通知存货人或者仓单持有人。⑦保管人发现入库仓储物有变质或者其他损坏，危及其他仓储物的安全和正常保管的，应当催告存货人作出必要的处置。因情况紧急，保管人可以处置，但是事后应当将该情况及时通知存货人或者仓单持有人。⑧储存期限届满，存货人或者仓单持有人逾期提取的，应当加收仓储费，提前提取的，不减收仓储费。⑨逾期不提取的，保管人可以提存仓储物。⑩储存期内，因保管不善造成仓储物毁损、灭失的，保管人应当承担赔偿责任。因仓储物本身的自然性质、包装不符合约定或超过有效储存期造成仓储物变质、损坏的，保管人不承担赔偿责任。

34. 《民法典》对委托合同有何规定？

【法条】第 919 条 委托合同是委托人和受托人约定，由受托人处理委托人事务的合同。

第 921 条 委托人应当预付处理委托事务的费用。受托人为处理委托事务垫付的必要费用，委托人应当偿还该费用并支付利息。

第 923 条 受托人应当亲自处理委托事务。经委托人同意，受托人可以转委托。转委托经同意或追认的，委托人可以就委托事务直接指示转委托的第三人，受托人仅就第三人的选任及其对第三人的指示承担责任。转委托未经同意或者追认的，受托人应当对转委托的第三人的行为承担责任；但是，在紧急情况下受托人为了维护委托人的利益需要转委托第三人的除外。

第 924 条 受托人应当按照委托人的要求，报告委托事务的处理情况。委托合同终止时，受托人应当报告委托事务的结果。

第 927 条 受托人处理委托事务取得的财产，应当转交给委托人。

第 928 条 受托人完成委托事务的，委托人应当按照约定向其支付报酬。因不可归责于受托人的事由，委托合同解除或者委托事务不能完成的，委托人应当向受托人支付相应的报酬。当事人另有约定的，按照其约定。

第929条 有偿的委托合同，因受托人的过错造成委托人损失的，委托人可以请求赔偿损失。无偿的委托合同，因受托人的故意或者重大过失造成委托人损失的，委托人可以请求赔偿损失。

受托人超越权限造成委托人损失的，应当赔偿损失。

第930条 受托人处理委托事务时，因不可归责于自己的事由受到损失的，可以向委托人请求赔偿损失。

第931条 委托人经受托人同意，可以在受托人之外委托第三人处理委托事务。因此造成受托人损失的，受托人可以向委托人请求赔偿损失。

第933条 委托人或者受托人可以随时解除委托合同。因解除合同造成对方损失的，除不可归责于该当事人的事由外，无偿委托合同的解除方应当赔偿因解除时间不当造成的直接损失，有偿委托合同的解除方应当赔偿对方的直接损失和合同履行后可以获得的利益。

35.《民法典》对物业服务合同有何规定？

【法条】第937条 物业服务合同是物业服务人在物业服务区域内，为业主提供建筑物及其附属设施的维修养护、环境卫生和相关秩序的管理维护等物业服务，业主支付物业费的合同。

物业服务人包括物业服务企业和其他管理人。

第938条 物业服务合同的内容一般包括服务事项、服务质量、服务费用的标准和收取办法、维修资金的使用、服务用房的管理和使用、服务期限、服务交接等条款。

物业服务人公开作出的有利于业主的服务承诺，为物业服务合同的组成部分。

物业服务合同应当采用书面形式。

第939条 建设单位依法与物业服务人订立的前期物业服务合同，以及业主委员会与业主大会依法选聘的物业服务人订立的物业服务合同，对业主具有法律约束力。

第940条 建设单位依法与物业服务人订立的前期物业服务合同约定的服务期限届满前，业主委员会或者业主与新物业服务人订立的物业服务合同生效的，前期物业服务合同终止。

第941条 物业服务人将物业服务区域内的部分专项服务事项委托给专

业性服务组织或者其他第三人的，应当就该部分专项服务事项向业主负责。

物业服务人不得将其应当提供的全部物业服务转委托给第三人，或者将全部物业服务支解后分别转委托给第三人。

第942条 物业服务人应当按照约定和物业的使用性质，妥善维修、养护、清洁、绿化和经营管理物业服务区域内的业主共有部分，维护物业服务区域内的基本秩序，采取合理措施保护业主的人身、财产安全。

对物业服务区域内违反有关治安、环保、消防等法律法规的行为，物业服务人应当及时采取合理措施制止、向有关行政主管部门报告并协助处理。

第943条 物业服务人应当定期将服务的事项、负责人员、质量要求、收费项目、收费标准、履行情况，以及维修资金使用情况、业主共有部分的经营与收益情况等以合理方式向业主公开并向业主大会、业主委员会报告。

第944条 业主应当按照约定向物业服务人支付物业费。物业服务人已经按照约定和有关规定提供服务的，业主不得以未接受或者无需接受相关物业服务为由拒绝支付物业费。

业主违反约定逾期不支付物业费的，物业服务人可以催告其在合理期限内支付；合理期限届满仍不支付的，物业服务人可以提起诉讼或者申请仲裁。

物业服务人不得采取停止供电、供水、供热、供燃气等方式催交物业费。

第945条 业主装饰装修房屋的，应当事先告知物业服务人，遵守物业服务人提示的合理注意事项，并配合其进行必要的现场检查。

业主转让、出租物业专有部分、设立居住权或者依法改变共有部分用途的，应当及时将相关情况告知物业服务人。

第946条 业主依照法定程序共同决定解聘物业服务人的，可以解除物业服务合同。决定解聘的，应当提前六十日书面通知物业服务人，但是合同对通知期限另有约定的除外。

依据前款规定解除合同造成物业服务人损失的，除不可归责于业主的事由外，业主应当赔偿损失。

第947条 物业服务期限届满前，业主依法共同决定续聘的，应当与原物业服务人在合同期限届满前续订物业服务合同。物业服务期限届满前，物业服务人不同意续聘的，应当在合同期限届满前九十日书面通知业主或者业主委员会，但是合同对通知期限另有约定的除外。

第948条 物业服务期限届满后，业主没有依法作出续聘或者另聘物业服务人的决定，物业服务人继续提供物业服务的，原物业服务合同继续有效，但是服务期限为不定期。

当事人可以随时解除不定期物业服务合同，但是应当提前六十日书面通知对方。

第949条 物业服务合同终止的，原物业服务人应当在约定期限或者合理期限内退出物业服务区域，将物业服务用房、相关设施、物业服务所必需的相关资料等交还给业主委员会、决定自行管理的业主或者其指定的人，配合新物业服务人做好交接工作，并如实告知物业的使用和管理状况。

原物业服务人违反前款规定的，不得请求业主支付物业服务合同终止后的物业费；造成业主损失的，应当赔偿损失。

第950条 物业服务合同终止后，在业主或者业主大会选聘的新物业服务人或者决定自行管理的业主接管之前，原物业服务人应当继续处理物业服务事项，并可以请求业主支付该期间的物业费。

36.《民法典》对行纪合同有何规定？

【法条】第951条 行纪合同是行纪人以自己的名义为委托人从事贸易活动，委托人支付报酬的合同。

第952条 行纪人处理委托事务支出的费用，由行纪人负担，但是当事人另有约定的除外。

第953条 行纪人占有委托物的，应当妥善保管委托物。

第955条 行纪人低于委托人指定的价格卖出或者高于委托人指定的价格买入的，应当经委托人同意；未经委托人同意，行纪人补偿其差额的，该买卖对委托人发生效力。

行纪人高于委托人指定的价格卖出或者低于委托人指定的价格买入的，可以按照约定增加报酬；没有约定或者约定不明确，依据本法第五百一十条的规定仍不能确定的，该利益属于委托人。

委托人对价格有特别指示的，行纪人不得违背该指示卖出或者买入。

第956条 行纪人卖出或者买入具有市场定价的商品，除委托人有相反的意思表示外，行纪人自己可以作为买受人或者出卖人。

行纪人有前款规定情形的，仍然可以请求委托人支付报酬。

第957条 行纪人按照约定买入委托物，委托人应当及时受领。经行纪人催告，委托人无正当理由拒绝受领的，行纪人依法可以提存委托物。

委托物不能卖出或者委托人撤回出卖，经行纪人催告，委托人不取回或者不处分该物的，行纪人依法可以提存委托物。

第958条 行纪人与第三人订立合同的，行纪人对该合同直接享有权利、承担义务。

第三人不履行义务致使委托人受到损害的，行纪人应当承担赔偿责任，但是行纪人与委托人另有约定的除外。

第959条 行纪人完成或者部分完成委托事务的，委托人应当向其支付相应的报酬。委托人逾期不支付报酬的，行纪人对委托物享有留置权，但是当事人另有约定的除外。

37.《民法典》对中介合同有何规定？

【法条】第961条 中介合同是中介人向委托人报告订立合同的机会或者提供订立合同的媒介服务，委托人支付报酬的合同。

第962条 中介人应当就有关订立合同的事项向委托人如实报告。

中介人故意隐瞒与订立合同有关的重要事实或者提供虚假情况，损害委托人利益的，不得请求支付报酬并应当承担赔偿责任。

第963条 中介人促成合同成立的，委托人应当按照约定支付报酬。对中介人的报酬没有约定或者约定不明确，依据本法第五百一十条的规定仍不能确定的，根据中介人的劳务合理确定。因中介人提供订立合同的媒介服务而促成合同成立的，由该合同的当事人平均负担中介人的报酬。

中介人促成合同成立的，中介活动的费用，由中介人负担。

第964条 中介人未促成合同成立的，不得请求支付报酬；但是，可以按照约定请求委托人支付从事中介活动支出的必要费用。

第965条 委托人在接受中介人的服务后，利用中介人提供的交易机会或者媒介服务，绕开中介人直接订立合同的，应当向中介人支付报酬。

38.《民法典》对合伙合同有何规定？

【法条】第967条 合伙合同是两个以上合伙人为了共同的事业目的，订立的共享利益、共担风险的协议。

第968条 合伙人应当按照约定的出资方式、数额和缴付期限，履行出资义务。

第969条 合伙人的出资、因合伙事务依法取得的收益和其他财产，属于合伙财产。

合伙合同终止前，合伙人不得请求分割合伙财产。

第970条　合伙人就合伙事务作出决定的，除合伙合同另有约定外，应当经全体合伙人一致同意。

合伙事务由全体合伙人共同执行。按照合伙合同的约定或者全体合伙人的决定，可以委托一个或者数个合伙人执行合伙事务；其他合伙人不再执行合伙事务，但是有权监督执行情况。

合伙人分别执行合伙事务的，执行事务合伙人可以对其他合伙人执行的事务提出异议；提出异议后，其他合伙人应当暂停该项事务的执行。

第971条　合伙人不得因执行合伙事务而请求支付报酬，但是合伙合同另有约定的除外。

第972条　合伙的利润分配和亏损分担，按照合伙合同的约定办理；合伙合同没有约定或者约定不明确的，由合伙人协商决定；协商不成的，由合伙人按照实缴出资比例分配、分担；无法确定出资比例的，由合伙人平均分配、分担。

第973条　合伙人对合伙债务承担连带责任。清偿合伙债务超过自己应当承担份额的合伙人，有权向其他合伙人追偿。

第974条　除合伙合同另有约定外，合伙人向合伙人以外的人转让其全部或部分财产份额的，须经其他合伙人一致同意。

第975条　合伙人的债权人不得代位行使合伙人依照本章规定和合伙合同享有的权利，但是合伙人享有的利益分配请求权除外。

第976条　合伙人对合伙期限没有约定或者约定不明确，依据本法第五百一十条的规定仍不能确定的，视为不定期合伙。

合伙期限届满，合伙人继续执行合伙事务，其他合伙人没有提出异议的，原合伙合同继续有效，但是合伙期限为不定期。

合伙人可以随时解除不定期合伙合同，但是应当在合理期限之前通知其他合伙人。

第977条　合伙人死亡、丧失民事行为能力或者终止的，合伙合同终止；但是，合伙合同另有约定或者根据合伙事务的性质不宜终止的除外。

第978条　合伙合同终止后，合伙财产在支付因终止而产生的费用以及清偿合伙债务后有剩余的，依据本法第九百七十二条的规定进行分配。

【法律链接】《合伙企业法》第33条　合伙企业的利润分配、亏损分担，按照合伙协议的约定办理；合伙协议未约定或者约定不明确的，由合伙人协商决定；协商不成的，由合伙人按照实缴出资比例分配、分担；无法确定出资比例的，由合伙人平均分配、分担。

合伙协议不得约定将全部利润分配给部分合伙人或者由部分合伙人承担全部亏损。

第45条 合伙协议约定合伙期限的，在合伙企业存续期间，有下列情形之一的，合伙人可以退伙：（一）合伙协议约定的退伙事由出现；（二）经全体合伙人一致同意；（三）发生合伙人难以继续参加合伙的事由；（四）其他合伙人严重违反合伙协议约定的义务。

第46条 合伙协议未约定合伙期限的，合伙人在不给合伙企业事务执行造成不利影响的情况下，可以退伙，但应当提前三十日通知其他合伙人。

第48条第1款 合伙人有下列情形之一的，当然退伙：（一）作为合伙人的自然人死亡或者被依法宣告死亡；（二）个人丧失偿债能力；（三）作为合伙人的法人或者其他组织依法被吊销营业执照、责令关闭、撤销，或者被宣告破产；（四）法律规定或者合伙协议约定合伙人必须具有相关资格而丧失该资格；（五）合伙人在合伙企业中的全部财产份额被人民法院强制执行。

【体会】《民法典》用12个条文对合伙合同进行了规制，使得当事人在处理合伙合同纠纷时有法可依，相信会减少不少纠纷。常言说"生意好做，伙计难搁"。合伙引发的纠纷很多，以下是常见的合伙纠纷类型：①个人合伙应当签订书面合伙协议而没有签署。②合伙人要求给付合伙盈余款。比如扣除原材料款、外加工款或人工工资，尚有盈余，此时要求按照出资比例分配利润。③要求支付合伙垫付款。垫付款出资人在合伙经营中往往没有控制权。④要求返还投资款或投资设备。⑤因为一方违约不履行，其他合伙人请求支付退伙款。⑥要求支付合伙亏损补偿款。合伙经营发生亏损，一方支出相对较多，要求另一方按出资比例补偿相应的差额。⑦要求确认合伙协议无效或解除合伙协议，退还投资款。通常由受损相对较大一方提出主张。

【警示】正确处理合伙协议纠纷应注意以下问题：①《合伙企业登记管理办法》（2019年修订版）规定："合伙企业经依法登记，领取合伙企业营业执照后，方可从事经营活动。"这就是说，未经登记的合伙企业，不受法律保护。②没有签订书面合伙协议、合同的，诉讼请求很难得到法院支持。③合伙的最本质特征是各自提供资金、实物、技术、劳力等合伙经营、共同劳动，风险共担，利润共享；民间所说"只出钱，不出力"的合伙模式符合民间道德与习惯认同，但是一旦出现诉讼纠纷将很难得到法律支持。④合伙协议不得约定一部分人只享受利益，不承担风险。民间认同的所谓"干股"得不到分红，干股持有人起诉后一般会被法院认定为借款。⑤合伙人退伙，必须经过全体合伙人同意；未经其他合伙人同意，要赔偿退伙造成的损失。⑥全体合伙人对合伙的外部债务承担连带责任。合伙企业财产不足以清偿债务时，全体合伙人以自己个人财产承担责任。⑦合伙投入合伙的财产和合伙积累的财产归全体合伙人共有，共同管理、共同经营。⑧合伙的经营活动由全体合伙人共同协商决定，合伙人有执行和监督的权利。⑨合伙人散伙时在清理完各种税款和对外债务后，仍有剩余时，退还各自投资，剩余财产按入伙比例分配。⑩合伙人死亡按退伙处理。

四、第三分编 准合同　无因管理

1. 《民法典》对无因管理有何规定？

【法条】 第979条　管理人没有法定的或者约定的义务，为避免他人利益受损失而管理他人事务的，可以请求受益人偿还因管理事务而支出的必要费用；管理人因管理事务受到损失的，可以请求受益人给予适当补偿。

管理事务不符合受益人真实意思的，管理人不享有前款规定的权利；但是，受益人的真实意思违反法律或者违背公序良俗的除外。

第980条　管理人管理事务不属于前条规定的情形，但是受益人享有管理利益的，受益人应当在其获得的利益范围内向管理人承担前条第一款规定的义务。

第981条　管理人管理他人事务，应当采取有利于受益人的方法。中断管理对受益人不利的，无正当理由不得中断。

第982条　管理人管理他人事务，能够通知受益人的，应当及时通知受益人。管理的事务不需要紧急处理的，应当等待受益人的指示。

第983条　管理结束后，管理人应向受益人报告管理事务的情况。管理人管理事务取得的财产，应当及时转交给受益人。

第984条　管理人管理事务经受益人事后追认的，从管理事务开始时起，适用委托合同的有关规定，但是管理人另有意思表示的除外。

【体会】 无因管理是指未受他人委托，也无法律上的义务，为避免他人利益受损失而自愿为他人管理事务或提供服务的事实行为。构成条件有：①管理人没有法定或约定的义务，也未受本人委托；②管理人从事管理他人事务的事实行为，包括对他人财产或事务的料理、保护、利用、改良、处分、帮助或服务等，对于管理人自己是否受益则在所不问；③管理人具有为他人管理的意思，其目的在于为他人谋利或免使他人利益受损，不具备这一要件者不属于无因管理。生活中常见的有见义勇为，下雨时邻居帮助不在家的邻居收被子、物业公司没有收停车费看到车辆受损排除安全隐患等行为。如在灭火过程中导致管理人的衣服被烧毁，受益人应该给与补偿。

无因管理纠纷案件的处理：①无因管理一经成立，在管理人和本人之间即发生债权债务关系，管理人有权请求本人偿还其因管理而支出的必要费用，本人有义务偿还，此即无因管理之债。②无因管理纠纷案件，由被告住所地人民法院管辖，被告住所地与经常居住地不一致的，由经常居住地人民法院管辖。③无因管理属于事实行为，因此并不像民事法律行为那样要求行为人有相应的民事行为能力，所以限制行为能力人独立为他人管理事务的，可以适用无因管理的规定。

2. 《民法典》对不当得利有何规定？

【法条】《民法典》第二十九章不当得利

第985条 得利人没有法律根据取得不当利益的，受损失的人可以请求得利人返还取得的利益，但是有下列情形之一的除外：（一）为履行道德义务进行的给付；（二）债务到期之前的清偿；（三）明知无给付义务而进行的债务清偿。

第986条 得利人不知道且不应当知道取得的利益没有法律根据，取得的利益已经不存在的，不承担返还该利益的义务。

第987条 得利人知道或者应当知道取得的利益没有法律根据的，受损失的人可以请求得利人返还其取得的利益并依法赔偿损失。

第988条 得利人已经将取得的利益无偿转让给第三人的，受损失的人可以请求第三人在相应范围内承担返还义务。

【体会】不当得利是得利人没有法律根据取得不当利益的行为。其构成要件包括：①一方受益。是指因一定事实，使一方的财产总额增加。②他方受损。受损是指因一定的事实使财产利益的总额减少，现有财产利益的减少和应得财产利益的减少。③一方受益与他方受损之间有因果关系。是指他方受损与一方受益之间有变动的关联性。④没有合法根据。是指受益人取得利益没有法律上的根据，这是认定"不当"定性的本质。

不当得利划分为两大类：给付不当得利和非给付不当得利。给付不当得利是指基于给付所产生的不当得利，在这种不当得利中，受益人的所得利益是受损人给予的，也就是说，这种不当得利是由受损人自己的行为造成的。非给付不当得利是指非基于给付所产生的不当得利，主要包括侵害他人权益不当得利、支出费用不当得利和求偿不当得利。权益侵害不当得利是指通过侵害他人权益而获益，主要有无权处分他人财产而受益、非法出租他人财产而收取租金、占有消费他人之物、侵害他人知识产权或人格权而获益以及其他侵害他人财产权益而获益的情况。不当得利纠纷由被告住所地法院管辖，被告住所地与经常居住地不一致的，由经常居住地法院管辖。法律根据有《民法典》《民事诉讼法》和《企业破产法》等。

五、《民法典》合同编疑难解答

1. 合同欺诈与合同诈骗有何区别？

【答】一方行为人在签订合同中夸大履行能力，不一定构成合同诈骗。还要看行为人在履行合同过程中是否在积极地履行。行为人积极履行了，而不是拿了钱之后不履行，甚至是逃避责任玩消失的，行为人的行为在法律上充其量属于民事上的欺诈行为，而不构成刑事上的合同诈骗罪。

2. 格式合同中的"霸王条款"是否有效？

【答】若涉及与小王有重大利害关系的条款，可以主张格式条款不成为合同的内容。在提供格式条款一方不合理地免除或者减轻其责任、加重对方责任、限制对方主要权利等情形下，格式条款无效。对格式条款有两种以上解释的，应当作出不利于提供格式条款一方的解释。

《民法典》第496条规定："格式条款是当事人为了重复使用而预先拟定，并在订立合同时未与对方协商的条款。采用格式条款订立合同的，提供格式条款的一方应当遵循公平原则确定当事人之间的权利和义务，并采取合理的方式提示对方注意免除或者减轻其责任等与对方有重大利害关系的条款，按照对方的要求，对该条款予以说明。提供格式条款的一方未履行提示或者说明义务，致使对方没有注意或者理解与其有重大利害关系的条款的，对方可以主张该条款不成为合同的内容。"

《民法典》第497条规定：“有下列情形之一的，该格式条款无效：（一）具有本法第一编第六章第三节和本法第五百零六条规定的无效情形；（二）提供格式条款一方不合理地免除或者减轻其责任、加重对方责任、限制对方主要权利；（三）提供格式条款一方排除对方主要权利。”第498条规定：“对格式条款的理解发生争议的，应当按照通常理解予以解释。对格式条款有两种以上解释的，应当作出不利于提供格式条款一方的解释。格式条款和非格式条款不一致的，应当采用非格式条款。”

3. 购房人与中介业务员发生合同纠纷怎么办？

【答】购房人把中介费汇入业务员个人账户，后来购房贷款没有审核通过，购房人起诉中介公司，要求退还中介费和购房资格包装策划费，法院认为不构成表见代理，因为贷款包装并不被包含在居间协议约定的内容中，并不是中介公司的义务，所以购房人没有理由向业务员支付这笔钱，中介公司业务员私下收取的包装费与公司无关。

4. 购房人在交易合同中如何规避经济风险？

【答】无论是购买新房还是二手房，为了规避购房定金无法退还的风险，笔者建议购房人在合同中写上一句话，“无论由于什么原因导致贷款或者其他事项审核没有通过，已经支付的购房定金、中介费、首付款都必须无条件返还”。这样购房人可以避免承受购房不成功的违约经济损失。

5. 担保人什么情况下可以免除担保责任？

【答】有的公民因为不懂法，稀里糊涂地在朋友的借条上签了自己的名字，结果就成了担保人。按照法律规定，如果担保人只是签名，没有写担保期限或者担保范围是多大，那么担保期限默认是6个月。这就意味着，如果担保人把这个事儿拖过了6个月，其担保责任自然就可以免除了。那么作为债权人也要记得，如果6个月之内没有及时行使诉权，那么担保人的责任解除后，债权人就少了一个债务的承担者。

6. 债权人催收有哪些方法？

【答】债权人催债可采取以下技巧和方法：①可以找人民调解委员会进行民事纠纷调解，这个处理结果也是有法律效力的，而且不收费。②公证债权文书可以直接向法院申请强制执行，当事人需要到公证处交纳公证费。③可以申请支付令，督促欠款人还钱，费用只是诉讼费的1/3。④通过法院起诉，要求债务人履行还款义务。

第五章 CHAPTER 05
行政法规

第一节 《行政处罚法》

一、《行政处罚法》（简介）

《中华人民共和国行政处罚法》于 1996 年 3 月 17 日第八届全国人民代表大会第四次会议通过；2009 年 8 月 27 日第一次修正；2017 年 9 月 1 日第二次修正；2021 年 1 月 22 日第一次修订。以下为法律条文摘要。

二、行政处罚法疑难解析

1. 《行政处罚法》与《治安管理处罚法》的不同

（1）处罚种类不同。《行政处罚法》第 9 条规定："行政处罚的种类：（一）警告、通报批评；（二）罚款、没收违法所得、没收非法财物；（三）暂扣许可证件、降低资质等级、吊销许可证件；（四）限制开展生产经营活动、责令停产停业、责令关闭、限制从业；（五）行政拘留；（六）法律、行政法规规定的其他行政处罚。"《治安管理处罚法》第 10 条规定："治安管理处罚的种类分为：（一）警告；（二）罚款；（三）行政拘留；（四）吊销公安机关发放的许可证。对违反治安管理的外国人，可以附加适用限期出境或者驱逐出境。"

（2）追究时效不同。《行政处罚法》第 36 条规定："违法行为在二年内未被发现的，不再给予行政处罚；涉及公民生命健康安全、金融安全且有危害后果的，上述期限延长至五年。法律另有规定的除外。前款规定的期限，从违法行为发生之日起计算；违法行为有连续或者继续状态的，从行为终了之日起计算。"《治安管理处罚法》第 22 条规定："违反治安管理行为在六个月内没有被公安机关发现的，不再处罚。前款规定的期限，从违反治安管理行为发生之日起计算；违反治安管理行为有连续或者继续状态的，从行为终了之日起计算。"

（3）当场处罚决定情形不同。《行政处罚法》第51条规定："违法事实确凿并有法定依据，对公民处以二百元以下、对法人或者其他组织处以三千元以下罚款或者警告的行政处罚的，可以当场作出行政处罚决定。法律另有规定的，从其规定。"《治安管理处罚法》第100条规定："违反治安管理行为事实清楚，证据确凿，处警告或者二百元以下罚款的，可以当场作出治安管理处罚决定。"

（4）处罚决定的送达不同。《行政处罚法》第61条第1款规定："行政处罚决定书应当在宣告后当场交付当事人；当事人不在场的，行政机关应当在七日内依照《中华人民共和国民事诉讼法》的有关规定，将行政处罚决定书送达当事人。"《治安管理处罚法》第97条规定："公安机关应当向被处罚人宣告治安管理处罚决定书，并当场交付被处罚人；无法当场向被处罚人宣告的，应在二日内送达被处罚人。决定给予行政拘留处罚的，应当及时通知被处罚人的家属。有被侵害人的，公安机关应当将决定书副本抄送被侵害人。"

（5）听证范围的规定不同。《行政处罚法》第63条规定："行政机关拟作出下列行政处罚决定，应当告知当事人有要求听证的权利，当事人要求听证的，行政机关应当组织听证：……"《治安管理处罚法》第98条规定，公安机关作出吊销许可证以及处二千元以上罚款的治安管理处罚决定前，应当告知违反治安管理行为人有权要求举行听证；违反治安管理行为人要求听证的，公安机关应当及时依法举行听证。

（6）当场收缴罚款的范围不同。《行政处罚法》第68条规定："依照本法第五十一条的规定当场作出行政处罚决定，有下列情形之一，执法人员可以当场收缴罚款：（一）依法给予100元以下罚款的；（二）不当场收缴事后难以执行的。……"第69条规定："在边远、水上、交通不便地区，行政机关及其执法人员依照本法第五十一条、第五十七条的规定作出罚款决定后，当事人到指定的银行或者通过电子支付系统缴纳罚款确有困难，经当事人提出，行政机关及其执法人员可以当场收缴罚款。"

《治安管理处罚法》第104条规定："受到罚款处罚的人应当自收到处罚决定书之日起十五日内，到指定的银行缴纳罚款。但是，有下列情形之一的，人民警察可以当场收缴罚款：（一）被处五十元以下罚款，被处罚人对罚款无异议的；（二）在边远、水上、交通不便地区，公安机关及其人民警察依照本法的规定作出罚款决定后，被处罚人向指定的银行缴纳罚款确有困难，经被处罚人提出的；（三）被处罚人在当地没有固定住所，不当场收缴事后难以执行的。"

2. 被处罚人依法享有的权利清单

根据《行政处罚法》的规定，被处罚人依法享有以下权利。

（1）知情权。第44条规定："行政机关在作出行政处罚决定之前，应当告知当事人拟作出的行政处罚内容及事实、理由、依据，并告知当事人依法享有的陈述、申辩、要求听证等权利。"被处罚人在接到《处罚事项告知书》后，应仔细分析研究，重点审查处罚程序是否合法，事实认定是否清楚，适用法律是否准确，处罚是否适当。

（2）陈述和申辩权。第45条规定："当事人有权进行陈述和申辩。行政机关必须充分听取当事人的意见，对当事人提出的事实、理由和证据，应当进行复核；当事人提出的事实、理由或者证据成立的，行政机关应当采纳。行政机关不得因当事人陈述、申辩而给予更重的处罚。"

（3）要求举行听证权。第63条规定："行政机关拟作出下列行政处罚决定，应当告知当事人有要求听证的权利，当事人要求听证的，行政机关应当组织听证：……"

（4）申请复议或提起行政诉讼权。被处罚人对行政处罚不服的，有权申请复议，请求变更或撤销违法处罚决定，也可以直接向人民法院提起行政诉讼。

（5）请求赔偿权。根据《国家赔偿法》的规定，行政机关及行政执法人员违法实施行政处罚，给当事人造成财产损害的，比如损毁扣押的财物，对当事人造成损失的；行政机关违法实行检查措施或执行措施，给公民人身或财产造成损害、给法人或其他组织造成损失的，被处罚人有权获得赔偿。

（6）申请延期或分期缴纳罚款权。第66条第2款规定："当事人确有经济困难，需要延期或者分期缴纳罚款的，经当事人申请和行政机关批准，可以暂缓或者分期缴纳。"

（7）申诉权和检举权。第75条第2款规定："行政机关实施行政处罚应当接受社会监督。公民、法人或者其他组织对行政机关实施行政处罚的行为，有权申诉或者检举；行政机关应当认真审查，发现有错误的，应当主动改正。"

3."一事不再罚"原则

"一事不再罚"原则是一个法理学上的概念,是指对违法行为人的同一个违法行为,不得以同一事实和同一依据,给予两次以上的同种类处罚。《行政处罚法》第29条规定:"对当事人的同一个违法行为,不得给予两次以上罚款的行政处罚。同一个违法行为违反多个法律规范应当给予罚款处罚的,按照罚款数额高的规定处罚。"按此规定,"一事不再罚"可被界定为:行为人的一个行为无论是违反一个规范,还是数个规范;受一个行政主体管辖,还是数个行政主体管辖,都可以给予两次以上的行政处罚,但罚款只能一次。如违法行为人针对该行为向行政处罚主体作了重大欺瞒,且该欺瞒对该违法行为的定性和施罚造成了重大影响,则处罚主体在第一次处罚后可根据新查明情况追加处罚。

4.改变行政处罚客体的情形

《行政处罚法》第4条规定:"公民、法人或者其他组织违反行政管理秩序的行为,应当给予行政处罚的,依照本法由法律、法规、规章规定,并由行政机关依照本法规定的程序实施。"行政处罚的客体(处罚对象)是违法行为人,但是这并不意味着执法对象必须是行为人,也应该包括违法行为和违法结果的受益人或者受偿人。因为违反法定义务的责任既包括了对违法行为的行政责任也包括了对违反秩序状态的恢复责任。违反秩序状态既包括行为人,也包括违法行为结果的受益人,有时候两者并不是同一个行为主体。当执法者无法追究行为人的责任时,这种附随义务因违法性继承而剥离,成为独立的行政责任。

《行政处罚法》第28条第1款规定:"行政机关实施行政处罚时,应当责令当事人改正或者限期改正违法行为。"本条要求恢复被侵害的管理秩序,令当事人履行义务或者以其他方式达到与履行义务相当的状态。其本质上是对状态责任的规定,理解为对违法行为的改正即违反状态的恢复并无不当。为了追求行政执法的公正性,执法者应该把因违法行为而产生的附带恢复责任延续化,才能完全体现法律的公正性和严谨性。比如,城建执法部门查处一幢违章建筑,因违建行为人死亡而无法对其行使处罚权。执法部门可以对该建筑的产权赠与人、继承人或受让人进行勒令拆除的处罚。虽然处罚的客体看上去不够合理,因为被处罚人并非违法建筑的行为人,但是从执法处罚的本质看,这种处罚行为恰恰可以体现法律的实质性正义。如果违建行为人已经对违建产权或者使用权转让，受让人被处罚拆除违建的损失还可以通过诉讼途径向转让人追偿。

5. 违法行为连续或继续状态的认定

《行政处罚法》第36条规定："违法行为在二年内未被发现的，不再给予行政处罚；涉及公民生命健康安全、金融安全且有危害后果的，上述期限延长至五年。法律另有规定的除外。前款规定的期限，从违法行为发生之日起计算；违法行为有连续或者继续状态的，从行为终了之日起计算。"这里规定的违法行为的连续状态，是指当事人基于同一个违法行为和事实，连续实施数个独立的行政违法行为，并触犯同一个行政处罚规定的情形。其违法行为直到彻底终止算起，2年内都可以受到法律的追究。

6. 违法行为的追诉时限规定

《行政处罚法》第36条第1款规定："违法行为在二年内未被发现的，不再给予行政处罚；涉及公民生命健康安全、金融安全且有危害后果的，上述期限延长至五年。法律另有规定的除外。"这个规定的期限，是从违法行为发生之日起计算；违法行为有连续或者继续状态的，从行为终了之日起计算。2年过后尚未被发现的违法行为，不再追究其法律责任。不过，在认定违法行为是否处于连续状态时，应当允许独立的违法行为之间存在适当的时间间隔，且间隔时间不宜过短。参考刑事追究时效制度，即行为人在前一违法行为的责任追究期内又做出新的违法行为的，前一违法行为的追究期限从后一违法行为做出之日起计算。因此，当事人基于同一个违法故意，触犯同一个行政处罚规定，实施的数个独立的行政违法行为之间的时间间隔，可以考虑不超过2年，否则不能认定为违法行为处于连续状态，法律另有规定的除外。

7. 依法从轻或者减轻行政处罚的情形

《行政处罚法》第32条规定："当事人有下列情形之一的，应当从轻或者减轻行政处罚：（一）主动消除或者减轻违法行为危害后果的；（二）受他人胁迫或者诱骗实施违法行为的；（三）主动供述行政机关尚未掌握的违法行为的；（四）配合行政机关查处违法行为有立功表现的；（五）法律、法规、规章规定其他应当依法从轻或者减轻行政处罚的。"

从轻、减轻或者不予行政处罚的规定，实际上是赋予行政机关一定的自由裁量权，便于行政机关灵活地运用自己的权力。其中，不予处罚必须同时具备三个条件：行为轻微、及时纠正、没有造成危害后果。在司法实践中，对"违法行为轻微并及时纠正，没有造成危害后果"的理解如下：①行为轻微。一是违法行为单一；二是没有主观故意；三是没有或者涉案物品价值很小。②行为人发现行为违法后主动纠正，不是执法人员发现后的纠正。③没有造成危害后果，即没有给国家、集体和个人造成任何财产损失和人员伤亡后果。

8. 行政处罚原则体现了处罚只是手段，而不是目的

《行政处罚法》第6条规定的一项原则，体现了我国行政处罚以预防与教育为目的的特色。行政处罚本身不是目的，而是一种手段，通过处罚教育违法者，从而预防和制止其他公民和法人违法行为。教育是处罚的基础和目的，处罚是教育的手段和保证，两者相辅相成，缺一不可。

9. 行政处罚法规定的较重处罚形式

这里一般是指行政拘留。《行政处罚法》第9条规定："行政处罚的种类：（一）警告、通报批评；（二）罚款、没收违法所得、没收非法财物；（三）暂扣许可证件、降低资质等级、吊销许可证件；（四）限制开展生产经营活动、责令停产停业、责令关闭、限制从业；（五）行政拘留；（六）法律、行政法规规定的其他行政处罚。"

10. 对情节复杂或重大违法行为的行政处罚规定

《行政处罚法》第57条第1款规定："调查终结，行政机关负责人应当对调查结果进行审查，根据不同情况，分别作出如下决定：（一）确有应受行政处罚的违法行为的，根据情节轻重及具体情况，作出行政处罚决定；（二）违法行为轻微，依法可以不予行政处罚的，不予行政处罚；（三）违法事实不能成立的，不予行政处罚；（四）违法行为涉嫌犯罪的，移送司法机关。"为了慎重执法，第57条第2款特别规定："对情节复杂或者重大违法行为给予行政处罚，行政机关负责人应当集体讨论决定。"这里需要具备的条件是"情节复杂或者重大违法行为给予较重的行政处罚"，规定的程序比一般行政处罚案件更加严格。第一是要求行政机关的负责人应当集体讨论决定；第二是在行政机关负责人作出决定之前，应当由从事行政处罚决定审核的人员进行审核。如此慎重可以有效地避免冤假错案发生。

11. 对严重的行政处罚尺度的把握

《行政处罚法》第63条规定："行政机关拟作出下列行政处罚决定，应当告知当事人有要求举行听证的权利，当事人要求听证的，行政机关应当组织

听证：（一）较大数额罚款；（二）没收较大数额违法所得、没收较大价值非法财物；（三）降低资质等级、吊销许可证件；（四）责令停产停业、责令关闭、限制从业；（五）其他较重的行政处罚；（六）法律、法规、规章规定的其他情形。当事人不承担行政机关组织听证的费用。"《行政处罚法》第 64 条规定："听证应当依照以下程序组织：（一）当事人要求听证的，应当在行政机关告知后五日内提出；（二）行政机关应当在听证的七日前，通知当事人及有关人员听证的时间、地点；（三）除涉及国家秘密、商业秘密或者个人隐私依法予以保密外，听证公开举行；（四）听证由行政机关指定的非本案调查人员主持；当事人认为主持人与本案有直接利害关系的，有权申请回避；（五）当事人可以亲自参加听证，也可以委托一至二人代理；（六）当事人及其代理人无正当理由拒不出席听证或者未经许可中途退出听证的，视为放弃听证权利，行政机关终止听证；（七）举行听证时，调查人员提出当事人违法的事实、证据和行政处罚建议；当事人进行申辩和质证；（八）听证应当制作笔录。笔录应当交当事人或者其代理人审核无误后签字或者盖章。当事人或者其代理人拒绝签字或者盖章的，由听证主持人在笔录中注明。"第 65 条规定："听证结束后，行政机关应当根据听证笔录，依照本法第五十七条的规定，作出决定。"第 57 条规定了 4 种处理方式。

这里，对涉及罚款金额较大、处罚严重的案件，法律规定了听证、审核、集体讨论研究处罚决定等程序，行政处罚机关还面临一个如何界定"较大数额罚款"的具体金额量化问题。《行政处罚法》没有具体数额规定，也没有最高法的法律解释可以参考。比如，《湖北省行政处罚听证规则》第 2 条规定："本省各级行政机关（含经依法授权或者受委托的行政执法组织，下同）对公民、法人或者其它组织（以下简称当事人）作出责令停产停业、吊销许可证或者执照、较大数额罚款等行政处罚之前，当事人申请听证的，适用本规则。本条前款所称'较大数额罚款'的具体标准为：对非经营活动中的违法行为处以 1000 元以上的罚款；对经营活动中的违法行为，有非法所得的处以30 000元以上、没有违法所得的处以 10 000 元以上的罚款。国务院部门经国务院批准规定了具体标准的，从其规定。"

12. 关于执法机关的程序合法问题

《行政处罚法》第 55 条和第 56 条明确规定了执法程序："执法人员在调查或者进行检查时，应当主动向当事人或者有关人员出示执法证件。当事人或者有关人员有权要求执法人员出示执法证件。执法人员不出示执法证件的，当事人或者有关人员有权拒绝接受调查或者检查。当事人或者有关人员应当如实回答询问，并协助调查或者检查，不得拒绝或者阻挠。询问或者检查应当制作笔录。""行政机关在收集证据时，可以采取抽样取证的方法；在证据可能灭失或者以后难以取得的情况下，经行政机关负责人批准，可以先行登记保存，并应当在七日内及时作出处理决定，在此期间，当事人或者有关人员不得销毁或者转移证据。"

第二节　《行政强制法》问答

1. 公民、法人在被实施行政强制措施时有什么权利？

【答】2012 年实施的《行政强制法》第 8 条规定："公民、法人或者其他组织对行政机关实施行政强制，享有陈述权、申辩权；有权依法申请行政复议或者提起行政诉讼；因行政机关违法实施行政强制受到损害的，有权依法要求赔偿。公民、法人或者其他组织因人民法院在强制执行中有违法行为或者扩大强制执行范围受到损害的，有权依法要求赔偿。"

2. 《行政强制法》规定了哪些行政强制措施？

【答】《行政强制法》第 9 条规定："行政强制措施的种类：（一）限制公民人身自由；（二）查封场所、设施或者财物；（三）扣押财物；（四）冻结存款、汇款；（五）其他行政强制措施。"

3. 有哪些行政强制执行的方式？

【答】《行政强制法》第 12 条规定："行政强制执行的方式：（一）加处罚款或者滞纳金；（二）划拨存款、汇款；（三）拍卖或者依法处理查封、扣押的场所、设施或者财物；（四）排除妨碍、恢复原状；（五）代履行；（六）其他强制执行方式。"

4. 行政机关实施行政强制措施应遵守哪些规定？

【答】《行政强制法》第 18 条规定："行政机关实施行政强制措施应当遵守下列规定：（一）实施前须向行政机关负责人报告并经批准；（二）由两名以上行政执法人员实施；（三）出示执法身份证件；（四）通知当事人到场；（五）当场告知当事人采取行政强制措施的理由、依据以及当事人依法享有的权利、救济途径；（六）听取当事人的陈述和申辩；（七）制作现场笔录；

（八）现场笔录由当事人和行政执法人员签名或者盖章，当事人拒绝的，在笔录中予以注明；（九）当事人不到场的，邀请见证人到场，由见证人和行政执法人员在现场笔录上签名或者盖章；（十）法律、法规规定的其他程序。"

5. 行政机关实施扣押、查封包括哪些范围？

【答】《行政强制法》第23条规定："查封、扣押限于涉案的场所、设施或者财物，不得查封、扣押与违法行为无关的场所、设施或者财物；不得查封、扣押公民个人及其所扶养家属的生活必需品。当事人的场所、设施或者财物已被其他国家机关依法查封的，不得重复查封。"

6. 行政机关什么情况下应该解除查封？

【答】《行政强制法》第28条规定："有下列情形之一的，行政机关应当及时作出解除查封、扣押决定：（一）当事人没有违法行为；（二）查封、扣押的场所、设施或者财物与违法行为无关；（三）行政机关对违法行为已经作出处理决定，不再需要查封、扣押；（四）查封、扣押期限已经届满；（五）其他不再需要采取查封、扣押措施的情形。解除查封、扣押应当立即退还财物；已将鲜活物品或者其他不易保管的财物拍卖或者变卖的，退还拍卖或者变卖所得款项。变卖价格明显低于市场价格，给当事人造成损失的，应当给予补偿。"

7. 行政机关实施扣押、查封期限有何规定？

【答】《行政强制法》第25条第1款、第2款规定："查封、扣押的期限不得超过三十日；情况复杂的，经行政机关负责人批准，可以延长，但是延长期限不得超过三十日。法律、行政法规另有规定的除外。延长查封、扣押的决定应当及时书面告知当事人，并说明理由。"

8. 行政机关作出强制执行决定前是否有催告义务？

【答】《行政强制法》第35条规定："行政机关作出强制执行决定前，应当事先催告当事人履行义务。催告应当以书面形式作出，并载明下列事项：（一）履行义务的期限；（二）履行义务的方式；（三）涉及金钱给付的，应当有明确的金额和给付方式；（四）当事人依法享有的陈述权和申辩权。"

第37条规定："经催告，当事人逾期仍不履行行政决定，且无正当理由的，行政机关可以作出强制执行决定。强制执行决定应当以书面形式作出，并载明下列事项：（一）当事人的姓名或者名称、地址；（二）强制执行的理由和依据；（三）强制执行的方式和时间；（四）申请行政复议或者提起行政诉讼的途径和期限；（五）行政机关的名称、印章和日期。在催告期间，对有证据证明有转移或者隐匿财物迹象的，行政机关可以作出立即强制执行决定。"

9. 当事人收到催告书后是否有权进行陈述和申辩？

【答】《行政强制法》第 36 条规定："当事人收到催告书后有权进行陈述和申辩。行政机关应当充分听取当事人的意见，对当事人提出的事实、理由和证据，应当进行记录、复核。当事人提出的事实、理由或者证据成立的，行政机关应当采纳。"

10. 行政机关申请强制执行应该提交哪些文件？

【答】《行政强制法》第 55 条规定："行政机关向人民法院申请强制执行，应当提供下列材料：（一）强制执行申请书；（二）行政决定书及作出决定的事实、理由和依据；（三）当事人的意见及行政机关催告情况；（四）申请强制执行标的情况；（五）法律、行政法规规定的其他材料。强制执行申请书应当由行政机关负责人签名，加盖行政机关的印章，并注明日期。"

11. 行政机关出现强制执行错误怎么办？

【答】《行政强制法》第 61 条规定："行政机关实施行政强制，有下列情形之一的，由上级行政机关或者有关部门责令改正，对直接负责的主管人员和其他直接责任人员依法给予处分：（一）没有法律、法规依据的；（二）改变行政强制对象、条件、方式的；（三）违反法定程序实施行政强制的；（四）违反本法规定，在夜间或者法定节假日实施行政强制执行的；（五）对居民生活采取停止供水、供电、供热、供燃气等方式迫使当事人履行相关行政决定的；（六）有其他违法实施行政强制情形的。"

第三节　《行政诉讼法》

一、《行政诉讼法》简介

《中华人民共和国行政诉讼法》于 2017 年 6 月 27 日发布，2017 年 7 月 1 日实施，发布机关是全国人民代表大会常务委员会。

二、《行政诉讼法》释义

最高人民法院《关于适用〈中华人民共和国行政诉讼法〉的解释》（法

释〔2018〕1号，以下简称《释义》），为了便于读者查阅内容，编者对行政诉讼法内容进行了分类编排。

1. 依法保障当事人行使诉讼权利

《释义》第53条规定："人民法院对符合起诉条件的案件应当立案，依法保障当事人行使诉讼权利。对当事人依法提起的诉讼，人民法院应当根据行政诉讼法第五十一条的规定接收起诉状。能够判断符合起诉条件的，应当当场登记立案；当场不能判断是否符合起诉条件的，应当在接收起诉状后七日内决定是否立案；七日内仍不能作出判断的，应当先予立案。"

第55条第2款规定："起诉状内容或者材料欠缺的，人民法院应当给予指导和释明，并一次性全面告知当事人需要补正的内容、补充的材料及期限。在指定期限内补正并符合起诉条件的，应当登记立案。当事人拒绝补正或者经补正仍不符合起诉条件的，退回诉状并记录在册；坚持起诉的，裁定不予立案，并载明不予立案的理由。"

2. 诉讼请求要明确

第68条规定："行政诉讼法第四十九条第三项规定的'有具体的诉讼请求'是指：（一）请求判决撤销或者变更行政行为；（二）请求判决行政机关履行特定法定职责或者给付义务；（三）请求判决确认行政行为违法；（四）请求判决确认行政行为无效；（五）请求判决行政机关予以赔偿或者补偿；（六）请求解决行政协议争议；（七）请求一并审查规章以下规范性文件；（八）请求一并解决相关民事争议；（九）其他诉讼请求。当事人单独或者一并提起行政赔偿、补偿诉讼的，应当有具体的赔偿、补偿事项以及数额；请求一并审查规章以下规范性文件的，应当提供明确的文件名称或者审查对象；请求一并解决相关民事争议的，应当有具体的民事诉讼请求。当事人未能正确表达诉讼请求的，人民法院应当要求其明确诉讼请求。"

3. 驳回起诉的情形

第69条规定："有下列情形之一，已经立案的，应当裁定驳回起诉：（一）不符合行政诉讼法第四十九条规定的；（二）超过法定起诉期限且无行政诉讼法第四十八条规定情形的；（三）错列被告且拒绝变更的；（四）未按照法律规定由法定代理人、指定代理人、代表人为诉讼行为的；（五）未按照法律、法规规定先向行政机关申请复议的；（六）重复起诉的；（七）撤回起诉后无正当理由再行起诉的；（八）行政行为对其合法权益明显不产生实际影

响的；（九）诉讼标的已为生效裁判或者调解书所羁束的；（十）其他不符合
法定起诉条件的情形。前款所列情形可以补正或者更正的，人民法院应当指
定期间责令补正或者更正；在指定期间已经补正或者更正的，应当依法审理。
人民法院经过阅卷、调查或者询问当事人，认为不需要开庭审理的，可以迳
行裁定驳回起诉。"

4. 起诉行政机关不作为的情形

第 66 条规定："公民、法人或者其他组织依照行政诉讼法第四十七条第
一款的规定，对行政机关不履行法定职责提起诉讼的，应当在行政机关履行
法定职责期限届满之日起六个月内提出。"

第 91 条规定："原告请求被告履行法定职责的理由成立，被告违法拒绝
履行或者无正当理由逾期不予答复的，人民法院可以根据行政诉讼法第七十
二条的规定，判决被告在一定期限内依法履行原告请求的法定职责；尚需被
告调查或者裁量的，应当判决被告针对原告的请求重新作出处理。"

第 92 条规定："原告申请被告依法履行支付抚恤金、最低生活保障待遇
或者社会保险待遇等给付义务的理由成立，被告依法负有给付义务而拒绝或
者拖延履行义务的，人民法院可以根据行政诉讼法第七十三条的规定，判决
被告在一定期限内履行相应的给付义务。"

5. 对行政复议被驳回的案件的受理与裁定

第 22 条第 1 款规定："行政诉讼法第二十六条第二款规定的'复议机关
改变原行政行为'，是指复议机关改变原行政行为的处理结果。复议机关改变
原行政行为所认定的主要事实和证据、改变原行政行为所适用的规范依据，
但未改变原行政行为处理结果的，视为复议机关维持原行政行为。"

第 134 条第 1 款规定："复议机关决定维持原行政行为的，作出原行政行
为的行政机关和复议机关是共同被告。原告只起诉作出原行政行为的行政机
关或者复议机关的，人民法院应当告知原告追加被告。原告不同意追加的，
人民法院应当将另一机关列为共同被告。"

第 134 条第 3 款规定："复议机关作共同被告的案件，以作出原行政行为
的行政机关确定案件的级别管辖。"

第 135 条第 1 款、第 2 款规定："复议机关决定维持原行政行为的，人民
法院应当在审查原行政行为合法性的同时，一并审查复议决定的合法性。作
出原行政行为的行政机关和复议机关对原行政行为合法性共同承担举证责任，

可以由其中一个机关实施举证行为。复议机关对复议决定的合法性承担举证责任。"

第136条第1款、第3款、第4款、第5款、第6款规定："人民法院对原行政行为作出判决的同时，应当对复议决定一并作出相应判决。人民法院判决撤销原行政行为和复议决定的，可以判决作出原行政行为的行政机关重新作出行政行为。人民法院判决作出原行政行为的行政机关履行法定职责或者给付义务的，应当同时判决撤销复议决定。原行政行为合法、复议决定违法的，人民法院可以判决撤销复议决定或者确认复议决定违法，同时判决驳回原告针对原行政行为的诉讼请求。原行政行为被撤销、确认违法或者无效，给原告造成损失的，应当由作出原行政行为的行政机关承担赔偿责任；因复议决定加重损害的，由复议机关对加重部分承担赔偿责任。"

6. 民事与行政案件一并审理

第139条规定："有下列情形之一的，人民法院应当作出不予准许一并审理民事争议的决定，并告知当事人可以依法通过其他渠道主张权利：（一）法律规定应当由行政机关先行处理的；（二）违反民事诉讼法专属管辖规定或者协议管辖约定的；（三）约定仲裁或者已经提起民事诉讼的；（四）其他不宜一并审理民事争议的情形。对不予准许的决定可以申请复议一次。"

第140条规定："人民法院在行政诉讼中一并审理相关民事争议的，民事争议应当单独立案，由同一审判组织审理。人民法院审理行政机关对民事争议所作裁决的案件，一并审理民事争议的，不另行立案。"

第141条规定："人民法院一并审理相关民事争议，适用民事法律规范的相关规定，法律另有规定的除外。当事人在调解中对民事权益的处分，不能作为审查被诉行政行为合法性的根据。"

第142条规定："对行政争议和民事争议应当分别裁判。当事人仅对行政裁判或者民事裁判提出上诉的，未上诉的裁判在上诉期满后即发生法律效力。第一审人民法院应当将全部案卷一并移送第二审人民法院，由行政审判庭审理。第二审人民法院发现未上诉的生效裁判确有错误的，应当按照审判监督程序再审。"

第146条规定："公民、法人或者其他组织请求人民法院一并审查行政诉讼法第五十三条规定的规范性文件，应当在第一审开庭审理前提出；有正当理由的，也可以在法庭调查中提出。"

7. 规范性文件无法认定行政行为合法性的情形

第 149 条第 1 款规定："人民法院经审查认为行政行为所依据的规范性文件合法的，应当作为认定行政行为合法的依据；经审查认为规范性文件不合法的，不作为人民法院认定行政行为合法的依据，并在裁判理由中予以阐明。作出生效裁判的人民法院应当向规范性文件的制定机关提出处理建议，并可以抄送制定机关的同级人民政府、上一级行政机关、监察机关以及规范性文件的备案机关。"

8. 行政诉讼的再审申请、抗诉与检察建议

第 110 条规定："当事人向上一级人民法院申请再审，应当在判决、裁定或者调解书发生法律效力后六个月内提出。有下列情形之一的，自知道或者应当知道之日起六个月内提出：（一）有新的证据，足以推翻原判决、裁定的；（二）原判决、裁定认定事实的主要证据是伪造的；（三）据以作出原判决、裁定的法律文书被撤销或者变更的；（四）审判人员审理该案件时有贪污受贿、徇私舞弊、枉法裁判行为的。"

第 127 条规定："人民法院审理因人民检察院抗诉或者检察建议裁定再审的案件，不受此前已经作出的驳回当事人再审申请裁定的限制。"

9.《释义》发生效力时间节点

第 162 条规定："公民、法人或者其他组织对 2015 年 5 月 1 日之前作出的行政行为提起诉讼，请求确认行政行为无效的，人民法院不予立案。"

三、行政诉讼法疑难问题解答

1. 有职权者必然是行政诉讼的适格被告吗？

【答】并不必然如此。一般而言，判断行政诉讼的被告是否适格，既要审查该机关是否是行政行为的作出者，亦应审查行为者是否具有行政主体资格。倘若存在授权、委托等职权转移情形，则应当按照《行政诉讼法》第 26 条、最高人民法院《关于适用〈中华人民共和国行政诉讼法〉的解释》第 20 条等条款的规定，确定适格被告。但有职权者并不必然是行为者。在确定适格被告时，主要是审查行为者是否具有普遍意义上的行政职权，从而判断其是否具有行政主体资格；而被告是否具有作出被诉行政行为的法定职权，则是认定被告是否超越职权、被诉行为是否合法的实体审查内容。

2. 《行政诉讼法》中对证人的范围有何规定？

【答】根据《民事诉讼法》第 72 条的规定："凡是知道案件情况的单位和个人，都有义务出庭作证。……"

《行政诉讼法》对证人的范围未作规定，但是根据最高法院的司法解释，行政诉讼中行政诉讼法未作规范的，可以参照民事诉讼中的有关规定。因此，在我国，刑事案件中只接受自然人（公民）作为证人，不接受单位作为证人，即单位不能以单位名义提供证人证言。

3. 行政赔偿有哪些归责原则？

【答】行政赔偿的归责原则，为从法律上确定和判断国家应否承担法律责任提供了最根本的依据与标准，它对于确定行政赔偿的构成要件及免责条件、举证责任等都具有重大意义。1994 年《国家赔偿法》颁布以前，我国法律界对这一问题一直争论纷纷，分析起来，大致有以下几种意见：

（1）过错责任原则。判断行政主体的行为是否合法及要不要赔偿，应以该行政主体做出该行为时主观上有无过错为标准。有过错，就要赔偿；无过错，就不赔偿。这种意见考虑了行政主体作出行政行为时主观上的不同状态，区分了合法履行职务与违法侵权两种截然不同的行为，无疑是有意义的，且符合普通群众的心理习惯，容易为人接受。但这种观点实施起来却较困难。因为要认定一个行政机关这样一个组织体有无过错是很困难的，它不像认定一个人有无过错那样容易，这样在实践中可能导致大部分受到侵害的公民事实上得不到赔偿，背离了过错原则的本意，也不符合国家建立行政赔偿制度的初衷。

（2）无过错原则。不论行政机关行为时主观上有无过错，只要结果上给公民造成了损害，就要承担赔偿责任。无过错原则的好处在于克服了过错原则要考察机关主观过错的困难，简便易行，也利于受害人取得赔偿。但无过错原则无法区分国家机关的合法行为与违法行为，把赔偿与补偿混为一谈，这是不可取的。

（3）违法责任原则。是指行政机关的行为要不要赔偿，以行为是否违反法律为唯一标准。它不细究行政机关的主观状态如何，只考察行政机关的行为是否与法律的规定一致，是否违反了现行法律的规定。这一原则既避免了过错原则操作不易的弊病，又克服了无过错原则赔偿过宽的缺点，具有操作方便、认定精确、易于接受的特点，因而是一个比较合适的原则，为我国颁布的《国家赔偿法》所接受。该法第 2 条第 1 款规定的"国家机关和国家机关工作人员行使职权，有本法规定的侵犯公民、法人和其他组织的合法权益的情形，造成损害的，受害人有依照本法取得国家赔偿的权利"，就是对违法原则这一行政赔偿基本归责原则在立法中的明文规定。

因此，无论行政机关在作出职权行为时有无过错，只要其行为不符合法律的规定，且因此给相对人造成了损失，就应承担赔偿责任，而不管其主观上有无过错。受害人也无须证明作出行为的行政机关或其工作人员有故意或过失，只要行政机关无法证明其实施的行为合法就要无条件地予以赔偿。

4. 何时提起行政诉讼？

【答】公民、法人或者其他组织直接向人民法院提起诉讼的，应当自知道或者应当知道作出行政行为之日起 6 个月内提出。法律另有规定的除外。

5. 行政诉讼案件法院多久可以作出判决？

【答】人民法院应当在立案之日起 6 个月内作出第一审判决。有特殊情况需要延长的，由高级人民法院批准，高级人民法院审理第一审案件需要延长的，由最高人民法院批准。

6. 提起诉讼应该符合哪些条件？

【答】①原告是符合《行政诉讼法》第 25 条规定的公民、法人或者其他组织；②有明确的适格被告；③有具体的诉讼请求和事实根据；④属于人民法院受案范围和受诉人民法院管辖。

7. 行政诉讼案件法院可以不登记立案吗？

【答】人民法院在接到起诉状时对符合行政诉讼法规定的起诉条件的，应当登记立案。对当场不能判定是否符合本法规定的起诉条件的，应当接收起诉状，出具注明收到日期的书面凭证，并在 7 日内决定是否立案。不符合起诉条件的，作出不予立案的裁定。裁定书应当载明不予立案的理由。原告对裁定不服的，可以提起上诉。起诉状内容欠缺或者有其他错误的，应当给予指导和释明，并一次性告知当事人需要补正的内容。不得未经指导和释明即以起诉不符合条件为由不接收起诉状。

8. 行政诉讼遭遇立案难怎么办？

【答】行政诉讼案件都是民告官，有些基层法院碍于政府机关面子或者政府机关形象，不予立案。不接接收起诉状，或者接收后不出具书面凭证，以及不一次性告知当事人需要补正的起诉状内容。立案时遇到类似的情况，当事人可以向该法院立案监督部门投诉，也可以到法院纪检监察部门反映，还可以向上级人民法院投诉，同级监督部门应该协调处理，上级人民法院应当责令改正，并对直接负责的主管人员和其他直接责任人员依法给予处分。此外，人民法院既不立案，又不作出不予立案裁定的，当事人可以向上一级人民法院起诉。上一级人民法院认为符合起诉条件的，应当立案、审理，也可以指定其他下级人民法院立案、审理。

9. 行政诉讼案件应当有哪些人出庭应诉？

【答】最高人民法院《关于行政诉讼应诉若干问题的通知》提出，行政机关要支持人民法院受理和审理行政案件，保障公民、法人和其他组织的起诉权利，认真做好答辩举证工作，依法履行出庭应诉职责，配合人民法院做好开庭审理工作。①出庭应诉的行政机关负责人，既包括正职负责人，也包括副职负责人以及其他参与分管的负责人。②行政机关负责人不能出庭的，应当委托行政机关相应的工作人员出庭，不得仅委托律师出庭。③涉及重大公共利益、社会高度关注或者可能引发群体性事件等案件以及人民法院书面建议行政机关负责人出庭的案件，被诉行政机关负责人应当出庭。④《行政诉讼法》第3条第3款规定的"行政机关相应的工作人员"，包括该行政机关具有国家行政编制身份的工作人员以及其他依法履行公职的人员。被诉行政行为是人民政府作出的，人民政府所属法制工作机构的工作人员以及被诉行政行为具体承办机关的工作人员，也可以被视为被诉人民政府相应的工作人员。

10. 行政机关负责人不出庭应诉怎么办？

【答】民告官必须见到"官"才能说理，把事情说明白。有些行政机关负责人和行政机关相应的工作人员以工作忙、开会、出差等理由拒绝出庭，仅委托律师出庭或者人民法院书面建议行政机关负责人出庭应诉，行政机关负责人不出庭应诉的，属于对法律的不尊重。人民法院对此应当记录在案并在裁判文书中载明，可以依照《行政诉讼法》第66条第2款的规定予以公告，建议任免机关、监察机关或者上一级行政机关对相关责任人员严肃处理。

11. 行政诉讼案件判决不公怎么办？

【答】我国对行政诉讼案件实行二审终审制，并且有些涉及县区级政府为被告主体的，要求提级管辖，一审都需要在当地中级人民法院，所以二审需要到省级高级人民法院上诉。当然，起诉当事人对判决结果不满意的，既可以通过监督程序要求中级人民法院重审，也可以到省级高级人民法院上诉。

12. 提起再审需要具备哪些条件？

【答】按照审判监督程序对行政案件提起再审必须同时具备两个要件：第一，形式要件，即提起再审的行政案件，只能是判决、裁定已经发生法律效力的行政案件。对未发生法律效力的判决、裁定，不能提起再审。第二，实质要件，即发现已经发生法律效力的判决、裁定违反了法律、法规的规定。①违反法律。法规的规定，包括适用法律、法规错误，严重违反法定程序，也包括认定事实错误，所依据的证据失实或发现了足以推翻原判认定事实的新证据，等等。②违反的法律、法规，包括实体法，也包括程序法。以事实为根据，以法律为准绳，是我国行政诉讼法的一个重要原则，如果生效裁判的事实根据有错误，势必会影响适用法律、法规的正确性。因此，对"违反法律、法规规定"的理解不能过狭。审判监督程序不仅要对生效裁判所适用的法律进行审查，还要对生效裁判所依据的事实根据进行审查。违反法律法规规定作出的裁判，必然会侵害公民、法人或其他组织的合法权益，或者妨碍行政机关依法行使行政职权，影响行政效率，损害法制尊严，因而应予纠正。

13. 提起再审有哪些程序？

【答】根据提起再审的主体不同，有三种不同的提起再审的程序：

①人民法院院长通过审判委员会决定再审。各级人民法院院长对本院已经发生法律效力的判决、裁定，发现违反法律、法规规定，认为需要再审的，应当提交审判委员会讨论决定是否再审。人民法院的裁判生效以后，不仅对当事人和社会产生约束力，对人民法院也产生约束力。行政诉讼法将对法院审判工作进行监督的大权交由院长和审判委员会共同行使，正体现了审判监督程序的严肃性。因此，案件是否再审，不能由院长一人决定，必须由其提交审判委员会讨论决定。②上级人民法院提审或指令再审。上级人民法院发现下级人民法院已经发生法律效力的判决、裁定违反法律、法规规定，认为需要再审的，可以提级由自己审理，也可以指令下级人民法院再审。指令再审的，下级人民法院接到指令后，必须进行再审。再审后，应将审判结果报送发出指令的上级人民法院。上级人民法院提审或指令再审，还包括最高人民法院发现地方各级人民法院已经发生法律效力的判决、裁定违反法律、法规规定，认为需要再审而进行的提审和指令再审。指令再审的，接到指令的地方人民法院再审后，应将审理结果报送最高人民法院。这是审判监督权的体现。③检察院抗诉。

14. 行政诉讼案件有什么抗诉规定？

【答】当事人对行政诉讼案件裁定结果不服，可以向做出裁定的上一级人民检察院提出抗诉。根据《行政诉讼法》第93条的规定，人民检察院对人民法院已经发生法律效力的判决、裁定，发现违反法律、法规规定的，有权按照审判监督程序提出抗诉。人民检察院有权对行政诉讼活动实行法律监督，是行政诉讼法确定的基本原则之一。根据《行政诉讼法》的有关规定，人民检察院按照审判监督程序向人民法院提出抗诉应当同时具备以下条件：第一，被提出抗诉的行政判决、裁定必须是已经发生法律效力的。第二，检察机关认为被提出抗诉的行政判决、裁定违反法律、法规规定的。（1）行政判决违反法律、法规规定的，主要有以下几种。①撤销了完全合法的被诉具体行政行为；②完全维持了部分合法部分违法的被诉具体行政行为；③完全撤销了部分合法部分违法的被诉具体行政行为；④维持了主要证据不足、适用法律、法规错误、违反法定程序、超越职权、显失公正的被诉具体行政行为；⑤没有判决应当履行法定职责的行政主体履行法定职责；⑥判决行政机关履行不应履行的职责；⑦判决应给予行政赔偿的，不给予赔偿，或不应给予行政赔偿的给予赔偿。（2）行政裁定违反法律、法规规定的，主要有以下几种。①将应予受理的行政案件，作出不予受理或驳回起诉的裁定；②将不符合撤诉条件的案件，作出准许撤诉的裁定；③将不符合终结诉讼的案件，裁定终结诉讼。人民法院是代表国家行使审判权的，当判决、裁定生效后，整个诉讼就已结束。人民检察院只有在发现已生效的判决、裁定确有错误时，才能按照审判监督程序提出抗诉。第三，提出抗诉的人民检察院只能是上级人民检察院和最高人民检察院。据此，在行政诉讼中，有权提出抗诉的主体只能是最高人民检察院和上级人民检察院，同级人民检察院不具有抗诉的资格，不得直接向同级人民法院或上级人民法院提出抗诉，基层人民检察院无权提出抗诉。人民法院接到人民检察院的抗诉，必须对抗诉的行政案件进行再审。

15. 行政诉讼申诉的处理程序有哪些？

【答】行政申诉按以下方式进行处理：①转处，行政申诉原则上应由原终审人民法院负责处理。因此，其他法院在接到当事人的申诉以后，可以转交原终审人民法院进行审查处理。但对那些重大、复杂的行政案件，当事人长期申诉而下级人民法院基于各种原因，不容易办理的，上级人民法院认为有必要时，可以审查处理，下级人民法院也可以请求移送上一级人民法院审查处理。受理当事人申诉的人民法院，应当严肃对待当事人的申诉，指定专人认真复查原审案件的材料，也可以进行必要的调查。这种审查，是对原判决、裁定的内容和当事人提出的申诉意见以及案卷中反映的主要事实、证据进行核对，而不是按法定诉讼程序再进行一次审理。②通知驳回。人民法院通过对当事人申诉的审查，认为原裁判正确，申诉无理的，可以说服教育申诉人，劝其服判息讼；对仍然坚持申诉的，可以用书面通知驳回。通知书应针对申诉理由，依法有理有据地逐条批驳。对于通知驳回以后当事人仍继续申诉的，应由通知驳回的法院的上一级法院审查处理。③决定发回再审。人民法院通过对当事人申诉的审查，发现原裁判违反法律、法规规定，如果是本院处理的案件，即由院长提交审判委员会讨论决定再审；如果是最高人民法院对地方各级人民法院，或者上级人民法院对下级人民法院处理的案件指令再审的，即直接作出决定再审的裁定，由被指令再审的人民法院执行。当事人向上级人民法院申诉的，上级人民法院可以把申诉交原审人民法院复查，也可以自己进行复查。复查结果认为原判决、裁定没有错误，申诉无理的，通知驳回申诉；申诉有理的，有权提审或者指令下级人民法院再审。④裁定补正或作出补充判决。经过审查，如果发现已生效法律文书有错写、漏判和其他程序上的失误的，可由制作该法律文书的人民法院裁定补正。如果发现原裁判有实体上的漏判或判决主文不明确无法执行的，可由制作该判决书的人民法院作出补充判决。一审的补充判决，当事人不服时可以上诉，二审的补充判决是终审判决，当事人不得上诉。

16. 行政诉讼案件终审判决不服怎么办？

【答】对省级人民法院审理的行政诉讼案件终审判决不服的，当事人可以向最高人民法院申诉。申诉期限没有具体时间限制。我国《行政诉讼法》第90条规定："当事人对已经发生法律效力的判决、裁定，认为确有错误的，可以向上一级人民法院申请再审，但判决、裁定不停止执行。"

申诉应由申诉人向人民法院递交申诉状，并附上原审人民法院的判决书、裁定书的抄本。申诉状应写明申诉人的基本情况，具体指明已经发生法律效力的判决、裁定认定事实和适用法律的错误及申诉要求。书写申诉状确有困难的，可以口头申诉，由人民法院记入笔录，若认为判决、裁定认定事实错误，还应提供有关证据或线索。

17. 行政诉讼胜诉后，行政机关不履行怎么办？

【答】我国法律规定，行政机关在行政诉讼中败诉，并且不依法履行判决书的，不能免除履行责任，法院可以根据具体情况采取相应的措施。

按规定行政机关不履行判决书法院可以采取以下做法：①对应当归还的罚款或者应当给付的款额，可以通知银行从该行政机关的账户内划拨。一般的行政机关都有自己专门的财务，而法院有权限要求相应的银行机构划扣具体款项，并且是依据判决书办事，行政机关不能拒绝。②从履行期满之日起，对该行政机关负责人按日处 50 元至 100 元的罚款。跟一般的民事纠纷一致，如果被执行人到期不履行判决书，需要接受司法处罚。③将行政机关拒绝履行的情况予以公告。行政机关拒绝履行判决书，其行为可以依法公告。④向监察机关或者该行政机关的上一级行政机关提出司法建议。行政机关和法院都属于政府的职能部门，所以在行政机关不肯依法履行判决书时，法院有权找其上一级协调解决。⑤拒不履行判决、裁定书，社会影响恶劣的，法院还可以对该行政机关直接负责的主管人员和其他直接责任人员予以拘留。情节严重构成犯罪的，依法追究刑事责任。

第四节 《公职人员政务处分法》

一、《公职人员政务处分法》简介

《公职人员政务处分法》于 2020 年 6 月 20 日第十三届全国人民代表大会常务委员会第十九次会议通过。该法共 7 章，分为总则、政务处分的种类和适用、违法行为及其适用的政务处分、政务处分的程序、复审、复核、法律责任和附则，共 68 条。自 2020 年 7 月 1 日起施行。

二、《公职人员政务处分法》相关规定

第 7 条　政务处分的种类为：（一）警告；（二）记过；（三）记大过；（四）降级；（五）撤职；（六）开除。

第 8 条　政务处分的期间为：（一）警告，六个月；（二）记过，十二个月；（三）记大过，十八个月；（四）降级、撤职，二十四个月。政务处分决定自作出之日起生效，政务处分期自政务处分决定生效之日起计算。

第 11 条　公职人员有下列情形之一的，可以从轻或者减轻给予政务处分：（一）主动交代本人应当受到政务处分的违法行为的；（二）配合调查，

如实说明本人违法事实的；（三）检举他人违纪违法行为，经查证属实的；（四）主动采取措施，有效避免、挽回损失或者消除不良影响的；（五）在共同违法行为中起次要或者辅助作用的；（六）主动上交或者退赔违法所得的；（七）法律、法规规定的其他从轻或者减轻情节。

第14条　公职人员犯罪，有下列情形之一的，予以开除：（一）因故意犯罪被判处管制、拘役或者有期徒刑以上刑罚（含宣告缓刑）的；（二）因过失犯罪被判处有期徒刑，刑期超过三年的；（三）因犯罪被单处或者并处剥夺政治权利的。因过失犯罪被判处管制、拘役或者三年以下有期徒刑的，一般应当予以开除；案件情况特殊，予以撤职更为适当的，可以不予开除，但是应当报请上一级机关批准。

公职人员因犯罪被单处罚金，或者犯罪情节轻微，人民检察院依法作出不起诉决定或者人民法院依法免予刑事处罚的，予以撤职；造成不良影响的，予以开除。

第21条　国有企业管理人员在政务处分期内，不得晋升职务、岗位等级和职称；其中，被记过、记大过、降级、撤职的，不得晋升薪酬待遇等级。被撤职的，降低职务或岗位等级，同时降低薪酬待遇。

第22条　基层群众性自治组织中从事管理的人员有违法行为的，监察机关可以予以警告、记过、记大过。

基层群众性自治组织中从事管理的人员受到政务处分的，应当由县级或者乡镇人民政府根据具体情况减发或者扣发补贴、奖金。

第28条第1款　有下列行为之一的，予以记过或者记大过；情节较重的，予以降级或者撤职；情节严重的，予以开除：（一）散布有损宪法权威、中国共产党领导和国家声誉的言论的；（二）参加旨在反对宪法、中国共产党领导和国家的集会、游行、示威等活动的；（三）拒不执行或者变相不执行中国共产党和国家的路线方针政策、重大决策部署的；（四）参加非法组织、非法活动的；（五）挑拨、破坏民族关系，或者参加民族分裂活动的；（六）利用宗教活动破坏民族团结和社会稳定的；（七）在对外交往中损害国家荣誉和利益的。

第29条　不按照规定请示、报告重大事项，情节较重的，予以警告、记过或者记大过；情节严重的，予以降级或者撤职。

违反个人有关事项报告规定，隐瞒不报，情节较重的，予以警告、记过或者记大过。篡改、伪造本人档案资料的，予以记过或者记大过；情节严重的，予以降级或者撤职。

第30条　有下列行为之一的，予以警告、记过或者记大过；情节严重的，予以降级或者撤职：（一）违反民主集中制原则，个人或者少数人决定重大事项，或者拒不执行、擅自改变集体作出的重大决定的；（二）拒不执行或者变相不执行、拖延执行上级依法作出的决定、命令的。

第33条　有下列行为之一的，予以警告、记过或者记大过；情节较重的，予以降级或者撤职；情节严重的，予以开除：（一）贪污贿赂的；（二）利用职权或者职务上的影响为本人或者他人谋取私利的；（三）纵容、默许特定关系人利用本人职权或者职务上的影响谋取私利的。拒不按照规定纠正特定关系人违规任职、兼职或者从事经营活动，且不服从职务调整的，予以撤职。

第34条　收受可能影响公正行使公权力的礼品、礼金、有价证券等财物的，予以警告、记过或者记大过；情节较重的，予以降级或者撤职；情节严重的，予以开除。

向公职人员及其特定关系人赠送可能影响公正行使公权力的礼品、礼金、有价证券等财物，或者接受、提供可能影响公正行使公权力的宴请、旅游、健身、娱乐等活动安排，情节较重的，予以警告、记过或者记大过；情节严重的，予以降级或者撤职。

第38条第1款　有下列行为之一，情节较重的，予以警告、记过或者记大过；情节严重的，予以降级或者撤职：（一）违反规定向管理服务对象收取、摊派财物的；（二）在管理服务活动中故意刁难、吃拿卡要的；（三）在管理服务活动中态度恶劣粗暴，造成不良后果或影响的；（四）不按照规定公开工作信息，侵犯管理服务对象知情权，造成不良后果或影响的；（五）其他侵犯管理服务对象利益的行为，造成不良后果或影响的。

第五节　国务院《政府信息公开条例》

一、条例疑难解读

1. 条例具体制度设计如何体现"公开为常态、不公开为例外"？

【答】一是扩大了主动公开的范围。修订后的《政府信息公开条例》在现行条例规定的基础上，对各地区、各部门实践中主动公开的政府信息进行重新梳理分析，扩大了主动公开的范围和深度，明确各级行政机关应当主动公开机关职能、行政许可办理结果、行政处罚决定、公务员招考录用结果等十五类信息。同时，规定设区的市级、县级人民政府及其部门，乡（镇）人民政府还应当根据本地方的具体情况主动公开与基层群众关系密切的市政建设、公共服务、社会救助等方面的政府信息。《政府信息公开条例》还提出，行政机关应当按照上级行政机关的部署，不断增加主动公开的内容。二是明确不公开政府信息的具体情形。为了落实"公开为常态、不公开为例外"的原则，《政府信息公开条例》规定了不予公开的政府信息，具体包括：依法确定为国家秘密的政府信息，法律、行政法规禁止公开的政府信息，公开后可能危及国家安全、公共安全、经济安全、社会稳定的政府信息，公开会对第三方合法权益造成损害的政府信息。同时，考虑到行政机关内部事务信息不具有外部性，对公众的权利义务不产生直接影响，过程性信息处于讨论、研究或者审查过程中，不具有确定性，行政执法案卷信息与当事人、利害关系人之外的其他主体没有直接利害关系，且通常涉及相关主体的商业秘密和个人隐私，条例规定，行政机关内部事务信息、过程性信息及行政执法案卷信息可以不予公开，但法律、法规、规章规定上述信息应当公开的，从其规定。三是建立健全政府信息管理动态调整机制、依申请公开向主动公开的转化机制，推动政府信息公开工作深入开展。要求行政机关对不予公开的政府信息进行定期评估审查，对因情势变化可以公开的政府信息应当公开；行政机关可以将多个申请人申请公开的政府信息纳入主动公开的范围，申请人也可以建议行政机关将依申请公开的政府信息纳入主动公开的范围。

2. 申请获取相关政府信息需"根据自身生产、生活、科研等特殊需要"如何理解？

【答】删去旧《政府信息公开条例》第 13 条规定中"自身生产、生活、科研等特殊需要"的条件限制，并不意味着可以没有规则、不当行使政府信息公开申请权。对于同一申请人反复、大量提出政府信息公开申请的问题，修订后的条例也规定了不予重复处理、要求说明理由、延迟答复并收取信息处理费等措施。对于申请人以政府信息公开申请的形式进行信访、投诉、举报等活动的，行政机关应告知申请人通过相应渠道解决。

3. 行政机关对政府信息公开申请应当如何答复处理？

【答】修订后的《政府信息公开条例》完善了依申请公开程序，要求行政机关建立健全政府信息公开申请登记、审核、办理、答复、归档的工作制度，加强工作规范。该条例规定，对于公民、法人或者其他组织提出的政府信息公开申请，行政机关根据下列情况分别作出答复：所申请公开信息已经主动公开的，告知申请人获取该政府信息的方式、途径；所申请公开信息可以公开的，向申请人提供该政府信息，或者告知申请人获取该政府信息的方式、途径和时间；行政机关依据条例的规定决定不予公开的，告知申请人不予公开并说明理由；行政机关经检索没有所申请公开信息的，告知申请人该政府信息不存在；所申请公开信息不属于本行政机关负责公开的，告知申请人并说明理由，能够确定负责公开该政府信息的行政机关的，告知申请人该行政机关的名称、联系方式；行政机关已就申请人提出的政府信息公开申请作出答复，申请人重复申请公开相同政府信息的，告知申请人不予重复处理；所申请公开信息属于工商、不动产登记资料等信息。

4. 条例在方便公众获取政府信息方面有哪些具体措施？

【答】便民服务措施有：①要求各级人民政府加强政府信息资源的规范化、标准化、信息化管理，加强互联网政府信息公开平台建设，提高政府信息公开工作的质量和效率。②规定依托政府门户网站，逐步建立具备信息检索、查阅、下载等功能的统一政府信息公开平台。③要求在政务服务场所设置政府信息查阅场所，并配备相应的设施、设备，为公民、法人和其他组织获取政府信息提供便利。

5. 不应公开的政府信息有那些？

【答】不予公开的政府信息包括：①依法确定为国家秘密的政府信息，法律、行政法规禁止公开的政府信息，公开后可能危及国家安全、公共安全、经济安全、社会稳定的政府信息，公开会对第三方合法权益造成损害的政府信息。②行政机关内部事务信息、过程性信息、行政执法案卷信息可以不予公开。

第六章 CHAPTER 06
《刑法》（涉企内容）

一、《刑法》涉企条文释义

最高人民法院《关于适用〈中华人民共和国刑事诉讼法〉的解释》（以下简称《解释》）已于 2020 年 12 月 7 日由最高人民法院审判委员会 1820 次会议通过，自 2021 年 3 月 1 日起施行。以下内容为《解释》的规定。

（一）管辖权与管辖权异议

第 1 条 人民法院直接受理的自诉案件包括：

（一）告诉才处理的案件：

1. 侮辱、诽谤案（刑法第二百四十六条规定的，但严重危害社会秩序和国家利益的除外）；

2. 暴力干涉婚姻自由案（刑法第二百五十七条第一款规定的）；

3. 虐待案（刑法第二百六十条第一款规定的，但被害人没有能力告诉或者因受到强制、威吓无法告诉的除外）；

4. 侵占案（刑法第二百七十条规定的）。

（二）人民检察院没有提起公诉，被害人有证据证明的轻微刑事案件：

1. 故意伤害案（刑法第二百三十四条第一款规定的）；

2. 非法侵入住宅案（刑法第二百四十五条规定的）；

3. 侵犯通信自由案（刑法第二百五十二条规定的）；

4. 重婚案（刑法第二百五十八条规定的）；

5. 遗弃案（刑法第二百六十一条规定的）；

6. 生产、销售伪劣商品案（刑法分则第三章第一节规定的，但严重危害社会秩序和国家利益的除外）；

7. 侵犯知识产权案（刑法分则第三章第七节规定的，但严重危害社会秩序和国家利益的除外）；

8. 刑法分则第四章、第五章规定的，可能判处三年有期徒刑以下刑罚的案件。本项规定的案件，被害人直接向人民法院起诉的，人民法院应当依法受理。对其中证据不足，可以由公安机关受理的，或者认为对被告人可能判处三年有期徒刑以上刑罚的，应当告知被害人向公安机关报案，或者移送公安机关立案侦查。

（三）被害人有证据证明对被告人侵犯自己人身、财产权利的行为应当依法追究刑事责任，且有证据证明曾经提出控告，而公安机关或者人民检察院不予追究被告人刑事责任的案件。

第2条　犯罪地包括犯罪行为地和犯罪结果地。

针对或者主要利用计算机网络实施的犯罪，犯罪地包括用于实施犯罪行为的网络服务使用的服务器所在地，网络服务提供者所在地，被侵害的信息网络系统及其管理者所在地，犯罪过程中被告人、被害人使用的信息网络系统所在地，以及被害人被侵害时所在地和被害人财产遭受损失地等。

第3条　被告人的户籍地为其居住地。经常居住地与户籍地不一致的，经常居住地为其居住地。经常居住地为被告人被追诉前已连续居住一年以上的地方，但住院就医的除外。

被告单位登记的住所地为其居住地。主要营业地或者主要办事机构所在地与登记的住所地不一致的，主要营业地或者主要办事机构所在地为其居住地。

第4条　在中华人民共和国内水、领海发生的刑事案件，由犯罪地或者被告人登陆地的人民法院管辖。由被告人居住地的人民法院审判更为适宜的，可以由被告人居住地的人民法院管辖。

第5条　在列车上的犯罪，被告人在列车运行途中被抓获的，由前方停靠站所在地负责审判铁路运输刑事案件的人民法院管辖。必要时，也可以由始发站或者终点站所在地负责审判铁路运输刑事案件的人民法院管辖。

被告人不是在列车运行途中被抓获的，由负责该列车乘务的铁路公安机关对应的审判铁路运输刑事案件的人民法院管辖；被告人在列车运行途经车站被抓获的，也可以由该车站所在地负责审判铁路运输刑事案件的人民法院管辖。

第6条　在国际列车上的犯罪，根据我国与相关国家签订的协定确定管辖；没有协定的，由该列车始发或者前方停靠的中国车站所在地负责审判铁路运输刑事案件的人民法院管辖。

第7条　在中华人民共和国领域外的中国船舶内的犯罪，由该船舶最初停泊的中国口岸所在地或者被告人登陆地、入境地的人民法院管辖。

第8条　在中华人民共和国领域外的中国航空器内的犯罪，由该航空器在中国最初降落地的人民法院管辖。

第9条　中国公民在中国驻外使领馆内的犯罪，由其主管单位所在地或者原户籍地的人民法院管辖。

第10条　中国公民在中华人民共和国领域外的犯罪，由其登陆地、入境地、离境前居住地或者现居住地的人民法院管辖；被害人是中国公民的，也可以由被害人离境前居住地或者现居住地的人民法院管辖。

第11条　外国人在中华人民共和国领域外对中华人民共和国国家或者公民犯罪，根据《中华人民共和国刑法》应当受处罚的，由该外国人登陆地、入境地或者入境后居住地的人民法院管辖，也可以由被害人离境前居住地或者现居住地的人民法院管辖。

第12条　对中华人民共和国缔结或者参加的国际条约所规定的罪行，中华人民共和国在所承担条约义务的范围内行使刑事管辖权的，由被告人被抓获地、登陆地或者入境地的人民法院管辖。

第13条　正在服刑的罪犯在判决宣告前还有其他罪没有判决的，由原审地人民法院管辖；由罪犯服刑地或者犯罪地的人民法院审判更为适宜的，可以由罪犯服刑地或者犯罪地的人民法院管辖。

罪犯在服刑期间又犯罪的，由服刑地的人民法院管辖。

罪犯在脱逃期间又犯罪的，由服刑地的人民法院管辖。但是，在犯罪地抓获罪犯并发现其在脱逃期间犯罪的，由犯罪地的人民法院管辖。

第14条　人民检察院认为可能判处无期徒刑、死刑，向中级人民法院提起公诉的案件，中级人民法院受理后，认为不需要判处无期徒刑、死刑的，应当依法审判，不再交基层人民法院审判。

第15条　一人犯数罪、共同犯罪或者其他需要并案审理的案件，其中一人或者一罪属于上级人民法院管辖的，全案由上级人民法院管辖。

第16条　上级人民法院决定审判下级人民法院管辖的第一审刑事案件

的，应当向下级人民法院下达改变管辖决定书，并书面通知同级人民检察院。

第 17 条　基层人民法院对可能判处无期徒刑、死刑的第一审刑事案件，应当移送中级人民法院审判。

基层人民法院对下列第一审刑事案件，可以请求移送中级人民法院审判：

（一）重大、复杂案件；

（二）新类型的疑难案件；

（三）在法律适用上具有普遍指导意义的案件。需要将案件移送中级人民法院审判的，应当在报请院长决定后，至迟于案件审理期限届满十五日以前书面请求移送。中级人民法院应当在接到申请后十日以内作出决定。不同意移送的，应当下达不同意移送决定书，由请求移送的人民法院依法审判；同意移送的，应当下达同意移送决定书，并书面通知同级人民检察院。

第 18 条　有管辖权的人民法院因案件涉及本院院长需要回避或者其他原因，不宜行使管辖权的，可以请求移送上一级人民法院管辖。上一级人民法院可以管辖，也可以指定与提出请求的人民法院同级的其他人民法院管辖。

第 19 条　两个以上同级人民法院都有管辖权的案件，由最初受理的人民法院审判。必要时，可以移送主要犯罪地的人民法院审判。

管辖权发生争议的，应当在审理期限内协商解决；协商不成的，由争议的人民法院分别层报共同的上级人民法院指定管辖。

第 20 条　管辖不明的案件，上级人民法院可以指定下级人民法院审判。

有关案件，由犯罪地、被告人居住地以外的人民法院审判更为适宜的，上级人民法院可以指定下级人民法院管辖。

第 21 条　上级人民法院指定管辖，应当将指定管辖决定书送达被指定管辖的人民法院和其他有关的人民法院。

第 22 条规定　原受理案件的人民法院在收到上级人民法院改变管辖决定书、同意移送决定书或者指定其他人民法院管辖的决定书后，对公诉案件，应当书面通知同级人民检察院，并将案卷材料退回，同时书面通知当事人；对自诉案件，应当将案卷材料移送被指定管辖的人民法院，并书面通知当事人。

第 23 条　第二审人民法院发回重新审判的案件，人民检察院撤回起诉后，又向原第一审人民法院的下级人民法院重新提起公诉的，下级人民法院应当将有关情况层报原第二审人民法院。原第二审人民法院根据具体情况，可以决定将案件移送原第一审人民法院或者其他人民法院审判。

第24条　人民法院发现被告人还有其他犯罪被起诉的，可以并案审理；涉及同种犯罪的，一般应当并案审理。

人民法院发现被告人还有其他犯罪被审查起诉、立案侦查、立案调查的，可以参照前款规定协商人民检察院、公安机关、监察机关并案处理，但可能造成审判过分迟延的除外。

根据前两款规定并案处理的案件，由最初受理地的人民法院审判。必要时，可以由主要犯罪地的人民法院审判。

第25条　第二审人民法院在审理过程中，发现被告人还有其他犯罪没有判决的，参照前条规定处理。第二审人民法院决定并案审理的，应当发回第一审人民法院，由第一审人民法院作出处理。

（二）回避申请

第27条　审判人员具有下列情形之一的，应当自行回避，当事人及其法定代理人有权申请其回避：

（一）是本案的当事人或者是当事人的近亲属的；

（二）本人或者其近亲属与本案有利害关系的；

（三）担任过本案的证人、鉴定人、辩护人、诉讼代理人、翻译人员的；

（四）与本案的辩护人、诉讼代理人有近亲属关系的；

（五）与本案当事人有其他利害关系，可能影响公正审判的。

第28条　审判人员具有下列情形之一的，当事人及其法定代理人有权申请其回避：

（一）违反规定会见本案当事人、辩护人、诉讼代理人的；

（二）为本案当事人推荐、介绍辩护人、诉讼代理人，或者为律师、其他人员介绍办理本案的；

（三）索取、接受本案当事人及其委托的人的财物或者其他利益的；

（四）接受本案当事人及其委托的人的宴请，或者参加由其支付费用的活动的；

（五）向本案当事人及其委托的人借用款物的；

（六）有其他不正当行为，可能影响公正审判的。

第29条第一款　参与过本案调查、侦查、审查起诉工作的监察、侦查、检察人员，调至人民法院工作的，不得担任本案的审判人员。

在一个审判程序中参与过本案审判工作的合议庭组成人员或者独任审判员，不得再参与本案其他程序的审判。但是，发回重新审判的案件，在第一审人民法院作出裁判后又进入第二审程序、在法定刑以下判处刑罚的复核程序或者死刑复核程序的，原第二审程序、在法定刑以下判处刑罚的复核程序或者死刑复核程序中的合议庭组成人员不受本款规定的限制。

第30条　依照法律和有关规定应当实行任职回避的，不得担任案件的审判人员。

第31条　人民法院应当依法告知当事人及其法定代理人有权申请回避，并告知其合议庭组成人员、独任审判员、法官助理、书记员等人员的名单。

第32条　审判人员自行申请回避，或者当事人及其法定代理人申请审判人员回避的，可以口头或者书面提出，并说明理由，由院长决定。

院长自行申请回避，或者当事人及其法定代理人申请院长回避的，由审判委员会讨论决定。审判委员会讨论时，由副院长主持，院长不得参加。

第33条　当事人及其法定代理人依照刑事诉讼法第30条和本解释第28条的规定申请回避的，应当提供证明材料。

第34条　应当回避的审判人员没有自行回避，当事人及其法定代理人也没有申请其回避的，院长或者审判委员会应当决定其回避。

第35条　对当事人及其法定代理人提出的回避申请，人民法院可以口头或者书面作出决定，并将决定告知申请人。

当事人及其法定代理人申请回避被驳回的，可以在接到决定时申请复议一次。不属于刑事诉讼法第二十九条、第三十条规定情形的回避申请，由法庭当庭驳回，并不得申请复议。

第36条　当事人及其法定代理人申请出庭的检察人员回避的，人民法院应当区分情况作出处理：

（一）属于刑事诉讼法第二十九条、第三十条规定情形的回避申请，应当决定休庭，并通知人民检察院尽快作出决定；

（二）不属于刑事诉讼法第二十九条、第三十条规定情形的回避申请，应当当庭驳回，并不得申请复议。

第37条　本章所称的审判人员，包括人民法院院长、副院长、审判委员会委员、庭长、副庭长、审判员和人民陪审员。

第38条　法官助理、书记员、翻译人员和鉴定人适用审判人员回避的有关规定，其回避问题由院长决定。

第39条 辩护人、诉讼代理人可以依照本章的有关规定要求回避、申请复议。

（三）案件代理与辩护

第40条 人民法院审判案件，应当充分保障被告人依法享有的辩护权利。

被告人除自己行使辩护权以外，还可以委托辩护人辩护。下列人员不得担任辩护人：

（一）正在被执行刑罚或者处于缓刑、假释考验期间的人；

（二）依法被剥夺、限制人身自由的人；

（三）被开除公职或者被吊销律师、公证员执业证书的人；

（四）人民法院、人民检察院、监察机关、公安机关、国家安全机关、监狱的现职人员；

（五）人民陪审员；

（六）与本案审理结果有利害关系的人；

（七）外国人或者无国籍人；

（八）无行为能力或者限制行为能力的人。

前款第三项至第七项规定的人员，如果是被告人的监护人、近亲属，由被告人委托担任辩护人的，可以准许。

第41条 审判人员和人民法院其他工作人员从人民法院离任后二年内，不得以律师身份担任辩护人。

审判人员和人民法院其他工作人员从人民法院离任后，不得担任原任职法院所审理案件的辩护人，但系被告人的监护人、近亲属的除外。

审判人员和人民法院其他工作人员的配偶、子女或者父母不得担任其任职法院所审理案件的辩护人，但系被告人的监护人、近亲属的除外。

第42条 对接受委托担任辩护人的，人民法院应当核实其身份证明和授权委托书。

第43条 一名被告人可以委托一至二人作为辩护人。

一名辩护人不得为两名以上的同案被告人，或者未同案处理但犯罪事实存在关联的被告人辩护。

第44条 被告人没有委托辩护人的，人民法院自受理案件之日起三日以内，应当告知其有权委托辩护人；被告人因经济困难或者其他原因没有委托辩护人的，应当告知其可以申请法律援助；被告人属于应当提供法律援助情形的，应当告知其将依法通知法律援助机构指派律师为其提供辩护。

被告人没有委托辩护人，法律援助机构也没有指派律师为其提供辩护的，人民法院应当告知被告人有权约见值班律师，并为被告人约见值班律师提供便利。

告知可以采取口头或者书面方式。

第45条　审判期间，在押的被告人要求委托辩护人的，人民法院应当在三日以内向其监护人、近亲属或者其指定的人员转达要求。被告人应当提供有关人员的联系方式。有关人员无法通知的，应当告知被告人。

第46条　人民法院收到在押被告人提出的法律援助或者法律帮助申请，应当依照有关规定及时转交法律援助机构或者通知值班律师。

第47条　对下列没有委托辩护人的被告人，人民法院应当通知法律援助机构指派律师为其提供辩护：

（一）盲、聋、哑人；

（二）尚未完全丧失辨认或者控制自己行为能力的精神病人；

（三）可能被判处无期徒刑、死刑的人。

高级人民法院复核死刑案件，被告人没有委托辩护人的，应当通知法律援助机构指派律师为其提供辩护。

死刑缓期执行期间故意犯罪的案件，适用前两款规定。

第48条　具有下列情形之一，被告人没有委托辩护人的，人民法院可以通知法律援助机构指派律师为其提供辩护：

（一）共同犯罪案件中，其他被告人已经委托辩护人的；

（二）案件有重大社会影响的；

（三）人民检察院抗诉的；

（四）被告人的行为可能不构成犯罪的；

（五）有必要指派律师提供辩护的其他情形。

第49条　人民法院通知法律援助机构指派律师提供辩护的，应当将法律援助通知书、起诉书副本或者判决书送达法律援助机构；决定开庭审理的，除适用简易程序或者速裁程序审理的以外，应当在开庭十五日以前将上述材料送达法律援助机构。

法律援助通知书应当写明案由、被告人姓名、提供法律援助的理由、审判人员的姓名和联系方式;已确定开庭审理的,应当写明开庭的时间、地点。

第50条 被告人拒绝法律援助机构指派的律师为其辩护,坚持自己行使辩护权的,人民法院应当准许。

属于应当提供法律援助的情形,被告人拒绝指派的律师为其辩护的,人民法院应当查明原因。理由正当的,应当准许,但被告人应当在五日以内另行委托辩护人;被告人未另行委托辩护人的,人民法院应当在三日以内通知法律援助机构另行指派律师为其提供辩护。

第51条 对法律援助机构指派律师为被告人提供辩护,被告人的监护人、近亲属又代为委托辩护人的,应当听取被告人的意见,由其确定辩护人人选。

第52条 审判期间,辩护人接受被告人委托的,应当在接受委托之日起三日以内,将委托手续提交人民法院。

接受法律援助机构指派为被告人提供辩护的,适用前款规定。

第53条 辩护律师可以查阅、摘抄、复制案卷材料。其他辩护人经人民法院许可,也可以查阅、摘抄、复制案卷材料。合议庭、审判委员会的讨论记录以及其他依法不公开的材料不得查阅、摘抄、复制。

辩护人查阅、摘抄、复制案卷材料的,人民法院应当提供便利,并保证必要的时间。

值班律师查阅案卷材料的,适用前两款规定。

复制案卷材料可以采用复印、拍照、扫描、电子数据拷贝等方式。

第54条 对作为证据材料向人民法院移送的讯问录音录像,辩护律师申请查阅的,人民法院应当准许。

第55条 查阅、摘抄、复制案卷材料,涉及国家秘密、商业秘密、个人隐私的,应当保密;对不公开审理案件的信息、材料,或者在办案过程中获悉的案件重要信息、证据材料,不得违反规定泄露、披露,不得用于办案以外的用途。人民法院可以要求相关人员出具承诺书。

违反前款规定的,人民法院可以通报司法行政机关或者有关部门,建议给予相应处罚;构成犯罪的,依法追究刑事责任。

第56条 辩护律师可以同在押的或者被监视居住的被告人会见和通信。其他辩护人经人民法院许可,也可以同在押的或者被监视居住的被告人会见和通信。

第57条 辩护人认为在调查、侦查、审查起诉期间监察机关、公安机关、人民检察院收集的证明被告人无罪或者罪轻的证据材料未随案移送，申请人民法院调取的，应当以书面形式提出，并提供相关线索或者材料。人民法院接受申请后，应当向人民检察院调取。人民检察院移送相关证据材料后，人民法院应当及时通知辩护人。

第58条 辩护律师申请向被害人及其近亲属、被害人提供的证人收集与本案有关的材料，人民法院认为确有必要的，应当签发准许调查书。

第59条 辩护律师向证人或者有关单位、个人收集、调取与本案有关的证据材料，因证人或者有关单位、个人不同意，申请人民法院收集、调取，或者申请通知证人出庭作证，人民法院认为确有必要的，应当同意。

第60条 辩护律师直接申请人民法院向证人或者有关单位、个人收集、调取证据材料，人民法院认为确有必要，且不宜或者不能由辩护律师收集、调取的，应当同意。

人民法院向有关单位收集、调取的书面证据材料，必须由提供人签名，并加盖单位印章；向个人收集、调取的书面证据材料，必须由提供人签名。

人民法院对有关单位、个人提供的证据材料，应当出具收据，写明证据材料的名称、收到的时间、件数、页数以及是否为原件等，由书记员、法官助理或者审判人员签名。

收集、调取证据材料后，应当及时通知辩护律师查阅、摘抄、复制，并告知人民检察院。

第61条 本解释第五十八条至第六十条规定的申请，应当以书面形式提出，并说明理由，写明需要收集、调取证据材料的内容或者需要调查问题的提纲。

对辩护律师的申请，人民法院应当在五日以内作出是否准许、同意的决定，并通知申请人；决定不准许、不同意的，应当说明理由。

第62条 人民法院自受理自诉案件之日起三日以内，应当告知自诉人及其法定代理人、附带民事诉讼当事人及其法定代理人，有权委托诉讼代理人，并告知其如果经济困难，可以申请法律援助。

第63条 当事人委托诉讼代理人的，参照适用刑事诉讼法第三十三条和本解释的有关规定。

第64条　诉讼代理人有权根据事实和法律，维护被害人、自诉人或者附带民事诉讼当事人的诉讼权利和其他合法权益。

第65条　律师担任诉讼代理人的，可以查阅、摘抄、复制案卷材料。其他诉讼代理人经人民法院许可，也可以查阅、摘抄、复制案卷材料。

律师担任诉讼代理人，需要收集、调取与本案有关的证据材料的，参照适用本解释第五十九条至第六十一条的规定。

第66条　诉讼代理人接受当事人委托或者法律援助机构指派后，应当在三日以内将委托手续或者法律援助手续提交人民法院。

第67条　辩护律师向人民法院告知其委托人或者其他人准备实施、正在实施危害国家安全、公共安全以及严重危害他人人身安全犯罪的，人民法院应当记录在案，立即转告主管机关依法处理，并为反映有关情况的辩护律师保密。

第68条　律师担任辩护人、诉讼代理人，经人民法院准许，可以带一名助理参加庭审。律师助理参加庭审的，可以从事辅助工作，但不得发表辩护、代理意见。

（四）证据的收集与提交

第69条　认定案件事实，必须以证据为根据。

第70条　审判人员应当依照法定程序收集、审查、核实、认定证据。

第71条　证据未经当庭出示、辨认、质证等法庭调查程序查证属实，不得作为定案的根据。

第72条　应当运用证据证明的案件事实包括：

（一）被告人、被害人的身份；

（二）被指控的犯罪是否存在；

（三）被指控的犯罪是否为被告人所实施；

（四）被告人有无刑事责任能力，有无罪过，实施犯罪的动机、目的；

（五）实施犯罪的时间、地点、手段、后果以及案件起因等；

（六）是否系共同犯罪或者犯罪事实存在关联，以及被告人在犯罪中的地位、作用；

（七）被告人有无从重、从轻、减轻、免除处罚情节；

（八）有关涉案财物处理的事实；

（九）有关附带民事诉讼的事实；

（十）有关管辖、回避、延期审理等的程序事实；

（十一）与定罪量刑有关的其他事实。

认定被告人有罪和对被告人从重处罚，适用证据确实、充分的证明标准。

第73条 对提起公诉的案件，人民法院应当审查证明被告人有罪、无罪、罪重、罪轻的证据材料是否全部随案移送；未随案移送的，应当通知人民检察院在指定时间内移送。人民检察院未移送的，人民法院应当根据在案证据对案件事实作出认定。

第74条 依法应当对讯问过程录音录像的案件，相关录音录像未随案移送的，必要时，人民法院可以通知人民检察院在指定时间内移送。人民检察院未移送，导致不能排除属于刑事诉讼法第五十六条规定的以非法方法收集证据情形的，对有关证据应当依法排除；导致有关证据的真实性无法确认的，不得作为定案的根据。

第75条 行政机关在行政执法和查办案件过程中收集的物证、书证、视听资料、电子数据等证据材料，经法庭查证属实，且收集程序符合有关法律、行政法规规定的，可以作为定案的根据。

根据法律、行政法规规定行使国家行政管理职权的组织，在行政执法和查办案件过程中收集的证据材料，视为行政机关收集的证据材料。

第76条 监察机关依法收集的证据材料，在刑事诉讼中可以作为证据使用。

对前款规定证据的审查判断，适用刑事审判关于证据的要求和标准。

第77条 对来自境外的证据材料，人民检察院应当随案移送有关材料来源、提供人、提取人、提取时间等情况的说明。经人民法院审查，相关证据材料能够证明案件事实且符合刑事诉讼法规定的，可以作为证据使用，但提供人或者我国与有关国家签订的双边条约对材料的使用范围有明确限制的除外；材料来源不明或者真实性无法确认的，不得作为定案的根据。

当事人及其辩护人、诉讼代理人提供来自境外的证据材料的，该证据材料应当经所在国公证机关证明，所在国中央外交主管机关或者其授权机关认证，并经中华人民共和国驻该国使领馆认证，或者履行中华人民共和国与该所在国订立的有关条约中规定的证明手续，但我国与该国之间有互免认证协定的除外。

第78条 控辩双方提供的证据材料涉及外国语言、文字的，应当附中文译本。

第79条 人民法院依照刑事诉讼法第196条的规定调查核实证据，必要时，可以通知检察人员、辩护人、自诉人及其法定代理人到场。上述人员未到场的，应当记录在案。

人民法院调查核实证据时，发现对定罪量刑有重大影响的新的证据材料的，应当告知检察人员、辩护人、自诉人及其法定代理人。必要时，也可以直接提取，并及时通知检察人员、辩护人、自诉人及其法定代理人查阅、摘抄、复制。

第80条 下列人员不得担任见证人：

（一）生理上、精神上有缺陷或者年幼，不具有相应辨别能力或者不能正确表达的人；

（二）与案件有利害关系，可能影响案件公正处理的人；

（三）行使勘验、检查、搜查、扣押、组织辨认等监察调查、刑事诉讼职权的监察、公安、司法机关的工作人员或者其聘用的人员。

对见证人是否属于前款规定的人员，人民法院可以通过相关笔录载明的见证人的姓名、身份证件种类及号码、联系方式以及常住人口信息登记表等材料进行审查。

由于客观原因无法由符合条件的人员担任见证人的，应当在笔录材料中注明情况，并对相关活动进行全程录音录像。

第81条 公开审理案件时，公诉人、诉讼参与人提出涉及国家秘密、商业秘密或者个人隐私的证据的，法庭应当制止；确与本案有关的，可以根据具体情况，决定将案件转为不公开审理，或者对相关证据的法庭调查不公开进行。

第82条 对物证、书证应当着重审查以下内容：

（一）物证、书证是否为原物、原件，是否经过辨认、鉴定；物证的照片、录像、复制品或者书证的副本、复制件是否与原物、原件相符，是否由二人以上制作，有无制作人关于制作过程以及原物、原件存放于何处的文字说明和签名；

（二）物证、书证的收集程序、方式是否符合法律、有关规定；经勘验、检查、搜查提取、扣押的物证、书证，是否附有相关笔录、清单，笔录、清单是否经调查人员或者侦查人员、物品持有人、见证人签名，没有签名的，是否注明原因；物品的名称、特征、数量、质量等是否注明清楚；

（三）物证、书证在收集、保管、鉴定过程中是否受损或者改变；

（四）物证、书证与案件事实有无关联；对现场遗留与犯罪有关的具备鉴定条件的血迹、体液、毛发、指纹等生物样本、痕迹、物品，是否已作 DNA 鉴定、指纹鉴定等，并与被告人或者被害人的相应生物特征、物品等比对；

（五）与案件事实有关联的物证、书证是否全面收集。

第83条　据以定案的物证应当是原物。原物不便搬运、不易保存、依法应当返还或者依法应当由有关部门保管、处理的，可以拍摄、制作足以反映原物外形和特征的照片、录像、复制品。必要时，审判人员可以前往保管场所查看原物。

物证的照片、录像、复制品，不能反映原物的外形和特征的，不得作为定案的根据。

物证的照片、录像、复制品，经与原物核对无误、经鉴定或者以其他方式确认真实的，可以作为定案的根据。

第84条　据以定案的书证应当是原件。取得原件确有困难的，可以使用副本、复制件。

对书证的更改或者更改迹象不能作出合理解释，或者书证的副本、复制件不能反映原件及其内容的，不得作为定案的根据。

书证的副本、复制件，经与原件核对无误、经鉴定或者以其他方式确认真实的，可以作为定案的根据。

第85条　对与案件事实可能有关联的血迹、体液、毛发、人体组织、指纹、足迹、字迹等生物样本、痕迹和物品，应当提取而没有提取，应当鉴定而没有鉴定，应当移送鉴定意见而没有移送，导致案件事实存疑的，人民法院应当通知人民检察院依法补充收集、调取、移送证据。

第86条　在勘验、检查、搜查过程中提取、扣押的物证、书证，未附笔录或者清单，不能证明物证、书证来源的，不得作为定案的根据。

物证、书证的收集程序、方式有下列瑕疵，经补正或者作出合理解释的，可以采用：

（一）勘验、检查、搜查、提取笔录或者扣押清单上没有调查人员或者侦查人员、物品持有人、见证人签名，或者对物品的名称、特征、数量、质量等注明不详的；

（二）物证的照片、录像、复制品，书证的副本、复制件未注明与原件核对无异，无复制时间，或者无被收集、调取人签名的；

（三）物证的照片、录像、复制品，书证的副本、复制件没有制作人关于制作过程和原物、原件存放地点的说明，或者说明中无签名的；

（四）有其他瑕疵的。

物证、书证的来源、收集程序有疑问，不能作出合理解释的，不得作为定案的根据。

（五）法院对被告人的强制措施

第 147 条 人民法院根据案件情况，可以决定对被告人拘传、取保候审、监视居住或者逮捕。

对被告人采取、撤销或者变更强制措施的，由院长决定；决定继续取保候审、监视居住的，可以由合议庭或者独任审判员决定。

第 148 条 对经依法传唤拒不到庭的被告人，或者根据案件情况有必要拘传的被告人，可以拘传。

拘传被告人，应当由院长签发拘传票，由司法警察执行，执行人员不得少于二人。

拘传被告人，应当出示拘传票。对抗拒拘传的被告人，可以使用戒具。

第 149 条 拘传被告人，持续的时间不得超过十二小时；案情特别重大、复杂，需要采取逮捕措施的，持续的时间不得超过二十四小时。不得以连续拘传的形式变相拘禁被告人。应当保证被拘传人的饮食和必要的休息时间。

第 150 条 被告人具有刑事诉讼法第六十七条第一款规定情形之一的，人民法院可以决定取保候审。

对被告人决定取保候审的，应当责令其提出保证人或者交纳保证金，不得同时使用保证人保证与保证金保证。

第 151 条 对下列被告人决定取保候审的，可以责令其提出一至二名保证人：

（一）无力交纳保证金的；

（二）未成年或者已满七十五周岁的；

（三）不宜收取保证金的其他被告人。

第 152 条 人民法院应当审查保证人是否符合法定条件。符合条件的，应当告知其必须履行的保证义务，以及不履行义务的法律后果，并由其出具保证书。

第153条　对决定取保候审的被告人使用保证金保证的，应当依照刑事诉讼法第七十二条第一款的规定确定保证金的具体数额，并责令被告人或者为其提供保证金的单位、个人将保证金一次性存入公安机关指定银行的专门账户。

第154条　人民法院向被告人宣布取保候审决定后，应当将取保候审决定书等相关材料送交当地公安机关。

对被告人使用保证金保证的，应当在核实保证金已经存入公安机关指定银行的专门账户后，将银行出具的收款凭证一并送交公安机关。

（六）刑事附带民事诉讼

第175条　被害人因人身权利受到犯罪侵犯或者财物被犯罪分子毁坏而遭受物质损失的，有权在刑事诉讼过程中提起附带民事诉讼；被害人死亡或者丧失行为能力的，其法定代理人、近亲属有权提起附带民事诉讼。

因受到犯罪侵犯，提起附带民事诉讼或者单独提起民事诉讼要求赔偿精神损失的，人民法院一般不予受理。

第176条　被告人非法占有、处置被害人财产的，应当依法予以追缴或者责令退赔。被害人提起附带民事诉讼的，人民法院不予受理。追缴、退赔的情况，可以作为量刑情节考虑。

第177条　国家机关工作人员在行使职权时，侵犯他人人身、财产权利构成犯罪，被害人或者其法定代理人、近亲属提起附带民事诉讼的，人民法院不予受理，但应当告知其可以依法申请国家赔偿。

第178条　人民法院受理刑事案件后，对符合刑事诉讼法第一百零一条和本解释第一百七十五条第一款规定的，可以告知被害人或者其法定代理人、近亲属有权提起附带民事诉讼。

有权提起附带民事诉讼的人放弃诉讼权利的，应当准许，并记录在案。

（七）期间、送达与审理期限规定

第202条　以月计算的期间，自本月某日至下月同日为一个月；期限起算日为本月最后一日的，至下月最后一日为一个月；下月同日不存在的，自本月某日至下月最后一日为一个月；半个月一律按十五日计算。

以年计算的刑期，自本年本月某日至次年同月同日的前一日为一年；次年同月同日不存在的，自本年本月某日至次年同月最后一日的前一日为一年。

以月计算的刑期，自本月某日至下月同日的前一日为一个月；刑期起算日为本月最后一日的，至下月最后一日的前一日为一个月；下月同日不存在的，自本月某日至下月最后一日的前一日为一个月；半个月一律按十五日计算。

第203条　当事人由于不能抗拒的原因或者有其他正当理由而耽误期限，依法申请继续进行应当在期满前完成的诉讼活动的，人民法院查证属实后，应当裁定准许。

第204条　送达诉讼文书，应当由收件人签收。收件人不在的，可以由其成年家属或者所在单位负责收件的人员代收。收件人或者代收人在送达回证上签收的日期为送达日期。

收件人或者代收人拒绝签收的，送达人可以邀请见证人到场，说明情况，在送达回证上注明拒收的事由和日期，由送达人、见证人签名或者盖章，将诉讼文书留在收件人、代收人的住处或者单位；也可以把诉讼文书留在受送达人的住处，并采用拍照、录像等方式记录送达过程，即视为送达。

二、刑法疑难解析

1. 受到威胁者暴力反击属于正当防卫

2018年12月19日，最高人民检察院印发第十二批指导性案例，涉及的4个案例均为正当防卫或者防卫过当案件。第十二批指导性案例分别是检例第45号"陈某正当防卫案"、检例第46号"朱凤山故意伤害防卫过当案"、检例第47号"于海明正当防卫案"、检例第48号"侯秋雨正当防卫案"等。近几年，正当防卫问题引发了社会广泛关注，最高人民检察院发布第十二批指导性案例，专门阐释正当防卫的界限和把握标准，进一步明确了对正当防卫权的保护，积极解决正当防卫适用中存在的突出问题，为检察机关提供司法办案参考。

2. 自卫者以暴力方式行使防卫权

最高人民检察院下发的第十二批指导性案例的解释原则是，不以结果论防卫是否过当，而是以暴力手段论，只要暴力手段对等就可以认定正当防卫。如果肇事者拿刀砍人，处于危险境地的自卫者可以拿刀砍回去。即便对方逃跑，自卫者如果判断自己不安全也可以继续追砍。直到行凶者远离现场或完全不能对受害者构成威胁，正当防卫的合理性才算解除。只要加害方表现出行凶的可能性，受害方就可以按照已经行凶进行防卫。最高人民检察院副检察长孙谦指出，激活防卫制度可以警示恶意滋事者，让公民敢于行使正当防卫权，保证公民面对凶残暴徒时无须缩手缩脚。同时，充分行使正当防卫权不等于"以暴制暴"而是"以正制不正"，所以在发生社会矛盾时滥用武力不是正当防卫。

3. 为了紧急避险的醉驾可以不追究刑事责任

一男子喝醉了，但是看到妻子昏迷口吐白沫，不省人事，就立即拨打110求救，可是120急救中心回答说，附近没有急救车调拨，不确定救护车多久可以到达。于是，情急之下醉酒的丈夫开车将妻子送到了医院，病人转危为安。随后，当地检察院以"危险驾驶罪"对该男子提起诉讼。而法院却认为，该男子符合紧急避险，不用承担刑事责任。这个判决符合法律，基于实际情况，比较公正合理。除了法律上规定的正当防卫之外，而紧急避险属于被害当事人承诺自救行为，正当防卫和紧急避险行为达到认定标准并没有对其他人造成事实性伤害的，没有必要追究刑事责任。

4. 虚拟网络联盟平台发起人需要承担的法律责任

诈骗罪是指以非法占有为目的，用虚构事实或者隐瞒真相的方法，骗取数额较大的公私财物的行为。《刑法》第266条规定："诈骗公私财物，数额较大的，处三年以下有期徒刑、拘役或者管制，并处或者单处罚金；数额巨大或者有其他严重情节的，处三年以上十年以下有期徒刑，并处罚金；数额特别巨大或者有其他特别严重情节的，处十年以上有期徒刑或者无期徒刑，并处罚金或者没收财产。本法另有规定的，依照规定。"《刑事诉讼法》第50条规定："可以用于证明案件事实的材料，都是证据。证据包括：（一）物证；（二）书证；（三）证人证言；（四）被害人陈述；（五）犯罪嫌疑人、被告人供述和辩解；（六）鉴定意见；（七）勘验、检查、辨认、侦查实验等笔录；（八）视听资料、电子数据。证据必须经过查证属实，才能作为定案的根据。"如果网络平台发起人涉嫌诈骗，受害人需要取证，提交检察机关起诉，没有证据检察机关无法立案起诉。《人民检察院刑事诉讼规则》第368条规定："具有下列情形之一，不能确定犯罪嫌疑人构成犯罪和需要追究刑事责任的，属于证据不足，不符合起诉条件：（一）犯罪构成要件事实缺乏必要的证据予以证明的；（二）据以定罪的证据存在疑问，无法查证属实的；（三）据以定罪的证据之间、证据与案件事实之间的矛盾不能合理排除的；（四）根据证据得出的结论具有其他可能性，不能排除合理怀疑的；（五）根据证据认定案件事实不符合逻辑和经验法则，得出的结论明显不符合常理的。"

5. 一般诈骗罪的立案起点

法律规定，诈骗犯罪超过 2000 元以上可以按治安案件处理。诈骗金额 3000 元以上的，属于数额较大，可以刑事立案；个人诈骗公私财物 3 万元以上的，属于数额巨大；个人诈骗公私财物 20 万元以上的，属于诈骗数额特别巨大，均可立案。

6. 信用卡诈骗罪的起点金额

信用卡诈骗罪是指以非法占有为目的，违反信用卡管理法规，利用信用卡进行诈骗活动，骗取财物数额较大的行为。恶意透支信用卡 1 万元以上，持卡人以非法占有为目的，并且经发卡银行两次催收后超过 3 个月仍不归还的，以信用卡诈骗罪追究刑事责任。信用卡在该罪中是犯罪工具，行为人以信用卡作为犯罪工具进行诈骗活动的，按照特别法优于一般法的原则，以本罪定罪处罚。《刑法》第 196 条第 1 款规定："有下列情形之一，进行信用卡诈骗活动，数额较大的，处五年以下有期徒刑或者拘役，并处二万元以上二十万元以下罚金；数额巨大或者有其他严重情节的，处五年以上十年以下有期徒刑，并处五万元以上五十万元以下罚金；数额特别巨大或者有其他特别严重情节的，处十年以上有期徒刑或者无期徒刑，并处五万元以上五十万元以下罚金或者没收财产：（一）使用伪造的信用卡，或者使用以虚假的身份证明骗领的信用卡的；（二）使用作废的信用卡的；（三）冒用他人信用卡的；（四）恶意透支的。"恶意透支的定性，最高人民法院、最高人民检察院《关于办理妨害信用卡管理刑事案件具体应用法律若干问题的解释》第 6 条第 1 款规定："持卡人以非法占有为目的，超过规定限额或者规定期限透支，经发卡银行两次有效催收后超过三个月仍不归还的，应当认定为刑法第一百九十六条规定的'恶意透支'。"第 8 条规定："恶意透支，数额在五万元以上不满五十万元的，应当认定为刑法第一百九十六条规定的'数额较大'；数额在五十万元以上不满五百万元的，应当认定为刑法第一百九十六条规定的'数额巨大'；数额在五百万元以上的，应当认定为刑法第一百九十六条规定的'数额特别巨大'。"恶意透支的数额，是指公安机关刑事立案时尚未归还的实际透支的本金数额，不包括复利、滞纳金、手续费等发卡银行收取的费用。

不过，虽然法律规定恶意透支信用卡 1 万元以上者应当追究刑事责任，但在公安机关立案后人民法院判决宣告前，涉案人已偿还全部透支款息的，可以从轻处罚，情节轻微的，可以免除处罚。

7. 刑事案件的简易程序

最高人民法院司法政策精神是要用好用足简易程序，这样可以提高司法办案的效率。对所有基层法院管辖的案件，如果案件事实清楚、证据充分，被告人认罪且对适用简易程序没有异议的，要依法适用简易程序进行审判，对可能判处 3 年有期徒刑以下刑罚的，一般应由审判员一人独任审判，特殊案件、确有必要的，可与人民陪审员或者审判员组成合议庭进行审判，以确保简单案件尽可能得到高效处理。同时，将更多精力投入被告人不认罪、相对疑难复杂的案件审理中，使有限的审判力量、审判资源得到更为合理的配置和使用。

最高人民法院《关于适用〈中华人民共和国刑事诉讼法〉的解释》第359条规定："基层人民法院受理公诉案件后，经审查认为案件事实清楚、证据充分的，在将起诉书副本送达被告人时，应当询问被告人对指控的犯罪事实的意见，告知其适用简易程序的法律规定。被告人对指控的犯罪事实没有异议并同意适用简易程序的，可以决定适用简易程序，并在开庭前通知人民检察院和辩护人。对人民检察院建议或者被告人及其辩护人申请适用简易程序审理的案件，依照前款的规定处理；不符合简易程序适用条件的，应当通知人民检察院或者被告人及其辩护人。"

最高人民法院《关于适用〈中华人民共和国刑事诉讼法〉的解释》第360条规定："具有下列情形之一的，不适用简易程序：（一）被告人是盲、聋、哑人；（二）被告人是尚未完全丧失辨认或者控制自己行为能力的精神病人的；（三）案件有重大社会影响的；（四）共同犯罪案件中部分被告人不认罪或者对适用简易程序有异议的；（五）辩护人作无罪辩护的；（六）被告人认罪但经审查认为可能不构成犯罪的；（七）不宜适用简易程序审理的其他情形。"

8. 单位犯罪案件没有诉讼代表人出庭的处理

最高人民法院《关于适用〈中华人民共和国刑事诉讼法〉的解释》第337条规定："开庭审理单位犯罪案件，应当通知被告单位的诉讼代表人出庭；诉讼代表人不符合前条规定的，应当要求人民检察院另行确定。被告单位的诉讼代表人不出庭的，应当按照下列情形分别处理：（一）诉讼代表人系被告单位的法定代表人、实际控制人或者主要负责人，无正当理由拒不出庭的，可以拘传其到庭；因客观原因无法出庭，或者下落不明的，应当要求人民检察院另行确定诉讼代表人；（二）诉讼代表人系其他人员的，应当要求人民检察院另行确定诉讼代表人。"

最高人民法院《关于适用〈中华人民共和国刑事诉讼法〉的解释》第340条规定："对应当认定为单位犯罪的案件，人民检察院只作为自然人犯罪起诉的，人民法院应当建议人民检察院对犯罪单位追加起诉。人民检察院仍以自然人犯罪起诉的，人民法院应当依法审理，按照单位犯罪直接负责的主管人员或者其他直接责任人员追究刑事责任，并援引刑法分则关于追究单位犯罪中直接负责的主管人员和其他直接责任人员刑事责任的条款。"

9. 单位被注销、破产、重组等情况下的刑事责任追究

最高人民法院《关于适用〈中华人民共和国刑事诉讼法〉的解释》第344条规定："审判期间，被告单位被吊销营业执照、宣告破产但尚未完成清算、注销登记的，应当继续审理；被告单位被撤销、注销的，对单位犯罪直接负责的主管人员和其他直接责任人员应当继续审理。"第345条规定："审判期间，被告单位合并、分立的，应当将原单位列为被告单位，并注明合并、分立情况。对被告单位所判处的罚金以其在新单位的财产及收益为限。"

10. 单位犯罪时相关财产的处理

最高人民法院《关于适用〈中华人民共和国刑事诉讼法〉的解释》第341条规定："被告单位的违法所得及其他涉案财物，尚未被依法追缴或者查封、扣押、冻结的，人民法院应当决定追缴或者查封、扣押、冻结。"第342条规定："为保证判决的执行，人民法院可以先行查封、扣押、冻结被告单位的财产，或者由被告单位提出担保。"

11. 刑事附带民事诉讼上诉案件的处理

最高人民法院《关于适用〈中华人民共和国刑事诉讼法〉的解释》第408条规定："刑事附带民事诉讼案件，只有附带民事诉讼当事人及其法定代理人上诉的，第一审刑事部分的判决在上诉期满后即发生法律效力。应当送监执行的第一审刑事被告人是第二审附带民事诉讼被告人的，在第二审附带民事诉讼案件审结前，可以暂缓送监执行。"第409条规定："第二审人民法院审理对附带民事部分提出上诉，刑事部分已经发生法律效力的案件，应当对全案进行审查，并按照下列情形分别处理：（一）第一审判决的刑事部分并无不当的，只需就附带民事部分作出处理；（二）第一审判决的刑事部分确有错误的，依照审判监督程序对刑事部分进行再审，并将附带民事部分与刑事

部分一并审理。"

12. 二审开庭审理的案件范围

最高人民法院《关于适用〈中华人民共和国刑事诉讼法〉的解释》第 393 条规定："下列案件，根据刑事诉讼法第二百三十四条的规定，应当开庭审理：（一）被告人、自诉人及其法定代理人对第一审认定的事实、证据提出异议，可能影响定罪量刑的上诉案件；（二）被告人被判处死刑的上诉案件；（三）人民检察院抗诉的案件；（四）应当开庭审理的其他案件。被判处死刑的被告人没有上诉，同案的其他被告人上诉的案件，第二审人民法院应当开庭审理。"

13. 检察院查阅案卷的时间不计入审理期限

最高人民法院《关于适用〈中华人民共和国刑事诉讼法〉的解释》第 396 条规定："开庭审理第二审公诉案件，应当在决定开庭审理后及时通知人民检察院查阅案卷。自通知后的第二日起，人民检察院查阅案卷的时间不计入审理期限。"

14. 第二审法院不得加重被告人的刑罚

最高人民法院《关于适用〈中华人民共和国刑事诉讼法〉的解释》第 401 条规定第 1 款第（一）项规定："审理被告人或者其法定代理人、辩护人、近亲属提出上诉的案件，不得对被告人的刑罚作出实质不利的改判，并应当执行下列规定：（一）同案审理的案件，只有部分被告人上诉的，既不得加重上诉人的刑罚，也不得加重其他同案被告人的刑罚；……"第 402 条规定："人民检察院只对部分被告人的判决提出抗诉，或者自诉人只对部分被告人的判决提出上诉的，第二审人民法院不得对其他同案被告人加重刑罚。"

15. 二审法院改判罪名不得违反上诉不加刑原则

最高人民法院《关于适用〈中华人民共和国刑事诉讼法〉的解释》第 401 条第 1 款第（二）项规定："审理被告人或者其法定代理人、辩护人、近亲属提出上诉的案件，不得对被告人的刑罚作出实质不利的改判，并应当执行下列规定：……（二）原判认定的罪名不当的，可以改变罪名，但不得加重刑罚或者对刑罚执行产生不利影响。"

16. 二审上诉期间的计算

当事人对一审法院作出的判决、裁定不服的，均可在上诉期限内向上一级法院提出上诉。上诉期限的计算，是从判决书或裁定书送达当事人的次日起计算。来信所述按照普通程序审理并当庭宣告判决的一审案件，当庭送达判决书、裁定书的，上诉期限应从第二日起计算；如果庭后送达的，上诉期限从送达之次日起计算。由此可见，上诉期限的起算是以判决书或裁定书的送达或接到为准。

17. 被害人的抗诉请求权

最高人民法院主流观点认为：注意维护被害人的抗诉请求权。被害人没有上诉、抗诉权，但有权请求人民检察院提出抗诉。被害人及其法定代理人不服地方各级人民法院第一审的判决的，自收到判决书后 5 日以内，有权请求人民检察院提出抗诉。人民检察院自收到被害人及其法定代理人的请求后 5 日以内，应当作出是否抗诉的决定并且答复请求人。

18. 被告人在上诉期限内死亡的处理

《刑事诉讼法》第 16 条第 1 款第（五）项规定："有下列情形之一的，不追究刑事责任，已经追究的，应当撤销案件，或者不起诉，或者终止审理，或者宣告无罪：……（五）犯罪嫌疑人、被告人死亡的。"

19. 抗诉的检察官超出抗诉书范围的处理

司法实践中，二审法院可以依据《刑事诉讼法》的有关规定，对于出庭检察人员超出抗诉书范围当庭发表的新的不利于被告人的抗诉主张，法庭应不予采纳。所谓超出抗诉书范围，主要指当庭提出的与抗诉书所载抗诉主张不一致的即新的抗诉主张，如更换罪名或追加、减少罪名或新的量刑主张。有时，出庭检察人员当庭发表的新的抗诉主张可能更有利于被告人，即使这样，二审法院一般也不宜将其作为抗诉意见直接采纳。在不影响被告人辩护权的前提下，人民法院对于检察人员当庭发表的正确意见也可以"采纳"，但这种"采纳"不是对抗诉意见的采纳，而仅仅是对一种正确意见的吸收。如果出席二审法庭的检察人员仅仅是对抗诉书所载的抗诉理由进行补充或对不妥当之处进行修改，未提出新的抗诉主张，则不属于超越抗诉书范围。

20. 原审法院发现漏定处罚情节的处理

最高人民法院司法政策精神是：原审法院在审理过程中已经发现但漏定的从重处罚情节，不属于法律规定的原判决事实不清或证据不足的情况，第二审法院依法不得以之为由发回重审。如果案件中同时存在事实不清或证据不足等问题，第二审法院将案件发回重审的，除根据《刑事诉讼法》第 237 条第 1 款规定，有新的犯罪事实，人民检察院补充起诉的以外，原审人民法院不得以一审漏定从重处罚情节为由加重被告人的刑罚。如果确有必要纠正的，由第二审法院提起再审程序，可以指令原审法院重新审判，把漏定的从重处罚情节补上，依法重新定罪量刑。

21. 司法案件只能发回重审一次

《刑事诉讼法》第236条第2款规定，对于第二审人民法院以原判事实不清或者证据不足为由发回重新审判的案件，原审人民法院作出判决后，被告人提出上诉或者人民检察院提出抗诉的，第二审法院应当依法作出判决或者裁定，不得再发回原审人民法院重新审判。限制发回重审的次数，就是为了解决实践中存在的因多次发回审而导致案件久拖不决、被告人长期羁押、司法公信和权威受损等问题。

22. 二审宣告无罪案件的把握

二审法院经审理认定检察机关指控被告人犯罪的证据不足的案件，根据《刑事诉讼法》第236条第1款第（三）项的规定："原判决事实不清楚或者证据不足的，可以在查清事实后改判；也可以裁定撤销原判，发回原审人民法院重新审判。"案件可以在查清事实的基础上改判；也可以撤销原判，发回原审人民法院重新审判。但如果案件经过检察机关和一审法院做了反复补查，仍未取得能够排除认定被告人构成犯罪的证据，说明案件事实已经查清，只是根据已查清的事实认定被告人的行为是否构成犯罪。如果认定被告人的行为构成犯罪，必须有足够的证据能够认定；如果控方没有提供有罪证据，属于证据不足，指控的犯罪不能成立。在这种情况下，发回原审法院，由检察机关撤回起诉，补充侦查已无可能，故没有必要撤销原判，发回重审。

23. 二审期间被告人退赃具有从轻情节

《人民司法》研究组认为：被告人在一审期间拒不退赃，二审期间退清全部赃款，并且第二审人民法院依法予以收缴的，如果一审判决以退赃问题作为从重处罚的情节之一，对被告人判处刑罚的，二审期间可以根据被告人的退赃表现并结合案件的其他情况，对被告人酌情予以从轻处罚。

24. 正确理解刑事再审制度与一事不再理原则

根据最高人民法院法官的著述，在刑事诉讼中，"一事不再理"原则的基本含义是指对实质上的同一罪行，法院已作出实体的生效裁判或有关实体的程序性裁判，不得再次起诉、审判、定罪与科刑，是与裁判的既判力紧密相连的一个概念。刑事再审制度，是指对发生法律效力的法院裁决在事实上或者法律上进行重新审理的制度。法院的裁判经过诉辩对抗、法官居中裁判等一系列程序，其结论通常来说是正确的。但也可能由于各种原因，导致法院的裁判在事实上或者法律上存有错误。基于发现客观真实、实现实体公正的考虑，国家需要对法院的错误裁判予以纠正。这种再审制度与强调法的安定性、注重人权保障的"一事不再理"原则之间显然存在一种紧张关系。对那些错误的生效裁判，以维护司法权威和既判力为借口来抵制依法纠错，只会更加损害司法权威。因此，立法者在确立"一事不再理"原则的同时也规定了再审制度，在打击犯罪、有错必纠与保障人权、维护既判力之间寻求最佳的平衡点。

25. 审判监督程序的审理期限规定

《刑事诉讼法》第258条第1款规定："人民法院按照审判监督程序重新审判的案件，应当在作出提审、再审决定之日起三个月以内审结，需要延长期限的，不得超过六个月。"

26. 人民法院启动审判监督程序

根据人民法院常规程序，启动审判监督程序需要做如下多项庭前准备工作：①确定合议庭的组成人员，将再审决定书、申诉书副本至迟在开庭30日前，重大、疑难案件至迟在开庭60日前送达同级人民检察院，并通知其查阅案卷和准备出庭。②将再审决定书或抗诉书副本至迟在开庭30日以前送达原审被告人（原审上诉人），告知其可以委托辩护人，或者依法通知法律援助机构为其指派律师担任辩护人。③至迟在开庭15日前，重大、疑难案件至迟在开庭60日前，通知辩护人查阅案卷和准备出庭。④将开庭的时间、地点在开庭7日以前通知人民检察院，并通知诉讼参与人。⑤传唤当事人，通知辩护人、诉讼代理人、证人、鉴定人和翻译人员，传票和通知书至迟在开庭7日以前送达。⑥公开审判的案件，在开庭7日以前先期公布案由、原审被告人（原审上诉人）姓名、开庭时间和地点。⑦人民法院决定再审或者受理抗诉书后，原审被告人（原审上诉人）正在服刑的，人民法院依据再审决定书或者抗诉书及提押票等文书办理提押。⑧如果原审被告人（原审上诉人）在押，再审可能改判宣告无罪的，人民法院可以裁定中止原判决、裁定的执行，改采取保候审措施。⑨开庭审理前，合议庭应当核实原审被告人（原审上诉人）何时因何案被人民法院依法裁判，在服刑中有无重新犯罪，有无减刑、假释，何时刑满释放等情形。⑩控辩双方收到再审决定书或抗诉书后，人民法院通知开庭之日前，可以提交新的证据。开庭后，除对原审被告人（原审上诉人）

有利的外，人民法院不再接纳新证据。人民法院应当在开庭 30 日前通知人民检察院、当事人或者辩护人查阅、复制双方提交的新证据目录及新证据复印件、照片。人民法院应当在开庭 15 日前通知控辩双方查阅、复制人民法院调取的新证据目录及新证据复印件、照片等证据。

27. 在押被告人被一审法院宣告无罪可以释放

对于原在押的被告人被一审法院宣告无罪后应否立即释放，应按以下情况作出处理：人民法院根据《刑事诉讼法》第 200 条的有关规定，对于案件事实清楚，证据确实、充分，依据法律认定被告人无罪的，以及因证据不足，不能认定被告人有罪而宣告无罪的均应立即释放。但是，人民法院在判决生效前，应当根据案件的具体情况，对被告人变更强制措施，办理取保候审手续。同时应将判决书送原关押公安机关办理解除关押的手续。

28. 挂靠单位承担的安全生产事故罪法律责任

一些没有合法经营身份的施工者挂靠有资质的公司运营，在施工过程中一旦出现重大事故，挂靠者在挂靠期间从事的任何职务行为，都应当视同为被挂靠单位的行为，挂靠者发生的责任事故，自然也应当由被挂靠单位承担相应的责任。不管挂靠人是否明知该挂靠关系属于合法非法，挂靠人施工中出现重大安全事故，都要追究挂靠单位法定代表人的法律责任。比如，遇重大事故致人死亡，依照《刑法》第 134 条第 1 款之规定，追究挂靠单位法定代表人的重大责任事故罪。

在司法实践中，判断认定重大责任事故罪的行为人不一定必须是亲临施工现场的责任人员。在认定重大责任事故罪的行为人时，关键要看行为人在具体生产事故中所负责任的大小。按照生产施工单位的通常内部治理方式，依据离现场由远及近的标准，可以将生产施工单位的内部人员分为以下几个层级：第一阶层是很少在现场的企业高层领导者；第二阶层是有时会在现场进行检查、监督和指导的企业中层管理者；第三阶层是直接在现场的工人和现场指挥者。挂靠者一般承担的是上述第二或第三层级的职能。一旦发生重大责任事故，挂靠单位法定代表人往往会被追究安全责任事故罪。

29. 微信营销卖违法商品的刑事风险

网购营销、微信营销是近年来流行的新型营销手段和模式。如果通过这种营销形式出售违禁商品，一样会受到法律惩罚，可能构成非法经营罪，根据违法犯罪的情节轻重将被判刑。比如，不能买卖毒品、黄色书刊、发布黄色信息；不能销售"水光针""美白针""肉毒针""玻尿酸"之类的填充注射剂等美容针剂产品、假冒名牌产品、香烟、假币等。

30. 确认"违法所得"的财产范围

《刑法》第64条规定："犯罪分子违法所得的一切财物，应当予以追缴或者责令退赔；……"此处的"违法所得的一切财物"，依照司法解释，是指犯罪分子因实施犯罪活动而取得的全部财物。违法所得依其客观形态可分为具体的财物和抽象的财产，除了普通的动产外，还包括存折、存单、信用卡、股票、债券、基金、权证、期货、其他有价证券、不动产、生产设备或者其他财产等。在实践中，司法机关对于违法所得的范围界限还缺乏统一的认识，往往由司法机关依其办案惯例裁量决定，由此导致犯罪违法所得的超范围追缴及处置成为司法实践中一个由来已久的问题，对此非常有必要把握统一标准。2015年1月中共中央办公厅、国务院办公厅联合下发的《关于进一步规范刑事诉讼涉案财物处置工作的意见》要求，司法机关应当严格依照该规定来执行。最高人民检察院、公安部《关于公安机关办理经济犯罪案件的若干规定》第54条第1款也规定："犯罪分子违法所得的一切财物及其孳息，应当予以追缴或者责令退赔。"《刑事诉讼法》第245条第3款规定："人民法院作出的判决，应当对查封、扣押、冻结的财物及其孳息作出处理。"第4款规定："人民法院作出的判决生效以后，有关机关应当根据判决对查封、扣押、冻结的财物及其孳息进行处理。对查封、扣押、冻结的赃款赃物及其孳息，除依法返还被害人的以外，一律上缴国库。"依照上述规定，"违法所得的一切财物"应该限于该财物本身及其孳息，不包括涉案人或者涉案企业的其他财产。

31. 挪用公款的定罪起点

根据最高人民法院《关于审理挪用公款案件具体应用法律若干问题的解释》第3条第1款、第2款的规定，挪用公款归个人使用，进行非法活动的，以5000元至10 000元为起点；挪用公款归个人进行营利活动的或挪用公款归个人使用超过3个月未还的，以10 000元至30 000元为起点。

32. 挪用公款被追究刑责的金额与时限规定

挪用公款罪是指国家工作人员利用职务便利，挪用公款归个人使用，进行非法活动的，或者挪用公款数额较大、进行营利活动的，或者挪用公款数额较大、超过3个月未还的行为。对挪用公款进行违法犯罪活动的，一般以5000元为追究刑事责任的起点。

33. **公职人员吃拿卡要行为的法律性质**

公职人员或者国有企业职员在工作期间，对服务对象吃拿卡要，数量低于 5000 元一般不构成犯罪，达不到立案标准。只要达到立案标准，就有可能涉嫌构成职务犯罪。索贿金额累计达到 5000 元以上者即可立案。

34. **行贿罪、受贿罪、贪污罪的立案标准**

行贿、受贿行为的认定是以性质来确定。行贿罪的立案追诉标准是 1 万以上；受贿罪的立案追诉标准是 5000 元以上。根据最高人民法院、最高人民检察院《关于办理行贿刑事案件具体应用法律若干问题的解释》第 1 条规定："为谋取不正当利益，向国家工作人员行贿，数额在一万元以上的，应当依照刑法第三百九十条的规定追究刑事责任。"《刑法》第 383 条第 1 款规定："对犯贪污罪的，根据情节轻重，分别依照下列规定处罚：（一）贪污数额较大或者有其他较重情节的，处三年以下有期徒刑或者拘役，并处罚金。（二）贪污数额巨大或者有其他严重情节的，处三年以上十年以下有期徒刑，并处罚金或者没收财产。（三）贪污数额特别巨大或者有其他特别严重情节的，处十年以上有期徒刑或者无期徒刑，并处罚金或者没收财产；数额特别巨大，并使国家和人民利益遭受特别重大损失的，处无期徒刑或者死刑，并处没收财产。"

35. **个人诈骗公私财物追究刑事责任的起点**

个人诈骗公私财物 3000 元为数额较大的起点；个人诈骗公私财物 4 万元为数额巨大。基于地域差异，经济发达地区个人诈骗罪的起点比法律规定得高，浙江省盗窃罪起点一般为 2000 元，诈骗罪一般为 5000 元。

36. **依法天价索赔不属于敲诈勒索**

基于合法权益被侵犯的"天价索赔"，不等于敲诈勒索；属于"维权过度"，其行为被限定在民事法律规制之内，不能用刑法定罪量刑。天价索赔和敲诈勒索的定性主要看索赔者是否构成敲诈勒索的犯罪故意（犯罪动机），比如个别人以打假名义，知假买假，超出生活需求故意购买大量有瑕疵的商品，向商家提出高额、巨额（购买价 10 倍以上）索赔，并威胁厂家商家，希望通过"私了"等非法途径获得巨额赔偿。这就明显具有敲诈勒索的犯罪动机。而普通消费者基于生活自身需求购买产品，发现产品不符合国家质量法规定，或者商品变质损坏，通过正当途径投诉、起诉、媒体曝光等合法途径，希望获得远高于商品价值的赔偿，并不违法。即便消费者到法院起诉商家和厂家巨额赔偿，此行为本身也不构成敲诈勒索罪。因为法院会依法判决，未必支持原告的过高索赔请求。消费者不具备敲诈勒索罪"威胁或要挟"和"非法占有"两个要件，所以公安机关不得以涉嫌敲诈勒索罪拘捕消费者。从法律角度来看，消费者的天价索赔只是"维权过度"的民事赔偿诉求问题，不属于刑事犯罪管辖的范畴。

37. 真记者索要"好处费""封口费"的法律定性

新闻媒体的新闻稿件采写者是一种职业，国内外统称记者。记者掌握一些单位和个人不易被报道的负面新闻，比如，环境污染、矿难等安全生产事故、消费者投诉等。如果持有新闻出版主管部门颁发《记者证》的真记者借职务之便向被采访人或者单位索要"好处费""封口费"，此行为属于公职人员索贿，一般索贿金额低于 1 万元者，由媒体单位对记者进行批评教育，退回索要的贿金，写出书面检查，给予党纪或者政务处分。违纪情节较重的，给予吊销记者证件政务处分或者开除公职、解聘处分并退出赃款。根据司法实践，一般来说，一次或者累计索贿金额 5 万元以上者属于情节特别严重，要移送司法机关追究其刑事责任。

38. 假记者索要"好处费""封口费"行为的定性

经营性网站或者自媒体的采访者一般都没有新闻出版部门颁发的《记者证》等合法证件，信息网站、自媒体或者社团组织从业者利用"采访"、处理投诉调查之便，掌握了被采访单位或者个人不易被社会公众知道的负面消息，威胁被采访单位或个人不给"好处费、封口费、宣传费、赞助费"就曝光，有可能会构成敲诈勒索罪。因为行为人的身份不属于记者。全国"扫黄打非"办公室曾经开展过"秋风 2018"专项行动，将打击"假媒体、假记者站、假记者"及新闻敲诈行为作为工作重点。各地"扫黄打非"部门属于政府行政执法机构，严厉打击违法犯罪的假记者，同时还严查查处暗中串通的真记者。一些假记者以"采访"为名敲诈相关单位钱财，搜集并以媒体曝光环境污染、征地拆迁、行政执法等负面消息为要挟，对一些党政机关、企事业单位实施敲诈勒索。涉案人敲诈金额在 1 万元以上者，根据情节严重程度和社会危害程度，分别判处敲诈勒索罪，刑期分别为 1 年、3 年、缓刑不等，并处罚金若干。

39. 打击"套路贷"的刑事手段

"套路贷"属于新型诈骗犯罪，本质上是出借人以民间借贷为名，实质利用各种欺诈、胁迫等手段诈骗借款人名下财产的违法犯罪行为。2018 年 8 月 1 日，最高人民法院下发《关于依法妥善审理民间借贷案件的通知》（以下简称《通知》），要求各级法院应加大对借贷事实和证据的审查力度，严格区分民间借贷行为与诈骗等犯罪行为，严守法定利率的司法红线。人民法院一旦发现民间借贷行为本身涉及违法犯罪，应当裁定驳回起诉，并将涉嫌犯罪的线索、材料移送公安机关或检察机关。通知针对民间借贷案件中涉嫌通过虚增债务、伪造证据、恶意制造违约、收取高额费用等方式，达到非法侵占财物目的的"套路贷"定性为新型诈骗犯罪，侵害了人民群众的合法权益。"套路贷"披着民间借贷的合法外衣，通过不法手段，将"非法行为合法化"。

在审理民间放贷人申诉判决后属于"套路贷"诈骗等犯罪的，对于人民法院对已按普通民间借贷纠纷的"套路贷"作出的生效判决，应当及时通过审判监督程序予以纠正。《通知》认为，"套路贷"不仅是变相收取高息借贷行为，同时也是非法侵占他人财物的诈骗犯罪。即使"套路贷"不法行为人已经拿到了法院的民事生效判决，如果行为确实属于非法侵犯他人财产犯罪，法院会通过审判监督程序启动再审予以纠正，彰显了法院打击犯罪的决心。最高人民法院针对"套路贷"行为的定性是："它不仅是变相收取高息的行为，而是非法侵占他人财物的犯罪行为，针对此类可能涉嫌非法侵犯他人财物的新型犯罪应予以刑事打击。"

40. 地下钱庄洗钱的违法犯罪行为认定

地下钱庄和洗钱是不法分子从事洗钱和转移资金的主要通道。主要业务是资金跨国（境）兑付，导致巨额资本外流，社会危害性巨大，属重点打击对象。在司法实践中，对于地下钱庄实施非法资金支付结算业务或者非法买卖外汇行为，通过转账或者其他结算方式协助资金转移，或者协助将资金汇往境外，构成非法经营罪，同时又构成洗钱罪或者帮助恐怖活动罪的，按照竞合犯处罚原则，依照处罚较重的规定定罪处罚。

根据最高人民法院、最高人民检察院 2019 年 2 月 1 日起施行的《关于办理非法从事资金支付结算业务、非法买卖外汇刑事案件适用法律若干问题的解释》第 1 条、第 2 条的规定，以下四种经营行为属于办理非法从事资金支付结算业务、非法买卖外汇刑事案件。违反国家规定，具有下列情形之一的，属于《刑法》第 225 条第（三）项规定的"非法从事资金支付结算业务"：①使用受理终端或者网络支付接口等方法，以虚构交易、虚开价格、交易退款等非法方式向指定付款方支付货币资金的；②非法为他人提供单位银行结算账户套现或者单位银行结算账户转个人账户服务的；③非法为他人提供支票套现服务的；④其他非法从事资金支付结算业务的情形。违反国家规定，实施倒买倒卖外汇或者变相买卖外汇等非法买卖外汇行为，扰乱金融市场秩序，情节严重的，依照《刑法》第225条第（四）项的规定，以非法经营罪定罪处罚。

41. 交通肇事致人死亡的定性

交通肇事是一种刑事犯罪行为，所导致的社会危害性达到一定程度，符合刑法中交通肇事罪规定的定罪条件的，司法机关会根据肇事者的行为造成的损害来对其作出相应的刑事惩罚，依法追究相关责任人的刑事法律责任。如果因交通肇事导致的人员死亡，可能会构成交通肇事罪。《刑法》第133条规定："违反交通运输管理法规，因而发生重大事故，致人重伤、死亡或者使公私财产遭受重大损失的，处三年以下有期徒刑或者拘役；交通运输肇事后逃逸或者有其他特别恶劣情节的，处三年以上七年以下有期徒刑；因逃逸致人死亡的，处七年以上有期徒刑。"

《关于审理交通肇事刑事案件具体应用法律若干问题的解释》第5条规定的"因逃逸致人死亡"，是指行为人在交通肇事后为逃避法律追究而逃跑，致使被害人因得不到救助而死亡的情形。该解释界定了逃逸致人死亡的具体范围：①未介入肇事者本人其他加害行为即交通肇事后单纯逃逸致人死亡的情况。②交通肇事后逃逸，在逃逸过程中又发生交通事故，即二次肇事的情况。

42. 交通肇事罪的立案标准、量刑标准

违反交通运输管理法规，因而发生重大事故，致人重伤、死亡或者使公私财产遭受重大损失的，应当立案追究。交通肇事具有下列情形之一的，处3年以下有期徒刑或者拘役：①死亡1人或者重伤3人以上，负事故全部或者主要责任的；②死亡3人以上，负事故同等责任的；③造成公共财产或者他人财产直接损失，负事故全部或者主要责任，无能力赔偿数额在30万元以上的。

量刑标准：①死亡1人或者重伤3人，负事故全部责任的，在1年6个月至2年有期徒刑幅度内确定量刑起点。重伤每增加1人，增加6个月刑期；轻伤每增加1人，增加3个月刑期。死亡1人或者重伤3人，负事故主要责任的，在1年至1年6个月幅度内确定量刑起点。重伤每增加1人，增加3个月至5个月刑期；轻伤每增加1人，增加2个月至3个月刑期。②死亡3人、负事故同等责任的，在1年6个月至2年有期徒刑幅度内确定量刑起点。死亡每增加1人，增加1年刑期；重伤每增加1人，增加3个月刑期；轻伤每增加1人，增加1个月刑期。

43. 信用卡"恶意透支"涉嫌犯罪的法律应对策略

不管是普通公民借款消费，还是企业家利用借款用于经营，如果透支信用卡额度过大（比如几十万或上百万）都有构成"恶意透支银行卡"犯罪的风险。遇到信用卡恶意透支被抓的，应该采取以下应急措施：第一时间搞清楚管辖地。一般48小时，最迟72小时之内会被移送到报案所在地的看守所。请律师尽早介入，进行会见。被抓24小时后律师就可以会见。行为人为了避免即将面临的刑罚，最有效的办法是尽快筹钱，由家属或者亲友把透支的款项归还银行。行为人的家属与律师协同，与经办警官约谈案情，了解警官对本案的态度。在律师的陪同下，最好让银行的人员到派出所或者经侦队办公室，双方约谈妥善处理方案，由警方见证，如实讲明款项已经全部归还，如果家里实在困难无法全部还清，可以与银行协商分期还款方案。还款之后，让银行出具《谅解书》，由律师将《谅解书》副本转交警方，再出面申请取保候审，家属或担任保证人缴纳保证金，被拘留的当事人恢复公民自由。不过，具体能否获得取保候审的批准，取决于警方态度、还款、涉案金额、银行态度、经侦人员是否已介入等因素。有些地方涉及恶意透支20万以上不好取保，只能在法院审判阶段尽量努力实现判缓刑。

44. 最高人民检察院实行案件号可追查制度

为了落实检察官错案终身追究制度，最高人民检察院规定，2020年起，无论是经过了几级检察机关，办了多少个来回的环节起诉、返回，从检察机关出来的案件始终只有一个案件号，看到这个案件编号立即就能够看到是哪个检察机关经办的，通过这个号可以确定该案件是哪个分管检察长审批的，属于哪个检察官办案的责任。

45. 死亡威胁是否构成恐吓罪

如果是熟人之间日常打闹说出这样的话，并无主观伤害的恶意和实际威胁的意图，一般不会认定违法，够不上刑法规定的恐吓罪。关键要看说话者的场景和针对的对象是否有纠纷和冲突。如果彼此有过节乃至肢体冲突，再当面说或者微信发送文字信息威胁，当事人要尽快报警。警察传讯行为人，确认其具有恶意威胁的企图后，可以根据我国的《治安管理处罚法》的规定，以恐吓性或者其他方式威胁他人人身安全的行为人，处以 5 日以下的拘留或者是 500 元以下的罚款。如果行为比较严重，会处以 5 日到 10 日的拘留处罚。

46. 报案笔录或者被警察询问笔录应该注意的细节

被办案民警审查询问，做笔录一定要记住以下细节：①记住两位办案人员的名字和警号，确保办案人员不是辅警，并且记录在笔录当中。②被询问人要记录第一次到案的时间，并且要记录每次做笔录的开始时间和结束时间，这样就可以确保办案民警是否有被疲劳审讯。③如果是犯罪行为人主动到案，一定要记录在询问笔录中，这样可以确保构成自首情节。④做笔录前一定要要求，并且确保有同步录音录像，这样可以确保询问笔录的真实性。⑤如果办案民警打人或者软暴力伤害被问询人，记住民警的姓名和警号，告诉驻所检察官和代理律师，这样可以申请违规办案的民警回避，同时还可以非法证据排除推翻口供。⑥笔录签字前一定要确保内容是被询问人所说的，如果不是，一定要让办案民警修改，不修改被询问人就拒绝签字。这是法律赋予被询问人的权利。

47. 单位犯罪应追究责任人的法律责任

单位犯罪有一定的处罚制度和原则。对于单位犯罪实行的双罚制原则，不仅要对单位判处罚金，还要对直接负责的主管人员和其他直接责任追究刑事责任。对于直接负责的主管人员的范围，我国刑法没有明确规定。2001 年 1 月 21 日，最高人民法院发布的《全国法院审理金融犯罪案件工作座谈会纪要》（以下简称《纪要》）规定："直接负责的主管人员，是在单位实施的犯罪中起决定、批准、授意、纵容、指挥等作用的人员，一般是单位的主管负责人，包括法定代表人。"单位犯罪直接负责的主管人员范围主要有：①高级管理人员，是指公司的经理、副经理、财务负责人、上市公司董事会秘书和公司章程规定的其他人员；②控股股东，是指有限公司中出资额占资本总额 50% 以上或者股份公司持有的股份占股本总额 50% 以上的股东；出资额或持有股份的比例虽不足 50%，但其表决权足以对股东会、股东大会的决议产生重大影响的股东；③实际控制人，是指虽不是公司股东，但通过投资关系、协议或者其他安排，能够实际支配公司行为的人员。

48. 刑事诉讼证据种类

《刑事诉讼法》第50条规定了刑事案件的八类证据：①物证，是指以其物质属性、外部特征、存在状况等证明案件真实情况的一切物品和痕迹。②书证，是指以其记载的内容和反映的思想来证明案件真实情况的书面材料或其他物质材料。③证人证言，是指证人就其所了解的案件情况向公安司法机关所作的陈述。④被害人陈述，是指刑事被害人就其受害情况和其他与案件有关的情况向公安司法机关所作的陈述。⑤犯罪嫌疑人、被告人供述和辩解，是指犯罪嫌疑人、被告人就有关案件的情况向侦查、检察和审判人员所作的陈述。内容主要包括承认自己有罪的供述和说明自己无罪、罪轻的辩解。⑥鉴定意见，是指受公安司法机关指派或聘请的鉴定人，对案件中的专门性问题进行鉴定后所作出的书面结论。⑦勘验、检查、辨认、侦查实验等笔录。⑧视听资料、电子数据，是指以录音、录像、电子计算机或其他高科技设备所存储的信息证明案件真实情况的资料。

49. 犯罪未遂和犯罪既遂的区别

犯罪未遂与犯罪既遂同样是种犯罪形态，但是区别很大。根据法律规定，犯罪未遂和犯罪既遂的区别在于其犯罪结果、定罪量刑的不同，未遂的结果是犯罪目的无法完成，既遂则是达到了犯罪目的。①定义不同：已经着手实行犯罪，由于犯罪分子意志以外的原因而未得逞的，是犯罪未遂。实施完成的是既遂。②犯罪结果不同：未遂的结果是犯罪目的无法完成，既遂则是完成了犯罪目的。③定罪量刑不同：犯罪既遂按照相关法律行进审判定罪，而犯罪未遂在量刑上往往有减免，可比照既遂犯从轻或者减轻处罚。

犯罪未遂有如下几个特征：①行为人已经着手实行犯罪，是指行为人开始实施刑法分则规定的作为某种具体犯罪构成要件的行为；②犯罪没有得逞，指犯罪的直接故意内容没有完全实现，没有完成某一犯罪的全部构成要件。对于结果犯，行为人仅仅实现了其实施犯罪的故意，没有实现其犯罪的目的或犯罪结果的故意。对于实行犯，其实施犯罪行为的故意也没有完全实现，即行为人欲实施完毕的行为没有实施完毕。不论是行为还是结果，都是刑法规定的作为犯罪客观方面要件的必要组成部分；③犯罪未得逞是由于行为人意志以外的原因。行为人意志以外的原因，是指行为人没有预料到或不能控制的主客观原因。

50. 《刑事诉讼法》对刑事诉讼证人的要求

《刑事诉讼法》第 62 条第 1 款规定："凡是知道案件情况的人，都有作证的义务。"只要知道案件情况，不论其性别、职业、社会地位、文化程度、宗教信仰、政治态度、健康状况如何，都可充当证人。证人确有困难不能出庭的，经人民法院许可，可以提交书面证言。

下列人员不能作为证人：①生理上、精神上有缺陷或者年幼，不能辨别是非、不能正确表达的人，不能作证人。但间歇性精神病患者可以在精神正常的情况下作证；聋人或盲人可以就其看到或听到的事实作证；年幼的人如果能辨别是非、正确表达，也可以作证人。②共同犯罪案件的同案被告人不能互为证人。③侦查、检察、审判人员不能在自己承办的案件中作证人。如果其事先了解案情，应以证人身份作证，但不应再承办该案。④刑事被告人的辩护人、民事案件代理人也不能作本案的证人。

51. 刑事诉讼基本原则的特点

①刑事诉讼基本原则体现刑事诉讼活动的基本规律。这些基本法律准则有着深厚的法律理论基础和丰富的思想内涵。例如，审判公开原则要求法院的审判活动从形式到内容都应当向社会公开，使得审判活动受到社会公众的广泛监督，这是审判程序公正的基本保证，也是司法审判活动的基本要求。②刑事诉讼基本原则是由刑事诉讼法明确规定。我国《刑事诉讼法》规定的基本原则包括两大类：一类是刑事诉讼和其他性质的诉讼必须共同遵守的"以事实为根据，以法律为准绳"原则，"公民在法律面前一律平等"原则；审判公开原则；保障诉讼参与人的诉讼权利原则；等等，我们称之为一般原则。另一类是刑事诉讼所独有的基本原则，如侦查权、检察权、审判权由专门机关依法行使原则；人民法院、人民检察院依法独立行使职权原则；分工负责、互相配合、互相制约原则；犯罪嫌疑人、被告人有权获得辩护原则，即刑事诉讼的特有原则。③刑事诉讼基本原则一般贯穿于刑事诉讼全过程，具有普遍的指导意义。刑事诉讼基本原则是规范和调整整个刑事诉讼程序的原则，适用于刑事诉讼的各个阶段，不仅国家专门机关及其工作人员应当遵守，而且各诉讼参与人也应当遵守。一些具体的制度或原则，由于只适用于刑事诉讼的某一阶段或仅对某一专门机关或诉讼参与人有约束力，只解决具体的诉讼问题，因此不是刑事诉讼的基本原则，如两审终审、上诉不加刑等。④刑事诉讼基本原则具有法律约束力。基本原则虽然较为抽象和概括，但各

项具体的诉讼制度和程序都必须与之相符合。各项具体制度、程序是刑事诉讼基本原则的具体化，如果违背了这些制度和程序，就违反了刑事诉讼的基本原则，必须承担一定的法律后果。

52. 认定非法集资需要具备的条件

非法集资是指未经有关部门依法批准，承诺在一定期限内给出资人还本付息。还本付息的形式除以货币形式为主外，也有实物形式和其他形式，向社会不特定的对象筹集资金。具体表现为以下四个特点：一是伪装、欺骗性更强；二是犯罪组织更为严密；三是投资者成分不断扩展；四是异地作案突出。为防止误入非法集资造成财产损失，根据相关部门的建议，要做到以下几点：①要认清非法集资的本质和危害，提高识别能力，自觉抵制各种诱惑。②要结合非法集资的基本特点，主要看其是否有合法的主体资格，以及其从事的集资活动是否获得了相关的批准，是否承诺一定比例的集资回报等。③要增强理性投资意识。④要增强参与非法集资风险自担意识。

53. 非法集资的受害人的资金很难追回

不管是什么时候参与非法集资的，一旦加入其中，参与者的利益就不受法律保护，参与投资的资金很难拿回来。因为非法集资属于非法经营性质，所以集资平台的款项通常会被作为非法所得予以没收。非法集资案在经人民法院执行后，集资者仍不能清退集资款的，会由参与人自行承担损失，而不能要求有关部门代偿。

54. 对经不起高利诱惑的投资人的法律建议

非法集资通常会被主导者包装成高利润项目，使得很多人觉得有利可图，经不住诱惑参与其中。非法集资的形式也在花样翻新，很多参与者都是莫名掉进陷阱，后悔莫及。为了帮助投资人识别和防范非法集资，法务咨询是可以依法给投资人或者咨询者提供以下几点建议：①对非法集资有一定的认识，了解非法集资的特点以及危害。②在识别的时候可以查看对方从事的集资活动是否获得了相关的批准。③增强理性投资意识。就像买股票一样，高收益往往伴随着高风险，不管非法集资的利益有多高，投资者都应该保持理智，投资要走合法途径。④增强参与非法集资风险自担意识。非法集资本身就是违法行为，参与者投入的钱根本拿不回来。因此，当一些单位或个人以高额投资回报兜售高息存款、股票、债券、基金和开发项目时，一定要认真识别，谨防上当。

55. 洗钱罪的认定和处罚

洗钱罪是指明知是毒品犯罪、黑社会性质的组织犯罪、恐怖活动犯罪、走私犯罪、贪污贿赂犯罪、破坏金融管理秩序犯罪、金融诈骗犯罪的违法所得及其收益，为掩饰、隐瞒其来源和性质，而提供资金账户的，或者协助将财产转换为现金、金融票据、有价证券的，或者通过转账或者其他结算方式协助资金转移的，或者协助将资金汇往境外的，或者以其他方法掩饰、隐瞒犯罪所得及其收益的来源和性质的行为。我国刑法针对洗钱罪规定了如下处罚措施：第一，没收实施犯罪的违法所得及其产生的收益，处5年以下有期徒刑或者拘役，并处或者单处洗钱数额5%以上20%以下罚金。第二，情节严重的，没收实施犯罪的违法所得及其产生的收益，处5年以上10年以下有期徒刑，并处洗钱数额5%以上20%以下罚金；单位犯本罪的，实行双罚制，即对单位判处罚金，对其直接负责的主管人员和其他直接责任人员，处5年以下有期徒刑或者拘役。自然人犯洗钱罪的，没收实施毒品犯罪、黑社会性质的组织犯罪、走私犯罪的违法所得及其产生的收益，处5年以下有期徒刑或者拘役，并处或者单处洗钱数额5%以上20%以下罚金；情节严重的，处5年以上10年以下有期徒刑，并处洗钱数额5%上以20%以下罚金。单位犯本罪，对单位处罚金，并对其直接负责的主管人员和其他直接责任人员处5年以下有期徒刑或者拘役；情节严重的，处5年以上10年以下有期徒刑。

56. 犯罪中止的认定与处罚

《刑法》第24条规定："在犯罪过程中，自动放弃犯罪或者自动有效地防止犯罪结果发生的，是犯罪中止。对于中止犯，没有造成损害的，应当免除处罚；造成损害的，应当减轻处罚。"犯罪中止需要具备以下两种要素：①在犯罪预备阶段或者在实行行为还没有实行终了的情况下，自动放弃犯罪；②在实行行为过程中实行终了的情况下，自动、有效地防止犯罪结果的发生。

根据《刑法》第24条第2款的规定，对于中止犯采取免除处罚和减轻处罚。所以，关键在于是否能收集到未造成或者仅造成轻微损害的证据。①刑法对中止犯的处罚原则是"应当"，即必须免除或者减轻处罚，而且在处理中止犯时要先考虑损害结果。既不能与既遂犯同样处理，也不能比照既逐犯从轻处理。②对于中止犯的处罚，应同时引用《刑法》第24条和分则的具体条文，在罪名上应对中止形态有所体现。③对中止犯的从宽处罚根据不同情况进行分别掌握。④中止者所欲实施或刚着手实施的犯罪危害较轻，符合《刑法》第 13 条但书规定的，应依法不认为是犯罪。

57. 侦查机关取证的途径和手段

物证，是指能够以其外部特征、物质属性、所处位置以及状态证明案件真实情况的各种客观存在的物品、物质或痕迹。即以物品、痕迹等客观物质实体的外形、性状、质地、规格等证明案件事实的证据。如肇事交通工具、现场留下的物品和痕迹等。因此，与案件有关的任何物品都有可能成为物证。在通常情况下，侦查机关会采取勘验、检查、搜查、扣押等手段取证。法律对证据的要求是需要具备客观真实性、关联性、合法性，且证据必须由当事人按照法定程序提供，或由法定机关、法定人员按照法定的程序调查、收集和审查。①勘验是司法人员在诉讼的过程中，对与案件有关的场所、物品等进行查看和检验，以发现、收集、核实证据的活动。检查是执法人员检查人身或者在特定场所进行的专门调查活动。检查必须依照法定程序进行。如检查人员不能少于两人；检查妇女的身体应当由女工作人员进行；检查人员必须出示证件；犯罪嫌疑人和被告人拒绝接受检查的，侦查人员可以依法强制检查；检查要制作检查笔录并由参加检查的人员签名或盖章；等等。②搜查是为了收集犯罪证据、查获犯罪人，侦查人员可以对犯罪嫌疑人以及可能隐藏罪犯或者犯罪证据的人的身体、物品、住处和其他有关的地方进行搜查。但是，一要严格控制适用，二要严格依照法律规定的程序进行，特别是要严格批准程序，搜查时要依法制作笔录，搜查中的扣押要开列清单。③扣押一般是结合勘验、检查、搜查等同时进行，它是执法机关依法暂时扣留与案件有关的物品的一种专门调查活动。采取扣押方式取证，主要适用于刑事诉讼。必须严格按刑事诉讼法的规定程序进行，尤其是对于扣押的各种物品或者冻结的存款、汇款，一旦查明与案件无关，必须要在规定的时间内解除扣押、冻结，退还原主。

侦查取证必须严格按照法律规定。《刑事诉讼法》第 52 条规定："审判人员、检察人员、侦查人员必须依照法定程序，收集能够证实犯罪嫌疑人、被告人有罪或者无罪、犯罪情节轻重的各种证据。严禁刑讯逼供和以威胁、引诱、欺骗以及其他非法方法收集证据，不得强迫任何人证实自己有罪。必须保证一切与案件有关或者了解案情的公民，有客观地充分地提供证据的条件，除特殊情况外，可以吸收他们协助调查。"第 56 条第 1 款规定："采用刑讯逼供等非法方法收集的犯罪嫌疑人、被告人供述和采用暴力、威胁等非法方法收集的证人证言、被害人陈述，应当予以排除。……"由此看来，办案人员收集物证、书证必须符合法定程序。非法取得的证据有可能会严重影响司法公正判决。因此，在侦查、审查起诉、审判时发现有应当排除的证据的，应当依法予以排除，不得作为起诉意见、起诉决定和判决的依据。

58. 办理取保候审的期间限制

根据法律规定，取保候审属于有条件的不羁押犯罪嫌疑人、被告人的一种刑事强制措施。犯罪嫌疑人被取保候审以后，应当配合司法机关办理案件，应当做到随传随到。如果涉嫌犯罪，应当审判。《刑事诉讼法》规定，被取保候审的犯罪嫌疑人、被告人应当遵守以下规定：①未经执行机关批准不得离开所居住的市、县；②住址、工作单位和联系方式发生变动的，在 24 小时以内向执行机关报告；③在传讯的时候及时到案；④不得以任何形式干扰证人作证；⑤不得毁灭、伪造证据或者串供。人民法院、人民检察院和公安机关可以根据案件情况，责令被取保候审的犯罪嫌疑人、被告人遵守以下一项或者多项规定：①不得进入特定的场所；②不得与特定的人员会见或者通信；③不得从事特定的活动；④将护照等出入境证件、驾驶证件交执行机关保存。被取保候审的犯罪嫌疑人、被告人违反前两款规定，已交纳保证金的，没收部分或者全部保证金，并且区别情形，责令犯罪嫌疑人、被告人具结悔过，重新交纳保证金、提出保证人，或者监视居住、予以逮捕。对违反取保候审规定，需要予以逮捕的，可以对犯罪嫌疑人、被告人先行拘留。

59. 被取保候审人违反规定的处理

《刑事诉讼法》第 81 条第 1 款规定："对有证据证明有犯罪事实，可能判处徒刑以上刑罚的犯罪嫌疑人、被告人，采取取保候审尚不足以防止发生下列社会危险性的，应当予以逮捕：（一）可能实施新的犯罪的；（二）有危害国家安全、公共安全或者社会秩序的现实危险的；（三）可能毁灭、伪造证据，干扰证人作证或者串供的；（四）可能对被害人、举报人、控告人实施打击报复的；（五）企图自杀或者逃跑的。"

对有证据证明有犯罪事实，可能判处 10 年有期徒刑以上刑罚的，或者有证据证明有犯罪事实，可能判处徒刑以上刑罚，曾经故意犯罪或者身份不明的，应当予以逮捕。被取保候审、监视居住的犯罪嫌疑人、被告人违反取保候审、监视居住规定，情节严重的，可以予以逮捕。人民检察院决定对犯罪嫌疑人取保候审的案件，被取保候审人、保证人违反应当遵守的规定的，由县级以上公安机关决定没收保证金、对保证人罚款，并在执行后 3 日以内将执行情况通知人民检察院。人民检察院应当在接到通知后 5 日以内，区别情形，责令犯罪嫌疑人具结悔过、重新交纳保证金、提出保证人或者监视居住、予以逮捕。在公安机关决定对犯罪嫌疑人采取取保候审措施的案件中，犯罪嫌疑人违反应当遵守的规定，情节严重的，公安机关应当依法提请批准逮捕。人民检察院应当根据《刑事诉讼法》第 79 条的规定审查批准逮捕。

60. 适用监外执行的情况

监外执行是对被判处监禁刑罚的犯罪人，基于特殊原因而采取的一种暂时变更行刑方式，实施非监禁刑罚的措施。监外执行是刑罚进步的产物，体现了刑罚的人道与文明。监外执行的对象只能是被判处有期徒刑或者拘役的罪犯，被判处死刑缓期二年执行或无期徒刑的罪犯不得适用监外执行。基于监狱关押对象的特定性，本节所讲的监外执行仅是有期徒刑犯的监外执行。

《刑事诉讼法》第 265 条规定："对被判处有期徒刑或者拘役的罪犯，有下列情形之一的，可以暂予监外执行：（一）有严重疾病需要保外就医的；（二）怀孕或者正在哺乳自己婴儿的妇女；（三）生活不能自理，适用暂予监外执行不致危害社会的。对判处无期徒刑的罪犯，有前款第二次规定情形的，可以暂予监外执行。对适用保外就医可能有社会危险性的罪犯，或者自伤自残的罪犯，不得保外就医。对罪犯确有严重疾病，必须保外就医的，由省级人民政府指定的医院诊断并开具证明文件。在交付执行前，暂予监外执行由交付执行的人民法院决定；在交付执行后，暂予监外执行由监狱或者看守所提出书面意见，报省级以上监狱管理机关或者设区的市一级以上公安机关批准。"对于暂予监外执行的罪犯，实行社区矫正，基层组织或者罪犯的原所在单位协助进行监督，执行机关应当对暂予监外执行的罪犯实施严格管理监督。对于服刑中决定暂予监外执行的罪犯，原执行机关应当将罪犯服刑改造的情况通报负责监外执行的公安机关，以便有针对性地对罪犯进行管理监督；负责执行的公安机关应当告知罪犯，在暂予监外执行期间必须接受监督改造并遵守有关的规定。

61. 适用限制减刑的情形

《刑法修正案（八）》及最高人民法院《关于死刑缓期执行限制减刑案件审理程序若干问题的规定》已相继公布，并自 2011 年 5 月 1 日起施行。其中规定：对被判处死刑缓期执行的累犯以及因故意杀人、强奸、抢劫、绑架、放火、爆炸、投放危险物质或者有组织的暴力性犯罪被判处死刑缓期执行的犯罪分子，人民法院根据犯罪情节、人身危险性等情况，可以在作出裁判的同时决定对其限制减刑。根据《刑法修正案（八）》对被限制减刑的死缓犯罪分子实际执行的刑期的规定：最低服刑时间，如缓期执行期满后被依法减为无期徒刑的，将不能少于 25 年；如缓期执行期满后被依法减为 25 年有期徒刑的，将不能少于 20 年。也就是说，被限制减刑的死缓犯罪分子至少要服满 20 年的徒刑。

62. "疑罪从无"在刑事判决中的意义

疑罪从无是指刑事诉讼中，检察院对犯罪嫌疑人的犯罪事实不清，证据不确实、充分，不应当追究刑事责任的，应当作出不起诉决定。疑罪从无原则又称"有利被告原则"。其是无罪推定原则的一个派生标准。由于现有证据既不能证明被追诉的被告人的犯罪行为，也不能完全排除被追诉被告人实施了被追诉犯罪行为的嫌疑，根据无罪推定原则，从诉讼程序和法律上推定被追诉被告人无罪，从而终结诉讼。无罪推定，指任何人在未经判决有罪之前，都应被视为无罪。刑事诉讼中，人民法院对检察院起诉被告人犯罪事实和证据，应当进行无罪排除。《刑事诉讼法》第 12 条规定："未经人民法院依法判决，对任何人都不得确定有罪。"《刑事诉讼法》第 200 条规定："在被告人最后陈述后，审判长宣布休庭，合议庭进行评议，根据已经查明的事实、证据和有关的法律规定，分别作出以下判决：（一）案件事实清楚，证据确实、充分，依据法律认定被告人有罪的，应当作出有罪判决；（二）依据法律认定被告人无罪的，应当作出无罪判决；（三）证据不足，不能认定被告人有罪的，应当作出证据不足、指控的犯罪不能成立的无罪判决。"

第一节　黑社会犯罪特征与认定标准

一、黑社会性质组织犯罪定义

《刑法》第 294 条第 1 款规定："组织、领导黑社会性质的组织的，处七年以上有期徒刑，并处没收财产；积极参加的，处三年以上七年以下有期徒刑，可以并处罚金或者没收财产；其他参加的，处三年以下有期徒刑、拘役、管制或者剥夺政治权利，可以并处罚金。"

二、黑社会性质组织的四个犯罪特征

根据《全国人民代表大会常务委员会关于〈中华人民共和国刑法〉第二百九十四条第一款的解释》，"黑社会性质的组织"应具备如下特征：

1. 组织特征

形成较稳定的犯罪组织，人数较多，有明确的组织者、领导者，骨干成员基本固定。

2. 经济特征

有组织地通过违法犯罪活动或者其他手段获取经济利益，具有一定的经济实力，以支持该组织的活动。

3. 行为特征

以暴力、威胁或者其他手段，有组织地多次进行违法犯罪活动，为非作恶，欺压、残害群众。

4. 非法控制或重大影响特征

通过实施违法犯罪活动，或者利用国家工作人员的包庇或者纵容，称霸一方，在一定区域或者行业内，形成非法控制或者重大影响，严重破坏经济、社会生活秩序。

三、黑社会组织犯罪的认定标准

1. 犯罪参与人数较多

一般为3人或3人以上，所纠集的骨干成员相对固定，具有一定的组织形式。"相对固定"指该纠集者或骨干成员必须参加至少2起"八加三"类刑事案件。"八加三"类案件界定的是案件范围。团伙的实施的案件原则上必须属于"八加三"类案件。另外，单一的抢劫团伙案件只有满足"两个特定"才给予认定。两个特定是指，特定地点指在学校周围抢劫或者车匪路霸；特定人员指针对学生的抢劫犯罪行为。单纯的卖淫团伙，吸、贩毒团伙如果不具有公开性和性质显著恶劣的条件，一般不予认定。多次（其中至少有3起构成刑事案件）采取暴力胁、滋扰等手段，实施违法犯罪行为，具有一定的公开性。注意，"公开性"指的是3起刑事案件至少有2起属于本条中的"八加三"案件范围；"至少3起刑事案件"可以是同个罪名。

2. 犯罪表现与涉及罪名

违法犯罪活动一般表现为敲诈勒索、强迫交易、欺行霸市、聚众斗殴、寻衅滋事、非法拘禁、故意伤害、抢劫抢夺或涉黄、赌、毒等，具有一定的多样性。

3. 社会影响恶劣

在一定区域或行业内形成威慑势力，扰乱经济、社会生活秩序，造成较为恶劣的社会影响。

4. 持续时间较长

恶劣的社会影响的一个条件是团伙形成时间不能低于 2 个月，即该团伙第一个案件和最后一起案件之间的时间，必须是 2 个月以上。

四、处罚规定

《刑法》第 294 条第 1 款至第 4 款规定："组织、领导黑社会性质的组织的，处七年以上有期徒刑，并处没收财产；积极参加的，处三年以上七年以下有期徒刑，可以并处罚金或者没收财产；其他参加的，处三年以下有期徒刑、拘役、管制或者剥夺政治权利，可以并处罚金。……犯前三款罪又有其他犯罪行为的，依照数罪并罚的规定处罚。"

五、非罪处理事由

最高人民法院《关于审理黑社会性质组织犯罪的案件具体应用法律若干问题的解释》第 3 条第 2 款规定："对于参加黑社会性质的组织，没有实施其他违法犯罪活动的，或者受蒙蔽、胁迫参加黑社会性质的组织，情节轻微的，可以不作为犯罪处罚。"这是本罪的非罪处理事由。对于从重处罚事由，前引司法解释第 4 条规定："国家机关工作人员组织、领导、参加黑社会性质组织的，从重处罚。"

六、涉黑案件辩护当事人应委托专业律师

涉黑案件的辩护难度大，当事人应该注意以下两点：第一，当事人最好不要找当地律师辩护，因为如果作为主犯完全不认罪的话，办案律师的压力将非常大，案件代理过程中与检察官、法官的对抗性很强，当地律师恐怕得罪办案人员，有些观点不敢说或者不方便说。最好请外地律师，他们经验丰

富，经手的大案要案比较多，有的知名律师在全国都有相当高的知名度，他们会有明显的优势，家属可以根据自己的实力去决定律师人选。第二，一定要选择专业的刑事辩护律师，律师也是分专业的，和医生一样，不同的律师有民事、知识产权、行政、婚姻、刑事等各自擅长的领域，不可能什么案件都能代理，当事人一定要找专业的刑事律师，他们有经验，可以应对各种复杂的案情和司法环境。

第二节　公职人员职务犯罪

一、职务犯罪的罪名与立案标准

我国职务分类大典中记载有 8 大类，66 个中类，413 个小类，1838 个职业。职务犯罪的特点也就呈现出"犯罪主体特殊性""犯罪手段隐蔽性""追求犯罪安全性""犯罪形式智能化"等多元化特点。

在我国，职务犯罪的主体包括：一是国家机关工作人员；二是国有公司、企事业单位中的国家工作人员；三是人民团体中的工作人员；四是受国家机关国有公司、企事业单位、人民团体的委托管理、经营国有财产的人员。职务犯罪的主观要件是指行为人对其行为的危害后果，所持的一种心理与心理状态。职务犯罪的客体要件：国家对职务活动的管理职能。

职务犯罪的客观要件主要有以下三种形式：一是利用职务之便；二是滥用职权；三是严重不负责任，不履行或不正确履行职务；四是利用职务影响力牟利。2018 年 4 月 16 日，中共中央纪律检查委员会、国家监察委员会印发了《国家监察委员会管辖规定（试行）》，详细列举了国家监委管辖的六大类职务犯罪案件罪名，根据相关法律法规和司法解释，现将相关罪名的追诉立案标准整理如下。

（一）贪污贿赂犯罪

贪污贿赂类犯罪共涉及《刑法》条文 24 条，包括 17 个罪名：

（1）贪污罪：根据《刑法》第 382 条、第 394 条、第 271 条第 2 款、第 183 条第 2 款的规定，贪污罪是指国家工作人员利用职务便利，侵吞、窃取、骗取或者以其他手段非法占有公共财物的行为。

（2）挪用公款罪：根据《刑法》第 384 条、第 185 条第 2 款的规定，国家工作人员利用职务上的便利，挪用公款归个人使用，进行非法活动的，或者挪用公款数额较大、进行营利活动的，或者挪用公款数额较大、超过 3 个月未还的，是挪用公款罪。

（3）受贿罪：根据《刑法》第 184 条第 2 款、第 163 条第 3 款、第 385 条和第 388 条的规定，受贿罪是指国家工作人员利用职务上的便利，索取他人财物，或者非法权受他人财物，为他人谋取利益的行为。

（4）单位受贿罪：根据《刑法》第 387 条的规定，单位受贿罪是指国家机关、国有公司、企业、事业单位、人民团体，索取、非法收受他人财物，为他人谋取利益，情节严重的行为，或者在经济往来中，在账外暗中收受各种名义的回扣、手续费的行为。

（5）利用影响力受贿罪：符合《刑法》第 388 条规定之一，利用影响力受贿罪的定罪量刑适用标准，参照受贿罪的规定执行。

（6）行贿罪：根据《刑法》第 389 条的规定，以下犯罪行为属于行贿罪：为谋取不正当利益，向国家工作人员行贿，数额在 3 万元以上的，应当以行贿罪追究刑事责任。

（7）对有影响力的人行贿罪：根据《刑法》第 390 条之一的规定，为利用影响力行贿罪的定罪量刑适用标准，参照本解释关于行贿罪规定执行。

（8）对单位行贿罪：根据《刑法》第 391 条的规定，对单位行贿罪是指为谋取不正当利益，给予国家机关、国有公司、企业、事业单位、人民团体以财物，或者在经济往来中，违反国家规定，给予上述单位各种名义的回扣、手续费的行为。涉嫌下列情形之一的，应予立案：个人行贿数额在 10 万元以上、单位行贿数额在 20 万元以上的。

（9）介绍贿赂罪：根据《刑法》第 392 条的规定，介绍贿赂罪是指在行贿人与受贿人之间沟通关系、撮合条件，使贿赂行为得以实现情节严重的行为。涉嫌下列情形之一的，应予立案：介绍个人向国家工作人员行贿，数额在 2 万元以上的；介绍单位向国家工作人员行贿，数额在 20 万元以上的。

（10）单位行贿罪：根据《刑法》第 393 条的规定，单位行贿罪是指企业、事业单位、机关、团体为谋取不正当利益而行贿，或者违反国家规定，给予国家工作人员以回扣、手续费，情节严重的行为。

（11）巨额财产来源不明罪：根据《刑法》第 395 条第 1 款的规定，巨额财产来源不明罪是指国家工作人员的财产、支出明显超过合法收入，差额巨大，而本人又不能说明其来源是合法的行为。涉嫌巨额财产来源不明，数额在 30 万元以上的，应予立案。

（12）隐瞒境外存款罪：根据《刑法》第 395 条第 2 款的规定，隐瞒境外存款罪是指国家工作人员违反国家规定，故意隐瞒不报在境外的存款，数额较大的行为。涉嫌隐瞒境外存款，折合人民币数额在 30 万元以上的，应予立案。

（13）私分国有资产罪：根据《刑法》第 396 条第 1 款的规定，私分国有资产罪是指国家机关、国有企业、事业单位、人民团体，违反国家规定，以单位名义将国有资产集体私分给个人，数额较大的行为。涉嫌私分国有资产，累计数额在 10 万元以上的，应予立案。

（14）私分罚没财物罪：根据《刑法》第 396 条第 2 款的规定，私分罚没财物罪是指司法机关、行政执法机关违反国家规定，将应当上缴国家的罚没财物，以单位名义集体私分给个人的行为。涉嫌私分罚没财物，累计数额在 10 万元以上，应予立案。

（15）非国家工作人员受贿罪：根据《刑法》第 163 条的规定，非国家工作人员受贿罪中的"数额较大""数额巨大"的数额起点，按最高人民法院、最高人民检察院《关于办理贪污贿赂刑事案件适用法律若干问题的解释》关于受贿罪相对应的数额标准规定的 2 倍、5 倍执行。

（16）对非国家工作人员行贿罪：根据《刑法》第 164 条的规定，对非国家工作人员行贿罪中的"数额较大""数额巨大"的数额起点，按照最高人民法院、最高人民检察院《关于办理贪污贿赂刑事案件适用法律若干问题的解释》第 7 条、第 8 条第 1 款关于行贿罪的数额标准规定的 2 倍执行。

（17）对外国公职人员、国际公共组织官员行贿罪：根据《刑法》第 164 条的规定，追诉立案标准参照行贿罪立案标准。

（二）滥用职权犯罪

滥用职权类犯罪共涉及刑法条文 15 个罪名：

（1）滥用职权罪：根据《刑法》第 397 条、《全国人民代表大会常务委员会关于惩治骗购外汇、逃汇和非法买卖外汇犯罪的决定》第 6 条的规定，滥用职权罪是指国家机关工作人员超越职权，违法决定、处理其无权决定、处理的事项，或者违反规定处理公务，致使公共财产、国家和人民利益遭受重大损失的行为。涉嫌下列情形之一的，应予立案：属于"致使公共财产、国家和人民利益遭受重大损失"，处三年以下有期徒刑或者拘役；造成死亡 1

人以上，或重伤 3 人以上，或轻伤 9 人以上，或重伤 2 人、轻伤 3 人以上，或重伤 1 人、轻伤 6 人以上的。

（2）国有公司、企业、事业单位人员滥用职权罪：根据《刑法》第 168 条的规定，国有公司、企业、事业单位人员滥用职权罪，是指国有公司、企业、事业单位的工作人员，由于滥用职权，造成国有公司、企业破产或者严重损失，致使国家利益遭受重大损失，以及国有事业单位的工作人员由于滥用职权，致使国家利益遭受重大损失的行为。造成国家直接经济损失数额在 30 万元以上的，应予立案。

（3）滥用管理公司、证券职权罪：根据《刑法》第 403 条的规定，滥用管理公司、证券职权罪是指工商行政管理、证券管理等国家有关主管部门的工作人员徇私舞弊，滥用职权，对不符合法律规定条件的公司设立、登记申请或者股票、债券发行、上市申请予以批准或者登记，致使公共财产、国家和人民利益遭受重大损失的行为，以及上级部门、当地政府强令登记机关及其工作人员实施上述行为的行为。涉嫌下列情形之一的，应予立案：造成直接经济损失 50 万元以上的。

（4）食品监管渎职罪：《刑法》第 408 条之一，目前还没有具体的关于立案标准的司法解释，可参照玩忽职守等相关罪名。负有食品安全监督管理职责的国家机关工作人员，滥用职权或者玩忽职守，导致发生重大食品安全事故或者造成其他严重后果，同时构成食品监管渎职罪和徇私舞弊不移交刑事案件罪、商检徇私舞弊罪、动植物检疫徇私舞弊罪、放纵制售伪劣商品犯罪行为罪等其他渎职犯罪的，依照处罚较重的规定定罪处罚。负有食品安全监督管理职责的国家机关工作人员滥用职权或者玩忽职守，不构成食品监管渎职罪，但构成前款规定的其他渎职犯罪的，依照其他犯罪定罪处罚。负有食品安全监督管理职责的国家机关工作人员与他人共谋，利用其职务行为帮助他人实施危害食品安全犯罪行为，同时构成渎职犯罪和危害食品安全犯罪共犯的，依照处罚较重的规定定罪处罚。

（5）故意泄露国家秘密罪（见《刑法》第 398 条）。

（6）报复陷害罪（见《刑法》第 254 条）。

（7）阻碍解救被拐卖、绑架妇女、儿童罪（见《刑法》第 416 条第 2 款）。

（8）帮助犯罪分子逃避处罚罪（见《刑法》第 417 条）。

（9）违法发放林木采伐许可证罪（见《刑法》第 407 条）。

（10）办理偷越国（边）境人员出入境证件罪（见《刑法》第 415 条）。

（11）放行偷越国（边）境人员罪（见《刑法》第 415 条）。

（12）挪用特定款物罪：根据《刑法》第 273 条的规定，立案标准与挪用公款罪、挪用资金罪立案标准相同。挪用用于救灾、抢险、防汛、优抚、扶贫、移民、救济款物归个人使用的，从重处罚。

（13）非法剥夺公民宗教信仰自由罪：根据《刑法》第 251 条的规定，非法剥夺公民宗教信仰自由罪，是指国家机关工作人员非法剥夺公民的宗教信仰自由，情节严重的行为。情节严重，是指非法剥夺宗教信仰自由的手段恶劣，造成被害人精神失常或自杀等严重后果的情况，应当立案追究。

（14）侵犯少数民族风俗习惯罪（见《刑法》第 251 条）。

（15）打击报复会计、统计人员罪（见《刑法》第 255 条）。

（三）玩忽职守犯罪

玩忽职守类犯罪共涉及刑法以下 11 个罪名：

（1）玩忽职守罪：根据《刑法》第 397 条、《全国人民代表大会常务委员会关于惩治骗购外汇、逃汇和非法买卖外汇犯罪的决定》第 6 条的规定，玩忽职守罪是指国家机关工作人员严重不负责任，不履行或者不认真履行职责，致使公共财产、国家和人民利益遭受重大损失的行为。立案起点：造成死亡 1 人以上，或者重伤 3 人以上，或者轻伤 9 人以上，或者重伤 2 人、轻伤 3 人以上，或者重伤 1 人、轻伤 6 人以上的。

（2）国有公司、企业、事业单位人员失职罪：根据《刑法》第 168 条的规定，国有公司、企业、事业单位人员失职罪是指国有公司、企业、事业单位的工作人员，由于严重不负责任，造成国有公司、企业破产或严重损失，致使国家利益遭受重大损失，以及国有事业单位的工作人员由于严重不负责任，致使国家利益遭受重大损失的行为。追诉起点：造成国家直接经济损失数额在 50 万元以上。

（3）签订、履行合同失职被骗罪：根据《刑法》第 167 条的规定，签订、履行合同失职被骗罪，是指国有公司、企业、事业单位直接负责的主管人员，在签订、履行合同过程中，因严重不负责任而被诈骗，致使国家利益遭受重大损失的行为。立案追诉起点：造成国家直接经济损失数额在 50 万元以上的。

（4）国家机关工作人员签订、履行合同失职被骗罪：根据《刑法》第 406

条的规定，国家机关工作人员签订、履行合同失职被骗罪是指国家机关工作人员在签订、履行合同过程中，因严重不负责任，不履行或者不认真履行职责被诈骗，致使国家利益遭受重大损失的行为。立案起点：造成直接经济损失 30 万元以上，或者直接经济损失不满 30 万元，但间接经济损失 150 万元以上的。

（5）环境监管失职罪（见《刑法》第 408 条）。

（6）传染病防治失职罪（见《刑法》第 409 条）。

（7）商检失职罪（见《刑法》第 412 条第 2 款）。

（8）动植物检疫失职罪（见《刑法》第 413 条第 2 款）。

（9）不解救被拐卖、绑架妇女、儿童罪（见《刑法》第 416 条第 1 款）。

（10）失职造成珍贵文物损毁、流失罪（见《刑法》第 419 条）。

（11）过失泄露国家秘密罪：根据《刑法》第 398 条的规定，过失泄露国家秘密罪是指国家机关工作人员违反保守国家秘密法，过失泄露国家秘密，或者遗失秘密文件，致使国家秘密被不应知悉者知悉或者超出了限定的接触范围，情节严重的行为。立案起点：泄露绝密级国家秘密 1 项（件）以上的。

（四）徇私舞弊犯罪

徇私舞弊类犯罪共涉及《刑法》以下 15 项罪名：

（1）徇私舞弊低价折股、出售国有资产罪：根据《刑法》第 169 条的规定，徇私舞弊低价折股、出售国有资产罪，是指国有公司、企业或者其上级主管部门直接负责的主管人员，徇私舞弊，将国有资产低价折股或者低价出售，致使国家利益遭受重大损失的行为。立案追诉起点：造成国家直接经济损失数额在 30 万元以上的。

（2）非法批准征收、征用、占用土地罪：根据《刑法》第 410 条的规定，非法批准征用、占用土地罪是指国家机关工作人员徇私舞弊，违反《土地管理法》《森林法》《草原法》等法律以及有关行政法规中关于土地管理的规定，滥用职权，非法批准征用、占用耕地、林地等农用地以及其他土地，情节严重的行为。立案起点：非法批准征用、占用基本农田 10 亩以上的。

（3）非法低价出让国有土地使用权罪：根据《刑法》第 410 条的规定，非法低价出让国有土地使用权罪是指国家机关工作人员徇私舞弊，违反土地管理法规，滥用职权，非法低价出让国有土地使用权，情节严重的行为。立案起点：非法低价（包括无偿）出让国有土地使用权 2 公顷（30 亩）以上，并且价格低于规定的最低价格的 60% 的。

（4）非法经营同类营业罪：根据《刑法》第 165 条的规定，非法经营同类营业罪，是指国有公司、企业的董事、经理利用职务便利，自己经营或者为他人经营与其所任职公司、企业同类的营业，获取非法利益、数额巨大的行为。立案追诉，处 3 年以下有期徒刑或者拘役，并处或者单处罚金。

（5）为亲友非法牟利罪：根据《刑法》第 166 条的规定，为亲友非法牟利罪，是指国有公司、企业、事业单位的工作人员，利用职务便利，将本单位的盈利业务交由自己的亲友进行经营，或者以明显高于市场的价格向自己的亲友经营管理的单位采购商品或者以明显低于市场的价格向自己的亲友经营管理的单位销售商品，或者向自己的亲友经营管理的单位采购不合格商品，使国家利益遭受重大损失的行为。追诉处罚起点：造成国家直接经济损失数额在 10 万元以上的。

（6）枉法仲裁罪：根据《刑法》第 399 条之一的规定，枉法仲裁罪是指依法承担仲裁职责的人员，在仲裁活动中故意违背事实和法律做出枉法裁决，情节严重的行为。目前，我国还没有具体的关于立案标准的司法解释，可以参照滥用职权等相关罪名把握立案条件。

（7）徇私舞弊发售发票、抵扣税款、出口退税罪：根据《刑法》第 405 条第 1 款的规定，徇私舞弊发售发票、抵扣税款、出口退税罪是指税务机关工作人员违反法律、行政法规的规定，在办理发售发票、抵扣税款、出口退税工作中徇私舞弊，致使国家利益遭受重大损失的行为。立案起点：徇私舞弊致使国家税收损失累计达 10 万元以上的。

（8）商检徇私舞弊罪（见《刑法》第 412 条第 1 款）。

（9）动植物检疫徇私舞弊罪（见《刑法》第 413 条第 1 款）。

（10）放纵走私罪（见《刑法》第 411 条）。

（11）放纵制售伪劣商品犯罪行为罪：根据《刑法》第 414 条的规定，放纵制售伪劣商品犯罪行为罪是指对生产、销售伪劣商品犯罪行为负有追究责任的国家机关工作人员、徇私舞弊，不履行法律规定的追究职责，情节严重的行为。立案：放纵生产、销售假药或者有毒、有害食品犯罪行为的。

（12）招收公务员、学生徇私舞弊罪：根据《刑法》第 418 条的规定，招收公务员、学生徇私舞弊罪是指国家机关工作人员在招收公务员、省级以上教育行政部门组织招收的学生工作中徇私舞弊，情节严重的行为。立案起点：徇私舞弊，利用职务便利，伪造、变造人事、户口档案、考试成绩或者其他影响招收工作的有关资料，或者明知是伪造、变造的上述材料而予以认可的。

（13）徇私舞弊不移交刑事案件罪（见《刑法》第402条）。

（14）违法提供出口退税证罪：根据《刑法》第405条第2款的规定，违法提供出口退税凭证罪是指海关、外汇管理等国家机关工作人员违反国家规定，在提供出口货物报关单、出口收汇核销单等出口退税凭证的工作中，徇私舞弊，致使国家利益遭受重大损失的行为。立案起点：致使国家税收损失累计达10万元以上的。

（15）徇私舞弊不征、少征税款罪（见《刑法》第404条）。

（五）重大责任事故犯罪

重大责任类犯罪共涉及《刑法》以下11项罪名：

（1）重大责任事故罪：根据《刑法》第134条第1款的规定，在生产、作业中违反有关安全管理的规定，涉嫌下列情形之一的，应予立案追诉：造成死亡1人以上，或者重伤3人以上。

（2）教育设施重大安全事故罪：根据《刑法》第138条的规定，明知校舍或者教育教学设施有危险，而不采取措施或者不及时报告，涉嫌下列情形之一的，应予立案追诉：造成死亡1人以上、重伤3人以上或者轻伤10人以上的。

（3）消防责任事故罪：根据《刑法》第139条的规定，违反消防管理法规，经消防监督机构通知采取改正措施而拒绝执行，涉嫌下列情形之一的，应予立案追诉：造成死亡1人以上，或者重伤3人以上。

（4）重大劳动安全事故罪：根据《刑法》第135条的规定，安全生产设施或安全生产条件不符合国家规定，涉嫌下列情形之一的，应予立案追诉：造成死亡1人以上，或者重伤3人以上。

（5）强令、组织他人违章冒险作业罪：根据《刑法》第134条第2款的规定，强令他人违章冒险作业，涉嫌下列情形之一的，应予立案追诉：造成死亡1人以上，或者重伤3人以上。

（6）不报、谎报安全事故罪：根据《刑法》第139条之一的规定，最高人民法院、最高人民检察院《关于办理危害生产安全刑事案件适用法律若干问题的解释》第8条第1款第1项，在矿山生产安全事故发生后，负有报告职责人员不报或谎报事故情况，贻误事故抢救，具有下列情形之一的，应当认定为《刑法》第139条之一规定的"情节严重"。导致事故后果扩大，增加死亡1人以上，或者增加重伤3人以上，或增加直接经济损失100万元以上的。

（7）铁路运营安全事故罪：根据《刑法》第132条的规定，铁路职工违反规章制度，致使发生铁路运营安全事故，造成严重后果的，处三年以下有期徒刑或者拘役；造成特别严重后果的，处三年以上七年以下有期徒刑。未有具体追诉立案标准，可参照重大责任事故罪立案。

（8）重大飞行事故罪：根据《刑法》第131条的规定，航空人员违反规章制度，致使发生重大飞行事故，造成严重后果或造成飞机坠毁或者人员死亡的行为。重大飞行事故，根据民航飞行事故划分标准，是指造成死亡39人以下，或者飞机失踪，该机上人员在39人以下；或者飞机迫降到无法运出的地方。所谓严重后果，一般是指飞机等航空器或者其他航空设施受到严重损坏，航空器上人员遭受重伤，公私财产受到严重损失等。

（9）大型群众性活动重大安全事故罪：根据《刑法》第135条之一的规定举办大型群众性活动违反安全管理规定，涉嫌下列情形之一的，应予立案追诉：造成死亡1人以上，或者重伤3人以上。

（10）危险物品肇事罪：根据《刑法》第136条的规定，违反爆炸性、易燃性、放射性、毒害性、腐蚀性物品的管理规定，在生产、储存、运输、使用中发生重大事故，涉嫌下列情形之一的，应予立案追诉：造成死亡1人以上，或者重伤3人以上。

（11）工程重大安全事故罪：根据《刑法》第137条的规定，建设单位、设计单位、施工单位、工程监理单位违反国家规定，降低工程质量标准，涉嫌下列情形之一的，应予立案追诉：造成死亡1人以上，或者重伤3人以上。

二、公职人员涉及刑法的其他犯罪

公职人员其他犯罪共涉及《刑法》如下19个罪名：

（1）破坏选举罪（见《刑法》第256条）。

（2）背信损害上市公司利益罪：根据《刑法》第169条之一的规定，上市公司的董事、监事、高级管理人员违背对公司的忠实义务，利用职务便利，操纵上市公司从事损害上市公司利益的行为，以及上市公司的控股股东或者实际控制人，指使上市公司董事、监事、高级管理人员实施损害上市公司利益的行为，涉嫌下列情形之一的，应予立案追诉：无偿向其他单位或者个人提供资金、商品、服务或者其他资产，致使上市公司直接经济损失150万元以上的。

（3）金融人员购买假币、以假币换取货币罪（见《刑法》第171条第2

款）

（4）利用未公开信息交易罪：根据《刑法》第180条第4款的规定，证券交易所、期货交易所、证券公司、期货经纪公司、基金管理公司、商业银行、保险公司等金融机构的从业人员以及有关监管部门或者行业协会的工作人员，利用因职务便利获取的内幕信息以外的其他未公开的信息，违反规定，从事与该信息相关的证券、期货交易活动，或者明示、暗示他人从事相关交易活动，涉嫌下列情形之一的，应予立案追诉：证券交易成交额累计在50万元以上的。

（5）诱骗投资者买卖证券、期货合约罪：根据《刑法》第181条第2款的规定，证券交易所、期货交易所、证券公司、期货经纪公司的从业人员，证券业协会、期货业协会或者证券期货监督管理部门的工作人员，故意提供虚假信息或者伪造、变造、销毁交易记录，诱骗投资者买卖证券、期货合约，涉嫌下列情形之一的，应予立案追诉：获利或者避免损失数额累计在5万元以上的。

（6）背信运用受托财产罪：根据《刑法》第185条之一第1款的规定，商业银行、证券交易所、期货交易所、证券公司、期货经纪公司、保险公司或其他金融机构，违背受托义务，擅自运用客户资金或者其他委托、信托的财产，涉嫌下列情形之一的，应予立案追诉：擅自运用客户资金或其他委托、信托的财产数额在30万元以上的。

（7）违法运用资金罪：根据《刑法》第185条之一第2款的规定，社会保障基金管理机构、住房公积金管理机构等公众资金管理机构，以及保险公司、保险资产管理公司、证券投资基金管理公司，违反国家规定运用资金，涉嫌下列情形之一的，应予立案追诉：违反国家规定运用资金数额在30万元以上的。

（8）违法发放贷款罪：根据《刑法》第186条的规定，银行或者其他金融机构及其工作人员违反国家规定发放贷款，涉嫌下列情形之一的，应予立案追诉：违法发放贷款，数额在100万元以上的。

（9）吸收客户资金不入账罪：根据《刑法》第187条的规定，银行或者其他金融机构及其工作人员吸收客户资金不入账，涉嫌下列情形之一的，应予立案追诉：吸收客户资金不入账，数额在100万元以上的。

（10）违规出具金融票证罪：根据《刑法》第188条的规定，银行或者其他金融机构及其工作人员违反规定，为他人出具信用证或者其他保函、票据、存单、资信证明，涉嫌下列情形之一的，应予立案追诉。违反规定为他人出具信用证或者其他保函、票据、存单、资信证明，数额在 100 万元以上的。

（11）对违法票据承兑、付款、保证罪：根据《刑法》第 189 条的规定，银行或者其他金融机构及其工作人员在票据业务中，对违反《票据法》规定的票据予以承兑、付款或者保证，造成直接经济损失数额在 20 万元以上的，应予立案追诉。

（12）非法转让、倒卖土地使用权罪（见《刑法》第 228 条）。

（13）私自开拆、隐匿、毁弃邮件、电报罪（刑法第 253 条）。

（14）职务侵占罪：根据《刑法》第 271 条第 1 款的规定，职务侵占罪中的"数额较大""数额巨大"的数额起点，按照最高人民法院、最高人民检察院《关于办理贪污贿赂刑事案件适用法律若干问题的解释》关于贪污罪相对应的数额标准规定的 2 倍、5 倍执行。

（15）挪用资金罪：根据《刑法》第 272 条的规定，公司、企业或者其他单位的工作人员，利用职务上的便利，挪用本单位资金归个人使用或者借贷给他人，涉嫌下列情形之一的，应予立案追诉：挪用本单位资金数额在 1 万元至 3 万元以上，超过 3 个月未还的。

（16）故意延误投递邮件罪：根据《刑法》第 304 条的规定，邮政工作人员严重不负责任，故意延误投递邮件，涉嫌下列情形之一的，应予立案追诉：造成直接经济损失 2 万元以上的。

（17）泄露不应公开的案件信息罪（见《刑法》第 308 条之一第 1 款）。

（18）披露、报道不应公开的案件信息罪（见《刑法》第 308 条之一第 3 款）。

（19）接送不合格兵员罪（见《刑法》第 374 条）。

此外，《刑法》第 128 条第 2 款规定的非法出租、非法出借枪支罪；《刑法》第 129 条规定的丢失枪支不报罪，也应当由监察委管辖。

三、职务犯罪的管辖权

原来职务犯罪的管辖权隶属于检察院反贪局负责立案、侦办、起诉，对于犯罪事实清楚、证据确凿的起诉至法院判决；对于轻度违规违纪违法者免予刑事处罚。2018 年 3 月 20 日，《监察法》实施后，检察院反贪局整体转隶监察委系统，目前监察委主管的犯罪有 88 项。公职人员职务犯罪的管辖权整体转归监察委，由监察委负责立案审查调查、移送司法。

为了规避职务犯罪案件审理期间的人为干扰和权利干预，很多重大案件和涉及高级别领导职务犯罪的案件审理大多采取"异地管辖"模式。异地管辖法院如何选择，有哪些特殊要求？为排除当地对司法审判的干扰，人民法院明确了指定异地审判原则。对曾经担任一定级别领导干部的职务犯罪案件，原则上不由其原任职地法院审判，而由上级法院指定其他地区的法院进行异地审判。

四、职务犯罪定罪量刑的客观依据与原则

职务犯罪的客体要件：侵害的是国家对职务活动的管理职能。职务犯罪量刑标准之职务犯罪的客观要件。我国法律规定职务犯罪客观要件主要有以下三种：一是利用职务之便；二是滥用职权；三是严重不负责任，不履行或不正确履行职务。

五、职务犯罪调查与司法审理考量的四大因素

1. 犯罪事实为依据

犯罪事实是客观存在的有关犯罪的各种情况的总和，所有的法律都要以犯罪事实为定性处罚的依据。

2. 犯罪情节严重性考量

职务犯罪次数多、造成损失大（比如受贿金额高、安全生产事故导致死亡人数多）、涉及面广等均为衡量情节严重程度的要素。《刑法》第387条规定的"情节严重"是指具有以下情形之一：①受贿数额在10万元以上的；②给国家和社会利益造成重大损失的；③故意刁难、要挟有关单位、个人，造成恶劣影响的；④强行索取财物或多次受贿，数额达到5万元以上的；⑤拒不交代罪行，积极转移、隐匿罪证，订立攻守同盟的。

3. 被审查调查人的配合度（对认罪认罚者从宽）

主要是指被调查审查人的态度和对办案人员的配合的主动性衡量。被调查审查人的配合度高并且积极退赃、挽回损失，可以客观降低办案难度和节约办案资源、减少国家财产与信誉损失。根据《监察法》第31条的规定，监察机关对涉嫌职务犯罪的被调查人提出从宽处罚建议的规定。涉嫌职务犯罪的被调查人主动认罪认罚，有下列情形之一的，监察机关经领导人员集体研究，并报上一级监察机关批准，可以在移送检察院时提出从宽处罚的建议：

①自动投案，真诚悔罪悔过的；②积极配合调查工作，如实供述监察机关还未掌握的违法犯罪行为的；③积极退赃，减少损失的；④具有重大立功表现或者案件涉及国家重大利益等情形的。本条是关于监察机关对涉嫌职务犯罪的被调查人提出从宽处罚建议的规定。

最高人民法院、最高人民检察院、公安部等《印发〈关于在部分地区开展刑事案件认罪认罚从宽制度试点工作的办法〉的通知》也可以与《监察法》衔接，充分体现"惩前毖后、治病救人"的精神。规定的主要目的是鼓励被调查人犯罪后改过自新、将功折罪，积极配合监察机关的调查工作，争取宽大处理。为监察机关顺利查清案件提供有利条件，节省人力物力，提高反腐败工作的效率。

4. 犯罪行为对社会造成的危害与影响

职务犯罪的危害性主要表现为以下几个方面：①严重破坏了社会主义民主政治。滥用职权或失职渎职，就会对社会主义民主政治造成严重破坏。②严重践踏了社会主义法制。国家机关及其工作人员是执法者，必须严格依法办事。如果执法犯法，就会严重损害社会主义法律的统一、正确实施和法律尊严。③严重破坏了国家机器的正常运转。④涉嫌职务犯罪的被调查人不仅自身犯罪，还教唆、带动其他干部腐败，破坏一个单位或者一个地方的政治生态。⑤属于群体性、塌方式腐败窝案，对社会造成恶劣的负面影响。社会危害大、影响恶劣者，将从重处罚。

六、关于被审查调查人投案的认定

监察机关可根据以下情形认定为自动投案：①被调查人犯罪以后，犯罪事实未被监察机关发现以前；或者犯罪事实虽被发现，但不知何人所为；或者犯罪事实和被调查人均已被发现，但是尚未受到监察机关的询问、讯问或者尚未采取留置措施之前，主动到监察机关或者所在单位、基层组织等投案，接受调查。②被调查人犯罪后逃到异地，又向异地的监察机关投案的，以及被调查人因患病、身受重伤，委托他人先行代为投案的。③被调查人在投案的途中被捕获，查证属实的。④被调查人投案并非完全出于自己主动，而是经亲友劝告，由亲友送去投案。但是，被调查人投案后又逃跑的，不能认定为自动投案。

七、监督执纪办案的四种方式与案件受理处置流程

2019 年新修订的《中国共产党纪律检查机关监督执纪工作规则》规定了四类方式：①谈话函询；②初步核实；③暂存待查；④予以了结。纪委监察委受理案件处置流程：①受理与谈话函询；②初步核实拟立案审查调查；③立案；④审查调查；⑤审理（复核）；⑥移送检察院；⑦司法诉讼程序，法院庭审、答辩、举证与其他刑事诉讼案件程序相同。

第七章 CHAPTER 07
涉企专业法律

第一节 《公司法》（摘要与问答）

一、《公司法》摘要

《公司法》是为了规范公司的组织行为，保护公司、股东和债权人的合法权益，维护社会经济秩序，促进市场经济发展而制定的法律。1993 年 12 月 29 日第八届全国人大第五次会议通过，1999 年、2004 年、2005 年、2013 年、2018 年多次修正修订。

二、《公司法》疑难解析

1. 股东监督权的行使

《公司法》第 33 条第 1 款规定："股东有权查阅、复制公司章程、股东会会议记录、董事会会议决议、监事会会议决议和财务会计报告。"股东是公司财产的最终所有人，依法享有股东权利，有权了解公司财产的使用情况及有关的经营事项。因此，对反映公司财产使用情况和经营决策的有关资料，有权对公司会计账簿进行查阅、复制。本法也规定了公司拒绝查阅的权利。股东有权查阅、复制的公司资料有：公司章程、股东会会议记录、董事会会议决议、监事会会议决议和公司财务会计报告。其中，公司章程是公司股东之间的协议，也是公司的活动依据，同时也是公司登记的必备事项；股东会会议记录是关于公司重大经营决策的记录，是公司日常经营活动的依据。股东要行使经营决定权，了解公司的经营方针、发展计划和重要人事任免等情况，可以查阅和复制股东会会议记录；董事会会议决议和监事会会议决议是有关公司进行生产经营决策、执行和监督的重要书面文件，股东要全面了解公司情况，也可以查阅和复制董事会会议决议和监事会会议决议；公司财务会计报告是综合反映公司财务状况和经营成果的书面文件，按照会计法及有关法律的规定，有限责任公司应当于每一会计年度终了时依法制作财务会计报告。财务会计报告由会计报表及财务情况说明书及会计报表附注等有关文件组成，具体包括资产负债表、损益表、现金流量表等。查阅财务会计报告，是股东了解公司财产使用情况，监督管理公司经营活动的必要前提。股东可以查阅和复制财务会计报告。

《公司法》第33条第2款对股东查阅会计账簿权利作出了规定，公司在接到股东书面请求后，有合理根据认为股东查阅会计账簿有不正当目的，可能损害公司利益的，可以拒绝提供查阅。股东在收到公司拒绝提供查阅的书面答复后，可以行使司法救济权，请求人民法院要求公司提供股东需要查阅的会计账簿。2021年1月1日起施行的最高人民法院《关于适用〈中华人民共和国公司法〉若干问题的规定（四）》第9条规定："公司章程、股东之间的协议等实质性剥夺股东依据公司法第三十三条、第九十七条规定查阅或者复制公司文件材料的权利，公司以此为由拒绝股东查阅或者复制的，人民法院不予支持。"

2. 股东的收益权保护

《公司法》第34条规定："股东按照实缴的出资比例分取红利；公司新增资本时，股东有权优先按照实缴的出资比例认缴出资。但是，全体股东约定不按照出资比例分取红利或者不按照出资比例优先认缴出资的除外。"本条是关于股东收益权和优先认缴出资权的规定。股东作为投资人，其投资的目的就是获得利润。公司的利润，在缴纳各种税款及依法提取法定公积金之后，是可以向股东分配的红利。股东依法履行出资义务后，其依据自己的出资享有分取红利的权利受法律保护，任何人都不得非法限制或者剥夺股东的这项权利。根据公司法的一般原则，股东分取红利的比例应当与股东实缴的出资比例一致，也就是股东应当按照实缴的出资比例分取红利。

有限责任公司的股东有权优先认缴公司新增资本。现有股东不认缴时，其他投资者认缴，增加新的股东。公司新增注册资本后要依法向公司登记机关办理变更登记，并向认缴新增资本的股东签发出资证明书。公司新增股东后，应在股东名册上作出记载。最高人民法院《关于适用〈中华人民共和国公司法〉若干问题的规定（四）》第14条规定："股东提交载明具体分配方案的股东会或者股东大会的有效决议，请求公司分配利润，公司拒绝分配利润且其关于无法执行决议的抗辩理由不成立的，人民法院应当判决公司按照决议载明的具体分配方案向股东分配利润。"第 15 条规定："股东未提交载明具体分配方案的股东会或者股东大会决议，请求公司分配利润的，人民法院应当驳回其诉讼请求，但违反法律规定滥用股东权利导致公司不分配利润，给其他股东造成损失的除外。"

3. 股东大会的决议方式

《公司法》第 103 条规定："股东出席股东大会会议，所持每一股份有一表决权。但是，公司持有的本公司股份没有表决权。股东大会作出决议，必须经出席会议的股东所持表决权过半数通过。但是，股东大会作出修改公司章程、增加或者减少注册资本的决议，以及公司合并、分立、解散或者变更公司形式的决议，必须经出席会议的股东所持表决权的三分之二以上通过。"本条是对股东所持股份的表决权和股东大会决议方法的规定。

股东的表决权是股东对于股东大会决议事项表达赞成或否决的意思表示而参与决议的权利。股份有限公司为资合公司，由股东投入的划分为等额股份的资本构成。股东投入公司的资本的多少，股东在公司中享有的权利的多少，都是以股东所持股份的数额表示的。因此，股份有限公司股东在股东大会的表决权不是按参加会议的股东人数来计算，而是以股东所持股份数来计算，除特殊情况外，股东所持每一股份有一表决权，这是股份有限公司同股同权特性的体现。

股份有限公司的股东人数通常多，且股东仅以其出资为限对公司承担责任，因此股东大会决议采用多数决方式，不必全体股东一致同意。同时，股东大会决议事项对公司及股东的利益影响有轻有重，法律依此规定了不同的决议方法：①一般决议（又称为普通决议）只需出席会议的股东所持表决权的简单多数通过即可。当然，无表决权股份不应计入公司股份总数，也不得参加表决。②对于修改公司章程、增加或者减少注册资本、合并、分立、解散或者变更公司形式这些重大事项的决议，必须经出席会议的股东所持表决权的 2/3 以上通过，是为特别决议程序。对于特别决议所须表决权数，有些国家的公司法要求更高，须为出席股东会议的股东所持表决权的 3/4 以上通过。这里需要指出的是，对于股东大会决议的表决，本条未规定出席会议的股东应持有最低股份数。股东大会可经出席会议的股东进行表决，按照法定所需表决权数做出决议。这样便于股东大会做出决议，可以提高公司决策的效率。

4. 公司表决无效的认定

2021 年 1 月 1 日起施行的最高人民法院《关于适用〈中华人民共和国公司法〉若干问题的规定（四）》第 5 条规定："股东会或者股东大会、董事会决议存在下列情形之一，当事人主张决议不成立的，人民法院应当予以支持：（一）公司未召开会议的，但依据公司法第三十七条第二款或者公司章程规定可以不召开股东会或者股东大会而直接作出决定，并由全体股东在决定文件上签名、盖章的除外；（二）会议未对决议事项进行表决的；（三）出席会议的人数或者股东所持表决权不符合公司法或者公司章程规定的；（四）会议的表决结果未达到公司法或者公司章程规定的通过比例的；（五）导致决议不成立的其他情形。"

5. 对股东"不正当目的"的认定

最高人民法院《关于适用〈中华人民共和国公司法〉若干问题的规定（四）》第 8 条规定："有限责任公司有证据证明股东存在下列情形之一的，人民法院应当认定股东有公司法第三十三条第二款规定的'不正当目的'：（一）股东自营或者为他人经营与公司主营业务有实质性竞争关系业务的，但公司章程另有规定或者全体股东另有约定的除外；（二）股东为了向他人通报有关信息查阅公司会计账簿，可能损害公司合法利益的；（三）股东在向公司提出查阅请求之日前的三年内，曾通过查阅公司会计账簿，向他人通报有关信息损害公司合法利益的；（四）股东有不正当目的的其他情形。"

6. 股东、高管和第三方机构泄密责任认定

最高人民法院《关于适用〈中华人民共和国公司法〉若干问题的规定（四）》第 11 条规定："股东行使知情权后泄露公司商业秘密导致公司合法利益受到损害，公司请求该股东赔偿相关损失的，人民法院应当予以支持。根据本规定第十条辅助股东查阅公司文件材料的会计师、律师等泄露公司商业秘密导致公司合法利益受到损害，公司请求其赔偿相关损失的，人民法院应当予以支持。"

最高人民法院《关于适用〈中华人民共和国公司法〉若干问题的规定（四）》第 12 条规定："公司董事、高级管理人员等未依法履行职责，导致公司未依法制作或者保存公司法第三十三条、第九十七条规定的公司文件材料，

给股东造成损失，股东依法请求负有相应责任的公司董事、高级管理人员承担民事赔偿责任的，人民法院应当予以支持。"

7. 股东请求公司分配利润案件公司列为被告的认定

最高人民法院《关于适用〈中华人民共和国公司法〉若干问题的规定（四）》第13条规定："股东请求公司分配利润案件，应当列公司为被告。一审法庭辩论终结前，其他股东基于同一分配方案请求分配利润并申请参加诉讼的，应当列为共同原告。"

8. 关于有限责任公司股权转让

最高人民法院《关于适用〈中华人民共和国公司法〉若干问题的规定（四）》第17条规定："有限责任公司的股东向股东以外的人转让股权，应就其股权转让事项以书面或者其他能够确认收悉的合理方式通知其他股东征求同意。其他股东半数以上不同意转让，不同意的股东不购买的，人民法院应当认定视为同意转让。经股东同意转让的股权，其他股东主张转让股东应当向其以书面或者其他能够确认收悉的合理方式通知转让股权的同等条件的，人民法院应当予以支持。经股东同意转让的股权，在同等条件下，转让股东以外的其他股东主张优先购买的，人民法院应当予以支持，但转让股东依据本规定第二十条放弃转让的除外。"

9. 有限责任公司股权转让股东有优先购买权

最高人民法院《关于适用〈中华人民共和国公司法〉若干问题的规定（四）》第19条规定："有限责任公司的股东主张优先购买转让股权的，应在收到通知后，在公司章程规定的行使期间内提出购买请求。公司章程没有规定行使期间或规定不明确的，以通知确定的期间为准，通知确定的期间短于三十日或者未明确行使期间的，行使期间为三十日。"第20条规定："有限责任公司的转让股东，在其他股东主张优先购买后又不同意转让股权的，对其他股东优先购买的主张，人民法院不予支持，但公司章程另有规定或者全体股东另有约定的除外。其他股东主张转让股东赔偿其损失合理的，人民法院应当予以支持。"第21条规定："有限责任公司的股东向股东以外的人转让股权，未就其股权转让事项征求其他股东意见，或者以欺诈、恶意串通等手段，损害其他股东优先购买权，其他股东主张按照同等条件购买该转让股权的，人民法院应当予以支持，但其他股东自知道或者应当知道行使优先购买权的同等条件之日起三十日内没有主张，或者自股权变更登记之日起超过一年的除外。前款规定的其他股东仅提出确认股权转让合同及股权变动效力等请求，未同时主张按照同等条件购买转让股权的，人民法院不予支持，但其他股东非因自身原因导致无法行使优先购买权，请求损害赔偿的除外。股东以外的股权受让人，因股东行使优先购买权而不能实现合同目的的，可依法请求转让股东承担民事责任。"

10. 公司独立权利的理解

公司法规定，公司具有"三个层面的独立权利"：独立财产、独立人格、独立责任。

11. 公司股东滥用权利的责任

《公司法》规定，公司股东不得滥用公司股东权利损害公司或其他股东的利益，由此造成损失的依法承担赔偿责任；股东滥用公司法人独立地位和股东有限责任，逃避债务，严重损害公司债权人利益的，对公司债务承担连带责任。

控股股东、实际控制人、董事监事以及高管人员不得利用关联关系损害公司利益，否则要承担赔偿责任。

12. 公司大会决议违背法规者无效

根据《公司法》规定，股东会或股东大会、董事会决议内容违反法律、行政法规的无效；召集程序和表决方式违反法律、行政法规、公司章程或决议内容违反公司章程的，股东可以自决议作出之日起 60 日内请求人民法院撤销，人民法院可以应公司请求要求股东提供担保。

13. 可追加公司股东为被执行人的法定情形

根据最高人民法院《关于民事执行中变更、追加当事人若干问题》的规定，公司股东为被执行人的法定情形如下：①作为被执行人的个人独资企业，不能清偿生效法律文书确定的债务，申请执行人申请变更、追加其出资人为被执行人的，人民法院应予支持。个人独资企业出资人作为被执行人的，法院可以直接执行该个人独资企业的财产。个体工商户的字号为被执行人的，人民法院可以直接执行该字号经营者的财产。②作为被执行人的合伙企业，不能清偿生效法律文书确定的债务，申请执行人申请变更、追加普通合伙人为被执行人的，人民法院应予支持。作为被执行人的有限合伙企业，财产不足以清偿生效法律文书确定的债务，申请执行人申请变更、追加未按期足额缴纳出资的有限合伙人为被执行人，在未足额缴纳出资的范围内承担责任的，人民法院应予支持。③作为被执行人的法人分支机构，不能清偿生效法律文书确定的债务，申请执行人申请变更、追加该法人为被执行人的，人民法院应予支持。法人直接管理的责任财产仍不能清偿债务的，人民法院可以直接执行该法人其他分支机构的财产。作为被执行人的法人，直接管理的责任财产不能清偿生效法律文书确定债务的，人民法院可以直接执行该法人分支机构的财产。④个人独资企业、合伙企业、法人分支机构以外的非法人组织作为被执行人，不能清偿生效法律文书确定的债务，申请执行人申请变更、追加依法对该非法人组织的债务承担责任的主体为被执行人的，人民法院应予支持。⑤作为被执行人的营利法人，财产不足以清偿生效法律文书确定的债务，申请执行人申请变更、追加未缴纳或未足额缴纳出资的股东、出资人或依公司法规定对该出资承担连带责任的发起人为被执行人，在尚未缴纳出资的范围内依法承担责任的，人民法院应予支持。作为被执行人的营利法人，财产不足以清偿生效法律文书确定的债务，申请执行人申请变更、追加抽逃出资的股东、出资人为被执行人，在抽逃出资的范围内承担责任的，人民法院应予支持。⑥作为被执行人的公司，财产不足以清偿生效法律文书确定的债务，其股东未依法履行出资义务即转让股权，申请执行人申请变更、追加该原股东或依公司法规定对该出资承担连带责任的发起人为被执行人，在未依法出资的范围内承担责任的，人民法院应予支持。⑦作为被执行人的一人有限责任公司，财产不足以清偿生效法律文书确定的债务，股东不能证明公司财产独立于自己的财产，申请执行人申请变更、追加该股东为被执行人，对公司债务承担连带责任的，人民法院应予支持。⑧作为被执行人的公司，未经清算即办理注销登记，导致公司无法进行清算，申请执行人申请变更、追加有限责任公司的股东、股份有限公司的董事和控股股东为被执行人，对公司债务承担连带清偿责任的，人民法院应予支持。⑨作为被执行人的法人或非法人组织，被注销或出现被吊销营业执照、被撤销、被责令关闭、歇业等解散事由后，其股东、出资人或主管部门无偿接受其财产，致使该被执行人无遗留财产或遗留财产不足以清偿债务，申请执行人申请变更、追加该股东、出资人或主管部门为被执行人，在接受的财产范围内承担责任的，人民法院应予支持。⑩作为被执行人的法人或非法人组织，未经依法清算即办理注销登记，在登记机关办理注销登记时，第三人书面承诺对被执行人的债务承担清偿责任，申请执行人申请变更、追加该第三人为被执行人，在承诺范围内承担清偿责任的，人民法院应予支持。

14. 公司注册资金并非越多越好

企业是否有实力，不是看注册资金，大家都知道注册资金是认缴的，并不能证明经济实力。专业程度、品牌和商业信誉更重要。公司注册资金越大，风险越大，责任越大。一般行业的普通公司注册资金 20 万至 50 万元就行。为了规避风险，可以先注册一个 20 万的公司，然后再以这个公司为控股股东注册一个资金巨大的公司。将来万一"大"公司破产，其大股东只需要对 20 万元承担责任。

15. 董事长自作主张造成损失应该赔偿

公司董事长自作主张导致公司损失，有几种方法可以让其承担赔偿责任：①如董事长不承担赔偿责任，可以让监事向法院提起诉讼；②如公司监事不配合，股东可以自己向人民法院提起诉。

16. 企业应注意规避印章管理的法律风险

某公司员工写了一张百万的欠条，加盖的是公司印章，最后公司被告上法庭。为了防范法律风险，公司印章保管要严格，建议采取以下措施避免风险：①购买有电子记录与跟踪功能的智能印章，印章带到任何地方，曾经被使用过都可以查询；②减少公司的印章数量，除了公章、发票专用章以外，其他印章尽量减少；③电子机器刻制的橡皮印章容易仿造，要做特殊的划痕印记，比如人工做出细微不易察觉的划痕；④印章使用申请，有严格的审批制度和签字台账，有备案；⑤印章专柜存放专区设置，管章与用章职权分离，用章审批、使用签字不能是同一人；⑥禁止印空白的文件和介绍信，禁止单人携带印章外出使用。

17. 注册公司认缴与实缴资本的区别

注册公司认缴与实缴资本有如下区别：认缴是不交钱认缴，理论上可以永远不交钱。但认缴的缺点是，公司注册实缴和认缴股东的权利不同。两种股东不可能有同等的表决权。认缴股东要想有决策权就应该实缴。法律讲究的是公平、公正、公开。虚报注册资金是违法违规行为，一旦诉讼败诉将被法院纳入被执行人失信名单。

18. 律师凭律师证、函可以查阅企业原始档案

根据国家市场监督管理局企业注册局通知，自 2020 年 7 月 13 日起，律师凭律师证、律师事务所开具的与承办法律事务有关的文件（介绍信应当写明

所承办的法律事务)、承诺书,即可查询核准登记企业的全部原始登记档案资料。律所调查取证权得到充分保障。

第二节 《企业所得税法》

一、《企业所得税法》简介

《企业所得税法》是为了使中国境内企业和其他取得收入的组织缴纳企业所得税制定的法律。由第十届全国人民代表大会第五次会议于 2007 年 3 月 16 日通过。2017 年 2 月 24 日第一次修正,2018 年 12 月 29 日第二次修正。

二、企业与企业家涉税问题解答

1. 企业主有哪些节税技巧?

【答】企业主需要用钱,从公司直接拿钱需要交 20% 的分红税后才能拿。企业主可以和儿子另外重新注册一家公司,然后用这个新公司控股现在的公司,这样企业主现在的公司盈利后的分红转到新公司就不用缴纳 20% 的所得税。因为这家公司就是企业主的,企业主需要用车,直接用这家公司买就行,然后还能买好多其他需要的东西。这些都可以作为经营性开支入账,计入企业成本。达到合法避税目的。

2. 公司偷漏税法定代表人一定担责吗?

【答】我们一般认为公司偷税漏税,企业法定代表人一定会承担法律责任,甚至要坐牢。如果企业纳税事务由财务总监和总经理主导,而法定代表人或者董事长没有参与做假账偷漏税,也没有安排经办人行使偷税行为,没有相关证据证明法定代表人参与偷漏税,法定代表人就不需要承担刑事责任,但是属于单位犯罪需要公司承担罚款。

3. 企业所得税 12 项费用扣除的比例是多少?

【答】企业所得税 12 项费用扣除的比例如下:①合理的工资、薪金支出扣除比例:100%。②职工福利费支出扣除比例:14%。企业发生职工福利费不超过工资薪金总额 14% 的部分,准予扣除。③职工教育经费支出扣除比例:8%。④工会经费支出扣除比例:2%。⑤研发费用支出加计扣除比例:75%。⑥补充养老保险和补充医疗保险支出扣除比例:5%。⑦业务招待费支出:企业发生的与生产经营活动有关的业务招待费支出，按照发生额的60%扣除，但最高不得超过当年销售（营业）收入的5‰。⑧广告费和业务宣传费支出扣除比例：不超过当年销售（营业）收入15%的部分，准予扣除；超过部分，准予在以后纳税年度结转扣除30%。⑨公益性捐赠支出扣除比例：12%，企业超过年度利润总额12%的部分，准予结转以后三年内在计算应纳税所得额时扣除。⑩手续费和佣金支出扣除比例：5%。超过部分，不得扣除。⑪企业责任保险支出扣除比例：100%，企业参加雇主责任险、公众责任险等责任保险，按照规定缴纳的保险费，准予在企业所得税税前扣除。⑫党组织工作经费支出扣除比例：1%，党组织工作经费不超过职工年度工资薪金总额1%的部分，可以据实在企业所得税前扣除。

4. 哪些项目可以征缴公民个税时扣除？

【答】虽然我国个人所得税起征点是5000元，但是公民月收入1万也不一定要交个税。因为以下费用可以在征税前扣除：①子女教育费，每个子女每月1000元；②继续教育费每月400元；③住房贷款利息每月1000元；④每月住房租金800元至1500元；⑤每月赡养老人独生子女2000元；非独生子女跟兄弟姐妹分摊父母赡养费每月2000元；⑥大病医疗保险费。

5. 公司账户款项如何合法地转入私人账户？

【答】有以下几种情形，公司账户款项可以转入私人账户：①支付员工工资和个人劳务报酬；②支付员工的报销款；③支付备用金；④支付向自然人采购物品货款；⑤归还个人的借款；⑥支付个人的赔偿金；⑦股东利润分配；⑧个人独资企业利润分配。除以上八种情况，对公账户不得转为私人账户。否则，有可能涉嫌偷漏税。

6. 开了增值税发票对方不打款怎么办？

【答】税务局已经考虑到有这种情况的出现，专门为这种情况设计了解决方案。那就是，开销项负数的红字发票，比如说企业开了200万的发票给对方，可对方不付款，反而拿着企业的发票去税局进行了结算的话，那么对方就违规在先，这时开票方就可以开一张200万元的红字发票冲抵。这样做有两大好处：①可以避免出票方在没有收到进项款的情况下，平白无故地多缴税款；②通过开红字发票，可以倒逼税务局去追查对方公司那张抵扣发票，追查对方公司为什么不给出票的公司付款和违规抵扣的行为，这种违规属于对方的错误。

7. 生产性生物资产是否可以计提折旧?

【答】生产性生物资产是有生命的动物或植物,公司院内的绿化名贵林木,工厂看护的名犬(比如藏獒)等,工业企业的苹果树,牛奶场或者奶粉厂的奶牛等。这些动物、植物都可以计提固定资产折旧。因为这些在资产分类上相当于固定资产,所以企业做账时可以计提折旧。

8. 企业常用的节税方法有哪些?

【答】通过收入方式和时间、计算方法达到节税目的:①选择销售收入的结算方式。不同的结算方式其收入确认时间有不同标准。通过选择适当的销售结算方式,控制收入确认的时间,可以合理归属所得年度,以达到减税或延缓纳税目的。②选择适当的收入确认时点。企业可通过推迟收款时间或推迟提货单的交付时间,把收入确认时点延至次年,以便获得延迟纳税的好处。③选择适当的劳务收入计算方法。考虑税收因素的影响,长期合同工程的收益计算可采用完成合同法。

选择利于企业成本、费用的确认和计算方式。①选择适当的存货计价方法。可采用适当的存货计价方法在期末存货与已售货物间分配成本。存货计价是调整应税利润的有力工具,选择最有利的存货计价方法可达到节税目的。②选择适当的折旧计入产品成本的方法。对直接关系到企业当期成本、费用的大小、利润的高低和应纳所得税最好选择最佳折旧的方法计算折旧。

通过成本、费用的分摊与列支提高成本值,以最大限度抵消利润少缴税。①费用分摊法:企业有多项费用开支项目比如劳务费、管理费定额、损耗标准、各种补贴,实现费用摊入成本最大化。②费用列支法。已发生的费用应及时核销入账。

通过盈亏弥补节税。盈亏弥补是准许企业在一定时期以某一年度的亏损去抵以后年度的盈余,以减少以后年度的应纳税额。但这种办法需以企业有亏损发生为前提,否则就不具有鼓励的效果,只能适用于企业所得税。

9. 企业或者个人账户进账多少会被纳入监管?

【答】目前银行对大额支付和可疑交易都会进行监控,并履行大额交易和可疑交易报告义务,向中国反洗钱监测分析中心报送大额交易和可疑交易报告。以下三种情况会被重点监管:①法人、其他组织和个体工商户(以下统称单位)之间金额100万元以上的单笔转账支付;②金额20万元以上的单笔现金收付,包括现金缴存、现金支取和现金汇款、现金汇票、现金本票结付;

③个人银行结算账户之间以及个人银行结算账户与单位银行结算账户之间金额 10 万元以上的款项划转。另外，银行发现或者有合理理由怀疑客户、客户的资金或者其他资产、客户的交易或者试图进行的交易与洗钱、恐怖融资等犯罪活动相关的，不论所涉资金金额或者资产价值大小，应当提交可疑交易报告。

10. 哪种情况公户转私户没有财务风险？

【答】①甲属于有限公司将对公账户上的资金在每月的工资发放日逐一通过银行代发到每个员工的个人卡上，甲公司已经依法履行了代扣个税的义务。②甲属于一家个人独资企业，定期会将扣除费用、缴纳完经营所得个税后的利润通过对公账户打给个人独资企业的负责人。③甲有限公司将对公账户上的资金打给业务员用于出差的备用金，出差回来后实报实销、多退少补。④甲有限公司将对公账户上的资金打给股东个人，这笔资金元已经是缴纳完了20%股息红利个税后的分红所得。⑤甲有限公司通过对公账户支付授课老师的讲课费转入老师个人卡中，这笔资金已经是缴纳完了劳务报酬所得个税后的税后报酬。⑥甲有限公司向个人采购一批物品，取得了自然人在税务部门代开的发票，甲有限公司通过对公账户把货款转入自然人的个人卡中。⑦甲有限公司通过对公账户把资金转入老板个人卡中，这笔资金用来偿还之前公司向个人的借款。以上转账均可规避税务法律风险。

第三节　《劳动合同法》

一、《劳动合同法》简介

《劳动合同法》由中华人民共和国第十届全国人民代表大会常务委员会第二十八次会议于 2007 年 6 月 29 日通过，2008 年 1 月 1 日起施行，2012 年 12 月 28 日修正。

二、最高人民法院《关于审理劳动争议案件适用法律问题的解释（一）》

最高人民法院《关于审理劳动争议案件适用法律问题的解释（一）》，2020 年 12 月 25 日最高人民法院审判委员会第 1825 次会议通过，自 2021 年 1 月 1 日起施行。

具体规定摘要如下：

第1条　劳动者与用人单位之间发生的下列纠纷，属于劳动争议，当事人不服劳动争议仲裁机构作出的裁决，依法提起诉讼的，人民法院应予受理：

（一）劳动者与用人单位在履行劳动合同过程中发生的纠纷；

（二）劳动者与用人单位之间没有订立书面劳动合同，但已形成劳动关系后发生的纠纷；

（三）劳动者与用人单位因劳动关系是否已经解除或者终止，以及应否支付解除或者终止劳动关系经济补偿金发生的纠纷；

（四）劳动者与用人单位解除或者终止劳动关系后，请求用人单位返还其收取的劳动合同定金、保证金、抵押金、抵押物发生的纠纷，或者办理劳动者的人事档案、社会保险关系等移转手续发生的纠纷；

（五）劳动者以用人单位未为其办理社会保险手续，且社会保险经办机构不能补办导致其无法享受社会保险待遇为由，要求用人单位赔偿损失发生的纠纷；

（六）劳动者退休后，与尚未参加社会保险统筹的原用人单位因追索养老金、医疗费、工伤保险待遇和其他社会保险待遇而发生的纠纷；

（七）劳动者因为工伤、职业病，请求用人单位依法给予工伤保险待遇发生的纠纷；

（八）劳动者依据劳动合同法第八十五条规定，要求用人单位支付加付赔偿金发生的纠纷；

（九）因企业自主进行改制发生的纠纷。

第2条　下列纠纷不属于劳动争议：

（一）劳动者请求社会保险经办机构发放社会保险金的纠纷；

（二）劳动者与用人单位因住房制度改革产生的公有住房转让纠纷；

（三）劳动者对劳动能力鉴定委员会的伤残等级鉴定结论或者对职业病诊断鉴定委员会的职业病诊断鉴定结论的异议纠纷；

（四）家庭或者个人与家政服务人员之间的纠纷；

（五）个体工匠与帮工、学徒之间的纠纷；

（六）农村承包经营户与受雇人之间的纠纷。

第3条　劳动争议案件由用人单位所在地或者劳动合同履行地的基层人

民法院管辖。

劳动合同履行地不明确的，由用人单位所在地的基层人民法院管辖。

法律另有规定的，依照其规定。

第4条　劳动者与用人单位均不服劳动争议仲裁机构的同一裁决，向同一人民法院起诉的，人民法院应当并案审理，双方当事人互为原告和被告，对双方的诉讼请求，人民法院应当一并作出裁决。在诉讼过程中，一方当事人撤诉的，人民法院应当根据另一方当事人的诉讼请求继续审理。双方当事人就同一仲裁裁决分别向有管辖权的人民法院起诉的，后受理的人民法院应当将案件移送给先受理的人民法院。

第5条　劳动争议仲裁机构以无管辖权为由对劳动争议案件不予受理，当事人提起诉讼的，人民法院按照以下情形分别处理：

（一）经审查认为该劳动争议仲裁机构对案件确无管辖权的，应当告知当事人向有管辖权的劳动争议仲裁机构申请仲裁；

（二）经审查认为该劳动争议仲裁机构有管辖权的，应当告知当事人申请仲裁，并将审查意见书面通知该劳动争议仲裁机构；劳动争议仲裁机构仍不受理，当事人就该劳动争议事项提起诉讼的，人民法院应予受理。

第6条　劳动争议仲裁机构以当事人申请仲裁的事项不属于劳动争议为由，作出不予受理的书面裁决、决定或者通知，当事人不服依法提起诉讼的，人民法院应当分别情况予以处理：

（一）属于劳动争议案件的，应当受理；

（二）虽不属于劳动争议案件，但属于人民法院主管的其他案件，应当依法受理。

第7条　劳动争议仲裁机构以申请仲裁的主体不适格为由，作出不予受理的书面裁决、决定或者通知，当事人不服依法提起诉讼，经审查确属主体不适格的，人民法院不予受理；已经受理的，裁定驳回起诉。

第8条　劳动争议仲裁机构为纠正原仲裁裁决错误重新作出裁决，当事人不服依法提起诉讼的，人民法院应当受理。

第9条　劳动争议仲裁机构仲裁的事项不属于人民法院受理的案件范围，当事人不服依法提起诉讼的，人民法院不予受理；已经受理的，裁定驳回起诉。

第10条　当事人不服劳动争议仲裁机构作出的预先支付劳动者劳动报

酬、工伤医疗费、经济补偿或者赔偿金的裁决，依法提起诉讼的，人民法院不予受理。

用人单位不履行上述裁决中的给付义务，劳动者依法申请强制执行的，人民法院应予受理。

第11条　劳动争议仲裁机构作出的调解书已经发生法律效力，一方当事人反悔提起诉讼的，人民法院不予受理；已经受理的，裁定驳回起诉。

第12条　劳动争议仲裁机构逾期未作出受理决定或仲裁裁决，当事人直接提起诉讼的，人民法院应予受理，但申请仲裁的案件存在下列事由的除外：

（一）移送管辖的；

（二）正在送达或者送达延误的；

（三）等待另案诉讼结果、评残结论的；

（四）正在等待劳动争议仲裁机构开庭的；

（五）启动鉴定程序或者委托其他部门调查取证的；

（六）其他正当事由。

当事人以劳动争议仲裁机构逾期未作出仲裁裁决为由提起诉讼的，应当提交该仲裁机构出具的受理通知书或者其他已接受仲裁申请的凭证、证明。

第13条　劳动者依据劳动合同法第三十条第二款和调解仲裁法第十六条规定向人民法院申请支付令，符合民事诉讼法第十七章督促程序规定的，人民法院应予受理。

依据劳动合同法第三十条第二款规定申请支付令被人民法院裁定终结督促程序后，劳动者就劳动争议事项直接提起诉讼的，人民法院应当告知其先向劳动争议仲裁机构申请仲裁。

依据调解仲裁法第十六条规定申请支付令被人民法院裁定终结督促程序后，劳动者依据调解协议直接提起诉讼的，人民法院应予受理。

第14条　人民法院受理劳动争议案件后，当事人增加诉讼请求的，如该诉讼请求与讼争的劳动争议具有不可分性，应当合并审理；如属独立的劳动争议，应当告知当事人向劳动争议仲裁机构申请仲裁。

第15条　劳动者以用人单位的工资欠条为证据直接提起诉讼，诉讼请求不涉及劳动关系其他争议的，视为拖欠劳动报酬争议，人民法院按照普通民事纠纷受理。

第16条　劳动争议仲裁机构作出仲裁裁决后，当事人对裁决中的部分事项不服，依法提起诉讼的，劳动争议仲裁裁决不发生法律效力。

第17条　劳动争议仲裁机构对多个劳动者的劳动争议作出仲裁裁决后，部分劳动者对仲裁裁决不服，依法提起诉讼的，仲裁裁决对提起诉讼的劳动者不发生法律效力；对未提起诉讼的部分劳动者，发生法律效力，如其申请执行的，人民法院应当受理。

第18条　仲裁裁决的类型以仲裁裁决书确定为准。仲裁裁决书未载明该裁决为终局裁决或者非终局裁决，用人单位不服该仲裁裁决向基层人民法院提起诉讼的，应当按照以下情形分别处理：

（一）经审查认为该仲裁裁决为非终局裁决的，基层人民法院应予受理；

（二）经审查认为该仲裁裁决为终局裁决的，基层人民法院不予受理，但应告知用人单位可以自收到不予受理裁定书之日起三十日内向劳动争议仲裁机构所在地的中级人民法院申请撤销该仲裁裁决；已经受理的，裁定驳回起诉。

第19条　仲裁裁决书未载明该裁决为终局裁决或者非终局裁决，劳动者依据调解仲裁法第四十七条第一项规定，追索劳动报酬、工伤医疗费、经济补偿或者赔偿金，如果仲裁裁决涉及数项，每项确定的数额均不超过当地月最低工资标准十二个月金额的，应当按照终局裁决处理。

第20条　劳动争议仲裁机构作出的同一仲裁裁决同时包含终局裁决事项和非终局裁决事项，当事人不服该仲裁裁决向人民法院提起诉讼的，应当按照非终局裁决处理。

第21条　劳动者依据调解仲裁法第四十八条规定向基层人民法院提起诉讼，用人单位依据调解仲裁法第四十九条规定向劳动争议仲裁机构所在地的中级人民法院申请撤销仲裁裁决的，中级人民法院应当不予受理；已经受理的，应当裁定驳回申请。

被人民法院驳回起诉或者劳动者撤诉的，用人单位可以自收到裁定书之日起三十日内，向劳动争议仲裁机构所在地的中级人民法院申请撤销仲裁裁决。

第22条　用人单位依据调解仲裁法第四十九条规定向中级人民法院申请撤销仲裁裁决，中级人民法院作出的驳回申请或者撤销仲裁裁决的裁定为终审裁定。

第23条　中级人民法院审理用人单位申请撤销终局裁决的案件，应当组成合议庭开庭审理。经过阅卷、调查和询问当事人，对没有新的事实、证据或者理由，合议庭认为不需要开庭审理的，可以不开庭审理。

中级人民法院可以组织双方当事人调解。达成调解协议的，可以制作调解书。一方当事人逾期不履行调解协议的，另一方可以申请人民法院强制执行。

第24条　当事人申请人民法院执行劳动争议仲裁机构作出的发生法律效力的裁决书、调解书，被申请人提出证据证明劳动争议仲裁裁决书、调解书有下列情形之一，并经审查核实的，人民法院可以根据民事诉讼法第二百三十七条规定，裁定不予执行：

（一）裁决的事项不属于劳动争议仲裁范围，或者劳动争议仲裁机构无权仲裁的；

（二）适用法律、法规确有错误的；

（三）违反法定程序的；

（四）裁决所根据的证据是伪造的；

（五）对方当事人隐瞒了足以影响公正裁决的证据的；

（六）仲裁员在仲裁该案时有索贿受贿、徇私舞弊、枉法裁决行为的；

（七）人民法院认定执行该劳动争议仲裁裁决违背社会公共利益的。

人民法院在不予执行的裁定书中，应当告知当事人在收到裁定书之次日起三十日内，可以就该劳动争议事项向人民法院提起诉讼。

第25条　劳动争议仲裁机构作出终局裁决，劳动者向人民法院申请执行，用人单位向劳动争议仲裁机构所在地的中级人民法院申请撤销的，人民法院应当裁定中止执行。

用人单位撤回撤销终局裁决申请或者其申请被驳回的，人民法院应当裁定恢复执行。仲裁裁决被撤销的，人民法院应当裁定终结执行。

用人单位向人民法院申请撤销仲裁裁决被驳回后，又在执行程序中以相同理由提出不予执行抗辩的，人民法院不予支持。

第26条　用人单位与其它单位合并的，合并前发生的劳动争议，由合并后的单位为当事人；用人单位分立为若干单位的，其分立前发生的劳动争议，由分立后的实际用人单位为当事人。

用人单位分立为若干单位后，具体承受劳动权利义务的单位不明确的，分立后的单位均为当事人。

第27条　用人单位招用尚未解除劳动合同的劳动者，原用人单位与劳动者发生的劳动争议，可以列新的用人单位为第三人。

原用人单位以新的用人单位侵权为由提起诉讼的，可以列劳动者为第三人。

原用人单位以新的用人单位和劳动者共同侵权为由提起诉讼的，新的用人单位和劳动者列为共同被告。

第28条　劳动者在用人单位与其他平等主体之间的承包经营期间，与发包方和承包方双方或者一方发生劳动争议，依法提起诉讼的，应当将承包方和发包方作为当事人。

第29条　劳动者与未办理营业执照、营业执照被吊销或者营业期限届满仍继续经营的用人单位发生争议的，应当将用人单位或者其出资人列为当事人。

第30条　未办理营业执照、营业执照被吊销或者营业期限届满仍继续经营的用人单位，以挂靠等方式借用他人营业执照经营的，应当将用人单位和营业执照出借方列为当事人。

第31条　当事人不服劳动争议仲裁机构作出的仲裁裁决，依法提起诉讼，人民法院审查认为仲裁裁决遗漏了必须共同参加仲裁的当事人的，应当依法追加遗漏的人为诉讼当事人。

被追加的当事人应当承担责任的，人民法院应当一并处理。

第32条　用人单位与其招用的已经依法享受养老保险待遇或者领取退休金的人员发生用工争议而提起诉讼的，人民法院应当按劳务关系处理。

企业停薪留职人员、未达到法定退休年龄的内退人员、下岗待岗人员以及企业经营性停产放长假人员，因与新的用人单位发生用工争议而提起诉讼的，人民法院应当按劳动关系处理。

第33条　外国人、无国籍人未依法取得就业证件即与中华人民共和国境内的用人单位签订劳动合同，当事人请求确认与用人单位存在劳动关系的，人民法院不予支持。

持有《外国专家证》并取得《外国人来华工作许可证》的外国人，与中华人民共和国境内的用人单位建立用工关系的，可以认定为劳动关系。

第34条　劳动合同期满后，劳动者仍在原用人单位工作，原用人单位未表示异议的，视为双方同意以原条件继续履行劳动合同。一方提出终止劳动关系的，人民法院应予支持。

根据劳动合同法第十四条规定，用人单位应当与劳动者签订无固定期限劳动合同而未签订的，人民法院可以视为双方之间存在无固定期限劳动合同关系，并以原劳动合同确定双方的权利义务关系。

第35条 劳动者与用人单位就解除或者终止劳动合同办理相关手续、支付工资报酬、加班费、经济补偿或者赔偿金等达成的协议，不违反法律、行政法规的强制性规定，且不存在欺诈、胁迫或者乘人之危情形的，应当认定有效。

前款协议存在重大误解或者显失公平情形，当事人请求撤销的，人民法院应予支持。

第36条 当事人在劳动合同或者保密协议中约定了竞业限制，但未约定解除或者终止劳动合同后给予劳动者经济补偿，劳动者履行了竞业限制义务，要求用人单位按照劳动者在劳动合同解除或者终止前十二个月平均工资的30%按月支付经济补偿的，人民法院应予支持。

前款规定的月平均工资的30%低于劳动合同履行地最低工资标准的，按照劳动合同履行地最低工资标准支付。

第37条 当事人在劳动合同或者保密协议中约定了竞业限制和经济补偿，当事人解除劳动合同时，除另有约定外，用人单位要求劳动者履行竞业限制义务，或者劳动者履行了竞业限制义务后要求用人单位支付经济补偿的，人民法院应予支持。

第38条 当事人在劳动合同或者保密协议中约定了竞业限制和经济补偿，劳动合同解除或者终止后，因用人单位的原因导致三个月未支付经济补偿，劳动者请求解除竞业限制约定的，人民法院应予支持。

第39条 在竞业限制期限内，用人单位请求解除竞业限制协议的，人民法院应予支持。

在解除竞业限制协议时，劳动者请求用人单位额外支付劳动者三个月的竞业限制经济补偿的，人民法院应予支持。

第40条 劳动者违反竞业限制约定，向用人单位支付违约金后，用人单位要求劳动者按照约定继续履行竞业限制义务的，人民法院应予支持。

第41条 劳动合同被确认为无效，劳动者已付出劳动的，用人单位应当按照劳动合同法第二十八条、第四十六条、第四十七条的规定向劳动者支付劳动报酬和经济补偿。

由于用人单位原因订立无效劳动合同，给劳动者造成损害的，用人单位应当赔偿劳动者因合同无效所造成的经济损失。

第42条　劳动者主张加班费的，应当就加班事实的存在承担举证责任。但劳动者有证据证明用人单位掌握加班事实存在的证据，用人单位不提供的，由用人单位承担不利后果。

第43条　用人单位与劳动者协商一致变更劳动合同，虽未采用书面形式，但已经实际履行了口头变更的劳动合同超过一个月，变更后的劳动合同内容不违反法律、行政法规且不违背公序良俗，当事人以未采用书面形式为由主张劳动合同变更无效的，人民法院不予支持。

第44条　因用人单位作出的开除、除名、辞退、解除劳动合同、减少劳动报酬、计算劳动者工作年限等决定而发生的劳动争议，用人单位负举证责任。

第45条　用人单位有下列情形之一，迫使劳动者提出解除劳动合同的，用人单位应当支付劳动者的劳动报酬和经济补偿，并可支付赔偿金：

（一）以暴力、威胁或者非法限制人身自由的手段强迫劳动的；

（二）未按照劳动合同约定支付劳动报酬或者提供劳动条件的；

（三）克扣或者无故拖欠劳动者工资的；

（四）拒不支付劳动者延长工作时间工资报酬的；

（五）低于当地最低工资标准支付劳动者工资的。

第46条　劳动者非因本人原因从原用人单位被安排到新用人单位工作，原用人单位未支付经济补偿，劳动者依据劳动合同法第三十八条规定与新用人单位解除劳动合同，或者新用人单位向劳动者提出解除、终止劳动合同，在计算支付经济补偿或赔偿金的工作年限时，劳动者请求把在原用人单位的工作年限合并计算为新用人单位工作年限的，人民法院应予支持。

用人单位符合下列情形之一的，应当认定属于"劳动者非因本人原因从原用人单位被安排到新用人单位工作"：

（一）劳动者仍在原工作场所、工作岗位工作，劳动合同主体由原用人单位变更为新用人单位；

（二）用人单位以组织委派或任命形式对劳动者进行工作调动；

（三）因用人单位合并、分立等原因导致劳动者工作调动；

（四）用人单位及其关联企业与劳动者轮流订立劳动合同；

（五）其他合理情形。

第47条　建立了工会组织的用人单位解除劳动合同符合劳动合同法第三十九条、第四十条规定，但未按照劳动合同法第四十三条规定事先通知工会，劳动者以用人单位违法解除劳动合同为由请求用人单位支付赔偿金的，人民法院应予支持，但起诉前用人单位已经补正有关程序的除外。

第48条　劳动合同法施行后，因用人单位经营期限届满不再继续经营导致劳动合同不能继续履行，劳动者请求用人单位支付经济补偿的，人民法院应予支持。

第49条　在诉讼过程中，劳动者向人民法院申请采取财产保全措施，人民法院经审查认为申请人经济确有困难，或者有证据证明用人单位存在欠薪逃匿可能的，应当减轻或者免除劳动者提供担保的义务，及时采取保全措施。

人民法院作出的财产保全裁定中，应当告知当事人在劳动争议仲裁机构的裁决书或者在人民法院的裁判文书生效后三个月内申请强制执行。逾期不申请的，人民法院应当裁定解除保全措施。

第50条　用人单位根据劳动合同法第四条规定，通过民主程序制定的规章制度，不违反国家法律、行政法规及政策规定，并已向劳动者公示的，可以作为确定双方权利义务的依据。

用人单位制定的内部规章制度与集体合同或者劳动合同约定的内容不一致，劳动者请求优先适用合同约定的，人民法院应予支持。

第51条　当事人在调解仲裁法第十条规定的调解组织主持下达成的具有劳动权利义务内容的调解协议，具有劳动合同的约束力，可以作为人民法院裁判的根据。

当事人在调解仲裁法第十条规定的调解组织主持下仅就劳动报酬争议达成调解协议，用人单位不履行调解协议确定的给付义务，劳动者直接提起诉讼的，人民法院可以按照普通民事纠纷受理。

第52条　当事人在人民调解委员会主持下仅就给付义务达成的调解协议，双方认为有必要的，可以共同向人民调解委员会所在地的基层人民法院申请司法确认。

第53条　用人单位对劳动者作出的开除、除名、辞退等处理，或者因其他原因解除劳动合同确有错误的，人民法院可以依法判决予以撤销。

对于追索劳动报酬、养老金、医疗费以及工伤保险待遇、经济补偿金、培训费及其他相关费用等案件，给付数额不当的，人民法院可以予以变更。

三、劳动合同法疑难问答

1. 不签劳动合同有哪些法律风险？

【答】从利害关系理解，不签劳动合同对劳动者有利，对雇主不利。主动辞职的工人可以随时结算工资离职。实际上《劳动合同法》第82条第1款规定："用人单位自用工之日起超过一个月不满一年未与劳动者订立书面劳动合同的，应当向劳动者每月支付二倍的工资。"很明显，根据法律规定，不签劳动合同对企业雇主方更不利，遇到懂法的劳动者会依法获得2倍的工资。

法律规定员工可以向企业要求支付双倍工资，其诉讼时效是1年。在法律实践中，一些私人企业，往往老板口头对员工承诺报酬，不签书面合同。一旦双方发生劳资纠纷，往往是老板占主动。相比而言，外地来的劳动者多是吃亏的一方。口头协商的时候，老板更懂法规，而且有丰富的经验可以规避法律惩罚。而外来务工者往往多选择吃点亏走人的策略。

2. 签订劳动合同有什么作用？

【答】从法律角度看，签订劳动合同对劳资双方都有好处，双方的权利与义务都可以受到法律保护。而不签劳动合同，除了劳动者自认吃亏之外，只要申请劳动争议或者提起诉讼，雇主方往往会败诉。签订劳动合同后有以下好处：第一，双方的劳资关系受到合同和法律的双重制约和保护；第二，劳资双方一旦有变化可以依据合同协商；第三，劳动合同不仅可以对劳动者工资有保障，而且社会保险和其他福利也有保障，特别是工作年限和社保标准会一直影响到退休后的养老金数额。

3. 劳动合同与劳务合同有什么区别？

【答】劳动合同与劳务合同，虽然两种合同只相差一个字，但是其内容却有天壤之别。劳动合同中只要劳动合同法规定的权益，无论劳动合同中是否明确写明，劳动者都可依法享受，比如社保、休假等法定福利，在劳动合同中，不管甲方是否写明，劳动者都可以依法享有，而劳务合同中除非合同有明确的规定，否则劳动者无法享受的。因为劳务合同中，劳动者的权益是以合同中的条款约定为准的。

4. 企业增设合同工资有什么意义？

【答】为了灵活应用《劳动合同法》，建议企业把合同工资和岗位工资分开。员工上班，就发全工资；暂时没有岗位就只能让员工到人力资源部去待岗。为了不辞退员工和赔偿工资，可以在员工待岗的时候只发合同工资。企业合同工资可以参照当地最低的平均工资标准，这样可以有效降低企业用工成本。

5. 企业劳动用工方面通常有哪些风险？

【答】企业劳动用工方面，通常应该注意以下问题：①当企业生产经营遭遇困难时，不要轻易进行大幅度裁员，避免伤害留用员工的企业归属感而影响企业长远发展，同时企业应该承担应有的社会责任。②企业规章制度的制定、修改必须遵循劳动合同法的民主程序，内容必须符合法律规定，必须向劳动者公示。规章制度一旦与法律冲突，企业会面临职工随时要求解除劳动合同并提出经济补偿的风险。③企业用工必须签订劳动合同。劳动合同终止后劳动者仍在用人单位继续工作的，也应当在 1 个月内订立合同。劳动者拒不签订劳动合同的，请保留向劳动者送达要求签订合同通知书和员工签名等相关证据，以免劳动者不愿与企业签订书面劳动合同又事后要求企业支付双倍工资的惩罚性补偿。④劳动者符合订立无固定期限劳动合同情形的，要尊重劳动者的选择，按其意愿订立无固定期限劳动合同。在订立合同时可书面征询劳动者意见，若其要求订立固定期限劳动合同的，用人单位应保留劳动者同意的书面证据，避免事后劳动者反悔，因为《劳动合同法》规定，应订而未订无固定期限劳动合同的用人单位应该向劳动者支付两倍工资。⑤企业对劳动者进行专业技术培训，应当签订专项培训合同，明确双方权利和义务，减少人才流失对企业的影响；同时，企业注意保留培训费用方面的相关证据，以避免发生争议时的举证困难。⑥企业高管人员、高级技术人员和其他负有保密义务的人员签约时必须增加"竞业限制"条款，否则造成企业客户流失、知识产权被侵害、生产经营受损等，无法约束离职经理人的行为。⑦企业安排劳动者加班加点工作的，应支付加班工资。对由于工作性质、工作岗位的特点需要实行不定时工作制和综合计算工时工作制的劳动者，企业应及时申请劳动行政部门依法审批。同时注意保留经劳动者确认的考勤记录，以免在对加班事实发生争议时出现举证困难。⑧安排职工年休假是企业的义务。如果企业安排职工休年休假，但职工不愿休假的，企业应以书面形式通知职工休假，并要求职工以书面方式签字确认是否休假、何时休假，以避免发生争议时不能举证。⑨企业有义务依法为劳动者缴纳社会保险费。否则企业将可能面临劳动者要求解除劳动合同并要求经济补偿的更大风险和成本。

6. 为什么企业要依法合规进行劳动关系管理？

【答】①企业与劳动者变更劳动合同约定的工作岗位、工资报酬等内容时，企业须通过书面劳动合同、工资单、岗位变化通知书等书面形式将变更内容予以文字记载，并经劳动者确认，以免发生纠纷时企业无法举证。②企业在试用期内对劳动者有单方解除权，为确保正确行使权利，企业必须把好招聘关，明确界定录用条件并通过发送聘用函、在劳动合同中约定、在规章制度中规定等方式向劳动者公示录用条件。在试用期内做好考核工作，对不符合录用条件的劳动者及时解除合同，否则过了试用期将需要支付较高的辞退员工的成本。③企业在劳动者严重违反规章制度等情况下有单方解除权，在企业规章制度或员工手册中对严重违纪、重大损害等情形应该作出明确的量化规定，同时注意保留职工严重违纪、对企业造成重大损失的事实依据，以便发生争议时举证。④企业与劳动者解除劳动合同或劳动合同终止时，应按照法律规定的情形及程序解除或终止，并应当依法及时向劳动者支付经济补偿。否则，企业将面临加付50%至100%甚至200%经济补偿金的惩罚风险。⑤劳动者单方解除劳动合同是法律赋予的权利，企业应依法保障其辞职自由，但也应注意规范其辞职行为。企业要保留劳动者提交的辞职书等书面证据，以证明劳动者是否依法行使了合同解除权。对劳动者违反诚实信用原则并给企业造成损失的，企业可以主张劳动者赔偿直接经济损失。

7. 企业扣罚员工工资合理吗？

【答】原则上用人单位不得对员工工资进行扣罚。员工一般性违背纪律，比如迟到、早退可以扣罚奖金，不得扣罚基本工资。除非员工行为给用人单位造成了实际经济损失，或者按照规章制度的规定，用人单位可以对员工进行经济处罚，但处罚总额不得超过员工当月工资的20%。《劳动合同法》第4条第1款、第2款、第3款规定："用人单位应当依法建立和完善劳动规章制度，保障劳动者享有劳动权利、履行劳动义务。用人单位在制定、修改或者决定有关劳动报酬、工作时间、休息休假、劳动安全卫生、保险福利、职工培训、劳动纪律以及劳动定额管理等直接涉及劳动者切身利益的规章制度或者重大事项时，应当经职工代表大会或者全体职工讨论，提出方案和意见，与工会或者职工代表平等协商确定。在规章制度和重大事项决定实施过程中，工会或者职工认为不适当的，有权向用人单位提出，通过协商予以修改完善。"

8. 用人单位可以对劳动者随意调整工作其岗位吗？

【答】可以适当调整，不能随意调整。《劳动合同法》第 26 条第 1 款第 2 项规定，"下列劳动合同无效或者部分无效：……（二）用人单位免除自己的法定责任、排除劳动者权利的……"该条款规定的是用人单位排除劳动者可拒绝的权利，以此无效约定强行给劳动者调岗或解除合同，劳动者可以申请仲裁。

9. 应聘签约时要求放弃社保协议有效吗？

【答】违背法律规定的协议条款或承诺无效。社保缴纳是法律的强制性规定，用人单位在员工入职之日起就应该为员工缴纳社保，即便员工签了《放弃社保协议》或《承诺书》，仍然可以依法催促公司补缴。

10. 员工被单位拿离职证明做要挟怎么办？

【答】根据《劳动法》的规定，在员工离职时，单位必须为其办理离职证明，且离职证明上只允许注明职位离职日期等信息，不能够有任何的主观评价。所以，如果遇到单位不给开离职证明或离职证明上有不利于员工的负面评价，那么直接拿去劳动仲裁很容易胜诉。

11. 签订劳动合同时什么情况下对员工不利？

【答】劳动合同每年一签，1 年期满要终止合约协商解决，不过如果第三次签订劳动合同，根据劳动合同法规定，就必须签无固定期限合同，这样员工的权益大增，企业就处于被动地位。有些企业就变通，到 3 年期满，辞退员工，再用其他关联企业或者子公司与员工签约。协商不成员工可以拿到 2+N 工资补偿，员工连续工作 3 年能多拿 6 个月薪水。变更了合同主体，号称全球最大的某著名加工制造业，就采取这种策略规避法律处罚。还有个企业是合同期满，故意过一两个月再通知签约，时间还是重新计算，就这样每 3 年轮回一次，打法律的擦边球。

有些员工知道法律知识，可以获得更多补偿。第一，未签订劳动合同的，最高可要求支付 11 个月的双倍工资；第二，每周工作超过 40 小时的就算加班；第三，工作满 1 年的，可享受 5 天的带薪休假，如果企业不让休，可要求支付日工资的 3 倍；第四，如果发生劳动纠纷，遇到不公平的待遇可拨打 12333 进行电话举报解决。

12. 申请劳动仲裁需要什么手续？

【答】申请劳动仲裁需要准备以下材料：第一，仲裁申请书；第二，申请人的身份证明；第三，劳动关系证明；第四，被申请人的身份证明；第五，送达地址确认书。

13. 双倍工资如何计算？

【答】根据原劳动部《关于贯彻执行〈中华人民共和国劳动法〉若干问题的意见》第53条"劳动法中的'工资'是指用人单位依据国家有关规定或劳动合同的约定，以货币形式直接支付给本单位劳动者的劳动报酬，一般包括计时工资、计件工资、奖金、津贴和补贴、延长工作时间的工资报酬以及特殊情况下支付的工资等"的规定，加班工资属于劳动者工资的一部分。

14. 劳动合同仲裁和诉讼需要哪些证据？

【答】劳资双方一旦发生劳动合同纠纷，在提起劳动仲裁之前，员工一定要明确自己的诉求，并把诉求一一罗列出来，诉求一定要清晰，要有明确的计算方式，不要写什么精神损失费之类的威胁的诉求，不会得到支持；其次是根据主要诉求准备证据。如果员工的诉求没有证据支撑，很难得到仲裁机构的支持。采取仲裁和诉讼方式解决劳动纠纷，员工需要保留以下证据：①定期打印并加盖银行印章的银行卡工资流水单、签字领取工资表复印件；②工友或者同事、其他见证人的证人证言；③雇主人事部负责人协商工待遇的电话录音、电子邮件、短信、微信截屏打印件等；④工作中上班打卡的记录；⑤可以证明劳动者岗位和工作性质的送货单、销售合同、工作记录、活动照片等；⑥个人社保交费记录；⑦企业专用的信封、工作笔记本、工作服、工作牌、工作帽等。

15. 跳槽员工利用劳动合同法敲诈企业应该如何应对？

【答】一些懂法律并抱有敲诈企图的"刁民式员工"，类似马路上"碰瓷儿"的敲诈者，他们到企业上班故意推拖不签劳动合同，以便在离职的时候威胁雇主，加倍索要工资报酬的赔偿金。有些在工资收条上做文章，比如工资收条上故意不写大写，为篡改金额将来搞虚假诉讼埋下伏笔，或者干几个月故意消极怠工辞职、跳槽，让雇主给他半年或者1年的工资补偿，达不到目的，就扬言要去劳动监察部门举报或者去法院起诉，有些民营企业老板很忙，和这样的"无赖"耗不起时间，只好赔偿，认倒霉。这样的敲诈者得手后，再到另外的企业如法炮制，这样敲诈者一年可以拿到3年的工资。

16. 员工面临辞退与辞职如何选择？

【答】公司人力资源和业务领导对员工以辞退威胁，给员工N加一补偿。

员工回去主动写个辞职信，拿了公司的 N 加一。不过，员工还要考虑被辞退后再找新的工作。用人单位可能要找原单位调查，给员工所去的新单位发一封被单位辞退的函件，或者写入员工职业简历。尤其是来自外企的高管，他们并不在意几万元收入的增减，更在意是否有利于被辞退后便于找到更好的工作，所以才选择主动辞职。

17. 员工主动辞职如何获得补偿？

【答】员工辞职后把单位告上法庭，结果法院没有支持赔偿离职损失，不支持的理由是单位在法庭上拿出了一份当时员工自动离职的辞职书。法院以劳动者主动辞职为由，不支付劳动者所提出的经济补偿诉求。不过，如果员工以用人单位没有依法缴交社保或者经常加班影响员工身体健康为由提出被动辞职，这种情况下解除劳动关系，企业就应当支付经济补偿，以个人的原因提出辞职没有经济补偿。

18. 员工写辞职报告应该注意什么细节？

【答】职员写好辞职报告交给了老板，报告最后多了三个字"请批准"，这三个字改变了报告的性质，30 天后，老板没有同意批准。后来引发诉讼，职员很可能败诉。因为"请批准"是与雇主商量的口气，属于协议解除劳动关系。如果雇主不同意，说明协议没有达成。如果没有这三个字，递交的辞职报告 30 天后就生效了，员工尽到了通知义务，到 30 天就可以离职了。

19. 老板拖欠员工工资是否违法？

【答】老板拖欠员工工资 5000 元以上就可以被判刑。根据法律规定，拒不支付一名劳动者 3 个月以上劳动报酬，且数额在 5000 元至 20 000 元以下的，或拒不支付 10 名以上劳动者劳动报酬，且数额累计在 30 000 元至 100 000元以上的，经有关部门责令拒不支付的，最高可判欠薪的企业主 7 年有期徒刑。

20. 企业欠薪的强制执行

根据《劳动合同法》，如果用人单位直接给职工写了欠工资的欠条了，你都可以跳过仲裁程序，直接到法院起诉，他不需要经过仲裁程序，出现这种情况，既然企业主自己说没有钱不能给，建议员工尽快到法院起诉，拿到判决书，然后再进行强制执行。这样，员工很可能很快拿到所欠的工资。

21. 企业什么情况下无须为员工交社保？

【答】以下十种情况企业无需为这些员工交社保：①返聘退休人员是指已

经退休了再任职的人员；②学校派往企业的实习生，可签署实习协议；③承包商派出一些管理人员到分包企业，这类人员的工资由分包承担；④签订有《停薪留职协议》的停须留职人员，新用人单位无须为其缴社保；⑤签订保留社保关系的三方协议的下岗职工，新单位招聘无须为其缴社保；⑥非独立劳动的兼职人员；⑦已由劳务派遣公司缴纳社保的劳务派遣人员；⑧个体户外包企业的业务为个人工商户；⑨非全日制用工或者每周工作时间累计不超过24小时的用工；⑩无就业单位的灵活就业人员可找社保代缴机构进行缴纳。

22. 什么是工伤补偿的"生死抉择48小时"？

【答】如果职工工作中或者上下班途中发生意外算工伤，但是生病，比如上班期间发生了心梗，他也是工伤，而且送医院48小时以内身故，同样属于工伤。员工觉得身体不舒服，不要先回家，最好先去医院。如果员工在医院超过48小时之后身故，根据规定就不算工伤了，所以当有的员工抢救时间濒临48小时的时候，家属看不到希望，又担心拿不到死亡赔偿金，所以会狠心让医院放弃治疗。这个规定对于当事人而言真的是生与死的临界点。

23. 目前我国工亡补贴标准是多少？

【答】根据《工伤保险条例》第39条规定，职工一次性工亡补助金标准为上一年度全国城镇居民人均可支配收入的20倍。根据国家统计局公布的数据，2019年度全国城镇居民人均可支配收入为42 359元，所以2020年全国统一标准，一次性工亡补助金标准为847 180元。

24. 养老金个人账户可以继承吗？

【答】公民交社保满15年，医保男士满25年，女性满20年后，人一旦突然去世，不管是职工养老还是居民养老，企业部分确实没有了，但养老金个人账户部分是可以继承的，个人账户可以领取139个月，国家会发放丧葬费和抚恤金，丧葬费按照当地平均工资发放10个月。如果职工家属达到退休年龄且没有收入来源的，还可以申请抚恤金，每个月大概可以领到400元左右，直至身故。

25. 自由职业者如何上社保？

【答】做生意的个体户和自由职业者，这样交社保最划算，当事人在户籍所在地的社保局申请以灵活就业人员的身份缴纳社保，养老金缴满15年，男性医保缴满25年，女性医保缴满20年，退休之后的待遇和在正规单位上班的员工是一样的，每年的养老保险和医疗保险费用加起来在12 000元左右，而且符合"40、50"政策，还可以领取3年的补贴，每年的补贴金额达6000元。

26. 企业做外包协议、劳务协议就没有劳动关系了吗？

【答】并不能简单地一概而论。劳动关系的认定并不仅仅以签订的协议名称作为主要或者唯一的判断标准。一般来说，判断是否属于劳动关系需要注意以下三点：①主体要求必须是企业和个人；②员工要受到单位规章制度的管理，单位要给员工发工资；③工作内容是单位业务的组成部分。如果满足了以上三点，即便双方没有签订劳动合同，也有可能被认定为劳动关系。

27. 养老保险分为哪些类型？

【答】养老保险要累计交满15年，达到法定退休的年龄，才可以每月领取基本养老金。未交满15年可以采取补缴的方法来增加养老保险的累计时间。交满15年以后，用户可以选择继续交满20年或者是停交，缴费时间越长，退休后领取的退休金就越多。养老保险一般分为三种：基本养老保险、企业补充养老保险、职工个人储蓄型养老保险。①基本养老保险，是国家强制企业执行的一种养老保险，企业和职工共同承担养老保险费用，企业拿大头，职工拿小头，等到职工达到了国家规定的退休年纪，或者是其他的原因办理退休手续，就可以每个月领取养老保险金了。②企业补充养老保险，不是国家强制企业执行的，是企业自己自愿的，根据企业自己的经营情况，来为自己的职工办理的一份补充养老保险，是在基本养老保险基础之上的。③职工个人储蓄型养老保险，这是职工自愿参加的，职工通过社会保险机构来缴纳保费的一种养老保险。

28. 领取养老保险需要哪些条件？

【答】经社保部门审核，满足缴费年限和退休年龄两个条件，就可以按月领取养老金，并一次性支付地方养老保险个人账户储存额，终结地方养老保险关系。缴费年限条件：如果是1998年7月1日（不含本日）前参保，2013年6月30日（含本日）前达到法定退休年龄，缴费年限累计满10年；如果是1998年7月1日（不含本日）前参保，2013年7月1日（含本日）后达到法定退休年龄，或者在1998年7月1日（含本日）后参保，缴费累计满15年。退休年龄条件：法定退休年龄是男性年满60周岁，女工年满50周岁，女干部年满55周岁。

法律依据是《社会保险法》的规定。包括第15条："基本养老金由统筹养老金和个人账户养老金组成。基本养老金根据个人累计缴费年限、缴费工资、当地职工平均工资、个人账户金额、城镇人口平均预期寿命等因素确定。"第 16 条："参加基本养老保险的个人，达到法定退休年龄时累计缴费满十五年的，按月领取基本养老金。参加基本养老保险的个人，达到法定退休年龄时累计缴费不足十五年的，可以缴费至满十五年，按月领取基本养老金；也可以转入新型农村社会养老保险或者城镇居民社会养老保险，按照国务院规定享受相应的养老保险待遇。"

29. 农村养老保险需要交多少年？

【答】《社会保险法》第 20 条规定："国家建立和完善新型农村社会养老保险制度。新型农村社会养老保险实行个人缴费、集体补助和政府补贴相结合。"第 21 条规定："新型农村社会养老保险待遇由基础养老金和个人账户养老金组成。参加新型农村社会养老保险的农村居民，符合国家规定条件的，按月领取新型农村社会养老保险待遇。"

30. 企业培训员工跪地、自扇耳光是否违法？

【答】企业侮辱性培训属于体罚员工的违法行为。违背了《民法典》人格权编中的人格权保护条款，涉嫌违反《治安处罚法》，同时违反了《中华人民共和国劳动法》。《劳动合同法》第 88 条规定："用人单位有下列情形之一的，依法给予行政处罚；构成犯罪的，依法追究刑事责任；给劳动者造成损害的，应当承担赔偿责任：（一）以暴力、威胁或者非法限制人身自由的手段强迫劳动的；（二）违章指挥或者强令冒险作业危及劳动者人身安全的；（三）侮辱、体罚、殴打、非法搜查或者拘禁劳动者的；（四）劳动条件恶劣、环境污染严重，给劳动者身心健康造成严重损害的。"《劳动法》第 96 条规定："用人单位有下列行为之一，由公安机关对责任人员处以十五日以下拘留、罚款或者警告；构成犯罪的，对责任人员依法追究刑事责任：（一）以暴力、威胁或者非法限制人身自由的手段强迫劳动的；（二）侮辱、体罚、殴打、非法搜查和拘禁劳动者的。"

第四节　《产品质量法》

《产品质量法》（2018 年修正）是为了加强对产品质量的监督管理，提高产品质量水平，明确产品质量责任，保护消费者的合法权益，维护社会经济秩序而制定。自 1993 年 9 月 1 日起施行。当前版本是 2018 年修正版。

第五节 《消费者权益保护法》

一、《消费者权益保护法》简介

我国现有法律、法规中有不少内容涉及保护消费者权益，如《民法通则》《产品质量法》《食品安全法》等，但是对于因提供和接受服务而发生的消费者权益受损害的问题，只有在《消费者权益保护法》中做出了全面而明确的规定。该法是维护全体公民消费权益的法律规范的总称，是为了保护消费者的合法权益，维护社会经济秩序稳定，促进社会主义市场经济健康发展而制定的一部法律。1993年10月31日第八届全国人大常委会第四次会议通过，自1994年1月1日起施行。2009年第一次修正，2013年第二次修正，2014年3月15日正式实施。该法分总则、消费者的权利、经营者的义务、国家对消费者合法权益的保护、消费者组织、争议的解决、法律责任、附则8章63条。

二、《消费者权益保护法》重点难点解读

1. 举证责任倒置

《消费者权益保护法》第23条第3款规定，经营者提供的机动车、计算机、电视机、电冰箱、空调器、洗衣机等耐用商品或者装饰装修等服务，消费者自接受商品或者服务之日起6个月内发现瑕疵，发生争议的，由经营者承担有关瑕疵的举证责任。

【提示】在日常接受的投诉中，消费者维权的难点是举证难。《消费者权益保护法》修改后，将消费者"拿证据维权"转换为经营者"自证清白"，实行举证责任倒置，确解了消费者举证难问题。不过，需要提醒消费者注意的是，该规则仅适用于机动车等耐用品和装饰装修等服务，且仅限于购买或者接受服务之日起6个月内，超过6个月后，不再适用。

2. 消费者的反悔权

《消费者权益保护法》第25条第1款、第2款规定："经营者采用网络、电视、电话、邮购等方式销售商品，消费者有权自收到商品之日起七日内退货，且无需说明理由，但下列商品除外：（一）消费者定作的；（二）鲜活易腐的；

（三）在线下载或者消费者拆封的音像制品、计算机软件等数字化商品；
（四）交付的报纸、期刊。除前款所列商品外，其他根据商品性质并经消费者在购买时确认不宜退货的商品，不适用无理由退货。"

【提示】近几年，网购逐渐成为消费者购物的主流方式之一。由于网购的"非现场性"导致消费者和商家的信息不对称，个别不良商家可能隐瞒了商品的真实信息，消费者因无法直接接触商品，有可能遭受损失，权益受损。修正后的《消费者权益保护法》赋予了消费者 7 日的反悔权，旨在促进买卖双方的平等地位。提醒消费者，反悔权仅适用于网络等远程购物方式，消费者直接到商店购买的物品，不适用该条规定。另外反悔权的期限是 7 日内，且根据商品性质不宜退货的商品，不在此列。还有，网络交易退货是通过快递公司返还商品，为了避免发生货物丢失或者缺少配件等纠纷，退货人最好列一份两联的《退货清单》，放在包装盒里一份，自己留存一份。可以避免卖货方收货后核对原发货清单和实际退货清单不一致产生纠纷。

3. 知假售假"退一赔三"

新《消费者权益保护法》在惩罚性赔偿方面作出了很大调整。第 55 条规定："经营者提供商品或者服务有欺诈行为的，应当按照消费者的要求增加赔偿其受到的损失，增加赔偿的金额为消费者购买商品的价款或者接受服务的费用的三倍；增加赔偿的金额不足 500 元的，为 500 元。法律另有规定的，依照其规定。"

此赔偿原则仅针对经营者存在欺诈消费者的行为。所谓欺诈消费者的行为，是指经营者在提供商品或者服务中，采取虚假或者其他不正当手段欺骗、误导消费者，使消费者的合法权益受到损害。

4. 赋予消费者反悔权

《消费者权益保护法》第 25 条第 1 款、第 2 款规定："经营者采用网络、电视、电话、邮购等方式销售商品，消费者有权自收到商品之日起七日内退货，且无需说明理由，但下列商品除外：（一）消费者定作的；（二）鲜活易腐的；（三）在线下载或者消费者拆封的音像制品、计算机软件等数字化商品；（四）交付的报纸、期刊。除前款所列商品外，其他根据商品性质并经消费者在购买时确认不宜退货的商品，不适用无理由退货。"这里的后悔权仅适用于网络等远程购物方式，消费者直接到商店购买的物品，不适用该条规定。另外后悔权的期限是 7 日内，且根据商品性质不宜退货的商品不在此列。

5. 个人信息的保护

《消费者权益保护法》第 29 条第 1 款、第 2 款规定，经营者收集、使用消费者个人信息，应当遵循合法、正当、必要的原则，明示收集、使用信息的目的、方式和范围，并经消费者同意。经营者收集、使用消费者个人信息，应当公开其收集、使用规则，不得违反法律、法规的规定和双方的约定收集、使用信息。经营者及其工作人员对收集的消费者个人信息必须严格保密，不得泄露、出售或者非法向他人提供。经营者应当采取技术措施和其他必要措施，确保信息安全，防止消费者个人信息泄露、丢失。在发生或者可能发生信息泄露、丢失的情况时，应当立即采取补救措施。

【提示】修改后的《消费者权益保护法》首次将个人信息保护作为消费者权益确认下来，是消费者权益保护领域的一项重大突破。在日常消费行为中，个别不良商家采取不同的形式，随意泄露或买卖消费者的个人信息，影响了消费者的正常生活，侵害合法权益。但是，这一规定在维权行动上的具体操作性不强。如消费者如何取证、维权等相关问题还需要在消保法实施细则中具体规定。

6. 缺陷产品召回制度

修改后的《消费者权益保护法》对消费者权益的保护力度加大，但是没有实施细则，很多法条无法精准理解，也就很难执行。国务院法制办起草的《消费者权益保护法实施条例（送审稿）》很多内容都增加了《消费者权益保护法》的落地和可操作性，可惜直到 2021 年也没有公布实施。比如，《消费者权益保护法实施条例》第 7 条规定的产品召回：经营者发现其提供的商品或者服务存在缺陷，有危及人身、财产安全危险的，应当立即向有关行政部门报告和告知消费者，并采取停止销售、警示、召回、无害化处理、销毁、停止生产或者服务等措施。

采取召回措施的，生产或者进口商品的经营者应当制定召回计划，发布召回信息并保存完整的召回记录。因商品被召回支出的必要费用由生产或者进口商品的经营者承担。销售者、修理者、零部件生产供应商、受委托生产企业、其他服务者等相关经营者，应当协助生产或者进口商品的经营者实施召回。

缺陷是指由于设计、制造、警示标识等原因导致的在同一批次、型号或者类别的消费品中普遍存在的不符合国家标准、行业标准中保障人身、财产安全要求的情形或者其他危及人身、财产安全的不合理的危险。

第六节　《广告法》

一、《广告法》简介

《广告法》1994 年全国人民代表大会常务委员会第十次会议通过；现行有效为 2021 年 4 月 29 日修正。

二、企业常见的违背《广告法》的种类与处罚

一旦企业经营者和广告商不慎发布违法广告，将会付出经济损失和损害企业品牌形象、商业信誉等代价。以下几种违法广告比较常见，这里提醒企业注意防控法律风险。

1. 非法经营广告

非法经营广告是指未获得相关营业执照或者超出营业执照所规定的经营范围所发布的广告。主要表现型为有以下五种：无证经营；超出经营范围；非广告经营部门进行广告经营活动；外国企业或个人未经代理在中国境内进行广告经营；未经批准进行印刷广告、邮寄广告等经营的。根据法律规定，进行非法经营广告的活动将被处以 5000 元以下罚款。

2. 发布虚假广告

虚假广告是指在广告中存在不真实的内容对消费者造成了欺骗。虚假广告的主要表现形式如下：①广告中对于产品或者服务本身的质量效果等存在虚假描述。②对于企业本身的资质或经营范围存在不真实的描述。③对产品或服务本身所做出的承诺带有欺骗性，实际无法兑现的。根据法律规定，发布虚假广告的企业经营者和广告发布者，将被处以广告费 1 倍至 5 倍的罚款。

3. 发布产品获奖信息不全面的广告

根据相关规定，广告中含有宣传产品获奖情况内容的，应当同时注明并提交产品获奖的时间以及颁发的部门等信息及相关证明文件，如果违反该项规定，将被处以罚款 1000 元。其中，如果具有伪造证明文件或者帮助他人伪造证明文件等情况的，将被处以罚款 5000 元。

4. 发布不符合证明制度的广告

发布广告需要提供企业经营者的资格和广告内容是否真实合法的相关证

明。广告主负有提交这些证明的义务，而广告经营者或者广告发布者，负有审查这些证明的义务。如广告经营者发布的广告是没有合法的证明或证明信息不全的广告，广告经营者和广告主都将被处以广告费用1倍至5倍的罚款。

5. 伪造广告证明

企业经营者为了使广告能够顺利发布，会有伪造篡改或盗用他人证明的行为。广告主将被处以1万至10万的罚款，构成犯罪的，还应当承担刑事责任。除了企业经营者本身，其他不具备出具证明文件资格的部门和工作人员为其出具虚假广告证明的或者负责广告监督审查的机关及个人玩忽职守徇私舞弊的，将由上级机关给予行政处分。构成犯罪的，也应当依法承担刑事责任。

6. 不正当竞争广告

不正当竞争广告是指通过夸大自己的经营范围，或者诋毁抹黑其他经营者或者通过贿赂等非法手段获取市场资源，欺骗消费者，损害其他经营者利益的行为。对于这类垄断或者不正当竞争广告，企业经营者和负有责任的广告发布者，将会被责令停业整顿或者处以5000元以下罚款。

7. 违背公序良俗的广告

个别广告服务商为了追求新奇的广告效果，不惜违背公序良俗和社会公德。比如广告内容有低于歧视、性别或者残障人歧视，对某种病人的歧视等。曾经有一条地铁广告曾经有这样的广告词"即便心脏病犯了，也要等我看完这部电视剧"。显然，这条广告语是违背公序良俗的，再好看的戏也不能与健康与生命为代交。

8. 侵犯公民肖像权、姓名权

个别广告服务商发布带有名人肖像和姓名的广告，并未事先获得对方的同意和授权，不仅违背广告法，而且违背了《民法典》规定，侵犯了公民姓名权、肖像权和名誉权。一些医药品、保健品为了证明效果，在广告中发布用户姓名、肖像。这些都属于违法行为。

以上种种发布违法广告的行为，通常会受到当地市场监管部门给予如下行政处罚：①停止违法活动；②没收违法所得和处以罚款，主要区别在于罚款数额的不同；③个别违法广告还存在是否会构成犯罪从而承担刑事责任风险。

法务咨询师

FAWU ZIXUNSHI

案例分析卷

李笑天 / 主编

中国政法大学出版社

2021 · 北京

目 录

CONTENTS

第一章 CHAPTER 01
民事调解案例

邻里纠纷调解

【案情简介】2012 年 7 月 25 日早 8 时许，叶某骑着摩托车赶往特吾勒水库工地打工，行驶到村民魏某礼经营的农家乐门口时，魏某礼家的狗忽然从路旁桥墩下窜出，从叶某的摩托车后方绕到了前方，叶某紧急刹车，但因车速较快导致摩托车侧翻，叶某右腿骨折。事后当事人双方因事故原因发生争执，叶某认为因魏某礼家的狗追赶造成其摔倒骨折，魏某礼家应赔偿其损失。魏某礼认为叶某驾驶摩托车不慎摔倒，与自家狗的追赶没有关系。叶某百般无奈之下来到了司法所，请求予以调解。

【调解过程】经过研究，司法所决定由乡人民调解委员会和村委会出面，为双方进行调解，希望通过调解解决纠纷。人民调解委员会介入后，立即联系了当事人所在村的村委会主任、书记了解详细情况，并找到相关当事人、目击证人核实情况。确认叶某摔倒是因魏某礼家的狗追赶导致。了解了基本情况后，人民调解委员会召集了双方当事人及村委会人员。双方见面你一言我一语地互相谩骂争论。调解员及时制止了双方的吵闹，在双方同意调解的前提下，直奔主题。叶某表示要求赔偿其误工费、医药费、营养费、摩托车修理费等合计 5000 元。魏某礼认为叶某摔倒是因其自身车速过快，自家狗的追赶只是次要原因，并表示只会承担部分医药费，其他损失由叶某自行解决。

经过几次调解，双方终于达成一致协议：第一，魏某礼同意赔偿叶某医药费、误工费、营养费共计 3000 元；第二，叶某摩托车损坏程度较轻，修理费用自理；双方协议签订过后，不得再因此事发生任何争执。双方到此握手言和。

【案例点评】①此案几次调解，说明调解员需要先平息双方愤怒的情绪，才能冷静下来化解矛盾，调解的节奏需要把握。②调解员把握住"中庸之道"的调解技巧，可以提高调解成功率。受害方提出5000元赔偿请求，责任方希望降低赔偿额，最后接受了3000元的赔偿标准。皆大欢喜。

（点评人：人民调解员、义乌市人民调解协会会长　陈新厚）

倒垃圾引发邻里纠纷

【案情简介】家住河东社区7号楼1单元1层的崔某与同单元3层居民孙某发生纠纷，因孙某经常在倒垃圾时，不经意间把垃圾掉在楼道里，崔某多次对此事进行交涉无果，最终发生争执，引发争吵，两家矛盾比较突出，在这种情况下，人民调解委员会得知此事后，主动找到当事人，在人民调解大厅对此事进行了调解。

【调解过程】鹤山司法所协同河东社区受理后，了解到两家关系自从发生矛盾后关系一直不好，经常有小摩擦，人民调解委员会认为双方都有过错，两家需要站在对方的立场去思考问题，理解对方的态度。至此人民调解委员会分别找两家人谈话，了解两家人的要求与想法，并依据相关规定做出解释，分析了相关的法律关系和利害后果，就问题的解决进行协商，充分尊重两家人的意见。

经过一段时间的多次调解，当事人双方都对此事表示了理解，孙某也注意了自己的行为，了解到事情应该"大事化小、小事化了"，只要注意就不会再发生矛盾。崔某也表示邻里之间要多谦让，远亲不如近邻，双方没有再为此事发生矛盾。

【案例点评】两家因小事引发大矛盾，双方都因憋着一口气而不肯让步，是这次矛盾纠纷的最大起因。调解时若直接面对面沟通，容易引发争吵。分开做工作，当事人平息情绪之后，容易接受调解员的方案。

（点评人：人民调解员、浙江卫视民事调解嘉宾　汤志敏）

陈某与项目部之间的房屋损害赔偿纠纷

【案情简介】2014年5月27日，项目部在李家村二组施工时，由于同时使用几台压路机开工，并且施工地点离李家村二组村民陈某家的宅基地较近，使得陈某家的部分院墙被震裂。事情发生后，陈某及其家人在施工地点阻挠项目部继续施工，并要求项目部进行赔偿。项目部负责人张经理与陈某家人进行了多次协商，但双方无法达成协议。由于陈某的阻挠影响了工程进度，项目部负责人张经理多次到李家村村委会寻求解决办法，但李家村村委会最终调解无效，于是告知双方当事人到镇人民调解委员会寻求解决办法。2014年6月6日下午，双方当事人到镇人民调解委员会申请调解。

【调解过程】在当事人申请调解后，镇人民调解委员会认定为房屋赔偿产生的争议。陈某及其家人要求项目部必须赔偿房屋损失3万元，项目部不予接受。调解员到陈某家实地察看了院墙受损情况，询问了左右邻居事发当时的情况，并到项目部施工地点进行了调查，确定了申请房屋的裂缝是因为施工导致的，施工方应给予赔偿。根据受损程度及修补难度由调解员调解双方确定赔偿事宜。为妥善处理陈某房屋损害赔偿纠纷，调解员咨询了律师，律师建议陈某请专业的机构对房屋受损程度进行鉴定，根据鉴定结果并参考本市征地补偿费用的具体标准、金额以及本市政府依法批准的征地补偿安置方案的相关规定进行索赔。但当事人陈某嫌麻烦没有做相关鉴定。调解员因此对双方当事人进行调解，向其讲述了相关法律法规以及本市征地补偿相关条款等。

双方当事人在人民调解委员会的调解下，本着互谅互让的原则，自愿达成协议。①项目部赔偿陈某房屋受损费用2万元整。②自达成协议后陈某及其家人不得以任何理由阻挠项目部施工。③履行协议的方式、地点、期限：在人民调解协议书签订的当天，项目部一次性支付给陈某现金2万元整。

【案例点评】在双方各持己见的调解过程中，人民调解委员会从维护农民群众的合法权益出发，依据《人民调解法》依法协调利益，定分止争，不仅防止了矛盾的激化，而且最大限度地维护了农民群众的合法权益。

（点评人：人民调解员、义乌市人民调解协会会长　陈新厚）

突发疾病起纠纷　人民调解巧化解

【案情简介】王某，男，67岁，山东省青岛市城阳区人，农民。因王某自身感觉身体尚可，不想给儿女增加负担，2010年9月，王某经过自身努力，被青岛协荣管件制造有限公司（日资企业）（以下简称"公司"）聘用，从事公司门卫值勤工作，并跟公司签订了劳务合同。2014年2月19日下午2时许，出门送货的司机在找门卫签出门单的时候，发现王某倒在门卫室地上不省人事，遂报告了厂保卫处并拨打了120急救电话。20分钟后，120急救车赶到现场，将王某送往城阳区人民医院进行抢救，同时电话告知王某的家属赶往医院。经医院检查发现，王某系脑干出血导致深度昏迷，情况十分危急，公司当场垫付了抢救费及诊疗费用4万多元，王某随后被转入重症监护室治疗。经了解，王某为农民家庭，虽然儿女都已成家，但家境并不富裕，重症监护室里每天产生的2000多元医疗费用，很快让王某的整个家庭感到巨大的压力。家属多次到公司要求垫付治疗费用，但公司认为王某发病系自身产生疾病所致，与公司并无多大关系，拒绝再支付医疗费用，双方发生纠纷。王某的儿子、女婿、女儿等人多次组织亲属到公司门口进行围堵、放哀乐等活动，并与公司管理人员发生严重冲突。城阳区流亭派出所先后接到4次报警并进行处理，但均不能平息事态，流亭街道邱家女姑社区（公司所在地）人民调解委员会及警务室，将情况反映给了流亭街道调解中心。

【调解过程】流亭街道调解中心接到报告后，高度重视此事，并立即电话联系了双方当事人，了解了案发的经过和事情的发展状况，得知双方当事人都想尽快把问题解决，调解中心工作人员引导双方走人民调解的渠道，由街道调解中心出面进行处理，以达到尽快解决的目的，这一建议得到了双方当事人的一致认可。

2014年3月3日下午，调解小组第一次约谈双方当事人到调解室进行调解，公司日方副总经理、翻译、法律顾问、王某的儿子、女婿等人到调解中心参与调解。双方刚见面时情绪比较激动，特别是王某的家属，将王某的病因全部归结到公司的用工问题上，指责公司在用工过程中存在过错，并要求公司承担全部责任，并威胁说如果公司不负责，王某若有三长两短，会将尸体抬到公司门口讨说法。公司日方副总经理通过翻译表示公司是正常用工，且王某是因自身身体原因而发病，发病原因和公司没有实质上的因果关系，且公司已经为家属支付了先前的抢救费用，已经尽了一定的义务，不应该再承担额外的费用。

调解小组把双方叫到一起，王某的家属提出要求公司垫付王某目前治疗费用的60%，直至出院，公司认为鉴于目前王某的病情，出院遥遥无期，而且费用巨大，公司无法支付这笔费用。调解小组综合双方情况后，建议公司按照目前医疗费的70%，支付到王某出重症监护室，后期治疗费用再行商讨。王某家属表示同意，公司日方副总经理表示原则上同意，但需要报日本总部审批，需要一周的时间，在这一周内公司按医疗费的60%进行垫付，双方初步达成一致意见。3月12日，调解小组第二次约谈了双方当事人。调解员向公司日方副总经理详细阐述了目前面临的困难和问题，并向日方副总经理讲解了全国范围内类似的案例，希望日方副总经理能拿出积极的态度和日本总部进行沟通，承担起企业应有的义务。调解员和王某家属沟通以后，提出一个解决问题的方案：根据公平原则，公司一次性支付王某的医疗费用后，双方不再有任何瓜葛。王某家属提出了一个20万元的补偿数额。日方副总经理表示会积极向日本总部提议，并尽快给予答复。调解员让双方回去后再好好考虑考虑，冷静分析一下现在面临的问题和困难，不要做一些激化矛盾的事情。3月18日，调解小组第三次约谈双方当事人，进行最后的谈判，在一次性费用问题上，双方争执不下，最后在调解小组的努力下，以130 200元达成一致意见，当场签订了协议书，此纠纷调解成功。

【案例点评】随着社会经济的不断发展，企业在劳动用工方面的需求持续加大，类似本案的案例在其他企业劳动用工过程中时有发生。如果不是企业用工方面存在问题，因为职工自身体质原因发病，企业的确没有过错，不能按照工伤的规定来要求企业承担赔偿责任，但企业也不应当袖手旁观，企业作为用工单位，应该承担更多的社会义务。实践中有些企业在碰到类似事情发生以后，能从人道主义角度出发，给予劳动者一定的经济补偿。但也有少部分企业在发生类似案例后，不积极采取措施，想办法解决问题，而是采取拖、瞒、推脱等做法，这会间接伤害当事人和其他员工，降低员工对企业的归属感和凝聚力。

（点评人：人民调解员、义乌市人民调解协会会长　陈新厚）

喝酒死亡起纠纷　调解理清促和谐

【案情简介】2020年10月7日，浙江省苍南县周某邀请几位好友在某KTV为自己过生日。期间，侯某喝了几杯酒后进入卫生间许久未出，周某等人进去查看，发现侯某已昏倒，便立即拨打110报警电话和120急救电话，然而侯某最终因抢救无效死亡，死者家属认为周某是与几位好友一起喝酒导致其死亡的，其他酒友应该承担连带责任，双方由此产生纠纷。

【调解过程】苍南县某调解中心受理该案后，选派了经验丰富的调解员主持调解。经调解员的多方调查和了解，发现该案中周某等人聚会时虽然有叫酒水等饮品，但没有相互劝酒行为，都是按个人意愿喝酒的。死者家属认为既然周某等人是聚在一起喝酒，就应对侯某的死亡负责，并以此为由向周某等人索要高额赔偿，而周某等人认为自己没有劝酒行为，发现侯某晕倒后，第一时间报警并拨打 120 及时抢救，尽到了及时救助的义务，不应该承担赔偿责任。

了解分歧后，调解员决定以分开调解的方式进行调解，同时发动两方有威望的亲朋到场进行劝导。对死者家属，调解员讲明该案的责任认定情况，侯某作为完全民事行为能力人，在没有别人劝酒的情况下，自己喝酒导致意外猝死，应对自己的行为负责；对周某等人，调解员表示虽然对侯某的死亡不承担责任，但作为在一起聚会的朋友，按社会传统道德价值，给予死者家属一定的精神补偿也是有必要的。最终在调解中心的多方协调下，双方达成和解，该案被成功化解。

【案例点评】在处理该起纠纷时，调解中心始终坚持以合法、合理，公正、公平的原则进行调解，不因"谁闹谁有理"而偏袒死者家属一方，而是用一种符合我们传统道德价值观的、更加具有人情味的方式化解纠纷，既坚持了法律的公正、公平，又维护了传统的公序良俗，从而顺利化解了本案的纠纷。

（点评人：第 16 期全国廉政与法治建设研修班学员　戴文良）

何某溺水死亡赔偿纠纷调解案

【案情简介】2010 年 5 月 23 日，某乡水口村 4 组村民何某与好友陈某、陆某相约到飞龙镇吃饭。饭后，陆某有事离开，何某提议到另一镇莲花坪村 5 组麻柳湾水库游泳。约 14 时许，何某在游泳过程中不幸溺水死亡。何某的父母认为陈某负有责任，情绪十分激动，扬言不解决好此事，就要报复陈某及其家人。双方多次私下进行协商，均因赔偿金额差异太大无法达成协议，最后双方向乡人民政府申请调解。

【调解过程】调解人员一方面对死者家庭的不幸遭遇表示同情，要求他们保持克制，并做适当让步，因何某溺水死亡是意外事件，陈某不负刑事责任；另一方面劝告陈某父母应给予何某一定的经济补偿，并组织双方当事人学习了相关的法律法规，还对赔偿标准进行了认真仔细的核算。后经调解决定，由陈某一次性支付死者何某死亡赔偿金、丧葬费等各种费用共计 19 000 元，双方同意在调解书上签字。

【案例点评】人民调解的主要方法是通过摆事实、讲道理取得双方当事人的信任，同时结合讲法律、讲政策提出赔偿意见，这样受害方会感觉比较公平，即便经济赔偿数额没有达到自己预期的目标，于情、于理、于法都可以接受。双方一旦达成谅解，即可签订调解协议，纠纷就可以顺理成章地得到妥善解决。

（点评人：人民调解员、义乌市人民调解协会副会长　童伟建）

维修电动车致孩子摔伤

【案情简介】2016 年 3 月的某一天，杭州经济开发区管委会市场监管分局接到投诉人的反映，称其在某电动车维修部维修电动车后，因维修不善，导致其年仅 6 岁的孩子摔伤，向维修者索赔医疗费用，双方不能达成一致。

经调查核实，投诉人因电动车电瓶故障，到该维修部修理电瓶，在修好后，维修人员因疏忽，忘记将坐垫下的螺丝拧上。投诉人在骑行出数百米后坐垫翘起，连人带车摔倒，大人无大碍，但是导致站在前排踏板上的孩子面部摔伤。双方就责任分担问题产生纠纷，投诉人认为其孩子面部摔伤的直接原因是维修人员因疏忽未拧上坐垫螺丝所致，维修人员应承担全部责任。

【调解过程】在司法所组织的调解中，维修方认为，电动车维修完毕且车主骑出数百米后，再和他说这个问题，很难证明投诉人摔倒是因为其维修不当造成的。经过调解人员劝说，电瓶车维修方出于人道主义，垫付了一部分医疗费用，且即使确实因维修不当导致投诉人摔倒，车主作为成年人，明知让小孩子站在电动车前踏板上可能存在一定危险性而不阻止，也存在一定的过错，故不能由维修方承担全部责任。

经调解，维修方一次性支付 3700 元给电瓶车车主，车主不再追究其责任，双方在人民调解书上签字并当场支付费用。

【案例点评】此案的关键在于厘清情况，分清责任。通过说理，让纠纷双方能够冷静下来，从而为调解成功打下良好的基础。人民调解是化解基层社会矛盾和纠纷的"软法律"渠道，虽然没有其他法律的硬性约束，但只要矛盾双方可以接受即可化解矛盾，平息纠纷。这是节省司法资源和社会资源的有效方式。

（点评人：人民调解员、浙江卫视民事调解嘉宾　汤志敏）

消费投诉案例

消费者投诉汽车销售商误导消费

【案情介绍】2017 年，消费者荆某、陈某在某汽车销售公司购买汽车，因汽车销售商对免费项目多收费，与该公司发生争议，投诉到当地市场监管部门。

【处理过程】西安市市场监督管理局灞桥分局经过调查核实，被投诉的汽车销售公司将本属免费办理的业务交由某汽车贸易公司代为办理，收取消费者服务费计共计 22 201 元，应该如数退还。西安市市场监督管理局灞桥分局依据《消费者权益保护法》等法律法规的有关规定，认定该汽车销售服务有限公司在提供服务中，隐瞒与消费者有重大利害关系的信息误导消费者，侵犯消费者合法权益，责令其停止违法行为，并作出罚款 22 万元的行政处罚。

【案例点评】汽车销售服务纠纷是消费者投诉的热点问题，因为汽车销售服务有技术门槛，与买车的消费者掌握的有限信息形成明显的信息不对称。对汽车技术和服务收费不熟悉的消费者往往会被销售商设置圈套，从而消费不必要的开支。当消费者遇到此类问题，不能得到经销商和厂商的合理回应时，可以请求当地消费者保护协会调解，还可以向有关市场监管部门投诉和申请仲裁机构仲裁。这些方法都无效后，还可以通过向当地人民法院提起诉讼等方式进行维权。

美容院广告宣传夸大违规被罚

【案情简介】2018 年，张家界市市场监督管理局接到消费者举报，辖区内一家美容院为了招揽生意，在互联网开设网站并引用未取得的"中国最受消费者信赖的百家美容整形医院"等荣誉图片，虚构肖某为中华医学学会常任理事的身份，宣称"张家界吸脂减肥最好的方法""300 余项技术发明专利"等，属于发布虚假广告。该违法行为是因处理消费者吴某投诉而被查获，经调解，美容院退还消费者 10 000 元（共消费 11 600 元），鉴于美容院主动关停违法网站，并积极妥善处理消费者投诉，2018 年 7 月，依据《广告法》第 55 条和《行政处罚法》第 27 条的规定，对当事人减轻处罚，并处罚款 2 万元。

【案例点评】①张家界市市场监督管理局接到消费者吴某投诉后，对违法宣传的美容院进行及时查处。这是作为当地广告主管部门积极作为的行为，值得肯定。②执法部门对违法商家进行依法处罚，有理有据，对其他商家和经营者也会起到警示作用。③及时解决问题的案例会对社会产生正向传播效应。张家界市市场监督管理局对违法经营者及时进行了处罚，并责令美容院退费。这些都是积极作为的行动，让消费者感到正义得到了伸张。同时，消费者所缴的费用也被依法追回。执法部门依法挽回了消费者的经济损失。这样的案例有利于让老百姓相信和信仰法律。

网购珐琅锅掉瓷案

【案情简介】2019 年 2 月 13 日，消费者朱女士投诉称，其于 2018 年 12 月 12 日在一电商平台的某品牌旗舰店购买了一个价值为 1086 元的珐琅锅。2019 年 2 月 9 日，朱女士在发现锅内掉了几块瓷后，便向该品牌售后进行反映，并将锅具掉瓷的相关照片发送到售后指定的电子邮箱，希望能换个新锅。几天后，该品牌售后工作人员致电朱女士，告知根据其所提供的照片，判断是由于朱女士使用不当（火力过旺）导致的锅内掉瓷，故不属于理赔范畴。朱女士对此说法不予认可，于是向福州市消费者权益保护委员会进行投诉，要求该旗舰店予以更换新锅。

【处理过程】接到投诉后，福州市消费者权益保护委员会介入调查调解。朱女士认为，该品牌旗舰店在网页上号称"10 年质保，锅壁厚，热胀冷缩幅度小……"但其用了不到 3 个月锅具就出现掉瓷现象，商家岂能以消费者"火力太旺"为由就免去"10 年质保"的责任。经过沟通，商家要求先寄回商品，核实商品问题可以为投诉人作换货处理，建议投诉人联系店铺客服处理，后续有问题可以反馈给平台处理，投诉人表示认可。之后，朱女士将珐琅锅退回。2月27日，该品牌售后人员给朱女士发送短信，告知会为其进行更换，且在7到15个工作日内为其寄出，朱女士对此处理结果表示满意。

【案例点评】本案中，该旗舰店未尽到告知义务，致使消费者使用锅具后出现涂层脱落，客观上造成消费者财产受到损害，同时该店在其网页上作出高于国家"三包"规定的"10年质保"承诺，即"质量保证期限为购买本产品之日起10年内，在质保期限之内，依照使用说明正常操作的情况下，若产品发生质量问题，将免费为您提供维修或调换服务"，在与消费者交易后，可视为双方约定，理应依法履行，依据《消费者权益保护法》第18条和第52条的规定，对消费者要求该旗舰店更换新锅的合理诉求应当予以支持。

（点评人：审计师、北京市市场监督管理局原工作人员 吴子仲）

网购绿萝投诉卖家

【案例简介】A女士在某网购平台上购买了50盆绿萝，拆开箱子的一瞬间她惊呆了，收到了50个盆、50堆土、50束绿萝。她愣愣地看着这一堆等待救活的绿萝，傻了眼，回去翻了翻评价发现有几个差评显示，其他买家也收到了这样的植物。于是A女士找到卖家要求退货，卖家却让她自己把绿萝种好，还告诉她绿萝本来就是分开包装的，而且属于鲜活产品所以不接受退货。

【处理过程】某网购平台接到投诉后，与卖家联系，如协商退货卖家损失较大，如退一部分货款买家可以接受。商家向网购消费者电话致歉并退还部分货款。

【案例点评】观点一认为：绿萝买卖合同并未成立。根据原《合同法》第12条第1款（《民法典》第470条第1款）的规定："合同的内容由当事人约定，一般包括以下条款：（一）当事人的名称或者姓名和住所；（二）标的；（三）数量；（四）质量；（五）价款或者报酬；（六）履行期限、地点和方式；（七）违约责任；（八）解决争议的方法。"本案中，对于购买到的到底是"盆栽绿萝"，还是"分装绿萝"的情况买卖双方并未达成一致意见。买方不清楚自己买到的商品是什么，这在学理上属于对合同标的的认识错误，买家认为购买到的应该是盆栽绿萝，而卖家主张为分装绿萝，而合同标的系买卖合同的主要条款，双方就主要条款未达成一致意见，显然关于绿萝的买卖合同并没有成立。这一观点适用于买方完全不知道绿萝实际情况的可能，比如说商品评价中没有实拍图片，没有人提及绿萝是分开包装的，卖家的商品介绍里也没有任何实际图片进行介绍，买方事前进行购买询问时，卖方也没有尽到必要的提示说明，可以认定卖家有过错，买家可以主张合同成立的基础不存在，合同没有成立，可以要求卖方返还绿萝全部价款，把绿萝退还卖家，并要求卖家支付退货运费。

观点二认为：合同已经成立，卖家侵犯了消费者的知悉真实情况权。《消费者权益保护法》第 20 条第 1 款规定，经营者向消费者提供有关商品或者服务的质量、性能、用途、有效期限等信息，应当真实、全面，不得作虚假或者引人误解的宣传。《消费者权益保护法》第 8 条规定，消费者享有知悉其购买、使用的商品或者接受的服务的真实情况的权利。消费者有权根据商品或者服务的不同情况，要求经营者提供商品的价格、产地、生产者、用途、性能、规格、等级、主要成分、生产日期、有效期限、检验合格证明、使用方法说明书、售后服务，或者服务的内容、规格、费用等有关情况。这种观点认为，"盆栽绿萝"和"分装绿萝"只存在包装方式的不同，也就是说买家知道自己买的是绿萝就说明交易标的物没有错，而不管其包装方式是分装的还是盆栽的。对于买家购买到的是"盆栽绿萝"还是"分装绿萝"实质上并无任何不同，50 个盆+50 堆土+50 株绿萝 = 50 个盆栽绿萝，这就属于对于绿萝的包装方式的认知出现了偏差，而绿萝的包装方式并不属于合同的主要条款，不影响合同的成立基础。此时就需要对绿萝的包装方式进行解释。

综合以上两种不同的观点，平台协商退还部分货款是比较公平的。

网络订机票出错

【案情简介】2015 年年底，A 女士在某 APP 上买了 3 张 2016 年 1 月 23 日上海—温哥华的机票，下单当天显示"出票成功"，某 APP 还给 A 女士的邮箱发送了相应的电子行程单。2016 年 1 月 19 日，离出发还有 3 天，一大早 A 女士突然发现订单里三张机票的票号完全相同，于是打电话给航空公司，按照某 APP 提供的票号询问机票情况，却被告知该票号下是一位外宾的名字，而输入 A 女士和另外两位朋友的名字查询不到任何机票。A 女士马上联系某 APP 人工客服，对方表示会让机票代理商尽快回电话给她。一直到中午，所谓的"代理商"都没有回电。A 女士再次致电某 APP，客服同样表示会帮忙联系机票代理商，但 A 女士坚持这次要和代理商直接通话。客服无奈，只能把 A 女士的电话转接给一位自称是代理商的工作人员，该工作人员表示正在联系出票商查明原因，当天一定会给出结果，如果真的有问题会帮 A 女士一行三人重新买票保证出行。当天下午，A 女士刷新订单发现机票信息已经更新，便致电航空公司，客服表示票号能和三人的信息对应上，A 女士在某 APP 也能查到相应的电子客票行程单，机票问题终于得到了解决，A 女士网络预订机票可谓费尽周折。

【法律分析】实际上，在微博搜索话题"某 APP 消费欺诈联合维权倡议"就能发现，被欺骗的消费者不在少数。经调查，这些"假机票"均由"积分换票"的乱象造成。乘客成为航空公司的会员后，使用航空公司产品时会产生相应的积分，当积分达到一定水平时就可以兑换机票。某些代理商故意帮正常付费的消费者购买原则上禁止销售的积分票，以获取利润差价，"假机票"便应运而生。由于多数航空公司并不承认这样的机票，消费者向其核实时往往会得到"机票不存在"或是"机票无效"的答复，消费者原本以为购买成功的机票居然就这样从眼前"消失"了。

机票代理商恶意操作导致机票"消失"，应如何定性？这种行为由谁负责？消费者遇到类似情况时又应如何维权？我们不妨分析一下归责与赔偿问题。

（1）虚假订票的法律定性。消费者在第三方平台下单后，代理商接单并在订单中显示"正在出票"，依据原《合同法》（《民法典》第 491 条、第 512 条）关于电子合同的规定，电子合同成立并生效。而后，购票进度显示"出票成功"并附有机票票号，消费者也收到了附有电子行程单的邮件，这些事实足以使消费者相信合同已经按约履行完毕。但当消费者准备出行的时候，却被告知之前的票号和行程单都是假的，被骗得哭笑不得。显然，机票代理商故意以看似齐全的手续和证明文件使消费者误认为自己已经买到了正确且真实的机票，构成了合同违约、欺诈。

（2）责任承担问题。《消费者权益保护法》第 44 条第 1 款规定，消费者通过网络交易平台购买商品或者接受服务，其合法权益受到损害的，可以向销售者或者服务者要求赔偿。第 44 条第 2 款规定："网络交易平台提供者明知或者应知销售者或者服务者利用其平台侵害消费者合法权益，未采取必要措施的，依法与该销售者或者服务者承担连带责任。"

从本案中 A 女士与某 APP 客服的联系内容来看，某 APP 并不能直接提供机票代理服务，仅仅是为机票代理商提供一个售票平台。从某 APP 用户协议中的免责条款中也可以看出，某 APP 仅仅是"互联网信息服务提供者及第三方交易平台"。网站上销售的机票往往来自和航空公司签订了委托合同的机票代理商，他们作为代理人帮助航空公司卖票，并借助第三方平台与消费者签订买卖合同。消费者选择了具体的航班之后，还需在下单界面选择机票代理商，对他们来说，这些代理机构才是真正的经营者，也是真正的"责任人"。但仔细阅读《消费者权益保护法》第 44 条便可以发现，某 APP 作为网络服务提供者，在明知或者应知机票代理商侵害消费者合法权益，但未采取必要措施时，应当承担和代理商相同的责任。因此，第三方平台并不会当然地免责。如果消费者通过此类"官方代理商"购票，则可以推定这些网站管理者"明知"或者"应知"代理商的侵权行为，由他们承担责任也理所应当。消费者就机票可主张以下权利：《消费者权益保护法》第 55 条规定："经营者提供商品或服务有欺诈行为的，应当按照消费者的要求增加赔偿其受到的损失，增加赔偿的金额为消费者购买商品的价款或者接受服务的费用的三倍；增加赔偿的金额不足五百元的，为五百元。……"如由于第三方平台不作为，或代理商态度恶劣导致无法协商解决纠纷，则可通过向法院起诉的方式要求第三方平台或是代理商承担相应的赔偿责任。依据《消费者权益保护法》第 44 条和第 55 条的规定，由于代理商行为已构成了欺诈，消费者在确定"查无此票"后，除了可以要求第三方网站或是机票代理商赔偿自己购买机票的款额之外，还可以要求对方承担"惩罚性赔偿"责任。这部分的赔偿金额以消费者购买机票款额的 3 倍计算，最低 500 元，上不封顶。

【法律提示】①消费者在在线旅游网站平台购票时订单显示"出票成功"后，应仔细检查票号和邮箱收到的行程单，在出发前联系相应航空公司进行查实，或是在信天游、航旅纵横等网站输入票号查询电子客票行程单进行核实，尽可能地避免类似情况发生。②为了防止被骗，可以委托代买机票的平台单独购买一份几十元的保险；保险公司或许会审核机票的真伪，谨防被骗还可以增加一份索赔的证据。③直接向出发机场售票处咨询，提供姓名查证机场电子管理系统是否有自己的真实购票信息。如果有信息，可以核对航班号和起飞时间，对照查询是否与代买机构回复的购票航班信息相吻合。

第三章 CHAPTER 03
行政调解、司法调解与听证案例

第一节 行政调解案例

男子殴打他人 民警执法调解

【案情简介】2015年6月30日，姚先生到老城区定鼎路出租车管理处投诉出租车司机多收其车费，后老城区出租车管理处工作人员约好双方当事人于7月1日15时30分到出租车管理处解决此事。因姚先生与当事司机对"其儿子当时多给司机三块钱"这一事情的细节描述不一致而发生争执。争执过程中，出租车司机用办公桌上的订书机将姚先生的左眼打伤。后老城区出租车管理处工作人员因控制不了局面而拨打110报警。老城区派出所治安七中队民警接警后，将双方当事人及老城区出租车管理处工作人员带到派出所进行情况问询。针对双方情绪激动的情况，为避免再次发生冲突，民警先对双方当事人进行情绪疏导，采取先分开劝导，分别调解，进而由出租车管理处工作人员再次进行调解。经调解，双方都认识到自己的错误，司机向姚先生赔礼道歉，并赔偿姚先生各项损失共计500元，姚先生不再追究司机任何责任，最终双方自愿达成调解协议。

【案例点评】因民间矛盾纠纷引起的违反治安管理行为，往往因当事双方由于一点小事争执不下所导致的情绪失控、矛盾激化、行为升级。因此，在治安调解时首先要注意控制双方的情绪，进而针对不同情况，采取不同方法进行疏导，使当事双方尽快平静下来，再通过分别谈话，动之以情，晓之以理，使双方达成谅解。

出租车司机因绕路和乘客大打出手

【案情简介】2014 年 6 月 23 日 22 时许，彭家桥派出所民警路过洪都大道与北京西路交叉口时，发现一辆出租车停在路边，旁边有两人在争吵。民警了解到，原来两人是司机与乘客。乘客罗某是外地人，司机王某在南昌火车站接到要去师大南路的乘客罗某。到达目的地后，王某要收 30 多元。罗某不愿付钱，称司机绕路。双方因此争吵，在此之前双方还打了起来。民警要求王某立刻向罗某诚挚道歉，免收车费的同时，按规定还要按车费的双倍赔付给罗某。至于双方动手打架的事，因伤情都不重，没有明显外伤，双方均不予追究。

【案例点评】显然，出租司机和乘客的关系是一种客运合同关系。司机绕路涉嫌违约欺骗，乘客拒付多收的车费是合理的。两人因付费问题产生矛盾，司机多要车费，乘客提出质疑后，应该主动认错，更不应该打乘客。警察调解时，让出租司机双倍退还车费是依据原《合同法》（《民法典》第 587 条）2 倍退还定金的条款。如果根据《消费者权益保护法》的规定，司机的违约行为最高可以按车费的 10 倍赔偿乘客损失。

情侣逃票打伤景区员工

【案情简介】2016 年 6 月 14 日上午 8 点 30 分，太平派出所接到一景区报警，称景区工作人员被游客殴打。民警经询问了解到，系胡某、李某二人与景区两名工作人员发生纠纷。胡某、李某二人周末到景区游玩，但是二人抱着侥幸心理，从小路绕进景区。景区工作人员在巡查时，发现胡某、李某存在逃票行为，后双方发生纠纷，在争执过程中，李某将景区一工作人员头部打伤。

景区员工表示，胡某和李某是情侣关系，如果二人不拿出解决纠纷的诚意，便要打电话叫新闻媒体报道二人的逃票"事迹"。后经民警调解，胡某支付了 1500 元赔偿金并在签完调解协议后与李某离开了派出所。

【案例点评】游客与景区是一种服务合同关系。游客买票后才获得进入景区看风景游览的权利，但是游客没有买票"抄小路"偷偷溜进景区，属于不诚信的欺诈行为，因为游客并没有和景区建立服务合同关系。景区工作人员有权让逃票的游客补买门票。游客不买门票就只能离开景区。在双方发生争论的时候，本来就违约的游客还动手打景区工作人员，这是错上加错的行为。所以，民警调解让游客赔偿是合法合理的。如果游客没有打人，他们补票时可以因为他们的违约行为加倍收取门票费，比如门票定价是每张 50 元，可以收取每张 100 元。之所以民警让游客赔偿 1500 元，是因为他们打了景区工作人员。但是 1000 元以上的赔偿金不是一个小数，从程序上看，民警应该要求双方当事人签订书面调解协议书，收款人应该给赔偿人出具相关凭证。以免事后再起纠纷没有处理凭证。

第二节 司法调解案例

司法调解解决赡养问题

【案情简介】2013 年 8 月 16 日上午，一位老人气呼呼地来到平昌县江口镇司法所办公室，刚进门就说要司法所的工作人员帮他写一份起诉书，他要状告自己的小儿子。江口镇司法所王所长马上走到老人身边，一边安抚老人一边了解情况。经过询问得知，老人姓杜，今年 80 岁，家住江口镇国光村。老人的两个儿子曾订立协议，轮流赡养老人两个月。但是从去年年底开始，小儿子就以分家时老人偏袒老大，自己少分了 1 亩土地为由，不愿意再照顾老人，并拒绝支付老人的生活费用，国光村村委会几次调解均无果。老人现在年纪大了，生活又不能自理，无奈的他想通过诉讼途径，解决养老问题。

【调解过程】江口镇司法所的王所长听完后告知老人，如果是打官司，肯定能赢，但是赢了官司，却会输掉亲情。他建议老人先通过调解的方式来解决赡养问题。如调解行不通，再到法院起诉也不迟。8 月 19 日，江口镇司法所的工作人员走了十多公里的山路，到了老人家中。针对矛盾的焦点和小儿子的错误认知，工作人员教育道，分家析产和赡养义务是两个不同的法律关系，绝不能以分家析产不公来对抗履行赡养义务。父母对属于自己的财产完全可以自由处分，与子女应负的赡养义务没有直接关系。尽管父母可能在财产的处理上有失公平，那也是由多种原因、受客观条件的影响造成的。调解人员从社会公德到国家法律，对老人的小儿子动之以情，晓之以理，让其懂得孝敬老人是儿女应尽的法律义务，不赡养父母将会受到社会的谴责和法律的惩处。在工作人员耐心细致的教育下，老人的小儿子终于同意赡养老人，支付了拖欠老人的600元生活费并保证以后会孝顺老人。

【案例点评】司法所是基层法律服务机构。调解员可以依据《人民调解法》调解民事纠纷。本案收到很好的调解效果，化解了小儿子不支付老人赡养费的问题，对家庭和谐起到了至关重要的作用。同时，通过此案例的口碑传播，对当地的年轻人也会产生一定的教育作用。

司法调解帮助解决工伤认定赔偿难问题

【案情简介】2019年9月8日早9时许，李某英在某建材公司因工受伤，事后当事人双方因事故原因发生争执，李某英认为是公司有人故意断电造成其摔倒骨折的，认定公司应赔偿其损失。公司认为是李某英自己不慎摔倒，与公司没有关系。李某英在百般无奈之下来到了司法所，请求予以调解。经过研究，司法所决定出面，为双方进行调解，希望通过调解解决纠纷。

【调解过程】人民调解委员会介入后，立即到建材公司了解详细情况，并找到了相关当事人、目击证人核实情况。确认李某英的伤情是在上班时间导致的。了解了基本情况后，人民调解委员会召集双方当事人。在调解现场双方当事人都表明了各自的观点，在征求双方同意调解的前提下，直奔主题，并认定为工伤纠纷处理。李某英表示要求赔偿其误工费、交通补助费、伙食补贴费、医药费、营养费、劳动协议解除工资补偿费等合计102 800元。李某英自愿终止与某建材公司的劳动关系，并表示不再就此工伤纠纷及其他连带经济补偿提出任何意见和主张。经过调解，双方终于达成一致协议。公司同意赔偿，纠纷得到妥善解决。

【案例点评】本案中，李某英是在某建材公司上班期间、工作场所受伤的。依据《劳动法》和工伤认定相关规定，毫无疑问属于工伤。公司应该依法依规赔偿受伤员工的医药费、营养费、误工费、交通补助费、伙食补贴费、劳动协议解除补偿费等。不过在调解程序上，双方应该签订调解补偿协议。被补偿人收取补偿金应该办理书面签收手续。

司法调解化解未婚同居矛盾

【案情简介】2011年10月，吴女士经人介绍，与李某相识，随后在未办理婚姻登记的情况下，于2012年腊月按照农村风俗摆宴席结婚后同居。后因双方家庭琐事，经常发生矛盾，两人分开居住。2013年3月，吴女士到人民调解委员会要求调解解除同居关系，李某在一气之下，扬言要对吴女士进行报复，并发生了激烈的争吵行为。

【调解过程】当地司法所对此高度重视，为防止双方因纠纷激化引发治安或刑事案件，调解人员分别对二人进行耐心细致的劝导，稳定了双方情绪。在调解中，李某说，自己在与吴女士交往和结婚中共花费1.5万元，要求吴女士赔偿所有费用和精神损失。对此，调解员从讲解法律法规、划分责任、明算细账等方面进行了耐心、细致的劝导，还用民间婚俗取得李某的谅解。最后促使双方达成了协议：一是吴女士与李某同意解除非法同居关系；二是吴女士自愿赔偿李某经济损失共计5000元。至此，一起可能引发治安案件的同居关系纠纷，在当地司法所的调解下得到化解。

【案例启示】因为同居行为所产生的消费、赠与和彩礼问题在近年来产生的纠纷越来越多。这个案例虽然不具有典型性，但是可以给类案提供一个参考。虽然男女双方同居是自愿的，同居期间免不了会有共同的消费或者金钱财物的来往和赠与等行为。一般来说，两个人在分手时应归还对方以结婚为前提条件赠与和购买的大件贵重商品。2019年至2020年，此类案件明显增多。一旦发生诉讼，如赠与方无过错，受赠方不同意结婚，法院一般会判返还彩礼、房屋、汽车、名表、钻戒等价值10万元以上的财物，两人一起生活的开销不予返还。2020年10月，杭州某法院判决悔婚的女方返还男方86万元赠与财物。法院这样的判决对社会风尚具有导向作用。如果不判令返还，会有更多的人以谈恋爱的合法名义实现非法获取对方财物的目的。

第三节　纪检监察听证案例

"信访听证"巧解群众问题

【案情介绍】2016年3月7日，在湖北省黄梅县纪委会议室内，针对黄某的调查情况信访举行了一场听证会。会上，群众向大家逐条反映对某村党支部书记黄某违纪违规相关问题的调查情况。2015年8月开始，该村群众多次到县纪委举报某村党支部书记黄某的违纪违规问题，内容涉及惠农补贴、退耕还林、湖田承包等7项内容。县纪委接访后，按照属地管理原则，将该信访件交办到该镇纪委进行信访初核。2015年11月，该镇纪委将调查核实的结果告知举报人。但是，举报人对调查结果不满意，仍多次到县纪委上访。

【听证过程】2016年1月，县纪委监察局组织该镇党委书记、镇长、纪委书记、驻村干部召开会议，专题研究该村的信访举报问题，并安排专班进一步调查核实。县纪委召集大家举行听证会，就是进行一次开诚布公的沟通，通过面对面的反馈、举证、质疑、释疑，客观公正地还原事情的真相，使得群众多次反映、举报的问题得到解决。在会议室，信访举报人员、群众代表、党员代表、村干部和乡镇纪委办案人员就调查的问题一项一项地提问、回答，调查方还展示了部分物证。听证会持续了4个小时。在县纪委的裁决下，双方最终达成了一致，调查清楚的就签字确认，证据不足的重新核查，整个听证会体现了公开、公平和公正，让举报的群众感到放心和满意。

【案例价值】自2010年以来，黄梅县运用"信访听证"这种方式解决了多起重大、复杂、疑难的信访举报案例，既让群众理解了纪检监察工作，也让群众充分表达了自己的诉求，切实维护了群众的合法权益。

听证会是一种成本低、见效快的解决群众多次反复举报和反映问题的方法。

听证会模式比信访解决问题的渠道效率更高。听证会提高了处理问题过程的透明度和当事人各方的参与度。听证会现场允许各方说话，大家摆事实、讲道理，解决了干部与群众信息不对称，有误解，有隔阂的问题。各方关系理顺了，事情说开了，再依法依纪依规处理就顺理成章，让举报人和投诉人心服口服。听证会作为一种非诉方式，既规避了中国老百姓"对簿公堂"的对立情绪，也规避了商事仲裁的复杂流程，由地方纪委监察委出面，把群众反映的问题拿到桌面上，拿出证据，大家互相质证、辩论说理并现场签订谅解协议，这是一种成本低、效率高的解决问题的方法。值得基层纪委、监委和其他政府部门借鉴和推广。

第四节　公安局调解与听证案例

公安局调解熊某殴打黄某案

【案情简介】2010 年 4 月 16 日，巴厘岛咖啡厅保安黄某向区分局写信称：熊某于 2010 年 4 月 13 日喝醉了酒，经过巴厘岛咖啡厅时，无故用脚猛踢大门，并边踢边骂，他作为保安人员上前好言相劝，熊某反而骂起来，并趁他不备时将他打伤，要求公安局依法处理。区分局领导高度重视，安排派出所进行立案调查。经调查得知，熊某对此事负有主要责任，但是情节较轻，属于《治安管理处罚法》第 9 条规定的可以调解处理的案件。为了化解纠纷，派出所民警在黄某和熊某双方同意的基础上，在派出所案件审理室，召集双方进行调解。通过讲法律、讲政策，最后促成双方达成了如下协议：①熊某向黄某赔礼道歉。②熊某一次性赔偿黄某医疗费 1400 元。协议兑现后，被打的黄某感到满意。

【案例启示】实际上，很多派出所都会遇到类似的轻微伤害案件。以调解的方式进行处理的好处是：①调解程序比诉讼程序更简单易行，且容易被双方接受；②加害方赔礼道歉，安抚了被伤害一方的情绪和精神创伤；③受害方可以当场或者很快获得相应的、合理的赔偿，弥补了损失；④经过赔偿及民警教育，行为人知错改正，避免了因行政拘留等措施产生的身心伤害和复仇心理；⑤轻微伤害案件经过民警协商调解解决，有利于促进社会和谐和法治文明建设。

公安局调解交通事故赔偿纠纷案

【案情简介】2009 年 10 月 31 日，孔某（男，19 岁）驾驶轿车，由某镇往城北镇方向行驶。行至环城路城北镇双井村路段时，其驾驶的轿车与环城路花台连续相撞，导致车内乘车人方某（男，17 岁）、黄某（男，17 岁）、冯某（女，16 岁）三人当场死亡，驾驶人孔某及车内乘车人吴某（男，16 岁）、刘某（男，18 岁）受伤。此次交通事故由肇事车辆驾驶人孔某负全部责任。

【调解经过】事故发生后，公安局高度重视，迅速联合司法局、法院，共同组成调解组，分别做当事双方的调解工作，特别是为三名死者的亲属分别安排了三名民警，负责心理安慰和宣传解释。事故次日，调解组就开始组织肇事方和受害方亲属进行调解，力争尽快达成协议。调解开始时，受害方亲属情绪异常激动，提出了很高的赔偿要求，肇事方称无法满足其要求，且态度也很坚决，双方争吵不休，不听劝阻，导致调解无法进行。随后，受害方亲属到群众工作局上访，要求政府解决赔偿问题。调解组又于 12 月 2 日和 12 月 5 日分别组织了两次调解，双方仍然未达成调解协议。12 月 9 日，调解组再次组织当事双方进行调解。这次调解采取先分别做工作、再当面协调的方式进行。一方面，劝慰受害方亲属要冷静面对现实，依法有理有据地进行索赔，不能漫天要价；另一方面，要求肇事方充分理解受害方的心情，在法律规定的范围内，还要按照当地的风俗习惯，赔偿相关费用。经过调解人员坚持不懈地做思想工作和协调，肇事方和五个受害方分别达成了赔偿总额共计 80 余万元的调解协议。

【案例点评】本案的最大亮点是，调解的方法灵活。负责本案调解工作的民警有耐心、讲策略，注意调解的节奏。如果急于求成，被害人家属情绪激动，很难达成调解。通过一对一的调解，平复被害人情绪，待被害方亲属平复情绪、恢复理性后，各方再坐下来签署调解协议书，这样就达到了"水到渠成"的效果。

第五节　检察院听证案例

汶上县人民检察院举行案件公开听证会

【案情简介】2020 年 9 月上旬的一天，山东省汶上县人民检察院就曹某某涉嫌故意伤害罪一案进行公开听证。部分人大代表、政协委员、人民监督员、辩护人及诉讼代理人、侦查人员受邀参加了听证会。

【听证过程】在汶上县人民检察院举行的听证会上，案件承办检察官就案件事实和证据情况作了详细介绍，对审查认定的事实、法律依据进行了阐述。参会的听证员认真听取了案件介绍，并就案件的事实和证据问题向案件承办人进行了提问，发表了各自意见。

【案例点评】公开听证工作是司法公开的重要方式，是深化检务公开、接受社会监督、保证办案质量，促进社会矛盾实质性化解的有效方式。聆听听证员的评议意见，切实尊重当事人的知情权和发言权，以公开听证的方式将办案工作公开化，有效提升了检察机关办案的公信力。

检察院对刑事、民事、行政和公益四大类案件均可以根据具体案情需要，举办专案听证会，特别是遇到当事人申请抗诉，检察院觉得抗诉有可能不成功的案件，更有必要事先举办一个听证会，听取各方对案件的看法和意见，既有利于抗诉申请人客观、理性地看待案情，又给其他各方依不同角度评说案件的机会，通过多角度的讨论和辩论，可以推进案件的实质性进展，达到或者接近当事人的诉讼目标，有效地化解社会矛盾、息讼止争。

西吉县人民检察院对四起司法救助案件进行公开听证

【听证会介绍】2020年10月22日下午，宁夏回族自治区西吉县人民检察院对四起司法救助案件举行公开听证，听证会邀请了县政法委领导、人大代表、政协委员、村委会代表、律师等人员参加。听证会上，承办案件的检察官向与会人员逐一详细介绍了案件的基本情况：申请人马某，其母王某某被其父杀害，其父马某某因涉嫌故意杀人已被逮捕羁押，现马某未成年且正在上学失去生活来源，急需救助；申请人马某等三人的父亲被杀害，三人均未成年，监护人无固定工作，无收入来源，家庭生活非常困难；申请人杨某某因被故意伤害致伤残，法院判决的赔偿款一直未能执行到位，因案致贫，家庭生活亦特别困难；申请人谢某某等二人的儿子谢某福因交通肇事死亡，法院判决的赔偿款执行了部分，部分因被执行人无可供执行的财产未执行到位，两人年事已高，体弱多病，家庭产业基础薄弱，经济收入单一，生活困难。检察官就申请人提交的申请理由、证据以及审查核实经过、拟救助意见、理由、证据和法律依据进行了细致的分析说明，当场回答了听证员对案件相关问题的提问。听证员进行了案件评议，宣读了听证评议意见，听证员一致同意本院拟给予申请人司法救助的决定，并建议对马某、谢某某等人适当增加救助金额，以解被救助人的燃眉之急。

【听证效果】受邀参加公开听证会的人员对检察机关积极主动地将检察职能与脱贫富民行动深度融合，及时对因案致贫、因案返贫的救助对象进行司法救助，并以公开公正的办案方式解决实际问题给予了高度赞赏。听证员还对检察院的司法救助工作提出了宝贵的建议，希望检察院大力宣传国家司法救助制度，让更多群众知晓该项利民惠民政策，帮助更多困难的人走出生活困境，为社会传递正能量。

【案例点评】为进一步深化履行检察职能，促进司法公开，保障司法公正，提高司法公信力，主动接受外部监督，以听证促进检察权依法规范运行。开展司法救助工作，是检察机关履行检察职能、助力脱贫攻坚的一项重要举措；将公开听证机制引入司法救助的办理过程，体现了检察机关主动接受群众和社会团体监督的担当精神，进一步增强了办案透明度，规范了办案程序，同时落实了国家司法救助制度的宣传工作，维护了社会的和谐稳定。

第六节　法院调解与听证案例

调解工伤事故纠纷案

【案情简介】原告雷某平在被告福州市第三建筑工程公司重庆分公司承建的工地上工作期间坠落摔伤，被有关部门评定为工伤二级伤残。重庆市巴南区劳动争议仲裁委员会仲裁裁决：福州市第三建筑工程公司重庆分公司支付雷某平各项工伤保险待遇共计 555 755 元，双方终止劳动关系及工伤保险关系；驳回原告雷某平要求支付一次性功能障碍辅助材料费及配置残疾辅助器具（轮椅）费用的申请。原告雷某平不服，向法院提起诉讼，请求判令福州市第三建筑工程公司重庆分公司赔偿医疗费等各项工伤待遇并解除劳动关系。

【调解结果】承办该案的重庆市巴南区人民法院女子合议庭法官针对原告雷某平截瘫后致本人及家庭生活十分困难，被告属外来企业可能导致执行兑现难等特点，没有直接判决，而是确立了"调解优先"的思路，制订了详细的调解方案：对福州市第三建筑工程公司重庆分公司先进行法律和情理方面的教育疏导，着重介绍雷某平家庭的特殊困难，促使福州市第三建筑工程公司重庆分公司同意先行向雷某平支付赔偿款 6 万元，缓解了雷某平的经济困境。双方自愿达成调解协议，福州市第三建筑工程公司重庆分公司分期支付雷某平工伤赔偿金 59 万元。女子合议庭法官坚持调解回访制度，及时提醒督促福州市第三建筑工程公司重庆分公司按期付款，确保了所有的赔偿款全部兑付完毕。女子合议庭发起爱心捐款活动，为雷某平捐款 1000 元，福州市第三建筑工程公司重庆分公司的代理律师得知后深受感动，也捐款 500 元。赔偿款的如期兑付，为雷某平的后期治疗和护理提供了保障。

【案例价值】此案作为最高人民法院典型案例发布，说明具有一定的类案指导意义。①工伤损害赔偿纠纷是关乎受害人切身利益和家庭基本生活的大事，也是最高人民法院倡导的重点调解的案件类型之一。重庆市巴南区法院女子合议庭在案件受理之初便确立了先行调解的思路是正确的。后来的调解结果验证了当初选择调解作为结案方式的正确性。②女子合议庭充分发挥女性的独特优势，在调解程序中采取以情说理，以理服人的策略，在化解矛盾纠纷中带着对当事人的真挚感情，怀着为当事人解难题、办实事的愿望去做调解工作，情、理、法交融，通过耐心细致的工作，成功调解结案。③在案件审理过程中，由于前期“以情感人、以理服人”的铺垫工作做得到位，建立起双方互谅、互让、互信的良好基础，兼顾了维护普通农民的合法权益和让用人单位从法理上认识到保护劳动者合法权益的重要性，最后顺利达成调解协议。④在调解协议履行过程中做到了及时回访、督促落实，确保赔偿款全部履行完毕。⑤合议庭法官为雷某平捐款 1000 元的行动，感动了福州市第三建筑工程公司重庆分公司的代理律师，律师也捐款 500 元，更感动了当事人雷某平和所有关心她的人。⑥后续案件跟踪显示，雷某平已经装上假肢练习行走，并上网学习相关知识谋划人生转型，重新树立起生活的信心和勇气。本案是为数不多的“大团圆”多赢结局，既符合法理，也符合中华文化传统。

张某桥故意杀人案附带民事赔偿调解

【案情简介】被告人张某桥入赘赵家，与赵某结为夫妻。2010 年 11 月，赵某与被害人王某某相识后离家出走，并且与王某某同居。这种行为有违公序良俗。同年 12 月 10 日晚，被告人张某桥在与带人上门挑衅滋事的王某某的纠缠打斗中，用刀将王某某刺死。检察机关以"故意杀人罪"对张某桥提起公诉。

【调解结果】扬州市中级人民法院加大附带民事诉讼部分的调解工作力度，促成被告人张某桥认罪、悔罪，并动员其亲属积极筹款赔偿；对被害人亲属释法解疑，指出被害人王某某对本案的发生负有严重过错。通过耐心细致的工作促使双方当事人提出的调解方案更趋理性，最终达成调解协议：被告人张某桥向被害人王某某亲属赔礼道歉，及时赔偿各项损失 12 万元；被害人王某某亲属谅解并请求对被告人张某桥从轻处罚。法院依法判决被告人张某桥犯故意杀人罪，判处其有期徒刑 14 年，剥夺政治权利 4 年。

【案例点评】刑法的基本原则是罪行法定、罚当其罪。但是，对罪犯的量刑轻重有时候还需要考虑对被害人家属的民事赔偿。①本案中，扬州市中级人民法院积极探索刑事附带民事诉讼调解工作方法的尝试是成功的，在依法惩罚犯罪的同时，按照宽严相济的刑事政策要求，通过积极有效的调解工作，有效化解了当事人之间的恩怨和强烈的对抗情绪，达到了"案结、事了、人和"的最佳效果。②法官说服了被告人张某桥还有他的亲属，向被害人家属真诚道歉，取得了被害人家属的谅解，通过对被害人家属的经济赔偿缓解了被害人及其亲属经济上的窘迫，减少了社会负担，实现了对权利人的抚慰和保护。这不仅有利于减轻对被告的处罚，也有利于今后两家人的相处与交往。判决后被害人家属没有上诉，说明对判决结果满意。③本案成功调处的实践证明：在刑事附带民事诉讼审判之中贯彻"调解优先、调判结合"工作原则的重要性与可行性。法官兼顾法、理、情三者统一的方法，深受双方当事人的欢迎。事后，被告家属和被害人王某某亲属分别给扬州市中级人民法院送来锦旗，说明本案审理实现了法律效果和社会效果的有机统一。④该案成功调处的附带民事诉讼调解工作在惩罚被告人的同时，体现了以案说法的教育、感化和犯罪预防的社会功能。在我国经济建设快速发展、各种社会矛盾凸显、案件数量剧增的今天，坚持对附带民事诉讼案件优先调解，对于化解矛盾纠纷、促进社会和谐稳定，意义重大。

请求确认民事诉讼财产保全行为违法申诉案

【案情简介】2007年4月6日，青岛海事法院在审理河北骄傲船务公司诉德州开元公司一案中，依河北骄傲船务公司申请，冻结了德州开元公司的出口退税账户。同月17日，德州市中级人民法院在审理德州市商业银行诉德州开元公司一案中，裁定要求该市国税局将德州开元公司近2000万元退税款退至其另指定的账户。河北骄傲船务公司以德州市中级人民法院行为导致其保全的出口退税款落空为由，提出国家赔偿确认申请，德州市中级人民法院不予确认，河北骄傲船务公司向山东省高级人民法院提出申诉。

【案件调处】针对案件涉及两家法院保全裁定的冲突问题，加之案件法律适用问题不明确，为慎重起见，山东省高级人民法院选择着力做好协调工作的处理方式。山东省高级人民法院一方面辨法析理，消除申诉人关于权利无法实现的思想顾虑，使其相信人民法院会秉公办案、妥善解决纠纷并接受协调；一方面积极与被申诉法院沟通，通过发公函、与院领导及案件承办人座谈等形式，统一了对问题的认识。同时，加大了对相关民事案件、海事案件的执行力度，查找到德州开元公司尚有部分可申报退还的出口退税税款，另有作为贷款抵押物的土地一宗。经过多方协调努力，德州市政府、税务机关及抵押权人同意全力配合法院工作，最终该宗土地得以变现，用该宗土地补偿款和出口退税款清偿了河北骄傲船务公司的债权。河北骄傲船务公司与德州开元公司达成执行和解协议并随即向山东省高级人民法院申请撤回申诉。

【调解意义】本案的典型意义在于以下几点：①无论是裁决还是调解，最终目的是维护被侵权人的合法权益。法院本着维护权益受损方权益的出发点进行调解，把调解与执行直接衔接，明显提高了法院的结案效率。②破解了法院"裁决容易、执行难"的普遍难题。许多经济纠纷案件在判决或者裁定之后无法执行，并没有完全达到维护守约方（受害方）权益的目的。本案帮助申诉人最终实现了逾千万的债权，从调解到执行的衔接显得异常重要。③本案纠纷因案外人对法院保全行为不服而引发，背后涉及民事案件、海事案件及财产保全和执行程序，涉案及索赔数额巨大，山东省高级人民法院"跳出就案办案"的框子，经反复协调努力，成功化解了本案纠纷并促成海事积案执结，及时、充分地保护了申诉人的合法权益。④山东省高级人民法院在本案的成功关键是注意从根本上化解纠纷。在认定被申请确认的司法行为存在程序性瑕疵后，没有轻易启动国家赔偿程序，而是优先考虑从源头上即执行中寻求救济的思路，并最终协调成功，使得债权得以完全实现，切实保障了申诉人合法权益。⑤山东省高级人民法院从大局出发维护社会公平正义，积极争取地方党委、人大、政府等多部门的支持，最终使申诉人与国家机关"化干戈为玉帛"，握手言和，切实践行了能动司法理念，取得了"一举多赢"的良好效果。

第七节　市场监督听证案例

张掖市市场监管局举行首次行政处罚案件听证会

【案情简介】2019 年夏天，张掖市市场监督管理局接到举报，并举行行政处罚案件听证会，就甘州区某物业公司涉嫌对免收机动车停放服务费的车辆收取机动车停放服务费价格违法案拟作出行政处罚进行了公开听证。

【听证过程】2019 年 9 月上旬的一天，张掖市市场监督管理局举行第一次行政处罚案件听证会，此次听证会严格按照《市场监督管理行政处罚程序暂行规定》《市场监督管理行政处罚听证暂行办法》组织实施，全程历时 2 个多小时，录音录像、文字记录完整。听证会上，当事人、调查人双方围绕涉嫌违法事实、检查程序、适用法律法规、拟处罚款等问题逐一进行举证、质证和辩论。案件调查人员阐明了案件的调查情况，就当事人的违法行为进行了详细陈述，并出示事实证据材料，提出行政处罚建议；当事人对所认定的事实及相关问题进行申辩和质证。案件调查人以事实为依据，以法律为准绳，有理有据地予以逐条答辩，做到了以理服人。本次听证会共 30 余人参加旁听，听证会后，市场监管局将在核实有关证据后依法作出下一步处理。

【案例点评】①本案的价值在于让我们熟悉市场监管部门的听证程序。国家市场监督管理总局局务会议审议通过的《市场监督管理行政处罚听证暂行办法》于 2019 年 4 月 1 日起施行。该办法第 10 条规定："听证参加人包括当事人及其代理人、第三人、办案人员、证人、翻译人员、鉴定人以及其他有关人员。"第 13 条规定："要求举行听证的自然人、法人或者其他组织是听证的当事人。"第 14 条规定："与听证案件有利害关系的其他自然人、法人或者其他组织，可以作为第三人申请参加听证，或者由听证主持人通知其参加听证。"第 25 条第 1 款规定了听证程序："（一）办案人员提出当事人违法的事实、证据、行政处罚建议及依据；（二）当事人及其委托代理人进行陈述和申辩；（三）第三人及其委托代理人进行陈述；（四）质证和辩论。（五）听证主持人按照第三人、办案人员、当事人的先后顺序征询各方最后意见。"②张掖市市场监管局依据国家市场监管总局制定的《市场监督管理行政处罚听证暂行办法》举行的听证会，程序规范，透明公正，充分展示了市场监督管理部门执法规范流程和适用法律的严谨性。③听证会上，主持方让当事人全面了解案件办理情况，行使其陈述、申辩的权利，当事人心服口服，既有效保障了当事人的合法权益，又为监管执法人员与企业双方提供了一个平等、公平、公开的沟通平台。④听证不仅可以解决因行政处罚产生的纠纷，而且对市场监管局干部职工、被处罚当事人和社会公众都是一堂生动的法治教育课，向社会传递了依法行政、公开公平的执法理念。听证会是一种多方有利、效率很高的纠纷解决形式。

第八节　信访案例

20 年矛盾纠纷　一场信访听证化解

【案情简介】20 多年前，龙田乡浯田村程某与邻居进行土地置换，但补偿问题一直未得到解决，双方商议无果，为此多年来程某先后到乡政府和县政府信访部门上访。县乡两级多次协调但效果不大。为彻底化解纠纷消除隐患，龙田乡政府决定依法举行信访听证会进行化解。10 月 21 日下午 2 点，信访听证会在浯田村会议室召开。听证会除邀请浯田村党代表、人大代表、村民代表等 15 人为听证员外，还特意邀请了休宁县信访事项调委会调解员参加，采用"信访听证+当场调解"的方式化解矛盾。

【听证程序】按照信访听证程序，听证会围绕浯田村程某 20 多年前与邻居土地置换未得到赔偿这一信访事项，双方当事人进行了举证、质证、辩论、询问。听证员们认真听取双方陈述，全面了解了程某的信访事项，并就本次听证会的问题发表了意见，教育规劝双方和睦相处，遇事协商处理。调解员当场进行了调解，他对《土地管理法》《行政诉讼法》等法律法规相关条款规定进行了宣传，对信访人反映的问题进行了耐心、细致的解答，并提出了公平公正的调解建议。最终，信访人满意地接受了调解建议，双方当事人当场签订调解协议，握手言和。

【案例点评】①本案是一起持续了20多年的信访事项，虽然说是邻里纠纷，不是什么大案要案，但是如果不能得到解决，当事人依然会不断地上访，必然会浪费当事人的时间、金钱，同时也会浪费政府机关的人力与财力资源。②解决旧案纠纷显然有利于改善政府与群众的关系。旧案积压越久，当事人所承受的痛苦就越多，积怨就越深。多次上访得不到解决，会加大上访者对政府和法律的不信任。③如果类似的旧案不能得到妥善解决，当事人常年上访、一旦心理失衡，很可能会发生报复社会的案件，影响社会和谐稳定。④调解机构本着为人民负责的态度通过调解解决了陈年旧案，这种行为深受老百姓的欢迎。此方法对其他地区的类案具有指导意义，值得提倡和推广。

第四章 CHAPTER 04
仲裁案例

第一节　劳动仲裁案例

员工使用不恰当维权方式导致仲裁失败

【案情简介】熊某于 2005 年 4 月 26 日入职 A 公司，入职后即到 A 公司的昆山分公司报到。熊某与 A 公司签订有劳动合同，最后一期劳动合同期限为 2007 年 12 月 1 日至 2010 年 11 月 30 日。合同约定：熊某工作地点为华东地区，工作岗位为技服工程师（即售后服务部门的外勤人员），工作内容、工作目标及任职要求按《职位简要》履职，熊某的工作时间为不定时工作制，工资为 3000 元/月。在 2009 年 5 月 22 日至同年 7 月 11 日期间，A 公司昆山分公司安排熊某和公司的其他技服工程人员实行两班制，连续 24 小时工作。因工作时间太长，劳动强度太大，熊某向部门主管提出需要休息，并要求 A 公司昆山分公司支付加班补助，但遭到拒绝。之后熊某开始消极怠工。2009 年 8 月 27 日，A 公司以熊某不服从上级工作安排且语带威胁口吻，并消极怠工，违反《员工守则》为由，决定给予熊某记过处分。同月 31 日，A 公司以熊某再次不服从工作安排，消极怠工，严重影响其他工作人员士气为由，决定再次给予熊某记过处分。2009 年 9 月 16 日，A 公司因熊某擅自改变劳动合同约定的工作时间和工作内容，拒不履行本职工作并采取怠工行为，不服从主管的合理工作安排及指挥，经多次劝导仍没有改善，违反《员工守则》第三次记过处分并给予解除劳动合同。A 公司对上述警告、记过处分及解除劳动合同的决定，均已书面通知工会，并得到工会的同意。2009 年 9 月 26 日，A 公司及 A 公司昆山分公司共同发出《公告》，从即日起解除与熊某的劳动合同。熊某因上述纠纷，向广州市某区劳动争议仲裁委员会提起申诉，要求 A 公司支付其单方解除劳动合同经济补偿金等。2010 年 2 月 18 日，该仲裁委员会作出裁决，驳回其仲裁请求。

【法院审理】 熊某到当地法院提起诉讼。法院认为，《劳动合同法》第 39 条第 1 款第（二）项规定，劳动者严重违反用人单位的规章制度的，用人单位可以解除劳动合同。熊某作为 A 公司的技术服务工程师，应自觉遵守公司的规章制度，履行工作岗位职责和服从公司的工作安排。熊某认为公司侵害其合法权益，致使其利益蒙受损失时，应通过理智、正当、合法的途径寻求解决的方法，这是法律赋予熊某的权利。熊某在公司对其给予多次警告和记过处分的情况下，仍然没有改善。显然熊某的行为已严重违反了公司的规章制度。A 公司根据上述法律规定及依照经民主程序制定并已作公示的《员工守则》的相关规定，解除与熊某的劳动合同，合法合理。熊某要求 A 公司支付单方解除劳动合同的经济补偿金，缺乏理据，原审法院不予支持。判后，熊某不服该判决，提起上诉。经审理，二审法院驳回上诉，维持原判。

【案例点评】 本案对于现在职场上的年轻人具有标本价值和警示意义。现在职场上的年轻人群体中，不少人崇尚以自我为中心的个性，"我的地盘我做主""任性辞职""消极怠工"等行为时有出现。遗憾的是，他们在彰显自己个性和任性的同时，却忘记了法律法规和企业规章制度的约束。本案中当事人提出仲裁失败失败后，起诉和上诉都败诉，正说明法律法规是保障职工合法权益的，而不会保护员工不守规矩、蔑视法规和企业规章制度的狂妄任性行为。

第二节　商事仲裁案例

施工承包合同争议仲裁案裁决书

【案情简介】 申请人（承包方）和被申请人（发包方）于××××年 4 月 6 日签订了编号为"外联发 94—185 合"的施工承包合同。

合同约定如下：工程名称：××公寓装饰（1 号楼 3~8 层，2 号楼 3~7 层）。工程造价：工程承包金额为 156 750 美元。工程进行过程中原则上以双方确定之工程总价及报价数量为准，如有任何工程上的增减及设计的修改，将按此合同附件（一）之单价不变为原则修改工程总价款。工程工期：自××××年 4 月 15 日开工至××××年 8 月 15 日竣工。工程竣工日期以工程验收合格为准。在施工过程中，由于甲方或者第三者阻碍原因延误施工的，乙方须书面通知甲方，如属实，甲方应书面确认，竣工日期可按延误天数顺延。工程结算和付款：工程竣工后，一个月内完成结算工作，如遇在施工过程中经甲方书面要求变更设计，增、减项目以单价不变为原则，按实结算。本合同签订后甲方预付合同价的 30%工程备料款，待工程量完成 50%以后再付 30%进度款，工程竣工验收前，预留工程总造价 10%的款项，待工程竣工验收合格，收尾工程全部完成，施工现场临时设施拆除后 15 日内，甲方须付清工程结算余额，预留 6 万美元作为保修金，在竣工后 1 年保修期满之日起 15 日内一次性付清。

工程竣工验收后，乙方对工程质量负责保修期为 1 年。在保修期间，因施工原因造成的工程质量问题，由乙方负责修理，并承担全部修理费用。如乙方在接到甲方通知 10 日内（紧急情况下 3 日内）不予修理，甲方有权委托第三方进行修理，费用由乙方承担。违约责任和奖罚条款规定：如乙方提前一天竣工甲方须支付合同金额 1‰给乙方作为奖励，如由于乙方责任，使工程每推迟一天，甲方从乙方预留金中扣除 1‰。

在上述施工承包合同履行过程中，申请人、被申请人因承包金额的支付、工程的竣工及责任承担等方面产生争议，无法协商解决，申请人遂向仲裁委员会提出仲裁申请。

申请人诉称：申请人和被申请人签订施工承包合同总金额为 110 万美元，其中人工费为 156 700 美元，材料费为 943 250 美元（通过购销合同履行），并约定"一次包干"。合同签订后，申请人按约精心施工，被申请人于××××年 5 月 17 日支付人工费 47 025 美元；××××年 11 月 9 日被申请人支付人工费 46 823.43 美元，总计 93 848.43 美元。在施工过程中，被申请人又要求申请人在原合同内容以外增加装饰工程内容八项，申请人亦按要求进行了施工，为增加工程项目申请人垫付 50 余万美元，仅电气安装一项在××××年 6 月 27 日的决算中就高达人民币 566 434 元。上述原合同外增加项目工程款被申请人至今分文未付。××××年 8 月 5 日工程竣工，并通过上海市××区建设工程监督总站验收合格，被申请人也使用至今。被申请人无理拖欠工程人工费及工程款的行为显然是一种严重的违约行为，依法应承担违约责任。

【仲裁审理】中国国际经济贸易仲裁委员会上海分会根据申请人新加坡××公司与被申请人中国××公司于××××年4月6日签订的编号为"外联发94—185合"施工承包合同中的仲裁条款，以及申请人于××××年3月24日向中国国际经济仲裁委员会上海分会提交的书面仲裁申请，受理了上述施工承包合同项下争议仲裁案。仲裁委员会根据《仲裁规则》规定成立以×××为独任仲裁员的仲裁庭，审理本案。仲裁庭于××××年6月8日在上海开庭审理本案。双方当事人均到庭作了口头陈述和辩论，并回答了仲裁庭的提问。仲裁庭在详细审阅了申请人的仲裁申请书，被申请人的书面答辩及双方当事人提供的证据材料并听取了双方当事人在开庭过程中的陈述后，根据事实和法律作出裁决。

【案例启示】当合同双方在执行过程中有明显分歧时，出于权益受损的一方应该及时采取协商、仲裁或者诉讼方式解决，因为工程垫资方负担着很高的贷款利息，对方拖延支付会造成巨大的利息损失。这是本案留给其他类案当事人最值得思考的问题。还有，应该注意仲裁后，被申请人再拖延支付的，应该在裁定书中约定被申请人不执行裁定造成拖延期限的利息损失，以及申请人申请法院强制执行过程中的利息损失。

房屋买卖合同纠纷仲裁

【案情简介】付某（买方）经中介公司居间介绍，欲购买熊某（卖方）所有的位于南山区纯水岸的房屋。经三方达成口头一致后，买方于2007年3月25日在中介拟好并盖章的《房屋买卖合同》上签字，其后，中介公司职员刘某携带该合同文本，于当天晚上飞往卖方出差办公的天津，要求卖方签署合同。卖方在阅读合同重要条款（总价款为560万元，首期款为370万元等）后，要求将中介公司已经填写的交房时间（2007年6月30日）改为2007年7月30日，刘某随即电询买方，买方表示同意，然后刘某在原来填写处作了修改并得到卖方对此的签字确认。卖方在合同上签字后，刘某随即携带三份合同文本回到深圳。2007年3月27日，中介公司将合同文本中的一份交给卖方母亲。卖方母亲发现首期款已被更改为137万元，并立即告知卖方，其后，卖方还得知买方为中介公司职员，认为买方和中介公司故意隐瞒真实情况，心存欺诈，便无意履行被修改的合同。2007年4月9日，买方和中介公司向卖方发出书面通知函，称买方早已于签署合同当天按照合同约定支付了定金，要求卖方按照合同要求的时间去指定银行办理资金监管手续，否则将根据合同申请仲裁，由卖方承担相关法律责任。

卖方向律师咨询。经初步了解案情，律师向卖方提出如下方案：①向买方和中介公司作出书面回复，称卖方认为合同尚存在重大问题，需要等待该问题解决后方能履行合同。如此既赢得了时间，也不会落下不履行合同的把柄，为更加充分了解案情创造了机会。②基于合同是在双方分处两地先后签署、双方均无证据证明合同签署时间的先后以及在天津签署后，卖方并未持有一份合同的事实，可以主张事实如：中介填写合同内容，然后前往天津交卖方签署，再带回深圳交买方签署。如此，买方单方对首期款更改的行为，构成了新要约，因此合同尚未成立。此时，卖方享有不履行卖房义务的权利，更毋庸谈卖方违约责任。虽然如此，律师仍然告知卖方，这种方案的成功率只有51%。因为从合同文本的记载来看，卖方不履行卖房义务将构成严重违约。但是卖方认为即便如此，他仍然想试一试，且这种方案相比较而言是最佳方案。因此，决定委托律师代理应诉。

【操作思路】基于本案的案情，如果不主张合同尚未成立，将难以避免双倍返还定金的法律责任，但要证明合同尚未成立，将必须证明：①合同签署地点分别为深圳和天津；②卖方在天津签署合同时，合同中尚有重要条款尚未达成；③买方单方对合同重要条款的设定和修改，未经得卖方同意。如此，方能证明合同不成立。在上述要求下，第①项事实证明起来并不困难；第②项事实，需要对方证人证言予以支持，这一点尤其困难；第③项事实实际上是基于第②项事实而产生的。因此，第②项事实的证明就成为本案胜负的关键，为了获取第②项事实所要求的证人证言，必须提出卖方认为是事实真相的合同签署时间和顺序，从而将买方诱入证明自己合同签署时间和顺序的陷阱中来。后来的庭审和裁决证明这种操作思路是正确的。

【庭审焦点】①合同签署的时间和先后顺序；②首期款更改的时间；③首期款对卖方是否具有重要性。对于焦点①中的合同签署地点，卖方举出了大量有关卖方当时在天津的证据（如高速公路费发票、招商银行异地消费记录等），对方对此并未否认，仲裁庭采纳了合同签署地点在深圳和天津两地的观点。对于签署时间和顺序，由于双方各执一词，各自的证人证言也各执一词，互相矛盾，因此，仲裁庭对双方的证词互相矛盾的地方不予采信。由于卖方也没有充分有力的证据能证明本案合同事实为卖方签署在先，对方的证据也不能证明买方签署在先，且双方都以对方证人与对方有利益关系而质疑其证言的真实性。因此，仲裁庭只能根据合同上签署的时间与买方支付定金的时间相一致的情况来推断，认定买方签署在先。焦点②对于首期款的更改时间，卖方认为：370万元早已填写于合同上，并在卖方于天津签署合同后被更改；买方则认为首期款一栏原来就是空白的，是中介公司刘某于2007年3月25日晚上赶回深圳后交由其下属杨某填写，杨某填写370万元后交给刘某，刘某认为错误，就直接将370万元改为137万元，该改动也得到了买方的签字确认。问题是，在双方证言均因利益关系而不被认定的情况下，仲裁庭只能推定370万元早已填写于合同首期款一栏，后于买方天津签署后被更改为137万元。卖方观点被采纳。焦点③对于首期款的重要性，买方坚持认为首期款对于卖方并不重要，因为房款总额是不变的，首期款只是总房款与银行放贷之间的差额，填写多少并无影响，因为有银行的贷款支持；卖方坚持认为，首期款对于卖方具有很大的意义，是卖方的风险所在。倘若银行的贷款不能发放，则首期款越大对卖方越有利，越小意味着卖方的风险越大。卖方关于首期款重要性的观点被仲裁庭采纳。

归纳来说，2007年3月25日晚，卖方在天津签署合同时，对交房时间提出了更改要求，中介公司征询买方的意见后，将交房时间由2007年6月30日更改为2007年7月30日，并交由卖方签字确认。此时，卖方对交房时间的更改构成了对买方的新要约，虽然买方其后对其进行的签字确认构成了承诺，但中介对首期款进行的填写和更改经买方同意后，并未经卖方签字确认，从而构成了对卖方的另一项新要约，由于卖方最终未就此予以确认，因此，合同尚未成立。

【裁决结果】最后仲裁庭认为：由于买方先签署合同，且没有证据证明370万元在卖方于天津签署合同时是空白的（所有的证言不予采信），则卖方在天津签署合同后合同已经成立。合同并未违反国家法律和社会公共利益，因此有效。不过，由于首期款对于卖方而言具有重大价值，买方擅自对首期款进行更改的行为，表明其将不按照370万元的首期款履行合同，从而构成了先期违约。在先期违约情况下，卖方不履行合同的行为与卖方的违约在先行为构成了双方违约，这种情况不适用定金罚则，因此驳回了买方要求双倍返还定金的仲裁请求。卖方胜诉。

【案例点评】虽然仲裁庭并没有支持合同不成立及合同无效的观点，但这一裁决却是合情合理的。因为现有证据并不能支持合同不成立的观点，且庭审中出现的各方证人证言亦不能被轻易认可，否则会导致对方主张的事实成立的危险。仲裁庭最终采纳了首期款对于卖方而言具有重大意义的观点，这一观点从根本上决定了案件的成败：正是因为首期款的重要性，所以买方对其进行的单方修改构成了重大违约，从而也就无法要求双倍返还定金。

第三节　诉讼撤销仲裁案例

请求撤销民事裁定案

【案情简介】西安市中级人民法院［2018］陕01民特97号民事裁定书显示，申请人商洛市商州区交通运输局（以下简称"交通局"）与被申请人中十冶集团有限公司（以下简称"中十冶"）、商洛市商丹循环工业经济园区管理委员会（以下简称：管委会）申请撤销仲裁裁决一案，本院于2018年2月27日立案后进行了审查，现已审查终结。

交通局申请称，①西安仲裁委员会商洛分会委员会无权受理并仲裁该案。双方《项目专用合同条款》第24.1条规定，争议的最终解决方式：仲裁，仲裁委员会名称；商洛市仲裁委员会，但商洛市并没有成立商洛市仲裁委员会。根据《仲裁法》第10条的规定，商洛市并无仲裁委员会这一机构，西安仲裁委员会商洛分会委员会是西安仲裁委员会设立的分支机构，与商洛市仲裁委员会不是同一机构。②该案裁决遗漏主要责任主体，导致裁决结果严重错误且难以执行，丹江紫荆大桥工程是2010年2月2日商洛市发改委批准立项项目，商洛市政府明确要求该项目由商州区政府和管委会各出资50%，由区政府负责工程建设。区政府为了该工程建设，成立商丹园区紫荆大桥建设协调领导小组，并安排交通局于2010年9月4日组建商洛市丹江紫荆大桥工程建设管理处（以下简称"管理处"）。管理处虽由交通局组建，但实际代表区政府，负责工程的具体组织建设和管理，直接向协调领导小组和区政府请示和报告工作。2011年2月14日，管理处经公开招标和中十冶签订商洛市丹江紫荆大桥工程施工《合同协议书》，管理处招标、签订合同、建设管理、决算等行为都是在区政府的直接授权下进行，并直接向区政府报告工作，建设资金也由区政府和管委会承担，即使欠付工程款，也应由区政府和管委会承担。③2013年4月26日经各方协商所达成的工程结算意见应作为处理该案工程款结算的依据，2013年4月26日，管理处按照双方达成的工程变更审核意见结算实际工程款15 343 709.92元并制作了交工验收报告，中十冶、监理单位、设计单位和管理处均签章确认，中十冶一直未对该结算价款提出异议和书面复审申请，仲裁中推翻该结算意见，重新委托鉴定，违背当事人自愿和诚信原则，仲裁裁决采信鉴定结果错误。④仲裁裁决结果严重错误，应予撤销。如需重新鉴定也应由中十冶申请，仲裁机构要求交通局申请鉴定存在程序上的错误，不仅损害了交通局的合法权益，裁决结果也显失公平公正。由于管委会和中十冶并不接受2013年4月26日的工程结算意见，致使该工程款无法通过友好协商的方式达成结算，无法达成结算的责任在管委会和中十冶。综上，请求撤销［2017］西仲商裁字第11号仲裁裁决，诉讼费用由中十冶和管委会承担。涉及本案的中十冶、管委会等均进行了答辩。

法院经审查查明：2017年12月19日，西安仲裁委员会商洛分会委员会依据原《民法总则》第6条、原《合同法》第6条、第61条、第107条、第119条、第120条及《仲裁法》第7条、第43条第1款、第51条第1款规定，裁决：①商洛市商州区交通运输局在收到本裁决书后60日内支付中十冶集团有限公司工程款2 026 818.4元、质量保证金1 760 757.62元、履约保证金900 000元，并按中国人民银行发布的同期同类贷款利率承担工程款2 026 818.4元自2013年10月24日起（扣除案件审理期间）的利息损失和质量保证金1 760 757.62元自2015年5月17日起（扣除案件审理期间）的利息损失；以上给付事项如逾期履行，依照《仲裁法》第62条和《民事诉讼法》第253条之规定，按中国人民银行同期贷款基准利率加倍支付迟延履行期间的债务利息；②驳回中十冶对管委会的仲裁请求；③本案仲裁费用83 770元和仲裁司法鉴定费用60 400元，双方当事人各承担50%，仲裁费用、仲裁司法鉴定费用中十冶集团有限公司已预交，被申请人在履行上述第一项时一并支付申请人72 085元。本院查明，2013年11月19日，交通局向局属各单位作出《关于撤销商洛市丹江紫判大桥工程建设管理处的通知》。仲裁审理中，交通局签署了《西安仲裁委商洛分会委员会参加仲裁活动承诺书》，同意由西安仲裁委员会商洛分会委员会调解、作出裁决。2016年12月29日，仲裁庭开庭时询问各方"对西安仲裁委商洛分会委员会审理本案有无异议",各方均表示"无异议"。交通局向仲裁庭提交的答辩状中称"因紫荆大桥工程已于 2013 年 5 月 16 日交工验收并交付商丹园区管委会使用,四年前已经完工,管理处被撤销后续工程债务及工程款剩余部分支付职能已移交交通局""交通局不存在违约行为,中十冶应自行承担工程尾款的利息损失;建议仲裁委员会裁定最终工程决算金额,以便交通局尽快付清工程尾款"。

【法院审理】法院认为:

(1)交通局提出西安仲裁委员会商洛分会委员会无权受理并仲裁该案,理由如下:①根据《最高人民法院关于适用〈中华人民共和国仲裁法〉若干问题的解释》第 6 条"仲裁协议约定由某地的仲裁机构仲裁且该地仅有一个仲裁机构的,该仲裁机构视为约定的仲裁机构"的规定,西安仲裁委员会商洛分会委员会应视为涉案合同仲裁条款中约定的仲裁机构;②根据《最高人民法院关于适用〈中华人民共和国仲裁法〉若干问题的解释》第 2 条"当事人概括约定仲裁事项为合同争议的,基于合同成立、效力、变更、转让、履行、违约责任、解释、解除等产生的纠纷都可以认定为仲裁事项"的规定,本案当事人因工程款结算发生的纠纷系基于合同的履行产生的争议,属于合同仲裁条款约定的仲裁事项,交通局所称"双方争议的只是 38 万余元"并不属于《最高人民法院关于适用〈中华人民共和国仲裁法〉若干问题的解释》第 19 条规定的"仲裁裁决事项超出仲裁协议范围"的情形;③本案属于平等主体之间发生的合同纠纷,并非《仲裁法》第 3 条规定的"下列纠纷不能仲裁:(一)婚姻、收养、监护、扶养、继承纠纷;(二)依法应当由行政机关处理的行政争议"的不可仲裁事项;④根据《仲裁法》第 20 条第 2 款"当事人对仲裁协议的效力有异议,应当在仲裁庭首次开庭前提出"的规定,交通局在仲裁审理中未对涉案仲裁条款的效力提出异议,且明确同意由西安仲裁委员会商洛分会委员会调解、作出裁决,并表示对西安仲裁委商洛分会审理本案无异议,表明交通局认可西安仲裁委员会商洛分会委员会对本案具有管辖权;⑤《最高人民法院关于适用〈中华人民共和国仲裁法〉若干问题的解释》第 27 条第 1 款规定:"当事人在仲裁程序中未对仲裁协议的效力提出异议,在仲裁裁决作出后以仲裁协议无效为由主张撤销仲裁裁决或者提出不予执行抗辩的,人民法院不予支持。"因此,交通局该项撤销事由不成立。

(2)交通局提出仲裁裁决违反法定程序。理由如下:①无论管理处开展涉案工程的招标、签约等相关活动的权力来源如何，其签订、履行涉案工程合同的行为性质均属于管理处作为发包方以自己名义对外从事的民事活动，交通局所称的区政府的授权、批准、提供建设资金等行为均非涉案合同主体之间的履行合同的民事行为，也不能否认管理处作为涉案工程发包方的合同地位；②本案系发包方管理处参与民事活动、因涉案合同的履行与相关民事主体之间产生的纠纷，基于管理处为发包方的合同地位，承包方中十冶有权依据合同向管理处主张权利；③在管理处被交通局撤销后，管理处在涉案合同项下的权利义务应由交通局承继，并不存在遗漏了区政府这一责任主体的问题；④仲裁委在查明了管理处已被撤销的情况下仍在仲裁裁决书中列管理处为被申请人，尚不足以构成《最高人民法院关于适用〈中华人民共和国仲裁法〉若干问题的解释》第 20 条"仲裁法第五十八条规定的'违反法定程序'，是指违反仲裁法规定的仲裁程序和当事人选择的仲裁规则可能影响案件正确裁决的情形"规定的违反法定程序的情形。因此，其该项申请撤销的理由不成立。

（3）交通局提出 2013 年 4 月 26 日经各方协商所达成的工程结算意见应作为处理该案工程款结算的依据、仲裁裁决结果错误，认为裁决违背社会公共利益。因对证据的审查和采信、举证责任的分配、对当事人仲裁请求的处理方式等属于仲裁委实体审理的范畴，且现有证据并不足以证明仲裁裁决违背社会公共利益，因此，交通局该项申请撤销的理由不成立。

综上，西安仲裁委员会商洛分会委员会对本案作出的裁决不具有《仲裁法》第 58 条规定的应予撤销的情形，交通局申请撤销仲裁裁决的理由不能成立，对其申请撤销仲裁裁决的主张依法不予支持。依照《仲裁法》第 60 条之规定，裁定如下：驳回商洛市商州区交通运输局要求撤销西安仲裁委员会商洛分会委员会［2017］西仲商裁字第 11 号仲裁裁决的申请。申请费 400 元，由申请人商洛市商州区交通运输局负担。

【案例分析】本案的焦点在于，交通局在参加仲裁程序的初始阶段，没有提出对仲裁机构管辖权的异议，参加仲裁没有提出仲裁权异议的行为就说明交通局默认了仲裁机构的管辖权。后来，当仲裁机构作出对交通局不利的仲裁书后，交通局再通过诉讼程序，请求法院撤销仲裁，法院判定仲裁机构作出的仲裁书有效，不可撤销。法院作出这样的裁决是合法公正的。这个案例对类案当事人最大的警示价值在于，当事人如果认为仲裁机构没有管辖权，应该在仲裁程序的初始阶段提出管辖权异议。这样完全可以避免得到对自己不利的仲裁结果或者起诉后败诉。

第四节　国际仲裁案例

物流合同中仲裁条款的效力案例

【案情简介】被告 A 公司与 B 公司都是具有外贸经营权的企业。A 公司的地址在甲市，B 公司的地址在乙市，并在甲市设有办事处。A、B 两公司签订了联合出口原木的协议。协议规定由 A 公司办理出口手续，对外签约及执行合同，办理制单结汇。B 公司负责组织货源及装船。而后 A 公司与 C 国 D 公司签订了原木买卖合同，之后，A 公司向 B 公司出具了对外签订的买卖合同及信用证等有关出口单证。B 公司根据合同及出口单证，以 A 公司的名义同原告 E 公司达成了海上货物运输协议，该协议没有加盖合同双方印章，只有承运人和 B 公司业务员的签字。

运输协议规定如发生争议，由本国际贸易促进委员会仲裁，适用本国法律。同年 8 月 28 日，原告轮船抵港受载，A 公司知道此事并没有提出异议，反依约向 B 公司出具了标明 A 公司的出口许可证、信用证、商检证、报送单等出口单证。B 公司业务员利用 A 公司出具的单证，以 A 公司的名义办理了托运手续。同月 29 日，E 公司轮船于该港装货。9 月 10 日，该轮到达 C 国 X 港卸货。因货物质量问题，C 国收货人没有及时向 A 公司汇付货款。9 月 24 日，原告通知 A 公司将运费汇至自己的账户，但 A 公司未付。原告又与 B 公司联系未果。11 月 11 日 A 公司致电 C 国 D 公司称：3 个月前运抵该国 X 港的原木，系其卖给 S 公司的货物，除本公司外的其他方主张是该批木材的货主的确认书都是仿造的、无效的。对该批木材遇到的困难，只能由本公司与贵公司协商解决。

【仲裁未受理】原告在催索运费未果的情况下，于第二年 3 月依约向中国海事仲裁委员会提起仲裁，并支付了仲裁费 520 美元，由于 A 公司否认 E 公司轮运费与它有关，拒绝仲裁。中国海事仲裁委员会以被诉人尚未确定为理由，不予受理。

【海事法院判决】原告遂于同年 5 月 26 日向 F 市海事法院提起诉讼，

要求法院判令两被告支付运费若干，仲裁费 520 美元以及上述款项的银行同期利息。两被告在书面答辩中对 F 海事法院对该案的管辖没有提出异议。

　　【案例警示】从不够详尽的材料判定，本案中 A 公司作为贸易发起方，应该明确约定运输费的承担问题。B 公司根据双方合作分工报单，安排国际航运，没有过错。但是彼此都忽略了几个问题：第一是没有签订多方制约的贸易合同；第二是没有明确运费的承担（一般由供货方承担或者买货方承担）；第三是货物运输没有上保险；第四是没有约定，货物被拒收或者被承运方留置，纠纷如何处理，损失由谁承担。正因为对复杂的国际贸易的不确定性风险没有评估，更不会有事先采取防控风险的措施，导致涉案多方蒙受损失，而且复杂的诉讼程序、取证困难必然会浪费很多时间。

行政纠纷案例

第一节　行政复议案例

伍某某诉桐城市人民政府行政复议案

【案情简介】2016 年 6 月 24 日，桐城市城市管理行政执法局向伍某某下达责令停止违法行为通知（桐城管停字［2016］第 004 号），认定伍某某在桐城市光明巷 11 号无规划许可擅自搭建钢构，违反了《城乡规划法》第 64 条的规定，责令其限期改正违法行为并停止建设，补办规划许可手续，同时告知其逾期不停止违法行为或不补办手续，该局将依法对其给予行政处罚。伍某某不服，于 2016 年 6 月 29 日向桐城市政府申请行政复议。桐城市人民政府认为，责令停止违法行为通知不是最终行政决定，只是具体行政行为作出前的一项程序，不属于行政复议范围，遂于 2017 年 3 月 3 日作出行政复议决定，驳回伍某某的行政复议申请。伍某某不服该复议决定，遂提起行政诉讼，请求撤销桐城市人民政府该行政复议决定，判令桐城市政府对其复议申请事项作出实体处理决定。

【法院审理】安庆市中级人民法院审理认为，责令停止违法行为本质上属于行政命令中的禁令，一经作出便为行政相对人设定了义务，是行政执法过程中的一种独立的行政行为。如果行政相对人实施的合法行为被行政主体错误实施了责令停止的命令，将会导致相对人的合法权益受到侵害。因此，为保障行政命令功能的正确行使，应赋予行政相对人法律救济的途径。本案中，桐城市城市管理行政执法局作出的责令停止违法行为通知，为伍某某这一特定相对人设定了停止建设并限期改正的义务，对伍某某的权利义务产生了实际影响。因此，该通知属于行政复议范围，复议机关应对其合法性进行审查。故判决撤销桐城市人民政府该行政复议决定，责令其于判决生效后的法定期限内对伍某某提出的行政复议申请重新作出复议决定。一审宣判后，双方当事人均未提起上诉。

【案例点评】公民认为行政机关的行政行为侵犯其合法权益，有权申请行政复议或者提起行政诉讼。责令停止违法行为是让违法行为停滞于查处时的状态，是行政管理过程中的一种手段，实际上属于责令改正的范畴，其性质应是行政命令。《行政处罚法》第28条第1款规定："行政机关实施行政处罚时，应当责令当事人改正或者限期改正违法行为。"本案中，桐城市人民政府认为，责令停止违法行为通知不是最终行政决定，只是具体行政行为作出前的一项程序，不属于行政复议范围。故而驳回伍某某的行政复议申请。对于这样的复议决定，申请人肯定不服，所以才到当地法院提起行政诉讼，法院判令撤销政府行政复议决定，并对申请人提出的复议申请事项作出实体处理决定。

拆迁依具废止文件向农民发放补偿案

【案情简介】被拆迁居民见到了2017年4月27日的《某崖街道征地拆迁安置补偿政策宣传单》，《兰州市某区人民政府房屋征收公告》（2016年18号），发布公告的时间是2016年11月11日。当地居民搜索了互联网，也没有看到拆迁公告和相关的文件。被拆迁户柴某芳向兰州市某区人民政府提起了政府信息公开申请。《某崖街道征地拆迁安置补偿政策宣传单》送到了在拆迁范围内的几乎所有的居民。宣传单明确表示，拆迁补偿按照2010年4月19日兰州市物价局兰州市房地产管理局《关于发布2010年兰州市房屋重置价格的通知》（兰价房地发〔2010〕80号）规定：砖混一级1178元/平方米，二级1097元/平方米，三级880元/平方米。这是一份作废的文件，居然被拆迁办用于拆迁补偿标准，显然是对被拆迁户的欺瞒行为。实际上，附近小区的楼房销售价格却在14 000元/平方米~15 000元/平方米。某崖街道办事处的拆迁行为遭到当地村民的强烈抵制。

【政府回复】关于拆迁补偿金的问题，《兰州市人民政府办公厅关于进一步加快推进新三年棚户区（城中村）改造攻坚工作的实施意见》明确规定：

城中村改造住宅房屋补偿安置政策大体保持稳定，继续执行《兰州市城中村改造工作领导小组关于印发〈兰州市公安局关于城中村改造中户籍管理的实施意见〉等 9 个配套文件的通知》文件标准。某崖街道城中村改造，严格按照国家、省、市、区相关政策推进，结合全市统一确定的户均 160 平方米还房标准，具体规定为农户人均 40 平方米、城镇居民人均 30 平方米的全区统一还房政策。拆迁城中村宅基地上住宅房屋，扣除还房面积后，剩余房屋面积给予货币补偿。货币补偿标准以兰州市物价局、房管局文件核定的价格为参考（而不是补偿价格的法定依据）给予货币补偿。关于过渡费的问题，2013 年前，该区一直参照兰州市房地产管理局《关于城中村改造中房屋拆迁安置及产权登记管理暂行办法》第 16 条的规定执行。2015 年 7 月 2 日，经区委十届第 106 次常委会研究决定，自 2015 年 7 月 1 日起，上调全区城中村改造范围拆迁群众的过渡补助费，按每人每月 500 元发放。经某区城中村改造（征收）办公室调查，基本能满足被拆迁群众的过渡需求。

【案例价值】本案例根据当地群众举报信修改。其中一家居民作为拆迁补偿户，到北京找代理律师，并请求法务咨询机构法务师帮助维权。以下是法务咨询师对本案例作出的几点研判，对同类案件咨询具有参考价值：①依据《国有土地上房屋征收与补偿条例》初步判定，该项目征地拆迁行为不符合法定程序，应该由县区级政府对拆迁项目下发正式拆迁文件。②动迁行为不规范。拆迁办没有按照法定程序在被拆迁建筑物上张贴《拆迁公告》；没有与被拆迁户进行拆迁补偿磋商与签约；没有对拆迁项目进行社会安全性评估；没有对被拆迁户过渡用房和临时租房租金给予保障。这些程序都是《国有土地上房屋征收与补偿条例》规定的法定程序，没有这些程序，街道办的动迁行为从法律上属于"非法拆迁行为"。③即便该项目拆迁手续健全、程序合法，在补偿标准方面，政府也没有单方"定价权"。我国民事法律对政府行为规定的基本原则是"法无授权不可为"。目前的相关法规尚未规定在拆迁补偿方面政府主管部门有"定价权"，所以，兰州某崖街道办引用的兰州市物价局作废的文件（即便不作废也无效），与被拆迁户协商所谓的补偿问题，从法律上看带有一定的欺诈性质。④综合以上分析，法务咨询师认为维权可以走行政复议程序，行政复议结果不利的话，再走法院诉讼程序主张自己的合法权益。⑤在该拆迁项目具有合法手续的前提下，可以参考周边商品房当下成交价，确定协议补偿标准。如果被拆迁人不同意货币补偿，可以按照拆迁面积与补偿面积之间"1:1.3"或者"1:1.5"的比例补偿。这样才显得合理。

（点评人：资深法务咨询师、第 13 期全国廉政法治建设研修班学员　朱以山）

第二节　拆迁与土地纠纷案例

孔某丰诉泗水县政府房屋征收补偿案

【案情简介】 2014 年山东省泗水县人民政府作出的《房屋征收的决定》指出，选择货币补偿的被拆迁人按照安置房的优惠价格补偿。被拆迁人孔某丰认为补偿的价格不合理，提起行政诉讼。原告诉称，被告作出该具体行政行为违法，应予撤销。征收补偿方案征求意见期限不足 30 天，程序违法。被告于 2011 年 3 月 3 日公布征求意见稿，3 月 21 日结束征求意见，2011 年 4 月 6 日作出决定，征求意见不符合法律规定。房屋征收补偿方案违反《国有土地上房屋征收与补偿条例》第 19 条"对被征收房屋价值的补偿，不得低于房屋征收决定公告之日被征收房屋类似房地产的市场价格"的规定。此外，被告仅仅补偿被征收的房屋，对收回的国有土地使用权不予补偿，也违反了《土地管理法》第 58 条的规定。征收房屋和土地是为了开发房地产，不属于公共利益，不符合公益项目征收条件。此外，征收范围内含有大量的集体土地，被告的行为已超越其自身的审批权限，也不符合建设工程及用地规划，应当撤销。

【审理过程】 此案经济宁市中级人民法院审理。济宁市中级人民法院经审理查明，2011 年 4 月 6 日，被告作出泗政发 [2011] 15 号《泗水县人民政府关于对泗城泗河路东林业局片区和泗河路西古城路北片区实施房屋征收的决定》（以下简称《决定》），将包括原告房屋在内的涉案片区国有土地上的房屋予以征收，原告对《决定》不服，向济宁市人民政府提起行政复议，济政复决字 [2011] 62-65 号复议决定对被告作出的《决定》予以维持。原告不服向法院提起诉讼。济宁市中级人民法院经审理另查明，案外人王某强等人因不服被告作出的该《决定》，曾向济宁市人民政府提起行政复议，复议机关经复议认为：该《决定》将征收范围内集体土地上的房屋按照国有土地上的房屋进行征收，属于认定事实不清。但在行政复议期间，被申请人泗水县人民政府于 2011 年 6 月 22 日作出《关于泗政发［2011］15 号文所涉房屋征收范围的公告》，对征收范围进行重新申明。该公告部分改变了原具体行政行为，即撤销原具体行政行为中对集体土地上房屋征收的部分。遂于 2011 年 7 月 11 日作出济政复决字［2011］29 号复议决定，确认该《决定》中涉及征收集体土地上房屋的部分违法。

济宁市中级人民法院经审理认为，根据《国有土地上房屋征收与补偿条例》第 2 条的规定，为了公共利益的需要，征收国有土地上单位、个人的房屋，应当对被征收房屋所有权人给予公平补偿。该条例第 19 条规定，对被征收房屋价值的补偿，不得低于房屋征收决定公告之日被征收房屋类似房地产的市场价格。根据立法精神，对被征收房屋的补偿，应参照就近区位的新建商品房的价格，以被征收人在房屋被征收后居住条件、生活质量不降低为宜。本案中被告制订的征收补偿方案中规定，选择货币补偿的，被征收主房按照该地块多层产权调换安置房的优惠价格补偿，优惠价格显然低于市场价格。对产权调换的，安置房超出主房补偿面积的部分由被征收人出资，超出 10 平方米以内的按优惠价结算房价，超出 10 平方米以外的部分按市场价结算房价；被征收主房面积大于安置房面积的部分，按照安置房优惠价增加 300 元/平方米标准给予货币补偿。对被征收房屋的补偿价格也显然低于被征收人的出资购买价格。补偿方案上述规定对被征收人显失公平，违反了《国有土地上房屋征收与补偿条例》第 2 条及第 19 条的规定，依法应予撤销。经法院审判委员会讨论决定，依照《行政诉讼法》第 54 条第（二）项之规定，判决撤销被告泗水县人民政府于 2011 年 4 月 6 日作出的泗政发［2011］15 号《泗水县人民政府关于对泗城泗河路东林业局片区和泗河路西古城路北片区实施房屋征收的决定》。宣判后，各方当事人均未提出上诉。

【案例点评】①本案被最高人民法院列为全国征地拆迁十大典型案例，因为在全国法院同类案件判例中具有创新性、普遍指导意义和借鉴价值。②在全国范围的交流价值在于具有开创性——全国首次法院判决按照新建商品房市场价格对被征收人进行补偿，在法律意义上首次确定了征收补偿市场价格的含义，明确了征收补偿按照新建商品房价格进行补偿，具有重大指导意义。③本案例在审理房屋征收决定时，不仅对房屋征收补偿方案做了程序性审查，首次对其实质内容如"征收土地使用性质"进行了一并审查。《国有土地上房屋征收与补偿条例》规定，征收国有土地上单位、个人的房屋，应当对被征收房屋所有权人给予公平补偿。如在审理中认定补偿方案有违公平原则，则应撤销房屋征收决定。④房屋征收案件主要是因为补偿问题引发的纠纷，而在此之前一些人民法院在审查征收决定时对补偿方案不予审查；导致撤销拆迁行政行为后，房屋征收补偿问题依然得不到实质性解决，甚至还需要被征收人重新起诉。

（点评人：法务咨询师、广告法研究专家　贾爱民）

郑某强诉紫金县紫城镇政府行政协议纠纷案

【案情简介】因省道 S242 线改线，沿途需要征地拆迁，郑某强位于紫城镇南岗村田心地段的房屋及相关建筑物在拆迁范围内，2016 年 7 月 5 日，郑某强与紫金县紫城镇政府协商后签订了《房屋拆迁补偿协议书》，约定：①该房屋实施作价补偿，补偿总额为 816 336 元；②紫城镇政府须于协议签订之日起 10 日内将补偿款一次性向郑某强支付完毕，郑某强在收到补偿款之日起 15 日内自行拆除该房屋；③如不按时付款，按未付款项每日 1‰计付违约金给郑某强。签约后，镇政府在复核时发现《房屋拆迁补偿协议书》补偿表中列明的"56.4 平方米未建宅基地"未经审批为建设用地，也不是房屋占地，按规定应按集体农用地即旱地的标准进行补偿，对此郑某强不同意，致使镇政府未按约定时间支付补偿款而产生纠纷。2017 年 3 月 8 日，郑某强向东源县法院提起行政诉讼，请求判令紫城镇政府履行《拆迁补偿协议书》，向郑某强支付房地征收补偿款 816 336 元及违约金及由镇政府承担本案诉讼费。2017 年 6 月 12 日，镇政府作出紫镇行变字第 1 号《行政合同变更通知书》，认为《拆迁补偿协议书》补偿列表中的 56.4 平方米不属于宅基地，应按集体农用地标准补偿，故将《房屋拆迁补偿协议书》中补偿条款的补偿数额由 816 336 元变更为 621 664 元。紫城镇政府于 6 月 13 日将《行政合同变更通知书》送达给郑某强。庭审时，郑某强对变更的补偿数额予以认可，并将第一项诉讼请求的金额由 816 336 元变更为 621 664 元，同时要求以无争议部分的补偿款 618 936 元为基数按协议书约定每日 1‰的标准支付违约金。

【法院审理】广东省河源市中级人民法院二审认为，紫城镇政府为实现公共利益，对省道 S242 线紫金县城路段改线并实施改线沿途的征地拆迁，经协商后与郑某强签订《房屋拆迁补偿协议书》，对涉及郑某强的房屋拆迁补偿的补偿总额、补偿的支付方式、支付期限及违约金的承担方式进行约定，内容合法有效。合同签订后，紫城镇政府发现《房屋拆迁补偿协议书》补偿表中列明的"56.4平方米未建宅基地"定性有误导致补偿金额错误，经核实后作出《行政合同变更通知书》，将补偿款金额由 816 336 元变更为 621 664 元。2016 年 7 月 5 日签订的《房屋拆迁补偿协议书》因补偿数额错误，紫城镇政府已经变更该行政合同，郑某强也认可变更后的行政合同，双方应当按变更后的合同履行，郑某强请求紫城镇政府支付征地补偿款 621 664 元依法应予支持。关于郑某强诉请紫城镇政府支付违约金问题。涉案《房屋拆迁补偿协议书》签订以后双方均未履行，协议书涉及的房屋未拆除，郑某强还在使用，紫城镇政府为了公共利益的需要，在行政协议约定事项有误的情况下，有权单方变更协议，郑某强诉请紫城镇政府支付违约金，没有法律依据，不予支持。紫城镇政府单方变更协议，是对原《房屋拆迁补偿协议书》约定的补偿条款的补偿数额由 816 336 元变更为 621 664 元，并未变更其他如补偿的支付方式、支付期限及违约金的承担方式。紫城镇政府应遵循依法行政的原则，仍应按《房屋拆迁补偿协议书》之约定，在 2016 年 7 月 15 日向郑某强支付房屋补偿款或者将补偿款依法公正提存，但紫城镇政府却怠于行使支付房屋补偿款的义务，实质上造成郑某强对于房屋补偿款 621 664 元从 2016 年 7 月 15 日开始的孳息损失。

【案例点评】①合同变更一般有三种情形：产生新的单独合同、原合同终止及新合同订立、合同变更作为原合同的组成部分。本案明显属于第三种情况，镇政府仅仅变更了补偿协议中的补偿面积和土地性质。但是依据原《合同法》的规定，改变合同标的物、价款等内容属于合同实质性内容变更，应该属于新的要约或者合同。②镇政府和村民之间是平等的民事法律关系，镇政府变更合同内容必须与合同相对人郑某强事先协商沟通，对方同意后才能修改合同内容。原《合同法》第 77 条（《民法典》第 543 条）规定："当事人协商一致，可以变更合同。法律、行政法规规定变更合同应当办理批准、登记等手续的，依照其规定。"镇政府以《行政合同变更通知书》的形式邮寄给合同相对人郑某强的行为本身就没有体现公民和政府法人组织的民事平等法律关系，这种行为是不妥的。③郑某强在收到镇政府变更合同的通知书后没有书面表示不同意，也没有对镇政府变更合同的具体行政行为申请复议和提起诉讼，说明默认了镇政府的变更合同行为。④变更前的拆迁补偿合同双方都没有履行，法院应该查明合同未能执行的原因，而不是简单地驳回原告"按照补偿款 618 936 元为基数按协议书约定每日 1‰ 的标准支付违约金"的请求。⑤虽然郑某强的房屋尚未拆除，但是因为多次交涉拆迁补偿已经付出了时间、精力，而且镇政府在认定土地性质与面积的具体行政行为中发生错误，应该适当给予原告一定的经济补偿。这样的判决才是公平合理的。

土地权属争议行政诉讼案

【案例简介】2017 年 10 月 9 日，原告某砖厂以北京市大兴区庞各庄镇合作经济联合社、北京市大兴区庞各庄镇西黑垡村经济合作社为被申请人，向被告北京市大兴区人民政府提交了《土地使用权争议申请书》，请求确认其是北京市大兴区庞各庄镇西黑垡村委会南 200 米的工业用地的使用权人。被告大兴区人民政府收到申请后，当日将申请转交北京市原国土资源局大兴分局办理。2017 年 10 月 16 日，北京市国土资源局大兴分局向被告大兴区人民政府提交《关于办理群众来信工作中需由区政府下达土地权属争议处理决定的请示》及《土地权属争议案件不予受理决定书（代拟稿）》。同年 11 月 1 日，被告大兴区人民政府作出被诉《土地权属争议案件不予受理决定书》，主要内容为：某砖厂为集体所有制（股份合作），不是乡镇企业，股东张某和李某不是庞各庄镇或西黑垡村的村民，某砖厂亦未在争议土地上建设乡（镇）村公共设施和公益事业；某砖厂提交的证据无法证明其与争议土地的土地使用权具有直接利害关系；争议土地自 2004 年就停止生产了，某砖厂未在争议土地办公生产，也一直不占用、使用该争议土地；综上，争议土地已经确过权、发过证，土地使用权人已经确定和明确；争议土地的《集体土地使用证》证载使用者不是某砖厂改制前的某乡砖厂、争议土地早已停止生产，某砖厂就原某乡砖厂的土地租赁纠纷已经经过法院判决，且争议土地已于 2012 年取得了《集体土地所有证》，某砖厂与争议土地集体土地所有权人无任何关系；现有证据无法证明某砖厂与争议土地存在直接利害关系，也无土地使用权争议存在的事实根据，根据《土地管理法》第 16 条第 1 款、《土地权属争议调查处理办法》第 10 条第 1 款第（一）（二）项及第 13 条第 1 款、第 3 款，原国土资源部办公厅《关于土地登记发证后提出的争议能否按权属争议处理问题的复函》（国土资厅函〔2007〕60 号）"土地登记发证后已经明确了土地的所有权和使用权、土地登记发证后提出的争议不属于土地权属争议"之规定，对某砖厂请求确认其是争议土地使用权人的申请事项，决定不予受理。原告某砖厂不服被诉决定，以其系原某乡砖厂改制后的企业，其应是争议土地使用权人等为由，提起行政诉讼。

【法院审理】北京市第四中级人民法院经审理认为：根据《土地管理法》第16条第1款、第2款以及《土地权属争议调查处理办法》第4条第1款的规定，北京市原国土资源局大兴分局对个人之间发生的土地权属争议案件有受理、调查、调解及向同级人民政府上报拟定的处理意见的职责，被告大兴区人民政府具有作出处理决定的法定职权。土地权属争议处理案件申请人与争议的土地具有直接利害关系，是申请调查处理土地权属争议应当符合的条件之一。本案中，对于原告某砖厂提出的土地使用权争议申请，被告大兴区人民政府作出被诉决定认为，原告某砖厂因不是乡镇企业，其股东不是庞各庄镇或西黑垡村村民，其也没有在争议土地上建设乡（镇）村公共设施和公益事业，故认定原告某砖厂要求确认其是争议土地的土地使用权人不符合法律规定。对此，北京市第四中级人民法院认为，《土地权属争议调查处理办法》及《北京市土地权属争议调查处理办法》要求审查申请人与争议土地的利害关系问题，但本案被告大兴区人民政府仅以原告某砖厂企业及股东身份问题认定原告某砖厂要求确认其是争议土地的土地使用权人不符合法律规定，明显不当，依法予以指出。根据双方当事人提交的证据，涉案《集体土地使用证》登记的土地使用者为原北京市大兴区某乡工业总公司砖厂，不是原某乡砖厂，且原告某砖厂提交的证据不能证明在原某乡砖厂改制过程中，其取得了争议土地的使用权。结合工业总公司与张某就争议土地签订的《租赁合同》及法院就该《租赁合同》引发的民事债权纠纷作出的生效判决情况，被告大兴区人民政府认定原告某砖厂与争议土地使用权没有直接利害关系，具有事实根据和法律依据，本院予以支持。根据《北京市土地权属争议调查处理办法》第14条第（五）项的规定，已经区（县）以上人民政府确定土地权属或者取得土地权利证书的，不属于土地权属争议案件受理范围。本案中，双方当事人均认可争议土地即为涉案《集体土地使用证》登记的土地，因该土地使用权证未被撤销、仍属有效，故原告某砖厂要求处理的事项不属于土地权属争议案件受理范围。被告大兴区人民政府根据调查核实的情况作出的被诉决定并无不当。据此，判决驳回原告的诉讼请求。后原告提起上诉，北京市高级人民法院作出驳回上诉，维持一审判决的终审判决。

【案例点评】①本案明确了土地权属争议案件的受理范围和受理条件，对于同类案件具有借鉴意义。《土地权属争议调查处理办法》第 10 条规定："申请调查处理土地权属争议的，应当符合下列条件：（一）申请人与争议的土地有直接利害关系；（二）有明确的请求处理对象、具体的处理请求和事实根据。"《北京市土地权属争议调查处理办法》第 14 条第（五）项规定，已经区（县）以上人民政府确定土地权属或者取得土地权利证书的，不属于土地权属争议案件受理范围。因此，对于土地登记发证后已经明确了土地的所有权和使用权，申请人提出的争议不属于土地权属争议。土地所有权、使用权依法登记后第三人对其结果提出异议的，利害关系人可根据《土地登记规则》的规定向原登记机关申请更正登记，也可依法申请行政复议或提起行政诉讼。②本案很好地体现了法的安定性原则。法的安定性即法律关系及权利义务规定的安定性。法的安定性象征着秩序和安宁，通过诚信、信赖利益保护和法不溯及既往等原则得到体现和贯彻。对于土地等自然资源的所有权和使用权，依法由行政机关行政确认，行政机关的确认文书是具有法律效力的文件。本案"争议土地"已经确过权、发过证，其土地使用权人已经确定和明确，且该土地使用权证未被撤销仍属有效。土地权利证书已经明确了土地的所有权和使用权，遂提出的争议不属于土地权属争议。法院判决驳回原告认为自己是争议土地的使用权人的诉讼请求，是对法的安定性的维护。③为避免错误确权给当事人造成损害，法律也规定了救济措施。对土地所有权、使用权登记结果有异议的，利害关系人既可以向原登记机关申请更正登记，也可向原登记机关的上级主管机关提出行政复议或直接向法院提起行政诉讼。法院对行政机关作出的关于确认土地等自然资源的所有权或使用权的决定不服提起的诉讼的审查只是形式审查，不改变权利义务关系的实质内容，体现了司法权对行政权的尊重。根据提起土地权争议申请的法定条件，申请人与争议的土地必须有直接利害关系，法院经审理认为，申请人并没有充分的证据证明与争议的土地有直接的利害关系，尽管行政机关关于认定申请人没有利害关系的理由不充分，法院根据事实和法律作出驳回原告请求并指出行政机关的不足之处，是一个务实的判决，对于维护法的安定性，促进行政机关依法行政具有指导意义。

孙某诉朝阳区政府、北京市政府房屋行政征收及行政复议案

【案情简介】因涉案项目建设需要，被告北京市朝阳区人民政府（以下简称"朝阳区政府"）于 2017 年 2 月 24 日作出征收决定，决定对涉案项目用地红线范围内的房屋及其附属物实施征收，国有土地使用权同时收回。原告孙某的房屋位于征收范围内。2017 年 3 月 16 日，评估公司对原告孙某的房屋出具评估报告。该评估报告于 2017 年 5 月 11 日送达原告，原告收到后未申请复核评估和鉴定。因双方未在征补方案确定的签约期限内达成补偿协议，朝阳区政府房屋征收办公室向被告朝阳区政府提出《征收补偿决定申请书》。2017 年 8 月 21 日，被告朝阳区政府作出被诉征收补偿决定，并于次日送达原告，亦在征收范围内予以公告。原告孙某不服，向被告北京市政府提出行政复议申请。2017 年 12 月 4 日，北京市政府作出维持被诉征收补偿决定的行政复议决定。原告孙某仍不服，提起行政诉讼。原告孙某在案件开庭审理的法庭调查阶段请求一并审查《北京市旧城区改建房屋征收实施意见》第 4 条第（八）项的合法性。原告称，其在庭审中才发现《北京市旧城区改建房屋征收实施意见》第 4 条第（八）项有关预签协议的规定违法，直接导致被告朝阳区政府作出的征收决定和征收补偿方案违法，从而导致被诉征收补偿决定违法。

【法院裁定】北京市第四中级人民法院经审理认为：被告朝阳区政府依法具有作出本案被诉征收补偿决定的法定职权，被告北京市政府依法具有受理原告的行政复议申请并作出行政复议决定的法定职权。本案中，被告朝阳区政府作出被诉征收补偿决定所依据的征收补偿方案符合法律规定，所依据的评估报告符合法律规定，且已依法保障原告孙某对补偿方式的选择权及补偿权益。被告朝阳区政府所作被诉征收补偿决定和被告北京市政府所作被诉复议决定均符合法律规定。根据《行政诉讼法》第 53 条的规定，当事人在对行政行为提起诉讼时，可以请求就该行政行为所依据的规范性文件进行一并审查。《最高人民法院关于适用〈中华人民共和国行政诉讼法〉若干问题的解释》第 20 条规定："公民、法人或者其他组织请求人民法院一并审查行政诉讼法第五十三条规定的规范性文件，应当在第一审开庭审理前提出；有正当理由的，也可以在法庭调查中提出。"原告孙某在法庭调查中提出一并审查规

范性文件的请求，并无正当理由，且原告孙某请求审查的《北京市旧城区改建房屋征收实施意见》第4条第（八）项是关于区县房屋征收部门组织产权人、公房承租人预签附生效条件的征收补偿协议的规定，并非被告朝阳区政府作出被诉征收补偿决定所依据的规范性文件，故对原告孙某的该项请求依法不予支持。据此，判决驳回原告孙某的诉讼请求。一审宣判后，双方当事人均未提起上诉。

【案例点评】本案明确了法院在行政诉讼中启动规范性文件一并审查的条件，对于行政诉讼当事人依法行使诉讼权利具有指引作用。现行的《行政诉讼法》建立了规范性文件一并审查制度，既赋予公民、法人或者其他组织提起行政诉讼时请求人民法院一并审查行政行为所依据的规范性文件的请求权，又赋予人民法院就规范性文件是否合法的审查判断权。该项制度对于及时有效解决行政争议，保障公民、法人和其他组织合法权益，监督行政机关依法行政具有重要意义。根据《行政诉讼法》及相关司法解释的规定，公民、法人或者其他组织请求法院审查规范性文件的合法性，应当符合下列条件：一是在针对行政行为提起行政诉讼时一并提出规范性文件审查请求，而不能直接针对规范性文件提起行政诉讼；二是请求一并审查的规范性文件只能是被诉行政行为所依据的规范性文件；三是请求一并审查的规范性文件应当是国务院部门和地方政府及其部门制定的规章以下的规范性文件，不含规章；四是应当在第一审开庭审理前提出，确有正当理由的，可以在第一审法庭调查中提出。《行政诉讼法》修改后，将对行政规范性文件的合法性审查也纳入司法审判过程中，这是一个重大的进步，有利于从源头上解决行政争议。有些行政争议，是因为原告对作出行政决定所依据的规范性文件有异议所导致的，如果对规范性文件不能进行合法性审查，对争议事实的审查就不利于保护原告的合法权益，难以从实质上解决行政争议，达不到行政诉讼的目的。但《行政诉讼法》并没有将行政规范性文件纳入行政诉讼的受案范围，不能就行政规范性文件提起行政诉讼，而只是在对行政行为提起诉讼时，可以一并请求对该规范性文件进行审查。"一并"意味着只能在对行政行为提起诉讼时同时提起，即对规范性文件的审查不能独立成诉，只是附属于行政诉讼，而且审查范围仅限于涉案行政行为所依据的文件，即行政机关认为其实施行政行为合法的依据。这样的制度设计，既尊重了我国宪法和组织法所确立的权力监督体系的安排，对规范性文件由同级权力机关和上级行政机关负责监督，又保证了人民法院审理行政案件能够全面进行合法性审查，保护公民、法人和其他组织的合法权益。本案原告提起一并审查的行政规范性文件并非被告作出被诉征收补偿决定所依据的规范性文件，不属于一并审查的范围。法院无权对审理案件无关的规范性文件进行审查。

为保护原告的合法权益，法律规定了对规范性文件提起审查的时间为一审开庭审理前，有正当理由的，也可以在法庭调查中提出。在法庭调查过程中，原告或其代理人可能刚刚知悉被告作出行政行为所依据的规范性文件，应当允许其提出对规范性文件合法性的审查请求。但本案原告没有正当理由说明提起一并审查的规范性文件与其提起的行政诉讼有直接的关联性。一并审查的规定，对于行政机关而言，不仅要求行政行为合法正确，而且要确保作出行政行为所依据的规范性文件合法。为促进法治政府建设，人民法院在审理行政案件时，认为规范性文件不合法的，不作为认定行政行为合法的依据，并要在裁判理由中予以阐明，而且应当向规范性文件的制定机关提出处理建议，这是法院必须履行的一项义务。

第三节　信息公开案例

李某诉北京市海淀区人民政府信息公开案

【案情简介】2017 年 10 月 9 日，原告李某向被告北京市海淀区人民政府（以下简称"海淀区政府"）提交《北京市海淀区政府信息公开申请表》，申请公开："1. 三虎桥南路南边安装隔离护栏的所有有关政府文件；2. 北京市规划委批准安装护栏的批准文件；3. 北京市道路交通管理局有关批准安装的文件。"被告海淀区政府于当日受理并向原告李某出具了《登记回执》。2017 年 10 月 9 日，被告海淀区政府分别向区市政市容委、区规划分局、甘家口街道办发函进行查找。区市政市容委回函称隔离护栏属交通设施，其无此相关职能；区规划分局回函称其未制作相关信息；甘家口街道办回函称对于原告李某的第一项申请内容查找到 12 条信息，对于第 2、3 项申请内容没有查到相关信息。2017 年 11 月 15 日，被告海淀区政府在本机关政务办公系统进行了查找，未查找到符合申请内容的信息。2017 年 10 月 27 日，被告海淀区政府作出《政府信息延长答复期告知书》并向原告李某送达。2017 年 11

月 17 日，被告海淀区政府向原告李某作出被诉答复，主要内容为：（1）关于李某的第 1 项申请内容，甘家口街道办制作、获取了相关信息，本机关并无制作、获取安装隔离护栏相关文件的法定职责，在实际工作中亦未制作、获取和保存李某申请获取的信息，根据 2007 年《政府信息公开条例》第 21 条第（三）项的规定，告知李某该信息不属于本机关公开范围，建议李某向甘家口街道办提出申请。（2）关于李某的第 2 项申请内容，本机关并非该信息的制作主体，亦无制作、获取护栏安装批准文件的法定职责，且在实际工作中未获取和保存该信息，根据 2007 年《政府信息公开条例》第 21 条第（三）项的规定，告知李某该信息不属于本机关公开范围，建议李某向北京市规划委员会提出申请。（3）关于李某的第 3 项申请内容，北京市现有政府机构中并无北京市道路交通管理局，且本机关在实际工作中未获取过其他机关批准安装护栏的批准文件，根据 2007 年《政府信息公开条例》第 21 条第（三）项的规定，告知李某该信息不存在。原告李某不服被诉答复，提起行政诉讼。

【法院裁判】 北京市第四中级人民法院经审理认为：根据 2007 年《政府信息公开条例》第 4 条第 1 款的规定，被告海淀区政府具有作出被诉答复的法定职责。2007 年《政府信息公开条例》第 17 条规定，行政机关制作的政府信息，由制作该政府信息的行政机关负责公开；行政机关从公民、法人或其他组织获取的政府信息，由保存该政府信息的行政机关负责公开；法律、法规对政府信息公开的权限另有规定的，从其规定。该条例第 21 条第（三）项规定，依法不属于本行政机关公开或者该政府信息不存在的，应当告知申请人，对能够确定该政府信息公开机关的，应当告知申请人该行政机关的名称、联系方式。本案中，针对原告李某提出的三项政府信息公开申请内容，被告海淀区政府向区市政市容委、区规划分局、甘家口街道办发函进行查找，区市政市容委与区规划分局均回函称未查找到相关信息，甘家口街道办回函称针对第 1 项申请内容查找到 12 条相关信息，针对其他两项申请内容未查到。同时，被告海淀区政府以"三虎桥南路""安装隔离护栏""安装护栏""护栏"等为关键词在本机关进行了查找，未查找到相关信息。该院认为，对于第 1、2 项信息内容，目前相关法律、法规及规章均未规定被告海淀区政府负有制作或获取上述信息的法定职责，且被告海淀区政府在本机关及向相关部门发函查找后，已履行了查找义务，故被告海淀区政府根据查找情况告知原告李某申请获取的第 1、2 项信息不属于本机关公开范围，并建议其向相关部门咨询并无不当。对于第 3 项申请内容，被告海淀区政府提出的关于原告李某陈述的信息制作主体"北京市道路交通管理局"不存在，该主体批准安装护栏的文件不可能存在的意见，该院予以采纳。被告海淀区政府根据上述情况及信息查找情况，告知原告李某申请的第 3 项信息不存在，符合法律规定。据此，判决驳回原告的诉讼请求。经原告提起上诉，北京市高级人民法院作出驳回上诉，维持一审判决的终审判决。

【案例意义】①政府信息公开行政案件是集中反映信息公开制度落实情况的窗口，人民法院应当切实保护申请人依法申请政府信息公开和获取政府信息的权利。本案中，被告针对原告提出的涉及多项内容的申请，进行了逐项审查，严格按照 2007 年《政府信息公开条例》第 21 条的规定，分别就各项申请内容根据查找的实际情况进行答复，对不属于本行政机关公开或者该政府信息不存在的，告知申请人，对能够确定该政府信息的公开机关的，告知申请人该行政机关的名称、联系方式。被告针对原告的信息公开申请履行了审慎的审查和查找义务，作出的答复合法、规范，充分保障了申请人依法申请政府信息公开的权利。法院在合法性审查的基础上，依法支持被诉政府信息公开答复，具有事实和法律依据。②按照"公开为常态、不公开为例外"的基本要求，推行政府信息公开，是坚持行政公开原则的重要环节。行政机关以不属于本机关公开或政府信息不存在为由作出答复，信息公开申请人不服提起行政诉讼的，法院对被诉答复行为从以下几个方面进行审查：其一，审查行政机关的职责范围。如果行政机关的确不具有制作或获取相关信息的法定职责，则一般推定行政机关的理由成立。其二，对证据进行审查，以认定行政机关是否实际上制作或获取过相关信息。2019 年 5 月 15 日起施行的《政府信息公开条例》第 36 条第（四）项规定，"经检索没有所申请公开信息的，告知申请人该政府信息不存在"。从法理上看，行政机关应证明其已尽到审慎的全面检索和查找义务。检索包括对本机关相关信息的检索，还包括请求其他行政机关协助检索。其三，如果申请人在申请政府信息公开时提交了能够表明相关信息可能存在的证据，行政机关证明信息不存在的义务会随之加重，不仅要证明其进行了全面搜索，而且要推翻申请人所提交的证据的证明力。其四，行政机关应当尽到告知和说明理由的义务。法院应审查行政机关是否尽到了告知义务，是否说明理由，说明理由程度是否充分。③本案裁判所确立的审理标准和裁判规则，对于同类案件的审理具有较强的示范作用，并且可以为行政机关依法答复政府信息公开申请提供明确的指导。

第四节　村务监督案例

王某诉区政府、市政府村务公布监督及行政复议案

【案情简介】2017 年 10 月 23 日，原告王某向被告北京市丰台区人民政府（下称"丰台区政府"）邮寄《要求丰台区政府责令村务公开申请书》，要求被告丰台区人民政府责令纪家庙村村委会向其公开纪家庙村自 1984 年 1 月 1 日至 2017 年 10 月 1 日期间村集体土地征用情况、征地补偿费的使用和分配方案等 57 项信息。被告丰台区人民政府经调查核实，于 2017 年 12 月 21 日作出《关于责令纪家庙村村民委员会村务公开的决定》，认为纪家庙村就村集体土地征收征用情况等村务信息方面存在不及时履行村务公开义务的情形，依据《村民委员会组织法》第 31 条之规定，同时考虑到原告申请的事项内容较为繁复、时间跨度长，故责令纪家庙村自接到该决定之日起 30 日内依据《村民委员会组织法》的相关规定履行村务公开义务；同时与原告直接取得联系，告知原告如需了解更详细的村务信息，可直接到纪家庙村的村务公开地点查阅。同日，丰台区人民政府作出《关于申请人王某〈要求丰台区人民政府责令村务公开申请书〉的回复》，并向纪家庙村村委会送达。2018 年 3 月 14 日，原告王某向被告丰台区人民政府邮寄《再次要求丰台区人民政府责令村务公开申请书》，被告丰台区人民政府于 2018 年 5 月 17 日作出被诉答复，要求纪家庙村依据《村民委员会组织法》的有关规定履行村务公开义务，并将该决定向纪家庙村村委会有效送达。同时，丰台区人民政府派出工作小组至纪家庙村，就村务公开情况进行督促检查；纪家庙村委接受原告的问询，提供村务公开相关材料。原告王某不服该答复，向被告北京市人民政府提出行政复议申请。2018 年 8 月 9 日，被告北京市人民政府作出被诉复议决定，决定维持被诉答复。原告王某不服，提起行政诉讼。

【法院审理】北京市第四中级人民法院经审理认为：被告丰台区人民政府具有依原告的申请对其反映的事项进行调查核实以及在查明纪家庙村委会存在不及时公布应当公布的事项或公布的事项不真实的情况下，依法责令纪家庙村委会公布相关村务的法定职责。被告北京市人民政府作为丰台区人民

政府的上一级人民政府，依法具有受理原告的行政复议申请并作出行政复议决定的法定职权。根据《村民委员会组织法》第31条的规定，县级人民政府应对村民委员会是否存在不及时公布的事项进行调查、核实，并根据其调查结果作出相应的处理。被告丰台区人民政府虽于2017年12月21日对纪家庙村委会作出了《关于责令纪家庙村委会村务公开的决定》，责令纪家庙村自接到决定之日起30日内依据《村民委员会组织法》的相关规定履行村务公开义务，但丰台区人民政府提交的工作笔录显示，其委托花乡人民政府成立的工作小组直至原告王某邮寄《再次要求丰台区人民政府责令村务公开申请书》后方到纪家庙村委会对其村务公开一事进行调查核实，工作小组听取了纪家庙村委会的情况介绍，并到公开栏现场进行了查看，但在案证据不能证明工作小组针对纪家庙村委会对原告王某提出的57项申请是否属于公布范围及已公布情况进行了全面的调查、核实，亦不能证明被告丰台区人民政府对花乡人民政府的调查情况是否准确全面进行了进一步核实。被告丰台区人民政府虽已向纪家庙村委会作出责令公开村务信息的决定，但未对公布范围、方式作出限定，亦未对纪家庙村委会执行决定情况进行有效核实，被告丰台区人民政府的履责行为未达到法律规定的"责令"程度，缺乏约束力和执行力。原告王某再次向被告丰台区人民政府提出涉案申请，实质是要求被告丰台区人民政府继续履行法定职责。被告丰台区人民政府作出的被诉答复仅概述了其收到原告申请后开展工作的情况，不能证明其已依法履行相应职责。同时，因被告丰台区人民政府在收到原告的再次申请后已经开展部分工作，有利于对村务公开事项依法进行实质性监督。据此，判决撤销被告丰台区人民政府作出的被诉答复及被告北京市人民政府作出的被诉复议决定，责令被告丰台区人民政府在本判决生效之日起60日内对原告王某关于纪家庙村委会村务公开事项的申请继续进行调查核实并作出处理。一审宣判后，双方当事人均未提起上诉。

【案例点评】村民委员会实行村务公开制度。村民委员会应当及时公布相关事项，接受村民的监督。《村民委员会组织法》第31条规定，村民委员会不及时公布应当公布的事项或者公布的事项不真实的，村民有权向乡、民族乡、镇的人民政府或者县级人民政府及其有关主管部门反映，有关人民政府或者主管部门应当负责调查核实，责令依法公布。

本案的典型意义在于以下几点：①被告虽启动了履责程序，且作出了责令村委会公布村务信息的决定，已具备履行法定职责的外在形式；然而，由于被告所作责令公布决定既未明确村务信息的具体内容，更未明确村务信息的公布范围、方式，导致村民的知情权和监督权迟迟得不到落实和保障，足以认定被告尚未全面履行法定监督职责。本案判决所体现的行政机关应当及时、全面、充分履行法定职责的理念，既对人民法院审理村务公开监督案件具有借鉴意义，也对人民法院审理其他履责类行政诉讼案件具有借鉴意义。②行政机关负有法定职责而不履行或是拖延履行的，法院应判决其履行。但履行判决在适用上常常面临几大难题：其一，如何确定和探寻行政机关的法定职责。其二，如何认定行政机关是否充分履行了法定职责。其三，法院在判决中应在何种程度上明确行政机关履行法定职责的范围。

针对第一个问题，本案裁判援引《村民委员会组织法》，认为该法已明确规定接到村民反映的县级人民政府负有调查核实的法定职责，调查核实的范围包括村民委员会是否及时公布应当公布的事项以及公布事项是否真实。这种通过诉诸行政实体法、借由对实体法规范的解释来确定行政机关法定职责范围的方式，不仅为如何判定行政机关的法定职责范围、进而判定相对人针对行政机关的履职请求权提供了明确的判断思路，也在诉讼法和实体法之间建立起了有效连接。

针对第二个问题，本案裁判认为，虽然被告在接到村民反映后对纪家庙村村委会作出了《关于责令纪家庙村村民委员会村务公开的决定》，但却"未对公布范围、方式作出限定，亦未对纪家庙村村委会执行决定情况进行有效核实"，因此，其履职行为未达到法律规定的"责令程度"，也缺乏拘束力和执行力。这一判定可以说是本案裁判的最大亮点。在此处的论证过程中，法院裁判明显使用了目的解释的方式，认为规范设定行政机关履职的目的在于保障村民的知情权和监督权，因此行政机关履职的具体方式也应能够充分保障村民的知情权和监督权的实现。而以此标准来衡量被告的履职行为就会发现，被告虽然作出《关于责令纪家庙村村民委员会村务公开的决定》，但此责令公布决定既未明确村务信息的具体内容，更未明确村务信息的公布范围、方式，因此并未使村民的知情权和监督权获得落实和保障，法院也据此认定被告尚未全面履行法定监督职责。而由此出发，本案判决要旨中也进一步提炼出行政机关履职的具体要求，即"及时、全面、充分"。其所采取的履职措施应具有一定的执行力和拘束力，应足以实现法律目的，应能够充分保障法律所要保护的法益。

针对第三个问题，鉴于法院已经对被告的履职行为进行了评价，因此也在很大程度上指明了行政机关未来履职的方向和程度，即"全面、及时、客观"。在本案中，因为《村民委员会组织法》对于县级人民政府在接到村民投诉村民委员会不及时进行村务公开后的具体履职期限未作规定，因此，法院判决责令被告在判决生效之日起 60 日内对原告的申请进行调查核实并作出相应处理。但鉴于司法和行政的权限划分问题，法院可以判断行政机关的履职是否充分，也可以指出其履职的具体标准和要求，但不宜太细致地确定行政机关的具体履职方式和履职步骤。换言之，法院在此需把握的只是行政机关的"过度禁止"与"不足禁止"，而在此区间内的具体行为方式，应尊重行政机关的专业判断。

第五节　行政不作为、乱作为案例

李某诉北京市东城区人民政府行政答复案

【案情简介】 涉案房屋系北京市东城区房屋土地经营管理二中心永外分中心管理的直管公房。2000 年 4 月 1 日，永外分中心与刘某某签订公有住宅租赁合同。李某某与其妻刘某某于 1979 年 4 月收养原告李某为养女，并将其抚养成人。2008 年 10 月 23 日刘某某去世。后李某某与李某因生活琐事常发生矛盾。2008 年 11 月，李某某诉至法院要求解除与李某的收养关系。该案经北京市第二中级人民法院于 2009 年 7 月 16 日作出 [2009] 二中民终字第 12660 号民事判决，解除李某某与李某的收养关系。2015 年 3 月李某某去世。2017 年 9 月 1 日，原告李某向永外分中心提出《变更房屋承租人申请》，永外分中心于同年 12 月 5 日作出被诉答复，主要内容为：根据 [2009] 崇民初字第 161 号和 [2009] 二中民终字第 12660 号民事判决的判决内容，李某已不是原承租人家庭成员，也非原承租人其他家庭成员，故李某不具备申请承租人变更的主体资格，对李某的公房承租人变更申请不予变更。原告李某不服，提起行政诉讼，请求判决撤销被诉答复，责令被告北京市东城区人民政府（以下简称"东城区政府"）重新作出答复。

【法院审理】 北京市第四中级人民法院经审理认为：《北京市公有住宅

租赁合同》第 7 条规定："租赁期限内，乙方外迁或死亡，乙方同一户籍共同居住两年以上又无其他住房的家庭成员愿意继续履行原合同，其他家庭成员又无异议的，可以办理更名手续。"《北京市公有住宅租赁合同中部分条款及有关问题的说明》第 3 条规定，"……新的承租人原则上须为原承租人的直系亲属"。上述规定将公房管理机关对承租人资格审查的时点作了一定限制，说明政府对公房的管理不仅要基于承租人对公有房屋居住使用的现实需要，还需综合考量房屋的历史利用状况。原《收养法》第 10 条第 2 款（《民法典》第 1101 条）规定，有配偶者收养子女，须夫妻共同收养。该规定明确养子女与养父母同时建立家庭成员关系。该法第 26 条（《民法典》第 1114 条）规定，收养人在被收养人成年以前，不得解除收养关系，但收养人、送养人双方协议解除的除外，养子女年满 10 周岁以上的，应当征得本人同意；收养人不履行抚养义务，有虐待、遗弃等侵害未成年养子女合法权益行为的，送养人有权要求解除养父母与养子女间的收养关系；送养人、收养人不能达成解除收养关系协议的，可以向人民法院起诉。原《收养法》第 27 条（《民法典》第 1115 条）规定，养父母与成年养子女关系恶化、无法共同生活的，可以协议解除收养关系；不能达成协议的，可以向法院起诉。以上规定明确了解除收养关系的法律途径。被告依据 2009 年原告与其养父解除收养关系的民事判决，作出被诉答复。因收养关系的解除是指依法终止原有的亲属关系以及权利义务关系，其中涉及解除相应的人身关系和财产关系。本案中，考虑原告自小被原承租人夫妻收养，2008 年原承租人去世，次年原告与其养父通过诉讼方式解除收养关系。对原告是否满足原承租人"家庭成员"条件的审查应结合《北京市公有住宅租赁合同》第 7 条的规定适当放宽，以保障其相应权利。故被诉答复以原告非原承租人家庭成员为由对其公房承租人变更申请不予变更失当，该答复应予撤销。据此，判决撤销被诉答复，责令被告东城区政府在判决生效之日起 60 日内对原告的更名申请重新作出处理。一审宣判后，双方当事人均未提起上诉。

【案例点评】①本案对有权提出公房承租人变更申请的家庭成员作出了符合立法本意的认定，对于人民法院审理公房管理案件具有参考价值。根据公房管理的行政惯例，家庭成员的认定以申请变更人与原承租人系直系亲属为原则，而收养关系是一种法律拟制的父母子女关系。根据原《收养法》的规定，养父母与养子女自收养关系成立之时组成家庭，共同扶持、赡养，形

◎ 法务咨询师

成父母子女之间的权利义务关系。本案中，虽然李某与其养父解除了收养关系，但在收养关系存续期间，李某与原承租人属于父母子女关系，被诉答复以原告非原承租人家庭成员为由对其公房承租人变更申请不予变更不具有合法性及合理性。人民法院通过依法裁判有效维护了行政相对人的重大保障性居住权益，通过释法析理向社会传达了传承优良家庭观念的司法理念。②本案的核心争议是原告李某是否具备申请公房承租人变更的主体资格。根据《北京市公有住宅租赁合同》第 7 条的规定，申请人必须满足的核心条件有四项："1. 乙方（原承租人）的家庭成员；2. 同一户籍共同居住两年以上；3. 无其他住房；4. 其他家庭成员无异议。"本案中原告提供的合法证据表明其符合 2 至 4 项条件。北京市房屋土地管理局关于对《北京市公有住宅租赁合同》中部分条款及有关问题的说明，强调合同第 7 条中"新的承租人原则上为原承租人直系亲属"。③案件争议点转化为如何对"家庭成员"进行法律解释。根据《民法典》的相关规定，直系亲属不仅包括基于血缘和婚姻形成的社会关系，还包括通过过继和收养而形成的所谓的法律拟制的亲属关系。李某作为原承租人刘某某自 1979 年起收养的养女，属于规范性文件定义的直系亲属范围。即使原告的养父在刘某某去世后于 2009 年通过诉讼解除了收养关系，但该公房的原承租人为刘某某，原告和刘某某的收养关系在房屋承租期间一直存在。作为案外人的养父李某某与原告收养关系的解除不影响原告被认定为原承租人刘某某的家庭成员。李某作为原承租人的养女这一法律拟制的直系亲属亦享有优先承租权，而且李某作为领取低保的人员，承租公房完全符合公房应有的社会救济和保障功能。法院的判决没有机械僵硬地狭义解释定义"家庭成员"这一概念，而是灵活运用文义解释和目的解释的方法，强调了收养关系作为拟制的亲属关系可以在公房承租人变更主体资格审查中被认定为家庭成员关系，保障了原告的重大居住利益，体现了在涉及民生的诉讼中"司法为民"的立场，值得肯定。

村民通过行政诉讼纠正村委会分房错误

【案情简介】原告是原苍南县龙港镇上对口村村民，长期在该村居住、生活，该村全体村民拥有合法产权的房屋约有 170 余间。2019 年龙港镇调整行政区域升级为县级市后，原告变更为滨江村村民。根据原苍南县人民政府

2016 年 1 月 27 日的 ［2016］1 号联席会议纪要精神，原上对口村获批 700 万元以及 20 亩土地用于上对口村农民集聚房建设。20 亩土地用于村民建房本已十分紧张，应该依法议决、公平使用，尽量满足全体村民。因此，龙港镇国土资源与城乡规划建设局、龙港镇云岩社区管理委员会、龙港镇滨江村委会联名在 2019 年 8 月 19 日的《今日苍南》报刊登了《公告》，内容是同意李某炮等 84 户 94 间拆迁安置以及李某镇等 20 户 10 间无房户的安置，并公布了龙港镇国土资源与城乡规划建设局的举报电话。原告等村民因该公告名单没有经过合法的村民会议议决，经办统计分房干部涉嫌滥用职权、弄虚作假虚构 15 间民房等问题，在十日内向龙港镇国土资源与城乡规划建设局进行了举报。因举报问题长期未得到核查、处理，原告等人又在 2020 年 4 月一并就原上对口村村委会部分干部的问题重新向龙港市监察委进行了控告，2020 年 5 月龙港市纪委、监察委再次启动调查程序。在案件调查没有结果之前，被告龙岗市人民政府以 1 号文件形式再次刊发《公告》，照搬了 2019 年的公告内容，《公告》称："根据龙港市自然资源与规划建设局的核查意见，同意李某炮等 84 户 94 间拆迁安置建房以及李某镇等 20 户 10 间个人建房方案。"原告认为该文件基于村委会上报的错误材料，隐瞒了李某镇等 20 户的"无房户"身份，而原告等村民从未见过李某镇等 20 户的"个人建房"申请的报批公示。侵犯了原告中以及其他未经确认可以占地建房村民的居住权。特此提起诉讼，请求依法撤销龙岗市人民政府作出的龙政地 ［2020］1 号文件。

【法院判决】温州市中级人民法院认为，《行政诉讼法》第 25 条第 1 款规定，行政行为的相对人以及其他与行政行为有利害关系的公民、法人或者其他组织，有权提起诉讼。经本院审查，本案被诉行政行为系龙岗市人民政府作出的龙政地 ［2020］1 号《关于李某炮等 84 户 94 间拆迁安置及李某镇等 20 户十间个人建房用地的批复》，而起诉人李某接等人不是该批复的相对人。经本院书面告知，起诉人李某接等人未能提供与被诉批复存在利害关系的证据材料。故起诉人李某接等人主体不适格，其起诉不符合立案条件，本院不予立案。据此，依照《行政诉讼法》第 25 条第 1 款之规定，裁定如下：对李某接、李某迁、李某娇、李某叶、陈某凤的起诉，本院不予立案。

【案例点评】①温州市中级人民法院依据《行政诉讼法》第 25 条第 1 款规定，认为本案被诉行政行为系龙岗市人民政府作出的龙政地〔2020〕1 号《关于李某炮等 84 户 94 间拆迁安置及李某镇等 20 户十间个人建房用地的批复》，而起诉人李某接等人不是该批复的相对人，也就是说，这份 1 号文件内容里没有提及原告李某接等人的名字。而且法院书面告知起诉人李某接等人未能提供与被诉批复存在利害关系的证据材料，故起诉人李某接等人主体不适格，其起诉不符合立案条件，不予立案。据此，依照《行政诉讼法》第 25 条之规定，裁定对李某接、李某迁、李某娇、李某叶、陈某凤的起诉不予立案。②温州市中级人民法院的这个裁定看上去是合乎法律规定的，但是却忽略了几个关键问题：其一，李某接等原告，请求法院立案撤销龙岗市人民政府作出的龙政地〔2020〕1 号文件《关于李某炮等 84 户 94 间拆迁安置及李某镇等 20 户十间个人建房用地的批复》，被告龙岗市人民政府作为龙政地〔2020〕1 号文件行政行为的制定与发布者，应该承担出台这份文件合法性、合理性的举证责任；而不是由原告承担政府行为合法性的举证责任。其二，李某接等 5 名原告只需要提供自己的身份证、户口本、建房申请表等手续，便可以认定自己是原上对口村的村民，依据相关政策有分房或者申请自建房的资格，不需要提供其他证据。其三，村委会违背分房统计、公示、申报程序上报市政府分房、建房名单，遗漏包括原告在内的其他村民的名单，就等于剥夺了这些村民的合法权益，因此，村委会也是一个侵权主体。因为龙政地〔2020〕1 号文件的行政行为是建立在村委会申报的名单基础上的，而龙岗市国土资源与城乡规划建设局负有审核村委会申报内容真实性的行政责任，没有审核或者审核错误都应该承担工作失误的责任，并依法纠正申报方案里的错误内容：把有资格分房或者建房人的名单补录进去，把没有资格分房和申请自建房的人剔除出去。龙岗市国土资源与城乡规划建设局的行政不作为责任应该由龙岗市人民政府承担。其四，原告还可以追加滨江村村委会、龙岗市国土资源与城乡规划建设局为共同被告。理由是滨江村委会的申报行为、龙岗市国土资源与城乡规划建设局的审核行为和龙岗市人民政府的行政批准公告行为，正是这三个主体的共同行为导致的侵权错误，剥夺了原告的房屋分配权或者自建权。这样的话，就不存在原告"主体不适格"，法院裁定不予立案的问题。③此案原告已经上诉至浙江省高级人民法院。如果省高院不是简单驳回和维持裁定，而是发回重审，在发回重审时，原告可以提出变更诉讼主体、追加被告的请求。原告还可以改变诉求，请求被告履行"纠正文件内容错误"（而不是撤销龙政地［2020］1号文件）的行政行为。

甘某露不服暨南大学开除学籍决定案

【判决书】最高人民法院2011年10月25日提审《行政判决书》摘要：［2011］行提字第12号；申请再审人（一审原告、二审上诉人）甘某露，女，1981年出生，汉族，家住沈阳市。被申请人（一审被告、二审被上诉人）暨南大学，住所地：广州市天河区黄埔大道西×××号。法定代表人：胡某，为该校校长。

申请再审人甘某露因诉被申请人暨南大学开除学籍决定一案，不服广东省广州市中级人民法院［2007］穗中法行终字第709号行政判决和广东省高级人民法院［2010］粤高法行监字第6号驳回再审申请通知，向本院申请再审。本院经审查后认为原生效判决可能存在适用法律错误的情形，以［2010］行监字第1023号行政裁定提审本案。现已审理终结。

广州市中级人民法院［2007］穗中法行终字第709号终审判决认定以下事实：甘某露原系暨南大学华文学院语言学及应用语言学专业2004级硕士研究生。2005年间，甘某露在参加现代汉语语法专题科目的课程论文考试时，提交了《关于"来着"的历时发展》的考试论文，任课老师发现其提供的考试论文涉嫌网上抄袭，遂对其进行批评、教育后，要求其重写论文。甘某露第二次向任课老师提供的考试论文《浅议东北方言动词"造"》，又被任课老师发现与发表于《江汉大学学报》2002年第2期《东北方言动词"造"的语法及语义特征》一文雷同。2006年3月8日，暨南大学作出暨学［2006］7号《关于给予硕士研究生甘某露开除学籍处理的决定》，给予甘某露开除学籍的处分。甘某露不服，向广东省教育厅提出申诉，广东省教育厅于2006年5月16日作出粤教法［2006］7号《学生申诉决定书》，认为暨南大学对甘某露作出处分的程序违反了《暨南大学学生违纪处分实施细则》第33条的规定，影响了甘某露的陈述权、申诉权及听证权的行使，不符合《普通高校学生管理规定》第55条、第56条的规定，责令暨南大学对甘某露的违纪行为重新作出处理。2006年6月2日，暨南大学华文学院向暨南大学学生违纪处理委员会办公室建议给予甘某露开除学籍的处分。6月7日，暨南大学将《违纪处理告知书》送达给甘某露母亲赵某曼，并制作了告知笔录。6 月 19 日，暨南大学召开 2006 年第 16 次校长办公会议，会议决定同意给予甘某露开除学籍的处分，并制作了暨学 ［2006］33 号《关于给予硕士研究生甘某露开除学籍处分的决定》，对甘某露作出开除学籍处分。暨南大学通过特快专递将开除学籍决定寄送给甘某露。2007 年 6 月 11 日，甘某露以暨南大学作出的开除学籍决定没有法律依据及处罚过重为由，向广州市天河区人民法院提起行政诉讼，请求撤销暨南大学作出的开除学籍决定并承担案件诉讼费。广州市天河区人民法院以 ［2007］天法行初字第 62 号行政判决维持了开除学籍决定。甘某露不服提起上诉。广州市中级人民法院终审判决认为，根据《教育法》的规定，暨南大学有权对受教育者进行学籍管理，实施奖励或者处分。2005 年《普通高等学校学生管理规定》第 54 条第（五）项规定，剽窃、抄袭他人研究成果，情节严重的，学校可以给予开除学籍处分。第 68 条规定，高等学校应当根据本规定制定或修改学校的学生管理规定，报主管教育行政部门备案，并及时向学生公布。《暨南大学学生管理暂行规定》第 53 条第（五）项、原《暨南大学学生违纪处分实施细则》第 25 条规定，剽窃、抄袭他人研究成果，情节严重的，可给予开除学籍处分。本案中，甘某露两次抄袭他人论文作为自己的考试论文，其行为属于抄袭他人研究成果，在任课老师已经指出其错误行为后，甘某露仍然再次抄袭欺骗老师，这种治学态度是很不严谨的。暨南大学认为甘某露违规行为属情节严重，证据充分，甘某露认为其行为属考试作弊的理由不成立，不予采纳。在学校处理过程中，甘某露书面表达了自己的意见，也委托其母亲接受了暨南大学的调查并进行了申辩，暨南大学处理程序并未影响甘某露行使法定权利，甘某露认为开除学籍决定程序违法的主张缺乏依据，不予支持。在适用法律方面，暨南大学根据法律授权制定了本校的学生管理规定，并依照该规定对甘某露作出开除学籍决定，并无违反法律、法规和规章规定。需要指出的是，在 2005 年《普通高等学校学生管理规定》第 54 条已对开除学籍情形作出规定的情况下，暨南大学在开除学籍决定中没有引用该规定实为不妥，但该瑕疵不足以影响开除学籍决定的合法性。综上，广州市中级人民法院认为，广州市天河区人民法院 ［2007］天法行初字第 62 号行政判决维持暨南大学的开除学籍决定正确。因此，广州市中级人民法院判决驳回甘某露上诉，维持原判。

甘某露向广东省高级人民法院申请再审，该院以 ［2010］粤高法行监字

第 6 号驳回再审申请通知，驳回其再审申请。甘某露向广东省高级人民法院申请再审称：其作为暨南大学 2004 级硕士研究生在修读学位课程现代汉语语法专题时，先后两次上交的课程论文存在抄袭现象属实。但该课程考试形式是以撰写课程论文方式进行的开卷考试，抄袭他人论文的行为违反了考试纪律，应按违反考试纪律的规定给予处分，但这种抄袭行为并不是 2005 年《普通高等学校学生管理规定》第 54 条第（五）项和《暨南大学学生管理暂行规定》第 53 条第（五）项规定所称的"剽窃、抄袭他人研究成果"的违纪行为。请求本院撤销原审判决并撤销开除学籍决定，责令暨南大学重新作出具体行政行为或者直接将开除学籍决定变更为其他适当的处分，同时赔偿因诉讼多年而支出的交通住宿等直接支出费用 89 601 元和因丧失学习机会造成的间接损失及精神赔偿 100 000 元。

在最高人民法院庭审中，双方当事人对原生效判决所认定的事实均无异议，最高人民法院经审查后依法予以确认。暨南大学开除学籍决定援引《暨南大学学生管理暂行规定》第 53 条第（五）项和《暨南大学学生违纪处分实施细则》第 25 条规定，属于适用法律错误，应予撤销。一、二审法院判决维持显属不当，应予纠正。鉴于开除学籍决定已生效并已实际执行，甘某露已离校多年且目前已无意返校继续学习，撤销开除学籍决定已无实际意义，但该开除学籍决定的违法性仍应予以确认。甘某露在本院再审期间提出的其在原审期间未提出的赔偿请求，本院依法不予审查。

综上，依据《行政诉讼法》第 61 条第（二）项和《最高人民法院关于执行〈中华人民共和国行政诉讼法〉若干问题的解释》第 57 条第 2 款第（二）项的规定，判决如下：①撤销广州市中级人民法院［2007］穗中法行终字第 709 号行政判决和广州市天河区人民法院［2007］天法行初字第 62 号行政判决；②确认暨南大学暨学［2006］33 号《关于给予硕士研究生甘某露开除学籍处分的决定》违法。一、二审案件受理费共计人民币 100 元，由被申请人暨南大学负担。本判决为终审判决。

【案例点评】①广州市天河区人民法院一审［2007］天法行初字第 62 号行政判决，暨南大学暨学［2006］33 号开除甘某露学籍处分的决定并未违法，维持开除学籍决定。甘某露不服提起上诉。二审广州市中级人民法院认为，暨南大学在开除学籍决定中没有引用 2005 年《普通高等学校学生管理规定》较为不妥，属于程序性瑕疵，不足以影响开除学籍决定的合法性。判决驳回甘某露上诉，维持原判。时隔五年之后，2011 年 10 月 25 日最高人民法院提审此案，对该案作出的［2011］行提字第 12 号《行政判决书》载明："暨南大学开除学籍决定援引《暨南大学学生管理暂行规定》第 53 条第（五）项和《暨南大学学生违纪处分实施细则》第 25 条规定，属于适用法律错误，应予撤销。"考虑到原审原告不愿意回到暨南大学继续就读，而且原开除学籍处分决定已经生效，撤销开除学籍决定已经没有实际意义，遂作出如下判决："一、撤销广东省广州市中级人民法院［2007］穗中法行终字第 709 号行政判决和广州市天河区人民法院［2007］天法行初字第 62 号行政判决；二、确认暨南大学暨学［2006］33 号《关于给予硕士研究生甘某露开除学籍处分的决定》违法。"但是，对本案申请人甘某露提出的"赔偿因诉讼多年而支出的交通住宿等直接支出费用 89 601 元和因丧失学习机会造成的间接损失及精神赔偿 100 000 元"不予审查。②最高人民法院的终审判决最终认定了暨南大学引用法律错误作出的开除学籍决定违法。但是，最高人民法院却因为这个违法的决定已经生效且本案申诉人已经不愿意回校继续就读为由，没有判令撤销开除甘某露学籍的决定，这或许是申诉人最想看到的结果。③对本案申请人甘某露提出的赔偿因诉讼费和交通住宿费经济损失和精神赔偿不予支持基本上是公正的，因为她论文作弊有过错在先，受处分事件发生在后。符合法理和常理。

合法生效决定必须执行

【案情简介】深圳市南山区某小区业主彭某向区规划土地监察大队反映，邻居陆某存在违法搭建钢结构玻璃幕墙的行为。监察大队对陆某分别作出《责令停止（改正）违法行为通知书》和《行政处罚决定书》，要求限期拆除。陆某始终未拆除玻璃幕墙。彭某认为监察大队对后续执行情况不管不问，是行政不作为，故诉至法院。

【法院判决】法院审理认为，监察大队构成怠于履行法定职责，应予纠正。鉴于作出强制执行决定和实施强制拆除属于行政机关的行政职权，且实施行政强制拆除具有严格的法定程序，故不宜直接责令区监察大队强制拆除违法建筑。判决监察大队对该违法建设问题依法继续作出处理。

【案例点评】①人民法院以裁判方式昭示了合法生效的行政决定必须得

到执行。对违法建筑的查处和拆除，始终是城市管理的难点，也是规划部门和土地管理、市容管理部门的执法重点。相关行政执法机关对违法建筑的查处，不能仅仅止于作出处罚决定书就完事大吉，而应当依据《行政强制法》的规定，采取有效措施，确保处罚决定的执行，才是完全履行法定职责。拆违虽难，但不能成为行政机关怠于履行法定职责的借口。②如果违章行为人在规定限期没有拆除，行政执法机关可以到法院申请《强制拆除令》，并且强拆费用由违章行为人承担。

不及时救助群众或担责

【案情简介】被害人刘某洲遭到苏某堂等 3 人拦路抢劫，刘某洲被刺伤后喊叫求救，多人听到呼救后多次拨打"110"报警，"110"值班人员指挥其拨打"120"电话求助；经他人再次拨打"110"报警后，"110"值班接警人员在近 2 个小时后指令派出所出警。此时被害人刘某洲因失血过多已经死亡。法院认定甘肃省天水市公安局××分局"110"值班民警高某犯玩忽职守罪，免予刑事处罚。被害人刘某洲近亲属起诉××公安分局要求赔偿。

【调解赔偿】经法院主持，双方达成调解协议：××分局一次性支付刘某洲死亡赔偿金 20 万元。

【案例点评】（1）玩忽职守罪是国家机关工作人员对工作严重不负责任，致使公共财产、国家和人民的利益遭受重大损失的行为，属于渎职罪。本罪的主要特征为：①犯罪主体必须是国家机关工作人员。②主观上出于行为人职务上的过失，如疏忽大意、过于自信、擅离职守等。③客观上表现为因行为人不履行或不正确履行应负的职责，致使公共财产、国家和人民（公民）利益造成重大损失。根据 2005 年 12 月 29 日施行的《最高人民检察院关于渎职侵权犯罪案件立案标准的规定》的规定，玩忽职守罪是指国家机关工作人员严重不负责任，不履行或者不认真履行职责，致使公共财产、国家和人民利益遭受重大损失的行为。涉嫌下列情形之一的，应予立案：造成死亡 1 人以上，或者重伤 3 人以上，或者重伤 2 人、轻伤 4 人以上，或者重伤 1 人、轻伤 7 人以上，或者轻伤 10 人以上的。本案中公安分局涉案值班领导在接到报警求助电话 2 小时后才指令出警，明显有渎职行为，完全符合《刑法》和最高人民检察院规定的渎职罪立案标准。涉案行为人的不作为对刘某洲的死亡负有不容置疑的责任。（2）本案正确的处置方式是，被害人家属到当地检察院提请逮捕渎职公安干警并提起公诉。（3）在渎职者承担刑事责任后，受害人家属再通过行政诉讼要求公安局对被害人承担附带民事赔偿责任。（4）渎职者被判刑后，公安局支付的国家赔偿的金额至少50%应该由渎职者分担，公安局可通过民事诉讼向渎职者追偿。（5）本案通过调解方式，可以化解民事赔偿纠纷。但是不能用民事调解替代或者抵消对犯罪嫌疑人的刑事处罚。

钟某诉北京市工商局通州分局行政不作为案

【案情简介】2013年12月27日，北京市工商局（现市场监管局）通州分局（以下简称"通州分局"）收到钟某的申诉信，称其在通州家乐福购买的"北大荒富硒米"不符合《预包装食品营养标签通则》的规定，属不符合食品安全标准的违法产品，要求通州分局责令通州家乐福退还其货款并进行赔偿，依法作出行政处罚。同年12月30日，通州分局作出《答复》，称依据该局调查，钟某反映的食品安全问题目前不属于其职能范围。钟某于2014年1月8日向北京市工商局提出复议申请，该机关于同年4月2日作出复议决定书，维持《答复》。钟某不服，以通州分局为被告提起行政诉讼，请求确认该局处理举报案件程序违法并责令其履行移送职责。

【法院审理】北京市通州区人民法院一审认为，依据《关于进一步做好机构改革期间食品和化妆品监管工作的通知》《北京市人民政府办公厅关于印发北京市食品药品监督管理局主要职责内设机构和人员编制规定的通知》等文件规定，目前北京市流通环节的食品安全监管职责由北京市食品药品监督管理局承担，故被告通州分局已无职责对流通环节的食品安全进行监管。工商行政管理机关发现所查处的案件属于其他行政机关管辖的，应当依法移送其他有关机关。当被告认为原告所举报事项不属其管辖时，应移送至有关主管机关，故判决被告在15个工作日内就原告举报事项履行移送职责，驳回原告其他诉讼请求。通州分局不服，提出上诉，北京市第三中级人民法院二审以相同理由判决驳回上诉、维持原判。

【案例点评】①本案通过裁判方式明确了行政机关对不属于本机关办理职责事项，如果有关规范性文件规定应移送有权机关办理的，应当及时移送。在行政管理领域，行政机关的职责既有分工也有交叉，法定职责来源既可能是本行政领域的法律法规和规范性文件，也可能是其他行政管理领域的法律规范，甚至可能是行政管理需要和行政惯例。有关食品生产、流通环节的监督管理职责由工商机关改由食品药监管理部门承担，但职责调整的初始阶段，群众未必都很清楚，工商机关发现群众对于食品安全问题的举报事项属于其他行政机关管辖的，有义务移送相关主管机关。②本判例的价值在于，行政机关对投诉当事人进行行政案件管辖权移送也是一种法定职责。③政法和司法机关、信访机构等都存在类似情况。为此，2014年中央政法委制定下发了《关于建立涉法涉诉信访事项导入法律程序工作机制的意见》《关于建立涉法涉诉信访执法错误纠正和瑕疵补正机制的指导意见》《关于健全涉法涉诉信访依法终结制度的实施意见》三个文件。出台这些文件是为了整顿涉法涉诉机关的不良作风。在涉法信访中实行"首问制"：当事人第一时间找到哪个机关，哪个机关就必须接受群众的反映材料，根据分工再转交有管辖权的部门处理。

第六节　行政处罚案例

个体经营者获利10.4元被罚10万元

【案情简介】2008年2月2日，某地质量技术监督局到一个体经营者经营的调味品厂进行执法检查，发现其生产的食醋、酱油无《全国工业品生产许可证》，该批产品货值163.1元，已销售食醋260千克，货值共计78元，其中违法所得10.4元；生产的酱油经检验不合格，共计120瓶，货值54元，未销售。且未按《关于进一步加强食品生产加工小作坊监管工作的意见》（已失效）规定的销售范围进行销售。质监局采取了查封、扣押不合格产品及生产工具等措施。

【处罚决定】在调查过程中，质量技术监督局依法向该经营者送达了听证告知书，但未要求其听证。质量技术监督局认定，该经营者违反了《工业产品生产许可证管理条例》《产品质量法》的规定，依据《国务院关于加强食品等产品安全监督管理的特别规定》对其作出没收10.4元违法所得，没收无《生产许可证》的食醋、酱油产品，没收用于生产无证产品的外包装箱、产品标签，并处以10万元罚款；没收不合格酱油；责令停止生产、销售不合格酱油，处以 162 元不合格产品罚款的行政处罚。

【案例点评】①对比同类其他案例，此案标的并不大，社会危害性也比较小。罚款金额明显偏高。②因为罚款金额较大，监管部门在开出罚单之前应该根据《行政处罚法》履行听证程序。没有履行此程序，即属于程序违法。③被处罚人可以申请行政复议，要求撤销程序违法和明显不当（处罚过重）的处罚决定；当事人还可以提起诉讼，要求撤销质量技术监督局的《处罚决定书》。

福建新新房地产公司与平和县原工商局行政处罚案

【案例简介】2015 年，福建新新房地产开发有限公司（以下简称"新新公司"）出售其开发的某项目商品房时，除与购房者签订商品房买卖合同示范文本外，还补充约定"水电开户费及计量仪表均由买受人自理"的内容，作为合同的有效组成部分。该公司委托物业公司交房时未向当地自来水、供电公司缴纳水、电安装相关费用，也没有为购房者所购商品房配套安装水、电计量仪表，致使一、二期商品房购房者自己缴纳自来水安装材料费、电安装工料费后，才通水、通电到户；三期商品房由该公司统一办理水、电报装手续，向购房者收取了水安装材料费、电安装工料费。以上三期商品房购房者共计缴纳上述费用 421 480 元。2013 年 9 月，平和县原工商行政管理局（以下简称"工商局"）根据消费者投诉，依法作出行政处罚决定：责令新新公司改正，按规定承担购房者房价之外缴纳的水安装材料费、电安装工料费；对该公司罚款人民币 1 475 180 元。新新公司不服，申请复议后复议机关维持上述处罚决定。该公司诉至法院，请求撤销县工商局的上述处罚决定。

【法院审理】平和县人民法院一审认为，《福建省实施〈中华人民共和国消费者权益保护法〉办法》规定了经营者向消费者提供商品或者服务所使用的格式条款，不得"免除或者部分免除经营者应当承担的合同义务"。原告新新公司与购房者签订商品房买卖合同时，增订了附件及补充协议约定"水电开户费及计量仪表均由买受人自理"的内容，与《商品房销售管理办法》《房屋接管验收标准》规定不符，把依法依规属于自己应承担的水、电建设安装成本支出以格式条款的形式转嫁给购房者承担，增加了购房者的额外负担，属于违法行为。被告县工商局认定事实清楚、处罚程序合法。遂判决驳回原告诉讼请求。新新公司上诉后，漳州市中级人民法院驳回上诉、维持原判。

【案例点评】本案是涉及消费者权益保护的典型案例。经济生活中，与老百姓生活密切相关的水电气暖供应、交通、金融借贷、房屋买卖租赁等领域，经常会遇到合同中大量出现的格式条款。这些格式条款不得有违法免除经营者责任、加重消费者责任或者排除消费者主要权利的内容。经营者与消费者之间签订的合同虽属民事法律关系，但如果格式条款明显侵犯消费者权益，市场监管机关有权依据《消费者权益保护法》《行政处罚法》等规定履行查处职责。本案中，人民法院以裁判方式肯定了市场监管机关依法查处新新公司利用格式条款加重购房者水、电建设安装成本支出负担之正确举措，不仅对办理同类案件具有参考性作用，也对在合同中使用侵犯消费者权益格式条款的经营者具有警醒和教育作用；同时也对广大消费者具有普法作用，让广大消费者了解到权益受到侵害时不仅可以提起民事诉讼，也可以向市场监管部门投诉，由市场监管部门依法查处，以减轻讼累，因而具有良好的社会导向。

房东出租房屋不登记受罚

【案情简介】陈某自 2004 年 6 月 1 日起将位于深圳市盐田区沙头角元墩头村某房屋对外出租，先后租给张某等人，约定月租金为人民币 1200 元，至 2006 年 5 月 31 日止共收取租金达 2.8 万余元。因陈某在出租房屋期间未按规定办理房屋租赁合同登记，在盐田区房屋租赁管理办公室向陈某下达《责令整改通知书》后，陈某还是拒不进行房屋出租登记，于是，盐田区房屋租赁管理办公室于 2006 年 11 月 15 日向其作出罚款人民币 5600 元的决定，并进行公告送达。由于陈某在法定期限内既不履行义务又不提起行政诉讼，盐田区房屋租赁管理办公室于 2008 年 4 月 8 日向法院提出强制执行申请，要求法院强制执行其处罚决定。

【法院裁定】陈某将房屋出租，却不依法到房屋租赁主管部门进行租赁登记。深圳市盐田区法院审查认为，根据《深圳经济特区房屋租赁条例》的规定，出租房屋必须到房屋租赁管理部门进行房屋租赁合同登记，没有登记的，房屋租赁管理部门可以对出租人处以房屋租赁合同约定租金总额 20% 的罚款，并追缴房屋租赁管理费和滞纳金；对有过错的承租人并处以约定租金总额 10% 的罚款。陈某出租房屋却未按相关规定办理房屋租赁合同登记，违反了《深圳经济特区房屋租赁条例》第 6 条之规定。申请执行人对被执行人作出的罚款决定，认定事实清楚、适用法律正确、程序合法，遂依法裁定准予强制执行上述行政处罚决定。

【案例点评】①本案的涉案当事人陈某法律意识淡薄，盐田区房屋租赁管理办公室向陈某下达《责令整改通知书》后，他拒不执行，因为他不晓得或者不认为《深圳经济特区房屋租赁条例》的地方法规具有必须执行的强制性法律效力。②如果涉案当事人认为盐田区房屋租赁管理办公室下达的《责令整改通知书》不合法，或者有错误，可以到上级行政主管部门申请行政复议。如果复议被驳回，就依据条例去登记；如果认为复议错误，还可以到法院起诉盐田区房屋租赁管理办公室，而不是置之不理。③本案的警示意义在于，不懂法要学法，特别是收到具有行政执法权的部门《责令整改通知书》后，必须查询一下或者到律师事务所咨询一下，司法存在法律风险。最后，法院下达了裁决，自己还必须"被迫"执行。这就应验了老百姓的那句俗语——"敬酒不吃吃罚酒"。

某涂料公司诉天津市北辰区原环境保护局环保行政处罚上诉案

【案情简介】天津市某涂料有限公司成立于 1998 年 4 月 1 日，经营范围是醇酸油漆、有机硅漆、环氧漆、水性内外墙涂料制造、销售。2017 年 5 月 21 日，天津市北辰区环境保护局对该涂料公司进行执法检查，发现其从事醇酸油漆加工生产，工艺为混配、研磨。混配、研磨过程产生挥发性有机废气被直接排放，未按规定建有废气治理设施。北辰区原环境保护局于 2017 年 5 月 27 日作出《行政处罚听证告知书》，告知该涂料公司，依照《天津市大气污染防治条例》第 84 条第 1 款规定，拟对其作出处 20 000 元以上 200 000 元以下罚款。同日，北辰区原环境保护局作出《责令改正违法行为决定书》，责令其立即停止未在密闭空间或者设备中进行产生含挥发性有机物废气的生产经营活动，限于接到责令改正决定书之日起 1 日内改正违法行为。次日，北辰区原环境保护局将《责令改正违法行为决定书》和《行政处罚听证告知书》送达该涂料公司。某涂料公司逾期未进行陈述、申辩，也未提出听证申请。2017 年 8 月 29 日，北辰区原环境保护局作出被诉行政处罚决定，认定某涂料公司实施产生含挥发性有机物废气的生产经营活动，未在密闭空间或者设备中进行的环境违法行为，违反《天津市大气污染防治条例》第 53 条的规定，依据《天津市大气污染防治条例》第 84 条第 1 款的规定，罚款 40 000 元。次日，北辰区环境保护局将该处罚决定送达某涂料公司。某涂料公司不服，向天津铁路运输法院提起行政诉讼。该院经审理，判决驳回某涂料公司的诉讼请求。某涂料公司仍不服，向北京市第四中级人民法院提起上诉。

【法院审理】北京市第四中级人民法院经审理认为：关于北辰区原环境保护局对于辖区内环境违法行为具有进行查处并作出处罚决定的法定职权，符合法定程序，同意一审法院的认定意见。根据《天津市大气污染防治条例》第 53 条的规定，产生含挥发性有机物废气的生产经营活动，应当在密闭空间或者设备中进行，并按照规定安装、使用污染防治设施。北辰区原环境保护局提交的现场检查笔录、现场照片、调查询问笔录能够证明某涂料公司未在密闭空间或设备中进行产生含挥发性有机物废气的生产经营活动，已构成违反《天津市大气污染防治条例》第 53 条的行为，属于该条例第 84 条第（一）项规定的应予处罚的情形。故北辰区原环境保护局对某涂料公司进行处罚事实清楚。北辰区环境保护局针对某涂料公司的违法行为决定罚款 40 000 元，在 20 000 元以上 200 000 元以下的法定罚款幅度内，属于幅度较低的处罚。不足以认定被诉处罚决定构成明显不当。故某涂料公司的主张缺乏事实及法律依据，不予采纳。综上，判决驳回上诉，维持一审判决。

【案例点评】①根据《最高人民法院关于指定北京市第四中级人民法院管辖天津铁路运输法院审理的环境保护行政案件上诉的通知》的规定，天津铁路运输法院审理的环境保护行政案件的上诉案件由北京市第四中级人民法院审理。对该类案件实行跨区划管辖审理，有助于排除地方干预，亦有助于统一京津冀环境保护行政执法和行政裁判的标准尺度。②本案的争议焦点在于被诉行政处罚决定是否构成明显不当。北辰区原环境保护局主张某涂料公司有不配合执法的情形，但在法定期限内未提供相应证据加以证明，被诉处罚决定确有不当。但结合环境保护整治工作的实际情况，认定针对某涂料公司的 40 000 元罚款属于法定处罚幅度内较低的处罚，并未构成"畸重"。且现有证据也不能证明某涂料公司与其他同类违法行为的事实、性质、情节以及社会危害程度相当。据此，人民法院认定被诉行政处罚决定尚不足以构成明显不当。本案判决对于准确理解《行政诉讼法》第70条所规定的"明显不当"审查标准具有借鉴意义。③根据《行政诉讼法》第70条的规定，行政行为明显不当的，人民法院判决撤销或者部分撤销，并可以判决被告重新作出行政行为。根据《行政诉讼法》第77条的规定，行政处罚明显不当，人民法院可以判决变更。但关于如何界定行政行为属于"明显不当"，未予以明确规定。本案中，法院认为，虽然被告未在法定期限内提供相应证据，证明原告具有不配合执法的情形，以支持其作出不同于先例的处罚决定，存在"裁量瑕疵"，但40 000元罚款属于法定处罚幅度内较低的处罚，不存在"畸重"的情形，故认定被告作出的40 000元罚款不构成"明显不当"。④本案裁判以"结果畸轻畸重"作为界定行政行为"明显不当"的标准，区分了"不当"与"明显不当"之间的差异。行政行为应当努力做到相同情况相同处理，相近情况相近处理，不同情况不同处理。采用"畸轻畸重"作为界定"明显不当"的标准，既体现了行政诉讼中合法性审查的中心地位，也兼顾了对缺乏合理性行为的司法监督，体现了司法对行政裁量空间的尊重，较为清晰地厘定了司法与行政的界限。本案所确立的裁判规则对于同类案件的审理具有较强的示范意义。

第七节　行政执法不当案例

交警执法不当造成交通事故应承担责任

【案情简介】2003年5月10日23时50分许，江苏沛县中心大道，该县公安局交巡警大队城区中队的几位警员在此执勤时，示意一辆货车停靠在行驶道上接受检查。货车司机孙某交完罚款走向自己的货车时，发现一个摩托车驾驶员头部流血躺倒在地。经该县交巡警大队交通事故组现场勘查、调查取证知悉，死者江某，31岁，当晚骑二轮摩托车沿中心大道由北向南行驶至该处时，与临时停放在路西侧接受城区中队执勤民警处罚的孙某的货车相撞，江某头部撞到车后角钢板，造成颅骨开放性、粉碎性骨折，脑实质溢出死亡。鉴于孙某所驾车灯光装置不全、违章装载且未按规定停车，负本次交通事故的次要责任；江某未戴安全头盔、酒后无证驾车，负本次交通事故的主要责任。江某亲属不服，认为该次交通事故的发生是由交巡警大队城区中队违反国务院、公安部禁止在公路上乱设卡、乱罚款、乱收费的禁令，违规查车引起的。该案不是一起普通的道路交通事故，而是交巡警大队的行政行为侵权造成的，死者家属遂以原告身份起诉被告交巡警大队至法院，诉请确认被告行政行为违法，侵犯了江某的生命健康权，赔偿江某死亡赔偿金、丧葬费及江母、江子的生活费合计26万元。

【法院审理】法院经审理认为：交巡警大队的执勤民警在定点检查违章车辆时，没有指令违章车辆停靠在不影响交通安全的地段，亦未将巡逻车停在违章车辆后方予以警示，即对违章车辆予以处罚，该执法行为违反了公安部《交通民警道路执勤执法规则》第4条，造成了江某在行车道上正常行驶撞在被查扣的违章车辆上死亡的后果。因此，被告提出的江某之死属交通事故，不属行政行为违法赔偿范畴的辩解，法院不予采信。原告提出的诉讼请求应予支持，但考虑江某未戴头盔、酒后无证驾车，对死亡后果亦有责任，原被告双方在赔偿方面以混合责任各承担赔偿总额的50%。据此，依据《行政诉讼法》第54条第2款第（三）项及《国家赔偿法》第3条第（五）项、第6条、第7条、第27条第3款之规定，判决确认被告交巡警大队行政行为违法，赔偿江某死亡赔偿金、丧葬费及子女、父母生活费，合计130 160元。

【案例点评】本案的最大亮点在于对案件的定性。交警部门认定是一次交通事故，而法院审理查明，是因为交警在执法过程中违规导致的死亡事件，而死者酒驾也应该承担一半的责任，所以对此案的原被告双方在赔偿方面以"混合责任"归属，作出了各承担赔偿总额的50%的裁定。此判决，法院对案件的定性准确，适用法律适当，符合"公正、公平、合理"的法律原则。

执法不当致相对人伤残

【案情简介】2002年5月3日，刘某驾驶一辆装运水泥的拖拉机到附近的邵庄，正在公路上行驶时，被交通局工作人员王某以检查证件为由拦住，因刘某没有带车证，王某令其将车开到检查站接受处罚。正当刘某想按照王某的要求把车开走时，王某把刘某拉出来，自己坐在驾驶室里开车，让刘某坐在装有水泥的车斗里。因王某开车速度过快，没走多远，发生翻车事故。王某受了轻伤，而刘某从车上翻滚下来导致双腿被砸伤。县交警大队经过现场勘验、调查取证，作出《道路交通事故责任认定书》，认定王某在事故中负担全部责任，刘某的腿伤被认定为5级伤残。

【审理过程】此案审理中，对交通执法部门王某的行为导致刘某伤残的行为属于民事行为还是行政行为，存在两种不同意见：第一种意见认为，王某导致刘某伤残的行为是民事行为，王某应当承担民事赔偿责任。理由如下：①《国家赔偿法》第5条规定："属于下列情形之一的，国家不承担赔偿责任：（一）行政机关工作人员与行使职权无关的个人行为；（二）因公民、法人和其他组织自己的行为致使损害发生的；（三）法律规定的其他情形。"本案中，王某的行为是与行使职权无关的个人行为。②王某的拦车行为与翻车事故没有必然的因果联系。拦车与翻车没有必然联系，而是由于拦车之后王某自己开车造成的行为，所以属于民事行为，不属于执行公务的范围。③从承担责任的原则上看，本案不属于行政赔偿。王某开车后就承担了对于刘某的人身和财产安全的民事法律义务，王某没有行政违法行为，不符合行政赔偿构成的要件。第二种意见认为，本案属于国家行政赔偿案件，交通局应当承担行政赔偿责任。

【案例点评】①就本案性质来看，交通局王某的行为属于行政行为，执法人员拦车和把车开到其他地点处置属于常见现象，因为这样可以防止司机开车逃跑，逃避处罚。因此，交通局王某的拦车、移动车辆都属于执法行为，这些行为具有内在的连续性和关联性，不能把后来王某的查车行为认定为执行公务，而把开车行为定义为普通民事行为。普通公民能随便开走一个陌生人的汽车吗？显然是不符合常识的。②本案属于国家行政赔偿案件，应该依据《国家赔偿法》第3条的规定，由交通局承担伤者的行政赔偿责任。③在工作中，王某有违规的过错。在交通局执行对受害人的赔偿后，交通局可以依交通局工作制度，要求王某承担一部分赔偿款（比如50%），或者作出扣罚奖金、开除公职等处分。本案对王某不管如何处理，依据法理必须让有过错的人受到一定的处罚才显得公平合理。

第八节　治安处罚案例

两名男子将皮鞋假装成炸弹被拘留

【案情简介】张某（男，23岁）、吴某（男，24岁）都是无业青年，整天无所事事，到处闲逛。某个星期六的下午，张某与吴某在附近买完鞋后来到市中心最大的商场门口，见来往人群熙熙攘攘。张某对吴某说："既然这么多人，我们应该玩点花样，耍耍这些人。"吴某看见张某手中提着装鞋的黑色塑料袋，想了一会儿说："我们就说袋子里装的是炸弹，看大家什么反应。"两人一拍即合。于是，张某走到商场门口，将塑料袋扔到人群中，然后两人大声喊道："这袋子里装的是炸弹！"其他人听到两人的喊叫后不知所措，也不知道真假，但都慌张躲避。张某和吴某的行为恰巧被巡逻民警看到，被当场抓获。由于害怕，两人马上交代了袋子里不是炸弹的事实。经民警检验，袋里装的只是普通皮鞋，商场门口经历了短暂的骚乱后很快恢复了正常。

【处罚结果】张某和吴某的行为属于扰乱公共秩序的违反治安管理行为，尚未构成犯罪，应按《治安管理处罚法》第25条的规定处罚。后来，考虑到此案情节较轻，没有造成严重的社会危害，公安机关对涉案人进行了询问、做了笔录，给予每人500元罚款结案。

【案例点评】①因为本案发生时，有警察刚好在现场，所以没有造成严重的后果，故从轻处罚。②公安机关对涉案当事人依据《治安管理处罚法》第25条第（二）项的规定，投放虚假的爆炸性、毒害性、放射性、腐蚀性物质或者传染病病原体等危险物质扰乱公共秩序的，处5日以上10日以下拘留，可以并处500元以下罚款；情节较轻的，处5日以下拘留或者500元以下罚款。③公安机关没有对涉案人进行行政拘留，主要是考虑到：第一，两人没有制造社会恐慌的恶意，只是出于法盲的开玩笑行为。第二，没有造成社会恐慌的后果。如果同样的事情发生，经过商场报案，派出所或者防暴警察出警，更多的人会知道，甚至有人会误传这个社会新闻事件，那么即便涉案人没有危害社会安全和扰乱公共秩序的故意，也会对行为人采取比较严重的行政处罚。④如果同样的案件发生在机场、车站或者公共交通工具上，行为人有可能触犯了《刑法》第291条之一"投放虚假危险物质罪"中的"编造虚假的险情、疫情、灾情、警情，在信息网络或者其他媒体上传播，或者明知是上述虚假信息，故意在信息网络或者其他媒体上传播，严重扰乱社会秩序的"条款，构成犯罪，将被处3年以下有期徒刑、拘役或者管制；造成严重后果的，处3年以上7年以下有期徒刑。《刑法》第291条规定"造成严重后果的"是指造成了严重的人身伤害和财产损失，如在商场、演唱会现场等人群聚集的公共场所，投放虚假危险物质导致秩序混乱，人群拥挤踩踏，造成人员伤亡，或导致商场、金融部门被迫停业，造成经济损失等行为。

高铁"霸座"男子被拘留

【案情简介】2020年8月13日，况先生在火车站上高铁后，发现一男子坐在自己座位，要求其让座遭拒。列车人员到场协调，男子对况先生推搡殴打。最终该男子因寻衅滋事被行政拘留5日。

【案例分析】①本案行为人的"霸座"行为不仅是不文明、不道德的行为，而且是违法行为。②"霸座"行为人违背了《民法典》运输合同第815条"旅客应当按照有效客票记载的时间、班次和座位号乘坐"的规定。③霸座行为人违背了《治安管理处罚法》第9条："对于因民间纠纷引起的打架斗殴或者损毁他人财物等违反治安管理行为，情节较轻的，公安机关可以调解处理。经公安机关调解、当事人达成协议的，不予处罚。经调解未达成协议或者达成协议后不履行的，公安机关应当依照本法的规定对违反治安管理行为人给予处罚，并告知当事人可以就民事争议依法向人民法院提起民事诉讼。"④如果"霸座"行为人把乘客殴打得构成轻伤，则有可能构成《刑法》第293条规定的寻衅滋事罪或者故意伤害罪，将会被追究刑事责任。

第九节　虚假诉讼案例

隐瞒债务已全部清偿的事实，要求他人履行债务

【案情简介】2015年10月底，陈某甲向被告人周某某借款5万元，由被告人周某某手写5万元借条一张，并由借款人陈某甲与担保人钟某某、陈

某乙三人签字。2016 年 1 月 29 日，被告人周某某将上述借条中的内容进行变造，擅自将借款金额"5 万元"改为"25 万元"，并添加"以全部家产作担保，借期为 3 个月，月利息为 2 分"等内容。同年 1 月 31 日，被告人周某某以"不还钱将以 25 万元的金额起诉陈某甲等人"的理由作威胁，从陈某甲、钟某某处讨回了 5 万元。2017 年 8 月，被告人周某某再次将上述借条进行变造，擅自添加借条落款日期"2016.12.25"。2017 年 8 月 28 日，被告人周某某用变造后的借条，隐瞒 5 万元债务已经全部清偿的事实，捏造陈某甲、钟某某、陈某乙向其借款 25 万元的事实，并要求归还借款 20 万元、逾期利息及实现债权费用 1 万元，向法院提起民事诉讼，致使法院基于捏造的事实采取财产保全措施、并让某市不动产登记服务中心协助执行查封了钟某某所有的房产 2 套，后又经法院公开开庭进行了审理，期间钟某某委托了律师出庭应诉，被告人周某某的行为已经涉嫌妨害司法秩序并严重侵害他人的合法权益。

【法院判决】法院经审理认为，被告人周某某以捏造的事实提起民事诉讼，妨害司法秩序并严重侵害他人合法权益，其行为已构成虚假诉讼罪。被告人周某某当庭能自愿认罪，且其行为得到了被害人的谅解，可酌情从轻处罚，遂于 2019 年 4 月 26 日以虚假诉讼罪判处被告人周某某有期徒刑 1 年 2 个月，并处罚金 2 万元。

【案例点评】①法院判决行为人构成虚假诉讼罪，适用法律正确，公正合理。②周某任意篡改借条的行为，说明其法律意识淡薄。③周某以虚假借条起诉并申请对受害人财产采取诉前保全措施，明显表明了其具有利用虚假诉讼达到非法占有他人财产的犯罪故意。④法院受理财产诉前保全申请和采取查封措施时，缺乏必要的审查，法院也有一定的过错。

欲以虚假诉讼手段拖延、拒绝履行法院判决

【案情简介】台州市黄岩区人民法院于 2013 年就被告人周某与陈某、陶某等六人的民间借贷纠纷案件作出判决，判令周某支付陈某等六人合计 162 万余元款项。判决生效后，陈某等六人于 2016 年前后申请强制执行，周某履行部分金钱给付义务后拒绝履行其他义务。其间，为转移、隐藏其可供执行的财产，被告人周某与胡某等二人（均另案处理）于 2013 年 4 月 1 日订立虚

假购房合同，并进行虚假资金汇款 300 万元，制造转账流水。2013 年 12 月 9
日，胡某等二人依据该虚假购房合同向台州市黄岩区人民法院提起民事诉讼，
要求支付 300 万元房款及利息，周某委托他人参与诉讼并骗取台州市黄岩区
人民法院民事调解书，随后陈某等人申请强制执行。此外，被告人周某在
2013 年 5 月至 2015 年 6 月期间，有 142 万余元房租收入，其收到上述款项且
在有能力履行法院判决的情况下，仍未履行法院生效判决。

【法院判决】台州市黄岩区人民法院作出判决，被告人周某犯拒不执行
判决、裁定罪和虚假诉讼罪，予以数罪并罚，判处其有期徒刑 2 年，并处罚
金人民币 10 万元。

【案例点评】①《刑法》第 313 条规定："对人民法院的判决、裁定有
能力执行而拒不执行，情节严重的，处三年以下有期徒刑、拘役或者罚金；
情节特别严重的，处三年以上七年以下有期徒刑，并处罚金。"该项罪名的构
成条件包括"对人民法院的判决、裁定有能力执行而拒不执行的行为"；"对
人民法院的判决、裁定有能力执行而拒不执行的，包括应当履行的义务的全
部或部分"。②虚假诉讼罪是指以捏造的事实提起民事诉讼，妨害司法秩序或
者严重侵害他人合法权益的行为，是《刑法》第 307 条之一的罪名。2018 年
发布的《最高人民法院、最高人民检察院关于办理虚假诉讼刑事案件适用法
律若干问题的解释》第 2 条规定，以捏造的事实提起民事诉讼，有下列情形
之一的，应当认定为《刑法》第 307 条之一第 1 款规定的"妨害司法秩序或
者严重侵害他人合法权益"："（一）致使人民法院基于捏造的事实采取财产
保全或者行为保全措施的；（二）致使人民法院开庭审理，干扰正常司法活动
的……"对于虚假诉讼罪的处罚，《刑法》规定，"以捏造的事实提起民事诉
讼，妨害司法秩序或者严重侵害他人合法权益的，处三年以下有期徒刑、
拘役或者管制，并处或者单处罚金。情节严重的，处三年以上七年以下有
期徒刑，并处罚金"。③本案的被告人周某与胡某等二人订立虚假购房合
同，提起虚假诉讼，达到逃避履行债务的非法目的，已经构成虚假诉讼罪。

第六章 CHAPTER 06
民事诉讼案例

第一节 股权纠纷案例

厦门金泰九鼎投资与骆某、江西旭阳雷迪高科公司增资纠纷案

【案情简介】2010 年，原告厦门金泰九鼎股权投资合伙企业（有限合伙）（以下简称"金泰九鼎"）与被告骆某、江西旭阳雷迪高科技股份有限公司（以下简称"旭阳雷迪公司"）签订"对赌"协议，约定金泰九鼎与其他投资人以增资扩股方式投资于旭阳雷迪公司，若旭阳雷迪公司未能实现年度利润，旭阳雷迪公司应对投资人进行补偿，股东骆某承担担保责任。因旭阳雷迪公司未能依约实现年度利润并上市，金泰九鼎诉求法院判决：骆某与旭阳雷迪公司连带给付现金补偿款 2920 多万元。骆某、旭阳雷迪公司抗辩认为，"对赌"协议无效，股东承担的是保证责任，公司无法实现利润系因"双反"引起，构成情势变更，请求驳回旭阳雷迪公司的诉讼请求。

【法院审理】厦门市中级人民法院在审理过程中对以下焦点问题进行了分析论证：一是关于"对赌"条款的效力问题。判决提出"对赌"条款效力认定应遵循商事法律规范，评价融资公司承诺补偿行为的效力应当遵守《公司法》中有关公司资本维持原则的规定。该原则强调公司至少须维持相当于资本额的财产，以具体财产充实抽象资本。公司债权人可以在与公司交易中得到最低限度的担保，从而实现对其利益的保护。向股东返还资本则意味着从债权人有权获得支付的资本中攫取财富。如果融资公司可以直接作为补偿主体，必将不当地减少公司资产，损害公司及债权人的利益。股东与公司"对赌"的约定，使股东的投资可以取得相对固定的收益，该收益脱离公司的

经营业绩，损害公司利益和公司债权人利益，违反《公司法》第 20 条之规定，该部分条款无效。二是关于股东责任形式问题。判决从股东承诺补偿责任与保证责任的区别等方面，从保证合同法律关系的特征出发分析了股东对赌并非担保责任，而是控股股东与投资人就未来一段时间内目标公司的经营业绩进行约定，如目标企业未实现约定的业绩，则需按一定标准与方式对投资人进行补偿的条款。股东对投资人的补偿承诺并不损害公司及公司债权人的利益，不违反法律法规的禁止性规定，依法有效。股东应承担直接补偿责任。三是关于情势变更的适用问题。判决从正常的商业风险的识别及情势变更的适用，论证了"双反"属于正常商业风险不构成情势变更的问题。

【案例点评】①厦门金泰九鼎股权投资合伙企业（有限合伙）与被告骆某、江西旭阳雷迪高科技股份有限公司增资纠纷案（2014 厦民初字第 137 号）被评为"2015 年度福建法院十大典型案件"，说明该案就"对赌"协议纠纷具有典型意义。②近年来，投资估值调整协议（俗称"对赌"协议）在中国资本市场日渐流行。根据此类协议，融资方以约定的方式向项目公司融资，公司的经营股东则需要在融资后的一段时期让公司实现约定的相关经营目标，融资方将根据相关经营目标的达成与否，调整与相关当事方的经济利益关系。实践中，融资方选择的融资方式多种多样，选择的协议相对方也五花八门。对此，只要此类协议是签订各方的真实意思表示，不损害第三人的利益，不违反法律或行政法规的强制性规定，就应当认定其有效，当事人应当善意履行协议。如融资损害第三人利益或违反法律或行政法规强制性，则应当认定协议无效。③本案不同于以往的判决要旨在于，本着实质重于形式的原则，根据对赌协议签订协议时相关各方之间的实际经济利益关系，以及对投资估值调整作出的各相关承诺之间的内在实质联系，来认定相关当事方是否属于对赌协议的当事人并就协议作出其真实意思表示。显然，本案判决要旨，对于防范现实中某些当事人根据对赌协议引入融资后因未能实现约定经营目标而欲拒绝履行协议的企图，以保护融资方的合法权益，维护资本市场的公平发展秩序，具有重要的价值。

南方某私营企业股东股权被剥夺

【案情简介】南方某某有限公司于 2008 年由梁某某出资 20 万元（占股

份 20%)、周某某出资 60 万元（占股份 60%）、邓某某出资 20 万元（占股 20%），经过当地县级工商局注册成立。2008 年邓某某退出，将所持股份转让给梁某某持有，变更后梁某某持有公司 40% 股份。因公司业务运营由周某某主导，公司需要资金时由黎某某以自身投资的酒楼作担保，获得贷款 400 多万元，公司支付借款利息，但是未偿还本金。公司曾经享受国家投资鼓励政策获得过两块国有土地使用权。因公司未按期归还欠款，于 2009 年 3 月 2 日至 2009 年 3 月 5 日深夜两点期间，债权人黎某某纠集他人限制梁某某人身自由，威胁还款。因梁某某拿不出具体还款方案，2009 年 3 月 4 日，梁某某与周某某被迫在《股东会议决议》《股权转让协议书》《公司章程修正案》（未加盖公章）文件上签字，文件主要内容是梁某某与周某某将公司股权以一元对价转让给债权人指定的两位新股东，法人代表也同时变更。2009 年 3 月 5 日，梁某某向某某县工商局提交《告知函》，声明非本人不能办理公司股权过户手续。2020 年 3 月 7 日，新的法人代表钟某某到县工商局提交公司股权转让与法人变更过户材料。梁某某认为自己是在被非法绑架的情况下被剥夺股权的，法院应该支持他撤销股权变更的诉求。

【法院裁定】法院审理时认为：梁某某于 2013 年 12 月 27 日起诉其于 2009 年 3 月 4 日签订的股权转让协议书内容无效。因为此诉求已经超过法定期限，故法院认定，股权赠与的法定撤销权消灭。此外，公司股权后来几年又经过 6 次变更，梁某某的股权被剥夺的事实已经无法改变。

【案例点评 1】民法认定的胁迫可以成立，因为公司股权转让并非股东所愿。但遗憾的是，因为已经失去了诉讼时效，原股东想要通过司法途径要回股权几乎不可能。我国的民事法律规定，赠与行为的撤销权为 1 年，自当事人知道或者应该知道之日起计算。股权被剥夺人本来还可以根据原《合同法》来认定，股权转让合同显失公平，也可以请求法院撤销合同；但是《合同法》规定的有效诉讼时间只有 3 年。如今，股权赠与已经发生了 10 年。依法撤销是不可能实现的。

【案例点评 2】涉及刑事案件的定性有三个关键要素：事实、法律依据、证据。我们看到的案件材料，行为人确有强迫转让股权的违规行为，但是民法有明确规定，被侵权人主张权利有法定的时效。刑事追诉虽然时效性较长，但前提条件必须是当时公安机关已经受理报案并立案。股权受让人限制原股东的人身自由 24 小时以上，已经涉嫌"非法拘禁罪"，但并不属于当事人控诉的"绑架罪"。受害人可以按刑事诉讼法进行追诉，但是"非法拘禁"发生在 10 年以前，取证非常困难，没有有说服力的证据很难认定行为人的刑事犯罪。而且，即便当初立案，也早已超过了刑事追诉的时效。

【案例点评3】本案案件难点在于民事行为的有效性与合法性。公司因为无力偿还担保人借款，股权被强行剥夺。当时债权人正确的做法，应该是去法院起诉公司还款，而不应该是逼迫公司股东转让股权。不过，股权被剥夺的当事人没有在法定的诉权有效期内起诉侵权人，导致错过了有效的诉讼期限，致使自己的股权无法回归。所以，2013 年当地县级人民法院的判决是正确的，二审中级人民法院驳回上诉，也没有不妥之处。法律对诉权的时限要求是硬性的，基本没有回旋的余地。

川化股份破产重整成功转型案

【案情简介】川化股份系四川省国有资产监督管理委员会下属的一家主要从事化肥、化工原料生产销售的国有控股上市公司，2000 年在深交所挂牌交易，股票代码000155。川化股份总股本 47 000 股，涉及股东人数约 30 600人，现有员工约1900人，离退休人员近6000人。2010 年度至 2014 年度川化股份累计亏损 26.20 亿元，且 2014 年期末净资产为负。根据川化股份公告的2015 年第三季度报告，截至 2015 年 9 月 30 日，川化股份资产合计为 12.13亿元，负债合计为 23.08 亿元，净资产-10.95 亿元。由于川化股份资产已不足以清偿全部债务，且无法清偿到期债务，经债权人四川省天然气投资有限责任公司申请，成都市中级人民法院于 2016 年 3 月 24 日裁定受理川化股份重整一案，并通过公开选聘指定北京大成律师事务所为管理人。2016 年，川化股份重整从法院裁定受理到重整程序结束历时 6 个月左右。重整期间，成都市中级人民法院指导并监督管理人依法推进重整相关工作，并加强与相关监管部门及地方政府主管部门的沟通，推动形成《川化股份有限公司重整计划（草案）》。2016 年 9 月 23 日，管理人组织财产担保债权组、职工债权组、税款债权组、普通债权组等债权人会议及出资人组会议分别表决，各表决组均通过《川化股份有限公司重整计划（草案）》，遂请求法院批准川化股份重整计划。

【法院审理】成都市中级人民法院认为，根据川化股份债权人会议对《川化股份有限公司重整计划（草案）》的表决结果以及出资人组对出资人权益调整方案的表决结果，管理人申请批准川化股份重整计划符合法律规定，应予准许，遂于 2016 年 9 月 29 日依法裁定，批准川化股份重整计划，终止川化股份重整程序。

【案例点评】①川化股份通过申请破产重整的方式提供了一起让企业"起死回生"的典型案例，为《企业破产法》在经济新常态下如何适用和获得最大公约数提供了范例。特别是在推进"三去一降一补"供给侧结构改革的新形势下，形成了法院如何为四川省产业转型升级提供助力的新经验。②川化股份破产重整案涉及众多职工安置、债权人及股东权益保护、淘汰落后产能、危化品处置监管等诸多复杂问题，法院在法律原则内积极创新方式方法，逐一破解各项难题，重整计划得到债权人、出资人、职工等的广泛认可，顺利实现企业新生。在本案重整过程中形成了诸多有益经验，通过破产管理人的科学安排，恢复和增强了企业盈利能力，最大限度保障了债权人、股东合法权益，防止了安全生产事故的发生，推动企业淘汰落后产能，向朝阳产业转型。因此，本案具有重要的典型意义。

第二节 《民法典》物权编案例

物权纠纷典型案例

【案情简介】本案案由为所有权确认纠纷。原告在其与前妻婚姻关系存续期间即与被告同居。2002 年，在原、被告同居期间，因 A 酒店欠原告酒水款，与其同属于某村委的 B 建筑公司，在村委协调下，以其开发的房屋为 A 酒店抵顶部分欠款，该房屋即本案涉案房屋。应原告要求，该房屋登记在被告名下，但产权证书原件由原告持有。原、被告关系恶化后，被告曾于 2004 年 2 月为原告出具声明一份，载明房屋所有权属于原告，同意过户。2007 年，被告以原房产证丢失为由，重新办理了房屋所有权证书，并将该房屋抵押给银行。现原、被告就房屋所有权发生纠纷，原告诉至法院。

【法院审理】法院依据以下几点对房屋产权真实归属进行认定：①根据

原告提供的 B 建筑公司的证明及购楼收据，可以充分说明涉案楼房系原告用酒水款抵顶所得；②结合办理涉案房屋产权登记时原、被告之间的特殊关系，可以证实原告将房屋产权登记在被告名下的原因，也即涉案房屋登记权利人和实际权利人不一致的原因；③被告于 2004 年 2 月 10 日给原告出具的声明，更是对房屋产权属于原告的一种承认。上述证据形成一个完整的证据链，充分证明涉案房屋系原告的财产，并足以推翻被告提交的房产证所能证明的内容。依照原《物权法》第 33 条（《民法典》第 234 条）之规定，判决如下：①涉案房屋归原告所有。②驳回原告其他诉讼请求。案件受理费由被告承担。

【案例点评】一般情况下，不动产应以不动产权属证书登记情况确定权利人。但特殊情况下，不动产权属证书不具有绝对的证据力。当登记权利人与真实权利人不一致时，应根据实际情况确定不动产权属。原告主张其为涉案房屋实际出资人及权利人，证据齐全，且不同的证据形成了一个相互印证真实有效的证据链。因此，法院作出了对真实的产权人有利的判决。对于实际产权人要求被告（名义产权人）赔偿损失的请求，法院并没有支持。这样的判决结果合法合理也合情。因为毕竟名义上的产权人的名字也不能被实际产权人随意使用。法院已经把房屋产权判给了真实的产权人，为了安慰名义产权人，驳回原告的其他诉求也是合乎情理的。

供热资产及供热站物权纠纷案

【原告诉求】福特斯公司的诉讼请求为：①供热中心立即返还福特斯公司供热管道及设施、设备的经营权、使用权，并赔偿自 2013 年 10 月 8 日至 2014 年 10 月 7 日期间的经营损失 550 万元；②如不能返还，供热中心向福特斯公司支付投资损失 26 358 万元；③诉讼费用由供热中心承担。

【审理过程】2008 年 11 月，天津市供热管理办公室与天津市华奥供热有限责任公司（以下简称"华奥公司"）就天津市蓟县宝塔路锅炉房 2008 年至 2009 年度供热运行和建设维修管理工作签订《协议书》。《协议书》约定，华奥公司负责宝塔路供热站的建设维修、运行和经营管理工作，履行与用热单位及业主签订的《供热协议书》及《供用热合同》，保证供热质量。后双方补充约定，供热办应保护华奥公司享有的权利和利益，授权华奥公司对用热单位及用热人拒不履行《供热协议书》《供用热合同》及私改供热设施和未经乙方同意擅自更改供热设施的予以停暖，诉讼追偿损失的权利。且供热办出具《授权委托书》，委托华奥公司作为其代理人，主要权限为：与用热单位及用热人签订及履行《供热协议书》《供用热合同》，按照蓟县物价局文件收费标准来收费。同年 11 月 23 日，供热办与华奥公司签订《补充协议（二）》约定，华奥公司收缴的供热工程建设费用用于供热设施建设投资，所有权归于华奥公司所有，不上缴供热中心。2012 年 11 月至 12 月间，众多用热业主反映华奥公司运营的宝塔路供热站供热温度不达标。2012 年 12 月 31 日，天津市蓟县应急管理办公室决定启动供热应急预案，责成天津市蓟县供热服务中心负责恢复宝塔路供热站供热范围内的正常供热工作。由此，供热办与华奥公司发生争议。在协商过程中，华奥公司曾向行政主管部门报送请示，请求转让诉争供热设施。2013 年 7 月 28 日，天津福特斯有限公司（以下简称"福特斯公司"）与华奥公司签订《蓟县宝塔路供热站资产买卖合同》，约定华奥公司整体出卖其名下蓟县宝塔路供热站资产，供热站配电设施等资产所有权、使用权、经营权、收费权全部归福特斯公司所有。

【法院审理】2013 年 9 月 5 日，供热中心向天津市蓟县人民法院提起诉讼。2013 年 9 月 27 日，供热中心针对前述宝塔路供热站供热设施提出先予执行申请。2013 年 9 月 29 日，蓟县法院作出民事裁定，裁定华奥公司向供热中心交付宝塔路供热站供热设施。2013 年 10 月 10 日，供热中心依照已生效的先予执行裁定，实际接收占有的宝塔路供热站供热设施。2013 年 11 月 19 日，蓟县法院作出［2013］蓟民二初字第 710 号民事判决，支持了供热中心提出的诉讼请求。华奥公司不服该判决，向天津市第一中级人民法院提起上诉。2014 年 2 月 19 日，天津市第一中级人民法院作出［2014］一中民二终字第 22 号民事判决，驳回上诉，维持原判。华奥公司以"原审法院将福特斯公司排除在诉讼之外，遗漏当事人"为由，申请再审。天津市高级人民法院经审查认为福特斯公司既非合同相对人，亦非必须参加诉讼的当事人，遂于 2014 年 8 月 15 日作出［2014］津高民申字第 0812 号民事裁定，驳回了华奥公司的再审申请。此后，福特斯公司亦提出再审申请。天津市高级人民法院经审查认为，供热设施的财产权属等问题不属于原审审理范围，原两审法院已明确告知当事人另行解决，福特斯公司以华奥公司资产受让人的名义主张供热设施的财产所有权，不属于再审审查的范围。对此，福特斯公司提出反对。理由在于，2013 年 7 月 28 日，福特斯公司与华奥公司签订《蓟县宝塔路供热站资产买卖合同》，主要约定：华奥公司将出卖其名下蓟县宝塔路供热站设施，福特斯公司支付相应款项。因此，福特斯公司认为，供热设施所有权已归属己方所有，供热中心占有供热设施之行为属于侵权，应当返还，而且应赔偿因此造成之损失。

【案例点评】①法院的审判规则是，特许经营合同无相反约定的，政府方依法享有市政工程的所有权。供热管道及设施设备并非一般的民事交易标的物，具有一定的区域规划性和社会公益性。对于其所有权之归属，应当有特别约定。双方当事人如未约定，那么建设运营供热管道及设备的公司不可取得所有权，应由代表政府方的供热中心享有所有权。②此案的问题在于，国家对市政公共设施产权的认定是属于国有，其他合作公司可以兴建和合作经营，但是不得拥有设施的产权。类似所有建筑物的地下防空设施一样，开发商和运营商只有合同期限内的用益物权，而对防空建筑物没有产权。所以，华奥公司和福斯特公司的产权转让合同应该是无效的，双方经营权转让是有效的。因为供热管道及设施设备不同于一般的民事交易标的物，具有一定的区域规划性和社会公益性。对于其所有权之归属，应当有特别约定。双方当事人如未约定，那么建设运营供热管道及设备的公司不可取得所有权，应由代表政府方的供热中心享有所有权。③站在客观公正的立场上看，因为民营公司建设运营的供热设施达不到政府规定的标准，用户投诉较多，政府供热部门供热中心收回设施管理权具有一定合理性。但是，热力中心应该给予原投资商华奥公司和受让运营商福斯特公司一定的经济补偿。这样才显得合法、合理、合情。否则，今后民营企业将不敢再参与政府公共服务设施建设运营项目，不利于市政公共设施投资运营主体的多元化。

刘某娟诉刘先生、周女士共有房屋分割案

【案情简介】被告刘先生、周女士系夫妻，原告刘某娟系二被告的独生女。2012年11月，刘先生、周女士、刘某娟购买房屋一处，并合同约定刘某娟占90%，刘先生、周女士各占5%。2014年8月办理了房屋产权证，载明该房屋为成套住宅，权利人为刘先生、周女士、刘某娟，但未对产权份额予以明确。后刘先生与周女士、刘某娟因房屋装修发生争议，随后刘某娟向法院起诉要求对其房屋进行分割，要求法院将其10%产权判归其所有，由其补偿

二被告2.8万元，二被告赔偿其擅自装修给原告造成的损失5000元。

【法院审理】审理中，二被告明确表示不愿将其拥有的房屋产权份额转让。另查明，二被告仅有与刘某娟共有的一套房屋居住，现暂住他人房屋。判决结果：一审法院判决：驳回原告诉讼请求。一审法院认为：公民的合法财产权益受法律保护。原告刘某娟、被告刘先生、周女士按份共有的该房屋是双方基于居住目的而购买的，该房屋系成套住宅，是一个整体，具有不可分性。双方虽作为按份共有人有权转让自己享有的份额，但不能未经其他按份共有人同意而强行购买他人享有的份额，二被告不同意将自己享有的份额转让，符合法律规定，原告应当尊重二被告的意见。现二被告无其他房屋居住，上述房屋是其唯一可行使居住权的场所，二被告为安度晚年，有权居住。二被告与原告间具有父母子女特殊关系，从赡养关系上原告亦应支持二被告居住该房屋，且二被告装修房屋并未造成原告损失。综上，原告的诉讼请求从法律上、道义上均不能成立。故一审法院判决驳回原告诉讼请求。二审法院认为：该房屋产权证未载明权利人是共同共有还是按份共有，故涉案房屋应为各权利人共同共有。虽原被告在合同中约定了各自的权利份额，但该约定只能视为权利人内部约定，不具有公示效力。按照原《物权法》第99条（《民法典》第303条）规定，"……共同共有人在共有的基础丧失或者有重大理由需要分割时可以请求分割……"本案中，刘某娟未举示证据证明其请求分割涉案房屋符合法律规定，故刘某娟上诉理由不成立，一审判决结果正确，应予维持。二审判决后，原告申请再审称，现有新证据证明涉案房屋系按份共有，且二被告共有退休金每月7000余元，足供其租房居住。再审法院认为：根据新证据原告提供的房地产管理部门对房屋核发的房产证明显示，本案讼争房屋系按份共有，并且二被告各占5%份额，原告占90%份额。根据原《物权法》第97条之规定，对房屋份额享有2/3以上的共有人同意，可以对房屋进行处分或重大修缮，而本案中，原告对房屋享有份额占90%，在规定的2/3以上，因此原告有权决定本案讼争房屋的处分。

【案例点评】①本案争议的焦点是涉案房屋属于共同共有还是按份共有。我国原《物权法》（《民法典》第301条）规定："处分共有的不动产或者动产以及对共有的不动产或者动产作重大修缮、变更性质或用途的，应当经占份额三分之二以上的按份共有人或者全体共同共有人同意，但共有人之间另有约定的除外。"根据法条规定,若对房屋享有份额占 2/3 以上的共有人,有权对共有财产进行处分。若是享有 2/3 以上份额的共有人对共有物的处分违背了社会公德,不应当得到法院的支持。②本案中刘先生、周女士与刘某娟系父母子女关系,双方以居住为目的购房,从购房的相关证据看,大部分房款由刘先生、周女士出资,刘某娟、周女士购房时将大部分财产份额登记在刘某娟名下,超出刘某娟出资部分,具有赠与性质,系父母疼爱子女的具体表现。从刘某娟提交的《承诺书》来看,其存有赡养之心,在刘某娟承诺的情况下,要求父母转让份额没有实际意义,不符合伦理道德要求,并可能导致亲情关系恶化。综上,刘某娟要求其父母转让财产份额的诉求法院不予支持。③"百善孝为先"是中国社会各阶层所尊崇的基本伦理道德。子女为了改善自己的居住条件,在父母不同意出售共有权房屋的前提下,子女不能通过法院诉请让父母扫地出门。所以,法院的判决既符合法律规定,也符合公序良俗。法院不能作出违背社会公德的判决。

(点评人:全国廉政法治建设研修班顾问　张大林)

小区业主没有购买租赁车位被物业禁止停车

【案情介绍】2020 年 11 月 5 日,淄博市博山区人民法院审理了一起物业服务合同纠纷,林某作为小区业主,因物业禁止其车辆长时间停放于小区内,向法院提起诉讼。原来,林某在购房时未购买车位,入住后也未租赁车位,其车辆长时间停放于小区内势必会影响其他业主的通行。小区内公共道路被挤占,物业便禁止未交费的业主长时间停放车辆。

【法院审理】法院经审理认为,占用物业管理区域内、业主共有的道路或者其他场地停放车辆,应当交纳车位场地使用费。如果业主需要在物业管理区域内停放车辆,应当事先与物业公司商定停车位置,不得擅自占用道路或其他场地。林某既未购买停车位也未交纳相应的场地使用费,同时未经协商允许,便要求物业允许其车辆进出小区停放,于法无据,法院不予支持,判决驳回林某的诉讼请求。

【案例点评】①本案主要的争议焦点是:业主林某认为,小区的公共道路是业主共有的,因此可以免费停放在小区;物业公司认为,小区的公共道路是由物业公司统一管理的,业主停放车辆应当交纳停车费。法院根据权利义务对等的原则，驳回林某免费停车诉求没有不当。②物业和业主对收费提供停车服务的行为认知有差别。很多业主认为物业没有权利禁止其车辆进出小区。但是物业服务合同是一种典型的双务、有偿合同，物业、业主均应认识到在行使合法权利的同时要履行自己的义务。物业管理的目的是为全体业主营造良好的居住环境，这是双方的共同利益、义务所在。③小区公共道路或者其他用于停放车辆的场所属于所有业主共有，物业有权代为收取物业共有部位、共用设施设备经营收入和车位场地费等收益，但应当严格按照当地政府指导价收取，并独立核算，予以公示，对出入停放的车辆履行好管理义务。而作为业主在享有公共利益的同时也应当履行按时交纳相关费用的义务，积极配合物业对车辆的管理，共同维护小区安全、有序，构建和谐小区。

第三节　《民法典》合同编案例

被迫签订的协议可以撤销

【案情简介】 段某经营一家农资店，2016 年 10 月份，郝某在段某店内购买了土壤改良剂用在自家的甜瓜大棚里。2017 年 3 月，郝某发现自家的瓜苗生长缓慢，怀疑是土壤改良剂抑制了瓜苗的生长。为了要段某赔偿损失，郝某在段某的农资店前拉上白布条幅，用喇叭反复播放说段某卖的产品质量有问题，阻挠段某做生意。在段某妻子阻拦时，郝某还将其打伤住院。段某迫于压力，与郝某签订了赔偿协议。后段某拒绝赔偿，郝某遂起诉到法院，要求段某履行协议，段某则反诉要求撤销协议。

【法院判决】 法院审理后认为，郝某在没有依据的情况下，采取不正当手段，迫使段某签订赔偿协议，该协议不是段某的真实意思表示，遂判决撤销该协议。

【案例点评】 合同是平等主体的自然人、法人、其他组织之间设立、变更、终止民事权利义务关系的协议。订立合同应当遵循平等、自由、公平的原则，合同当事人的法律地位平等，一方不得将自己的意志强加给另一方，当事人有订立合同的自由，可以自愿选择订立或不订立合同，任何单位和个人不得非法干预，而且合同的内容必须公平合理。原《合同法》第 54 条第 1、2 款（《民法典》第 148 条、第 149 条）规定："下列合同，当事人一方有权请求人民法院或者仲裁机构变更或者撤销：（一）因重大误解订立的；（二）在订立合同时显失公平的。一方以欺诈、胁迫的手段或者乘人之危，使对方在违背真实意思的情况下订立的合同，受损害方有权请求人民法院或者仲裁机构变更或者撤销。"本案中，郝某采取过激手段，胁迫段某在违背自己真实意思的情况下签订的赔偿协议，属于可撤销协议，依法应当予以撤销。

项目负责人代表公司签约有效

【案情简介】燕鑫公司承揽了三牛公司的仓库建设工程，田某是燕鑫公司派驻该仓库建设工程的负责人。2017年6月5日，田某与姚某签订了板材采购合同，甲方写的是燕鑫公司，乙方为姚某，合同约定姚某向燕鑫公司供应建设仓库用的板材，并约定甲方向乙方支付定金20 000元。合同最后只有田某的签名，没有加盖燕鑫公司的印章。合同签订当日，燕鑫公司给姚某汇款20 000元，但未注明款项的用途。后双方发生纠纷，姚某起诉燕鑫公司给付货款190 000元。燕鑫公司辩称未授权田某与姚某签订采购合同，合同上也没有加盖公司的印章，该合同对燕鑫公司不具有约束力，不应承担给付货款的义务。

【法院判决】法院经审理认为，田某作为燕鑫公司派驻仓库建设工程的项目负责人，其签订购销合同的行为构成表见代理，且燕鑫公司对其在签订购销合同当日向姚某支付20 000元的行为，不能作出合理解释，应当认定为定金，视为燕鑫公司对田某签订购销合同的确认，遂判决燕鑫公司向姚某支付货款190 000元。

【案例点评】表见代理是指被代理人因疏忽的表见行为引起了善意第三人对无权代理人有代理权的合理信赖，为保护这种合理信赖而让无权代理产生与有权代理相同的结果。因为被委托人具有委托权的外观，而造成该种状况的原因在于委托人，故而法律规定这种情况下应认定委托有效，委托人承担相应的责任。原《合同法》第49条（《民法典》第171条）规定："行为人没有代理权、超越代理权或者代理权终止后以被代理人名义订立合同，相对人有理由相信行为人有代理权的，该代理行为有效。"本案中，田某作为燕鑫公司的项目负责人，根据一般人的认知，应当认定其有权代表公司对外签订合同，姚某作为善意第三人，有理由相信田某有代理权，这种情况下，田某代表燕鑫公司签订购销合同的行为，构成表见代理，该合同对燕鑫公司有效，燕鑫公司理应履行该购销合同。

（点评人：资深媒体人、首期全国廉政法治建设研修班学员　张金春）

经营者跑路会员卡应该退还

【案情简介】2017年6月30日，陈某与力高公司签订《力高健身俱乐部会员协议》，约定陈某作为会员可以在力高公司处享受健身服务。陈某向力高公司支付了一年的续卡费用1140元。2017年8月1日，力高公司关门停止营业，并在公司大门上贴出公告声明：力高公司自2017年8月1日停止服务，未到期的会员安排至某健身游泳俱乐部。由于陈某不同意转会，遂于2017年8月17日向法院提起诉讼，请求力高公司返还因其违约未能继续提供健身服务的费用1140元，并赔付误工费500元、精神损失费500元。

【法院审理】法院认为，陈某与力高公司签订的《会员协议》合法有效，陈某依约向力高公司交纳了一年的健身服务费，力高公司应按约定为陈某提供足够期限的健身服务。现陈某已经明确表示不同意转会至某健身游泳俱乐部继续接受在力高公司处未能进行完毕的健身服务，故力高公司不能强制要求陈某转会至某健身游泳俱乐部并与某健身游泳俱乐部继续履行涉案合同，故判决力高公司返还剩余健身服务费1133.75元；对于误工费和精神损失费，法院不予支持。

【案例点评】①《消费者权益保护法》第9条第1款规定："消费者享有自主选择商品或者服务的权利。"第10条规定："消费者享有公平交易的权利。消费者在购买商品或者接受服务时，有权获得质量保障、价格合理、计量正确等公平交易条件，有权拒绝经营者的强制交易行为。"第53条规定："经营者以预收款方式提供商品或者服务的，应当按照约定提供。未按照约定提供的，应当按照消费者的要求履行约定或者退回预付款；并应当承担预付款的利息、消费者必须支付的合理费用。"②原《合同法》第94条（《民法典》第563条）规定："有下列情形之一的，当事人可以解除合同……（二）在履行期限届满之前，当事人一方明确表示或者以自己的行为表明不履行主要债务……"第97条（《民法典》第566条）规定："合同解除后，尚未履行的，终止履行；已经履行的，根据履行情况和合同性质，当事人可以要求恢复原状、采取其他补救措施、并有权要求赔偿损失。"第 107 条（《民法典》第 577 条）规定："当事人一方不履行合同义务或者履行合同义务不符合约定的，应当承担继续履行、采取补救措施或者赔偿损失等违约责任。"③根据《消费者权益保护法》的规定，消费者有自主选择和公平交易的权利，既有选择商品和服务的权利，也有选择经营者的自由，经营者不得强制消费者接受商品或服务。基于消费者的消费行为，消费者与经营者之间形成了合同关系。作为合同的缔结者，无论是消费者还是经营者，都应当诚信守约，遵守合同的约定和法律的规定，正确、及时地履行自己的义务。如果一方不履行合同或履行合同不符合约定，即为违约，应当承担违约责任。④法院没有支持原告误工费和精神损失赔偿，因为根据公序良俗原则，一般人都是利用业务时间健身，不涉及误工费。此判决合法合情合理。

（点评人：资深媒体人、首期全国廉政法治建设研修班学员　张杰）

受到欺诈如何赔偿？

【案情简介】2017 年 2 月 8 日，王某于三 D 公司在天猫商城经营的店铺内购买了婴儿床 5 套，单价 468 元，总价款 2340 元。在三 D 公司宣传页面中，对于床的部分写明"双专利设计""四项专利设计保护"，并附有专利号。王某事后查询该专利已终止，遂以三 D 公司虚假宣传、欺诈消费者为由向法院提起诉讼，要求三 D 公司退还货款 2340 元，并给予三倍的惩罚性赔偿金 7020 元。

【法院审理】一审法院认为，三 D 公司在商品宣传中公布了专利的详细信息，倘若王某购买商品时更关注商品是否具有专利，完全可以及时查询后再决定是否购买，但是其在下单并收到货物后才查询专利信息，可见该专利并非其购买涉案商品的主要决定因素。三 D 公司在网页中公布了相关专利号和详细信息，没有明显的欺诈恶意。王某并非因三 D 公司的欺诈行为而陷入错误认识进而作出购买的意思表示，故对其要求三 D 公司支付 3 倍赔偿款的诉讼请求，证据不足，不予支持。但是，三 D 公司在宣传时确实援引了已过期的专利，有违诚实信用原则，亦构成违约，故对王某要求退货退款的诉讼请求，一审法院予以支持。

王某不服一审判决提起上诉，二审法院认为，"消费者权益"赖以存在的基础是为生活消费需要而进行的特定消费行为。王某一次性购买涉案商品 5 件，已经超出了生活消费的合理需要，王某对此并没有作出合理解释并提出证据予以证明。故王某的购买行为不属于《消费者权益保护法》规定的消费行为，不受《消费者权益保护法》第 55 条的保护，判决驳回上诉，维持原判。

【案例点评】（1）《消费者权益保护法》第 2 条规定："消费者为生活消费需要购买、使用商品或者接受服务，其权益受本法保护；本法未作规定的，受其他有关法律、法规保护。"消费者只有以生活消费需要为目的而进行的消费行为，才具有法律规定的"消费者权益"，才能受到《消费者权益保护法》的保护。如果购买行为不是为生活消费需要，而是为了经营或其他目的，则只能受《民法典》等民事法律的保护，但是上述法律并没有"三倍赔偿"的类似规定。（2）《最高人民法院关于贯彻执行〈中华人民共和国民法通则〉若干问题的意见（试行）》（已失效）第 68 条规定："一方当事人故意告知对方虚假情况，或者故意隐瞒真实情况，诱使对方当事人作出错误意思表示的，可以认定为欺诈行为。"依据上述规定，结合民法原理，经营者要对消费者构成欺诈，须同时满足如下三个要件：①经营者主观上具有欺诈的故意；②经营者客观上具有告知消费者虚假情况或隐瞒真实情况的行为；③消费者作出错误的意思表示与经营者的行为之间具有因果关系。消费者是因为受到经营者虚假行为的误导，才做出的错误意思表示，而非其真实的意图。

（点评人：北京西山律师事务所律师　张英军）

房产买卖没有支付应付款　售房人起诉索要违约金

【案情介绍】张先生称其在出售房屋过程中不同意第三方支付公司提供的格式合同，故在《资金监管服务协议》中添加了手写条款，对房款到账时间进行了重新约定。但是中介公司、第三方支付公司并未按约定期限付款，故张先生将中介公司、第三方支付公司诉至法院，要求被告支付违约金 1 万元。随后，北京市海淀区人民法院经审理，判决驳回了张先生的全部诉讼请求。

【案例点评】①法院经审理后认为，当事人协商一致，可以变更合同。《资金监管服务协议》中的手写条款，系由中介公司经纪人李先生签署，李先生并非第三方支付公司员工，李先生签署的条款是否有效，取决于其行为是否为有权代理或是否构成表见代理，李先生签署手写条款，并无第三方支付公司的授权，应属无权代理。张先生主张李先生的行为构成表见代理，张先生应当首先对李先生存在有权代理的客观表象，承担举证证明责任，但根据本案查明的事实，李先生并非第三方支付公司员工，也无第三方支付公司的授权手续，而且第三方支付公司提供的是盖有公章的格式合同，权利义务约定明确具体，并非空白合同，客观上李先生并不存在有权代理的表象。张先生所述的《资金监管服务协议》上方有中介公司字样、协议和款项操作均在中介公司门店进行且中介公司工作人员均有参与，只能反映出中介公司与第三方支付公司存在法律上及业务上的关联，但中介公司与第三方支付公司是两个独立的法人，在没有第三方支付公司明确授权的情况下，中介公司的工作人员无权代第三方支付公司更改合同条款。故李先生的行为不构成表见代理，《资金监管服务协议》上的手写条款不能构成对《资金监管服务协议》原条款的更改，对第三方支付公司不具有约束力，双方仍应按照原合同约定行使权利义务。②从约定的放款流程来看，资金划转需要在买方取得不动产权证书后提交协议约定的全部文件材料，资金监管方核验书面材料，并需要买方同意放款。从资金划转的时间和过程来看，2016年11月7日，买方取得涉案房屋不动产权证书，11月8日14时，第三方支付公司将322万元购房款打入张先生名下账户，并于11月10日9时将2万元物业交割保证金打入张先生名下账户，第三方支付公司已按照《资金监管服务协议》的约定全面履行了其资金存管及划转义务，不存在逾期付款的违约行为，张先生主张第三方支付公司违约无事实依据。③关于中介公司是否应承担违约责任，《资金监管服务协议》的相对方系张先生、房屋买受人及第三方支付公司，中介公司并非《资金监管服务协议》的合同相对方，张先生以中介公司及其经纪人与本案有直接的法律联系为由，起诉中介公司，无法律依据。张先生要求中介承担违约赔偿责任的诉讼请求，已被驳回，本案中张先生要求中介公司承担违约责任，缺乏事实和法律依据，故法院不予支持。

（点评人：资深媒体人、首期全国廉政法治建设研修班学员 张杰）

个人贷款 VS 公司债务

【案情介绍】2015年3月3至4日，某小额贷款公司（以下简称"小贷公司"）分别与某农业公司财务人员张某和潘某签订了 690 万元、800 万元的借款合同，某农业公司对两笔借款均提供了连带责任保证担保，随后某小贷公司即向张某和潘某个人银行账户分别转账 690 万元、800 万元。同年 10月 31 日，某小贷公司将其对潘某享有的 515 万元债权及对张某享有的 690 万元债权转让给陈某，杨某（某农业公司和某置业公司法定代表人及实际控制人）、某农业公司对上述两笔债权向陈某提供连带责任保证担保，某置业公司用房屋为上述两笔债权提供抵押担保。同年 11 月 1 日，某小贷公司将其对潘某享有的 285 万元债权转让给了雷某，该债权转让协议书载明实际债务人及借款的实际使用人为杨某、某农业公司、某置业公司。签订债权转让协议后，仅有张某先后向陈某还款共计 429.96 万元，借贷双方为后续还款事宜发生矛盾，后陈某诉至法院。

根据某小贷公司同张某、潘某分别签订的借款合同，某小贷公司向两人支付了出借款，履行了出借义务，张某、潘某与其之间的民间借贷关系成立并生效，张某、潘某应按借款合同的约定履行还本付息的义务。而后续签订的债权转让协议书系各方当事人的真实意思表示，内容不违反法律规定，也合法有效，陈某和雷某享有相应债权。但张某和潘某均辩称其仅系名义借款人，实际借款人为某农业公司、杨某，其不应承担还款责任，并举示了名下账户资金流向、某农业公司授权张某、潘某的个人银行卡用于某农业公司业务收支的授权委托书等证据。

【案例点评】①本案在审理该案件的过程中，主办律师积极申请法院经多次开具律师调查令调查案件事实，经过依法审理后法院认为，虽然张某、潘某分别与某小贷公司签订了借款合同，且款项直接支付至张某和潘某的个人银行账户，还款也是通过两人名下账户进行，但本案的案情却有几处让人合理怀疑：第一，张某与潘某均是某农业公司财务人员，作为普通员工，其自身并没有数额如此大的贷款需求及相应还款能力，某小贷公司作为一家专门贷款机构，其向两人出借大额款项不具有合理性。第二，审理查明某农业公司是某小贷公司的股东，杨某既是某小贷公司的监事也是某农业公司的法定代表人，本案的两笔借款人均是某农业公司的财务人员，且由某农业公司和杨某分别为两笔借款提供连带责任保证担保，基于各主体之间特殊的关系，作为出借人的某小贷公司对借款的实际情况不知情不符合常理。第三，某小贷公司在其对潘某享有的 800 万元债权中的 285 万元债权转让给雷某的债权转让协议书上，明确了实际债务人及借款的实际使用人为杨某、某农业公司、某置业公司，证明某小贷公司知晓潘某借款合同的实际借款人。第四，从借款进入潘某、张某两人银行账户后的资金流向看，借款并未用于二人的私人开支，而是用于某农业公司、杨某和某置业公司。②在某小贷公司将债权转移给陈某时，杨某、某农业公司自愿加重了其连带保证责任，杨某作为法定代表人的某置业公司也为债权新增了抵押担保，上述行为如果仅从担保人的角度出发是极为不合理的，且庭审中杨某和某农业公司均承认其是实际借款人。因此法院认为，潘某和张某系名义借款人而实际借款人为杨某及其控制的公司具有高度盖然性。③基于案件事实，承办法院组织双方当事人进行了调解，促成双方当事人达成了调解协议，由杨某、某农业公司、某置业公司对该两笔借款承担返还义务。

（点评人：媒体人、全国廉政法治建设研修班学员　闫磊磊）

夫妻任何一方未经对方同意均无权处分共有房产

【案情介绍】王某军与马某丽系夫妻关系。涉案房屋所有权人登记为王某平。2017 年，刘某芳与王某军签订了《西安市存量房买卖合同》及《二手房交易结算资金监管协议》，约定房屋成交价格为 810 000 元。当日，刘某芳将 810 000 元全部存入资金监管账户，并交纳契税和个人所得税共计 16 000元。双方在签署上述协议及办理过户手续时，王某军及马某丽均在场，因马某丽不能明确表达意见，过户手续未完成。后刘某芳、王某军于 2017 年 6 月22 日补签《二手房购房合同》，该合同约定：王某军为甲方、出卖人，刘某芳为乙方、买受人。2017 年 9 月，刘某芳提起诉讼，要求王某军、马某丽履行房屋过户义务。

【法院审理】法院认为，刘某芳与王某军于 2017 年 5 月 20 日订立《西安市存量房买卖合同》，王某军的配偶马某丽未参与该合同的订立，未在合同上签字，在房屋登记机关办理房屋变更登记时，因为马某丽的原因，未能办理房屋变更登记。2017 年 6 月 22 日，刘某芳与王某军再次订立《二手房购房合同》，马某丽仍未参与该合同的订立，亦未在该合同上签字。故刘某芳与王某军订立的《西安市存量房买卖合同》《二手房购房合同》对刘某芳无法律约束力，刘某芳无权向马某丽主张《二手房购房合同》的履行问题。因此，刘某芳诉请马某丽履行《二手房购房合同》，协助其办理涉案房屋过户手续，无合同及法律依据，不予支持。

【案例点评】本案中，刘某芳主张王某军履行合同义务，协助其办理涉案房屋过户手续，因涉案房屋系王某军、马某丽的夫妻共同财产，刘某芳的诉请能否得到支持，应考察其诉请是否符合共有权人处分房产的相关法律规定及共有人的意见。原《物权法》第 97 条（《民法典》第 301 条）规定："处分共有的不动产或者动产以及对共有的不动产或者动产作重大修缮的，应当经占份额三分之二以上的按份共有人或者全体共同共有人同意，但共有人之间另有约定的除外。"《城市房地产管理法》第 38 条规定"下列房地产，不得转让：……（四）共有房地产，未经其他共有人书面同意的"，因王某军在出卖涉案共有房屋时，未征得其配偶马某丽的同意，且马某丽现在明确表示不同意出售涉案房屋，故涉案买卖合同的履行出现法律障碍。刘某芳要求王某军、马某丽过户的诉请不能得到法院支持。刘某芳与王某军签署的有关二手房交易合同无效，交易合同撤销后，卖方应该如数返还买方购房款。

（点评人：资深媒体人、首期全国廉政法治建设高级研修班学员　张杰）

保障房地下车库产权归属纠纷

【案情介绍】杭州西湖区华惠家园小区属于保障房项目，由保障房公司开发建设。2005 年 7 月，地下室工程面积为 8882.1 平方米，包括人防工程、地下车库。2016 年 10 月，保障房公司作为甲方，华惠家园业委会作为乙方，签订《华惠家园地下车位委托管理协议书》，管理期限：委托管理期限为两年。2018 年 9 月 10 日，保障房公司向华惠家园业主发出《地下停车位销售通知》：公司决定：2018 年 9 月 17 日至 26 日，现有效期内地下停车位承租户享有购买承租车位优先权，若逾期视作放弃优先购买权，承租车位不再保留。2018 年 9 月 27 日至 10 月 31 日（22 个工作日），剩余地下停车位对小区业主公开销售，均以先到先买、每户限购一个原则办理相关购买手续。后保障房公司陆续出售地下车位共 36 个。2018 年 11 月 20 日，保障房公司针对华惠家园业主委员会《关于对华惠家园地下车库销售事项的征询函》中提出的问题作出答复：①该地下车位无产权证，我公司销售的是地下车位使用权，使用年限同房屋使用年限。②公司作为房地产企业有权制订地下车位销售价格；

③经专业评估单位评估得出现有的评估价格。④公司有权将小区地下车位使用权销售给符合条件的小区业主，超出期限后再面向小区全体业主公开销售。华惠家园自2008年交付以来，小区地下车位一直在出售中。业委会超期出租地下车位给我公司车位销售工作带来困难，我公司郑重要求贵业委会立即解除与小区部分业主的超期租赁合同并退还租金，否则，业委会要承担由此带来的一切法律责任。综上，华惠家园地下车位的处置权归属保障房公司。后保障房公司在华惠家园地下车位入口安装道闸，禁止未购买地下车位的业主进入。业委会及业主提出如下诉求：①土地随售出房屋转移，开发商不拥有土地，无权处置买卖小区停车位；②开发商通过卖房强势地位，单方约定小区停车位归属行为无效；③未计入小区建筑容积率的配建停车位及公共部分，不属于开发商专有部分，属小区全体业主共有；④以政府产权部门核准登记为准，未获登记，未取得不动产权证的停车位及公共部分，属于全体业主共有。因此，业主委员会代表全体业主向法院起诉的具体诉讼请求如下：①依法确认保障房公司2018年9月10日作出的《华惠家园地下停车位销售通知》和2018年12月13日作出的《关于对华惠家园地下车位进行管理的通知》内容违法；②判令保障房公司立即停止阻拦未购买地下室车位业主的车辆进入地下车库的行为，并停止使用影响车辆通行的道闸等设施。

【法院判决】杭州市余杭区人民法院并未支持业主委员会的诉讼请求，因此，业主委员会代表全体业主不服杭州市余杭区人民法院〔2019〕浙0110民初861号民事判决，向杭州市中级人民法院上诉。杭州市中级人民法院判决：根据原建设部《城市地下空间开发利用管理规定》第25条的规定，地下工程应本着"谁投资、谁所有、谁受益、谁维护"的原则，允许建设单位对其投资开发建设的地下工程自营或者依法进行转让、租赁。《人民防空法》第5条第2款规定："国家鼓励、支持企业事业组织、社会团体和个人，通过多种途径，投资进行人民防空工程建设；人民防空工程平时由投资者使用管理，收益归投资者所有。"原《物权法》第74条第2款、第3款（《民法典》第275条、第276条）规定："建筑区划内，规划用于停放汽车的车位、车库的归属，由当事人通过出售、附赠或者出租等方式约定。占用业主共有的道路或者其他场地用于停放汽车的车位，属于业主共有。"案涉争议车位系利用华惠家园地下空间规划建设的车位，建设单位为保障房公司，基于前述法律规定和本案查明的事实，应当认定保障房公司系案涉车位的所有权人，其有权采取出售、租赁的方式行使权利。华惠家园业委会主张案涉地下车位应归小区全体业主所共有，依据不足，本院不予支持。保障房公司为更好地管理案涉地下车位，而在地下车位入口处安装道闸，该行为并无违法或不合理之处，华惠家园业委会要求保障房公司排除妨害没有事实和法律依据，本院不予支持。关于保障房公司拟出售车位的合同价款和使用期限等内容，不属于本案的审查范围。

【案例价值】本案例判决没有瑕疵，无须过多点评。但是，实践中，除了地下车库之外，开发商和物业公司剥夺业主知情权、公共公款租赁收益权是普遍存在的现象。

借名买房合同纠纷

【案情介绍】张某华与张某勇是叔侄关系，2009 年 3 月 5 日，张某华与张某勇口头约定，由张某华全额出资购买位于北京市海淀区万泉新新家园的一套三室两厅商品房，实际所有权归张某华所有，房屋登记在张某勇名下，房屋的房产证、购房合同、购房票据等都由张某华保存。由于张某华与张某勇是叔侄关系，出于亲属之间的高度信任，双方并没有签订书面借名买房协议。现张某勇企图私下出售该房屋，于 2019 年 3 月 28 日瞒着张某华去挂失并补办了房产证。2019 年 4 月 3 日，张某华知悉张某勇挂失补办房产证事宜，为维护自身合法权益提起诉讼。

【法院审理】原告提出如下诉求：①涉案房屋的购房款及相关税费全部由张某华支付。②涉案房屋的所有权证书一直由张某华保管。③自购房后由张某华完全对涉案房屋进行了管理和支配。自购买涉案房屋后，张某华自费对房屋进行了装修、管理；房屋水电费、供暖费等款项均由张某华支出。而张某勇从未实际占有和控制过涉案房屋。因此，张某华系涉案房屋实际权利人，故起诉至法院要求张某勇协助将房屋变更登记至张某华名下。张某勇辩称：本案不存在借名买房关系，他才是涉案房屋真正的购买人，他与张某华之间是借贷关系。首先，他与张某华并没有签订借名买房协议。其次，涉案房屋不属于经济适用房等属于特定人群享有的特定保障性住房。最后，从时间上看，购买房屋的时间是 2009 年，当时北京没有实施限购政策，购房自由。综上，不存在任何原因需要双方借名买房，故而不存在借名买房的事实，所以请求法院驳回原告的诉讼请求。2009年3月15日，张某勇给张某华写过一个收据，收据中写明：收到张某华的购房款380万元，代张某华购买万泉新新家园三室两厅商品房一套。2009年3月30日，涉案房屋登记在张某勇名下。涉案房屋一直由张某华管理并支付全部水电费和供暖费。有关涉案房屋的《北京市存量房屋买卖合同》、装修补充协议、契税发票、土地出让金发票、登记费发票、支付佣金发票、房屋所有权证书等原件均由张某华持有。

【法院审理】庭审中，张某华提交了张某勇于2009年3月15日写给张某华的收据，用以证明张某华是涉案房屋的出资人，张某勇是代张某华购买的涉案房屋，张某勇未予否认。张某华与张某勇存在事实上的借名买房关系，张某勇协助把涉案房屋变更登记至张某华名下。

【案例点评】本案的争议焦点系双方是否存在借名买房关系。根据本案查明的事实，涉案房屋由张某华出资购买并实际管理。张某华实际持有涉案房屋产权证书、相关购房票据并承担水电费和供暖费，符合借名买房行为的特点。虽然张某勇主张其与张某华为借贷关系，但就此并未提交任何证据佐证，而张某华亦未认可，法院难以采信。根据法院查明的事实，张某勇虽系涉案房屋登记名义所有权人，但其并未对涉案房屋进行出资，长期未实际居住使用，而将房屋产权证、购买票据原件全部交由非产权人并长期未收回，亦不符合常理，法院难以采信。综上所述，张某华与张某勇之间的借名买房关系成立，故对于张某华要求张某勇协助办理过户的诉讼请求，法院予以支持。

商品房预售合同满足要件可认定为买卖合同

【案情介绍】2013年7月6日，冯某认购东方公司开发的天地居1号楼1单元502室商品房，并于当日缴纳定金5万元。同年11月15日，东方公司取得商品房预售许可证。2014年1月14日，东方公司向冯某出具会员卡一张，双方签订"告示"一份，确认冯某认购的房号为1号楼1单元502室，价格为每平方米1688元，车库为1号楼2单元18号，价格待定，房屋交付时间为2015年6月30日。双方还约定，冯某须在签订此约定5日内交足房款20万元，否则，东方公司有权解除约定，冯某应承担相应的违约责任。

冯某按约足额交纳了20万元购房款，但涉案房屋未能如期竣工交房。

2017年3月9日和24日，东方公司两次向冯某发出签约催告函，要求冯某与其签订商品房买卖合同。同时要求冯某预约购买的车库，应当按照物价局备案的1.5万元每平方米交纳剩余款项。按照车库的面积28.14平方米计算，冯某需交纳剩余款项42万余元。冯某接到催告函后，回函要求东方公司按约将1号楼1单元502室办理交房手续。但对于车库，冯某表示如果东方公司一味抬高价格，将解除车库的买卖关系。双方未能协商一致，冯某遂起诉至法院，要求东方公司交付房屋并承担逾期交房违约金，同时确认车库合同未成立。

【法院审理】一审法院认为，东方公司向冯某发放会员卡，双方签订"告示"，记录冯某的住址和联系方式，认购房屋的位置和房屋情况、价格、房屋交付时间等，包含了商品房买卖合同应该具有的主要内容，且冯某已付清了全部购房款20万元，该"告示"应认定为商品房买卖合同，该合同成立并生效。由于该房现不具备交付条件，冯某要求东方公司交付房屋的主张，一审法院不予支持，但东方公司应按照该协议约定支付逾期交房违约金。对于车库，在会员卡及"告示"中仅约定了车库的号牌，未约定价格、付款时间、车库的交付时间等，双方没有就车库的具体事项达成合意，故该买卖合同关系未成立。

【案例分析】①预售合同认定为买卖合同应具备两要件：商品房买卖合同一般是指房地产开发企业即出卖人将已竣工的房屋向社会销售并转移房屋所有权于买受人，买受人支付价款的合同。它是商品房交易中最为重要的凭证，是确定开发商和消费者权利义务的依据。商品房预售，是指房地产开发企业将正在建设中的商品房出售给承购人，由承购人支付定金或者房价款的行为。②两者在以下几点上存在不同：第一，签订的时间不同。预售合同签订时一般尚有部分合同条款不确定，比如什么时候交房、销售单价是多少等。而买卖合同签订时所有的权利义务已经明确，可以对照履行。第二，合同性质不同。预售合同仅需要当事人意思表示一致即可，不需要以交付房屋为必要条件。而买卖合同除需要当事人意思表示一致之外，交付房屋和支付房款是双方当事人的主要合同义务，是需要实际履行的。第三，签订的目的不同。预售合同签订的原因是在有事实或法律上的障碍，暂时无法订立买卖合同时，事先对当事人加以约束，约定将来订立正式合同。而买卖合同的目的则是确立双方权利义务，直接具备履行内容。第四，违约的后果不同。预售合同违约仅能要求违约方承担违约责任。买卖合同违约除了要求违约方承担违约责任外，还可以要求继续履行合同，比如交付房屋。③根据《最高人民法院关于审理买卖合同纠纷案件适用法律问题的解释》第2条（已被修改）的规定，认购书、订购书、预订书、意向书、备忘录都可以作为预约合同的一种表现形式，当然也包括本案中的"告示"，但以上述为名称的合同并不都是预约合同，还有可能是正式的买卖合同。依据《最高人民法院关于审理商品房买卖合同纠纷案件适用法律若干问题的解释》第5条的规定："商品房的认购、订购、预订等协议具备《商品房销售管理办法》第十六条规定的商品房买卖合同的主要内容，并且出卖人已经按照约定收受购房款的，该协议应当认定为商品房买卖合同。"因此，商品房预售合同被认定为商品房买卖合同，应当具备两个要件：一是预售合同中约定了商品房地点、名称、购买房屋的基本情况、销售方式、价款、付款方式、房屋交付时间及日期、违约责任等。根据上述内容，能够确定该合同内容指向的房屋是唯一的、具体的，房屋的面积、单价、交付时间是确定的。二是出卖人已经收取了购房款。即使在预售合同中，双方明确约定需另行签订正式合同，但满足上述要件的，即可直接认定双方签订了商品房买卖合同。④在未取得商品房预售许可证的条件下，开发商与购房者签订的预售合同效力如何认定？《最高人民法院关于审理商品房买卖合同纠纷案件适用法律若干问题的解释》第2条规定："出卖人未取得商品房预售许可证明，与买受人订立的商品房预售合同，应当认定无效，但是在起诉前取得商品房预售许可证明的，可认定有效。"因此，在诉讼前如果房地产开发企业未取得商品房预售许可证明，其与购房人签订的预售合同则是无效的，只能按照过错来承担损失。

一审法院遂判决确认冯某与东方公司就天地居1号楼1单元502室商品房买卖关系成立，确认双方就1号楼2单元18号车库的买卖合同未成立，并判决东方公司向冯某支付逾期交房违约金。东方公司不服一审判决结果，提出上诉，二审法院维持了一审判决。

（点评人：北京嘉维泰银律师事务所律师、合伙人　郎武）

房价上涨　出卖人悔约

【案情介绍】2016年5月19日，陈某丹、孙某阳及中服公司三方协商一致签订了《中服房产房屋买卖居间合同》，合同约定：陈某丹购买孙某阳所有的坐落于津阳市××区××小区××楼××单元之房屋，房屋建筑面积为142.8平方米，成交价格为2 200 000元。房屋尚存抵押贷款85万元未结清，孙某阳应在2016年7月30日前清偿贷款、办理完解押手续并取得房产证。三方约定孙某阳取得房产证后并且陈某丹贷款审批后3个工作日开始办理产权转移手续。上述合同签订后，陈某丹如期履行合同约定，交纳房屋首付款等相应款项，且贷款审批通过。然而，孙某阳拒绝清偿银行按揭贷款，致使房屋不能解押，房产证无法赎出，房屋过户手续无法正常完成。2016年11月19日，陈某丹向人民法院提起诉讼，要求孙某阳履行合同义务，办理房屋过户手续。

【法院审理】法院审理认为，房屋按揭贷款结清后才可办理涉案房屋注销抵押登记及过户手续，遂于庭审中，追加按揭贷款银行为第三人。判令陈某丹向按揭贷款银行清偿剩余按揭款项，银行收到全部款项后，协助陈某丹解除房屋抵押登记。房屋抵押登记解除后，由人民法院向房屋管理部门发出《房屋过户协助执行通知书》，强制办理房屋过户登记手续。

【案例点评】《城市房地产转让管理规定》第6条规定，"下列房地产不得转让：……（二）司法机关和行政机关依法裁定，决定查封或者以其他形式限制房地产权利的；……"原《物权法》第191条第2款（《民法典》第406条）规定："抵押期间，抵押人未经抵押权人同意，不得转让抵押财产，但受让人代为清偿债务消灭抵押权的除外。"本案中，因房价上涨，为了图谋更大的经济利益，卖方孙某阳悔约并拒绝解除房屋抵押、履行房屋过户义务。依据上述法律规定，涉案房屋上存在抵押权，应限制房屋所有权转移。只有在受让人（买方）代为清偿剩余按揭债务，抵押权人（按揭贷款银行）消灭抵押权后，房屋才具备办理过户手续的条件。因此，庭审中，法院依职权追加按揭银行为第三人，并判令其协助买方办理房屋解押手续，以公权力合法有效的参与，遏制了房屋交易市场的不良之风。

买卖房屋被法院查封买方可排除强制执行

【案情介绍】2012年5月1日，王某旭、冯某阳口头约定王某旭将个人名下房屋一套出售给冯某阳，房屋总价505 000元。2012年5月19日，冯某阳将505 000元现金存入王某旭的银行账户。因当时房屋不能办理过户手续，房款支付后，王某旭仅将房屋交付冯某阳使用。2016 年 1 月 20 日，王某旭、冯某阳补签房屋买卖协议一份，约定：王某旭将房屋出售给冯某阳，因无法办理过户，特订立此协议，证明该房屋所有权的转移。2016 年 8 月，冯某阳缴纳契税 8769.45 元，大修基金 6799.26 元，房产证工本费 100 元，办理并取得房屋产权证书，该房屋所有权人登记为王某旭。其后冯某阳积极联系王某旭办理过户，因王某旭未积极配合导致过户未办理完成，直至 2016 年 12 月房屋被法院查封。2017 年 3 月，冯某阳向法院提起执行异议申请，要求中止对涉案房屋的强制执行并解除房屋查封。

【法院经审理】法院认为，案外人就执行标的享有足以排除强制执行的民事权益，应依法中止对涉案房屋的强制执行并解除查封。

【案例点评】《最高人民法院关于人民法院办理执行异议和复议案件若干问题的规定》第 28 条规定："金钱债权执行中，买受人对登记在被执行人名下的不动产提出异议，符合下列情形且其权利能够排除执行的，人民法院应予支持：（一）在人民法院查封之前已签订合法有效的书面买卖合同；（二）在人民法院查封之前已合法占有该不动产；（三）已支付全部价款，或者已按照合同约定支付部分价款且将剩余价款按照人民法院的要求交付执行；（四）非因买受人自身原因未办理过户登记。"本案中，案外人冯某阳与王某旭于案涉房屋被查封之前已经达成了买卖协议，冯某阳向王某旭支付了全部购房款，王某旭在房屋查封前将房屋已经交付冯某阳，冯某阳占用、使用房屋 4 年之久，且未办理过户登记并非冯某阳自身原因所致。因此，冯某阳对案涉房屋的权利现状符合上述法律规定能排除强制执行的情形，其异议申请依法应予支持。

天津某社区管委会与郑某农村土地承包合同纠纷

【案情介绍】天津市某社区管理委员会与郑某在 2005 年年底签订了《承包协议》，协议中载明："（1）甲方把民族路东 10 亩荒弃地（老粪场）承包给乙方使用，年限为 24 年；（2）承包期限内如遇国家或集体占地，土地款归甲方，其他事项与占地方解决，与甲方没有任何关系，10 年后拆迁地上物赔偿款的 20% 归甲方，20 年后地上物的赔偿款的 40% 归甲方，其余归乙方，合同期满后租金另行协商。"2017 年 5 月 31 日，第三人天津市某区人民政府街道办事处与被告签订了《地上物拆迁补偿协议书》，约定一次性给付乙方拆迁补偿资金合计 13 473 450 元。在合同最后一条后手写一个条款："（1）如 10 亩地建 3000 平方米，厂房 10 年后拆迁赔偿按 15%归甲方，20 年后按 30% 归甲方；建 4000 平方米厂房 10 年后拆迁赔偿按 10%，20 年后按 20%归 甲方。"

【案例点评】原被告签订的承包协议是双方在平等、自愿的基础上签订 的，属双方真实的意思表示，双方均应按照约定的内容履行各自的义务。现 双方就协议履行过程中，因国家占地涉及地上物的补偿款归属产生争议，对 此应该按照双方在协议中就该补偿款按照承包年限分别归属的约定进行处理。

鉴于双方在本案成诉前，双方根据协议内容就已经对拆迁款归属作出了 说明，因此该案争议焦点是被告是否应向原告支付案涉土地地上物拆迁补偿 款的 20%款项。双方的争议焦点涉及两个问题：一是案涉土地签订的承包合 同是否达到 10 年以上，二是对于厂房面积是否达到 4000 平方米以上。在代 理过程中，应该着重从以下方面入手：一是实地考察案涉土地面积是否达到 4000 平方米，二是对案涉土地签订的承包合同是否达到 10 年以上举证。该案 对协议没有争议，对协议的履行期限及厂房面积有争议，看哪方的证据能够 支持自己的主张。

浙江男子只因写了几个字差一点进监狱

【案件简介】2013 年，陈某军的连襟刘某平生意正做得风生水起。有一 天，刘某平找到陈某军说有事商量。以"在康桥投资一个大厦，但手头资金 转不过来"为由，要求陈某军以个人名义借 550 万元，只要签个名，不用陈 某军还钱，后面的事情由刘某平全权处理。陈某军答应后，刘某平带陈某军 去了一家小额贷款公司办完手续，陈某军从头到尾只签了个名，其他的什么 也没做。

2014 年，小贷公司通知陈某军借贷的 550 万元本息已经逾期，陈某军联 系刘某平始终联系不上，小贷公司把陈某军告上法庭。2015 年末，陈某军收 到了法院的民事判决书，上面写着："判决陈某军履行 550 万元本金、利息 33 万元给付义务。"陈某军认为这笔钱自己一分没拿，都给了姐夫，拒绝履行义 务。2016 年，由于陈某军仍拒不履行，被司法拘留 15 日。2017 年，法院在 陈某军住处张贴公告，责令其在指定日期前将该房产腾退交付法院评估拍卖，陈某军依旧拒不履行。时间到了 2018 年，因陈某军始终不腾退该房屋，涉嫌拒不执行判决裁定罪被公安机关立案侦查并取保候审，后移送检察机关审查起诉。因陈某军的老婆患有癌症，为保障陈某军认罪认罚后的基本生活需要，检察院也尽力保住夫妻俩账户里的每月基本生活款。之后，检察院召开了诉前听证会议。鉴于陈某军系初犯，犯罪情节轻微，主观恶性不大，社会危害性较小，自愿认罪认罚，已履行法院生效判决义务，结合认罪认罚从宽制度，综合考量宽严相济刑事政策、社会效果和司法成本，以及各方对案件定性和量刑情节均达成一致意见。最终，检察院对陈某军从轻处罚，作出不起诉的决定。

【案例点评】本案中陈某军因为亲戚关系，轻信他人，盲目在贷款协议书上签字，稀里糊涂成为帮他人借款的担保人，结果自己负债累累，还差一点进监狱。此案给公民的警示意义是，一定要加强法律意识和风险意识，谨慎签字。即使要替人借贷、担保，也要了解清楚真正借款人的经济能力、个人信誉、担保方式、外债情况，对自己承担的责任心中有数，以免给自己带来不必要的法律纠纷和经济损失。在没有弄清贷款人用途和还款能力的情况下，千万不要为了亲情、友情仗义或者碍于情面而盲目挺身相助，否则将会落得"一失足成千古恨"的下场。

（点评人：第 16 期全国廉政与法治建设研修班学员　黄道丰）

房屋被查封　律师助维权

【案情简介】2018 年底，李某和冯某夫妻来到山西恒驰律师事务所寻求法律帮助，称其居住了半年多的房屋突然被济南市某人民法院查封了。而被查封并不是因为李某和冯某作为被执行人，而是因为其居住的房屋被作为第三人的财产强制执行。

据了解，涉案房屋为山西某房地产开发有限公司开发，于 2016 年 12 月 2 日由该公司向北京某门窗幕墙股份有限公司抵顶了工程款，同日，北京某门窗幕墙股份有限公司将该套房屋转让给了吴某。2018 年 1 月 14 日，冯某与吴某签订了《房屋买卖协议》，购买了涉案房屋，并支付了合同约定的房屋价款，后于 2018 年 1 月 22 日办理了入住手续，对该房屋进行装修并居住至今。但由于 2017 年 3 月 9 日，山西某房地产开发有限公司对该套房屋设定了抵押，故至今未能办理不动产登记手续，将涉案房屋过户至冯某名下。2018年9月，济南某人民法院执行裁定书中认定对被执行人北京某门窗幕墙股份有限公司的财产予以查封。

【代理过程】山西恒驰律师事务所代理律师在了解清楚案件事实后，认为应当对于违反法定程序的执行行为或对特定执行标的执行，向执行机构提出异议，并请求予以纠正。为了避免事态进一步扩大，随即起草《执行异议申请书》以及李某购买此房的付款凭证、案涉的《房屋买卖协议》、入住后装修以及缴纳物业费用的票据等一并提交给执行法院，申请法院依法终止对执行裁定书的执行内容。

经过听证，法院驳回了李某与冯某的执行异议申请。在代理律师的建议下，二人收到驳回执行异议的裁定之后，在法定期限内依法提起执行异议之诉。在执行异议之诉的立案以及开庭审理过程中，为帮助法官查清案件事实，代理律师在充分准备证据的基础上，提出如下代理意见：①2016年12月2日山西某房地产开发有限公司与北京某门窗幕墙股份有限公司签订的《以房抵付工程款协议》，山西某房地产开发有限公司、北京某门窗幕墙股份有限公司、吴某三方签订的《补充协议》均合法有效。实质是一份债权转让协议，北京某门窗幕墙股份有限公司在法律上与事实上均没有取得本案涉案房屋，应当认定北京某门窗幕墙股份有限公司通过买卖协议的形式将向债务人山西某房地产开发有限公司主张交付房屋办理过户的权利转移给吴某，债务人山西某房地产开发有限公司也对该债权转让的事实知情并且积极协调履行。②2018年1月14日吴某与冯某签订的《房屋买卖合同》合法有效。吴某将其通过债权转移取得的房屋转让给冯某，在签订协议时双方当事人具有完全的民事行为能力，并且债务人山西某房地产开发有限公司协调山西太原某房地产开发有限公司交付房屋的行为可以认定其对该债权转移的认可。而且，冯某和李某已经支付相应的对价，合法取得原本属于北京某门窗幕墙股份有限公司后转移给吴某的对山西某房地产开发有限公司的债权，并且涉案房屋所有权人山西某地产开发有限公司积极配合进行了主要债务的履行。所以，北京某门窗幕墙股份有限公司对于山西某房地产开发有限公司的债权的权利义务已经终止，现在由冯某、李某享有对山西某房地产开发有限公司的债权，有权请求认定涉案房屋归其所有。③代理过程中，律师还做通吴某的工作，让吴某配合法官的调查询问，并多次带吴某及李某去法院找法官沟通。后值疫情防控期间，又多次通过电话沟通以及远程视频审理，充分表达代理意见。

【判决结果】 法院支持了李某与冯某的诉讼请求，并于 2020 年 3 月作出判决：①停止对涉案房屋的强制执行；②涉案房屋归李某、冯某所有。经过长达一年半的时间，李某心里的石头终于落地，拿到了满意的胜诉判决。

【案例分析】 ①《最高人民法院关于人民法院办理执行异议和复议案件若干问题的规定》第 28 条规定："金钱债权执行中，买受人对登记在被执行人名下的不动产提出异议，符合下列情形且其权利能够排除执行的，人民法院应予支持：（一）在人民法院查封之前已签订合法有效的书面买卖合同；（二）在人民法院查封之前已合法占有该不动产；（三）已支付全部价款，或者已按照合同约定支付部分价款且将剩余价款按照人民法院的要求交付执行；（四）非因买受人自身原因未办理过户登记。"冯某、李某支付了全部房款，且在查封之前取得涉案房产，并居住至今，没有及时办理登记非买受人的原因，而是因开发商有抵押贷款所致。因此其权利可以排除执行。②本案事实细致复杂，涉及多重法律关系，且因合同纠纷实为司法实践中常见法律纠纷，建议合同双方均应当认真审查合同内容，约定明确，以便促进合同更好地履行以及保障交易安全。③本案中的涉案当事人较多，证据繁杂，经过代理律师专业认真的分析、充分的论证、反复的沟通，案件最终取得了胜诉。当然，此结果也离不开认真的法官、配合的当事人。在此，律师提醒您，遇事不要慌，学会运用法律武器，寻求专业人士帮助您解决纠纷，维护自身合法权益。

（点评人：法务咨询师、全国廉政法治建设研修班学员　高文玉）

债务人涉嫌骗取贷款罪

【案情简介】 2010 年，某银行与某服装公司签订借款合同，担保公司提供最高额连带保证。2013 年，法院判决认定服装公司及实际经营人构成贷款诈骗罪。担保公司以此作为免除其对服装公司 550 万元借款本息保证责任的抗辩理由。

【法院审理】 ①本案银行系取得金融许可的商业银行，其与服装公司签订贷款合同并放贷的行为并不违反法律、行政法规的强制性规定；虽然服装公司采取提供虚假财务报表等文件手段，骗取金融机构贷款，其缔约手段因破坏了金融管理秩序而构成犯罪，但该犯罪行为是服装公司单方所为，并无证据证明银行参与该犯罪行为，故本案不存在双方恶意串通损害国家、集体和第三人利益的情形；案涉借款合同是银行与服装公司经协商一致所签订，该贷款目的不违法，故本案亦不存在以合法形式掩盖非法目的的问题；服装公司在贷款中系单方实施欺诈行为，损害了银行的财产权益，作为被欺诈方的银行可依原《合同法》第54条规定行使撤销权以保护自己利益，其放弃行使撤销权并不影响其依《合同法》其他规定要求服装公司承担违约责任；服装公司犯罪行为直接侵害的是商业银行财产权益，故本案亦不涉及社会公共利益的损害问题。综上，案涉借款合同不存在原《合同法》第52条规定的五种无效情形，故合同合法有效。②原《担保法》第30条（《民法典》第682条）规定："有下列情形之一的，保证人不承担民事责任：（一）主合同当事人双方串通，骗取保证人提供保证的；（二）主合同债权人采取欺诈、胁迫等手段，使保证人在违背真实意思的情况下提供保证的。"原《最高人民法院关于适用〈中华人民共和国担保法〉若干问题的解释》第40条规定："主合同债务人采取欺诈、胁迫等手段，使保证人在违背真实意思的情况下提供保证的，债权人知道或者应当知道欺诈、胁迫事实的，按照担保法第三十条的规定处理。"本案中，既不存在债权人银行与债务人服装公司串通骗取担保公司担保的事实，亦不存在债权人银行欺诈保证人担保的事实，同时担保公司亦无证据证明存在上述司法解释所规定的情形，故在主合同有效、从合同本身无瑕疵的情况下，案涉最高额保证合同合法有效。判决担保公司偿还银行借款550万元及利息等。

【案例分析】本案原告诉求是债务人构成骗取贷款罪，以追究对方刑事责任逃避自身应该承担的连带担保责任。但是，根据法律规定，本案中的主合同、担保合同实际上不具有法定无效情形，保证人亦无证据证明存在法定免于承担保证责任情形的，担保人应承担担保责任。

（点评人：资深媒体人、第7期全国廉政法治建设研修班学员　陈清岩）

公司为股东超越权限担保

【案情简介】2012年，汪某向许某借款395万元，并以其担任股东和法定代表人的开发公司的名义提供担保。2013年，因汪某逾期未偿致诉。开发公司以公司为股东担保未经股东会决议、加盖公章违反内部用章管理规定为由进行抗辩。

【法院认为】 ①《公司法》第 16 条第 2 款规定，公司为公司股东或者实际控制人提供担保的，必须经股东会或者股东大会决议。该条款规范的是公司内部决策程序，其立法本意在于通过规范公司为其股东或实际控制人提供担保的决策程序，防止公司实际控制人或大股东损害公司及小股东利益，属管理性强制性规范，对违反该规定的，不应一律认定为无效。公司法定代表人违反《公司法》上述规定，未经股东会决议以公司名义为其股东提供担保的，除相对人知道或应当知道该法定代表人超越权限的以外，该担保行为有效，公司应承担担保责任。②本案中，汪某既系债务人，同时亦系开发公司法定代表人，其对案涉债权债务关系形成及开发公司担保事实均知悉，其作为开发公司法定代表人在担保意思表示明确的借款合同和借条上加盖公司印章，应认定为开发公司行为。公章由谁保管、如何使用系公司内部管理规定，不影响公司对外意思表示真实性的判断，不能仅凭公司内部用章规定而认定第三人知道或应当知道公司法定代表人超越权限，进而断定第三人恶意，故即使如开发公司所称公司法定代表人违反公司内部规定对外提供担保，亦应认定有效，其担保单位不能免除担保责任。

【案例点评】 ①法院判决汪某偿还许某借款本息，开发公司承担连带清偿责任，适用法律正确。②公司法定代表人违反《公司法》规定，未经股东会决议以公司名义为其股东提供担保的，该担保行为不应一律认定无效。③此案例留给他人的启示是：为了企业防控法律风险，不论是通过董事会合法程序决策，还是董事长违规决策，凡是涉及企业担保的决策，都必须慎之又慎。一般都应该否决。因为我们看到很多民营企业因为担保葬送了自身的前途。

庞某诉孙某民间借贷纠纷案

【案情简介】 庞某提供了与孙某之间的两次电话录音证据，孙某在录音中多次认可 2 万元的债务，庞某据此向法院起诉要求孙某归还借款。孙某多次收到法院传票传唤后仍拒不到庭，也未就庞某的主张进行抗辩。

【法院审理】 一审法院审理认为：在合同纠纷案件中，主张合同关系成立并生效的一方当事人对合同订立和生效的事实承担举证责任。对合同是否履行发生争议的，由负有履行义务的当事人承担举证责任。庞某主张其与孙某之间存在民间借贷关系，并向孙某履行了交付借款的合同义务，应由庞某承担相应的举证责任。从一般情理分析，借款时由借款人向出借方出具相应的借条等书面借款手续是一种已被大众熟知和认可的方式，庞某作为一名财务人员，通常来说具有比一般大众更为谨慎的注意意识。根据庞某的陈述，庞某和孙某之间除该笔借款外，其他并无经济上的往来，可见双方之间的交往并不密切。根据法庭调查，庞某自认在其工作的公司的年收入为 2 万元至2.5 万元之间，庞某将其近一年的年收入出借给一个从未与之发生过经济往来的同事，而未要求对方出具相应的借款手续，显然有违常理。另庞某为证明其主张提供的证人证言及录音资料等证据，也均在不同方面存在缺陷，故不予采纳。据此，判决驳回庞某的诉讼请求。

　　二审法院审理认为：庞某与孙某之间的借款关系虽无书面借款凭据，但庞某提供的录音资料及证人证言相互关联、相互印证，能够证明孙某向庞某借款 2 万元且至今未还的事实，而孙某亦不到庭答辩，放弃了对庞某主张的抗辩权，也未提供推翻借款事实的相反证据，故对庞某要求孙某归还借款 2 万元的主张予以支持。鉴于庞某关于利息约定的主张证据不足，故对庞某要求孙某支付利息的主张不予支持。据此，判决撤销原审判决，孙某归还庞某借款 2 万元。

　　【案例点评】①借条、收条、借款协议等书面直接证据是认定借贷关系发生的重要证据，但不是唯一依据。②二审判决认为电话录音、证人证言等间接证据，形成了相对完整的证据链，足以证明借贷关系发生的实际存在，可以作为认定事实的依据。因此，法院支持原告请求还款 2 万元的诉求，判决被告败诉。③本案给他人的最大启发有两点：其一，不管双方是什么关系，涉及借款最好有书面借据。其二，不管是诉讼原告还是被告，诉讼开庭时一定要到场应诉，以示对法律和法官的尊重。

单方不具有合同任意终止解除权

　　【案情简介】2000 年，骆某承租开发公司房屋开办幼儿园，约定租期20 年，同时约定一方单方终止合同，应提前 1 个月通知，并以 1 个月房租为标准支付对方违约金。2015 年，开发公司发函要求解除合同，并同意支付 1 个月房租作为违约金，因骆某拒绝致诉。

【法院审理】法院认为租赁合同有效。由于租赁合同约定合同租期20年、限定功能为幼儿园，从订立合同本意看，双方并无同意开发公司可任意解除合同的真实意思表示，否则，双方对合同期限20年约定形同虚设。骆某承租本案诉争场所用于开办幼儿园，必然要花费大量人力、物力、财力去进行建设、办理开办手续、招生等工作，如在合同中同意开发公司可毫无正当理由任意通知解除合同，那么将使骆某为此遭受巨大损失，这不符合双方签约本意。该款所在部分系对双方责任具体约定，且诉争条款对应结清其他相关款项性质、范围亦未作出明确约定，故该款约定应系对合同履行中违约责任的约定，并非赋予双方任意解除合同的权利。在骆某未违约且不同意解除合同的情形下，判决驳回开发公司诉请。

【案例点评】①符合《合同法》规定可以申请撤销的合同，可以通过法定程序解除。②不具备撤销条件的合同，任何一方没有独家终止、修改和解除权。③一方坚持行使租赁合同任意解除权的，守约方通过诉讼，请求法院判决合同继续有效、履行至合同到期，双方必须履约。若是长期租约且租赁目的明确，应认定该条款约定系对合同履行中违约责任的约定，并非赋予任意解除合同权。

游某诉鸿达公司买卖合同纠纷案

【案情简介】2013年11月13日，游某与鸿达公司签订机动车买卖合同，约定游某购买鸿达公司一辆殴曼牌水泥罐装车，购车款38万元。合同对车辆配置特别约定：380W发动机、46立方米航天双龙牌水泥罐。合同签订后，游某按约支付了货款；鸿达公司将车辆及有关手续交付给游某，并为其办理了车辆上户。2014年6月3日，游某在运输过程中，水泥罐出现裂纹，并发现水泥罐并非航天双龙牌。遂起诉请求鸿达公司更换水泥罐，并赔偿其误工营运损失5万元。

【法院判决】湖南省临澧县人民法院一审判决鸿达公司为游某将水泥罐更换为航天双龙牌水泥罐，并赔偿游某车辆换罐期间的停运损失。一审判决后，鸿达公司提出上诉。常德市中级人民法院二审判决驳回上诉，维持原判。

【案例点评】《民法典》合同编第470条第1款规定："合同的内容由当事人约定，一般包括下列条款：（一）当事人的姓名或者名称和住所；（二）标的;(三)数量;(四)质量;(五)价款或者报酬;(六)履行期限、地点和方式;(七)违约责任;(八)解决争议的方法。"合同当事人应严守合同约定,全面、诚实履行义务。以上八项合同主要内容的任何一项都不得单方修改,否则即构成违约。本案中供货方没有按照合同约定给购买方配备"航天双龙牌"水泥罐设备,导致罐车出现质量问题,给用户造成了经济损失。游某按照合同付款,充分履行了付款义务,但鸿达公司并未按约向游某交付配置"航天双龙牌"的水泥罐车,且未告知游某获得认可。按照原《合同法》和《民法典》合同编的规定,鸿达公司私自更换"标的物"属于严重的违约行为。因此,一审、二审法院均支持游某按照合同约定的品牌请求鸿达公司更换水泥罐,并赔偿原告的误工损失费。

黄某楼诉李某民间借贷纠纷案

【案情简介】2000 年 1 月 16 日,李某成向原告黄某楼借款 2000 元,用于经营养殖,并向原告黄某楼出具借据一张,借据记载:今借到现金人民币贰仟元整(小写 2000 元),李某成,2000 年元月 16 号。李某成于 2000 年 6 月因病去世,李某成去世前并未向原告黄某楼偿还借款 2000 元。被告李某民系李某成的儿子,李某成去世后留下房子五间由被告李某民继承。黄某楼多次找被告李某民协商支付事宜,均未得到妥善解决。为维护自身合法权益,黄某楼向法院提起诉讼,要求被告支付欠款及本案诉讼费用。

【法院判决】法院一审认为,李某成向原告黄某楼借款 2000 元用于经营养殖,并向原告黄某楼出具借据一张,双方之间形成的借贷关系,系双方真实意思表示,不违反法律法规限制性规定,本院依法予以保护。李某成未及时向原告黄某楼偿还借款系产生本案纠纷的原因。根据我国相关法律规定,继承遗产应先在遗产范围内偿还被继承人债务。本案被告李某民继承了李某成留下的遗产五间房屋,且该遗产价值不低于 2000 元。故原告黄某楼要求被告李某民偿还该借款,于法有据,本院予以支持。原告黄某楼已提供借据证明李某成欠款 2000 元,已履行了举证义务,被告李某民否认该事实,应当承担举证责任,因其未提供证据证明自己的主张,故对其辩称意见,本院不予采信。遂判决被告李某民偿还原告黄某楼借款 2000 元。该判决现已生效。

【案例点评】本案可以查询《民法典》继承编相关法条。当代成文法和中国传统法理文化认知基本上是一致的，中国自古就有"父债子还"的说法。虽然与当代法律不完全吻合，但是其权利与义务的对应关系一直是存在的。子女继承了父母遗产，这是一种受赠权利；子女当然也应该承担偿还父母在世时欠下的债务。不过，当子女受赠的父母遗产不足以偿还父母遗留的债务时，子女可以放弃继承权。债权人可以申请法院拍卖债务人的遗产偿还债务。如果子女放弃了父母遗产的继承权，也就没有义务再偿还父母遗留的债务。

当然，遇到类似的案例，因为债务人去世，单一的证据不一定能够完全证明债务关系的存在。这需要债权人拿出足够的证据证明欠款或借款存在的事实，同时拿出有证明力的证据，而且还要在诉讼有效期内提起诉讼。民事诉讼中的举证责任在我国有两层含义：一是当事人对自己主张所依据的事实有提供证据加以证明的责任；二是当经过诉辩双方举证、质证之后，待证事实仍然处于真伪不明状态时，由负有举证责任的一方承担不利后果。根据举证责任分配原则，主张法律关系存在的一方应承担证明该法律关系发生的举证责任，主张法律关系不存在的一方应承担证明法律关系未发生或已消灭的举证责任，若任何一方举出的证据不足以证明以上事实，则应承担由此带来的不利后果。本案中李某成向原告黄某楼借款 2000 元事实证据确凿，黄某楼请求李某成子女履行还款义务的诉求理所应当地得到法院的支持。

（点评人：全国廉政法治研修班培训办公室主任　李新光）

第四节　《民法典》人格权编案例

居民被法院错贴封条

【案情简介】2020 年 8 月，江苏省的蔡女士家的房屋被当地法院错误地贴上执行公告，要求她们家腾空房子进行拍卖，当她联系法院工作人员时，希望得到一句道歉，没想到该工作人员豪横表示："不道歉，我明确告诉你不道歉！"蔡女士的父亲从外面回家后，发现自家房门右侧的墙面上贴着一份法院公告和一份法院执行裁定书，根据这两份公告，他家的房子将被法院进行拍卖，蔡女士联系了公告上一个叫李法官的人，对方表示是不动产登记出了问题把地址搞错了，让蔡女士将公告撕掉就好了。她又拨打法院投诉电话时，接电话的工作人员在电话中，依然觉得这就是个小事情，并且明确表示："不道歉。"针对此事，8月14日中午，法院发布"致歉说明"称该院根据网络视频反映的情况迅速开展核查，法院派驻纪检组对相关执行人员进行了诫勉谈话和批评教育，由院长带领执行局相关负责人和执行人员，登门诚恳道歉，恢复墙面并获得了问题反映人的谅解。

【案例点评】法院的行为对当事人构成了人格权侵害，应赔礼道歉。法院工作人员的傲慢态度，严重损害了司法人员的社会形象。法院应该根据相关纪律规定，对行为人给予纪律处分。

（点评人：甘肃民警、第20期全国廉政法治建设研修班学员　谢武东）

公司将工作证直接扔在地上有辱工人人格

【案情简介】2020年9月5日，位于江苏昆山的某电子公司，在发放员工证时，出现了令人愤怒的一幕：三名身穿红衣，自称为公司培训干部的男子在分发员工证时，将一张一张证件丢在地上，员工要像鞠躬一样捡起证件。随后，某公司回应表示，视频新闻正在澄清。随着舆论的发酵，某公司在9月5日晚发布了该视频的说明。对于公司新人培训单位，因招工旺季场地受限，现场管理不到位，工作人员以不当的方式发放员工证件，致使新人不受到尊重，我司深表震惊与遗憾。因此事造成社会大众不良观感及负面影响，在此表达万分歉意！

后来有人发了后续报道，称该厂工人集体辞职，生产受到影响。该厂人事部证实，当天有800多名员工被扔工作证，有部分新员工无法忍受而离开，老员工情绪基本稳定。

【案例点评】①这种行为违背了《宪法》第33条第2款、第3款规定的"中华人民共和国公民在法律面前一律平等"，"国家尊重和保障人权"。这里所说的人权，包括公民的财产权、人格权、生命权、健康权等。所有公民在法律和人格面前是完全平等的，必须得到基本的尊重。某公司人力资源部工作人员故意把证件丢在地上，让员工卑躬屈膝地俯身去捡，就是对新员工人格的侮辱和不尊重，是违背宪法的行为。②《民法典》总则编第4条规定："民事主体在民事活动中的法律地位一律平等。"第14条规定："自然人的民事权利能力一律平等。"企业是营利性法人主体，来企业打工的公民属于自然人主体，一个普通的自然人面对财大气粗的企业法人主体，从资产上自然人的确是相对弱势的个体。但是他们的法律地位是完全平等的。不要说是企业民事主体，即便是国家机关机构法人主体，在民事法律主体地位上也完全是平等的。《民法典》第6条规定："民事主体从事民事活动，应当遵循公平原则，合理确定各方的权利和义务。"第8条规定："民事主体从事民事活动，不得违反法律，不得违背公序良俗。"由此可见，某公司故意扔员工证件的行为是违法的。③从政治和社会道德层面看，工作岗位只有分工不同，没有贵贱之分，无论人处于社会顶层，还是机构高层、中层、基层，人与人之间在法律和人格上都应该是平等的，任何侮辱和践踏他人尊严的行为都是不文明、不道德的。

职场性骚扰因取证难而败诉

【案情简介】2001年10月，西安市的童女士将她所在公司的总经理告上了法庭，理由是这名经理对她进行性骚扰。在此之前，她是这家国有公司的办公室内勤，因为形象姣好，从1994年起，经理就以将她调到好的部门工作为诱饵，在办公室里对她动手动脚。在遭到她多次严厉斥责后，经理不仅没有收敛，反而变本加厉，甚至要她一同到酒店开房。在多次被拒绝后，经理开始在工作中处处刁难她，甚至无故扣发她的奖金和福利。由于在工作单位常年精神压抑，加之身体不太好，童女士多次受气晕倒。忍无可忍下，童女士终于鼓起勇气向法院递交诉状，要求经理对她赔礼道歉。

【审理结果】经过近2个月的审理后，一审法院认定由于没有出示足够证据证明性骚扰事实的存在，驳回了童女士的起诉。

【案例点评】①我国一直没有明确的有关"性骚扰"的法律条款。自从"流氓罪"被从旧《刑法》中剔除后，"性骚扰"方面的法律差不多是空白。原《民法通则》第101条和第120条（《民法典》第110条）规定，公民享有名誉权，公民的人格尊严受法律保护，禁止用侮辱、诽谤等方式损害公民的名誉；公民有权要求停止侵害，恢复名誉，消除影响，赔礼道歉，并可以要求赔偿损失。《妇女权益保障法》第42条规定，妇女的名誉权和人格尊严受法律保护，禁止用侮辱、诽谤、宣扬隐私等方式损害妇女的名誉和人格。《刑法》也规定有猥亵、侮辱妇女罪及侮辱、诽谤罪。《治安管理处罚法》第44条规定："猥亵他人的，或者在公共场所故意裸露身体，情节恶劣的，处五日以上十日以下拘留；猥亵智力残疾人、精神病人、不满十四周岁的人或者有其他严重情节的，处十日以上十五日以下拘留。"原《民法总则》第191条（《民法典》第191条）规定："未成年人遭受性侵害的损害赔偿请求权的诉讼时效期间，自受害人年满十八周岁之日起计算。"条文中的"性侵害"行为系侵权行为，是性侵行为人过错实施的侵害未成年人人身权益依法应承担民事责任的行为，包括"不构成犯罪及治安违法行为之侵权行为"。不构成犯罪及治安违法行为之侵权行为主要有：性骚扰、欺诈胁迫型性侵行为及其他性侵害行为。《民法典》出台前，我国法律对侮辱、猥亵、性侵犯行为由法律认定，但是没有明确认定"性骚扰"违法。②近年来，我国"性骚扰"案件一直处于高发状态。2017年一份大学生"性骚扰"专题调查显示，75%的女大学生受到过不同程度的"性骚扰"。③"性骚扰"案件诉诸法院，一般也是以人身伤害或者侵害名誉为由进行审理。"性骚扰"案件胜诉的案例大多发生在公共场所，有录像或者证人可以旁证"性骚扰"实际发生的事实。而发生在工作场所和学校的性骚扰案件，大多是只有两个人的时候，受害人很难取证。骚扰行为发生时，受害人出于本能的反抗和自我保护，没有机会拿手机拍照取证。而骚扰者大多会避开公众工作场所或者有监控的场所。由于取证非常困难，所以胜诉的很少。④"性骚扰"被正式写入《民法典》第1010条："违背他人意愿，以言语、文字、图像、肢体行为等方式对他人实施性骚扰的，受害人有权依法请求行为人承担民事责任。机关、企业、学校等单位应当采取合理的预防、受理投诉、调查处置等措施，防止和制止利用职权、从属关系等实施性骚扰。"在此之前，对于达不到猥亵或侮辱程度的性骚扰，也就是在不涉及刑事法律的情况下，民事法律上是没有救济途径的。而且"性骚扰"法条取消了性别限制，既可以发生在男性对女性，也可以发生在女性对男性，或者同性之间。法律中没有性别取向，正说明男女平等、同性恋的权益也受到平等的保护。⑤不同时代的人对"性骚扰"的态度有"代沟"。上年纪的人把面子、名声看得很重，遇到"性骚扰"大多选择忍气吞声。而最近几年曝光的"性骚扰"案件大多是"80后""90后""00后"这三代人。他们的自我意识和法律意识都比较强，不愿意忍耐，而是勇敢反击或者报警（特别是在地铁等公共场所）。涉案人一般会受到治安处罚——行政拘留。

校园性骚扰被判侵犯人格权

【案情简介】2003 年 9 月，武汉市一家商业学校的英语教师何某，将教研室副主任盛某告上了法庭。何某在诉讼中讲述了自己曾遭受的屈辱经历。从 2000 年下半年开始，盛某就利用工作之便对她进行性骚扰，被拒绝后仍不死心。2001 年，学校组织教师外出春游，盛某在当晚 11 时尾随至何某的房间，强行亲吻并抚摸她的隐私部位。此后，只要办公室没有别人，盛某便会肆无忌惮地对何某进行骚扰，并给何某发黄色短信。身心疲惫的何某将这一切告诉了丈夫，在丈夫的陪同下向学校反映情况。

【处理结果】学校在了解此事后，责成盛某公开检讨，并同意他辞去教研室副主任职务。但学校的调查结论，认为他的行为只是"过于随便"，"由玩笑失当发展到行为举止失当"。这样轻描淡写的调查结果让何某异常悲愤，因此何某向法庭提起诉讼。

经过不公开审理，武汉市江汉区法院一审认定，盛某侵扰何某的事实成立，侵犯了何某的人格权；判决其向何某赔礼道歉，并赔偿精神损失费 2000元。虽然二审没有支持精神损失费的相关判决，但仍认定侵权成立，责令盛某赔礼道歉。

【案例点评】本案具有一定的代表性。何某起诉维权，一审法院的判决比较合情合理合法，因为盛某对原告的性骚扰毕竟给被害人造成了精神伤害，应该适当给予经济赔偿。二审没有支持一审作出的精神赔偿判决。如果一审判决有误，二审应该改判或者发回重审。二审判决纠正了一审判决的部分不当之处，从审判流程和法理上也不属于瑕疵，但是却给本案留下了遗憾。

首例性骚扰案胜诉判决

【案情简介】2018 年 7 月 27 日，刘某丽发出公开举报信，举报"一天公益"社会工作服务中心理事长刘某猛曾于 2015 年在温江工作站内对其实施性骚扰。2018 年，她以性骚扰造成人格权侵害对刘某猛提起诉讼并被立案。

【法院判决】2019 年 6 月 11 日，成都市武侯区人民法院对此案进行了审理，并在 1 个月后宣判：被告刘某猛存在性骚扰行为，要求被告在判决结果生效之日起 15 日内，向原告当面以口头或书面方式赔礼道歉。

【案例点评】①本案是自 2018 年 12 月 12 日最高人民法院将"性骚扰责任纠纷"列为新增案由以来，第一例明确以"性骚扰"为案由的判决。同时，这也是 2018 年初以来公开举报性骚扰或性侵案中的第一例胜诉案件。②在过去，被性骚扰的女性很少及时站出来维权，间隔时间长则更难取证，往往也很难胜诉。③本案通过媒体传播，引起网民对"性骚扰"案件的关注，有利于提高民众在法律层面对"性骚扰"的认知。④"性骚扰"维权案件的胜诉判决，可以警示那些有"性骚扰"癖好的人收敛其违法行为，客观上会减少类案的发生。

第五节　《民法典》婚姻家庭编案例

全国首例同性婚姻争夺抚养权案

【案情简介】2020 年 8 月，厦门一对同性伴侣争夺抚养权一个负责供卵，一个负责生育，两人都说自己是孩子的妈妈。厦门市湖里区人民法院认为，这起案件是法院宣判的全国首例同性伴侣争夺抚养权案件。原告秦女士起诉称，自己是个单身主义者，一直希望有个孩子，但因身体问题不便生育。2018 年，她与阿美（化名）相识，对方了解她的情况后表示愿意帮其代孕。2019 年 3 月，秦女士联系了某生殖服务机构后，两人多次到医院进行前期检查、治疗，为接受试管助孕做准备。不久后，秦女士通过医学手段取卵，与购买的案外人的精子培育出胚胎。五天后，该胚胎被移植到阿美体内，阿美怀孕。2019 年 12 月，阿美在厦门某医院产下一女婴。2020 年 2 月，阿美将孩子抱走，并将孩子登记为其女儿，表示之后不再让秦女士接触孩子。秦女士认为，阿美的分工属于"代孕"，因为生育孩子需要经济基础，是秦女士提供的卵子并承担购买精子等各项费用，阿美只提供了代孕服务。所以，孩子与阿美并没有血缘关系，自己才是孩子真正的母亲。阿美在法庭上辩称，双方系同性伴侣关系，共同居住生活，生育小孩系双方经过协商后的共同决定，与社会上商业性代孕服务完全不同。

【法院审理】双方系同性伴侣关系，无证据表明存在代孕协议。湖里区人民法院经审理确认秦女士与阿美原系同性伴侣关系。双方恋爱期间，阿美于 2019 年 12 月在厦门一家医院生育女婴小丫。小丫的出生医学证明上载明母亲是阿美，未记载父亲的信息。根据秦女士与阿美之间的微信聊天内容可以确定，小丫的孕育方式系双方在恋爱期间经过协商并达成一致意见后决定，秦女士无证据证明其与阿美存在代孕协议关系。经查，原被告双方均确认形成小丫胚胎的卵子是秦女士的，精子是购买的。小丫系双方通过辅助生殖技术将上述卵子和精子结合后由阿美孕育分娩。而且小丫自出生至 2020 年 2 月 26 日由双方共同照顾，之后由阿美带离住处，并与阿美共同生活至今。2020 年 5 月 9 日，秦女士曾向湖里区人民法院申请对其与小丫之间是否存在亲子血缘关系进行鉴定，但是遭到阿美的拒绝。

湖里区人民法院审理后认为，秦女士并无证据证明其系小丫的母亲，其要求小丫由其抚养，既无事实和法律依据，也不利于保护未成年人的身心健康。

本案中，虽然双方均确认小丫系以秦女士的卵子与购买的精子培育成受精卵后，由阿美孕育分娩。但是，在无明确法律规定的情况下，不能仅以双方确认或仅因小丫具有秦女士的基因信息，就认定其与秦女士存在法律上的亲子关系。因此，法院判决认为，秦女士诉求确认其与小丫存在亲子关系，于理不合、于法无据，针对该诉讼请求不予支持。判决还指出，因为小丫系由阿美孕育分娩，出生医学证明载明母亲为阿美，孩子出生后亦一直由阿美照顾，现未满周岁仍需母乳喂养，法庭判决由阿美抚养符合法律规定且有利于小丫的健康成长。原告不服一审判决，提起上诉。

【案例价值】①本案作为全国首例同性伴侣争夺子女抚养权案件，此判例如果被最高人民法院认可，有可能被作为典型判例推广。②此案为同性婚姻繁衍后代提供了一个探索性渠道。从目前已经被我国法律和政策认可的"精子""卵子"捐献来看，从正规合法渠道获得的捐赠精子、卵子，由母体代孕的子女，其法定父母的确认，实际上与捐赠精子、卵子的生物学父亲、母亲已经没有多大关系。目前代孕子女的父母法律上如何确认还是一个新问题。可以参照《民法典》中的收养条款。或许未来会有明确的法律条款规定。③根据目前的民事法律规定，我国认为出卖/出租身体"代孕"的商业行为并不合法。对于非商业目的，自愿"代孕"的民事行为，在没有法律规定的前提下，根据"法无禁止皆可为"的原则，似乎也没有违法。④或许类似的纠纷案件和大众参与同性婚姻、"代孕"的话题讨论，会促使《民法典》未来修订时，增加此方面的条款。毕竟时代在发展，法律也必须与时俱进。

夫妻分居满两年不能自动离婚

【案情简介】王某与李某经朋友介绍相识，双方于 1998 年 10 月 1 日办理登记结婚手续。婚后初期，夫妻感情尚可，但是随着孩子的降生，夫妻双方因琐事开始发生争吵，有时男方李某甚至大打出手。而此时李某所在公司正好安排其去上海总部任职，遂李某于 2010 年 5 月 4 日开始离家外出工作。2014 年 4 月 7 日，王某向李某提出协议离婚，李某不同意。无奈之下，王某于 2014 年 5 月 18 日以夫妻二人分居超过 2 年为由向法院提起诉讼，要求判决双方离婚，婚后孩子由王某抚养并依法分割夫妻共同财产。后人民法院经审理认为夫妻双方非因感情不和而分居，故依法判决驳回王某的离婚诉讼请求。

【案件点评】根据原《婚姻法》的规定，解除婚姻关系可以通过协商签订离婚协议和人民法院依法准予离婚的法定途径。夫妻双方分居满 2 年并不能自动离婚。依据我国法律规定，解除婚姻关系可以通过两种途径：协议离婚和诉讼离婚。①协议离婚是指男女双方自愿离婚并对子女和财产问题已有适当处理时，到婚姻登记机关申请解除夫妻关系的离婚方式。②诉讼离婚是指男女双方对于是否离婚、子女和财产问题均无法达成一致意见的情形下，一方到法院提起离婚之诉，请求法院依法判决离婚的离婚方式。针对诉讼离婚方式，法院在审理离婚案件时，应当先进行调解；如夫妻双方感情确已破裂，经法院调解无效的，应准予离婚。③符合《婚姻法》第 32 条（《民法典》第 1079 条）规定法定情形之一的，人民法院认定夫妻双方感情确已破裂，可依法判决夫妻双方离婚。《婚姻法》第 32 条第 3 款规定："有下列情形之一，调解无效的，人民法院应准予离婚：（一）重婚或有配偶者与他人同居的；（二）实施家庭暴力或虐待、遗弃家庭成员的；（三）有赌博、吸毒等恶习屡教不改的；（四）因感情不和分居满二年的；（五）其他导致夫妻感情破裂的情形。"若具备上述列举的五种法定情形之一的，人民法院应当认定夫妻双方感情确已破裂，如经调解无效，人民法院应当依法判决夫妻双方离婚。如果不具备上述五种法定情形之一的，人民法院是不能依法判决夫妻双方离婚的，但如果夫妻双方在审理过程中自愿离婚的，仅就财产等问题不能达成一致意见的则不在此限。④夫妻双方连续分居满 2 年并不能自动离婚，必须履行离婚法定程序。原《婚姻法》第 32 条第 3 款第（四）项明确规定"因感情不和分居满两年的"为法定准予离婚的条件。其中，夫妻双方分居的前提必须是因为感情不和；其次，分居的时间必须是连续满 2 年。当然，即使符合以上两个要素即符合离婚的法定条件，也只能通过协议离婚或者诉讼离婚。分居满 2 年只是判断感情是否破裂的法定依据之一，最后的认定还需要结合证据进行综合判断。

结合本案，王某与李某就离婚问题无法达成一致意见时，任何一方均可向法院起诉离婚。但是，法院是否判决夫妻双方离婚，关键看夫妻双方感情是否确已破裂，有无离婚的法定情形。而王某与李某夫妻分居的原因恰恰是因为李某外出工作，并非是因感情不和而分居，故法院依法是不能判决夫妻双方离婚的。

（点评人：最高人民法院新媒体中心记者　王玫）

35 岁男人没有生活能力妻子提出离婚

【案情简介】此案为南方某电视台真人秀节目报道的一个离婚案例。据妻子本人介绍，她从 16 岁起所有的时间都用来照顾丈夫。丈夫是一个音乐人，因为原生家庭问题，导致妻子晚上不哄他睡觉，他就无法入睡。他们有了孩子之后，妻子不得不付出更多的时间照顾孩子。而丈夫看到妻子照顾自己的时间少了，感觉自己失恋了，丝毫没有一个做丈夫的成年人应有的担当。如今这位丈夫已经 35 岁，依然每天沉迷于玩传奇游戏，既不上班，也不做家务，每天无所事事，还要靠妻子喂饭吃，哄着睡。终于有一天，妻子忍无可忍，提出离婚。

【案例点评】夫妻关系不是母子关系，在母子关系中，根据民法规定，在子女成年之前，父母对子女有抚养义务；父母到了老年，其子女对父母有赡养义务。夫妻之间是法律上完全平等的关系。如果一方丧失劳动能力，另一方有看病照料和挣钱养家的义务。但是，婚姻存续期间，夫妻身体健康，一方不承担任何家庭义务，则属于婚姻法规定中的"过错"。本案中的丈夫心理上患有"巨婴症"，只顾自己贪玩、快活，对家庭、对妻子孩子不愿意承担任何责任，既不出去工作养家，也不做家务。如果这位丈夫是失去劳动能力的残疾人无可厚非，可是四肢健全却每天在家混吃混喝，什么都不干，并且在饮食起居等日常生活上还要靠妻子照顾，这种行为是违背婚姻法夫妻之间权利与义务对等原则的。如果通过诉讼离婚，丈夫应该少分财产或者不分财产，并且承担一部分孩子的抚养费。

（点评人：最高人民法院新媒体中心记者　王玫）

离婚后损害责任纠纷案诉求精神赔偿

【案情简介】2003 年，原告周某与被告张某登记结婚，婚后生育一子一女。2013 年 7 月，张某提起与周某的离婚之诉，经法院主持调解离婚。调解书的主要内容为，双方自愿离婚，张某一次性给付周某某人民币 38 000 元，双方互不再追究。而 2013 年 5 月，张某与案外人陈某生育一女。周某诉称离婚后才发现此事，现起诉要求张某赔偿精神损害赔偿金 3 万元。

【法院审理】法院经审理认为，原《婚姻法》第 4 条（《民法典》第 1043 条）规定："夫妻应当互相忠实，互相尊重；家庭成员间应当敬老爱幼，互相帮助，维护平等、和睦、文明的婚姻家庭关系。"第 46 条规定，导致离婚的，无过错方有权请求损害赔偿；《最高人民法院关于适用〈中华人民共和国婚姻法〉若干问题的解释（一）》第 28 条以及原《婚姻法》第 46 条规定的"损害赔偿"，包括物质损害赔偿和精神损害赔偿。被告张某在与原告婚姻关系存续期间，与他人有不正当男女关系的行为，并生育一女，导致离婚，应该承担相应的民事赔偿责任，法院应当支持原告提出损害赔偿请求，即判令被告张某给付原告周某精神损害赔偿人民币 15 000 元。宣判后，双方均未提出上诉。

【案例点评】夫妻互相忠诚，不仅是传统美德，同时也是法定义务。配偶一方对婚姻不忠实，对另一方来说是难以容忍的不诚信，它不仅破坏了夫妻关系，拆散了家庭，也会伤及无辜的子女，而且败坏了社会风气，是法律所禁止、道德所谴责的行为。因此，原告在离婚后发现被告在婚姻存续期间的出轨行为，离婚后请求精神损害赔偿追诉，人民法院依法予以支持，以此彰显法律的公正和道德力量。

（点评人：第 6 期全国廉政与法治建设研修班学员　陈露）

"网恋" 配偶的离婚纠纷案

【案情简介】 2012 年，青年邵某与薛某在一次网络聊天时结识，二人通过网络进行了长期的交流，逐渐开始约会见面，经过一年多的相处，终于在 2013 年 9 月正式结婚。婚后二人感情尚好，在第二年生育了一个孩子，然而双方之间的问题从此开始产生。由于生活习惯不同，加上当初网络交流时，彼此对对方家庭成员和性格特点的了解并不深入，作为妻子的薛某在婚后与同来家中照顾宝宝的公婆产生了矛盾，邵某与薛某也因此经常吵架拌嘴。在一次争吵过程中，薛某终于无法忍受，与公婆动了手。无奈之下，丈夫邵某在 2015 年 4 月以夫妻感情破裂为由起诉离婚。

【法院审理】 法院经审理认为：双方因产生一些家庭琐事就轻易提起离婚，着实不太严肃。家庭内部有摩擦在所难免，加上原被告是因"网恋"而成的婚事，因此，彼此仍有进一步了解缓和的希望。成就一次完美的婚姻需要男女双方共同的理解与忍让，本案原被告仍有希望修复婚姻关系，双方感情实际上并未完全破裂，因此判决驳回诉讼请求。原被告在判决后均未上诉。

【案例点评】 随着信息技术和交通事业的飞速发展，"网恋""闪婚"已不再罕见，"千里之外"的异地恋也逐渐盛行。但是，网恋也有一个普遍存在的问题，那就是彼此不知根知底，"三观"、生活习惯、家庭关系、业余爱好、工作等都不够了解，一旦走到一起需要耐心地磨合、谦让、包容。否则，就会出现"闪婚、闪离"的结果。没有子女还没有多大问题。一旦有了孩子，离婚必然会对孩子的成长与心智发育造成负面影响。本案因为"网恋"夫妻之间出现矛盾，一审法院没有判离婚是正确的。如果两个人有一方想通了，做出退让，说不定还可以改善关系，重归于好。法院的判决，不仅会对离婚的家庭产生影响，也会对社会大众产生间接影响。《民法典》设置的离婚"冷静期"就是有效维护婚姻稳定和社会和谐的强制性规定。结婚、离婚乃人生大事，不能太随意，也不能太任性。国家应该通过立法维护婚姻关系的稳定性和严肃性。避免个别的年轻人把婚姻当儿戏。

（点评人：第 8 期全国廉政与法治建设研修班学员　倪雯）

夫妻离婚时母亲让孩子写对父亲不利的证据

【案情简介】2020年9月，有一条视频成为社会新闻热点备受关注。夫妻俩通过诉讼离婚，母亲为了获得孩子的抚养权，就逼迫孩子写自己父亲的坏话作为法院判决的依据。看到儿子痛苦的表情，刺痛了很多观众的同情心。写完之后，儿子反悔，要求母亲把他写的纸条撕掉，母亲告诉儿子已经撕了。可是，后来在法院判决后儿子从母亲的包里找到了自己写的那张纸，痛苦万分；因为他被迫写了假话，而且自己最信赖的母亲欺骗了他。

【案例点评】本案中，母亲教唆未成年人写虚假内容的纸条，并且在法庭上作为证据，这种行为是违法的。《民事诉讼法》第111条规定了妨害司法的行为，对提供虚假证据的当事人，人民法院可以根据情节轻重予以罚款、拘留；构成犯罪的，依法追究刑事责任，"（一）伪造、毁灭重要证据，妨碍人民法院审理案件的；（二）以暴力、威胁、贿买方法阻止证人作证或者指使、贿买、胁迫他人作伪证的……"此外，从道德层面看，母亲教唆未成年人撒谎的行为也是违背公序良俗的不道德行为。母亲的做法虽然是为了得到孩子的抚养权，但是教唆孩子撒谎、不诚实，没有尽到母亲教育子女的责任，并且母亲以欺骗的手段，告诉孩子说撕掉了纸条，实际上却把纸条藏在自己包里，并且拿到法庭上作证。这种行为会在孩子心灵上留下对父亲愧疚的心理创伤，毁掉孩子对社会最后的信任。

张某诉陈某离婚后财产纠纷案

【案情简介】2011年农历六月，张某和陈某经人介绍订婚，因张某所在生产组要分土地补偿款，张家为使家庭迅速"添丁进口"多得补偿，迫使张某和陈某在交往不到一个月的情况下登记结婚。婚后不到三天，张某继续到外地上学，陈某在张家仅住了几个月就回其娘家居住。其后，陈某因向张某索要生产组每人发放的土地补偿58 700元而多次发生争执。2013年，张某以夫妻相处时间较短、双方无感情基础为由两次到法院起诉离婚。

【法院判决】在和好无望的情况下，法院于2014年6月以夫妻感情确已破裂为由判决二人离婚。离婚后，陈某要求张某父母返还自己的土地补偿款58 700元，张某父母以办理结婚、待客、买家具等已将钱花完为理由拒不交出。多次索要无果后，陈某以不当得利为由将张某父母再次诉讼至法院。

法院经审理认为，土地补偿款是陈某基于合法婚姻关系而取得的按份共有财产，陈某对其份额享有所有权。对于张某父母辩称的该款全部用于办理结婚、待客、买家具的理由不予认可，支持了陈某的诉讼请求，判决张某父母偿还陈某的土地补偿款 58 700 元。

【案例点评】婚姻关系主要体现为人身关系和财产关系两种。当婚姻存在时，夫妻共同收入属于共同财产；而陈某与张某离婚后，要求张某的父母返还自己的土地补偿款 58 700 元的诉求得到法院支持，是因为这笔款不属于夫妻共同财产，属于陈某所有，所以当双方婚姻关系解除后，此款应被返还。此外，本案对于其他人也具有一定的警示意义。张某和陈某在交往不到一个月的情况下，就匆匆忙忙登记结婚，彼此并不了解，很难包容彼此的缺点。轻率的结婚，埋下了"闪离"的隐患。张某一家把获取土地补偿款等利益作为结婚的主要考量因素和目的，过于看重婚姻的财产关系，忽略了婚姻最重要的是人身关系，配偶长期在一起生活需要情投意合的感情基础。仓促的婚姻从根子上就缺乏感情基础，所以极不稳固，不仅对个人、家庭是不负责的做法，更存在着法律和财产上的风险。金钱买不来爱情，也锁不住婚姻。所以终身大事还是谨慎为好。

（点评人：第五期全国廉政与法治建设研修班学员　罗萍）

婚前拆迁安置房是否属于夫妻共同财产

【案情介绍】原告甲女与被告丙于 1997 年 10 月 23 日登记结婚，双方为再婚。被告丙系被告乙男的父亲，原告甲女系被告乙男的继母。涉案房屋为丙婚前所有私产房屋，该房屋附属远年未登记房屋一间，面积 8.36 平方米。2010 年该地址房屋拆迁，12 月 1 日，被告丙出具《保证书》，内容为："今有私产 1 间，面积为 11.6 平方米，产权人为丙自愿放弃房产承租权利，由甲女（产权人之妻）办理拆迁手续及房屋补偿，家庭成员内部无争议，如出现产权纠纷及诉讼问题，由我本人负责，与拆迁指挥部无关。" 2010 年 12 月 1 日，甲女（丙）作为拆迁人与房屋拆迁中心就上述私产房屋签订《房屋拆迁补偿安置协议》，货币补偿金额 155 700 元，困难补助 164 300 元，定向安置河怡二期。2010 年 12 月 5 日，丙作为拆迁人与屋拆迁中心就上述附属用房 8.36 平方米签订《房屋拆迁补偿安置协议》，货币补偿金额 120 700 元，困难补助 114 300 元，被拆迁人选择购买定向安置房。

上述拆迁款于 2010 年 12 月 20 日转入原告甲女的账户，同日分别用于缴纳两处定向安置房屋的购房款。2013 年 3 月 6 日，甲女与某公司就安置房屋签订《经济适用房买卖合同》。2018 年 10 月 17 日，原告甲女与其子签订了《不动产赠与合同》，将该安置房通过赠与转移登记至其子名下。2018 年 6 月 25 日，丙与某公司就安置房屋签订《经济适用房买卖合同》，后办理产权登记至丙名下。2018 年 8 月 28 日，二被告签订《不动产赠与合同》，房屋通过赠与转移登记至乙男名下。

【法院判决】2019 年 5 月 8 日，被告丙曾至法院起诉，请求判令原告甲女与其子于 2018 年 10 月 17 日签订的《不动产赠与合同》无效，并将上述房屋过户回甲女名下，一审法院经审理支持了丙的上述请求。

【案例点评】①原《婚姻法》第 18 条（《民法典》第 1063 条）规定，夫妻一方所有的财产，不因婚姻关系的延续而转化为夫妻共同财产。但当事人另有约定的除外。本案中原登记至甲女、丙名下的两套房屋均系原房屋及附属房屋拆迁所得。根据《房屋拆迁补偿安置协议》，被告所取得的安置不动产或安置房屋，是对前一权利的补偿，或者说是对前一不动产物权的延伸。拆迁后补偿安置房中仍登记在被告丙的名下的房屋，不应视为夫妻共同财产，而是婚前财产的转化，被告丙依法享有处分的权利，二被告所签订的赠与协议未损害原告的合法权益，该合同有效。②关于原告主张房屋为夫妻共同财产的意见，若将该拆迁安置利益认定为夫妻共同财产，实际上就是将一方婚前财产转化为了夫妻共同财产，明显损害了夫妻一方的财产权益，故对于甲女要求确认赠与合同无效及过户的诉讼请求，不予支持。故一审法院判决：驳回原告甲女的诉讼请求。

（点评人：北京嘉维泰银律师事务所律师、合伙人 郎武）

因遭受家暴申请人身保护令案

【案情简介】2016 年，隆昌县人民法院受理了一起家庭暴力案件。法院审理认为，申请人王某的申请符合《反家庭暴力法》第 27 条规定的发出《人身安全保护令》的条件，遂依法裁定，禁止被申请人汪某威胁、殴打申请人王某及其家属；本裁定有效期为 6 个月，自送达之日起生效，送达后立即执行；如被申请人汪某违反上述禁令，法院将依据《反家庭暴力法》第 34 条之规定，视情节轻重，处以罚款、拘留；构成犯罪的，依法追究刑事责任。

【案例点评】俗话说，"清官难断家务事"。这只是老百姓自古以来对婚姻家庭成员关系的一种道德层面的认知。实际上，用现代法理来看，许多"家务事"是可以从法律上分得清对与错、罪与罚的。《反家庭暴力法》就是对家庭暴力犯罪受害者进行救济的一部专门法律，同时法律救济也会考虑到对家庭这一特殊法律关系的现实影响。《反家庭暴力法》的一大创举，就是借鉴了英美法的禁令制度。2016 年 7 月 13 日起施行的《最高人民法院关于人身安全保护令案件相关程序问题的批复》明确规定，向人民法院申请《人身安全保护令》，不收取诉讼费用，申请人不需要提供担保，进一步解除了申请人的顾虑。

本案中，法院根据对情况紧急程度的判断，依法在 24 小时内及时作出人身安全保护令，内容明确有力，对家暴实施者达到了震慑的目的。该《人身安全保护令》的发布，最终促使当事人感情和好，挽救了婚姻，应当点赞。

第六节 《民法典》继承编案例

收养关系纠纷案例

【案情简介】原告陕西省石泉县农民李某喜，被告陕西省石泉县人农民李某胜。原告李某喜与被告李某胜确认收养关系，返还财产纠纷一案，法院受理后依法组成合议庭，公开开庭进行了审理，原告及其代理人到庭参加了诉讼，被告李某胜经公告传唤仍未到庭参加诉讼，本案依法缺席审理，现已审理终结。原告李某喜诉称，2004 年农历冬月廿三日，其儿李某东在山西煤矿不幸身故后，于 2005 年农历正月二十日在亲友及村干部的参与下收养了侄子李某胜为继子。收养后，他即提出将原由原告委托他人保管的死亡补偿费 66 000 元由被告保管。原告从代管人那里取回后就全部交给了被告。3 月 22 日在村干部、李某喜的女儿、儿媳及儿媳的娘家人的参与下将补偿费进行了分配，孙女分得 34 500 元，儿媳分得 10 000 元，李某喜分得 20 000 元，孙女、儿媳所得款由被告全部支付，但李某喜的 20 000 元，被告仅付 5000 元，尚欠 15 000 元，被告给李某喜出具了一张欠条，李某喜向被告索要，被告不予归还。为此，李某喜请求人民法院依法确认李某胜与李某东的收养关系无效，并责令即时归还李某喜现金 15 000 元。

被告李某胜未到庭答辩。收养关系纠纷分析经审理查明，原告李某喜膝下有一子一女。2004 年农历冬月廿三日，李某东在山西煤矿不幸身故，煤矿对其家属给予了死亡补偿金 10 万余元，除清偿了一些债务和一些开销外，尚余 68 000 元，原告委托其侄子李某保代为保管。2005 年农历正月二十日，在亲友以及村干部的参与下，将原告同胞兄弟李某兴的次子李某胜过房给原告李某喜为继子，并立有"过房字据"。"字据"的主要内容是："自立字据之日起，李某胜应与继父一起生活，安排生产、生活，对原告生养死葬，李某胜享有继父家产继承权等"。收养后被告李某胜仍在亲生父母家居住，只是与继父一起吃饭，时而安排一下生产。同年农历二月十九日，应被告李某胜的要求，补偿金代管人李某保将 68 000 元的现金存折交给了原告，原告李某喜于当日将现金全部取出，又分别存入县信用联社 60 000 元，存入中池信用社 6000 元，另外 2000 元由儿媳余某花交了烧毁树林的罚款。同年农历 2 月 26 日，在被告及亲友的劝告催促下，原告将上述两处存款 66 000 元取出，全部交由被告李某胜持有。后又开支了 1500 元，还剩 64 500 元，儿媳余某花提出要将补偿费进行分配。同年农历三月廿二日，原告及原告之女李某、儿媳余某花及娘家人邀请村支书参加，将补偿费进行了分配，儿媳余某花分得 10 000 元；孙女李小某分得 34 500 元；原告李某喜分得 20 000 元。被告李某胜将余某花、李小某所得的共 44 500 元全部支付。仅给原告支付现金 5000 元，尚有 15 000 元，被告李某胜为其出具了一张欠条。内容为"欠条，欠到幺叔现金（￥15 000 元），李某胜，2005 年 3 月 18 日"，并捺有手印。此后，原告李某喜几次要求被告李某胜将余款 15 000 元归还，但被告李某胜以立有过房字据为由不予归还。被告李某胜于农历三月底外出，至今未归，不知下落。

【法院判决】法院认为，原告李某喜老年丧子欲招一子为其养老送终虽在情理之中，但收养被告李某胜为继子，其行为违背了我国《收养法》的有关规定，即使是立有"过房字据"也是无效的。被告李某胜在未经原告同意的情况下占有原告现金不予归还，其行为侵犯了原告的财产权利。在原告要求归还时理当及时归还，以其有过房字据为由不予归还，其理由显然是不能成立的。原告的诉讼请求符合法律规定，依法应当支持，被告不予归还的抗辩理由与法相悖，依法不予支持。依照原《收养法》第6条第1款（一）项、第15条，原《民法通则》第75条、第117条第1款的规定，判决如下：①李某喜与李某胜的收养关系无效；②限李某胜在本判决生效后10日内返还李某喜现金15 000元。案件受理费935元，公告费300元，由李某胜承担。

【案例点评】①本案的法院判决没有瑕疵，符合法律规定。虽然收养人和被收养父母立有收养关系的字据（具有收养协议性质），但是原《收养法》规定，没有经过民政部门登记，收养关系无效。农村收养子女，都是按照习惯，双方协商或者签约后，让亲友见证一下，就算是确定了收养与被收养的关系。实际上收养关系的法律确认是以民政部门登记为必要条件的。不履行收养登记的收养关系无效。②此类案件，在《民法典》实施后应该依据《民法典》婚姻家庭编条款起诉和判决。《民法典》第1100条第1款规定："无子女的收养人可以收养两名子女；有子女的收养人只能收养一名子女。"第1105条第1、3款规定："收养应当向县级以上人民政府民政部门登记。收养关系自登记之日起成立。""收养关系当事人愿意签订收养协议的，可以签订收养协议。"第1106条规定："收养关系成立后，公安机关应当按照国家有关规定为被收养人办理户口登记。"

（点评人：第7期全国廉政与法治建设研修班学员　乔红）

养子、继子女继承案件

【案情简介】被继承人张某和王某某于1976年1月28日结婚，两人均为再婚，张某与前妻育有二个子女，即二被告，离婚时均判决由其前妻抚养，张某与王某某结婚时，二子女均已成年，与王某某未形成扶养关系。王某某与前夫领养一子，即原告。张某与王某某在1993年12月30日根据房改政策购得住房一套，1994年4月7日张某在合肥市公证处办理了遗嘱公证，将该房屋属于其本人的部分全部留给王某某所有，张某于2003年8月19日去世。

1995年12月25日，原告出资购买了其养母王某某位于市区某套房改房并居住至今，王某某于2012年4月8日因病去世。

【法院审理】根据我国原《继承法》的规定，养子、有扶养关系的继子女属于第一顺序继承人，在本案中，原告是第一顺序继承人，二被告因与王某某不具有扶养关系，不属于王某某的继承人，因被告父亲已立有公证遗嘱，指定王某某为其财产继承人，王某某去世后其继承的财产及其本人财产应由原告继承，但张某在立遗嘱时，他们购买的房改房只获得 70% 的产权，另有 30% 的产权在立遗嘱后才获得，所以该套房有 30% 的份额适用法定继承，但这 30% 属于夫妻共同财产，其中的 15% 属于王某某所有，剩余的 15% 才是遗产，应由王某某、原告、二被告法定继承，后经法院调解，原告将二被告应继承的份额出资购买，以及其少量的金额取得遗产的全部产权。

【案例点评】《继承法》和《民法典》继承编的立法精神是一致的，那就是强调两个原则：第一是尊重财产所有人的意见；第二是按照法定的继承顺序和权利、义务对等的原则继承财产。本案中法院认定，对老人没有尽到赡养义务的人没有继承权。养子女与养父母没有实际建立抚养与被抚养、赡养与被赡养关系的，也没有继承权。但是，财产所有人愿意赠与的除外。由此可以看出，我国民法无论从立法精神，还是从司法实践中，都始终体现了"权利与义务"的对等性，还有法理情的统一性。

（点评人：全国廉政法治建设研修班学员　张会敏）

女友按遗嘱处分抚恤金被诉

【案情介绍】女方与被继承人同居 10 年之久，是被继承人遗嘱中所记叙的继承人，被继承人在遗嘱中认为双方虽未办理结婚登记手续，但是共同生活十余年，双方不是夫妻却胜似夫妻。被继承人去世后，女方按照被继承人遗嘱领取相应抚恤金后，岂料竟成为被告。究竟是遗嘱无效？还是女方身份不符合领取条件？被继承人蒙然（化名）与妻子唐莹（化名）生前育有蒙建国（化名）、蒙建山（化名）、蒙建岳（化名）、蒙建丰（化名）、蒙建宇（化名）五个子女。2005 年至 2007 年期间，儿子蒙建宇、妻子唐莹相继去世。2008 年，被继承人蒙然（化名）因生活需要聘请保姆苏娜（化名）照顾其生活起居。蒙然与苏娜日久生情，二人于 2009 年起共同生活，但并未办理结婚登记手续，期间蒙然每月照常向苏娜支付保姆照顾费用。2012 年，蒙然立下一份自书遗嘱，载明其名下房产归蒙建山、蒙建岳、蒙建丰三人平均继承，其死后名下银行存款及由单位发放的抚恤金等名下其余财产，分别由一个孙子、两个孙女各继承四分之一，其余四分之一赠与苏娜。2019 年，蒙然因病离世。苏娜、蒙建山、蒙建岳、蒙建丰四人操办了蒙然生后丧葬各项事宜，并前往蒙然退休前所在单位领取了丧葬费、抚恤金等，共计230 000元，按遗嘱记叙内容进行了分配，蒙建岳领取95 000元（含处理后事费用）、蒙建山、蒙建丰、苏娜各领取45 000元。长子蒙建国未参与任何丧葬后事处理，亦未领取到父亲的抚恤金。蒙建国认为，扣除为父亲办理后事的费用约50 000元后，所剩余的抚恤金应当由其仍健在的4名子女平分，但其并未分配到任何抚恤金，而苏娜不属于家庭成员，但是苏娜跟蒙建山、蒙建岳、蒙建丰四人却在其不知情的情形下，擅自处理了这笔抚恤金，四人的行为侵害了其合法权益，遂将四人诉至法院。

【案例点评】①一次性抚恤金是死者生前所在单位给予死者亲属的物质帮助和精神抚慰。丧葬费是死者生前所在单位给予死者亲属处理后的一种补助。目前我国法律对于抚恤金分配并无明确规定，司法实践中，一般应参照遗产的法定继承在第一顺位继承人中进行分配。②本案的争议焦点有两个：争议一：遗嘱载明抚恤金分配方式，继承人能否遵照遗嘱处置？原告主张：抚恤金不属于遗产，被继承人通过遗嘱的形式处分抚恤金的行为无效，四被告在原告不知情的情形下擅自按遗嘱领取并分配被继承人的丧葬费、抚恤金等钱款于法无据，依法要求重新分配。③被告主张：被继承人所立遗嘱真实有效，遗嘱明确载明了被继承人抚恤金、丧葬费的分配方式，四被告是尊重被继承人遗愿处置抚恤金的，不应重新分配。法院认为：被继承人去世后所在单位核发的离休费、抚恤金、丧葬费均属于"遗属津贴"范围，均发生于被继承人死亡后，不属于遗产，而应属于家庭共有财产。被继承人通过遗嘱处理抚恤金等费用分配的遗嘱部分内容无效，四被告按照遗嘱分配抚恤金缺乏法律依据，应予重新分配。④原告主张：被告苏娜与被继承人不是夫妻关系，不属于被继承人的直系亲属，不能参与抚恤金的分配。被告主张：被继承人晚年的起居生活均是苏娜照顾，苏娜与被继承人虽然未办理结婚登记，不是夫妻关系，却胜似夫妻。特别是被继承人病重时，苏娜不离不弃的看护，尽到了对被继承人的主要赡养责任，抚恤金的分配苏娜未直接参与，实际上是被继承人遗嘱载明参与分配的直系子女蒙建山、蒙建岳、蒙建丰三人自愿给予的。反倒是原告，作为长子，既没有在被继承人重病时前往看望，亦没有参与被继承人任何丧葬后事的处理，未尽赡养义务，故不应参与抚恤金的分配。

（点评人：媒体人、第10期全国廉政法治建设研修班学员　张礼功）

名为房屋买卖实为赠与

【案情简介】1998年，李某父母立遗嘱，将夫妻共有房产留给李某继承，并进行公证。2003年，李某父亲去世。2012年，李某与母亲祁某签订房屋买卖合同，由李某完全购买祁某房产，但李某未付款。2015年，李某母亲去世。李某兄、姐以李某取得继承权后又签订买卖合同，应视为放弃继承权，因未付款，故诉请继承遗产。结合房屋所有权属性、遗嘱内容等因素综合分析，应认定双方之间形成了实为赠与的法律关系。

【法院裁定】法院认为：①就案涉房屋权属而言，各方均认可其为李某父母的夫妻共同财产，然二人早在1998年即已订立由李某继承的遗嘱并进行了公证，故在李某父亲去世后，依其所立公证遗嘱效力，李某成为该房屋共有权人之一。就另一共有权人祁某而言，在案涉房屋买卖合同签订前，未有证据显示祁某存在撤销遗嘱表示及祁某与李某关系恶化迹象，故可推定祁某并不存在让李某以支付对价方式获得房屋权属的意愿。②从房屋买卖合同内容分析，其中虽约定了房屋价格，但对交付时间、违约责任、付款方式和期限等重要条款均未明确，且在合同签订直至祁某去世期间，未有证据显示祁某向李某主张过购房款。在未收到任何房款前提下，祁某即将房屋过户至李某名下，此举与房屋买卖交易习惯不符。从处分权角度分析，祁某与李某为母子关系，双方长期生活在一起，李某亦承担了赡养义务，在此前提下，祁某再将案涉房屋卖与自己儿子并从中获取房款的行为缺乏动机性意义。此外，对于房屋买卖合同签订原则，李某亦提供证据，从便于过户、减少支出等方面作出了合理解释。③结合上述分析及祁某遗嘱和生前行为，应认定祁某与李某之间并不存在真正的房屋买卖行为，而是形成了赠与行为。虚假的房屋买卖意思表示浮现于表面，真实的房屋赠与意思表示则被隐藏，应认定双方之间已形成合法有效的赠与合同关系。判决驳回李某兄、姐诉请。

【案例点评】本案法院的裁定符合法理和事实。因为这是名为买卖合同，实际为赠与行为，并且在赠与人在世时，办理了产权过户。本案对合同的定性至关重要，完全是为了满足产权过户手续的需要，而不是真实的交易行为，双方之间并不符合真实买卖合同的典型特征。当父母在世时，无法通过继承遗嘱办理房屋产权过户，不得不做一份形式上符合过户要求的房屋买卖合同并且纳税，才能办理过户手续。不过，类似案例于2020年9月份之后将会逐渐减少，因为父母在世也可以不通过交易、免于纳税，以赠与形式过户房屋产权了。

（点评人：法务师、第8期全国廉政法治建设研修班学员　姜涛）

多份遗嘱如何确认有效性

【案情简介】王大爷丧妻后再婚，再婚时有婚前房产一套。婚后，王大爷中风，妻子一直尽心照顾，为了感谢妻子，他写了一份自书遗嘱（第一份遗嘱出现），声明自己去世后房子和存款都归妻子所有。此后，由于王大爷久病在床，妻子改变了态度。王大爷的儿子得知后，便把他接到自己家里照顾。为了感谢儿子，王大爷又决定把财产都留给儿子，便做了公证遗嘱（第二份遗嘱出现）。不久后，由于王大爷因感觉儿媳对自己态度不好，又给女儿打电话要求住到医院疗养。住院期间，女儿每日看望照顾。弥留之际，王大爷在两个医生面前做了口头遗嘱（第三份遗嘱出现），将财产全部留给女儿。王大爷去世后，因财产继承问题亲人发生纠纷。

【法院判决】法院判决，王大爷第二份公证遗嘱有效，把财产都赠与儿子。

【案例点评】①本案法律依据：原《继承法》第20条（《民法典》第1142条）"遗嘱的撤销、变更"规定，遗嘱人可以撤销、变更自己所立的遗嘱。立有数份遗嘱，内容相抵触的，以最后的遗嘱为准。自书、代书、录音、口头遗嘱，不得撤销、变更公证遗嘱。②《民法典》继承篇第1142条规定，遗嘱人可以撤回、变更自己所立的遗嘱。立遗嘱后，遗嘱人实施与遗嘱内容相反的民事法律行为的，视为对遗嘱相关内容的撤回。立有数份遗嘱，内容相抵触的，以最后的遗嘱为准。③依据以上法条，本案法院判决符合法律规定。法院认定王大爷做的第二份经过公证的遗嘱有效，把财产都赠与儿子。主要是根据原《继承法》和《公证法》"公证遗嘱优先"的原则，合理排除了第一份遗嘱的法律效力。此外，最后一份遗嘱是口头的，并且没有经过公证。根据法律规定，口头遗嘱在与书面遗嘱竞存时，必须有录音录像和经过公证才可以认定有效。因为遗嘱当事人已经去世，取证困难，故最后一份口头遗嘱的有效性无法确认。

（点评人：法务师、第7期全国廉政与法治建设研修班学员　章敏感）

第七节　《民法典》侵权责任编案例

场所管理人承担侵权赔偿责任

【案情介绍】2013 年 5 月 21 日，王某佳在好×多公司运营的餐厅用餐时，因经营场所工作人员拖地后地面湿滑，致使王某佳行走时摔倒，并造成其佩戴的手镯摔碎，手镯价值 100 000 元。经多次协商，双方就赔偿事宜未达成一致意见。2013 年 9 月，王某佳向当地人民法院提起诉讼，要求好×多公司赔偿其财产损失。

【法院裁定】法院认为：好×多公司作为餐厅经营管理人，其对前来就餐的顾客负有安全保障义务，王某佳在餐厅行走时因地面湿滑摔倒致手镯摔碎，好×多公司安全保障措施明显不完善，存在严重过错，判决好×多公司承担侵权责任。

【案例点评】本案是好×多公司所经营的餐厅在拖地后地面湿滑的情况下发生的侵权行为，地面湿滑应该设立明显的提示标志，没有设立就有过错。地面湿滑是导致王某佳在餐厅行走时摔倒并摔碎手镯的直接原因，侵权行为与侵权结果之间存在着明显的因果关系。根据原《侵权责任法》第 37 条（《民法典》侵权责任编第 1198 条）之规定，"宾馆、商场、银行、车站、娱乐场所等公共场所的管理人或者群众性活动的组织者，未尽到安全保障义务，造成他人损害的，应承担侵权责任"，好×多公司作为餐厅管理者、侵权行为实施主体，应对侵权行为及后果即财产损失承担侵权赔偿责任。

（点评人：资深媒体人、首期全国廉政法治建设高级研修班学员　张金春）

反抗抢夺违法行为时导致歹徒受伤不担责

【案情简介】2020 年夏天某个夜晚，女青年李某下夜班回家，刚走到小区门口时，突然遇到一名男士欲抢夺其戴在脖子上的项链。于是李某与抢夺者展开了激烈搏斗，在搏斗中，李某随手将装有手机等物的手提包砸向抢夺者头部，致使该男士头部受伤。后来，该男士把李某诉至法院，要求赔偿其受伤治疗的医药费。

【法院裁定】 当地法院判决李某属于正当防卫，不承担受伤者的医疗费。原告有抢夺财物的犯罪嫌疑，属于犯罪未遂，但征得受害人谅解，免于刑事处罚。

【案例点评】 法院认定李女士的行为属于正当防卫，不需要承担责任。这个判决是正确的。正当防卫的强度可以适当地超过侵害行为的强度，但必须以制止侵害为限度；超过必要限度，造成不应有的损害的，行为人应当承担相应的民事责任。本案中的李女士在遭遇危险境况下，采取正当防卫，致使抢夺者头部受伤，符合上述法条所列情形，无须承担责任。依据《民法典》第181条规定，因正当防卫造成损害的，不承担民事责任。正当防卫超过必要的限度，造成不应有的损害的，应当承担适当的民事责任。但是，抢夺者的抢夺行为是否构成犯罪应该移送检察院审核。抢夺者即便没有构成《刑法》中规定的抢夺罪，也要依据《民法典》第179条之规定，对受害人承担民事责任，一般是赔偿损失和赔礼道歉。

（点评人：第10期全国廉政法治建设高级研修班学员　赵建洲）

客人停车被盗宾馆担责

【案情简介】 司机郑某驾驶一辆轻型货车于2006年3月21日住宿在广州市花都区某宾馆，并按宾馆保安指挥将车辆驶入指定的位置停放，保安对车辆进行了登记。郑某次日早上退房取车时发现车辆被盗，随即报案。因此案未破，双方未达成赔偿协议，郑某及车主于是向法院提起诉讼，认为宾馆未尽保管义务，要求宾馆赔偿人民币76 383元。宾馆业主则提出，该宾馆根本没有停车场，周边的街道、公路，均不属于宾馆的范围，宾馆也没有向司机发放停车卡或收费，二者之间根本没有保管合同关系。保安人员指挥司机停车，仅仅是为了保障宾馆外车辆有序地停放。此外在宾馆门前也有告示："不保管任何车辆，自己保管，损坏遗失不负责任。"因此，郑某车辆被盗的责任不在宾馆一方。

【法院判决】 法院认为，宾馆作为服务场所，对入住客人的人身、财产均应承担安全保障的义务，现司机郑某在宾馆住宿，并经该宾馆的保安指引将车辆停放在宾馆外，保安也对该车进行了登记，故宾馆对于该车理应承担保管责任，这一保管责任是宾馆对其客人进行消费所应提供的一种附随义务。

因此，广州市中级人民法院判令宾馆赔偿原告损失 76 383 元。

【案例点评】本案受理法院判令宾馆赔偿原告丢失汽车损失是正确的，引用的是原《合同法》相关服务义务的规定。根据宾馆行业服务惯例，宾馆应该为客人提供停车服务，不管是否单独收取停车费都是附加的服务项目。在法律上，这属于主服务项目的一种附随义务。《民法典》合同编第 21 章有"保管合同"典型合同类别。《民法典》第 888 条规定："保管合同是保管人保管寄存人交付的保管物，并返还该物的合同。寄存人到保管人处从事购物、就餐、住宿等活动，将物品存放在指定场所的，视为保管，但是当事人另有约定或者另有交易习惯的除外。"保管物品丢失，保管者应该负责赔偿。

（点评人：资深媒体人、全国廉政法治建设研修班学员　陈清岩）

快递公司丢失邮件赔偿

【案情简介】2013 年，刁某委托其兄从老家快递其驾驶证、身份证、从业资格证，因快递公司投递错误导致证件丢失。刁某诉请快递公司赔偿车旅费、工本费、误工费等损失。快递公司主张应按快递单上注明的 5 倍资费标准进行赔偿。本案快递公司因过错导致投递物品丢失，收件人可以以侵权为由向快递公司主张承担侵权责任，限额赔偿标准不应适用。

【法院裁定】法院认为：①快递公司在投递刁某物品时，未按快递单上明确注明的地址和收件人进行投递，导致刁某邮递物品丢失，对损失发生存在明显过错，应对刁某因上述身份证等物品丢失造成的损失进行赔偿。刁某虽无直接证据证明该丢失快递邮件内物品是身份证、驾驶证和从业资格证，但从庭审中刁某提交的补办后的身份证和临时身份证、驾驶证、从业资格证等证件和办理证件票据，结合双方庭审陈述综合分析，能认定丢失快递邮件内是刁某身份证等物品。②本案中刁某并未与快递公司建立运输合同关系，而是因快递公司过错导致刁某快递物品丢失，快递公司承担的是侵权责任而非合同责任，故不应按快递公司合同格式条款即快递公司所收取快递资费 5 倍标准进行赔偿。刁某补办证件的车旅费 698 元、工本费 50 元，予以支持；误工费根据误工期限和刁某收入情况进行计算，刁某在快递丢失后须回原籍办理相关证件，查明所需时间为 7 天，误工工资标准参照本省道路运输业平均工资 42 557 元/年，故刁某误工费损失应为 42557 元÷365 天×7 天＝816 元。

在确认快递公司把快递邮件丢失以后，刁某应及时办理相关证件，防止损失扩大，否则快递公司对扩大损失不负赔偿责任。判决快递公司向刁某支付赔偿金 1564 元。

【案例点评】①快递公司因过错导致投递物品丢失，收件人可依据《民法典》侵权责任编条款、《保管合同》《运输合同》条款起诉快递公司，要求其赔偿承担侵权赔偿或者保管、运输不当责任。②可以根据《邮政法》《快递暂行条例》的限额与快递公司交涉赔偿，可以要求适当高于法定标准赔偿，因为《邮政法》是 1985 年制定的，赔付标准应适当提高。2019 年国务院颁布的《快递暂行条例》第 27 条第 1 款规定："快件延误、丢失、损毁或者内件短少的，对保价的快件，应当按照经营快递业务的企业与寄件人约定的保价规则确定赔偿责任；对未保价的快件，依照民事法律的有关规定确定赔偿责任。"③被侵权人还可以依据《民法典》侵权责任编条款向投递企业请求精神赔偿。《民法典》第 1183 条第 2 款规定："因故意或者重大过失侵害自然人具有人身意义的特定物造成严重精神损害的，被侵权人有权请求精神损害赔偿。""具有人身意义"的特定物，是指能给物品所有人带来寄托、慰藉、怀念、纪念、愉悦等精神利益的物品，比如定情信物、手稿、婚纱照、纪念册、祖先画像、祖谱、骨灰盒等，这些物品除了本身的价值之外，还承载着更为重要的情感价值内容。这些特定物是独一无二、不可复制的精神寄托物。根据已有判例，精神损失赔偿从几千元至一万元不等。

（点评人：法务咨询师、中国反腐败司法研究中心秘书长　王永发）

烤肉店门头坠落致人死亡案

【案情介绍】2020 年 8 月 7 日晚，西安市吴先生带着父母、妻儿共 6 人前往凤城五路新开的一家烤肉店吃饭，他们坐在门口的台阶上，门头整体坠落导致吴先生父亲被砸中后昏迷不醒，抢救无效死亡。当晚，有四个家庭的人被门头砸中受伤。事发前，烤肉店老板就发现门头有裂痕，装修方说没问题。结果客人吃饭时发生了严重的门头垮塌事故。

【官方回应】这属于突发性意外事件，不属于安全事故，会依法依规处理。

【案例点评】①实际上，初步判断属于安全生产责任事故。第一，饭店门头垮塌时饭店正在营业，客人正在用餐。对于服务业，营业时间即可认定为"生产"活动。第二，饭店应该对死者和伤者承担民事赔偿责任；因为吃饭的场所，饭店应该为客户的生命财产安全负责，应该赔偿死者经济损失和伤者的医疗费、误工费、康复费等。第三，饭店在依法或者协商赔偿死者家属经济损失后，可以向装修门头的企业追偿。因为装修企业应该为其安装门头的牢固性、安全性负责。第四，据媒体透露，饭店门头由广告公司设计、制作，该公司委托装修公司安装。广告公司和安装公司的责任分担与赔偿份额需要法院调查、核实之后认定。与饭店存在直接委托制作关系的一方应该承担主要责任，门头制作安装合作方应该承担次要责任。哪怕是广告公司委托安装公司的再委托关系，广告公司也应该监督并确保安装公司安装门头后的安全性。此案的责任归属系主要看，广告公司还与装修公司及饭店存在直接合作关系，直接合作者负责赔偿；直接合作者在赔付之后，可以向间接合作方追偿赔偿款。②《民法典》侵权责任编第1165条规定："行为人因过错侵害他人民事权益造成损害的，应当承担侵权责任。依照法律规定推定行为人有过错，其不能证明自己没有过错的，应当承担侵权责任。"第1181条第1款第1句规定："被侵权人死亡的，其近亲属有权请求侵权人承担侵权责任。"

依据以上法律规定，本案的关键在于对侵权主体的认定。

女孩喝假农药身亡，父母状告商贩

【案情介绍】2019年2月，四川22岁女孩安安（化名）因欠下赌债喝农药"敌草快"自杀身亡。其父母将农药商贩告上法庭，认为商贩贩卖假药才导致女儿死亡，因为"敌草快"是低毒性农药，但女孩购买的这瓶伪劣"敌草快"含有因毒性过强而被禁止售卖的"百草枯"成分，直接导致了女孩的死亡。

【法院判决】绵阳中院作出二审判决商贩负10%的责任。法院认为安安是成年人，对自身死亡负主要责任，但商贩售卖的农药来源渠道不明，为国家禁售农药，需承担10%的责任。

【案例分析】①此判决比较公正，喝药导致死亡，行为人应该承担主要责任。②销售农药的商贩售卖的农药来源渠道不明，属于国家禁售剧毒农药，需承担次要责任。法院判决销售农药的商贩承担10%的责任，可以量化到人民币 3 万元至 4 万元。这样的判决主要是对死者家属的安慰。③法官对无法明确确定责任的案件有一定的自由裁量权。此案可以按照合理推断和过错担责的原则,一个是销售农药的商贩售卖的农药来源渠道不明,属于国家禁售剧毒农药,属于违法经营。另一个是,如果自杀者喝的是普通农药,及时抢救不至于死亡。法院也可以判决销售农药的商贩承担 20% 的责任,可以量化到人民币 7 万元至 10 万元。

(点评人:法务师、第 10 期全国廉政法治建设高级研修班学员　陈小波)

树枝砸伤围墙外行人管理人应过错赔偿

【案情简介】2014 年,钟某发现院内树木倾斜,遂向城管局申请砍伐。城管局派员现场查看后,发现树木存在重大安全隐患,但未采取任何措施。次日,突然折断坠落的树枝砸伤院墙外行走的吴某,损失 91 万余元。

【法院裁定】①依《城市绿化条例》第 17 条"城市的公共绿地、风景林地、防护绿地、行道树及干道绿化带的绿化,由城市政府城市绿化行政主管部门管理;各单位管界内的防护绿地的绿化,由该单位按照国家有关规定管理;单位自建的公园和单位附属绿地的绿化,由该单位管理;居住区绿地的绿化,由城市政府城市绿化行政主管部门根据实际情况确定的单位管理;城市苗圃、草圃和花圃等,由其经营单位管理"以及《广东省城市绿化条例》第 30 条"……(六)由个人投资在自助、自建庭院内种植的树木,属个人所有"的规定,应认定钟某既系树木所有人又是管理人。②钟某作为涉案树木所有人和管理人,在购买房屋时已发现树木倾斜,但一直未尽到完全管理义务,未能及时排除安全隐患,直至事发前几日才向城管局申请砍伐,在城管局尚未作出答复时本案事故已发生,钟某应对事故发生负主要责任。③城管局作为市区居住区绿地绿化管理部门,在收到钟某砍伐树木的申请后,派员到现场查看,发现涉案树木存在极大安全隐患,但城管局作为具备相关专业知识的管理部门,并未采取或建议树木所有人采取紧急防范措施,排除或降低安全隐患,导致涉案树木于次日折断坠落造成事故,城管局应对事故发生负次要责任。判决钟某、城管局分别按 70%、30% 比例赔偿吴某 64 万余元、27 万余元。

【案例点评】本案例来自《人民法院案例选》,审理法院:广东省湛江市中级人民法院；案件编号［2016］粤 08 民终 506 号，案卷名称"吴某与钟某等损害赔偿责任纠纷案"。①本案判决，是依原《侵权责任法》第 90 条（《民法典》第 1257 条）"因林木折断造成他人损害，林木的所有人或者管理人不能证明自己没有过错的，应当承担侵权责任"以及《广东省城市绿化条例》第 30 条"……（六）由个人投资在自助、自建庭院内种植的树木，属个人所有"的规定。适用法律正确，主要、次要责任分配趋于合理。②根据相关规定，居民院内树木折断坠落砸伤围墙外行人的，房屋所有人及林木管理人应依各自过错承担损害赔偿责任。钟某系树木所有人和管理人。在购买房屋时已发现树木倾斜，但一直未尽到完全管理义务，未能及时排除安全隐患，直至事发前几日才向城管局申请砍伐，在城管局尚未作出答复时本案事故已发生，钟某应对事故发生负主要责任。③本案有些细节没有搞清楚，或许会影响公正合理的判决。比如，如果钟某在申请砍伐树木的当天获得批准（因为城管局现场勘查后没有批准砍伐树木，钟某私自砍伐是违法的），此时，树木安全性的主要责任已经转移到审批机关——城管局。如果城管局当天批准伐树，或许钟先生当天可以找人伐掉，即可避免第二天树木倒掉砸伤人的事故发生。因为城市树木（包括居民院内的树木）不能随意砍伐，必须依法经过城管部门审批。客观上，城管局应该承担主要责任。因此，城管局的行政不作为应该是树木倒掉砸伤人的直接原因，因此判城管局承担 60% 责任，钟某承担 40% 责任，这样更为合理。

擅入水库钓鱼溺亡案

【案情简介】2015 年，戴某随人擅入水库钓鱼，并使用水库停放在岸边、无人看管的木船，在回程中，因无法划动木船，戴某即下水游泳，在离岸 10 米处溺亡。戴某父母诉请水库管理处赔偿。

【法院裁定】福建省漳州市中级人民法院［2016］闽 06 民终 1127 号裁定书摘要：①水库作为当地群众生产生活用水的重要水源，与江河湖海一样存在危险性是同一道理，无法亦无必要设置隔离围墙，不属于对公众开放的公共场所。水库管理处作为管理方，在管理期间，已通过电台宣传和设置安全告示牌等措施向不特定人告知不得在该水库实行钓鱼、下水库游泳等影响安全的行为，并建立了安全巡查制度，已尽到合理的安全警示义务。②戴某作为一个成年人应清楚到水库钓鱼的危险性，违反禁令游泳致溺亡，应对自己的行为负责。水库管理处对戴某溺水死亡不存在过错责任，判决驳回戴某父母的诉请。

【案例点评】本案判决正确。①死者是因自己的过错造成的。行为人作为成年人，应该根据常识判断在水库撑船和游泳的危险性。②水库不完全具有公共场所功能，不属于对公众开放的游泳、钓鱼场所，水库管理者对擅入钓鱼、游泳者不承担安全保障义务。③水库管理者已通过现场设置安全告示牌等措施向不特定人告知不得在该水库钓鱼、禁止下水库游泳等，并建立安全巡查制度，已尽到合理的安全警示义务，因此对死者不负有管理责任。

男子砸自助取款机想坐牢

【案情介绍】在义乌市义亭镇一家银行自动取款机前，一名男子拿砖头狂砸机器，之后男子报警，原地等待警方抓捕，称自己想依靠这种方式进看守所。该男子姓方，1998年出生，当时才22岁。据银行监控视频所拍摄下的画面来看，一名穿着人字拖、黑色背心、黑色短裤的男子，拿着一块板砖走到自助取款机旁边，用板砖对着自助取款机连续拍打好几下，直至自动取款机的屏幕被砸碎才罢休。随后这名男子便拿起手机自己报了警，并在自助取款机旁边等待警方到来。警方接到警情后迅速赶到现场，发现此时这名男子已经伸出自己的双手，非常主动地让警方铐上手铐，而且还称自己想进看守所。他之所以做出这样的行为，主要是因为自己懒，不想去工厂上班，也不想出门，但是又觉得自己这样下去迟早会被饿死，于是就想把自己送进监狱，还有人管吃管住。

【处理结果】目前，方某因涉嫌故意损坏财物罪，已被当地警方依法刑事拘留。

【案例点评】本案虽然并不复杂，但是耐人寻味。①根据《刑法》第275条"故意毁坏财物罪"的规定，故意毁坏公私财物，数额较大或者有其他严重情节的，处3年以下有期徒刑、拘役或者罚金；数额巨大或者有其他特别严重情节的，处3年以上7年以下有期徒刑。犯罪嫌疑人估计可以达到"进监狱有饭吃"的目的。②犯罪嫌疑人的犯罪动机属于故意犯罪，而不是发泄不满或者酒后寻衅滋事，具有从重判处的情节。③犯罪嫌疑人实施犯罪行为后主动报警，相当于投案自首，应该依法从轻判罚。④本案的判决难点在于，案犯同时具备从重与从轻的情节，具体如何定罪判罚有待法官裁决。

豢养流浪狗撞伤人　男子赔款 4 万元

【案情介绍】2019 年 9 月 20 日，贵州遵义市正安县 60 多岁的昝某某，从农贸市场买菜回家途中，在经过某店铺门口时，被一条冲过来的土狗撞倒受伤。昝某某报警后被送入医院治疗，后被鉴定为右侧多发肋骨骨折（十级伤残）。经警方调查，肇事的是一条流浪狗。警方进一步调查发现，这条狗是当地居民万某某经常喂养的流浪狗，于是协调双方就赔偿一事进行协商。对此，万某某辩称，虽然自己有喂养行为，但这是流浪狗，自己不应担责。无奈之下，昝某某向遵义市正安县人民法院提起诉讼，请求判令万某某赔偿他各项损失共计 7 万余元。

【法院审理】经正安县人民法院审理认定，即便该狗是流浪狗，但万某某常向其投喂食物，事实上系豢养该狗。由于万某某未能认识到流浪狗的危险性，采取了不当方式投喂，使该狗对其投喂的食物产生了依赖，常在附近流浪，引发本次事故，遂判令万某某赔偿昝某某各项损失共计 6 万余元。万某某不服，上诉至遵义市中级人民法院。9 月 4 日，经遵义市中级人民法院审理，双方当事人达成调解，当庭兑现了 4 万元赔偿款。

豢养流浪狗咬伤他人赔偿 5500 余元

【案情介绍】2018 年 7 月 15 日，湖北省郧（云）西县当地居民张某到郧西县某景区游玩，到周某室外的卫生间方便时，被长期滞留在周某院落附近的流浪狗咬伤左腿。因为引发伤人事故，投喂流浪狗的周某带张某到当地注射了狂犬疫苗针剂 6 支，并做了消炎治疗，共支付费用 1810 元。同年 7 月 29 日，张某因皮肤感染到郧西县人民医院治疗，住院 11 天，开支医疗费 2329.54 元。因经当地相关部门调解无效，张某将周某诉至法院。

【法院审理】郧西县人民法院经审理认定，周某夫妻因饲养生猪，有流浪犬到猪圈内偷食猪食，后周某夫妻将泔水、鱼骨头等倒入厕所附近的垃圾桶里。三年来，流浪犬一直到其放置在厕所旁的垃圾桶内觅食。最终，法院判决周某赔偿张某 3759.54 元。算上周某先期支付费用，周某共赔付了 5500 余元。

【案例分析】①原《侵权责任法》第 78 条（《民法典》第 1245 条）规定，"饲养的动物造成他人损害的，动物饲养人或者管理人应当承担侵权责任……"被告向流浪狗投喂食物，可以把他认定为动物的管理人。②长期投喂动物，会造成动物对投喂者主人身份的认同，而且造成对此地的依赖，不愿意离开。被投喂的流浪狗一旦伤害路人，投喂者作为事实上的动物饲养人应该承担侵权赔偿责任。③类似案件给大家的启示是：爱护动物是善意的行为，但是要把"好事做到底"就必须确保喂养的动物对周围人的安全，比如用绳子拴住或关进笼子里。

多次高空抛物　嫌疑人被刑拘

【案情介绍】2020 年 8 月 14 日凌晨，广东深圳罗湖区一处居民小区附近的道路上，陆续坠下诸多杂物，从垃圾袋到哑铃铁饼再到重达 15 公斤的手推车，一个接着一个，所幸未造成人员伤亡。目前涉事人员已被警方依法刑拘。罗湖警方赶到现场，经统计，坠落的物品包括两个直径约 20 厘米的哑铃铁饼、一辆约 15 公斤的拖车，以及诸多散落的垃圾等。经过一晚上的排查，警方将目标锁定在事发地点对面国际名园小区某栋 24 楼的一对夫妻身上。丈夫说昨天晚上和妻子有争吵，心情不好，喝多了酒，至于后面有没有丢东西下楼，他不记得了。

通过对现场坠落物品的指认，男子的妻子刘某承认，当天坠落的都是他们家的物品，但表示事发时她已经入睡，不清楚丈夫的行为。所幸当时的高空抛物没有造成人员伤亡，目前丈夫陈某因涉嫌以危险方法危害公共安全罪，已被罗湖警方依法刑事拘留。

【案例警示】①高空抛物的侵权责任认定，依据《民法典》第 1254 条"从建筑物中抛掷物品或者从建筑物上坠落的物品造成他人损害的，……难以确定具体侵权人的，除能够证明自己不是侵权人的外，由可能加害的建筑物使用人给予补偿"的规定。②高空抛物致人重伤或死亡的，还可以依据《刑法》第二章"危害公共安全罪"追究行为人的刑事责任，"以其他危险方法危害公共安全，尚未造成严重后果的，处三年以上十年以下有期徒刑"。③高空抛物导致严重伤害，无法确认具体行为人的，被侵权人或者其家属可以诉求法院，判决建筑物管理人或者建筑物所有住户平均分摊经济赔偿责任。

职务行为致人损害由单位承担侵权责任

【案情介绍】2012年4月19日下午上班后，被告公司安排原告王某办理单位人员住房公积金、医疗保险金以及去银行办理业务等事项。在执行公务过程中，原告驾驶轿车与受害人驾驶的电动两轮车发生碰撞，造成受害人受伤后抢救无效死亡，经事故处理认定原告王某为轿车所有人，原告对本次交通事故承担全部责任。后经协商，原告支付受害人抢救费、医疗费34 000元，再一次性赔偿误工费、护理费、死亡赔偿金、丧葬费、精神损失费等一切损失430 000元，合计464 000元。原告已向受害人支付全部赔偿款464 000元后，原告认为系在执行公务过程中造成的损失，应当由被告承担，经与被告协商无法达成一致意见，故诉至法院，要求补偿464 000元。

【法院判决】法院依据原《侵权责任法》第34条认定，原告王某受被告单位指派，从事公务活动并履行职务行为对此被告无异议，事实清楚。原告在从事公务行为过程中发生交通事故致他人损害，产生的法律后果应由其所在的单位承担。故被告总工会在判决生效后10日内补偿原告王某各项损失342 000元。驳回原告王某的其他诉讼请求。

【案例分析】①原《侵权责任法》第34条（《民法典》第1191条）之规定，"用人单位的工作人员因执行工作任务造成他人损害的，由用人单位承担侵权责任"。原告王某受被告单位指派，从事公务活动并履行职务行为，对此被告无异议，事实清楚。原告在从事公务行为过程中发生交通事故致他人损害，产生的法律后果应由其所在的单位承担。②原告虽然在本次交通事故中承担全部责任，但发生交通事故的主观心态是过失，不是故意，也不属于重大过错，因此，不能适用《侵权责任法》第6条的规定。③根据客观和主观结合的综合判责，单位应该负担一半以上的责任，行为人作为车主，根据交警事故认定，如果车主有过错（比如违章）也应该承担次要责任。《侵权责任法》第6条规定："行为人因过错侵害他人民事权益，应当承担侵权责任。根据法律规定推定行为人有过错，行为人不能证明自己没有过错的，应当承担侵权责任。"

游客意外身亡　旅行社被判无责

【案情介绍】2019 年 7 月 31 日，叶某夫妇与厦门某旅行社签订了《团队国内旅游合同》，参加由该旅行社组织的西藏 8 天 7 夜的跟团游服务。《团队国内旅游合同》约定，旅行社在出团前应该如实告知旅游活动中的安全注意事项和安全避险措施等，合同附有游客健康信息申报表，并用显要字体提醒游客"为保证旅游安全，在出行前要做一次必要的身体检查，不适合出行者请勿报名"。叶某在该表中"有无病史或疾病"栏目中填写"无"，在该表"是否适宜该旅游线路出游强度"栏目填写"是"。《团队国内旅游合同》在旅游行程安排详单中再次提示旅客"抵达拉萨后，如客人高原反应严重，可联系我社，安排医生进行免费体检"。

2019 年 8 月 1 日，旅行社再次将《西藏游注意事项》发送给叶某，其中包括高原反应常识及相关注意事项，并在出行前向叶某提供了抗高原反应药物红景天。2019 年 8 月 17 日，叶某在林芝雅尼国家湿地公园游玩时感到身体不适，未下车游览，叶某妻子与导游在车上陪同。10 多分钟后，叶某被抬下车，并被实施心肺复苏术、掐人中及供氧，之后身体状况有所好转。旅行社工作人员还拨打 120 呼叫救护车，同时联系景区安排商务车载叶某与 120 救护车相向会合。经叶某妻子要求，景区商务车载叶某夫妇及导游等人先至与救护车相汇沿途的诊所急救，途中继续对叶某实施急救措施。商务车抵达诊所 1 个多小时后，120 急救车抵达诊所，在送往医院途中叶某失去生命迹象，经医院诊断叶某为脑出血，经抢救无效死亡。因协商赔偿事宜未果，2020 年 1 月 8 日，叶某的妻子、女儿和儿子将旅行社告上法庭，要求赔偿其各项损失共计 60 万余元。

叶某的妻子、女儿和儿子诉称，旅行社作为专业从事旅游活动的经营者，在叶某出行之前未要求叶某提供体检证明，未随团配备具有高海拔地区急救常识的医生或具有相关知识的人员，未随团配备应对高原反应的药物和急救设备，在叶某身体出现不适后未及时观察，未提供合适的救护运输车辆，未联系具备急救条件的医疗诊所，未尽合理安全保障义务，依据《侵权责任法》第 37 条之规定，应当对叶某死亡造成的损失承担至少 50% 的责任，共计 60 万余元。

【法院审理】 庭审中，旅行社表示：①旅行社在出行前已经充分告知叶某高原地区旅游注意事项，并要求叶某如实申报健康状况，原告要求旅行社向旅游参与者主动索取体检报告，超出旅行社应尽到的安全注意事项合理提示义务。②旅行社作为旅游活动的组织者，不可能提供实施重大医疗行为的设备设施和采取专业医疗救助服务，只能针对旅客在一般情况下可能遭遇的安全风险提供必要的设备设施，旅行社已经向叶某提供了红景天药物和吸氧瓶，已经尽到合理保障义务。③叶某死亡的原因是突发脑出血，针对该症状旅行社导游不具备专业救助能力和义务，旅行社的跟团导游在叶某发生身体不适症状后，已经会同景区客车驾驶员、讲解员、导游等第一时间采取急救措施，并及时将叶某送至医疗机构抢救，已经尽到合理救助义务。当事人围绕诉讼请求依法提交了证据，原告申请证人林某出庭作证，法院还组织当事人进行了证据交换和质证，当事人对在案证据及证人证言真实性均无异议。最终，法院判决驳回叶某妻子、女儿和儿子的诉讼请求。

【案例点评】 ①旅游活动的经营者和组织者应当保障旅游活动参加者的人身安全。但这种安全保障义务的范围和程度应当与旅游活动经营者和组织者的法定或合同义务、客观能力、责任范围和突发事件的成因及性质相匹配。本案中，旅行社是一般旅游经营者而非专业医护救治者，其在叶某赴藏旅行前，已经通过合同附件、专门提示、要求以申报健康信息等形式将高原地区可能出现的身体健康风险，以醒目的方式对叶某进行了充分告知，并提供了抗高原反应的常用药物，已经尽到合理的说明、警示和保护义务；在叶某身体出现不适后，旅行社安排随团导游全程陪同叶某，在符合常情观察时限内及时作出了相应反应，并会同景区工作人员和随行游客采取了联系救护车、安排商务车会合、掐人中、心肺复苏和给予吸氧等非专业医护人员力所能及的急救措施，已经尽到合理限度的应急救助义务。②安全保障义务是旅游服务经营者应尽的一项义务，其目的是保护旅游参加者的人身和财产安全，其主要内容是要求旅游服务经营者必须采取一定的行为来维护旅游参加者的人身或者财产免受侵害。这种义务的具体内容既可以是基于原《侵权责任法》《消费者权益保护法》等法律的明确规定，也可以是基于合同中约定的合同主体的义务，还可以是基于诚实信用的一般原则而产生，均应遵循比例原则而定，也就是要限定在旅游经营者的法定义务、合同义务或必要注意义务的限度内，要与旅游经营者的客观能力、责任范围和突发事件的成因及性质相匹配，否则将会给旅游活动经营者增加不必要的负担，也使得个别旅游参加者容易忽视对自身安全的注意，在损害发生时不能客观理性地面对责任。

（点评人：资深媒体人、首期全国廉政法治建设研修班学员　张金春）

劝阻电梯内吸烟者并致其死亡案

【案情简介】2017 年 5 月 2 日，郑州医生杨某欢因在电梯内劝阻段某礼吸烟，两人发生争执。十多分钟后，69 岁的段某礼突发心脏病死亡。监控视频显示，2017 年 5 月 2 日 9 时 24 分 3 秒，段某礼在电梯间内吸烟，4 秒钟后，杨某欢进入电梯，按了负一楼电梯键。随后，双方开始有语言交流。电梯到达一楼，杨某欢按了开门键，段某礼未走出电梯。电梯到达负一楼，二人继续对话。杨某欢走到电梯门外，段某礼在电梯门内，双方仍有争执。随后，杨某欢重新进入电梯，按了一楼的按钮。2017 年 5 月 2 日 9 时 26 分 24 秒，两人走出电梯。两分钟后，他们走到单元门口。段某礼情绪相对较为激动，杨某欢比较冷静。2017 年 5 月 2 日 9 时 29 分 6 秒，两人走向物业办公室，至此时为止，段某礼的香烟一直未熄灭。物业办公室门口监控视频显示，段某礼比较激动，物业工作人员从办公室内出来后，其情绪更加激动，边说话边向杨某欢靠近。两分钟后，杨某欢被劝离，段某礼则被劝至物业办公室。没多久，段某礼突然倒地。急救中心出具的证明显示，急救人员到达时，段某礼意识丧失，经抢救病情无变化，心电图显示全心停搏，宣布临床死亡。段某礼的妻子田某兰将杨某欢诉至法院，要求其赔偿死亡赔偿金等共计 40 余万元。

【法院判决】2017 年 9 月 4 日，郑州市金水区人民法院作出一审判决，判决杨某欢向死者家属补偿 1.5 万元。田某兰不服一审判决，上诉至郑州市中级人民法院。2018 年 1 月，该案在郑州市中级人民法院二审公开宣判，杨某欢劝阻段某电梯内抽烟行为没有过错，撤销要求杨某欢补偿死者家属 1.5 万元的民事判决；驳回田某兰的诉讼请求。

【案例点评】过去一些类似案件并非完全按照法条判决，而是根据"死者为大"的民俗理念，对死者家属安慰性判决或者庭前调解，让被告赔付死者家属一定数额的补偿款。因此，郑州市金水区人民法院在劝阻电梯内抽烟引发老人心梗死亡案一审判决时，判决被告补偿死者家属 1.5 万元，驳回死者家属的其他赔偿诉求。

（点评人：资深法治媒体人、第七期全国廉政法治建设研修班学员　章敏感）

老人景区内私摘杨梅致死索赔 60 万元

【案情简介】2017 年 5 月 19 日，近 60 岁的吴某在花都区某山村景区河道旁的杨梅树上采摘杨梅时，由于树枝枯烂断裂，不慎从树上跌落，经送医院救治无效死亡。吴某的亲属认为，该山村景区作为国家 AAA 级旅游景区，在核心区域的河堤两旁种植了不少于 50 株杨梅树。由于杨梅树嫁接处较低，极易攀爬，每到杨梅成熟之际，都有大量观景人员攀爬杨梅树、采摘树上的杨梅，甚至进行哄抢，景区从未采取安全疏导或管理等安全风险防范措施。吴某的亲属将该山村景区告上法庭，索赔 60 万元。据悉，某山村村民委员会系某山村情人堤河道旁杨梅树的所有人，其未向村民或游客提供免费采摘杨梅的活动。本案的争议焦点为景区是否该承担责任及具体责任的大小。

【法院审理】花都区人民法院审理认为，吴某作为一名成年人，未经被告同意私自上树采摘杨梅，其应当预料到危险性，故其本身应当对自身损害承担责任。对于被告某景区是否承担赔偿责任的问题。在本案中，杨梅树本身是没有安全隐患的，是吴某不顾自身年龄私自上树导致了危险产生。其次，根据原告方提交的照片及被告某山村村民委员会提交的对村民黄某的询问笔录及视频，能够证明确实存在游客或村民私自上树采摘杨梅的现象，被告作为杨梅树的所有人及景区的管理者，应当意识到景区内有游客或者村民上树采摘杨梅，存在可能危及人身财产安全的情况，但其没有对采摘杨梅及攀爬杨梅树的危险性作出一定的警示告知，存在一定的过错。最后，根据《旅游法》及《旅游景区质量等级的划分与评定》的规定，突发事件或者旅游安全事故发生后旅游经营者应立即采取必要的救助和处置措施，AAA 级景区应当建立紧急救援机制，设立医务室，至少配备兼职医务人员，设有突发事件处理预案。在吴某从杨梅树上摔落受伤后，被告虽设有医务室，但相关人员已经下班，且被告没有设立必要的突发事件处理预案，导致吴某不能及时得到医疗救助，对损害的扩大存在一定的过错。花都区人民法院酌情认定被告承担 5% 的责任，某山村村委会向吴某的亲属赔偿 45 096.17 元。

2019 年，广州市中级人民法院决定对此案件进行再审。原告提供了案发现场的照片和视频。被告提交了会议记录及《红山村村规民约》，广州市花都区梯面镇人民政府加注"与原件相符"并加盖公章。前述证据记载，红山村于 2014 年 1 月 26 日召开会议表决通过《红山村村规民约》，该村规民约第 2 条规定：每位村民要自觉维护村集体的各项财产利益，每个村民要督促自己的子女自觉维护村内的各项公共措施和绿化树木，如有村民故意破坏或损坏公共设施，要负责赔偿一切费用。

广州市中级人民法院再审认为，吴某死亡令人痛惜，但是这种结果和景区没有关系。村委会虽然负有保护游客安全的义务，但是这个义务也需要在其能力范围之内，不可能在每棵树上都挂上"禁止攀爬采摘"的警示牌。在吴某摔下后，景区负责人也在第一时间拨打了 120 进行救助。而吴某作为成年人，应该为自己的行为负责任。广州市中级人民法院于 2018 年 4 月 16 日作出判决：依照《民事诉讼法》第 170 条第 1 款第（一）项之规定，撤销一审判决。二审案件受理费 10 113.46 元，由李某月、李某如、李某托、李某坤负担 9391.07 元，红山村民委员会负担 722.39 元。本判决为终审判决。

【案例点评】2017 年广州景区老人偷摘杨梅摔死案件，曾经备受媒体和社会关注。本案例与郑州劝阻电梯内抽烟的案例虽然场所、原因、诉讼请求不同，但是判决结果有如下相似之处：①案件审理过程都同样备受媒体和公众关注。因为，具有现代法治理念的年轻网民，大多并不认同"死者为大""谁闹谁有理""用赔偿换和谐"的传统理念。他们认为严肃神圣的法律必须先分清法律责任，再决定是否赔偿和补偿金额多与少的问题。被告没有任何过错，根本不存在补偿问题。②广州花都区人民法院判决被告对死者家属补偿 4.5 万元，也明显属于象征性补偿，而不是赔偿。类似判决过去很常见，法官主要担心死者家属不接受一分钱不补偿的判决，影响社会和谐安定。③两个案件类似，原告上诉至中级人民法院后，中级人民法院二审都作出了同样的改判，认定无过错的被告不应该补偿死者经济损失，本案花都区人民法院和郑州市金水区人民法院的一审判决极为相似，判村委会补偿死者家属 4.5 万元，也属于对死者家属的象征性、安慰性补偿，或许是出于对死者家属拿不到任何补偿会继续闹下去的顾虑。④原告上诉至中级人民法院后，广州市中级人民法院和郑州市中级人民法院的二审结果一样，被告没有任何过错，撤销一审 4.5 万元补偿的判决，不予任何补偿。⑤看到备受网民关注的案件终于得到公正的判决，媒体和公众纷纷点赞、支持。

绍兴老人超市行窃被抓突发疾病　家属索赔 16 万

【案情介绍】 2018 年 12 月的一天，绍兴诸暨老人楼某去超市购物。买了四件商品，只结算两件商品的钱，藕与洋葱未结算。于是在超市工作人员搀扶下让老人到超市办公室接受调查。在询问期间，老人出现了头晕、呕吐等症状。超市负责人随之拨打 120 急救电话，并进行了简单的救治行为，对老人进行简单按摩、擦拭、解开衣领等救助行为。在公安民警到场后，在民警的见证下将老人抬到路边树下一起等待救护车。期间民警还叫来医疗所医务人员进行救治。一直到急救人员赶到，老人被救护车拉走。入院之后，老人被诊断为脑干出血造成的呼吸衰竭，属于脑出血后遗症。超市本着"人道精神"去医院进行了探望，并给了老人家属 2000 元钱。老人的家属将超市告上法庭，要求索赔 16 万元。

【法院审理】 经法院审理，认为老人有不诚信行为，超市问询无可厚非，发病期间，超市处置并没有过错，所以超市不该承担这笔费用。一审宣判之后，家属不服，上诉至绍兴市中级人民法院。绍兴市中级人民法院处理结果是维持原判，驳回上诉。

【案例启示】 回顾 2018 年绍兴诸暨老人超市购物逃单交涉致病案，可以厘清责任与赔偿的法律关系。①老人购物后，部分商品不结算，属于逃单的不法行为（严重者属于偷盗，因为商品价值很低，可以不追究刑事责任）。但是超市工作人员向老人问询证实逃单事件时态度很好，没有冒犯老人，属于正常的工作程序，并没有主观和客观上的过错。②当问询中发现老人出现了头晕、呕吐等不适症状后，超市工作人员及时拨打 120 急救电话，并进行了有效的简单救治，在民警的注视下老人被抬上了救护车。在此过程中，超市工作人员并无不妥之处。③法院作出不予赔偿的判决是正确的，既符合法律，也符合公序良俗。④此案引发网络热议，有人联想到南京彭宇案。2006 年，南京青年彭宇因为扶摔倒的老太太被讹索赔十多万元，一审法院判决赔偿 4 万多元；二审程序和解处理。说明这种诉求违背了社会公德。有人认为彭宇案对社会风气造成了不好的影响，彭宇案之后的"扶不扶"问题一直是社会关注和纠结的道德与法律问题。

女子被困电梯　物业不予施救

【案情介绍】 2019 年 11 月 30 日晚上 7 点，西安一小区业主因被困电梯而向物业求救，物业却称自己下班了，拒绝去救业主。一位业主当时非常生气，质问物业人员：师傅，下了班就不救了吗？物业人员的回复让人感到匪夷所思："我下班了，明天上班再说！"这种回答既不合法，也不人道。

【案例点评】 ①物业公司和业主之间是一种合同服务关系，物业公司员工遇到业主被困电梯求救，营救是物业员工应尽的义务和责任。如果营救有技术难度，可以报警由政府应急部门救援，决不能因为下班就不管不问。②如果因物业工作人员不施救导致业主在电梯中受伤，物业公司将因过错承担赔偿责任。③如果因不施救导致业主死亡，物业接到求救电话不施救、不报警的值班员工将涉嫌过失致人死亡罪，要依法承担刑事责任。④《民法典》第186 条规定："因当事人一方的违约行为，损害对方人身权益、财产权益的，受损害方有权选择请求其承担违约责任或侵权责任。"

醉酒男子电梯井坠亡

【案情简介】 厦门市思明区华侨海景城一单元楼内，一男子不慎从电梯井的 15 层坠落，而物业人员欲下到井下救援时也不慎摔伤，市消防支队接到报警后，立即调派辖区浮屿中队 2 辆消防车和 12 名官兵赶赴现场处置。到达现场后，消防官兵从 2 楼的位置撬开电梯层门，随后便看到，两名男子正躺在位于一楼的电梯轿厢顶部，均已经失去意识。现场指挥员叫来物业的技术人员，将电梯系统断电，防止意外发生，并派出两名官兵到 15 层的电梯口警戒，防止有人再次从已经损坏的 15 层电梯口跌下。随后，消防官兵将梯子从二楼电梯口架到电梯轿厢顶部，并与医护人员一同下到电梯轿厢，经医护人员现场确认，从 15 层跌下的男子已经没有生命迹象，消防官兵决定先将昏迷的物业人员救起，将绳索和腰带固定好后，由井上井下的人员一同拉起；之后，又用同样的办法将死亡的坠楼男子的遗体拉到井上。据物业方面介绍，坠落男子可能是因为醉酒后操作电梯，用脚踹门，将电梯层门踹坏，不慎从 15 楼电梯口跌下。而一名物业人员在自行进行救援时，也不慎摔下电梯轿厢。

【案例点评】①本案根据民法侵权责任，认定死者系酒后暴力乘用电梯，跌入电梯井死亡，没有侵权人，死者应该自行承担其死亡责任。②物业公司维修人员在抢修电梯时，违背规章，虽然本人有过错，但是跌入电梯井受伤，其行为是出于工作之中，故应该认定为工伤，其医疗费由社保承担，物业公司可酌情给予一定的补偿。③本案例的警示意义在于：酒后违法对他人造成伤害的后果依然要负法律责任，对自身造成的伤害后果自己负担；电梯事故，抢修工人一定要按照规程作业，首先确保自身安全。

业主电动车小区内被盗拒交物业服务费案

【案情简介】2016 年 9 月 15 日，业主张某将其电动车停放在小区楼下，次日早晨张某发现该车被盗，遂打 110 报警，此案至今未被侦破。张某故以物业服务公司平日对小区的治安等方面疏于管理，未尽到维护小区公共秩序及安全保卫义务为由，提出物业服务公司赔偿其车辆损失的抗辩并拒交物业服务费。

【法院判决】法院判决张某向 B 物业服务公司交纳物业服务费，并承担相应违约责任。

【案例点评】小区的建设单位（开发商）与张某签订的前期物业服务合同对业主和物业服务公司都具有约束力，但该合同条款中没有看管业主财产的内容，双方也未曾签订车辆停放保管合同，小区内未设固定停车场所，车辆进出小区也不实行电子门卡控制，张某的车辆进出小区以及在小区内停放期间并不受物业服务公司控制，在双方未就车辆看管作特别约定且物业服务公司仅向张某收取低额物业服务费的情况下，若使物业服务公司担负看管或防护众多业主私人物品的责任，显然权利义务明显不对等，有违民法的公平原则，故张某拒交物业服务费，没有法律依据。此外，业主要求赔偿车辆被偷的损失与本案分属不同法律关系，业主可另案起诉主张权利。

（点评人：甘肃省嘉峪关市中级人民法院　杨立国）

第八节　交通事故案例

交通事故人身伤害案的责任归属

【案情介绍】一男子停车后忘记拉手刹，被自己的车轧死。家属向路边违停车辆和保险公司索赔 107 万元，理由是违停车辆影响了死者的逃生机会。法院审理判决，驳回了原告的全部诉讼请求，原告败诉。

【案例分析】第一，死者未拉手刹，造成自己的死亡，自己主观上存在过错；第二，违停车辆的车主主观上没有过错；第三，车辆违章停车和造成死者死亡之间没有因果关系，不应该负赔偿责任。所以法院判决驳回原告的诉讼请求是正确的。

免费搭车引发赔偿案

【案情介绍】2006 年 9 月 29 日，河北省阳原县农民杨某奔驾驶农用车从县城至乡下运输石子，老乡让杨某奔顺便帮自己捎回来一口棺材，杨某奔答应。途中遇到下雨，一个小伙子要求搭车，因为害怕雨淋就钻进空棺材。后又有一妇人也搭乘这辆车。过了一些时间，小伙子从棺材里钻出来想看一下雨是否停了。妇女看到棺材里露出人头，因受惊吓而跳车，后不治身亡。死者家属把司机和乘车人告上法庭。

【判决结果】法院依法判决被告杨某奔承担交通事故责任的 70%。死亡总赔偿额共计 67 645 元，杨某奔赔偿 47 353.15 元；死者承担 20% 责任；被告男青年自愿承担 10% 责任，即 6700 元。

【案例分析】①法院判令本案中的司机承担主要责任，因为他违反了《道路交通安全法》禁止客货混装的规定，司机车上装有石子材料、上边还放了一口棺材。货物上边或者里边再搭乘（包括免费搭乘）客人，行驶途中存在发生交通事故和危害乘客安全的风险。②本案中，司机本来是做好事，先后允许两个人免费搭车，但是忽略了客货混装的法律和实际风险，导致搭车妇女受惊吓跳车身亡的严重后果，虽然司机允许妇女搭车没有收费，但是依然要为其死亡承担民事赔偿责任。法院判赔的金额并不多，属于合法合理的赔偿范围。

第九节　劳动争议纠纷案例

股东与公司之间并非劳动关系

【案情介绍】2014 年 3 月 4 日，王某甲、王某乙、王某丙、林某阳、陈某霞、张某平共同发起设立爱华公司；经营范围包括技术开发、技术咨询、技术服务等内容。2014 年 6 月 1 日，各方签订公司章程，载明技术股东林某阳认缴出资额 80 万元，占注册资本的 7%，出资方式为知识产权及技术入股，于公司成立之日起缴足。林某阳任公司技术主管。2015 年 1 月 1 日、2015 年 12 月 30 日、2017 年 1 月 27 日，爱华公司连续三年向王某甲、王某乙、林某阳、王某丙分别支付 5 万元股东生活补助费，除此之外，再未支付其他费用。2018 年 6 月 20 日，林某阳离开爱华公司。2018 年 9 月，林某阳向劳动仲裁委申请仲裁，要求确认与公司之间的劳动关系并支付 2014 年至 2018 年其在职期间的工资。该案经仲裁委、法院一审、二审审结。

【法院审理】法院审理后认为，林某阳作为发起人之一，其既是爱华公司的股东，又是该公司的管理人员，属于公司的经营、管理人，其在公司所任技术主管一职，能够与其在爱华公司以知识产权及技术作为出资方式相印证，故其在公司的经营管理权有别于劳动关系所规定的劳动者特征，且双方并无建立劳动关系的合意。故林某阳基于双方系劳动关系的各项主张，依法不予支持。

【案例点评】①原劳动和社会保障部《关于确立劳动关系有关事项的通知》规定："一、用人单位招用劳动者未订立书面劳动合同，但同时具备下列情形的，劳动关系成立。（一）用人单位和劳动者符合法律、法规规定的主体资格；（二）用人单位依法制定的各项劳动规章制度适用于劳动者，劳动者受用人单位的劳动管理，从事用人单位安排的有报酬的劳动；（三）劳动者提供的劳动是用人单位业务的组成部分。二、用人单位未与劳动者签订劳动合同，认定双方存在劳动关系时可参照下列凭证：（一）工资支付凭证或记录（职工工资发放花名册）、缴纳各项社会保险费的记录；（二）用人单位向劳动者发放的'工作证'、'服务证'等能够证明身份的证件；（三）劳动者填写的用人单位招工招聘'登记表'、'报名表'等招用记录；（四）考勤记录；（五）

其他劳动者的证言等。……"②本案中，林某阳作为爱华公司创始股东，一直以股东身份参与公司管理，不受公司规章制度的约束，不用考勤打卡上下班，每年享受 5 万元的股东生活补助待遇。自 2014 年至 2018 年，历时 4 年，爱华公司均未向林某阳支付劳动报酬，林某阳未离职，更未向爱华公司提出任何异议。由此可见，林某阳在公司的身份不符合劳动者的特征，且林某阳认可其在公司享受的股东权利及待遇。所以，双方之间从未有建立劳动关系的合意，也从未形成劳动关系的事实，依法不存在劳动关系。

（点评人：第七期全国廉政法治建设高级研修班学员　胡天生）

帮工过程中受伤属于民事纠纷

【案情简介】甲和乙是同村好友。甲得知乙家正在修建新房，主动来乙家帮工，乙欣然接受。甲在帮工中不慎被从高空坠落的砖块将头部击成重伤，在医院治疗花费了巨额医疗费。后甲找到乙，希望乙能为其支付医疗费，乙以甲非自己雇请为由拒绝。两人关系破裂，甲诉请法院裁决。

【法院裁定】当地人民法院判决乙赔偿甲的医疗费用。

【案例点评】本案甲出于帮助邻居和好友的善意主动帮工，乙欣然接受，未明确予以拒绝，根据我国有关司法解释，帮工者因帮工活动遭受人身损害的，被帮工人应当承担赔偿责任。根据《最高人民法院关于审理人身损害赔偿案件适用法律若干问题的解释》（2020 年修正）第 5 条的规定，帮工人因帮工活动遭受人身损害的，被帮工人应当承担赔偿责任。被帮工人明确拒绝帮工的，不承担赔偿责任；但可以在受益范围内予以适当补偿。帮工人因第三人侵权遭受人身损害的，由第三人承担赔偿责任。第三人不能确定或者没有赔偿能力的，可以由被帮工人予以适当补偿。

（点评人：第七期全国廉政法治建设高级研修班学员　章敏感）

成都市人社局因举证不利导致工伤认定败诉案

【案情简介】2016 年，成都市双流区人民法院一审认为，被告成都市人力资源与社会保障局（以下简称"成都市人社局"）作出《不予认定工伤决定书》的行政行为，证据不足，适用法律法规错误，应当撤销，遂依法判决：撤销被告成都市人社局于 2016 年 2 月 5 日作出的《不予认定工伤决定书》；

责令被告成都市人社局重新作出行政行为。一审宣判后，成都市人社局不服，向成都市中级人民法院提起上诉。成都市中级人民法院二审驳回上诉，维持原判。

【法院审理】成都市中级人民法院在该案二审庭审时发现，成都市人社局负责人委托了成都市新都区人力资源和社会保障局工作人员作为"相应的工作人员"代为出庭，不符合《行政诉讼法》及《国务院办公厅关于加强和改进行政应诉工作的意见》相关要求，遂向成都市人民政府和成都市人社局发出司法建议，要求成都市人社局依法履行出庭应诉职责。

【案例分析】工伤认定涉及劳动者遭遇事故后劳动者及其家人的切身利益和社会公共利益的平衡，作出工伤认定的社会保险行政部门依法履行职务是法治政府依法行政的应有之意。本案的典型意义在于，除了工伤认定受到社会广泛关注以外，还在于在交警部门对案涉交通事故现场调查后无法作出事故责任认定的情况下，针对原告（即工伤认定申请人）提出的撤销社会保险行政部门作出的《不予认定工伤决定书》的诉求，审理案件的人民法院参照最高人民法院发布的第 69 号指导案例进行裁判说理时，依法对《工伤保险条例》第 14 条第（六）项作出了加重社会保险行政部门审查义务的补漏性解释，司法公正的天平再一次向劳动者倾斜的同时，积极倡导公共社会应当对劳动者的人身和财产合法权益给予充分的关注。透过本案的审判活动和裁判结果，我们欣喜地看到人民法院在程序上和实体上给予了劳动者充分的权利保障。

（案例观点：四川省律协行政法专业委员会主任　张志）

第十节　医疗纠纷案例

李某医疗损害纠纷案：侵权之诉与违约之诉的竞合

【案情介绍】李某于 1994 年 2 月 19 日发生车祸，某公司司机曹某对事故负全部责任。李某于 1994 年 2 月 23 日正式办理住院手续，1994 年 6 月 9 日某医院给李某进行了"腰椎板切除减压术"，因某医的漏诊、误诊及手术延误，导致李某的肩关节、肱骨、颈椎、胸椎一直没有得到治疗，导致李某右肩关节腔积液、右肱骨大结节骨折、颈椎胸椎变形并瘫痪至今。

【案例点评】该案件正在审理过程中，在代理该案件过程中出现了侵权之诉与违约之诉竞合的问题，二者之间如何区分与选择是一个重要的问题。侵权之诉与违约之诉存在本质区别。

第一，适用法律不同。侵权责任法侧重于对受损害方受到不法侵害时的事后救济，设立的是不得侵害他人人身或财产等权益的法定义务，对当事人一方的约束主要体现为承担强制性的侵权法律责任。合同法侧重于尊重当事人双方事前意思自治所形成的合意，设立的是不得违反当事人双方之间合同的约定义务，对当事人一方的约束主要体现为承担违反双方契约的违约法律责任。就本案而言，李某选择侵权之诉适用的法律是侵权责任法，选择违约之诉适用的法律是合同法。

第二，构成条件不同。一般侵权必须满足侵权行为、损害结果、行为与结果之间的因果关系、当事人过错等四个构成条件。违约则只需要满足当事人一方不履行合同义务或者履行合同义务不符合事前约定的构成条件即可。本案中，构成侵权需要满足的条件是某医院具有漏诊、误诊侵权行为，该侵权行为给李某造成了瘫痪至今严重的损害后果，某医院的侵权行为与该损害后果之间具有因果关系，且某医院存在过错行为。违约构成的条件为某医院为履行合同义务，例如未按照合同规定对李某某进行各项检测、未履行全面的诊断义务等。

第三，归责原则不同。侵权行为一般适用过错责任（包括过错推定）原则，即当事人存在主观过错才承担侵权责任。违约行为则适用严格责任原则，即不论当事人是否存在主观过错，只要其不履行合同约定义务或履行义务不符合合同约定且不存在不可抗力、另一方原因、免责条款等法定或者约定免责事由的，就应承担违约责任。因此，在严格责任及合同相对性原则下，即使是合同以外的第三人原因导致当事人出现违约行为的，当事人的违约责任亦不能免除。就本案而言，如果提起侵权之诉，某医院要具有过错行为才承担责任，而如果提起违约之诉，只要某医院未尽到合同中应尽的义务且不存在不可抗力、另一方原因、免责条款等法定或者约定免责事由的，某医院就要承担违约责任。

第四，举证责任不同。侵权之诉一般由受损害方对侵权行为、损害结果、行为与结果之间的因果关系、当事人过错等构成条件承担举证责任，而违约之诉一般由受损害方仅仅对违约当事人是否存在违约行为承担举证责任即可。

《最高人民法院关于民事诉讼证据的若干规定》（2008 年调整），"……因医疗行为引起的侵权诉讼，由医疗机构就医疗行为与损害结果之间不存在因果关系及不存在医疗过错承担举证责任"，如果医院未提供证据证明其主张，可以推定医院存在过错，应当承担相应责任。

（1）就本案而言，李某选择侵权之诉的举证范围和方向为：首先，李某必须就医患之间存在医患关系这一基本事实进行举证。李某要证明与医院存在医患关系的事实，李某必须出具法定医疗机构的正式挂号条、完整的门诊病历（注：如病历有缺页，由李某承担举证责任）、化验检查单、CT、收费单据，住院李某须出具门诊病历、出院通知、出院账单等证据。其次，李某还须证明确有损害后果的客观存在。必须出具医疗机构证明其有损害事实的诊断书、伤残鉴定书等。再次，如果李某的损害事实本身能够证明医疗机构在诊疗过程中存在过错，李某可以就此举证，而不需要医疗机构就是否存在过错的问题进行举证，因为根据事实自证理论，事实本身已经证明了一切。最后，李某须证明其损害结果与医疗机构的医疗行为有关。

（2）就本案而言，李某选择违约之诉的举证范围和方向为：首先，由李某证明存在"医疗服务合同"关系，以确定"适格的原告"和"明确的被告"；其次，证明李某存在具体的损失结果。最后，证明医疗机构存在违反约定义务的行为，这种违反行为与李某受损具有因果关系。

总结：侵权之诉注重保障法定义务的履行，其构成条件相对复杂，受损害方举证责任较重，但侵权当事人承担的赔偿数额较高；违约之诉注重保障约定义务的履行，其构成条件相对简单，受损害方举证责任较轻，但违约当事人承担的赔偿数额较低。

第十一节　保险理赔案例

商业保理业务中应收账款不真实时的合同效力认定

【案情简介】原告系 2013 年成立的以从事国内保理业务的保理公司。2014 年 7 月 28 日，原告与被告某工贸公司签订《保理业务合同（有追索权）》（合同编号：2014YZ009），约定被告某工贸公司向原告转让其对案外人某煤炭公司于 2015 年 1 月 29 日到期的应收账款人民币（以下币种同）

1500 万元，原告向被告某工贸公司提供贸易融资 1000 万元。同日，被告某数控公司、刘某、王某分别向原告出具了《不可撤销的保证函》，均承诺为被告某工贸公司与原告订立的《保理业务合同（有追索权）》项下的合同义务提供不可撤销的连带责任保证，保证范围为"保理卖方应向贵公司支付的全部贸易融资款、违约金、损害赔偿金、约定损失赔偿金、贵公司为实现债权而支付的各项费用（包括但不限于诉讼费、仲裁费、律师费、差旅费及主合同项下等费用）和其他应付款项，以及主合同项下保理卖方应当履行的除前述支付或赔偿义务之外的其他义务"。保证期间为"自主合同项下保理卖方的第一笔债务履行期届满之日起至主合同项下保理卖方最后一期债务履行期届满后两年的期间"。上述合同签订以后，原告于同月 30 日收到被告某工贸公司支付的保证金 80 万元，随即将 1000 万元融资款汇入被告某工贸公司指定账户。2015 年 1 月 29 日，合同到期后，案外人某煤炭公司未支付应付账款，故原告于 2015 年 5 月 11 日向被告某工贸公司发送《应诉账款反转让通知书》，要求被告某工贸公司支付回购款 1000 万元及利息 146.2 万元（扣除 80 万元保证金后，实际应支付 1066.2 万元），但被告某工贸公司未及时履行。

原告诉称：2015 年 1 月 29 日，应收账款到期，融资期限届满，某煤炭公司未支付应付账款，被告某工贸公司也未归还融资款。2015 年 5 月 11 日，原告向被告某工贸公司发出《应收账款反转让通知书》，要求被告某工贸公司对应收账款及相应利息等进行回购，但被告某工贸公司一直未履行。故要求被告某工贸公司按约承担还款责任，被告某数控公司、刘某、王某在保证责任范围内承担责任。

被告某工贸公司、王某均未到庭应诉答辩。被告某数控公司、刘某共同辩称，不同意原告诉请，理由如下：第一，涉案《工业品买卖合同》为虚假合同，被告某工贸公司提供的增值税发票无登记信息，货物的出库单及入库单亦是虚假的；第二，本案所涉的基础合同和保理合同均为合同当事人恶意串通订立，目的在于骗取保证人提供保证，既损害了国家利益，也损害了第三人利益，应认定为无效合同；第三，原告提供的《不可撤销的保证函》为格式条款，该保证函免除了原告责任，加重了保证人责任，排除保证人主要权利的条款应认定为无效；第四，原告作为专业保理公司既有能力也有义务对被告某工贸公司提供的材料的真实性进行核查，原告因未履行应尽且必要的审核义务，应自行承担损失。

【法院判决】上海市浦东新区人民法院经审理认为，对本案所涉商业保理合同的效力及各方当事人之间的权利义务关系，应当适用原《合同法》总则的相关规定，并可以参照本法分则或者其他法律中相类似的规定，亦可以结合民法基本原理、商业保理运行模式及商业惯例进行处理。从法院查实的情况来看，原告在开展本次保理融资业务时，对证明被告某工贸公司与债务人某煤炭公司之间债权债务关系的《工业品买卖合同》、增值税专用发票、出库单、入库单进行了审查，在签订保理合同以后，亦告知了债务人某煤炭公司债权转让的事实，并对应收账款质押进行了登记，符合商业保理业务的操作惯例。

【案例点评】2021 年 1 月 1 日之前，保理合同在我国属于《合同法》合同分类中的"无名合同"。《民法典》出台后，将其归入标准合同的"保理合同"分类。应收账款转让是商业保理业务的核心内容。保理合同系可撤销的合同，如果债权人与债务人虚构债权骗取保理商融资款，保理商可以要求债权人按照保理合同承担责任，亦可以主张合同无效。在应收账款不真实的情形下，保证人责任不应当被免除，需根据保理商是否尽到审查义务确定是否可以减轻保证人的责任。

（点评人：保险代理人、第 18 期全国廉政法治建设研修班学员　邓媛媛）

溺水身亡获得巨额赔偿

【案情一】某客户在四川三岔河钓鱼不幸坠湖溺水身亡，生前该客户经济实力雄厚，从 2010 年开始陆续在保险公司投保了多份高额保险。在接到报案后，保险公司第一时间组织核实工作，并在最短的时间完成了审核流程，并最终赔付身故受益人共 1020 万余元。

【案情二】湖北荆门做工程生意的周先生，从 2009 年开始陆续在 11 家保险公司投保 58 份保险，其中有 22 份是属于他个人的意外险，保额达 1097 万元。2016 年 6 月上旬的一天晚上，周先生驾车行使于京山县雁门口镇途中，不慎冲入水塘，三天后被人发现，经确认为溺水窒息死亡。周围群众发现后报警。警方勘查了事故现场，排除他杀嫌疑，认定为意外交通事故。

【理赔诉讼】2016 年 11 月，原告周先生的女儿周某云将中国平安人寿荆门中心支公司等保险企业告上法庭，这是湖北省荆门市掇刀区人民法院开庭审理湖北荆门保险行业最受关注的第一案。在庭审现场，几方就公安机关的相关调查情况、案发地现场情况等进行了激烈辩论。保险公司列举的疑点，主要有三个：①周某在死前几个月内，刚刚投了巨额保险，有骗保嫌疑；②周某生前公司经营不善，欠有外债，有骗保动机；③周某死亡时未解开安全带，车窗也未打开，没有自救措施，更像是自杀。根据保险合同中免责条款的规定，一旦确认周某是骗保自杀，他的家人将得不到任何赔偿。警方结合周某没有毒驾、酒驾的记录，最终认定，他的死亡为意外溺水。后来，法庭查清证据，决定由各方参与调解理赔结案，11 家保险公司合计赔付投保人周某家属金额 980 多万元。

【案例启示】①第一个案例并没有引起多少媒体关注，所以警方认定投保人死因后，理赔比较顺利。第二个理赔案例，通过媒体报道和当地保险协会介入形成舆情热点。此案备受关注，因为 11 家保险公司保单加在一起，涉及的总保险金额高达 1097 万元。当时是湖北省最高理赔金额。进入诉讼理赔程序后，法院选择了调解理赔，最终 11 家保险公司完成了赔付。②通过以上两例保险理赔案例，可以给投保人以下启示：首先，投保人出现交通事故等意外之后，家属第一时间要及时向有关部门报案并报警，由警方及时保留现场，有利于日后警方对事故性质定性；另一方面应该在 48 小时内告知投保的保险公司。否则影响了警方报案和保险勘查，都对理赔不利。其次，如果当事人和投保人没有生命威胁，尽量不要轻易驶离现场。最后，当事人证据齐全后，及时向保险公司提出理赔申请。得到保险公司拒赔后，再到法院提起诉讼。③涉及事故理赔，主要参考《保险法》第 21 条规定："投保人、被保险人或者受益人知道保险事故发生后，应当及时通知保险人。故意或者因重大过失未及时通知，致使保险事故的性质、原因、损失程度等难以确定的，保险人对无法确定的部分，不承担赔偿或者给付保险金的责任，但保险人通过其他途径已经及时知道或者应当及时知道保险事故发生的除外。"还可参考《保险法》第 22 条："保险事故发生后，按照保险合同请求保险人赔偿或者给付保险金时，投保人、被保险人或者受益人应当向保险人提供其所能提供的与确认保险事故的性质、原因、损失程度等有关的证明和资料。保险人按照合同的约定，认为有关的证明和资料不完整的，应当及时一次性通知投保人、被保险人或者受益人补充提供。"

客户购买航班延误险获赔 300 万元

【案情简介】2019 年 6 月 9 日，南京市公安局发布消息称，鼓楼警方成功侦破一起航班延误保险诈骗案，从 2015 年至今，嫌疑人李某通过购票虚构行程，在近 900 次延误航班中获得了高达 300 多万元理赔金。目前，李某因涉嫌普通诈骗罪与保险诈骗罪已被警方采取刑事强制措施，案件正在进一步办理中。后李某因涉嫌诈骗罪和保险诈骗罪被警方刑事拘留。

【案件分析】李某曾有过航空服务类工作经历。此案在媒体公布后，成为网民和律师讨论的热点。支持有罪方与支持无罪方各不相让。

【有罪认定理由】①故意利用航班延误保险漏洞。李某在网上挑选延误率比较高的航班，再去查这个航班飞行的路线有没有极端天气。如果觉得延误的概率比较高，就买这个航班的机票并且把航班延误险买好了，如果如她所料航班延误了，就能获得保险公司赔付，购买一份航班延误险的保费大概是 40 元左右，赔付的金额在 400 元至 2000 元不等。如果延误时间长，甚至可以获得 7000 元至 8000 元的赔偿。②没有实际出行需求，只是为了获得理赔而购买机票。③为了避免被发现，借用他人身份信息订票。④李某用了 20 多个亲戚朋友的身份证。⑤多次作案，说明有主观骗财的故意。李某从 2015 年开始利用近 900 次航班延误，从保险公司获赔近 300 万元，这意味着她从每次航班平均获赔近 3300 元。

北京律师周兆成认为，涉案女子李某"薅羊毛"（占便宜）的民事行为，虽然不构成保险诈骗罪，但是涉嫌构成《刑法》上的诈骗罪。就目前所获信息，李某该行为虽不符合保险诈骗罪规定的五种骗保行为，但是却符合《刑法》规定的诈骗罪的构成条件，即主观上李某具有非法占有保险公司延误险理赔金的故意，客观上实施了诈骗罪标准流程行为，即虚构李某及其亲人要乘坐飞机的欺骗行为，这种欺骗行为使保险公司以为李某存在真实乘机延误的错误认识，该认识错误使得保险公司进行赔付，李某获取保险理赔金，保险公司遭受损失。保险理赔的目的在于弥补不确定因素所造成的损失，飞机延误险仅几十元，而延误险的理赔金则为 400 元至 2000 元不等，有的高达 7000 多元，李某多次通过此种方法取得了 300 多万元的保险理赔金。本案虽存在特殊之处，即航空公司确实存在延误的事实，李某也实际进行了投保，表面上看属于"钻漏洞"，但是李某利用这种漏洞，没有乘机需求却利用自己身份信息及亲人身份证信息购买多张飞机票和延误险，在没有乘机需求、实际没有损失的情况下有组织有计划地实施骗保行为，明显具有非法占有的主观故意，其行为已经构成了诈骗罪，且数额特别巨大，最高可被判处10年以上有期徒刑。

（点评人：北京资深律师周兆成等观点综合）

【无罪认定理由】①利用其熟悉航空服务延误险中没有人工核验的漏洞，分析出几条延误率最高的航线；②根据天气情况利用骗取的亲人身份证信息购买多张飞机票及延误险；③如果飞机没有延误则退票，延误则着手理赔，进而获得保险费用。利用商业模式中的漏洞获利，属于商业投机行为，不构成刑法上规定的诈骗罪和保险诈骗罪。

（点评观点来自：部分网民观点综合）

牛某冬等购买航空延误险构成诈骗罪

【案情简介】2018年12月，被告人牛某冬伙同被告人孙某隆利用中国太平洋财产保险公司航空延误险自助理赔系统漏洞，通过手机上的民生银行信用卡APP，虚构航班延误的保险标的，反复多次以他人名义申请保险标的理赔款，共计骗取人民币227 200元。其中，被告人孙某隆明知牛某冬使用其名义反复多次申请理赔款，为牛某冬提供身份信息、银行账户并协助转账，帮助牛某冬骗取人民币22 400元。被告人牛某冬、孙某隆于2019年6月21日被抓获归案。被告人牛某冬赔偿被害单位损失人民币231 200元。

【法院审理】法院认为，被告人牛某冬、孙某隆以非法占有为目的，虚构事实，骗取被害单位财产，且牛某冬骗取数额巨大，孙某隆骗取数额较大，二被告人的行为均已构成诈骗罪，依法应判处被告人牛某冬犯诈骗罪，判处有期徒刑3年，并处罚金人民币60 000元。被告人孙某隆犯诈骗罪，判处有期徒刑6个月，并处罚金人民币10 000元。

男青年电死母亲骗保被判刑

【案情简介】男青年陈某，给母亲购买了百万元人寿意外死亡保险后，用漏电理疗设备企图害死母亲，后来漏电的理疗设备没有把他母亲电死，他就用板子拍打母亲头部，导致其母亲死亡。

【法院审理】为了骗取保费，故意伤害致死，构成故意杀人罪。

【案例分析】①本案涉及《刑法》第 198 条规定："有下列情形之一，进行保险诈骗活动，数额较大的，处五年以下有期徒刑或者拘役，并处一万元以上十万元以下罚金；数额巨大或者有其他严重情节的，处五年以上十年以下有期徒刑，并处二万元以上二十万元以下罚金；数额特别巨大或者有其他特别严重情节的，处十年以上有期徒刑，并处二万元以上二十万元以下罚金或者没收财产：（一）投保人故意虚构保险标的，骗取保险金的；（二）投保人、被保险人或者受益人对发生的保险事故编造虚假的原因或者夸大损失的程度，骗取保险金的；（三）投保人、被保险人或者受益人编造未曾发生的保险事故，骗取保险金的；（四）投保人、被保险人故意造成财产损失的保险事故，骗取保险金的；（五）投保人、受益人故意造成被保险人死亡、伤残或者疾病，骗取保险金的。有前款第四项、第五项所列行为，同时构成其他犯罪的，依照数罪并罚的规定处罚。单位犯第一款罪的，对单位判处罚金，并对其直接负责的主管人员和其他直接责任人员，处五年以下有期徒刑或者拘役；数额巨大或者有其他严重情节的，处五年以上十年以下有期徒刑；数额特别巨大或者有其他特别严重情节的，处十年以上有期徒刑。保险事故的鉴定人、证明人、财产评估人故意提供虚假的证明文件，为他人诈骗提供条件的，以保险诈骗的共犯论处。"②本案符合《刑法》第 198 条第 1 款第（五）项规定："投保人、受益人故意造成被保险人死亡、伤残或者疾病，骗取保险金的。"同时，也符合《刑法》第 232 条规定，"故意杀人的，处死刑、无期徒刑或者十年以上有期徒刑"。③此类恶性案件发生，不仅从法律上给人们以警示，也给社会道德底线画出一道红线：无论改变人生处境多么需要金钱，都不能丧尽天良以杀害亲生母亲为代价获取保险理赔。

业务员承诺理赔　治病时遭到拒赔

【案情简介】客户赵女士买保险时，某保险公司业务员承诺"即使被保险人患有甲状腺结节也可投保，也可理赔"。而当被保险人出险住院治疗申请理赔时，保险公司却变了脸，把业务员的承诺当成"纯系个人行为"，并且以投保人"隐瞒事实""未尽告知义务"为由拒绝理赔，要求"解除保险合同并不退还保险费"。

赵女士将保险公司告上法庭，要求保险公司按照合同约定支付保险金21.6万元。

【法院判决】保险公司一审诉讼败诉后，某保险公司提起上诉。菏泽市中级人民法院驳回上诉，判决某保险公司5日内支付赵女士保险金21.6万元，如果保险公司未按判决指定的期间履行给付义务，应加倍支付迟延履行期间的债务利息。

【案例点评】此案具有以下几点案例研讨价值：①保险公司业务员违规操作，保险公司应该赔付客户；②签订保险合同时，保险公司业务员应该就合同条款向客户解释清楚，没有尽到告知义务，一旦发生诉讼，应该按照保险合同有利于客户的权益解释，并得到法院支持。③客户购买保险产品时，应该重点审阅保险合同内容和理赔条件的条款，不要草率签约。

第十二节 银行业服务纠纷案例

信用卡盗刷 银行赔付

【案情简介】2015年2月，唐某致电人民银行某中心支行投诉，称其于2月5日15时36分收到A银行客服发送的刷卡消费短信提示"某商城刷卡消费30 400元"。因唐某本人在2月5日未使用信用卡进行过任何消费，遂向A银行信用卡中心反映，被告知此笔消费已发生。同时，唐某向某商城客服反映了这笔消费的异常情况，某商城客服答复"由银行提供相关流水号和订单号，即可终止非本人消费的交易"。随后，唐某又致电A银行信用卡中心要求及时提供相关单据，但客服答复"会在3个工作日内进行处理，无法及时提供相关单据"，导致当日17时商品被收货人签收。

唐某提出三方面诉求：一是本人的信用卡一直随身保管，且密码并无泄露，资金被盗刷的责任应该全部由A银行承担；二是A银行制度过于死板，客服不积极作为，导致错过了终止交易减少损失的有利时机，A银行应进一步提升服务质量；三是本人的信用记录如因此而出现逾期，与本人无关。

【处理情况】A银行信用卡风险管理部门核实，收货人刘某在某商城购买了两部手机、两块手表。经过调查，确认唐某信用卡被不法分子制作了

"伪卡",在ATM测定了该卡的额度,并通过线下以CVV2码(信用卡背面后3位数)完成交易支付(不需要密码)。基于调查结果,A银行将唐某信用卡30 400元异常交易列为"伪冒"业务,唐某无须履行归还义务,A银行启动内部快速赔偿机制进行赔付,并就此案反映出的内部制度不完善问题进行及时研究修订。

【案例警示】此案例的警示意义在于,银行与商业机构合作制作特殊用途的银行卡时,一定要在技术和道德两个层面充分评估,如何防止盗刷风险。一旦发现专用卡设计有技术性漏洞,应该立即提出应对的对策,确保客户使用专用卡的资金安全。避免专用卡被不法分子利用,进行消费。一旦造成经济损失,只要用户及时告知银行,客户就不需要承担银行卡盗刷行为造成的损失。而这个损失只能由银行承担。

客户在银行存款被骗买保险要求退保

【案情简介】2016年9月17日,刘女士反映,2011年6月份,她在某银行购买了某人寿保险的一款保险产品,当时向刘女士推销保险产品的理财经理称,刘女士连续5年每年交纳2万元后,能取走10万的本金和分红。银行承认刘女士购买的产品是其代理的保险产品。刘女士表示,她是在银行里办理的业务,并且个人保险投保单上盖的是"某银行万寿路支行"的章,"因为信任银行我才购买了这款保险产品"。保险险种名称为"生命红上红F款两全保险"(分红型)和"生命附加金管家年金保险"(万能型),保险合同生效日为2011年6月8日,合同期满日为2015年6月7日。某人寿保险北京分公司一客户经理认为,目前刘女士要取回所有本金的行为属于退保,只能按当前保险产品的现金价值退款,所以无法全额退款。如果刘女士非要取钱的话,现在只能拿到9.8万元,刘女士表示不能理解,为何10万元钱在保险公司放了6年,如今却连本金都取不出来,还要搭进去2000元。刘女士说:"这太荒唐了,入保时我38岁,怎么可能再活104年,我儿子都受益不了,得等到孙子了。"在某银行西翠路支行的大厅公告栏中记者看到,该支行目前代理的保险产品包括中国人寿、农银人寿、安邦财产3家保险公司的7款产品,西翠路支行的客户经理、柜员、大堂经理都具备保险销售从业人员资质。

【案例点评】本案之所以被媒体关注,主要是投保的期限太长,收益率没有保障。实际上，类似的客户被蒙骗，稀里糊涂买保险产品的现象时有发生。一个是客户没有耐心看复杂多达几十页、上百页的保险合同，一个是轻信保险经理人的口头表述。对客户不利的条款，会被保险或者理财经理故意忽略。殊不知，这种情况一旦发生诉讼，那些对客户不利和对保险公司权益过度保护的合同条款，法院不会支持，一般都是保险公司败诉。

银行与保理公司金融合作纠纷案

【案情简介】2015 年中国银行股份有限公司福州市鼓楼支行与捷普信息技术有限责任公司（以下简称"捷普公司"）、福建捷康医疗设备市场有限公司、虞某清、黄某金融借款合同纠纷案。

中国银行股份有限公司福州市鼓楼支行与捷普信息技术有限责任公司签订相关合同约定银行向捷普公司开展保理业务，捷普公司以应收账款作为保理标的，其余当事人就该笔业务向银行提供担保。经法院查明，该笔应收账款系捷普公司伪造，但在现实中，银行从业者依据业务流程审查单据并没有发现相关事实。嗣后，捷普公司无法履行相应保理责任，银行向法院起诉要求当事人承担保理融资清偿责任，并要求其他当事人承担担保责任。

【法院判决】案件经福州市中级人民法院、福建省高级人民法院审理认为，捷普公司用以融资的应收账款确有伪造之嫌。但是，没有证据证明银行在办理业务过程中明知，且银行在业务办理时已经对相关单据进行了必要审核。因此，有关保理不存在合同无效的法定情形，保证人就相关担保合同无效的主张，不予支持。要求被告依约承担相应责任。此外，捷普公司虚构"应收账款"以获取保理融资，虽涉嫌犯罪，但并不影响本案民事纠纷的审理，故无须驳回起诉。根据《最高人民法院关于在审理经济纠纷案件中涉及经济犯罪嫌疑若干问题的规定》第 10 条之规定，法院将发现的相关犯罪线索、材料依法移送侦查机关查处。

【案例点评】近年来，随着商品贸易的不断发展，"国内保理业务"作为一项集贸易融资、商业资信调查、应收账款管理及信用风险担保于一体的新兴综合性金融服务，得到了迅猛发展。尤其是 2008 年金融危机爆发后，保理行业高速发展，进入了一个新的平台。银行业将保理业务作为一项重要的供应链融资产品竞相拓展，挖掘其巨大的市场潜力，并将其作为新的利润增长点。但随之产生的，是内外诈骗事件频发，保理业务风险控制受到严峻考验。由于保理合同属于非典型合同，国内未对其进行法律层面的立法，相关监管部门所出台的规章，从各自角度出发，相互之间存在矛盾。本案的判决书及综合述评意见，无疑对于保理合同的规则确立具有相当重要的影响。

保理法律关系的核心在于应收账款转让，实践中很多保理合同因为应收账款不真实而引发纠纷。在判断保理合同是否有效时，为了平衡当事人双方的利益，不应对保理商审核应收账款行为做过多苛责。本案判决的第一个要点在于保理商对于基础交易真实性的注意义务。本案判决表明，在无证据证明保理商对应收账款虚假情况知情时，保理商已通过审查买卖合同、发票、交货凭证、买方确认应收账款函件等资料原件，即表明其已对基础交易行为的真实性尽到必要且谨慎的注意义务。本案判决的另一个要点在于，判决明确了保理合同与基础合同之间的独立性。一方面，即使交易背景虚假，也不影响相关保理合同及担保合同的效力。

（主要参考观点：福建江夏学院法学院院长　陈明添）

第十三节　航空铁路服务纠纷案例

法学研究生索赔 300 元航班延误险一审败诉

【案情简介】事情发生在 2019 年 7 月 23 日，一位法学研究生焦某平与父母通过网络购票平台，购买了 3 张南昌至北京的机票，起飞时间为 2019 年 9 月 2 日早上 7 时，并购买了三份组合险，规定航班延误 3 小时（含）以上，赔付 300 元，航班计划起飞时间后取消赔偿 100 元。两者不可兼赔。焦某平和父母在 2019 年 9 月 1 日上午便到达了南昌。当日 19 时 56 分，焦某平接到网络购票平台发来的信息，告知他所乘航班取消，但未告知原因。焦某平随即与客服沟通。客服称，只有改签该航空公司另外航班，或取消订单两种选择。"如取消订单，他们说要收取手续费，改签就没有手续费。"焦某平于是改签了最近起飞时间为 2019 年 9 月 2 日 14 时 20 分的航班。同时，客服告诉焦某平，理赔短信将于航班起飞后 5 个工作日内发送到他的手机上。2019 年 9 月 12 日，焦某平再次联系网络购票平台客服。这时他才被保险公司告知，其行为不属于理赔范围，拒绝赔付。焦某平对此结果不太理解，于是直接与该保险公司北京营业部也进行了沟通，保险公司依然拒绝赔付。

【诉讼过程】焦某平将保险公司起诉至法院要求赔付。北京市海淀区法院一审判决焦某平败诉。焦某平不服，提出上诉。焦某平认为，自己原本要乘坐的早上 7 点的航班被取消，然后改签为当天 14 点 20 分的航班，该情况符合保险条款中约定的延误情形，延误时间为 7 小时 20 分钟，保险公司应当赔付三份保险费 300 元。保险公司则辩称，承保的航班实际发生取消，不存在航班延误，则航班延误责任不成立。此外，保险约定的取消责任为航班计划起飞时间后发生取消，而此次航班是在起飞前一天便已短信告知乘客，亦不成立航班取消责任，因此不应理赔。

一审法院认为，航班被取消后，焦某平通过网站提供的退改链接自行选择替代航班，显然属于其个人在航班被取消后对行程做出的自行安排，最终选择的交通工具不属于"航空公司安排的替代性交通工具"，因此，也不构成航班延误险的理赔条件。一审法院驳回了焦先生的诉讼请求。焦某平认为，航空公司的退改链接行为实际上仅有两种选择，即取消订单和改签其航空公司提供的其他航班。但因为要交不少的手续费，第一种实际上没有操作的空间，消费者只能选择改签该航空公司提供的其他航班来避免损失。而这种提供当然应该视为"该航空公司所安排的替代性交通工具"，而不是像一审法院认为的那样，用户自己操作，就不属于"该航空公司所安排的替代性交通工具"。

【案例分析】①保险公司的解释明显在推卸责任。该航班在起飞前一天就取消了，而不是在"计划起飞时间"后才取消，所以也不需要赔付航班取消险。这里的关键问题，就是对"航班取消"的定义。由于法律上并未对"航班取消"作出界定，是否理赔，取决于各家保险公司的条款。而案涉保险公司对"航班取消"的定义是"计划起飞时间后取消"。意思是，假设航班是中午 12 时起飞，即使乘客提前到达机场，航空公司只要在起飞前通知航班取消，哪怕是 11 时 59 分，保险公司也是不赔付的。"显然，日常生活中存在的航班取消，更多的是起飞时间前取消。"乘客在订购机票时，即已确定了计划起飞时间，提前取消和起飞时间后取消，都同样给乘客造成了损失。如果按照保险公司的解释，因为航班在前一天晚上即已取消，那么该保险标的就已经不存在，那就应当退还保费。②飞机延误，保险公司既不赔付，也不退还保费，于理于法都说不过去。明显是在利用自己在行业中的强势地位，置客户利益于不顾，因为每一个个体消费者在庞大的保险公司面前都是微不足道的"弱者"。③保险合同或者购买保险的票据是客户与保险公司之间的合约关系，客户购买保险付款后就完成了法定义务；而保险公司没有按照合同兑现承诺，就理所应当地该给客户理赔。

第十四节　赠与诉讼案例

老大爷将 500 万元房产赠与情人

【案情简介】2020 年 7 月 24 日，上海张女士报案称，自己 70 岁的老伴王先生在未告知自己的情况下，将家中价值 500 万元的房产赠与 40 岁的情人杨女士。王先生与杨女士通过炒股相识，两人曾 6 次开房，王先生之前也将一处位于黄浦区的房子过户给了杨女士，而这套房近期动迁，价值 500 万元。张女士在得知老伴将房子送给情人后很是震惊，遂将杨女士告上法庭。

【案情进展】杨女士收到法院传票后，主动联系张女士要求庭前调解，愿意将一半的安置款还回去，张女士也表示愿意撤诉。但是，到了约定的协商时间，杨女士却没有出现。无奈之下，张女士与女儿找到了杨女士的住所，在律师的见证下，签下了愿意退还一半安置款的协议。后来，张女士拿到了一半的安置款。

【案例启示】本案中，张女士于追回房屋一半补偿费后撤诉，而她的丈夫王先生也非常懊悔，他不应该轻易相信忘年恋。他看重的是对方的年轻容貌，而对方看重的是他的财产。此案曝光，对类似"被爱情遮盖真相犯糊涂"的人具有一定的警示作用。

牛某某诉被告王某某赠与合同纠纷

【案情简介】原告牛某某与被告王某某原系婆、媳关系，牛某某与杜某某（王某某长子，已于 2014 年去世）在共同生活期间，曾经常发生家庭矛盾，后为维护其家庭关系，2016 年母亲节当天，原被告双方签订土地承包合同，合同约定被告将其所分得 8.1 亩土地交由原告耕种，自 2017 年起至 2020

年秋终止。在签订该合同前，原告已种植该土地 11 年，现因原告违背诚信不
履行该承包合同，故诉至法院，主张按照诉讼请求维护权利。

【法院裁定】庭审查明，原告牛某某虽在 2017 年前长期经营诉争土地，
但并未向被告王某某支付任何费用，故予以认定双方系赠与合同纠纷，该赠
与合同的标的即为该让与的农村土地承包经营权，鉴于赠与行为的无偿性，
而受让人属纯获利益的一方，因此，法律规定，"赠与人的经济状况出现显著
恶化，严重影响其生产经营或家庭生活的，可以不再履行赠与义务"。本案
中，被告王某某虽负有赠与义务，但已年近七旬，长期在当地农村生活居住，
主要依靠村集体经济组织分配的口粮田满足生活温饱问题，并未发现其有其
他重要生活来源线索，而随着其年事愈高，如无法继续获得所赠与的土地经
营权，势必影响其家庭生活。故原告牛某某虽已历经生活艰辛，但较之被告
王某某目前的生活处境，更具有优势地位，如仅以所签订的"承包合同"为
由主张继续耕种土地，不应获得支持。

【案例点评】本案中，法院的裁定不是依据的合同法条款，而是依据调
查获得的实际情况，结合民事法律的赠与条款，作出了有利于被告的裁决。
因为过去被告同意无偿让原告耕种自己赠与的土地，如今被告年事已高，没
有其他谋生门路，只能靠耕种自己的土地维持生计。所以，法院基于这样的
考虑作出将土地耕种权收归被告的裁判，属于撤销赠与的法律行为。虽然这
个裁定合情合理，但是从《合同法》角度讲却不太合法。如果合同执行过程
中出现了"情事变更"的情形，经过当事人的协商，或者经过法院判决，可
以撤销或者提前终止合同的执行。但是，在作出裁决之前，法院应该适用诉
前调解程序比较妥当。如果原告不同意调解解除合同，法院还可以依法作出
撤销合同的裁定。

夫妻一方可基于意思表示瑕疵撤销夫妻共同赠与

【案情简介】张某杰与张某香于 1988 年 11 月登记结婚，次年 4 月张某
香生下张某微。1998 年 2 月，张某杰签订商品房预售合同，购买了上海市宝
山区的一处房屋。2002 年 4 月，张某杰、张某香及张某微被登记为该房屋的
共有人。2010 年 4 月，在张某杰与张某香的离婚诉讼中，经亲子鉴定，排除
了张某杰为张某微的生物学父亲。同年 5 月，一审法院判决准予张某杰与张

某香离婚（系争房屋未做处理），该判决已生效。张某杰随后以重大误解为由，于同年 7 月起诉要求撤销赠与张某微的系争房屋 1/3 的份额。张某微的监护人张某香辩称：即使原告存在重大误解，因原告起诉时距赠与行为发生已有 8 年，故其撤销权已消灭；即使张某杰能够行使撤销权，也仅能撤销系争房屋 1/6 份额的赠与。

【法院审理】法院认为，张某杰对张某微就系争房屋权利的赠与系基于张某微为其亲生女儿的认识，现张某微已确定非其亲生女儿，故可以认定，张某杰对其赠与行为内容存在重大误解，其对被告的赠与依法可予撤销。相关部门就亲子鉴定的鉴定意见书出具时间为 2010 年 4 月，此时距张某杰起诉尚不足 1 年，故张某杰撤销权并未消灭。判决撤销原告张某杰对被告张某微房屋房地产权利的赠与。宣判后，张某杰不服，一审判决实际上只撤销了系争房屋 1/6 份额的赠与，遂提起上诉。上海市第二中级人民法院经审理认为，张某杰与张某香同意张某微为房屋共有人并记载于房地产权利证书上，是基于对张某微是张某杰与张某香婚生子女的一致认知，并在此基础上所作的赠与。对于共同共有财产的处分，需各共有人一致意见才能作出，故张某杰要求撤销赠与的效力应及于整个赠与行为。据此，法院判决：撤销原审判决；撤销张某杰、张某香对张某微房屋房地产权利的赠与。

【案例点评】①《民法典》规定，撤销赠与合同的诉讼时效为 1 年，该期间为诉讼期间。赠与人的撤销权，自知道或应当知道撤销原因之日起 1 年内行使。本案中张某杰提出撤销赠与的诉讼时间没有超过 1 年。②夫妻双方将共有财产赠与他人后，如夫妻一方在赠与合同订立时存在意思表示瑕疵，意思表示瑕疵一方可诉请法院撤销该赠与。如符合可撤销合同撤销权行使的法定条件，法院应判决撤销夫妻对该他人的共同赠与，而不应仅判决撤销意思表示瑕疵一方对受赠人的赠与。综上，二审法院的判决是正确无误的，一审法院的判决存在瑕疵。

涉企刑事案例

第一节 安全生产事故案例

瞒报安全事故案

【案情简介】2012 年 12 月 20 日，被告人王某甲于当日持 12 张空白火工品领料单让安质部安全员被告人王某乙审批申领爆炸物品。王某乙因领取爆炸物品严重超量，不符合安全管理规定为由，电话请示被告人马某。得到被告人马某可以分批领出的指示后，被告人王某乙在空白领料单上签了字。后因其他原因发生爆炸事故导致 8 人死亡 5 人受伤。法院认为，被告人王某乙作为六分部的安全员，明知超量领取违反相关规定，仍然签字同意，导致严重后果的发生。最终，被告人王某乙被判犯重大责任事故罪，判处有期徒刑 3 年。

【案例点评】①《刑法》第 137 条工程重大安全事故罪规定，建设单位、设计单位、施工单位、工程监理单位违反国家规定，降低工程质量标准，造成重大安全事故的，对直接责任人员，处 5 年以下有期徒刑或者拘役，并处罚金；后果特别严重的，处 5 年以上 10 年以下有期徒刑，并处罚金。②作为安全员，不该签的字一定不能签。否则将要承担直接责任。

无证施工造成重大责任事故案

【案情简介】2012 年 7 月，某公司承接某电梯安装工程，后该公司将部分工程分包给被告人黄某某，黄某某组织不具备电梯安装资质的李某某等人进行电梯安装。同年 8 月 6 日 14 时，李某某在安装电梯过程中，被电梯井掉落的平衡块砸中头部后死亡。被告人黄某某组织无特种作业操作资格证书的人员进行电梯安装，明知施工人员违反安全操作规程冒险作业，对作业现场疏于安全监管，对事故发生负有重要管理责任。被告人陈某作为施工现场的负责人兼安全员，明知施工人员无证施工，对施工人员安全教育管理不到位，对事故发生负次要管理责任。公诉机关认为被告人黄某某、陈某的行为已构成重大责任事故罪。最终，被告人黄某某被判犯重大责任事故罪，判处有期徒刑9个月，缓刑1年。被告人陈某犯重大责任事故罪，判处有期徒刑6个月，缓刑1年。

【案例点评】①《刑法》第137条"工程重大安全事故罪"规定，建设单位、设计单位、施工单位、工程监理单位违反国家规定，降低工程质量标准，造成重大安全事故的，对直接责任人员，处5年以下有期徒刑或者拘役，并处罚金；后果特别严重的，处5年以上10年以下有期徒刑，并处罚金。②无证作业的工人是老板聘用的，老板应该负安全生产责任事故的主要责任，安全监管员负担连带、次要责任。不能出了安全生产事故，只让安全员独自承担责任。因为在私人企业或者包工头和雇工之间，相对来说，雇佣者对受雇者具有一定的权威性，而员工之间的管理与被监管在现实中被弱化，老板雇来的工人，没有资质证书作业，负责安全管理的员工即便制止，无证员工也未必听从。因此，本案应该由老板对事故负主要责任。③今后其他员工遇到类似情况，要留下文字证据，比如给老板发信息说明"您聘请的施工人员不具备施工资质，请求老板更换有资质工人。否则，一旦发生安全生产事故或质量事故，本人不承担安全监管员责任"。这样，将来追查责任事故时，员工不必承担主要责任。

违规操作致重大责任事故案

【案情简介】被告人何某为某采石场安全员，负责各采区安全生产工作。2007年6月15日，作业发生炸药爆炸导致3人死亡，2人受伤。法院认为，被告人何某明知国家关于露天采石场安全生产作业中严禁采用扩壶爆破的开采方式的规定，对采区开采安全检查不力，对违规扩壶爆破没有制止，对此次事故负有主要责任。而且法院还查明，被告人何某于2007年9月27日因犯重大责任事故罪被汝州市人民法院判处有期徒刑1年，缓刑2年。

【**法院判决**】法院认为，被告人何某身为采石场安全员，违反矿山安全生产管理规定，对违规生产作业没有制止，致使发生重大事故，造成3人死亡、2人受伤的严重后果，情节特别恶劣，其行为已构成重大责任事故罪。被告人何某系在缓刑考验期限内再犯，应撤销缓刑，数罪并罚。最终，被告人何某甲被判犯重大责任事故罪，判处有期徒刑3年；与前罪数罪并罚，决定执行有期徒刑3年2个月。

【**案例点评**】①《刑法》第137条"工程重大安全事故罪"规定，建设单位、设计单位、施工单位、工程监理单位违反国家规定，降低工程质量标准，造成重大安全事故的，对直接责任人员，处5年以下有期徒刑或者拘役，并处罚金；后果特别严重的，处5年以上10年以下有期徒刑，并处罚金。何某身为安全管理人员，应该严格执行国家安全生产法规，及时制止违法违规爆破行为。否则，将会涉嫌玩忽职守罪或者工程重大安全事故罪。②本案中的何某本身曾经犯过类似的罪行，因犯重大责任事故罪被判了有期徒刑1年，还在缓刑期间，又犯了同样的更为严重的罪行，法院对其作出数罪并罚的判决是正确的。③此案还应该追究安全员主管领导的责任。因为让缓刑人员继续担任安全生产监管员，这种工作安排本身就存在一定的风险。应该将此员工调整到其他工作岗位，待其表现有所改善后，再调整到原岗位。④安全生产管理员何某给我们提供了一个很好的反面教材。那就是，任何时候都不能存在侥幸心理。要知道，很多法规规定，都是无数血的教训换来的。所以，安全生产监督岗位上的任职人员，任何时候都不能疏忽大意或者抱有侥幸心理。毕竟发生爆破事故是人命关天的大事。

第二节　金融诈骗案例

吕某枢贷款诈骗获无罪判决案

【**案情介绍**】被告人基本情况：被告人吕某枢。2000年8月28日被沐川县公安局刑事拘留，同年9月15日被依法逮捕，沐川县看守所在押。被告人吕某枢以扩大建筑业务为由，于1997年12月20日左右，找到五里信用社主任李某，谎称其有7套住房，并利用2间门面作抵押，向李某申请贷款50万元。李某答复称要上报联社审批。1998年元月7日，李某1与联社业务科长王某去看了吕某用作抵押的房子后，王某又叫李某再去核实一下。李某在看房时，被告人吕某枢向李某介绍："整幢楼（7套住房、2间门面）都是我的。"主任余某勇提出吕某枢贷款项目不清，数额太大，暂不能解决，如解决不能超过20万元。1月15日，业务科长王某在相关材料不齐的情况下，在吕某枢贷款审批表上签注：同意抵押贷款20万元报李某审批。李某在审批意见栏签注：同意业务科意见贷款20万元整。

【审理经过】沐川县人民检察院以沐检刑诉字〔2000〕第67号起诉书指控被告人吕某枢犯贷款诈骗罪，于2000年11月9日向沐川县人民法院提起公诉。沐川县人民法院依法组成合议庭，公开开庭审理了本案。沐川县人民检察院指派检察员胡燕出庭支持公诉，被告人吕某枢及其辩护人王某某到庭参加诉讼。现已审理终结。吕某枢贷款诈骗案一审判决书〔2000〕沐川刑初字第100号裁判结果：被告人吕某枢无罪。

【案例分析】被告人吕某枢于1998年1月16日在沐川县五里信用社贷款20万元，是凭沐川县房地产管理局局长陈某签字"同意抵贷20万"的《抵押合同》贷的款。获款后除付第一期房款外，未按规定的用途使用贷款，到期没有履行还款义务，沐川县房地产管理局局长于1999年3月9日和2000年4月14日二次签字同意"续抵押一年"，故吕某枢的贷款行为最终不会造成金融机构五里信用社的财产损失。依据《刑法》第193条关于贷款诈骗罪构成的法律规定，被告人吕某枢之行为不构成贷款诈骗罪。沐川县人民检察院指控被告人吕某枢犯贷款诈骗罪的罪名不成立。

此案无罪辩护的障碍是：该案中认定被告人是否构成贷款诈骗罪的核心问题是"被告人是否具有非法占有的目的"。按照案情描述，被告人申请贷款的条件符合程序和法律规定，并且履行了还款义务。按照法律规定，被告人不构成贷款诈骗罪。

之所以无罪辩护能够成功，主要原因如下：①本案中无罪辩护成功的关键在于借款符合有关规定，有足额财产担保且手续完备；②被告人吕某枢履行了借款合同规定的义务。1998年度付还利息27 473.39元，还款期限届满后与信用社有过延期还款的协议，经房地产管理局于1999年3月9日、2000年4月14日办理过续押1年的登记；③吕某枢没有非法占有目的。吕某枢借到20万元后，支付房地产管理局集资建房款5.852万元，近9万元用于农贸宾馆付工程材料、工资等，赴山西省太原市、陕西省西安市联系业务用了 3 万元；④贷款的信用社否认被骗，已于 2000 年 8 月就该笔贷款提起了民事诉讼，属于正常的接待合同纠纷，不构成贷款诈骗罪。

（点评人：第七期全国廉政法治建设高级研修班学员　徐兴东）

王某某金融凭证诈骗案

【案情简介】 被告人王某某意图以伪造银行借记卡、偷看他人密码后冒用的方式，从银行自助取款机中取钱。于是，王某某购买了一台二手电脑和一台磁卡复写机，并指使被告人毛某某到浙江省某某市，专门偷看客户在银行自助取款机上使用银行卡时的密码，并拾捡客户扔掉取款后的条单，因故未得逞。王某某把拍摄探头粘在自助取款机上方，并隐藏在房间里偷看客户取款时的密码，毛某某则在自助取款机周围拾捡客户扔掉的条单。二被告人根据窃取到的密码和银行卡号，制造了 30 张至 40 张中国银行借记卡。2002 年初，被告人王某某又授意被告人柴某某在网上查询银行卡的信息，利用银行卡的排列规律进行编码碰撞，再用磁卡复写机制造伪卡。

【法院审理】 江苏省高级人民法院经审理认为，上诉人王某某、毛某某、柴某某、原审被告人曾某峰以非法占有为目的，采用秘密窃取等手段，非法获取银行卡信息，伪造银行借记卡，骗取银行钱款。其中，王某某等人参与数额特别巨大，其行为均已构成金融凭证诈骗罪。

【案例点评】 ①《刑法》第 266 条"诈骗罪"规定："诈骗公私财物，数额较大的，处三年以下有期徒刑、拘役或者管制，并处或者单处罚金；数额巨大或者有其他严重情节的，处三年以上十年以下有期徒刑，并处罚金；数额特别巨大或者有其他特别严重情节的，处十年以上有期徒刑或者无期徒刑，并处罚金或者没收财产。本法另有规定的，依照规定。"②本案给使用自助取款机的银行客户一个警示：在输入银行卡密码的时候尽量用手遮挡，这样犯罪分子安装在自助取款机上方的摄像头就拍摄不到银行卡密码。客户取款时候产生的交易凭条最好随身带走，不要随手丢掉，因为凭条上有银行卡的一些信息。避免被不法分子捡去复制银行卡，骗取银行资金。

李某国贷款诈骗案

【案情介绍】被告人基本情况：被告人李某国，1966 年 9 月 1 日出生于黑龙江省望奎县，汉族，初中文化，无业，户籍所在地黑龙江省望奎县，住哈尔滨市呼兰区。2017 年 7 月 24 日因涉嫌犯贷款诈骗罪被望奎县公安局刑事拘留，同年 8 月 8 日因涉嫌犯贷款诈骗罪经望奎县人民检察院批准逮捕，次日由望奎县公安局执行，羁押于望奎县看守所。

【审理经过】望奎县人民检察院以黑望检公诉刑诉〔2018〕25 号起诉书指控被告人李某国犯贷款诈骗罪，于 2018 年 2 月 23 日向望奎县人民法院提起公诉。因本案部分事实不清，望奎县人民法院于同年 4 月 16 日建议公诉机关补充侦查。公诉机关于同年 4 月 28 日补充侦查完毕。望奎县人民法院于同日受理后，依法组成合议庭，于同年 5 月 3 日、5 月 18 日两次公开开庭审理了本案。望奎县人民检察院指派检察员出庭支持公诉，被告人李某国及其辩护人到庭参加诉讼。审理终结后宣判，李某国贷款诈骗一审刑事判决书〔2018〕黑 1221 刑初 34 号，被告人李某国犯贷款诈骗罪，免予刑事处罚。法院没有采纳无罪理由：被告人李某国以非法占有为目的，采用伪造他人证件的方法，冒用他人名义骗取银行贷款，数额较大，其行为构成贷款诈骗罪。公诉机关指控其犯贷款诈骗罪的罪名成立，本院予以支持。对于被告人李某国及其辩护人关于李某国无罪的辩护意见，经查，尽管被告人李某国在贷款时和贷款后均没有非法占有的主观故意，但是在其解除砖厂承包合同获得 200 多万元赔偿金后，已经具备还款能力而不予偿还贷款，说明此时其已经具有非法占有的目的，故对上述辩护意见本院不予采信。

【案例分析】辩护人申明被告无罪有如下理由：①李某国的行为属于借贷纠纷，应受民事法律调整而不应受刑事法律追究。②从本案的事实看，李某国的 10 万元贷款的确按照贷款的用途用在砖厂的生产经营上了。③本案涉及的 10 万元贷款没有及时偿还的原因不是李某国不想还款，而是砖厂的经营效益不佳。正在 2008 年红砖价格上涨时，有关部门给李某国砖厂施压，后来让电业局停电致使该砖厂彻底停产。④从 2008 年至今，银行只在 2009 年向李某国下发了债务逾期催收通知书，此后再没有向李某国主张过债权，已经超过诉讼时效。故此，辩护人请求法庭对李某国作出无罪判决。

此案无罪辩护的确存在以下障碍：①被告人虽然在申请获得贷款时和贷款后没有非法占有的目的，但是当具备还款能力而不还款时，可以认定其具有非法占有的目的。②符合贷款诈骗罪要件，法院判决认定被告人李某国犯贷款诈骗罪成立，但是涉案金额不高，所以给予"免予刑事处罚"的判决。

刘某源金融诈骗案

【案情简介】刘某源是上海×福投资管理有限公司董事长、总经理，"齐鲁银行案"主犯，于2012年12月25日开庭受审。起诉书称，从2002年起，刘某源便产生了骗取银行信贷资金的想法。随着资金出现巨大亏空，刘某源的诈骗手段逐步升级，从骗取银行贷款转为直接诈骗企业。以支付高额利息、好处费等方式，引诱企业到其指定银行办理定期存款，而后采用虚假质押手段，以骗贷的方法从银行诈骗巨额资金。起诉书指控其20项涉嫌犯罪的事实，其中涉案金额最多的达40亿元，最少也有1000万元。涉嫌被骗的企业包括阳光财险、阳光人寿、生命人寿、正德人寿等金融机构，也包括枣庄矿业集团、淄博矿业集团等大型国有企业。

【法院审理】法院根据起诉书涉案金额查实，上海×福投资管理有限公司董事长、总经理刘某源涉嫌诈骗齐鲁银行案涉案金额高达101亿余元，其中涉嫌诈骗银行100亿元，涉嫌诈骗企业1.3亿元，案发后追回赃款79亿余元，实际损失高达21亿余元。刘某源全案共形成1883本案卷，卷宗数量之多，在中国司法史上罕见。该案还引出了系列"反腐副产品"，一批金融机构、大型国企高管以及政府官员在该案查处过程中被追究刑事责任。

【案例分析】①齐鲁银行被骗贷款案涉案金额之大，涉案官员之多，在金融诈骗类案件中十分罕见。②刘某源多次贷款、借款诈骗成功，主要是银行和出借机构内控机制的漏洞，尽职调查流于形式，借款回收风险防控能力弱、贷后监管不到位。一系列的管理缺位和漏洞才造成巨额骗贷成功。③相对大型国有商业银行而言，中小银行的整体管理水平较低，法律防控意识淡薄，往往更容易成为金融犯罪的高危侵害对象。④银行业的恶性揽储、贷款定任务乱象，也是贷款审核不严的一个因素，为这类金融掮客的骗贷行为提供了生存土壤。⑤大型国企巨额存量现金的管理漏洞暴露出国企一把手支配巨额资金的权力太大，监事会、审计和法务部门没有起到应有的风险防控作用，导致盲目借款造成巨额国有资金被骗。⑥应该依据《刑法》追究被骗单位负责人"签订、履行合同失职被骗罪"。该项罪名的立案标准和犯罪构成依据《最高人民检察院、公安部关于公安机关管辖的刑事案件立案追诉标准的规定（二）》第 14 条规定："国有公司、企业、事业单位直接负责的主管人员，在签订、履行合同过程中，因严重不负责任被诈骗，涉嫌下列情形之一的，应予立案追诉：（一）造成国家直接经济损失数额在 50 万元以上的；（二）造成有关单位破产，停业、停产六个月以上，或者被吊销许可证和营业执照、责令关闭、撤销、解散的；（三）其他致使国家利益遭受重大损失的情形。金融机构、从事对外贸易经营活动的公司、企业的工作人员严重不负责任，造成一百万美元以上外汇被骗购或者逃汇一千万美元以上的，应予立案追诉。本条规定的'诈骗'，是指对方当事人的行为已经涉嫌诈骗犯罪，不以对方当事人已经被人民法院判决构成诈骗犯罪作为立案追诉的前提。"

陈某标贷款诈骗案

【案情简介】陈某标系广东华鼎担保有限公司（以下简称"华鼎公司"）法人代表、广东创富融资担保有限公司（以下简称"华鼎公司"，"创富公司"）实际控制人。2012 年 3 月 13 日，公安经侦部门相继以涉嫌贷款诈骗罪刑事拘留华鼎公司 7 名高管。据广州市公安局侦查证实，华鼎公司和创富公司以提供担保为由，主导贷款企业大量使用虚构贷款项目、贷款用途等手段，骗取银行贷款，并实际占用数额巨大的资金，造成巨大损失。官方统计显示，涉及华鼎公司、创富公司贷款担保的中小企业有 446 家。被陈某标截留挪用的资金约 19 亿元。从 2003 年 9 月注册时资本金 5000 万元到现注册资本金 5.8 亿元，十年间中累计为 800 多户中小企业做了贷款担保，累计担保额 90 多亿元。陈某标被罢免省人大代表资格，并因涉嫌贷款诈骗罪被公安机关立案侦查。华鼎公司和创富公司在各银行的在保余额是 51 亿元。其中在工商银行最多，为 19 亿元。农业银行和中国银行次之，在保余额分别为 7.8 亿、7.4 亿。国家开发银行、交通银行、广发银行、民生银行等亦牵涉其中。陈某标"跑路"美国，还卷走了数亿元私人借款。

【案例分析】①本案行为人陈某标有显赫的政治标签，曾担任广东省青联委员、省人大代表等社会职务，获得过北京市东城区"首都荣誉市民"称号，多次捐助希望工程，多次受到表彰，在广东担保业界红极一时，是玩转政商界的知名企业家，头上有耀眼的光环，骗贷犯罪更具有迷惑性。②此案充分说明，无论是公职人员，还是企业家，不管自己的政治地位有多高，在政商关系方面都要保持"亲、清"的关系，涉及法律和原则不可跨越。否则就会跌入犯罪的深渊。类似陈某标这样被媒体称为"玩转政企关系的企业家"每个地方都有，他们利用政商关系和资源优势可以拿到更多的盈利项目。但是很多人只是"打擦边球"，并不敢违法犯罪。而陈某标违规经营时间跨度之大、涉及面之广、违规经营金额之巨，非一般企业家所能比。③本案不仅再次显示了金融监管机构的缺失，放贷银行风险防范及规避机制的失灵，而且也反映出受损小企业在融资困局中的无奈与无助，值得反思。④此案给国企金融机构一个重要的警示在于，当金融机构内部监管失灵，能否像设立首席经济学家一样，设立重大贷款项目外聘专家组论证和委托外部审计制度？这样可以有效避免金融机构巨额贷款审批和贷后的监管漏洞，还可以克服金融机构内部监管体系"唯上是从"的体制性弊端。

（点评人：高级法务师、中国反腐败司法研究中心秘书长　王永发）

吴某英集资诈骗案

【案情简介】原浙江×色控股集团有限公司法人代表吴某英，以支付高额利息和高额回报为诱饵，大量非法集资，并用非法集资款先后注册多家公司。后为掩盖巨额负债事实，吴某英隐瞒真相，采用给付高息或高额投资回报，用非法集资款购置房产、投资、捐款等方法，进行虚假宣传，给公众造成经济实力雄厚的假象，继续骗取更多的社会资金进入其资金池。在负债累累的情况下，吴某英仍随意处分和挥霍非法集资款。

【法院判决】2009年12月18日，金华市中级人民法院以集资诈骗罪判处吴某英死刑，立即执行，剥夺政治权利终身，并处没收个人财产。该判决于2012年1月18日被浙江省高级人民法院维持原判。2012年4月20日，最高人民法院未核准吴某英死刑，立即执行，将该案发回浙江省高级人民法院重审。2012年5月21日，浙江省高级人民法院重新审理此案并作出终审判决，以集资诈骗罪判处吴某英死刑缓期二年执行，剥夺政治权利终身，并处没收个人全部财产。

【案例分析】①吴某英案在中国刑法史上具有标志性意义，最终未被最高人民法院核准死刑立即执行，而是发回浙江省高级人民法院重审后改判死刑缓期二年执行，该案可能成为今后对集资诈骗罪类非暴力犯罪慎用死刑的裁量标志性案例。②此案改判体现了我国刑法对重大经济犯罪的谦益性。在《刑法修正案（八）》显著废除不以生命安全为指向的非暴力犯罪死刑的情况下，立法者可能基于集资诈骗罪社会危害特别大的担忧，仍然保留了该罪的死刑配置。③吴某英案引发了经济界、法律界、企业界、学术界大讨论，对推进中国法治文明进步创造了一个契机。④本案的死刑适用，不仅为在司法层面积极限制非暴力犯罪死刑尤其死刑立即执行的适用积累了经验，而且也为逐步推动从立法上最终废除非暴力犯罪死刑积累了宝贵的民意基础。⑤吴某英案的改判，是司法机关理性回应民意、不断增大司法透明度的一个范例，同时也在一定程度上加快了国家疏导规范民间资本市场的步伐。

第三节 行贿、受贿案例

陈某奎、罗某华受贿案

【案情简介】2006 年至 2014 年间，陈某奎利用担任中山市建设安全监督站站长、主任科员的职务之便，先后多次收受他人贿赂合计 11.3 万元。2004 年至 2013 年，罗某华利用担任该单位安监员、副站长之便，收受他人贿赂共计 24.75 万元。

【判决结果】2014 年 7 月，陈某奎因受贿罪获刑 10 年，没收财产 10 万元；罗某华因受贿罪获刑 10 年，没收财产 10 万元。

【案例分析】本判例依据《刑法》第 388 条受贿罪"犯罪嫌疑人构成"规定："国家工作人员利用本人职权或者地位形成的便利条件，通过其他国家工作人员职务上的行为，为请托人谋取不正当利益，索取请托人财物或者收受请托人财物的，以受贿论处。"陈某奎、罗某华身为中山市建设安全监督站负责人，属于国家公职人员受贿，是罚当其罪。根据《最高人民法院、最高人民检察院关于办理贪污贿赂刑事案件适用法律若干问题的解释》第 2 条的规定，贪污或者受贿数额在 20 万元以上不满 300 万元的，应当认定为《刑法》第 383 条第 1 款规定的"数额巨大"，依法判处 3 年以上 10 年以下有期徒刑，并处罚金或者没收财产。

第四节　职务侵占案例

高某则职务侵占罪

【案情简介】2009 年 11 月，府谷县庙沟门镇余家伙盘煤矿的实际出资人从陕西省原工商局行政管理信息中心查询得知：余家伙盘煤矿股东在出资人不知情的情况下已变更为陕西兴茂侏罗纪煤业镁电（集团）有限公司董事长高某则等人；股东变更登记的主要依据为 2008 年 8 月庙沟门镇政府出具的余家伙盘煤矿实际投资人证明，该证明上的印鉴后被证实为虚假印鉴。高某则由余家伙盘煤矿的承包经营者转变为企业股东，完成了对这个价值过亿元煤矿的侵占。此事件因涉及府谷县相关公职人员，纪检部门已正式介入调查。

【法律规定】《刑法》第 271 条规定："公司、企业或者其他单位的人员，利用职务上的便利，将本单位财物非法占为己有，数额较大的，处三年以下有期徒刑或者拘役。并处罚金；数额巨大的，处三年以上十年以下有期徒刑，并处罚金；数额特别巨大的，处十年以上有期徒刑或者无期徒刑，并处罚金。国有公司、企业或者其他国有单位中从事公务的人员和国有公司、企业或者其他国有单位委派到非国有公司、企业以及其他单位从事公务的人员有前款行为的，依照本法第三百八十二条、第三百八十三条的规定定罪处罚。"

【案例点评】①高某则曾跻身 2011 年福布斯富豪榜，连续 3 年以巨额捐赠登上胡润慈善榜。然而，这位轰动一时的"陕西首富"和"陕西首善"，却出人意料地通过伪造证明等方式，实施了涉嫌"霸占"他人煤矿的行为。②本案的代表性在于：反映了在某些富豪企业家身上存在的外在情节与内在人格分裂的现象。在某些企业家看来，一面做善事收获良好的公众形象，一面不择手段地获取各种非法利益，两者不但不矛盾，反倒是相辅相成、相得益彰。

私吞贷款挥霍案

【案情简介】刘某是安阳市某有限责任公司的业务员。自 2004 年 1 月至 2005 年 11 月，采用以客户的名义书写假收条冲账的方式，将收回的 73 399.17 元的货款装入自己的钱包，据为己有。

【法院判决】法院经审理后认为，被告人刘某利用职务之便，侵吞单位财物，数额较大，其行为已构成职务侵占罪，依法判处其有期徒刑 3 年 6 个月，非法所得 73 399.17 元予以追缴。

【案例点评】①本案刘某因犯职务侵占罪被依法判处有期徒刑 3 年 6 个月，非法所得予以追缴。此类案件在民营企业较多，国有企业较少。主要是因为一些民营企业财务管理不规范。②根据法理来看，职务侵占犯罪性质的认定与企业性质没有关系。经理人受聘于企业，工资和奖金都属于他们的合法收入。而经理人和员工其他的不正当"收入"并不合法，特别是收到货款后不交给企业财务，私自决定如何支配或者干脆装进自己口袋。这种行为势必会构成贪污、挪用或职务侵占犯罪。③职业经理人一定要警惕不要犯"职务侵占罪"和"非国家工作人员受贿罪"。即便职业经理人觉得这些应是自己得到的分成和奖励，也不能直接把公司财产据为己有。职业经理人向合作商、供应商要"好处费"（回扣），向客户要"茶水费""辛苦费"（返点）等行为都是违法的。2020 年，杭州某民营房地产公司销售经理因向购买别墅的客户索要 10 万元"茶水费"被作为"非国家工作人员受贿罪"留置审查。

泛亚案

【案情简介】昆明泛亚有色金属公司（以下简称"泛亚"）号称是全球最大的稀有金属交易所，拥有全球 95% 的铟库存。泛亚董事长单某良曾公开称，截至 2014 年 10 月底，泛亚资产管理规模超过 425 亿元。"买理财变买现货""要货给你，要钱没有"，号称"银行监管"，实为"银商转账"。属于典型的"庞氏骗局"。

【法院判决】2019 年 3 月 22 日，云南省昆明市中级人民法院公开开庭，对泛亚等 4 家被告单位以及单某良等 21 名被告人非法吸收公众存款、职务侵占案宣告一审判决，以非法吸收公众存款罪，对泛亚公司判处罚金人民币 10 亿元，对云南天浩稀贵公司等三家被告单位分别判处罚金人民币 5 亿元、5 千万元和 5 百万元；对被告人单某良以非法吸收公众存款罪、职务侵占罪判处有期徒刑 18 年，并处没收个人财产人民币 5 千万元，罚金人民币 50 万元；对郭某枫、张某鹏、王某飚、杨某红等 20 名被告人分别依法追究相应的刑事责任。

【案例分析】①泛亚利用了国家对金融机构、期货交易证券监管的漏洞，把金融集资与现货交易、期货交易混合操作，逃避国家金融机构和证券监管机构的监管。②为了及时制止泛亚的非法操作，执法和司法机关只好对泛亚等四家被告单位以及单某良等 21 名被告人以"非法吸收公众存款"和"职务侵占罪"定罪判决。③泛亚等把金融集资、现货交易与期货交易混合操作，对数十万参与其中的投资者更具有欺骗性和迷惑性。一般对金融、证券、期货法规似懂非懂的人很难辨别真假，基于高利回报诱惑上当受骗，血本无归。

"原油宝"事件

【案情简介】2020 年受新冠肺炎疫情、地缘政治、短期经济冲击等综合因素影响，国际商品市场波动剧烈。美国时间 2020 年 4 月 20 日，WTI5 月期货合约 CME 官方结算价 -37.63 美元/桶为有效价格，客户和中×银行都蒙受损失，由此触发"原油宝"事件。4 月 21 日，中×银行原油宝产品"美油/美元""美油/人民币"两张美国原油合约暂停交易 1 天，英国原油合约正常交易。2020 年 5 月 4 日，国务院金融稳定发展委员会在第 28 次会议中，专项提出要高度重视当前国际商品市场价格波动所带来的部分金融产品风险问题。5 月 5 日，中×银行回应"原油宝"产品客户诉求：已经研究提出了回应客户诉求的意见。中×银行保留依法向外部相关机构追索的权利。截至 8 月 2 日，已有 27 个省（市、自治区）的高级人民法院陆续发布公告，对分散在各地的"原油宝"事件民事诉讼案件实行集中管辖。2020 年 4 月 21 日，"原油宝"事件因操作失误，导致 6 万名客户巨亏 316 亿。

【案例警示】以上两个案例虽有不同，但是都给人们留下了值得思考的问题："中油宝"国际期货事件，给银行和投资者留下的教训更为深刻。不仅散户投资者 300 多亿元血本无归，作为负责国际原油期货交易平台运营的中×

银行还要负担"穿仓"的损失 50 多个亿。因为此案涉及金额大、客户众多，至 2020 年底尚未看到公开的处理方案。网络上看到一个处理方案（网传赔付：中×银行对 1000 万元以下客户赔付 20%；1000 以上的大客户投资者的本金损失不予赔付；低于本金的亏损部分由中某银行承担）。此方案没有得到中×银行的官方核实。此案给整个社会的警示意义至少有以下几点：①根据国内外期货法规和交易规则来看，期货交易本身就是风险巨大的项目，比股市风险大得多。因为股票投资最差的结果是毫无收益、本金归零；而期货交易一旦出现"穿仓"，投资人不仅损失全部本金，很可能还要倒贴巨额亏损。所以，参与投资此项目的人必须要有充分的思想准备。②因为跨境网络挂单交易，受害客户寻求司法途径维权极为艰难。③此案留下的深刻教训是，期货揽客与管理平台没有如实告知客户该投资理财项目有损失本金乃至"穿仓"巨亏的投资风险。④至今没有公开国家原油期货交易平台未及时平仓止损的技术错误或者失误的原因和责任人。⑤如承销投资项目和国际期货交易平台管理的企业没有国际原油期货交易合法手续，则有可能涉嫌非法经营。属于单位犯罪，应该追究单位的法律责任，对其进行违规处罚。如负责承销投资项目和国际期货交易平台管理的企业持有国际原油期货交易合法手续，仅仅属于违规操作，应该追究业务领导和交易员的失职责任。⑥如果国际期货平台境外合作方有失误或者违规，中方可以在国际商事仲裁机构发起集体诉讼，讨回公道，要求赔偿损失。

（点评人：中国工商银行北京某分行　何旭)

第五节　组织、领导传销活动案例

"××商城" 传销案涉 31 省区市 52 万人

【案情简介】2020 年 5 月以来，湖南省娄底市警方主办、全国多地警方参与，全面查处"××商城"组织、领导传销活动案，抓获主要犯罪嫌疑人史某某等数十人。经查，2016 年 9 月以来，嫌疑人史某某伙同他人在互联网设立"××商城"电商平台，以销售红酒为名，设计多种复杂计酬奖励模式，引诱群众参与并通过拉人头方式发展下线，涉及全国 31 个省、自治区、直辖市 52 万余人，涉案金额达 400 多亿元。检察机关现已对史某某等人提起公诉。

【案例分析】此类案件的具体细节有别，但是共有特征是相似的。①此类案件有相当广泛的社会基础。传销一直是我国20年来高发的案件类型。主要原因是人们心态浮躁，急于挣快钱，梦想一夜暴富的不良社会心态，经不起传销活动组织者的煽动和忽悠，被"天上掉馅饼"似的诱惑所吸引，走上坑骗亲友谋财的犯罪道路。②《刑法》第224条之一"组织、领导传销活动罪"规定："组织、领导以推销商品、提供服务等经营活动为名，要求参加者以缴纳费用或者购买商品、服务等方式获得加入资格，并按照一定顺序组成层级，直接或者间接以发展人员的数量作为计酬或者返利依据，引诱、胁迫参加者继续发展他人参加，骗取财物，扰乱经济社会秩序的传销活动的，处五年以下有期徒刑或者拘役，并处罚金；情节严重的，处五年以上有期徒刑，并处罚金。"③对传销模式的认定并不复杂，其中一个重要标志就是看计算奖励的层数是否超过3个层级，提成奖励超过3层次即有传销嫌疑。还有一个条件，看是否有实际交易的物有所值的产品，如果产品传销价格高出市场同类常规价数倍，也可以认定有传销嫌疑。④2009年《刑法修正案》（七）将组织、领导传销活动罪作为一个新增罪名纳入《刑法》，以强化刑事规制力度。这些案件充分体现了非法传销所具有的迷惑性强、扩散性大、危害面广和难以及时发现等基本特征。此类案件一旦东窗事发，被害人大多人财两空、求救无门，给社会秩序稳定造成危害。⑤鉴于此传销案件高发，避免传销犯罪最根本的途径在于司法介入和及时查处。随着更多传销类似案例被查和曝光，让更多人知道传销的危害，以免深陷其中难以自拔，不失为重要的预防途径。

城建贿赂案

【案情简介】2011年至2013年间，李某然利用担任小榄镇城建总公司投资部经理、九州光谷董事长的职务便利，单独或伙同他人收受叶某广、林某远、伍某基等人贿赂共计459万元，李某然分得306万元。同期，张某强利用担任九州光谷总经理的职务便利，收受叶某广等人贿赂共计349万元，张某强分得149万元。2005年到2014年，伍某基利用担任小榄镇建筑工程公司总经理的职务便利，收受他人贿赂共计143万元。

【法院判决】2014年12月，李某然获刑11年6个月，没收财产50万元；张某强获刑 8 年，没收财产 40 万元；伍某基获刑 12 年，没收财产 30 万元。三人被追缴违法犯罪所得共计 466 万元，上缴国库。

【案例点评】①本案涉案的三人均为同一罪名：受贿罪。依据《刑法》第 388 条定罪准确、适当。同一个公司的不同岗位领导全部受贿，这就带有"窝案"的性质。②凡是一个企业或者事业单位团伙违法犯罪的，都有一个规律，那就是一把手缺乏自我约束，其他岗位的高层管理者抱着"有权不用过期作废"的思想也受贿、捞好处，这样就在组织中形成一种腐败的风气。③组织的规律是"上梁不正下梁歪"，组织中高层腐败，必然会导致中层怠惰（因为捞不到好处就消极怠工），基层职工纪律涣散。单位规章制度形同虚设。这样的企业或者事业单位对内缺乏凝聚力，对外缺乏竞争力。

（点评人：廉政法治研究专家、中纪委原局长　姬广勤）

融资类合同诈骗案

【案情简介】公安部经侦局统一指挥，河南、浙江等地警方集中打击严重侵害民营企业利益的融资类合同诈骗犯罪，抓获嫌疑人近百名，涉案金额近 3 亿元，挽损金额近 1 亿元。经查，嫌疑人谎称可提供银行承兑汇票或定期存单质押贷款中介服务，先吸引有意融资企业签中介服务合同，再通过栽赃等手段，以触发合同约定的不得涉及刑事案件条款造成当事人违约，从而非法占有当事人中介费。

【案例分析】①《刑法》第 224 条"合同诈骗罪"规定："有下列情形之一，以非法占有为目的，在签订、履行合同过程中，骗取对方当事人财物，数额较大的，处三年以下有期徒刑或者拘役，并处或者单处罚金；数额巨大或者有其他严重情节的，处三年以上十年以下有期徒刑，并处罚金；数额特别巨大或者有其他特别严重情节的，处十年以上有期徒刑或者无期徒刑，并处罚金或者没收财产：（一）以虚构的单位或者冒用他人名义签订合同的；（二）以伪造、变造、作废的票据或者其他虚假的产权证明作担保的；（三）没有实际履行能力，以先履行小额合同或者部分履行合同的方法，诱骗对方当事人继续签订和履行合同的；（四）收受对方当事人给付的货物、货款、预付款或者担保财产后逃匿的；（五）以其他方法骗取对方当事人财物的。"②合同诈骗的特征包括：利用经济合同欺诈的行为主要有以下几种表现形式：无合法经营资格的一方当事人与另一方当事人签订买卖或承揽合同，骗取定金、预付款或材料费；利用中介机构签订转包合同骗取定金或预付款；虚构建筑工程或转包建筑工程合同，骗取工程预付款；双方当事人串通利用合同将国有或集体财产转移或据为己有；本无履约能力，弄虚作假，蒙骗他人签订合同，或是约定难以完成的条款，当对方违约后向其追偿违约金。③合同诈骗犯罪在客观方面的主要特征。具体包括以下几项内容：行为人根本不具备履行合同的实际能力；采取欺骗手段，包括行为人虚构事实或隐瞒真相；使与之签订合同的人产生错误认识；被骗人自愿地与行为人签订合同并履行合同义务，交付财物或者行为人（或第三人）直接非法占有他人因履约而交付的财物。

（点评人：资深法务咨询师、全国廉政法治建设研修基地顾问　李年）

第六节　非法经营案例

高某震非法经营案

【案情简介】2012 年 3 月 26 日，湖北联谊实业集团（以下简称"联谊集团"）及公司高管高某震涉嫌非法经营案在湖北黄石市中级人民法院公开开庭审理。该案是全国首例"典当业务致刑案"，被媒体称为"中国典当第一案"。

2009 年 10 月，国家审计署武汉特派办根据举报对联谊公司资金使用情况进行专项审计，随后根据审计报告启动了相关法律程序。据检察机关指控：联谊集团未经银监会批准，伙同武汉雪正投资有限公司（以下简称"雪正公司"）或单独从事非法金融业务活动，为此其相继成立投资公司及典当公司从事放贷业务。其中，2007 年 10 月 25 日至 2009 年 5 月 8 日，联谊集团与雪正公司按照事先约定的出资与分红比例，利用湖北民生典当有限公司印章及格式合同，共同向 17 家公司、企业发放贷款，累计放贷 25 270 万元，获取利息 1832.549 855 万元；2008 年 3 月 20 日至 2010 年 12 月 25 日，联谊集团又利用湖北民生典当有限公司印章及格式合同，单独向 55 家公司、企业发放贷款，累计放贷总金额 173 150 万元，其中有 5482.94 万元是银行信贷资金，收取利息 6401.44 万元，其中银行信贷资金部分利息收入为 131.88 万元。

【法院判决】判决称，被告单位联谊公司及被告人高某震、涂某、陈某兰以转贷牟利为目的，利用金融机构信贷资金高利转贷他人，共计利用信贷资金 5482.9 万元用于发放贷款，违法放贷利息收入 131.88 万元，其行为已构成高利转贷罪，判处罚金 300 万元，高某震被判处有期徒刑 3 年，缓刑 3 年，涂某、陈某兰分别被判处有期徒刑 2 年，缓刑 2 年。

【法律规定】《刑法》第 225 条"非法经营罪"规定："违反国家规定，有下列非法经营行为之一，扰乱市场秩序，情节严重的，处五年以下有期徒刑或者拘役，并处或者单处违法所得一倍以上五倍以下罚金；情节特别严重的，处五年以上有期徒刑，并处违法所得一倍以上五倍以下罚金或者没收财产：（一）未经许可经营法律、行政法规规定的专营、专卖物品或者其他限制买卖的物品的；（二）买卖进出口许可证、进出口原产地证明以及其他法律、行政法规规定的经营许可证或者批准文件的；（三）未经国家有关主管部门批准非法经营证券、期货、保险业务的，或者非法从事资金支付结算业务的；（四）其他严重扰乱市场秩序的非法经营行为。"

【案例分析】①民营企业家经营高手或许是法盲。联谊集团创始人高某震曾带领企业连续 9 年闯入全国民营企业 500 强。2009 年底，联谊集团资产达 16 亿元。其主营业务为钢铁贸易，在全国钢铁贸易行业中名列第四。这样一位民营大企业的掌门人，因非法经营而受刑事追究，令人深思。②民营企业家习惯于"打擦边球"和在灰色地带生存。高某震以典当为依托发放贷款，以企业贷款的方式获取放贷资金，在他眼里，这些"擦边球"都只是"违规"而非"违法犯罪"。这表明现实中一些企业家法律意识非常淡薄。③如何区分民营企业商业模式创新和违法犯罪问题，在某种程度上决定了我国刑法制度对企业家犯罪的谦抑性，2018 年至 2020 年中央多次强调，对民营企业家要营造宽松、安全的经营环境。尤其是不要把经济纠纷升级为刑事案件。④对于那些力图具有开创性的企业家而言，如何评估和预测某些"探索性"盈利业务的法律风险尤其是刑事法律风险极为重要。特别是要在企业设立法务部专门机构和首席法务官职位或者外聘法务咨询师，才能有效防控法律风险。

企业擅自经营股票案

【案情简介】2010 年 3 月以来，耿某、刘某经预谋并伙同张某以及郑某，以高额回报为诱饵，利用刘某、耿某分别担任法定代表人的北京某信息科技有限公司、北京某投资有限公司的名义，吸纳王某、古某等20余人人民币共2300余万元，在未经国务院证券监督管理机构批准的情况下，从事股票自营业务，其中耿某、郑某的经营额为人民币2600余万元（含张某及郑某的投资），刘某的经营额为人民币600余万元（含张某的投资），张某的经营额为人民币2200余万元；给资金委托人共造成经济损失人民币1900余万元。2012年7月28日，耿某、张某随同部分资金委托人到公安机关说明情况并归案；耿某带领民警将郑某抓获归案；刘某接到民警电话通知后自行到公安机关接受调查。公安机关先后冻结了6个涉案账户。

【法院判决】法院认为，耿某犯信用卡诈骗罪，判处有期徒刑3年，缓刑3年，罚金人民币5万元；耿某犯非法经营罪，判处有期徒刑6年，罚金人民币80万元，与前罪判处的有期徒刑3年，罚金人民币5万元并罚，决定执行有期徒刑8年，罚金人民币85万元；刘某犯非法经营罪，判处有期徒刑3年，罚金人民币40万元。

【案例警示】本案给普通企业的警示价值在于以下几点：①普通企业不能经营证券和信用卡业务。需要经过国务院证券、金融监督管理机构批准才可以经营。否则，将构成犯罪。②有的民营企业家和经理人看其他人非法经营没有被查，抱着侥幸心理和"捞快钱"的心态"试一把"，结果尝到甜头之后很难抽身和收手，所以最终是被查。聪明的人会尽快完善合法手续。③《刑法》第196条"信用卡诈骗罪"规定："有下列情形之一，进行信用卡诈骗活动，数额较大的，处五年以下有期徒刑或者拘役，并处二万元以上二十万元以下罚金；数额巨大或者有其他严重情节的，处五年以上十年以下有期徒刑，并处五万元以上五十万元以下罚金；数额特别巨大或者有其他特别严重情节的，处十年以上有期徒刑或者无期徒刑，并处五万元以上五十万元以下罚金或者没收财产：（一）使用伪造的信用卡，或者使用以虚假的身份证明骗领的信用卡的；（二）使用作废的信用卡的；（三）冒用他人信用卡的；（四）恶意透支的。前款所称恶意透支，是指持卡人以非法占有为目的，超过规定限额或者规定期限透支，并且经发卡银行催收后仍不归还的行为。盗窃信用卡并使用的，依照本法第二百六十四条的规定定罪处罚。"④《刑法》第225条"非法经营罪"规定："违反国家规定，有下列非法经营行为之一，扰乱市场秩序，情节严重的，处五年以下有期徒刑或者拘役，并处或者单处违法所得一倍以上五倍以下罚金；情节特别严重的，处五年以上有期徒刑，并处违法所得一倍以上五倍以下罚金或者没收财产：（一）未经许可经营法律、行政法规规定的专营、专卖物品或者其他限制买卖的物品的；（二）买卖进出口许可证、进出口原产地证明以及其他法律、行政法规规定的经营许可证或者批准文件的；（三）未经国家有关主管部门批准非法经营证券、期货、保险业务的，或者非法从事资金支付结算业务的；（四）其他严重扰乱市场秩序的非法经营行为。"

代购抗癌药非法经营案

【案情简介】翟某平从 2016 年开始，帮 QQ 群病友从德国代购抗癌药，一些肝癌晚期的病友因此延续了生命。因代购抗癌药的行为涉嫌销售假药罪，2018 年 7 月 24 日，翟某平被刑拘。截至 2018 年 8 月 9 日，来自广东、福建、海南、江西等地的病友自发写了 163 封求情信。

【案情进展】2018 年 8 月 30 日，翟某平被批捕的罪名从销售假药罪改为涉嫌非法经营罪。同年 11 月 28 日被取保候审。2019 年 10 月 17 日，上海铁路法院对翟某平案作出判决。该院认为翟某平伙同他人共同违反国家药品管理法律法规，在未取得药品经营许可证的情况下非法经营药品，数额达 470 余万元，情节特别严重，其行为已构成非法经营罪，判处有期徒刑 3 年，缓刑 3 年，并处罚金 3 万元；禁止被告人翟某平在缓刑考验期限内从事药品生产、销售及相关活动；违法所得予以追缴，查获的赃物和供犯罪所用的本人财物予以没收。

【案例价值】①本案依据《刑法》第 225 条非法经营罪规定定性似乎没有错，但是非法收入 470 万元，仅处罚金 3 万元，远远低于刑法规定的"处五年以下有期徒刑或者拘役，并处或者单处违法所得一倍以上五倍以下罚金；情节特别严重的，处五年以上有期徒刑，并处违法所得一倍以上五倍以下罚金或者没收财产"，而且是判处翟某平有期徒刑 3 年，缓刑 3 年。这说明，法院故意轻判，因为他非法经营有罪，但是平价卖药治病救人"有功"，虽然不能将功抵过，但是可以从轻发落，因为这样的判决符合中国传统中法理与情理的统一。如果把这样善良的非法商人判刑过重，会伤害大家公认的与人为善的"情理"。②该案在药品管理法过渡期间办理，司法机关依据现行《刑法》、相关司法解释等规定依法、谨慎变更罪名，不机械执法，其做法有一定的引领和示范作用。2019年12月1日，新修订的《药品管理法》已施行。③虽然翟某平被判有罪，但是网络舆论依然有很多人同情他。这或许就是中国老百姓骨子里的那份善良和同情心。

第七节　非法吸收公众存款案例

立人集团特大非法吸收公众存款案

【案情简介】2015年1月5日，温州市中级人民法院对温州立人教育集团、董某生等7人近50亿元的非法吸收公众存款案作出一审宣判。

【法院审理】法院查明，被告温州立人教育集团有限公司由被告人董某生、章某晓等人于1998年创办。1998年始，为解决资金问题，立人教育集团经董事长兼总经理董某生决定，并在被告人夏某兰、章某晓、蔡某琴、梅某菊、夏某定、周某晓等人具体实施下，以投资办学及在外项目投资需要资金等为名义，通过支付高额利息回报等方式，非法吸收或者变相吸收公众存款。至2011年10月31日，温州立人教育集团等合计吸收存款未归还金额计49.86多亿元，已支付利息、分红等计28.22多亿元。被告单位立人教育集团犯非法吸收公众存款罪，判处罚金人民币500万元；董某生犯非法吸收公众存款罪，判处有期徒刑10年，并处罚金人民币50万元；夏某兰、章某晓、蔡某琴、周某晓、梅某、夏某定6人因非法吸收公众存款罪，分别被判处2至6年不等的有期徒刑，并处人民币5000元至200 000元不等罚金；被告单位立人教育集团非法吸收公众存款的全部违法所得予以追缴，发还受害人。

【案例点评】①温州立人教育集团董某生等7人被判刑，此类案例在2010年之后非常多发，主要是因为民营企业产业快速扩张或者产业多元化，急需大量"输血"的资金，而国有银行担心贷款给民营企业风险大不敢贷款；上市融资门槛高、周期长，很多民企便铤而走险，走非法集资的"捷径"。②《刑法》第176条"非法吸收公众存款罪"规定："非法吸收公众存款或者变相吸收公众存款，扰乱金融秩序的，处三年以下有期徒刑或者拘役，并处或者单处二万元以上二十万元以下罚金；数额巨大或有其他严重情节的，处三年以上十年以下有期徒刑，并处五万元以上五十万元以下罚金。单位犯前款罪的，对单位判处罚金，并对其直接负责的主管人员和其他直接责任人员，依照前款的规定处罚。"③我国中小民营企业融资难、成本高问题多年来一直存在，始终未能得到解决。如何以合法渠道解决这个难题亟待法律、金融和经济专家联手深入研究和探讨。

（点评人：国策智库专家、国家经济战略研究课题专家　吴波）

周某辉集资诈骗案

【案情简介】周某辉，浙江衢州人。从 2011 年起，周某辉假借 P2P 网贷平台，向全国 30 余个省市 1600 余名投资人进行集资，这些充值资金全部打入周某辉个人银行账户内……截至案发，警方查扣周某辉本人以及以中宝投资公司和其妻子名义购买的劳斯莱斯、宾利、兰博基尼等豪车 8 辆，个人账户资金 1.7 亿元。目前尚有 1100 余名投资人、约 3 亿余元人民币本金没有归还。2014 年 4 月 14 日，犯罪嫌疑人周某辉因涉嫌非法吸收公众存款罪被衢州市人民检察院批准逮捕。

【法院判决】2015 年 8 月 14 日下午，衢州市中级人民法院对该案进行宣判，周某辉犯集资诈骗罪，判处有期徒刑 15 年，并处罚金 50 万元；对其犯罪所得继续追缴，返还给被集资人。

【法律规定】《刑法》第 192 条第 1 款"集资诈骗罪"规定："以非法占有为目的，使用诈骗方法非法集资，数额较大的，处五年以下有期徒刑或者拘役，并处二万元以上二十万元以下罚金；数额巨大或有其他严重情节的，处五年以上十年以下有期徒刑，并处五万元以上五十万元以下罚金；数额特别巨大或有其他特别严重情节的，处十年以上有期徒刑或者无期徒刑，并处五万元以上五十万元以下罚金或没收财产。"

【案例分析】①P2P 即点对点信贷，即通过第三方互联网平台进行资金借贷双方的匹配。P2P 网贷平台作为互联网金融的一种形式在 2014 年异军突起并迅猛扩张。随着国家对网贷行业的整顿，很多类似平台"暴雷"、跑路或者被查，包括影响很大的"易租宝"。②P2P 平台违约、跑路事件频发，是因为很多普通管理者只懂互联网，并不懂金融行业。大量的贷款坏账和清理坏账成本居高不下，有的高息吸收存款，大量贷款无法收回，导致平台资金链断裂，平台无法持续运营。③P2P 网贷之所以问题频发，原因在于我国 P2P

行业自身风险管控不足，第三方评价体系及监管机制缺失。在本案中，周某辉作为 P2P 中宝投资公司的负责人，其向全国 30 余个省、市 1600 余名投资人收集的款项最终全部被打入其个人银行账户，导致 1100 名投资人的本金 3 亿元无法归还。当前，为了应对 P2P 网贷平台"违约跑路潮、提现难"的现象，促进 P2P 平台健康、快速发展，应进一步规范 P2P 行业标准，建立健全企业、个人的征信体系，确立并完善 P2P 网贷的监管机制，强化风险控制体系。

第八节　欺诈发行股票、债券案例

私募债券致投资人重大经济损失案

【案情简介】2020 年 7 月，上海市公安局经侦总队捣毁了一个以投资教育为名非法从事证券、期货投资咨询业务的团伙，抓获廖某等 22 名嫌疑人。经查，2016 年 4 月以来，嫌疑人廖某利用其原财经节目主持人的名人效应，通过其实际控制的公司，在未取得经营证券业务许可的情况下，通过线上直播视频及举办线下投资咨询讲座，非法从事证券、期货投资咨询业务，向 1.29 万名客户收取资金，非法经营数额共计 5.9 亿余元。

因 2013 年下半年上海×公司资金紧张、经营困难，犯罪嫌疑人卢某为发行私募债券融资，明知公司财务数据无法达到发行标准，却制作虚假财务凭证，虚增营业收入 5.1 亿余元、资本公积金 6500 余万元，隐瞒对外负债 2000 余万元。2014 年该公司通过某证券公司出具私募债券募集说明书，非公开发行 2 年期私募债券。2016 年 7 月债券到期后，该公司无力支付上述债券本息，造成投资人重大经济损失。上海市公安局经侦总队成立专案组，会同 11 省经侦部门对涉嫌犯罪的发行主体、审计中介机构及承销商进行查处。

【案例点评】①本案的价值在于私募这种形式本身就缺乏法律支撑，国家没有明确规定。②一些具有一定股票基金经验的经理人企图通过"变通"，以改变募集资金名称的方式逃脱股票、金融行业的监管，说到底是在打法律和政策的"擦边球"，没有做大可能不会被发现，一旦形成气候，很难逃脱国家监管部门的"法眼"，所以不少私募经理人都栽了跟头，犯了同样的错误。③《刑法》第 160 条有明确的针对"欺诈发行证券罪"规定："在招股说明书、认股书、公司、企业债券募集办法等发行文件中隐瞒重要事实或者编造重大虚假内容，发行股票或者公司、企业债券、存托凭证或者国务院依法认定的其他证券，数额巨大、后果严重或者有其他严重情节，处五年以下有期徒刑或者拘役，并处或者单处罚金数额特别巨大、后果特别严重或者有其他特别严重情节的，处五年以上有期徒刑，并处罚金。"

第九节　利用未公开信息交易案例

马某乐"老鼠仓"案

【案情简介】马某乐，出生于 1982 年，在担任博时精选股票基金经理期间，操控三个股票账户，先于、同期或稍晚于博时精选股票基金账户买入相同股票 76 只，累计成交金额 10.5 亿余元，非法获利 1883 万元。由于交易金额巨大，马某乐被称为目前国内公开审判的最大"硕鼠"。

【法院判决】2014 年 1 月 2 日，深圳市人民检察院就马某乐利用未公开信息案向深圳市中级人民法院提起公诉。3 月 24 日，深圳市中级人民法院一审以利用未公开信息交易罪，判处马某乐有期徒刑 3 年，缓刑 5 年，并处罚金 1884 万元，同时对其违法所得 1883 万余元予以追缴。4 月 4 日，深圳市人民检察院认为一审判决法律适用错误，量刑明显不当，提出抗诉。广东省人民检察院支持抗诉。10 月 20 日，广东省高级人民法院对该案作出终审裁定，驳回抗诉，维持原判。广东省人民检察院认为终审裁定确有错误，于 11 月 27 日向广东省高级人民法院提出抗诉。12 月 8 日，最高人民检察院检察委员会研究该案，认为本案终审裁定法律适用错误，导致量刑明显不当，决定按审判监督程序向最高人民法院提出抗诉。

【法律规定】《刑法》第 180 条"内幕交易、泄露内幕信息罪"规定："证券、期货交易内幕信息的知情人员或者非法获取证券、期货交易内幕信息的人员，在涉及证券的发行，证券、期货交易或者其他对证券、期货交易价格有重大影响的信息尚未公开前，买入或者卖出该证券，或者从事与该内幕信息有关的期货交易，或者泄露该信息，或者明示、暗示他人从事上述交易活动，情节严重的，处五年以下有期徒刑或者拘役，并处或者单处违法所得一倍以上五倍以下罚金；情节特别严重的，处五年以上十年以下有期徒刑，并处违法所得一倍以上五倍以下罚金。单位犯前款罪的，对单位判处罚金，并对其直接负责的主管人员和其他直接责任人员，处五年以下有期徒刑或者拘役。内幕信息、知情人员的范围，依照法律、行政法规的规定确定。证券交易所、期货交易所、证券公司、期货经纪公司、基金管理公司、商业银行、保险公司等金融机构的从业人员以及有关监管部门或者行业协会的工作人员，利用因职务便利获取的内幕信息以外的其他未公开的信息，违反规定，从事与该信息相关的证券、期货交易活动，或者明示、暗示他人从事相关交易活动，情节严重的，依照第一款的规定处罚。"

【案例分析】①马某乐利用所掌控的未公开信息，操控"老鼠仓"非法牟利，是隐秘的证券业"硕鼠"。证券从业人员虽有严格的内控机制，但公司的内控疏忽，是造成证券业"老鼠仓"的重要原因。②基金经理，往往掌握着特别巨额的资金，在利用这些资金交易时，很难保持清醒的头脑。③在金融领域近年来不断发生的"老鼠仓"案件，暴露出了我国金融企业监管的效率和制度性漏洞。④作为金融从业者，要时刻遵守金融从业人员行为准则，坚守法律和道德的底线。不可以利用法律空隙和监管漏洞做"鸡鸣狗盗"的金融黑色游戏，否则一些人的违规会毁坏整个行业经理人的名声。⑤"老鼠仓"案件的教训是，监管机构和基金公司应该对基金经理人的交易行为从微观上加强内部控制，完善管理制度，提高处罚标准，严控此类犯罪发生。

第十节　合同诈骗案例

富×堂公司合同诈骗案

【案情简介】富×堂公司打着"国务院国家重点工程办公室公文函《任命书》《委托书》"的旗号，私刻华兴建设工程有限责任公司（以下简称"华兴公司"）和惠州市本航能源有限公司（以下简称"本航公司"）的合同专用章，伪造了富×堂公司向华兴公司承接"惠州大亚湾国家石油储备库围堰填海造地工程"的《建筑工程施工合同》和向本航公司承接"国家成品油战略储备油库（8168工程）"的《合作协议》，再以惠州大亚湾国家石油储备库填海造地土石方工程和惠州大亚湾国家石油储备库围堰填海造地土石方工程这两个项目为幌子，到处招摇撞骗。为吸引更多的施工队前来签订上述项目的合同，骗取项目工程保证金，嫌疑人许某全还指派其公司的人员在大亚湾澳头小桂村的一块靠海被推平的空地上，瞒着当地村民，自编自演了一场"华兴建设工程有限责任公司大亚湾国家石油储备库开工典礼"的开工仪式，以骗取该项目的工程承包者的信任。侦查民警先后深入到国土局、住建局、海洋与渔业局核实情况，发现上述项目根本不存在。经过缜密调查，确认"国务院国家重点工程办公室公文函《任命书》《委托书》"等文书系富×堂公司为了实施诈骗而伪造的。

【法律规定】《刑法》第280条第1款"伪造、变造、买卖国家机关公文、证件、印章罪"规定："伪造、变造、买卖或者盗窃、抢夺、毁灭国家机关的公文、证件、印章的，处三年以下有期徒刑、拘役、管制或者剥夺政治权利，并处罚金；情节严重的，处三年以上十年以下有期徒刑，并处罚金。"《刑法》第224条"合同诈骗罪"规定："有下列情形之一，以非法占有为目的，在签订、履行合同过程中，骗取对方当事人财物，数额较大的，处三年以下有期徒刑或者拘役，并处或者单处罚金；数额巨大或者有其他严重情节的，处三年以上十年以下有期徒刑，并处罚金；数额特别巨大或者有其他特别严重情节的，处十年以上有期徒刑或者无期徒刑，并处罚金或者没收财产：（一）以虚构的单位或者冒用他人名义签订合同的；（二）以伪造、变造、作废的票据或者其他虚假的产权证明作担保的……（五）以其他方法骗取对方当事人财物的。"

【案例分析】①富×堂公司伪造"国务院国家重点工程办公室公文函《任命书》《委托书》"等文件的行为构成伪造公文罪行。②富×堂公司用伪造的公文签订合同，收取虚构工程的承包保证金，构成合同诈骗罪。自2013年7月至2014年4月期间，富×堂公司先后签订19份虚假工程《联营施工合同》，构成合同诈骗的累犯。③富×堂公司"以非法占有为目的"，先后收取共计400万元的项目工程履约保证金，保证金均被挪作他用，构成巨额诈骗罪。④此案中，有19家施工企业被骗，说明被骗企业负责人和签约人法律意识淡薄，轻信骗子的承诺和作秀的假象（包括"填海造地工程"开工典礼仪式）。实际上，只需要上网搜索一下"国务院国家重点工程办公室"这个机构是否存在，打电话给有关部委或者上网查询是否有这么个国家重点项目，即可识别行骗的伎俩。只可惜这些施工企业承揽工程心切，忽略了"重点工程项目"

背后的法律风险。

第十一节　非国家工作人员受贿、行贿案例

非国家工作人员行贿、受贿案

【案情简介】周某思，深圳龙岗南联村村干部，亦是原龙岗区人大代表。网曝称"坐拥20亿资产"的周某思，因涉嫌在当地旧城改造项目中收受逾5000万元的巨额贿赂，被控涉嫌受贿罪、非国家工作人员受贿罪、单位行贿罪三项罪名，在深圳市中级人民法院受审。周某思一案还牵出多个案件，如周某思一案的主要行贿方天基公司及其董事长叶某；深圳市龙岗区城管局原副局长兼龙岗区土地监察大队原大队长、龙岗区查违办原副主任何某；深圳市规划和国土资源委员会龙岗管理局原副局长陈某义受贿等。

公诉方指控称，周某思"帮人解决"建楼款，收受贿赂200万元，违规建楼善后行贿他人20万元。2009年9月，在南联股份合作公司与被告单位某实业公司合作建设统建楼的过程中，某实业公司实际控制人范某命为感谢周某思帮助实业公司解决建设资金问题，送给周某思人民币200万元。上述统建楼所在地块的土地性质是工业用地，不能建商住楼。为使违规建设的统建楼顺利建成并通过检查，作为南联股份合作公司副董事长的周某思多次送给龙岗区城管局副局长兼土地监察大队长、查违办副主任何某（另案处理）共计港币20万元。

【案例分析】周某思既是深圳龙岗南联村村干部，同时也是南联股份合作公司的负责人，亦官亦商。在旧城改造过程中，周某思利用手中的职权大肆牟取不正当利益，并且随着身份的转换，时而受贿，时而行贿，独自一人即能上演一场受贿、行贿的贿赂犯罪大戏。

辩护思路是律师辩护成败的关键

【案情简介】河南省商丘市的江某，在自己学生刘某的鼓动下，四处筹款500万元注资后加入了刘某、冯某创建的某房地产开发公司，成为三股东之一，江某占股35%。此前的2012年左右，刘某、冯某二人创建的公司已获

得商丘市某地块棚户区改造的承建批文，预计总建筑面积 30 万平方米。刘某、冯某与某公司的副总胡某相互以公司名义签订了工程承包合同，将其中的 15 万平方米发包给胡某施工，胡某缴纳保证金 1000 万元，江某为保证胡某能实际承建工程做了刘某、冯某所在公司的个人担保人。刘某、冯某用保证金购买豪车 3 辆，并将剩余工程陆陆续续发包他人同时收取保证金数百万（冯某因此被另外数起合同诈骗罪追诉）。

加入刘某、冯某公司两年内，江某未见到棚户区改造工程的动工迹象，遂对公司运营提出了强烈质疑和不满，要求查看公司账目。江某终于知道了这个公司只有自己一人是"真金白银"地出资了 500 万元的，其他两个股东均未实际出资；冯某自认股权为 0，大家推举江某作公司法定代表人，约定尽快办理法人变更手续。经商议，江某答应将"剩余"的 15 万平方米工程全部交由胡某承建；胡某由于对刘某、冯某不放心，提出将应该缴纳的 1000 万元保证金打入江某的个人账户。江某账户收到钱后，在收据上加盖了公司公章，承认是代公司收款。大约过了四天，刘某、冯某二人反悔收回了公章，不再变更法人且要求退还江某出资款。经协商，二人同意补偿江某经济损失共计 949 万元，江某将剩余 51 万元退还给了公司。

胡某知道工程承包给了多人的真相后，感到自己的施工承建没有保证，就向刘某、冯某讨要保证金。当年 5 月份，胡某的公司和刘某、冯某二人的公司达成了还款协议，刘某、冯某二人的公司承诺尽快归还胡某的全部保证金并承担其他责任。由于其他不便说明的利益之争，胡某突然向公安机关控告江某故意引他签订合同，造成其经济损失 1000 万元。公安机关立案将江某刑事拘留。由于江某在脱离刘某、冯某的公司后成立了名门公司在社会上吸收资金用于承建"欧洲城"小区项目，江某另被指控构成非法吸收公众存款罪。但是，在诉讼过程中，司法机关对于该小区合法占有的土地使用权的价值没有进行鉴定。江某一审被区法院以非法吸收公众存款罪判处有期徒刑 6 年、以合同诈骗罪判处有期徒刑 14 年，决定执行有期徒刑 18 年。而胡某在 2018 年曾被另案定为黑恶势力受到刑罚。

【代理意见】代理律师发现江某的非法吸收公众存款罪部分存在严重的程序问题，致使江某公司偿债能力被严重低估，所以量刑畸重；而合同诈骗罪不能成立，原因在于江某没有非法占有的目的和隐瞒真相的行为。这样的一审刑事判决书如果寄希望于二审改判，难度太大，遂制定了让二审法院发回重审的辩护目标。

【辩护意见】（1）一审法院对于江某非法吸收公众存款罪判处6年有期徒刑，量刑畸重。①从"报案率"来看。一审查明，名门公司共吸收519人的资金，但报案人员仅81人，且大多数是表格形式的"情况调查笔录"；报案率仅为15.6%。②报案人的投资总额与名门公司所吸收的资金总额的比例不高。经司法鉴定，名门公司共吸收资金192 475 000元，报案人的投资总额为21 716 200元，占吸收资金总数的比例仅为11.2%。③根据江某及其家人投资项目的前景，其明显有偿债能力。江某及儿媳高某二人在龙源公司所占股份达到了50%，该公司开发的"欧洲城"项目所占的105亩土地的价值经鉴定超过了2亿元（实际价值更高于此）；该项目已经获得一些行政许可的关键手续，可以续办其他手续正常开工，完工后的市场价值足以偿还所吸收的全部社会资金。根据犯罪必须具有较为严重的社会危害性的基本特征和刑法罪责刑相适应的基本原则，对于江某可以认定为"情节显著轻微，危害不大"而免于刑事处罚或者判处3年以下有期徒刑。

（2）江某合同诈骗罪显然不能成立。①犯罪主体与主观方面。合同诈骗罪成立的必要条件之一，必须是合同的一方对另一方具有非法占有的目的。首先，合同具有相对性，胡某作为本案的受害人，是与东岳公司签订的合同而非与江某个人签订的合同，江某、冯某的行为均代表东岳公司，均具有职务性。所以，在东岳公司没有被指控的前提下，仅仅直接指控江某个人构成了合同诈骗罪，不符合法律逻辑，也不符合客观事实。其次，江某的目的，截至本案被立为刑事案件，很明显是在得知刘某、冯某两名股东几乎没有实际投资的情况下，为了收回自己在东岳公司的股权投资款，而非为了占有胡某个人的工程保证金。胡某可以是受害人，但是应该向东岳公司而非江某讨要工程保证金，胡某一直也是这么做的，直至和东岳公司签署了解除合同的协议；在其他股东或东岳公司不认可、不追认的时候，可以说江某占有1000万元的行为至少是违法的，即便如此，江某占有的已经是东岳公司的资金而非胡某的资金了。最后，前述是从胡某个人被作为受害人的角度浅析江某不应该被作为犯罪嫌疑人的；必须强调的是，胡某是代表胜达公司与东岳公司签订合同的，即使涉案的1000万元是胡某个人的钱，胡某的行为从法律意义上而言，依然是职务行为而非个人行为。总之，江某不应该是本案合同诈骗罪的犯罪主体；在胡某是所谓受害人的情况下，江某不具有占有胡某1000万元工程保证金的非法目的。胡某、江某在本合同诈骗案中无法具有这样的一一对应关系。②江某代表东岳公司和胜达公司签订合同时，对于代表胜达公司一方的胡某没有任何虚构事实、隐瞒真相的行为，就是说，江某没有诈骗的犯罪行为。第一，胡某、刘某、冯某的口供是一审判决书认定江某构成合同诈骗罪的重要证据。现胡某因黑恶势力犯罪被公安部作为督办案件已经丧失了人身自由，冯某因为合同诈骗罪已经被区人民法院判处 11 年有期徒刑处于上诉中。第二，一审法院忽略了 2013 年 3 月的"股东会议纪要"强大的约束力条款（反悔者股权为零，归公司所有），导致对江某是否具有诈骗故意的主观方面作出了错误的认定。简单的事实是，江某是在东岳公司三个股东中唯一真实出资投入 500 万元巨款的人，江某最有让东岳公司发展起来的愿望，也是真心实意地要做法定代表人。如果反悔，他无法承担 500 万元血本无归的后果。第三，江某提供的新证据（已向法院寄交了 2013 年 3 月 14 日的"承诺"），可进一步证明胡某、刘某、冯某"联系不上江某"陈述的虚假性。第四，根据 2013 年 1 月胜达公司与东岳公司签订的"补充协议"的内容，江某将自己被股东会推举为新的法定代表人的重大事实告知胡某是东岳公司应该履行的合同义务。第五，胜达公司对于"东岳花园项目"的投资是胡某亲自、主动考察的结果（见胡某、贾某的陈述）而非江某欺骗的结果。一系列的证据证实："东岳花园项目"真实存在，可以"批建并联"。如果这些人精诚团结，也许项目早已完工了。由于刘某变卦太快、冯某害怕江某做了法人后自己股权变 0，来到商丘的奋斗所得将付诸东流。刘冯二人没有实际出资而诱骗江某出资 500 万购买了 10% 的股权的真相败露，他们才合力抛出了江某"以自己做法定代表人为理由、设圈套引诱胡某缴纳保证金"的无耻说法。我们不应该责怪江某的聪明——他完全有权利在接收到无人真心让他做东岳公司的法定代表人的信息时及时调整自己的通盘考虑。敬请合议庭仔细审查 2013 年 3 月的"股东会议纪要"的全部内容，这是刘某根据股东会议议题事先印好的。第六，胜达公司与东岳公司在 2013 年 5 月份签订的解除合同协议是江某对那 1000 万元的占有进行了完全具有法律效力的确认、追认。东岳公司目前已经退款 1380 万元。总之，江某对于代表胜达公司签约的胡某做到了实事求是，没有"虚构事实、隐瞒真相"的诈骗行为，合同诈骗罪子虚乌有。

（3）程序方面的不当做法势必会导致实体方面定罪失当、量刑失衡。一审法院对于"欧洲城"已建工程的价值拒绝鉴定的做法不合乎查明案情的需要，不能查实江某的还款能力，对于被告人江某非法吸收公众存款罪的量刑显失公正。

【判决结果】商丘市中级人民法院经过再三审核卷宗证据及辩护人提交的辩护词，终于在 2019 年 3 月 26 日作出了 ［2018］豫 14 刑终 502 号刑事裁定书，以事实不清为由将本案发回重审。

【案例启示】①在辩护过程中，代理律师认为被告人的合同诈骗罪显然不能成立，再加上另一个非法吸收公众存款罪的犯罪事实的认定存在较为明显的程序方面的问题，作为上诉审理的中级人民法院应该很容易作出发回重审的决定。②提醒刑事案件经验少的年轻律师同行，切记在接受任何一个当事人的委托后，必须把刑事辩护的战略方向即思路问题放在首位。千万不要为了追究细节上的正确，贻误战略目标。③要有充分的思想准备，完全达到辩护目标很难，要尽可能往最好处努力。一些案外因素不是律师所能左右的。④接手一个刑事案件后，要仔细分析、研究案情，找准定位和突破口，辩护工作的 80% 在基础工作上，而不是影视剧里律师口若悬河的辩护表演，正确的辩护思路是决定成败的根本。

（点评人：北京市国清律师事务所律师 刘虎伟）

索要"茶水费" 被判刑案

【案情简介】2020 年 9 月 9 日报道，嘉兴市南湖区人民法院近日一审公开宣判一起非国家工作人员受贿罪案件。嘉兴某房地产公司 10 名销售人员，利用案场销售经理对房源销控的职务便利以及销售人员对房源销售的职务便利，向客户索取额外"茶水费"作为购房条件。

【法院判决】最终，10 名被告人分别被判处有期徒刑 1 年至 5 年 6 个月不等，部分被告人获缓刑。法院审理后认为，被告人杜某、洪某、周某等共同利用案场销售经理对房源销控的职务便利以及销售人员对房源销售的职务便利，索取他人财物，为他人谋取利益，其中被告人杜某涉及索取人民币 317.47 万元，被告人洪某涉及索取人民币 400.27 万元，被告人周某涉及索取人民币 285.97 万元，被告人孔某涉及索取人民币 172 万元，均属数额巨大，其余被告人涉及索取人民币分别为 30 万元至 88 万元不等，均属数额较大，行为均已构成非国家工作人员受贿罪。涉案被告人涉及索取人民币最多达400.27万元，他们的行为均已构成非国家工作人员受贿罪。

【案例启示】①最高人民法院、最高人民检察院于2007年10月25日联合公布《关于执行〈中华人民共和国刑法〉确定罪名的补充规定（三）》，补充、修改了刑法罪名，取消了"公司、企业人员受贿罪"，由"非国家工作人员受贿罪"等内容替代。调整后的新罪名于2007年11月6日起施行。②根据《刑法》第163条"非国家工作人员受贿罪，是指公司、企业或者其他单位的工作人员利用职务上的便利，索取他人财物或者非法收受他人财物，为他人谋取利益，数额较大的行为"的规定，其属妨害对公司、企业管理秩序罪的一种。③本罪的构成特征包括：第一，侵犯的客体是国家对公司、企业以及非国有事业单位、其他组织的工作人员职务活动的管理制度；第二，客观方面表现为利用职务上的便利，索取他人财物或非法收受他人财物，为他人谋取利益，数额较大的行为；第三，犯罪主体是特殊主体，即公司、企业或者其他单位的工作人员；第四，主观方面表现为故意，即公司、企业、其他单位人员故意利用其职务之便接受或索取贿赂，为他人谋取利益。④根据非国家工作人员受贿罪的定义和特征，将嘉兴某房地产公司10名销售人员利用销售职务便利，向客户索取额外"茶水费"确认为受贿罪，定罪无误，量刑适当。

（点评人：廉政法治研究特邀专家　闫群力）

违规收费删帖被判刑案

【案情简介】被告人邱某系凤凰网编辑，于2010年10月进入到该单位实习，2011年6月毕业后正式入职，在凤凰网资讯中心要闻组负责发表、转载、编辑、删除新闻。邱某曾供述称，在2012年8月，一名自称姓卢的人给他电话，两人就加了QQ联系，"她发给我要删的链接，我查看链接的内容，判断是否能删除，感觉能删除的，就在我的权限内，通过公司后台予以删除或修改，修改后的这条链接就隐藏了，无法访问。如果是更改帖子的内容，就把帖子的标题和内容都换了，换成相同时间发布的和该帖子无关的其他新闻。删除每条链接，可得800元报酬"。

在2012年10月至2013年10月，邱某多次受卢某所托，利用其担任编辑的便利，在凤凰网上违规删除信息，每删一条收费 800 元，仅一年时间就因删帖受贿收取了卢某 11.8 万余元。

据公安机关勘验，银行开户信息及交易、支付宝交易等记录显示，邱某的支付宝上多次收到该类打款共计 9 万余元，其名下的中国建设银行账户每次收到的转款，金额均为 800 的倍数，共收 1.5 万余元，其招商银行账户共收转款 1.2 万余元。

【法院审理】一审法院经审理认为，被告人邱某作为公司的工作人员，利用职务上的便利非法收受他人财物，为他人谋取利益，数额巨大，其行为触犯了刑律，已构成非国家工作人员受贿罪。鉴于邱某归案后能够如实供述自己罪行，积极退缴犯罪所得，故法院对其所犯罪行予以从轻处罚。

【案例点评】①邱某利用网站编辑的职务便利，接受他人贿赂后违规删除信息，符合"非国家工作人员受贿罪"的主观与客观特征。法院的定罪与量刑适当。②本案例对职场人士具有警示意义，不要觉得自己不是国家公职人员，就可以私自拿客户一些"好处费"违规做事，一定要衡量客户的要求是否合法，还有自己私自拿客户好处费是否合法。两者均不具有合法性，就不要去做，否则很容易构成违法犯罪。③很多职场人士并不懂法律。但是，我国所有的成文法律都可以通过互联网免费查询，在无法确认他人要求和自己的行为是否合法的前提下，不要先答应客户，而是查询后不违法才可以做。实际上，即便不收费，私自删除网络内容也是违法违规的。④员工在单位上班，只有工资、奖金、加班费收入是合法的，其他职务性收入都需要把客户付费交给财务，自己按规定获取奖励，这样才是合法的。自己私下收取客户费用，即便工作内容和行为不违法，也会构成另外一种职务犯罪，那就是"职务侵占"。

（点评人：中国反腐败司法研究中心特邀专家　葛瑛）

利用职务谋利被判刑案

【案情简介】2006 年至 2011 年，被告人甄某在担任广州市×建筑工程有限公司项目经理期间，利用负责江南新苑住宅建设工程以及广州琶洲会展中心二期工程等项目现场管理协调职务之便利，先后多次收受相关工程承包商林某丁贿送的现金共计人民币 65 000 元。2007 年，被告人甄某在担任市二×

公司项目经理期间，利用负责广州琶洲会展中心二期工程项目现场管理和协调的职务便利，收受相关工程项目承包商明某丙贿送的现金人民币 3000 元。2014 年 7 月 17 日，被告人甄某到广东省广州市越秀区人民检察院投案自首，并退缴全部赃款。另在 2010 年组建国有控股公司广州建筑股份有限公司过程中，国有公司广州市建筑集团有限公司将其原持有的市二×公司的 100% 股权，于 2010 年 8 月 3 日作价投入广州建筑股份有限公司。从作价入股广州建筑股份有限公司之日起至案发，市二×公司转为国有控股公司广州建筑股份有限公司的全资子公司。即从 2010 年 8 月 3 日起，被告人甄某不再具有国家工作人员身份，只属公司工作人员。

【法院审理】广东省广州市越秀区人民检察院随案移交了企业注册基本资料、企业国有资产变动产权登记表、职工履历表、劳动合同、关于甄某等同志任职的通知等书证，证人明某丙、林某丁等人的证言，被告人甄某的供述和辩解，视听资料等相关证据，并认为甄某身为国家工作人员，无视国家法律，利用职务上的便利，非法收受他人财物，为他人谋取利益，其行为触犯了《刑法》第 385 条第 1 款，犯罪事实清楚，证据确实充分，应当以受贿罪追究其刑事责任。综上所述，被告人甄某在市二×公司担任第十工程处副主任、主任、项目经理期间，利用职务上的便利，为他人谋取利益，收受他人人民币共计 68 000 元（其中甄某作为国家工作人员期间，受贿数额共计人民币 48 000 元；作为公司工作人员期间，受贿数额共计人民币 20 000 元）。被告人甄某在作为国家工作人员、公司工作人员期间，利用职务上的便利，非法收受他人财物，为他人谋取利益，其行为分别构成受贿罪和非国家工作人员受贿罪；甄某犯数罪，依法应当数罪并罚。

【案例点评】①《刑法》第 385 条第 1 款规定："国家工作人员利用职务上的便利，索取他人财物的，或者非法收受他人财物，为他人谋取利益的，是受贿罪。"受贿罪的构成特征是：第一，主观方面是故意的。第二，侵犯的客体是国家工作人员职务行为的廉洁性。第三，客观方面表现为利用职务上的便利，索取他人财物的违法行为。至于行为人是为他人谋取正当利益还是不正当利益，是合法利益还是非法利益，并不影响本罪的成立。第四，犯罪主体属于国家公职人员。②甄某在担任广州市×建筑工程有限公司项目经理期间，利用负责建设工程项目现场管理协调职务的便利，收取建筑公司礼金，法律上属于利用职务之便的受贿行为。③犯罪嫌疑人有自首情节，可以从轻处罚。

（点评人：国家首批监察员、中纪委退休干部　秦次森）

第十二节　拒不支付劳动报酬案例

民营企业主拒不支付劳动报酬案

【案情简介】2014年3月，宋某在中山市古镇经营天创餐饮娱乐服务中心、渔民码头饭店期间，分别拖欠唐某等78名工人工资共计人民币527 806元、邓某德等55名工人工资279 213元后逃匿。当地人力资源和社会保障局接到举报后，介入调查并先后发出公告、劳动保障监察指令书责令宋某支付所欠工资，但宋某一直拒不支付。当地有关部门协调场地出租方垫付了部分工人工资后，及时缓解了矛盾，宋某一直未能支付拖欠的工人工资。2015年5月4日，宋某被公安机关抓获归案。中山市第二人民法院以拒不支付劳动报酬罪判处被告人宋某有期徒刑2年，并处罚金5万元。

【案例点评】餐饮业是城市一大用工主体，渐成欠薪高发行业，本案涉及被欠薪人数多达133人，欠薪数额80余万元，社会危害性较大。被告人采取逃匿方式逃避支付工人工资，数额较大，且到案后未能积极筹款或采取其他方式偿还并赔偿工人工资，根据其犯罪情节和社会危害程度，宋某不符合适用缓刑的法律规定，故对其作出上述判决。

第十三节　商业欺诈案例

夸大产品功效诱骗投资人加盟案

【案情简介】武汉某商贸有限公司为发展代理商，为提升其生产的"大地宝贝"牌童装的销售，自2008年7月开始印制含"大地宝贝系列产品成为各级市场最受欢迎的儿童用品品牌"等虚假内容的宣传册100本，对外发放。至2009年2月，某商贸公司共发展代理销售商23名，收取加盟商货款317 400元。

【行政处罚】市场监督管理局责令武汉某东方企业管理有限公司销毁平

面宣传册，更正网页，消除影响，并处罚款 2 万元。责令武汉某商贸有限公司停止违法行为，并处罚款 2 万元。

【案例启示】一些企业为了吸引消费者关注和购买自身商品，采取夸大宣传的方式吸引消费者注意力，通常采取子虚乌有的名头或者产品的虚假奖项、荣誉称号等骗取客户的信任，提升销量。但是，这种违法违规的方式很容易被投诉和被市场监管部门查处，最终得不偿失。

陆某峰合同诈骗案

【案情简介】2008 年 11 月，恒鼎公司向汽车城产业公司租赁位于上海市嘉定区外冈镇瞿门路 339 号、359 号、369 号的商铺用于建设上海旺逸生活广场。之后，恒鼎公司经理被告人陆某峰于 2011 年 8 月至 9 月期间，在明知无能力建设上海旺逸生活广场的情况下，仍与多家公司就瞿门路 369 号商铺签订装饰工程承包协议，并以此为由骗取上述公司的工程保证金、定金等共计 445 000 元。被害人多次催讨钱款，被告人陆某峰以不接电话等方式不予退还，并将办公室搬离。

【法院审理】法院经审理认为，被告人陆某峰以非法占有为目的，在签订履行合同的过程中，骗取他人财物，数额巨大，其行为已构成合同诈骗罪，依法判决有期徒刑 4 年 6 个月，并处罚金人民币 5000 元。

【案例点评】①合同诈骗罪是指以非法占有为目的，在签订、履行合同的过程中，采取虚构事实或者隐瞒真相等欺骗手段，骗取对方当事人的财物，数额较大的行为。②本案属于建筑装饰行业中典型的合同押金欺诈案，施工方拿到客户定金不去施工，而是"玩消失"，以这种方法骗取客户施工定金。本案涉案标的不大，所以涉案人获得轻判。③案例的警示意义在于，客户要对施工方的资质和商业信誉进行考察，否则不要交定金。

第十四节　虚开增值税专用发票案例

林某平虚开增值税专用发票案

【案情简介】林某平，温州商人，中国春平集团董事长。林某平自称

2011 年 6 月收购了特拉华州美国大西洋银行，后改名为新汇丰银行，成为首家温商控股银行。经新华社记者调查确认：林春平的 USA NEW HSBC FED-ERATION CONSORTIUM INC（"美国新汇丰联邦财团"）在特拉华州没有金融牌照；特拉华州美国大西洋银行不存在。随后，林某平即因涉嫌特大虚开增值税发票犯罪潜逃，后于 2012 年 6 月 9 日被警方抓获归案。经查：自 2011 年以来，林某平利用以自己和他人名义注册的温州哈同商贸有限公司、温州双频实业有限公司、温州中寿进出口有限公司、温州唐古实业有限公司、辽宁锦州中富公司等公司，通过分布在全国各地的中介人，向广东、福建、江苏、上海、湖南等全国 22 个省、市的企业虚开增值税专用发票，并收取开票额 4% 至 6% 的开票手续费，虚开金额数亿元，税额高达上亿元，给国家造成了几千万元的税款损失。此外，林某平实际控制的温州中寿进出口有限公司还从他人处购买了一百余份海关完税凭证，并用以抵扣税款约人民币 1 亿余元。

【案例分析】近年来，虚开增值税专用发票犯罪呈现专业化、企业化、规模化趋势。有的犯罪分子为牟取巨额非法利益，专门聘请开票人员、财务人员，利用伪造的海关完税凭证抵扣进项税额，对外承接虚开增值税专用发票业务，一旦案发，涉及虚开金额往往数以亿元计，会给国家造成巨额税款损失。国家对增值税专用发票的管理制度仍有完善的余地。值得注意的是，这类犯罪分子往往十分注重企业及其自身形象的包装，以降低被查处的风险。这种掩饰犯罪的手法在本案中反映得也比较充分。

第十五节　生产、销售伪劣产品案例

李某琴生产、销售伪劣产品案

【案情简介】2008 年 4 月，李某琴注册成立了海洋石化（前身是四川省中石化实业有限公司兰州分公司）并任董事长，挂靠于四川中石化名下，主营溶剂油、燃料油、重油、沥青等石油化工产品的批发业务。据指控，2010 年 9 月至 2011 年 2 月期间，李某琴在海洋石化无成品油经营许可证和仓储许可证的情况下，购进价值 4322 万余元的国标 0# 柴油 5090 吨，后李某琴又通过他人从新疆等地购进价值 2272 万余元的碳十馏分、凝析油 STX 半成品原料、燃料油等4250余吨。随后，李某琴指使油库生产主任傅某国将正品柴油与上述化工产品按比例勾兑制成劣质0#柴油共3600余吨。此外，为了给海洋石化筹集资金，2011年4月15日，陈某梁与李某琴先后分别与中信银行深圳分公司、青岛中远国际货运有限公司完成了"综合授信""最高额保证"等一系列签约，约定了1.05亿元的最高贷款金额，并将其虚报的价值7224万余元的9256吨0#柴油作为质押，交予青岛中远国际货运有限公司监管。同年5月16日，陈某梁以深圳市港兰进出口公司的名义，获取了中信深圳银行对其发放的5000万元贷款。

【法院判决】2012年7月，白银市中级人民法院一审判决李某琴生产、销售伪劣产品罪和骗取贷款罪成立，数罪并罚处有期徒刑17年，其余5名从犯分别被判处1年至7年有期徒刑。

【案例分析】消费者属分散个体，维权成本通常很高，故生产、销售伪劣产品只要未引发致死、致伤的严重后果，制假、售假者刑事法律风险被引爆的概率便相对较低；加之生产、销售伪劣产品利润可观，近年来该类犯罪的案值呈上升趋势。本案作为公安部2011年度全国"亮剑行动"的十大精品案件（甘肃），其涉案金额之高已非前几年查获的那些作坊式制假窝点可比。由此可知，对生产、销售伪劣产品犯罪的打击，主要还要依靠各职能部门加大执法和查处力度，尤其是要建立起能有效破除地方保护主义的打假机制。同时，骗取贷款罪在司法实务中的适用也预示着国家对金融管理秩序的强化。

福喜公司高管涉嫌生产、销售伪劣产品案

【案情简介】上海东方卫视于2014年7月21日发布一条视频新闻：肉类供应商上海福喜食品有限公司（以下简称"福喜公司"）通过过期食品回锅重做、更改保质期标印等手段加工过期劣质肉类，再将生产的麦乐鸡块、牛排、汉堡肉等售给麦当劳、肯德基等诸多知名快餐连锁。福喜公司涉嫌使用过期原料生产加工食品事件涉案公司高管胡某等6人，因涉嫌生产、销售伪劣产品罪被上海市人民检察院第二分院批准逮捕。

【处罚方式】依法可以对违法单位和责任人进行的处罚包括：①给予违法单位吊销生产许可证书和巨额罚金处罚；②依法追究相关企业领导和直接责任人员的刑事责任。

【案例点评】①食品安全事关千家万户，然而近几年接二连三的食品安全事件令中国食品安全问题成了社会的焦点之一，引发了广泛关注。上海福喜公司作为"世界上最大的肉类及蔬菜加工集团"——美国福喜集团——旗下的独资公司，曾获得多个部门和组织颁发的奖项，之前还被评为"嘉定新城（马陆镇）食品安全生产先进单位（A级）"。这一跨国龙头企业居然犯下如此低劣的错误，令人失去了对其国际大品牌的信任。②执法部门将对上海福喜公司使用过期原料生产加工食品，违反我国对产品质量监管、食品制造相关法规和制度，侵犯广大消费者的合法权益违法犯罪行为追究责任。用回收食品作为原料生产食品的，将由有关主管部门没收违法所得，货值金额在 10 000 元以上的，将被处货值金额 5 倍以上 10 倍以下罚款；情节严重的还可能吊销生产许可证。③按照我国《刑法》的规定，生产、销售者在产品中掺杂、掺假，以不合格产品冒充合格产品生产销售，将对涉及单位判处罚金，而根据涉案的具体金额及造成危害的后果，相关直接责任人员最高可能获得15 年有期徒刑。④有关市场和食品监管部门将对涉案问题食品作出下架、销毁等无害化处理，尽快净化市场环境，确保消费者的健康权不受侵害。

（点评人：北京薪平律师事务所　王硕、北京大沧海律师事务所　刘宏力）

第十六节　安全生产事故案例

广州地铁 21 号线塌方案

【案情简介】2018 年 1 月 26 日 7 时左右，广州地铁 21 号线 10 标段水西站至苏元站区间左线（黄浦区）一盾构机在换刀作业时突发隧道塌方，导致 3 名人员死亡。该工程建设单位是广州地铁集团有限公司；施工单位是中铁十四局集团有限公司，法定代表人张某军，项目经理戴某；监理单位是广东至艺工程建设监理有限公司，法定代表人胡某，项目总监谷某波。

【调查结果】广州地铁 21 号线水西站至苏元站区间左线盾构机带压开仓动火作业时，焊机电缆线短路引发火灾，3 名仓内作业人员失联，施救过程中现场突发坍塌，造成 3 人死亡，直接经济损失达 1008.98 万元。调查认定，事故的直接原因是作业工人在有限空间内带压动火作业的过程中，焊机电缆线绝缘破损短路引发人闸副仓火灾，引燃副仓堆放的可燃物，人闸主仓视频监控存在故障，未及时发现火灾苗头，人闸主仓、副仓无烟感消防监控系统，仓内人员缺乏消防安全与应急防护装备，无法实施有效自救，仓外作业人员极速泄压使盾泥泥膜失效，掌子面失稳坍塌将作业工人埋压。

【事故处理】事故发生后，项目施工单位中铁十四局隧道工程有限公司相关人员销毁事故有关证据，清洗事故现场痕迹，篡改事故发生时间，隐瞒事故真相，试图逃避责任追究。广东省安监局对该起事故共22名事故责任人和3家涉事企业提出处理意见，其中将参与谎报事故的隧道公司项目部执行经理等5人移送司法机关处理。

【案例分析】①《刑法》规定的"劳动安全事故罪"是指："工厂、矿山、林场、建筑企业或者其他企业、事业单位的劳动安全设施不符合国家的规定，经有关部门或者单位职工提出后，对事故隐患仍不采取措施，因而发生重大伤亡事故或者其他严重后果的行为。触犯本罪的，处三年以下有期徒刑或者拘役；情节特别恶劣的，处三年以上七年以下有期徒刑。"②量刑标准：根据《生产安全事故报告和调查处理条例》的规定，生产安全事故一般分为四个等级，它是根据事故造成的人员伤亡或者直接经济损失分类的。即：特别重大事故，是指造成30人以上死亡，或者100人以上重伤（包括急性工业中毒，下同），或者1亿元以上直接经济损失的事故；重大事故，是指造成10人以上30人以下死亡，或者50人以上100人以下重伤，或者5000万元以上1亿元以下直接经济损失的事故；较大事故，是指造成3人以上10人以下死亡，或者10人以上50人以下重伤，或者1000万元以上5000万元以下直接经济损失的事故；一般事故，是指造成3人以下死亡，或者10人以下重伤，或者1000万元以下直接经济损失的事故。本案事故造成3人死亡，属于"较大事故"，将追究直接责任人和企业管理者的法律责任。③本案中，出现安全生产事故，涉案人隐瞒不报，依法构成隐瞒事故方面的罪行。"不报、谎报安全事故罪"是《刑法》第139条之一规定的一种犯罪行为，指在安全事故发生后，负有报告职责的人员不报或者谎报事故情况，贻误事故抢救，情节严重的行为，是2006年《刑法修正案（六）》第4条新增设的犯罪。

第十七节　重大劳动安全事故罪案例

昆山"8·2"特大爆炸案

【案情简介】2014 年 8 月 2 日 7 时 35 分许，江苏昆山市中荣金属制品有限公司（以下简称"中荣公司"）汽车轮毂抛光车间发生特大爆炸，造成 75 人死亡，180 多人受伤。事故发生后，该企业相关负责人被控制协助调查。经事故调查组初步调查认定，该事故是因涉事企业问题和隐患长期没有解决，粉尘浓度超标，遇到火源发生爆炸，是一起重大责任事故。2014 年 8 月 7 日，昆山市公安局以涉嫌重大劳动安全事故罪，正式刑事拘留该企业董事长吴某滔、总经理林某昌、经理吴某宪，案件正在进一步侦查中。

事故发生后，最高人民检察院第一时间派员赶赴事故现场，直接组织查办，成立了由最高人民检察院和江苏省三级检察机关组成的检察专案调查组，严肃查办事故背后的职务犯罪行为。自 2014 年 8 月 23 日以来，检察机关在事故调查中已先后对 15 名国家机关工作人员以涉嫌玩忽职守犯罪立案侦查并采取强制措施。

【案例点评】在企业的生产、经营过程中，安全生产是老话题。在多数安全生产事故中，有相当一部分企业都存在制度不落实、安全生产监管不到位等问题。许多企业管理者重视经济效益，忽视企业在生产过程中的安全保障，将制度挂在墙上以应付检查，制度保障形同虚设。昆山"8·2"特大爆炸案就是一个反面样本。

第十八节　敲诈勒索案例

"套路搬家"敲诈勒索罪

【案情简介】2020 年 8 月 4 日至 6 日，济南市长清区人民法院依法公开开庭审理 19 人犯敲诈勒索罪涉恶刑事案件。2019 年 5 月份以来，被告人在"58 同城"等网络平台发布搬家广告，被害人通过广告联系到被告人，被告人与被害人约定以较低的价格进行搬家。在搬家时采取先将被害人的家具、家电等物品装在自己车上，再以不给钱不卸货或者将货拉走为要挟的方式，坐地起价，向被害人索要高于约定价格数倍的搬家费用。在搬家行业内，多次以软暴力手段从事敲诈勒索犯罪活动，为非作恶，欺压百姓，扰乱经济、社会秩序，造成了较为恶劣的社会影响。

【案例点评】①敲诈勒索罪是《刑法》第274条规定的罪名，是指以非法占有为目的，对被害人使用恐吓、威胁或要挟的方法，非法占用被害人公私财物的行为。②本罪在客观方面表现为行为人采用威胁、要挟、恫吓等手段，迫使被害人交出财物的行为。胁迫具有以下特点：第一，行为人以将要实施的积极的侵害行为，对财物所有人或持有人进行恐吓。第二，行为人扬言将要危害的对象，可以是财物的所有人或持有人，也可以是与他们有利害关系的其他人。第三，发出威胁的方式。第四，威胁要实施侵害行为。本案中的搬家公司采取的是当场实现的威胁手段：客户不加钱就把家电搬回楼上。③本罪的主体为一般主体，即搬家公司员工。④本罪在主观方面表现为直接故意，必须具有非法强索他人财物的目的。搬家公司故意用低价吸引客户，等家具被搬到车上后再加价，让客户骑虎难下，以此手段逼迫客户就范。

（案例提供：全国廉政法治研修班讲师、资深律师　李志勇）

第十九节　玩忽职守案例

肖某某玩忽职守案

【案情简介】2016年9月，正在进行破产重整的江苏某有限公司管理人发现该公司的塔吊存在颠覆危险，而于同月18日向靖江市人民政府递交报告，请求政府协调相关部门，指导和监督现场拆卸施工安全工作，消除安全隐患。9月22日，靖江市人民政府沈某某副市长在报告上批示"……安委办朱某某主任牵头相关部门进行方案论证和具体实施，并做好督促检查工作"。9月27日，靖江市安全生产委员会办公室主任朱某某向靖江市场监督管理局分管特种设备安全检查工作的副局长肖某某转批该报告，并要求肖某某派专家到现场核查，并将塔吊需要拆卸的意见反馈给朱某某。

2016年10月初，朱某某要求肖某某对塔吊拆卸方案进行把关。2016年11月24日，靖江市安全生产委员会牵头相关部门召开船坞塔吊拆除协调会。

会上，肖某某仅提出塔吊拆卸工作应由具有相关资质单位实施的原则意见，并未提出睿某公司无质监部门发放的特种设备安装改造维修许可证，不得从事某塔吊拆卸的意见。自协调会后至事故发生时，肖某某未对某塔吊拆卸工作开展过任何形式的安全监察。2016 年 11 月 28 日，陈某代表睿某公司与某管理人签订拆卸合同。次日，陈某在其公司无质监部门发放的特种设备安装改造维修许可证，亦无专业施工人员的情况下，借用其他公司人员进场施工。12 月 21 日，在拆卸 9 号塔吊过程中塔吊发生倾覆，致杨某某、陈某某 2 名施工人员死亡，4 名施工工人受伤。事后，睿某公司等赔偿死者人民币 268.8 万元。

【辩护核心】①关于肖某某作为靖江市市场监管局副局长对案涉安全事故是否具有监管职责的问题。第一，法律、法规未明确规定质量技术监督部门具有对起重机械拆卸活动进行安全监察的职责。第二，副市长批示以及协调会均未授权市场监管局进行安全监察。第三，泰州市人民政府作出的事故调查报告认定市场监管局具有监管职责没有法律和事实依据，况且该份报告已经被江苏省人民政府撤销，不能再作为定案的依据。②关于未及时发现施工单位资质和施工行为的问题。③从本案的侦查过程来看，实属受行政干扰的错办案件。

【辩护词节选】侦查机关从沈某某副市长的指示和协调会精神两个方面认定肖某某对案涉塔吊拆卸行为负有监管职责。辩护人认为，侦查机关没有查明两个事实：一是沈某某副市长究竟要求谁"具体实施、监督检查"？二是协调会到底有没有要求市场监管局负监管责任？结合本案的证据，辩护人发表观点如下：①关于对沈某某副市长批示内容的理解。沈某某副市长批示"请供电公司黄总给予支持，以利及时清除事故隐患；亦请安委办朱某某主任牵头相关部门进行方案论证和具体实施，并做好监督检查工作"。沈某某副市长在批示中并没有明确由靖江市市场监督管理局或者肖某某负责进行方案论证和具体实施，而从本报告抄报单位来看，江苏某有限公司管理人将此份报告同时抄报给靖江市人民法院、靖江市安全生产监督管理局、江阴园区靖江办事处安监科、靖江市供电公司，管理人没有抄报给靖江市市场监督管理局，说明使用单位认为塔吊拆卸工作应当由安全生产监督管理局监督管理，在此情形下，沈某某副市长所指的"相关部门"就应当是抄报的几个部门单位。

②朱某某在转给肖某某时写道"派专家现场核查,并提出处理建议",并没有赋予市场监督管理局监督检查的职责,仅要求提出处理建议。安全生产监督管理局副局长殷某某的证言:"我打电话给江阴园区办事处分管安全的邵主任,我将隐患情况和沈市长的批示情况告诉邵主任,并告知他要找一家有资质的企业来施工。"该段证言证明施工单位是否具有资质的监督责任应由邵主任承担。

综上,管理人提交报告的部门、沈某某副市长的批示、朱某某转批内容以及殷某某口头通知无法证明市场监督管理局被赋予了监督管理职责。

【裁判结果】对肖某某在审查起诉阶段作不起诉处理。本案辩护成功。

第二十节 违法发放贷款案例

银行董事长违法放贷案

【案情简介】古交市阜民村镇银行原董事长刘某栋在任职期间违规插手干预银行贷款业务并强行要求行长放贷。行长张某忠在出面阻挠时还遭到了董事长刘某栋的威胁:"贷款若不能办,赶紧滚蛋回家。"阜民村镇银行监管人员对上述贷款存在的问题不闻不问,在刘某栋、张某忠的安排下,银行工作人员又多次进行倒贷,累计贷款23笔,金额共计7.2亿元。形成不良和逾期贷款1.2亿元,数额特别巨大,均已构成违法发放贷款罪。

【法院判决】古交市阜民村镇银行原董事长刘某栋、行长张某忠违法发放贷款。刘某栋犯违法发放贷款罪,判处有期徒刑8年,并处罚金人民币20万元;张某忠犯违法发放贷款罪,判处有期徒刑6年,并处罚金人民币10万元。

【案例点评】贷款必须要走完整的法定程序,不具备贷款资质和贷款使用项目不安全,都不能批贷,否则轻者会出现坏账,重者将造成巨额资金流失,构成违法犯罪。还要确保还贷的贷后资金流向监管。银行常规贷款流程包括:①贷款申请。借款人需要贷款,应向银行经办机构直接提出申请,申请书中应当包括借款金额、借款用途、偿还能力及还款方式等基本内容。②贷款人以及贷款用途项目尽职调查(确保资金安全的关键环节)。③借款合同的履行。④不良贷款的监管。根据《贷款通则》严格监管不良贷款。⑤贷款债权保全和清偿的管理。

第一步：建立银企信贷关系。申请建立信贷关系时企业须提交《建立信贷关系申请书》一式两份。银行在接到企业提交的申请书后，要指派信贷员进行调查。调查内容主要包括：①企业经营的合法性。具有法人资格的企业应检查营业执照批准的营业范围与实际经营范围是否相符。②企业经营的独立性。是否独立核算，审核财务计划、会计报表。③企业及其生产的主要产品是否属于国家产业政策发展序列。④企业经营的效益性。企业会计决算是否准确，财务成果的现状及趋势如何。⑤企业资金使用的合理性。企业流动资金、固定资金是否分口管理；流动资金有无被挤占、挪用。⑥新建扩建企业。扩大能力部分所需流动资金30%是否已筹足。信贷员对上述情况进行调查了解后，要写出书面报告，并签署是否建立信贷关系的意见，提交科（股）长、行长（主任）逐级审查批准。经行长（主任）同意与企业建立信贷关系后，银企双方签订《建立信贷关系契约》。

第二步：提出贷款申请。已建立信贷关系的企业，可根据其生产经营过程中合理的流动资金所需来申请银行贷款。（以工业生产企业为例）申请贷款时必须提交《工业生产企业流动资金借款申请书》。银行依据国家产业政策、信贷政策及有关制度，并结合上级行批准的信贷规模计划和信贷资金来源对企业借款申请进行认真审查。

第三步：贷款审查。贷款审查的主要内容有：①贷款的直接用途。符合工业企业流动资金贷款支持范围的直接用途有：合理进货支付货款；承付应付票据；经银行批准的预付货款；各专项贷款按规定的用途使用；其他符合规定的用途。②企业经营状况。包括物资购、耗、存及产品供产销状况，流动资金占用水平及结构状况；信誉状况；经济效益状况等。③企业挖潜计划、流动资金周转加速计划、流动资金补充计划的执行情况。④企业发展前景。企业所属行业的发展前景，企业发展方向，产品结构、寿命周期和新产品开发能力，主要领导人实际工作能力，经营决策水平及开拓、创新能力。⑤企业负债能力。企业负债主要依靠可用自有流动资金占全部流动资金比例和企业流动资产负债率两项指标分析。

第四步：签订借款合同。借款合同标的是货币，贷款方一般是国家银行或其他金融组织，贷款利息由国家规定，当事人不能随意商定。若涉及国家利息补贴项目要写明具体补贴利率和由哪一方负责申请与执行。签订合同时应注意项目填写准确，不能涂改；借、贷、保三方公章及法人代表签章齐全无误。

第五步：发放银行贷款。企业申请贷款经审查批准后，应由银企双方根据贷款种类签订相关种类的借款合同。借款方立借据。借款申请书审查无误后，填制放款放出通知单，由信贷员，科（股）长"两签"或行长（主任）"三签"送银行会计部门办理贷款拨入借款方账户的手续。借款申请书及放款放出通知单经会计部门入账后，最后一联返回信贷部门作为登记贷款台账凭证。

（点评人：企业舆情讲师、金融业风险防控研究专家　杨昌龙）

其他刑事案例

第一节　组织、领导、参加黑社会性质组织案例

山西邢某斌涉黑案

【案情简介】2014 年 3 月 12 日上午 11 时许，邢某斌被警方从太原武宿机场带走。邢某斌，1967 年 5 月出生于山西省柳林县留誉镇，时任山西联盛能源有限公司（以下简称"联盛公司"）董事局主席，是柳林县政协名誉副主席，山西省人大代表，同时也是 2012 年"7000 万嫁女"的主角。由于此时正值廉政反腐的关键时刻，随着邢某斌被查，历时近 4 个月的山西省最大煤炭民企重整案再度被打上了问号。从白手起家，到坐拥 600 亿元资产、执掌山西省最大民营煤炭能源集团——联盛集团，邢某斌长年低调行事，在政商两界人脉极广，纵横捭阖于煤炭市场，其正面的公益形象曾给当地民众留下了深刻印象。从 2012 年开始，在连涨近 10 年后，中国煤炭市场遭遇拐点，过惯了好日子的煤企（包括联盛集团），一时还不适应捉襟见肘的境地。2013 年年底，资金链断裂的联盛集团，被迫踏上重整之路，引发业界震动。山西省的煤老板们，因煤而兴，也终因煤而身陷囹圄，这与我国能源行业传统、粗放的发展模式不无关系。

【案例点评】①邢某斌涉黑案具有"煤老板"暴富发家、衰败的典型性。这是企业多年粗放式、掠夺式发展埋下的祸根。②邢某斌涉黑团伙靠黑白两道，玩转政商关系，主动与政府交好，与知名国企、民企合作，"拉大旗作虎皮"。但这种传统的"关系—利益"交换模式，在取得高回报的同时，也带来了前所未有的风险。通过梳理邢某斌发家史，从巅峰到谷底，不过短短

一两年的时间。③邢某斌涉黑团伙的覆灭，再次证明了一个道理，经商一定要守法合规，不能胡作非为，所谓"君子爱财取之有道"，不干净的钱不能拿，不光明的黑道不能走。

孙某果涉黑案

【案情简介】孙某果（1977年10月27日至2020年2月20日），男，汉族，曾用名陈某、李某宸，云南省昆明市人，1992年12月入伍，曾是武警昆明某部的一个上等兵，后又进入武警某学校学习，直到1994年因犯强奸罪被判刑。1995年至1998年多次犯罪。据《中国法律年鉴》记载，1997年8个月内，孙某果及其团伙就有至少8起犯罪，涉及强奸罪、故意伤害罪、强制猥亵侮辱妇女罪、寻衅滋事罪等。孙某果一审被判处死刑后，二审维持原判，但死刑没被核准，遂改为死缓。孙某果在服刑期间，此案又启动再审程序，孙某果最终被改判为有期徒刑20年。2010年起，孙某果以"李某宸"之名在狱外活动。

2019年4月，中央扫黑除恶第二十督导组进驻云南省期间，昆明市打掉了孙某果等一批涉黑涉恶犯罪团伙。5月24日，全国扫黑办将孙某果涉黑案列为重点案件，实行挂牌督办。6月4日，全国扫黑办派大要案督办组进驻昆明市，督办孙某果案。2019年10月14日，云南省高级人民法院依照审判监督程序对孙某果强奸、强制侮辱妇女、故意伤害、寻衅滋事一案依法再审开庭审理。同时，云南省检察机关也对孙某果出狱后涉嫌黑社会性质组织犯罪提起公诉，云南省监察机关、检察机关依法对孙某果案19名涉嫌职务犯罪的公职人员及重要关系人移送审查起诉。

【法院审理】2019年11月6日至7日，玉溪市中级人民法院对孙某果一案公开开庭审理。一审获刑25年。12月17日，云南省高级人民法院依法对孙某果组织、领导、参加黑社会性质组织等犯罪案二审公开宣判，对上诉人孙某果驳回上诉，维持原判。12月23日，云南省高级人民法院依法公开宣判孙某果再审案，决定执行死刑。2020年2月20日，孙某果被执行死刑。

因孙某果案涉及多名司法人员"保护伞"，云南省玉溪市中级人民法院、玉溪市红塔区人民法院、玉溪市通海县人民法院以及曲靖市、红河州、文山州、大理州、德宏州等地人民法院，于2019年12月15日分别对涉孙某果案公职人员和重要关系人职务犯罪案公开宣判，19 名被告人分别被判 2 年至 20 年不等的有期徒刑。

【案例点评】①孙某果案和其他涉黑案件的共同之处是，涉黑涉恶势力与"保护伞"之间往往存在一种共生关系。所以，扫黑必须破"伞"，切断彼此间的利益勾结。孙某果案所暴露的司法执行程序的漏洞触目惊心，我们必须筑牢司法制度的铁墙，不能让"孙某果"们有脱网的缝隙。②如果第一次云南省高级人民法院对被判死刑的孙某果执行死刑，就不会有后来孙某果非法出狱后继续危害社会，再次犯下重罪"三进宫"的后续故事。在 1998 年至 2003 年期间，孙某果被判处死刑是没有生还可能的，因为当时涉及杀人、强奸、抢劫、爆炸等严重危害公共安全和社会治安犯罪的死刑案件，死刑核准权掌握在省高级人民法院，而不是最高人民法院。云南省高级人民法院维持原判后，本院核准就可以执行死刑了。而依照常理，云南省高级人民法院几乎是绝无可能不核准通过的，除非案件办理确实存在重大事实认定和法律适用错误问题。而如果确实存在这种问题，最大的可能性也是省高级人民法院二审后发回重审。省高级人民法院自己作出维持原判的判决，自己再不核准死刑，这种在司法案例中判决、执行相互矛盾的做法非常罕见。③回顾孙某果案发展的脉络，我们不难看出司法腐败的能量很大，几乎到了"瞒天过海"的地步。在"营救"死刑犯孙某果的过程中，19 名政法司法干部滥用职权，违法违规操作改判、减刑、保外就医等。早在 1994 年，孙某果"一进宫"的时候就是轮奸的主犯，当时属于国家司法打击的重罪，可是却只判了最轻的"3 年有期徒刑"，轮奸犯的主犯一般都是判处 10 年以上的重刑。1998 年孙某果再犯死罪的时候已经是"二进宫"，这次被昆明市中级人民法院判了死刑，上诉云南省高级人民法院后维持死刑原判。本该执行死刑的，可是却没有立即执行。后来，云南省高级人民法院死刑复核改判死缓。孙某果在服刑期间，此案又启动再审程序，改判为有期徒刑 20 年。再后来，孙某果的母亲通过给孙某果"购买发明专利""重大立功减刑"等一系列操作，又使孙某果在不久以后就出狱做生意了，再次给了孙某果第三轮犯罪的机会。④此案作为全国扫黑除恶办公室督办的大案要案，网民评论说，从 2018 年孙某果"三进宫"被抓，到 2020 年 2 月 20 日孙某果被执行死刑，有一个不容忽视的案外因素，那就是《南方周末》大篇幅的跟踪报道。很多网友对此案发表评论时还在担忧，"三进宫"的孙某果会不会成为"打不死的小强"，再次逃脱法律的惩罚？直到 2020 年 2 月 20 日，孙某果被执行死刑。亿万民众才彻底放心，日夜兼程跟踪报道的记者才仰天长叹，迟到的正义终于得到了彰显。⑤跳出孙某果涉黑犯罪案看我国涉黑犯罪问题，实际上认定黑社会组织的标准（如 3 人以上组织成员、有固定的经济来源、有 3 次以上涉黑犯罪的行为发生、持续犯罪 3 个月以上等）是很明确的，但是黑恶势力一旦拥有"保护伞"，久而久之，他们的势力会逐渐坐大，严重危害一方平安和经济社会稳定。

（本案材料根据孙某果案整理）

杨某德涉黑案

【案情简介】杨某德和他的公司以及黑恶势力团伙成员，在 2008 年至 2010 年 9 月份之间，多次从事寻衅滋事、聚众扰乱社会秩序、强迫交易、妨碍公务、涉嫌聚众冲击国家机关等犯罪行为，杨某德于 2010 年 10 月 13 日被南阳市公安局高新分局刑事拘留，因涉嫌聚众扰乱社会秩序罪等罪名于 2010 年 11 月 5 日经唐河县人民检察院批准逮捕。2011 年 5 月 23 日，唐河县人民检察院以杨某德涉嫌犯组织、领导黑社会性质组织罪，聚众扰乱社会秩序罪，妨害作证罪，强迫交易罪，寻衅滋事罪，妨害公务罪等 6 项罪名，向唐河县人民法院提起诉讼。

【法院审理】经法院审理查明，杨某德黑社会组织犯下聚众扰乱社会秩序罪。南阳市奥奔公司于 8 年前与南阳市宛城区白河农村信用社伏牛路分社签订租房协议，租用 312 国道一处 5 层楼及院子。此后，该房屋被南阳市个体户崔某一买走并办理了房产证。奥奔公司租赁到期之后，崔某一催促搬迁，奥奔公司却不搬迁。崔某一于是将其诉至卧龙区人民法院。卧龙区人民法院开庭审理作出判决，让奥奔公司从崔某一的房产中搬出，并赔偿损失。判决生效后，崔某一申请卧龙区人民法院执行，卧龙区人民法院先后向奥奔公司下达了执行通知、处罚决定书，但奥奔公司均拒不执行。无奈之下，2010 年 9 月 13 日，卧龙区人民法院作出了划拨奥奔公司的银行存款 353 320 元的执行裁定，并于 2010 年 9 月 27 日通知中国银行南阳分行先行划拨了奥奔公司在该银行的存款 86 000 元。2010 年 9 月 27 日下午，杨某德得知消息，立即派本公司职工张某、杨某找到银行要求将该笔款划回，遭到拒绝。杨某德于是召集公司员工李某等 13 人在开会预谋之后，分别到银行和法院围堵闹事，他们悬挂对联，燃放鞭炮。卧龙区人民法院为防止事态扩大，收缴横幅，遭到张某、温某的阻拦，并厮打法警，被法警带进法院讯问。杨某德得此消息，立即指使曹某等 3 人增援至法院门口泼洒农药，谩骂法官。卧龙区人民法院院长出面劝解，也被刁某等人摔倒在地。

杨某德涉黑团伙还犯下妨害作证罪和强迫交易罪。据法院审理查明，杨某德等人聚众扰乱社会秩序罪一案被南阳市公安局高新分局立案侦查之后，10 月 7 日，奥奔公司的乔某、杜某等 6 人被张衡路派出所警方传唤问话。杨某德得到消息，认为 6 人的证言对自己不利，于是逼迫 6 人到派出所重新作证，强调围堵法院不是公司领导指使，而是自己自愿的，并让 6 人联合起草《联合证言》，以统一口径。杨某德还安排 2 人假扮警察，对 6 人模拟讯问。10 月 8 日上午，乔某等 6 人到张衡路派出所作假证时被警方识破。2008 年 8 月 1 日，南阳市个体户崔某二以 350 万元竞拍到杨某德租赁的房产之后，杨某德欲低价将房屋从崔某二手中买走，遭到崔某二拒绝。杨某德遂纠集李某等人购买了花圈、阴钞、动物尸块等物，投掷到崔某二院中进行威胁。此后的 1 月 21 日，杨某德又纠集刁某等人持刀闯入崔某二的家中威胁崔某二，遭到崔某二的拒绝。

杨某德涉黑团伙还涉嫌寻衅滋事罪和妨害公务罪。2009 年 1 月 16 日，南阳市七里园社区枣西组村民关某等人聚集到奥奔公司门口要求提高奥奔公司租赁的一块土地的租金，并要求给工程供料，杨某德得知之后，组织人员把村民赶走，刁某等人手持钢管、棍棒对枣西村村民关某等 4 人进行殴打，导致村民受伤。后在张衡路派出所的监督下，双方达成协议，关某 4 人得到了 15 000 元补偿。2009 年 11 月 5 日，奥奔公司马某、栗某乘坐郭某的无牌照厢式货车被卧龙区七里园乡运管所执法人员贾某等 2 人拦下，但遭到郭某等人的阻拦。杨某德听说后立即组织多人分乘两辆汽车赶到运管所，对贾某等 2 人进行殴打致 2 人受伤。奥奔公司的谢某找到被扣车钥匙，让郭某强行将车开走，致使公务活动无法进行。

杨某德涉黑团伙还犯下组织、领导、参加黑社会性质组织罪。杨某德自 2008 年以来，以其经营的奥奔公司为依托，笼络公司员工，逐步明确了一些约定俗成的制度、纪律等行为原则，要求员工必须无条件地服从他的领导，对组织的违法犯罪活动也必须参与实施，逐步形成了以杨某德为组织领导者，以曹某等 6 人为骨干，以渠某等 6 人为参加者的相对稳定的黑社会性质犯罪组织，并实施了聚众扰乱社会秩序、强迫交易、寻衅滋事、妨害公务等多起暴力性犯罪，在一定区域内造成了重大影响，严重破坏了当地的社会秩序。

唐河县人民法院经过了长达 10 天的审理，对本案进行了公开宣判。依照《刑法》有关规定，判处杨某德犯组织、领导、参加黑社会性质组织罪，聚众扰乱社会秩序罪，妨害作证罪，强迫交易罪，寻衅滋事罪，妨害公务罪，决定执行有期徒刑 20 年，并处罚金 40 万元。被告人曹某、李某、张某等 20 人，分别犯组织、领导、参加黑社会性质组织罪，聚众扰乱社会秩序罪，妨害作证罪，强迫交易罪，寻衅滋事罪，妨害公务罪，分别被判处 9 年、7 年、5 年、3 年、1 年 6 个月、1 年、1 年徒刑缓刑 2 年。被告人田某、司某分别被判管制 6 个月和处以 1 万元罚金。

【案例点评】①本案法院查明，杨某德和他的公司以及黑恶势力团伙，在 2008 年至 2010 年 9 月份之间犯下寻衅滋事、聚众扰乱社会秩序、强迫交易、妨碍公务、涉嫌聚众冲击国家机关等多项罪行，依法作出的判决是公正的。②判决符合《刑法》第 290 条规定的聚众扰乱社会秩序罪；聚众冲击国家机关；《刑法》第 307 条第 1 款规定的妨害作证罪；《刑法》第 226 条以暴力、威胁手段实施的强迫交易罪；《刑法》第 293 条规定的寻衅滋事罪；《刑法》第 294 条规定的组织、领导、参加黑社会性质组织罪。③黑社会组织欺行霸市、危害一方，严重影响当地老百姓的正常工作和生活秩序，必须依法严惩，还大家一个安泰和谐的社会环境。正因为如此，中央为期 3 年的"扫黑除恶斗争"深入人心。

民营企业家应注意涉黑犯罪问题：①一定要合法经营。市场经济是法治经济，市场主体的活动一定要在法治的框架内开展。②企业发生纠纷要通过法律途径解决，不要采取私力救济。此类行为是涉黑定性的关键，广大企业家尤其要重视。采取暴力方式，无论维护的是合法利益还是非法利益，最终都会引起严重的法律后果。③不要以为已发生的事件，尤其是暴力事件已通过司法机关处理或靠关系摆平就高枕无忧。涉黑案件延续时间长，后来的发展无法预料，"保护伞"一旦被追责，其他涉案人员依然会被追究。④经营企业要有高度的政治意识。公安机关重点打击威胁政治安全特别是制度安全、政权安全以及向政治领域渗透的黑恶势力；把持基层政权、操纵破坏基层换届选举、垄断农村资源、侵吞集体资产的黑恶势力；利用家族、宗族势力横行乡里、称霸一方、欺压残害百姓的"村霸"等黑恶势力。⑤要充分了解我国对黑恶犯罪构成的规定，企业家学法、知法、守法、用法才能有效防范法律风险，避免涉黑犯罪。

（观点来自：北京企业法治与发展研究会副会长　朱崇坤）

第二节　故意杀人案例

操场埋尸案

【案情简介】2001年，杜某平违规承建新晃一中操场土建工程，施工过程中，杜某平对邓某平产生不满，于2003年1月伙同罗某忠将邓某平杀害，并将尸体掩埋于该操场内。案发后，时任新晃一中校长的黄某松为掩盖杜某平杀人犯罪事实，多方请托、拉拢腐蚀相关公职人员，干扰、误导、阻挠案件调查，导致该案长期未能侦破。

2019年6月18日9时，挖掘工作开始；6月19日18时许挖到疑似人体遗骸物，到20日0时许，尸骸被挖出来。尸骸皮肤组织已不复存在，警方从现场提取到人体头骨、四肢、躯干等骨骸以及衣物和可疑残留物。死者身上的衣服，从内至外分别是衬衣、毛衣和带纽扣的棉衣外套，与正常下葬的遗体穿着的寿衣不同，也没有棺木。死者衣服上的标签尚能辨认。不久之后，公安局专案组经过调查、鉴定，确认尸体是16年前被谋害的邓某平。同年11月26日，19名涉案公职人员被依纪依法严肃处理。12月17日至18日，"操场埋尸案"一审宣判。2020年1月10日，"操场埋尸案"二审宣判，维持原判。1月20日，湖南省怀化市中级人民法院对杜某平依法执行死刑。4月3日，"操场埋尸案"相关公职人员渎职犯罪案二审维持原判。2020年6月，邓某平被认定为工伤，获补助金88万元，家属放弃民事赔偿。

【法院判决】2019年12月17日至18日，湖南省怀化市中级人民法院一审对被告人杜某平等人故意杀人案及其恶势力犯罪集团案件进行公开审理。杜某平、罗某忠对杀害邓某平的犯罪事实供认不讳。杜某平犯故意杀人等罪，数罪并罚，决定执行死刑；罗某忠犯故意杀人罪，判处死刑缓期二年执行；其他12名被告人分别被判处1年至8年不等的有期徒刑。

【案例点评】"操场埋尸案"是一桩震惊全国、令人发指、灭绝人性的谋杀案。此案给我们留下了一些值得思考的问题：①此案的快速办结，与全国打黑办把"操场埋尸案"列为扫黑除恶重点案件的督办有直接关系。2019年11月14日，全国扫黑办对督办的新晃侗族自治县"操场埋尸案"案件办理提出要求，抓紧推动案件查深查透、办成"铁案"，及时回应社会关切，彰显法律公平公正。中央政法委、全国扫黑办领导亲自在长沙听取"操场埋尸案"进展的汇报。后来，湖南怀化警方、检察院、法院根据全国扫黑办的要求，成立专案组，突破此案层层"保护伞"的重围，很快完成了对"操场埋尸案"的侦查取证、起诉、审判工作，努力实现了案件办理的政治、法律、社会效果相统一。对"操场埋尸案"涉"伞"相关公职人员渎职犯罪案，深挖彻查，10多名公职人员被判刑。②"操场埋尸案"的真相与邓某平的尸体一起"沉睡"了16年，给受害人家属带来了巨大的精神痛苦。如今迟到了十数年的正义让死者家属和关注此案的广大群众都感到了些许欣慰。对于此案的侦破与公正审判，老百姓拍手称快。③此案也留给了我们深刻的思索：司法腐败对社会的伤害比普通犯罪给社会带来的伤害要大无数倍。因为普通犯罪污染的是"水流"，而助纣为虐的司法腐败污染的是"水源"。

"夺命情侣"之劳荣枝案

【案情简介】1999年7月23日，安徽合肥市发生了一起震惊全国的持枪绑架人质案。绑匪被包围后，持枪负隅顽抗，警匪双方拔枪互射。最终绑匪被击中右腿擒获。绑匪名叫法子英。1996年起，法子英伙同女友劳荣枝在南昌、广州、温州、南宁、合肥等地实施犯罪，劳荣枝用色相勾引看上去家庭殷实的男子，将其骗至出租屋后，采用持枪、持刀绑架勒索、抢劫等手段劫财，前后残忍杀害了7人。

【案件审理】1999年12月28日，法子英被执行枪决，而劳荣枝自此逃亡。2019年11月28日，厦门警方将其抓获，确认其逃犯身份。12月5日，厦门公安局向江西省南昌市公安局移交劳荣枝。12月17日，劳荣枝被南昌市人民检察院批捕。2020年12月21日，劳荣枝案公开审理。

【案例点评】①劳荣枝案曾与白银市连环杀人案一同被媒体列入中国"四大悬案"之一。能够抓获劳荣枝，主要得益于大数据研判系统。随着社会的发展，在互联网、大数据、人脸识别等技术的联合助力下，警方的破案能力无疑会明显提升。②劳荣枝案可以成为犯罪心理学研究的一个标本，因为她作为女犯，与其他女性犯罪有很大不同，多次作案、毫无悔改、深藏不露，逃避法律制裁长达 10 年之久，其犯罪心理与性格养成以及逃避追捕的反侦察能力之强，都值得犯罪学家深入研究。

男子砸死女友案

【案情简介】2020 年 8 月 28 日晚，一则"男子砖砸女子"的视频在朋友圈纷纷转发，嫌疑人还在朋友圈里留言称，"用砖头砸死女友，不后悔"。网上流传的视频显示，身穿白色上衣的男子用砖头猛砸身穿白色连衣裙的女子，女子被拍倒在地，试图抬起头来，男子又捡起碎砖块朝女子头部砸了数下，碎砖块蹦远后，男子又跑到两三米远处捡起大砖头，继续朝着女子头部猛砸。29 日上午，常州警方发布通报：犯罪嫌疑人杜某已于 28 日晚上 9 点 15 分被警方抓获，受害女子经抢救无效不幸身亡。杜某在其微信朋友圈里连发多条关于他砸女友的信息，直言"今晚我杀人了，已经被我用砖头砸死了"。留言下边还特意留下自己的落款"杜某"，并配上了一张自己的单人照。

【案例点评】①从嫌疑人杜某的朋友圈留言可以看出，他行凶的理由是：两人已经交往多年。"在南京我为（她）付出多少？他（她）现在跟我到常州，跟别的男人去开房。哦，受不了啦！所以今晚把她杀掉。哦，不后悔！"这说明杜某杀死的是自己的女友，作案动机属于情杀。②从杜某发布"杀了她，不后悔"的信息可以判定他属于故意杀人，将面临死刑或者死缓的重判；根据《刑法》第 232 条的规定，"故意杀人的，处死刑、无期徒刑或者十年以上有期徒刑"。③此案经过自媒体报道，造成了很坏的社会影响。犯罪嫌疑人用残忍的暴力把女友砸死后发布朋友圈，表示对自己的犯罪毫无悔意，声称"不后悔"。这也对社会受众的心理与心态造成了一次间接的伤害。并且此类信息的传播对社会必然产生负面影响。④犯罪嫌疑人被强烈的情感冲动和愤怒情绪所困扰，失去了自控能力，在犯罪心理学上属于激情犯罪。给社会上的年轻人一个警示——"冲动是魔鬼"，自己的一时冲动会给两个家庭带来毁灭性打击。因此，要引以为戒。

第三节　强奸、猥亵案例

培训机构教师强奸、猥亵案

【案情简介】湖北一家个体教育培训机构的教师马某多次引诱班上 14 岁的女学生邓某，与其发生性关系，并唆使邓某介绍其他未成年女生供其猥亵、奸淫。截至案发，马某已性侵了 5 名未满 14 岁的少女，其中一名被害人被侵害时仅有 8 岁。

【法院判决】2019 年 8 月 30 日，武汉市硚口区人民法院对该案作出一审判决，法院认定马某犯强奸罪，判处有期徒刑 12 年 10 个月；犯猥亵儿童罪，判处有期徒刑 5 年 5 个月，决定执行有期徒刑 18 年。为预防再犯罪，依法禁止其在刑罚执行完毕后一段时间内从事相关职业。一审判决后，马某不服，提出上诉。10 月 22 日，武汉市中级人民法院裁定，维持原判。

【案例点评】①近年来，教师性侵女生的案件频发，说明涉案的教育从业者缺乏法治教育、师德教育和保护青少年身心健康的法律意识。②教师性侵女童会给被害人留下终身的心理阴影，严重影响她们未来的健康成长。因此，此类犯罪必须被依法严惩。③教师和医生属于可近距离接触异性的职业，建议相关机构建立教师、医生利用职业便利性侵、猥亵学生和患者的数据库，对曾经有过此类"污点"的人士实行"禁业限制"或者动态的、有效的监管，禁止此类人员从事与未成年人密切接触的工作，从而降低案发的可能性。④对多次（三次以上）犯强奸、猥亵、性侵的惯犯，可以参照其他一些国家对罪犯施行"化学阉割"，让这些人失去生理上侵犯异性的功能，从而"根治"他们的犯罪问题。

齐某猥亵、强奸案

【案情简介】齐某是一所小学的班主任，在一年多的时间里，齐某将班里多名不满 12 岁的女生单独叫到学校无人的宿舍、教室等地方，甚至带到校外，进行猥亵或者强奸。他还在晚上熄灯后，以查寝为名，多次到女生集体宿舍猥亵女生。在该案中，根据证据，能够认定他多次强奸 2 名女生，猥亵 7

名女生，某省高级人民法院终审判决认定齐某犯强奸罪、猥亵儿童罪，却只合并判处其有期徒刑 10 年，剥夺政治权利 1 年。最高人民检察院经审查，认为该判决适用法律错误，量刑不当，于 2017 年 3 月依法向最高人民法院提出抗诉。

【抗诉改判】2018 年 6 月 11 日，最高人民法院召开审判委员会会议审议本案，最高人民检察院检察长首次列席最高人民法院审判委员会会议并发表意见，凸显了检察机关切实发挥法律监督职能、提升严格公正司法水平的理念。2018 年 7 月 27 日，最高人民法院作出终审判决，认定原审被告人齐某犯强奸罪，判处无期徒刑，剥夺政治权利终身；犯猥亵儿童罪，判处有期徒刑十年；决定执行无期徒刑，剥夺政治权利终身。

【案例点评】①最高人民检察院监督此案，最终改判，因为原判决量刑偏轻。②案犯多次强奸 2 名女生，猥亵 7 名女生，构成累犯，性质恶劣，社会危害严重，不具有从轻判罚的情节。③案犯犯强奸罪、猥亵儿童罪，构成数罪并罚，应该从重判罚，因此依法判处无期徒刑才符合罪当其罚的原则。

第四节　爆炸案例

夹江"12·5"公交车爆炸案

【案情简介】2018 年 12 月 5 日，被告人卢某兵利用自制爆炸物，在四川省夹江县漹城镇迎春南路的王水井公交站台，对车牌为川 L78328 号的 3 路公交车实施爆炸，造成 20 余名乘客受伤，公交车严重受损的后果。

【案件审理】乐山市中级人民法院对此案公开开庭审理。因该案社会影响重大，乐山市中级人民法院依法由 3 名审判员和 4 名人民陪审员组成 7 人合议庭，采用庭审实质化的方式进行审理。2019 年 11 月 15 日，乐山市中级人民法院一审公开宣判，被告人卢某兵犯爆炸罪，依法判处卢某兵死刑缓期二年执行，并限制减刑。

【案例点评】①本案的犯罪嫌疑人是在公众场合制造爆炸事件，构成以危险方法危害公共安全罪和爆炸罪，属于重判的罪行。②庆幸的是该案没有人员死亡，但对被袭击乘客来说，这次经历给他们带来的恐惧一点都不亚于死亡，同时此案造成了很坏的社会影响。③此案提醒其他公共交通工具的管理者，严禁乘客携带易爆危险品上车，一定要严把安全的闸门，防止此类案件的发生，给乘客营造一个安全、舒适的乘车环境。④乘客也应该有法律意识，一旦发现可疑人员上车，要及时提醒乘警、保安或者司机，做到及时消除隐患，确保行车安全。

第五节 纵火案例

常州"9·11"放火案

【案情简介】2014年9月11日上午9时许，常州市公安局高新区（新北）分局薛家镇派出所接到报警：高新区薛家镇顺园六村185幢乙单元401室着火，有人受伤。警方到达现场发现：受害人为一名女性，已当场死亡，颈部、左胸部存有多处刀伤，腹部严重烧伤，但胸、背部、四肢均完好无损；现场物品翻动不明显，门窗均完好，受害者家中两瓶未开封的白酒只剩酒瓶盖遗留现场。据受害者丈夫反映，事发当天上午9：07曾收到其老婆手机号发来的短信，内容为："钱在哪里，我肚子疼要去医院。"之后，受害者丈夫多次拨打妻子的电话，但始终无人接听，等到回家后，发现妻子已经遇害。

9月11日清晨5时许，犯罪嫌疑人刘某从网吧出来回到小区，想守候在家门口，等待孩子上学时看上一眼。唯恐妻子阻拦自己和孩子见面，刘某只得躲在家门口河边的树丛中。等待的过程中，刘某思考着，因一年前自己重义气担保下的2万元借款迫使自己负债累累，老婆要离婚、有家不敢回、连见自己的女儿都要鬼鬼祟祟。事已至此，刘某想着"寻死不如闯祸！""没勇气自杀，那就犯罪，让警察枪毙自己！"扭曲的刘某已然失去了理智，他决定要抢劫、强奸、杀人、放火都做一遍，窝囊了二十多年，也算是轰轰烈烈干一场！

躲藏在树丛中的刘某抬头猛然见到对面居民楼4楼的一户人家；刘某以前经常用望远镜偷窥，白天只有一个女人独自在家。心想着女人好对付，刘某毫不犹豫地选定了这个作案对象。刘某潜入那栋居民楼的楼梯间，等待作案时机。见到受害人及其丈夫出门送孩子上学，随后受害人独自回家。刘某见作案时机已到，便前去敲响了受害者家的门。他自称是邻居，以查看受害者家有线电视插头是否插错影响自己家观看电视为由，顺利进入受害者家。受害者走到客厅电视机旁，跟在背后的刘某拿出随身携带的准备自杀的刀刺向受害人，残忍地将受害人杀害。刘某清理干净作案现场、将自己带血的衣服洗净穿上、用受害人的手机发短信给"老公"询问钱的存放处以造成侵财的假象，将受害人的衣服损坏造成性侵的假象，在受害人家中找出两瓶白酒作为助燃剂撒在家中，在离开前放火烧毁现场。

【一审判决】2015年4月24日，江苏省常州市中级人民法院对广受关注的"9·11"杀人纵火案宣判，被告人刘某犯故意杀人罪，判处死刑，剥夺政治权利终身。法院认为，被告人刘某故意非法剥夺他人生命，致1人死亡，其行为已构成故意杀人罪。刘某以骗门入户的方式侵入他人住宅，故意杀害无辜人员，且手段残忍，事后又纵火破坏现场，情节特别恶劣，依法应予严惩。虽归案后能如实供述杀人的主要犯罪事实，但不足以对其从轻处罚。

【案例分析】①根据案犯刘某作案过程的描述，他非法侵入邻居家，构成非法侵入住宅罪；用刀杀死家庭的女主人，手段残忍，构成故意杀人罪；焚烧毁坏现场，构成纵火罪；应该数罪并罚，执行死刑。②案犯的犯罪心理值得研究。他是因为给他人担保，受到债务牵连，被妻子歧视，为了躲债，有家不能回，由正常人一步一步沦落为一个罪犯。因此，本案值得整个社会反思：我们的社会应该如何不让好人吃亏、不让坏人得势？③案犯长期在家庭中被妻子歧视，心理压抑，无处排遣和释放，逐渐变态，沦为性情凶残的杀人犯。④此案给已婚人士一个警示，夫妻之间要多谦让、多沟通，遇到困难、挫折要一起扛，不要一味地指责、辱骂、歧视，甚至不让进家门，否则弱势一方达到了心理承受的极限，要么暴力反抗摧毁欺负他的人，要么对家人暴力相向，要么走向社会，报复无辜的人。因为一个遭遇挫折的人长期压抑的负面情绪得不到释放，很容易心理变态，从而引发犯罪。

杭州保姆纵火案

【案情简介】2017年6月22日凌晨5点左右，在浙江省杭州市某小区2幢1单元1802室发生纵火案，该事件造成4人死亡（一位母亲和三个未成年孩子）。2017年7月1日，根据杭州市人民检察院批准逮捕决定，杭州市公安局对涉嫌放火罪、盗窃罪的犯罪嫌疑人莫某晶依法执行逮捕。2017年8月21

日，杭州市人民检察院依法对被告人莫某晶提起公诉。

【法院审理】2017 年 12 月 21 日上午 9 时许，"杭州保姆纵火案"在浙江省杭州市中级人民法院公开开庭审理。法庭宣布延期审理。2017 年 12 月 25 日，杭州市公安消防局再次收到受害人家属林某某提出的政府信息公开申请，杭州市公安消防局根据《政府信息公开条例》的有关规定，在法定期限内作出答复。2018 年 2 月 9 日，案件一审公开宣判，被告人莫某晶被判死刑。2 月 24 日，从浙江省高级人民法院获悉，莫某晶已向该院提起上诉。5 月 5 日 9 时，莫某晶上诉开庭审理；下午 5 时 20 分许，庭审结束，审判长宣布择期宣判。6 月 4 日，案件作出二审裁定：驳回上诉，维持原判。2018 年 9 月 21 日，经最高人民法院核准，莫某晶被执行死刑。

【案例分析】①"杭州保姆纵火案"等恶性案件被写入 2019 年最高人民法院年度案例报告，说明这个案件影响大、社会关注度高，具有典型性。此案引发了对社会底层人士和富人之间的差异、底层人士阴暗心理等话题的网络辩论，多数人可以从案例中吸取教训。②保姆莫某晶有赌博恶习，导致她贪得无厌地采取各种手段从主人家里"搞钱"，主人的善良并没有唤醒她的良知，她不平衡的扭曲心态变本加厉，最后毁掉了雇主一家，把自己也送上了绝路。③保姆纵火后，女主人没有采取正当的报警措施，这是一个很大的遗憾。当时受害的女主人朱某贞和三个未成年的孩子住在别墅内，她作为唯一的成年人，防范意识不够强。对该纵火保姆过于信任，甚至到了轻信放任的程度。事发前一晚，女主人怀疑自己 30 多万元的表被保姆所盗，并决定让保姆 2 天后离开，因为 2 天后男主人才出差回来。保姆涉嫌偷盗价值几十万的手表，这是严重的法律问题，必须当机立断，或许是女主人对保姆的过分依赖导致其决定在找到新保姆前先不辞退莫某晶。④此外，男主人安全意识也不强，千万的豪宅，家里居然没有配备灭火器、灭火毯等任何消防设施。家里一旦发生火灾，根本无法自救。⑤女主人应对火灾的措施有多个失误。到生死攸关时惊慌失措。居然不知道打电话报火警求助，消防大队 5 点 07 分接到的报警是物业消防联动的报警电话，并不是女主人打的，她在出现火灾后打的是邻居的电话，两个未接电话至少浪费了 6 分钟的时间。当时如果女主人率先拨打 119，消防部门能第一时间出动，在消防队出勤救火的同时可以告诉当事人如何自救。可惜，这只能是假设。20 分钟之后，外面再给女主人回拨电话时已经没人接，估计是因为窒息使女主人失去了意识。到最后消防员破门的时候，门的主体结构是完好的，没有烧坏。官方通报过火只是在客厅，没有烧到别的地方，如果母子几人把门缝密封严实了，躲在女儿房间是可以保命的，不至于四个人全部死亡。这个惨痛的教训值得其他人吸取。

重庆秦某纵火案

【案情简介】2018年4月12日，重庆万州区青羊宫107号水电校宿舍大火系人为纵火，三辆消防车奋战1小时将火扑灭。80岁的秦某和75岁的赵某（系夫妻关系）不幸遇难。经调查，火灾系人为纵火引起，死者的19岁孙子秦某有重大嫌疑。警方迅速布控，上午8点左右秦某被抓获。火灾原因是，19岁的秦某向爷爷奶奶要钱不成放火泄愤，致爷爷奶奶身亡。法庭上，辩护人称，案发时秦某系吸毒后导致精神障碍病发。

【法院审理】秦某一审被判处死刑缓期二年执行，剥夺政治权利终身。重庆市第二中级人民法院公布的判决书显示：案发当天，秦某以出差为由向奶奶要钱时遭拒，并引发口角争吵起来。同日凌晨2时许，秦某用随身携带的打火机点燃卫生纸团并扔进储物间后离开，由此引发大火。判决书还显示，秦某的父亲死亡后，秦某一直跟着爷爷奶奶生活，而且爷爷奶奶对秦某一直是疼爱有加，后来秦某经常因为要钱的事情与爷爷奶奶吵架。秦某的辩护人提出，秦某在事发时因吸毒致精神障碍。公诉机关当庭举示的两份鉴定意见均认为秦某有吸毒史，因精神活性物质所致精神障碍，作案时处于发病期，在一定程度上受到精神疾病的影响。最终，重庆市第二中级人民法院审理此案后认为，秦某因索要钱财不成而故意纵火，导致其爷爷奶奶窒息死亡，后果特别严重，应予严惩。因此，一审判处秦某犯放火罪，判处死刑缓期二年执行，剥夺政治权利终身，并限制减刑。

【案例分析】此案对社会具有警示意义，金钱的诱惑可以超越亲情，孙子得不到想要的钱居然放火烧死自己的祖父母，这不仅是法盲，而且是丧失人性的不孝晚辈。秦某在看守所里哭着翻看刑法书，对自己的犯罪行为非常后悔。秦某的狱友证实，秦某刚进来时一直不愿意相信，自己把爷爷奶奶烧死的事实，精神比较恍惚，一个人时而哭、时而笑，情绪不稳定。其他的亲戚朋友也都证实，秦某没有精神病史。法院查明案犯秦某作案的真实原因，是因为向祖父母索要钱财不成而故意纵火，导致其爷爷奶奶窒息死亡，后果特别严重，此类犯罪应予严惩。此案再次警示社会公众，一定要重视对年轻人的生命教育和法治教育，年轻人应该树立正确的人生观、价值观，避免为了钱财不顾一切，酿成人伦惨案。

第六节 投放危险物质案例

肇庆妇女投毒案

【案情简介】广东省肇庆市封开县的一名妇女，与丈夫吵架后心生怨恨，于是购买老鼠药放于家中，2018 年 9 月 1 日晚，被告人借着给家人做晚餐之际，将事先购买的老鼠药（毒鼠强）投放在鱼中煮熟，随后端至餐桌上并给其丈夫于某甲、儿子于某乙、女儿于某丙食用，被告人侯某某自己当晚则没有食用饭菜，导致丈夫、儿子和女儿均中毒……所幸经抢救及时，无人死亡。

【法院判决】肇庆市封开县人民法院以故意杀人罪（未遂），判处这名妇女有期徒刑 12 年。

【案例启示】①《刑法》第 232 条规定，故意杀人是指故意的非法剥夺他人生命的行为，杀人未遂仍按故意杀人追究犯罪嫌疑人的刑事责任，比照既遂从轻处罚。本案受害人中毒，经过抢救没有导致死亡，因此行为人没有被判死刑，而是被判决有期徒刑 12 年。②《刑法》第 114 条规定，投放危险物质罪的行为人实施了投放毒害性、放射性、传染病病原体等物质危害公共安全、尚未造成严重后果的行为；抑或投放了毒害性、放射性、传染病病原体等物质致人重伤、死亡或者使公私财产遭受重大损失的行为。投毒也属于严重犯罪行为。投毒案件的直接后果是致受害人受伤或死亡。③本案给大家的警示是：此类家庭悲剧完全可以避免。夫妻或者其他家庭成员之间一旦出现矛盾，当事人一定要理性地、冷静地看待，主动地沟通、化解、和好，不要积怨太深，也不能一味默不作声地隐忍，隐忍久了就会像炸弹一样爆发，一旦爆发则可能酿成悲剧。

四川唐某毒杀情人案

【案情简介】据媒体报道，7月29日，四川省宜宾市中级人民法院以唐某犯故意杀人罪判处其有期刑14年。唐某与已婚男子雷某相识，两人发生关系，后雷某多次威胁唐某保持不正当关系。唐某得知雷某是已婚人士希望断绝来往。为了摆脱雷某的纠缠，唐某在其饭中下老鼠药，导致雷某中毒身亡。唐某离开现场时，还将雷某身上的4000元现金拿走。

【法院判决】法院认为，唐某在明知老鼠药是剧毒的情况之下，对雷某下药，已构成故意杀人罪。唐某还将雷某的4000元现金拿走，构成了盗窃罪，判处唐某犯故意杀人罪，获有期徒刑14年，犯盗窃罪判处有期徒刑8个月，数罪并罚，唐某需服刑14年。

【案件提示】此案给社会带来的警示是："婚外情"有风险。因为婚外情本身就是危害家庭稳定的行为，一旦被配偶发现，必然会被追究，大度的配偶可以原谅出轨的行为，但是心理上必然会留下阴影；无法原谅的配偶只能离婚，有过错方少分或者不分财产；如果性格极端、认死理，感情上无法接受，有可能会引发报复、情杀、寻仇等恶性犯罪。

第七节　过失致人死亡案例

李某草醉酒溺亡案

【案情简介】2019年9月8日晚，昆明理工大学大二学生李某草、任某某（女）、云南开放大学学生李某昊、在昆明务工人员罗某乾，先后进入三家酒吧喝酒。9日凌晨，李某草坠入盘龙江中，不幸溺水身亡。10月12日，微博名为"李某草妈妈"的网友发帖称，她是李某草的母亲陈某莲，女儿系昆明理工大学大二的学生，时年19岁。9月9日凌晨，她收到警方消息称，女儿在盘龙江醉酒溺水，9月11日，女儿的遗体被打捞上岸。可当她去当地派出所查看女儿溺水前在酒吧的监控录像时，却看到女儿疑被两男一女控制虐待。从网上公开的视频来看，李某草在椅子上不仅遭到一男子的猥亵，还被几次抽打耳光。而同行的另一名女子，非但没有制止施暴男子的行为，还分别拥抱了在场的两名男子。当天晚上，传来李某草溺亡的消息。由于不相信好端端的女儿"醉酒自杀"，李某草母亲反复与当地派出所交涉。无奈之下在网上发布求助信息，以期通过制造舆论压力，为女儿"讨回公道"。李某草母亲的求助，很快等来了办案机关的回应。12日下午，昆明市盘龙公安分局发布情况通报称，盘龙公安高度重视，将及时对外公布核查结果。8月12日，检察案件信息公开网公布，事发当晚与李某草一起喝酒的罗某乾，被昆明市盘龙区人民检察院提起公诉，涉嫌的罪名是过失致人死亡。10月14日，昆明市公安局公布了李某草落水死亡最新调查情况，决定对李某草的死亡立案侦查。事发当晚与李某草一起喝酒的除了罗某乾外，还有任某某（女）、李某某（男）二人。这二人没有被起诉，引发了网友质疑。

【审理过程】2020年9月19日，昆明市盘龙区人民法院公开开庭，对昆明市盘龙区人民检察院指控被告人罗某乾犯过失致人死亡罪、附带民事诉讼原告人陈某莲提起的附带民事诉讼案进行了审理。盘龙区人民检察院指控，被告人罗某乾邀约饮酒，在被害人李某草醉酒后出现严重危及自身安全的异常行为时，未采取合理、有效的看护、救助措施，未尽到应负的注意义务，反而实施俯身贴近、掌掴李某草等不当行为，致使李某草情绪、行为失控，翻越护栏，造成其坠江溺亡的严重后果，犯罪事实清楚，证据确实充分，应当以过失致人死亡罪追究其刑事责任。被告人罗某乾当庭表示认罪认罚。

昆明市盘龙区人民法院审理查明，2019年9月8日，被告人罗某乾与任某燊、李某草、李某某聚会。罗某乾在案发当晚多次提议在不同地点连续饮酒。在李某草出现走路摇晃、坐立不稳、情绪不安等一般醉酒状况后，罗某乾对李某草进行了劝慰和安抚，尽到了一定的照管、帮助义务。李某草在醉酒状态后期的一个多小时内，异常状况不断加剧，陆续出现胡言乱语、乱砸乱打、往自己头上泼水、以头撞桌、用啤酒瓶盖割腕、跨越江边护栏等举动，辨别和控制能力明显下降。罗某乾只是采取劝说等一般安抚行为，认为这样即可避免危害后果发生，没有采取相应的有效救助措施，而且为避免麻烦及承担救助费用，未采纳报警、送医等合理建议，采用打耳光的粗暴方式为李某草醒酒，致使李某草情绪更加不稳定，最终造成李某草翻越江边护栏坠江溺亡的危害后果。另查明，因被害人李某草死亡造成其亲属丧葬费、交通费、误工费等经济损失。昆明市盘龙区人民法院认为，公诉机关指控被告人罗某乾犯过失致人死亡罪的犯罪事实清楚，证据确实、充分，指控罪名成立，应依法惩处。鉴于罗某乾在共同饮酒过程中，对醉酒的被害人李某草实施了一定的照管、帮助行为，犯罪情节较轻。罗某乾有自首情节，依法可以从轻处罚。罗某乾自愿认罪认罚，并签署具结书，可以依法从宽处罚。公诉机关所提量刑建议适当，法院予以采纳。对附带民事诉讼原告人诉请中符合相关法律规定的经济损失予以支持。法院综合考虑罗某乾的犯罪事实、性质、情节、对社会的危害程度及认罪悔罪态度，依法作出判决。

【一审判决】9月21日，昆明市盘龙区人民法院依法对被告人罗某乾过失致人死亡罪、附带民事诉讼原告人陈某莲提起的附带民事诉讼案进行一审公开宣判，以过失致人死亡罪判处被告人罗某乾有期徒刑1年6个月，判令罗某乾赔偿附带民事诉讼原告人陈某莲经济损失人民币63 257元。

【案例点评】①本案定性的变化，与李某草母亲向媒体发布求助信息有关，警方就此成立了工作组核查。此前家属控诉李某草落水溺亡前疑遭猥亵，警方以"涉嫌强制猥亵"受案调查。后来警方对案件定性，由"相约自杀"到"醉酒死亡"再到"意外事件"（落水溺亡）。被害人家属微博求助、媒体介入后，事件调查走向发生了实质性变化。李某草溺亡是结果，案件调查过程中发现涉案当事人有"过失致人死亡"的法律责任。②此案经过公安的侦查、检察院的公诉、法院的审理，经历了全部司法程序之后，逐步还原了案件真相，给了死者一个公平的定性，给有过错责任者处罚，给死者家属经济赔偿，最终实现了法治层面的正义。③本案中，罗某乾作为酒局的召集人，负有对醉酒的李某草及时救助或者护送的责任，他没有及时拨打120或者110救助电话，也没有将醉酒者送往医院治疗，而是采取打耳光醒酒的不当措施，确有过错，法院考虑到他有自首情节，所以给予轻判。④本案给涉案人和其他年轻人提供了教科书似的案例警示教育：第一，一部分年轻人法治意识淡薄；第二，一部分年轻人群体对生命不够尊重；第三，三个一起饮酒的同学缺乏安全意识，三次换场地饮酒，必然会导致对身心的伤害，应该适可而止，制止过量饮酒，即可避免悲剧发生；第四，当一起饮酒者出现醉酒昏迷等症状后，其他酒友没有采取必要的、合法的急救措施，说明三个当事人都缺乏急救方面的基本常识。

第八节　制造假币案例

443 万元假币案

【案情简介】2019 年 11 月 28 日，在公安部经侦局的统一指挥下，广西、湖南两地警方联合行动，对在广西贺州和湖南道县的 3 个假币印制窝点进行案件收网。共抓获伪造货币犯罪团伙 3 个，成员共 11 人，缴获假币成品价值 443 万元。广西贺州市公安局对刘某珍等人涉嫌伪造货币线索立案侦查，并迅速摸清刘某珍团伙位于贺州市平桂区的一处假币印制窝点，该团伙成员为湖南道县人，在道县和贺州两地印制假币并出售。11 月 7 日，该案由公安部经侦局牵头成立专案组，湖南、广西警方联合侦办。广西贺州市公安局经济犯罪侦查支队部署了 3 个多月。经过连续奋战，湖南、广西警方分别准确锁定各地窝点位置、团伙成员架构及活动轨迹，掌握窝点印制动态，经过统一部署，11 月 28 日，贺州市公安局对贺州的窝点开展收网行动。在贺州平桂区一民房内当场缴获电脑 3 台、百元假币电子模版 3 套、彩色喷墨打印机 11 台及喷头墨水一批、水印模版 19 套、金属防伪线模版 1 套以及印制假币的空白纸张约 5 万张。这个地方是平桂区望高镇石牛塘的一个出租房，有一些半成品，还有制作假币的原材料、纸张、成品，真正的加工窝点在楼上。初步统计，成品和半成品总共有 220 万元左右。该窝点主要从事制作、生产、批发等环节，其中每 100 元假币按 15 元左右的价格批发售卖，从今年 8 月起，已制售假币近 1200 万元，其中约 800 万元分别出售至广西、湖南、贵州等地。目前，专案组正对这些假币进行追缴。

【案例分析】购买并使用假币，应以购买假币罪从重处罚。依据以下法律定罪处罚：①《刑法》第 171 条规定："出售、购买、运输假币罪是指出售、购买伪造的货币或者明知是伪造的货币而运输，数额较大的行为。"②《最高人民检察院、公安部关于公安机关管辖的刑事案件立案追诉标准的规定（二）》第 20 条："［出售、购买、运输假币案（刑法第 171 条第 1 款）］出售、购买伪造的货币或者明知是伪造的货币而运输，总面额在四千元以上或者币量在四百张（枚）以上的，应予立案追诉。"③《最高人民法院关于审理伪造货币等案件具体应用法律若干问题的解释》规定："行为人购买假币后使用，构成犯罪的，依照刑法第一百七十一条的规定，以购买假币罪定罪，从重处罚。"

信用卡非法套现案

【案情简介】2018 年下半年，广东省公安厅经侦总队发现，湖南×公司涉嫌为信用卡持卡人提供虚构交易套取信用卡内资金犯罪，遂部署深圳公安经侦部门立案侦查。民警在北京、福建泉州、湖南长沙、深圳南山、龙华等地，抓获 217 人，打掉犯罪团伙 3 个，捣毁犯罪窝点 6 个，依法固定虚假商户数据、接口链接程序数据、非法经营数据等共 300G，涉及银行账户信息 35 万条，非法经营数额达 380 多亿元。

2018 年初，广东省公安厅经侦局依托经济犯罪监测预警平台开展工作，发现互联网上有人正在销售"一机多国提额神器"（品牌为"VPAY"）等相关产品，存在窃取银行卡磁条信息、非法经营以及信用风险等问题。经向相关银行了解情况后，交通银行信用卡中心向经侦局反馈线索，称该行发现大量贷记卡在一款品牌为"VPAY"的境外机上使用。该产品可以实现在国内任何地方刷卡交易，而在银行显示境外交易，骗取发卡银行误认为持卡人在境外消费，从而激活"发卡银行对在境外有交易记录的信用卡给予大幅提额"的规则，致使没有条件提额的持卡人信用卡额度大幅提高，以满足套现、资金周转需求。其中，部分使用过境外机的银行卡在 2017 年 10 月至 11 月期间发生了在泰国的盗刷取现情况。

广东省公安厅经侦局指导协调深圳市公安局经侦支队立案侦办。在交通银行和招商银行信用卡中心的大力支持配合下，通过大数据分析，最终摸清了以福建厦门罗某、福建漳州张某、深圳林某为首的犯罪团伙。该团伙以科技公司研发的"一机多国提额神器"为幌子，通过层层发展代理商，利用网络 APP 秘密大批量地窃取银行卡磁条信息及密码后，在境外制成伪卡，并申办境外自助取款机进行消费。该案涉及境内广东深圳、东莞、惠州，山东临沂，福建厦门、漳州，境外马来西亚、香港等多个银行卡犯罪团伙，主要犯罪嫌疑人 40 余名。硬件工厂在深圳，销售团队在东莞、山东临沂、福建漳州，通道运营在福建厦门，后台服务器在广东广州、山东青岛、河北张家口，制作伪卡刷卡消费地在马来西亚等。

　　6月30日，在公安部经侦局的统一指挥下，广东省公安机关对新型跨境大批量窃取银行卡磁条信息"VPAY"专案展开统一收网行动，在境内外同步抓捕，全链条摧毁了运营已久的跨境窃取银行卡磁条信息犯罪和非法从事跨境支付业务的犯罪网络，共抓获犯罪嫌疑人47名，查获窃取银行卡磁条信息平台5个，存储磁条信息后台服务器5个，被窃取的银行卡磁条信息一大批，作案电脑5台，境外自助取款机38个，新型银行卡磁条信息侧录器5600余个，可重复擦写"空白"银行卡245张及刷卡小票等物品一批，涉案金额达10亿余元人民币。

　　【案例警示】①凡使用过所谓提额神器的"境外机"的持卡人，都应当尽快更改支付密码并更换卡片。境外机就是一款窃取银行卡磁条信息和密码的机器，所谓高科技不过是犯罪分子在境外制作伪卡实施消费的人工操作，建议广大持卡人不要使用所谓境外机进行信用卡提额。②有关商业银行应该对有使用境外机特征的信用卡加强监管。加强风险预警防控，通过监控手段排查所有使用过境外机的信用卡，严格控制这类卡片在境外降级交易，并及时通知持卡人更换卡片或支付密码。③仍在从事所谓境外机平台运营和推广的单位及个人，应当立即停止犯罪行为。否则，公安系统将坚决依法予以打击。

第九节　以危险方法危害公共安全案例

粟某云非法营运校车危险驾驶案

　　【案情简介】自2014年10月起，被告人粟某云为谋取非法利益，在未取得校车驾驶资格和校车标牌的情况下，私自将一辆非营运面包车改装成校车后用于接送学生。2016年3月2日早上，粟某云驾驶该面包车搭载学生到江源小学上学，由崇州市永和大道沿羊江路往江源镇方向行驶，8时5分许，当行驶至江源镇唐兴中街129号门前路段时，被崇州市公安局交警大队执勤民警拦下检查。经现场查证，车内共乘载16名乘客，其中15名为江源小学在读学生，而该车核载人数仅为8人，超过额定乘员100%，属于严重超载。此外，被告人粟某云曾于2015年10月28日，因超载学生被公安部门查处。

　　【法院审理】崇州市人民法院认为，被告人粟某云违反道路交通管理法，无驾驶校车资格驾驶未取得校车许可的汽车从事接送小学生业务，且严重超过额定乘员载客，其行为违反校车管理规定，危害社会公共安全，构成危险驾驶罪；遂依法以危险驾驶罪判处被告人粟某云拘役 3 个月，并处罚金3000 元。一审宣判后，本案在法定期限内没有上诉、抗诉，一审判决已经发生法律效力。

【案例点评】①学生的交通安全，关系到千家万户的安宁。然而，由于缺乏宣传，实践中校车安全问题仍大量存在，特别是在一些农村地区，"黑校车"事件频发。"黑校车"驾驶员安全意识淡薄，车辆安全没有保障，超员、超速行为较为普遍，极易导致严重的道路交通事故，具有很大社会危害性。②为加强校车管理，保障学生交通安全，国务院于 2012 年发布了《校车安全管理条例》，对校车安全技术条件和驾驶人资格作了比一般客车更为严格的要求，并且明确学校和校车服务提供者有保障校车安全的义务和责任。《刑法修正案（九）》也将校车和客车严重超载入刑，通过严厉打击危险驾驶行为来预防危险事故的发生。③本案被告人违反道路安全管理相关法规，非法从事校车营运业务且超员运输，其行为已符合"危险驾驶罪"的构成要件，人民法院依法对被告人定罪处罚，充分彰显了司法判决在实现法律目的、发挥法律作用、保障法律权威和维护社会秩序方面的功能，必将在极大程度上遏制非法营运校车的现象，在保障道路交通安全的同时也保障社会的未来、家长的期望——广大中小学生的安全。

（本点评主要参考四川省律协刑事专业委员会主任袁志的观点）

谭某明以危险方法危害公共安全案

【案情简介】2019 年 7 月中旬，谭某明和好友刘某涛、张某渠在河南永城市某饭店内聚餐，饮酒后没有等到代驾到来，就开着玛莎拉蒂上路，导致和多车剐蹭，逃离现场后又追尾一辆正在等待信号灯的宝马车，最终致使 2人死亡 4 人受伤，其中 1 人重伤。永城市人民政府 2020 年 8 月 14 日通报称：目前，谭某明、刘某涛、张某渠 3 名犯罪嫌疑人已从重症监护室公安监管治疗转至公安监管场所羁押。8 月 13 日，永城市人民检察院以涉嫌以危险方法危害公共安全罪对犯罪嫌疑人谭某明、刘某涛、张某渠批准逮捕。

【法院判决】2020 年 1 月 16 日 8 时 30 分，"河南永城玛莎拉蒂撞宝马案"在永城市人民法院审理，因为案件定性和赔付差距大，没有宣判。由于事件引起了全国舆情，备受关注，由商丘市中级人民法院在永城市人民法院进行审理。2020 年 11 月 6 日下午 3 点，最终审判结果出炉，谭某明以危险方法危害公共安全罪被判处无期徒刑，刘某涛、张某渠分别被判处 3 年有期徒刑，缓刑 3 年。

【案例点评】①这个案件在全国引起了轰动，一方面是因为醉驾造成 2 死 1 重伤的后果特别严重，另一方面大家都关注肇事者之一是"富二代"，被害人一方和被告人比较对立。从《刑法修正案（八）》实施以来，最高人民检察院、最高人民法院、公安部共同出台的《关于办理醉酒驾驶机动车刑事案件适用法律若干问题的意见》，对主犯谭某明的处刑基本适当，因为判处的是无期徒刑，并不涉及死刑，而且也没有看到判决书上说有限制减刑的内容。②涉案的另外三名被告人是缓刑，被害人家属对此事较为不满，这三人作为从犯，和主犯谭某明共同醉酒后发生交通事故，连撞了好几辆车后仍然怂恿使谭某明肇事逃逸，完全不顾社会公众的生命财产安全，主观恶性明确，再加上造成了 2 死 1 重伤的严重后果，总体来讲量刑偏轻。

第十节 正当防卫案例

昆山"龙哥"被反杀案

【案情简介】"龙哥"，真名刘某龙，甘肃省镇原县人，2018 年 8 月 27 日晚，其在昆山市因开宝马车在人行道行驶，与骑自行车的于某引发口角导致冲突，提刀追砍于某，却被于某反砍身亡，引起社会广泛关注。8 月 31 日下午，刘某龙的遗体完成尸检。刘某龙生前多次犯罪入狱，2001 年 7 月，因犯盗窃罪被判 4 年 6 个月。2006 年 9 月 7 日，因打架被刑拘 5 日。2007 年 3 月，因犯敲诈勒索罪被判 9 个月。2009 年 5 月 11 日，因犯故意毁坏财物罪被判 3 年。2013 年 7 月 19 日，因犯寻衅滋事罪和故意伤害罪被判 2 年 2 个月。从 19 岁开始偷窃，5 次被判刑坐牢，加起来总共服刑 10 年 5 个月。

【案例分析】①《刑法》第 20 条规定："为使国家、公共利益、本人或者他人的人身、财产和其他权利免受正在进行中的不法侵害，而采取的制止不法侵害的行为，对不法侵害人造成损害的，属于正当防卫，不负刑事责任。"②无限正当防卫，是指对正在进行行凶、杀人、抢劫、强奸、绑架以及其他严重危及人身安全的暴力犯罪采取防卫行为，造成不法侵害人伤亡的，不属于防卫过当，仍然属于正当防卫，不负刑事责任。③本案最直接的证据在于，刀是"龙哥"二次返回从汽车里拿出来的，所以这直接证明车里有凶器。在如此紧张时刻，判断"龙哥"返回汽车是终止侵害是不可能的。无法排除其返回是否是为了进一步寻找凶器。广为流传的"美国黑人拒捕受伤后返回汽车拿枪射杀警察"的视频，在前一段时间疯传，与这次"龙哥"返回车内拿刀是同理。④"龙哥"在回逃过程中有捡刀行为，这直接证明了其持续侵害的企图，而刀被第二次抢夺。⑤"龙哥"回车还有可能以车为武器继续开车撞击于某，因为于某自身已经受伤，无法逃离，也无法用别的方法制止更进一步的伤害，除恶务尽是唯一出路。此外，造成"龙哥"死亡的一刀，不一定是最后追杀时砍的。⑥本案给大众的启示是：遇到交通纠纷要互相谦让、依法办事，当事人不可妄为动粗。

（点评人：北京市执业律师　李国正）

涞源反杀案

【案情简介】2018年7月11日晚，26岁黑龙江男子王某持甩棍、刀具，深夜翻墙闯入王晓菲（化名）位于河北省保定市涞源县乌龙沟乡邓庄村的家中，双方发生冲突。冲突中，王某遭王晓菲一家三口合力反杀。

【处理结果】2019年1月21日，河北省保定市政法委介入，该案由保定市人民检察院启动审查程序。涉案女大学生王晓菲被认定为正当防卫，于2月24日被解除取保候审强制措施，免除刑事责任。3月3日，保定市人民检察院发布"涞源反杀案"最新通报称，案中女生父母属正当防卫，决定不予起诉。

【案例点评】①检察院认定王晓菲一家三口的反杀行为属于正当防卫，因为肇事方是非法闯入其家中，并且对其一家人的生命财产构成威胁。②该案定性，王家三口人的行为属于正义之举，让正当防卫者不受委屈。不仅符合司法公平正义原则，而且符合社会道德。③检察机关认定的这个正当防卫案例，胜过一沓文件，通过媒体传播，能收获最好的普法教育效果，让更多的老百姓知道，公民面对不法侵害，奋起自卫、制止他人加害的犯罪是合法的行为。只有这样，才能让老百姓对法治中国、平安中国建设更加充满信心。

（点评人：江苏律师、第13期全国廉政法治建设研修班学员庄鹏）

正当防卫意义深远

【案情介绍】2014 年 3 月 12 日晚，被告人陈某杰和其妻子孙某某等水泥工在海南省三亚市某工地加班搅拌、运送混凝土。22 时许，被害人周某某、容某甲、容某乙（殁年 19 岁）和纪某某饮酒后，看到孙某某一人卸混凝土，便言语调戏孙某某。陈某杰推着手推车过来装混凝土时，孙某某将被调戏的情况告诉陈某杰。陈某杰便生气地叫容某乙等人离开，但容某乙等人不予理会。此后，周某某摸了一下孙某某的大腿，陈某杰遂与周某某等人发生争吵。周某某冲上去要打陈某杰，陈某杰也准备反击，孙某某和从不远处跑过来的刘某甲站在中间，将双方架开。周某某从工地上拿起一把铁铲（长约 2 米，木柄），冲向陈某杰，但被孙某某拦住，周某某就把铁铲扔了，空手冲向陈某杰。孙某某在劝架时被周某某推倒在地，哭了起来，陈某杰准备上前去扶孙某某时，周某某、容某乙和纪某某先后冲过来对陈某杰拳打脚踢，陈某杰边退边用拳脚还击。接着，容某乙、纪某某从地上捡起钢管（长约 1 米，空心，直径约 4 厘米）冲上去打陈某杰，在场的孙某某、刘某甲、容某甲都曾阻拦，容某甲阻拦周某某时被挣脱，纪某某被刘某甲抱着，但是一直挣扎往前冲。当纪某某和刘某甲挪动到陈某杰身旁时，纪某某将刘某甲甩倒在地并持钢管朝陈某杰的头部打去。因陈某杰头戴黄色安全帽，钢管顺势滑下打到陈某杰的左上臂。在此过程中，陈某杰半蹲着用左手护住孙某某，右手拿出随身携带的一把折叠式单刃小刀（打开长约 15 厘米，刀刃长约 6 厘米）乱挥、乱捅，致容某乙、周某某、纪某某、刘某甲受伤。水泥工刘某乙闻讯拿着一把铲子和其他同事赶到现场，周某某、容某乙和纪某某见状便逃离现场，逃跑时还拿石头、酒瓶等物品对着陈某杰砸过来。容某乙被陈某杰持小刀捅伤后跑到工地的地下室里倒地，后因失血过多死亡。经鉴定，周某某的伤情属于轻伤二级；纪某某、刘某甲、陈某杰的伤情均属于轻微伤。

【法院判决】海南省三亚市城郊人民法院一审判决、三亚市中级人民法院二审裁定认为：被害人容某乙等人酒后滋事，调戏被告人陈某杰的妻子，辱骂陈某杰，不听劝阻，使用足以严重危及他人人身安全的凶器殴打陈某杰。陈某杰在被殴打时，持小刀还击，致容某乙死亡、周某某轻伤、纪某某轻微伤，属于正当防卫，依法不负刑事责任。

【案例分析】①本案判决有利于大家准确区分正当防卫与相互斗殴的性质。正当防卫与相互斗殴在外观上具有相似性，但在性质上存在本质差异。对于因琐事发生争执，引发打斗的，在判断行为人的行为是互殴还是防卫时，要综合考量案发的起因、对冲突升级是否有过错、是否使用或者准备使用凶器、是否采用明显不相当的暴力、是否纠集他人参与打斗等客观情节，准确判断行为人的主观意图和行为性质。本案中，陈某杰在其妻子孙某某被调戏、其被辱骂的情况下，面对冲上来欲对其殴打的周某某，陈某杰欲还击，被人拦开。陈某杰被推倒在地后，遭到孙某某等4人拳打脚踢，继而持械殴打陈某杰。陈某杰持刀捅伤被害人时，正是被侵害人持械殴打的紧迫关头。因此，陈某杰是在其妻子被羞辱、自己被打后为维护自己与妻子的尊严、保护自己与妻子的人身安全，防止不法侵害而被动进行的还击，其行为属于防卫而非斗殴。②准确把握特殊防卫的起因条件。本案还涉及特殊防卫适用的相关问题。容某乙等人持械击打的是陈某杰的头部，是人体的重要部位，在陈某杰戴安全帽的情况下致头部轻微伤，钢管打到安全帽后滑到手臂，仍致手臂皮内、皮下出血，可见打击力度之大。陈某杰根据对方人数多、携带打人工具来判断自身面临着生命危险。容某乙、纪某某、周某某三人都喝了酒，气势汹汹，并持可能危及他人重大人身安全的凶器，在场的孙某某、刘某甲都曾阻拦，但孙某某阻拦周某某、刘某甲阻拦纪某某时均被甩倒。而且，陈某杰是半蹲着左手护住其妻孙某某、右手持小刀进行防卫的，这种姿势不是主动攻击的姿势，而是被动防御姿势，且手持的是一把刀刃只有6厘米左右的小刀，只要对方不主动靠近攻击就不会被刺伤。综上，应当认为本案符合特殊防卫的适用条件，陈某杰的防卫行为不负刑事责任。③准确把握正当防卫的对象条件。正当防卫必须针对不法侵害人进行。对于多人共同实施不法侵害的，既可以针对直接实施侵害的人进行防卫，也可以针对在现场共同实施不法侵害的人进行防卫。本案中，击打到陈某杰头部的虽然只是纪某某，但容某乙当时也围在陈某杰身边，手持钢管殴打陈某杰，亦属于不法侵害人，陈某杰可对其实行防卫。当时陈某杰被围打，疲于应对，场面混乱。容某乙等人持足以严重危及人身安全的凶器主动攻击，此时，陈某杰用小刀刺、划正在对其围殴的容某乙等人，符合正当防卫的对象条件，属于正当防卫。

（点评人：北京嘉维泰银律师事务所律师 郎武）

农民遭强拆获赔被判刑案

【案情简介】吉林省四平市铁西区一块 8.1 亩的耕地，农民芦某林家种了三十多年，尽管承包合同上还盖了村委会的公章，法院两审仍然认定芦家无合法承包权，芦家长子芦某钢还面临 12 年的牢狱之灾。导火索是一起暴力强拆事件。2015 年 10 月 3 日凌晨，强拆队扒烂了芦家的农用建筑物，砸坏了私家车。芦某钢报案后，警方调查无果，芦家人诉诸信访。此后，在警方主持的调解下，芦某钢与未取得用地手续、也无征收资质的开发商华某集团达成协议，后者支付拆迁补偿费等共计 700 万元，芦某钢同日签订息访协议，但付完款当天，华某集团即报案称被诈骗。

【案件审理】诈骗案的侦办比强拆案顺利得多，但自始就存争议。警方起初以"诈骗罪"报请批捕，检察院未批，后来以"掩饰、隐瞒犯罪所得罪"批捕，公诉时又改为"合同诈骗罪"。芦某钢本人及其律师始终作无罪辩护。一审时，铁西区人民法院认定芦某钢构成合同诈骗罪，判处其有期徒刑 12 年。而在二审法庭上出现这样一幕：检方改口，明确指出本案事实不清，证据不足，建议发回重审，而四平市中级人民法院未采纳该意见，终审裁定维持原判。

【案例点评】①从起因判断，本案属于典型的民事合同纠纷，即便被拆迁人漫天要价，也并没有改变拆迁补偿民事纠纷的案件属性，根本不属于刑事犯罪。②《刑法》第 224 条规定的合同诈骗罪，是指以非法占有为目的，在签订、履行合同过程中，采取虚构事实或者隐瞒真相等欺骗手段，骗取对方当事人的财物，数额较大的行为。本案中，芦某钢既没有"以非法占有为目的"，也没有"在签订、履行合同过程中，采取虚构事实或者隐瞒真相等欺骗手段，骗取对方当事人的财物"，数额大小、赔付金额的高低完全由双方当事人协商，这种行为完全属于正当的民事赔偿谈判行为。③华某集团先是与被拆迁方达成协议，并支付拆迁补偿费 700 万元，与被拆迁人芦某钢同日签订息访协议后，当天即报案称被诈骗，这明显是给被拆迁人"设局"（故意设计圈套让对方当事人构成巨额合同诈骗）。

珠海一位女员工因挂靠社保被判刑

【案情简介】2011 年 11 月开始，被告人冯某在珠海市唐家新华餐厅工作，该餐厅于当月开始为其购买最低社保。2013 年 10 月，被告人冯某因自己怀有双胞胎，为得到高额医疗保险，于是让唐家新华餐厅停保。自 2013 年 11 月起至 2014 年 1 月止，被告人冯某虚构工作关系在珠海市××俏丽理发店工作，虚构每月缴费工资为人民币 11 800 元挂靠××俏丽理发店在珠海市人力资源与社会保障局继续参保。被告人冯某于 2013 年 12 月剖宫产生下双胞胎，并享受珠海市人力资源与社会保障局支付的生育津贴共计人民币 62 557.16元，后停止参保，并于 2014 年 2 月又挂靠在珠海××大骨头餐厅参保。

【案件处理】珠海市人力资源与社会保障局于 2014 年 5 月 6 日报案。2014 年 5 月 26 日，被告人冯某主动到公安机关投案自首。被告人冯某犯诈骗罪，判处有期徒刑 1 年，缓刑 2 年，并处罚金人民币 15 000 元。

【案例分析】①诈骗罪的定义与量刑：诈骗罪是指以非法占有为目的，用虚构事实或者隐瞒真相的方法，骗取数额较大的公私财物的行为。《刑法》第 266 条规定："诈骗公私财物，数额较大的，处三年以下有期徒刑、拘役或者管制，并处或单处罚金；数额巨大或者有其他严重情节的，处三年以上十年以下有期徒刑，并处罚金；数额特别巨大或者有其他特别严重情节的，处十年以上有期徒刑或者无期徒刑，并处罚金或者没收财产。"②诈骗数额的立案标准与处罚部门。各省市对诈骗罪的立案标准、处罚轻重标准不尽相同。比如北京市公、检、法于 1998 年发布的诈骗罪数额标准规定："数额较大为三千元以上；数额巨大为五万元以上；数额特别巨大为二十万元以上。"上海市于 1997 年实施的认定诈骗罪数额标准规定：个人诈骗公私财物在 4000 元以上属于"数额较大"；在 5 万元以上的，属于"数额巨大"。单位诈骗公私财物在 10 万元以上的，属于"数额较大"；单位诈骗公私财物在 30 万元以上的，属于"数额巨大"。对个人诈骗数额在 2000 元以上不满 4000 元，单位诈骗数额在 5 万元以上不满 10 万元的，仍可追究刑事责任，但可依法从轻、减轻或免予处罚。河南省诈骗罪的立案标准规定，诈骗公私财物价值 5000 元、5 万元、50 万元的，应当分别认定为"数额较大""数额巨大""数额特别巨大"。为了体现同罪同罚的公平性，建议司法部门对盗窃罪、诈骗罪、侵占罪、抢劫罪等侵犯财产罪的数额制定统一的标准。只有这样才能做到同案、同一标准、同样判罚结果。③本案发生在珠海，判决应该按照广东省对诈骗罪的立案标准，根据数额较大、数额巨大、数额特别巨大认定的标准具体量刑。根据珠海的判例，涉案金额是 6 万多元，显然是把 5 万元以上认定为"数额较大"。法院对诈骗金额"数额较大"的认定是正确的。④涉案的被告人冯某主动到公安机关投案自首，具有从轻处罚的条件。因此，被告人冯某犯诈骗罪的定罪准确，判处"有期徒刑 1 年，缓刑 2 年，并处罚金人民币 15 000 元"的缓刑判决也是公正、合理的。符合《刑法》第 266 条规定的"数额较大的，处三年以下有期徒刑、拘役或者管制，并处或单处罚金"的规定。因为被告已经认识到自己的违法行为并且悔罪，再有此案社会危害性不大，不具有从重判处的情节。⑤此案对弄虚作假虚挂社保的职工和挂靠单位都具有警示意义。挂靠的职工为了得到高额的医疗保险，虚构劳动关系挂靠社保，以高额基数参保并领取生育津贴，在其诈骗罪实行过程中，实际上挂靠单位也属于"共犯"，因为冯某挂靠骗取社保的行为必须有共犯的配合才能完成；法院同时应该对挂靠社保的单位作出判罚，因为法律上认定，这种"挂靠"社保属于弄虚作假的违法行为。构成"以欺诈、伪造证明材料或者其他手段骗取社会保险金或者其他社会保障待遇的"，属于《刑法》第 266 条诈骗罪的"诈骗公私财物行为"的共犯。

第十一节　敲诈勒索案例

抓嫖敲诈案

【案情简介】被告人晏某于 2003 年下半年起被上高县公安局刑警大队聘为协警，其工作职责是发现和搜集各类违法犯罪线索，协助刑警值班备勤，看守违法犯罪嫌疑人。2009 年 9 月间，晏某找到熟人凌某，要其做他的"内线"，帮助提供犯罪线索，并许诺给予一定的报酬。被告人凌某又邀赵某一起做晏某的"内线"。2009 年 9 月 16 日上午，被告人凌某发现被害人况某从该县锦江镇胜利路一按摩店出来，神色慌张，于是打电话通知晏某和赵某。随后，在该县敖阳镇五马村附近一偏僻处，凌某和随后赶到的晏某、赵某将况某拦下。晏某自称是公安局的，并出示了工作证。三被告人以况某嫖娼要带其到公安局接受调查为由，敲诈况某3000元，未出具罚款收据。后赃款被赵某丢失。9月17日，三人又以相同手法敲诈被害人杨某3000元并私分。

【法院审理】 案发后，上高县人民检察院以被告人晏某、凌某、赵某犯滥用职权罪向上高县人民法院提起公诉。上高县人民法院经审理认为，被告人晏某、凌某、赵某以非法占有为目的，以抓嫖为借口，采用威吓的手段，索得被害人人民币6000元，其行为符合敲诈勒索罪的特征，应认定3名被告人的行为构成敲诈勒索罪，公诉机关指控3名被告人的行为构成"滥用职权罪"的罪名不妥，不予支持。鉴于3名被告人有投案自首、退回全部赃款等情节，法院一审判决晏某、凌某、赵某犯敲诈勒索罪，分别判处管制1年、1年、10个月。

【案例评析】 ①三被告人共同实施犯罪，属于共同犯罪。两次合伙敲诈当事人6000元以上，涉案金额超过了敲诈勒索罪4000元以上的立案起点。②法院根据犯罪嫌疑人的身份认定案件性质，因为协警不是警察，不属于公职人员编制，所以公诉机关以"滥用职权罪"的罪名起诉不妥，根据3名案犯的犯罪行为应该是构成"敲诈勒索罪"，而不是"滥用职权"罪。如果涉案人是正规公职人员编制的民警，可以按"滥用职权罪"定罪。滥用职权罪客观方面表现为国家机关工作人员超越职权，擅自决定、处理其无权决定和处理的事项或者不正当行使职权，致使公共财产、国家和人民利益遭受重大损失。敲诈勒索罪在客观方面表现为行为人采用威胁、要挟、恫吓等手段，迫使被害人交出财物。从3名被告人的犯罪过程明显可以看出，其犯罪手段和目的是通过要挟、威吓被害人，获取被害人钱财，并非因为滥用职权给被害人造成损失。滥用职权罪在主观方面表现为故意，行为人明知自己滥用职权的行为会发生致使公共财产、国家和人民利益遭受重大损失的结果，并且希望或者放任这种结果发生。敲诈勒索罪在主观方面表现为直接故意，必须具有非法强索他人财物的目的。本案中的3名被告明显具有强索被害人财物的目的，符合敲诈勒索罪的构成要件。③滥用职权罪侵犯的客体是国家机关的正常活动，即由于国家机关工作人员滥用职权，致使国家机关的某项具体工作遭到破坏，给国家、集体和人民利益造成严重损害，从而危害了国家机关的正常活动。敲诈勒索罪侵犯的客体不仅是公私财物的所有权，还危及他人的人身权利或者其他权益。本案中，晏某等被告虽然符合滥用职权罪的主体要求，但晏某私自邀请凌某、赵某一起抓嫖的行为本身就是非法的，并不是正常的执法行为，不能被认定为滥用职权造成的后果。综合以上分析，晏某等被告互相勾结，以公安干警身份抓嫖娼的名义进行罚款并私分，目的明确、分工细致，完全符合敲诈勒索罪的构成特征，应该认定为敲诈勒索罪。上高县人民法院改变上高县人民检察院的案件定性是正确的，考虑到被告人有投案自首和全额退赃等情节，上高县人民法院作出的判决是恰当的。

第十二节　诈骗案例

伪造文物诈骗案

【案情简介】2012 年 7 月 29 日，王某某使用仿古做旧的"唐三彩"，冒充唐朝文物"唐三彩"，以 100 万元的价格出售给受害人徐某，并当场收取徐某定金 30 万元。同年 8 月 12 日，王某某又收取徐某支票，并约定余款过户 30 天后给付。后徐某产生怀疑，要求王某某一同请有关专家鉴定。王某某害怕事情败露，携款潜逃。徐某随即报警，2013 年 4 月 23 日，王某某被公安机关查获。次日，王某某的亲属将赃款退还被害人徐某，被害人徐某对王某某表示谅解。

【法院判决】一审法院认为，被告人王某某的行为已构成诈骗罪，数额巨大，同时鉴于其如实供述犯罪事实，在亲属帮助下退赔全部赃款，取得了被害人的谅解，依法对其从轻处罚。公诉机关指控罪名成立，但认为数额特别巨大且系犯罪未遂有误，予以更正。遂认定被告人王某某犯合同诈骗罪，判处有期徒刑 6 年，并处罚金人民币 6000 元。

【案例分析】①关于诈骗罪的数额认定标准：诈骗公私财物价值 5000 元、5 万元、50 万元的，应当分别认定为"数额较大""数额巨大""数额特别巨大"。本案中，王某某以 100 万元的价格将仿古做旧的"唐三彩"出售给受害人徐某，并当场收取徐某定金 30 万元。法院仅依据既遂 30 万元认定犯罪"数额巨大"，属于对犯罪金额的认定错误。因为，整个案件的总金额是 100 万元，其中 30 万元的定性为既遂，70 万元金额属于诈骗未遂，本案符合诈骗金额（50 万元以上）"数额特别巨大"的标准。量刑可以在 10 年以上。②本案宣判后，公诉机关提出抗诉，本案涉案金额应为 100 万元，符合"数额特别巨大"的标准，而原判认定 30 万元为诈骗既遂，对 70 万元诈骗未遂未作评价，与其犯罪事实不符，应该予以纠正。法院考虑到王某某如实供述犯罪事实，退赔全部赃款并取得被害人的谅解等因素，原判量刑在法定刑幅度之内，且抗诉机关亦未对量刑提出异议，应予维持原判。本案中，王某某以非法占有为目的之行为已构成诈骗罪。本案争议的焦点是，在数额犯中犯罪既遂与未遂并存时如何量刑。《最高人民法院、最高人民检察院关于办理诈骗刑事案件具体应用法律若干问题的解释》第 6 条规定："数额犯中犯罪行为既遂与未遂并存且均构成犯罪的情况，在确定全案适用的法定刑幅度时，先就未遂部分进行是否减轻处罚的评价，确定未遂部分所对应的法定刑幅度，再与既遂部分对应的法定刑幅度比较，确定全案适用的法定刑幅度。如果既遂部分对应的法定刑幅度较重或者二者相同的，应当以既遂部分对应的法定刑幅度确定全案适用的法定刑幅度，将包括未遂部分在内的其他情节作为确定量刑起点的调节要素进而确定基准刑。如果未遂部分对应的法定刑幅度较重的，应当以未遂部分对应的法定刑幅度确定全案适用的法定刑幅度，将包括既遂部分在内的其他情节，连同未遂部分的未遂情节一并作为量刑起点的调节要素进而确定基准刑。"③法院审理认定被告人王某某犯合同诈骗罪，"判处有期徒刑 6 年，并处罚金人民币 6000 元"。此判决并非偏重，也并无不当，法院考虑到被告认罪悔过和退赃的情节才给予轻判。王某某以原判量刑过重为由提出上诉，在法院审理过程中又申请撤回上诉。实际上，法院对本案在数额与量刑认定上没有错。所以，被告主动作出撤回上诉的决定是明智的。

（点评人：首届全国廉政法治研修班学员、京师律师事务所律师 亢银忠）

赵某建电信诈骗案

【案情简介】2016 年，被告人赵某建伙同被告人杨某等人，被告人赵某威伙同他人，以非法占有为目的，利用互联网发布虚假信息，虚构可以代为办理高额度信用卡的方式，对不特定多数人实施诈骗，数额巨大，三人的行为均已构成诈骗罪，崇州市人民法院依法以诈骗罪分别判处被告人赵某建有期徒刑 9 年，并处罚金 150 000 元；被告人杨某有期徒刑 5 年 6 个月，并处罚金 60 000 元；被告人赵某威有期徒刑 5 年，并处罚金 50 000 元。

【法院判决】一审宣判后，赵某建、杨某、赵某威不服，向成都市中级人民法院提起上诉。成都市中级人民法院二审依法维持了一审法院对各被告人的刑事处罚。

【案例点评】①诈骗犯罪的手段通常具有较强的时代特色，能在一定程度上折射出社会现实。采用代办信用卡的诈骗方式，是近几年诈骗犯罪的典型方式之一。受过度消费、经济下行等因素的影响，一些公民可能会遭遇资金周转不灵的状况，而通过信用卡进行小额融资，是不错的缓解方式。然而，通过正规途径办理信用卡不一定能申领成功，申请的额度也较为有限。一些不法分子利用了人们的这种需求，承诺"代办信用卡、发卡时间快、透支额度高"。最终，有的提供给被害人假卡并骗取中介费，有的利用被害人信息盗刷信用卡，有的利用被害人信息办理贷款。②本案既打击了罪犯、震慑了潜在的不法分子，又提醒了公民高收益伴随着高风险，应通过正规渠道去银行办理信用卡，满足自己的正当需求。本案的审理与发布，具有良好的社会效果。

第十三节　抢劫案例

仲某抢劫案

【案情简介】2007年3月22日，陕西力德律师事务所受理了河南省宁陵县某村农民仲某抢劫客车案。

【代理过程】办案律师到某公安办案单位递交了委托手续和律师所受理该案件的公函，并与有关办案人员进行了了解犯罪嫌疑人仲某的罪名和初步案情的交流和交谈，随后又在公安办案人员的陪同下与犯罪嫌疑人仲某进行了会见。经过以上调查了解，犯罪嫌疑人仲某在乘坐上海开往某地的客车上，酒后以语言和行为相威胁，从被害人处拿走10元钱的行为是真实的。在这次会见后，该案就很快被移送至某铁路运输检察院公诉科，进入起诉阶段。在该案被移送某铁路运输检察院公诉科后，办案律师就立即到检察机关递交了委托手续和律师所受理该案件的公函。同时，办案律师也拿到了某公安机关的《起诉意见书》。《起诉意见书》载明："经本处侦察终结，证实犯罪嫌疑人仲某有下列犯罪事实：2007年2月22日22时20分许，犯罪嫌疑人仲某在乘坐上海开往某地的某客车时，饮酒后将 5 号车厢 68 号座位上的旅客王某拉扯到 118 号座位处，持空酒瓶敲击茶几威逼王某，进而又殴打王某强要'烟钱'，致使王某被迫拿出人民币 10 元交给仲某。案发后仲某被闻讯赶来的乘警抓获，追回被抢的人民币 10 元并发还受害人王某。上述犯罪事实清楚，证据确实、充分，足以认定。综上所述，犯罪嫌疑人仲某的行为已触犯《刑法》第 263 条之规定，涉嫌抢劫罪。依照《刑事诉讼法》第 129 条之规定，特将本案移送审查，依法起诉。

又过了几天，办案律师向公诉科办案人员递交了关于本案的《法律意见书》和《醉酒状态法医鉴定申请书》。《法律意见书》的主要内容是对公安机关认定本案的抢劫罪名提出异议，认为该案的罪名应被认定为寻衅滋事罪。《醉酒状态法医鉴定申请书》的主要内容是：为确保犯罪嫌疑人仲某在本案中的定罪量刑准确，办案律师作为犯罪嫌疑人仲某的辩护律师特申请对犯罪嫌疑人仲某进行醉酒状态的法医鉴定，以确认犯罪嫌疑人仲某醉酒状态究竟是属于病理性醉酒还是属于生理性醉酒或复杂性醉酒。以确保犯罪嫌疑人仲某能得到正确的定罪量刑。

办案律师考虑到进行精神病法医鉴定可能和实际的需要，于 2007 年 5 月 4 日到犯罪嫌疑人仲某在河南省商丘市宁陵县的家乡，向其家属和邻居、同学及其同村的村民进行调查取证。到达该村后，通过该村的支部书记在该村先后找到 5 名村民，进行了有关犯罪嫌疑人仲某在犯罪前后情况的调查。调查内容主要是围绕仲某喝酒的历史和状况，及其本人的其他基本情况等。在返回西安的当天下午，办案律师又来到了西安市东郊灞桥区某村，对犯罪嫌疑人仲某在西安收破烂租住房屋的房东和小卖部的邻居进行了调查。随后，在 5 月 7 日，办案律师到某铁路运输检察院公诉科，递交了这次河南之行获得的 7 份有关调查笔录，供办案人员向本案醉酒状态法医鉴定机构提交使用。同时，也得到办案人员告知：进行醉酒状态法医鉴定申请的要求已被该院批准。

过了几天，办案律师又应某铁路运输检察院公诉科办案人员的要求，再次前往犯罪嫌疑人仲某的家乡，对其有关情况进行了补充调查。补充调查 4 份调查笔录，彻底完成了本案的取证调查任务。5 月下旬，某铁路运输检察院公诉科办案人员会同某公安机关的办案人员送犯罪嫌疑人仲某到法医鉴定机构进行了本案醉酒状态法医鉴定。5 月 30 日，陕西省精神卫生中心作出对犯罪嫌疑人仲某的《司法精神医学鉴定书》。该《司法精神医学鉴定书》的鉴定结论是：从案卷提供的材料结合鉴定时的有关检查，根据"中国精神障碍分类与诊断标准第三版"标准和司法精神医学鉴定的有关学说，我们认为被鉴定人仲某属于："酒依赖所致人格改变。2007 年 2 月 25 日作案时属于复杂性醉酒状态，考虑到具体案情，我们认为其 2007 年 2 月 25 日作案时可以被评估为无刑事责任能力。"

2007 年 6 月上旬，该《司法精神医学鉴定书》由某铁路运输检察院公诉科办案人员领回。不久，某公安机关从某铁路运输检察院公诉科撤回对犯罪嫌疑人仲某的《起诉意见书》和有关案卷。6 月 10 日，犯罪嫌疑人仲某被某公安机关撤案释放。

【案例评析】该案是一起醉酒犯罪案件刑事辩护的成功案例。该案成功的原因是：①办案律师较全面地掌握了国内司法精神病学的科学实践发展与变化，在我国司法精神病学界正式从国外引入复杂性醉酒的医学疾病名概念、诊断方法和有关研究理论成果后，不失时机地向检察机关提出了对犯罪嫌疑人醉酒状态的法医鉴定申请。②该案办案律师在办案过程中，主动对本案醉酒状态法医鉴定所需的鉴定材料进行了较为完备的搜集，为本案醉酒状态法医鉴定打下了一个坚实的基础。③某铁路运输检察院的办案人员及其领导在本案的办理过程中能严格依照《刑事诉讼法》的规定办事，尊重国内司法精神病学科学实践的发展与变化规律，尊重法医鉴定机构的鉴定结论，使本案得到了公正处理，使本案犯罪嫌疑人仲某的诉讼权利得到了全面的保护。

（稿件来源：陕西力德事务所律师　张长海）

第十四节　强奸与强奸未遂案例

强奸未遂被判刑案

【案情简介】2012 年 7 月 23 日下午，被告人王某从自己家里出来，路过邻居张某家，便推门进入，见只有张某一人在北屋东里间床上午睡，顿生歹意，欲对张某实施强奸，后因张某极力反抗，王某未能得逞。2012 年 9 月 12 日，被害人张某在其丈夫的陪同下，到公安局派出所报案。对于上述事实，被告人在开庭审理过程中亦无异议，且有被害人张某的陈述、证人证言、现场勘验笔录等证据足以加以印证。

【法院审理】法院认为，被告人王某违背妇女意志强行与被害人张某发生性关系，由于被害人极力反抗而未得逞，其行为已构成强奸罪未遂，公诉机关指控的罪名成立。鉴于被告人王某系未遂犯，且未对被害人身体造成损害后果，到案后能如实供述自己的罪行，并当庭自愿认罪，有悔罪表现，依法可对其减轻处罚。公诉机关的量刑建议以及辩护人提出的相关辩护意见，法院予以采纳。根据被告人犯罪的事实、犯罪性质、情节和对社会的危害程度，依照《刑法》第236条、第23条、第67条第3款之规定判决如下：被告人王某犯强奸罪（未遂），判处有期徒刑1年10个月。

【案例点评】①《刑法》第236条"强奸罪"规定："以暴力、胁迫或者其他手段强奸妇女的，处三年以上十年以下有期徒刑。奸淫不满十四周岁的幼女的，以强奸论，从重处罚。强奸妇女、奸淫幼女，有下列情形之一的，处十年以上有期徒刑、无期徒刑或者死刑：（一）强奸妇女、奸淫幼女情节恶劣的；（二）强奸妇女、奸淫幼女多人的；（三）在公共场所当众强奸妇女的；（四）二人以上轮奸的；（五）致使被害人重伤、死亡或者造成其他严重后果的。"第237条规定："强制猥亵、侮辱罪、猥亵儿童罪以暴力、胁迫或者其他方法强制猥亵他人或者侮辱妇女的，处五年以下有期徒刑或者拘役。"②《刑法》第67条规定："犯罪以后自动投案，如实供述自己的罪行的，是自首。对于自首的犯罪分子，可以从轻或者减轻处罚。其中，犯罪较轻的，可以免除处罚。"③《刑法》第23条规定："已经着手实行犯罪，由于犯罪分子意志以外的原因而未得逞的，是犯罪未遂。对于未遂犯，可以比照既遂犯从轻或者减轻处罚。"④依据刑法相关释义规定：对未遂犯可以比照既遂犯从轻或者减轻处罚。强奸罪未遂的主要特征是：行为人已经着手实行强奸行为。强奸罪是包括暴力、胁迫或其他手段行为和强行性交行为两方面行为的双行为犯，因此行为人无论是先实行手段行为，还是先实行强行性交的目的行为，均为强奸罪的着手。犯罪未得逞，即未完成强行性交的行为。犯罪未得逞是由于犯罪分子意志以外的原因，这是强奸罪未遂与强奸中止的根本区别。根据以上法律规定，本案判决的定罪与量刑是适当的。

深圳餐厅下药事件

【案情简介】2020年7月，在广东深圳某自助餐厅内，一女子被男性同伴赵某在水杯里"下药"。从监控可以看到，男子向水杯中倒入药粉，这一幕被餐厅店员发现，将女子拉到一旁提醒其"要当心"，店员随后也以续杯为由换走水杯并报警。女孩称，她的这位男性熟人叫赵某溪，两人是4年前在一次辩论活动上认识的，关系并不那么熟，相识4年，一年见一次，彼此并不十分了解。

【案例分析】①这是一个涉嫌犯罪行为的事件，并不是一个被立案侦查的案件。视频被曝光后引发了网民对案件性质的讨论。在涉及法律的讨论中，有律师也有普通民众。此事件对唤醒当代人依法保护自身权益的意识有所助益，是普法教育的一个热点事件。②大家对餐厅女服务员保护消费者不受侵害的行为表示赞赏。因为餐厅服务员发现男子往女孩水杯中倒入药粉，服务员故意提醒女孩注意，疑似男生对女孩下药。③这个事件的行为人是否构成犯罪，关键在于那杯带药粉的水，到底是什么性质的药物，是否为毒品或者迷幻药需要经有关部门鉴定得出结论，才能对行为人的动机做出判断。据说这杯水后来已经找不到了。这是一个至关重要的证据，因为舆论热议，该男生的行为涉嫌强奸未遂。④男子后来发声表态，称自己的行为是恶作剧，表示道歉，并交代了"下药"的经过，希望能够得到原谅。但当事人表示不接受，大部分网友也不相信。两个并不太熟的人聚餐，搞类似下药的"恶作剧"不合常理。⑤行为人并不构成强奸未遂。很多网友看到律师对行为人"不构成强奸未遂"的法律分析后表示愤怒。实际上，在侦查和司法机关没有证据确认某人犯罪之前，任何人都没有资格给行为人定罪。这个事件反映出，法律人的法律思维和普通人的常识思维模式对事件完全不同的认知。⑥此事件增加了女性在社交活动中的不安全感，大家根据常识做出选择：和陌生人打交道要格外小心，连熟人也不能掉以轻心。这正好应验了中国流传至今的那句古语"害人之心不可有，防人之心不可无"。

快递员强奸未遂案

【案情简介】2019年12月29日，浙江省温州市鹿城区人民法院一审依法宣判某快递公司快递员张某涉强奸罪一案。被告人张某犯强奸罪，被判处有期徒刑3年6个月。时年23岁的被告人张某，初中文化，案发时系快递员。

【法院审理】经法院审理查明，2019年9月14日上午，被害人因为搬家而联系快递公司要求寄送快递。当日16时许，被告人张某受公司指派到温州市鹿城区某小区被害人住处收取快递。期间，被告人张某欲强行与被害人发生性关系。因被害人强烈反抗，被告人张某未能得逞。而后，被害人报警，张某被随后出警的民警抓获。法院认为，被告人张某违背妇女意志，采用暴力手段强奸妇女，其行为已构成强奸罪，应予惩处。公诉机关建议法院对被告人张某在有期徒刑2年至2年6个月之间量刑。综合全案定罪、量刑情节，法院依法判处被告人张某有期徒刑3年6个月。

【案例点评】①本案被告人张某已经着手实行犯罪，由于意志以外的原因而未得逞，是犯罪未遂。法院按照强奸未遂判决，定罪量刑均符合法律规定，并无不当。②至于媒体评论，快递公司是否承担一定的法律责任。法院不予支持。法院认为，被告人张某虽是受快递公司指派前往被害人处收取快递，但其实施的强奸行为纯粹属于个人犯罪行为，与犯罪嫌疑人的职务和工作单位无关，快递公司并非共同的侵权责任主体。③此案有待商榷的一点是，在法院追究被告行政责任的同时，受害人可以向被告和被告所在的单位诉求附带民事赔偿。

第十五节　泄露公民信息案例

男子杀人案

【案情简介】2017年10月27日，在上海工作的尹某通过微信发现妻子出轨，两人随后因此离婚。尹某离婚后并不甘心，通过查看前妻的手机聊天记录，他认为是刘某插足了自己的婚姻，因此一直想要报复。他从前妻口中探得了刘某的全名和电话，并花1888元在网上非法购买到了刘某的身份、照片、住址、车辆等个人信息，在与其素未谋面的情况下，竟精准找到了他的住址后对其实施伤害，刘某最后经抢救无效死亡。这起凶杀案涉及公民信息泄露问题，牵涉出了一个出售公民个人信息的庞大网络。犯罪嫌疑人通过购买的信息准确地找到被害人并实施了报复作案。

【案例点评】①此案与户籍、车辆等涉及公民隐私信息买卖行为有关。尹某只知道刘某这个人和一个手机号，住址、工作单位及车牌号等个人信息一概不知，他更没有见过对方，实施报复非常困难，甚至是无从谈起。不法分子贩卖公民隐私信息的黑色产业，对公民外卖和快递地址明码标价买卖。

尹某根据购买的居民信息全部掌握了刘某的全名、电话、车牌号码、家庭住址等信息，根据车牌找到了刘某的车辆，并在车上写下了"杀"字，后来实施了杀人犯罪。②犯罪嫌疑人尹某被以"故意杀人罪"提起公诉。考虑到本案中的被害人（因为婚外情导致他人婚姻破裂）也有一定的过错，法院会酌情考量。③2017 年，《网络安全法》开始正式实施，最高人民法院、最高人民检察院发布了《关于办理侵犯公民个人信息刑事案件适用法律若干问题的解释》，打击侵犯公民个人信息犯罪的案件开始逐年增多。江苏太仓市人民检察院、公安局、法院开展了倒卖公民个人信息违法行为专项打击行动。案件审理中司法机关发现，有些公民个人信息被层层倒卖，最多的从上游到下游，甚至分为 7 层，源头竟包括交警支队的协警，还有快递运营商配送网点负责人等特殊岗位。江苏省太仓市人民检察院提起公诉，对 42 名涉案人员、7 条交易链和 3 个信息泄露源全部起诉，2020 年 6 月案件全部执行完毕。这说明，打击买卖公民隐私信息犯罪对维护社会稳定非常重要。④《刑法》第 253 条之一规定："违反国家有关规定，向他人出售或者提供公民个人信息，情节严重的，处三年以下有期徒刑或者拘役，并处或者单处罚金；情节特别严重的，处三年以上七年以下有期徒刑，并处罚金。"⑤《民法典》人格权编第六章"隐私权和个人信息保护"第 1032 条规定："自然人享有隐私权。任何组织或者个人不得以刺探、侵扰、泄露、公开等方式侵害他人的隐私权。隐私是自然人的私人生活安宁和不愿为他人知晓的私密空间、私密活动、私密信息。"第 1033 条规定："除法律另有规定或者权利人明确同意外，任何组织或者个人不得实施下列行为：（一）以电话、短信、即时通讯工具、电子邮件、传单等方式侵扰他人的私人生活安宁；（二）进入、拍摄、窥视他人的住宅、宾馆房间等私密空间；（三）拍摄、窥视、窃听、公开他人的私密活动；（四）拍摄、窥视他人身体的私密部位；（五）处理他人的私密信息；（六）以其他方式侵害他人的隐私权。"

韩某侵犯公民个人信息案

【案情简介】2014 年初至 2016 年 7 月期间，上海市疾病预防控制中心工作人员韩某利用其工作便利，利用他人账户窃取上海市疾病预防控制中心每月更新的全市新生婴儿信息（每月 1 万余条），并将该信息出售给黄浦区疾病预防控制中心工作人员张某某，再由张某某转卖给被告人范某某。直至案发，韩某、张某某、范某某非法获取新生婴儿信息共计 30 万余条。

2015 年初至 2016 年 7 月期间，范某某通过李某向王某某、黄某出售上海新生婴儿信息共计 25 万余条。2015 年 6 月至 7 月，吴某某从王某某经营管理的大犀鸟公司内秘密窃取 7 万余条上海新生婴儿信息。2015 年 5 月至 2016 年 7 月期间，龚某某通过微信、QQ 等联系方式，向吴某某出售新生婴儿信息 8000 余条，另分别向孙某某、夏某某二人出售新生儿信息共计 7000 余条。

【案件审理】上海市浦东新区人民检察院于 2016 年 8 月 18 日以韩某等 8 人涉嫌侵犯公民个人信息罪将其批准逮捕，同年 11 月 25 日提起公诉。2017 年 2 月 8 日，上海市浦东新区人民法院以侵犯公民个人信息罪分别判处韩某等 8 人有期徒刑 2 年 3 个月、2 年至 7 个月不等。

【案例点评】国家工作人员利用职务便利非法获取公民个人信息并出售，构成侵犯公民个人信息罪的，应当从重处罚。

张某某、姚某某侵犯公民个人信息案

【案情简介】2015 年 6 月，被告人张某某在登录浏览"魅力惠"购物网站时发现，通过修改该网站网购订单号可以查看到包含用户姓名、手机号、住址等内容的订单信息。为谋取利益，张某某委托他人针对上述网站漏洞编制批量扒取数据的恶意程序，在未经网站授权的情况下，进入该网站后台管理系统，从中非法获取客户订单信息 12 503 条，通过 QQ 等联络方法将上述客户信息分数次卖给被告人姚某某，获利人民币 5359 元。被告人姚某某购得上述订单信息后，又在网络上分别加价倒卖从中牟利。

【法院审理】上海市黄浦区人民检察院于 2015 年 9 月 30 日以涉嫌非法获取公民个人信息罪对张某某批准逮捕，于同年 10 月 20 日以证据不足对姚某某不批准逮捕，并要求公安机关补充侦查。此案提起公诉后，2016 年 3 月 29 日，黄浦区人民法院以侵犯公民个人信息罪，判处张某某有期徒刑 1 年 9 个月，并处罚金人民币 5 万元，判处姚某某有期徒刑 1 年 6 个月，并处罚金人民币 2 万元。

【案例点评】利用恶意程序批量非法获取网站用户个人信息的，构成侵犯公民个人信息罪。

第十六节 盗窃案例

许某案

【案情简介】2006 年 4 月 21 日 21 时许，被告人许某到广州市天河区黄埔大道丙平云路 163 号广州市商业银行的自动柜员机取款，同行的郭某山（已判刑）在附近等候，许某持自己不具备透支功能、余额为 176.97 元的银行卡准备取款 100 元。21 时 56 分，许某查询过银行卡余额后，在操作取款时无意中输入取款 1000 元的指令，自动柜员机即出钞 1000 元。许某随即又查询了账户余额，发现仍有 170 余元，其在意识到银行自动柜员机出现异常，能够超出余额取款且不能如实扣账的情况后，多次输入 1000 元，连续操作 55 次（其中一次交易失败），共取款 54 000 元。此时，在附近等候已久的郭某山来找许某，看见许某取了很多钱。之后，二人一起回到宿舍，许某将取得的钱放到宿舍后，又和郭某山返回该柜员机处。许某于当日 23 时 13 分至 23 时 19 分持银行卡，输入 1000 元连续取款 16 次，取款 16 000 元。郭某山从许某处得知自动柜员机出现了异常，也用自己的银行卡以同样方式取款。之后，许某又于次日凌晨零时 26 分至 1 时 06 分，持银行卡每次输入 1000 元连续取款 96 次，每次输入 2000 元连续取款 4 次，共取款 104 000 元。

综上，被告人许某先后 171 次共计取款 175 000 元。由于许某第一次取款 1000 元，是因自动柜员机出现异常，无意中提取的，故不视为盗窃，其后 170 次取款，因其银行卡账户中尚有余额 176.97 元，被扣账的 176 元不是非法占有的款项，故予以扣除，认定许某盗窃的金额为 173 824 元。

【审理过程】在一审法庭上，控辩双方争执的焦点在于对该案罪名的定性。辩护人辩称，自动柜员机出错的责任在于银行，许某开始并没有故意犯罪的主观动机，只构成民法上的不当得利，因为他主观上并没有秘密窃取的故意，有侵占别人财产的故意，犯了侵占罪，而不应被判盗窃罪。公诉人则认为，盗窃罪的特征是秘密窃取，许某在明知自动柜员机有问题的情况下，连续多次取款并携款潜逃，盗窃数额较大，行为已构成盗窃罪，如果他不知道自动柜员机出了故障，导致卡上多了意外之财，那么便只构成民法上的不当得利，因为他主观上并没有秘密窃取的故意，赔偿多出的数额即可。但是，许某在知道了情况后却不退钱，而是故意侵吞，因此涉嫌构成盗窃罪，这时他虽然没有秘密窃取的故意和行为，但是却有侵占别人财产的故意。

2007年12月，许某被广州市中级人民法院一审判处无期徒刑。2008年2月22日，案件发回广州市中级人民法院重审改判5年有期徒刑。2010年7月30日，许某因在狱中表现良好被假释出狱。2013年5月13日下午，许某正式向广东省高级人民法院递交了申诉材料，他要对当年的案件提起申诉，要求重审。

【案例点评】①许某一审判处无期徒刑，显然量刑过重，此案当时引起了社会的广泛关注和激烈辩论，成为司法界的一个著名案例。所以，二审广州市中级人民法院改判5年有期徒刑，是符合《刑法》第264条"盗窃公私财物，数额较大的……处三年以上十年以下有期徒刑，并处罚金"的规定的。10万元以上被认定为数额巨大，17.5万元显然属于"数额巨大"，数额认定没有问题。②犯罪行为的认定也符合刑法规定的"以非法占有为目的"，行为人明知自己银行卡里只有170多元，却多次操作取款，共取出17.5万多元，明显对多出的资金有非法占有的意图。③从行为人占有的资金性质上来看，银行安装的取款机里面的人民币当然属于金融机构的资金。符合《最高人民法院关于审理盗窃案件具体应用法律若干问题的解释》第8条"刑法第264条规定的盗窃金融机构，是指盗窃金融机构的经营资金、有价证券和客户的资金等财物的行为"中的"经营资金"款项。④行为人在盗取银行资金后没有投案，而是隐匿躲藏，不构成自首情节。如果行为人自首，此案有可能定性为"非法占有未遂"，行为人如数退款后可以免于刑事处罚或者判处缓刑。⑤此案还有一个被忽略的作案细节，那就是行为人不仅自己盗取银行取款机里的人民币，还纵容和教唆他人（郭某山）参与同样的盗窃行为。因此，行为人服刑后申诉，被判决无罪的可能性不大。

女子在商场内连续盗窃13起被判刑

【案情简介】辽宁一名女子宫某在2019年11月9日至2019年12月20日期间的一个多月时间里，在宜家连续盗窃13起，她偷的不是什么贵重物品，都是些食品和日用品。2019年12月20日，被告人宫某在宜家家居商场实施盗窃后，被商场工作人员当场抓获，盗窃商品被当场查获，随后被民警带至公安机关。公安机关在其家中扣押被套、牛奶等赃物10件，已返还宜家家居商场，其余商品被宫某及其家人使用或食用。案发后，宫某朋友代为赔偿宜家家居商场人民币5385.5元。

【法院判决】2020年9月，大连市西岗区人民法院对该案进行了公开审理。被告人宫某因犯盗窃罪，被判处有期徒刑10个月，缓刑1年，并处罚金人民币6000元。2019年11月9日至2019年12月20日，被告人宫某先后在西岗区宜家家居商场内盗窃食物、日用品等商品13次，盗窃商品进货价人民币共计5536.8元。

【案例点评】①被告人宫某以非法占有为目的，多次秘密窃取公共财物，数额较大，其行为侵犯了公共财产的所有权，已构成盗窃罪。②宫某到案后如实供述自己的罪行，认罪认罚，且已足额赔偿被害单位的经济损失，依法予以从轻处罚。依照《刑法》第264条、第520条、第53条、第67条第3款、第72条、第73条之规定，被告人宫某因犯盗窃罪，判处有期徒刑10个月，缓刑1年，并处罚金人民币6000元。此判决适用法律和量刑均适当。③此案对社会具有一定的警示意义。不管是心情不好，还是经济困难，都不能以非法占有为目的去商场偷盗。否则必然会受到法律的惩罚。

邓某合租房盗窃案

【案情介绍】2014年5月24日下午，被告人邓某在如东县曹埠镇其与李某某合租的房屋内，见李某某卧室房门未上锁，遂进入李某某卧室内，窃得被害人李某某的银灰色东芝牌笔记本电脑一台（经鉴定价值人民币930元）和swisstab平板电脑一台（经鉴定价值人民币200元）。案发后，被告人邓某如实供述了上述犯罪事实，并退回了全部赃物。

【法院审理】如东县人民法院经审理认为，被告人邓某以非法占有为目的，入户窃取他人财物，其行为已构成盗窃罪。被告人邓某归案后如实供述了自己的罪行，可从轻处罚。如东县人民检察院指控被告人邓某犯盗窃罪的事实清楚，证据确实充分，指控的罪名正确，提请对被告人邓某从轻处罚的理由成立。被告人邓某能自愿认罪，并退还全部赃物，可酌情从轻处罚。根据被告人的犯罪情节及悔罪表现，且被告人没有再犯罪的危险，适用缓刑对其所居住社区没有重大不良影响，可宣告缓刑。法院判决：被告人邓某犯盗窃罪，判处拘役4个月缓刑6个月，并处罚金人民币2000元。一审判决后，被告人未提起上诉，公诉机关也未抗诉，判决已发生法律效力。

【案例点评】 自从《刑法修正案（八）》增加"入户盗窃"为盗窃罪的新类型后，由于这种类型的盗窃罪没有数额要求，如何认定入户盗窃成了司法机关非常棘手的问题。刑法意义上的"户"，在特征上表现为供他人家庭生活和与外界相对隔离两方面，前者是功能特征，后者是场所特征。一般情况下，集体宿舍、旅店旅馆、临时的搭建工棚等不应被认定为"户"，但在特定情况下，如果确实具有上述两个特征，也可以认定为"户"。那么，进入合租房内盗窃的行为是否属于"入户盗窃"？对此，学界有以下观点：①被害人李某某虽与邓某某合租一套房屋，有公用面积，但亦有自己独立的生活起居空间，李某某的卧室由李某某一人占有使用，未经李某某同意，任何人（包括邓某）都不可以随便进入李某某的卧室，李某某的卧室并非集体活动场所。故进入合租房内李某某卧室盗窃的行为应被认定为"入户"盗窃。并且，随着城市的发展，类似被害人这种情况的合租模式较为普遍，如不认定为"入户"，则不利于打击犯罪。②刑法意义上的"户"应具有：第一，家居生活性。这主要是指人们在户内享有生活起居的自由和安宁，以及不受他人干扰、窥探和破坏的隐私权，这也是公民个人私权得以充分、集中展现的地方。随着目前大城市的就业人口日趋增多以及房价的居高不下，在大城市工作生活的人往往不得不与他人合租一套房居住，那么合租房地位和意义便实同一般家庭的"户"。第二，相对封闭性。指具有相对的独立性，与周围的房屋等外界环境相对隔离从而表现出封闭性，具有一定的安全防范和保障功能，这是"户"的场所特征。具体来说，就是只要门一关，该场所就可以排他地、隐秘地承载家庭生活的基本功能，不具有向外的开放性。不具有"户"的相对封闭性，一般不能作为"户"来看待，而合租房则有所不同，它通常是各承租人之间长期居住生活的私人住所，具有半开放性，即除共用空间外，卧室等私人空间仅限于本房间的特定承租人居住，不向社会公众（包括合租的其他承租人）开放，因此，具备私人生活领域和相对封闭性的特征，理应属于刑法意义上的"户"。③合租房也是一种住所，也是一种刑法意义上的"户"，它是承租人经常生活居住的、同外界相对隔离的空间，同别的住所一样，是人们私人生活的空间，不因多个租户集体居住一套房而改变租户私人空间的特性，故法院最终认定进入合租房盗窃的行为构成"入户盗窃"。

（点评人：北京滴慧律师事务所实习律师　李艳婷）

第十七节　海外犯罪案例

"6·9" 孕妇泰国坠崖案

【案情简介】在泰国的帕登国家公园，一对来自中国江苏的夫妇和当地的其他游客一起，要在这里观看日出，年轻的丈夫与怀孕3个月的妻子形影不离，他们去了一个景区的观景台看完日出后，丈夫对妻子说还要带她去看一处壁画，于是妻子随着丈夫继续往前走，越走人越少，反而直到出现一处悬崖，也没见到丈夫口中的壁画，于是两人原路返回，就在返回的途中，丈夫在后面抱着妻子拥吻了一下，然后猛地把妻子往下一推，可怜的女人带着腹中的孩子就这样毫无防备地坠下了悬崖。妻子坦言，丈夫平时喜欢研究一些非正规渠道的东西，嗜赌如命，目前负债累累，而女方在泰国有房产家境优沃，两人曾因妻子是否给丈夫还债的问题产生过争议，如果妻子意外死亡，那么丈夫将分到她的巨额财产。

【法条】《刑法》第232条规定："故意杀人的，处死刑、无期徒刑或者十年以上有期徒刑；情节较轻的，处三年以上十年以下有期徒刑。"

《刑法》第7条属人管辖权规定："中华人民共和国公民在中华人民共和国领域外犯本法规定之罪的，适用本法，但是按本法规定的最高刑为三年以下有期徒刑的，可以不予追究。中华人民共和国国家工作人员和军人在中华人民共和国领域外犯本法规定之罪的，适用本法。"其丈夫虽然是在国外犯法，但因受害人与作案人均为中国国籍，故其回国后公诉机关依然可以对其提起公诉，或向犯罪发生地所属国申请引渡回国审判，即便在泰国已经接受处罚，回国后国内法律依然可以对其进行惩治。

南通侨商夫妇海外被杀案

【案情简介】2017年6月16日下午3时38分，一架客机平稳抵达上海浦东国际机场，3个月前在马达加斯加杀害海安侨商夫妇的犯罪嫌疑人江某被江苏南通警方成功押解回国。马达加斯加当地时间3月15日21时许、北京时间3月16日2时许，南通市海安侨商王某夫妇在马达加斯加塔那那利佛市一别墅宾馆内被残忍杀害。

案件发生后，南通市警侨联动服务中心立即启动应急程序，第一时间与当地警方和马达加斯加海外分中心联络员、马达加斯加南通商会会长朱文杰取得联系，请其协助向当地警方了解相关情况，并将事件上报我国驻当地大使馆，督促尽快破案。当地时间 3 月 19 日，经多方努力，3 名犯罪嫌疑人先后落网。进一步侦查发现，24 岁的福建龙海籍犯罪嫌疑人江某为谋取钱财残忍作案。

【案例点评】①案发后，我国组织刑警支队、出入境管理支队、海安县公安局等单位精干力量，邀请检察院、法院专家组成 14 人工作组飞赴马达加斯加开展国际执法合作工作，力争将犯罪嫌疑人江某押解回国处理。②赴外工作组针对该案让渡管辖、证据材料及犯罪嫌疑人移交等问题与马达加斯加进行了多轮磋商会谈，并在马方的主持下开展了现场勘查、尸体检验、询问证人、讯问犯罪嫌疑人等调查取证工作。经过近二十天的艰苦工作，6 月 16日，犯罪嫌疑人被成功押解回国。③在境外办案过程中，中方办案人员得到了当地华人组织的配合，克服了办案人员对国外不熟悉的困难。④涉案犯罪嫌疑人属于中华人民共和国公民，应该引渡回国依据中国法律接受审判。

第十八节　未成年人犯罪案例

大连 13 岁少年杀害女童，不属于刑事案

【案情简介】2019 年 10 月 20 日，13 岁的大连男孩蔡某某将在同小区内居住的 10 岁女孩小淇杀害，并抛尸灌木丛。因蔡某某未达到法定刑事责任年龄，警方依法不予追究刑事责任，对其进行 3 年收容教养。2020 年 9 月 7日，受害者的母亲再一次来到法院要求对行凶者及监护人进行强制执行。

【案例分析】①张明楷教授表示虽然这个少年的杀人行为是违法的，但依据《刑法》第 17 条的相关规定，该少年未满 14 周岁，未达到法定刑事责任年龄，因此司法机关不追究其刑事责任。②《刑法》第 17 条规定："已满十六周岁的人犯罪，应当负刑事责任。已满十四周岁不满十六周岁的人，犯故意杀人、故意伤害致人重伤或者死亡、强奸、抢劫、贩卖毒品、放火、爆炸、投毒罪的，应当负刑事责任。已满十四周岁不满十八周岁的人犯罪，应当从轻或者减轻处罚。因不满十六周岁不予刑事处罚的，责令其家长或者监

护人加以管教；在必要的时候，依法进行专门的矫治教育。"③《刑法修正案（十一）》第 17 条规定："已满 12 周岁不满 14 周岁的人，犯故意杀人、故意伤害罪，致人死亡，情节恶劣的，经最高人民检察院核准，应当负刑事责任。"

萧山五少年杀人分尸案

【案情简介】杭州 5 名平均年龄仅 18 岁的少男少女因"口角之争"，将一名 17 岁少女杀害并分尸。2006 年 8 月 21 日，杭州市中级人民法院对此案作出一审判决，2 人被判死刑，2 人被判无期徒刑，1 人被判有期徒刑 15 年。据了解，陈某洁因怀疑相识的陈某红在背后说其坏话而与之发生口角，"理论"过程中陈某洁动手殴打陈某红，致使陈某红受伤，头部还缝了 5 针。后因陈某红报案，陈某洁被警方施以治安处罚，罚款 150 元。此事埋下了祸根，陈某洁一直怀恨在心。2007 年 2 月 17 日晚上，陈某洁约集曹某玲、张某平、华某丹、王某强等 4 名朋友，将陈某红骗至钱塘江边，轮流对其实施殴打。随后因怕陈某红报警，5 人将陈某红带到华某丹家，先后轮流采用水淹、捂嘴、枕头蒙头、掐颈、塑料袋套头、腰带围巾勒颈等手段致陈某红机械性窒息死亡。

陈某红死后，5 人商议进行毁尸灭迹。陈某洁、王某强分别用杀猪刀、钢锯进行分尸并分装在三只编织袋内。次日凌晨及晚上，王某强和陈某洁分两次将装有陈某红尸块的编织袋抛在钱塘江内及附近的一垃圾场中。

【案例点评】①此案有未成年人参与作案，犯罪手段残忍，令人发指。②本案最大的警示意义在于，我国应该在中小学阶段开设专门的《法制教育》课程，避免青少年因不懂法而违法犯罪。③从本案涉案青少年的犯罪心态和手段分析，涉案青少年缺乏对他人生命权的起码尊重，同时也暴露出了我国基础教育阶段生命教育缺失的短板。

第十九节　老年人犯罪案例

孤寡老人"顺吃喝"　获缓刑

【案情简介】因多次在家附近的超市内窃取物品，67 岁的老人刘某被公安机关抓获。他"顺"走的物品有零售的袋装培根、瘦肉馅、瓜子、八角、花椒、红葡萄酒等食品和饮品。尽管这些物品大多价值不高，但因刘某累计4次进入超市窃取物品，构成多次盗窃，证据确实充分，被法院依法认定构成盗窃罪。"实在是太困难了！"被问及盗窃原因时，刘某回答。刘某年迈多病，患有严重的高血压、心脏病、静脉栓塞、神经衰弱，已经丧失劳动能力。他年轻时就与妻子离婚了，无儿无女，现在独自一人生活。退休后，他收入微薄，生活艰难。想吃肉，又没钱，为了满足日常生活需要，就产生了盗窃的想法。

刘某把肉馅等稍贵的商品揣进怀里，只将便宜的小东西拿到款台结账，其他的就被他"顺"了出去。他偷窃的大部分物品都是为了自己食用，红葡萄酒则是为了换取钱财而窃取的。

【法院审理】 到案后，刘某如实供述了自己的罪行，因其有良好的认罪态度，又没有前科，因此法院对其依法从轻处罚，判决拘役4个月缓刑6个月，并处罚金1000元。判决生效后，法院工作人员考虑到刘某以往的生活境遇，对他予以关注，并跟踪调查。

【案例点评】 ①本案中涉案老人长期独处，缺乏家庭温暖，加上生活贫困，导致偷窃犯罪。②根据后续案情反馈，刘某已被其弟接到家中同住，生活条件有了很大改善。但法院工作人员还是叮嘱刘某，告诉他在缓刑考验期内若再犯罪，将面临撤销缓刑数罪并罚的风险。老人也表示："现在办了医保，医疗费问题解决了，觉得挺知足的，不会再做违法的事了！"老人表示会在缓刑考验期内定期到司法所报到，接受社区矫正。③老龄犯罪问题值得全社会关注，特别是应该发动慈善公益敬老志愿者组织的爱心人士，不定期慰问老年人群体。

冯某诈骗案

【案情简介】 年过七旬的冯某因犯诈骗罪被判处有期徒刑13年6个月，剥夺政治权利3年，罚金50万元，并责令退赔相关经济损失。冯某谎称自己是中央保健医师、知名医院专家，多次为国家领导人治疗保健。他以帮助被害人治疗疾病为由，骗取被害人数十万元。案件细节令人瞠目结舌。被害人也是老年人，因身患疾病，在家属的陪同下，从新疆老家来京就诊。在医院附近，冯某与被害人的弟弟攀谈，自称是医院院长、主治医师，向被害人及家属出示伪造的医院工作证，还称自己给国家领导人看过病，能治疗疑难杂症。他利用被害人病急乱投医的心理获取被害人信任后，劝被害人出院接受其治疗。被害人在家属的帮助下，办理了出院手续，在医院附近租房，专门接受冯某的治疗。治疗过程中，冯某使用数十根自行车辐条针灸，并告知被害人："需要长期治疗，不能将辐条拔出来。"结果，被害人伤口感染溃烂、疼痛难忍。而其间冯某去看望被害人的频率却越来越少，后来连电话都不接听，彻底"失联"，至此，被害人才幡然醒悟。然而，冯某并未闲着，他换了一家医院，继续伺机与病人攀谈。他不再使用"针灸"技能，而是向另一位老太太兜售所谓的名贵药材"犀牛角粉"。一小纸包灰色粉末状的"犀牛角粉"价值 15 万元。他声称这是专为领导人治病准备的，药效显著。结果，被害人的治病钱被尽数骗走，却再也不见冯某踪迹。

【法院审理】"冯某诈骗案具有老年人贪欲型犯罪的基本特点。"法官认为，这类犯罪人以孤寡老人为主。冯某的女儿是其唯一亲人，但已有数十年不联系，属于典型的孤寡老人。这类犯罪人具有一定的文化水平。冯某自称博士毕业。档案资料显示，冯某被捕前是一名个体医生，其文化知识成了其诈骗的利器。另外，这类犯罪数额较大。冯某共涉及 3 起诈骗事实，诈骗数额共近百万元，已构成诈骗罪"数额特别巨大"的标准。他的作案目标多为老弱病残的弱势群体。冯某主要选取外地来京就医的病人、老人实施诈骗。

【案例点评】《刑法》第 266 条规定的诈骗罪是指以非法占有为目的，用虚构事实或者隐瞒真相的方法，骗取数额较大的公私财物的行为。诈骗罪侵犯对象不是骗取其他非法利益。其对象，也应排除金融机构的贷款。因《刑法》已于第 193 条特别规定了贷款诈骗罪。通常认为，该罪的基本构造为：行为人以不法占有为目的实施欺诈行为→被害人产生错误认识→被害人基于错误认识处分财产→行为人取得财产→被害人受到财产上的损失。

第二十节　刑事附带民事案例

行人在何种情况下构成交通肇事罪

【案情简介】2017 年 5 月 27 日 20 时许，被告人胡某霞步行至中山市火炬开发区中山六路上坡头对开路段，未按交通信号灯指示而穿越马路，并在穿越马路时使用手机；过程中与在机动车道内正常行驶的由缪某源驾驶的普通二轮摩托车发生碰撞，致乘坐摩托车的被害人张某清受伤，后经送医院抢救无效死亡。经法医鉴定，张某清属于钝性暴力作用于头面部致重型颅脑损伤而死亡。胡某霞也受伤并被送医救治。经公安交警部门现场勘查和调查取证认定，胡某霞通过有交通信号灯的人行道，未按交通信号灯指示通行，违反了《道路交通安全法》第 62 条的规定，是导致此事故的主要过错方。根据《道路交通事故处理程序规定》第 46 条第 1 款第（二）项的规定，胡某霞承担此事故的主要责任。2018 年 5 月 17 日，被告人胡某霞经公安交警人员电话通知后，到公安机关接受处理。案发后，胡某霞于 2018 年 9 月 18 日与被害人张某清的家属达成执行和解协议，支付部分赔偿款，取得了被害人家属的谅解。

【法院审理】中山市人民法院认为，被告人胡某霞违反交通运输管理法规，因而发生重大事故，致一人死亡，负事故的主要责任，其行为已构成交通肇事罪。被害人胡某霞有自首情节，且已向被害人家属进行了赔偿并取得了谅解，依法可以从轻处罚。依照《刑法》第 133 条、第 67 条第 1 款、第 72 条第 1 款、第 73 条第 2 款、第 3 款，《最高人民法院关于审理交通肇事刑事案件具体应用法律若干问题的解释》第 2 条第 1 款第（一）项以及《最高人民法院关于处理自首和立功具体应用法律若干问题的解释》第 1 条之规定，于 2018 年 11 月 19 日作出一审判决：被告人胡某霞犯交通肇事罪，判处有期徒刑 10 个月，缓刑 1 年。

【案例点评】①《刑法》第 133 条等法律规定，对被告人胡某霞违反交通运输管理法规，因而发生重大事故，致人重伤、死亡或者公私财物遭受重大损失的，处三年以下有期徒刑或者拘役。依据《道路交通安全法》《侵权责任法》的规定，行人横过道路造成交通事故，应该承担民事赔偿责任。②本案中，法院依法给予犯罪嫌疑人较轻的形式处罚，是因为被告人胡某霞有自首和主动赔偿受害人的情节。③此案对全体公民都有一定的警示意义，特别是当下很多人都一边走路一边看手机，过马路时非常危险，要么危害自己的生命，要么危害他人的生命。切不可掉以轻心，一定要记住类似的血的教训。

第二十一节　疑难刑事案例

意外事件还是间接故意杀人罪?

【案情概要】北京时间凌晨 1 点 28 分，司机陈某驾驶一辆小型轿车在道路上行驶，在一个 V 字形路口进行调头，由于路口转弯角度较大，加之是夜晚，视线不明确，司机陈某没有看到调头路口处有一个醉汉（被害人王某）躺在马路口，汽车碾压王某于车下，之后陈某下车查看并看见王某躺在汽车底下，随后司机陈某慢慢挪动汽车并且驾车逃逸。后被害人王某被路人发现并送往医院救治，经抢救无效于第二日上午死亡。经法医鉴定后，认定被害人王某是由于被汽车碾压后造成内出血从而引发创伤性失血导致休克，并最终死亡。交警部门事后对事故现场进行了相关的勘察，认定被害人王某处于 V 字形路口偏左侧的地方，交警大队进行实物实验，利用一辆汽车进行现场模拟发现王某所处的位置在汽车调头时是无法被发现的，即处于一个视野盲点，加之是夜里就更加难以被发现，即使被发现也无法再及时地采取相关补救措施。一周后，司机陈某被有关部门逮捕归案，并且交代了相关案件情况，其中包括被告人陈某说他当时以为被害人王某已经死亡的主观意志，其他情况与交警部门所认定的结果一致。

【案例分析】本案中的争议点主要有两个：第一个是对司机陈某撞人行为的定性，即是否属于意外事件? 第二个是对陈某之后的逃逸行为如何界定?

（1）陈某撞人的行为属于意外事件。《刑法》第 16 条规定，行为在客观上虽然造成了损害后果，但却不是出于故意或者过失，而是由不能抗拒或者不能预见的原因引起的。根据这一规定，所谓意外事件就是指行为虽然在客观上造成了损害后果，但行为人不是出于故意或者过失，而是由不能预见的原因所引起的情形。其最本质的特点就是行为人无罪过且损害结果的发生是由不能抗拒或不能预见的原因引起的。虽然从法医的鉴定结论中可以认定，被害人王某的死亡和司机陈某的撞人行为有着直接的因果关系。但是，通过交警大队对事故现场进行勘察和试验的报告材料可认定，陈某撞人的主观状态既非故意也非过失，损害结果是由路段本身的构造和事故发生时天黑的客观原因以及被害人王某醉酒的主观过失造成的。这里有一个疑点，作为一个司机,在调头行驶时肯定应当要减缓速度,注意安全,若是司机尽到这个注意义务,那么即使撞人了,被害人王某也不至于由于内出血、创伤性失血性休克而死亡。那么,陈某主观上是不是也存在疏忽大意的过失?被害人王某本身存在一定的过错,深夜醉酒倒在危险的地方。一般正常的人都不会选择在转弯路口的位置躺着,那里是属于较为危险的地段。司机以自己的惯常思维,也无法预料到掉头转弯处偏右位置会躺着一个人,尤其还是在深夜。法医的鉴定报告说明被害人王某并没有当场死亡。即使司机减缓速度(深夜,如果周围不安全,司机也不敢放慢速度),若撞的是要害部位,也不能避免给被害人王某造成严重伤势的后果。是被告人陈某对被害人的遗弃和逃逸行为给本身受害的王某增加了死亡的概率。而且,法律不应当强人所难,实际情况中没有那么多的如果,并且依存疑时有利于被告的原则,没有断定被告人陈某造成损害的结果是故意或过失的证据,应当作出对被告人陈某有利的裁定和判决,不应当定陈某在撞人行为上违反了交通运输法规。因此,在此案中,被告人陈某的撞人行为应被认定为意外事件。

(2)陈某逃逸的行为应当被认定为间接故意杀人。第一,基于第一点的判断,由于被告人陈某的撞人行为是意外事件,因此,可以排除交通肇事罪的认定。交通肇事罪与交通事故中意外事件区别的关键在于行为人主观上是否具有过失和客观方面是否违反了交通运输管理法规。主观上有过失,违反了交通运输管理法规的,则构成交通肇事罪;如行为人没有违反交通运输管理法规,并且是由于不能预见、不能抗拒、不能避免的原因引起的交通事故,则不存在罪过,不能认定为犯罪。《刑法》第133条规定:"违反交通运输管理法规,因而发生重大事故,致人重伤、死亡或者使公私财产遭受重大损失的,处三年以下有期徒刑或者拘役;交通运输肇事后逃逸或者有其他特别恶劣情节的,处三年以上七年以下有期徒刑;因逃逸致人死亡的,处七年以上有期徒刑。"结合法律及相关规定的分析,被告人陈某逃逸的行为不构成交通肇事罪。第二,被告人陈某的逃逸行为构成间接故意杀人罪。间接故意杀人是指行为人明知自己的行为可能会导致当事人死亡的后果,但主观上却放任这种危害行为的发生,从而导致当事人死亡。间接故意杀人罪中的行为人在认识意识上是明知危害行为可能导致当事人死亡的后果发生,意志因素是主观上对危害行为持放任态度,结果当事人因该危害行为而死亡。结合案件来说,被告人陈某发现有一人被其撞伤后,慢慢挪动汽车驾车逃离现场。被告人陈某将被害人王某丢弃在路边是一种怎样的心理状态呢？很明显是明知自己的行为会造成被害人王某的死亡而不顾，然后驾车逃逸。被告人陈某构成了间接故意杀人罪。被告人陈某对被害人王某是具有救助义务的。《道路交通安全法》第 76 条第 2 款规定："机动车与非机动车驾驶人、行人之间发生交通事故的，由机动车一方承担责任；但是，有证据证明非机动车驾驶人、行人违反道路交通安全法律、法规，机动车驾驶人已经采取必要处置措施的，减轻机动车一方的责任。"而陈某却不对王某履行作为义务，对王某的现状听之任之，即使被告人陈某主观上认为王某死了，因害怕而逃离，但是，没有判断王某是生是死而大意逃离仍然是被告人陈某的过错，即使王某死亡，陈某仍然不应当丢弃被害人王某，而是应当由医生对王某的生死进行评断。所以，存疑时有利于被告原则在这里不应当得到适用。存疑时有利于被告原则的含义是在对事实存在合理疑问时，应当作出有利于被告人的判决、裁定。张明楷教授认为，此原则有以下几种适用界限：①只有对事实存在合理怀疑时，才能适用该原则；②对法律存在疑问时，应根据解释目标与规则进行解释，不能适用该原则；③在立法上就某种情形设置有利于被告的规定时，对被告人的有利程度，应当以《刑法》的明文规定为根据；④在对行为人的主观心理状态的认定存在疑问时，应进行合理推定，而不能适用该原则宣告无罪；⑤虽然不能确信被告人实施了某一特定犯罪行为，但能够确信被告人肯定实施了另一处罚较轻的犯罪行为的，应择一认定为轻罪，而不得适用该原则宣告无罪。司法机关对当事人听之任之的主观心理的推断是合理的，不论被告人陈某是认为王某已死还是未死，对于王某来说，最坏的结果就是死亡，而被告人陈某却放弃了给王某一丝生存的机会，选择了最坏的结果，那是法律所不允许的，法律不能强人所难，但是也必须合理、公正。综上所述，被告人陈某的逃离行为构成间接故意杀人罪。

【基本结论】综上所述，案件本属于意外事件，但是司机陈某随后驾车逃逸的行为却构成了间接故意杀人罪，等待陈某的将是法律合理、公正的裁判。

第二十二节　主犯、共犯与从犯案例

知道危害后果依然参与者属于共犯

【教学案例】某建筑专业的学生在一个建筑工地勤工俭学，工地老板让他混合一种水泥盖房顶，这名建筑专业的学生立即发现水泥配方有问题，尽管他明知用这样的水泥盖房顶，房子不久之后就会塌掉，但他怕别人说他自以为是，就什么也没有说。这座房子建好以后被当地幼儿园使用，后来房顶塌方砸死了几个孩子。

【案例点评】①这个案例和雅科布斯在教科书中列举的毒蘑菇案类似。在雅科布斯列举的案例中，厨师并不知道某种蘑菇有毒，他把这种蘑菇做成菜以后让服务员端给顾客，恰巧这名服务员有相关的生物学知识，知道这盘菜中的蘑菇有毒，但他还是把这盘菜端给了顾客。德国学者罗克辛认为服务员的这种行为构成犯罪。张明楷教授也认为这种行为至少构成帮助犯。②在共同犯罪中，正犯并不一定要有犯罪故意，即使正犯仅是过失或者是意外，帮助犯也还是可以构成故意犯罪的。在这个毒蘑菇案中，正犯应该是那名厨师，但他仅构成过失犯罪或者意外案件。③两个案例涉及的原理是一样的。如果案件中的老板知道水泥的配方有问题，这名学生应该是帮助犯。那么如果老板不知道水泥的配方有问题，这名学生是否无罪？张明楷教授在《共犯对正犯故意的从属性之否定》的论文中举过一个例子：咖啡厅老板与某人有仇，仇人经常光顾这家咖啡厅。某日，老板预料到仇人可能要来，就先在一杯咖啡中下了毒，他对一名员工说出了实情后，要求这名员工在客人来时把这杯毒咖啡递给自己。结果过了很久仇人才来，当咖啡厅老板去接待仇人时，完全忘了毒咖啡的事情，但员工还是将毒咖啡递给了老板，后来仇人喝了毒咖啡身亡。老板在递给客人咖啡时，其行为客观上直接导致了被害人死亡，所以他的行为才是正犯行为。在老板当时有杀人故意的情况下，毫无疑问，这名员工是故意杀人罪的帮助犯；但在老板当时没有杀人故意的情况下，无论从哪个角度看，员工都没有支配整个因果流程，而且员工在主观上也没有间接正犯的故意，只有帮助犯的意思。④根据共犯从属性理论，共犯的成立需要正犯行为符合构成要件且违法，这就要求正犯必须有犯某个罪的故意，才能成立共犯。在咖啡厅老板没有犯杀人罪的情况下，这名员工也就不能构成杀人罪的帮助犯了。张明楷教授认为，故意不是违法要素，只要正犯的行为在客观上符合了构成要件且违法就可以了，并不需要正犯有犯罪故意，所以，在这个案件中，即使咖啡厅老板当时并没有杀人故意，也不妨碍员工成立杀人罪的帮助犯。具体来说，首先要看客观上行为是不是会导致结果，导致结果发生的行为就是正犯行为；接着再看实施这个行为的人有没有故意，正犯是故意，还是过失，甚至意外事件，也不妨碍对其他共犯的认定，因为在正犯的行为已经具有不法的前提下，共犯的行为也就有了不法，在这种情况下，不法可以连带，但责任需要个别判断。

执行命令违法也是同案犯或者帮助犯

【案情简介】某公司的老板让他的会计将总收入的一部分拿出来汇到纽约的一个账户。这名会计通过电脑操作，使这笔钱汇走但却不计入账，这种做法违反了《税法》的相关规定。会计的行为是否构成犯罪？

【案例点评】这个案例涉及的问题与上述案例没有太多区别。如果这家公司的老板知情，老板是正犯，会计就是共犯。这名会计通过电脑进行逃税转账，这种行为与公司会计、出纳做假账的行为没有什么不同。本质上都是将公司的收入做不入账处理。公司老板在作出逃税命令时不一定明确表达，但是下属明白老板的意思。这种默示的指令也是不能违反的。如同一个企业的上司要求下属去杀人，下属按照上级的指令去做的行为一样都属于犯罪。

不过，实际上，我国的确发生过一起案件：一名公司会计擅自做主，帮公司逃税 120 万元，公司的老板对此毫不知情。虽然老板不知情，这个行为不能构成单位犯罪，但也可以按照自然人（会计的个人行为，而非老板指令的行为）偷税来定罪量刑。

第二十三节　刑事追诉期限案例

杀人 21 年后自首不予核准追诉

【案情简介】2020 年 7 月 23 日，最高人民检察院、四川省人民检察院、浙江省人民检察院、云南省大理白族自治州人民检察院、浙江省温岭市人民检察院同时连线，开启了一场特殊的视频会议。李某法向视频另一头的被害人家属真诚道歉。经协商后，将李某法需要给付的赔偿款数额定为20万元。

【案件处理】 1997年案发，2018年投案自首，时隔21年，李某法实施犯罪的时间是1997年6月27日，1997年《刑法》还未生效，按照刑法"从旧兼从轻"的原则，该案应适用1979年《刑法》的有关规定，即法定最高刑为无期徒刑、死刑的，追诉时效是20年。从1997年案发未被采取强制措施至2018年自首，已过20年的追诉期限。经审查，李某法自案发后没有再次犯罪，不存在追诉期限的中断和延长，因此该案已过追诉时效。

盗窃潜逃15年后被抓

【案情简介】 杨某于1994年8月至1995年1月在原籍河南省某市伙同他人盗窃3次，价值4700元，随后外逃。在办理其同伙盗窃案过程中，当地司法机关于1995年6月17日以盗窃罪对杨某作出批准逮捕决定（杨某依然外逃）。1995年11月至12月，杨某在浙江省某市又实施盗窃，其隐瞒了在原籍的盗窃事实，1996年10月被当地人民法院以盗窃罪判处有期徒刑7年6个月。刑满释放后，杨某返回原籍，2002年10月24日被原籍公安机关依法逮捕。

【法院审理】 在法院审理期间，被告人杨某以原盗窃行为已超过刑法规定的追诉时效为由进行无罪辩护。

【案例分析】 杨某的涉嫌犯罪行为发生在1979年《刑法》施行期间。该法第77条规定："在人民法院、人民检察院、公民机关采取强制措施以后，逃避侦查或者审判的，不受追诉期限的限制。"杨某作案后外逃，没有被采取任何强制措施。批捕决定只是司法机关内部的决定，只要没有执行，就不算已对犯罪嫌疑人采取了强制措施。故对杨某的涉嫌犯罪行为司法机关只能在法定的追诉期限内追诉，否则便就不能追诉。

职务犯罪案例

第一节　滥用职权案例

公职人员滥用职权低价出让土地案

【案情简介】广州市国土局珠江管理区分局原局长叶某仔，在已无审批权的情况下倒签土地出让时间，变无权为"有权"，变非法为"合法"，将南沙开发区范围内的 599 亩坡地低价出让给两家公司，造成国家损失 7000 余万元。经南沙区人民检察院向南沙区人民法院提起公诉。1995 年 12 月 4 日，广州市珠江管理区国土办改名为"广州市国土局珠江管理区分局"，叶某仔于 1998 年 10 月起任该分局局长。从 2002 年 1 月 30 日起，广州市珠江管理区被划入广州南沙开发区范围，由广州南沙开发区建设指挥部统一规划、开发和建设。

南沙区人民检察院指控称：2002 年 10 月 28 日，在仍是分局局长的叶某仔的建议下，珠江管理区党委作出决议，并以管理区的名义书面通知要求珠江国土分局将位于红岭流水井周围 599 亩的坡地以 90 元/平方米出让给广州泛科新应用发展×限公司和广州市×安房地产开发有限公司，由珠江国土分局负责洽谈并办理有关手续。此后，已无土地审批权的叶某仔未报指挥部批准及土地评估机构的评估，也未按规定采用公开招标、拍卖方式，以国土分局局长的名义在 2002 年 11 月上旬与宝安×司和泛科×公司签订对红岭流水井周边 399 508.5 平方米（约 599 亩）、单价 90 元/平方米、总额为 3595.5765 万元的国有土地出让合同，并将该合同的签订日期倒签为 1998 年 12 月 9 日，使其生效。合同签后不久，叶某仔在明知泛科×公司未全额缴清土地使用权出让金的情况下，就审批核发给该公司证号为 012044139 的国有土地使用权证，并将发证日期倒签为 2000 年 4 月 2 日。

【审理过程】 检方指控：经过对该土地的鉴定和评估，以 2002 年 10 月 31 日为评估基准日，评估的结果为单价 273.36 元/平方米，总价为人民币 10 921 万元整，其评估价值大大超出了土地出让金的金额，叶某仔滥用职权的批地行为给国家造成了直接经济损失约 7325 万元。2008 年 1 月 7 日，叶某仔在接受检察机关调查时自首，隔天被刑事拘留，同年 1 月 18 日被逮捕。经过法庭质证等一系列法律过程后，叶某仔对上述指控的事实及所列证据无异议。南沙区人民法院表示，叶某仔在任职广州市珠江管理区国土分局局长期间，滥用职权非法办理出让土地 100 亩以上，致使国家利益遭受特别重大损失，其行为已构成滥用职权罪；且犯罪情节特别严重，依法应处 3 年以上 7 年以下有期徒刑。考虑到"其在犯罪后能主动投案自首悔罪"诸情节，法院决定对其减轻处罚，以"其滥用职权罪，判处有期徒刑 2 年 6 个月，缓刑 4 年"。

【案例分析】 ①此案的关键在于掌控权力的政府官员：2002 年 2 月 19 日，该指挥部下设国土房管分局，受广州市国土资源和房屋管理局委托，在开发区范围内行使广州市国土资源和房屋管理局依法拥有的国土审批和管理权限，规定从 2002 年 1 月 30 日起，凡开发区范围内的规划、用地和建设项目业务案件必须直接报指挥部办理。②本案的警示意义在于，权力越大越是集中，越是容易滋生腐败。

民警滥用职权案

【案情简介】 被告人李某（系公安派出所民警），在 2000 年 5 月至 2002 年 6 月间，为完成所里规定的罚款任务，以维护社会治安为名，不履行治安处罚手续，采取传唤并多次利用威胁、体罚、拘禁等手段，先后处罚卖淫嫖娼行政案件 22 起，罚款 79 000 余元；处罚乱搞男女关系 4 起，罚款 16 000 余元；处罚男女单独在一起疑似关系不正常的 22 起，罚款 63 000 余元；处罚容留和怀疑容留卖淫嫖娼 2 起，罚款 3000 元，并导致一人轻伤；处罚赌博 14 起，没收赌资 31 000 余元；另外，还扣押移动电话 7 部，价值人民币 7000 余元。

此案中，虽然为了派出所的利益，罚款违反法定程序，李某的行为也构成滥用职权罪。然而，李某只是一个执行者，传唤、罚款、是否放人都由派出所负责人来定，派出所负责人负主要责任，李某有次要责任，情节轻微可不认定是犯罪。但是，李某在实施违法行为的过程中，有 5 起案件对当事人实施了戴械具、殴打、侮辱行为，强行要钱，不给钱不放人，违规限制人身自由，致有的当事人产生自杀念头后跳楼，这些行为都是李某具体实施的，其行为完全符合非法拘禁罪的犯罪特征，因此应定非法拘禁罪。

　　【案例分析】①被告人李某的行为完全符合滥用职权罪的构成特征。首先，李某违反规定处理公务的行为侵犯了国家机关的正常活动，也侵犯了公民的人身权、财产权及其他合法权益。其次，他为了小团体利益和个人私利，采取了不加选择毫无节制地以非法手段从事违反职务权限的行为，如对他人滥施关押，乱罚款，一口价，个人说了算，从不需要任何手续等。最后，作为一名正式民警，明知法律的规定和自己的职权范围，也明知自己的行为将会发生的危害后果，但其放任这种结果的发生，如限制他人人身自由时致使一人跳楼造成轻伤的严重后果。②根据《治安管理处罚法》第 34 条的规定，李某有权处理治安案件，也就是说凡是发生在李某管辖区内的违反《治安管理处罚法》的案件，李某都有权处理。从表面上看，其行为符合行政行为构成要件，在主体、权限、内容上均符合法律规定，但是，有法可依、执法必严，是处理治安案件的前提，本案中，李某所处理的六十余起治安案件，罚款和限制他人人身自由，均没有履行法定程序，期间实施了威胁、体罚、拘禁等手段，其目的非常明确，就是"罚款"。交钱就放人，不交钱就体罚、拘禁、殴打或以告知单位、亲属相威胁，这是李某的一贯做法，其行为完全符合滥用职权的主观违法、不正当地行使权力的本质特征。李某的行为造成恶劣的社会影响。③李某的行为有非法拘禁之嫌，但属于牵连犯。所谓牵连犯，是指实施某一犯罪目的，其方法行为或结果行为又触犯其他罪名的犯罪形态。对于牵连关系的认定，应从主客观相统一的角度出发。主观上，牵连的意图要求行为人必须认识到其所实施的数个行为都是基于一个最终的目的，其所实施的数个行为只不过是实现该目的的手段。客观上，牵连犯所涉及的数个行为有一个是主行为，其余行为均为从行为，从行为所产生的效果附着于主行为之上，为主行为的实施或犯罪目的的实现提供便利、创造条件。本案中，李某实施威胁、戴械具、限制人身自由的所有行为，最终都是基于达到罚款之目的。根据"从一重罪处断"的原则，则应以处罚较重的滥用职权罪处罚。所以，李某的行为应定滥用职权罪。人民法院判处被告人李某滥用职权罪的判决，定罪准确、量刑适当。

耿某斌受贿、滥用职权案

【案情简介】 耿某斌，1974 年 9 月出生，高中文化，1991 年参加工作，重庆市房地产交易所原受理员，负责房屋权属登记工作。犯受贿罪、滥用职权罪的主要事实：耿某斌身为受国家机关委托代表国家机关行使职权的组织中从事公务的人员，在履行商品房预售合同登记注销职务中，于 2004 年 11 月至 2005 年 1 月先后 3 次收受重庆瑞奇物业×限公司经理游某的贿赂，共计人民币 37 万元。耿某斌利用职务上的便利，违反预售合同注销登记的规定，将渝中区校场口瑞奇大厦已经预售并做了预售登记的重庆万邦翰林×业有限公司、雪×实业（集团）有限公司的房产注销商品房预售登记，然后重新出售，为瑞奇物业×限公司非法套取现金。造成产权人直接经济损失共计人民币 1310 万元。

【法院判决】 2005 年 12 月，耿某斌被重庆市第一中级人民法院以犯受贿罪，判处有期徒刑 13 年；犯滥用职权罪，判处有期徒刑 4 年，数罪并罚，决定执行有期徒刑 16 年，受贿所得赃款人民币 37 万元予以追缴。

【案例点评】 ①在反腐败领域，有一种习惯性认定，那就是只有当官的才有腐败机会。殊不知，在一些有公权力的单位，个别关键岗位的普通职工也很容易腐败堕落。因为他们发现自己手里掌握的资源可以牟利，或者可以与外界给他们好处的人群进行交换。所以，反腐败不能忽视基层。②此案给我们最大的警示在于，普通岗位上的员工，一旦掌握了实权，做出违法的事情，便不容易被发现。其腐败行为照样会给人民生命财产造成巨大的损失。比如，本案中的耿某斌只是一个高中生毕业生，在一个城市房地产交易所不过是一个普通工作人员，因为他负责房屋权属登记工作，掌管着商品房预售合同登记注销业务大权。他受贿后为某物业公司弄虚作假，造成产权人直接经济损失高达 1300 多万元。

张某韬失职案

【案情简介】 国有企业负责人轻率为他人提供抵押担保，导致企业资产严重受损，经律师成功辩护获得缓刑——张某韬国有企业人员失职案。被告人张某韬是南宁市某厂（国有企业）的老总，1997 年初，当时租用该厂厂房的南宁市某能源公司老板曾某某找到张某韬，称该公司需要向银行申请贷款，请求被告人张某韬以该厂的生产综合大楼为该公司提供抵押担保。张某韬在既没有考察某能源公司生产、经营和资信状况，且没有经某厂领导班子集体讨论的情况下，擅自答应曾某某的请求，并于 1997 年上半年在曾某某提供的空白抵押合同上签字。1997 年 6 月 23 日，曾某某以某厂生产综合大楼作为抵押，向银行贷款获得 150 万元。2000 年 12 月，因某能源公司无法归还到期贷款，被银行诉至法院，法院判决某厂负连带担保责任，需偿付银行本息共 230 余万元。2002 年 3 月，法院强制执行，委托拍卖了某厂生产综合大楼，并于 2003 年 3 月将该大楼按份额抵给两家银行共同占有。公诉机关以国有企业人员失职罪起诉张某韬，张某韬委托韦荣奎律师为其辩护人。

【律师辩护】公诉机关认为，被告人张某韬身为国有企业的主要负责人，对工作严重不负责，不正确履行自己的职责，造成国有企业直接经济损失 236.9616 万元，其行为已触犯《刑法》第 168 条之规定，犯罪事实清楚，证据确实、充分，应以国有企业人员失职罪追究其刑事责任。

辩护律师认为，被告人张某韬在司法机关尚未掌握其犯罪事实前，已经把该犯罪事实向主管部门汇报并已接受处理，属于自首情节，依法应当对被告人张某韬予以从轻处罚。

【判决结果】法院采纳了律师的辩护观点，根据被告人张某韬的犯罪事实、情节及悔罪表现，认为对其适用缓刑不致再危害社会。最终判决被告人张某韬犯国有企业人员失职罪，判处有期徒刑 3 年，缓期 5 年。

王某明涉黑"保护伞"案

【案情简介】2019 年 6 月 12 日上午，安徽省广德县人民法院公开开庭审理广德县公安局桃州派出所社区一中队原副队长王某明涉嫌徇私枉法罪、滥用职权罪一案，该案是开展扫黑除恶专项斗争以来，该院受理的首起涉黑"保护伞"案件。

公诉机关指控，2013 年 12 月至 2014 年初，被告人王某明在办理王某、吴某某涉嫌寻衅滋事案的过程中，接受王某朋友马某某的请托，案发当晚未对王某进行询问便同意马某某将王某带走。被告人王某明在对王某转刑事拘留体检后接受马某某的吃请，让王某与其妻子见面。2014 年 1 月，检察院以事实不清、证据不足为由决定不批准逮捕王某，次日王某明未经任何侦查补证即呈请对王某终止侦查，后王某未被追究刑事责任。2017年，王某明在办理一起案件时明知该案符合刑事立案标准，应对嫌疑人进行刑事立案侦查，但他以该案繁琐为由，故意篡改该案接处警情况和受案登记表，将案情由重改轻。同时，被告人王某明在明知该案中有人受伤的情况下，仍将该案存档待查，使得吴某某未被及时立案查处。

【法院审理】公诉机关认为，被告人王某明徇私枉法，对明知有罪的人故意包庇而不使其受追诉，应当以徇私枉法罪追究刑事责任。被告人王某明滥用职权，造成恶劣社会影响，应当以滥用职权罪追究其刑事责任。被告人王某明一人犯数罪，应当数罪并罚。庭审中，公诉机关出示了相关证据，被告人及辩护人进行了质证，控辩双方充分发表了意见。被告人王某明对指控的涉嫌徇私枉法罪的罪名及基本犯罪事实无异议；对指控的涉嫌滥用职权罪罪名及犯罪事实无异议，并当庭自愿认罪。

【案例点评】①本案的涉案人身为国家执法人员，却知法犯法，滥用职权，为犯罪行为开脱，收取好处。②执法与司法人员徇私枉法对社会的危害极大，因为他们污染的是"水源"，看到这种情况，老百姓会对司法会产生不信任感甚至怀疑我国司法制度的公正性。③《刑法》第397条规定："国家机关工作人员滥用职权或者玩忽职守，致使公共财产、国家和人民利益遭受重大损失的，处三年以下有期徒刑或者拘役；情节特别严重的，处三年以上七年以下有期徒刑。本法另有规定的，依照规定。国家机关工作人员徇私舞弊，犯前款罪的，处五年以下有期徒刑或者拘役；情节特别严重的，处五年以上十年以下有期徒刑。本法另有规定的，依照规定。"根据涉案人的犯罪事实，应该予以重判。

某县看守所原所长副所长滥用职权案

【案情简介】袁某某，某县看守所原所长。朱某，某县看守所原副所长。2006年7月，某县某村村民赵某因涉嫌故意杀人罪被该县公安局刑事拘留，被送至袁某某管辖的看守所。赵某刚被送至县看守所收押室时，目光呆滞，不说话也不回答问题，被怀疑有精神病而遭拒收，后办案民警出示了卷宗中所附的《精神疾病司法鉴定书》，证明赵某没有精神病，此后其才被勉强收了下来。但是，赵某的上述状态仍不能让看守所的管教人员放心。当时负责管教的看守所副所长朱某向所长袁某某提议，将赵某"手脚连铐"。袁某某忽视公安部禁止"手脚连铐"的规定，不加思索地就批准了朱某的提议。赵某在被违规使用手脚连铐三天后死去。法院经过审理，认定袁某某、朱某的行为构成滥用职权罪，依法分别对其判处了相应的刑罚。

【案例点评】①本案涉案人违背公安机关办案规定，对涉嫌犯罪的刑事拘留人员使用"手脚连铐"械具，此种方法有可能给在押人员造成一定的人身伤害，有违人道，被公安部的相关条例和规定明令禁止。②本案涉案人违规虐待嫌疑人，导致在押人员死亡的严重后果，构成滥用职权罪，应该承担刑事责任。

某县法院执行局局长滥用职权案

【案情简介】康某某，某县法院执行局原局长。2008年1月15日，安徽省某县人贺某因桂某某欠其9万元现金一事向安徽省某县人民法院提起了民事诉讼，在贺某的财产保全申请下，某县人民法院于2008年1月16日依法作出了裁定，对桂某某的一套房产进行查封保全，并于2008年5月7日作出判决，由桂某某给付贺某本息98685元，并承担诉讼费用3337元。贺某在2008年7月7日向法院提出了执行申请，执行标的额为102022元。某县人民法院受理后通知桂某某在2008年7月14日履行判决确定的义务，并指派时任执行局局长的康某某负责办理此案，2008年10月20日，康某某以被执行人桂某某的儿子李某系其执行局的同事为由，将此案报送安徽省某市中级人民法院。但因李某找到康某某，让其想办法解除被查封的房产，康某某徇情枉法，自己制作了解除查封的合议庭记录，并让合议庭其他两名成员在笔录上签名。在某市中级人民法院指定某区人民法院执行该案前，康某某用他违反法律规定的条件和程序制定的裁定书解除了某县人民法院对桂某某房产的查封，最终导致此案无法执行。

【案件审理】检察机关查证，2007年8月至2008年11月期间，在担任法院执行局局长期间，康某某在执行判决、裁定活动中，先后三次滥用职权，违反法律规定的条件和程序，解除诉讼保全的财产，致使这些财产至今仍无法追回，当事人的利益遭受重大损失，构成执行判决、裁定滥用职权罪。法院经过审理，认定康某某的行为构成滥用职权罪，判决康某某有期徒刑3年。

【案例点评】某县人民法院执行局原局长康某某以权谋私，自己制作解除查封的合议庭记录，并让合议庭其他两名成员在笔录上签名。在某市中级人民法院指定某区法院执行该案前，康某某用他采取违法程序制定的裁定书解除了某县人民法院对桂某某房产的查封，最终导致此案标的物无法被执行。此行为显然已经构成徇私枉法罪，应该得到法律的惩罚。

滥用职权违规办理失地农民社保从中受贿案

【案情简介】2016 年，达州被告人廖某东等人相互联系、互相配合，利用廖某东作为国家机关工作人员，负责审核上报失地农民参加社保花名册和相关资料的职务便利，明知王某某等 41 人是不符合规定的参保人员，徇私舞弊、滥用职权为其购买社保，造成了恶劣的社会影响，致使公共财产、国家和人民利益遭受重大损失，三人的行为均已构成滥用职权罪，且系共同犯罪。

【法院判决】宣汉县人民法院一审认为，依照相关法律规定，以受贿罪、滥用职权罪数罪并罚，判处崔某林有期徒刑 2 年 10 个月，并处罚金 10 万元；以滥用职权罪分别判处廖某东、叶某序有期徒刑 2 年、1 年 6 个月，缓刑 2 年；以受贿罪判处崔某庆均有期徒刑 1 年 3 个月，并处罚金 10 万元。一审宣判后，崔某林不服，向达州市中级人民法院提起上诉。达州市中级人民法院二审裁定驳回上诉，维持原判。

【案例点评】①本案的一个突出特点在于涉案人员主体身份的多元性，既有国家机关工作人员，也有村社基层组织人员，还有普通农民。与《监察法》按照身份查处定罪的办案机关和程序有所不同。②本案属于非国家公职人员与国家公职人员相互勾结、共同实施的犯罪。崔某庆虽系普通农民，但其与崔某林勾结并利用后者的身份和职务之便共同收受他人钱财，仍应以受贿罪追究其刑事责任。

第二节　职务侵占案例

侵占单位矿石案

【案情简介】2011 年 11 月至 2012 年 6 月间，被告人李某军、汤某生、万某革、白某泉利用为康明矿山机械有限责任公司运输矿粉的便利，多次侵占铜矿粉，并将侵占来的铜矿粉以每公斤 5 元的价格卖给满洲里市顺兴收购站曹某铸，其中被告人李某军共侵占矿粉6 余吨（每吨价值10 128 元）；被告人汤某生侵占矿粉 3 余吨（每吨价值10 128 元）；被告人万某革侵占矿粉2.6吨（每吨价值10 128 元）；被告人白某泉侵占矿粉1.2 吨（每吨价值10 128元）。被告人曹某铸在明知矿粉是犯罪所得的情况下，明显低于市场价格收购以上矿粉。被告人汤某生到案后检举、揭发了李某军、万某革、白某泉、曹某铸的犯罪行为，并退还赃款 1.5 万元，同时，被告人李某军退还赃款 3 万元，被告人万某革退还赃款 1.3 万元，被告人白某泉退还赃款 0.6 万元，被告人曹某铸退还赃款 4 万元。

被告人李某军、汤某生、万某革、白某泉作为矿粉承运人满洲里康明矿山机械有限公司的驾驶人员，在运输矿粉途中，利用自身职务上的便利，将本单位承运的矿粉非法占为己有，且数额较大，四被告人行为均已触犯刑法，构成职务侵占罪，被告人曹某铸明知矿粉是犯罪所得，仍予以收购，其行为已触犯刑法，构成掩饰、隐瞒犯罪所得罪。

【案例点评】①本案是普通职工设计的职务侵占行为，法院依法判决适用法律正确。但是，在各类性质的企业中，职务侵占犯罪多发，但是很少被追究。一个是此类案件很少被暴露，同事发现也司空见惯，因为没有触及本人的切身利益。②此类案件还有一个普遍性问题，那就是民营企业发生此类案件，报案后公安局很难立案，因为民警普遍有一种对民企的认知，反正钱装谁的口袋里没有多大区别，只要不涉及国家资产就不算事儿，甚至有的认为是民企老板和经理人"分赃不均"，互相攻击的行为，并不认为其是违法犯罪的行为。③目前，一些地方的民企经理人"拿好处"已经被认定为"非国家工作人员受贿罪"，希望未来民企举报经理人或者员工"职务侵占"能够得到更多的执法机关立案查处的支持。司法机关不能因为企业性质的不同，对非法行为的认定采取两套标准。

张某职务侵占案

【案情简介】甲公司职员张某负责保管公章，并有权使用公章与他人签订合同。2003 年 1 月，张某私自以公司名义，使用公章向乙公司借款 20 万元后，携款逃走。

【法院审理】法院审理后认为，张某利用职务的便利，以甲公司的名义向乙公司借款，而后携款潜逃，乙公司在签订借款合同中没有过错，其认为张某是在履行职务，自己是借款给甲公司，而非借款给张某个人，其合同安全应得到法律的保护，有权要求甲公司赔偿损失。法院判决，甲公司归还乙公司借款。

【案例点评】①本案的焦点在于张某的行为是否属于职务行为，一旦确定为职务行为，其过错与经济损失必然由公司承担。②张某拿到从乙公司借到的 20 万元离职逃走，侵占的客体是甲公司的财物所有权，客观上利用了其在公司担任的职务的便利，其行为构成职务侵占罪。③因为甲公司对其职员管理的疏忽，应承担向乙公司还款的法律后果，而甲公司则只能事后再向张某索赔（追索损失）。

第三节　企业腐败案例

非国家工作人员受贿案

【案情简介】2019 年 7 月 16 日，美团原市场营销部总监赖某、高级经理梅某某、离职员工路某某因涉嫌非国家工作人员受贿罪，于 2019 年 7 月 16 日被北京朝阳警方刑事拘留。7 月 17 日，360 公司发布内部通报称，知识产权部资深总监黄某，收受多家代理商贿赂，涉嫌受贿罪，目前已被检察机关批准逮捕。美团点评曾在 2018 年 12 月作出内部公告，宣布包括内部员工、生态合作伙伴人员以及共犯社会人员等 89 人受到刑事查处，其中外卖渠道高级总监因触犯公司高压线被公司解除劳动合同。

【案例点评】①许多同类案例告诉我们，企业腐败是官场腐败和社会腐败的延伸。这些案件都有一些共同的规律。②所有企业都有两种内部约束机制：一种是预防腐败的制度硬约束；一种是"不想腐"的文化软约束。软硬两种约束能否战胜金钱与美色的诱惑，主要靠管理层和关键员工内心认同和坚守的价值观与人生观。美团点评称"始终坚守'正直诚信'的价值观，对内部员工贪腐'零容忍'"。但是，说得容易，做到却非常难。③随着互联网行业的不断成熟，互联网企业也开始对反腐问题更加重视。在过去一段时间，不管是美团还是京东、字节跳动等公司都加大了反腐力度，将反腐作为公司治理的重要一环。④治理企业腐败，特别是民企管理层腐败，必须靠内部严格的监管和外部执法司法机关的配合，否则对企业管理层腐败的打击力度不够，很难根治腐败的发生。

王某受贿案

【案情简介】在二连浩特市××百货大楼股份有限公司（以下简称"百货公司"）引进肯德基过程中，董事长王某江向时任天津肯德基有限公司开发部工作人员王某银行卡内汇款100万元，具有犯罪嫌疑。在天津肯德基有限公司原开发部工作人员王某涉嫌犯罪案中，这家公司并未报案。《法制日报》披露，从中央扫黑除恶督导组群众举报线索回访反馈工作表中获悉，经内蒙古警方核查，二连浩特市某百货大楼引进肯德基过程中，百货公司董事长王某江向时任天津肯德基有限公司开发部工作人员王某银行卡内汇款100万元。在百货公司账目中标注此款项是肯德基招商业务费。8月21日，天津肯德基有限公司开发部总经理助理陈女士介绍，王某所收的100万元没有交给公司。

【案例点评】①近年来，企业腐败问题处于高发状态。反腐力度在明显加大，但人们的目光多聚焦在政府部门和国有企事业单位，忽视了大批民营企业同样面临严重的商业贿赂和腐败问题。这是企业内部职工和社会普遍的认识误区。随着更多的民企腐败查处案例公布，可以提升公众对民企腐败的法律认知，过去很多人存在着"民企不存在腐败"的常识认知和误读。②随着反腐大幕拉开，更多民营企业开始审视自身的反腐问题。从曾经的家丑不愿外扬，到如今的自曝家丑，大量民营企业正在提速脱离反腐盲区。阿里巴巴于2009年设立廉政部，百度于2011年成立职业道德建设部。数据显示：2016年12月至2018年8月，这些民营企业已通报内部腐败事件24起，其中大部分是运营人员收受贿赂，凡涉腐人员均予以辞退，严重者将被公安刑事拘留。③我国《刑法》第163条第1款规定："公司、企业或其他单位的工作人员利用职务上的便利，索取他人财物或者非法收受他人财物，为他人谋取利益，数额较大的，处五年以下有期徒刑或拘役；数额巨大的，处五年以上有期徒刑，可以并处没收财产。"《最高人民法院、最高人民检察院关于办理贪污贿赂刑事案件适用法律若干问题的解释》第11条规定，《刑法》第163

条规定的非国家工作人员受贿罪、第271条规定的职务侵占罪中的"数额较大""数额巨大"的数额起点，按照本解释关于受贿罪、贪污罪相对应的数额标准规定的2倍（6万元）、5倍（100万元）执行。④民企内部腐败面临的尴尬主要是案件存在立案难、追溯难和量刑公私有别的状况。如《刑法》第167条规定，签订、履行合同失职被骗罪，犯罪主体为国有公司、企业、事业单位直接负责的主管人员，而民营企业中直接负责的主管人员在签订、履行合同过程中，因严重不负责任被诈骗，致使企业利益遭受重大损失，则不构成犯罪。此外，对民营企业的董事、经理利用职务便利进行同业经营行为，即使获得巨大利益并给企业带来灾难性损失，仍然不构成犯罪，只能依据《公司法》第215条规定追究其民事责任。显然，这对民企高管违法行为的震慑力度较弱，导致其违法成本过低。

第四节　工程事故追责案例

工程领域职务犯罪案

【案情简介1】2016年7月，某市住房和建设局市政科科长张某，未核实李某的施工队是否具备相应施工人员和设备，就将疏通地下管道的工程交给李某去做，结果李某找了三个未经过专业培训的工人，并且未采取任何安全防范措施对地下管道进行维修，导致三人因吸入地下管道内高浓度的硫化氢而中毒死亡。后查实李某的施工队无任何施工资质，施工人员未受过专业培训。该市住房和建设局市政科科长张某被以玩忽职守罪追究刑事责任。

【案情简介2】2017年6月，某市住房和建设局市政科科长王某联系市政维修队去疏通地下管道，市政维修队派队里经过专业培训的工人去疏通。工人们第一次进入地下管道的时候严格按照操作规范穿安全服，戴防毒面具，第二次再次进入地下管道时觉得天太热，之前下去也没什么危险，就把防毒面具摘了，结果因为吸入地下管道内高浓度的硫化氢中毒死亡1人。该市住房和建设局市政科科长王某没有被追究渎职罪刑事责任。

【案例评析】①依据的相关法律法规及解释。《刑法》第397条规定："国家机关工作人员滥用职权或者玩忽职守，致使公共财产、国家和人民利益遭受重大损失的，处三年以下有期徒刑或者拘役；情节特别严重的，处三年以上七年以下有期徒刑。"②《最高人民法院、最高人民检察院关于办理渎职刑事案件适用法律若干问题的解释（一）》第1条规定："国家机关工作人员滥用职权或者玩忽职守，具有下列情形之一的，应当认定为刑法第397条规定的'致使公共财产、国家和人民利益遭受重大损失'：（一）造成死亡1人以上，或者重伤3人以上，或者轻伤9人以上，或者重伤2人、轻伤3人以上，或者重伤1人、轻伤6人以上；（二）造成经济损失30万元以上的；（三）造成恶劣社会影响的；（四）其他致使公共财产、国家和人民利益造成重大损失的情形。"③《城镇排水与污水处理条例》第16条规定："城镇排水与污水处理设施竣工验收合格后，由城镇排水主管部门通过招标投标、委托等方式确定符合条件的设施维护运营单位负责管理。"④张某和王某的职务均是住房和建设局市政科科长，案例中的事故均发生在疏通地下管道工作中，事故均因施工人员未遵守安全防范规定造成了人员死亡。为什么案例1中张某被以玩忽职守罪追究刑事责任，而案例2中王某未被追究渎职罪刑事责任。分析如下：第一，在案例1中，某市住房和建设局市政科科长张某没有严格按照相关领域的规范要求进行操作，在未审核李某的施工队是否具备相应的施工人员和设备的情况下，就将已交工使用的排污处理设施交由不符合条件的设施维护运营单位的未经过专业培训的工人负责疏通，其行为违反了《城镇排水与污水处理条例》的规定，导致了本不该发生的危害后果发生，张某应该承担渎职罪刑事责任。第二，在案例2中，某市住房和建设局市政科科长王某让市政维修队去疏通地下管道，市政维修队是符合《城镇排水与污水处理条例》第16条规定的设施维护运营单位，其工作人员都是经过专门训练的，工人后来自己没有按照操作规范进行工作，其死亡的后果不是因为王某的职务行为导致的，与王某的职务行为不存在法律上的因果关系，所以王某不必承担渎职罪的刑事责任。

【综合评析】案例1中反映的是渎职犯罪因果关系中的一种表现形式——制造危险型。制造危险型的渎职犯罪因果关系，就是渎职行为本身制造了危险，使本不该出现的危险出现，当其他因素介入时危害结果就合乎规律的发生。这是最常见的一种渎职犯罪因果关系构成模式，也是分析因果关系最复杂的一种类型。经验告诉我们，每一次重大事故的背后都可能发现渎职行为。渎职行为制造了隐患发生的可能性。国家机关工作人员的渎职行为置国家利益、社会利益于危险境地，渎职行为与危险状态之间是直接的因果关系。制造危险型渎职犯罪因果关系确定的难点在于渎职行为只是制造了潜在的危险，这种危险有的明显，有的不明显，甚至察觉不到。如果没有其他因素的介入，这种危险也许永远只是危险，不会转变为危害结果。这种渎职行为的本质在于留下了管理上的漏洞，给危害结果的发生创造了必要的条件。

（点评人：纪检监察系统干部、法律工作者　马睿敏）

第五节　审计追责案例

农经站代管资金短缺案

【案情介绍】某镇设有 6 个派出机构——党工委，每个党工委内设一个农经分站，负责辖区内村级财务收支票据审核、电算化记账及财务、村务公开等工作。自 2002 年上级任命至案发，各农经分站站长都是站长、出纳、会计一人身兼数职。同时，镇内又设有农经站，对各农经分站行使日常审计监督职责，并负责对全镇农村集体"三资"监督管理及村集体经济实施审计。李某某，2010 年 4 月被任命为该镇农经委员兼财经办主任，负责该镇农经站全面工作。自李某某上任至案发，她从未对农经分站站长、会计、出纳一人身兼数职的任职违反财经制度这一问题提出异议，且日常很少去各农经分站履行审计和监管职责。按照该镇党委、政府工作安排，李某某于 2014 年 10 月份开始带领镇农经站工作人员对全镇各村两委进行离任审计，并对各农经分站代管资金进行审计，且李某某及镇农经站工作人员都有省农牧局下发的审计证，具备审计资格。同年 12 月份，李某某一行到某党工委农经分站进行审计时，严重不负责任，不正确履行职责，在明知该农经分站站长存在上述任职违规，且未建立代管资金银行存款账簿的情况下，仍未认真核实该农经分站代管资金实有数额，擅自决定将该农经分站代管资金会计账簿余额抄至代管资金银行存款账簿余额一栏，并据此出具了《某镇农经站关于村两委换届前集体"三资"审计报告》。在该报告中不仅没有指出该农经分站站长存在任职违规、代管资金无银行存款账簿问题，而且擅自作出了代管资金会计账簿余额与银行存款账簿余额持平的审计结论，致使该镇党委、政府未能及早发现该农经分站代管资金短缺问题，最终造成该农经分站站长因意外死亡后短缺资金 110 万元无法追回的重大集体经济损失。

【案例评析】该案例中除李某某外，可能的责任主体还包括：①该镇党委、政府领导及镇内分管农经工作的副职；②该农经分站所属党工委书记；③该市农牧局审计办工作人员；④该镇农经站工作人员。对案例中各责任主体及应否承担刑事责任分析如下：①该镇农经站工作人员是否应负渎职罪刑责。该镇农经站的职责中明确规定农经站对各农经分站有日常监督管理和审计的职责。其中李某某作为负责该镇农经站全面工作的镇农经委员兼财经办主任，属科室负责人；而其他参与对农经分站审计的工作人员是具体监管者。负有领导职权、具有绝对优势主导地位的李某某的玩忽职守行为对110万元资金无法追回的危害后果的发生具有实质的因果力，理应承担玩忽职守罪的刑事责任。②该市农牧局审计办工作人员。根据该省市等上级文件要求，县级以上人民政府主管农村经济经营管理工作的部门和乡镇人民政府负责本行政区域内农村集体经济审计工作。该市农牧局审计办与农经站系监管权能互相交叉、关口重叠的情况，对农村财务工作同样具有直接的监管责任，所承担的责任应当参照农经站工作人员，即：审计办负责人作为科室负责人，具有对本行政区域内农村集体经济进行审计的决定权，如其未按要求安排该项审计工作，致使该农经分站代管资金短缺110万元的问题未能被及早发现，则其应负刑责，余者作为具体责任者不论罪。③该农经分站所属党工委书记只对各村日常开支负有严格审核、审批职责，不具有对农经分站进行人事监管、业务审查权能，在其职责范围内对农经分站代管资金非因正常开支审批造成的减损、灭失的危险结果不具有或极少具有实质的因果力，因此不负有玩忽职守罪的刑事责任。④该镇分管农经工作的副职。根据上级文件规定，各镇乡党委政府要加强对代管资金管理工作的领导。该镇党委、政府领导及乡镇分管农经工作的副职对代管资金管理工作负有上级领导责任；对农经分站人员的人事安排具有决定权，对人事监管负有不可推卸的责任。该镇党委、政府领导及镇内分管农经工作副职对各农经分站站长、出纳、会计长期一人兼的情况怠于纠正，使得农经分站代管资金具有了高度的减损、灭失风险，留下了管理上的漏洞，给危害结果的发生制造了潜在的危险，使危害结果的发生具有了高度的盖然性。因此，该镇党委、政府领导及镇内主抓农经工作的副职负有玩忽职守罪的法律责任，且责任程度不应轻于李某某。

【综合评析】本案例属于典型的多监管层级、多责任主体的渎职犯罪案例。这种类型的渎职犯罪案件是由各相关渎职行为人渎职行为导致的多因一果案件。

本案例中的这种情况应从纵向层面"以直接行为人为起点向上追查"原则为主,辅以其他原则。根据权责一致原则、因果关系的原因力作用以及刑法的谦抑性特点,以直接行为人为起点向上追查时以四个层级为宜,即具体监管者、科(处)室负责人、分管领导及(或)主要领导、上级单位相关科(处)室负责人。其中具体监管者是指直接指挥、监督生产作业人员或者具体组织、实施具体工作、活动的人员以及具体管理危险源的人员。分管领导是指单位负责该项工作的分管副职。主要领导是指单位的法定代表人或者主办、承办某项工作、活动的主要负责人。上级单位相关科(处)室负责人一般指上一级单位业务部门的负责人,必要时也包括分管领导及主要领导。每个层级应该承担什么样的责任并非按照层级递减或增加呈现规律性变化,需要结合具体案情、每个人各自的职责、行为与结果的实质因果力综合判断。如具体监管者作为最直接、最底层的监管者,他的实质权限实际上仅止于对科(处)室负责人、分管领导及主要领导、上级单位相关科(处)室负责人的指挥决策的贯彻执行,是指示指令、方针政策和规章制度的实际实施者。如果上面三个层级的领导在指挥决策上没有重大失误或违法违规问题,危害结果发生的原因仅仅是具体监督者贯彻不力、执行不到位甚至是弄虚作假、欺下瞒上造成的,那么上面三个层级领导的责任基本不会大于具体监管者。反之,如果科(处)室负责人、分管领导或者主要领导、上级单位相关科(处)室负责人在指挥决策上存在重大问题、自身怠于对具体监管者实施督导甚至出现干涉、不正常介入具体监管工作的情况导致危害结果的发生,则上面三个层级领导的责任恐将重于具体监管者。由此可以看出,对于多监管层级的情况来说,在无上级指令或决策问题的情况下,具体监管者的执行行为对危害结果发生的原因力要大于处于其他层级者;反之,如果存在上级指挥决策上的重大问题、上级自身怠于对具体监管者督导甚至出现干涉、不正常介入具体监管工作的情况,具体监管者的执行行为对危害结果发生的原因力要小于处于其他层级者。因此,笔者认为,判断多监管层级下的渎职犯罪因果关系时,要"以直接行为人为起点向上追查"原则认定责任主体,并结合行为性、因果性等要素确定各自的责任程度。

(点评人:纪检监察系统干部、法律工作者　马睿敏)

第十章 CHAPTER 10
公益诉讼案例

第一节　环境污染案例

原环境保护局不履行法定职责纠纷案

【案情简介】2017年5月1日，开平市原环境保护局（以下简称"环保局"）接到群众举报投诉，派出执法人员和监测人员到开平市金鸡镇大同村委会泉步村虎山堆进行现场执法检查。通过现场调查、取样监测、调查询问等，开平市环保局发现2016年至2017年间，陈某华等人涉嫌在该处承租林地私挖废渣填埋场，开挖有4个填埋坑，并收集运输疑似皮革废渣、边角料及其他不明废料等固体废物倾倒其中，该废渣填埋场总面积约10 000平方米，约有8000立方米废渣，没有采取防漏、防流失等措施，该填埋场有废水渗透到下游，呈黑色并散发恶臭气味，该填埋场产生的重金属渗滤液流向下游的鱼塘，鱼塘中的鱼已出现大面积死亡。同年9月13日，开平市检察院向开平市环保局送达《检察建议书》，建议该局尽快采取有效措施，依法处置涉案危险废物，消除环境污染，并请开平市环保局于收到该检察建议一个月内对办理情况进行书面回复。同年10月9日，开平市环保局回函反馈称目前不具备代履行的条件及正式落实"代为处置"工作，但该局已采取了部分应急措施并计划采取下一步措施。同年11月，开平市检察院认为，在涉案危险废物的原产生单位案发后5个月尚无法认定的情形下，开平市环保局未能依法充分履行职责，涉案危险废物依然存放在原地，环境污染仍未消除，社会公共利益持续处于受侵害的状态，根据《行政诉讼法》第25条第4款的规定，向法院提起行政公益诉讼，诉请：①确认开平市环保局未依法履行职责违法；②开平市环保局对陈某华等人收集和倾倒危险废物的违法行为依法继续履行职责。该案起诉后，开平市环保局辩称直至 2018 年 1 月 4 日止，该填埋场已经清挖完成，清运的污泥全部堆放在恩平市华新环境工程有限公司等待下一步处理。2018 年 1 月 17 日、3 月 26 日，开平市环保局对涉案填埋场的现场检查（勘察）记录均写明："现场已种桉树苗复绿，未见有异常情况，该场下方的鱼塘已养殖肉鹅。"

【法院审理】广东省江门市江海区人民法院一审认为，本案的焦点问题为开平市环保局是否已依法充分履行前述职责而使公益诉讼起诉人的诉讼请求全部实现的问题。本案中，开平市环保局辩称涉案废渣填埋场的 4 个填坑已经清挖完成，清运的污泥全部堆放在恩平市华新环境工程有限公司等待下一步处理，开平市环保局在本案诉讼过程中已履行了部分职责。但涉案填埋场的 3 个采样点及污染源水坑、鱼塘上游水坑中均检出重金属铬，涉案填埋场及周边土壤的总铬、铜、锌和铅均超出检出线。其中，"1 号井""2 号井"的总铬监测结果分别达到 800.9 毫克/千克、948.5 毫克/千克，比《土壤环境质量标准》规定的三级标准最高值 300 毫克/千克超标 2 倍多，有毒有害物质超标严重，对周边环境造成极大污染，可能对人体健康造成有害影响，不能排除具有长期危险特性。而开平市环保局委托的深圳某检测公司作出的《检测报告》仅为开平市环保局为鉴定涉案固体废物是否危险废物且检测项目为总铬的单一性检测报告，亦不符合《最高人民法院关于行政诉讼证据若干问题的规定》第 14 条关于"鉴定结论"等规定，其并不足以证明涉案填埋场及其周边环境已达到有效消除涉案污染的事实。因此，本案应当经有资质的第三方机构或相关专业部门机构等进行生态环境鉴定评估，确定是否已经达到有效治理、修复或消除当地环境污染等验收合格标准。开平市环保局未能举证证明涉案填埋场及其周边环境已达到修复治理完成并经验收合格的事实，依法应承担举证不能的相应不利法律后果。开平市环保局应当继续履行监管职责，直至涉案填埋场及其周边环境达到修复治理完成并经验收合格等标准。据此判决：开平市环保局继续对陈某华等人收集和倾倒涉案固体废物的行为依法履行法定职责。宣判后，双方当事人均未提出上诉。

【案例点评】①类似的地方案件比较多，但是真正进入司法程序的案件并不多，通常当地检察院不会将其列入立案公诉的案件。一般性环保问题，检察院会给当地环保部门出具一份《检察建议书》，要求其改进工作，消除环境污染隐患。②检察院将案件作为公诉案件进入司法程序后，当地环保局有义务提供证据。此案中的环保局委托的深圳某检测公司作出的《检测报告》仅为开平市环保局对总铬的单一性检测报告，亦不符合《最高人民法院关于行政诉讼证据若干问题的规定》第14条关于"鉴定结论"的相关规定，其并不足以证明涉案填埋场及其周边环境已达到有效消除涉案污染的事实。因此，本案应当经有资质的第三方机构或相关专业部门机构等进行生态环境鉴定评估，确定是否已经达到有效治理、修复或消除当地环境污染等验收合格标准。③开平市环保局未能举证证明涉案填埋场及其周边环境已达到修复治理完成并经验收合格标准的事实，依法应承担举证不能的相应不利法律后果。后来法院据此判决：开平市环保局继续对陈某华等人收集和倾倒涉案固体废物的行为依法履行法定职责。此案中，环保局败诉的原因主要是举证不力。当然或许他们根本拿不出证据证明环保部门已经尽到防止环境污染的监管责任。

磁湖风景区生态环境公益诉讼案

【**案情简介**】磁湖位于湖北省黄石市市区，水域面积约10平方公里。1997年，磁湖风景区经省政府批准定为省级风景名胜区。2004年，为改善和美化磁湖风景区建设，黄石市政府依法征收了位于磁湖西岸团城山公园教堂附近的15.5亩鱼塘和1.6亩菜地，并对相关人员作出了征地补偿。杭州东路社区居民张某，在未取得规划审批和用地手续的情况下，仍持续在已被征收的土地上擅自搭建建筑物，并在鱼塘中围栏投肥养殖。该违法行为一直持续到2018年仍未被有效制止，严重破坏了磁湖风景区的整体规划，对磁湖的水质造成了污染，破坏了磁湖水域的生态环境。

【**调查过程**】2018年5月，黄石市检察院发现该线索后，指定西塞山区检察院管辖。经调查，要拆除违法建筑和收回被占用的鱼塘涉及的行政机关众多，包括黄石市园林局、规划局、国土局、水利水产局、下陆区城管局等，而且各部门之间存在着管理权限不清、多头难管的问题。2018年5月，黄石市国土局和下陆区城管局主动与市检察院对接，请求检察机关通过行政公益诉讼介入，促成行政机关形成执法合力，彻底破解这一困扰多年的执法难题。5月中下旬，西塞山区检察院向市园林局等五家行政单位分别发出检察建议，督促其依法履职，对张某的违法行为进行处理，采取治理措施消除对磁湖风景区的不利影响。收到检察建议后，五家行政机关召开行政执法联席会议，制定联合执法行动。7月26日，下陆区城管局联合黄石市国土局、规划局、园林局以及水利水产局开展联合执法，经过150余名执法人员连续5个多小时的作业，存续14年之久的违法建筑和投肥养鱼用的渔网全部被依法拆除。

【案例意义】本案中，检察机关通过公益诉讼工作，不仅消除了磁湖生态环境问题的沉疴顽疾，而且让行政机关深刻地体会到，检察公益诉讼与行政执法行为在目标上是一致的，公益诉讼既是监督，也是助力，是实现行政机关、司法机关、社会公益多赢、共赢的有效途径，对市政府全面开展长江大保护"碧水、绿岸、洁产、畅流"四大行动起到了积极的推动作用，赢得了人民群众的赞赏。

第二节　水污染案例

江苏沭阳水污染事件

【案件简介】2007年7月2日下午3时，江苏沭阳县地面水厂发现，短时间内，大流量的污水侵入位于淮沭河的自来水厂取水口。经检测，取水口的水氨氮含量为每升28毫克左右，远远超出国家取水口水质标准。江苏沭阳遭遇水污染事件后，因为受到水污染，沭阳县城区自来水质发生恶变，一时间，居民纷纷打电话到自来水厂、当地政府及媒体咨询、救助，20万人口被迫停止供应自来水40小时。

【查处措施】沭阳县遭受污染后，原国家环保总局华东督查中心会同江苏省原环保厅进行调查初步分析后，认定污染原因为汛期洪水所带来的面源污染所致，污染主要来自农业化肥、生活污水以及部分企业排放的污水。在沭阳水污染事件中，农业化肥、生活污水固然是一个因素，但最主要的污染恐怕还是来自企业排放的污水。同年7月3日，针对中国当前严峻的水污染形势，原国家环保总局开始对长江、黄河、淮河、海河四大流域水污染严重、环境违法问题突出的6市2县5个工业园区实行"流域限批"——对部分同处一个流域内污染严重的县市或工业园区同时"限批"；对流域内32家重污染企业及6家污水处理厂实行挂牌督办。

【案例启示】 ①地方查处环保违法案件普遍存在地方保护问题。因为处罚力度大，环保执法部门必须勒令生产企业关门整改，整改不到位不能生产，而地方工业不景气，可以开工生产的企业并不多，所以，一些地区就进行象征性环保执法，甚至拉闸限电，导致企业临时停工几天，处罚后过几天开工，一切如故。这样看上去检察院的监督起了作用，环保部门完成了关停污染企业的任务，实际上过几天又恢复原状，治标不治本。环境污染成为"老大难"。②涉及河水污染容易出现不同行政区域推诿扯皮现象。③一些处罚和判决的案例出现执行难。主要是污染的责任单位希望"大事化小，小事化了"，先拖一阵子，或者象征性交一部分罚款，然后再重新恢复生产或者运营。

江苏盐城水污染事件

【案情简介】 2009 年 2 月 20 日，因自来水水源受到酚类化合物污染，江苏省盐城市大面积断水近 67 小时，20 万市民生活受到影响，占盐城市市区人口的 2/5。据调查，盐城市标新化工厂为减少治污成本，居然趁大雨天偷排了 30 吨化工废水，最终污染了水源地。

【法院审理】 2009 年 8 月，江苏省盐城市盐都区人民法院对盐城 "2·20"特大水污染事件主犯、原盐城市标新化工有限公司董事长胡某标作出一审判决：被告人胡某标犯投放危险物质罪，判处有期徒刑 10 年；同时撤销 2005 年因虚开增值税专用发票，被判刑 2 年、缓刑 3 年的决定，决定执行有期徒刑 11 年。

法院审理查明，2007 年 11 月底至 2009 年 2 月 16 日期间，原盐城市标新化工有限公司董事长胡某标、生产厂长兼车间主任丁某生，在明知标新化工有限公司为环保部门规定的废水不外排企业，明知在生产氯代醚酮过程中所产生的钾盐废水含有有毒有害物质的情况下，仍然将大量钾盐废水排放到公司北侧的五支河内，任其流进盐城市区水源蟒蛇河，污染市区城西、越河两个自来水厂取水口。因水源污染导致市区 20 多万居民饮用水停止供水达 66 小时 40 分，造成了巨大损失。其行为均触犯了《刑法》第 115 条之规定，构成投放危险物质罪。

法院经审理作出如下判决：被告人胡某标，犯投放危险物质罪，且系主犯，判处有期徒刑 10 年。另外，2005 年胡某标因涉嫌虚开增值税专用发票，被盐都区人民法院判处有期徒刑 2 年、缓刑 3 年执行。法院决定撤销缓刑判决，与前罪并罚，决定执行有期徒刑 11 年。被告人丁某生犯投放危险物质罪，因其为从犯，决定执行有期徒刑 6 年。盐城市特大水污染事故的其他责任人、原盐城市饮用水源保护区环境监察支队二大队大队长崔某国等 3 人也已被检察机关提起公诉。

【案例点评】①这是我国首次以"投放危险物质罪"罪名对环境污染事件作出刑事处罚。这家工厂两名负责人因"投放危险物质罪"分别被判处 10 年和 6 年有期徒刑。②涉案企业家要么属于法盲，要么抱着侥幸心理，要么是对环境危害的后果不完全明晰，不管什么原因，只要违法犯罪的事实存在，就必然会受到法律的严惩。③此案例对其他企业负责人具有一定的警示作用。法律红线不能碰，谁碰谁将受到法律的惩罚。

江苏靖江水污染事件

【案情简介】2014 年 5 月 9 日，因长江水源出现水质异常，自来水公司发现长江水有异味，第一时间关闭取水口，全市 70 万人暂停供水，但并未公布水质异常的原因，部分市民已经开始排队买水。靖江官方对外发布消息称因长江水源出现水质异常，市有关部门已启动应急预案积极处置。

靖江位于下扬子三角洲苏北平原地带，本次长江水污染事件属于局部污染，下游的张家港、江阴水域并未受到影响，由于全市全面停水，造成部分市民饮水恐慌，排队到超市抢水。江苏省海事部门回应称已出动海巡艇巡航靖江所在的长江泰州段，以及下游的张家港、江阴水域，市有关部门也启动应急预案，应急小组也在按照应急预案排查污染源。与此同时，环保部门已经完成了对该市牧城生态园备用水源的水质检测，结果为水质合格，可以启用。

【调查结果】2014 年 6 月 3 日，江苏省原环保厅也对外公布，造成靖江水污染的原因，基本上可以认定是犯罪式排放、倾倒违废行为。6 月 6 日，江苏省靖江市原环保局披露水污染事件污染物：发生在 5 月 9 日的水污染物实为"二甲基二硫醚"。"二甲基二硫醚"是一种易燃物，对人的眼睛、呼吸道和皮肤均有刺激作用，与之接触时要戴适当的手套和护目镜或面具。但污染源至今仍是谜。

【法院审理】2018 年 5 月 29 日上午，泰州市中级人民法院公开开庭审理了一起重大环保案件，该案件在去年立案之初就得到了《人民日报》等多家中央媒体的关注报道。泰州范围内首次以江苏省人民政府作为原告，同时也是泰州市中级人民法院首次依照《人民陪审员法》的规定，组成七人制合议庭。被告是安徽海德化工科技有限公司（以下简称"海德公司"）。造成水源污染事件发生在 2014 年。该公司营销部经理非法将该公司生产的危废物废碱液 102.44 吨交给不具有危废物处置资质的个人进行处置，最终导致这些废碱液被直接倾倒入长江及新通扬运河，造成水资源严重污染，直接导致江苏省靖江市城区、兴化市自来水中断供水 50 多个小时。江苏省人民政府因此向安徽海德公司索赔生态环境修复费用 2530.18 万元，生态环境功能服务损失费 1157.87 万元，以及承担相关损失评估和诉讼等费用。由于污染环境造成损失的复杂性、综合性、变动性导致在证明过程中会遇到大量的专业性问题，本次开庭还请来了三名专家出庭作证。通过专家全面客观地分析和调研，采用科学的评价依据和评估方法，对环境损害进行了初步量化估算。2018 年 8 月 27 日，泰州市中级人民法院作出一审判决，被告安徽海德公司向原告赔偿环境修复费等费用 5482.85 万元。

【案例点评】①这是我国首例以省级政府作为原告起诉企业污染环境修复赔偿的案例，社会反响很大。后续执行司法部门会跟踪。②污染企业赔偿金额主要有三项费用：第一，被告安徽海德公司赔偿环境修复费用 3637.90 万元；第二，被告安徽海德公司赔偿生态环境服务损失 1818.95 万元；第三，被告安徽海德公司赔偿评估鉴定费 26 万元。上述三项费用合计 5482.85 万元。③被告企业必须执行判决。因为判决书写得很清楚，被告安徽海德公司应在本判决生效之日起 60 天内，将款项支付到泰州市环境公益诉讼资金账户。④国家旨在建立环境污染修复赔偿制度。此案件本来发生在 2014 年，而时隔几年才审理，是因为我国环境污染违法，环境修复制度尚未健全，国家在江苏省搞试点，正好可以在实际操作层面让国家环境污染修复赔偿制度落地执行。2018 年 1 月 1 日起，由中共中央办公厅、国务院办公厅印发的《生态环境损害赔偿制度改革方案》在全国试行。"谁污染，谁买单；谁破坏，谁治理。"江苏省被列为试点省份，该案成为我国探索构建生态环境损害赔偿制度体系的一起典型案例。江苏省制定了《江苏省生态环境损害赔偿制度改革试点工作实施方案》，并起草了《江苏省生态环境损害赔偿磋商办法》《江苏省关于建立生态环境司法修复机制的规定（试行）》《江苏省关于推进生态环境损害赔偿诉讼工作的意见（试行）》等文件，以期推动环境损害赔偿制度改革试点工作。⑤《江苏省生态环境损害赔偿制度改革试点工作实施方案》明确，省政府是江苏省行政区域内生态环境损害赔偿权利人。受省政府委托，环境保护、国土资源、住房城乡建设、水利、农业、林业、海洋与渔业等相关部门根据职责分工，负责相关损害的索赔工作。

第三节 环保举报案例

郑州市新奇特文化传播有限公司废气污染案

【案情简介】2016 年 3 月 29 日，原环境保护部"12369"环保举报热线接到公众举报，反映河南省郑州市无名广告打印公司排放刺鼻性气味，影响周边居民生活。原环境保护部按规定将该举报件转河南省环保部门办理。

经查，公众举报的无名广告打印公司实为新奇特文化传播有限公司，位于河南省郑州市文化北路张家村北一街东段，主要经营图文设计、制作、展览展示服务，生产中存在喷绘工序。检查中发现，该公司彩印机及室内排风处未安装废气过滤设施，且门窗均未密闭，因此喷绘制作过程中油墨挥发产生刺鼻性气味，影响周边环境。

【调查处理】根据检查情况，金水区环保局对该公司下达了《限期改正环境违法行为通知书》，责令其立即进行整改，限期将生产车间密闭并安装污染防治设施，逾期将依法进行处理。

【案例点评】①因为广告公司的喷墨打印设备运行时导致有毒有害气味的挥发，引起周边邻居投诉。这说明群众的环保意识增强了。此案具有案例传播价值。②环保部门第一时间做出回应，要求广告公司整改，包括限期将生产车间密闭并安装污染防治设施。这说明当地环保部门积极回应群众投诉。及时执法的行为值得点赞。③如果整改不力或者达不到环保要求，涉案企业有可能依据《行政处罚法》受到处罚。《大气污染防治法》规定，废气污染物超标排放处 10 万元以上 100 万元以下的罚款，以提高企业超标排放的处罚力度，加大企业的违法成本，从而有效防止、减少大气污染。对超标排放造成环境污染的，应当依法承担责任。

第四节 环保安全事故案例

四川沱江特大水污染事件

【案情简介】2004年2月至4月，四川川化股份有限公司将工业废水排入沱江干流水域，造成特大水污染事故，给成都、资阳等五市的工农业生产和人民生活造成了严重的影响和经济损失。经农业部长江中上游渔业生态环境监测中心评估，仅天然渔业资源损失就达1569万余元。

9月9日，成都市锦江区法院分别对涉及沱江水污染事故的被告人何某光、吴某鑫、李某等重大环境污染事故案和被告人宋某英、张某明、张某山等环境监管失职案作出一审判决。相关责任人最高获刑5年，处罚金人民币4万元。

特别值得注意的是：宋某英、张某明、张某山分别作为青白江区环保局分管环境监测、环境监理、污染管理的副局长、环境监测站站长和环境监理所所长，违反相关的职责规定，在工作中严重不负责任，未能及时有效地预防、阻止重大环境污染事故的发生，致使公私财产遭受重大损失，其行为已构成环境监管失职罪。法院一审分别判处：宋某英有期徒刑2年6个月；张某明有期徒刑2年6个月；张某山有期徒刑1年6个月，缓刑2年。

【案例点评】①本案体现了"一案双查"的特点，既对违法排污企业涉案人进行处罚，同时也追究环保主管部门负责人的刑事责任。如此才能把环保违法责任落到具体负责人身上，才能有效地控制企业污染行为。②从长远角度减少环境污染问题，必须从绿色原材料和无污染生产工艺两方面着手，开创新工艺，发展新技术，走清洁生产的路线，才能彻底解决工业生产的污染难题。

松花江特大水污染事件

【案情简介】2005年11月13日，中国石油天然气股份有限公司吉林石化分公司（以下简称"吉化分公司"）双苯厂硝基苯精馏塔发生爆炸，引发松花江水污染事件。截至同年11月14日，共造成5人死亡、1人失踪，近70人受伤。爆炸发生后，约100吨苯类物质（苯、硝基苯等）流入松花江，造成了江水严重污染，沿岸数百万居民的生活受到影响。

【事故原因】国务院事故及事件调查组认定：吉化分公司双苯厂"11·13"爆炸事故和松花江水污染事件是一起特大生产安全责任事故和特别重大水污染责任事件。污染事件的主要原因：一是吉化分公司对可能发生的事故会引发松花江水污染问题没有进行深入研究，有关应急预案存在重大缺失。二是吉林市事故应急救援指挥部对水污染估计不足，重视不够，未提出防控措施和要求。三是中国石油天然气公司和股份公司对环境保护工作重视不够，对吉化分公司环保工作中存在的问题失察，对水污染估计不足，重视不够，未能及时督促采取措施。四是吉林市环保局没有及时向事故应急救援指挥部建议采取措施。五是吉林省环保局对水污染问题重视不够，没有按照有关规定全面、准确地报告水污染程度。六是原国家环保总局在事件初期对可能产生的严重后果估计不足，重视不够，没有及时提出妥善处置意见。

【处理结果】给予12名事故责任人作出党纪、政纪处理。

【案例点评】本案应该吸取以下教训：①石化企业选址不应该离江河湖海太近，万一化工原料或者成品泄露、爆炸会对水源造成污染。②企业对应急风险缺乏应对演练和实战能力，导致出现爆炸事故没有及时采取有效的应对措施。③应急物资与设备储备制度不够完善。特别是能够去除苯类有害物质的活性炭纤维毡等过滤器材不足。④应急反应滞后。信息通报不及时，延误了应急救援的最佳时机。

第五节　食品卫生安全案例

三鹿"三聚氰胺奶粉"事件

【案情简介】2008年6月28日，兰州市的解放军第一医院收治了首宗患"肾结石"病症的婴幼儿。家长反映，孩子从出生起，就一直食用河北省石家庄三鹿集团所产的三鹿牌婴幼儿奶粉。7月中旬，甘肃省卫生厅接到医院婴儿泌尿结石病例报告后，随即展开调查，并报告给原卫生部。随后短短两个多月，该医院收治的患婴人数，迅速扩大到 14 名。9 月 11 日，除甘肃省外，中国其他省区也有类似案例发生。经相关部门调查，石家庄三鹿集团的产品受到三聚氰胺污染。三聚氰胺是种化工原料，可导致人体泌尿系统产生结石。同日晚上，三鹿集团发布产品召回声明称，为对消费者负责，该公司决定立即从市场召回约 700 吨奶粉产品。9 月 13 日，原卫生部证实，三鹿牌奶粉中含有的三聚氰胺，是不法分子为增加原料奶或奶粉的蛋白含量，而人为加入的。总共有 6 个婴幼儿因喝了毒奶死亡，逾 30 万儿童患病。2008 年 9 月 13 日，国务院启动国家安全事故 I 级响应机制（"I 级"为最高级特别重大食品安全事故）处置三鹿奶粉污染事件。对患病婴幼儿实行免费救治，所需费用由财政承担。石家庄官方初步认定，三鹿牌"问题奶粉"为不法分子在原奶收购中添加三聚氰胺所致，已经拘留了 19 名嫌疑人，传唤了 78 人。三鹿集团停产后已宣告破产。2009 年 1 月 22 日，河北省石家庄市中级人民法院一审宣判，三鹿集团前董事长田某华被判处无期徒刑，三鹿集团高层管理人员王某良、杭某奇、吴某生则分别被判处有期徒刑 15 年、8 年及 5 年。三鹿集团作为单位被告，犯生产、销售伪劣产品罪，被判处罚款人民币 4937 余万元。涉嫌制造和销售含三聚氰胺的奶农张某甲、高某杰及耿某平三人被判处死刑，薛某忠无期徒刑，张某乙有期徒刑 15 年，耿某珠有期徒刑 8 年，萧某有期徒刑 5 年。

　　【案例点评】①三聚氰胺事件是我国有史以来最大的食品安全事件，国务院成立了调查组，国家质量技术监督局领导引咎辞职，对中国奶制品行业是一个沉重的打击，许多企业牵涉其中，引发了全民参与的食品安全和商业道德大讨论。此事件对数十万受害的家庭产生了深远影响。②为了维护社会稳定，避免引发群体性诉讼，国家令奶业协会出面协调了 11 亿资金支付消费者的医疗费。通过媒体正面报道和引导及时化解危机。③该事件提示，我国对食品行业采取分段监管的体制很难对整个产业链和生产流程的安全性进行全面监管。④解决食品安全问题必须从源头抓起，从规范生产者的生产行为做起，具体说是要提高奶农的法律意识、受教育水平，给予他们法律培训、技术指导和政策扶持。同时，要健全食品安全法律法规，进一步对其具体化、规范化，要覆盖整个食品供应链，绝不给不法分子可乘之机。

第六节　应急事故处理案例

江苏响水天嘉宜化工特大爆炸事故

【案情简介】2019 年 3 月 21 日 14 时 48 分，位于江苏省盐城市响水县生态化工园区的天嘉宜化工有限公司发生特别重大爆炸事故，造成 78 人死亡、76 人重伤，640 人住院治疗，直接经济损失 198 635.07 万元。事故发生后，应急管理部会同江苏省启动特别重大事故应急响应，成立现场指挥部。消防救援队伍包括 930 名指战员、200 余辆救援车辆、20 台大型工程机械火速赶赴现场，第一时间深入核心区，针对大量人员被困废墟的情况，抢抓 72 小时黄金救援期，开展"地毯式、全覆盖、全时段"排查搜救，全力营救被困人员，同时进行 8 处火灾扑救。经过 80 多个小时连续奋战，7 轮不间断搜救，在爆炸核心区搜救出遇险人员 164 人（其中 86 人生还），累计监护输转近百种、10 万余吨危化品。

【事故调查】经国务院调查组认定，江苏省盐城市响水县天嘉宜化工有限公司"3·21"特别重大爆炸事故是一起长期违法贮存危险废物导致自燃进而引发爆炸的特别重大生产安全责任事故。3 月 22 日，国务院江苏响水"3·21"特别重大爆炸事故调查组成立，由应急管理部牵头，工业和信息化部、公安部、生态环境部、全国总工会和江苏省政府参加，聘请爆炸、刑侦、化工、环保等方面专家参与调查。通过反复现场勘验、检测鉴定、调阅资料、人员问询、模拟实验、专家论证等，查明了事故直接原因和性质，查明了事故企业、中介机构违法违规问题，查明了有关地方党委政府及相关部门在监管方面存在的问题。事故调查组查明，事故的直接原因是天嘉宜化工有限公司旧固体废物库内长期违法贮存的硝化废料持续积热升温导致自燃，燃烧引发爆炸。事故调查组认定，天嘉宜化工有限公司无视国家环境保护和安全生产法律法规，刻意瞒报硝化废料、长期违法贮存、违法处置硝化废料、固体废物，固体废物和废液焚烧项目长期违法运行、安全环保管理混乱，日常检查弄虚作假，固体废物仓库等工程未批先建。相关环评、安评、工程图纸等中介服务机构严重违法违规，出具虚假失实评价报告，固体废物和焚烧技改项目施工图总体布置图与实际不符。

【案例点评】事故主要教训：①安全发展理念不牢，红线意识不强；地方党政领导干部安全生产责任制落实不到位。②防范化解重大风险不深入不具体，抓落实有很大差距；有关部门落实安全生产职责不到位，造成监管脱节。③企业主体责任不落实，诚信缺失和违法违规问题突出。④对违法违规行为打击不力，监管执法宽松软。⑤化工园区发展无序，安全管理问题突出；安全监管水平不适应化工行业快速发展需要。⑥根据《刑法》《环境保护法》等相关法律法规，分别对江苏倪家巷集团法人代表董事长兼总经理、江苏天嘉宜化工有限公司实际控制人倪某良，江苏天嘉宜化工有限公司总经理张某岳，江苏天工大成安全技术有限公司董事长单某勋等44人以涉嫌非法储存危险物质罪、重大劳动安全事故罪、污染环境罪、提供虚假证明文件罪，追究其刑事责任，另有100多名相关责任人被给予党纪、政务处分。

第七节　公共卫生事件案例

兰州兽研所布鲁氏菌抗体阳性事件

【案情简介】2019年7月24日至8月20日，中牧兰州生物药厂在兽用布鲁氏菌疫苗生产过程中使用过期消毒剂，致使生产发酵罐废气排放灭菌不彻底，携带含菌发酵液的废气形成含菌气溶胶，生产时段该区域主风向为东南风，兰州兽研所处在中牧兰州生物药厂的下风向，造成兰州兽研所发生布鲁氏菌抗体阳性事件。此次事件是一次意外的偶发事件。根据调查结果，省市联合调查组依法对涉事责任单位启动了立案查处工作，依法从严、快速追究相关单位和人员责任。

【处理结果】中牧兰州生物药厂于2019年12月7日关停了布鲁氏菌疫苗生产车间，并于2020年2月4日在公司网站上发布《致歉信》。同时，按照相关规定，对8名责任人作出严肃处理。中牧兰州生物药厂表示将深刻吸取教训，积极配合省市做好善后处置和补偿以及民事赔偿工作。

【案例点评】①《民法典》侵权责任编第1165条规定："行为人因过错侵害他人民事权益造成损害的，应当承担侵权责任。依照法律规定推定行为人有过错，其不能证明自己没有过错的，应当承担侵权责任。"第1179条规定："侵害他人造成人身损害的，应当赔偿医疗费、护理费、交通费、营养费、住院伙食补助费等为治疗和康复支出的合理费用，以及因误工减少的收入。造成残疾的，还应当赔偿辅助器具费和残疾赔偿金；造成死亡的，还应当赔偿丧葬费和死亡赔偿金。"②发生事故的企业中牧兰州生物药厂在公司网站上发布了《致歉信》，正式向受害人道歉。③按照相关规定，对 8 名责任人作出党纪、政务处理。④中牧兰州生物药厂积极配合省市做好善后处置和补偿以及民事赔偿工作，最大限度地减轻受害人的身体与精神痛苦。⑤如果受害人认为赔偿不足，还可以到当地人民法院提起诉讼，请求更多的赔偿。

第八节　侵犯公民信息与打扰安静生活权案例

首例刑事附带民事公益诉讼案

【案情简介】2020 年 10 月 10 日，由上海市闵行区人民检察院办理的施某隆、秦某迎侵犯公民个人信息刑事附带民事公益诉讼案件在闵行区法院开庭审理，上海市闵行区人民检察院副检察长张晨担任公益诉讼起诉人，检察官舒丙会出庭支持公诉。此案是闵行区首例刑事附带民事公益诉讼案件。

2020 年 3 月中旬，施某隆通过微信从高某（另案处理）处获取 1 万余条包含姓名、手机号码等公民个人信息，并以牟利为目的出售给秦某迎，获利人民币 2800 元与高某分赃。秦某迎利用所购信息以拨打电话、添加微信等方式开展影视投资等业务推销活动，对被害人的正常生活造成影响，导致不特定多数公众的隐私受到侵害，财产利益亦可能因此受损或有受损的危险。

【法院审理】庭审中，公诉人和公益诉讼起诉人通过举证、质证和辩论，证实两名被告人违反国家有关规定，非法买卖公民个人信息，其行为危害到不特定多数公民的隐私权，乃至人身安全、财产安全和社会管理秩序，损害了社会公共利益，除依法承担刑事责任外，还应承担相应的民事侵权责任。公益诉讼起诉人向区法院提出，要求两名被告人删除保存在手机、电脑等存储介质内的公民个人信息，并在省级媒体上公开赔礼道歉。同时，还要求施某隆对其造成的损害进行赔偿。

法院当庭宣判：被告人施某隆犯侵犯公民个人信息罪，判处拘役 5 个月，并处罚金人民币 5000 元；被告人秦某迎犯侵犯公民个人信息罪，判处拘役 5

个月，缓刑 5 个月，并处罚金人民币 5000 元；追缴被告人施某隆的违法所得 2800 元；被告人施某隆、秦某迎永久删除保存在微信、手机、电脑等存储介质内的公民个人信息；被告人施某隆、秦某迎于本判决生效后 30 日内在省级新闻媒体上就其侵犯公民个人信息的行为公开赔礼道歉；被告人施某隆于本判决生效后 30 日内赔偿人民币 2800 元；在案扣押的作案工具予以没收。

【案例点评】①本案根据犯罪危害性不同，分别判处犯罪嫌疑人以侵犯公民个人信息罪，同时附带民事赔偿。对于犯罪轻微的涉案人免于追究刑事责任，责令赔礼道歉和民事赔偿。②本案司法程序规范，定罪量刑适当。③此案给公众的警示意义是：社会上的很多人以为买卖公民信息只是民事侵权行为，就是罚款和赔偿了事，实际上严重的会构成刑事犯罪，被追究刑事责任。因此，要增加法律意识，不要以身试法，为了金钱利益去收集、买卖或者传播公民个人信息。

宁波市"骚扰电话" 整治公益诉讼案

【基本案情】2018 年上半年，宁波市发生 120 热线被骚扰事件。截至 5 月下旬，120 急救电话累计接到楼盘推销电话 1600 余个，其中最多一天接到 90 多个，均为"0574—2"开头的联通电话号码，严重影响宁波市急救中心的正常工作秩序。

2018 年 5 月，宁波市海曙区人民检察院在履职中发现，广告推销电话扰民损害了不特定多数人的利益。

【调查处置】对于"骚扰电话"的定性，海曙区人民检察院邀请浙江省内多位法学专家进行专题研讨和论证，一致认为"骚扰电话"对人民群众的生活环境造成了严重侵害，应当属于《行政诉讼法》规定的行政公益诉讼的范围。为此，海曙区人民检察院成立专案组，进行了调查，收集了约 2000 个骚扰电话号码，查清了通信运营商—营销公司—群呼平台三者之间的利益链，并于 2018 年 7 月向宁波市通信管理局发出检察建议，要求该局组织力量对当前"骚扰电话"扰民采取有效措施加以制止，向上级主管部门和立法机构提出相应的政策建议，以改进和完善现行的《电信业务经营许可管理办法》。2018 年 7 月底，宁波市通信管理局及浙江省通信管理局法规处工作人员带领三大运营商宁波分公司负责人到海曙区人民检察院，就检察建议作了回复。

宁波市通信管理局制定了专项整改方案，控制"骚扰电话"传播渠道、清理骚扰性硬件，对"骚扰电话"进行整治，整改效果显著。

【指导意义】①电话推销因成本低，成为房产销售、金融保险等领域常用的营销方式，针对不特定的手机用户强行推送各类广告，数量多，频度高，干扰了广大人民群众日常的工作和生活，"骚扰电话"已成为全国城市普遍存在的侵权现象。②宁波"骚扰电话"整改效果显著。2018年11月，海曙区人民检察院再次委托第三方机构对"骚扰电话"治理情况进行社会调查。调查结果显示，1800名受访者中，81.1%的受访者表示满意，有84.8%的受访者表示，前阶段呈泛滥之势的2和5固定电话号段"骚扰电话"已基本消失，治理效果明显，治理工作亦得到了广大居民的认可。③海曙区人民检察院主动向党委和上级检察机关汇报本案工作开展情况，得到了上级领导的肯定支持认可。《检察日报》、中央人民广播电台等媒体对该事件进行跟踪报道。人民网、新华网等10余家网络媒体及新浪、搜狐等各大综合门户网站刊登转载，得到众多网民好评、点赞。④在海曙区人民检察院处置"电话骚扰"专项活动中，检察院与通信管理部门建立了良好的沟通与合作关系，检察监督没有刁难挑错，而是为了解决"骚扰电话"这个难题，共同努力回应民生关切。行政机关通过积极回应检察监督，依法履职、有效保障人民权益，能够赢得人民群众的认可和支持，树立政府公信力。最终，通信管理部门和三大基础电信运营商根据检察建议要求，积极采取整改措施，促使宁波"骚扰电话"治理取得较好成效，充分体现了检察机关开展公益诉讼工作双赢、多赢、共赢的理念。⑤"骚扰电话"治理是一项系统工程，要继续研究完善部门之间的配合、联动机制，通过法律监督、行政监管多管齐下，实现综合治理、案件会商等制度化、长效化，让全国人民群众都能尽快享受到"骚扰电话"的治理成效，享有一个清朗的通讯空间。

第九节　食品安全事件案例

北京网络餐饮第三方平台食品安全公益诉讼案

【基本案情】北京市海淀区人民检察院在履职中发现，经营地位于海淀区的"百度外卖""美团""百度糯米"等网络餐饮服务第三方平台上，入网餐饮服务提供者存在违法提供网络餐饮服务的行为，主要表现在违反我国《电子商务法》相关规定，从事无许可经营行为、不具有实体经营门店、未按要求进行信息公示和更新等。同时，网络餐饮服务第三方平台提供者对上述违法行为未履行审查、监测义务，以及公示、及时更新信息义务。海淀区原食品药品监督管理局对以上问题存在监管漏洞，依法履职有待加强。

【调查履职】海淀区人民检察院分别针对网络餐饮服务第三方平台提供者及入网餐饮服务提供者违法并侵害公共利益的行为，依法向海淀区原食品药品监督管理局发出诉前检察建议，要求其依法履行监督职责，督促违法平台及商家尽快整改。该局收到检察建议书后，迅速组织核查处置工作，并组织开展了为期 2 个月的网络餐饮食品安全专项整治工作。通过召开专题部署会、约谈网络订餐平台负责人、集中开展线上线下核查处置、对网络餐饮平台进行全面整改等方式，共下线问题商户 3218 家，规范各种信息公示问题 5203 家、立案 14 件（网络订餐平台未落实主体责任的违法行为 5 件，未按规定公示食品经营许可证 7 件，无证经营 1 件，网络超范围经营 1 件）。在办案过程中，海淀区人民检察院与区原食品药品监督管理局着眼于长效机制建设，积极推进第三方平台"阳光餐饮"进程。此外，区原食品药品监督管理局针对行政公益诉讼监督出台了全市首份《北京市海淀区食品药品监督管理局人民检察院检察建议书办理办法（试行）》，确保办理程序规范化、制度化。

【指导意义】①"民以食为天，食以安为先。"我国"互联网＋餐饮服务"等新兴业态快速增长，方便了人们的生活，但其中存在的违法行为和管理漏洞不容忽视。在公益诉讼工作中，检察机关与行政机关目标一致，通过行政公益诉讼诉前检察建议，两者能够形成合力，共同解决群众反映强烈的社会问题。②净化与规范了食品业第三方网络平台。作为"百度外卖""美团""百度糯米"等网络餐饮服务第三方平台的经营地之一，海淀区原食品药品监督管理局责任重大，在收到检察机关检察建议后，其积极采取措施，下线问题商户 3000 余家，成效显著。③海淀区人民检察院与区原食品药品监督管理局共同建设的"阳光餐饮"第三方平台，对于切实维护全区乃至全国网络餐饮服务健康发展均具有重要意义。

中宁县校园周边食品安全公益诉讼案

【基本案情】中宁县某小学学生因购买校园周边小商店的食品而引发中

毒事件引发社会关切。中宁县人民检察院在履职中发现全县 40 余所中、小学校附近 60 家商店、小卖部，不同程度地存在销售超保质期、无生产日期、来源不清的食品、饮料等问题，一些商店还存在未办理食品经营许可证、部分商店经营者未办理健康证或健康证过期等情况。中宁县市场监督管理局对校园周边食品卫生安全依法具有监督管理责任。

【调查履职】中宁县人民检察院于 2018 年 6 月向中宁县市场监督管理局发出诉前检察建议，要求该局依法履行职责，加强校园及周边食品安全监督检查力度，杜绝不符合安全标准的食品出现在校园周围及全县其他地区，及时督促未办理食品经营许可证及健康证的经营者办理相关证照，对检察院发现的问题食品查清后依法处理。收到检察建议后，中宁县市场监督管理局迅速行动，开展城乡接合部、学校食堂、校园周边等专项整治活动，重点对粮、油、奶制品、豆制品、饮品等进行监督检查和专项治理。先后检查食品经营单位 2348 户（次），检查食品加工单位 292 家，对卫生条件不达标的 16 家经营户下达责令整改通知书；查获、没收 23 个品种的过期、无标签标识等不合格食品 1325 袋 153 公斤；对 843 家餐饮单位、72 所供餐学校、35 所幼儿园、4659 名从业人员进行了检查，下达责令整改通知书 224 份，对违法加工点予以查封，对加工点负责人进行了行政处罚。

【指导意义】①本案中，检察机关及时回应社会关切，诉前检察建议所指出的问题覆盖全面、线索明确清晰，对行政机关起到了很好的监督指导作用，对青少年缺乏判断能力的校园周边食品安全问题开展有效监督，最终取得了全面整改、全员整顿的良好成效，真正达到了办理一案、警示一片、教育一面的办案效果。②本案有效督促了中宁县市场监督管理局对本县食品生产、零售、批发环节的日常监管。在检察机关的监督推动下，中宁县市场监督管理局对此次校园周边食品安全问题开展的专项整治，不仅注重规范食品经营单位和经营者的经营行为，还注重加强对从业者健康状况的监管、对线索问题深入的摸排打击，实现了全方位整治和净化，营造了安全、可靠的校园周边食品经营环境。

第十节　虚假医药广告整治案例

湖南省湘阴县虚假医药广告整治公益诉讼案

【基本案情】自 2017 年以来，湘阴县电视台持续播放"鼻清堂""九千堂五色灵芝胶囊""百寿安益康胶囊""苗老八远红外磁疗巴布贴""腰息痛胶囊"等药品广告。该系列药品广告时长 6 分钟到 12 分钟不等，在广告中变相使用国家领导人名义推荐产品，使用"当天服用，当天见效，只需 90 天，从头好到脚""同时治疗 80 多种疾病"等宣传用语，称能有效应对心脑血管疾病、糖尿病、腰椎病风湿骨病等多种疾病，聘请了本地多位慢性腰腿病患者、前列腺炎患者、中风患者、风湿患者做代言人推荐上述药品。

【调查履职】湘阴县人民检察院在履职中发现，该系列药品广告的播放违反了我国法律法规关于不得在广告中使用国家领导人形象，不得以专家、患者形象作疗效证明，不得以任何节目的形式发布，单条广告时长不得超过 1 分钟，广告播出内容不得与审核内容不一致等禁止性规定，存在严重损害公共利益的问题。湘阴县人民检察院立案审查后分别向县原食品药品工商质量监督管理局、县原文体广电新闻出版局发出诉前检察建议，建议县原食品药品工商质量监督管理局严格依法履行职责，责令停止发布广告，责令广告主在相应范围内消除影响，并处以罚款；对广告经营者、广告发布者没收广告费用，并处以罚款。建议县原文体广电新闻出版局责令县电视台停止播放违法广告，给予警告或并处罚款。

收到检察建议后，县原食品药品工商质量监督管理局、县原文体广电新闻出版局立即责令湘阴县电视台停播违法广告，湘阴县电视台于 2018 年 4 月 30 日停止播放此类广告。县原食品药品工商质量监督管理局对湘阴县电视台作出行政处罚，对广告主的行政违法行为立案查处。

【指导意义】①虚假医药广告不仅误导观众消费、严重欺骗消费，更有可能导致患者错过最佳治疗时间，同时对合格正规医药制品也起到恶意竞争和排挤作用。检察机关通过发挥公益诉讼监督职能，督促负有监督管理职责的行政机关依法履职，维护社会公共利益。②虚假医药广告多存在任意扩大产品适应症范围、绝对化夸大药品疗效等情形。本案中，检察机关通过发挥公益诉讼监督职能，督促负有监督管理职责的行政机关依法履职，有力整治了医药用品虚假宣传，有利于防止行政部门监管缺位现象的发生，维护了人民群众尤其是农村居民和老年人的生命健康和财产安全。

第十一节　追缴国有土地出让金行政公益诉讼案例

丹东依法追缴国有土地出让金行政公益诉讼案

【基本案情】2005 年 7 月，丹东俊达房地产开发有限公司（以下简称"俊达公司"）以 66 万元竞得北府花园地块。2013 年 8 月，丹东市城乡规划局调整该地块规划设计条件，将总用地面积由 40.48 万平方米调整为 32.24 万平方米，规划容积率由 1.24 调整为 1.96。因调整后实际建筑面积增加，经丹东市原国土资源局与俊达公司签订补充协议，约定需补缴土地出让金 2884.4 万元。2015 年 7 月 16 日，丹东市人民政府会议纪要明确同意俊达公司缓缴包括土地使用权出让金在内的各项费用。但直至 2018 年 1 月，俊达公司未依法缴纳出让金，丹东市原国土资源局也未依法收缴。

【督促履职】丹东市振兴区人民检察院于 2018 年 1 月 17 日向丹东市原国土资源局发出《检察建议书》，建议其向俊达公司追缴土地使用权出让金及违约金。丹东市原国土资源局收到《检察建议书》后，仅向俊达公司发出了《催缴通知书》，并以执行市人民政府会议纪要为由，没有采取其他有效措施。2018 年 11 月 7 日，振兴区人民检察院提起行政公益诉讼。庭审过程中双方争议的焦点主要在于如何理解和适用市人民政府会议纪要。本案的会议纪要是在补充协议约定的期限届满之后作出的，丹东市原国土资源局在期限届满前并未依规履职，属于违法。同时，根据国土资源主管部门有关规定，缓缴的最长期限为一年，但本案在补充协议签订后一年内，丹东市原国土资源局既没有作出相应的履职行为，也没有另外与俊达公司签订变更、补充协议，针对缓缴问题作进一步约定。

【法院审理】人民法院经审理后，依法当庭宣判，支持了检察机关的全部诉讼请求。收到判决书后，丹东市原国土资源局积极表达对检察机关行政公益诉讼的理解和支持，并表明会积极履行职责，争取早日将土地使用权出让金追缴到位。

【指导意义】①检察机关在公益诉讼工作中，对政府会议纪要的理解和适用，直接影响对行政机关是否全面正当履职的判断。②本案检察监督与司法审判相结合，产生了很好的效果。③行政机关在以政府会议纪要等地方性文件作为履职依据时，应当从依法的角度落实，在法律规定的范围内，依法、全面履行职责，在效力和层级上都不可突破国家法律法规、行业规章等的规定。

湖南诉前建议推动收缴土地出让金案

【案情简介】《湖南日报》报道，2016年10月、2017年4月、2017年11月，常德市金城房地产综合开发有限公司（以下简称"金城公司"）、常德金泽置业有限公司（以下简称"金泽公司"）、常德恒泽置业有限公司（以下简称"恒泽公司"）通过竞拍分别取得常德市城区690号等4个地块的土地使用权。三家公司未按合同约定缴清土地出让金，欠缴金额高达17亿余元。常德市原国土资源局虽多次催缴，但欠缴的巨额土地出让金一直未收回。

【督促履职】2018年6月，常德市人民检察院在审计报告中发现，常德市原国土资源局对金城公司、金泽公司、恒泽公司欠缴巨额土地出让金不依法履职，导致国家公共利益受损。经湖南省人民检察院批准，常德市人民检察院于当年7月12日对其立案审查。通过调取相关土地使用权出让合同和土地出让金缴纳凭证、国土部门履职台账，询问国土、规划、住建等部门相关工作人员、房产公司负责人，查明上述案件事实。2018年8月13日，常德市人民检察院向常德市原国土资源局发出诉前检察建议，建议积极履行法定职责，及时采取有效措施追缴三家公司欠缴的土地出让金。接到检察建议后，常德市原国土资源局采取催缴等有效措施，促使三家公司缴纳土地出让金9.7258亿元。因恒泽公司经多次追缴未能缴清所取得地块的土地出让金，被解除该地块土地使用权出让合同。常德市通过开展土地出让金专项清理活动，共收回土地出让金超过13亿元。

【案例分析】①常德市人民检察院向常德市原国土资源局提出《检察建议书》，在几个月时间内，催缴土地出让金13亿元，解决了一些房地产企业长期拖欠土地出让金的"老大难"问题。这充分显示出检察监督的有效性。②2019年10月10日上午，最高人民检察院召开新闻发布会，通报了一批公益诉讼典型案例。其中，金泽公司等欠缴土地出让金公益诉讼案入选。③本案充分证明，通过检察院推动公益性监督检察，能够取得司法、政府与社会多赢的效果。

第十二节　跨省倾倒废物刑事附带民事公益诉讼案例

李某等人跨省倾倒固体废物刑事附带民事公益诉讼案

【基本案情】2017 年 1 月，李某在无固体废物处置资质的情况下，成立某环保服务公司，与黄某、张某甲等人共同实施工业污泥的跨省非法转移和处置。2017 年 10 月中下旬，李某从江苏、浙江等 9 家企业收集工业污泥共计 2500 余吨，黄某通过联系运输船主高某、沈某、张某乙，先后两次将污泥运至安徽铜陵长江边，吴某、林某、朱某、查某联系浮吊老板潘某，将污泥直接倾倒于铜陵市江滨村江滩边，造成长江生态环境严重污染。经鉴定，倾倒的污泥等固体废物中含有重金属、石油溶剂等有毒、有害物质，倾倒区域的地表水、土壤和地下水环境介质均受到了不同程度的损害，造成包括应急监测、应急清运和应急处置等公私财产损失共计 790 余万元，生态环境修复费用约 310 余万元。此外，被告人李某、黄某、张某甲等人还涉嫌非法倾倒 4410 余吨工业污泥未遂。

【调查履职】案件发生后，检察机关提前介入此案，完善固定了长江生态环境受污染、破坏的证据。同时引导公安机关调查取证，有力证实了涉案企业主观上存在过错，客观上存在违法违规的行为。2018 年 7 月 16 日，芜湖市镜湖区检察院以被告人李某等 12 人犯污染环境罪向法院提起公诉，同时对上述被告人及 9 家源头企业提起了刑事附带民事公益诉讼，要求其共同赔偿因非法倾倒污泥造成环境污染所产生的应急处置、环境损害修复、鉴定评估费用等各项赔偿共计人民币 1302 万余元。2018 年 10 月 15 日，芜湖市镜湖区法院作出一审判决：以污染环境罪判处各被告人有期徒刑 1 年 6 个月至 6 年，并处罚金人民币 1 万元至 20 万元不等。判处涉案 9 家源头企业与各被告人在各自非法处置污泥的数量范围内承担相应的环境侵权损害赔偿责任，并在省级媒体上向社会公开赔礼道歉。目前，涉案 9 家企业的 1302 万元赔偿金已经全部支付到位。

【指导意义】①当前长江沿线破坏生态环境类型多样，跨省市倾倒固体废物案件时有发生，行为手段隐蔽，危害后果严重。在长江流域生态环境保护中，通过刑事附带民事公益诉讼的提起，综合发挥刑事、民事、行政检察和公益诉讼多元职能作用，既依法严惩了危害长江生态环境犯罪，又充分履行了公益诉讼职能，加强了长江生态环境公益保护，同时通过责令涉事企业和个人承担环境损害赔偿金，为生态修复提供了保障。②加强长江流域生态环境保护是检察机关依法全面履行法律监督职能的必然要求，也是检察工作服务和保障打赢污染防治攻坚战的重要内容。③通过检察监督，实现了惩治犯罪、修复生态、纠正违法与源头治理、维护公益与促进发展的统一。

第十三节 行政公诉诉前程序案例

绵阳市涪城区追缴被骗医疗保险基金公益诉讼案

【基本案情】2015 年至 2016 年，绵阳佰信医院、绵阳天城医院负责人分别组织医务人员采取开具"阴阳处方"等非法手段向绵阳市医疗保险管理局进行报销，共计骗取医疗保险基金人民币 3115 余万元。相关行政机关未对涉案医院和涉案医务人员作行政处理，也未责令医院退回被骗取的医疗保险基金，国家利益和社会公共利益持续受损。

【督促履职】本案线索由四川省绵阳市涪城区人民检察院审查起诉部门在办理刑事案件过程中发现并移送。2017 年 12 月 19 日，涪城区人民检察院成立以检察长为组长的骗取医疗保险基金系列公益诉讼专案组。经调查核实：绵阳佰信医院、绵阳天城医院组织医务人员采取开具"阴阳处方"、用药"偷梁换柱"等手段，共计骗取医疗保险基金人民币 3115 余万元，涉案医院法定代表人和相关责任人虽被刑事追责，被骗的医保"救命钱"却一直未被追回，参与造假的医务人员达 42 人，且一直未受到相应行政处罚，绵阳佰信医院部分医务人员仍在其他医院执业，绵阳佰信医院门诊部、绵阳天城医院口腔门诊仍在继续营业。

2017 年 12 月 26 日，涪城区人民检察院依法向绵阳市人力资源和社会保障局、绵阳市原卫生和计划生育委员会、绵阳市涪城区原卫生和计划生育局发出诉前检察建议书。建议绵阳市原卫生和计划生育委员会、绵阳市涪城区原卫生和计划生育局分别对两家涉案医院和涉案医务人员依法予以行政处罚；建议绵阳市人力资源和社会保障局责令两家涉案医院退回被骗的医疗保险基金，并依法予以行政处罚；建议三家行政机关加强对医疗机构、执业医务人员的监督管理，对全市医疗机构和医务人员的执业情况开展专项监督检查。

绵阳市原卫生和计划生育委员会、绵阳市涪城区原卫生和计划生育局对两家涉案医院和42名涉案医务人员进行立案调查，对12名医务人员责令整改或予以警告，26名医师被吊销执业证书或暂停一年执业。卫计部门在全市范围内开展了医疗机构和医务人员专项监督检查和教育培训。绵阳市人力资源和社会保障局聘请四川省人力资源与社会保障厅专家指导办案；2018年3月12日依法作出《行政处理决定书》和《行政处罚决定书》，追缴被骗医疗保险基金人民币3115余万元，并对两家涉案医院分别处以人民币8102余万元和人民币2178余万元的罚款。

【案例意义】①医疗保险基金既是国有财产，也事关人民群众用药安全。本案的成功办理，挽回了国家的巨额损失，维护了绵阳市民"看病的钱袋子"，并通过检察监督推动了行政职能的协调联动，进行了医疗行业和医保制度管理大整顿，有效遏制了"骗医疗保险基金"的乱象，具有良好的法律效果和社会效果。②涪城区人民检察院从医院管理、医务工作人员职业规范、医疗保险基金报销等不同维度深挖医疗保险基金管理漏洞，提出具有针对性的诉前检察建议，促使行政机关追缴被骗医疗保险基金，追究相关人员行政法律责任，采取专项督查、教育培训等措施整改和防范，进一步扩大监督效应，充分体现出检察公益诉讼"办理一案、治理一片、影响一面"的特殊功能和价值追求。

羊头崖烈士纪念设施疏于管理公益诉讼案

【基本案情】寿阳县羊头崖烈士纪念塔塔体杂草丛生，其附属设施周边垃圾随意堆放，纪念展馆内设有棋牌娱乐室等。该纪念塔系寿阳县政府于1946年为纪念在抗日战争中牺牲的烈士所建，2014年7月，县政府将其列为红色革命教育基地。寿阳县退役军人事务局作为主管行政机关却未对纪念设施尽到维护、修缮、严格管理职责，使本应庄严、肃穆、激励奋进的场所变得荒芜和极不严肃，严重影响了群众对英雄烈士的崇拜和瞻仰，英雄主义和爱国主义精神教育受到损害。

【督促履职】2019 年 4 月初，晋中市寿阳县人民检察院在山西省人民检察院和石家庄军事检察院联合开展的英雄烈士纪念设施调查摸底专项行动中发现该线索。英烈纪念设施是军地检察机关都负有责任保护的公益领域，寿阳县人民检察院在省、市检察院的指导和支持下，及时向石家庄军事检察院移送了案件线索，经双方研究讨论案情，于 4 月 11 日联合向寿阳县退役军人事务局发出了诉前检察建议，共同督促其依法履行监管职责并对在纪念设施内开设棋牌娱乐室等违法情形依法作出处理，确保国家和社会公益不受侵害。寿阳县退役军人事务局收到军地联合诉前检察建议后，责成分管副局长担任专门整治小组组长，调集人力、财力限期整改，高标准、高效率地完成了整改任务，按时向寿阳县人民检察院和石家庄军事检察院进行了书面答复并邀请军地检察机关对整改情况进行了现场查看。

【案例意义】①近年来，全国检察机关把英烈保护作为检察公益诉讼的一项重要内容持续发力，江苏、湖北、内蒙古、辽宁、河北等地纷纷开展烈士纪念设施专项监督活动。本案的成功办理，是全国检察机关办理英烈保护类公益诉讼案件的一个缩影，是以实际行动贯彻落实《英雄烈士保护法》《烈士纪念设施保护管理办法》的司法举措，有效维护了国家利益和社会公共利益。②军地检察机关联合办案，检察机关与行政机关共同保护英烈权益，既创新了办案模式，又形成了军地保护、全民保护公益的合力，有力地推动了全社会共同捍卫英雄荣光的良好风气，从而实现了"三个效果"的有机统一。③案件办理后，军地检察机关和相关行政机关召开了座谈会，分享了办案成果，形成了共赢理念。

第十四节　民事公益诉讼案例

霍某侵害凉山烈士名誉权、荣誉权案

【案情简介】2019 年 3 月 31 日下午，在四川省凉山州发生森林火灾，因风力风向突变，突发林火爆燃，27 名森林消防指战员和 3 名地方扑火队员在扑火行动中壮烈牺牲。4 月 2 日，国家应急管理部、四川省人民政府批准 30 名同志为烈士。社会各界对凉山烈士的牺牲纷纷表示哀悼。当日，霍某在其微信朋友圈中对凉山烈士救火牺牲一事公然发表带有侮辱性的不当言论，诋毁凉山烈士的品德和形象，引起众多网友的极大愤慨，造成了恶劣的社会影响，严重损害了社会公共利益。2019 年 7 月 31 日，保定市人民检察院依法履行民事公益诉讼诉前程序，在媒体上发布公告，告知四川省凉山州 30 名救火英雄的亲属可以就霍某发表侮辱烈士言论的行为提起民事诉讼，公告期限届满，30 名救火英雄的亲属未提起民事诉讼。8 月 30 日，保定市人民检察院依法向保定市中级人民法院提起民事公益诉讼。9 月 24 日，保定市中级人民法院公开开庭审理本案并当庭宣判，支持了检察机关的诉讼请求。霍某当庭表示不上诉，并当众宣读致歉信，对自己发表侮辱性言论的违法行为深感后悔，希望得到英雄烈士的亲属及广大社会公众的原谅。9 月 26 日，霍某在《检察日报》上刊发致歉信，向凉山烈士的亲属以及全社会致歉。

【案例点评】①2019 年 10 月 10 日，最高人民检察院召开"坚持以人民为中心 全面推进公益诉讼检察工作"新闻发布会，介绍 2017 年 7 月以来检察机关发起的公益诉讼工作情况，并发布典型案例。河北省保定市人民检察院诉霍某侵害凉山烈士名誉权、荣誉权民事公益诉讼案被写入典型案例。②对通过互联网损害英雄烈士名誉权、荣誉权的行为提起检察公益诉讼，本案只是其中的一个典型代表。据悉，江苏、浙江、福建、云南、陕西、海南等地检察机关也先后提起多起民事公益诉讼。③运用检察公益诉讼手段依法捍卫英雄烈士的名誉，彰显了人民检察机关的鲜明司法价值导向，对于传承和弘扬英雄烈士精神，维护社会公众对英雄烈士的情感，匡正社会公序良俗，弘扬社会主义核心价值观，具有重要意义。

第十一章 CHAPTER 11

知识产权（民事、刑事）案例

第一节　商标侵权案例

侵害九牧王商标权及不正当竞争纠纷案

【案情介绍】原告九牧王股份有限公司（以下简称"九牧王公司"）系"九牧王"系列商标的权利人。该系列商标经九牧王公司长期使用及推广，在服装行业已经具有极高的知名度和美誉度，并被认定为驰名商标。被告上海凯撒皇实业有限公司（以下简称"凯撒皇公司"）在其生产的被诉侵权的服装产品及包装袋上标注了"MUWANG 牧王"标识，在塑料挂件上使用了"牧王"文字标识，在被诉侵权产品合格证上标注了"品牌：牧王"字样。上海紫敬贸易有限公司则在其天猫商城的"牧王旗舰店"的网页页面中使用了"牧王（MU WANG）：一家主打性价比好货的男装"等标识。九牧王公司认为，两公司的行为构成侵害权利商标的注册商标专用权，还构成不正当竞争。池某隆作为凯撒皇公司的法定代表人应一并承担侵权责任。

【法院审理】泉州市中级人民法院一审认为，被告两公司在被诉侵权产品上使用的标识与原告商标高度近似，易造成消费者混淆误认，构成商标侵权，遂判决三被告停止侵权，赔偿原告经济损失 100 万元。原被告双方均不服一审判决，向福建省高级人民法院提起上诉。二审法院经审理在一审认定侵权事实的基础上，认为被告在服装挂件及合格证中使用"牧王"标识的行为亦构成商标侵权。另外，鉴于被告的侵权收益较大，且存在恶意模仿他人知名商标进行大量不当注册的情节，二审判决将赔偿额改判为 200 万元。

【案例评析】①本案原告的商标为"九牧王"，主要使用商品范围是服装、纺织品，被告在服装产品上也拥有"牧王"图文商标，并且刻意突出与"九牧王"商标近似的"牧王"文字。根据《商标法》的规定，在商标注册审核时，近似图案和文字相同的均不可注册。"九牧王"采用 3 个字的文字和拼音商标，侵权者采用"牧王" 2 个字，根据《商标法》相关审核规定，根本无法核准注册。②侵权者采用"牧王" 2 个汉字和拼音，足以构成近似商标，让消费者混同互认，明显有搭便车的目的，客观上也造成了消费者的混淆误认，从而达到为自己谋取不当利益的目的。本案二审在依法纠正一审认定事实的基础上对赔偿额进行大幅提高，主要是考虑到根据原告提供的证据，可以证明被告生产、销售侵权产品的金额较大。被告还存在恶意模仿他人商标进行不当注册或者在生产销售过程中直接实施商标侵权行为的情况，攀附他人商誉，进行恶意侵权的主观故意较为明显。结合九牧王公司涉案商标的高知名度，一审判决赔偿经济损失 100 万元偏低，并不足以弥补商标权利人因侵权所受的损失，亦未能对被告所实施的恶意侵权行为给予足够的制裁。故将赔偿额提高到 200 万元。该案的处理对依法保护商标权利人的合法权益，支持品牌建设，引导正确的竞争观念起到了示范作用。巨额赔偿对恶意侵权行为予以有力惩戒，彰显了国家对知识产权实行严格保护的态度，为创造良好的营商环境起到了积极的保障作用。该案同时被评为 2019 年度"福建省法院十大典型案件"。

曹某假冒注册商标案

【案情简介】2015 年 7 月至 11 月期间，曹某在未经 E 公司授权的情况下，使用假冒的 E 公司官方网站进行虚假宣传，接受网络订单，并定制印有 E 公司注册商标标识的包装盒、数据线，将无品牌儿童电话手表包装在其定制的包装盒后邮寄至全国各地销售。销售金额共计人民币 10 万余元，查获尚未销售的手表、包装盒等物品折合人民币共计 1.9 万余元。

【司法追究】江阴市人民检察院在办理该案的过程中发现，曹某改变 E 公司注册商标字体，有"近似商标"的可能。在两次退回补充侦查，就注册商标等式样进行补证后，江阴市人民检察院审查认为，该案中曹某未改变商标的实质内容，仅改变了商标的外在表现形态，可以认定为"视觉上基本无差别、足以对公众产生误导"的"相同商标"，依法应当认定构成假冒注册商标罪。2017 年 12 月 14 日，江阴市人民检察院以假冒注册商标罪依法对曹某提起公诉。2018 年 4 月 8 日，法院以假冒注册商标罪，判处曹某有期徒刑 9 个月，缓刑 1 年。

【案例点评】①与此案同类的案件大多属于民事诉讼案件，而江阴市人民检察院将其作为公益案件提起公诉，是本案值得关注的一个点。②对曹某改变 E 公司注册商标字体，有"近似商标"的可能，进而推断认定为"视觉上基本无差别、足以对公众产生误导"的"相同商标"。这样的认定模式可以供法学研究者和律师深入研讨其法理上的价值与司法判决实践中的意义。

鼎鼎油脂公司假冒注册商标案

【案情简介】2007 年 11 月，被告人宗某贵、黄某安共同出资成立郑州鼎鼎油脂公司，自 2008 年 8 月至 2011 年 9 月 4 日期间，雇用多名工人在其公司内生产假冒"金龙鱼""鲁花"注册商标的食用油并销售，同时将购进的非法制造的"金龙鱼""鲁花"注册商标标识对外销售。鼎鼎油脂公司建立了一个庞大且牢固的销售体系，公司客户经理会联系下线经销商，形成点对点的关系，长期合作，经销商买油时，被"明确告知食用油是假冒的"。法院审理查明，宗某贵、黄某安等人自 2009 年 11 月至 2011 年 9 月间通过销售假冒名牌食用油，获取的非法经营数额达 1924.9 万余元。其中，已销售数额 1921.3 万余元，尚未销售的假冒食用油价值 3.664 万元。

【法院审理】2013 年 4 月 9 日，郑州市中级人民法院作出一审判决。法院认为，宗某贵、黄某安等人的行为构成假冒注册商标罪，且系主犯。此外，宗某贵、黄某安等人销售伪造的注册商标标识，情节特别严重，其行为已构成销售非法制造的注册商标标识罪。法院数罪并罚，判处宗某贵有期徒刑 12 年 6 个月，并处罚金 1050 万元；判处黄某安有期徒刑 11 年 6 个月，并处罚金 1050 万元。其余 26 人因犯假冒注册商标罪、销售非法制造的注册商标标识罪、销售假冒注册商标的商品罪，分别被判拘役至有期徒刑 8 年不等。此案 28 名被告人在被判处有期徒刑的同时均被判处罚金，罚金总额高达 2704 万元。一审宣判后，20 名被告人提起上诉。河南省高级人民法院裁定驳回上诉，维持原判。

【案例点评】①企业家制假售假，如果涉及食品安全，那么造成的社会危害就更大。本案涉案人员众多，包括宗某贵、黄某安等企业负责人在内的28名被告人被提起公诉。②本案需要关注的一个地方是对于制假售假犯罪财产刑的适用极其严厉，本案罚金总额高达2704万元，远高于2009年11月至2011年9月企业通过销售假冒名牌食用油获取的非法经营数额1924.9万余元。对制假售假者处以严苛的财产刑，增加制假售假企业的成本，使企业家在权衡成本与收益时，不仅不敢制假售假，而且不愿制假售假。③通过本判例，向社会大众传递一个重要的信息，那就是知识产权具有极高的经济价值，不要轻易侵犯，否则违法者有可能倾家荡产。

"避风港"原则不是互联网侵权免责的"万金油"

【案情介绍】大悦城公司是注册于北京的知名房地产公司。JH公司是注册于福建省莆田市的企业。2019年4月，JH公司取得了商品房预售许可证，住房和城乡建设局核准的名称为"莆田JH广场"。但JH公司在楼盘销售中却使用"大悦城""荣华·大悦城""荣华大悦城""荣华–大悦城"等字样，在其售楼处、施工现场围挡、广告招牌、宣传单、沙盘模型、户型图等营销资料、销售人员名片等多处进行宣传。JH公司还通过CS公司经营的"917房产网"发布"荣华·大悦城"楼盘信息。楼盘首页有咨询电话和"敬请致电售楼处咨询楼盘详情，917将会对您的号码加密，售楼处无法查看您的号码"字样。楼盘详情页有"917房产服务、免费专车全程接送、金牌置业顾问服务、预约看房"字样，并注明"联系时，请告知在917房产网上看到，谢谢"字样。楼盘户型图、楼盘动态、楼盘资讯等宣传资料中多处使用"大悦城""荣华大悦城"或"荣华·大悦城"字样。2019年7月，大悦城公司将JH公司和CS公司告上法庭。

【审理过程】大悦城公司认为，JH公司的行为极易使公众误认为涉案房地产项目和服务是其开发和提供的，其明显具有攀附原告"大悦城"等商标声誉的主观故意，侵犯了原告的注册商标专用权。CS公司是专业从事房产交易网络服务平台的经营者，未尽到合理的审查义务，在其经营的"917房产网"上宣传推广涉案楼盘，并为JH公司的销售行为提供电话转接服务，构成帮助侵权。诉请判令两被告立即停止侵权行为；JH公司赔偿原告经济损失300万元，CS公司对其中的50万元承担连带责任。

　　JH 公司辩称，原告三年内未使用"大悦城"商标，且仅使用"荣华大悦城"对楼盘进行宣传推广，未直接使用"大悦城"商标，未与"大悦城"构成商标近似，且其未与相关互联网公司合作推广，故不构成侵权，无须承担民事责任。CS 公司辩称，作为平台方，其没有与 JH 公司合作推广楼盘，仅做信息传达。按照业内新楼盘建盘的业务流程，其只对案涉楼盘备案的合法性进行审查，对开发商提供的推广案名不具有审查的条件和要求，已尽了合理审查义务。此外，JH 公司应诉前并未通知 CS 公司删除案涉楼盘链接，CS 公司自 2019 年 10 月初接到 JH 公司发出的下线楼盘资料的通知后已修改链接中的楼盘名称，不构成侵权，不应承担连带责任，无须赔偿，对其应当适用"避风港"原则。

　　【案例点评】①此案诉争的焦点在于 CS 公司的行为是否侵害了原告的注册商标专用权，应否承担连带赔偿责任，如果侵权成立应当如何确定各被告的法律责任。②主观上，CS 公司作为"917 房产网"的经营主体，有能力、有条件知道案涉商标的影响，应尽到合理的审查义务，核查信息提供、发布主体的资质、发布信息内容的真实性、合法性等。CS 公司并未提交相应证据证明其尽到了上述审查义务，存在过错。此外，CS 公司有帮助侵权的故意。其收到原告的起诉状后不及时删除被诉侵权网页，甚至接到 JH 公司要求更改推广案名的通知后，也仍未彻底删除相关被诉楼盘信息，页面上相关图片及宣传内容中仍大量使用"大悦城"标识。③客观上，不同于一般网络服务提供商，CS 公司为 JH 公司销售案涉侵权楼盘提供了便利条件。其网页内容除了帮助 JH 公司进行涉案楼盘的推广宣传外，还为 JH 公司提供电话转机服务，根据用户申请为消费者提供免费专车全程接送、金牌置业顾问、预约看房服务，还特别提示消费者拨打转机电话，要告知售楼处是从"917 房产网"上获知信息的。由此可以推断 CS 公司已经超越了一般网络服务提供商的作为，实质从事了居间服务，为 JH 公司侵犯大悦城公司商标专用权提供了便利条件。④"避风港"原则是指在发生著作权侵权案件时，鉴于 ISP（网络服务提供商）只提供空间服务，并不制作网页内容，如果 ISP 被告知侵权，则有删除的义务，否则就被视为侵权。如果侵权内容既不在 ISP 的服务器上存储，又没有被告知哪些内容应该删除，则 ISP 不承担侵权责任。后来"避风港"原则也被应用在搜索引擎、网络存储、在线图书馆等方面。《信息网络传播权保护条例》第 23 条、《民法典》第 1197 条、《电子商务法》第 45 条都规定了

"避风港"原则的例外条款，即当网络服务提供者或者电子商务平台经营者知道或者应当知道网络用户利用其网络服务侵害他人民事权益而未采取必要措施的，与该网络用户承担连带责任。CS 公司是专业提供房地产信息的平台经营主体，所涉"大悦城"商标在房地产领域具有较高知名度，CS 公司在其网站发布相关信息时应当审核 JH 公司是否取得了权利人大悦城公司的授权，其辩称的履行了应尽的注意义务不成立。⑤本案中，CS 公司不仅在线上发布楼盘信息，而且还提供一揽子服务。确定平台经营者这一行为的法律属性时，应统筹考虑平台经营者所有的服务内容，以实质大于形式的原则合理确定其行为属性，进而界定其权利义务关系。CS 公司的服务内容已经超越了一般网络服务提供商的作为，实质从事了居间服务，为 JH 公司侵权提供了便利，其适用"避风港"原则的辩解不能成立。综上，CS 公司应当就其参与的涉案楼盘共同销售行为承担连带责任。

第二节　专利侵权案例

鹤山银雨专利侵权系列案

【案件介绍】 原告鹤山银雨灯饰有限公司是一种"新型彩色美耐灯"实用新型专利独占实施许可的被许可人。自 2001 年以来，原告发现被告东莞市某企业有限公司在没有得到专利权人及原告的许可的情况下，擅自以生产、销售、出口等方式实施原告合法拥有的上述专利技术，严重冲击了原告上述专利产品的国外市场，给原告造成较大的经济损失，故依法向广州市中级人民法院提起诉讼。

【审理过程】 法院经审理认为，原告的合法权益受法律保护，被告未能就其主张的本案专利技术是公知技术及缺乏专利性提交足够证据，被告的行为构成侵权。判决被告立即停止侵权并销毁侵权产品，赔偿原告损失人民币200 000 元。此外，原告就"一种新型装饰灯灯头"实用新型专利及"一种五角星形装饰灯灯头""一种心形装饰灯灯头""装饰灯灯头（钻石形）"外观设计专利诉被告深圳某灯饰有限公司侵权案，经深圳市中级人民法院一审，判决被告立即停止侵权，销毁生产侵权产品模具，四案共赔偿原告损失人民币 602 480 元，被告不服一审判决向广东省高级人民法院提起上诉，经广东省高级人民法院二审作出维持原判的终审判决。

【案例点评】①鹤山银雨灯饰有限公司在研发专利产品的同时，已经预备好对产品从结构到外观进行专利保护的方案，堵住了侵权漏洞，使侵权者无机可乘。企业筑起了一道知识产权保护的钢铁城墙，取得了市场竞争的主动权。②公司自上而下的知识产权维权意识较强，高度重视依法维护企业知识产权，敢于拿起法律武器对侵权者进行及时、精准的反击，不仅获得了应得的经济赔偿，还可将此作为案例传播，提升企业美誉度。③公司一旦受到侵害，可以制定一套适当的法律应对策略，第一时间取证，然后到法院起诉，利用法律武器维护企业合法权益。

"小型摩托车" 外观设计专利侵权纠纷案

【案情简介】请求人本田技研工业株式会社于 2014 年 9 月 5 日向国家知识产权局提出了名称为"摩托车（小型）"的外观设计专利申请，2015 年 2 月 25 日获得授权，专利号为 ZL201430329219.7。该专利权在请求人提起侵权纠纷处理请求时合法有效。请求人认为被请求人上海某公司未经其许可，为生产经营目的制造、许诺销售、销售涉案产品侵犯了其涉案外观设计专利权，遂向上海市知识产权局提出专利侵权纠纷处理请求。

【审理结果】案件处理中，上海市知识产权局查明被请求人于 2016 年 5 月 12 日在某杂志刊登了"HL100T-5A"型号摩托车广告，该广告分别从摩托车的左侧面和右侧面展示了该车外形，页面上标注了被请求人的文字商标、图形商标标识和企业名称。请求人于 2016 年 11 月 10 日向广州公证处提出保全证据申请，公证购买了"HL100T-5A"型号摩托车一辆，并当场取得《机动车销售统一发票》（三联）、该店铺销售人员名片一张。广州公证处出具了相关公证书。被请求人对上述查明事实均予以承认，但辩称该摩托车涉及外观的配件均是向其他公司采购的产品，其仅是组装后再销售，属于合理使用范畴，不应承担侵权责任。

上海市知识产权局经审查认为，被控侵权产品上及杂志广告中标明的内容均清晰明了地指向被请求人，无论该产品的配件是自行生产或向第三方采购，均应当认定被请求人是被控侵权产品的制造商。经整体观察、综合判断，认定其侵犯了请求人的合法权益，应当停止侵权行为。上海市知识产权局依法作出如下处理决定：被请求人立即停止制造、许诺销售、销售被控侵权产品的行为。

【案例分析】本案中，上海市知识产权局对外国专利权人提起的侵权纠纷处理请求，依法进行勘验，主动调查涉案产品的配件来源，便于权利人维权，切实维护了当事人的合法权益，体现了我国知识产权执法部门对国内外专利权人一视同仁、平等对待，积极树立了我国严格知识产权保护的良好国际形象。

明可达产品外观侵权案

【案情介绍】原告鹤山市明可达实业有限公司是专利号为 ZL96325225.9、ZL96325218.6 外观设计专利的专利权人，其生产的台灯系列专利产品因外观设计新颖、品质优良而深受广大消费者喜爱，产品远销世界各地。被告中山市古镇某灯饰电器厂未经专利权人同意，为生产、经营目的擅自制造、销售与原告上述外观设计专利产品相近似的产品，侵犯了原告的专利权。被告辩称其是从中山市古镇某配件厂购买配件回厂组装台灯，故不构成侵权，无须承担赔偿责任。

【法院审理】经广州市中级人民法院审理认为，被告的辩解证据不足，其行为构成侵权，应承担赔偿责任。判决被告立即停止生产、销售侵权产品，销毁其库存侵权产品；一次性赔偿原告损失人民币 9 万元。此后，原告鹤山市明可达实业有限公司又对广州市番禺某灯饰厂侵犯其专利号为 ZL01333170.1 外观设计专利权向广州市中级人民法院提起诉讼，后经原被告庭外和解结案，原告获赔人民币 5 万元。

【案例点评】①本案属于专利近似性侵权，赔偿金额偏低，估计法院主要考虑被侵权人造成的损失不大，所以庭外和解结案，原告获赔人民币 5 万元。②值得注意的是，市场经济发展到今天，新产品、新设计、新工艺等已经成为企业市场竞争的高端利器，那些靠抄袭、模仿的低端做法必定会受到法律的制约，做不大，做不强，也做不久。③企业在开发新专利产品后至投放市场这段时间的保密工作尤为重要，以防自己的成果被人抢先申请了专利或影响到自己专利的新颖性而得不到保护。

第三节 商业秘密案例

中国医药行业商业间谍案

【案情简介】1999 年开始，4 名华某制药集团旗下的维某康药业"卧底"分布在江苏某山制药企业的 4 个生产车间，分别对应 VC 生产过程中提取、发酵、转化等 4 道工序。直到 2001 年 5、6 月份，江山制药才初步察觉到技术失窃事件的存在。

【法院判决】江苏警方后逮捕了唐某海、毛某雷等 5 人，另外在网上通缉了其他两位维某康方面的人士，但至今未能抓获。正是窃密使维某康企业的生产工艺迅速赶上了江苏某山制药企业。

【案例点评】①根据《刑法》的规定，侵犯商业秘密罪，是指以盗窃、贿赂、欺诈、胁迫或者其他不正当手段获取权利人的商业秘密，或者非法披露、使用或者允许他人使用其所掌握的或获取的商业秘密，给商业秘密的权利人造成重大损失的行为。②侵犯商业秘密罪的客体既包括国家对商业秘密的管理制度，又包括商业秘密的权利人享有的合法权利。犯罪主体是一般主体，既包括自然人，也包括单位。违反法律规定侵犯商业秘密的，监督检查部门应当责令停止违法行为，可以根据情节处以 10 000 元以上 200 000 元以下的罚款。③本案中，涉及侵犯商业秘密罪的单位是华某制药集团旗下的维某康药业，依法对该犯罪企业处以罚金；犯罪嫌疑人唐某海、毛某雷等 5 人被追究刑事责任。

"一得阁" 商业秘密保卫战

【案情简介】2003 年 7 月，北京市第一中级人民法院受理了北京一得阁工贸中心（以下简称"一得阁中心"）诉被告北京某文化艺术有限公司、高某侵犯商业秘密纠纷一案。

【法院审理】北京市第一中级人民法院审理认定，一得阁中心的四种墨汁配方已符合商业秘密的构成要件，应作为商业秘密依法受到保护；被告高某违背了保守原告一得阁中心商业秘密的义务，披露了其掌握的一得阁中心的墨汁配方；被告北京某文化艺术有限公司非法使用了高某披露的墨汁配方，侵犯了原告的商业秘密，应当承担停止侵害、赔偿损失的民事责任。北京市第一中级人民法院一审判决，被告停止生产、销售墨汁产品并将其库存的墨汁产品交法院予以销毁；北京某文化艺术有限公司和高某共同赔偿原告一得阁中心经济损失3万元。

【案例点评】①侵犯商业秘密案有个特征，那就是只有懂得其独特生产工艺和技术的人才会发现此类犯罪，普通消费者和市场监管执法者都很难识别，所以此类犯罪需要受害单位或者个人依法利用法律工具维权。②对墨汁、医药配方、食品配方等掌握一线生产工艺和保密技术的工程师和关键员工，签订劳动合同时要特别强调竞业限制和保守商业秘密条款，做到内部防控严密而有效。③企业辞退掌握一线生产工艺和保密技术的工程师和关键员工要给予金钱补偿，这样可以确保他们严格执行保密约定和义务。

历时21年的商业秘密案判赔8800万元

【案情介绍】2020年夏天，陕西省高级人民法院审结一起1999年侦查立案的商业秘密（生产钢铝塑设备F66型分切机）案件，法院裁定被告单位瑜纲电缆公司停止使用原告陕西秦邦公司拥有知识产权的分切机。

【法院判决】被告构成侵犯商业秘密罪，被判处罚金3100万元；被告人和两被告单位共同赔偿附带民事诉讼原告人经济损失5700万，合计8800万元。该案件历时长达21年，经历西安市中级人民法院、陕西省高级人民法院4次审理，陕西省高级人民法院最终在2020年6月作出［2013］陕刑二终字第00117号二审裁定，维持一审判决。

【案例启示】①知识产权侵权案和其他案件有一个相似之处，那就是跨区审理过程中有可能会出现"地方保护"问题，可能通过人情关系拖延办案时间或者减轻对当地侵权主体的判罚力度。②陈年旧案有一个共同特点是，取证和保存证据都比较困难。③跨区案件判决后，时常会遭遇执行困难。

第四节　计算机软件案例

热控辅助设计软件纠纷案

【案情介绍】自 2002 年至 2006 年 3 月期间，陈某江一直在上海鸥莲信息技术有限公司（以下简称"鸥莲公司"）技术部任经理一职。在任职期间，陈某江负责完成鸥莲热控辅助设计软件的开发，鸥莲公司于 2004 年 4 月 29 日进行著作权登记，并取得登记号为 2004SR03817 的著作权登记证书。2006 年 3 月 1 日，北京中机创杰自动化工程有限公司（以下简称"中机创杰公司"）完成中机创杰仪表设计管理软件 V1.0 的开发，于 2006 年 5 月 17 日在国家版权局进行著作权登记，登记号为 2006SR06140。此软件价值不菲，每套软件的市场售价在人民币 20 万元以上。2006 年 2 月，鸥莲公司与陈某江发生劳动争议。2006 年 4 月，鸥莲公司以进行工作交接为由，强行扣押陈某江的工作手提电脑，双方矛盾激化。在和鸥莲公司发生争议期间，陈某江和中机创杰公司有所接触，并受中机创杰公司委托为内蒙古电力勘测设计院等单位试用 INPower2000 软件提供相应的咨询服务。2006 年 6 月，鸥莲公司以中机创杰公司的 INPower2000 软件对鸥莲公司的 ELDesign1.0 软件构成侵权为由，委托律师向北京市海淀区人民法院起诉中机创杰公司和陈某江。

【法院审理】鸥莲公司向北京市海淀区人民法院诉称，自 2002 年至 2006 年 4 月，陈某江一直在公司担任技术部经理，任职期间负责开发出 ELDesign1.0 软件，鸥莲公司是 ELDesign1.0 软件的著作权人，并在国家版权局登记，登记号分别为 2004SR03817。2006 年 4 月，鸥莲公司了解到陈某江有与他人共同侵犯鸥莲公司软件著作权及商业秘密的行为，遂与陈某江交涉并扣留其办公手提电脑。

经对陈某江办公电脑的检查，鸥莲公司发现其电脑中存有被命名为 INPower2005 的软件版本。陈某江的办公电脑显示，从 2005 年开始，陈某江就开始利用鸥莲公司提供的工作条件以及掌握鸥莲公司技术秘密和客户资源的职务便利，同中机创杰公司将鸥莲公司的 ELDesign1.0 软件加以修改更名为 INPower2000V1.0 软件，由中机创杰公司向国家版权局进行登记，登记号为 2006SR06140。经过对比，登记在中机创杰公司名下 INPower2000V1.0 软件与陈某江工作电脑中的 INPower2005 软件基本相同。INPower2005 软件是陈某江在鸥莲公司任职期间对 ELDesign1.0 软件进行升级所形成的职务作品，其版权属于鸥莲公司所有。陈某江在任职期间擅自代表中机创杰公司为内蒙古电力勘测设计院和北京博奇科技有限公司等单位试用 INPower2000 软件提供技术服务，上述单位均属鸥莲公司的客户资源，现已购买或准备购买 INPower2000。

鸥莲公司认为中机创杰公司和陈某江的行为是共同侵权，侵犯了其对 EL-Design1.0 软件的著作权，请求法院确认中机创杰公司登记的 INPower2000 软件对鸥莲公司的 ELDesign1.0 软件构成侵权；判令中机创杰公司及陈某江立即停止销售和许可他人试用或使用侵权软件 INPower2000 等行为；判令中机创杰公司及陈某江在侵权影响范围内向客户书面说明侵权事实并消除影响；判令中机创杰公司及陈某江连带赔偿鸥莲公司经济损失 30 万元。

中机创杰公司及陈某江辩称，鸥莲公司的侵权指控与事实不符，INPower2000 软件由中机创杰公司独立开发完成，中机创杰公司依法对该软件享有著作权。INPower2000 软件与陈某江无关，更与鸥莲公司无关。不存在侵权事实，请求法院驳回鸥莲公司的诉讼请求。

（1）法院先行裁定对被告中机创杰公司的涉案软件进行证据保全。起诉状送达中机创杰公司及陈某江之前，应鸥莲公司的申请，北京市海淀区人民法院出具两份裁定，裁定对内蒙古电力勘测设计院和北京博奇科技有限公司从中机创杰公司取得并使用的软件 INPower2000 及相关资料、数据和信息进行查封、扣押或复制，实施证据保全。2006 年 8 月 31 日，海淀区人民法院向被告中机创杰公司及陈某江同时送达应诉通知书、民事起诉状、限期举证通知书及上述证据保全裁定书。法院在举证通知书中限令中机创杰公司 3 日内提供 INPower2000 的源程序和目标程序。中机创杰公司如期提供。中机创杰公司处于极为被动的诉讼境地，形势十分严峻。

（2）法院主持第一次庭前谈话，组织双方当事人进行证据交换。2006 年 9 月 25 日，法院组织双方进行证据交换，双方律师均到场。这也是双方律师的第一次正面接触。原告鸥莲公司确认，其遭受侵权的软件是 2004 年 4 月 29 日进行版权登记的 ELDesign1.0，并已提交给法院，中机创杰公司的侵权软件是 INPower2000。法院提出对软件进行委托鉴定，双方均表示同意，根据"谁主张，谁举证"的原则，由鸥莲公司向法院提出鉴定申请。法院要求鸥莲公司 3 日内提交涉案软件著作权登记的全部材料，要求中机创杰公司 3 日内提交涉案软件著作权登记的全部材料。此次证据交换程序进展顺利，双方未发生直接对抗。

（3）法院主持第二次庭前谈话，原被告双方就软件鉴定事宜陈述意见。2006 年 10 月 27 日，原被告双方的律师再次聚至法院，在主审法官主持下，就软件鉴定事宜陈述意见。鸥莲公司请求分别将以下三个软件版本与中机创杰公司的 INPower2000 软件版本进行对比鉴定：①鸥莲公司于 2004 年 4 月 29 日登记的 ELDesign1.0；②ELDesign1.0 的 2005 年升级版；③来自陈某江工作电脑的 ELDesign1.0 的 2006 年升级版。中机创杰公司代理律师提出异议，认为鸥莲公司在诉讼请求中列明的遭遇侵权软件版本是 ELDesign1.0，鸥莲公司在法院指定的举证期间内提交的证据也是 ELDesign1.0，现又提出要求对另外两个版本进行对比鉴定，不但与诉讼请求不符，而且已超出举证期限，其主张应不予支持。如鸥莲公司欲主张另外两个版本的软件遭遇侵权，应另行提起诉讼。法官认定律师的异议成立，不同意鸥莲公司要求在本次诉讼中对三个软件版本同时进行对比鉴定的请求。同时，法官要求中机创杰公司 3 日内将 INPower2000 的开发人员名单、开发起止时间的书面说明提交给法院。中机创杰公司如期照办。

（4）法院主持第三次庭前谈话，原被告双方就软件鉴定事宜继续陈述意见。2006 年 11 月 23 日，原被告双方的律师第三次聚至法院，在主审法官主持下，继续就软件鉴定事宜陈述意见。鸥莲公司律师仍坚持对三个版本的软件进行鉴定，法官重申中机创杰公司的异议成立，不同意鸥莲公司的请求。眼见此路不通，鸥莲公司的律师遂改变策略，请求从三个版本中选择一个版本进行鉴定。中机创杰公司再次提出异议，认为鸥莲公司诉称的被侵权软件是 ELDesign1.0，根据鸥莲公司提交的证据软件著作权登记证书可知，ELDesign1.0 是鸥莲公司于 2004 年 4 月 29 日在国家版权局登记的软件版本的特定名称，对鸥莲公司具有约束力，原告鸥莲公司以同一名称对不同的软件版本进行定义的意图及行为，对被告中机创杰公司显属不公，于法不容，应予以否决。法官再次认定中机创杰公司律师的异议成立，不同意鸥莲公司的请求。

（5）法院主持第四次庭前谈话，议定鉴定事宜。2006 年 12 月 6 日，法院召集双方律师到法院就鉴定对象的确定事宜进行最后一次谈话。此时，鸥莲公司抱着最后一丝希望，请求对 ELDesign1.0 的升级版进行对比鉴定，但法官在此问题上的态度非常坚决，认为鸥莲公司的请求不合理，遂不予接受，指出如果鸥莲公司欲申请鉴定，只能就 ELDesign1.0 进行对比鉴定，鸥莲公司须在 3 日内预交鉴定费用，否则，其应承担举证不能的法律后果。至此，鸥莲公司处于进退两难的境地。

（6）最终鸥莲公司向法院提出撤诉申请，请求撤回对中机创杰公司及陈某江的起诉，法院裁定准许，并于 2006 年 12 月 25 日出具 [2006] 海民初字第 20650 号民事裁定书。之后，鸥莲公司又向海淀区人民法院请求取回在起诉时及起诉之后向法院提交的软件版本等证据，法院本欲准许鸥莲公司的请求并欲退还原被告双方各自提交的软件版本，但经中机创杰公司的代理律师提出异议，法院最终未能同意鸥莲公司的请求。双方提交给法院的各种软件版本及其他证据仍留存法院。鸥莲公司未再提起诉讼。

【案例评析】（1）计算机软件的更新、升级，属于对软件作品的修改，软件的更新、升级过程，实质上是软件作品推陈出新的过程，是新作品不断诞生的过程。计算机软件属于众多作品形式中的一种，受《著作权法》及《计算机软件保护条例》的保护，这是众所周知的法律常识。但是，软件区别于其他作品的最大特点，即在于软件的不断更新与升级，其更新的频率很高、幅度很大。计算机的更新速度远远超过其他技术的更新速度。软件的频繁更新，使得一套软件在经历相当的时间之后，与原版软件已相去甚远，大相径庭，成为法律意义上的新作品。如果试图依据在先登记的原始软件来保护更新在后的新版软件，无异于"刻舟求剑"。

（2）鸥莲公司很显然未能充分认识到软件作品的上述特点，更未充分预见到这种特点所引发的法律后果，从而在诉讼过程中留下致命隐患。在中机创杰公司及陈某江接到应诉通知书时，鸥莲公司已申请法院完成了证据保全措施。并且，鸥莲公司向法院提交了一百多页的证据材料，以支持其诉讼主张。鸥莲公司可谓"有备而来"。当法院规定的举证期限届满，双方交换证据时，鸥莲公司理直气壮地向法院确认，其遭遇侵权的软件是 2004 年 4 月 29 日获得著作权登记的 ELDesign1.0。至此，鸥莲公司尚未意识到软件的上述特点，殊不知，鸥莲公司的这一确认行为已铸成大错，无意中形成一个致命的隐患，为中机创杰公司留下绝佳的反击机会。

（3）诉讼各方均应遵守相应规则。鸥莲公司错误地选择了对其最不利的方案，打出了最差的一张牌，使得形势悄然改变，鸥莲公司由主动变为被动。鸥莲公司试图中途换牌，为相应规则所不许。而中机创杰公司自始至终亮的是同一张牌，只是在等待时机。当诉讼进行至软件鉴定阶段时，鸥莲公司向法院提交了三个版本的软件：鸥莲公司于 2004 年 4 月 29 日登记的 ELDesign1.0、ELDesign1.0 的 2005 年升级版、ELDesign1.0 的 2006 年升级版，要求一一进行对比鉴定。中机创杰公司律师遂提出异议。鸥莲公司陷入被动。中机创杰公司律师的意见被法官采信。鸥莲公司面临两难的境地，还要承担因举证不能而败诉的后果。

（4）鸥莲公司关于在陈某江电脑中发现有关软件版本的事实陈述明显失当，自行断送了另案起诉的机会。鸥莲公司称，其于 2006 年 4 月从陈某江的工作电脑中发现了 ELDesign1.0 的 2006 年升级版。虽然其主张软件是陈某江的职务作品，但这一主张须有证据支持。在没有证据支持的前提下，鸥莲公司的这一陈述其实是自绝于该软件的合法权属。鸥莲公司的上述陈述构成了对事实的自认。根据禁反言原则，鸥莲公司即使另案起诉，也应当受上述陈述的约束。况且，鸥莲公司即使另案起诉，其结果恐怕也不是中机创杰公司对鸥莲公司侵权，而是鸥莲公司对中机创杰公司侵权。

（5）经中机创杰公司律师提出异议，海淀区人民法院拒绝了鸥莲公司在法院裁定准许其撤回诉讼以后向法院提出的返还证据软件之请求，这使得鸥莲公司另案起诉的希望彻底破灭。本案尘埃落定。

（6）纵观本案始末，诉讼尚未进入法庭质证和法庭辩论阶段，双方止步于软件鉴定阶段，但胜败已成定局。

（案例来源：中国知识产权律师网首席律师徐新明）

S 型线切割机床单片机控制器系统软件 V1.0 侵权案

【案情介绍】原告石某林诉称：被告泰州华某电子资讯有限公司（以下简称"华某公司"）未经许可，长期大量复制、发行、销售与石某林计算机软件 S 型线切割机床单片机控制器系统软件 V1.0 相同的软件，严重损害其合法权益。故诉请判令华某公司停止侵权，公开赔礼道歉，并赔偿原告经济损失 10 万元、为制止侵权行为所支付的证据保全公证费、诉讼代理费 9200 元以及鉴定费用。被告华某公司辩称：其公司 HR-Z 型线切割机床控制器所采用的系统软件系其独立开发完成，与石某林 S 型线切割机床单片机控制器系统应无相同可能，且其公司产品与石某林生产的 S 型线切割机床单片机控制器的硬件及键盘布局也完全不同，请求驳回石某林的诉讼请求。

法院经审理查明：2000年8月1日，石某林开发完成S型线切割机床单片机控制器系统软件。2005年4月18日获得国家版权局软著登字第035260号计算机软件著作权登记证书，证书载明软件名称为S型线切割机床单片机控制器系统软件V1.0，著作权人为石某林，权利取得方式为原始取得。2005年12月20日，泰州市海陵区公证处出具［2005］泰海证民内字第1146号公证书一份，对石某林以660元价格向华某公司购买HR-Z型线切割机床数控控制器一台和取得销售发票（No.00550751）的购买过程，制作了保全公证工作记录、拍摄了所购控制器及其使用说明书、外包装的照片8张，并对该控制器进行了封存。

【法院审理】一审中，法院委托江苏省科技咨询中心对下列事项进行比对鉴定：①石某林在本案中提供的软件源程序与其在国家版权局版权登记备案的软件源程序的同一性；②公证保全的华某公司HR-Z型线切割机床单片机控制器系统软件与石某林获得版权登记的软件源程序代码的相似性或者相同性。后江苏省科技咨询中心出具鉴定工作报告，因被告的软件主要固化在美国ATMEL公司的AT89F51和菲利普公司的P89C58两块芯片上，而代号为"AT89F51"的芯片是一块带自加密的微控制器，必须首先破解它的加密系统，才能读取固化其中的软件代码。而根据现有技术条件，无法解决芯片解密程序问题，因而根据现有鉴定材料难以作出客观、科学的鉴定结论。

二审中，法院根据原告石某林的申请，就以下事项组织技术鉴定：原告软件与被控侵权软件是否具有相同的软件缺陷及运行特征。经鉴定，中国版权保护中心版权鉴定委员会出具鉴定报告，结论为：通过运行原被告软件，发现二者存在如下相同的缺陷情况：①二控制器连续加工程序段超过2048条后，均出现无法正常执行的情况；②在加工完整的一段程序后只让自动报警2声以下即按任意键关闭报警时，在下一次加工过程中加工回复线之前自动暂停后，二控制器均有偶然出现蜂鸣器响声2声的现象。二审法院另查明：原被告软件的使用说明书基本相同；两者对控制器功能的描述及技术指标基本相同；两者对使用操作的说明基本相同；两者在段落编排方式和多数语句的使用上基本相同。经二审法院多次释明，华某公司始终拒绝提供被控侵权软件的源程序以供比对。

【裁判结果】江苏省泰州市中级人民法院于 2006 年 12 月 8 日作出 [2006] 泰民三初字第 2 号民事判决：驳回原告石某林的诉讼请求。石某林提起上诉，江苏省高级人民法院于 2007 年 12 月 17 日作出 [2007] 苏民三终字第 0018 号民事判决：①撤销江苏省泰州市中级人民法院 [2006] 泰民三初字第 2 号民事判决；②华某公司立即停止生产、销售侵犯石某林 S 型线切割机床单片机控制器系统软件 V1.0 著作权的产品；③华某公司于本判决生效之日起 10 日内赔偿石某林经济损失 79 200 元；④驳回石某林的其他诉讼请求。

【案例分析】（1）本案的证明标准应根据当事人客观存在的举证难度合理确定。根据法律规定，当事人对自己提出的诉讼请求所依据的事实有责任提供证据加以证明。石某林主张华某公司侵犯其 S 系列软件著作权，其须举证证明双方计算机软件之间构成相同或实质性相同。石某林实际上无法提供被控侵权的 HR-Z 软件的源程序或目标程序，并进而直接证明两者的源程序或目标程序构成相同或实质性相同。根据一审鉴定情况，HR-Z 软件的目标程序系加载于 HR-Z 型控制器中的内置芯片上，由于该芯片属于加密芯片，无法从芯片中读出 HR-Z 软件的目标程序，并进而反向编译出源程序。因此，依靠现有技术手段无法从 HR-Z 型控制器中获得 HR-Z 软件源程序或目标程序。综上，本案在华某公司无正当理由拒绝提供软件源程序以供直接比对，石某林确因客观困难无法直接举证证明其诉讼主张的情形下，应从公平和诚实信用原则出发，合理把握证明标准的尺度，对石某林提供的现有证据能否形成高度盖然性优势进行综合判断。

（2）石某林提供的现有证据能够证明被控侵权的 HR-Z 软件与石某林的 S 系列软件构成实质相同，华某公司应就此承担提供相反证据的义务。法院认为石某林提供的现有证据能够形成高度盖然性优势，足以使法院相信 HX-Z 软件和 HR-Z 软件构成实质相同。同时，由于 HX-Z 软件是石某林对其 S 系列软件的改版，且 HX-Z 软件与 S 系列软件实质相同。因此，被控侵权的 HR-Z 软件与石某林的 S 系列软件亦构成实质相同，即华某公司侵犯了石某林享有的 S 系列软件著作权。

（3）华某公司未能提供相反证据证明其诉讼主张，应当承担举证不能的不利后果。经法院反复释明，华某公司最终仍未提供被控侵权的 HR-Z 软件的源程序以供比对。尽管华某公司还称，其二审中提供的 2004 年 5 月 19 日商业销售发票，可以证明其于 2004 年就开发完成了被控侵权软件。但法院认为，该份发票上虽注明货物名称为 HR-Z 型线切割机关控制器，但并不能当然地推断出该控制器所使用的软件即为被控侵权的 HR-Z 软件，华某公司也未就此进一步提供其他证据予以证实。同时结合该份发票并非正规的增值税发票、也未注明购货单位名称等一系列瑕疵，法院认为，华某公司于 2004 年就开发完成了被控侵权软件的诉讼主张缺乏事实依据，不予采纳。综上，法院最终认定，华某公司侵犯了石某林 S 系列软件著作权。

（案例提供人：计算机司法研究工作者　杨东时）

第五节　计算机侵入案例

"压力测试" DDoS 攻击案

【案例简介】2018 年 8 月，浙江省苍南县人民法院对"首例利用境外'压力测试'平台实施破坏计算机信息系统案"进行判决。被告人在境外平台注册账号购买"压力测试"服务后，只需简单输入攻击目标的 IP 地址、攻击类型和攻击端口，就可发起 DDoS 攻击，相较于传统的攻击方式，成本更低，力度更强，危害更大。法院以"提供侵入、非法控制计算机信息系统程序、工具罪"对提供 DDoS 攻击软件的人员判处刑罚，对有效打击网络攻击犯罪，构筑网络安全体系具有指导意义。此案曾被公安部评为"2017 年打击网络违法犯罪 10 起典型案例"之一。

【案例评析】①一般认为，《刑法》第 285 条第 3 款规定的提供侵入、非法控制计算机信息系统程序、工具罪，属于帮助行为正犯化。问题在于，从提供侵入、非法控制计算机信息系统程序、工具罪的立法表述与条文所处的具体位置来看，显然不能认为该罪同时将提供破坏计算机信息系统程序、工具的帮助行为也予以了正犯化。如此一来，便会产生这样的疑问：提供破坏计算机信息系统程序、工具的行为，能否直接适用《刑法》第 285 条第 3 款的规定？在蔚某南案中，苍南县人民法院以帮助行为正犯化为由，认定被告人构成提供侵入、非法控制计算机信息系统程序、工具罪，其言下之意是，运用 DDoS 对他人网站进行攻击的行为，也属于非法控制计算机信息系统的行为。而在李某琦、唐某案中，苍南县人民法院又认为，运用 DDoS 对他人网站进行攻击的行为，属于破坏计算机信息系统的行为。②若要使两案的处理结论合乎《刑法》的法理逻辑，便需对如下问题进行论证，即此类攻击行为能否同时被评价为非法控制计算信息系统的行为。苍南县人民法院在两案的判决中并未论及这一问题。虽说帮助犯在经验层面经常被认定为是从犯，但从《刑法》的规定来看，帮助犯在规范层面也完全可认定为主犯。如此一来，破坏计算机信息系统罪便属于其中的处罚较重条款，因本罪基本犯与加重犯的法定刑都高于提供侵入、非法控制计算机信息系统程序、工具罪的法定刑，故从理论上而言，对蔚某南的行为应认定为破坏计算机信息系统罪。③当然，如果坚守共犯从属性的原理，该案中，由于实施破坏行为的正犯未必达到定罪量刑情节的要求，从而符合破坏计算机信息系统罪的构成要件，故回避共同犯罪认定的难题，而以提供侵入、非法控制计算机信息系统程序、工具罪来定罪，也不失为是合乎实践理性的选择。

全国首例"撞库打码"案

【案例简介】2018 年 5 月，全国首例"撞库打码"案在杭州市余杭区迎来刑事判决，这是国内对打码平台的组织者以提供侵入计算机信息系统程序罪定罪处罚的第一案。在之前的司法实践中，对打码平台只能从下游犯罪（诈骗、侵犯公民个人信息等）共犯的角度进行打击，证据要求高，打击难度大，本案为打码平台的治理提供了新的标杆，有助于加大对互联网技术黑灰产业的治理和打击，维护网络安全和秩序。

【案例点评】①可以预期，随着网络技术的普及、数字经济的飞速发展，《刑法》不断介入网络空间，类似案件还将继续涌现。②从某种意义上说，犯罪也是一种创造性的破坏，这种破坏性力量常常驱使着社会和法律的进步。相比之下，立法和司法始终在追赶着技术进步和犯罪进化的步伐。③基于实践论和认识论的一般原理，结合司法实践的特殊性，笔者主张一种法治语境下的社会分工论，即"做的"和"说的"有机分工合作关系：面对层出不穷的新型犯罪（实际上是待认定的犯罪），司法实践（即"做的"）应该基于法定职责（刑法干预必须介入网络空间，否则网络将成为法外空间），本着问题导向和绩效导向（让人民满意），积极有为，勇于运用新的法律应对各种新型案件，并在查办新型案件的过程中，认真学习，借助既有理论和相关经验，严谨求证，创造一个又一个的先例。而刑法理论（即"说的"）也要基于社会良知和理性批判的立场，在尊重司法实践第一性、首创性的前提下，对司法先例进行认真研究、科学评价，提升理论水平。

第六节　文艺作品版权案例

黄某花获奖纠纷案

【案例简介】某幼儿园小朋友黄某花学画三年，参加全国幼儿园绘画比赛，获奖金 5000 元。幼儿园美术辅导老师张某认为该奖金应该归她，没有她的辅导和引荐，黄某花小朋友不可能获奖。

【基本理论】①知识产权法是调整在创造、使用、转让和保护智力成果或工商业标志过程中发生的社会关系的法律规范的总称。②著作权是著作权人对其文学、艺术和科学作品依法享有的人身权和财产权，著作权人包括作者，其他依照著作权法享有著作权的公民、法人或者其他组织。我国著作权法保护的对象包括以文学、艺术和自然科学、社会科学、工程技术等形成创作的作品。③民事主体是指在民事法律关系中独立享有民事权利和承担民事义务的公民（自然法人）、法人和其他组织，不满 8 周岁的未成年人是无民事行为能力人，由他的法定代理人代理民事活动。④监护是对无民事行为能力人的人身和财产及其他合法权益进行监督和保护的一种民事法律制度。⑤监护的职责是代理被监护人进行民事行为，保护被监护人的人身、财产和其他合法权益，除为被监护人的利益外，不得处分其财产，被监护人成为完全民事行为能力人时，向其交付财产并汇报账目。⑥法律权利和法律义务有密切关系。法律义务包括作为义务和不作为义务，作为义务要求人们必须依法做出一定行为。

【案例分析】①根据《著作权法》的规定，黄某花的画属于艺术创作作品，属于著作权范畴，黄某花本人应该依法享有参展绘画作品的 5000 元奖金的财产所有权。②黄某花年仅 6 岁，属于不满 8 周岁的未成年人，是无民事行为能力人。而黄某花的父母作为她的监护人，可以对黄某花的财产及合法权益进行监督和保护，但是黄某花的父母没有处分其财产的权利，在黄某花成为完全民事行为能力人时，应向黄某花交付这 5000 元奖金。③奖金是对黄某花作品的一种肯定，是奖励作者本人的，幼儿园作为一个教育机构，美术辅导老师作为一个教育者，教书育人是其法定的义务。据此，奖金应归黄某花所有，幼儿园、张老师及黄某花父母均无权占有该奖金。

互联网平台中传播作品的版权

【案件背景】2011 年，小王在某社区论坛上担任版主，因为管理经营出色，论坛管理人向她提供了有偿视频网站更新工作。自 2012 年 4 月份开始，小王开始为该电影网进行视频更新，主要内容是通过使用名为"昼夜采集的"软件每天从奇热网上采集更新视频复制到该电影网后台；而后该电影网免费向公众提供更新影视作品的点播观看服务，并在网站网页上提供收费广告服务，通过刊登收费广告获利；她每个月的工资为 3000 元左右。后来，她在 QQ 群看到了类似的网站更新招聘信息，因为同学小张毕业后没有找到工作，她和招聘人联系后与小张一起应聘了这份工作，两人开始为 7273 电影网和 tv1999 网做类似的视频更新工作，每个月工资 1500 元左右。后经查证，一年多的时间里，两人为三网站更新共计 500 多部影视作品，均未经相关著作权人许可，侵犯了搜狐互联网信息、腾讯科技、乐视网信息技术等权利人享有的信息网络传播权。2013 年 8 月，两人被公安机关抓获归案。

【法院审理】法院经审理后认为，两人以营利为目的，未经著作权人许可，通过信息网络向社会公众传播他人影视作品，发行他人享有著作权的作品，情节严重，行为均已构成侵犯著作权罪。但考虑到两人是受雇于他人，不是涉案侵权网站的实际经营者，在共同犯罪中起次要作用，是从犯；而且如实供认自己的罪行，认罪态度较好；已经深刻认识到了自己的错误，具有悔罪表现，法院对两人依法从轻处罚，适用缓刑。最后，以侵犯著作权罪判处小王有期徒刑 7 个月，缓刑 1 年，罚金 2 万元；判处小张有期徒刑 6 个月，缓刑 1 年，罚金 2 万元。

【案例分析】①庭审中，两人对公诉机关指控的侵犯著作权罪的犯罪事实供认不讳。问及犯罪动机，两人均表示是因为刚毕业工作不好找，想赚钱养活自己，只知道涉及违法，可能会被罚款，完全没有想到会构成犯罪。这说明犯罪嫌疑人的法律意识淡薄。②法院对小张判处有期徒刑 6 个月，缓刑 1 年，说明想给案犯一个改过自新的机会。③本案例对很多职场年轻人有警示意义，工作中的创新或者想利用自己的技术特长多挣钱，这种想法无可厚非，但是一定要先查询一下，自己的行为是否合法合规，万一构成违法犯罪，其法律后果非常严重。

公众号擅自转载侵权案

【案情简介】微信公众号上擅自转载他人作品，构成侵权。2015年9月2日，广东省中山市第一人民法院对广东省首例微信侵权纠纷案作出一审宣判，认定被告中山暴风科技公司微信公众号的擅自转载行为侵犯了原告中山商房网科技公司的著作权，判令其赔礼道歉，并赔偿经济损失。

原告是"中山商房网"微信公众账号的所有人，而被告则是"最潮中山"的运营方。2015年1至3月间，"中山商房网"先后向微信用户推送了题为《中山谁最高？利和高度将被刷新 解密中山高楼全档案》《初八后大幅度降温阴雨天气》《莫笑老饼 为您推介中山四大名饼》三篇文章。文章均载明"本文为商房微信搜集资料和撰写的文章，欢迎读者分享或转发到朋友圈。任何公众号未经许可不得私自转载或抄袭"。被告的"最潮中山"则是在2015年2月到3月间推送了《谁是中山第一高楼？中山高楼全档案》《中山下周大幅降温最低7度！》及《中山四大名饼，你都吃过了吗？》三篇文章。其中，文一与原告的《中山谁最高？利和高度将被刷新 解密中山高楼全档案》中的相关内容基本相同；文二与原告对应文章的内容基本一致，只是给出提示的表达方式更为幽默、俏皮；文三基本上是原文转载了原告的文章，但注明了"文章来源于《中山客》，由商房网采集"。原告认为，其对上述三篇原创作品享有著作权，而被告未经同意擅自转载、变相抄袭的行为已严重侵犯了其著作权，要求被告在其"最潮中山"微信公众平台及《中山日报》刊登道歉声明，并赔偿经济损失1元。

【法院审理】中山市第一人民法院审理后认为，商房网科技公司推送的《中山谁最高？利和高度将被刷新 解密中山高楼全档案》一文分过去、现在、将来三个层次，详细介绍了中山高楼的相关数据及背景资料，并结合资料对未来中山市的高楼进行了预测，集中体现了创造性劳动，具有一定独创性，可以认定商房网科技公司对该篇作品享有著作权。而《莫笑老饼 为您推介中山四大名饼》与刊登在《中山客》（由案外人经营）的《中山四大名饼，你都吃过了吗?》一文的行文结构一致，所介绍内容大体相同，只是略有删减、修改，商房网科技公司以该篇文章系其原创作品并据此主张相关著作权缺乏法律依据。至于主张著作权的第三篇文章《初八后大幅度降温阴雨天气》实质上应为一篇介绍天气情况的时事新闻，不属于《著作权法》所保护的作品范围。原被告微信公众号所推送信息的领域、受众具有高度相似性，被告在未经许可擅自将原告在微信上发表并载明不允许其他微信公众号转载的文章《中山谁最高? 利和高度将被刷新 解密中山高楼全档案》改头换面在微信上推送，该行为已侵犯了原告享有的署名权、修改权、信息网络传播权及获得报酬等著作人身权及财产权，应当承担赔礼道歉、赔偿损失等侵权责任。虽然原告未提供其实际损失及被告侵权获利的相关证据，但原告已为此支出了相应维权费用，故其1元索赔合理有据。综上，法院依法作出上述判决。

【案例分析】①法院认定被告侵犯著作权，主要看发表先后认定谁是原创。②对于原告主张著作权的第三篇文章《初八后大幅度降温阴雨天气》实质上应为一篇介绍天气情况的时事新闻，不属于《著作权法》所保护的作品范围。此认定符合《著作权法》的规定，因为创作的文章的实质性内容或者思想观点必须具有原创性。③原告仅对被告侵权主张1元的赔偿，说明其起诉目的主要是为了制止侵权行为，不是为了获取经济收益。实际上完全可以根据侵权媒体的阅读率请求赔偿，比如根据阅读人次（每次阅读0.5元至1元计算）主张经济赔偿。

第七节　游戏软件版权与互联网侵权案例

《昆仑墟》 游戏著作权纠纷案

【案情介绍】原告《昆仑墟》游戏著作权人，诉称被告运营的5款游戏在角色及技能、场景画面、UI界面、道具等多方面与其《昆仑墟》移动网络游戏基本一致，请求法院判令被告停止侵犯其作品的复制权和信息网络传播权，并赔偿损失。该案中，原告请求保护的作品为：《昆仑墟》游戏的前81级整体画面构成的作品属于类电作品或受《著作权法》保护的其他作品、82幅美术作品（包括24幅角色及技能美术作品、4幅场景美术作品、47幅UI界面美术作品、7幅道具美术作品）。

【法院审理】广州互联网法院一审认定：《昆仑墟》游戏前81级画面构成类电作品，并采用类电作品的比对方法认定被诉侵权的5款游戏的整体影像画面与原告主张享有权利的前81级游戏整体影像画面构成实质性相似，但被告并未侵犯原告作品的复制权、信息网络传播权，因此驳回了原告的诉讼请求。

【案例评析】①该案为广州互联网法院审理的第一起网络游戏案件，虽然原告的诉讼请求最终并未得到支持，但该案中法院的认定标准仍然值得公众关注。②《昆仑墟》游戏的前81级整体画面具有独创性，且可以被复制，符合我国《著作权法实施条例》第2条对于作品的定义，法院在认定"作品"的基础上，进一步论证了《昆仑墟》前81级画面属于《著作权法》所规定的作品形式。法院将游戏与电影两种作品从创作过程、表现形式、作品内容、传播方式等方面进行了对比，认定《昆仑墟》前81级主要为挂机操作，其游戏画面与电影作品具有相似的表现形式，均"具有连续性画面且包含影像、文字、有伴音或无伴音"的特点，内容具有相对固定性，因而这一通过非摄制的方式创作出来的游戏画面亦可以构成类电作品。③根据《著作权法》的规定，电影作品的著作权由制片者享有。法院突破性地援引了我国于1992年加入的《保护文学和艺术作品伯尔尼公约》中的条文，电影作品制片者是为制作该作品而首先采取行动并承担财务责任的人。以此类推，游戏开发商是游戏作品的策划、美术、程序设计等完成游戏并提供资金的主体，法院在审查了原告提供的《计算机软件著作权登记证书》等权属证明的基础上，结合原告提供的作品创作底稿、《核查报告》与《招股说明书》等文件，最终认定原告是《昆仑墟》前81级游戏画面的著作权人。④在版权实质性相似的判断上，法院区分了网络游戏中"思想"与"表达"的界限：网络游戏的世界观、游戏背景、游戏规则、角色设定等框架设计存在让游戏能够被玩家"感知"到游戏独特的情感与风格，属于思想表达；而具体的角色及场景设计、游戏任务、故事剧情、系统数值等制作特征的内容，属于表达方法的丰富性和多样性，也属于《著作权法》的保护范围。法律所保护的并不是游戏规则本身，而是一系列游戏规则经过整合、编排后与游戏资源库的元素相结合所表现出来的内容和作品投射出的价值观与人生态度。如果被诉侵权作品中包含这些相同或相似的内容，且达到一定数量、比例，足以使人感知到来源于特定作品时，可以认定两部作品构成实质性相似。⑤对比作品技术层面相似度，通过对主线任务、人物关系、技能解锁级别、系统数值、道具、场景、特效等的设计及部分 UI 界面的比对，最终认定被诉侵权的 5 款游戏的相应画面与原告主张享有权利的《昆仑墟》前 81 级游戏画面构成实质性相似。⑥法院在认定实质性相似要素的基础上，最终认为被诉游戏不构成侵害涉案游戏的复制权及信息网络传播权。主要理由在于，复制属于作品传播的介质范畴，其本质属性是通过各种方式非创造性地再现作品。显然"复制"传播行为不应具有"独创性"，不属于《著作权法》所保护的对象，认定被告在利用《昆仑墟》游戏基本表达的基础上进行了新的创作，体现了一定的独创性，两者之间的差异，不会被用户直接混淆为同一款游戏。最终，法院综合认定驳回了原告的诉讼请求。⑦法院合议庭已认定《昆仑墟》游戏画面整体构成类电作品，原告再行主张构成整体的部分元素为美术作品，82 幅截图均来源于《昆仑墟》游戏画面，涉嫌侵权，属于重复主张，遂不予处理。实际上，根据版权法律规定，被侵权人可以主张作品章节名称、插图等部分侵权的诉求。

《地下城与勇士》诉《阿拉德之怒》案

【案情介绍】深圳市腾讯计算机系统有限公司《地下城与勇士》诉上海挚娜网络科技有限公司、上海恺英网络科技有限公司《阿拉德之怒》著作权权属、侵权纠纷案，案号为［2017］湘 01 民初 4883 号。原告诉称被告开发和运营的手游《阿拉德之怒》大量使用《地下城与勇士》游戏人物名称等核心元素，在游戏场景等方面进行抄袭，据此提起不正当竞争和侵犯著作权之诉。

【法院判决】法院最终判决被告连带赔偿原告 5000 万元。

【案例评析】①本案中原告针对四被告提起了 5000 万元的赔偿数额，是目前为止网络游戏行业判赔金额最高的案件。②原告的诉讼请求最终得到法院的全部支持，有些出乎当事人所料。本案涉及主体较多，案件材料较复杂，法院的裁判思路是：先行判定原告主张的相关游戏内容是否构成《著作权法》意义上的作品，再剔除其中属于"限定表达"的内容，进而在游戏涉案作品对比的基础上，对被告行为是否侵犯作品复制权和信息网络传播权进行认定。③法院根据涉案主体的投资和资产评估公告，确认了侵权游戏的营收和分成数额，结合下载量和实际运营时间，最终得出被告实际获利超过原告主张的结论，作出判赔。④此案对同业的警示意义重大，同行业在开发同款主题的游戏作品时，应该从主题构思、任务主线、故事情节、画面构成、UI 界面设计等方面避免相似性，以免上线后引发著作权纠纷，以及同款游戏开发投资的财务风险。

FPS（第一人称射击）游戏地图版权保护案

【案情简介】2019 年 12 月 20 日，深圳市中级人民法院对《全民枪战》著作权纠纷案作出一审判决，判定《全民枪战》6 幅地图与《穿越火线》游戏场景地图构成相同或实质性相同，侵犯了深圳市腾讯计算机系统有限公司（以下简称"腾讯公司"）享有的《穿越火线》游戏的复制权和信息网络传播权。

【法院判决】深圳市腾讯公司《穿越火线》诉天津英雄互娱科技股份有限公司《全民枪战》著作权权属、侵权纠纷、商业贿赂不正当竞争纠纷案，案号为［2017］粤 03 民初 559 号。判决畅游云端（北京）科技有限公司、英雄互娱科技股份有限公司等七被告立即停止侵权行为，共同赔偿腾讯公司经济损失与合理维权费用 4524 万余元。

【案例评析】腾讯公司主张《全民枪战》中的多幅游戏地图、小地图及多个道具枪械美术形象与其拥有著作权的《穿越火线》网络游戏中的游戏地图相同或构成实质性相似，共涉及 6 幅游戏地图和 5 个游戏道具。法院就作品相似性采取了以下方法进行评判：①关于小地图，综合比较其平面结构和轮廓、物体位置安排、物体形状、物体数量；②关于游戏场景地图，通过相类似的玩家位置所看到的视角场景比对，综合比较空间、出口、幕墙、箱体设置，封闭程度、路径形状，以及色彩装饰美术外观等。法院开庭审理时，双方均有专家辅助出庭陈述，原告的专家辅助人认为 FPS 作为第一人称射击游戏，关卡地图是核心，游戏设计者通过掩体的设计，引导玩家有意识地发现设计策划的游戏线路，地图制作的重要阶段为设计"白盒"模型，"白盒"模型测试完成后，可以任意在其上附加美术效果，且这个过程可逆，可以直接剥去美术效果得到"白盒"，再重新换皮。被告的专家辅助人认为 FPS 游戏中，操作方式和射击方式是最为重要的内容，场景地图是游戏设计中很小的一部分。法院最终肯定，设计的"白盒"状态属于游戏地图场景设计中的核心表达。对于游戏地图的作品性质，法院认为游戏场景地图符合《著作权法》关于图形作品中"说明事物原理或结构"的"示意图"类型。而小地图是游戏场景地图的具体反映，不对小地图进行重复保护。在比对规则上，法院认为应当综合考虑原告主张保护的作品的"核心表达"以及著作权主要保护思想表达的基本法理，确认被控侵权游戏地图的核心表达与原告作品的核心表达是否构成实质性相似：确定两部作品的相似部分、遴选出相似部分的独创性表达、相似的独创性，最终确认被侵权作品挪用了原告作品的基本表达，遂认定侵权成立。

"圣城家园"侵权盗版案

【案情简介】2019 年 2 月 11 日，国家版权局向山西警方转来一条案件线索，"圣城家园"网站涉嫌网上侵权盗版。山西警方随后成功破获"圣城家园"特大网站侵权盗版案。经查，"圣城家园"网站在未经备案的情况下，大量提供未经授权的电影、唱片、游戏、软件等资源链接，供会员公开下载，并通过会员收费与推广广告的形式牟利，网站注册会员达 200 万人次，点击量达 13 亿次。山西警方对河南景安国际有限公司租赁的 4 台香港服务器进行数据查封，并从服务器上查获未经授权视频资源 1.27 万余个，唱片资源 1.63 万余个，游戏资源 4700 余个，高清 MV 资源 4000 余个，软件资源 9900 余个。一举抓获主要嫌疑人朱某、孙某、李某等三人，将这一藏匿于互联网 14 年之久的"圣城家园"特大盗版侵权网站彻底摧毁。

【案例点评】①网络盗版行为，不仅侵犯著作权，干扰正常市场秩序，损害投资人的合法收益，更会损害文化创新精神和原创动力。②网络侵权具有隐蔽性，有些网站服务器在海外，查处侵权非常困难。③为了加大对互联网侵权的打击力度，应该对涉嫌侵权的犯罪嫌疑人同时追究刑事责任和民事赔偿责任，让侵权者倾家荡产。

我国首例恶意注册账号案

【案情简介】2018 年 10 月，浙江省兰溪市人民法院对首例恶意注册账号案进行了判决。被告人制作"畅游注册机.exe"注册机用于出售获利，该"畅游注册机.exe"软件能够实现自动产生注册信息并通过第三方平台获取手机号，以数据包方式发送给畅游注册平台服务器，借助第三方平台自动将获取的手机验证码发送回畅游注册平台完成批量注册，能对畅游注册平台的正常操作流程和正常运行方式造成干扰，属于破坏性程序。该软件被法院以"提供侵入、非法控制计算机信息系统程序、工具罪"判处，为打击和治理恶意注册行为提供了解决方案。

【案例点评】 ①在本案中，针对多名被告人所提出的并不明知软件性质的辩解理由，人民法院作出了明确回应。对于这一裁判理由，笔者认为言之成理。②参与恶意注册的各行为人至少存在放任的间接故意，被告人本身是在从事违反国家关于实名制规定的行为，其刻意规避实名制然后实施相关危害行为，这一行为本身就是其具有犯罪（间接）故意的重要判断因素之一。③对于本罪明知的认定，有时需要运用推定的方法。恶意注册的行为人明知其所提供的程序、工具可能突破国家互联网管制规定，其所注册的账户并非正常工作、生活所需，而积极追求规避相关管理规定，实施帮助他人隐蔽真实身份的注册行为，就应该认定其对于提供程序、工具行为的非法性存在明知。《刑法》第 219 条第 2 款侵犯商业秘密罪中也规定了"明知"即对于行为的非法性，行为人"应当是知道的"，而不是过失犯的"应当去知道（而不知道）"。

第八节　平台链接侵权案例

云服务器提供方不适用"通知—删除"规则

【案情简介】 2015 年 10 月，知名手游《我叫MT》的著作权人北京乐动卓越有限公司（以下简称"乐动卓越公司"）发现某公司运营盗版游戏《我叫MT畅爽版》后，经技术手段查明该游戏下载存储于阿里云服务器，并通过该服务器向客户端提供游戏服务。乐动卓越公司遂提起诉讼，要求阿里云计算有限公司（以下简称"阿里云公司"）断开链接，停止租赁服务，并将游戏数据库的信息提供给乐动卓越公司，赔偿其经济损失 100 万元。

【法院审理】 北京市石景山区人民法院受理此案后，一审判决阿里云公司败诉并赔偿原告经济损失 25 万元及诉讼支出，阿里云公司不服一审判决，向北京知识产权法院提起上诉。2019 年 6 月 20 日，北京知识产权法院二审改判，撤销一审判决，驳回乐动卓越公司的全部诉讼请求。

【案例评析】①本案是业界首例云服务器知识产权侵权案件，对于利用云服务器向网络游戏提供侵权游戏软件的同类型案件来说具有重大参考意义。②二审法院认为，阿里云公司提供的云服务器租赁服务不同于信息存储空间服务，也不同于《信息网络传播权保护条例》规定的自动接入、自动传输和自动缓存服务，应适用《侵权责任法》（现已被《民法典》所替代）第36条规定的"网络服务提供者"来承担侵权责任，即包括权利人有权通知网络服务提供者采取必要措施，以及网络服务提供者接到通知后未采取必要措施应承担的法律责任；网络服务提供者在"知道"网络用户利用其网络服务侵害他人民事权益而未采取必要措施的，应当承担法律责任的两种情形。③二审法院的审判思路具有创新意义。其结合知识产权"利益平衡"原则，对阿里云公司没有采取"通知—删除"措施而仅仅向承租云服务器的侵权人发送"转通知"的举措是否属于"合理必要措施"进行了判断。④互联网服务平台民事侵权责任规则之设定，涉及当事人之间利益关系的平衡，亦会影响整个云计算行业的发展。若对云计算服务提供者免责条件的要求过于苛刻，势必会激励其将大量资源投入法律风险的防范，增加运营成本。关闭服务器不仅会给行业发展带来不利影响，也会影响用户对其数据安全的信心。④二审法院最终撤销一审法院对阿里云公司应承担侵权赔偿责任的认定，驳回了乐动卓越公司的全部诉讼请求。

第九节 非法窃取数据案例

搜狗诉百度专利侵权案例

【案例简介】2018年4月，北京知识产权法院对搜狗诉百度专利侵权案的最后一批案件作出一审判决，历时2年，最终以搜狗14败3胜、11项专利全部或部分无效结尾。该系列案件源于2014年，百度就搜狗流量劫持行为对搜狗提起诉讼，北京市海淀区人民法院一审判决搜狗输入法为不正当竞争行为。随后，搜狗和百度均分别向北京知识产权法院提起专利侵权诉讼，双方的专利诉讼之战全面拉开序幕。本案的宣判，对今后专利案件的审理具有十分重要的参考价值，同时进一步推动了互联网行业知识产权保护制度建设，对整个行业建立正确维权意识、促进良性竞争、鼓励技术创新、净化行业风气，都具有积极而深远的影响。

【专家点评】①搜狗与百度因涉及一种便于公众输入网址技术的专利的无效与侵权讼争多年，因双方当事人都是著名的互联网企业、所涉技术市场价值巨大以及案情之曲折而备受关注，该案被称为"中国互联网专利侵权第一案"。②无论是在程序性层面还是实体性层面，本案都具有十分重要的示范性意义和参考价值。在程序性层面，因涉案专利技术专业性较强，法院引入技术调查官和专家辅助人协助查明专利权的保护范围与侵权与否的判定。我国司法实践中引入技术调查官主要借鉴日韩的立法和经验，但与之不同的是，我国司法实践中间接采用专家辅助人和司法鉴定等事实查明机制，试图形成一个解决专利案件中技术事实查明问题的综合机制。但是，该案也透视出技术调查官和专家辅助人角色定位与作用有待制度化的问题。在实体性层面，该案的争议焦点在于对专利保护范围的理解。法院运用全面覆盖原则对判定被控侵权物是否落入专利权的保护范围作了全面的阐释。③鉴于我国目前仍对专利的无效和专利的侵权采取"分而审之"的双轨制，法院审理专利侵权问题时，不审查专利的新颖性和创造性，实际上是不考量专利技术的创新高度，容易陷入单纯的、技术主义的特征对比，这样，既易于陷入冗长的无效与侵权的"循环诉讼"之中，又不利于对重要技术创新的保护。④本案二审的维持判决使搜狗与百度这场旷日持久的法律角力似告终结，这对于互联网行业来说是一次大规模的专利普法教育，它鼓励企业不再单纯依靠"舆论攻势"，借助媒体的道德声讨来维权，而是诉诸法律途径维护自身合法权益、加强对专利核心技术的保护。

第十节　电子商务侵权案例

全国首例电商平台诉"刷手"案

【案情简介】2018 年 7 月，杭州市余杭区人民法院对淘宝公司诉"刷手"李某一案作出判决，认定李某的刷单行为违反了《淘宝平台服务协议》，构成违约，应当承担违约责任，并对违约造成的损失承担赔偿责任。这是全国电商平台诉"刷手"第一案，是继电商平台对刷单组织者提起民事诉讼后，对刷手也提起的民事诉讼，为构建社会诚信体系建设奠定了重要基础。

【专家评析】①对电子商务平台上的恶意刷单行为的治理，不仅仅对于电子商务平台经营者及电子商务消费者来说十分重要，更是电子商务空间治理之必要。以往的案件，多集中于组织刷单行为可能遭受违反不正当竞争法的行政处罚甚至是构成非法经营罪的问题，但对于恶意刷单行为人的行为，关注得并不多。②本案中，电子商务平台经营者以维护良好的平台运营环境为目的，网络服务合同的违约损害赔偿责任的司法手段来"精准狙击"恶意刷单行为；而且，并不是以电子商务经营者为对象，也不是以组织刷单者为对象，而是以非经营用户为对象，并得到法院的积极肯定。尤其是以非经营用户的恶意刷单行为作为对象，其完全不同于《电子商务法》第 17 条，后者通过披露义务来规制电子商务经营者的恶意刷单行为。这一新的网络治理手段和司法实践动向，非常值得关注。第一，是格式条款单方变更的效力问题。由于格式条款单方变更何时才是有效的，学理探讨和司法探索都不充分，有可能会成为将来平台经营者追究非经营用户恶意刷单违约责任的重要争点，特别是《电子商务法》第 34 条隐含的立法精神，有可能会成为未来争议的焦点所在，当引起平台经营者和司法实务部门的重视。第二，是违约损害的证明问题。本案平台经营者在诉讼中变更为 1 元的象征性诉讼请求，但即使是 1元，同样也应符合违约损害赔偿的一般要件及其证明责任原理。第三，非经营用户的恶意刷单行为所面临的"风险"，不仅仅是本案中所认定的违约责任问题，也可能面临其他民事制度上的"风险"，应当予以警示。

（点评人：浙江大学光华法学院常务副院长、教授 周江洪）

电商平台积分诈骗案

【案情简介】2018 年 2 月，江苏省南通市中级人民法院对"电商平台积分诈骗案"进行了判决。被告人购买了大量电商平台账号，通过在自己控制的网店进行虚假交易的方式，骗取电商平台赠送的生日双倍积分，之后又在自己控制的网店使用骗取的积分进行虚假交易，将积分套现，共计套取人民币 671 万元。本案首次将通过批量账户虚假交易的方式骗取网络服务平台积分、红包、优惠券等行为认定为诈骗罪，厘清了诈骗犯罪与合理利用规则漏洞之间的界限，为今后对类似行为的治理作出了示范。

【案例点评】①本案涉及人数众多，分工方式复杂，积分套现数额特别巨大，在案件审理过程中，除了量刑和证据方面的争议，还有如下理论焦点：第一，本案究竟属于民法上的不当得利还是刑法上的诈骗罪。事实上，财产犯罪往往都具备双重性质，即民事违法和刑事违法。第二，电商平台双倍积分规则是否存在漏洞，应否对本案损失的扩大负责。电商平台双倍积分规则并不存在合法操作情形下的漏洞，也不对本案损失的扩大存有过错。第三，网络共同犯罪出现复杂共同犯罪时，该如何厘定被告人应当承担的刑事责任。在此类案件中，应以被告人在共同犯罪中所起的实质作用为重点，结合具体的组织形式，考察各被告人应承担的责任范围。②在互联网时代，社会"网络化"带来的网络"社会化"使得网络空间不再是法外之地。然而，在"0"和"1"构造的网络空间里，各种新型违法犯罪行为层出不穷，罪与非罪、此罪与彼罪的界限存在较大的争议。传统刑法理论和当前司法部门正面对着网络时代提出的各种挑战。为了有效应对这些挑战，除了借助国家立法部门的法律更新和最高司法机关的司法解释，发挥地方司法部门的司法智慧也应成为一种可资借鉴的解决方案。③在案例指导制度建设持续开展的今天，法院的经典判例势必会影响司法系统对之后同类案件的处理，也将为网络产业和社会群体树立新的行业准则和行为规范。我国刑法理论应当在民事违法和刑事犯罪之间建立一座由罪刑法定原则搭建的桥梁，善用刑法教义学、刑事政策学等诸多知识资源，努力破解越轨行为的应对难题，全力推动当代刑事法学理论与实践的接地气转型和创新性发展，在打击犯罪和保障人权、刑法积极参与社会治理和维护自身尊严之间取得一种动态的平衡。

（点评人：中国社科院法学研究所研究员、刑法研究室主任　刘仁文）

第十一节　电子存证案例

中国首例区块链存证案

【案例简介】2018 年 6 月，全国首例区块链存证案在杭州互联网法院宣判，法院支持了原告采用区块链作为存证方式并认定了相应的侵权事实。该案是互联网公司针对网络存证的痛点摒弃传统公证取证途径的有益探索，从司法实践、技术应用等实务角度对电子数据作为证据进行保全和存证的方式给予了标准化的指导，对今后诸多场景下的涉网案件存证具有指导意义。

【专家评析】①存证链是一种法律链。区块链早期被用于比特币，如今拓展至电子证据的存证领域，由此形成的存证链就不再仅仅具有技术性，更是被赋予了鲜明的法律色彩。其功能在于及时保全电子证据以防止发生变化，就像人们习惯于在打官司前将证据材料进行提存公证一样。存证链就是电子证据的新式保管链。②存证链是一种中立链。技术无党派，存证链无门户。诉讼中任何一方当事人均可以使用，法院、公证机构、鉴定中心、律师事务所以及专门的法律服务公司——"第三方存取证机构"亦可以采用。③在本案中，先有"保全网"抓取数据并上传至区块链，中有"千麦鉴定所"核验校验值并出具鉴定书，后有法庭登录网站查询并核实结果。在不久的将来，随着法律人的观念愈发开明，存证链的用户肯定会日益增多。④存证链可能是一种标签链。本案宣判之后，社会上赞扬者居多，也有少数商榷者。后一种声音关注的是，该案用的是真正的区块链技术，还是仅仅算是贴区块链的标签。但是，即便是标签链，又当如何呢？该案的亮点在于，鉴定机构被纳入了"存证链"的节点，可以从形式上背书。⑤存证链或将是一种"中国链"。本案对确立存证链的法律地位，在国内起到了引领作用。这也是在践行互联网法院"探索涉网案件诉讼规则"的基本定位。2018年9月，最高人民法院还专门发布司法解释，对区块链存证进行法律确认，鼓励构建符合司法规律且紧跟时代潮流的网络诉讼规则。假以时日，"一案一释"，若能经得起足够的实践检验，便能为网络时代的全人类法治建设贡献中国经验与中国智慧。

（点评人：中国人民大学法学院教授、刑法科学研究中心副主任　刘品新）

第十二节　数据安全与侵权案例

首例数据作弊案

【案例简介】2018年6月，杭州市西湖区人民法院对首例数据作弊案作出判决，判定被告给APP刷量的行为破坏了原告友盟公司数据的客观性和真实性，更损害了原告平台的信誉和经营活动，属于严重的侵权行为，法院判决被告应当赔偿由此给原告公司造成的损失。此案的成功判决，不仅维护了市场的公平竞争秩序，更对刷量黑灰产业链形成了打击，有利于进一步促进大数据产业的健康发展。

给他人的经营数据"灌水"或者"抽水"使其失真，均可能导致受害人的商誉和信誉利益受到负面影响，从而产生不利的后果。通过"抽水"做低他人的经营数据，无疑会损害被侵权人的商誉；而通过"灌水"过分夸大他人的经营数据误导消费者，最终也会使得被侵权人在消费者中失去信誉，导致不良后果的发生。

【案例点评】①在多数侵权案件中，被侵权人主张损害赔偿需要举证证明自己遭受的实际损失。但是，在侵害名誉权等非物质性的人格权案件中，原告只要证明存在侵害行为、证明被告存在故意或过失，法院就可以依据常理认定存在"名义上的损害后果"，判决被告作出数额不大的"名义上的赔偿"或称"象征性的赔偿"。②这一司法逻辑在国际比较法经验和我国司法实践中都是有先例可循的，也得到了侵权责任法理论的支持。不过，如果原告主张较大数据的损害赔偿或者主张惩罚性赔偿、精神损害赔偿，则往往需要对损害后果进行更为扎实的举证和证明。③基于上述认识，法院确认本案侵权成立并判决被告支付数额不大的赔偿金是正确的司法裁判。如果侵权行为处于持续状态，还可以考虑判决"停止侵害"。在论证说理上，宜将被告的侵权行为解释为侵害原告名誉权的行为。这样在法律适用上就有更为直接和明确的依据。③我国《民法典》对保护法人名誉权以及侵害法人名誉权的侵权责任作了规定，本案可以援引《民法典》第1164、1182条作为实体判决的依据，而不是引用《民法典》第179条（列举侵权责任方式的条文）作为实体判决依据。

（点评人：中国人民大学法学院教授、网络与信息法中心主任　张新宝）

第十二章 CHAPTER 12

判（裁）决执行案例

第一节 拒绝执行案例

铜川国际贸易中心拒不执行判决裁定案

【案情简介】2017年1月3日，申请执行人铜川市第三建筑工程有限公司依据已经发生法律效力的铜川仲裁委员会作出的［2015］铜仲裁决字第50号仲裁裁决书向铜川市中级人民法院申请强制执行，要求被执行人支付工程款1 797 281.66元、赔偿金625 146.96元、违约金647 021.40元、仲裁费26 226.60元，以上合计3 095 676.62元，并承担自裁决书生效之日起至裁决的全部给付义务完毕之日为止的加倍迟延履行期间的债务利息及本案执行费。

【执行情况】申请执行人：铜川市第三建筑工程有限公司；被执行人：铜川国际贸易中心有限公司，法定代表人：李某全，该公司董事长；执行法院：铜川市中级人民法院。执行过程中，被执行人铜川国际贸易中心有限公司未按执行通知书规定的期限履行生效法律文书确定的义务，拒不申报财产状况，并停止对外营业，规避执行。法院对被执行人逾期报告、拒绝报告依法作出罚款决定，对其单位及法定代表人分别罚款60万元、6万元，罚款决定生效后，被执行人及其法定代表人未向铜川市中级人民法院缴纳罚款；法院于2017年3月30日将被执行人铜川国际贸易中心有限公司列入失信被执行人名单、对其单位及法定代表人限制消费；应申请执行人的申请，根据案件的实际情况，依法发出铜川市首份《悬赏执行公告》，并对公告悬赏取得的财产线索进行了落实且采取了冻结措施，因第三人不认可该债权，法院引导相关当事人通过诉讼程序解决与第三人的争议；在对被执行人铜川国际贸易中心有限公司财务室的搜查中，查实该公司以其会计常某某的名义在中国建设银行铜川市支行营业部开设公司账号，隐藏公司财产；其法定代表人李某全占用公司资金拒不归还。因被执行人铜川国际贸易中心有限公司在执行中隐藏公司财产，涉嫌构成拒不执行判决、裁定罪，依照《民事诉讼法》第111条第1款第（六）项、《最高人民法院关于适用〈中华人民共和国民事诉讼法〉的解释》第188条第（一）项之规定，2018年8月1日，执行法院将该案移送铜川市公安局，2018年8月8日，铜川市公安局新区分局作出新公（刑）立字［2018］74号立案决定书，对被执行人铜川国际贸易中心有限公司的法定代表人李某全拒不执行法院判决、裁定案立案侦查，迫于强大的执行威慑，被执行人的法定代表人李某全写出《承诺书》，承诺在2018年底前履行完毕，已履行36万余元。

【典型意义】①生效判决、裁定确定的义务应自觉履行，任何无视法律权威的拒不执行判决、裁定行为，最终都会受到法律的严惩。依法打击拒执犯罪已经成为法院系统"解决执行难"工作的重要法律手段之一。②社会上，很多被执行人存在着能拖一天是一天是的"老赖思维"，甚至认为自己有理，不服已经败诉的生效判决，认为自己拒不执行法院判决的行为并不违法。2020年11月中旬，网络视频新闻中看到北京朝阳区某女士卖房毁约被判败诉，拒绝搬出房屋，面对强执的法警怒斥："我一不偷，二不抢，违了什么法？犯了什么罪？"执行女法警严肃地告诉她："你拒不执行法院判决就是犯罪！"此时，被执行人才晓得拒不执行法院判决真的是一种犯罪行为。

王某建拒不执行判决、裁定案

【案情简介】2016年，广汉市人民法院一审认为，被告人王某建明知其管理、使用的德阳建英机械厂所有的机械设备已被法院查封扣押，在所涉民事案件已进入执行程序后，擅自变卖以上财产，致使人民法院已生效判决无法执行，情节严重，其行为已构成拒不执行判决、裁定罪。被告人王某建案发后能够主动到案，并如实供述自己的罪行，属于自首，可以从轻或减轻处罚，遂依法以拒不执行判决、裁定罪判处被告人王某建有期徒刑2年。一审宣判后，王某建不服，向德阳市中级人民法院提起上诉。德阳市中级人民法院二审裁定，驳回上诉，维持原判。

【案例点评】①2015 年 7 月出台的《最高人民法院关于审理拒不执行判决、裁定刑事案件适用法律若干问题的解释》从入罪标准、诉讼程序等方面对拒不执行判决、裁定刑事案件相关问题进行了详细的规定，对充分发挥刑罚功能，解决"执行难"问题提供了法律适用标准。近年来，人民法院采取了一系列有效措施来解决困扰司法实践多年的民商事案件"执行难"问题，并取得了显著的成效。其中一个有效且重要的措施就是利用刑法手段对那些有能力执行，但故意逃避执行义务的人予以制裁。②本案的判决，不仅充分彰显了人民法院在解决"执行难"问题上的决心和信心，而且也极大震慑了那些故意逃避法院执行的被执行人，为彻底解决"执行难"问题创造了良好的社会氛围。③对拒绝执行判决、裁定罪涉案人判刑收监，是对其他拒执罪行为人最好的警示案例，以案普法，以儆效尤。

第二节　二次申请执行案例

执行程序中当事人撤回申请后二次申请执行权案

【案情简介】2011 年 7 月，某律所接到一个代理申请执行的案件。张某新拖欠李某波借款 10 万元，经法院判决，张某新拒绝按照判决书确定的期限还款，李某波申请法院强制执行。在执行过程中，双方私下达成协议，张某新承诺只要李某波撤回强制执行申请，他便在一个月内支付全部借款，李某波向法院提出撤回申请，并经法院同意。后张某新未按承诺归还借款。李某波又到法院申请强制执行（在法律规定的申请执行期限内），对李某波的申请是否受理，当时法院有两种不同意见：一种意见认为，根据一事不再理原则，李某波在向法院撤回强制执行申请后，视为放弃了自己的强制执行申请权，其债权不应再得到法律保护，不应受理此申请，故应裁定不予受理。另一种意见认为，《民事诉讼法》第 219 条规定的执行期限为除权期限，只要当事人在上述期限内没有提出申请，当事人的权利就不再受司法途径保护，且该期限不适用中止、中断的规定。该条的规定与诉讼时效的规定意义相近。但对于当事人在执行程序中撤回执行申请后，并在执行期限内再次申请执行的权利应否得到保护问题，法律没有规定，但根据法理精神，以及"法无禁止即可行"的原则，对于李某波的申请应立案受理，这也更能保护债权人的合法权益。后来法院决定受理当事人的二次申请执行。

【案例点评】笔者认可第二种意见。在诉讼中，当事人为了实现自己的权益，往往在对方承诺同意履行义务后，采取撤诉来表示诚意，但并不由此丧失再次起诉的权益。在执行程序中，当事人的申请执行权虽为除权期限，但法律并没有规定在这一期限内不准许再次申请执行。如果剥夺当事人的再次执行权，是有失公平的，不利于社会秩序的稳定。故法院受理当事人的二次执行申请是正确的。

第三节　没有执行能力案例

被执行人无履行判决能力

【基本案情】张某宇、王某华（王某明之子）、王某（王某国之子）均系东坡矿校六年级一班学生、未成年人。2014 年 3 月 29 日上午，三人相约去东坡石矸山后山湖边钓鱼、烤鱼，在去钓鱼之前张某宇从东坡煤矿王某华所居住三户区单元楼 20 号楼 4 单元楼梯间平台入户雨篷二楼窗口外提取汽油一壶，并将汽油交给王某，王某去路边商店购买打火机一个，后三人一同前往石矸山后山。中途，其同学杨某因寻找其玩伴未果偶遇张某宇三人，后与张某宇三人一起玩耍。四人在玩耍过程中，王某华将汽油壶中的部分汽油倒入其在湖边捡的塑料瓶中，后又将塑料瓶中的汽油倒在旁边杂草上，并用王某所买的打火机点燃，由于汽油壶离起火点不足一米，加之刮风影响，导致火迅速蔓延致旁边汽油壶处，并引燃汽油壶，其后张某宇等人一起准备灭火，张某宇欲用脚将着火的油壶踩灭，但由于其灭火方式不当，在踢开油壶时，着火的汽油引燃其衣物，致其衣物瞬间着火并导致全身多处烧伤。随后，在其玩伴及附近工作工人的帮助下获救，后王某华母亲蔡某赶到现场，见况后拨打 120 急救电话，随后 120 急救车将张某宇送往铜川矿务局中心医院救治；但由于其伤势过重，又被送往第四军医大学西京医院救治，经该院诊断为：火焰烧伤 60%二至三度全身多处。后法院判决原告张某宇因此次事故造成的损失共计 525 883.10 元，由被告王某华、监护人王某明承担 210 353 元，由被告王某、监护人王某国承担 105 176 元，剩余部分由原告自行承担。

【执行情况】张某宇与王某华、王某明、王某、王某国健康权纠纷案；

申请执行人：张某宇；被执行人：王某华、王某明、王某、王某国；执行法院：铜川市印台区人民法院。本案在执行过程中，经查明，被执行人王某华、王某系在校学生，无履行能力，其监护人王某明、王某国系东坡煤矿职工，本院于 2015 年 8 月 20 日在东坡煤矿扣留王某明、王某国工资各每月 800 元。另外，法院对被执行人所有的房屋和车辆进行查询后，仅发现被执行人王某国有一辆隆鑫牌普通摩托车，再未发现有其他可供执行的财产。近几年，由于煤炭市场疲软，榆林市煤矿普遍效益较差，被执行人所在的东坡煤矿工资仅发至 2015 年 12 月，被执行人工资收入不到 2000 元，履行能力有限。但由于张某宇前期治疗费用已花去 15 万元，其母亲去向不明，其父也去西安打工，张某宇由爷爷奶奶照顾，在蒲城上学，因其烧伤严重，在学校备受同学歧视，且其继续治疗仍需大笔费用，鉴于此情况，法院于 2016 年 5 月 3 日就张某宇一案向市政法委进行了汇报，并倡议对其进行了捐款，后全市政法系统共计筹得款项近 15 万元，使得张某宇得到了及时治疗。现被执行人王某明在印台区东坡煤矿工作，王某国在榆林市横山县煤矿工作，二人均以工资收入为生活来源，法院尚在依法执行王某明、王某国的工资收入。

【典型意义】本案中，申请执行人因该事故导致身体重度烧伤，急需大额医疗费用，其家庭已无力负担，而被执行人履行能力有限，致使本案不能顺利执结。因该案申请执行人事发时年仅 12 岁，如不能及时治疗对其后续身体发育将带来无法预测的影响，市政法委号召全市政法干警进行捐款，共计筹得款项近 15 万元，使得张某宇得到了及时治疗。该案的处理体现了中国特色社会主义司法制度的人文关怀。

第四节　执行转破产案例

担保案执行中移送破产程序

【基本案情】铜川市中小企业融资担保有限公司与铜川市健良畜牧养殖有限责任公司、铜川市齐天乳业有限责任公司、杨某反担保合同纠纷一案，铜川仲裁委员会于 2015 年 12 月 30 日作出的 [2015] 铜裁字第 52 号裁决已经发生法律效力。铜川市中级人民法院于 2016 年 4 月 12 日立案执行，执行标的 2 046 756 元。

【执行情况】铜川市齐天乳业有限责任公司执行转破产案；申请执行人：铜川市中小企业融资担保有限公司；被执行人：铜川市健良畜牧养殖有限责任公司、铜川市齐天乳业有限责任公司、杨某；执行法院：铜川市中级人民法院。执行过程中，2016 年 4 月 20 日向被执行人发出执行通知，责令铜川市健良畜牧养殖有限责任公司向铜川市中小企业融资担保有限公司支付代偿款2 046 756元，铜川市齐天乳业有限责任公司、杨某负担连带清偿责任。但被执行人未按期履行义务。经查，铜川市健良畜牧养殖有限责任公司、杨某无银行存款、车辆、房屋和土地使用权等财产信息。执行法院依法查封被执行人铜川市齐天乳业有限责任公司的房产、土地使用权以及机器设备和其他附属设施，并对查封的财产依法进行了评估。经司法拍卖网络平台上进行了公开拍卖，因无人竞买而流拍。2017 年 7 月 12 日，铜川市齐天乳业有限责任公司向本院书面申请该公司破产，执行法院审查后决定该案移送破产程序，并裁定中止对铜川市齐天乳业有限责任公司的执行。2017 年 8 月 8 日，法院裁定受理铜川市齐天乳业有限责任公司破产清算申请。

【典型意义】经调查，本案被执行人无经营资金、无营业场所和企业管理机构、人员下落不明，其财产不足以清偿债务，有关当事人申请移送破产审查，执行法院经审查认为符合执行转破产移送审查条件，及时启动移送工作。执行中充分运用破产相关法律规定，执行转破产，依法保护各方权利人的合法权益，是人民法院服务经济社会的重要措施之一。

第五节　被执行人失信案例

老赖家中暗藏"珍宝馆"

【案情简介】江苏省淮安开发区法院在对一起执行案件的涉案房屋进行入室询价评估时，没能见到被执行人，却意外搜出了两支违法枪支。当事人卢某因民间借贷欠债不还，被淮安开发区法院列为失信被执行人，其名下的一处房产也被法院依法扣押。当天，执行法官依法对该处房屋进行司法拍卖前的入室询价评估。执行法官发现，有一间房间竟是卢某家中的"珍宝馆"，里面不仅藏有大量工艺品、邮票、人参，还有众多的产权证等物品。目前，非法枪支已被移交给当地公安机关，该处房产也被法院依法查封，即将进行司法拍卖。

【案例点评】①本案的被执行人不履行法院判决，法院对涉案房屋进行入室询价评估时，却意外搜出了两支违法枪支。将非法枪支移交给当地公安机关，法院依法查封并将进行司法拍卖房产的做法符合法律规定。②诉讼中败诉的当事人，故意拖延和不执行法院判决，企图隐匿财产，蒙混过关，属于法律层面而不仅仅是道德层面的不诚信，必然要受到法律的惩罚。③中国社会虽然可以宽容自然人的错误，但是不能姑息"老赖"的不诚信行为。整个中国社会应该形成对老赖"人人喊打"的法律文化氛围，让老赖无处藏身。④本案的被执行人在被执行过程中发现有其他犯罪行为，比如私藏枪支，可以移送逮捕，追究其刑事责任。根据《刑法》第 128 条第 1 款的规定，其罪名为非法持有、私藏枪支、弹药罪。

银行欠企业钱成"老赖"

【案情简介】Z 行某分行因"有能力而拒不履行生效法律文书"，于 2020 年 3 月 2 月被辽宁省调兵山市人民法院列为失信被执行人。2013 年 5 月 24 日，辽宁海×公司以所谓总价值 7000 万元的半成品、成品油作质押，获得 Z 行某分行 5000 万元授信。但事实上，双方未履行办理质押登记的手续，辽宁海×公司也未将质押物交付 Z 行某分行。蹊跷的是，辽宁海某公司仍顺利获得贷款。2014 年 6 月，因授信未收回，Z 行某分行提起诉讼。

【执行情况】在法院执行阶段，该行以流拍价 770.064 万元接收辽宁海×公司被查封的 3329.84 吨库存油品（油水混合物，主要是废油）。而辽宁海×公司还拖欠其他银行贷款，其固定资产被辽宁嘉×石化科技有限公司拍走。因 Z 行某分行一直未处置前述库存油品，2016 年 3 月，辽宁嘉×石化科技有限公司起诉 Z 行某分行，要求其赔偿仓储费及利息等，获一审、二审法院支持。二审判决一年半后，Z 行某分行因迟迟未执行该判决被公布成为"老赖"。按铁岭市中级人民法院判决确定的仓储费用标准计算，Z 行某分行需赔偿近 1500 万元。

【案例警示】本案中，Z 行某分行有以下失误导致巨额经济损失：①对辽宁海某公司所谓总价值 7000 万元的半成品、成品油作质押，没有进行尽职调查，质押产品实际价值远远低于申请借款公司自己申报的价值；导致后来质押物拍卖时流拍，银行只能按 770 万元（相当于原来贷款申请时自我评估价值的 10%）接收；②双方未履行办理质押登记的手续，辽宁海×公司居然顺利获得了 Z 行某分行 5000 万元的授信。③辽宁海×公司的质押物是 3300 多吨库存油品（油水混合物，主要是废油），区行某分行行以流拍价 770 多万元接收辽宁海×公司被查封的库存废油，用来抵偿拖欠银行的贷款，但是贷款公司的固定资产被辽宁一家石化公司拍走。银行拿到 3300 多吨废油不尽快处理掉，还要给辽宁这家石化公司支付仓储费。最后，银行带出去的 5000 万元"打水漂"，拍卖拿回来的 770 多万元的废油没有人要，几年下来光仓储费就高达 1500 万元。银行因为不作为导致净损失 7000 多万元，还被列入被执行人名单，成为"老赖"和"冤大头"。④此案例在国有商业银行非常罕见，应该依法追究银行相关责任人不作为（签订、履行合同失职被骗罪）导致国有资产流失的法律责任。签订、履行合同失职被骗罪是指国有公司、企业、事业单位直接负责的主管人员，在签订、履行合同过程中，因严重不负责任而被诈骗，致使国家利益遭受重大损失的行为。

被执行人的唯一住房也可拍卖偿债

【案情简介】2008 年 7 月，刘某因生意周转急需资金，向朋友张某借了现金 20 万元，同时以其位于市区中心地段的一套 140 平方米的三室两厅居住用房作为抵押，并办理了抵押登记手续。借期届满后，刘某因经营亏损，未能偿还。后张某起诉到法院获得支持，案件随之进入执行程序，法院将刘某的房产予以查封。

【案例点评】依据 2008 年《最高人民法院关于人民法院民事执行中查封、扣押、冻结财产的规定》第 6 条之规定，被执行人及其所扶养家属生活所必需的居住房屋，法院可以查封，但不得拍卖、变卖或者抵债。因此，过去多数法院一般是不执行债务人正在居住的唯一房产。但是，最高人民法院出台新的规定后，可以拍卖被执行人抵押的唯一住房，只是需要法院在拍卖房款中给被执行人留下一段时间（一般为半年）的住房租金即可。法律上应当允许对设定抵押的房屋予以执行。理由如下：①有抵押担保的债权比普通债权的安全性更高。无论是诉讼程序还是执行程序都应当尽可能地维护和实现有抵押担保的债权，这是维护社会交易秩序和交易安全的需要。与没有权利负担的房屋相比，已经设定抵押的房屋，该房屋作为债权实现的一种保证。因此，为了公平保护申请执行人的利益，应当允许对设定抵押的房屋予以执行。②根据《最高人民法院关于人民法院执行设定抵押的房屋的规定》（已失效）的相关精神，被执行人的财产只有一处已设定抵押的房屋时，人民法院在执行中可以"以小换大、小差换好、以远换近，但不能从有到无。从本案的情况来看，被执行人在中心城区的 140 平方米的房产，完全超出了其生活"必需"住房需要，法院可以采取变通的方式，进行"以小换大、小差换好"的模式操作。③《最高人民法院关于人民法院执行设定抵押的房屋的规定》（已失效）规定，法院在裁定拍卖、变卖或者抵债后，应当给予被执行人 6 个月的宽限期。该 6 个月的宽限期对当事人需求临时住房提供了法律保障。

第六节　执行监督案例

执行监督案例

【案情简介】1993 年 6 月，王某向某市农村合作基金会借款 16 万元。王某冒用罗某、罗某光的名义将两人的房产为该借款进行担保。后王某未按期归还借款，基金会诉至法院。法院在罗某、罗某光未参加诉讼的情况下，主持基金会与王某达成调解协议，由王某等偿还基金会贷款。法院在执行中直接认定罗某、罗某光的房产为抵押财产，并将其查封变卖。罗某、罗某光在法院执行中始知房产被处置，遂向检察机关反映。

【监督过程】检察机关认为法院未经法定程序将案外人罗某、罗某光的房产认定为抵押财产，并予以查封变卖，违反法律规定。该案先后由基层人民检察院、地市级人民检察院向同级人民法院提出监督意见，但两级人民法院均未纠正。2015 年 8 月，省人民检察院再次向法院提出检察建议。2017 年 3 月，法院采纳了检察机关意见，并作出国家赔偿决定，向罗某等人支付赔偿金 80 万元。该案属于执行违法，严重侵犯案外人合法权益。历经三级检察机关接力监督，最终得以纠正。本案的成功办理，充分表明跟进监督制度对保障监督效力、彰显检察建议刚性具有重要作用。

【案例点评】我国司法制度设计，从开始就考虑到法院与检察院的职权分工和制约。检察院可以通过监督纠正法院审判中的错误，也可以通过执行监督程序纠正法院在执行环节的错误。法院最终采纳检察院的监督建议，维护了本案当事人的合法权益，确保了司法公正的实现。

执行人员违法行为监督案

【案情简介】某区人民检察院在办理一起民间借贷纠纷案时，就主审法官丁某违反回避规定事宜，向区人民法院发出审判违法监督检察建议，但区人民法院以书记员笔误为由作出回复。市人民检察院决定对该案跟进监督。经调查核实，发现本案与丁某的父亲丁某作（区人民法院原副院长）之前办理的一起支付令案件有关，本案系丁某作为实现上述案件当事人给予10万元好处费的许诺，而以丁某母亲名义提起的虚假诉讼。

【处理结果】检察机关遂对丁某作立案侦查，丁某作被判处有期徒刑1年，缓刑1年6个月。后经继续深入调查，又发现其他5名审判人员存在违法审判的问题，相关人员均受到了党纪、政纪处分。原民间借贷纠纷案也在检察机关发出再审检察建议后得以改判。

【案例点评】本案涉及国家公职人员职务犯罪。按照现在的分工属于监察委管辖的案件，当时属于检察院管辖。不过，涉及司法人员的违法犯罪，检察机关依然有监督权。

监督维权案例

第一节　公安监督案例

一起交通事故为何出现六次责任认定

【案情简介】某日，徐某某驾一大货车与张某所驾微型车在一岔路口相撞，致张某当场死亡。某县交警大队经调查取证后作出责任认定，在这起重大交通事故中徐某某负主要责任、张某负次要责任。张某的父亲对县交警大队作出的责任认定不服，向市交警支队申请重新认定。市交警支队经复议后作出维持交警大队责任认定的决定，张某的父亲仍不服，并向有关部门上访。此后，省公安厅责令省交警总队对本案进行调查处理。交警总队调阅该案重新审查后，作出了撤销市交警支队及其下属大队相关责任认定的决定，并责令由某县交警大队重新进行责任认定。据此，县交警大队重新作出责任认定：徐某某负全部责任、张某不负责任。徐某某不服此责任认定，依法向人民法院提起行政诉讼。本案经某县人民法院开庭审理，法院判决撤销了县交警大队作出的《道路交通事故责任认定书》，并判令交警大队重新进行责任认定。对此判决，徐某某和张某的父亲均表示不服，双方均向市中级人民法院提起上诉。本案经某市中级人民法院二审，作出驳回上诉维持原判的处理。

【案例点评】本案最值得关注的是，当事人对交警队事故认定结论不认同，第二次鉴定结论再不认同，就应该注重听证会，利用公开摆事实、讲道理、讲法律的听证会形式，通过听证会各方充分说理、举证，作出听证会纪要。最后再根据纪要作出符合客观事实和能够被当事人接受的结论。一次事故做六次结论，将来诉讼举证也会带来证据采信困难的问题。

第二节　检察院监督案例

张某中诈骗、单位行贿案再审宣判无罪

【案情简介】2018 年 1 月下旬，最高人民法院对原审被告人张某中诈骗、单位行贿、挪用资金案决定再审后，最高人民检察院高度重视，成立专门办案组，依法对张某中案同步进行审查，履行法律监督职责。

【监督改判】最高人民检察院成立专门办案组对张某中案同步审查监督，张某中被改判无罪。最高人民检察院办案组在认真审查案卷材料、调查核实证据的基础上，坚持客观公正立场，以事实为根据，以法律为准绳，依法对张某中案提出检察意见，与最高人民法院共同维护当事人合法权益，维护司法公正和法治权威。2018 年 5 月 31 日，最高人民法院对原审被告人张某中诈骗、单位行贿、挪用资金再审一案进行公开宣判，撤销原审判决，改判张某中无罪，同时改判原审同案被告人张某春、原审同案被告单位物×控股集团有限公司无罪，原判已执行的罚金及追缴的财产，依法予以返还。再审中，最高人民检察院指派 4 名检察员出庭履职，他们认为，原判适用法律错误，导致定罪量刑错误，建议依法改判张某中、张某春、物×控股集团有限公司无罪。

裁判结果监督案例

【案情简介】某工贸公司与某实业公司欠付货款纠纷抗诉案。某工贸公司因某科技公司欠付货款提起诉讼，法院于 2006 年 9 月作出民事判决，判令某科技公司给付货款 9 万余元。2007 年 10 月，工商行政管理部门对某科技公司作出吊销营业执照的处罚。某实业公司作为某科技公司的股东之一，未对某科技公司进行清算。某科技公司下落不明，无财产可供执行。2008 年 7 月，某工贸公司以某科技公司被吊销营业执照后，某实业公司作为股东未依法组织清算，应当承担赔偿责任为由，请求判令某实业公司赔偿货款、诉讼费及利息。一审法院认为，某实业公司作为某科技公司的股东，应当在某科技公司被吊销营业执照之日起 15 日内成立清算组开始清算，虽然某实业公司未履

行上述义务，但某工贸公司未提交证据证明某实业公司怠于履行清算义务造成了公司财产的贬值、流失、损毁或者灭失，故判决驳回某工贸公司的诉讼请求。该案经中级人民法院二审、高级人民法院再审，均以同样理由未予支持某工贸公司的诉讼请求。

【监督过程】某工贸公司向检察机关申请监督。检察机关经审查后依法向法院提出抗诉，抗诉理由主要为：第一，某实业公司存在怠于履行法律规定的清算义务的行为。某实业公司作为占公司出资额 60% 的股东，在某科技公司被吊销营业执照后，未在法律规定的期限内成立清算组对公司进行清算。第二，某实业公司怠于履行清算义务的行为导致已无法进行清算，某科技公司的所有财产、账册、重要文件等均下落不明。第三，由于某科技公司下落不明，致使某工贸公司对某科技公司的债权无法得到清偿。综上，债权人某工贸公司依法要求某实业公司承担清偿责任，具有事实和法律依据。法院进行再审后，采纳了检察机关的抗诉意见，判决某实业公司对某科技公司的债务承担清偿责任。该案通过检察机关的抗诉，进一步明确了有限责任公司股东清偿责任的性质及构成要件的认定标准，对实践中如何正确理解和适用股东清偿责任的法律条文具有指导意义。

虚假诉讼监督案例

【案情简介】王某福等人"以房抵债"系列虚假诉讼案。2014 年初，某地法院将系列"以房抵债"涉嫌虚假诉讼的材料移送检察机关。检察机关审查查明：2012 年初，某商业咨询有限公司经理王某军因与某市法院法官王某福、王某江、周某峰很熟，遂从房屋中介公司收集大量购买二套商品房委托办理过户的信息，与法律工作者周某串通，共同伪造了借款协议、委托代理书、调解协议以及证明该市法院有管辖权的证明资料等全套材料，于 2012 年 9 月至 2013 年 11 月，分别以原被告诉讼代理人身份，向该市法院申请司法确认。王某军明确告知三名法官上述诉讼材料均系伪造及申请司法确认的目的。王某福、王某江在未办理受理立案登记、未经审理的情况下，直接套用其他案件的案号或虚设案号制作民事调解书 60 份；周某峰在办理受理登记后制作 18 份调解书，私自加盖院印后，交给王某军到外省市某区帮助 78 户二套房购买人办理了房产过户登记。2013 年 6 月，该区住建委要求提供法院民事判决书且由法院执行才能办理过户。应王某军的要求，王某福、王某江套用其他案件案号或虚设案号，伪造 13 份民事判决书、13 份执行裁定书，私自加盖院印，与司法警察施某民一起到外省市办理了 13 套房屋产权过户。王某福、王某江、施某民接受王某军吃请、提供的免费旅游等服务，王某福收受王某军贿赂 7 万元。取得办证的买房人分别给王某军各 5 万元感谢费。

【检查监督】检察机关分别以涉嫌民事枉法裁判罪和受贿罪、玩忽职守罪、滥用职权罪等对王某福等 5 人立案侦查，5 人均受到刑事处罚。2014 年 5 月，某市人民检察院向该市人民法院发出检察建议，建议撤销 78 份虚假调解书；针对 13 件虚假判决书的执行发送检察建议，建议撤销执行裁定。检察机关对 13 份虚假民事判决提出了抗诉。

【案例点评】近年来，虚假诉讼案件有增多趋势，检察院通过监督程序可以纠正虚假诉讼产生的不利后果，维护当事人合法合理诉求和帮助其挽回经济损失。

虚假仲裁监督案例

【案情简介】王某兴等 13 人与某茶业公司劳动争议纠纷虚假仲裁案。某茶业公司因欠债权人巨额债务，其厂房和土地被法院拍卖，拍卖款被冻结并拟向债权人进行分配。王某兴获悉后，为向该公司原法定代表人王某贵索回其个人借款 33.9 万余元，与公司现法定代表人王某福（系王某贵之子）商议，共同编造该公司拖欠王某兴及其亲戚等 13 人劳动工资共计 41.4 万余元的书面材料，并向劳动人事争议仲裁委员会申请劳动仲裁。仲裁员曾某明知该 13 人不是公司员工并且不存在拖欠工资情形，仍作出仲裁调解书，确认某茶业公司应当支付给王某兴等 13 人拖欠的工资款。随后，王某兴以该仲裁调解书向法院申请执行。法院裁定查封、冻结某茶业公司的财产，并拟将上述工资债权作为优先债权予以分配。

【检查监督】检察机关在虚假诉讼专项监督活动中发现该案线索，在查清相关事实后，分别向劳动人事争议仲裁委员会、法院提出检察建议，建议撤销仲裁调解书、终结该案执行。同时，将王某兴、王某福涉嫌虚假诉讼犯罪线索移送公安机关。劳动人事争议仲裁委员会采纳检察建议撤销了仲裁调解书，法院采纳检察建议裁定对本案终结执行。王某兴、王某福分别被追究刑事责任。

【案例点评】如果此案检察机关没有进行检查监督，法院对 13 人虚假的劳动仲裁将进入执行阶段，势必给被执行企业带来巨大的经济损失。

第三节　法院审判监督案例

违建各利益方不享有合法诉权

【案情简介】2005 年，实业公司与沈某签订合作协议，约定沈某出资，在实业公司提供的国有工业用地上合建房屋。2011 年，该工程未能取得建设工程规划许可证及施工许可证，实业公司起诉要求解除合同并返还土地及房屋，沈某反诉诉请双倍返还定金并赔偿损失。第三人开发公司以其与实业公司签订合作协议、完成了建房工作为由，诉请继续履行。法院释明合同无效后，各方分别变更诉请为返还或分割相关土地或房屋。

【法院审理】法院认为，房地产项目利益是一个集合概念，一般包括房屋所涉物权、对应的土地使用权、项目利润等权益。未经依法批准、未取得建设工程规划许可证，或擅自变更工程规划而建造的建筑，属违法建筑。违法建筑所涉房地产项目利益本质上属非法利益，非法利益不受法律保护，不宜列为民事诉讼标的，相关利益方亦不享有合法诉权。对违法建筑所涉房地产项目利益纠纷，应以行政权处置为先，司法权处置为后，以防通过司法程序将非法利益"洗白"。2005 年《最高人民法院关于审理涉及国有土地使用权合同纠纷案件适用法律问题的解释》第 19 条规定："在下列情形下，合作开发房地产合同的当事人请求分配房地产项目利益的，不予受理；已经受理的，驳回起诉：（一）依法需经批准的房地产建设项目未经有批准权的人民政府主管部门批准；（二）房地产建设项目未取得建设工程规划许可证；（三）擅自变更建设工程规划。因当事人隐瞒建设工程规划变更的事实所造成的损失，由当事人按照过错承担。"依该规定，适用该条文需同时具备两个条件：一是符合该司法解释条文规定的三种情形之一；二是合作开发房地产合同当事人提出分配房地产项目利益诉请。本案中，涉案房地产未经有批准权的政府主管部门批准，亦未取得建设工程规划许可证，无论合作开发房地产合同效力如何，只要当事人请求分配该合同项下房地产项目利益，则依前述规定，不予受理，已受理的，驳回起诉。本案在诉讼过程中，在涉案合同被一审法院释明为无效的情况下，实业公司变更诉讼请求为判令沈某返还被占用的土地和地上附着物。由于涉案房地产项目的土地和地上附着物已通过合作开发转化为合同项下房地产利益，不因合建合同效力而受影响，故对当事人诉请分配房地产项目利益，应予驳回。开发公司作为第三人加入到实业公司与沈某之间的诉讼中来，在本诉已受理但应驳回起诉的情况下，开发公司加入该诉亦即缺乏基础。同时，本案申请抗诉的当事人是实业公司而非开发公司，且本案并不直接涉及国家利益或社会公共利益，检察机关抗诉支持开发公司部分请求，亦缺乏事实和法律依据。而且，开发公司请求实业公司归还 200 万元定金以及请求确认合同一方主体变更成沈某的条款无效问题，从表面上看并非直接要求分配房地产利益，但结合该公司的三个诉讼请求来看，该公司的最终目的亦系试图分配该房地产利益，故亦应驳回当事人起诉。本案所涉房地产待有关行政机关作出处理后，当事人对相关利益分配或赔偿事宜仍有争议的，可另行向法院提起诉讼。判决驳回实业公司起诉，驳回沈某反诉，驳回开发公司起诉。

【案例点评】未经依法批准、未取得建设工程规划许可证的违法建筑所涉房地产项目利益不受法律保护，不宜列为民事诉讼标的，相关利益方亦不享有合法诉权。

养殖合同纠纷

【案情简介】1996 年，某县政府实施惠民工程，由工作组与实业公司签订肉鸡联合饲养协议，某乡政府及为此项目专门成立、未办工商登记的养殖公司据此分别与实业公司签订款项管理协议。实施过程中，37 户农户利用乡政府作贷款人、实业公司作担保的贷款建鸡舍、买鸡苗、赊饲料、售成鸡。2000 年，因东南亚危机，工程无法继续进行。乡政府诉请判令实业公司给付结算款及逾期付款违约金、服务费、劳务费。37 户农户以有独立请求权第三人身份申请加入诉讼。

【法院审理】法院认为，①本案所涉三份协议包含承揽、委托结算、买卖等内容，属多种法律关系交织的无名合同，为便于案件审理，可将案涉三份协议统称为养殖合同。②从三份协议涉及多个主体权利义务来看，政府与实业公司系养殖合同签订者，但从协议履行情况看，养殖合同的主要权利义务主体系农户、实业公司、政府，农户系养殖合同实际履行者。当年采取的"公司+农户"经营模式，说明政府、农户是养殖合同一方主体，实业公司系另一方主体，政府系农户与实业公司合作平台，主要作用是提供服务。③考虑到东南亚危机导致履行合同情势变化，以及实业公司在履行合同过程中亦遭受了一定损失，从平衡各方利益的角度出发，对原告诉请实业公司承担逾期付款违约金请求不予支持。乡政府与实业公司协议无服务费、劳务费约定，且政府实施惠民工程的出发点是搭台让农户与实业公司合作，非为获取利益，故对乡政府诉请实业公司给付服务费、劳务费请求不予支持。依据法院组织的对账结果，判决实业公司给付养殖合同一方主体（政府+农户）欠款190万余元，该款由乡政府按协议约定和实际履行情况负责与农户进行结算。

【案例点评】当事人之间签订的多份协议包含多种法律关系，其对权利义务主体的认定应从合同签订、实际履行等情况综合判定。

第四节 公安执法案例

民警人性化执法

【案情简介】2020年8月，在视频媒体上，流传着一个真实的执法案例。江苏省某地的两个民警带走因吸毒违法的嫌疑人时"不露声色"，将手铐用衣服遮挡住嫌疑人的双手，故意不让他6岁的女儿看到爸爸被警察带走的场景，担心给孩子心理上留下阴影。小女孩不清楚发生了什么事，爸爸"体面地"被带走时对她说："爸爸和叔叔有事出去了，你在家照顾好自己。"女儿和爸爸说再见，和平时的表情一样自然。

【点评】①此案例充分体现了办案民警人性化的文明执法，以免当着小女孩的面把她父亲用手铐押走，给孩子幼小的心灵造成难以治愈的创伤，为民警的行为点赞。②由文明执法案例，联想到野蛮执法案例。比如，2019年网络流传的南方某地交警街头执法，因为车主违规停车，警察规劝，女车主不听，并且和警察推搡理论，警察不顾女车主怀里抱着一个幼女，把妇女摁倒在地，孩子被扔出两米远，被过路的一位老大爷抱起来。很多人看到这个视频，都会愤怒抨击警察的野蛮执法行为。又如，据媒体报道，东北某地，两个省级监察委的干部在省会司法部门上百人的开会现场，把一名正坐在第一排开会的领导直接带走了。当时引发很多在场的人猜测和人心惶惶。虽然这种做法并不违法，但是不够"人性化"，是没有给当事人"面子"，可以趁他上厕所或者散会时带走，也可以给他发信息，让他自己出来跟着办案人员走。总之现场带走的做法欠妥。对比以上不同的警察执法案例，文明执法、人性化执法，会受到老百姓的赞扬；而野蛮执法，会遭到老百姓的严厉斥责乃至唾骂。

企业法律风险案例

第一节 法务人员知法犯法案例

郑某职务侵占案

【案情简介】某公司法务部经理郑某，在帮助公司追讨客户货款时，骗取客户签名进而获得法院裁判文书，并侵吞了公司 150 余万元的财物。北京市第一中级人民法院终审以职务侵占罪判处郑某有期徒刑 8 年。

检察机关指控，2007 年至 2009 年间，郑某伪造客户授权委托书，将公司所有的一台日立牌 ZX330 型挖掘机据为己有，后用于出租牟利。经鉴定，该挖掘机价值 123 万余元。此外，2008 年至 2009 年间，郑某擅自截留公司两名客户所交货款共计 27.5 万元，后据为己有。据客户杨某的证言，2006 年 5 月，其购买挖掘机后，在 2007 年 8 月前累计支付了 90 多万元的货款。后因其还有部分货款未付，郑某在其不知情的情况下将挖掘机拖走。在他陆续支付了拖欠货款后，郑某答应将挖掘机还给他，并称正在办理返还挖掘机的手续，并以此让他在一张空白纸张的上下处分别签名。

原来，郑某在取得杨某的签名后，将这张空白纸张变成了一份授权委托书，并找来自己的朋友担任了杨某在诉讼中的代理人。但在拿到法院调解书后，郑某未将挖掘机交回公司。某公司总经理张某证实说，郑某私吞了收来的公款，私自将扣押的挖掘机运走，然后人消失得无影无踪。

调查显示，涉案挖掘机被运到了内蒙古自治区，并被郑某出租给他人使用。

【法院审理】法院认为，郑某通过法院诉讼从杨某处取得挖掘机，没有交回公司而是私自出租牟利，离职时也未交回公司，同时还将追回的货款截流。因此法院以职务侵占罪，判处郑某有期徒刑 8 年。郑某提出上诉，北京市第一中级人民法院驳回上诉维持原判。

第二节　财务造假案例

獐子岛财务造假涉嫌犯罪

【案情简介】在中国资本市场，广为流传的第一"妖股"獐子岛（深市 002069），堪称一部又臭又长的肥皂剧；随着证监会启用高科技手段——北斗导航卫星对獐子岛进行全方位侦查之后，终于破解了獐子岛"扇贝之谜"。这部在中国股市持续"作妖"的"连续剧"终于落下帷幕。

"扇贝跑路" 1.0 版：2014 年 10 月，獐子岛突发公告，声称 2011 年与 2012 年底的渤海海域虾夷扇贝，因冷水团异动导致近乎绝收，因此巨亏 8.12 亿元。

"扇贝饿死" 2.0 版：2018 年 1 月，獐子岛再次突发公告，声称 2017 年降水减少，导致饵料短缺，再加上海水温度异常，大量扇贝饿死，2017 年业绩不佳，巨亏了 7.23 亿。

"扇贝死亡" 3.0 版：2019 年 11 月，獐子岛因扇贝"突然死亡"再次收到深交所的关注函，而这已是獐子岛在 2019 年第 7 次被深交所点名。

根据证监会动用高科技手段"侦查"的结果披露：该公司每月虾夷扇贝成本结转的依据为当月捕捞区域，在无逐日采捕区域记录可以核验的情况下，证监会借助北斗卫星导航系统，对公司 27 条采捕船只的数百余万条海上航行定位数据进行分析，委托两家第三方专业机构运用计算机技术还原了采捕船只的真实航行轨迹，复原了该公司最近两年真实的采捕海域，进而确定实际采捕面积，并据此认定獐子岛公司多年来成本、营业外支出、利润等均存在财务数据虚假违规违法行为。

2020 年 6 月 15 日，证监会依法对獐子岛及相关人员涉嫌违反证券法律法规案作出行政处罚和市场禁入决定。证监会认定：獐子岛 2016 年虚增利润 1.3 亿元，占当期披露利润总额的 158%；2017 年虚减利润 2.8 亿元，占当期披露利润总额的 39%。2020 年 9 月 11 日，证监会再次发布公告称，根据《行政执法机关移送涉嫌犯罪案件的规定》，证监会决定将獐子岛及相关人员涉嫌证券犯罪案件依法移送公安机关侦查、追究涉案单位与违法犯罪行为人的刑事责任。

【案例点评】①獐子岛财务造假性质恶劣，影响极坏，严重破坏了中国资本市场的诚信基础，严重损害了市场公平性，股民需要根据上市公司发布的财务数据，决定是否进行该股票的交易，披露虚假信息容易误导投资人，严重损害广大投资人的利益。②证监会将獐子岛财务造假案件移交公安机关侦办，意图非常明确，那就是希望侦查机关拿到相关的证据，依据《刑法》追究涉嫌违法犯罪的单位和财务造假行为人的刑事责任。证监会移交案件的举措，向中国股市法治化管理释放一个重要信号，那就是将依法对上市公司造假的违法行为"零容忍"，着力构建行政处罚与刑事惩戒、民事赔偿无缝衔接的全方位立体式监管与法律追责体系。③通过对上市公司业绩造假追究刑事责任的案例传播，对其他上市公司财务数据如实披露环节具有以案说法的警示教育作用。同时对中国股市在阳光、透明、公平公正的法治环境下健康发展具有深远的意义。

（点评人：资深审计师、法务咨询师　赵燕）

企业用微信、 支付宝、 现金收款涉嫌构成逃税罪

【案件简介】广东珠海欣某家公司于 2016 年 1 月正式开始营业，公司总经理陈某林、曾某伶通过使用个人银行账户代替公司账户来接收营业收入的方式进行逃税。被告人陈某林、曾某伶在公司设立分别捆绑公司账户的 POS 机和捆绑周某等人私人账户的 POS 机，在客户刷卡付款时，被告人陈某林、曾某伶等人主要使用周某私人账户捆绑的 POS 机收取装修款。另外，还使用其他员工的私人账户、微信、支付宝、现金等方式收取客户装修款，上述收取的营业收入均不入公司账户。同时，陈某林外聘一名会计仅按照公司账户的少量入账来申报纳税。2016 年 1 月至 2017 年 1 月期间，经税务部门检查，欣某家公司逃避缴纳增值税人民币 184 989.06 元、城建税人民币 12 949.23 元，偷税额合计人民币 197 938.29 元，该公司 2016 年度偷税额占应纳税额的比例为 97.49%。最后公司法定代表人张某生，财务负责人曾某伶均被判有期徒刑 10 个月，并处以罚款。

【案件警示】①通过私户收款参与公司经营管理，可能导致企业内部财务混乱，公司资金脱离监管，引发职务犯罪。②企业营业收入不入账、不纳税，势必构成逃税罪风险。③国家取消企业银行账户许可，是为了提高企业银行开户的效率，缩短审批时间。但是与此同步，国家加强了对银行账户的资金管控，不要妄想用私户收款，形成一个闭环资金链，现在税务、银行全部共享信息合作，企业大额交易和可疑交易转账等违规行为很容易被税务查处。④国家将出台大额现金管理办法，企业 20 万元以上的转账将被纳入重点监控。

第三节　企业内部腐败案例

D 疆十亿"反腐"案落地：两人受贿 300 万元

【案情简介】2020 年 1 月 17 日《经济观察报》报道，深圳 D 疆创新科技公司（以下简称"D 疆公司"）公告了公司供应链贪腐事件。D 疆公司通过内部邮件给全体员工发布一则反腐败公告称，2018 年公司管理改革，意外发现在供应商引入决策链条中的研发人员、采购人员、品控人员存在大量的腐败行为，2018 年由于供应链贪腐导致平均采购价格超过合理水平 20% 以上，保守估计造成 10 亿元人民币的损失。公司其他体系中，也存在销售、行政、售后人员利用手中权力和流程漏洞腐败。截至公告之日，D 疆公司处理了涉嫌腐败和渎职的员工 45 人，其中涉及供应链腐败的有 26 人，销售、行政、售后和工厂人员 19 人。45 人中已有 16 人被移交司法处理，29 人被开除。

2020 年 5 月，"反腐风暴"有了最新进展。D 疆公司的两任采购经理，通过内外勾连，利用采购权力之便向供应商收回扣 300 余万元。直到案发时，案涉采购额高达 7500 余万元。由于公司采购端腐败，导致不少低价物料以高于市场合理价格水平 2 倍至 3 倍的价格向 D 疆公司出售。5 月 19 日，审判机构公布了公司两任采购经理的贪腐细节，贪腐长达两年，涉案人原采购经理伊某和吕某。伊某曾向供应商按照采购额的 5% 索要好处费，好处费通过原公司员工"宿某"个人银行账号转款给伊某个人银行账户。经查，2016 年 7 月至 2018 年 8 月间，共转账 3 626 788 元。吕某利用其在采购部的职务便利，使供应商销售额从原来平均每月 21.5 万元飙升至每月 364.8 万元。吕某先后多次向该供应商下单，采购额从每年 30 余万元升至每年 3000 余万元。吕某在获悉公司内部调查后，于 2018 年 8 月底主动提出了离职，意图逃脱惩处。不久，公司法务部向公安机关报案。2018 年 12 月 26 日，吕某在深圳被抓获。2019 年 1 月 10 日，另一涉案人伊某到公安机关接受调查。最终，两人都获得相应的处罚，由于获得 D 疆公司的谅解，伊某部分退赃并得到了轻判。

【案例点评】（1）D 疆公司腐败案例说明，企业供应链领域的腐败具有代表性。仅仅是 2018 年一个年度，该公司供应链腐败就导致了 10 亿元的损失。近年来，不仅是 D 疆公司，滴滴、美团、华为等科技企业，都被报道过反腐事件，内部腐败似乎难以遏止。D 疆公司在公告里列举了研发、采购员工进行供应链腐败的五种主要手法，对其他企业有警示作用：第一，让供应商报底价，然后公司的供应商接口人往上加价，加价部分双方分成；第二，以技术规格要求为由指定供应商或以技术不达标为由将正常供应商踢出局，将可以给回扣的供应商放进短名单（进入短名单的供应商将会被优先考虑），长期拿回扣；第三，以降价为由，将正常供应商淘汰，让可以给回扣的供应商进入短名单，进入短名单的供应商形成独家垄断，再涨价，获利双方分成；第四，利用内部信息和手中权力引进资质差的供应商，和供应商串通收买研发人员，即使品质不合格也不进行物料验证，让差品质高价格的物料长期独家供应；第五，内外勾结，内部员工帮助皮包公司接单，订单实则分给工厂，中间差价进行分成。供应链腐败参与者众多，公司内外人员相互合谋。

（2）企业内部腐败导致成本控制难。D 疆公司 2017 年销售额达到 180 亿，公司管理层和员工都会觉得公司财大气粗，不会在意"跑冒滴漏"的小损失，一些抱着投机心态的经理人，就会内外勾结捞好处，走向腐败犯罪的道路。

（3）民企腐败现象已经受到企业高层、法学界和社会各界关注。据电子商务研究中心在 2017 年 5 月发布的《近年互联网公司涉腐反腐案件榜单》，从 2010 年至 2017 年 5 月，共发生互联网行业反腐事件 29 起，其中京东 8 起，阿里巴巴与百度各 6 起，腾讯 3 起，易果生鲜、去哪儿网、乐视、合一集团、360 集团各 1 起。2018 年 12 月 3 日，美团点评发布反腐通报称，2018 年 2 月起，公司调查违纪类刑事案件 29 起，移送公安机关查处 89 人；2019 年 1 月 9 日，滴滴出行发布风控合规部公告：2018 年，滴滴查处了 60 余起违规事件，有 83 人因严重违规被解雇，其中 8 人被移送司法机关。

（4）民企反腐之路，任重道远。民企的反腐相对以前逐渐变得制度化、系统化、法治化、常态化。企业反腐基本离不开两个抓手：一是员工诚信品质的熏陶；二是制度体系防控的建立。但前者难出效果，后者值得企业之间相互借鉴学习。

（点评人：全国廉政法治建设研修基地主任助理、法务师徐国敬）

第四节　签订履行合同被骗案例

陈某签订、履行合同失职被骗案

【案情简介】被告人：陈某，男，43 岁，汉族，江苏省扬州市人，原任江苏某汽车制造厂销售公司某科科长，1998 年 1 月 6 日因涉嫌签订、履行合同失职被骗而被取保候审。

检察院指控事实：1997 年 4 月，被告人陈某受汽车制造厂指派，到山东聊城谈生意。被告人陈某由于工作疏忽，在不认真审核对方主体资格及履约能力的情况下，与自称是聊城某物资机电公司经理的王某（在逃）商谈业务，并签订了汽车购销合同。当月，被告人陈某根据合同将货物送往聊城，对方给付其一张价值 35.6 万元的假银行汇票，被告人陈某不辨真伪，即将货物和8000 元人民币的回扣交给王某，后经确认，汇票系伪造。江苏某汽车制造厂因此遭受严重经济损失。

检察院认为：被告人陈某身为国有企业直接负责的主管人员，在签订、履行合同过程中，严重不负责任，致使单位利益遭受重大损失，其行为已触犯了《刑法》第 167 条之规定，构成签订、履行合同失职被骗罪。

【法院审理】被告人陈某对指控的事实无异议，但认为造成的损失没有指控的那么多。被告人陈某的辩护人认为：①公诉机关指控被告人陈某在签订、履行合同过程中严重不负责任，缺乏事实依据。陈某在签订、履行合同过程中，履行了一般注意义务，没有严重不负责任。对方公司当时一有场地，二有人员，三有营业执照，而且陈某对营业执照进行了查看，应该说尽了一般应注意的义务。在合同履行过程中，陈某也履行了相应的义务。履行合同过程中的主要义务，作为供方就是把货款取回。被告人陈某对汇票进行了力所能及的查验后，才交付了货物，这符合"一手交钱，一手交货"的正常商业习惯，被告人陈某已经尽到了查验汇票，将货款取回的义务；他在途经山东泰安时还将汇票送到银行进行查验，泰安银行的工作人员也没有鉴别出真伪。回到扬州后，该汇票交江阳开户银行扬州农行时，扬州农行的工作人员也没有鉴别出其是伪造的。可见汇票的伪造程度超出了一般人的辨认能力，超出了被告人陈某的主观、客观辨认能力。因此，不能因为其未能鉴别出汇票的真伪，而认为其没有尽到义务，对签订、履行合同严重不负责任。②起诉书中指控陈某的行为构成犯罪，尚缺乏法定前提条件。根据《刑法》第 167 条的规定，构成该罪，须有被诈骗的事实，没有被诈骗，也就不构成本罪。从本案看，所谓王某的行为是因为躲债还是诈骗，尚无定论，控方也不能提供足够的证据证明王某实施了诈骗，因此对王某行为性质的认定须以法院的生效判决为准，否则就不能最终确定王某构成诈骗罪，也就不能认定被告人陈某犯签订、履行合同失职被骗罪。③被告人陈某不符合本案所涉罪名的主体资格。构成签订、履行合同失职被骗罪的主体是特殊主体，即必须是对企业直接负责的主管人员，而陈某仅是江苏某汽车制造厂销售公司的一名具体办事人员，即业务员，不具有主管人员的特定身份，因而不构成本罪的主体。

　　人民法院认定事实和证据：①认定犯罪事实。被告人陈某于 1997 年 4 月初，受汽车制造厂指派到山东聊城联系汽车销售业务时，既未到工商部门审查对方单位的主体资格，也未到有关部门咨询其资信情况，即草率地与自称是聊城某物资机电公司经理的王某签订了两辆汽车的购销合同。当月中旬，被告人陈某根据签订的合同，将本单位生产的 JQ4100 型汽车两辆（总价值人民币 29 万元）送到山东聊城后，王某给付其一张面值为人民币 35.6 万元的汇票。被告人未到银行对汇票的真伪进行鉴定，即将车辆和 8000 元人民币回扣交付给王某。该汇票经银行鉴定系假汇票。此后，经侦查查明，王某是用假身份证租房后，又以虚构的山东聊城某物资机电公司与被告人陈某洽谈的购车业务。现王某在逃，车辆一直未能追回，致使江苏某汽车制造厂遭受严重经济损失。②认定犯罪证据。被告人陈某陈述，其受厂方委托于 1997 年 4 月 8 日在山东聊城与聊城某物资机电公司的王某签订购销汽车的合同。因是一次性买卖，钱货两清，故未对对方的经营场地、经营范围、经营实力等状况作详细了解，只是一般地看了工商、税务登记，对汇票未作真伪的鉴别，致使两辆汽车被骗。③书证：第一，《购销协议》。该协议证明 1997 年 4 月 8 日被告人陈某代表甲方江苏某汽车制造厂销售公司，王某代表乙方山东聊城某物资机电公司签订了购销合同一份，约定甲方向乙方提供 JQ4100 型半挂汽车两辆，每辆 17.8 万元，合计 35.6 万元，货到聊城后，乙方负责验车后交甲方 35.6 万元的银行汇票，甲方交规定的车辆及有关手续，当时货款两清。第二，《租赁协议》。约定甲方于 1997 年 4 月 8 日将一间房屋租赁给乙方，租期 2 个月。第三，中国工商银行汇票一张，证实山东聊城某物资机电公司与江苏某汽车制造厂销售公司以汇票结算，出票金额为 35.6 万元。第四，企业法人营业执照一份，证实江苏某汽车制造厂销售公司系全民所有制企业，经营、制造货车。江苏某汽车制造厂销售公司提车通知单一份，证实 JQ4100 型车两辆，价值 21.4 万元，提车通知单系 1997 年 4 月 12 日由被告人陈某经办。

【法院判决】人民法院依照《刑法》第 12 条第 1 款、第 167 条、第 72 条第 1 款、第 73 条第 2 款之规定，判决被告人陈某犯签订、履行合同失职被骗罪，判处有期徒刑 1 年，缓刑 1 年。

【案例分析】被告人陈某的行为构成签订、履行合同失职被骗罪。法院的判决是妥当的，本案涉及以下几个问题。①被告人陈某不是国有企业直接负责的主管人员，能否构成签订、履行合同失职被骗罪的主体。1997 年《刑法》规定的签订、履行合同失职被骗罪的主体是国有公司、企业、事业单位直接负责的主管人员。谁对合同签订、履行决策、负责，谁就是该罪的主体。这样，单位的法定代表人，单位的分管副职领导、部门、分支机构的负责人均属管理人员。而且对合同的签订、履行负直接责任的人员，不一定具体参与合同的签订与履行。因此，签订、履行合同失职被骗罪的主体既可以是国有公司、企业、事业单位中主管合同签订、履行的领导，也可以是国有公司、企业、事业单位中主管负责合同签订、履行的一般工作人员。本案被告人陈某是江苏某汽车制造厂销售公司的一名科长，经公司授权，对外可代表公司与他人签订购销汽车协议，并对合同的签订、履行负直接责任。②构成本罪是否要求以合同对方当事人构成诈骗犯罪为前提。按照《刑法》第 167 条的规定，成立签订、履行合同失职被骗罪，客观上要求行为人在签订、履行合同中因严重不负责任而被诈骗，致使国家利益遭受重大损失。成立签订、履行合同失职被骗罪也并不需要以合同对方当事人成立合同诈骗罪为前提，只要认定合同相对人有诈骗行为即可。③诈骗一词在刑法中是有特定含义的。它是指那些根本没有履行合同的诚意与能力，以非法占有为目的，利用虚构事实或隐瞒真相的手段，骗取公私财物的行为，这和合同纠纷中的欺诈存在截然不同的区别，后者尽管也虚构事实和隐瞒真相，但毕竟具有合同交易的实质内容，合同对方当事人按合同支付了相应的对价。

（案例来源：找法网作者、上海达必诚律师事务所　李泓辉）

第五节　合同法律风险案例

某物流公司忽略合同主体风险

【案情介绍】×好运公司物流运输企业，因上海有一批散货需要运到贵阳，委托居间人介绍其他运输公司回程空车代运。居间人找到×立达物流公司经理戴某，将×好运公司传真号码告知（但未告知×好运公司是真正委托人），要求×立达物流公司传送一份空白运输协议到该传真号码，不久戴某辞职，未经过×好运公司同意，私下传送了一份盖有×立达物流公司公章的空白协议。×好运公司遂认为×立达物流公司为受托单位，填写了货物名称、运输费用、目的地、货到日期及其他事项后将传真传送给了戴某。戴某为了和承运人私分运费，私下找了货运车主易某；易某又借用另外一家物流公司的货车承运，前往×好运公司指定的地点装货。×好运公司根据戴某电话告知的车牌号，经核对无误，遂将货物发出，未与来车办理其他手续。经过月余，货物仍未送到目的地。×好运公司以戴某诈骗为由向公安机关报案，公安机关经调查询问，认为本案不属于刑事案件，不予立案。×好运公司遂起诉×立达物流公司违约，×立达物流公司告知，戴某已经辞职，戴某私下找人承运业务与公司无关，并委托律师事务所代理应诉。

【办案经过】律师首先向法院申请了调查令，向公安机关调阅了调查笔录，同时，律师建议委托人×好运公司向戴某致电了解情况，并保留电话录音。戴某称货物送达目的地后收货方因运费太高未及时付款，因此承运方又将货物运回上海，现在承运人因行使留置权，拒绝向×好运公司返还货物，并要求×好运公司赔偿往返运费损失。×立达物流公司则称其并未参与签订合同，只是根据戴某要求发出空白合同传真件作为样本供参考，因此本案与其无关，而且此项承运业务发生在戴某辞职之后，他们之间的货运纠纷与公司无关。律师认为，本案实际上是由戴某和承运司机共同行为导致×好运公司没有实现运输合同目的；但是签约方并不是戴某和承运司机，而是×立达物流公司。×立达物流公司必须承担违约责任并赔偿×好运公司损失。律师建议×好运公司将×立达物流公司和两名自然人戴某和承运司机同时追加为本案第三人。该追加申请得到了法院的许可。经过漫长的审理，并经法院将简易程序转入普通程序审理后，法院最终作出判决，要求戴某和承运司机立即将货物返还给×好运公司。×好运公司按照原来合同约定的运输价款折价 50% 支付运费。其他损失费由×立达物流公司和戴某、承运司机各承担 50%。×立达物流公司表示，将保留进一步向戴某和承运司机追偿损失的权利。

【案件点评】此案中各方均有教训：①×好运公司经办人员应该核实承运车辆是否由签约的物流公司派出，并且完善手续后再允许装货。②当发现承运人并非签约公司派来并且超出合同约定运费后，应该暂扣车辆，与签约的×立达物流公司电话协商结算，不至于承运司机再把货物拉走留置。③×立达物流公司业务经理戴某离职，应第一时间告诉×好运公司，因为此人原来经办的业务很可能出现变故或脱节、违约等风险，或者继续以公司名义对外承揽运输业务，构成"表见代理"（越权代理业务）。④承运司机没有任何公司挂靠，自己借车跑货运，途中不确定因素和风险极大，所以这单业务非但没有挣钱，反而赔钱，白白忙活一场。这就是合同司机执行主体与签约主体不一致埋下的隐患。

丢失合同原件不构成合同无效的理由

【案情介绍】2004 年 12 月，杨某同北京某房地产公司签订了商品房买卖合同，合同约定杨某向房地产公司购买预售的位于某区莲花池东路商品房一套。房地产公司应当在 2004 年 12 月 31 日前，依照国家和地方人民政府的有关规定，取得《北京市建筑工程竣工验收备案表》条件，并将符合本合同约定条件的商品房交付买受人使用。杨某与房地产公司的销售人员对合同内容均认可，合同经杨某签字后，房地产公司销售人员称去公司盖章，但之后公司未在合同上盖章。杨某按照合同范本中的约定于 2004 年 12 月 22 日向房地产公司支付首付款 226 319 元，支付房地产公司代收的印花税 55 元，并向房地产公司的律师支付律师费 1760 元、抵押登记费 280 元、保险费 4919 元。2007 年 6 月房屋建成并具备交房条件后，杨某要求房地产公司交付所购买的房屋，而房地产公司拒绝交房。因此，杨某向法院提起诉讼。

【**审理过程**】原告杨某诉称，被告房地产公司因房价上涨无正当理由不履行合同，要求人民法院依法确认原被告双方签订的《商品房买卖合同》依法成立并有效。要求判令被告依照合同交付诉争房屋并承担违约责任。原告起诉时向法院提供了商品房买卖合同复印件及缴纳购房相关税费原始凭证若干。被告房地产公司辩称，原告仅持有合同复印件，无合同原件，对于合同复印件不予认可。且自2005年起，北京市住房和城乡建设委员会颁布了规范性文件，要求所有商品房预售的双方在签订买卖合同时，还必须在北京市住房和城乡建设委员会办理网上签约，否则无法办理产权过户手续。被告多次催促原告配合办理网上预售登记备案。但因种种原因原被告双方签订的《商品房买卖合同》未在北京市住房和城乡建设委员会办理网上预售登记备案，故认为该合同不成立，双方不存在商品房买卖合同关系。请求法院驳回原告诉讼请求。法院判决，原告与被告签订的《商品房买卖合同》依法成立并有效。

【**案例点评**】本案争议的焦点是，原被告无商品房买卖合同原件是否可以认定原被告之间存在房屋买卖合同关系，没有在政府相关部门备案的房屋买卖合同是否有效。①本案中无商品房买卖合同原件仍可以认定原被告之间存在房屋买卖合同关系。本案中原告与被告之间的合同，虽然被告没有盖章，但合同系被告向原告提供的格式合同，合同内容确定了买卖的具体条款，且原告已经按照合同的约定交纳了首付款，已经履行了合同的主要义务，被告对此表示接受，原告提供的证据包括通知、收据、代收保险费单据、抵押登记费单据、律师费单据、印花税收据、购房首付款收据、赔付选择单等证据的原件可以证明原被告之间签订商品房买卖合同的事实，并且被告接收相关费用的行为可以说明被告认可该房屋合同已经签订，因此原告虽无房屋买卖合同原件，但仍可以认定原被告之间存在房屋买卖合同关系。②该《商品房买卖合同》尽管没有在政府相关部门备案依然有效。北京市住房和城乡建设委员会颁布的规范性文件属于行政管理部门对于商品房合同的一种行政管理措施，而不是确认合同效力的必要条件，不能据此认定《商品房买卖合同》的效力。根据我国《合同法》及《最高人民法院关于审理商品房买卖合同纠纷案件适用法律若干问题的解释》的相关规定，只要合同是双方当事人的真实意思表示，就属于有效合同，不能因未按照法律法规办理登记备案手续认定合同无效。③本案参考法条：原《合同法》第37条："采用合同书形式订立合同，在签字或者盖章之前，当事人一方已经履行主要义务，对方接受的，该合同成立。"《最高人民法院关于审理商品房买卖合同纠纷案件适用法律若干问题的解释》第6条第1款："当事人以商品房预售合同未按照法律、行政法规办理登记备案手续为由，请求确认合同无效的，不予支持。"

员工未经授权对外签订合同　公司承担责任

【基本案情】被告唐某聘用赵某等人以某某点汽车平台名义从事汽车销售业务，2019年3月17日，被告赵某与原告谢某签订《某某点汽车销售合同》一份，并加盖某某点汽车平台印章，约定向原告谢某出售马自达牌2019款云控自动两驱智尚型汽车一辆，全车价160 920元，并口头约定了车辆交付时间。同月19日，原告谢某通过转账向被告唐某支付定金3000元，同年4月2日通过刷卡向被告唐某支付购车款13万元，被告唐某聘用人员唐某某向原告出具了《收据》两份，分别载明收到定金3000元及购车款13万元，均加盖了某某点汽车平台印章。2019年4月30日，唐某某向被告某公司转款3000元，并附言"安居谢某马自达定金"。因被告唐某未在双方约定期限内向原告谢某交付车辆，2019年5月22日，被告某公司员工方某以某公司（乙方）名义在该公司安居区的门店内与原告谢某（甲方）签订了《承诺协议书》一份，载明"一，因甲方在乙方购买了车（马自达CX-5）一辆，已支付购车定金133 000元。甲方实际提车不超过2019年6月6日。二，乙方应赔偿甲方人民币18 000元和该车全险……"后被告某公司及唐某未在承诺期间向原告谢某交付车辆，原告于2019年7月11日诉至法院，并请求：①依法判令解除与被告签订的《某某点汽车销售合同》；②判令被告立即向原告返还购车定金133 000元，并支付赔偿金27 000元；③本案诉讼费由被告承担。某某点汽车平台未进行工商登记，其经营者系被告唐某；被告某公司于2019年3月取得营业执照，经营范围为从事汽车新车销售、保养服务等，公司印章由方某负责保管，国家企业信用信息公示系统显示方某系该公司监事。

【裁判结果】①解除原告谢某与被告赵某于2019年3月17日签订的《某某点汽车销售合同》；②由被告唐某于本判决生效后10日内退还原告谢某

购车款及定金 133 000 元，并从 2019 年 4 月 2 日起至付清之日止按中国人民银行同期同类贷款利率支付资金占用利息；③由被告某公司与被告唐某对本判决第二项承担连带清偿责任。

【案例分析】公司应当加强对能够代表公司的印章、法定代表人印章、财务章等的管理。本案被告某公司承担责任的主要原因即为印章管理不规范，公司应从本案中吸取教训。本案被告某公司员工在其公司门店内与原告谢某签订《承诺协议书》，并加盖了该公司印章，即使该协议书未经其法定代表人同意，也足以让原告谢某相信该承诺系某公司向其作出，被告某公司相关人员的行为构成了表见代理，该承诺对被告某公司具有法律约束力，应当向原告谢某承担协议约定的义务。另外，本案被告某公司虽不是直接向原告谢某出售车辆的出售人，但其自愿与原告谢某签订《承诺协议书》，承诺由公司在 2019 年 6 月 6 日前向原告谢某交付所购车辆，其行为系为自己设定义务，属于债的加入。被告唐某、某公司均未能按约定向原告谢某交付车辆，故被告某公司应向原告谢某退还购车款以及赔偿损失并与被告唐某承担连带清偿责任。

证据意识欠缺带来的风险

【案例简介】甲公司作为发包方，乙公司作为承包方，于 2013 年 1 月 5 日签订《建设工程施工合同》一份，约定乙公司承揽施工甲公司的厂房工程，合同约定开工日期为 2013 年 1 月 31 日，竣工日期为 2014 年 1 月 30 日。2013 年 11 月 30 日工程停工，双方就已完工工程进行结算。2018 年 1 月 11 日，乙公司向法院起诉甲公司，主张已完工工程款及优先受偿权。

【法院判决】法院经审理认为，乙公司应在合同约定的竣工之日起 6 个月内即 2014 年 7 月 31 日前主张优先受偿权，其于 2018 年 1 月 11 日主张优先受偿权超出法定期限，故驳回了其要求就工程价款优先受偿的诉请。

【案例警示】施工方如果没有充分的把握，不要承诺过于短的施工时间，以免因违约导致重大损失。

拒绝股东行使知情权的败诉风险

【案例简介】翁某要求查阅某公司的相关财务资料，该公司认为其与公司大股东兼法定代表人不和，才要求查阅相关财务资料。法院经审理认为，股东之间存在矛盾并不属于股东行使知情权的不正当目的。公司以此主张翁某行使股东知情权存在不正当目的，理由不成立。

【法院判决】翁某要求查阅某公司的相关财务资料的诉求法院予以支持。

【案例点评】法院依据《公司法》判决，作出维护原告查阅公司财务资料的裁决是正确的。不管公司股东之间合作是否愉快，作为主要股东都有权查阅公司财务资料，从而作出继续持有或者转让股权的决策。

未投保工伤保险的风险

【案例简介】包某系 AH 公司员工，AH 公司没有为包某缴纳工伤保险费。2016 年 3 月 30 日，包某在单位车间工作时，右手不慎被机器压伤，经诊断为右手挤压伤，后经当地人力社保局认定为工伤。2017 年 6 月 30 日，劳动能力鉴定委员会鉴定包某的伤残程度为八级。包某经仲裁后起诉 AH 公司支付工伤保险待遇。

【法院判决】法院经审理，判决 AH 公司支付包某工伤保险待遇共计137 442 元。

个人信息泄露的风险

【案例简介】2016 年 9 月 21 日，被告人张某在某信息公司工作期间，因有客户提出要购买公民个人信息，其在征得公司经理被告人潘某同意后，将被告人潘某发送给其的公民个人信息出售给该客户，该客户将人民币 2500元汇入被告人潘某的账户中。经查，被告人潘某、张某共出售包含公民姓名、手机号码、邮箱、赌博网站账号及存提款记录等内容的公民个人信息114 577 条。

【法院判决】法院据此以侵犯公民个人信息罪判处其有期徒刑 2 年，并处罚金 3000 元，犯罪所得 2500 元予以没收。

【案例点评】①公司收集的公民或者客户信息必须保密，不得出售、转让、交换。②出售、交换和购买公民信息均构成违法。③公司内部利用客户信息必须限制在为客户服务的项目和范围内，不得给客户打电话推销其他产品或者其他服务单位的服务项目，打扰客户安静生活权也属于侵权行为。客户投诉后，违规单位将受到行政处罚。

恶意提起知识产权侵权的风险

【案例简介】甲公司与乙公司就磨床软件系统的维护签订技术服务协议，除约定维修外，还有一年的免费维护义务，费用共一万元。但在一年期限内，乙公司拒绝维护，导致甲公司另行维护支出7万元，同时因机器不能正常使用，委托其他公司进行加工支出费用2.4万元。

【法院判决】一审判决乙公司违约，全额支持上述费用，二审予以维持。该案因乙公司不按合同约定提供技术服务，导致赔偿数额远高于其最初收取的维护费用，也警醒企业严格按照合同履行义务，避免因违约遭受较大损失。

【案例点评】提供设备维护服务方签约承诺服务，可是却不履行。这样守约方既可以要求按照合同追究违约方责任，还可以适当要求违约方赔偿不履约的损失。

外贸代理中的风险

【案例简介】某企业与谢某为国际货物买卖共签订5份合同，有的合同系谢某签名并未加盖公章，有的合同加盖谢某在香港设立的公司的印章，有的合同加盖谢某在孟加拉国设立的公司的印章，在一审、二审庭审过程中，某公司主张合同的相对人为谢某，谢某却主张合同的相对人为其设立的香港公司。

【案例警示】在存在多份合同，且合同签名、盖章的主体不一致的情形下，如何认定真实的交易主体，难度非常大，同时主体的确定也关乎着合同是否能够顺利履行，卖方是否可以顺利拿到货款。此案提醒企业在签订国际货款买卖合同时，应谨慎选择合同主体，审查合同签订人的身份、授权等，避免因主体不明造成损失。

质押物价值不足的风险

【案例简介】甲公司因享有对乙公司4000万元的合法债权未受清偿，

要求乙公司提供动产（玻璃）质押担保。乙公司仅开具给甲公司一份价值4000万元玻璃的提货单，既未签订书面的质押合同，也未明确具体的玻璃种类、数量等事项。后乙公司破产，甲公司主张质权时，乙公司管理人提出异议，经历数次诉讼，最后在乙公司债权人会议授权下调解成功，优先受偿债权金额远不足原设定的4000万元，甲公司受到了不小的损失。

【案例点评】质押物价值不足对于债权方存在很大风险，主要因借款前尽职调查不到位。质权人对质押物的价值要充分评估。质押物的价格往往不够稳定，一旦市场变化价格下跌，则可能产生担保缺口，债务人的偿债意愿也会下降，债权可能随之陷入风险之中。

法务咨询师

FAWU ZIXUNSHI

法律文书卷

李笑天 / 主编

中国政法大学出版社

2021·北京

目　录
CONTENTS

民事调解常用法律文书

第一节　民事自行和解书

民事和解协议书

××县人民法院：

　　国营××机床厂与××县××镇水泥厂因电动机产权纠纷一案诉请贵院，已由贵院受理。20××年4月10日在××机床厂的提议下，由××地区工业局副局长平某同志主持，进行了调解。双方本着兼顾国家、集体利益，有利于生产的原则，达成以下协议：

　　一、××县××镇水泥厂不附条件将争议的"奔×牌"电动机一台返还国营××机床厂。

　　二、国营××机床厂从××年4月1日起将该电动机提供给××县××镇水泥厂使用。使用期限为三年（20××年4月1日至20××年4月1日）。

　　三、在使用期间内，××镇水泥厂负责保养、维修该电动机，并每月付给国营××机床厂电动机使用折旧费××元，租金×××元，合计×××元。该款通过银行托收，每月月底结清。

　　四、××工业局在20××年4月1日前负责向××镇水泥厂提供××马力电动机一台。等新电机购到后，××镇水泥厂即以新电机无偿返还国营××机床厂。××机床厂则将原"奔×牌"电动机产权正式移交××镇水泥厂。

　　五、20××年4月1日以前××镇水泥厂使用电动机应支付的费用，××机床厂不再追究。××机床厂有权向××镇水泥厂追索电动机所用租金（每月仍以××

×元计算）并追付法定利息。以上协议请法院予以承认。

国营××机床厂（盖章）　　法人代理人：张某某

××县×镇水泥厂（盖章）　　法定代表人：林某某

×××地区工业局（盖章）　　法定代表人：平某某

20××年××月××日

关于租赁合同纠纷律师函的答复

答复人（原合同甲方）：×××，业主（身份证号）；住址：××；手机号：×××

被答复人（原合同乙方）：×××（身份证号码）；住所：×××××

　　答复人×××于2020年6月14日看到被答复人×××（租客××贸易有限公司法人代表，原合同乙方）委托××××律师事务所发来的律师函（××律函字[2020]第××号），现作答复如下：

　　一、根据原合同甲方（业主）×××、××贸易有限公司（租客）和第三方中介机构××地产经纪有限公司为居间方鉴定的×经纪[2010]第×××号租赁合同，月租金为人民币22 630元，合同规定乙方向甲方缴纳2个月租金为合同押金，即45 260元。乙方按照合同约定在合同到期之前搬走。

　　二、经过甲方查询银行收款记录，在乙方执行租赁合同期间，曾经有两次严重拖欠租金行为，合计拖欠租金长达93天，按照合同9.2.1条款规定，在合同期内乙方累计拖欠租金超过15天，甲方有权终止合同。虽然合同继续执行，但是并不影响按照合同9.2.5条款规定，"乙方未按合同约定缴纳支付租金，逾期按日加付欠缴租金总额的千分之五作为滞纳金"的约定有效。按照此滞纳金标准计算后为31 568.85元。合同条款中并没有约定何时追缴滞纳金。根据法律规定，甲方在合同结束后3年内，都有主张追缴滞纳金的民事诉权。所以，甲方主张，乙方滞纳金从押金中扣除属于合理合法的做法，不属于违约行为。不同意按照乙方签约时缴纳押金数额退还押金，理由是乙方在执行租赁合同期间有严重违约行为。

　　三、原租赁合同3.3条规定："租赁期满，乙方如需续租，应在本合同租期届满前60天向甲方提出书面申请，经甲方书面同意后，由双方另行协商续租事宜，否则即视为乙方不再续租，届时起乙方对甲方介绍的中介、租户等人员进入物业应予以配合（必要时甲方应提前向乙方预约）。"这说明，租赁合同到期之前，如果乙方同意，具有优先续租权。2020年2月下旬到3月份，

×××有限公司职员××以电话口头协商和微信发送信息形式，几次与业主沟通（有微信截屏文字证据），协商新租期的租金标准。考虑疫情影响，业主同意租金不再浮动，并电话通知乙方于3月中旬在北京续约。因乙方员工3月14日发给甲方的"不再续租"微信内容甲方没有看到，直到3月21日乙方经办人电话提醒，才看到与乙方员工的微信，确认乙方不再续租的信息。因为协商续租期间双方均不在北京，没有当面交接钥匙。3月27日，业主收到乙方经办人微信名"××"通知业主搬走的文字信息（有微信截屏文字证据）。

当时从双方最后确认不再续租，距离合同到期仅剩下17天。如乙方按照合同规定提前60天决定续租或明确表示不再续租并把钥匙交给业主，这样业主可以及时发布信息带新客户看房，业主有60天的时间对外招租。由此看来，乙方先是洽谈续租后来又反悔不再续租，此行为直接造成了甲方房屋空租的损失。加之，写字楼每年的出租旺季都是春节后2个月左右，甲方房屋空租的概率更大。

原租赁合同押金为45 260元，乙方两次拖欠租金累计93天。乙方租赁押金是60天的租金，当时欠缴租金数额已经远远超出押金总额。租赁合同规定，乙方滞纳金按照合同规定为每天5‰，滞纳金累计为31 568.85元。押金与滞纳金两项抵扣，余额为13 891.15元。

理论上看，这笔13 891.15元的押金余额应该由甲方退还乙方。但是，因乙方协商续租延误业主招租43天，按照原租金标准计算，甲方实际损失是31 992元（因为按照租房惯例，业主必须提前2个月发布招租信息，客户才能在原租户合同未到期之前60天内，随时带新客户看房）。乙方剩余的13 891.15元的押金余额与甲方的延期招租损失应得补偿款31 992元相抵后，乙方尚欠甲方补偿款17 100元。

特此回复×××公司并×××律师事务所。

业主（原合同甲方）：×××
20××年×月××日

第二节　离婚调解书

调解离婚协议书

调解主持人：＿＿＿＿＿＿，山东××律师事务所律师

被调解人（立约人）：张某强，男，×年×月×日生，汉，×××职工，住××

被调解人（立约人）：李某花，女，×年×月×日生，汉，×××职工，住××

被调解人张某强、李某花在山东××律师事务所韩某为律师主持下，就双方离婚纠纷，达成协议如下：

一、被调解人张某强、李某花均自愿解除婚姻关系。

二、被调解人张某强、李某花的儿子张某海由张某强抚养，李某花每月给付儿子张某海生活费、教育费、医疗费共计壹仟元整，到张某海大学毕业为止。

三、位于威海市××小区 35 号楼 3 单元 806 室住房的使用权及所有权，均归李某花所有。由李某花支付张某强房屋出售款肆拾万圆整（人民币 400 000 元）。

五、原家中所有的电器、家具等用品，归李某花所有。

六、本协议签署之日以前，双方没有对外共同的债权债务，张某强、李某花各自所负的债务，由各自负责偿还。

七、本协议一式四份，张某强、李某花各持一份，交威海市××人民法院一份，山东××律师事务所存档一份。

> 立约人签名：×××
>
> 立约人签名：×××
>
> 调解主持人签名：×××
>
> 调解机构盖章
>
> 20××年××月××日

第三节　劳动纠纷、工伤纠纷调解书

工伤调解协议书

甲方：某企业集团有限公司

乙方：陈某；身份证号：××；乙方父：陈某某，身份证号：××；乙方母：王某某，身份证号：××

乙方于 2007 年 6 月 17 日，在甲方木业厂上班时，因工作失误，造成右手大拇指受伤，导致"右手拇指末节甲中段以远毁损"。双方均认可该次事故为工伤，双方经友好协商，达成协议如下：

一、甲方一次性支付给乙方工伤待遇赔偿金 4000 元。该赔偿金包括：①乙方因工伤停工留薪期待遇薪金；②生活护理费用；③住院伙食补助费；④一次性伤残补助金；⑤一次性工伤医疗补助金；⑥伤残就业补助金；⑦营养费；⑧继续医疗费用；⑨未发的 2007 年 5 月、6 月份工资；⑩其他因本次事故应当支付的费用。

二、在支付上述费用后，甲方不再承担其他赔偿责任。乙方亦不得以其他任何理由或情形，要求甲方承担任何赔偿责任。

三、自即日起，乙方自愿解除与甲方的劳动关系。

四、乙方住院期间向甲方暂借 4000 元（出院时退回 417 元），用于住院治疗期间发生的医疗费用，该费用由甲方承担。其他医疗费用已在本协议第一条中的赔偿金中作出补偿。

五、如有①甲方不按照本协议第一条约定支付赔偿金；②乙方不遵照本协议第二条履行之情形出现，视为违约，由违约方向对方支付违约金3000 元。

六、本协议是双方真实意思的表示，双方均认可没有欺诈、胁迫、引诱或趁人之危等不诚实信用之情形。

七、本协议自双方签字、盖章后生效。

八、施工工伤纠纷调解协议书一式两份，双方各持一份。

法定代表人签字：×××　　甲方：（盖章）×××

法定代表人签字：×××　　乙方：（签名）×××

签订日期：20××年××月××日

工人工伤一次性补偿协议书

甲方（单位）：×××××有限公司，地址：＿＿＿＿＿＿，法定代表人：＿＿＿＿＿
乙方（工人）：××，男，××岁，住××市＿＿＿＿＿，身份证号：＿＿＿＿＿

乙方于 2018 年 3 月 21 日在工作中发生伤害事故，经治疗后复查，现已康复。为妥善解决乙方受伤事宜，甲乙双方本着平等自愿、互谅互让的原则，经友好协商达成如下协议：

一、自乙方受伤之日起截止本协议签订之日所实际发生的和其他应当由甲方支付的医疗费、交通费等各项费用共计 38 050 元（大写：人民币叁萬捌仟伍拾元整），在本协议签订之前已由甲方全部付清，协议签订之后乙方不得再以任何理由向甲方主张前述期间发生的任何费用。

二、经甲乙双方协商同意，甲方再向乙方一次性支付伤残待遇、解除劳动关系一次性医疗补助金和伤残就业补助金等依法应由甲方支付的全部费用（以下合并简称"一次性补助金"），合计人民币 200 000 元（大写：贰拾万圆整）。

三、本协议签订后 3 日内，甲方向乙方支付人民币 238 050 元（大写：人民币贰拾叁萬捌仟伍拾元整）一次性付清。

四、乙方收到一次性补助金后，应当合理分配、处理，自觉留足可能发生的后续治疗、康复、生活等费用。乙方分配、处理前述费用的方式由乙方自行决定，后果由乙方自行承担。

五、甲乙双方签署本协议后，劳动关系即行终止。同时乙方承诺不再以任何形式、任何理由就与劳动有关的事宜向甲方要求其他任何费用或承担任何责任。

六、若甲方迟延向乙方支付本协议约定的一次性补助金，则每迟延一日甲方应向乙方支付一次性补助金的 3‰作为滞纳金，滞纳金总额最多不超过一次性补助金总额的 50%。

七、乙方领取甲方支付的一次性补助金后，又以任何理由向甲方提出任何费用和责任要求的，乙方应当退还甲方为解决本事宜所支付的全部费用，并承担因违约而给甲方造成的全部损失，同时应向甲方支付一次性补助金的 50%的违约金。

八、本协议为双方平等、自愿协商的结果，是双方真实意思的表示，并且公平、合理。

九、本协议内容甲乙双方已经全文阅读并理解无误，甲乙双方明白违反本协议所涉及的后果，甲乙双方对此协议处理结果完全满意。

十、本协议一式两份，甲乙双方各执一份，协议自甲乙双方签字后即发生法律效力。本协议为一次性终结处理协议，双方当事人应以此为断，全面切实履行合同，不得再以任何理由纠缠。乙方今后身体或精神出现任何问题均与甲方无关。

法定代表人签字：×××　　甲方：（单位盖章）×××

法定代表人签字：×××　　乙方：（工人签字）×××

签订日期：20××年××月××日

第四节 民事谅解书与事故损失赔偿协议

火灾事故谅解书

兹有张某涛于 2014 年 3 月 24 日在××县××汽车服务会所修车过程中引起火灾，造成××汽车服务会所严重经济损失的后果。事故后张某涛主动认错，诚意致歉，积极设法赔付所造成的损失 120 000（大写：壹拾贰萬圆整）。作为受害方对张某涛的具体表现表示满意。为此，今日特向张某涛出示谅解书，同时受害方请求司法部门不予追究张某涛的刑事责任。

此致

受害方签名：×××

20××年××月××日

火灾事故赔偿协议书

甲方（责任方）：张某涛   乙方（受害方）：王某群

2014 年 3 月 24 日，因甲方修车导致火灾，给乙方造成较大经济损失。现经甲乙双方协商，签订如下赔偿协议：

1. 甲方愿赔偿乙方火灾损失人民币壹拾贰萬圆整（120 000 元）。

2. 付款方式：2014 年 3 月 31 日前支付柒萬圆（70 000 元）；2014 年 10 月 30 日之前支付伍萬圆（50 000 元）。

3. 如到期不付，每月支付所欠金额的 10%违约金．甲方愿用本人购买的风华小区一套 87.5 平方米房屋作抵押。本协议签订后必须遵守，不得反悔。

4. 协议一式三份，甲乙方各一份，担保人留存一份。

甲方签字画押：×××   乙方签字画押：×××

甲方担保人签字画押：×××

签订日期：20××年××月××日

出租房火灾赔偿协议书

甲方（出租方）：姓名：×××，身份证号：××××××××
乙方（承租方）：姓名：×××，身份证号：××××××××

甲方为位于×省×市××小区×单元×室房屋的出租方，乙方为该房屋的承租方。2016年12月17日乙方因用电不慎发生火灾事故，造成甲方房屋及相关财产损失如下：房屋、装修、家电、家具等损失合计××元；应承担的邻居所受损失人民币××元，总计人民币××元。火灾经消防队控制现无大碍，为妥善解决火灾损失赔偿事宜，甲乙双方本着平等自愿、互谅互让的原则，经友好协商达成如下协议：

一、火灾所发生的所有损失全部由乙方承担，其中以现金形式予以赔偿。

二、赔偿的金额为：由乙方在×年×月×日之前以现金方式一次向甲方全部付清，逾期按每天全部损失金额的×%房屋恢复原状的损失。2016年×月×日之前开始维修并须在年底12月31日之前完成恢复原状的维修工程，逾期按×%进行处罚。

三、因本次火灾造成邻居损失的，应由乙方负责全部赔偿，乙方须在邻居提起赔偿要求30日内妥善处理完毕，并将处理结果告知甲方，如乙方未能及时处理，甲方有权代邻居进行追讨。

四、本协议执行过程中如双方发生争议，应协商解决，协商不成，由原告方向房屋所在地法院提起诉讼。

五、本协议一式两份，甲乙双方各执一份，协议自甲乙双方签字后即发生法律效力。

甲方签字画押：×××　　乙方签字画押：×××

签订日期：20××年××月××日

游客意外受伤赔偿协议书

甲方：天泰××旅游开发有限公司

乙方（游客）：陈某花，女，身份证号码：××××××××××

陈某花于20××年×月××日在甲方经营的乡村嘉年华景点游玩时发生意外受伤事件，依据有关法律法规，双方本着平等协商、互谅互让的原则，经协商达成协议如下：

一、甲方愿一次性赔偿给乙方医疗费、误工费、交通费、住宿费、精神抚慰金及其他费用合计人民币捌仟元整（8000元）。

二、上述费用支付给乙方后，乙方不得以任何形式、任何理由就此事再向甲方要求其他任何费用。

三、甲方履行付款义务后，此事的处理即告终结，乙方不得再以任何理由向甲方主张权利。以后因此事衍生的结果亦由乙方自行承担，甲方对此不再承担任何责任。

四、本协议为双方平等、自愿协商之结果，是双方的真实意思表示，且公平、合理。

五、本协议内容甲乙双方已经全文阅读并理解无误，甲乙双方明白本协议所涉及后果，甲乙双方对此协议处理结果完全满意。

六、双方同意本辖区人民调解员陈某东为签约见证人，见证费伍佰圆由甲方支付。一旦事后甲乙双方发生诉讼，见证人同意出庭作证。

七、本协议为一次性终结处理协议，协议签订后，双方再无其他争议，任何一方不得反悔。

八、本协议书一式三份，双方各执一份，见证方一份，经双方当事人、见证人签字画押后生效。

甲方：天泰××旅游开发有限公司（盖章）　　乙方签字画押：

见证人签字画押：×××

日　期：20××年×月××日

工伤一次性赔偿与解除劳动关系协议书

甲方：××有限责任公司，法定代表人：××，职务：总经理，地址：××

乙方：李某威，男，39岁，身份证号码：住址：×××，手机号：×××××

2019年9月12日，乙方在甲方工地工作期间发生工伤事故，其结果造成×级伤残。事故发生后，甲方立即对乙方采取了积极的医救措施，并已承担了乙方医疗期间所发生的所有医疗、护理及其他相关费用。现乙方工伤医疗期届满，乙方本人提出解除劳动关系，并要求一次性赔偿。双方现依据有关法律规定，就"乙方工伤伤残之赔偿"达成如下一致条款，并特签订本协议，以资共同信守。

一、自乙方受伤之日起截止本协议签订之日所实际发生的和其他应当由甲方支付的医疗费、交通费等各项费用共计人民币10万元（大写：壹拾万圆整），双方签约当天甲方全部付清，协议签订之后乙方不得再以任何理由向甲方索取前述期间即乙方受伤之日起截止本协议签订之日发生的任何费用。

二、甲、乙双方协商同意：甲方一次性支付乙方赔偿金人民币共计××万元（大写××整），包括但不限于下列各项赔偿金：①一次性伤残补助金；②一次性工伤医疗补助金；③一次性伤残就业补助金；④解除劳动关系之经济补偿金、停工留薪工资、护理费、住院伙食补助费、伤残津贴、生活护理费；⑤工伤复发医疗费、工伤康复费、后续医疗费、辅助器械费、精神抚慰金及其他费用。

三、甲、乙双方一致同意：自本协议签订之日起，双方劳动关系解除。

四、乙方同意甲方签订本协议后2个工作日内，通过现金方式一次性支付本协议第二条规定的赔偿金款项，乙方收到相应款项后应签署收款凭据，否则甲方有权拒绝支付。

五、自本协议签订之日起，乙方自愿放弃赔偿差额的权利。

六、乙方自愿放弃基于双方劳动关系发生、解除所产生的各项权利。

七、本协议签订善后约定：

1. 甲、乙双方终结有关工伤事故赔偿问题的一切权利义务关系，乙方不得另行向甲方主张任何权利，甲方也不再承担任何义务，双方再无任何纠纷，并且一方放弃追究另一方的一切法律责任。

2. 自签订本协议之日起，乙方自愿放弃就双方解除劳动关系及工伤赔偿事宜所享有的一切仲裁、诉讼等权利。

八、违约责任：

1. 甲方迟延付款的，乙方有权要求甲方一次性支付余款，并有权要求甲方按照中国人民银行同期贷款利率5倍支付利息。

2. 因任何一方违约而导致仲裁、诉讼或者申请强制执行的，应当向对方支付由此产生的所有费用，包括但不限于调查取证费、交通费、通讯费、误工费、公证费、律师费、诉讼费，及其他经济损失。

九、本协议自甲、乙双方签字、盖章之日起生效，本协议一式两份，甲、乙双方各持一份。

甲方签字盖章：×××　　　乙方签字画押：×××

法人代表签字画押：×××

签订日期：20××年××月××日

第五节　人民调解委员会调解文书

人民调解申请书

申请人：林某军，男，汉族，年龄：27 岁，清洁工人，住址：××××

申请人：××物流有限公司，地址：××市××区××路×号，法定代表人：赖某广，职务：总经理，手机号 139×××××××

纠纷简要情况：于 2016 年 5 月 22 日，……

申请事项：

一、……

二、……

三、……

人民调解委员会已将申请人民调解的相关规定告知我，现自愿申请人民调解委员会进行调解。

申请人（签章）：林某军

20××年××月××日

人民调解协议书

编号：×人调字〔2020〕第×号

当事人姓名（性别、民族、年龄、职业或职务、联系方式、单位或住址，法人及社会 组织的名称、地址、法定代表人姓名和职务）：

纠纷主要事实、争议事项：……

经调解自愿达成如下协议：……

甲方：（签章）×××　　　调解员：（签名）×××

乙方：（签章）××　　　记录人：（签名）××

日期：20××年××月××日

第六节　律师事务所民事调解文书

调解协议书

甲方：林某某，男，汉族，现年 39 岁，身份证号码：××××，住址：×××
委托代理人：柳某灿
乙方：陈某某，男，汉族，现年 39 岁，身份证号码：××××，住址：×××
委托代理人：李某伟

一、制作调解书的背景

甲、乙双方因……案，现乙方已以甲方涉嫌经济诈骗为由向××派出所报案，该所也以甲方涉嫌经济诈骗为由采取强制措施。因甲方在此事中，也是被人蒙骗，现在李某昌的主持下，双方就本案涉及的基本事实及相关内容达成了一致意见，特制订本《调解协议书》。

二、双方一致的意见

（一）甲方同意一次性赔偿乙方经济损失人民币壹拾捌萬圆整（180 000元），并以下述第（四）款规定的方式支付乙方；乙方将原收条原件交还甲方，并就本协议约定的款项出具新的收条交付甲方。

（二）乙方在甲方以下述第（四）款规定支付赔偿款后，应立即向公安机关申请撤销此案，承诺使甲方获得释放。乙方不得再以任何理由就此事追究甲方的任何刑事或民事责任。

（三）本《调解协议书》自当事人及委托代理人签收之日起发生法律效力。

（四）甲方应在《调解协议书》生效后 5 个工作日之内，将所列的所有款项，以银行转账方式，转到××律师事务所银行账户。由该所在乙方向公安机关申请撤销此案成功，并使甲方获得释放后 5 个工作日之内负责给付乙方。否则××律师事务所应将此款退还给甲方。

<table>
<tr><td>甲方：×××</td><td>委托代理人：×××</td></tr>
<tr><td>乙方：×××</td><td>委托代理人：×××</td></tr>
<tr><td></td><td>20××年××月××日</td></tr>
</table>

债务人还款承诺书

本人于 2018 年 3 月 25 日通过签署《借款合同》向×××借款人民币××元（大写×××元），并约定了还款的时间、期数及违约责任，在此，本人确认如下：

一、本人确认已经足额收取借款本金；

二、本人已经逾期支付期还款，构成违约；在××律师事务所见证下，签署本承诺书。

三、截至××年×月×日，本人尚欠借款本金人民币××元整，违约金××元，合计欠款×××元整；根据《借款合同》的约定，本人应一次性支付，现考虑到本人一时经济困难，承诺分期归还，分别如下：

2020 年 6 月 30 日之前归还人民币××元；2020 年 12 月 31 日归还××元；如有不按上述期限及时归还，债权人无需再行通知并有权要求本人一次性支付所有款项并由本人承担上述款项总金额每天 1%的违约金，同时由此产生的诉讼费、律师费均有本人承担。

承诺人签字：×××

身份证号码：×××××

签署日期：20××年××月××日

律师、法务师调解笔录范例

调解时间：2019 年 3 月 8 日 10：30-11：45

调解地点：北京市××法律咨询事务所民事调解厅

调解主持人：李某青，北京市××法律事务所法务咨询师

案由：婚姻

被调解人：

甲方：陈某东，男，45 岁，汉族，住北京市西城区广外大街××号，北京市××公司职工

乙方：季某红，女，41 岁，汉族，住北京市西城区广外大街××号，北京市××房屋管理局职工

记录人：徐某敬

问：你们申请北京××法律咨询事务所派法务师调解双方的婚姻纠纷，现由北京××法律咨询事务所指派我负责本案的调解工作，你们同意吗？

甲：同意。

乙：同意。

问：请甲方简单谈一下离婚纠纷发生的过程。

甲：我与乙方是经人介绍相识，婚前感情尚好。2006年初，我们登记结婚，婚后生育一男孩，现已上高中。2013年底，乙方所在单位将乙方调任公司外事部工作后，乙方就很少回家住，开始我体谅他工作忙，可时间一长就影响了我们的夫妻感情，我几次同他谈及此事，乙方都对我态度十分蛮横。我实在无法忍受，提出离婚。

问：请乙方谈谈对这事的看法？

乙：××年底，我被公司调到外事部后，为了工作经常出差，有时晚上陪客户吃饭很晚不能按时回家。这些情况甲方都很清楚。我绝对没有生活作风问题。我们婚后多年感情一直很好，为了孩子，我不同意离婚，如果外事部的工作影响我的家庭生活，我可请求调换工作。

问：对乙方的回答，甲方觉得合乎情理吗？

甲：还行，可在家里他不是这么说的。

问：你们感情还可以恢复吗？

甲：对她再观察一段时间吧，如果真像他说的那样，我也没什么说的了。

问：那你们二位同意暂不提起离婚诉讼吗？

甲：同意。

乙：同意。

问：通过调解和你们双方的协商谅解，最后达成了调解结果，双方都看看笔录，若同意今天的调解意见，请签字。

甲：好吧。

乙：好的。

甲方：陈某东（签字）　　　　乙方：季某红（签字）

调解日期：20××年××月××日

第七节　法务所民事调解文书

民事调解书

申请人：陈某娟，女，×岁，汉，淮南人，住×市×路×号

被申请人：林某新，男，×岁，汉，安庆人，住×市××路×号

被申请人：夏某浩，男，×岁，汉，淮北人，住××市××路×号

本律所于2019年×月×日受理了陈某娟与林某新、夏某浩合伙纠纷民事调解申请。依据《民法通则》《合伙企业法》《合同法》《人民调解法》等法律法规，本所调解员通过对双方的沟通，以及如果双方不能达成和解协议，被申请人私刻公章、对外私自签约代理合伙企业服务项目，私自收取服务费高达180余万元，已经涉嫌构成"职务侵占"。虽然申请人报案后，当地公安局仅仅对违约人进行了7天行政拘留处罚，责令企业内部协商处理，但是如果协商未果，或者被申请人拒不交出私自收取的款项，势必将受到法律的追究。因此，双方自愿到北京××法律事务所寻求第三方介入的民事协商，在北京××法律事务所主任李某某、调解员张某某、记录员田某的沟通、协调下和见证下，双方当事人终于同意和解，自愿达成如下协议：

一、林某新、夏某浩二人于2019年9月1日前将私自收取客户的服务费人民币××万元（大写×××圆整）归还到合伙企业账户。

二、合伙企业大股东陈某娟同意按照企业奖励政策返还林某新、夏某浩20%市场开发奖金，即361 500元（大写：叁拾陆萬壹仟伍佰圆整）。因林某新、夏某浩违背公司制度且涉嫌非法职务侵占的过错，每人自愿交给合伙企业人民币××元作为企业经济损失补偿。陈某娟同意签字兑现给林某新、夏某浩实际奖金额为261 500元（大写贰拾陆萬壹仟伍佰圆整），在扣缴个人所得税后，此款项分别打入林某新、夏某浩银行卡内。

三、双方和解后，林某新、夏某浩保留合伙人资格一年，期满后未发现违法违规行为，可以恢复长期合伙人直至企业清算为止。如果期间再有类似情况发生，被申请人将按照主动退伙处理。

四、本案民事调解法律服务费人民币10 000元整，由林某新、夏某浩各承担4000元，其余2000元由合伙企业承担。

双方当事人一致同意本调解协议自双方在调解协议笔录上签名或按印后即具有法律效力。

上述协议，不违反法律规定，本所予以确认。

主导调解员：李某青

助理调解员：张某林

记录员：田某利

20××年××月××日下午16：35签字达成

本件与原本核对无异（事务所印）

第八节　消费者协会调解文书

消费者权益争议调解书

工商〔2015〕第×号

投诉人：_____电话：_____住址：_____单位：_____

被投诉人：_____法定代表人（负责人）：_____电话：_____

地址（经营场所）：_____

投诉内容及投诉请求：_____

根据《工商行政管理部门处理消费者投诉办法》有关规定，本局（所）组织双方当事人进行调解，双方自愿达成如下协议：_____

_____

本调解书经双方当事人签字后生效。调解书生效后无法执行的，消费者可以按照法律、法规的有关规定向有关部门申请仲裁或者向人民法院提起诉讼。

投诉人（签名）：×××

被投诉人（签名）：×××

调解人（签名）：×××

20××年×月××日（印章）

【注】（1）本调解书适用于工商行政部门或者其派出机构组织消费者权益争议当事人进行调解并达成协议，需要制作调解书的；（2）消费者权益争议当事人认为无需制作调解书的，经当事人同意，调解协议可以采取口头形

式，工商行政管理部门调解人员应当予以记录备查；（3）本调解书由组织调解的工商行政管理部门加盖印章，工商行政管理部门派出机构以自己名义组织调解的，使用派出机构印章；（4）当事人委托他人处理投诉的，被委托人应当出具授权委托书以及身份证明，授权委托书应当载明委托事项、权限和期限，并应当由消费者本人签名。

【附件】消费者有哪些权益主要有以下几项：（1）安全保障权；（2）知悉真情权；（3）自主选择权；（4）公平交易权；（5）依法求偿权；（6）求教获知权；（7）依法结社权；（8）维护尊严权；（9）监督批评权。

处理消费者投诉情况报告书

市监［20××］第××号

＿＿＿＿＿＿市场监督管理局：

我会（所）于 2015 年 3 月 12 日收到你局分送的关于＿＿＿＿＿＿的投诉，依法予以处理，现将处理情况报告如下：

＿＿＿＿＿＿＿＿＿＿＿＿＿＿＿＿＿＿＿＿＿＿＿＿＿＿＿＿＿＿＿

（经办人：　　　　；联系电话：　　　）

××市消费者协会

20××年××月××日（印章）

附：相关材料　　份，共　　页。

注：本报告书适用于处理消费者投诉的市场监管部门

消费纠纷调解书

［20××］东消民调字第×号

调解申请人：消费者许某英，女，35 岁，委托代理人：孙某环女士

调解被申请人：北京东城某体育健身中心，法定代表人：刘某成，职务：主任，委托代理人：沈某东，东城区××法律咨询事务所咨询主任

调解机构：北京市东城区消费者协会消费纠纷人民调解委员会

调解诉求：1. 要求被投诉人向投诉人道歉；2. 要求被投诉人赔偿投诉人医疗费与误工费 20 000 元（大写：贰万圆整）。

事实与理由：2014 年 12 月中旬，许某英在北京东城某体育健身中心游泳时，

被泳池不锈钢扶梯底部划伤左脚跟部，造成 5 厘米长度的左脚跟腱伤口，已住院手术治疗，基本痊愈。在与该中心协商理赔事宜时，双方未能达成一致，投诉人请求调解并处理理赔事项。

消协工作人员实地调查核实情况，依据新《消费者权益保护法》第 11 条中关于消费者因购买、使用商品或者接受服务受到人身、财产损害的，享有依法获得赔偿的权利规定，第 18 条关于经营者应当保证其提供的商品或者服务符合保障人身、财产安全的要求等规定，对涉事双方进行调解。经多次调解最终达成协议：北京东城某体育健身中心一次性支付消费者许某医疗等相关费用共计 2 万元；许某英同意领取上述赔偿款后，不再就此事向该中心追究任何法律责任。

许某英的法定代理人：孙某环（签字）

北京东城区某体育健身中心代理人：沈某东（签字、单位盖章）

20××年××月××日

第九节　民事行政调解文书

行政调解受理审批表

申请人	法人	单位		法定代表人	
		地址		电话	
	自然人	姓名		性别		年龄	
		民族		职业		地址	
纠纷类别			申请时间	年　月　日
争议简要				
请求事项				

续表

经办人意见	（签字）： 　　年　　月　　日
科室审核	（签字）： 　　年　　月　　日
单位审批	（签字）： 　　年　　月　　日

行政调解案件登记表

编号：

当事人姓名		单位或住址		联系电话	
调解部门		调解人		时间	
申请事项及要求					
领导 批示					

续表

调解 情况	
办理 结果	

行政调解告知书

_____（纠纷案由）可向本机关免费申请行政调解。

行政调解遵循依法原则、自愿平等原则和尊重当事人诉讼权利原则，经调解达成的调解协议书具有民事合同性质，当事人应当按照约定履行自己的义务，不得擅自变更或者解除。现将有关事项告知如下：

一、当事人享有以下权利

1. 自主决定接受、不接受或者终止调解；2. 申请有关行政调解员回避；3. 委托代理人参加调解；4. 表达真实意愿，提出要求；5. 自愿达成调解协议。

二、当事人应履行以下义务

1. 如实陈述纠纷事实，不提供虚假证明材料；2. 遵守调解规则；3. 不加剧纠纷、激化矛盾；4. 自觉履行调解协议。

三、行政调解程序

1. 申请人口头或书面向本机关提出行政调解申请；2. 本机关收到行政调解申请后，审查有关材料，符合条件同时被申请人同意调解的，依法组织调解；3. 行政调解达成协议的，本机关依法制作行政调解协议书；行政调解达不成协议的，通过其他法律途径解决。

四、行政调解效力

根据《最高人民法院关于建立健全诉讼与非诉讼相衔接的矛盾纠纷解决机制的若干意见》，行政机关依法对民事纠纷进行调处后达成的有民事权利义务内容的调解协议或者作出的其他不属于可诉具体行政行为的处理，经双方当事人签字或者盖章后，具有民事合同性质，当事人应当按照约定履行自己的义务，不得擅自变更或者解除调解协议。(适用一般行政机关组织调解达成的协议书，适用行政复议机关组织调解达成的协议书)

20××年××月××日（行政机关印章）

行政调解申请书

申请人：(自然人姓名、性别、年龄、身份证号码、民族、职业、电话、单位、住址、邮编；法人名称、地址、法定代表人姓名和职务)

委托代理人：(姓名、职务、电话)

被申请人：(自然人姓名、性别、年龄、身份证号码、民族、职业、电话、单位、住址、邮编，法人名称、地址、法定代表人姓名和职务)

行政调解请求：_____

事实及理由：_____

特申请_____予以调解。

申请人（签名）_____

申请日期：20××年××月××日

口头申请行政调解笔录

申请人：(姓名、性别、年龄、身份证号、单位、住所、邮编、电话)

委托代理人：(姓名、电话)

被申请人：(单位名称、法定代表人、住所、邮编、电话)

行政调解请求：_____

事实及理由：_____

（申请人确认）以上记录经本人核对，与口述一致。

申请人（签名）＿＿＿＿＿ 记录人（签名）＿＿＿＿＿＿

申请日期：20××年××月××日

行政调解受理通知书

××××××：

你单位××××与（申请人或被申请人）×××××（纠纷案由），经你们双方同意，本机关决定于 2018 年××月××日 14 时 30 分在××局会议厅举行行政调解会，由调解员张某生组织调解。请你（单位）准时出席。不按时出席调解会，且事先未说明理由，视为放弃调解。

申请调解员回避的，应在调解会举行前向本机关提交回避申请。

委托代理人参加调解的应在调解会举行前向本机关提交代理委托书。

联 系 人：＿＿＿联系电话：＿＿＿联系地址：＿＿＿邮政编码：＿＿＿

20××年××月××日（行政机关印章）

行政调解不予受理通知书

（申请人）＿＿＿＿＿＿：

你单位××年×月×日申请对你（单位）与×××因××（被申请人）××××（纠纷案由）一案进行行政调解，因被申请人不同意行政调解/不属于行政调解范围，本机关决定不予受理。该纠纷可以向×××（单位名称）申请行政裁决/申请行政复议/申请仲裁/提起诉讼。

特此通知。

20××年××月××日行政机关（印章）

行政调解终结书

申请人：（姓名、性别、年龄、民族、职业、单位或住址）

被申请人：（自然人姓名、性别、年龄、民族、职业、单位或住址）

纠纷及调解事由：（因××原因，本机关决定终结调解）。

该纠纷当事人可向××申请行政裁决/行政复议/仲裁/提起诉讼。

行政机关（印章）

20××年××月××日

行政调解邀请函

××人民调解委员会：

　　×××与×××因＿＿＿＿＿＿争议一案，我单位在进行行政调解过程中，根据案情需要你们积极配合，特邀请你调解委员会派 2 名人民调解员协助本案的行政调解工作。望在20××年××月××日前回复。

联系人：＿＿＿＿＿　　电话：＿＿＿＿＿＿＿

20××年××月××日（行政机关印章）

行政调解协议书

编号：

　　当事人：（甲方）　　　　　当事人：（乙方）

　　现已查明：……本机关按照自愿、合法的原则进行调解，当事人达成如下协议：

　　1.……; 2.……。

　　履行协议方式、地点、期限：＿＿＿＿＿＿本调解书经当事人签字即生效。

　　本协议一式三份，双方当事人、×××行政调解单位各执一份。

甲方（签名或盖章）：×××　　乙方（签名或盖章）：×××

在场人员（签名）：×××　　　调解员（签名）：×××

行政机关（印章）

20××年××月××日

调 查 笔 录

时　间：＿＿＿＿＿＿＿　　地　点：＿＿＿＿＿＿＿

事　由：＿＿＿＿＿＿＿＿＿＿＿＿＿＿＿＿＿＿＿＿＿＿

当事人：＿＿＿＿＿＿＿　　参加人：＿＿＿＿＿＿＿＿＿＿

笔录内容：＿＿＿＿＿＿＿＿＿＿＿＿＿＿＿＿＿＿＿＿＿＿

＿＿＿＿＿＿＿＿＿＿＿＿＿＿＿＿＿＿＿＿＿＿＿＿＿＿＿＿

＿＿＿＿＿＿＿＿＿＿＿＿＿＿＿＿＿＿＿＿＿＿＿＿＿＿＿＿

_____

_____

_____

_____

_____

当事人签名：_____   调解员签名：_____

在场人签名：_____   记录人签名：_____

（笔录共　页，第　页）

行 政 调 解 笔 录

时　　间：20××年××月××日 10：30—12：00

地　　点：市场监督管理局三楼会议厅

事　　由：关于_____事宜进行行政调解。

参加人：

申请人：（自然人姓名、性别、年龄、民族、职业、单位或住址，法人及社会组织的名称、地址、法定代表人姓名和职务）

被申请人：（自然人姓名、性别、年龄、民族、职业、单位或住址，法人及社会组织的名称、地址、法定代表人姓名和职务）

记录员：×××与×××××关于_____纠纷一案，经当事人×××申请，并经××××（单位名称）审查，该纠纷涉及事项属本单位行政管理职权范围的事项，可以进行行政调解。

记录员：现对当事人和代理人到场情况进行核对。

记录员：现在宣布纪律。当事人、参加旁听人员不得喧哗、吵闹、鼓掌；不准随意走动；不准有实施其他妨碍行政调解活动的行为；行政调解员有权制止任何影响调解进行的行为。

调解员：根据自愿调解原则，双方当事人是否愿意通过行政调解解决你们之间的纠纷？

调解员：×××与××××关于_____纠纷一案，由×××（单位名称）进行行政调解。在行政调解活动中，各方当事人享有下列权利：（1）自主决定接受、不接受或者终止调解；（2）申请有关行政调解员回避；（3）委托代理人参加调解；（4）表达真实意愿，提出要求；（5）自愿达成调解协议。同时按照权利义务一致的原则，各方当事人应承担下列义务：（1）如实陈述纠纷事实，不提供虚假证明材料；（2）遵守调解规则；（3）自觉履行调解协议。

调解员：当事人对上述权利、义务是否听清楚？是否愿意调解？

调解员：由行政调解员刘某委主持今天的调解活动，由记录员张某玲担任调解记录。根据刚才宣布的权利，当事人对行政调解员和记录员是否申请回避？[行政调解员、记录员、鉴定人、勘验人有下列情况之一的，应当回避：（1）是本案当事人或者与当事人、代理人有近亲属关系的；（2）与本案有利害关系的；（3）与本案当事人、代理人有其他关系，可能影响对矛盾纠纷公正处理的。当事人发现行政调解员、记录员、鉴定人、勘验人有应当回避情形的，可以口头或者书面方式申请其回避]。

调解员：行政调解处理纠纷一般应当公开进行，允许当事人的亲属和其他群众旁听。但是涉及当事人的隐私、商业秘密或者当事人明确表示反对的除外。结合案情，今天本案进行公开/不公开调解。现在对当事人及其代理人的身份进行核对。

调解员：经审查，当事人和委托代理人参加本次行政调解活动，符合有关规定，可以参加调解（不能参加的说明理由）。

调解员：现在由当事人×××及其代理人×××陈述事实和理由。

申请人：……

被申请人：……

调解员：经过刚才双方陈述和证据材料核实，当事人对纠纷一致看法有以下几点（为方便下步的调解工作，对双方分歧大的证据，一般不要直接作出认可或否定，采取模糊办法）：

调解员：当事人对以上归纳意见有无异议？

申请人：……

被申请人：……

（调解员应认真听取当事人陈述，记录员应将过程记录在案。）

调解员：本纠纷经过调查和当事人陈述，事实清楚、权利义务明确。现在先由当事人×××提出一个解决方案。

调解员：对当事人×××方提出的方案，当事人×××方是否愿意接受？当事人×××方也可以提出自己的调解方案，供对方当事人考虑。

调解员：对刚才当事人×××方提出的解决方案，对方是否愿意接受？

调解员：经过刚才调解，纠纷当事人自愿达成如下协议：

调解员：当事人对以上协议内容有无异议？

申请人：……

被申请人：……

调解员：本单位将根据各方当事人达成的上述协议内容制作行政调解协议书，行政调解协议书在当事人签字盖章后，当事人应当按照约定履行自己的义务，不得擅自变更或解除协议。本纠纷调解完毕；当事人在阅读笔录后，若无误，请签字或盖章。

当事人（签名）：×××

调解员（签名）：×××

参加人（签名）：×××

记录人（签名）：×××

行政调解送达回证

收件人姓名	送达文书名称	送达地址	送达人姓名	送达时间	收件人签名
备注					

第十节　医疗纠纷调解

调解协议书

甲方：××县人民医院，法定代表人：×××

乙方：×××，男，汉族，×岁，××县××镇××村村民

乙方×××之妻×××于×年×月×日因患"×××、×××"等病在××县人民医院外二科住院治疗，并行胆囊切除术、胆肠吻合术。术后因病情变化转至×市人民医院普外科住院治疗，因无钱支付医药费而自行出院，再次入住××县人民医院。由于病情危重，抢救无效于×年×月×日死亡。死者丈夫×××及众亲属以×死亡系××县人民医院"医疗事故"为由，纠集数十人，多次在县医院闹事，严重干扰了医院正常的医疗秩序。3月31日上午，××等人又到县委上访，要求解决赔偿或者救助问题。4月1日下午，县委书记×××，政法委书记×××，县委宣传部长×××，县法院院长×××，县检察院检察长×××，县公安局局长×××、县卫生局、县医院负责人，在县信访局接访了×××等人。经×书记主持的信访联席会议决定：鉴于×××家庭经济困难，本人年事已高，突然丧妻，儿子单身，本人生活无依托，且一家人未参加新农合，巨额医药费无力自付等情况。责成县卫生局会同×镇人民政府一次性为×××解决救助问题，并要求甲、乙双方尽快协商解决纠纷。

经甲乙双方平等、自愿协商，就处理×××因病在甲方医院就医与甲方发生的纠纷达成如下协议：

一、甲方免除死者在该院第一次住院时已交纳医疗费用7460.40元；免除第二次拖欠的医疗费用23 856.60元。甲方应于本协议生效之日将免除的上述7460.40元退还给乙方。

二、甲方协调有关部门一次性付给乙方医疗困难救助102 539.6元。待乙方将死者安葬后一次性付给乙方。

三、自本协议签订之日起，乙方须在三天之内自行将×××尸体从太平间移走，自行安葬。

四、乙方确认×××的死因系疾病本身发展变化所致，甲方在治疗过程中不存在过错，甲方无医疗损害责任，不构成医疗事故。甲方按本协议，乙方不

得就此纠纷再以任何理由通过任何诉讼和非诉讼途径，要求甲方承担任何费用和赔偿。

五、甲方协调×镇政府给予乙方×××及其一个儿子享受农村低保待遇，并给予指导、帮助×××办理农村养老保险、新农合手续。

六、本协议为甲、乙双方就医疗纠纷的最终处理协议，双方应共同遵守，不得反悔。

七、本协议自甲、乙双方签字之日生效，本协议一式四份，甲、乙双方、县卫生局、×镇政府各执一份，具有同等法律效力。

甲方（签字盖章并代表人签字）：×××　　乙方亲属（签字）：×××

参与部门单位代表（签字）：×××

签字日期：20××年××月××日

第十一节　信访民事调解文书

信访调解协议书

甲方：×××（基本信息）

乙方：×××（基本信息）

监督方：×××县信访局

甲乙双方因劳动仲裁纠纷，于2011年×月××日签定了调解协议。协议第5条规定："乙方自愿解除劳动关系，保证不再向甲方另行提出任何要求，自愿放弃其它一切工伤经济补偿金。"

2014年春，乙方以原协议为霸王协议和事情没解决为由，多次上访要求再次赔偿。

经甲乙双方协商，达成息诉协议如下：

一、通过法律渠道（法院）是解决乙方要求的唯一解决办法。

二、因乙方无生活资金和诉讼资金，甲方暂借给乙方壹仟元整，作为乙方通过法院诉讼甲方，解决乙方要求的诉讼费用和暂时生活费用。

三、通过法院判决或调解后，甲乙双方严格按法院判决或调解结果执行，乙方不得以任何理由上访或闹访。

四、若乙方将甲方借给的壹仟元钱挪作他用，不到法院起诉，视乙方放弃原来的要求。

五、乙方借款到手后，放弃信访走访，自愿息访息诉，并且永远不再为此事信访或走访。

六、本协议一式三份，甲乙双方及监督方各持一份。

七、本协议自签定之日起生效。

甲方签字盖章：×××　　　乙方（签字画押）：×××

监督方：××× 县信访局

签订日期：××年××月××日

信访复查复核案件调解协议书

申请人：_____　性别：_____　出生年月：_____

住所：_____

委托代理人：_____　住所：_____

被复查或复核机关：_____

法定代表人：_____　职务：_____

委托代理人：_____　住所：_____

申请人因不服被复查或复核机关作出的_____，向本机关申请信访复查或复核，本机关依法已予受理。

申请人请求：_____

申请人称：_____

被复查或复核机关意见：_____

本机关按照自愿、合法的原则进行调解，当事人达成如下协议：_____

_____

本调解协议一式_____份，当事人各执一份，向信访复查复核机构提交一份。

申请人：（签字或者盖章）

××××年××月××日

被复查或复核机关：（盖章）

××××年××月××日

信访复查复核机构：（盖章）

××××年××月××日

第十二节 公安民事调解文书

打架民事调解协议书

甲方：姓名：_____ 性别：_____ 年龄：_____ 身份证号：_____ 住所：_____ 手机号：_____

乙方：姓名：_____ 性别：_____ 年龄：_____ 身份证号：_____ 住所：_____ 手机号：_____

见证方：北京××法律咨询事务所

双方均系成年公民，均有完全民事行为能力，是同一个单位工作的同事，因开玩笑一时冲动，双方于20××年××月××日在工作单位车间发生肢体冲突（打架），因双方均未构成轻伤，现经双方协商一致，现甲方就乙方受伤赔偿事宜，本着平等、自愿、公平原则，经友好协商，达成如下协议：

一、甲方愿一次性赔偿给乙方医疗费、误工费、交通费、住宿费、精神抚慰金等合计人民币 12 000 元，此赔偿款直接由公司从甲方工资中扣除支付给乙方。

二、上述费用支付给乙方后，由乙方自行安排治疗事务，其安排处理的方式及后果不再与甲方有任何关系。

三、甲方履行赔偿义务后，乙方保证不再以任何形式和任何理由就此事向甲方提出其他任何赔偿要求。

四、甲方履行赔偿义务后，此事处理即告终结，甲乙双方之间就此事不再有任何权利、义务。以后因这次事故的结果亦由乙方自行承担，甲方对此不再承担任何责任。

五、本协议为双方平等、自愿协商之结果，是双方真实意思表示，且公平、合理。

六、本协议内容甲乙双方已经全文阅读并理解无误，甲乙双方明白违反本协议所涉及后果，甲乙双方对此协议处理结果完全满意。

七、本协议为一次性终结处理协议，乙方今后身体或精神出现任何问题均与甲方无关。

八、双方签约见证费人民币 1000 元整由甲方支付。

九、本协议书一式二份，双方各执一份，经双方签字或捺指印后生效，双方当事人应全面切实履行本协议，不得再以任何理由纠缠。

甲方：（签字）　　　　　乙方：（签字）

见证人（法务咨询师签字，法律咨询事务所盖章）：

20××年××月××日　　　20××年××月××日

第十三节　司法民事调解文书

民事调解书

原告：高某君，男，×岁，汉族，×人，住上海××路 34 号风华小区××

委托代理人：李某林，上海××律师事务所律师

被告：辛某志，男，×岁，汉族，×人，住上海××路×号商都花园小区××

委托代理人：廖某兵，上海××律师事务所律师

本院于 20××年××月××日立案受理了原告高某君诉被告辛某志借款纠纷一案，依法由审判员张某丽采用简易程序公开进行了审理。

根据《最高人民法院关于适用简易程序审理民事案件的若干规定》第 14 条的规定，本案在审理过程中，经本院主持调解，双方当事人自愿达成如下协议：

一、被告辛某志于 20××年××月××日前归还给原告高某君人民币 13.5 万元（大写：拾叁萬伍仟圆整），此款已经包含借款利息。

二、若被告辛某志逾期未支付上述款项，则需另支付给原告高某君违约金 27 000 元（大写：贰萬柒仟圆整）。

三、案件受理费人民币 5400 元，减半收取 2700 元，由被告辛某志承担。

双方当事人一致同意本调解协议自双方在调解协议笔录上签名或按印后即具有法律效力。

上述协议，不违反法律规定，本院予以确认。

审判员：×××

2018 年 9 月 27 日

本件与原本核对无异（院印）

书记员：×××

民事赔偿和解协议书

甲方（民事赔偿权利人）：（姓名与基本信息）

乙方（民事赔偿义务人代理人）：（姓名与基本信息）

　　双方基于陈某林涉嫌以危险方法危害公共安全罪一案，经充分协商自愿达成和解协议如下：

　　一、乙方于本协议生效时一次性赔偿甲方抢救费、丧葬费、死亡赔偿金、精神损害抚慰金、死者近亲属办理丧葬事宜支出的交通费、住宿费和误工损失等其他合理费用共计 378 460 元。

　　二、本协议生效时，甲方向人民法院出具刑事谅解书，请求法院综合全案依法给予适当的从轻处罚。

　　三、本协议于双方签字之日起生效，协议一式三份，双方各执一份，交司法机关备案一份。

　　此致

甲方：×××　　　乙方：×××

20××年××月××日

刑事谅解书

××市中级人民法院：

　　鉴于双方已就民事赔偿事宜依法达成和解协议并已履行，足以证明被害人近亲属在物质和精神两方得到了一定的赔偿和抚慰。

　　因此，请求人民法院综合全案依法对陈某林给予适当的从轻处罚。

　　此致附：《民事赔偿和解协议书》。

被害人亲属签字：×××

20××年××月××日

第十四节　公益调解文书

调解协议书

甲方：（民事赔偿权利人）：×××消费者协会

乙方：（民事赔偿义务人代理人）：雷×重工股份有限公司

20××年××月××日，甲方接到投诉乙方的《举报函》，反映乙方生产、销售的"××牌"三轮摩托车不符合强制性国家标准规定、侵害消费者利益。甲方成立了专门工作组，并委托××律师事务所开展调查取证。202×年×月×日，甲方对乙方等4家被告提起消费民事公益诉讼，诉讼请求包括：1. 判令被告立即停止生产、销售已被工信部《道路机动车辆生产企业及产品公告》撤销的所有型号产品；2. 判令被告立即停止生产、销售不符合强制性国家标准的所有型号产品；3. 判令被告消除其违法、违规生产和销售的所有型号产品的安全风险；4. 确认被告违法、违规生产和销售的行为对众多不特定消费者构成了《消费者权益保护法》第55条的"欺诈行为"；5. 判令被告赔偿原告为公益诉讼支付的费用及本案诉讼费用。201×年×月×日，××市中级人民法院已正式受理此案。乙方多次申请延期举证，与甲方进行多次会谈。

经法院认定，相关证据证明乙方存在故意生产、销售外廓尺寸不符合强制性国家标准产品并出具与车辆实际尺寸不符的虚假车辆合格证故意隐瞒事实，以及其部分经销商存在销售公告撤销车辆的事实，以及以合格产品申请3C认证证书，实际生产销售不符合认证规格的三轮摩托车。经过会谈，乙方部分认识到存在问题，并进行自查，共查出生产不符合强制性国家标准的车型车辆31 085台，其中已经售出26 959台；查出生产公告撤销车型车辆909台，其中已经销售870台。20××年3月15日前，甲方向社会通报了案件进展情况。在乙方一再要求调解的情况下，甲方确定了三项调解基本原则：一是双方达成的调解方案没有减少原告诉讼请求对消费者权益的保护；二是调解方案能够得到法院的认可；三是调解方案能得到社会的广泛认同，并明确了相关调解底线。本案进入法庭主持下调解程序。诉讼过程中，双方达成了如下调解协议：

一、乙方保证立即停止生产、销售已被《工业和信息化部公告》撤销的所有型号产品，和外廓尺寸不符合《机动车运行安全技术条件》（GB7258-2012）规定的强制性国家标准的产品，不再恢复上述车辆的生产和销售，并监督经销商停止销售上述车辆。

二、乙方承诺自调解书生效之日起 6 个月内采取召回、修理、更换、退货等方式消除其违法、违规生产销售的公告撤销车型车辆、不符合强制性国家标准的车辆的安全风险，确保符合国家规定和强制性国家标准，并承担因此支出的全部费用以及消费者的必要费用。6 个月内 3 次在媒体上发布召回内容，同时要向购车消费者通知，确保消费者有效知悉车辆消除安全风险的情况，并接受社会监督。设置热线电话、网络平台接受公众咨询。

三、乙方承认故意生产销售了不符合强制性国家标准的超长车辆，并出具与车辆实际尺寸不符的虚假车辆合格证故意隐瞒事实，侵害了众多不特定消费者的合法权益。承诺依法处理消费者诉求，依照《消费者权益保护法》等法律对消费者承担可能发生的以下费用：修理、更换、退货等费用，消费者配合消除车辆安全风险所发生的交通、误工等必要费用，人身、财产损害赔偿费用，精神损害赔偿费用，惩罚性赔偿费用等。

四、乙方公告赔礼道歉，承担甲方公益诉讼花费 100 万元。

甲方：×××

乙方：×××

20××年××月××日

民事仲裁常用法律文书

第一节　民事仲裁文书

（仲裁）　授权委托书

受委托人：＿＿＿＿＿＿＿　联系电话：＿＿＿＿＿＿＿

　　现委托上述受委托人在我与＿＿＿＿＿＿＿＿发生的劳动争议一案中，作为我方参加调解/仲裁的代理人。

　　代理权限如下：

　　（1）一般授权：有权代为提起申诉，递交证据材料，签收法律文书，参加仲裁活动等。

　　（2）特别授权：除有一般代理权限外，还有代为承认、变更、放弃诉讼请求，进行和解、调解、反诉和上诉等。

委托人：×××

20××年××月××日

关于约定仲裁庭组成方式及选定仲裁员的函

××仲裁委员会：

　　关于我方×××与×××之间因＿＿＿＿＿＿纠纷引起的争议仲裁案［案件编号为（××）深仲案字第×号］，根据《中华人民共和国仲裁法》第31条和《深圳仲裁委员会仲裁规则》的相关规定，

　　我方在××仲裁委员会《仲裁员名册》中选定×××为首席仲裁员。

特此函告。

申请人/被申请人：×××

委托代理人：×××

20××年××月××日

民事仲裁申请书

申请人：××市钢窗厂。住所地：××市××区××××大街××号

法定代表人：张某某，厂长，电话：×××××××

委托代理人：王某某，××市××律师事务所律师

被申请人：××省××市××房地产开发公司

法定代表人：李某某，经理

案由：购销合同纠纷

仲裁要求：

一、立即支付货款×××元。

二、赔偿损失费×××元。

事实与理由：

20××年××月××日，被申请人××省××市房地产开发公司与我厂在××市签订购销合同一份，采购我厂生产的钢窗××副。合同对钢窗的质料、规格、数量和单价都作了明确约定，交货日期为20××年××月底。我厂按期向被申请人交付了钢窗并经过合格验收，但对方却迟迟不支付货款，后又称有部分钢窗不符合市场变化的影响，公司资金紧张，一时难于支付货款。由于××房地产开发公司违约拒不支付货款，我厂几次到××省××市往返交涉，给我厂造成了很大的经济损失。

由于上述情况，根据原合同中约定的仲裁条款，特申请××仲裁机构予以仲裁。

此致

××市仲裁委员会

申诉人：××市钢窗厂

20××年××月××日

附：1. 本仲裁申请书副本1份；

2. 证据目录和主要证据复印件2份。

解决合同纠纷认同仲裁途径协议书

甲方：×××（姓名或者名称、住址等基本信息）

乙方：×××（姓名或者名称、住址等基本信息）

甲乙双方就＿＿＿＿＿（写明仲裁的事由），达成仲裁协议如下：

如果双方在履行＿＿＿＿＿合同执行过程中发生纠纷，双方自愿将此纠纷提交××省××仲裁委员会仲裁，其仲裁裁决对双方有约束力。

本协议一式三份，甲乙双方各执一份，××××仲裁委员会一份。

本协议自双方签字之日起生效。

甲方：×××（签字、盖章）　　乙方：×××（签字、盖章）

签订日期：20××年××月××日

仲裁案件审理确认书

仲裁当事人情况	申请人	
	被申请人	
告知内容	根据《劳动争议调解仲裁法》规定，劳动争议案件自仲裁申请受理之日起45日未结束的，当事人可以就该劳动争议事项直接向人民法院提起诉讼。	
申请人意见	我已阅读了上述告知内容。　　　　　　　　　签名：	
被申请人意见	我已阅读了上述告知内容。　　　　　　　　　签名：	
仲裁人员签名		

买卖合同仲裁裁决书

申请人：＿＿＿＿＿　地址：＿＿＿　法定代表人：＿＿＿＿

被申请人：＿＿＿＿　地址：＿＿＿　法定代表人：＿＿＿＿

　　根据《仲裁规则》的规定，本案适用简易程序。本案现已审理终结。现将本案的案情、仲裁庭意见和裁决结果分述如下：

　　申请人诉称：……

　　仲裁庭经审理查明：……

　　仲裁庭意见：……

　　基于上述意见，仲裁庭裁决如下：……

裁决员：×××

20××年××月××日

第二节　商事仲裁文书

（仲裁）　授权委托书

受委托人：＿＿＿＿＿＿＿　联系电话：＿＿＿＿＿＿＿＿

　　现委托上述受委托人在我与＿＿＿＿＿＿＿＿发生的劳动争议一案中，作为我方参加调解/仲裁的代理人。代理权限包括：（1）一般授权，即有权代为提起申诉，递交证据材料，签收法律文书，参加仲裁活动等；（2）特别授权，除有一般代理权限外，还有代为承认、变更、放弃诉讼请求，进行和解、调解、反诉和上诉等。

委托人：华××工程有限公司（签章）

20××年××月××日

买卖合同仲裁申请书

　　申请人：××贸易有限公司，地址：××，法定代表人：××，电话：×××

　　代理人：张某某，联系电话：×××

　　被申请人：××××物流有限公司，地址：××市×路×号 法定代表人：王某某，职务：总经理，联系电话：×××

仲裁请求：

一、撤销交易合同；二、退还申请人合同定金××万元。

此致

×××市仲裁委员会

申请人：×××

日期：20××年××月××日

买卖合同仲裁裁决书

申请人：×××（姓名或者法人名称法定代表人基本信息）

被申请人：×××（姓名或者法人名称法定代表人基本信息）

根据《仲裁规则》的规定，本案适用简易程序。本案现已审理终结。现将本案的案情、仲裁庭意见和裁决结果分述如下：

案情：……

申请人诉称：……

仲裁庭经审理查明：……

仲裁庭意见：……

基于上述意见，仲裁庭裁决如下：……

裁决员：

20××年××月××日

合同仲裁诉讼答辩书

答辩人名称：（法人公司地址，法定代表人姓名职务等年基本信息）

答辩人因×运输公司诉××公司及其××分公司租赁合同纠纷一案，根据本案事实和相关法律规定，依法提出答辩意见如下：……

综上所述，原告的诉讼请求违背事实真相，不符合法律规定，恳请法庭在查明事实的基础上，依法审理，公正裁决，以维护答辩人的合法权益，维护正常的经济秩序。

此致××区人民法院

答辩人：××有限公司

20××年××月××日

第三节 劳动仲裁文书

劳动争议仲裁申请书

原告：陈某红，男，河北省×市人，汉族，身份证号：××××××××，住址：××市××路307号1单元3楼302号

被告：深圳×华纺织品有限公司，法定代表人：马某龙，地址：深圳市××路303号

仲裁请求：支付原告2020年3月1日至2020年11月30日加班费与奖金合计38 678.35元。

事实与理由：

根据被告公司规定，加班支付加倍工资，超额完成加工产品件数，另外给每件18元奖金。根据公司打卡记录和计件单，2020年3月×日至2020年11月××日期间，被告共欠原告加班费与奖金合计38 678.35元。

现请求给予裁决。

申请人：

申请日期：20××年××月××日

【附件】

1. 本人工资单；2. 打卡记录复印件；3. 车间主管打的欠加班费欠条。

【特别提示】劳动争议仲裁时效期间为1年，劳动者必须在法定时间内请求仲裁或者行使诉权。否则，逾期将失去权利。《劳动争议仲裁调解法》第27条规定："劳动争议申请仲裁的时效期间为一年。仲裁时效期间从当事人知道或者应当知道其权利被侵害之日起计算。前款规定的仲裁时效，因当事人一方向对方当事人主张权利，或者向有关部门请求权利救济，或者对方当事人同意履行义务而中断。从中断时起，仲裁时效期间重新计算。因不可抗力或者有其他正当理由，当事人不能在本条第一款规定的仲裁时效期间申请仲裁的，仲裁时效中止。从中止时效的原因消除之日起，仲裁时效期间继续计算。劳动关系存续期间因拖欠劳动报酬发生争议的，劳动者申请仲裁不受本条第一款规定的仲裁时效期间的限制；但是，劳动关系终止的，应当自劳动关系终止之日起一年内提出。"

劳动仲裁申请书

申请人：倪某，性别：女，汉族，身份证号：×××，住址：×××，电话：136××××

被申请人：重庆××公司，地址：×××，法定代表人：××，电话：136××××××

申请事项：请求被申请人支付拖欠申请人的工资 15 300 元。

事实与理由：申请人于××年×月×日入职被申请人公司，×××××。

基于以上事实，根据《中华人民共和国劳动法》，诉讼贵处，请求依法裁决，支持申请人的请求。

此致

×××市劳动争议仲裁委员会

申请人：倪某

20××年××月××日

劳动争议仲裁调解书

（×仲裁字［2002］第×××号）

申诉人：马某某，女，49 岁，住址：北京市××区××街××号

委托代理人：×××，男，代理权限：代为承认、放弃、变更仲裁请求，提供证据，参加辩论，请求调解，代收法律文书。

被申诉人：北京××区国税局，住所地：××，法定代表人：李某某，职务：局长

委托代理人：×××，男，代理权限：代为承认、放弃、变更仲裁请求，提供证据，参加辩论，请求调解，代收法律文书。

案由：……经本委当庭调解，双方自愿达成如下协议：

本调解书与仲裁裁决书具有同等法律效力。

仲裁员：刘某某

申诉方签字：马某某　　　　　　被申诉方签字：×××

签订日期：××××年××月××日

工伤劳动仲裁申请书

申请人：×××，男，汉，出生年月：××××，身份证号：××××，住址：××××

被申请人：（用工单位法定代表人职务等基本信息）

申请事项：

请求裁决被诉人支付申诉人9级工伤伤残补偿金。

事实与理由：……

此致×××市劳动仲裁委员会

申请人：×××

20××年××月××日

附：1.《劳动争议仲裁申请书》副本2份；2.《证据清单》一份。

撤销工伤认定决定书起诉状

原告：××有限公司（地址、法人代表等基本信息）

被告：××市人力资源和社保局（地址、法人代表职务等基本信息）

第三人：戴某某，男，197×年×月×日生，住址：×××，身份证号：××××

诉讼请求：1. 依法撤销被告作出的吉人社工伤认字〔2011〕第××号工伤认定决定书；2. 本案的诉讼费用由被告承担。

事实与理由：2017年×月×日原告与×××签订了《水泥包装、搬运承包协议》，双方约定自2018年×月×日至2018年×月××日止由×××承包原告的水泥包装、搬运装车，双方按搬运数量结算费用。协议签订后，×××雇佣×××负责水泥搬运工作，这是×××个人行为，与原告无关。虽然2018年×月××日×××受伤，但因原告与×××无劳动合同关系，那么其受伤也不能认定为工伤。后××县劳动争议仲裁委员会于2018年×月×日作出关于确认×××与原告存在劳动关系的回复。被告据此认定用人单位为原告的工伤认定决定书。原告认为，在被告作出工伤认定之前，原告已就劳动关系提出异议并提供了《水泥包装、搬运承包协议》，那么在没有经劳动仲裁部门裁决确认属于劳动关系的前提下，被告就不能确认其工伤情况。虽然第三人提供了××县劳动争议仲裁委员会的"关于确认劳动关系的回复"，但是这并不是生效的仲裁裁决书，更没有开通审理确认劳动关系争议一案，法律上也没有规定"回复"可以作为确认劳动合同关系合法依据。因此，被告的工伤认定书也是错误的。

综上，被告作出的吉人社工伤认字〔2018〕第××号工伤认定决定书事实错误，请法院依法撤销该工伤认定决定书，望判如所请。

此致

××区人民法院

具状人：×××

20××年××月××日

劳动仲裁申请书

申诉人：（姓名、性别、年龄）被诉人：_____法定代表人：_____

地址：_____

被申诉人：（单位名称、法定代表人姓名地址等基本信息）

请求事项：

_____

_____。

事实和理由：（包括证据和证据来源，证人姓名和住址等情况）：_____

_____

_____。

此致

××区劳动争议仲裁委员会

申诉人（单位）：

（签名或盖章）

20××年××月××日

【附件】1. 副本_____份；2. 物证____份；3. 书证____份（第页）。

【说明】劳动争议仲裁申诉申请书是当事人向劳动争议仲裁委员会申请仲裁时提交的法律文书。填写此类法律文书时所依据的法律法规主要有：《中华人民共和国劳动法》《劳动部关于贯彻执行〈中华人民共和国劳动法〉若干问题的意见》《中华人民共和国企业劳动争议处理条例》《劳动人事争议仲裁组织规则（2017）》等。

劳动人事争议仲裁委员会举证通知书

一、发生劳动争议，当事人对自己提出的主张，有责任提供证据。如证明劳动人事关系发生、变更、消失等事实的证据；用人单位应当在规定期限内提供其掌握管理的与争议事项有关的证据；以及仲裁庭要求用人单位提供的证据。逾期不提供的，应当承担不利后果。

二、当事人应当在第一次开庭三日前完成举证。确需延长举证时限的，须经仲裁庭批准并在规定的时限内举证。

三、证据分为书证、物证、证人证言、视听资料、当事人陈述、鉴定结论、勘验笔录。

四、当事人应当客观、全面地提供证据，不得伪造、毁灭证据，不得以暴力、威胁、贿买等方法阻止证人作证或指使、贿买、胁迫他人作伪证。否则，当事人要承担法律责任和败诉后果。

劳动仲裁答辩状

答辩人：张某涛（单位与职务，住址，联系电话）

代理人：刘某波，××法律咨询中心×××，电话：139×××××

被答辩人：××××有限公司，法定代表人刘某鑫，职务：总经理

就张某涛与××××有限公司的劳动争议仲裁一案，答辩人现答辩如下：张某涛于20××年×月×日到公司上班后，经常请假、旷工，还和工人吵架，违背公司管理制度，给予劝退处理……

本公司并没有拖欠原告的工资××××元。

综上所述，答辩人请求劳动争议仲裁委员会依法驳回被答辩人的所有仲裁请求。

此致

×××市劳动争议仲裁委员会

答辩人签字（盖章）：张某涛

20××年××月××日

解除劳务合同的通知书

夏某某同志：

由于你违背公司施工操作规程导致轻伤，你与××劳务公司签订的劳动派遣合同虽然没有到期，但是我公司将于202×年×月×日对你作出退回派遣处理。

根据《劳动法》的规定，由派遣公司发给（或不同意发给）你经济补偿

金××××元，医疗补助费×××元，并将提前预支你×月份的工资××元。请于202×年×月××日前办理工作交接手续。

　　特此通知。

×××建筑工程有限公司

20××年××月××日

解除劳动合同的通知书

×××同志：

　　由于_____，你与公司签订的劳动合同于202×年×月×日予以解除。根据《劳动法》的规定，公司将发给（或不发给）你经济补偿金_____元，医疗补助费_____元，并将提前预支你××月份的工资××××元。请于××××年×月×日前将工作交接及离职手续办理完毕。

　　特此通知。

××××有限公司

20××年××月××日

劳动争议仲裁委员会仲裁裁决书

×劳仲案字［2016］第××号

案号	
案由	
裁决结果	
答辩人意见	签名：
被答辩人意见	签名：
仲裁人员签名	

第三章 CHAPTER 03

民事诉讼常用法律文书

第一节　民事合同纠纷诉讼文书

民事合同纠纷起诉状

原告：万某，××年×月×日生，××县人，个体户，住××市××街道，电话：××

被告：杨某，××岁，个体户，住××市×镇×号，身份证号：42××

诉讼请求：1. 判令被告赔偿原告经济损失 25 800 元；2. 判令被告返还原告摩托车五辆（价值 18 000 元）；3. 判令被告支付拖欠货款 6415 元及利息；4. 判令被告承担本案诉讼费用。

事实与理由：原、被告于 202×年 2 月 14 日签定了一份《中裕摩托购销合同》，合同有效期为 202×年 2 月 15 日至 202×年 12 月 31 日。合同约定：原告实行款到发货，被告使用现金、支票、银行汇票结算。202×年 4 月 20 日，被告向原告来函，要求原告向被告发送 60 辆摩托车，总金额 216 415 元。202×年 5 月 18 日被告向原告传真 20 万元承兑汇票复印件一张，要求原告组织货源发到××，并承诺先付款后提货。原告收到传真后积极组织货源。202×年 5 月 26 日原告将货物运到××后要求被告先行付款再卸货，但被告予以拒绝。被告指使他人殴打原告职工××并抢夺原告货物，原告报警。××市公安局××派出所的的民警出警到现场后，才得以取回部分货物，但仍有五辆摩托车（价值 18 000 元）被抢夺。此外，被告还拖欠原告配件款 6415 元，被告曾于 202×年 3 月 14 日出具欠条一张，约定还款时间是 202×年 12 月 31 日，但被告至今未给付。为维护原告合法权益，特起诉至法院，请支持原告诉求。

此致

××市××区人民法院

具状人：万某

20××年××月××日

民事欠款纠纷起诉状

原告：唐某，汉，身份证号：××，住×××市××区×路×栋×室，电话：

被告：王某某，身份证号：××，住××市××区×栋×单元×层×室，电话：

被告：鲁某某，女，汉族，身份证号：42××，住××市××区××单元×室，电话：

诉讼请求：1. 请求判令被告王某某向原告归还欠款人民币 530 000 元；2. 请求判令被告鲁某某对被告王某明应付款项承担连带责任；3. 请求判令被告承担本案的诉讼费和其他合理费用。

事实和理由：被告王某某与被告鲁某某系夫妻关系，2013 年 2 月 7 日，二被告向原告借款人民币 500 000 元，被告王某某向原告出具借条一份。后被告再次向原告借款人民币 30 000 元，二被告承诺 2013 年 2 月底归还欠款，但二被告并未依约还款，后经原告多次催讨，二被告一直怠于给付。为此，原告特向贵院起诉，请求依法保护为盼。

此致

××市××区人民法院

具状人：唐某

20××年××月××日

租赁纠纷诉状

原告：周某某，男，汉族，××年×月×日生，住址：×市×区×路×号，电话：××

被告：陈某某，男，汉族，××年×月×日生，住址：×市×区×路×号，电话：××

诉讼请求：1. 要求判令解除原、被告之间签订的《上海市房屋租赁合同》；2. 要求判令被告返还租用房屋；3. 要求判令被告支付房屋租金人民币 156 000 元；4. 要求判令被告支付迟延支付租金的违约金人民币55 836元（按每天所欠租金的3‰暂计至起诉之日，实际要求计算至被告履行之日）；5. 要求判令被告支付房屋使用费人民币 12 000 元（暂计至 2008 年 4 月 20 日，实际要求计算至被告返还房屋之日）；6. 要求判令被告支付使用承租房屋产生的水、电和燃气等费用（暂计）人民币 60 676 元（实际要求计算至被告返还所占用房屋之日）；7. 要求判令被告支付物业管理费人民币 2290 元（2008 年 1 月至 3 月的费用，实际要求计算至被告返还占用房屋之日）；8. 本案诉讼费用由被告承担。

事实与理由：

20××年 4 月 20 日，被告因（饭店）店铺经营需要而与原告签订《上海市房屋租赁合同》约定：原告将其位于××区××镇×北路×号和×号的房屋出租给被告。该房屋的租期为 20××年 4 月 20 日至 2012 年 5 月 31 日止，其中，20××年 4 月 20 日至 2007 年 5 月 31 日为免租期。该房屋月租金为人民币 36 000 元（叁万陆仟圆整），且该租金自合同签订之日起 12 个月内不变。另外，月租金的支付方式为：租金按每三个月为一期支付，被告于本合同签订后 7 个工作日内支付首期租金，以后支付时间为每年的 8、11、2、5 月份的 20 日前。被告逾期支付租金的，逾期一日，则每日按应付未付部分的 3‰支付违约金。

此外，租赁期间，使用该房屋所发生的水、电、燃气、通讯、设备和物业管理等费用由被告承担。

合同签订后，被告在租赁期内未按期支付租金和水、电、燃气、物业管理等费用，已构成根本性违约，严重损害原告合法权益。经原告多次催讨后，被告仍未支付上述费用。因此，根据《上海市房屋租赁合同》第 9 条第 2 款之规定，原告于 2008 年 4 月 9 日发出《解除合同通知书》。综上，原告为维护自己的合法权益，特诉至贵院，请依法支持原告诉请。

此致
××市××人民法院

具状人：周某某
20××年××月××日

房屋所有权证纠纷起诉状

原告：×××，男，××年×月×日生，住址：×市×区×路×号，电话：××
被告：××房屋开发公司，住所地：××，法人代表：×××，电话：××

诉讼请求：1. 请求法院判令被告立即为原告办理房屋所有权证；2. 请求法院判令被告支付逾期办理房屋所有权证的违约金；3. 请求法院判令被告承担本案诉讼费用。

事实与理由：综上所述，被告作为房屋买卖合同的出售方，在原告交付购房款履行了付款义务后，被告方交付房屋即购房合同成立，被告方应当在合同订立之日起 90 日内按约定办理房屋所有权证。根据《城市房地产管理法》第 60 条、《城市房地产开发经营管理条例》第 33 条及《最高人民法院关于审理商品房买卖合同纠纷案件适用法律若干问题的解释》第 18 条的规定，被告应当立即办理房屋产权证并支付违约金。为维护原告合法权利，特诉请人民法院判允前列诉讼请求。

此致

××区人民法院

具状人：×××

20××年××月××日

房屋买卖合同纠纷起诉状

原告：（基本情况）

被告：（基本情况）

诉讼请求：1. 请求贵院判令被告继续履行合同，并限期被告无条件交付原告之房屋合法手续。2. 请求贵院判令被告即日给付原告因延迟收房产生的银行同期贷款利息人民币×××元，违约金×××元/天，（由 2017 年 10 月 31 日至 2018 年 6 月 10 日）逾期 7 个月（按银行同期贷款利率计算）。3. 原告以约定的违约金低于造成的损失为由请求增加违约金数额。要求按照 22 元/月/建筑平方米向原告支付补偿金，共计人民币×××元（大写：×××圆整）。4. 请求贵院判令被告因延期交房给原告办理房屋产权延期带来的损失×××元。（按银行现利率执行）。5. 请求贵院判令本案包含诉讼费在内的一切相关费用由被告承担。

事实与理由：

原告与被告系商品房买卖合同关系。原告于 201×年×月×日与被告签署了《商品房的买卖合同》，原告购买被告开发的红桥区龙悦花园×楼×门×××号商品房一套。合同中对原、被告之间的权利义务进行了详细约定。原告于 201×年×月×日将首付款人民币×××元，于 201×年×月×日将贷款人民币×××元付于被告账户，合计总房款×××元全部支付到被告指定账户。原告依据合同中的约定履行了自己作为一个买受人应尽的付款义务。根据合同第 3 条约定，该商品房应于 2017 年 10 月 31 日前验收合格并交付使用，但由于被告没有依照

《天津市商品房管理条例》合法取得《住宅商品房准许交付使用证》，导致至今 2018 年×月×日，原告不能合法入住。被告的行为构成了严重违约且恶意拖欠赔偿款。按照合同第 5 条第 1 款之约定，"甲方应支付乙方已付款利息，利息自合同约定甲方应交付商品房之日次日起至实际交付商品房之日止，按银行同期贷款利率计算"。依照《最高人民法院关于审理商品房买卖合同纠纷案件适用法律若干问题的解释》第 12 条当事人以约定的违约金低于造成的损失为由请求增加的，应当以违约造成的损失确定违约金数额；第 13 条损失赔偿额标准：逾期交付使用房屋的，按照逾期交付使用房屋期间有关主管部门公布的或者有资格的房地产评估机构评定的同地段同类房屋租金标准确定。参照天津市国土资源和房屋管理局《关于发布 2018 年房屋租赁市场指导租金的通知》中《红桥区 2018 年住宅房屋指导租金》06-05 邵公庄新区 22 元/月/建筑平方米，以此为依据要求增加违约金数额。自 2017 年 10 月 31 日至 2018 年 6 月 10 日的违约金为人民币×××元。

此致
×××人民法院

具状人：×××

202×年×月×日

撤 诉 状

（法人或其他组织撤回起诉时使用）

申请人：×××，法定代表人或负责人：×××

委托代理人：×××，联系方式：××××

申请人因_____一案，于××××年×月××日向你院起诉，业经你院立案受理。现因（说明撤诉的理由）……特此申请撤回起诉，请予核准。

原告在起诉时，附送证据材料（材料名称）共××件，请予发还。

此致
×××人民法院

申请人：×××

法定代表人或负责人：×××

委托代理人：×××

20××年××月××日

第二节　民间借贷纠纷文书

借贷纠纷民事起诉状

原告：樊某花（个人基本信息）

被告：姚某海（个人基本信息）

诉讼请求：

一、请求判令被告归还借款人民币 380 000 元及银行同期存款利息 38 000元。

二、判被告承担本案的诉讼费用。

事实与理由：

原、被告系朋友关系，2018 年×月×日被告以资金紧缺为由向原告借款 38 万元，有被告出具的借条为凭。原告于××年×月间多次向被告催讨借款，被告仅仅归还 8 万元，其余款项均以各种理由推拖，至今尚欠原告借款 30 万元。为了维护自身的合法权益，根据《民事诉讼法》第 108 条向贵院提起诉讼，请求法院依法判决。

此致

××区人民法院

具状人：樊某花（签名）

20××年××月××日

还款协议书

甲方（债权人）：赵某龙（个人基本信息）

乙方（债务人）：张某信（个人基本信息）

为了使 _____，双方经过友好协商，就有关事项协议如下：

第一条　还款内容

1. 还款金额：人民币 150 000 元整（大写：壹拾伍萬圆整）。

2. 还款期限：乙方自签此协议之日起至 202×年×月×日前还清。

3. 利率：按照约定的利率执行，具体为 15 000 元。

第二条　抵押物

乙方将自己名下的奥迪车作为还款抵押。抵押期限自本协议生效之日起至乙方还清甲方与本合同有关的全部款项及利率为止。

第三条　甲乙双方的义务

（一）甲方的义务：

1. 对甲方交来抵押物的单证妥善保管，不得遗失、损毁。

2. 在甲方到期还清所有本协议规定的款项后，将抵押物的单证完整交给甲方。

（二）乙方的义务：

1. 应按照本协议规定时间主动偿还对甲方的欠款及利率。

2. 乙方在签订协议之日起交付抵押物的所有权证书。

第四条　违约责任乙方如因本身责任不按合同规定支付给甲方欠款及利息的，乙方应负责违约责任。

…………

第七条　本合同经北京××法律咨询事务所见证后生效。

本合同一式六份，甲、乙双方各执二份，见证单位留存二份。

　　　　　　　　　　甲方：（公章）　　　　代表人签字画押：

　　　　　　　　　　乙方：（公章）　　　　代表人签字画押：

　　　　　　　　　　见证人：北京××法律咨询事务所签章

　　　　　　　　　　签约日期：2020 年 3 月 1 日

第三节　消费赔偿纠纷文书

产品质量损害赔偿纠纷诉状

原告：李某某，女，2006 年×月×日生，住济南×区×路×号，电话：××

法定代理人：马某某，1971 年×月×日生，住济南×路×号，电话：××

被告：××商场，住所：济南市×路×号，电话××，法人代表：××。

诉讼请求：

一、判令被告赔偿原告医疗费、护理费、交通费、住院伙食补助费、营养费等共计 100 000 元。

二、判令诉讼费由被告承担。

事实与理由：原告于 2006 年×月×日出生。出生后便一直喝在被告商场购买的××幼儿配方奶粉。2007 年 5 月原告父母发现孩子出现了血尿症状，父母将其送往市儿童医院救治，经医院诊断，孩子病系因肾结石、尿结石导致的急性肾功能衰竭。后来，报纸报道××幼儿配方奶粉检测出含三聚氰胺并导致肾结石，原告父母将家中留存的几袋××幼儿配方奶粉送往某质检部门，经查该奶粉含三聚氰胺。现原告父母以×××商场为被告提起诉讼，请求法院判令被告赔偿原告医疗费、护理费、交通费、住院伙食补助费、营养费、等共计100 000元，并承担诉讼费用。

此致
济南市××区人民法院

具状人：李某某（签名）
20××年××月××日

第四节　土地纠纷申诉文书

土地确权案申诉状

申诉人：（一审原告、二审上诉人）：长春××经开区××镇×村村民

诉讼代表人：沐某忠，男，汉，197×年生，本村农民（共 3 人）

被申诉人（一审被告、二审被上诉人）：长春××经开区管委会，地址：长春××大街 1572 号，法定代表人：管某，主任，电话：××××

被申诉人（一审第三人、二审被上诉人）：长春××经开区××镇人民政府，地址：长春××公路，法定代表人：林某，镇长，电话：0431×××××××

被申诉人××经开区管委会作出的长净管［2007］77 号《关于××镇大甸子土地权属争议问题的答复意见》将大甸子水田地确定为现××镇集体经济组织全体成员共同所有，申诉人不服提起诉讼，被经开发区法院［2008］长经开行初字第 8 号和长春中法［2009］长行终字第 3 号行政判决书驳回，在申诉过程中先后被长春市中法［2009］长行监字第 67 号和吉林省高法［2012］吉行监字第 13 号驳回，在 2015 年 4 月吉林省高法作出［2014］吉行监字第126 号提审裁定，申诉人要求吉林省高级法院依法撤销［2008］长经开行初

字第 8 号和［2009］长行终字第 3 号行政判决书以及《土地权属答复意见》，改判新湖镇大甸地块所有权归××屯村民集体所有。

申诉改判及并案理由

一、原审、二审法院予以确认的大甸子土地开垦耕种以及落实责任制后分配给×村民耕种的事实基本清楚、正确，××经开区管委会改变该土地转入确权后经查不存在的所谓"置换一说"的争议焦点，两审法院在合议时认为畜牧场由大南公社出资兴建，畜牧场资产归大南公社集体组织全体成员共同所有违背客观事实，最终导致判决错误。

一审法院审理过程中确认的大甸子水田地开垦耕种等过程基本正确，对畜牧场和岭×屯先后管理、使用大甸子水田地事实予以确认基本正确，畜牧场落实责任制分田到户将大甸子水田地分给岭×村民各户耕种具体时间是 1983 年 3 月份，有《落实责任制纪要》予以证实。1984 年时水田地已经分配给岭×屯各户耕种，从 1983 年一轮承包至今一直耕种。××管委会作出的答复意见和一审法院对申诉人集体从 1974 年到 2003 年连续使用该地长达近 30 年的客观事实予以确认，××经开区管委会和××镇政府在一审判决后未提出上诉视为认同，在后期审理中再提出如大甸子土地由××镇政府委托新兴村委会发包属无效辩驳。

二审法院认定的事实与一审基本一致，但二审法院合议时认为该土地几经弃耕、撂荒均有大南镇政府重新发包与××经开区管委会调查处理意见中主张的及一审和二审法院审理中已经认同的基本事实冲突，另外根本不存在弃耕，更不存在大南乡镇政府重新发包的事实。

二、××经开区管委会和××镇政府的主张无有效证据，申诉人主张的证据充足但未被充分采信。在一审、二审中××经开区管委会和××镇政府没有合法有效证据证明畜牧场由大南公社出资兴建，畜牧场是归大南公社所有的畜牧场，畜牧场通过开荒等形式所取得的土地所有权等资产归大南公社所有。××经开区管委会在《土地权属答复意见》中主张畜牧场是大南公社集体企业，在《行政复议答辩书》中没有证据予以证明……更不能证明××镇政府在 2003 年以前对该地行使所有权和使用权。……从而引发村民持续上访。

××镇政府对《土地权属答复意见》中畜牧场变成岭×屯后大甸子土地被分配给岭×屯进行耕种，由岭×屯发包情况没有提出复议申请视为认同，在诉讼程序中提出反驳无效。其一审中出具的 1999 年大南镇政府委托新兴村委会发包大甸子土地的证明确切显示形成日期是 2008 年 3 月 28 日，属第三人在诉讼程序中搜集的证据，为无效证据。

三、违反法定程序。一审被告××经开区管委会申请延期举证未经法院批准，其档案室员工休假不属于水灾、地震等不可抗力，不具有法定延期举证理由，在庭审中当庭举证，提交证据在程序上属不合法证据。依据《最高人民法院关于行政诉讼证据若干问题的规定》第1条被告不提供或者无正当理由逾期提供证据的规定，视为被诉具体行政行为没有相应的证据。依据《最高人民法院关于行政诉讼证据若干问题的规定》第61条：作出原具体行政行为的行政机关在复议程序中未向复议机关提交的证据，不能作为人民法院认定原具体行政行为合法的依据。相关信访转办单等证据和案件无关联性属无证明力证据。行政复议中管委会提交的证据：土地补偿费票据边缘上明确显示，其中一张支出补偿费单据显示票据结算日期为2008年1月18日，作出土地权属答复意见是2007年，2008年由第三人××镇政府补充的证据系在作出具体行政行为后搜集的证据，不具有合法性和证明效力。

二审法院在庭审时更是违反法定程序。当时主审法官刘某某多次制止申诉人发言，称辩论时再发言，后来其说头痛，结果由暂时休庭变成闭庭，没有展开质证和辩论。二审卷宗的庭审笔录过于通顺且错别字极少，应该经过修改且不是每页都有各方当事人签字，该卷宗笔录不具有真实性。在长春市中级人民法院［2009］长行监字第67号驳回申诉和省高院［2012］吉行监第13号驳回再审中对××经开区管委会和××镇政府在一审、二审时均未出具而由原告提交的水田承包合同颠倒黑白，该合同意思明确发包方为岭×屯，并无委托字样，并且已由新兴村委会同意并加盖公章予以证实，在申诉中凭王某宇无效证言确认1999年水田承包合同体现大南镇政府对外发包意志，行政复议答辩书中所述管委会作出确权所依据的盖镇政府公章的水田合同，依据《最高人民法院关于行政诉讼证据若干问题的规定》第60条第3款，原告或者第三人在诉讼程序中提供的、被告在行政程序中未作为具体行政行为依据的证据，不能作为认定被诉具体行政行为合法的依据。所以无论是在程序上和实体上认定岭×屯水田地合同表达镇政府发包意志都是违法的。

四、适用法律错误。《土地管理法》第10条不是管委会作出确权的依据，管委会在诉讼中使用不合程序。依据《土地管理法》第10条和《农村土地承包法》第12条的规定，岭×屯发包大甸子水田地合法有效。依据《确定土地所有权和使用权的若干规定》第21条的规定，农民集体连续使用其他农民集体所有的土地已满 20 年的，应视为现使用者所有；由于畜牧场变成岭×屯划归新兴村管理未涉及土地权属变更，该地在 2003 年以前继续使用，所以该地仍然应归岭×屯所有。大甸子水田地从 1974 年开垦到 2003 年长达近 30 年的时间里一直由申诉人集体管理和使用，依据《土地管理法》第 10 条、《确定土地所有权和使用权的若干规定》第 20 条、第 21 条，《农村土地承包法》第 12 条等法律和土地管理规章的规定，该地应确权给岭×屯。

终上所述，依据《土地管理法》第 10 条、依据 1962 年通过的《农村人民公社工作条例修正草案》第 21 条、依据《确定土地所有权和使用权的若干规定》第 20 条、第 21 条、依据《农村土地承包法》第 12 条等法律的规定，岭×屯村民集体从 1974 年开垦使用大甸子水田地达 30 年，该地应确权给岭上屯村民集体所有。

人民法院审理行政纠纷"以事实为依据，以法律为准绳"是必须遵循的审判原则！质证应该围绕证据的真实性、合法性、证明力和关联性展开，原一审在未批准延期举证的情况下，允许管委会当庭举证，且其所举证据基本是在行政复议中未向行政复议机关提交的非法证据，唯一有效证据就是吉林省农村经济管理总站的建议，而该建议却不能支持管委会主张。二审法院背离行政诉讼监督行政机关依法行使行政职权，背离维护司法公正的职责，××经开区管委会和××镇政府没有合法有效证据证明大甸子水田地归新×镇集体经济组织成员共有的主张，在诉讼程序中××经开区管委会和××镇政府多次违法举证，然而经开发区法院、长春中院在××经开区管委会和××镇政府无合法有效证据、错误适用法律依据，在原告证据充足情况下，基层两级法院违背行政诉讼宗旨驳回申诉人诉求。

依据修改前的《行政诉讼法》第 61 条第 2 款人民法院审理上诉案件，原判决认定事实清楚，但是适用法律、法规错误的，依法改判；申请吉林省高人民法院依法撤销长春市中级人民法院〔2009〕长行终字第 3 号行政判决书、撤销×管委会《关于××镇大甸子土地权属争议问题的答复意见》依法改判大甸子土地所有权岭×屯村民集体所有。

此致
吉林省高级人民法院
　　申诉人：××市××开发区××镇×村村民代表：沐某忠 张某宽 唐某华
　　　　　　　　　　　　　　　　　　　　　　　2015 年 11 月 24 日

第五节　离婚纠纷文书

离婚诉讼起诉书

原告：×××，男，××年××月××日生，身份证号：××，住址：××，电话：××

被告：×××，女，×年×月×日生，身份证号：×××，住址：×××，电话：××

诉讼请求：

1. 请求法院判决确认原告是××区××园××号房屋的唯一产权人；2. 请求法院判令被告履行《离婚协议书》内容，协助原告办理涉诉房屋的过户手续；3. 诉讼费用由被告承担。

事实与理由：

原被告于×××年×月×日在××民政局办理结婚，于×年×月×日在×民政局办理离婚，并于当日签署《离婚协议书》，协议书约定涉诉房屋归原告所有，被告自行解决住房，并保证对此不再提出异议。根据法律相关规定，该离婚协议书系原被告双方自愿签署，且已在××民政局备案，协议书内容合法并已生效，被告应当遵守并配合办理过户，但是，原告多次催促被告协助办理过户手续，被告总是推脱，拒不配合办理，故原告迫于无奈，提起诉讼，望判如所请。

此致

××市××区人民法院

具状人：×××

20××年××月××日

离婚案件的代理词

尊敬的审判长、审判员：

我是×××律师事务所的律师，接受上诉人×××的委托，出庭参与诉讼。现就本案发表如下代理意见，望合议庭慎重考虑。

第一，离婚后孩子由上诉人抚养，既符合事实情况又符合法律规定，上诉人与被上诉人2003年12月31日办理了结婚证，于2004年8月8日生一女，孩子自从出生以后，一直随着上诉人生活。截至上诉人到法院起诉，孩子尚不满两周岁。根据最高人民法院 1993 年《关于人民法院审理离婚案件处理子女抚养问题的若干具体意见》（已失效）解释中规定，两周岁以下的子女，一般随母方生活。母方有下列情形之一的可随父方生活：（1）患有久治不愈的传染性疾病或其他严重疾病，子女不宜与其共同生活的；（2）有抚养条件不尽抚养义务，而父方要求子女随其生活的；（3）因其他原因，子女确无法随母方生活的。

作为上诉人，完全有能力去抚养自己的孩子，并且自己真心想抚养孩子，并且目前孩子还比较小，过早的离开母爱的怀抱，不利于孩子的成长。况且孩子出生后，一直有上诉人抚养，但是被上诉人却趁上诉人外出干活期间将孩子抢走。一审法院以孩子在被上诉人手中为由，作出判决，既没有事实依据，又没有法律依据，而是故意偏袒被上诉人。

第二，离婚时判决上诉人返还彩礼简直是无稽之谈。上诉人和被上诉人从结婚到生子，再到诉讼之时，已经将近三年，在离婚时需要真正考虑是如何分割夫妻共同财产。而一审法院故意将法律生搬硬套，将《婚姻法》解释二的第 10 条搬出来当事人请求返还按照习俗给付的彩礼的，如果查明属于以下情形，人民法院应当予以支持：（1）双方未办理结婚登记手续的；（2）双方办理结婚登记手续但确未共同生活的；（3）婚前给付并导致给付人生活困难的。

一审法院错误引用本条解释的第（3）项，并且仅仅依靠古月镇民政所的证据、柏岭村的证据及证人证言，没有进行认真的核实，就认为因为上诉人索要彩礼而导致被上诉人生活困难，其实古月镇有被上诉人亲舅舅、柏岭村委会有被上诉人哥哥、出具证言的都是被上诉人的亲戚。事实真相是，被上诉人在下柳矿山打工，每月工资是 1500 元左右，被上诉人的姐姐在石家庄 3502 工厂工作，月收入 1000 元左右，被上诉人的父亲以前搞装修后开矿山，年收入在 20 000 元。按照他们收入来源，根本不属于生活困难。即使是生活困难，也和被上诉人几年给付的彩礼没有任何关系。

如果说到生活困难，上诉人应该才是生活困难。根据《婚姻法》解释一第 27 条之规定：《婚姻法》第 42 条所称"一方生活困难"，是指依靠个人财产和离婚时分得的财产无法维持当地基本生活水平。一方离婚后没有住处的，属于生活困难，目前上诉人居无定所。

上诉人和被上诉人结婚已经将近三年，并且已经生子，一审法院在审理本案时，还让上诉人返还彩礼，简直是无稽之谈。

　　第三，法院应该按照法律规定去分割夫妻共同财产。《婚姻法》第 17 条第 1 款规定："夫妻在婚姻关系存续期间所得的下列财产，归夫妻共同所有：（一）工资、奖金；（二）生产、经营的收益；（三）知识产权的收益；（四）继承或赠与所得的财产，但本法第十八条第三项规定的除外；（五）其他应当归夫妻共同所有的财产。"

　　上诉人与被上诉人结婚以后，购置了大量的财产，这些财产属于夫妻共同财产，在离婚时应该进行分割，并且应该按照照顾女方的原则。而不能只是判决上诉人将自己的嫁妆带走，其余的全部归男方所有，这严重地违反了法律的规定。法院应该按照法律规定将夫妻所有的共同财产进行分割。

　　我的代理意见暂时发表到这里，谢谢！

××律师事务所律师　李某某

20××年××月××日

行政调解、处罚与行政复议常用法律文书

第一节　行政调解文书

交通事故调解协议书

甲方（肇事方）：（姓名、性别、年龄、民族、职业、单位或住址、身份证号、联系方式）

甲方委托代理人：（基本信息）

乙方（受害方）：[姓名、性别、年龄、民族、职业、单位或住址、身份证号、联系方式或（系受害方亲属）]

乙方委托代理人：

丙方（调解方或见证方）：××交警大队或（××人民调解委员会）

一、交通事故基本情况

（一）事故经过：

_____年___月___日，发生了_____驾驶_____车辆（车牌号为_____）在_____路段和_____驾驶_____车辆（车牌号为_____）相撞致_____的道路交通事故。后_____交警队赶赴现场处理，制作了事故现场图，扣留了双方车辆以备进一步调查。

（二）事故的前期处理：

事故发生后，甲方通过××县公安交通警察大队支付了乙方××元医疗费。

以上事故经双方真诚协商，甲方一次性支付乙方医疗费、康复费、误工费合计人民币××××元，签约当天全部付清。今后乙方身体与精神若出现不可

预测的状况，与甲方无关。本协议双方必须遵守。

甲方（签字）：×××　　　　乙方（签字）：×××

签字日期：20××年××月××日　　签字日期：20××年××月××日

交通事故调解协议书

甲方：×××，身份证号：×××××××××

乙方：×××，身份证号：×××××××××

　　×号客车交通事故（详见×交警延公交认字［2010］第×号），现依据法律法规，就乙方交通事故损害赔偿补偿事宜自愿达成以下协议：

　　一、本协议是双方的真实意思表示，自双方签字按手印后即生效。双方均确认本协议是一次性解决交通事故赔偿纠纷的法律文书。

　　二、事故发生后，乙方医疗费已由甲方全额支付。依据交通事故处理的法律规定及甲方出于人道主义考虑，甲方负责支付给乙方损害赔偿金及补偿金共计贰拾万元人民币。该费用包括住院伙食费、营养费、误工费、护理费、被抚养人生活费、后续治疗费、生活补助费、交通住宿费、精神抚慰金、残疾一次性补偿费等全部费用。

　　三、乙方在收取甲方费用前，须将其开支的医疗费用、其他费用票据、相关凭证等全部交付给甲方及保险公司，乙方应保证所提供材料的真实性。如因材料不实造成甲方向保险公司索赔失败，甲方有权扣减相应的费用。保险公司理赔时，乙方有相应的协助义务。

　　四、甲方最迟应在××××年×月×日前将全部款项汇入指定账户（户名：×××，开户行：×行，账号：×××）。乙方应向甲方出具一次性损害赔偿金及补偿金总额贰拾万元的收条，收条落款处亲笔签名按手印。

　　五、甲方支付完全部费用后，乙方承诺不再向甲方提起任何与本案相关的诉讼和仲裁，也放弃向司法机关提起针对本协议的任何诉讼权利，今后无论乙方伤情发生任何变化，甲方均不再负任何法律责任。

　　六、本协议一式四份，甲乙双方各执一份，分别留存于调解中心及交警部门一份。四份均是协议正本，具有同等法律效力。

甲方：×××　　　　乙方签字（手印）：×××

签订时间：20××年××月××日

行政赔偿调解书

原告：×××市肠衣厂，地址：××市××区××镇，法定代表人：明某某，职务：厂长

委托代理人：李某某，×××律师事务所律师

被告：××市卫生局，地址××市××街2号，法定代表人：向某某，职务：局长

委托代理人：李某某，男，××岁，××市卫生局法规处副处长

委托代理人：章某某，××市××律师事务所律师

案由：侵犯财产权。

（基本案情诉讼情况叙述）

关于经济赔偿问题，经本院调解，双方自愿达成协议如下：

被告××市卫生局赔偿原告×××肠衣厂经济损失人民币5万元（已给付）。

案件受理费8510元由被告××市卫生局负担（已交纳）；本案鉴定费1640元由××××肠衣厂自行负担。

上述协议，符合有关法律规定，本院予以确认。

本调解书双方当事人签收后，即具有法律效力。

审判长：×××

代理审判员：×××

代理审判员：×××

××××年×月××日

（院印）

本件与原本核对无异

书记员：×××

第二节 行政处罚文书

旅游行政处罚文书

——不予延期（分期）缴纳罚款批准书

××缴不批字〔2015〕第××号

_____旅行社：

20××年3月18日，我局（委）对你（单位）发出［20××］旅罚第126号《行政处罚决定书》，作出了对你单位罚款5万元（大写伍萬圆整）的决定，你单位于20××年3月22日提出了延期缴纳罚款的申请。

由于_____，我局（委）认为你（单位）的申请不符合《中华人民共和国行政处罚法》第52条和《旅游行政处罚办法》第65条的规定，不予同意你（单位）延期（分期）缴纳罚款。

逾期缴纳罚款的，依据《中华人民共和国行政处罚法》第51条第（一）项和《旅游行政处罚办法》第61条第（一）项的规定，每日按罚款数额的3%加处罚款。加处的罚款由代收机构直接收缴。

××市文化体育与旅游管理委员会（公章）
201×年×月××日

交通行政强制拆除决定书

×××路政强拆决字［2016］第122号

你（单位）在××区农村公路县（乡、村）道线段村（社区）××侧，擅自××一案，我所已于×年×月×日向你（单位）送达《履行交行政限期拆除决定催告书》（××路政限拆催字［　］第号），你（单位）本应于××年×月×日前自行拆除完毕。但你单位至今尚未拆除，根据《中华人民共和国公路法》第8条第4款第82条、《中华人民共和国公路法》第81条、《中华人民共和国行政强制法》第37条之规定，我所决定将于××年××月××日对你（单位）予以强制拆除，所需费用由你（单位）承担。

你（单位）对本决定不服的，可以在收到本决定书之日起60日内向××区交通运输局或××区人民政府申请行政复议，或者在3个月内依法直接向人民法院提起行政诉讼。

××交通路政管理所
20××年××月××日

公安行政处罚审批报告书

违法嫌疑人：陈某某，男，汉，19××年×月×日出生，身份证号码：××，户籍地：福建省××市××镇××村×号，现住址：福建省××市××镇×村×号，无业违法事实：

现查明违法嫌疑人陈某某于20××年×月××日17时许至23时许，在××市×区"××"茶楼一包间内，和宋某某、王某某利用扑克牌以打"斗地主"的方式，以每盘输赢40元至320元进行赌博时，被现场查获。当场从陈某某处查获赌资750元。

认定以上事实的证据有：陈某某、宋某某、王某某询问笔录、检查笔录、辨认笔录、到案经过、赌资、赌具等。

根据《中华人民共和国治安管理处罚法》第70条和第11条第1款之规定，拟定对陈某某处行政拘留5日，收缴赌资人民币750元。

妥否，请批示。

呈请单位：××市公安局××派出所

呈请人：郑某某，王某某

20××年×月×日

公安行政处罚决定书

雁公消行决字 ［2009］ 第0057号

被处罚人：×××市××区××休闲会所 负责人：陈某琳

现查明××市××区××休闲会所：1. 缺少一个疏散通道；2. 未按国家规定设置室内消火栓；3. 未设置应急照明灯、疏散指示标志，违反了《中华人民共和国消防法》第16条第1款第2项之规定，经责令限期改正逾期未改正。

以上事实有对陈某彬的询问笔录、对魏某芝的询问笔录，［2009］第0177、0192号《消防监督检查记录》、［2009］第0060号《责令改正通知书》以及现场照片等证据为证。根据《中华人民共和国消防法》第60条第1款第7项的规定现决定给予罚款人民币叁仟元的处罚。限你单位于××年×月××日前将罚款交到中国建设银行支行营业部（账号×××××）。逾期不交纳罚款，根据《中华人民共和国行政处罚法》第51条的规定，每日按罚款数额的3%加处罚款。

被处罚人如不服本决定，可以在收到本决定书之日起60日内向××市公安局××区分局申请行政复议或者在3个月内依法向××区人民法院提起行政诉讼。

××市××区公安消防大队

20××年××月××日

行政处罚告知书

安监管案字［2017］第（××）号

××××材料厂：

经查，你单位（个人）的以下行为：……。违反了……规定，依据……，拟对你单位（个人）作出……行政处罚。

如对上述处罚有异议，根据《行政处罚法》第31条、第32条和第42条的规定，你单位（个人）可在收到本告知书3日内，向我局进行陈述或者申辩，符合听证条件的可要求组织听证，逾期视为放弃陈述、申辩和要求听政的权利。

被告知人（签字）：×××

日期：20××年××月××日

安全生产监督部门地址：×市×区××路×号

联系人：陈某德　　电话：×××

日期：20××年××月××日（安监督管理部门公章）

第一联安监部门留存，第二联送拟被处罚单位（个人）。

税务行政处罚决定书

××税罚〔2020〕00××号

李某某（纳税人识别号：23010319590308××××）：

经我局对你2016年11月-2017年11月期间出租房产取得租金收入情况进行核实，你存在的违法事实及处罚决定如下：

一、违法事实

你2016年11月—2017年11月期间出租位于××大道都市海岸8栋B401房产取得租金收入42 000元，未按规定申报纳税。

二、处罚决定

根据《中华人民共和国税收征收管理法》第64条的规定，现对你2016年×月—2017年×月期间未缴房产税1680元、个人所得税3072元，作出0.5倍的罚款：罚款金额2376元。

以上应缴款项共计2376元。限你自本决定书送达之日起15日内到国家税务总局××市××区税务局缴纳入库。到期不缴纳罚款，我局将依照《行政处罚法》第51条第（一）项规定，每日按罚款数额的3%加处罚款。如对本决定不服，可自收到本决定书之日起60日内依法向国家税务总局××市税务局申请行政复议，或自收到本决定书之日起6个月内依法向人民法院起诉。如对处罚决定逾期不申请复议也不向法院起诉、又不履行的，我局将采取《税收征收管理法》第40条规定的强制执行措施，或者申请人民法院强制执行。

国家税务总局××市××区税务局

20××年××月××日

<h1 style="text-align:center">行政处罚决定书</h1>

×环罚字〔2018〕3号

×县××制砂有限公司：统一社会信用代码：×××，法定代表人：××，地址：××

×县××制砂有限公司环境违法一案，经我局环境监察一中队现场调查，现已审查终结。

一、环境违法事实和证据。经我局执法人员调查，你公司存在如下违法事实：该公司未在我局报批环境影响文件，于××年5月擅自开工建设，我局已责令其停止建设。以上事实有隰县环境监察一中队××年5月8日《现场检查勘察笔录》《调查询问笔录》和照片为证。你公司上述行为违反了《中华人民共和国环境影响评价法》第25条的规定，依法应当予以处罚。我局于××年5月29日告知你公司违法事实、处罚依据和拟作出的处罚决定，并告知你公司有权进行陈述、申辩和要求听证。以上事实，有我局《行政处罚事先听证告知书》（×环事听告字〔2018〕3号）、《送达回执》为证。

二、责令改正和行政处罚的依据、种类。我局依据《中华人民共和国环境影响评价法》第31条第1款规定，决定对你公司作出如下行政处罚和决定：处罚款壹万元整。

三、责令改正和行政处罚决定的履行方式和期限。你公司应接到本处罚决定书之日起15日内，将罚款缴至指定银行和账户。

收款银行：××县信用联社，户名：××，账号×××。

四、申请复议或者提起诉讼的途径和期限。你公司如不服本处罚决定，可在接到决定书之日起 60 日内向市环境保护局或向××县人民政府申请复议；也可以在接到处罚决定书之日起 6 个月内依法提起行政诉讼。申请行政复议或者提起行政诉讼，不停止行政处罚决定的执行。

逾期不申请行政复议，不提起行政诉讼，又不履行本处罚决定的，我局将依法申请人民法院强制执行。

××县环境保护局

20××年××月××日

××县（市）公安机关

行政处罚决定书

×公（ ）行罚决字〔 〕号

1. 违法行为人姓名、性别、年龄、出生日期、身份证件号、户籍地、现住址、工作单位、违法经历以及被处罚单位、地址；
2. 违法事实和证据以及从重、从轻等情节；
3. 处罚的法律依据；
4. 处罚种类及幅度；
5. 执行方式及期限（包括当场训诫、当场收缴罚款、到指定银行缴纳罚款、送拘留所执行以及合并执行的情况，对罚款处罚，要注明逾期不缴纳罚款时加处罚款的标准和上限）；
6. 对涉案财物的处理情况及对被处罚人的其他处理情况；
7. 不服本决定的救济途径；
8. 附没收违法所得、非法财物清单及收缴/追缴物品清单。

公安机关名称、印章

日期：20××年××月××日

一式三份，被处罚人和执行单位各一份，一份附卷。治安案件有被侵害人的，复印送达被侵害人。

(此处印制公安机关名称)

公安机关不予行政处罚决定书

×公（　　）不罚决字〔　　〕　　号

违法行为人（姓名、性别、年龄、出生日期、身份证号码、户籍所在地、现住址、违法单位名称地址和法定代表人）

现查明＿＿＿＿＿＿＿＿＿＿＿＿＿，以上事实有＿＿＿＿＿＿＿＿＿＿＿＿＿＿＿＿＿

＿＿＿＿＿＿＿＿＿＿＿＿＿等证据证实。

根据＿＿＿＿＿＿＿＿＿＿＿＿＿＿＿＿＿＿＿＿＿之规定，现决定不予行政处罚，

并对＿＿＿＿＿＿＿＿＿＿＿＿＿＿予以收缴，对＿＿＿＿＿＿＿＿＿＿＿＿＿＿＿予以

追缴。

如不服本决定，可以在收到本决定书之日起 60 日内向＿＿＿＿＿上级机关申请行政复议或者在 3 个月内依法向××人民法院提起行政诉讼。

附：收缴/追缴物品清单

公安机关（印）

年　月　日

不予行政处罚决定书已向我宣告并送达。

违法行为人：×××　　　　　　　　　年　　月　　日

一式两份，一份交违法行为人，一份附卷。治安案件有被侵害人的，复印送达被侵害人。

×××县公安局举行听证通知书

×公（　　）听通字〔××〕××号

＿＿＿＿＿＿＿：

本机关定于××年×月×日×时×分在××就＿＿＿一案举行听证会，请按时出席。听证申请人无正当理由拒不出席的，终止听证。

特此通知。

公安机关（印）

××××年×月××日

被通知人签名：×××

××××年×月××日

一式两份，一份交被通知人，一份附卷。

××公安局责令　通知书

×公（　）责通字〔　　〕　号

×××××：

经调查，发现你（单位）存在下述违法行为：____。根据_____之规定，现责令你（单位）立即予以改正。在__年__月__日前改正或者整改完毕，并将结果函告我单位。在期限届满之前，你（单位）必须____。如不服本决定，可以在收到本通知书之日起60日内向_____申请行政复议或者在3个月内依法向_____人民法院提起行政诉讼。

公安机关（印）
年　月　日

违法行为人：
年　月　日

××公安局
行政强制执行决定书

×公（　）强执决字〔　　〕　号

被处理人：姓名或者单位名称：××××，身份证件号码：××，单位法定代表人：××，地址及联系方式：××××

因你（单位）经催告无正当理由逾期未履行公安机关于××年××月×日作出的行政决定（决定书文号××），根据《中华人民共和国消防法》第××条第××款之规定，决定于××××年×月×日强制执行。强制执行方式××××。

根据《中华人民共和国行政强制法》之规定，强制执行的费用由你（单位）承担。如不服本决定，可以在收到本决定书之日起60日内向××××申请行政复议或者在3个月内依法向××人民法院提起行政诉讼。

公安机关（印）
××××年××月××日

被执行人：×××
　××××年×月×日

一式两份，一份交被执行人，一份附卷。

（此处印制公安机关名称）
当场处罚决定书

编号：

违法行为人：姓名或单位名称：××××，性别：×，年龄：×，出生日期：××，身份证件号码：×××，法定代表人：××，现住址或者单位地址：××

现查明××，以上事实有×××等证据证实。

根据《×××》第××条第×款之规定，决定给予　　　的处罚。

执行方式：□当场训诫□当场收缴罚款 □被处罚人持本决定书在 15 日内到××银行缴纳罚款。逾期不缴纳的，每日按罚款数额的 3%加处罚款，加处罚款的数额不超过罚款本数。

如不服本决定，可以在收到本决定书之日起 60 日内向×××申请行政复议或者在 3 个月内依法向×××人民法院提起行政诉讼。

处罚地点：××××

办案人民警察（2 人）：××××××

附：收缴物品清单

公安机关（印）
××××年××月××日

处罚前已口头告知违法行为人拟作出处罚的事实、理由和依据，并告知违法行为人依法享有陈述权和申辩权。

被处罚人（签字）：×××
××××年××月××日

一式两份，一份交被处罚人，一份交公安机关；复印送达被侵害人。

第三节　行政复议文书

行政复议申请书

申请人：（姓名、性别、民族、出生年月、工作单位、住所、联系方式）

被申请人：（机关名称、地址、法定代表人姓名、职务）

具体行政行为：（指申请人所不服而提出行政复议的被申请人作出的处罚、确认等相关决定或者行政不作为等具体行政行为。）

复议请求：（一般是要求撤销、变更、确认违法被申请人作出的具体行政行为。如造成损害的可以同时提出赔偿请求。）

事实及理由：（要陈述相关事实，根据相关证据分析说明该具体行政行为违法。）

此致（复议机关名称）

申请人（签名）：×××

20××年××月××日

行政复议决定书格式范本

行复字［××］第××号

申请人：（公民：姓名，住址；法人组织：名称，地址）

被申请人：（名称，地址）

申请人不服被申请人××××年×月×日作出的具体行政行为，依法向本机关申请行政复议。请求×××。申请人称：……经审查查明：……

本机关认为：……根据《中华人民共和国行政复议法》第 28 条的规定，本机关决定：……申请人如对本决定不服，可以自接到行政复议决定书之日起××日内向××人民法院提起行政诉讼。

行政机关

20××年××月××日（盖章）

行政复议决定书

沪嘉字［20××］第 087 号

申请人：（公民：姓名，住址；法人或者其他组织：名称，地址）

被申请人：（名称，地址）

申请人不服被申请人 2020 年 6 月 28 日作出的具体行政行为，依法向本机关申请行政复议。请求行政复议。

申请人称：……被申请人称：……经审查查明：……

本机关认为：……根据《中华人民共和国行政复议法》第 28 条的规定，本机关决定：……申请人如对本决定不服，可以自接到行政复议决定书之日起 60 日内向所在地人民法院提起行政诉讼。（本决定为最终裁决，请于 2020

年8月15日前履行。）

行政机关（盖章）

20××年××月××日

交通事故认定行政复议申请书

申请人：王某，男，19××年生，汉，农民，住×县×镇×村

被申请人：××县公安交通警察大队

申请事项：

一、请求依法撤销被申请人作出的第04015号《道路交通事故责任认定书》；

二、依法认定××承担本次道路交通事故的全部责任；

三、责令被申请人转送×县公安局对肇事人赵某某依法进行行政拘留和罚款。

事实与理由：

申请人不服被申请人××××年×月×日作出的第04015号《道路交通事故责任认定书》，申请重新对责任进行认定，事实与理由如下：

一、根据责任认定书的认定，肇事人赵某某属于无驾驶证驾驶机动车辆，并在经过路口时未按规定减速行驶，这是造成本次事故的全部原因。

二、赵某某未经培训从而未取得驾驶证，不具有驾驶机动车的资格，违反法律规定强行上路行驶，是发生本次事故的根源；因此赵某某应负该事故的全部责任。

申请人：（签字）

20××年××月××日

征地纠纷行政复议申请书

申请人：周某旺，身份证号码：43××××，地址：×省×市×区×乡×村民

被申请人：××市国土资源局，法定代表人：×××，地址：×市×路×号

复议请求：依法撤销××市国土资腾字〔2008〕第×号《限期腾地通知书》。

事实与理由：一、被申请人的征地依据明显不足

（一）××市体育中心项目系为××市承办省第十一届运动会申请立项，然而该市已确定并非省第××届运动会承办城市，征地的事实前提已经不存在。

2002 年，××市发展计划委员会《关于××市体育中心立项的批复》《关于×市体育中心可行性研究报告的批复》，均是以"创造条件申办省第十一届运动会"为前提，才同意建设市体育中心。后续的《××省建设项目选址意见书》《建设用地规划许可证》等均以上述立项为基础。据此，2003 年 9 月 25日，××市国土资源局向省国土资源厅提交了《关于××市体育中心建设用地的审查意见》，报请省厅审批。基于上述情况，××省人民政府于 2004 年 1 月 2日以［2004］政国土字第×号下发《×省人民政府农用地转用、土地征用审批单》，同意××市国土资源局征用合计×××公顷的土地用于××市体育中心项目建设。

然而，目前的实际状况是：××市已经确定不承办 201×年省第十一届运动会，原规划方案被调整，原规划用于建设综合竞赛训练馆、游泳馆等位置的土地被作为经营性用地，用于出让融资。显然，目前××市体育中心被改变其规划的土地用途，严重违背了为"公共利益"建设的初衷，不符合国家关于"为了公共利益的需要才可以依照法律规定的权限和程序征收集体所有的土地和单位、个人的房屋及其他不动产"的规定，其继续按照原建设体育中心的用途向村民征用土地，已经构成严重违法。

（二）原［2004］政国土字第××号农用地转用、土地征用审批单已经依法失效，征地的批准前提已经不存在。根据《国土资源部关于完善农用地转用和土地征收审查报批工作的意见》（已失效）以及《××省征地程序暂行规定》的规定，农用地转用和征地批准文件有效期为 2 年。而体育中心项目用地自 2004 年初获批后，未在两年内实施其征地补偿方案，××省人民政府［2004］政国土字第××号农用地转用、土地征用审批单批准文件已自动失效，××市国土资源局在未重新取得省人民政府的审批的情况下以失效的文件继续征地已经构成严重违法，××市国土资源局目前对申请人的腾地通知系严重侵犯申请人对财产的合法所有权的违法行政行为。

二、被申请人的征地、拆迁安置程序违法

（一）根据《国土资源部征用土地公告办法》的规定，被征用土地所在地的市、县人民政府应当在收到征用土地方案批准文件之日起 10 个工作日内进行征用土地公告，征用集体土地的，征用土地方案和征地补偿、安置方案应当在被征用土地所在乡人民政府所在地进行公告，而××市人民政府在未依法发布上述公告及方案，违反了该办法的规定。

（二）在征地、拆迁过程中，除××市国土资源局外，还有××市体育局、体育中心有限责任公司、××市城市建设投资有限公司和××市体育中心建设工程项目部等擅自发布相关征地、拆迁安置文件，与被征地村民签订合同等，严重违反了征地拆迁由市人民政府土地行政主管部门负责具体实施的规定。

（三）《城市房屋拆迁估价指导意见》第6条第2款规定："拆迁估价机构的确定应当公开、透明，采取被拆迁人投票或拆迁当事人抽签等方式。"而对申请人房屋进行拆迁评估的××新时代房地产评估咨询有限公司系由××市城市建设投资有限公司单方面指定的，一方面××市城市建设投资有限公司并非拆迁人，另一方面单方指定行为严重违反了拆迁估价机构的确定应当公开、透明的原则，剥夺了申请人的选择权，其评估结果显然不能作为补偿依据。

（四）拆迁补偿安置标准的确定程序违法。根据《土地管理法》第24条及《××省征地程序暂行规定》第10条的规定，国土资源部门拟定征地补偿安置方案时，应当听取被征地农村集体经济组织和农户的意见。征地补偿安置方案确定后，有关乡（镇）人民政府应当公告，并听取被征地的农村集体经济组织、村民委员会或者村民小组和农民的意见。被征地农村集体经济组织或农户申请听证的，当地国土资源部门应当依法组织听证。而××市国土资源局在拟定及公布征地补偿安置方案时，并未与被征地农村集体经济组织和农户有任何沟通，未听取其任何意见，严重剥夺了被征地农村集体经济组织和农户的合法权益，程序严重违法。

三、拆迁补偿安置过程中的行政行为严重不适当

（一）拆迁补偿安置标准不适当。根据《土地管理法》规定，支付土地补偿费和安置补助费，尚不能使需要安置的农民保持原有生活水平的，经省、自治区、直辖市人民政府批准，可以增加安置补助费。也就是说，拆迁补偿安置的基本标准是让失地农民的生活水平不因土地被征用而下降。然而，一方面，被申请人的拆迁补偿未严格按其当地的规定执行，另一方面，补偿依据系2003年制定，明显不能反映目前申请人的生活水平，如按照目前被申请人确定对申请人的征地拆迁补偿款，远远不能维持被征地前的生活水平。

（二）安置不当。《物权法》（已失效）第42条第2款规定："征收集体所有的土地，应当依法足额支付土地补偿费、安置补助费、地上附着物和青

苗的补偿费等费用，安排被征地农民的社会保障费用，保障被征地农民的生活，维护被征地农民的合法权益。"××市国土资源局在征用体育中心建设项目用地过程中，并未依法安排被征地农民的社会保障费用，甚至连土地补偿费、安置补助费、地上附着物和青苗的补偿费等费用都没有完全支付到位，安置工作严重滞后，其置被征地农民的合法权益于不顾，严重违反了法律法规的规定。

（三）评估方法严重不适当。被申请人拟按照××新时代房地产评估咨询有限公司依×政办发〔2003〕6 号文件及×建发〔2004〕76 号文件为依据对被拆迁房屋、附属物及二次装修的价值进行评估补偿，评估咨询报告中甚至没有注明该报告所采取的评估方法，但可以肯定的是评估报告未考虑申请人房屋的区位价值，不是采用市场比较法进行评估，其结论不能体现申请人利益，显失公平。

申请人：周某旺
20××年××月××日

行政复议决定书

申请人：（姓名，住址；法人或者其他组织：名称，地址）

被申请人：（名称，法定代表人，地址）

申请人不服被申请人 2017 年 5 月 27 日作出的具体行政行为，依法向本机关申请行政复议。请求……

申请人称：……被申请人称：……

经审查查明：……

本机关认为：……

根据《中华人民共和国行政复议法》第 28 条的规定，本机关决定：……。申请人如对本决定不服，可以自接到行政复议决定书之日起××日内向××人民法院提起行政诉讼。

（本决定为最终裁决，请于 2017 年 8 月 12 日前履行。）

20××年××月××日

（行政机构盖章）

行政诉讼常用法律文书

第一节　行政起诉状

行政起诉状

原告：夏某康，男，×岁，汉，××出版社编辑，住×××街××，电话：×××

被告：××市出租汽车管理局，住所地：××市××区××路×号，电话：××××

案由：出租汽车管理局拒不履行法定职责。

诉讼请求：

一、判令被告向原告公开赔礼道歉；

二、判令被告依法对××市××实业股份有限公司拒载伤害原告的恶劣行为作出处罚。

事实与理由：

原告于20××年×月××日早7：30分在平乐园小区北口叫了一辆××出租汽车公司所属出租车（车号京B×××），并对司机讲到小区内带点东西和接一个人。车到住处楼下，我下车准备上楼时，司机说下车需留下押金，我于是掏出50元钱放在驾驶室右座前的仪表台上。我和我爱人各搬几个包放在车上，司机说带东西要加10元钱。由于无此项规定收费标准，故予以拒绝。司机讲"你不给加钱就甭坐"，"不坐也要给10块钱"，这时我爱人正准备往车下搬书，司机却一把将放在右仪表盘台上的50元钱装在兜里，并起动车，而我此时手执车门扶手正站在开启着的车右前门侧的地上和司机讲理，由于耽心车上的钱物被带跑，无证据，于是就将其右仪表盘台上的服务卡取下，这时车速已很快，将我拖着跑了约60米，然后一个左急转弯，将我及车上的书重重地甩在地渣路上，我的衣服都被搓破，混身是血，经送医院检查全身脸、手、胸、腿多处挫、裂伤，其中右手的食、拇指间有一宽3厘米，深2厘米至3厘米的口子，造成外伤，缝合8针。目前原告右手遗有运动障碍，左面部留有伤疤。

事发之后，被告对其辖下的市××实业股份有限公司的恶劣行为非但不进行处罚，反而对原告十几次找被告寻求解决问题采取推诿，拒不接待，甚至说原告妨碍了他们的工作。被告的行为引起了新闻界的极大关注：《××日报》于20××年××月×日予以报道，××电视台报道，并且披露了被告拒绝被采访的事实；《××青年报》在新闻周刊中亦予以报道，《××周末》在××月×日也给予披露。

然而，时至事发后近一年的今日，原告对××公司仍未作出任何处罚，对原告也未作出任何口头或书面有关此事的答复。

根据《××市出租汽车管理条例》的有关内容，被告没有履行其所应负有的责任，给原告及社会造成了极坏的后果，依据《行政诉讼法》《民法通则》《消费者权益保护法》的有关规定向人民法院提起诉讼，请求人民法院公断。

此致

××区人民法院

起诉人：夏某康

20××年××月××日

附：1. 本诉状副本 一份；2. 书证×份。

第二节　房屋拆迁补偿行政诉讼文书

房屋征收补偿决定书

征收部门（简称申请人）：×区房屋征收补偿管理办公室，法定代表人：××

被征收人（简称被申请人）：孙某良，男，住址：×××；姜某彩，女，住址：×××

根据下政征字［2014］第1号《杭州市下城区人民政府房屋征收决定》，申请人组织实施杭氧生活区整体改造项目（一期）国有土地上房屋征收工作。

因与被申请人未能在房屋征收补偿方案确定的签约期限内达成房屋征收补偿协议，申请人于201×年×月×日书面向本机关申请做出房屋征收补偿决定，并提交了房屋征收补偿决定申请书和相关证据材料。被申请人未在《房屋征收补偿方式选择告知书》规定期限内对补偿方式作出明确选择。在谈话记录中明确表示选择产权调换。为保障公共利益和安居工程建设顺利进行，根据《国有土地上房屋征收与补偿条例》第17条、第19条、第22条、第25条、第26条、第27条和《杭氧生活区整体改造项目（一期）房屋征收补偿方案》之规定，本机关作出补偿决定如下：

一、申请人采取产权调换的补偿方式安置被申请人，产权调换房屋为本市杭氧生活区整体改造项目安置房（原地段期房），房屋建筑面积不小于48平方米且房屋评估价值不少于人民币811 056元（被征收房屋建筑面积与安置房屋建筑面积48平方米房屋价值以内部分不支付房款，超过建筑面积48平方米房屋价值部分按规定支付差价）。产权调换房屋和被征收房屋的差价以及搬迁费、临时安置费、电话移机和有线电视、管道煤气、宽带网迁装等迁移费用，由申请人与被申请人按《国有土地上房屋征收与补偿条例》和《杭氧生活区整体改造项目（一期）房屋征收补偿方案》的有关规定进行资金结算。

二、申请人提供本市××区××路香源公寓×室（建筑面积52.8平方米）住宅房屋一套作为周转用房。

三、被申请人应当配合房地产价格评估机构对房屋装修及附属物进行评估，申请人应当根据房地产价格评估机构的评估结果另行支付房屋装修及附属物补偿费。

四、被申请人必须在收到本决定书之日起15日内搬迁腾空××住宅房屋交付申请人。

被申请人如不服房屋征收补偿决定的，可自收到本决定书之日起60日内向杭州市政府申请行政复议，或者在6个月内直接向杭州市中级人民法院提起行政诉讼。被申请人在法定期限内不申请行政复议或不提起行政诉讼且在补偿决定规定的期限内又不搬迁的，本机关将依法向人民法院申请强制执行。

××市××区人民政府

20××年××月××日

房屋征收补偿行政起诉状

原告：解某生，男，197×年×月×日生，住×省×县×街 27 号，联系电话：××

被告：××市×县人民政府，地址：×县×路 19 号，法人代表：刘×，职务：县长

诉讼请求：

一、依法确认被告作出的政房征补［2013］第 001 号《房屋征收补偿决定书》违法并予以撤销；

二、诉讼费用由被告承担。

事实和理由：

原告于 2013 年 5 月 7 日收到被告针对原告的合法房屋作出的政房征补［2013］第 001 号《房屋征收补偿决定书》，该房屋是原告的合法财产，受法律保护。而被告在征收原告房屋工作中，存在大量的违法行为，并非法剥夺了原告的相关权利。

原告认为该房屋征收补偿决定属于违法实施征收、评估程序不合法及存在对房屋的性质等事实方面认定错误等诸多违法情形，属于违法文件。故原告认为该具体行政行为明显违反相关法律规定，遂根据《行政复议法》的有关规定，向市人民政府提起行政复议，市人民政府在受理后于 2013 年 7 月 31 日作出政行复［2013］第 187 号《行政复议决定书》，决定维持被告作出的政房征补［2013］第 001 号《房屋征收补偿决定书》。

原告于 2013 年 8 月 6 日收到该《行政复议决定书》，原告对该复议决定不服，为维护自己的合法权益，特根据《行政诉讼法》的相关规定向贵院提起诉讼，望贵院判如所请。

此致

××市中级人民法院

具状人：解某生

20××年××月××日

不服违建《行政强制执行决定书》的行政起诉书

原告：贵州××公司，地址：×市×路×号，法人代表：李某某，电话：××

被告：××市城乡规划局，地址：××，法定代表人：××，职务：局长

诉讼请求：

一、撤销被告作出的［遵市规拆（2016）079 号］《责令限期拆除违法建筑决定书》；

二、本案诉讼费由被告承担。

事实与理由：

一、本案基本事实：1. 原告公司拥有的房屋（包括门面房、商业用房）位于 ××路，面积约 1.5 万平方米，有土地使用权、部分产权证，以及贵州省相关主管部门的批复文件等合法手续。2010 年以后，原告为顺应市场变化而积极的转型经营，通过几年的租赁经营，已经发展到能为社会解决数百人就业的成熟企业。2. 因原告公司所处的地理位置具有极强的区位优势，潜力巨大。遵义市某区人民政府于 20××年起以商业开发为目的，打着棚户区改造的幌子企图以极低的价格侵占原告的上述办公用房和厂房，先是采取恐吓、利诱等手段绕开原告，与原告方的租赁户私下协议将其逼走。随后多次威胁原告，并以情况摸底的名义，聘请没有资质的机构对原告资产进行非法评估，企图以"违法建筑"拆除的非法方式剥夺原告公司资产。

被告为配合某区人民政府违法侵占原告企业资产的行为，发出《责令限期拆除违法建筑决定书》，但原告并未收到被告直接送达的该决定书，系张贴于原告企业门前，日期显示为 20××年 4 月 1 日。该决定书内容载明：从 ××年开始，你公司（即指原告公司）未取得建设工程规划许可……限你公司在收到本决定书之日起 5 日内对擅自建设的"办公用房和厂房"建筑面积 3785 平方米予以自行拆除。

二、被告认定违法建筑及所做决定适用的法律错误：1. 原告公司成立于 1993 年，公司所有的厂房及办公用房均于 1999 年之前修建完成，而《城乡规划法》自 2008 年 1 月 1 日施行，依据"法不溯及既往"之原则，被告适用《城乡规划法》对原告实施行政强制措施，于法无据。2.《行政处罚法》第 29 条规定，违法行为在 2 年内未被发现的，不再给予行政处罚。法律另有规定的除外。前款规定的期限，从违法行为发生之日起计算；违法行为有连续或者继续状态的，从行为终了之日起计算。结合本案来看，即使原告厂房及办公用房中的一部分没有办理合法权证，但从其最后完成扩建房屋的时间是 1999 年，至今也已十余年，依据法律规定，不应再给予行政处罚。综上，被告作出的《行政强制执行决定书》违反法律规定，请贵院查清事实予以撤销，保护原告的合法权益。

　　此致

　　××市××区人民法院

贵州××公司

20××年××月××日

土地征收拆迁纠纷诉状

　　原告：长沙市×区××街道办，地址：×路×号，法定代表人：刘某某，职务：主任

　　被告：吴某某，男，汉族，住长沙市××区××花园

　　诉讼请求：1. 请求人民法院依法判决被告履行征地补偿安置协议，自行拆除征地范围内的房屋及设施。2. 案件诉讼费由被告人承担。

　　事实和理由：根据国土资源部国土资函［20××］5××号文件批准，长沙市×区×街道×村范围内集体土地 17.0176 公顷被征用作为××基地项目用地（本次腾地面积 10.7864 公顷）。长沙市人民政府于 2010 年月 30 日发布了［2010］第××号《征收土地方案公告》，并规定了具体征地范围及期限；长沙市国土资源局于 20××年×月 24 日及 20××年 8 月×日核发了《征地补偿安置方案征求意见公告》及《征地补偿安置方案实施公告》。原告与被告签订了征地补偿安置协议。协议约定，原告支付征地补偿安置费用给被告，被告则须拆除征地范围内的房屋及设施，完成腾地工作。协议签定后，原告及时将征地补偿安置款项提存到位，但被告违反协议的约定，拒绝履行协议约定的义务，拒绝拆除征地范围内的房屋及设施，原告遂以被征地方的名义将其征地补偿安置费用予以专户储存。

　　《城市房屋拆迁管理条例》（已失效）第 15 条规定，拆迁补偿安置协议订立后，被拆迁人或者房屋承租人在搬迁期限内拒绝搬迁的，拆迁人可以依法向仲裁委员会申请仲裁，也可以依法向人民法院起诉。诉讼期间，拆迁人可以依法申请人民法院先予执行。《长沙市征地补偿安置条例》第 16 条规定，拒不领取征地补偿费用的，经市、县（市）人民政府同意，可以由土地行政主管部门以被征地方的名义将其征地补偿费用予以专户储存。被征地的农村集体经济组织和农民应当在征地补偿安置方案规定的期限内拆迁腾地。目前，该宗地的拆迁腾地工作已近尾声，但被告一直不配合拆迁，在签定了拆迁补

偿协议后仍拒不搬离征地范围，不履行征地安置协议约定的义务，严重影响了该项目按期拆迁腾地。为此，具状起诉，请求人民法院依法公正判决，维护原告的诉讼请求及合法权益。

此致

××区人民法院

××区××街道办

20××年××月××日

拆除违建行政起诉状

原告：××县×镇×村×组，诉讼代表人：李某东，联系电话：×××××

被告1：××市××区人民政府，负责人：胡某某，职务：区长

被告2：××市×区××镇人民政府，负责人：王某，职务：镇长

请求事项：

一、确认被告对原告所有的位于×××大坡村的80.89亩林地实施的征用行为违法；

二、责令被告采取相应补救措施，赔偿原告经济损失；

三、判令被告承担本案诉讼费用。

事实和理由：位于××区××镇大坡村的林地一直属于原告所有，2012年××区林业局进行林权改革时，也将该亩林地确权给了原告，并于2013年颁发了林权证。2015年4月，两被告未经任何法定程序便强行征用了原告的上述林地，原告村民曾多次向相关部门反映希望得到解决，均未得到合理解释及满意答复，致使该问题久拖未决。原告认为，林地征用应当依照《森林法》《森林法实施条例》《占用征用林地审核审批管理办法》《土地管理法》《土地管理法实施条例》等法律、法规的规定，依法、依规地进行，包括但不限于经过建设单位向县级以上林业主管部门申请征用林地、省级林业主管部门审核同意后发放《使用林地审核同意书》、预征土地公告、制作拟证土地调查结果确认表、省级人民政府签发《农用地转用、土地征收审批单》、绘制《勘测定界图》、征收土地方案公告、征地补偿安置方案征求意见公告、征地补偿安置方案实施公告、签订补偿协议并发放补偿款等程序，被告违反法定程序的征地行为严重背离法律规定，侵犯了原告的合法权益。基于以上事实，为了维护自身的合法权益，根据《行政诉讼法》等相关法律、法规之规定，现原告

特向贵院起诉诉讼，望判如所请！

此致

××市××区人民法院

××县×镇×村×组；诉讼代表人：李某东

20××年××月××日

第三节　土地登记纠纷诉讼文书

土地登记纠纷行政起诉状

原告1：黄某天，男，汉，农民，××年生，身份证号：××××，住址：××

原告2：黄某乐，男，汉，农民，××年生，身份证号：×××××，住址：×××

被告：××市不动产登记中心，法定代表人：李某，××××中心主任

第三人：海南省农垦××集团有限公司，统一社会信用代码：91460200MA5R××××，法定代表人：徐某富，住所地：三亚××，电话：××。

诉讼请求事项：

一、依法撤销第三人2020年8月21日作出的20200821××××《不动产登记不予受理告知书》。

二、判令第三人依法受理原告的异议登记申请。

三、全部诉讼费用由第三人承担。

事实与理由：

一、基本情况

从1989年开始，原告等一批福建省的农民，响应国家开垦土地的号召，到海南岛开垦土地，种植芒果，就是现在的三亚市×城镇三陵芒果场。原告就是在这种情况下，到海南省三亚市×城被告辖区范围内开荒种植芒果。

原告及其全家就是参与开垦的农户，现在，原告多数人的户籍已经迁移到三亚市崖州区。原告和其他果农，在此种植了4000多亩土地的芒果。

二、在原告不知情的情况下涉案土地被登记到他人名下

2018年3月30日，南×农场在原告使用的土地仍然有纠纷的情况下，将涉案的大片土地登记到海南省农垦××集团有限公司名下。并给第三人颁发了琼〔2018〕三亚市不动产权第00089××号，琼〔2018〕三亚市不动产权第

00072××号，琼［2018］三亚市不动产权第00087××号，琼［2018］三亚市不动产权第00040××号土地所有权登记。

《土地管理法》第41条规定："开发未确定使用权的国有荒山、荒地、荒滩从事种植业、林业、畜牧业、渔业生产的，经县级以上人民政府依法批准，可以确定给开发单位或者个人长期使用。"

《确定土地所有权和使用权的若干规定》第21条规定："农民集体连续使用其他农民集体所有的土地已满二十年的，应视为现使用者所有；连续使用不满二十年，或者虽满二十年但在二十年期满之前所有者曾向现使用者或有关部门提出归还的，由县级以上人民政府根据具体情况确定土地所有权。"

这里的果农，大多数已经种植二十多年。2018年3月30日的登记行为，违反了上述规定，应当属于无效。

三、此处土地登记给第三人是行贿取得的

××农场行贿原海南省高院副院长娄某平非法获得了涉案土地。

《涉嫌伙同他人受贿40万元 另有93.7万元财产来源不明省高院原副院长娄某平昨受审》一文指出："在审批××农场土地纠纷行政复议案件中，利用职务便利，伙同温某鹏共同收受××农场贿赂人民币40万元，为南×农场谋取利益"。2004年11月30日，海南省高级人民法院原副院长娄某平因犯受贿罪和巨额财产来源不明罪，被判11年徒刑。

三亚市不动产登记中心将此处土地登记到××农场名下违法。

四、此处的土地原来属于当地镇政府和村集体所有

早在1987年10月5日，陆某进和××农场签约之前，陆某进代表集体和梅山镇政府签约300亩，证明了这块土地属于当时的梅山镇政府所有，和××农场没有任何关系。1988年3月28日，三亚市公证处予以了公证。现在涉案的土地，在三亚市崖城区三公里行政村，三公里行政村的版图完全包括这块土地。

五、原告的多处房屋位于涉案土地范围之内

二十多年来，为了生产必须，原告在涉案土地上建造了多处房屋，至今居住在房屋里。

六、没有认真调查，违反《不动产登记暂行条例》规定

《不动产登记暂行条例》第19条规定"属于下列情形之一的，不动产登记机构可以对申请登记的不动产进行实地查看：（一）房屋等建筑物、构筑物所有权首次登记；（二）在建建筑物抵押权登记；（三）因不动产灭失导致的

注销登记；（四）不动产登记机构认为需要实地查看的其他情形。对可能存在权属争议，或者可能涉及他人利害关系的登记申请，不动产登记机构可以向原告、利害关系人或者有关单位进行调查。不动产登记机构进行实地查看或者调查时，申请人、被调查人应当予以配合。"

被告根本没有向拥有房屋和芒果树的原告进行调查。将此处的土地登记到第三人名下，违反《不动产登记暂行条例实施细则》。《不动产登记暂行条例实施细则》第 47 条规定："承包农民集体所有的耕地、林地、草地、水域、滩涂以及荒山、荒沟、荒丘、荒滩等农用地，或者国家所有依法由农民集体使用的农用地从事种植业、林业、畜牧业、渔业等农业生产的，可以申请土地承包经营权登记；地上有森林、林木的，应当在申请土地承包经营权登记时一并申请登记。"

被告违反了上述规定。

综上所述，原告开垦的此处土地已满二十年，原告所有的房屋和芒果树都已经二十年以上使用这块土地，应视为现使用者所有，此处的土地使用权登记到第三人名下违法，应当予以撤销。被告应当依法受理原告的不动产异议申请。

请人民法院依法裁决，保护原告的合法权益，维护法律的权威。

此致

海南省××市××人民法院

原告：黄某天　黄某乐

20××年××月××日

［附件］1. 原告身份证复印件一份。2. 南海网文章打印一份。

诉讼代表人推举书

××市××人民法院：

在我们 22 人诉被告××市不动产登记中心不受理不动产登记异议纠纷一案中，现推举江某某、刘某某作为诉讼代表人，代表我们 22 人办理下列事项：

聘请委托代理人，出庭、举证、陈述和辩论、调解、庭外和解。

具体期限为：自推举之日起至本案件终结时止。以上均系我们本人真实意思表示，我们予以认可并同意。

推举人（签名）：×××　　被推举人（签名）：×××

20××年××月××日

第四节 拖欠工资诉讼文书

民事起诉书

原告：张某海，性别：男，汉族，年龄：××岁，住址：××××

被告：刘某松，性别：男，汉族，年龄：××岁，住址：××××

诉讼请求：（1）判令被告支付原告工资××元。（2）判令被告支付原告因索要工资而花费的交通费、误工费、通讯费××元。（3）判令被告承担全部的诉讼费用。（4）判令被告赔偿原告精神损失费××元。

事实与理由：

……为维护原告之合法权益，特诉至贵法院，恳准我的诉讼请求。

致送：××人民法院

具状人：张某海

20××年××月××日

第五节 行政上诉文书

行政上诉状

上诉人：（姓名、性别、年龄、民族、工作单位、住址等信息）

被上诉人：（姓名、性别、年龄、民族、籍贯、单位职务等信息）

上诉人因……一案（写明案由），不服××人民法院（民初一）字第××号判决（或者裁定），现提出上诉。

上诉请求：（写明要求上诉审法院解决的事由，如撤销原判；重新判决等）

上诉理由：（写明一审判决或裁定不正确的事实根据和法律依据）

此致

××人民法院

上诉人：×××（签字或者盖章）

法人行政上诉状

上诉人：××贸易有限公司住所：北京××区××路××号

定代表人姓名：章某明，职务：总经理，电话：×××

企业性质：有限责任公司　工商登记核准号：××

经营范围：工业品、农产品贸易等国家法律法规允许的经营项目

开户银行：工商银行北京顺义××支行账号：××××

上诉人名称：××住所：法定代表人姓名××职务：总经理电话：×××

上诉人因……一案，不服××人民法院 2015 年 6 月 4 日 ［ ］ 字第 号行政判决（或裁定），现提出上诉。

上诉请求：……

上诉理由：……

此致

××人民法院

上诉人：××贸易有限公司

20××年××月××日

附：本上诉状副本 3 份。

刑事诉讼文书与律师辩护词

刑事自诉状

自诉人：（姓名、性别、出生年月、民族、籍贯、职业、住址等信息）

被告人：（姓名、性别等情况，出生年月日不详者可写其年龄）

案由和诉讼请求：

（被告人被控告的罪名和具体的诉讼请求）

事实与理由：

（被告人犯罪的时间、地点、侵害的客体、动机、目的、情节、手段及造成的后果。有附带民事诉讼内容的，在写明被告人的犯罪事实之后写清。理由应阐明被告人构成的罪名和法律依据）

证据和证据来源（主要证据及其来源，证人姓名和住址。如证据、证人在事实部分已经写明，此处只需点明证据名称、证人详细住址）

此致

××人民法院

自诉人：×××

202×年×月×日

刑事自诉案件反诉状

反诉人：（本诉被告人）（姓名、性别、出生年月、民族、单位、住址等信息）

被反诉人：（本诉自诉人）（姓名、性别、出生年月日等基本情况）

反诉请求：……

事实与理由：（被反诉人的罪行事实发生的时间、地点、侵犯客体等具体事实要素，阐明被反诉人罪行的性质及法律依据）

（主要证据及来源，主要证人姓名和住址。如证据、证人在事实部分已经写明，此处只需点明名称、证人地址）

此致

×××人民法院

反诉人：×××

20××年××月××日

律师专用刑事辩护提纲

一、关于案件事实

（一）有无犯罪事实；

（二）现有证据能否"确实、充分"地证明被控犯罪事实为被告人所实施；

（三）现有证据所能证明事实的具体情况（有罪无罪、罪轻罪重的事实情况），以及对证据"三性"的辩驳；

（四）检方所认定事实中存在的逻辑问题。

二、关于法律适用问题

（一）实体方面：运用犯罪构成理论和刑法相关具体规定，来评断已经查清的事实是否能够作为认定被告人有罪或无罪的根据，以及被告人的行为构成何种罪名、一罪还是多罪、具体刑罚。

1. 犯罪事实的定性：是否构成犯罪、构成何种犯罪（罪名）；

2. 构成犯罪但能否免除刑罚，或者应当判处何种刑罚。

（二）程序方面：指出案件在侦查机关的办案过程中，有无诉讼程序上的违法现象。人民法院审判过程中，是否存在违反法定公开审判要求的情形，是否违反了回避制度，是否非法剥夺或限制了被告人的法定诉讼权利以及法院审判组织的组成是否合法等。

三、关于量刑意见和理由

（一）法定量刑情节

【犯罪主体方面】

1. 未成年人。《刑法》第 17 条，已满 14 周岁不满 18 周岁的人犯罪，应当从轻或者减轻处罚。

2. 限制刑事责任能力人。《刑法》第 18 条，尚未完全丧失辨认或者控制自己行为能力的精神病人犯罪的，应当负刑事责任，但可以从轻或者减轻处罚。

3. 聋哑人。《刑法》第 19 条规定，又聋又哑的人犯罪的，可以从轻、减轻或者免除处罚。

4. 盲人。《刑法》第 19 条规定，盲人犯罪的，可以从轻、减轻或者免除处罚。

【犯罪形态方面】

5. 预备犯。《刑法》第 22 条规定，对于预备犯，可以比照既遂犯从轻、减轻或者免除处罚。

6. 未遂犯。《刑法》第 23 条规定，对于未遂犯，可以比照既遂犯从轻或者减轻处罚。

7. 中止犯。《刑法》第 24 条规定，对于中止犯，没有造成损害，应当免除处罚；造成损害的，应当减轻处罚。

【共同犯罪方面】

8. 从犯。《刑法》第 27 条，对于从犯应当从轻、减轻处罚或者免除处罚。

9. 胁从犯。《刑法》第 28 条，对于被胁迫参加犯罪的，应当按照他的犯罪情节减轻处罚或者免除处罚。

10. 教唆未成年人犯罪。《刑法》第 29 条第 1 款，教唆不满 18 周岁的人犯罪的，应当从重处罚。

11. 教唆未遂。《刑法》第 29 条第 2 款，如果被教唆的人没有犯被教唆的罪，对于教唆犯，可以从轻或者减轻处罚。

【犯罪后的表现】

12. 自首。《刑法》第 67 条第 1 款，对于自首的犯罪分子，可以从轻或者减轻处罚。其中犯罪较轻的，可以免除处罚。

13. 立功。《刑法》第 68 条，犯罪分子有立功表现的，可以从轻或者减轻处罚；有重大立功表现的，可以减轻或者免除处罚。

14. 坦白。如实供述自己罪行的，可以从轻处罚；因其如实供述自己的罪行，避免特别严重罪行发生的，可以减轻处罚。

【其他影响量刑情况】

15. 是否累犯。《刑法》第 65 条第 1 款，对于累犯应当从重处罚。

16. 防卫过当。《刑法》第 20 条第 2 款，正当防卫明显超过必要限度造成重大损害的，应当负刑事责任，但是应当减轻或者免除处罚。

17. 避险过当。《刑法》第 21 条第 2 款，紧急避险超过必要限度造成不应有的损害的，应当负刑事责任，但是应当减轻或者免除处罚。

18. 在域外犯罪已受处罚的。《刑法》第 10 条，在国外已经受过刑罚处罚的，可以免除或者减轻处罚。

(二)《关于常见犯罪的量刑指导意见》第三部分"常见量刑情节的适用"中的量刑情节：

1. 当庭自愿认罪。第 6 条："对于当庭自愿认罪的，根据犯罪的性质、罪行的轻重、认罪程度以及悔罪表现等情况，可以减少基准刑的 10% 以下。依法认定自首、坦白的除外。"

2. 退赃、退赔。第 8 条："对于退赃、退赔的，综合考虑犯罪性质，退赃、退赔行为对损害结果所能弥补的程度，退赃、退赔的数额及主动程度等情况，可以减少基准刑的 30% 以下。其中抢劫等严重危害社会治安犯罪的应从严掌握。"

3. 积极赔偿、被害人谅解。第 9 条："对于积极赔偿被害人经济损失并取得谅解的，综合考虑犯罪性质、赔偿数额、赔偿能力以及认罪、悔罪程度等情况，可以减少基准刑的 40% 以下；积极赔偿但没有取得谅解的，可以减少基准刑的 30% 以下；尽管没有赔偿，但取得谅解的，可以减少基准刑的 20% 以下。其中抢劫、强奸等严重危害社会治安犯罪的应从严掌握。"

4. 刑事和解。第 10 条："对于当事人根据刑事诉讼法第二百七十七条达成刑事和解协议的，综合考虑犯罪性质、赔偿数额、赔礼道歉以及真诚悔罪等情况，可以减少基准刑的 50% 以下；犯罪较轻的，可以减少基准刑的 50% 以上或者依法免除处罚。"

5. 前科。第 12 条："对于有前科的，综合考虑前科的性质、时间间隔长短、次数、处罚轻重等情况，可以增加基准刑的 10% 以下。前科犯罪为过失犯罪和未成年人犯罪的除外。"

6. 犯罪对象。第 13 条："对于犯罪对象为未成年人、老年人、残疾人、孕妇等弱势人员的，综合考虑犯罪的性质、犯罪的严重程度等情况，可以增加基准刑的 20%以下。"

7. 灾害期间犯罪。第 14 条："对于在重大自然灾害、预防、控制突发传染病疫情等灾害期间犯罪的，根据案件的具体情况，可以增加基准刑的 20%以下。"

（三）刑法分则中的量刑情节：①特定条款罪行的从重或者从轻、减轻处罚的情节；②分则中的加减法定刑的情节。

（四）酌定量刑情节：从法理、情理角度出发，根据被告人的一贯表现，犯罪的起因、结果以及其犯罪后的认罪态度和悔罪表现等方面，对被告人的犯罪行为作出解释，并力图说服法庭在对被告人具体定罪量刑时予以考虑。

①被告人的一贯表现以及所在社区、单位的评价；②犯罪动机；③犯罪后的态度、表现；④犯罪的手段；⑤犯罪对象的情况；⑥犯罪时的社会环境、条件；⑦家庭基本情况；⑧其他。

赌博罪辩护提纲

审判长、审判员：

本人受姚某亲属委托，担任涉嫌赌场罪被告姚某的辩护人，出庭为其辩护。此前，本人会见了被告人，仔细地查阅了案卷。刚才又认真听取了法庭调查及公诉人的公诉词。现根据事实和法律提出以下辩护意见：

一、姚某犯罪情节轻微

根据我国《刑法》（1997 年）第 303 条规定，"以营利为目的，聚众赌博、开设赌场或者以赌博为业的，处三年以下有期徒刑、拘役或者管制，并处罚金。" 2006 年将《刑法》第 303 条修改为："以营利为目的，聚众赌博或者以赌博为业的，处三年以下有期徒刑、拘役或者管制，并处罚金。开设赌场的，处三年以下有期徒刑、拘役或者管制，并处罚金；情节严重的，处三年以上十年以下有期徒刑，并处罚金。"

据姚某交代，龙某某与"阿峰"在××年春节后涉及赌博。姚与龙某某之兄龙某某的妻子是朋友关系，在其家玩时偶然认识到龙某某的。龙某某说他弟弟那里有玩牌的，问她去不去。姚某输了几次，就想作罢。后来龙某某说可介绍一些人去，有抽水（见《会见笔录》）。后来谈妥，抽水分三份，龙某某与"阿峰"各占一份，龙某某与姚某合起来占一份，龙某某与姚某共分 5000 元左右，每人 2000 多元（见龙某某××年××月××日第一次《讯问笔录》

第××页，案宗第××卷第××页，龙某某××年××月××日《讯问笔录》第××页，案宗第××卷第××页；见龙某某××年××月××日第一次《讯问笔录》第××页，案宗第2卷第××页；见姚某××年××月××日第一次《讯问笔录》第××页，案宗第××卷第××页，姚某××年××月××日《讯问笔录》第1页，案宗第2卷第×8页）。从××年×月中旬开始，大约每隔一、两天开赌一次。龙某华与"阿峰"负责抽水，茶楼费用、消费开销等由其负责（见罗彩利××年××月×日《询问笔录》第××页，案宗第××卷第××页），扣除上述费用后，由龙某某与"阿峰"分给龙某某与姚某。姚某在此过程中仅联系到两个人参赌，其中一个外号为"鸡公"（即郭某，见郭某××年××月××日《询问笔录》第××页，案宗第××卷第××页）。可见姚某犯罪情节轻微，且在共同犯罪中是起从犯和辅助作用。

二、姚某认罪态度好，无前科

姚某××年××月××日被拘留后，如实供述了自己的犯罪事实，认罪态度好，积极要求退还赃款。

另据了解，姚某家庭经济困难，全家仅靠丈夫一人在公司开车的微薄的收入养家，目前大女儿和二儿子均在学校读书。姚某由于自己文化水平低，在家失业多年，没有固定的职业，仅靠帮助介绍他人购买手机，得到一些少量的报酬。原希望多赚一些钱，补贴家用。岂料，由于法制观念薄弱，误入歧途。

综上所述，恳请贵院对姚某予以从轻或减轻处罚。

辩护人：×××

20××年××月××日

寻衅滋事罪的辩护提纲

尊敬的审判长、人民陪审员：

××律师事务所依法接受本案被告人××的委托，指派我作为××一审辩护人，接受委托后，辩护人认真阅读了本案材料，依法参加了今天的法庭审理。辩护人认为公诉机关指控××犯寻衅滋事罪罪名是没有异议的。为维护××的合法权益，依据相关法律规定，结合本案法庭调查的事实、证据和适用法律，发表如下辩护意见，供合议庭量刑时参考。

一、公诉机关指控××犯寻衅滋事罪辩护人没有异议，但被告人××在本案中的情节属显著轻微

本案的纠纷是双方为争论"80后、90后"的话题而引发的，在事件发生

后××当时在场是以劝架为目的才参与到了纠纷中去，××在本案中即没有伤害对方的故意，也没有妨害到社会管理秩序的故意。从本案的受害人韩某某、何某某出具的谅解书中陈述（侦查卷第 54 页）："鉴于××在对我伤害行为时间性质，情节及事后积极对我俩进行民事赔偿，并且他是以劝解为目的……"，忠县公安局物证鉴定室法医学损伤程度鉴定书忠公（物）鉴（法医）字［2010］第 44 号、48 号（侦查卷第 86、91 页）鉴定韩应先的伤情为弯曲创口边缘整齐向上有浅划痕，很明显这种伤痕的形成只能是玻璃等锋利器物才能形成。何某某的损伤是钝器致伤，那么从法庭调查中可以看到，××在纠纷发生过程中，手中既没有拿啤酒瓶、也没有手持任何物品，二受害人的伤的形成就不可能是××的行为。从上述这些情节均可说明，二受害人的伤情形成与××没有直接因果关系，××在本案的情节属显著轻微。

二、××具有投案自首的情节

×县人民检察院忠检刑诉［2010］117 号认定了××案发后主动到公安机关投案，并如实供述犯罪事实，系自首。《刑法》第 67 条第 1 款规定："犯罪以后自动投案，……对于自首的犯罪分子，可以从轻或者减轻处罚。其中，犯罪较轻的，可以免除处罚。"

三、××已赔偿了被害人的全部损失，并取得了被害人的谅解

事件发生后，××积极赔偿了受害人的损失，并取得了受害人的谅解（详见案卷第×页谅解书和起诉书中均认定）。根据《最高人民法院关于刑事附带民事诉讼范围问题的规定》（已失效）第 4 条之规定："被告人已经赔偿被害人物质损失的，人民法院可以作为量刑情节予以考虑。"

四、在本案中受害人具有重大过错在事件的起因上，本案的受害人有重大过错。详见侦查卷第 83 页第 13 行李某某的调查笔录："张某某说我们 80、90 年代人管你啥相干，而对方说我说了又怎样，于是双方就吵起来了。"侦查卷第 93 页倒第 8 行："然后那穿黑色衣服的那人就说'那我就说你们了，又想爪子吗！'"傅某某在重庆高新区公安局二郎派出所即侦查卷第 100 页倒第 7 行"隔壁一桌吃饭的人就说我们有点大肆，还开口骂了我们几句。"同时受害人出具的谅解中清楚的陈述了双方是因发生口角引发纠纷的。上述证据都可以充分证实，本案在发生纠纷的起因是由于受害人不理智导致发生，在本案中受害人是具有重大过错的。

五、××在本案中还具有如下一些从轻情节。

1.××在本次事件中所起的作用较小，而且以劝解为目的，卷进了这次纠纷中去的，这一点受害人的谅解书中也提到。

2.××在本次事件发生后，认罪态度好，积极配合公安机关查明本次事件的全部过程，积极悔罪，系初犯和偶犯。并认识到自己到自己的错误。今天在法庭审理中，也能当庭认罪，并从小至今一贯表现良好，未受过任何行政、治安及刑事处罚，系初犯，辩护人建议法庭给予一次悔过自新的机会，对其予以从轻处罚。

3. 从事件发生后到今天的庭审活动中，××至始至终自愿认罪，根据最高人民法院、最高人民检察院、司法部《关于适用普通程序审理"被告人认罪案件"的若干意见（试行）》（已失效）第9条之规定："人民法院对自愿认罪的被告人，酌情予以从轻处罚。"

六、结合××的现实实际，可以对被告人免除处罚

综合本案，××在本案中所起的地位和作用较小，且是以劝架才卷进了这起纠纷中去的。事件发生后，××积极赔偿了受害人的损失和取得了受害人的谅解，并且系投案自首。根据《刑事诉讼法》第16条第（一）项之规定，"情节显著轻微、危害不大，不认为是犯罪"。同时结合2010年2月8日最高人民法院印发《关于贯彻宽严相济刑事政策的若干意见》第1条规定："贯彻宽严相济刑事政策，要根据犯罪的具体情况，实行区别对待，做到该宽则宽，当严则严，宽严相济，罚当其罪，打击和孤立极少数，教育、感化和挽救大多数，最大限度地减少社会对立面，促进社会和谐稳定，维护国家长治久安。"及第19条"对于较轻犯罪的初犯、偶犯，应当综合考虑其犯罪的动机、手段、情节、后果和犯罪时的主观状态，酌情予以从宽处罚。对于犯罪情节轻微的初犯、偶犯，可以免予刑事处罚；依法应当予以刑事处罚的，也应当尽量适用缓刑或者判处管制、单处罚金等非监禁刑"的规定，根据××在本案中的实际情况，辩护人建议合议庭在量刑时充分考虑被告人××在本案中的情节和悔罪表现以及本案的客观情况，对××在量刑时免除处罚。

以上辩护意见敬请采纳，谢谢！

辩护人：××律师事务所××律师

20××年××月××日

敲诈勒索罪辩护提纲

尊敬的审判长、审判员：

根据《刑事诉讼法》的规定，我受××律师事务所的指派，并接受被告人肖某的委托，作为其辩护人，出席今天的法庭审理，通过今天的举证、质证，辩护人对××县公诉机关关于本案的定性不持异议，但是被告人肖某有多项减轻、从轻的情节，围绕这些情节，发表以下辩护意见，诚望合议庭合议后采纳。

一、肖某在共同实施敲诈勒索犯罪过程中处于次要地位，依照《刑法》第 27 条第 2 款之规定，应当从轻、减轻或者免除处罚。

理由如下：（1）通过庭审查明实施敲诈勒索行为首先是戴某提出来的；（2）肖某起初不知道实施敲诈孙某；（3）在内蒙办手机卡是戴某授意办理的；（4）敲诈的短信是戴某发出的，肖某并不知短信内容；（5）找孙某家的住址也是戴某提出的；（6）受害人打到工行卡上的两万元人民币，肖某全然不知。

上述事实说明肖某在共同犯罪过程中起次要或辅助作用，可认定为从犯，依法应从轻处罚。

二、肖某并没有控制受害人卡上的 2 万元人民币，其余的钱财也没有得到，因此应认定为敲诈勒索未遂。

因戴某给受害人发了两次短信，致使孙某向戴某的银行卡上打了 2 万元，一是肖某不知道此事实；二是肖某没有控制钱财；三是 20××年 10 月 28 日就被公安机关抓获。因此肖某的行为是未遂，可依法减轻或从轻。

三、肖某认罪态度较好，且有明显的悔罪表现。

肖某在被县公安局抓获后，能如实供述自己的罪行，并积极配合公安机关对案件事实的调查，通过今天的法庭审理也看出其认罪态度较好，并充分认识到自己行为的社会危害性，有明显悔罪表现。

四、肖某并没有控制财物，也没有分得财物，同时未给受害人造成损失，其社会危害性较小。

因受害人在受到惊吓后于 20××年 10 月 27 日向戴某持有的银行卡上打了 2 万元，受害人随即报案，戴某本人也没有控制该笔款项，两人于 20××年 10 月 28 日就被公安机关抓获，受害者也没有遭到损失，两人也没有对受害人、及其亲属实施伤害，因此社会危害性较小。

综上，肖某已触犯了《刑法》第274条的规定，构成敲诈勒索罪，应受到法律的惩处，但是请法庭根据被告人肖某在犯罪过程中是从犯、行为未遂、没有控制2万元人民币、悔罪态度明显、没有给受害人造成损失、也没有对受害人身体实施伤害，社会危害性较轻的情节，依法对肖某判处有期徒刑并宣告缓刑。

××律师事务所：××律师

20××年××月××日

受贿罪辩护概要

审判长、陪审员：

被告人涉嫌受贿罪一案，××律师事务所接受其父的委托，通过会见被告人，查阅案卷材料，参与法庭调查，现依据事实和法律提出如下辩护意见：

《刑法》第385条规定：国家工作人员利用职务上的便利，索取他人财物的，或者非法收受他人财物，为他人谋取利益的，是受贿罪。……从这一规定可以看出，构成受贿罪其客观行为表现为两种情况：一是国家工作人员利用职务上的便利，索取他人财物的；二是国家工作人员利用职务上的便利，非法收受他人财物并为他人谋取利益的。这说明除索贿外，非法收受他人财物还必须同时具备为他人谋取利益的行为才是受贿罪。《刑法》第386条规定：对犯受贿罪的，根据受贿所得数额及情节，依照《刑法》第383条的规定处罚。索贿的从重处罚。有关受贿罪的司法解释的规定，除情节严重外，受贿罪的立案标准在5000元以上。

根据这些规定说明在通常情况下个人受贿数额在5000元以上的才够受贿罪立案标准，才有可能受刑事处罚。根据本案证据显示，起诉书所指控被告人的受贿财物，绝大多数不符合上述法律规定的受贿罪构成要件及立案标准，现根据案件事实分别发表如下意见：

一、事实部分

（一）起诉书中对被告人收受龚某现金3万元是受贿的指控不成立。

（1）起诉书指控龚某用四川某公司资质参与某校教学楼工程的招投标不是事实。以公司名义参与该项工程招投标的是王某。而在本案中送钱的是龚某，投标的是某公司，龚某向被告人送钱没有具体的请托事项，其送钱的行为与本案诉称的请托事项没有必然的因果关系，因此被告收受龚某现金3万元的行为不是受贿行为。

（2）根据在案证据显示某公司中标是市发改委批准决定的，无论从事实还是法律上讲该公司中标程序均合法。

（3）龚某是市发改委主任也就是被告人的顶头上司程某介绍给被告人的，并向被告人交待因龚某有亲戚在国家某单位工作，要求其尽量帮忙。这是作为政府公职人员、政府部门领导应当对老百姓的一种表态，一种承诺。

综上，被告人收受龚某3万元的行为不是受贿行为，本案中无证据证明被告人有如何为龚某谋划取得利益的行为，也无证据证明被告人有为龚某谋取利益而作出明确的许诺。（证据龚某卷被告人供述第57页，问：具体怎样帮忙的？答：就是给他们出文，……注：起草文件是被告人部门的工作职责，出文是其正常和必须做的工作，不能将此行为认定为是为龚某谋取利益的行为。第59页，问：当龚某第一次找你帮忙时，你是怎样答复的？答：……在法律范围内，该帮忙的尽量帮忙……注：这是一个共产党员应有的品质，而不是为其谋取利益的许诺。龚某的陈述，第65页，问：你把经过详细谈一下？答：……他当时也答应在法律范围内帮忙……第66页，问：他具体给你帮了什么忙？答：具体帮什么我不清楚……注：说明被告没有为其谋取利益，也没有作为其谋取利益的许诺。）侦控机关武断的认为：龚某所在公司中标，龚某给被告人送了3万元钱，由此推断龚某公司的中标是被告人谋划取得的，被告人收受龚某的3万元是受贿，他们的这种认为是错误的，这一指控是不成立的。

（二）被告人收受3.5万元及五粮液酒的行为不是受贿行为。

（1）起诉书对2006年至2009年被告人收受罗某2万元现金的指控不是事实，依法应不予认定。长达4年之久，公诉机关作为"入罪"的基本事实包括送钱的时间、地点、次数、每次送多少、为什么要送钱这些都不清楚，且行贿人与受贿人的交待也不一致，如何得出2万元这一数字，人民法院对此依法应不予认定。

（2）2010年春节被告人收受罗某5千元现金及五粮液酒一件的行为不是受贿行为。根据在案证据显示，罗某与被告人均属市发改委领导，且同在一楼办公，系同事，相互认识时间较长。根据罗某的陈述："……我俩年龄也相仿，平时也谈得来……"可以看出他们俩人的关系挺不错，罗某在春节期间按照地方风俗向被告人所送的礼金礼物，是其向被告人表达祝福新年之意，而不是贿赂。罗某在向被告人送礼金礼物时，并没有具体的请托事项；被告人接受该笔财物并无为其谋取利益的任何行为。

（3）2010 年五一节期间被告人收受罗某 1 万元现金的行为不是受贿行为，认定其为受贿行为证据不足。根据证据显示：S302 线 B13 标段路面改造工程第一名废标，不重新招投标是市发改委作出的决议，被告人无权决定，这是其一；其二，本案无证据证明被告人在这次招投标中是采取什么样的行为，如何为罗某谋取利益的；其三，被告人也没有承诺为其谋取利益。

（三）被告人收受蒋某两部手机的行为不是受贿行为。

（1）在这期间，蒋某未向被告人提出过任何的具体的请托事项；

（2）在这期间，被告人没有为蒋某谋取过任何的具体利益；

（3）在这期间，被告人没有对蒋某有过任何为其谋取利益的承诺；

（4）蒋某送被告两部手机是基于朋友感情，同时这两部手机价值总额达不到受贿罪的立案标准。

（四）被告人收受李某 1 万元钱的行为不是受贿行为。

（1）李某是经被告人战友介绍认识的，根据证据李某卷第 26 页李某的陈述（问：你和龚某之间有无经济上的往来关系？答：有。……我为了想和龚某之间建立关系，给他送了 1 万元人民币和一筐椪柑……）可以看出：李某对被告人送财物的目的是一种感情投资，是基于两人关系所送礼金，李某并没有对被告人提出任何具体的请托事项；

（2）被告人供述其收受这 1 万元与李某对某医院的招投标有关缺乏证据支持，其供述的真实性无法印证。

（五）被告人收受刘某 3.3 万元钱的行为不是受贿行为。

（1）根据在案证据显示，刘某第一、二次所送 3 万元，是因其认识被告人后，得知其在攻读研究生及了解家庭情况后，对被告人的支持所送，第三次所送 3000 元是过春节时送被告的节日礼金，刘某的行为不是贿赂行为；

（2）刘某所送的共 3.3 万元对被告人无具体的请托事项；

（3）被告人没有为××谋取任何利益也没有任何承诺。

（六）除 2010 年 9 月 2 日左右被告人收受邱某 1 万元现金外，其余 1.6 万元不应当作为受贿罪的犯罪所得予以刑事评价。

（1）根据证据显示，邱某是经人介绍给被告人认识的，介绍人与被告人是同学，两人关系好，邱某与介绍人是同事，邱某为被告人打牌垫底 1 千元的行为不是贿赂行为；邱某与被告人认识后由于时间的推移，两人成为朋友，2009 年被告人小孩生日、2009 年春节、2010 年春节共向被告人所送 1.1 万元分别是为了其小孩生日贺礼及新年祝福贺礼；

（2）邱某向被告人送上述礼金未有任何具体的请托事项；

（3）被告人收取邱某的上述礼金没有为邱某谋取任何利益及作出任何承诺；

（4）对于被告人 2009 年上半年收取邱某的 4000 元是受贿的性质无异议，但不够受贿罪的立案标准。

（七）关于对被告人 2009 年 7 月非法收受王某所送现金 3 千元的指控。对该指控的事实没有异议，但没有达到受贿罪的立案标准。

（八）关于对被告人 2010 年春节前非法收受马某所送现金 3000 元的指控。对该指控的事实没有异议，但没有达到受贿罪的立案标准。对后来打牌马某为被告人两次垫底共 2000 元不应当认定为受贿款，因没有为其谋取利益及承诺。

（九）被告人所收受的节日礼金和小孩生日红包的款项宜认定为感情投资而不宜认定为贿赂。感情投资是指没有特定、具体明确的请托事项，只是笼统希望领导在工作中多关照支持表示"感谢"之类的红包礼金。"感情投资"多是表达对工作支持的感谢，向领导示好，没有具体的请托事项。在本案中，送礼方多是逢年过节所送，是遵循惯例的一种拜年拜节行为，符合民间风俗习惯。总之，根据案卷材料，将这些款项认定为受贿，有违传统与常理，也明显有悖我国当下社会之礼仪习俗和一般国民的情感观念。

（十）关于累计计算问题。本案的一个特点就是指控的受贿数额是累计出来的，而且每一笔受贿数额又是按照多次收取的礼金累计出来的。这里存在两个问题值得探讨：其一，有部分受贿数额（特别是节日礼金）是被告人和证人估算出来的，对具体某一次收受的礼金没有相关的证据，这样估算累计的数额其真实性、准确性值得怀疑；其二，对累计计算是否有程度要求，是否所有行为不问危害程度大小均予以累计？我国法律对此没有明确的规定。刑法理论通说认为，累计受贿数额的受贿行为应是达到受贿定罪标准的行为。对于未达到定罪标准的受贿行为即使没有受到任何行政处理也不应纳入累计受贿数额。理由是：其一，应累计的受贿数额应是必须在追诉时效期限内的，达不到定罪标准的受贿行为无法计算其追诉时效，该行为只能做行政纪律的评价；其二，本来不构成犯罪的受贿行为，也一并作为受贿数额认定，实际上是将不应当作为刑法评价的行为，纳入了刑法打击的范围；其三，犯罪数额的认定应遵循主客观相一致原则，行为人具有主观罪过是犯罪数额的认定基础。由于我国刑法规定个人受贿数额不满 5000 元除情节较重的外，由其所在单位或者上级主管机关酌情给予行政处分。因此，作为一般国家工作人员不会认识到逢年过节、孩子过生日收取红包、礼金是收受贿赂的犯罪行为，换言之，不能证明或难以证明被告人在收取逢年过节的礼金具有收受贿赂的主观罪过。

二、被告人具有从轻、减轻情节

（一）被告人是自首，这是起诉书认可的事实。根据《刑法》第 67 条规定，可以从轻或减轻处罚。

（二）被告人在案发前就已退清全部赃款。

（三）被告人犯罪情节较轻，自始至终都把自己的工作控制在合法的范围内，没有为任何一个人谋取一分钱的非法利益，更没有向任何一个人索取一分钱的贿赂。

（四）被告人没有前科劣迹，是初犯、偶犯，以前一贯表现良好，在部队期间，连年获奖，被授予"技术能手、优等军官、先进个人，荣立三等功"等多项荣誉，是一位为部队建设有贡献的人，深受各级领导赞许；在发改委工作期间，尽心尽职，获得多项殊荣，被省发改委评为适应能力强、调研能力强、协调能力强的三强干部。

（五）被告人在发改委工作期间，追求上进，现省委党校研究生即将毕业。

（六）被告人认罪态度好，具有悔罪表现。一是主动投案自首；二是案发前积极退赃；三是到案后积极、主动、如实地交待了自己的犯罪行为；被告人的悔罪是真诚彻底的。

（七）被告人家境困难，他系家中"顶梁柱"。其父患坐骨神经病多年，无法从事重体力活动；其母双目失明，生活不能自理；其妹婚后一年病故；其弟家属 2005 年患病死亡，留下一个 7 岁先天性痴呆儿，现随被告人父母一起生活；其妻常年患妇科病；其小孩身体也较差，经常患病。希望法庭评议时予以充分考虑。

三、建议合议庭对被告人在三年以下量刑，并适用缓刑

综合上述意见，被告人在本案中犯罪情节较轻，涉案金额不大，主动投案自首，积极退还赃款，到案后如实供述自己的罪行，悔罪表现极好，无前科劣迹，在犯罪前表现极好，对社会作出过一定的贡献。建议法庭对被告人在3年以下量刑，被告人家庭条件极差，即便是在这样较差的家庭环境中仍能坚持勤奋好学，对其适用缓刑，不但不会再危害社会，反而会更有益于社会，希望给被告人一个改过自新的机会，让被告人的家人能够更好的生活下去，建议法庭对其适用缓刑。

以上辩护意见敬请采纳。

辩护人：××律师事务所：×××律师

20××年××月××日

妨害公务罪辩护词参考模板

审判长：

××事务所接受被告人亲属的委托，指派本人担任被告人徐某某的辩护人，在通过庭前查阅了案卷材料，刚刚又通过法庭调查，对本案情况本人已经有了较全面的了解，辩护人认为起诉书指控被告人犯妨害公务罪，事实清楚，定性准确，对此辩护人不持异议，但就本案有关情况现发表如下辩护意见，供法庭参考：

1. 被告人在归案后能如实供述自己的犯罪行为，从被告的多次供述中也可以看出，被告人认罪态度一直很好，没有与公安机关作任何对抗，如实的供述案件发生的经过，为查清案件提供了便利，从刚刚的庭审中也可看出，被告人认罪态度好，现在对自己的犯罪行为深表后悔，有悔罪意愿，故酌情可以给予其从轻或者减轻处罚。

2. 被告人在犯罪前一直是本本分分做人，无违法犯罪行为，只因一时的糊涂而构成犯罪，且被告人是因喝酒后害怕被处罚，心情极度紧张以致失足错将油门当成刹车而铸成大错，但应该给其一个改过的机会，为此请求给予从轻处罚。

3. 被告人在犯罪中相对来说主观恶意较小，其并没有伤害他人的故意，只是想逃避检查，在车前有警车挡道情况下，匆忙逃跑，碰上了刚从车上下来的警务人员，头脑一片空白的情况下，视线受到车前人的遮挡，又误踩油

门，而造成一些伤害的后果，从现场图中也可看出被告人行驶的距离并不太远，事后被告人对受伤的警务人员及时进行了赔偿，对受损物品也进行了赔偿，减少了社会危害，降低了受害人的损失，对此也可以对其从轻或者减轻处罚。

4. 被告人能自愿认罪，根据最高人民法院、最高人民检察院、司法部《关于适用简易程序审理公诉案件的若干意见》（已失效）第9条的规定，人民法院对自愿认罪的被告人酌情予以从轻处罚。为此，对其也应予以从轻处罚。

综上所述，被告人能自愿认罪，认罪态度好，主观恶性较小，社会危害性较少，又有悔罪的意愿。且从《刑法》的立法宗旨来看，惩罚只是一种对犯罪的处罚手段，而其最终目的是让犯罪分子能认识到自己的罪行，能改过自新，重新做人，为此，本辩护人恳请法庭能给被告人一个悔过从新的机会，对被告人给予从轻或减轻处罚，并适用缓刑，望请能予以采纳。

辩护人：×××

20××年××月××日

挪用资金罪辩护词模板

尊敬的审判长、陪审员：

××律师事务所接受被告人亲属的委托，指派我担任本案被告人的辩护人，参与本案的诉讼。接受委托后，我查阅了案卷材料，会见了被告人，刚才又参加了本案的庭审，对本案案情有了全面的了解。根据本案查明的案情及被告人在到案后的现实表现发表如下辩护意见，恳请法庭予以考虑：

一、本案应当认定被告人构成自首，具有法定从轻情节

我国《刑法》第67条规定　犯罪以后自动投案，如实供述自己的罪行的，是自首。对于自首的犯罪分子，可以从轻或者减轻处罚。其中，犯罪较轻的，可以免除处罚。被采取强制措施的犯罪嫌疑人、被告人和正在服刑的罪犯，如实供述司法机关还未掌握的本人其他罪行的，以自首论。同时法发[2009] 第13号最高人民法院　最高人民检察院《关于办理职务犯罪案件认定自首、立功等量刑情节若干问题的意见》对自首作了更为具体的规定。根据以上法律规定及司法解释，本案公诉机关所起诉的事实是被告人在纪检机关未对其采取办案措施之前的供述，且是纪检机关所掌握线索之外的事实，因此应当认定被告人自首情节成立。

二、本案应以挪用资金罪定罪处罚

根据我国刑法的规定，职务侵占罪是指公司、企业或者其他单位的人员，利用职务或工作的便利，将本单位数额较大的财物非法占为已有的行为。挪用资金罪是指公司、企业或者其他单位的工作人员，利用职务上的便利，挪用本单位的资金归个人使用或者借贷给他人使用，数额较大，超过3个月未归还的，或者虽未超过3个月，但数额较大，进行营利活动的，或者进行非法活动的行为。从以上定义及犯罪构成可见，两罪的主体要件相同，客观方面也有相似之处，其区别主要表现在主观意图及行为区别上：（1）故意内容不同。职务侵占罪的行为人是不法占有的故意，主观上不具有归还的意图；挪用资金罪的行为人是暂时占有、使用的故意，主观上具有归还的意图。（2）行为不同。职务侵占罪是将单位财物据为己有，因而侵犯了单位财物的所有权整体；挪用资金罪只是暂时占有、使用单位资金，因而只是侵犯了单位资金的占有权和使用权。

从本案看，被告人的主观意图是很明确的，铙钹村在荒山治理过程中所得的钱款，原村书记及会计是知道的，且在村的其他支出中使用过其中的钱款，被告人作为时任的代理村主任及之后的村支书应当知道将一笔巨额资金据为已有、永不归还是不可能的，再联系其占用资金的前后经过，不难发现，他只是想提取这笔钱，在其任职期间用来做电信工程，赚了钱再用于村内建设。众所周知，电信工程是投资见效快且利润较大的生意，只是在工程中承包合伙人经营管理不善至使工程周期长且未见收益。法律是公正的，我们不能因为被告人还不上这笔钱，而武断认定其据为己有。挪用资金数额较大不归还的情况比较复杂，正如被告人是主观上想还且曾想着用这笔钱及所得收益用于村内的道路建设为村民谋福利，只是客观形式未遂所愿致使客观上不能归还。因此对于本案的定性应当认定为挪用资金而不是职务侵占。

三、被告人有其他酌定从轻情节

被告人虽然触犯了刑法应当得到法律的制裁，但同时被告人具有以下情节，恳请人民法院在量刑时予以充分考虑。

（一）被告人在职期间是一个为民谋利的好村主任

被告人在×村任职期间承诺为村民修建村内水泥道路。但熟悉××镇及××村的人都知道，××镇是贾××区乃至整个××市数的着的贫困乡镇，××村更是其中的贫困村，村内无任何工业，无收入来源，修路说起来简单，实际实施起来又谈何容易？为了解决村民的就业及收入问题，被告人在20××年之前任会计时即以个人名义对外借款用于争取村内荒山治理工程。几经周折争取到了荒山治理工程款，解决了当时村内大部分村民的就业及收入问题。此后正是出于其对村民修路承诺的兑现，为了能够积攒修路资金才将村里资金挪作与他人合伙的电信工程之用。其挪用资金的目的是为了挣到更多可以修路的钱，是想为村民谋福利。当然作为辩护人，谈到这些并不是为被告人的违法行为作辩解，也不是说被告人的行为因为出于对村集体利益的考虑而不应受到法律的制裁，只是想说明被告人是一个好的村主任，是真心想为百姓谋福利的村主任。对其工作期间的成绩及其为村民谋利的真心应当得到认可。

（二）被告人未将所挪用的资金用于改善自家贫困的生活

办案机关在去被告人家里调查时的所见应当于我有同感，那就是占用了村里这么多钱，家里怎么连一件像样的家具也没有。是的，当我第一次到被告人家中，向其家属蔡某某询问近年来花钱有没有表现出大方，有没有给家中置办过大件家用（也就是家中有没有添置过值钱的东西）时，作为一个纯朴的农村家庭主妇给我说有，我当时闪过的一个念头是这种村官应该严惩，然而当我问是什么大件时，这位家庭主妇虽然仍蒙在丈夫入狱的不安之中，但仍表现出一种淡淡的如数家珍的感觉说：一台21吋的纯平电视。当时我的心里便是一阵心酸，21吋的纯平电视也不过仅仅1千元，而在这个家庭中却决对属于大件了。也正是这位纯朴的家庭妇女，为了能使丈夫减轻哪怕是那么一点点处罚，到处请亲拜友凑够了1万元钱退还到办案机关。现在，她仍在没日没夜的出着自己微薄的力，为了儿子能够完成学业而劳作着。很显然，被告人并没有将其挪用的钱用于自己贫困家庭生活的改变，没有挥霍。

（三）被告人认罪态度积极，自始至终如实交待自己的罪行

被告人在向办案机关交待其违法行为后直到本案今天的庭审，一直口供稳定，没有为自己作任何狡辩的辩解，充分认识自己的罪行，认罪态度积极。且被告人主动交待了资金的去向配合办案机关追回了部分款项，在纪检单位审查时即主动交纳了身上的2千元现金。被告人的积极认罪态度为办案机关办理案件提供了便利，使本案能够尽快顺利的得以侦破。

综上，被告人的犯罪行为应当认定挪用资金罪，应当以挪用资金罪定罪处罚，同时被告人具有自首的法定从轻、减轻处罚情节，且到案后认罪态度积极，使被挪用资金得到部分追回，未造成恶劣的社会影响，亦具有如上的

酌定从轻情节，恳请合议庭对其量刑时予以从轻或减轻处罚。

以上辩护意见，请合议庭合议时充分考虑。

辩护人：×××

20××年××月××日

交通肇事罪辩护词模板

审判长、审判员、人民陪审员：

×××律师事务所接受被告人孙某某亲属的委托，指派我们担任其第一审辩护人。根据事实和法律，现发表如下意见。首先，我们谨代表本人及被告人，对被害人的不幸表示哀悼，对原告人表示慰问。

1. 被告人孙某某的犯罪情节一般，可酌情从轻处罚。

被告人孙某某因深夜驾驶车辆，开车疲劳，致使车辆和被害人的车辆发生碰撞，造成被害人当场死亡。因此，其犯罪情节为一般情节。

2. 被告人在案发后能够主动投案自首，对犯罪事实供认不讳，具有悔罪表现，其可以从轻或者减轻处罚。

被告人孙某某在发生交通事故后，立即停车，并下车观察，发现被害人已经死亡后，即打电话向110报警，同时人及车均留在现场等候交警的处理，公安机关的现场勘验图、现场记录以及现场笔录等均有被告人孙某某的签字证实被告人停车报警、等候处理的事实。因此，公安机关出具的抓获经过和破获经过，对被告人孙某某的到案情况说明存在矛盾，破获经过说孙某某案发后逃离现场明显和其他证据相矛盾，应以抓获经过为准。归案后又能如实供述自己的犯罪经过，故本案有充分证据证实被告人孙某某有投案的情节，归案后如实供述自己的犯罪事实，今天在法庭上能如实坦白交代自己的案件事实和经过，对此检察机关充分尊重事实，对此作出公正客观的认定为投案自首。依照《刑法》第67条"犯罪以后自动投案，如实供述自己的罪行的，是自首。对于自首的犯罪分子，可以从轻或者减轻处罚。其中，犯罪较轻的，可以免除处罚"的规定，被告人孙某某具有法定从轻或者减轻处罚的情节。

3. 被告人积极赔偿被害人一方的经济损失，具有悔罪表现，可依法酌情从轻处罚。被告人在投案自首后，在其经济比较困难的情况下，仍然积极筹措资金4万元，先行赔偿被害人，可认定为具有悔罪表现。根据最高人民法院《关于充分发挥刑事审判职能作用深入推进社会矛盾化解的若干意见》第

12 条"妥善处理附带民事赔偿与量刑的关系。被告人案发后对被害人积极赔偿，并认罪、悔罪的，依法可以作为酌定量刑情节予以考虑，对轻微刑事案件的被告人，应当考虑适用非监禁刑。被告人认罪、悔罪、赔礼道歉、积极赔偿，取得被害人谅解的，依法可以从宽处理"的规定，被告人孙某某具有司法上酌定从轻处罚的情节。

4. 被告人平时表现较好，本次犯罪是属于初犯，偶犯，根据最高人民法院《关于贯彻宽严相济刑事政策的若干意见》第 19 条，"对于较轻犯罪的初犯、偶犯，应当综合考虑其犯罪的动机、手段、情节、后果和犯罪时的主观状态，酌情予以从宽处罚"的规定，被告人可酌情从宽处罚。

综上，根据被告人上述法定或者酌定的减轻或从轻的情节，结合被告人系农民，根据《全国法院维护农村稳定刑事审判工作座谈会纪要》第三部分（二）关于对农民被告人依法判处缓刑、管制、免予刑事处罚问题中，"对农民被告人适用刑罚，既要严格遵循罪刑相适应的原则，又要充分考虑到农民犯罪主体的特殊性……"和最高人民法院《关于贯彻宽严相济刑事政策的若干意见》第 16 条，"对于所犯罪行不重、主观恶性不深、人身危险性较小、有悔改表现、不致再危害社会的犯罪分子，要依法从宽处理"的规定，被告人符合《刑法》第 72 条规定的缓刑条件，建议人民法院依法对被告人减轻处罚，并给予缓刑，给被告人一次悔过自新的机会。

此致××县人民法院

辩护人：×××、×××

20××年××月××日

重大责任事故罪辩护提纲

尊敬的审判长、审判员：

××律师事务所接受被告人万某的委托，指派我担任其涉嫌重大责任事故罪一案的辩护人。在发表辩护意见之前，本人首先对在这起案件中遭受不幸的被害人深表痛心，被告人及其亲属也委托本人向被害人家属转达深深的悔疚！但是，律师的职责必须根据事实和法律，加以理性的分析，提出合法合理的意见，使被告人罚当其罪，罪刑相当，实现司法公正。

一、首先辩护人对公诉机关指控被告人××构成重大责任事故罪，以及被告人在犯罪后具有自首情节可以从轻处罚的意见没有异议。

二、辩护人认为根据本案事实，被告人还具有以下可以酌定的从轻处罚情节，请合议庭充分考虑。

（一）本次事故发生的原因与工作单位没有对工人进行严格的安全操作培训，被告人、被害人生产作业时，缺乏安全意识和规范操作训练有密切关系。

1. 2013年8月9日对被告人万某的第一次讯问笔录，《刑事侦查卷宗》第××页倒数第2行至第××页第2行："问：你们操作这一类的机器，有没有经过严格培训？答：有，但是简单的培训，就是进厂后，安排到车间后，由带班班长安排工作，如操作机器，班长会教新工人如何操作，边做边学，没有特意安排培训学操作。"

2. 2013年9月2日对被告人万某的第三次讯问笔录，《刑事侦查卷宗（证据卷）》第××页倒数第1行至××页第3行："问：你们公司是如何教你们操作机器的？答：我们操作一台机器前，由班长在机器前告诉我们如何操作和应注意的问题。班长看我们完成几个产品后就让我们独立操作了，时间大约十多分钟。"

3. 2013年8月29日对证人黄某某的询问笔录，《刑事侦查卷宗（证据卷）》第××页第15至20行："问：你们在厂里冲压车间干活有没有接受过培训？答：我在厂里干活，只有班长教过我如何干，从今年三月份我来厂里干活，教过我五六次。"倒数第3行至倒数第2行："问：除了上班前讲安全，其他时间有没有讲过安全知识？答：没有讲过。"

4. 2013年8月29日对证人李某某的询问笔录，《刑事侦查卷宗（证据卷）》第0036页第2行至4行："问：你们负责操作机器的人有没有进行过培训？答：没什么培训，机器操作很简单，我是2013年7月4日进厂的，一个星期后，我第一次操作冲压机器，当时班长带着我给我说了一下开关的位置，操作步骤，和要注意的安全事项，我就开始操作机器了。"

事故发生时，负责操作冲压机的4名工人万某、张某某、黄某某与李某某均没有接受过严格的安全操作培训。由于缺乏相应的安全操作培训，被害人张某某在冲压作业时缺乏安全意识，轻易把头伸进冲压台内，使自己处于危险位置；而被告人缺乏紧急情况下的救护操作训练，在发现被害人被压后，虽然想制止被害人死亡事故的发生，但被告人仅知道按制动按钮、关掉电源不让冲压板继续下压，却不知道迅速操作冲压板升起，将受害者及时解救出来，正是因为没有经过严格的安全操作训练，才导致本次事故的发生。

辩护人认为，本次重大责任事故的发生是被告人万某违反操作规程和工作单位安全培训不合格两个原因造成的，请合议庭充分考虑造成事故的复合原因，对被告人量刑时予以从轻或减轻处罚。

（二）被害人张某某在冲压作业中也存在违反安全操作要求的情形，自身存在一定程度过错，请合议庭对被告人量刑时酌情减轻处罚。

根据现场照片［见《刑事侦查卷宗（证据卷）》第××页第6张］和被告人的口供："问：你自己认为这样的安全事故主要出在哪一方面的问题？答：我不小心按到安全操作键是一个主要原因，但死者是被压到头，我有点疑问。因为他的工作不需要把头伸进去的。就算压也只是压到手。"［见2013年8月9日对被告人万某的第一次讯问笔录，《刑事侦查卷宗（证据卷）》第××页倒数第6至倒数第3行］被害人与被告人在发生事故的冲压机上作业时，都要为抬上冲压台的铁料盖膜，但并不需要将头部伸入冲压台内就可以完成。被害人在冲压机上作业时，应该认识和注意到将头部伸入冲压台内是危险行为，是不符合安全操作要求的。但本案中，被害人张某某由于疏忽大意，在作业时将头部伸入冲压台内，这也是造成这次不幸事故的原因。辩护人认为，被害人张某某在本次事故中，自身存在一定过错，根据《广东省高级人民法院〈人民法院量刑指导意见试行〉实施细则（试行）》中常见量刑情节的适用规定，被害人对犯罪发生有过错的，量刑时根据过错的程度、负有责任的大小，可以减轻处罚，故对被告人万某量刑时可予以减轻处罚。

（三）本案被告人万某在本案之前无犯罪前科，表现良好，本次犯案系初犯、偶犯。事故发生当日之前，被告人万某与被害人张某某并不认识，双方也不存在任何矛盾。被告人今天犯罪，是因为按照单位的安排与受害者一起操作冲压机，在没有经过严格安全操作训练的情况下，由于一时疏忽大意，错误启动机器造成，被告人主观上是疏忽大意的过失，而且事故发生时，被告人第一时间在自己的认知范围内，按住制动键并关闭电源，积极努力地实施救助行为，虽然事故的结果令人悲痛，但相比那些放任事故发生、故意致人伤害的犯罪而言，被告人的主观恶性较小，对被告人量刑时可以酌情从轻或减轻处罚。

（四）从侦查机关的证据材料中可以看出，被告人万某在案发后自首，主动、彻底地向司法机关交待事故发生的经过，积极配合侦查工作，在多次讯问过程中对造成被害人死亡表示深深的悔过，在今天的庭审中被告人当庭认罪，认罪悔罪态度好，请合议庭对其量刑时酌情从轻或减轻处罚。

（五）本次事故发生后，在番禺区石碁镇人民调解委员会的主持下，被告人所在单位与被害人家属就被害人张某某死亡的赔偿问题，达成了和解协议。目前，被害人家属已获得共计 75 800 元的赔偿，其中包括：协议中约定单位出资部分的 70 万元和家属处理被害人丧事时的交通、住宿、用餐等费用53 500元。和解协议还约定，待社会保险管理中心作出赔付后，被害人家属将获得剩余共计××万元的赔偿。由此可见，事故发生后，被害人家属已获得相应的经济赔偿。请贵院在量刑时酌情考虑，给予被告人万某一次改错的机会，对其从轻处罚。

三、关于刑事附带民事赔偿的意见。

（一）本案中刑事附带民事的原告人××（被害人父亲）与原告××（被害人母亲）诉被告人××，要求被告人承担人身损害赔偿属于诉讼对象主体错误，请求法院依法驳回两原告人的诉讼请求。

本案中被告人因执行工作任务而侵害到被害人生命权，这属于法人单位人员的侵权行为，根据《民法通则》（已失效）第 43 条规定："企业法人对它的法定代表人和其他工作人员的经营活动，承担民事责任。"《侵权责任法》（已失效）第 34 条第 1 款规定："用人单位的工作人员因执行工作任务造成他人损害的，由用人单位承担侵权责任。"可以看出，法人工作人员致他人损害的侵权行为，应由法人承担民事责任，也就是说，本案中被告人原所在工作单位应对被告人操作冲压机而致被害人生命权遭受侵害的行为负有替代赔偿责任。根据替代责任的归责原则，应适用无过错原则，即只要法人工作人员职务行为致人损害，无论法人主观上有无过错，均应由法人承担赔偿责任，故本案发生的侵权赔偿责任应由被告人原所在工作单位承担。

根据最高人民法院《关于适用〈中华人民共和国民事诉讼法〉若干问题的意见》第 42 条规定："法人或者其他组织的工作人员因职务行为或者授权行为发生的诉讼，该法人或者其他组织为当事人。"两原告人就本案民事侵权赔偿责任纠纷的诉讼相对适格主体是被告人原所在工作单位，因此，被告人（刑事附带民事的被告）不是本案中民事侵权赔偿的适格主体，请法院依法驳回两原告的诉讼请求。

（二）事故发生后，原告人和被告人原所在的用人单位，经双方平等、自愿协商，已对本次事故造成被害人及其家属（即两原告人）损害的赔偿达成和解协议，双方明确约定"甲方（被告人原所在单位：广州××零件部件有限公司）考虑到乙方（两原告人：肖某、成某某）的实际情况，经与乙方协商，一致同意以人民币壹佰贰拾伍万元（¥1 250 000 元）了结张某某（被害人）因工死亡的相关补偿及待遇。""剩余 729 192 元由甲方另行支付给乙方，作为张某某因工死亡的补偿（赔偿）和抚恤待遇，包括不限于张某某的生前工资、丧葬费、墓地费及家属的精神抚慰金、抚恤金和生活费等各项费用。"（见 2013 年 9 月 2 日《和解协议书》第 1 条）

目前，原告人已从被告人原所在单位处收取共计 755 000 元的赔偿款（见银行转账凭据收据），而协议中剩余的 550 000 元也将于社会保险管理中心作出赔付后获得。被告人原所在工作单位已为被告人的过错承担了替代赔偿责任，因此，原告人在本次事故中已通过与单位协商并获得相应的赔偿的情况下，又在本案中提出要求被告人赔偿项目与赔偿协议内容重复，其附带民事赔偿诉讼请求依法应该不予支持。

（1）对原告人提出的丧葬费 27 842 元、购买墓地费用 78 800 元以及死亡赔偿金 604 534 元，这三项赔偿费用已在和解协议约定由用人单位赔偿支付，而且原告人已收到绝大部分的款项，在本案不应再次就该三项赔偿提出主张。（2）不同意原告人提出的亲属办理丧葬事宜支出交通费、住宿费、误工费20 000 元的计算数额。（3）没有证据证明原告人提出的亲属办理丧葬事宜支出交通费、住宿费、误工费共计 20 000 元，原告人应对该项费用的主张承担举证责任。在事故发生原告人在和解协议之外，已另获得用人单位支付的 55 000元的赔偿费用，其中已包括亲属办理丧葬事宜支出的交通费、住宿费、误工费等费用。现原告人对该项费用重复要求被告人承担，属于不合理的诉求，请法院依法不予支持。

（三）原告人在本案中主张精神损害抚慰金 50 000 元不符合法律规定。最高人民法院《关于刑事附带民事诉讼范围问题的规定》第 1 条第 2 款规定："对于被害人因犯罪行为遭受精神损失而提起附带民事诉讼的，人民法院不予受理。"本案中原告人提出的精神损害抚慰金赔偿诉求不属于法院刑事附带民事诉讼的受理范围，该项诉求应依法驳回。2001 年最高人民法院《关于确定民事侵权精神损害赔偿责任若干问题的解释》第 9 条规定："精神损害抚慰金包括以下方式：（一）致人残疾的，为残疾赔偿金；（二）致人死亡的，为死亡赔偿金；（三）其他损害情形的精神抚慰金。"原告人在本案中既提出死亡赔偿金的请求，又提出精神损害抚慰金的请求，属于重复主张，而且根据原告人与被告人原所在工作单位的和解协议与收款凭据可以知道，原告人已经获得精神损害抚慰金的赔偿，其也不应就该项赔偿再次提出主张，为此，请求法院对原告人提出支付精神损害抚慰金 5 万元的诉求依法不予支持。

辩护人：×××

20××年××月××日

刑事判决书模板

[2020] ××刑初字第××号

公诉机关：××人民检察院

被告人：(姓名、性别、出生年月日、民族、籍贯、职业或工作单位和职务、住址和因本案所受强制措施情况等，现在何处)

　　本案现已审理终结。经审理查明，……(详写法院认定的事实、情节和证据。如果控、辩双方对事实、情节、证据有异议，应予分析否定。在此，要列举证据，还要通过对主要证据的分析论证，来说明本判决认定的事实是正确无误的。必须坚决改变用空洞的"证据确凿"几个字来代替认定犯罪事实的具体证据的公式化的写法)。

　　本院认为……(根据查证属实的事实、情节和法律规定，论证被告人是否犯罪，犯什么罪，应否从宽或从严处理。对于控辩双方关于适用法律方面的意见和理由，应当有分析地表示采纳或予以批驳)。依照(写明判决所依据的法律条款项)的规定，判决如下：

　　写明判决结果：表述为："一、被告人××犯××罪，判处××(写明主刑、附加刑)；如不服本判决，可在接到判决书的第二日起××日内，通过本院或者直接向××人民法院提出上诉。书面上诉的，应交上诉状正本一份，副本××份。

审判长：×××

审判员：×××

审判员：×××

20××年××月××日

公益诉讼法院常用法律文书

民事判决书

（一审环境民事公益诉讼用）

［×××］××民初××号

原告：××，住所地：……

法定代表人/主要负责人：××，……

委托诉讼代理人：××，……

被告：××，住……

委托诉讼代理人：××，……

支持起诉人：××，住所地：……

法定代表人/主要负责人：××，……

委托诉讼代理人：××，……

（以上写明当事人和其他诉讼参加人的姓名或者名称等基本信息）

原告××与被告××……民事公益诉讼（写明案由）一案，本院于××年××月××日立案后，依法适用普通程序，于××年××月××日公告了案件受理情况，并于××年××月××日书面告知……（相关行政主管部门）。（××于××年××月××日申请参加诉讼，经本院准许列为共同原告。）本院依法组成合议庭，于××年××月××日公开开庭进行了审理。原告××、被告××（写明当事人与其他诉讼参加人的诉讼地位和姓名或者名称）到庭参加诉讼。支持起诉人××向本院提交书面意见，支持原告××提起民事公益诉讼。本案现已审理终结。

××向本院提出诉讼请求：1.……；2.……（明确原告的诉讼请求）。

事实和理由：……（概述原告主张的事实和理由）。

××支持起诉称，……（概述支持起诉意见）。

××辩称，……（概述被告答辩意见）。

原告××围绕其诉讼请求提交了以下证据：1.……；2.……

被告××为反驳原告主张提交了以下证据：1.……；2.……

本院组织当事人进行了证据交换和质证。本院对当事人提交的证据认证如下：1.……；2.……

经审理查明：……（写明法院查明的事实）。

本院认为，……（围绕争议焦点，根据认定的事实和相关法律，对当事人的诉讼请求进行分析评判，说明理由）。

综上，……（对当事人的诉讼请求是否支持进行总结评述）。依照《中华人民共和国……法》第××条、……（写明法律文件名称及其条款项序号）规定，判决如下：

（以上分项写明判决结果）如果未按本判决指定的期间履行给付金钱义务，应当依照《中华人民共和国民事诉讼法》第253条规定，加倍支付迟延履行期间的债务利息（没有给付金钱义务的，不写）。

……（写明诉讼费用的负担）。

如不服本判决，可以在判决书送达之日起15日内，向本院递交上诉状，并按照对方当事人或者代表人的人数提出副本，上诉于××人民法院。

审判长：××

审判员：××

审判员：××

××年××月××日（院印）

法官助理：××

书记员：××

民事判决书

（一审消费民事公益诉讼用）

［××××］××民初××号

原告：××。住所地：××

法定代表人/主要负责人：××，……

委托诉讼代理人：××，……

被告：××，住……

委托诉讼代理人：××，……

支持起诉人：××。住所地：……

法定代表人/主要负责人：××，……

委托诉讼代理人：××，……

（以上写明当事人和其他诉讼参加人姓名或名称等基本信息）

原告××与被告××消费民事公益诉讼一案，本院于××年××月××日立案后，依法适用普通程序，于××年××月××日公告了案件受理情况，并于××年××月××日书面告知……（相关行政主管部门）。（××于××年××月××日申请参加诉讼，经本院准许列为共同原告。）本院依法组成合议庭，于××年××月××日公开开庭进行了审理。原告××、被告××（写明当事人与其他诉讼参加人的诉讼地位和姓名或者名称）到庭参加诉讼。支持起诉人××向本院提交书面意见，支持原告××提起民事公益诉讼。本案现已审理终结。

××向本院提出诉讼请求：1.……；2.……（明确原告的诉讼请求）。事实和理由：……（概述原告主张的事实和理由）。

××支持起诉称，……（概述支持起诉意见）。

××辩称，……（概述被告答辩意见）。

原告××围绕其诉讼请求提交了以下证据：1.……；2.……被告××为反驳原告主张提交了以下证据：1.……；2.……本院组织当事人进行了证据交换和质证。本院对当事人提交的证据认证如下：1.……；2.……

经审理查明：……（写明法院查明的事实）。

本院认为，……（围绕争议焦点，根据认定的事实和相关法律，对当事人的诉讼请求进行分析评判，说明理由）。

综上，……（对当事人的诉讼请求是否支持进行总结评述）。依照《中华人民共和国……法》第××条、……（写明法律文件名称及其条款项序号）规定，判决如下：

（以上分项写明判决结果）如果未按本判决指定的期间履行给付金钱义务，应当依照《中华人民共和国民事诉讼法》第253条规定，加倍支付迟延履行期间的债务利息（没有给付金钱义务的，不写）。

……（写明诉讼费用的负担）。

如不服本判决，可以在判决书送达之日起15日内，向本院递交上诉状，并按照对方当事人或者代表人的人数提出副本，上诉于××人民法院。

审判长：××

审判员：××

审判员：××

人民陪审员：××

人民陪审员：××

×××年××月××日（院印）

法官助理：××

书记员：××

民事判决书

（一审检察民事公益诉讼用）

［××××］××民初××号

公益诉讼起诉人：××人民检察院

被告：××，住……

委托诉讼代理人：××，……

（以上写明当事人和其他诉讼参加人的姓名或者名称等基本信息）

公益诉讼起诉人××人民检察院与被告××……民事公益诉讼（写明案由）一案，本院于××年××月××日立案后，依法适用普通程序，于××年××月××日书面告知……（相关行政主管部门）。经查，××人民检察院于××年××月××日公告了案件相关情况，公告期内未有法律规定的机关和有关组织提起民事公益诉讼。本院依法组成合议庭，于××年××月××日公开开庭进行了审理。××人民检察院指派检察员××出庭履行职务，被告××及其委托诉讼代理人××（写明当事人和其他诉讼参加人的诉讼地位和姓名或者名称）到庭参加诉讼。本案现已审理终结。

××人民检察院向本院提出诉讼请求：1.……；2.……（明确公益诉讼起诉人的诉讼请求）。事实和理由：……（概述公益诉讼起诉人主张的事实和理由）。

××辩称，……（概述被告答辩意见）。

公益诉讼起诉人××检察院围绕其诉讼请求提交了以下证据：

1.……；2.……被告××为反驳公益诉讼起诉人主张提交了以下证据：

1.……；2.……本院组织当事人进行了证据交换和质证。本院对当事人提交的证据认证如下：1.……；2.……

经审理查明：……（写明法院查明的事实）。

本院认为，……（围绕争议焦点，根据认定的事实和相关法律，对当事人的诉讼请求进行分析评判，说明理由）。

综上，……（对当事人的诉讼请求是否支持进行总结评述）。依照《中华人民共和国……法》第××条、……（写明法律文件名称及其条款项序号）规定，判决如下：

（以上分项写明判决结果）

如果未按本判决指定的期间履行给付金钱义务，应当依照《中华人民共和国民事诉讼法》第253条规定，加倍支付迟延履行期间的债务利息（没有给付金钱义务的，不写）。

……（写明诉讼费用的负担）。

如不服本判决，可以在判决书送达之日起十五日内，向本院递交上诉状，并按对方当事人或者代表人的人数提出副本，上诉于××人民法院。

审判长：××

审判员：××

审判员：××

人民陪审员：××

人民陪审员：××

××年××月××日　（院印）

法官助理：××

书记员：××

刑事附带民事判决书

（一审刑事附带民事公益诉讼判决用）

［××××］××刑初××号

公诉机关暨附带民事公益诉讼起诉人：××人民检察院

被告单位暨附带民事公益诉讼被告：××。住所地：……

诉讼代表人：××，性别，出生年月，职务

辩护人暨委托诉讼代理人：××，……

被告人暨附带民事公益诉讼被告：××，性别，民族，出生年月，文化程度，职业，住所地。××年××月××日被采取强制措施（逮捕、取保候审、监视居住等）。

辩护人暨委托诉讼代理人：××，……

（以上写明公诉机关、刑事被告单位/被告人，附带民事公益诉讼当事人，以及其他诉讼参加人的姓名或者名称等基本信息）

××人民检察院以×检公刑诉〔××〕××号起诉书指控被告单位××、被告人××犯××罪，于××年××月××日向本院提起公诉。公益诉讼起诉人××人民检察院于××年××月××日向本院提起附带……民事公益诉讼（写明案由）。经查，××人民检察院于××年××月××日公告了案件相关情况，公告期内未有法律规定的机关和有关组织提起民事公益诉讼。本院依法组成合议庭，于××年××月××日公开开庭审理了本案。××人民检察院指派检察员××出庭履行职务，被告单位暨附带民事公益诉讼被告××及其诉讼代表人××、委托诉讼代理人××，被告人暨附带民事公益诉讼被告××及其辩护人暨委托诉讼代理人××到庭参加诉讼。本案现已审理终结。

公诉机关××人民检察院指控：……

附带民事公益诉讼起诉人××人民检察院向本院提出诉讼请求：1.……；

2.……（明确公益诉讼起诉人的诉讼请求）。

事实和理由：……（概述公益诉讼起诉人主张的事实和理由）

被告单位暨附带民事公益诉讼被告××辩称，……

被告人暨附带民事公益诉讼被告××辩称，……

经审理查明：……（写明本院查明的事实）

上述事实，有经庭审质证、认证的下列证据证实，本院予以确认。（写明物证，书证，证人证言，被害人陈述，鉴定意见，勘验、检查、辨认、侦查实验等笔录，视听资料、电子数据，被告人供述和辩解等）

本院认为，……（根据认定的事实和相关法律，对公诉机关的指控、公益诉讼起诉人的诉讼请求进行分析评判，说明理由）

综上，……（对刑事指控是否成立、民事公益诉讼请求是否支持等进行总结评述）。依照……（写明法律文件名称及其条款项序号）之规定，判决如下：

（以上分项写明判决结果）

……（写明上诉期限及上诉方式）。

审判长：××

审判员：××

审判员：××

人民陪审员：××

人民陪审员：××

××年××月××日

（院印）

法官助理：××

书记员：××

民事判决书

（二审监察民事公益诉讼驳回上诉、维持原判用）

[××××]　××刑初××号之一

公益诉讼起诉人：××人民检察院

被告：××。住所地：……

法定代表人/主要负责人：××，……

委托诉讼代理人：××，……

（以上写明当事人和其他诉讼参加人的姓名或者名称等基本信息）

××人民检察院以×检公刑诉〔××〕××号起诉书指控被告人（被告单位）××犯××罪，于××年××月××日向本院提起公诉。本院于××年××月××日作出〔××〕……刑初……号刑事判决，判决被告人（被告单位）××犯××罪（写明所判罪名的名称），判处……

（写明判项的具体内容）

公益诉讼起诉人××人民检察院于××年××月××日向本院提起附带……民事公益诉讼（写明案由）。经查，××人民检察院于××年××月××日公告了案件相关情况，公告期内未有法律规定的机关和有关组织提起民事公益诉讼。本院依法组成合议庭，于××年××月××日公开开庭审理了本案。公益诉讼起诉人××人民检察院指派检察员××出庭履行职务，被告××及其委托诉讼代理人××到庭参加诉讼。本案现已审理终结。

公益诉讼起诉人××人民检察院向本院提出诉讼请求：1.……；2.……（明确公益诉讼起诉人的诉讼请求）。事实和理由：……（概述公益诉讼起诉人主张的事实和理由）

被告××辩称，……

经审理查明：……（写明本院查明的事实）

上述事实，有经庭审质证、认证的下列证据证实，本院予以确认。（写明物证，书证，证人证言，被害人陈述，鉴定意见，勘验、检查、辨认、侦查实验等笔录，视听资料、电子数据，被告人供述和辩解等）

本院认为，……（根据认定的事实和相关法律，对公益诉讼起诉人的诉讼请求进行分析评判，说明理由）

综上，……（对公益诉讼起诉人的诉讼请求是否支持进行总结评述）。依照《中华人民共和国……法》第××条、……（写明法律文件名称及其条款项序号）规定，判决如下：

（以上分项写明判决结果）

（写明上诉期限及上诉方式）

审判长：××

审判员：××

审判员：××

人民陪审员：××

人民陪审员：××

××年××月××日（院印）

法官助理：××

书记员：××

民事判决书

（二审检察民事公益诉讼驳回上诉、维持原判）

［××××］××民终××号

上诉人（一审诉讼地位）：××，

法定代表人/主要负责人：××，……

委托诉讼代理人：××，……

被上诉人（一审诉讼地位）：××，……

法定代表人/主要负责人：××，……

委托诉讼代理人：××，……

（以上写明当事人和其他诉讼参加人的姓名或者名称等基本信息）

上诉人××因与被上诉人××……民事公益诉讼（写明案由）一案，不服××人民法院［××］……民初……号民事判决，向本院提起上诉。本院于××年××月××日立案后，依法组成合议庭，公开开庭/因涉及……（写明不开庭的理由）不开庭进行了审理。上诉人××、被上诉人××（写明当事人和其他诉讼参加人的诉讼地位和姓名或者名称）到庭参加诉讼。

（如公益诉讼起诉人的上一级人民检察院派员出庭的，则写：××人民检察院指派检察员××到庭并发表了意见。）本案现已审理终结。

××上诉请求：……（写明上诉请求）。事实和理由：……（概述上诉人主张的事实和理由）

××辩称，……（概述被上诉人答辩意见）

××人民检察院向一审法院起诉请求：……（写明一审公益诉讼起诉人的诉讼请求）

一审法院认定事实：……（概述一审认定的事实）。一审法院认为，……（概述一审裁判理由）。判决：……（写明一审判决主文）

本院二审期间，上诉人××围绕其上诉请求提交了以下证据：1. ……；2. ……被上诉人××为反驳上诉人主张提交了以下证据：1. ……；2. ……本院组织当事人进行了证据交换和质证。本院对当事人提交的证据认证如下：

1. ……；2. ……。（当事人没有提交新证据的，写明：二审中，当事人没有提交新证据）

本院对一审查明的事实予以确认。本院另查明，……

本院认为，……。

综上，××的上诉请求不能成立，应予驳回；一审判决认定事实清楚，适用法律正确，应予维持。依照《中华人民共和国民事诉讼法》第170条第1款第1项规定，判决如下：

驳回上诉，维持原判。

……（写明诉讼费用的负担）

本判决为终审判决。

审判长：××

审判员：××

审判员：××

××年××月××日（院印）

法官助理：××

书记员：××

刑事附带民事判决书/裁定书

（二审刑事附带民事公益诉讼）

［××××］刑终××号

抗诉机关暨上诉人（一审附带民事公益诉讼起诉人）××人民检察院

一审被告单位暨被上诉人（一审附带民事公益诉讼被告）：××。住所地：××。

诉讼代表人：××，性别，出生年月，职务

辩护人暨委托诉讼代理人：××，……

一审被告人暨被上诉人（一审附带民事公益诉讼被告）：××，住……

辩护人暨委托诉讼代理人：××，……

（以上写明抗诉机关、上诉人、被上诉人以及其他诉讼参加人的姓名或者名称等基本信息）

　　××人民法院审理××人民检察院指控一审被告单位××/被告人××犯××罪（写明罪名）、公益诉讼起诉人××人民检察院提起附带……民事公益诉讼（写明案由）一案，于××年××月××日作出［××］……刑初……号刑事附带民事判决（写明判决内容）。宣判后，××人民检察院对判决的刑事部分提出抗诉并对民事公益诉讼部分提起上诉。本院依法组成合议庭公开开庭/因涉及……（写明不开庭的理由）不开庭进行了审理。××人民检察院指派检察员××出庭履行职务，一审被告单位暨被上诉人（附带民事公益诉讼被告）××及其诉讼代表人××、辩护人暨委托诉讼代理人××，一审被告人暨被上诉人（附带民事公益诉讼被告）××及其辩护人暨委托诉讼代理人××到庭参加了诉讼。（如公益诉讼起诉人的上一级人民检察院派员出庭的，则写：××人民检察院指派检察员××到庭并发表了意见。）本案现已审理终结。

原公诉机关××人民检察院向一审法院指控：。

一审附带民事公益诉讼起诉人××人民检察院向一审法院起诉请求：……（写明一审公益诉讼起诉人的诉讼请求）

一审法院认定事实：……。一审法院认为，……（概述一审法院裁判理由）。判决：……（写明一审判决主文）

××人民检察院抗诉认为，……（概述抗诉意见及所依据的事实及理由）

××辩称，……（概述一审被告单位/被告人答辩意见）

××人民检察院上诉称：……（概述上诉意见及所依据的事实及理由）

××辩称，……（概述被上诉人答辩意见）

……（写明对一审查明事实的认定）

本院另查明，……（写明二审认定的事实）

上述事实，有经庭审质证、认证的下列证据证实，本院予以确认。（写明二审物证，书证，证人证言，被害人陈述，鉴定意见，勘验、检查、辨认、侦查实验等笔录，视听资料、电子数据，被告人供述和辩解等）

本院认为，……

综上，……（对抗诉意见、上诉请求是否支持进行总结评述）。依照《中华人民共和国……法》第××条第××项……的规定，判决/裁定如下：本判决为终审判决/裁定。

审判长：××

审判员：××

审判员：××

××年××月××日（院印）

法官助理：××

书记员：××

民事裁定书

（同一侵权另行提起民事公益诉讼不予受理用）

［××××］××民初××号

起诉人：××。住所地：……

（以上写明起诉人及其代理人的姓名或者名称等基本信息）

××年××月××日，本院收到××的起诉状。××提起……民事公益诉讼（写明案由）称，……（概述起诉的诉讼请求、事实和理由）

本院经审查认为，××人民法院〔××××〕……民×……号原告/公益诉讼起诉人××与被告××……民事公益诉讼（写明案由）一案民事判决已经发生法律效力。起诉人××提起的……民事公益诉讼（写明案由）与该案系就同一侵权行为另行提起的民事公益诉讼，依法应当不予受理。

依照《中华人民共和国民事诉讼法》第55条、第154条第1款第1项，《最高人民法院关于适用〈中华人民共和国民事诉讼法〉的解释》第291条规定，裁定如下：

对××提起的……民事公益诉讼（写明案由），本院不予受理。

如不服本裁定，可以在裁定书送达之日起10日内，向本院递交上诉状，并按对方当事人的人数提出副本，上诉于××人民法院。

审判长：××

审判员：××

审判员：××

××年××月××日（院印）

法官助理：××

书记员：××

民事裁定书

（民事公益诉讼准许撤回起诉用）

〔××××〕××民初××号

原告/公益诉讼起诉人：××。住所地：×××

被告：××，住所地：×××（以上写明当事人基本信息）

本院在审理原告/公益诉讼起诉人××与被告××……民事公益诉讼（写明案由）一案中，××于××年××月××日以……为由，向本院申请撤回起诉。

本院认为，……（写明准许撤诉的理由）

××的撤诉申请符合法律规定，应予准许。依照《中华人民共和国民事诉讼法》第145条第1款，《最高人民法院关于审理环境民事公益诉讼案件适用法律若干问题的解释》第26条，《最高人民法院最高人民检察院关于检察公益诉讼案件适用法律若干问题的解释》第 19 条规定，裁定如下：

准许××撤回起诉。

……（写明诉讼费用的负担）

审判长：××

审判员：××

审判员：××

××年××月××日（院印）

法官助理：××

书记员：××

民事裁定书

（民事公益诉讼不准撤回起诉用）

[××××] ××民初××号

原告/公益诉讼起诉人：××。住所地：×××

被告：××，住所地：×××

（以上写明当事人和其他诉讼参加人的姓名或者名称等基本信息）

本院在审理原告/公益诉讼起诉人××与被告××……民事公益诉讼（写明案由）一案中，××于××年××月××日以……为由，向本院申请撤回起诉。

本院认为，……（写明不准许撤回起诉的理由）

依照《中华人民共和国民事诉讼法》第 145 条第 1 款，《最高人民法院关于适用〈中华人民共和国民事诉讼法〉的解释》第 290 条规定，裁定如下：

不准许××撤回起诉。

审判长：××

审判员：××

审判员：××

××年××月××日（院印）

法官助理：××

书记员：××

民事调解书

（一审环境民事公益诉讼用）

［××××］××民初××号

原告/公益诉讼起诉人：××。住所地：……

法定代表人/主要负责人：××，……

委托诉讼代理人：××，……

被告：××，住……

委托诉讼代理人：××，……

支持起诉人：××。住所地：……

法定代表人/主要负责人：××，……

出庭人员：××

委托诉讼代理人：××，……

（以上写明当事人和其他诉讼参加人的姓名或者名称等基本信息）

原告/公益诉讼起诉人××与被告××……民事公益诉讼（写明案由）一案，本院于××年××月××日立案，于××年××月××日公告了案件受理情况，并于××年××月××日书面告知……（相关行政主管部门）。（××于××年××月××日申请参加诉讼，经本院准许列为共同原告。）（如公益诉讼起诉人起诉的，写明："经查，××人民检察院于××年××月××日公告了案件相关情况，公告期内未有法律规定的机关和有关组织提起民事公益诉讼。"）本院依法适用普通程序，于××年××月××日公开开庭进行了审理，原告××及其委托诉讼代理人××（如公益诉讼起诉人起诉，写明："××人民检察院指派检察员××出庭履行职务。"），被告××及其委托诉讼代理人××（写明当事人和其他诉讼参加人的诉讼地位和姓名或者名称）到庭参加诉讼（开庭前调解的，不写开庭情况）。支持起诉人××向本院提交书面意见，支持原告××提起民事公益诉讼。本案现已审理终结。

××向本院提出诉讼请求：1.……；2.……（明确原告/公益诉讼起诉人的诉讼请求）。事实和理由：……（概述原告/公益诉讼起诉人主张的事实和理由）

××支持起诉称，……（概述支持起诉意见）

××辩称，……（概述被告答辩意见）

原告/公益诉讼起诉人××为证明自己的主张提交了以下证据：1.……；2.……被告××为反驳原告/公益诉讼起诉人主张提交了以下证据：1.……；2.……本院组织当事人进行了证据交换和质证。本院对当事人提交的证据认证如下：1.……；2.……

经审理查明：……（写明法院查明的事实）

本案审理过程中，经本院主持调解，当事人自愿达成如下协议：/本案审理过程中，当事人自行和解达成如下协议，请求人民法院确认：

（分项写明调解/和解协议内容）

本院于××年××月××日将调解/和解协议内容书面告知……（负有监督管理职责的环境保护主管部门），……（相关部门）对调解/和解协议内容未提出不同意见。为保障公众知情权及参与权，本院于××年××月××日至××年××月××日在……对调解/和解协议进行公告。公告期内未收到任何异议。经审查，上述协议不违反法律规定，未损害社会公共利益，本院予以确认。

案件受理费……元，由……负担（写明当事人姓名或者名称、负担金额。调解/和解协议包含诉讼费用负担的，则不写）。

本调解书经各方当事人签收后，即具有法律效力。

审判长：××

审判员：××

审判员：××

人民陪审员：××

人民陪审员：××

××年××月××日（院印）

法官助理：××

书记员：××

受理民事公益诉讼告知书

（告知相关行政主管部门用）

［××××］×民初××号××

本院于××年××月××日立案受理原告/公益诉讼起诉人××与被告××……民事公益诉讼（写明案由）一案。依照《最高人民法院关于〈中华人民共和国民事诉讼法〉的解释》第286条规定，现将该案受理情况告知你单位。

联系人：……（写明姓名、部门、职务）

联系电话：……

联系地址：……

特此告知。

附：民事起诉状

××年××月××日（院印）

行政判决书

（一审行政公益诉讼用）

［××××］××行初××号

公益诉讼起诉人：××人民检察院

被告：××，住所地：……

法定代表人：××，……

委托诉讼代理人：××，……

第三人：××，住所地：……

法定代表人：××，……

委托诉讼代理人：××，……

公益诉讼起诉人××人民检察院认为被告××（行政主体名称）违法行使职权（写明行政行为名称和类型）/被告××（行政主体名称）不履行法定职责（写明具体案由），于××年××月××日向本院提起……行政公益诉讼（写明案由）。本院于××年××月××日立案后，于××年××月××日向被告送达了公益诉讼起诉书副本及应诉通知书。本院依法组成合议庭，于××年××月××日公开开庭审理了本案。××人民检察院指派检察员××出庭履行职务，被告××的法定代表人××、委托诉讼代理人××，第三人××的法定代表人××、委托诉讼代理人××到庭参加诉讼。本案现已审理终结。

公益诉讼起诉人××人民检察院诉称，……（写明公益诉讼起诉人的诉讼请求、主要理由及其提供的证据、依据等）

被告××辩称，……（写明被告的答辩意见及主要理由）

被告××向本院提交了以下证据、依据：1.……；2.……（证据、依据的

名称及内容等)

第三人××述称，……（写明第三人的意见、主要理由以及第三人提供的证据、依据等)

本院依法调取了以下证据：……（写明证据名称及证明目的)

经庭审质证，……（写明当事人的质证意见)

本院对上述证据认证如下：……（写明法院的认证意见和理由)

经审理查明，……（写明法院查明的事实。可以区分写明当事人无争议的事实和有争议但经法院审查确认的事实；对无争议事实中涉及公共利益的部分，写明法院审查确认意见。)

本院认为，……（写明法院判决的理由)

综上，……（对当事人的诉讼请求是否支持进行总结评述）。依照《中华人民共和国……法》第××条、……（写明法律文件名称及其条款项序号）规定，判决如下：

（以上分项写明判决结果）……（写明诉讼费用的负担)

如不服本判决，可以在判决书送达之日起 15 日内向本院递交上诉状，并按对方当事人的人数提出副本，上诉于××人民法院。

审判长：××

审判员：××

审判员：××

人民陪审员：××

人民陪审员：××

××年××月××日（院印)

法官助理：××

书记员：××

行政判决书

（二审行政公益诉讼用）

[××××] ××行终××号

上诉人（一审诉讼地位)：××，住所地：……

法定代表人：××，……

委托诉讼代理人：××，……

被上诉人（一审诉讼地位）：××，住所地：……

法定代表人：××，……

委托诉讼代理人：××，……

一审第三人：××。住所地：……

法定代表人：××，……

委托诉讼代理人：××，……

上诉人××人民检察院因诉被上诉人××……行政公益诉讼（写明案由）一案/上诉人××因××人民检察院诉其……行政公益诉讼（写明案由）一案，不服××人民法院〔××××〕……行初……号行政判决，向本院提起上诉。本院依法组成合议庭，公开开庭审理了本案。上诉人××及其委托诉讼代理人××、被上诉人××及其委托诉讼代理人××、一审第三人××及其委托诉讼代理人××（写明当事人和其他诉讼参加人的诉讼地位和姓名或者名称）到庭参加诉讼。（如公益诉讼起诉人的上一级人民检察院派员出庭的，则写：××人民检察院指派检察员××到庭并发表了意见。）本案现已审理终结。（未开庭的，写"本院依法组成合议庭对本案进行了审理，现已审理终结"。）

××上诉请求：……（写明上诉请求）。事实和理由：……（概述上诉人主张的事实和理由）

××辩称，……（概述被上诉人答辩意见）

××述称，……（概述一审第三人的意见、主要理由）

××人民检察院向一审法院起诉称，……（写明一审公益诉讼起诉人的诉讼请求）。一审法院认定事实：……（概述一审认定的事实）。一审法院认为，……（概述一审裁判理由）。判决：……（写明一审判决主文）

……（当事人二审期间提出新证据的，写明二审质证情况和认证意见。如无新证据，本段不写）

本院经审理查明，……

本院认为，……（写明本院判决的理由）

综上，……（对上诉请求是否支持进行总结评述）。依照《中华人民共和国……法》第××条、……（写明法律文件名称及其条款项序号）规定，判决如下：

……（写明判决结果）

……（写明诉讼费用的负担）

本判决为终审判决。

审判长：××

审判员：××

审判员：××

人民陪审员：××

人民陪审员：××

××年××月××日（院印）

法官助理：××

书记员：××

法律建议书、律师函

第一节　致公安局建议函

关于梁某某非法经营罪法律建议书

广州市公安局××区分局：

　　××律师事务所接受犯罪嫌疑人梁某某家属的委托，指派××律师作为犯罪嫌疑人梁某某的律师，为其提供法律帮助，本律师会见梁某某后，并及时向其所在广州市九丰燃气有限公司了解情况，就犯罪嫌疑人的行为及涉嫌的罪名，提出以下意见：

　　非法经营罪是指未经许可经营专营、专卖物品或其他限制买卖的物品，买卖进出口许可证、进出口原产地证明以及其他法律、行政法规规定的经营许可证或者批准文件，以及从事其他非法经营活动，扰乱市场秩序，情节严重的行为。根据本罪的构成要件分析，本律师认为本案××从业所在的广州市××燃气有限公司桥中经营部未经批准，私自设置"中转站"的行为不构成非法经营罪。

　　一、本案犯罪嫌疑人梁某某上班所在的公司具有经营主体资格。

　　1. 本案犯罪嫌疑人梁某某是广州市××燃气有限公司桥中经营部的配送工。广州市××燃气有限公司桥中经营部与广州市××燃气有限公司签订了授权特许经营协议，广州市××燃气有限公司桥中经营部依法取得了营业执照，营业范围是零售业。广州市××燃气有限公司依法取得了燃气经营许可证，经营范围是瓶装液化石油气、车用液化石油气。

　　2. 非法经营罪是指未经许可经营专营、专卖物品或其他限制买卖的物品，买卖进出口许可证、进出口原产地证明以及其他法律、行政法规规定的经营许可证或者批准文件，以及从事其他非法经营活动，扰乱市场秩序，情节严重的行为。非法经营罪构成的关键是是否取得合法经营许可资质而从事相关经营活动。因此，在本案中广州××燃气有限公司依法取得燃气经营许可证，拥有经营瓶装液化气、车用液化石油气的资质。广州市××燃气有限公司桥中经营部与广州市××气有限公司签订了授权特许经营协议，广州市××燃气有限公司桥中经营部依法取得了营业执照，故广州市××燃气有限公司桥中经营部亦拥有经营瓶装液化气、车用液化石油气的资质。作为广州市××燃气有限公司桥中经营部公司的员工，在法律许可公司经营范围内从事活动是合法行为，不构成非法经营罪。

二、退一步讲，即使广州市××燃气有限公司桥中经营部构成非法经营罪，作为公司员工的梁某某也不是刑法所惩罚的对象。《中华人民共和国刑法》第31条规定："单位犯罪的，对单位判处罚金，并对直接负责的主管人员和其他直接责任人判处刑罚。本法分则和其他法律另有规定的，依照规定。"

本案犯罪嫌疑人梁某某是广州市××燃气有限公司桥中经营部的配送工，在上班期间其从事职务行为，即使构成非法经营罪其职务行为也是代表单位行为，即单位构成非法经营罪，根据《中华人民共和国刑法》第31条规定："单位犯罪的，对单位判处罚金，并对直接负责的主管人员和其他直接责任人判处刑罚。"梁某某作为公司的配送工即不是直接负责的主管也非直接负责人，故不是刑法所惩罚的对象。

三、广州市××燃气有限公司桥中经营部私设"中转站"行为的法律定性。

自2013年6月1日起施行的《广州市燃气管理办法》第51条规定："燃气经营者无证或者超越行政许可范围经营，有重大安全隐患、威胁公共安全的，由城市管理综合执法机关依法没收气瓶、运输工具以及其他用于违章经营活动的器具，并处5万元以上50万元以下的罚款。"第52条规定，"依照本办法规定给予单位罚款处罚的，对单位直接负责的主管人员和其他直接责任人员，可处单位罚款数额5%以上10%以下的罚款。"

因此广州市××燃气有限公司桥中经营部私设"中转站"行为只是违反了行政法规，按其违规行为依照《广州市燃气管理办法》由城市管理综合执法机关给予相关行政处罚，而不是刑法所惩罚的行为。

综上所述，犯罪嫌疑人梁某某工作的广州市××燃气有限公司桥中经营部依法拥有经营瓶装液化石油气、车用液化石油气的资质，故其员工在公司经营范围内从事职务行为，不构成非法经营罪。退一步讲，即使广州市××燃气有限公司桥中经营部构成非法经营罪，刑法所处罚的对象是直接负责的主管人员和其他直接责任人，作为公司配送工的犯罪嫌疑人梁某某从事其职务行为，不是刑法所处罚的对象。

此致

广州市公安局××区分局

××律师事务所　×××律师

20××年××月××日

关于公安机关应当对当事人因民事纠纷而采取不当私力救济行为依法予以处理的建议

×中法建字〔2014〕30 号

××市公安局：

本院在审理当事人诉公安机关不履行法定职责一类案件中，发现存在以下问题：在当事人之间存在有民事纠纷，其中一方当事人以此为借口对另一方当事人的财产采取扣押、强行夺取等不当私力救济行为，当受害方向公安机关寻求救助时，公安机关往往以当事人之间存在民事纠纷其不应插手经济纠纷为由不予处理，而仅仅只是告知受害一方可以向人民法院起诉，从而导致当事人的合法权益得不到及时保护。

私力救济是指权利主体在法律允许的范围内依靠自身的力量，通过实施自卫行为或自助行为来救济自己被侵害的合法权益。自卫行为包括正当防卫和紧急避险。自助行为是指权利人对义务人实施的对其财产或人身采取的限制性措施。但是，无论是自卫行为和自助行为均强调的一个前提是情况紧急，即时间紧迫、来不及寻求公权力的救济。而在当事人之间存在有民事纠纷，一方当事人对另一方当事人采取的不当私力救济行为往往不符合情况紧急这一时效性要件。在此类情况下，当事人完全可以有充足的时间通过国家司法机关等公权部门来解决自己的民事纠纷。当能够寻求公权力救济而不行使，反而诉之于暴力等手段，就是滥用权利，是对他人合法权益的侵害，理所应当是法律所禁止的。

　　当民事主体因对方不当自助行为向公安机关寻求救济时，公安机关不能以构成民事侵权为由拒绝处理。因为在这种情况下，不当自助行为人的侵权行为既是对个人合法权益的侵害也是对整个社会管理秩序的侵害。至于受到损害的一方当事人是通过人民法院来救济自己的权益还是通过公安机关来救济自己的权益，其选择权在于当事人个人，该选择权是公民的一种"权利"。公民个人权利可以放弃，但是作为职权法定的行政机关来说，其法定职责却不能不履行，当公民寻求负有维护社会治安秩序职责的公安机关保护自己的合法权益时，公安机关不履行或怠于履行即构成行政不作为。

　　为此，特建议：在民事主体因民事纠纷而采取不当私力救济行为的情况下，一方当事人寻求公安机关救济时，公安机关应当依法予以处理。

　　以上建议请研究处理，并将处理结果函告本院。

××市中级人民法院

20××年××月××日

第二节　致人民检察院函

致人民检察院律师意见书

××人民检察院：

　　××律师事务所依法接受嫌疑人张某军家属的委托后，并经得张某军的同意，指派我担任犯罪嫌疑人张某军涉嫌诈骗罪审查起诉阶段的辩护人，为嫌疑人进行辩护。接受指派后，我依法阅读了起诉意见书及证据材料，并会见了嫌疑人张某军，了解本案的事实经过，为维护嫌疑人的合法权益，维护法律的尊严与权威，现依据事实与法律，提出如下法律意见，供参考并敬请采纳。

　　1. 诈骗罪的犯罪构成。《刑法》第266条规定，诈骗罪是指以非法占有为目的，用虚构事实或者隐瞒真相的方法，骗取数额较大的公私财物的行为。本罪侵犯的客体是公私财物所有权，但应排除金融机构的贷款。因《刑法》已于第193条特别规定了贷款诈骗罪。本罪在主观方面表现为直接故意，并且具有非法占有公私财物的目的。

　　2. 嫌疑人张某军无虚构事实或者隐瞒真相的故意，也无非法占有公私财物的目的，因此其行为不构成犯罪。

第一，主观上，嫌疑人张某军在本案中只是一个中介，其目的就是为客户获取贷款，自己本身获得中介服务收益。既没有隐瞒客户的身份和目的，也没有隐瞒自己的身份和目的，至于如何获取贷款，犯罪嫌疑人张某军根本不知情，更不是他能够操控的。

第二，客观上，犯罪嫌疑人张某军得到的 8000 元钱，只是他为两位客户提供中介服务的应该得到的 20% 收益，而不是非法收益。这种收益比例的合理性与否，不是刑法调整的范围。至于客户在这次贷款业务中，没有得到钱款的原因是张某军的上线王某某或者说王某某的上线，没有将全部贷款给与张某军。张某军也曾多次找到他的上线王某某追要剩余款项。

3. 退一步讲，即使嫌疑人实施了诈骗行为，其行为也不是诈骗罪，而应该是贷款诈骗罪，其情节也显著轻微，社会危害不大，检察机关应该对其作出不起诉的决定。

第一，一般诈骗罪与贷款诈骗罪侵犯的客体不同，贷款诈骗罪侵犯的客体是金融机构的贷款，在本案中，张某军的客户林某某并没有受到任何损失，国美电器也没有受到损失，受损失的是国美小额贷款有限公司，主要报案人也是国美小额贷款有限公司，本案的具体操控人虚构事实，隐瞒真相的相对人也是国美小额贷款有限公司，也正是这种欺诈行为，使受害人国美小额贷款有限公司产生错误认识，并作出发放贷款行为的。公安机关在起诉意见书中写道"犯罪嫌疑人封某、张某军……涉嫌国美金融被诈骗案"，也说明，本案如果构成诈骗，罪名也应该是"贷款诈骗罪"。

第二，本案中，公安机关认定的国美小额贷款有限公司被诈骗的贷款金额为 19 796 元。根据《最高人民检察院、公安部关于公安机关管辖的刑事案件立案追诉标准的规定（二）》，第 50 条［贷款诈骗案（刑法第一百九十三条）］以非法占有为目的，诈骗银行或者其他金融机构的贷款，数额在 2 万元以上的，应予立案追诉。嫌疑人的行为显著轻微，社会危害不大，未达到该规定的立案标准。

第三，嫌疑人张某军系初犯，且认罪态度好，主观恶意较小，其家属也积极履行了还款义务。2018 年 8 月 28 日，国美小额贷款有限公司调查经理肖某专门到办案单位中华路派出所说明情况，并提交了一份汇款业务回单，说明是犯罪嫌疑人王某某、张某军、夏某某的家属主动联系被害人"国美小额贷款有限公司"要求还款，现两位客户的贷款已经全部还清，并得到了受害人单位的谅解。

综上所述，嫌疑人张某军的行为不符合诈骗罪的犯罪构成，即嫌疑人不构成犯罪。退一步讲，即使构成贷款诈骗罪，其行为也显著轻微，未达到立案标准。况且，嫌疑人系初犯，且认罪态度好，主观恶意较小，其家属也积极履行了还款义务。因此，为维护法律的尊严与权威，保障嫌疑人的合法权益，保障法律的正确实施，辩护人恳请人民检察院给嫌疑人一个改过自新的机会，依法作出对其不起诉的决定。

此致

××人民检察院

辩护人：××律师事务所

律师：××

20××年××月××日

律师事务所致检察院建议函

××市××区人民检察院：

××律师事务所依法接受本案被告人张某家属的委托，指派我担任其一审辩护人。接受委托后，我查阅了本案的卷宗材料，会见了被告人，对本案有了进一步明晰的认识。

对侦查机关指控被告人张某触犯《刑法》第 347 条第 2 款第（一）项之规定，应当以贩卖毒品罪追究其刑事责任，本辩护人持有异议。《刑事诉讼法》第 35 条规定，"辩护人的责任是根据事实和法律，提出证明被告人无罪、罪轻或者减轻、免除其刑事责任的材料和意见，维护被告人的合法权益"，结合本案实际情况，本辩护人提出被告人张某证据不足，不符合起诉条件的辩护意见，供公诉机关参考。

1. 侦查机关指控被告人张某向被告人王某卖冰毒 30 克，证据不足，依法不应认定。理由如下：（1）没有物证；（2）被告人张某的供述与被告人王某的供述不相吻合，且完全相反。侦查卷宗第 9 页张某供述："侦查人员问：你在王某那里买了多少次冰毒，每次多少，价格都是多少？答：我就在王某手里买过了 5 次冰毒，前四次我买的冰毒都是一小包大约三分左右，其中两次每袋 300 元钱，两次花了 500 元钱，最后这次是花 1200 元钱，买了一克多点的冰毒。"并详细地讲述了与王某交易毒品的过程。在侦查卷宗第 28 页王某的供述，我总共在张某那里买了 4 次冰毒，前两次是 5 克冰毒，每次花 3500 元。第三次买 10 克冰毒，花 7000 元，第四次买 10 克冰毒，花 8000 元钱。最高人民法院法〔2000〕42 号《全国法院审理毒品犯罪案件工作座谈会纪要》规定："在处理这类案件时，仅凭被告人口供依法不能定案。只有当被告人的口供与同案其他被告人供述吻合，并且完全排除诱供、逼供、串供等情形，被告人的口供与同案被告人的供述才可以作为定案的证据。"因此，辩护人认为指控被告人张某向被告人王某卖冰毒 30 克的事实，证据不足，王某的供述无其他证据佐证，其供述的虚假性不能得到合理排除，不应被采纳。

2. 侦查机关指控被告人赵某在被告人张某处购买四次冰毒 10 余克，证据不足，依法不应认定。

本案起诉意见书中称：2010 年 10 月至 12 月间，张某先后多次贩卖毒品 10 余克给赵某，只有被告人赵某自己的供述，没有其他任何证据佐证。根据《刑事诉讼法》第 53 条明确规定只有被告人供述，没有其他证据的，不能认定被告人有罪和处以刑罚。所以，对被告人供述的第一起罪行不能定罪量刑。侦查卷宗第 16 页赵某供述："侦查人员问：你在张某手里买过多少次毒品？一共四次。第一次从高某手中购买两小袋冰，每袋有五六分重，赵某给了高某 1600 元钱，此次赵某说，高某打电话称对方'大哥'，她觉得高某是从张某那买来的。第二次又在高某手中买了一包冰毒，给高某 900 元钱。在车里高某接一个电话，赵某看了一下高某手机中的已拨电话是张某的，认为是张某卖给他的。第三次是三袋半冰（一克八分，不到两克），她说给张某 2500 元钱。第四次是五袋冰、四粒麻谷，她说给张某 4700 元钱。12 月 29 日凌晨又在张某手里买了五袋冰、九个小红豆，她给张某 4700 元钱。"侦查卷宗第 22 页："侦查人员问：你在张某处买多少次？答：我认识张某是通过高某，我在他俩手里共买了四次。"根据《刑事诉讼法》第 53 条规定，对一切案件的判处都要重证据，重调查研究，不轻信口供。只有被告人供述，没有其他证据的，不能认定被告人有罪和处以刑罚；本案只有赵某供述，没有其他证据能够佐证，所以不能认定张某有罪和处以刑罚。

综上所述，被告人张某向被告人王某卖冰毒 30 克的犯罪事实，证据不足，依法不应认定依法不构成贩卖毒品罪。谨此，辩护人恳切要求公诉机关对被告人张某以上辩护意见予以采纳。

此致

××市××区人民检察院

20××年××月××日

第三节　人民法院法律建议书

关于对孟某同志进行奖励、救助和照顾的司法建议

×中法建字〔2014〕3号

×市技师学院：

我院在办理张某故意伤害孟某一案过程中发现以下情况：1. 孟某因阻止犯罪分子张某殴打他人，被犯罪分子张某打伤致使孟某右眼视网膜脱落，造成继发性青光眼，经司法鉴定孟某为五级伤残；2. 焦作市山阳区社会治安综合治理委员会于2010年12月授予孟某同志"见义勇为"先进个人；3. 焦作市人力资源和社会保障局于2013年认定孟某同志为工伤。经本院判决：1. 被告人张某被判处无期徒刑；2. 被告人张某赔偿孟某经济损失人民币183 347.13元。

我院在执行此案的民事赔偿过程中，由于被执行人张某被判处无期徒刑，正在监狱服刑，无偿还能力。我院认为：孟某同志的"见义勇为"行为应当受到社会大力提倡和弘扬，是社会正能量的传递。为此，我院已给孟某同志最高司法救助人民币5万元。

鉴于孟某同志目前的情况，建议如下：

1. 建议贵单位对孟某同志按照国务院下发的《工伤保险条例》和《河南省维护社会治安见义勇为人员保护奖励办法》的相关规定办理。

2. 建议贵单位对孟某同志在安排工作对工作量、工作强度和工作时间予以照顾。

以上建议，请研究处理，并将处理结果函告我院。

××市中级人民法院

20××年××月××日

附件：1.《工伤保险条例》

2.《河南省见义勇为人员保护奖励办法》

关于规范贷款审查程序的司法建议

×中法建〔2014〕12 号

××市××农村信用合作联社百间房信用社：

　　本院在办理李某某与你社、以及赵某某借款合同纠纷一案再审审查当中，发现你社在对外发放贷款当中存在着把关不严、审批不规范的现象。根据本院审理查明的事实，本案李某某既未参与你社和赵某某的贷款业务商洽、为赵某某在你社的贷款承作担保，也未参与贵单位与赵某某因逾期贷款而发生的诉讼和调解。本院调取的证据显示，本案系他人为非法取得贷款，而出具了一系列虚假材料，冒充李某某参与了上述活动，从而骗取到银行贷款，后因逾期不还引发诉讼，诉讼当中又由他人冒充李某某和你社在诉讼当中达成调解协议。这种行为既违反了我国金融管理有关法规，严重危及金融资金安全，又严重妨碍了人民法院正常的审判工作，损害了人民法院的公信力，同时损害他人的合法权益，性质恶劣，后果严重。

　　对该案发生的起因分析可知：主要是在贷款审批程序当中，你社把关不严、审批程序不规范导致产生的。

　　为促进贵单位规范贷款审查工作，维护金融秩序，确保金融资金安全，特提出以下司法建议：

　　一、查漏补缺，排除隐患，总结教训。该案的发生表明你社在贷款审批流程当中存在着极大的安全隐患，甚至不排除内外勾结、违规发放贷款和非法骗取贷款情形同时存在的可能。建议你社高度重视该案，以该案为警示，全面清查既往对外个人贷款业务，对存在的资金安全隐患进行全方位清查，采取有效的补救措施，杜绝类似案件的再次发生。

　　二、明确责任，加大责任倒查、追究力度，切实完善贷款审查责任制度。本案的发生是你社有关人员的严重渎职、失职，甚至滥用职权造成的。对此，建议你社对这起案件的相关责任人加大责任倒查、追究力度，同时，对该笔贷款各个程序、环节当中的职能部门、人员明确责任归属，构成过错责任的严肃追责，对责任人员依法依规予以惩处，从而切实增强贷款审批人员的责任意识，完善贷款审查责任制度，完善具体规章制度，提高资金风险预防能力。

　　三、规范审批流程，严肃审批纪律，强化调查核实职责。本案当中，从表面上看，你社有关人员履行了完善的贷款审批职责，进行了风险评估、调查考察等一系列工作职责。但是，根据本院审查查明的事实看，你社的贷款审批严重存在程序化、形式化的缺陷，对贷款人贷款用途不认真调查，对担保人身份不认真核对，以致本案发生。建议你社从本案当中汲取教训，规范审批流程，尤其是要加大调查核实工作力度，形成交叉审核，杜绝虚假审批。

以上建议请予以考虑，如有反馈意见，望及时函告本院。

20××年××月××日

第四节 致函司法局（监狱管理）函

关于进一步加强基层民调组织作用的建议

×中法建字〔20××〕5号

××市司法局：

在我院近期审理的案件中，有多起均系民间矛盾激化而引发的恶性刑事案件，如被告人××、××故意杀人一案。被告人××与被害人××系同村村民，2011年以来，被害人××先后向被告人××借款43万元，二人因债权债务纠纷产生矛盾，双方多次发生冲突，当地村委会亦曾参与调解处理，但双方矛盾持续激化。2013年6月21日晚，××的妻子××在××家又为此与××发生冲突。6月22日，××和其子××携带尖刀、甩棍窜至被害人××家，××持刀将××捅死。纵观该案发生的前因后果，显现出由民间经济纠纷向治安案件转化并最终发展为恶性刑事案件的渐变过程，在此过程中，如果当地基层民调组织能积极发挥作用，深入做双方工作，极有可能避免该结果的发生。

为此，特建议：司法行政机关应进一步加强对民调工作的指导，规范各项民调工作制度，加大对各级民调组织及调解员培训力度，组织民调组织、调解员积极主动开展民间矛盾纠纷排查和化解活动，避免矛盾激化和民转刑案件的产生，从源头上减少矛盾纠纷的发生，从而促进社会的和谐稳定与长治久安。

以上建议请予以考虑，如有反馈意见，望及时函告我院。

××市中级人民法院

20××年××月××日

第五节　致纪检监察函

××市纪委监委监察建议书

×监 ［20××］ 1 号

××市××区人民法院：

　　201×年 5 月，××市委对市教育局党委开展常规巡察时发现，市第 11 中学职工桂某某在 201×年 12 月被××区人民法院判处有期徒刑 3 年，而该校却一直给桂某某发工资。随后，市委第一巡察组将该问题线索移交市纪委监委。对此，该校立行立改，当月停发桂某某明工资，并对其作出开除公职处理，对多发的工资予以追缴。××市纪委监委组织人员深入该校展开调查发现，学校是 201×年 5 月，收到驻市教育局纪检组通知后才知晓的。因为桂某某在 201×年 3 月借调国家统计局××调查队工作，201×年他因犯罪被判刑后，该校未接到过任何文件或通知。经过深入调查了解，除学校管理不严外，刑事判决书未及时送达也是重要原因之一。201×年×月，××区人民法院仅依照刑事诉讼法规定，未按照《最高人民法院关于适用〈中华人民共和国刑事诉讼法〉的解释》第 247 条的规定，向被告人桂某某所在单位送达判决书。

　　……望接到监察建议后及时整改落实。

××市纪委监委

20××年××月××日

市纪委监委下发监察建议书促问题整改

××市××委：

　　你委党组在履行主体责任上存在薄弱环节，没有尽到监管职责，导致因委管党员干部职数超标，部分被免职干部长期不上班却足额领取工资，在系统内造成不良影响，根据《中华人民共和国监察法》第 11 条第 3 款的规定，建议迅速对存在的问题进行整改……并将整改结果上报我委。"

××市监察委员会

20××年×月×日

第六节　致政府公共事件处理法律建议书

关于×州市自来水异常事件处理的法务建议函

天法建函字［20××］第01号

×州市××人民政府：

2020年7月26日下午，×州市××区××镇××村发生自来水异常事件。村民反映，家中自来水变色，水质浑浊，伴有臭味。当地政府有关部门立即组织调查。7月30日下午，××区发布调查通报显示，事件是××易腐垃圾处置点设备提供方和运营方调试设备时不规范操作导致污水进入市政供水管道。7月31日，×州市××区官方微博"×湖发布"通报了关于该区××镇湖埠村自来水异常事件的后续处理情况，有关部门对该事件相关责任人依法作出刑事拘留、免职等处理。

实际上，全国其他地区河北、广东也发生过自来水与污水管网交叉污染（因污水管水压大于自来水管水压出现"虹吸"效应）的类似事故，但是并没有给自来水用户造成实际伤害，在发现后及时排除故障。而发生在×州市××区××镇××村的自来水异常事件，污水对当地用户身体健康已经构成了事实上的损害，需要当地政府慎重对待和公正处理。

根据新闻报道获悉，×州市××区政府和××镇政府对这次环保与卫生安全事故高度重视，迅速联合卫生、公安、纪检监察等部门调查处理，体现了当地政府"对党忠诚，为民负责"的态度和快速应对突发事件的能力。值得点赞！

作为公益案件，我们邀请了相关法律咨询人士于20××年××月××日下午在北京举行了一场专题闭门公益案例研讨沙龙，就××区××镇自来水异常事件和垃圾处理场初步提出以下法务处理建议：

一、启动刑事侦查与诉讼程序

依法追究施工运营单位安全生产事故责任人的刑事责任，包括施工单位法人代表（决策人）、现场施工负责人和施工单位岗位操作人员。

二、开展受害用户调查

提请有关部门尽快排查、登记在饮用水污染期间用户的具体损害对象，尽快落实到每户、每人，启动饮用水污染用户民事损害赔偿程序。

三、履行人民调解或者政府善后工作组牵头举行该事件专题听证会

1. 由该善后工作组负责召集当地人民调解办公室、水务集团、村委会和村民代表，在镇政府或者镇人民调解办公室进行自来水异常事件协商处理，各方同意补偿方案，达成和解协议。

2. 由该善后工作组召集环保、卫生、自来水（市政）、市场监管、环卫、法院、检察院、环保公益组织代表、人民调解员、法律咨询专家、新闻媒体记者等各界代表参加的听证会，共同研究、制定合理的自来水用户（受害人）赔偿方案与垃圾处理场合法性论证方案。

四、给予使用污水的用户适当赔偿

具体赔偿标准由当地环保与卫生事故善后工作小组与各方协商研究决定，可以分为三类：（1）全额报销用户因使用污水导致疾病的体检费、医疗费；（2）给予每位导致疾病的用户身体健康损害赔偿和精神损害赔偿金 10 000 元人民币；（3）给予使用污水未导致身体疾病的用户健康损害与精神损害赔偿金，每人 5000 元人民币。

五、赔偿经费来源问题

根据用户规模估算，预计全部赔偿费用大约为 1000 万元至 2000 万元。当地政府可以设立应急专项救助基金，若财政拨款无法通过，可通过公益诉讼程序依据人民法院判决，由业主方（水务集团）、违法施工企业与垃圾处理场运营商根据事故责任分配比例承担受害用户赔偿金的支付。

六、此案例具有广泛的警示意义

建议以此案为契机，×州市政府牵头对行政区域内所有的垃圾填埋场项目进行一次拉网式环保督察，发现问题，及时整改和纠正，以免类似的事件发生。

20××年××月××日于北京举行的第三期"公益案例学术研讨沙龙"，其目的是通过研讨案例，普及和执行环保法、食品安全法、消费者权益保护法等法律知识，同时出于保护地方政府形象与声誉、维护群众利益的善意，以此促进当地经济社会和谐发展。

最后，我们需要声明两点：（1）我们获得的所有信息均来自网络，有些是来自官媒信息（比如，××卫视新闻）；有些是来自民间的信息，民间信息的真实性有待核实。（2）此建议出于法律咨询人群体对社会的道义责任和纯

公益目的，所有的参与者没有任何商业诉求和报酬。

参与研讨的法律咨询人士坚持职业操守，不对外发布案件信息。如当地政府做好了各方可以接受的方案，妥善处理该自来水异常事件和完善垃圾处理场项目整改问题，本建议书仅供当地应急领导小组决策参考。

参加研讨和参与修改本建议书的人员名单（排名不分先后）：

北京市××法律咨询事务所

20××年××月××日于北京

第七节　致政府拆违处理的法律建议书

关于保留北极星农业设施项目的法务建议书

天法建函字［20××］第 9 号

北京市××区人民政府：

2020 年 9 月 8 日，北京××法律咨询事务所接到北京北×星物业管理有限公司电子信函，紧急呼吁位于北京××区××营镇一村的北×星农产品物流配送基地不要被拆除（限期拆除通知日期为 9 月 15 日前）。该基地最早由原投资运营商北京承×源生态农业发展有限公司和土地出租方××营镇一村村委会于 2007 年 4 月 1 日签约合作，租用面积 521.68 亩，租期 20 年，到期日期为 2027 年 4 月 2 日。农业立项是依据 2007 年 3 月 13 日××区发展都市型现代农业大会精神，落实区农委、财政局×农文［2007］4 号文件及区委京×发［2007］13 号文件提出的工作目标要求，北京市人民政府《关于促进设施农业发展的意见》（京政发［2008］20 号）文件精神作为设施农业立项。2012 年 5 月 24 日，北×星物业管理有限公司受让该土地 50 亩租用权并得到土地所有方同意。2014 年 1 月 20 日北京北×星物业管理有限公司与××营镇一村村委会就同一地块租赁正式签约，并以优先安排土地方村民就业为附加条件。北×星公司投资 6000 多万元对原有设施进行改造，在原有 1 万平方米钢结构温室大棚基础上改建为集农产品分拣、包装、配送为一体的现代农产品配送基地设施。

为了保住这个民生项目不被拆除，该公司曾经于 2020 年 8 月 14 日邀请中国农业大学、中国人民大学、中国地质大学、北京市农村农业局等单位农业与土地利用方面的专家，举行了保留农业设施项目专家研讨会并于 8 月 19 日向××区人民政府出具《专家建议函》，希望保留该项目。同年 9 月 12 日，北京××法律咨询事务所邀请中国廉政法制研究会专家、最××媒体中心资深记者、律师事务所律师和法务咨询人士举行了"北×星农产品配送基地项目专题研讨会"。多数与会法学专家、律师、法务师支持保留该项目，避免造成国家与社会资源的浪费，现结合两次案例研讨意见，提出如下建议，供××区政府有关决策部门参考：

一、此项目符合中央"六保六稳"和自然资源部农村农业部设施农业文件精神

北×星农产品物流配送基地与阿里巴巴集团旗下的安鲜达、盒马生鲜等专业配送企业合作，疫情期间（特别是新发地农产品市场因疫情关闭期间）为北京蔬菜和农产品配送起到了主渠道作用，向本市居民日配送蔬菜超过百万单，保障了北京市民菜篮子工程的及时供应，有效地缓解了疫情期间的蔬菜供应紧张局势。同时还解决了当地农产品销售和周边 300 多位农民就业问题。该基地还与多个省市 20 多家农民合作社组建农民合作社联盟，既解决了北京周边省份蔬菜与农产品销售渠道不畅通问题，又促进了产销两地经济的发展，属于利国利民、符合中央扶持、鼓励发展的产业项目。

按照农业农村部 2020 年印发《全国乡村产业发展规划（2020—2025年）》（农产发〔2020〕4 号），提出的"促进农业产业化和农村产业融合发展，壮大农业产业化龙头企业队伍"。2019 年自然资源部印发的《自然资源部办公厅关于加强村庄规划促进乡村振兴的通知》（自然资办发〔2019〕35号）提出，允许在不改变县级国土空间规划主要控制指标的情况下，优先调整村庄各类用地布局。各地可在乡镇国土空间规划和村庄规划中预留不超过5%的建设用地机动指标，用于保障农村新产业新业态、乡村文旅设施等用地。《自然资源部农业农村部关于设施农业用地管理有关问题的通知》（自然资规〔2019〕4 号）第 4 条规定："设施农业用地（不需要专门审批），由农村集体经济组织或经营者向乡镇政府备案，乡镇政府定期汇总情况后汇交至县级自然资源主管部门。"

根据中央政策精神，在拆除违建过程中既要依法合规，又要防止简单化、"一刀切"的机械执法模式，对于涉及"六保六稳"的重大民生项目，要综合考量、权衡利弊，既考虑民生需要，又考虑当地农村就业和地方经济发展，

避免引发社会矛盾和造成社会不稳定。鉴于北×星农产品配送基地项目的用地性质不属于一般性物流园,其土地用途也不属于工业或商业项目,而是属于农业专用设施项目用地,应该按照国家相关主管部门最新文件精神,建议政府接收该公司《设施农业项目报备申请》手续并将设施暂时予以保留至合同到期的2027年4月2日。这样,土地出租方、承租方都没有违约,同时也保障了北×星农产品配送基地这个疫情期间具有特殊重要性的民生保障项目。

二、同类民生项目的异地合法兴建将导致巨大的资源浪费

如果现在简单地把北×星农业配送基地拆除,势必会导致北京农业蔬菜配送分拣基地设施的空缺。如果再次立项,异地重建同类项目,不仅需要更多的占地和巨额资金投入,并且还要就近培养数百名熟练分拣工人,必然会造成国家和社会资源的极大浪费。因此统筹考虑,暂时保留该配送基地明显是利大于弊的决策。

三、提请用客观、公正、科学的态度处理遗留问题

根据××区农委2012年2月22日《关于北京承奥源生态农业发展有限公司职能温室的说明》,位于××营镇2007年引进的京承高速都市型现代农业走廊项目,根据《北京市人民政府关于促进设施农业发展的意见》(京政发2008第20号)文件精神,该项目于2008年建设智能温室,于当年建成,并通过市农业局验收组验收。××区农委的验收说明当时政府对该占地项目合法性是认同的。1999年11月2日北京市人民政府第43号令发布,根据2007年11月23日北京市人民政府第200号令修改的《北京市禁止违法建设若干规定》明确了北京市违法建设的处置方式。依据该《规定》第4条,从农业温室项目立项占地2007年开始至今,北京市、××区城市规划行政主管部门和××营镇自然资源执法部门三级主管单位均未接到有关该违法建设的举报,也没有任何证据表明对违建行为进行过调查和处理。这说明,相关职能部门并未将该项目列入违法建设的监管范围。

××区××营一村的占地项目是2007年北京市政府主导的"京承现代农业走廊"合作项目之一,招商、立项当时都属于政府行为。2012年北京北×星物业管理有限公司积极响应中央提出发展现代农业号召,于2015年9月23日向××营一村村委提交了"建设农产品冷链基地报告",得到镇里主管领导同意和村里签字盖章后,该公司投资6000多万元改建为现代温控农产品冷链配送基地设施。即便该项目构成土地使用性质的违规,也应该由当地政府和企

业共同承担违规建设的责任和损失，仅让企业独自承担损失有违法律规定的权利义务对等原则。至于院内设施改造，新的运营者北×星物业公司也是在征得土地所有者××营一村村委会盖章同意后才动工改建的。改造建设期间，当时的城市规划、土地管理、建设主管部门均没有阻止施工，也没有认定项目改造行为违法。后来，北×星公司的运营者多次主动到××营镇政府找主管领导汇报并提交设施农业项目备案，因为领导工作忙、跨部门协调等原因拖延至今没有得到明确答复。此外，2020年3月疫情期间，××区××营镇党委书记王某松等领导还到该项目蔬菜分拣车间视察过。官方从来没有公开说这个项目和北×星物业公司是违法的。

以上事实，客观上证实了三个问题：第一，该建筑占地50亩并且长期合法存在符合客观需求；第二，该项目的运营者积极主动申请项目备案，地方政府相关部门存在"被动不作为"；第三，该公司一直在依法经营并照章纳税。这些都可以证明该项目具有事实上而不是法律意义上的合法性。否则，依照国家现行规划法规，即便有临时建筑报批手续，也只有2年内的合法存在期限，逾期依然会被强拆。正因为如此，我们建议××区政府本着实事求是、兼顾各方利益的原则，客观、公正、科学地处理历史遗留问题，把损失降到最低才是上策。

四、通过企业创新改制保留合法运营资格

我们之所以给政府决策部门提出法律建议，正是充分考虑到该农业项目的特殊性，因为它涉及千家万户的民生问题。其他城市类似的违章建筑处理已有可以借鉴的先例。比如，2018年深圳市某区根据智库专家的建议，对郊区农民兴建的"小产权房收归集体所有"。执法部门并没有简单拆除农民私自建设的违章建筑，也没有给小产权房"转正"的合法身份，而是作为违章建筑暂时保留。村民是在集体所有的土地上兴建的房屋，其产权过去归村民个人所有，后来根据协议产权收归集体所有，村委会注册成立物业管理公司，将小产权房统一收归集体管理，原建设投资人可以获得建筑成本价补偿每平米1200元退出，也可以选择继续做房东，但是临时建筑的房屋所有权已经不属于个人，而是属于村委会集体所有。房屋租金由村委会物业公司统一收取。租金收入的30%属于村集体所有的物业公司，70%分配给原房东。小产权房属于违章建筑，将来国家征用土地、房屋拆迁时，补偿款也按照租金比例支付。这个方案兼顾了国家、集体、个人三方利益受到各方欢迎，还避免了拆除违建的资源浪费与环境污染。

参照深圳处理违建的成功案例，建议××区和××营镇政府允许北×星物业公司改制为村集体所有制企业，更名为"北京××营农产品配送基地有限公司"，由村委会和投资人共同持股，根据公司章程载明的股份分红并承担亏损风险。改制后的企业根据股东所占股份联合成立公司管理委员会，共同经营管理配送基地，这样就把一个纯粹的民营企业改制为集体参股的股份制企业。同时，该基地可以赋予区域农产品配送保障带有政府公益性质的民生保障项目，打造首都农产品集散地品牌。将来根据城市规划需求必须拆除时，配送中心还可以搬迁到附近其他农业产业园内继续运营。因为农产品分拣、包装属于现代农业必不可少的配套设施项目，而且是劳动力密集型产业，可以安排占地村庄数百名村民就业。如处理得当，可以让这个利国利民利于投资人的好项目长期运营下去。

五、如必须拆除，建议作为经营性临时用地补偿

如果项目所在地政府有关部门没有其他方案可以选择，经请示北京市规划局，回复该项目必须拆除，请当地执法部门充分考虑投资人和××营一村村集体的经济损失和政府主管部门在管理中的过错责任，对被拆迁人按照临时经营性用地给予政策性补偿。根据××区政府 2006 年 12 号文件第六条规定，最高为每平米补偿 500 元。（这个标准显然偏低，主要是 2018 年区政府出台的新文件 2019 年作废了，目前网上查不到最新的拆迁补偿文件）。被拆迁企业将按照文件要求提供证明材料。"各镇、村进行占地拆迁房屋的，其停产停业损失补偿标准由镇人民政府确定，但原则上不得超过上述标准。被拆迁人必须提供以下材料：（一）税务部门近 3 年内的完税证明文件原件；（二）工商部门的营业执照原件。"

最后，综合各方专家意见和该项目各方利益，提请××区人民政府、××营镇人民政府举行专案听证会，广泛听取各方意见，充分考虑保护用地单位农民和投资人的利益，恳请暂时保留北×星蔬菜农产品配送基地，不要轻易拆除。可以通过农业设施报备、企业改制等多种方式保留该项目，从而兼顾国家、集体、投资人和村民各方利益。

北京××法律咨询事务所

2020 年 9 月 12 日

第八节　公开答辩、听证请求书

请求公开听证、公开质证、公开答复申请书

××市政法委：

申请人：王某生，男，48 岁，身份证号：××××××，住址：××市××区，联系电话：××××××××。

申请事项：申请人认为××市公安局滥用职权违法使用刑事强制措施，且至今拒不依法履行法定撤案职责的事实确实存在。申请人曾历时近 5 年向××市公安局及有关领导、部门发过 240 封挂号信（本申请人有挂号收据为证），但是本申请人却始终也没有接到××市公安局的任何答复。根据中共中央政法委于 2009 年 8 月 19 日公布实施的《中央政法委员会关于进一步加强和改进涉法涉诉信访工作的意见》的有关规定，本申请人特向××市政法委提出请求对案件公开听证、公开质证、公开答复的合理申请，以维护司法裁判的权威性和终局性。

事实和理由：

2006 年 8 月 3 日在没有发生包庇刑事案件的情况下（涉嫌被包庇的人不是犯罪的人），××市公安局预审处于 2006 年 9 月 29 日晚 7 时许，在明知不符合"包庇罪"两个必须同时具备（1. 必须有犯罪的人；2. 必须有对明知是犯罪的人实施了提供过虚假证明掩盖犯罪人的包庇行为）的构成要件的情况下，在明知没有犯罪事实和证据的情况下，以我涉嫌"包庇罪"为由，违法立案并将我刑事拘留且延长至 31 天（有拘留通知书、释放证明书为证），后以证据不足将我释放并办理了取保候审的手续，2007 年 10 月 26 日因期限届满解除了对我的取保候审，2011 年 8 月 2 日已过法定的追诉时效期。由于××市公安局对我涉嫌"包庇罪"的法定追诉时效已过期，法定的案件侦查已终结，我既没有逃避侦查也没有受到刑事或行政处罚，然而××市公安局预审处拒不履行法定撤销案件职责，由此严重侵犯了我的合法权益。

《刑事诉讼法》第 130 条规定：在侦查中，发现不应该对犯罪嫌疑人追究刑事责任的，应该撤销案件。《刑事诉讼法》第 15 条规定：犯罪行为已过追诉时效期限的；应该撤销案件。

合理要求：由于××公安局渎职侵权的事实确实存在。因此，本申请人恳请××市政法委根据中共中央政法委《中央政法委员会关于进一步加强和改进涉法涉诉信访工作的意见》的规定，对本申请人提出的经过公开听证、公开质证、公开答复的合理申请予以批准并通知本申请人，我相信在当今逐步完善的法治社会中政法机关一定能够依法、依规公开透明的作出合法、公正的终结决定，以维护司法裁判的权威性和终局性，还本申请人一个公道与清白。

此致　××市政法委

申请人：王某生
20××年××月××日

第九节　消费投诉信

旅游消费投诉信

×××市旅游局：

事件起因：我们夫妇一起20××年10月30上午8点抵达海口，入住××大道凯×酒店1118号房间。一本地朋友带来一张旅游宣传单张，并帮我们联系了宣传单张上的业务人员安某（联系电话：139×××××）。我们与安某在凯×酒店1118号房签定了一份旅游协议，并交款400元，报名2人参加海口—三亚三天两晚的纯玩旅行团。签定协议时，安某不愿写明详细行程，以防万一，还是请其简明写下。因前面的行程结束后我们打算在海口多玩几天，仍需参团，所以当时没有索取发票。谁知，旅行途中发生了极不愉快的事，致使我们务必向贵部门投诉以下几点：

一、导游素质低下、态度恶劣

10月31日7：30我们至新港码头上了一辆车牌号为"琼B03×××"的旅行大巴，9：30左右车开动后见到我们此行的导游王某（联系电话：139××××××××）。

1. 无导游证。途中发生不愉快后，旅行团团员要求导游王某出示导游证，从始至终其未出示导游证，只是顾左右而言他。

2. 讲解稀少，不主动。一路上导游王某的讲解极其稀少，应旅游团员的请求，导游王某才开口说：下一站是××地，某地如何，请大家耐心等待。并

在向大家介绍海口市区状况时，街道名报错。一些只能在车上观赏的景点，在即将到达时应事先提醒游客，导游王某却未予提醒，

3. 带"亲属"同行。同行之人中有导游王某的"妻子"。因刚上车时那女子说她与导游王某是刚认识的；在同行一段时间后因需调解导游王某与团友之间的冲突，该女子出面声称其是王的朋友；而在第三天，导游王某曾向大家说该女子是其"老婆"，让人难辨真假。途中导游王某讲解甚少其声称是嗓子问题（似乎有些沙哑，但与团员争吵时，却也中气十足），而一路均与此女子说说笑笑。另我们团成员27人，不含此女子。该女子吃饭住宿均与导游王某一起。

4. 无端增加收费。10月31日晚入住兴隆"金×山庄"时，导游王某要求旅游团员每人交纳120元的旅游基金，不交钱的人不给安排住宿。19：00已到达金×山庄，20：30之后有团员忍受不了旅途的劳累，交了钱才开始入住。我们夫妇2人还有浙江温州来的6位老人在一再提出抗议后，导游王某同意降价，于是21：40，我们交了120元，6位老人交了240元之后才安排住宿（每人每一天20元，我们报的是3天两晚的团，交20×3×2＝120元；6位老人参的是2天一晚的团，交20×2×6＝240元。不知这20元的标准源自何处）。

5. 导游抛开游客，提前下车。导游王某与其夫人在尚距海口约半个多小时路程的路途中下车，并没有尽其义务陪游客走完全程。

除以上主要问题外，另一些小问题一并提出。（1）转团未通知游客。途中与团友交谈时才得知有报名参加"中国××旅行社"，有参加"××旅行社"，还有其他一些旅行社。而承接此次行程的旅行社我到最后未得到答案。（2）时间安排不到位。安某通知我们10月30日早7：30在酒店门口等车即可。而事实是7：30我们在酒店门口等车没来，由安某带我们走到新港码头上车，并等到9：30左右才开始此次游程；11月1日在大东海约定集合时间12：00，车未到，等至12：30分。（3）降低住宿酒店的星级。签定协议时，业务安某注明了是三星级宾馆。而11月1日在三亚入住的宾馆"南方××酒店"根本没有任何星级。

投诉诉求：请求贵局按照国家有关旅行社管理规定，退还多收取我们的120元住宿费，并赔偿超时等候3小时的损失每人100元。以上合计赔偿320元。

[附件] 1. 旅游参团协议书；2. 宣传单张正面；3. 宣传单张反面；4. 10

月 31 日住金新山庄发生纠纷时手写的经过和团友的签名及本次旅行团各团员的联系电话；5.各工厂参观证及导游加收旅游基金收条。

购物投诉信

××市消费者协会：

　　我今天写信给贵会，是反映和投诉关于贵市××百货商场出售商品的质量问题。上个月，我去广州出差，我在××百货商场服装柜区花了 1980 元买了一件××牌大衣，但是当我回家穿过一段时间清洗之后，发现大衣褪色的厉害。因为大衣色彩深浅不一，严重影响美观，显然无法再穿。因此我写信投诉，希望查证一下原因，是厂家的质量问题还是商家保存不当造成的衣服脱色，并请尽快让××商场给我一个明确的答复。虽然发票上没有写明多久可以退货退款，但是本人要求全额退款，并由商场负担退货的邮寄费。

　　期望早日回复！

消费者：××

20××年××月××日

诉讼服务投诉信

××市人大常委会、××市政法委、××市纪委：

　　现就××区人民法院××法庭××法官违反《人民法院诉讼收费办法》（已失效），违规向原告收取邮寄费；违反《民事诉讼法》和法官职业道德，调词架讼，严重影响司法公正等事项进行投诉。

　　我接受袁某某委托，就××（中国）"过度维修"一事，起诉××（中国）及南昌××公司。××区人民法院××法庭受理此案后，主审本案的××法官向我索要 100 元邮寄费。我们提出，法院不能另外再收取任何费用。××法官态度强硬地表示："如果你不交纳邮寄费，我们将不向被告送达起诉状。"迫于无奈，我们向××法官交纳了 100 元，××法官未向我们出具任何手续。

　　根据 2007 年 4 月 1 日施行的《诉讼费用交纳办法》，"当事人应当向人民法院交纳的诉讼费用包括：（一）案件受理费；（二）申请费；（三）证人、鉴定人、翻译人员、理算人员在人民法院指定日期出庭发生的交通费、住宿费、生活费和误工补贴。""在诉讼过程中不得违反规定的范围和标准向当事人收取费用。"××法官的做法毫无疑问违反了该规定，损害了诉讼当事人的合法权益。××法官在向我们索要邮寄费的时候，言语傲慢，态度恶劣，且不向我们出具正式票据，损害了法官廉洁、公正的形象。

同时，××法官在［2012］××民初字第125号《民事判决书》中，对被告尚未立案的反诉作出实体评价，认为反诉"理由充足"，怂恿被告另行提起民事诉讼。在反诉并未立案且我方未行使答辩等诉讼权利的前提下，这一表述严重违反了法律程序，损害了我方的诉讼权利。以"理由充足"来怂恿一方当事人起诉另一方当事人，属于"调词架讼"的行为，严重损害了人民法院的公正形象，必须予以纠正。为了保障当事人的合法权益不受侵害，保障法律的正确实施，我们要求××区人民法院：（一）责令××法官向我们退还违规收取的100元邮寄费，并就其《判决书》中的错误表述，向我们赔礼道歉；（二）对××法庭自2007年4月1日以来违规收取的各项费用开展清查，退还当事人费用，处理相关责任人员，向社会公开清查结果。

中国的司法机关，应当"权为民所用、情为民所系、利为民所谋"，人民法院不应当与民争利，损害当事人的利益。我们期待着××区人民法院以实际行动为各地法院作出表率。我们请求贵单位对××法官进行询问，了解其在办理案件过程中是否存在其他违法违纪的行为，并督促××区人民法院给我们回复。

北京市××律师事务所×××律师

（电话：138××××××）

20××年××月××日

公安局常用法律文书

××公安局不予立案通知书

×公（　　）不立字〔　　　〕号

_____：

　　你（单位）于___年___月___日提出__控告/移送的__，我局经审查认为__ _____，根据《中华人民共和国刑事诉讼法》第110条之规定，决定 不予立案。

　　如不服本决定，可以在收到本通知书之日起三日/七日内向_____ 申请复议。

公安局（印）
2020 年　　月　　日

（此联交控告人或者移送单位）

××公安局不立案理由说明书

×公（　　）不立说字〔　　　〕　号

_____人民检察院：

　　你院___年___月___日以___字〔　　　〕号文要求我局对_____ ___案说明不立案的理由，我局经审查认为_____，决定不 立案。根据《中华人民共和国刑事诉讼法》第111条之规定，特此说明。

公安局（印）
2020 年　　月　　日

（此联交检察院）

×××公安局不予调查处理告知书

_____：

你于_____年___月___日向_____报称的_____一案，不属于公安机关管辖范围。公安机关依法不予调查处理，请向其他有关主管机关报案、投诉或投案。

特此告知。

公安机关（印）

2020 年　　月　　日

报案人、控告人、举报人、

扭送人、投案人

年　月　日

一式两份，一份交报案人控告人举报人扭送人投案人，一份留存。

公安机关调取证据通知书

×公（　　）调证字〔　　〕号

_____：

根据《公安机关办理行政案件程序规定》第 25 条之规定，现调取与_____一案___有关的下列证据：_____。

伪造证据、隐匿证据或者毁灭证据的，将受法律追究。

公安机关（印）

202 年　月　日

本通知书已收到。

证据持有人：

202 年　月　日

×× 公安局协助冻结/解除冻结财产

通 知 书

×公（　　　）冻财/解冻财字〔　　　〕号

_____：

　　根据《中华人民共和国刑事诉讼法》第 142 条/第 143 条之规定，请予冻结/解除冻结犯罪嫌疑人_____（性别出生日期）的下列财产：

类型（名称）　　　所在机构　户名或权利人_____

账号等号码　　　冻结数额（大、小写）_____　其他_____

冻结时间从__年_月_日起至__年_月_日止。

×× 公安局（印）

年　月　日

（此联交协助单位）

（此处印制公安机关名称）

立案决定书

×公（　　　）立字〔　　　〕　号

　　根据《中华人民共和国刑事诉讼法》第 107 条/第 110 条之规定，决定对____

_____案立案侦查。

×× 公安机关（印）

年　月　日

报案人、控告人、举报人、

扭送人、投案人

年　月　日

××公安局传唤证

×公 (　　) 行传字 〔　　〕号

_____：

　　因你（单位）涉嫌_____，根据

　　□《中华人民共和国治安管理处罚法》第 82 条

　　□《中华人民共和国消防法》第 70 条第 2 款

　　□《公安机关办理行政案件程序规定》第 53 条

之规定，现传唤你于___年__月__日__时__分前到___接受询问。

无正当理由拒不接受传唤或者逃避传唤的，依法强制传唤。

公安机关（印）
年　月　日

被传唤人到达时间：__年__月__日__时__分

被传唤人离开时间：__年__月__日__时__分

被传唤人签字：

（一式两份，一份交被传唤人，一份附卷）

（此处印制公安机关名称）

暂缓执行行政拘留决定书

×公 (　　) 缓拘决字 〔　　〕号

　　经审查，根据《中华人民共和国治安管理处罚法》第 107 条之规定，决定对被处罚人（姓名、性别、年龄、出生日期、身份证号码、现住址）暂缓执行行政拘留（原决定书文号___）。

　　在行政拘留处罚决定暂缓执行期间，被处罚人应当遵守下列规定：

　　（一）未经决定机关批准不得离开所居住的市、县；

　　（二）住址、工作单位和联系方式发生变动的，在 24 小时以内向决定机关报告；

　　（三）在行政复议和行政诉讼中不得干扰证人作证、伪造证据或者串供；

　　（四）不得逃避、拒绝或者阻碍处罚的执行。

公安机关（印）
年　月　日

被处罚人：

　年　月　日

一式三份，被处罚人和拘留所各一份，一份附卷。

被取保候审人义务告知书

　　根据《中华人民共和国刑事诉讼法》第 69 条第 1 款的规定，被取保候审人在取保候审期间应当遵守以下规定：

　　（一）未经执行机关批准不得离开所居住的市、县；

　　（二）住址、工作单位和联系方式发生变动的，在 24 小时以内向执行机关报告；

　　（三）在传讯的时候及时到案；

　　（四）不得以任何形式干扰证人作证；

　　（五）不得毁灭、伪造证据或者串供。

　　根据《中华人民共和国刑事诉讼法》第 69 条第 2 款的规定，被取保候审人还应遵守以下规定：

　　（一）不得进入＿＿＿＿＿＿＿＿＿＿＿＿＿＿＿等场所；

　　（二）不得与＿＿＿＿＿＿＿＿＿＿＿＿＿会见或者通信；

　　（三）不得从事＿＿＿＿＿＿＿＿＿＿＿＿等活动；

　　（四）将＿＿＿＿＿＿＿＿证件交执行机关保存。被取保候审人在取保候审期间违反上述规定，已交纳保证金的，由公安机关没收部分或者全部保证金，并且区别情形，责令被取保候审人具结悔过、重新交纳保证金、提出保证人，或者监视居住、予以逮捕。

　　本告知书已收到。

被取保候审人：×××
年　　月　　日

　　一式三份，一份附卷，一份交被取保候审人，一份交执行机关。

××公安局

解除取保候审决定书

（副　本）

×公（　　）解保字〔　　　〕　　　号

被取保候审人_____，性别_____，出生日期____，住址_____。
我局于_____年____月____日起对其执行取保候审，现因_____，
根据《中华人民共和国刑事诉讼法》第77条第2款之规定，决定予以解除。

公安局（印）

年　月　日

本决定书已收到。

被取保候审人：　　　　　（捺指印）

年　月　日

（此联附卷）

××公安局

移送案件通知书

×公（　　）移字〔　　　〕　　　号

_____：

经对_____案进行审查，认为_____，根据《中华人民
共和国刑事诉讼法》第108条第3款之规定，决定将该案移送_____
_____管辖。

公安局（印）

年　月　日

（此联交报案、控告、举报人或移送单位）

××公安局逮捕通知书

×公（　　）捕通字〔　　　〕号

_____：

经_____批准，我局于___年___月___日___时对涉嫌_____罪的_____执行逮捕，现羁押在_____看守所。

×××公安局（公章）

年　月　日

注：看守所地址_____

（此联交被捕人家属）

××看守所释放证明书

×看释字〔　　　〕　号

_____，性别_____，出生日期_____，住址_____，因___于___年___月___日被拘留/逮捕，现因_____，根据《中华人民共和国刑事诉讼法》第___条之规定，经___决定，予以释放。

看守所（公章）

年　月　日

××公 安 局
拘 留 通 知 书

×公（　　）拘通字〔　　　〕　号

_____：

根据《中华人民共和国刑事诉讼法》第_____条之规定，我局已于_____年___月___日___时将涉嫌_____罪的_____刑事拘留，现羁押在_____看守所。

公安局（印）

年　月　日

注：看守所地址_____

（此联交被拘留人家属）

家庭暴力告诫书

公（××）家暴告字〔　　　　〕号

被告诫人姓名：_____性别：___出生：_____民族：___文化程度_____身份证号：_____住址：_____

现查明以上事实有：_____等证据证实。

根据《反家庭暴力法》第16条第1款之规定，决定对给予告诫，请立即纠正不法行为。严禁对家庭成员再次实施家庭暴力行为，如有违法犯罪行为，公安机关将依法处理。

××派出所（公章）　年　月　日

家庭暴力告诫书已向我宣读并送达被告诫人（签名、捺印）：

年　月　日

（此处印制公安机关名称）

终止案件调查决定书

×公（　）行终止决字〔　　〕号

因_____一案具有

没有违法事实

违法行为已过追究时效

违法嫌疑人死亡

其他_____的情形，根据《公安机关办理行政案件程序规定》第233条第1款之规定，现决定终止调查。

公安机关（印）
年　月　日

原案件被侵害人　　　　　　　　原案件违法嫌疑人

年　月　日　　　　　　　　　　年　月　日

（一式三份，原案件被侵害人和违法嫌疑人各一份，一份附卷。）

××公安局
准予会见犯罪嫌疑人决定书

×公（　　）准见字〔　　〕号

申请人_____，_____律师事务所律师，律师执业证编号
_____。

根据《中华人民共和国刑事诉讼法》第37条第_____款之规定，决定同意申请人会见犯罪嫌疑人_____。

请持此决定书与_____联系会见事宜。

×××公安局（印）

年　月　日

（此联交申请人）

×××公安局收取保证金通知书

×公（　　）收保字〔　　〕　号

_____：

根据《中华人民共和国刑事诉讼法》第66条、第70条之规定，请持此通知书
于___年___月___日之前到_____银行交纳取保候审保证金（大写）_____
_____元。

公安局（印）

年　月　日

（此联交被取保候审人）

通　缉　令

×公（　　）缉字〔　　　　〕　　号

　　犯罪嫌疑人的基本情况（身份证号码、体貌特征、行为特征、口音、携带物品、特长）：_____

　　简要案情：_____

　　注意事项：_____

　　联系人、联系方式：_____

　　附：犯罪嫌疑人照片。

公安局（印）

202×年×月×日

检察院常用法律文书

××人民检察院批准逮捕决定书

〔××××〕×检刑批捕第 23 号

××公安局：

　　本院××××年×月×日收到你局〔　〕×公侦捕字第 13 号文件，以强奸罪、盗窃罪提请批准逮捕犯罪嫌疑人郑某一案。经审查认为：该犯罪嫌疑人的主要犯罪事实清楚，触犯《中华人民共和国刑法》第 236 条第 1 款和第 264 条的规定，构成强奸罪、盗窃罪。依照《中华人民共和国刑事诉讼法》第 60 条第 1 款和第 68 条的规定，决定批准逮捕。

（院印）

××××年×月×日

××人民检察院起诉书

×××字第　号

　　被告人：（姓名、性别、年龄、出生年月日、籍贯、民族、文化程度、单位职务、住址、是否曾受过刑事处罚、被拘留、逮捕的年月日）

　　案由和案件来源：……

　　犯罪事实和证据：……

　　起诉的理由和法律根据：……

　　此致

××人民法院

检察长（员）：×××

××××年××月××日

××人民检察院刑事附带民事起诉书

×检刑诉 ［××××］×号

被告人：（姓名、性别、年龄、民族、职业、单位职务、住址等）

诉讼请求：（写明具体的诉讼请求）

事实证据和理由：（写明检察机关审查认定的导致国家、集体财产损失的犯罪事实及有关证据）

本院认为，（概括叙述被告人应承担民事责任的理由），根据……（引用被告人应承担民事责任的法律条款）的规定，应当承担民事赔偿责任。因被告人×××的上述行为构成×××罪，依法应当追究刑事责任，本院已于××××年×月×日以×××号起诉书向你院提起公诉。现根据《中华人民共和国刑事诉讼法》第77条第2款的规定，提起附带民事诉讼，请依法裁判。

此致
×××人民法院

检察长（员）：×××

××××年××月××日

附项：1. 刑事附带民事起诉书副本一式×份。2. 主要证据复印件。

不起诉意见书

×检不诉 ［ ］号

一、犯罪嫌疑人基本情况。

二、案由、立案和采取强制措施的情况。

三、查明的案件事实和证据。

四、提请不起诉意见的理由、法律根据。

五、对犯罪嫌疑人及扣押物品的处理建议。

六、附项。

××人民检察院

20××年××月××日

××人民检察院公诉意见书

被告人：×××　　案由：×××　　起诉书号：×××

审判长、审判员（人民陪审员）：

根据《中华人民共和国刑事诉讼法》第 153 条、第 160 条、第 165 条和第 169 条的规定，我（们）受××人民检察院的指派，代表本院，以国家公诉人的身份，出席法庭支持公诉，并依法对刑事诉讼实行法律监督。现对本案证据和案件情况发表如下意见，请求法庭注意。……综上所述，起诉书认定本案被告人××的犯罪事实清楚，证据确实充分，依法应当认定被告人有罪，并应（从重从轻减轻）处罚。

公诉人：

20××年××月××日当庭发表

××人民检察院刑事抗诉书

检刑抗〔　　〕号

×××人民法院以××号刑事判决书（裁定书）对被告人×××（姓名）×××（案由）一案判决（裁定）……（判决、裁定结果）。

本院依法审查后认为，该判决（裁定）确有错误（包括认定事实有误、适用法律不当、审判程序严重违法），理由如下：

……综上所述……（概括上述理由），为维护司法公正，准确惩治犯罪，（依据法条），特提出抗诉，请依法判处。

此致

××人民法院

××人民检察院

20××年×月×日

××人民检察院抗诉书

××检刑抗〔2020〕第×号

本院于20××年 7 月 24 日收到的××人民法院 2020 年×月×日〔2020〕×法

刑字第 14 号刑事附带民事判决书中，（判决结果）。本院审查认为：（审查结果）事实及理由；（犯罪事实，使用法律是否正确）。

综上所述，本院以为，（检察院意见）。为此，根据《中华人民共和国刑事诉讼法》第 181 条之规定，特向你院提起抗诉。

此致

××人民检察院

20××年××月××日

行政抗诉书

×××（案由），不服某案号裁定，向我院提出申诉。现已审查终结。本院认为：……结合案件分析论证生效判决裁定存在问题错误。

综上所述，××人民法院对本案的判决（或裁定）。依照（法条）规定，向你院提出抗诉，请依法再审。

此致

××人民法院

××人民检察院

20××年××月××日

民事申诉案件立案决定书

×检立字〔2020〕××号

申请人：

_____因与_____争议纠纷一案，不服××人民法院〔2020〕第××号民事裁定，向××检察院提出申诉，按照×××（法条）规定，本院已决定对该案立案审查。

××人民检察院

20××年××月××日

立案通知书

××检立字〔2020〕×号

申请人：×××

　　_____因与_____争议纠纷一案，不服××人民法院〔2020〕号民事裁定，本院经审查已于××××年×月×日提请××检察院抗诉。

　　特此通知。

××人民检察院

20××年××月××日

××人民检察院民事监督案件受理通知书

××检立字〔202×〕第×号

申请人：×××

　　认为××法院〔2019〕第×号案中，存在虚假诉讼情形，向我院申请监督，我院经审查认为符合受理条件，根据《民事诉讼法》《人民检察院民事诉讼监督规则（试行）》相关规定，决定予以受理。

　　特此通知。

××人民检察院（院印）

20××年××月××日

民事行政检察终止审查通知书

××检立字〔2018〕第×号

申请人：

　　你不服××人民法院〔2018〕第×号裁定一案，经审查不符合受理条件，现依据最高人民检察院《人民检察院民事行政抗诉案件办理规则》第××条之规定，我院决定对××法院〔2018〕第×号民事裁定终止审查。

　　特此通知。

××人民检察院（院印）

20××年××月××日

××人民检察院询问通知书

××检询字〔2020〕×号

×××：

　　根据《中华人民共和国刑事诉讼法》第××条之规定，兹因_____案件，请你于××××年×月×日接受询问。

　　询问地点：

××人民检察院（院印）

2020 年××月××日

××县人民检察院批准逮捕决定书

〔2020〕×检刑批捕第 23 号

×××县公安局：

　　本院 2020 年 3 月×日收到你局〔2020〕×公侦捕字第 13 号文件，以强奸罪、盗窃罪提请批准逮捕犯罪嫌疑人郑某某一案。经审查认为：该犯罪嫌疑人的主要犯罪事实清楚，触犯《中华人民共和国刑法》第 236 条第 1 款和第 264 条的规定，构成强奸罪、盗窃罪。依照《中华人民共和国刑事诉讼法》第 60 条第 1 款和第 68 条的规定，决定批准逮捕。

××县人民检察院（院印）

2020 年 5 月 8 日

　　附：预审卷宗一册，另附批准逮捕决定书的三联格式。

不批准逮捕决定书

〔20××〕×检刑批捕第 3 号

×××县公安局：

　　本院于 2016 年×月×日收到你局〔1997〕×公侦捕字第 13 号文件，以强奸罪、盗窃罪提请批准逮捕犯罪嫌疑人郑某某一案。经审查认为：事实不清，证据不足。依照《中华人民共和国刑事诉讼法》第 88 条的规定，决定不批准逮捕，请立即依法执行。

××人民检察院

20××年××月××日

查询行贿犯罪档案告知函

为了方便企业投标，我中心经与检察院×××商榷，由中心统一到市检查院办理行贿档案查询并告知查询结果提供下列资料证明：

1. 查询人有效身份证复印件（加盖公章）

2. 单位证明（介绍信）

3. 招标公告

4. 企业法人营业执照及资质证书复印件（全套、加盖公章）

5. 被查询人身份证及职业资格证书复印件（加盖公章）

6. 查询申请书和查询结果利用承诺书

特此函。

××人民检察院

20××年××月××日

补充侦查决定书

检补侦〔　〕号

你 ＿＿＿＿ 于 ＿＿＿＿ 年 ＿＿＿＿ 月 ＿＿＿ 日号文书移送审查起诉的 ＿＿＿＿＿＿＿ 一案，经本院审查认为：＿＿＿＿＿＿＿。依照《中华人民共和国刑事诉讼法》第 ＿＿＿＿＿＿＿ 条的规定，现决定将此案退回你 ＿＿＿＿＿＿＿ 补充侦查。

此致

××公安局

××人民检察院

20××年××月××日

（附：补充侦查事项第三联送达侦查机关）

××人民检察院拘留决定书

〔2019〕×执×字第××号

犯罪嫌疑人×××，性别：×，出生年月：×××年×月×日，居住地×××。因涉嫌×××，根据《中华人民共和国民事诉讼法》第 102 条的规定，本院决定对其执行刑事拘留，请立即执行。

此致××县公安局

××人民检察院

20××年××月××日

××人民检察院当事人联系方式确认书

告知事项	1. 为便于检察院及时联系当事人或发送诉讼监督法律文书，当事人应向我院提供有效联系方式并签字确认。 2. 当事人拒绝提供联系方式的，人民检察院以人民法院生效的裁判法律文书上载明的联系方式为准。 3. 因提供的联系方式不准确、变更、拒签导致不能及时联系当事人或发送法律文书的，后果由当事人承担。			
申请人联系方式	申请人		电话（手机）	
	邮寄地址		邮编	
当事人联系方式	其他当事人		电话（手机）	
	邮寄地址		邮编	
	联系方式			
签字确认	签名（盖章）：　　年　月　　日			

法院常用法律文书

法院调解授权委托书范本

授字第号（存根）

兹授权_____（经办人）代表本公司就_____（具体事项）进行谈判，签订合同。

有效期限为202×年×月××日至202×年×月××日。

被委托人：（签字）

办理人：（签字）

20××年××月××日

自然人授权委托书

委托人姓名：×××

受委托人姓名：×××，男，××××年×月×日出生，住址：×××邮编：×××，电话：××××××

现委托俞律师在我与张某某借贷一案中，作为我参加诉讼的委托代理人。

委托权限如下：代为调查，代为出庭，自行和解，接收调解，代为签署有效文书等。

委托人：×××

20××年×月×日

附：委托事项和权限：代为调查、提供证据；代为出庭；自行和解；接受调解；代为签署有关文书；转委托；提起上诉；代为承认、放弃、变更诉讼请求；申请撤诉；申请执行。

回避申请书

申请人：陈某某，男，××岁，汉、××人，×教师，住所：×××，手机号：××××

　　请求事项：因审理本案的法官×××与被告×××有亲戚关系，特请求×××法官在审理此案中回避。

　　此致
　　×××区人民法院

申请人：×××
20××年××月××日

　　注：回避是指人民法院审理某一案件的审判人员和其他有关人员，在与案件有利害关系或其他关系，有可能影响案件的公正审理时，退出该案的审理的一种诉讼制度。回避分审判人员自行回避和当事人申请回避两种。如当事人采用书面形式申请回避，须提交回避申请书。

证据保全申请书

申请人：×××

　　申请人与×××因_____一案，已于202×年×月×日向你院提起诉讼。现因该案×××即将灭失（或者是以后难以取得），为此，申请给予保全证据。现将案情事实、理由和具体请求目的分述如下：

　　事实和理由：_____
　　请求目的：_____
　　此致
　　××人民法院

申请人：×××
20××年×月×日

行政赔偿起诉书

　　原告：黄某某，女，××岁，汉，××人，系已故被害人原××，现住××市××
　　被告：××市公安局，法定代表人：张某星，局长
　　第三人：×省×贸易石油化工公司，法定代表人：杨某亮，总经理

诉讼请求：

1. 请求撤销被告××市公安局非法拘禁被害人××的违法行为。

2. 责令被告及第三人返还和赔偿因被告非法扣留并已无理付给第三人所属原告财产 1 870 000 元及利息 227 600 元人民币。

3. 责令被告赔偿因非法拘禁行为所造成的被害人黄某本人及其所在公司的损失。

4. 诉讼费用由被告及第三人全部承担。

事实和理由：

2006 年 4 月 23 日，××市公安局突然将因公出差到××市的××光达贸易公司经理黄某非法拘留，并借故对其收审。声称：黄某、省××贸易石油化工公司状告光达贸易公司诈骗其货款 1 870 000 元，要求光达贸易公司及黄某本人偿还本息 2 380 000 元，否则不予放人。原告黄某之姐被迫付给××、公安局人民币 1 950 000 元，41 天之后，黄某才获自由。由于黄某无辜被关押、市公安局非法拘禁，身心健康受到严重摧残，2006 年 6 月 20 日不幸身亡，致使黄某所在公司关门停业，损失惨重。

原告认为，被告非法拘禁被害人黄某，是一起典型的公安机关强行抓捕经济纠纷案当事人作"人质"，帮助他人敲诈勒索的严重违法行为。对被告的这一违法行为，理应被确认为非法。因为，被害人黄某及所在公司与第三人××贸易石油化工公司从未发生过任何业务往来，何来欠债诈骗之说。被告置上述事实于不顾，竟将利用"人质"非法从原告处勒索来的 1 950 000 元巨款划给了与原告无任何牵连的××贸易石油化工公司。被告的行为严重地违反了有关法律规定，也违反了公安部《关于公安机关不得非法越权干预经济案件处理的通知》等文件的规定，给原告及被害人造成了极其惨重的经济损失。

为了维护原告及被害人黄某的合法权益，根据《中华人民共和国行政诉讼法》的规定，特向人民法院提起诉讼，恳请人民法院依法判处。

此致

××市中级人民法院

具状人：×××

20××年××月××日

再审申请书

再审申请人（一审原告、反诉被告，二审上诉人）：公司，住所地。（此处应当准确列明再审申请人原审诉讼地位）法定代表人：××；职务：××；电话：××

再审被申请人（一审被告、反诉原告，二审上诉人）：公司，住所地：××市××区××路××号。法定代表人：××；职务：××；住址：××；电话：××

再审申请人因不服××省高级人民法院于 2018 年 4 月 9 日作出的〔2018〕民终字第 316 号民事判决书，特向贵院提出申诉。

再审事由：××省人民法院〔2018〕民终字第 316 号民事判决认定事实的基本证据缺乏证据支持，且适用法律错误，现依据《中华人民共和国民事诉讼法》第 200 条第 4、6 款之规定，请求再审。

再审请求：

一、撤销××省人民法院〔2018〕民终字第 316 号民事判决第×项；（可以要求撤销全部判决，也可要求撤销判决中的某一项或几项。）

二、依法改判，支持再审申请人提出的下列全部（或部分）诉讼请求，即要求再审被申请人向再审申请人立即支付款元及款利息壹拾捌伍仟圆整（￥185 000 元）。

三、案件诉讼费和律师费由再审被申请人承担。

此致

××省高级人民法院

再审申请人签名：×××

20××年××月××日

再审离婚调解申请书

申请再审人（原审一审被告）：刘某，女，××××年×月×日生，汉，现住××

被申请再审人（原审一审原告）：郭某，男，××××年×月×日生，汉，住址××

申请再审人因××市××人民法院〔2009〕碑民一初字第 181 号民事调解书，协议内容、审判程序违法，特依法向贵院提出再审申请。

请求事项：请求法院对该调解协议内容二、三条立案再审，依法作出判决。

事实与理由：

1. ××市××区人民法院〔2009〕碑民一初字第 181 号民事调解书协议内容第三项："本市含光路 74 号 2 号楼 3 单元 402 号住房一套，归原告郭某所有，原告郭某须向被告刘某一次性支付 12 000 元。"根据案件事实，此住房为××市医学院家属楼，属于房改房，并不具有完全所有权。并依据《最高人民法院关于适用〈中华人民共和国婚姻法〉若干问题的解释（二）》（已失效）第 21 条第 1 款的规定："离婚时双方对尚未取得所有权或者尚未取得完全所有权的房屋有争议且协商不成的，人民法院不宜判决房屋所有权的归属，应当根据实际情况判决由当事人使用。"故，此协议内容是违反法律规定的。

2. 依据《中华人民共和国民事诉讼法》第 96 条的规定："调解达成协议，必须双方自愿，不得强迫。调解协议的内容不得违反法律规定。"及第 97 条的规定："调解达成协议，人民法院应当制作调解书。调解书应当写明诉讼请求、案件的事实和调解结果。调解书由审判人员、书记员署名，加盖人民法院印章，送达双方当事人。调解书经双方当事人签收后，即具有法律效力。"本案件属于离婚纠纷之诉（身份之诉），因此，该调解书应当经当事人签收后具有法律效力，而××区人民法院未经送达，只是送交当事人，严重地违反法律、审判程序。

3. 申请再审人向××区人民法院监察室提出纠正该调解书后，口头回复该调解书是依据《中华人民共和国民事诉讼法》第 98 条的规定："下列案件调解达成协议，人民法院可以不制作调解书：……（四）其他不需要制作调解书的案件。对不需要制作调解书的协议，应当记入笔录，由双方当事人、审判人员、书记员签名或者盖章后，即具有法律效力。"及 2008 年修正的《最高人民法院关于人民法院民事调解工作若干问题的规定》第 13 条的规定："根据民事诉讼法第九十条第一款第（四）项规定，当事人各方同意在调解协议上签名或者盖章后生效，经人民法院审查确认后，应当记入笔录或者将协议附卷，并由当事人、审判人员、书记员签名或者盖章后即具有法律效力。当事人请求制作调解书的，人民法院应当制作调解书送交当事人。当事人拒收调解书的，不影响调解协议的效力。一方不履行调解协议的，另一方可以持调解书向人民法院申请执行。"而本案是涉及身份之诉的案件，该适用法律实属错误，应当依法予以纠正。其中当事人请求制作调解书，如果不请求，怎么能够证明其婚姻身份呢？不请求，就无法证明婚姻关系的是否存在或解除。而是应当制作调解书，应当送达签收，才符合法律规定。

4. 本案申请再审人未签收的民事调解书应当依法作出判决。依据《民事诉讼法》第99条的规定："调解未达成协议或者调解书送达前一方反悔的，人民法院应当及时判决。"

综上，依据《民事诉讼法》第180、182、184条，及《再审立案规定》第8条之规定，原审法院适用法律错误，协议内容违反法律规定及违反审判程序，请求上级人民法院行使审判监督权，以保护公民合法权益，维护法律正确实施。

此致

××市中级人民法院

申诉人：刘某

代书人：××律师事务所律师××

20××年××月××日

附：1. 身份证复印件1份；2.《民事调解书》《民事申诉书》副本5份

民事上诉状

上诉人（一审原告/被告）：×××（住所地、法定代表人姓名、职务、电话）

被上诉人：×××（写法同上）

一审第三人：×××（写法同上）

上诉人因×××一案，不服××××年×月×日收到判决/裁定书的×××人民法院〔××××〕×字第××号民事判决/裁定，提起上诉。上诉的请求和理由如下：

上诉请求：

一、撤销××人民法院〔××××〕×字第××号民事判决/裁定；

二、改判……；

三、两审诉讼费用均由被上诉人负担。

上诉理由：（根据案件具体情况选择）

一、原裁判适用法律错误。……

二、原裁判认定事实错误，或者原判决认定事实不清，证据不足。……

三、原裁判违反法定程序，或者审判人员收受贿赂，影响案件正确裁判。……

综上所述，……特依《民事诉讼法》第 147 条的规定，提起上诉，请予改判，是为公允。

此致

××人民法院

上诉人：×××

20××年××月××日

附：1. 本上诉状副本××份；2. 新的证据×份。

延期举证申请书

×××人民法院：

贵院受理申请人与＿＿＿＿＿＿＿＿＿纠纷一案，因＿＿＿＿＿＿＿，申请人无法在举证期限内提交证据材料，根据最高人民法院《关于民事诉讼证据的若干规定》，特申请延长举证期限。请予批准。

此致

申请人：×××

20××年××月××日

民事裁定书

（不予受理起诉用）

〔××××〕×××字第××号

起诉人：……（写明姓名或名称等基本情况）

××××年×月×日，本院收到×××的起诉状，……（写明起诉的事由）

经审查，本院认为……

（不符合起诉条件而不予受理的理由）

依照《中华人民共和国民事诉讼法》第 112 条的规定，裁定如下：

对×××的起诉，本院不予受理。

如不服本裁定，可在裁定书送达之日起 10 日内，向本院递交上诉状，上诉于×××人民法院。

20××年××月××日　（院印）

本件与原本核对无异

书记员：×××

民事裁定书

〔××××〕×民催字第×号

申请人：……（写明姓名或名称等基本情况）

申报人：……（写明姓名或名称等基本情况）

申请人×××因……（写明票据名称及其被盗、遗失或灭失的情况），向本院申请公示催告。本院受理后于××××年×月×日发出公告，催促利害关系人在××日内申报权利。现申报人×××已在规定期间向本院申报权利。依照《中华人民共和国民事诉讼法》第196条第2款、第3款的规定，裁定如下：

终结本案的公示催告程序。申请人或申报人可以向人民法院起诉。本案受理费用及公告费××元，由申请人×××承担。

审判员：×××

20××年××月××日 （院印）

本件与原本核对无异

书记员：钟某某

刑事裁定书

（核准死刑用）

〔××××〕最刑核字第××号

被告人（写明姓名、性别、出生年月日、民族、籍贯、工作单位职务、住址等，现在何处）

××中级人民法院于××××年××月××日以〔××××〕×刑初字第×号刑事判决，认定被告人×××犯××罪，判处死刑，剥夺政治权利终身。……

……（此处简写上诉、抗诉后经二审维持原判，或者没有上诉、抗诉经高级法院复核同意原判的情况）

××高级人民法院依法报送本院核准。本院依法组成合议庭进行了复核。合议庭评议后，审判委员会第×次会议进行了讨论并作出决定。本案现已复核终结。

本院确认……（写明经复核肯定原判认定的犯罪事实、情节及其具体证据的内容）

被告人×××……（阐明同意判处死刑的理由）。依照……（写明裁定所依据的法律条款项）的规定，裁定如下：核准××中级人民法院〔××××〕×刑初字第×号以××罪判处被告人×××死刑，剥夺政治权利终身的刑事判决。

本裁定送达后即发生法律效力。

审判长：×××

审判员：×××

审判员：×××

202×年×月×日（院印）

本件与原本核对无异

书记员：×××

行政裁定书

〔××××〕×行初字第××号

原告……（写明姓名或名称等基本情况）

被告……（写明行政机关名称和所在地址）

第三人……（写明姓名或名称等基本情况）

（当事人及其他诉讼参加人的列项和基本情况的写法，与一审行政判决书样式相同）

原告×××不服××××（行政机关名称）××××年××月××日×××字第××号处罚决定（复议决定或其他具体行政行为），向本院提起诉讼。本院受理后，依法组成合议庭，公开（或不公开）开庭审理了本案。……（简述原告起诉的事由）

本院认为，……（写明驳回起诉的理由）。依照……（写明引用的法律条款项）的规定，裁定如下：驳回原告×××的起诉。……（写明诉讼费用的负担。）如不服本裁定，可在裁定书送达之日起十日内，向本院递交上诉状，并按对方当事人的人数提出副本，上诉于××人民法院。

审判长：×××

审判员：×××

审判员：×××

2020年××月××日（院印）

本件与原本核对无异

书记员：×××

行政裁定书

(二审发回重审用)

〔202×〕×行终字第××号

上诉人（原审××）……（写明姓名或名称等基本情况）

被上诉人（原审××）……（写明姓名或名称等基本情况）

（与二审维持原判或改判用的行政判决书样式相同）

上诉人×××因……（写明案由）一案，不服××人民法院〔××××〕行初字第××号行政判决，向本院提起上诉。本院依法组成合议庭，审理了本案。

本院认为，……（简写发回重审的理由）依照《中华人民共和国行政诉讼法》第61条第（三）项的规定，裁定如下：

一、撤销××人民法院〔××××〕×行初字第××号行政判决；

二、发回××人民法院重审。

审判长：×××

审判员：×××

审判员：×××

本件与原本核对无异

202×年×月×日 （院印）

书记员：×××

刑事裁定书

〔　　〕刑初字第　号

自诉人……（写明姓名、性别、出生年月日、民族、出生地、文化程度、职业或者工作单位和职务、住址等）

被告人……（写明姓名、性别、出生年月日、民族、出生地、文化程度、职业或者工作单位和职务、住址等）

自诉人_____以被告人_____犯_____罪，于_____年_____月_____日向本院提起控诉。本院受理后，在诉讼过程中……（简述自诉人申请撤诉或者法院按撤诉处理的事由）。

本院认为，……（简写是否准许撤诉或者按撤诉处理的理由）。依照……（写明裁定的法律依据）的规定，裁定如下：

……（写明裁定内容。分两种情况：第一，准许自诉人申请撤诉的，表述为："准许自诉人_____撤诉。"第二，按撤诉处理的，表述为："对自诉人的控诉按撤诉处理。"）

如不服本裁定，可在接到裁定书的第二日起五日内，通过本院或者直接向_____人民法院提出上诉。书面上诉的，应当提交上诉状正本一份，副本____份。

审判长：

××××年×月×日（院印）

附：1. 本样式根据《刑事诉讼法》第171条第（二）项和最高法《关于执行〈刑事诉讼法〉若干问题的解释》第98条、第177条、第198条的规定制订，适用于在宣告判决前，检察院要求撤回起诉，经审查准许撤诉的案件和法院受理自诉案件之后，在审理过程中因自诉人的自诉缺乏罪证，经审查裁定准许撤诉时使用。

2. 自诉人申请撤诉具体事由，应分别表述为"因缺乏罪证，自诉人又提不出补充证据而申请撤诉"，或者"自诉人在宣告判决前，同被告人自行和解而申请撤回自诉"。

3. 本裁定书样式是按自诉人系一案一人且只有本诉的情形下设计的。被告人提起反诉的，不影响反诉案件的继续审理。

4. 对于人民检察院在宣告判决前要求撤回起诉，应当对案件由来和要求撤回起诉的事由，以及准许撤诉的理由作相应改动。

5. 对不准许撤诉的，可以口头予以裁定，不另行制作裁定书。

6. 对于有诉讼代理人、辩护人参加诉讼的自诉案件，在首部的相关部分应分别列项写明。

认罪认罚具结书

一、犯罪嫌疑人身份信息

本人姓名：××，……（其他详细信息）

二、权利知悉

本人已阅读《认罪认罚从宽制度告知书》，且理解并接受其全部内容，本人××自愿适用认罪认罚从宽制度，同意适用速裁程序/简易程序/普通程序。

三、认罪认罚内容

本人××知悉并认可如下内容：

1. ××区/县检察院指控本人××××的犯罪事实，构成犯罪。

2. ××区/县人民检察院提出的有期徒刑××至××的量刑建议。

3. 本案适用速裁程序/简易程序/普通程序。

四、自愿签署声明

本人学历××，可以阅读和理解汉语（如不能阅读和理解汉语、已获得翻译服务，且通过翻译可以完全清楚理解本文内容）。

本人就第3款的内容已经获得辩护人/值班律师的法律援助并听取意见，知悉认罪认罚可能导致的法律后果。

本《认罪认罚具结书》，是本人在知情和自愿的情况下签署，未受任何暴力、威胁或任何其他形式的非法影响，亦未受任何可能损害本人理解力和判断力的毒品、药物或酒精物质的影响，除了本《认罪认罚具结书》载明的内容，本人没有获得其他任何关于案件处理的承诺。

本人已阅读、理解并认可本《认罪认罚具结书》的每一项内容，上述内容真实、准确、完整。

本人签名：×××

20××年××月××日

认罪认罚从宽制度告知书

一、适用认罪认罚从宽制度，犯罪嫌疑人、被告人应当书面签署本《认罪认罚从宽制度告知书》及《认罪认罚具结书》。《该认罪认罚具结书》应经辩护人或值班律师签字确认，方为有效。

二、《认罪认罚具结书》载明：犯罪嫌疑人基本信息、认罪认罚情况、被指控的罪名及适用的条款、检察机关对犯罪嫌疑人拟提出的从轻、减轻或者免除处罚等从宽处罚的建议；认罪认罚后案件处理适用的程序及其他需要听取意见的情形。

三、检察机关根据犯罪嫌疑人、被告人的犯罪情节、认罪情形拟出量刑建议。犯罪嫌疑人、被告人如有其他法定、酌定从轻、减轻处罚情节，应适当调整量刑幅度。具体量刑幅度，犯罪嫌疑人、被告人或其辩护人/值班律师可以向检察机关提出意见。

四、犯罪嫌疑人、被告人签署《认罪认罚具结书》后，法院一般将直接依据《认罪认罚具结书》及相应《起诉书》载明的内容认定其犯罪事实，且人民法院对人民检察院作出的量刑建议一般应予采纳。

五、《认罪认罚具结书》签署后，犯罪嫌疑人、被告人可以要求撤回，但应书面向办案机关提出申请，人民检察院将重新出量刑建议。

犯罪嫌疑人、被告人未提出书面撤回申请，但对《认罪认罚具结书》确认的《起诉书》载明的主要犯罪事实、罪名和认罪表述提出异议或变更的，视为撤回《认罪认罚具结书》。

六、犯罪嫌疑人、被告人撤回《认罪认罚具结书》，犯罪嫌疑人、被告人已签署过的《认罪认罚具结书》不能作为本人认罪认罚的依据，但仍可能作为其曾做有罪供述的证据，由人民法院结合其他证据对本案事实进行认定。

七、犯罪嫌疑人、被告人撤回《认罪认罚具结书》后，经人民检察院同意重新签署《认罪认罚具结书》的，人民检察院应基于新签署的《认罪认罚具结书》重新作出量刑建议；犯罪嫌疑人、被告人撤回《认罪认罚具结书》，后又重新确认该《认罪认罚具结书》内容的，仍应重新签署《认罪认罚具结书》。

八、经协商，犯罪嫌疑人、被告人如不同意检察机关的量刑建议，有权不签署《认罪认罚具结书》，不适用本制度。

本人已阅读并完全理解上述《认罪认罚从宽制度告知书》，并由本人签署后附卷留存。

签名：×××

日期：××××年××月××日

自愿认罪认罚文书确认书（模版）

本人是犯罪嫌疑人、被告人×××的辩护人/值班律师，本人证明，犯罪嫌疑人、被告人×××已经阅读了《认罪认罚具结书》及《认罪认罚从宽制度告知书》，根据本人所掌握和知晓的情况，犯罪嫌疑人、被告人×××系自愿签署了上述《认罪认罚具结书》。

签名：×××

××××年××月××日

司法局常用法律文书

司法行政机关行政处罚案件
听证笔录

时间：_____地点：_____

主持人：_____

记录人：_____

案件调查人：_____单位及职务：_____

当事人：（性别、年龄、电话、工作单位及职务、住址）

委托代理人：（性别、年龄、电话、工作单位及职务、住址）

案件听证情况：_____

_____

_____

_____

_____

_____

_____

_____

_____

_____

案件调查人签字：××

当事人或委托代理人（签字）：××

司法行政机关
行政处罚案件调查（询问）笔录

被调查（询问）人姓名：_____ 年龄：____ 工作单位：_____

职务：_____ 联系电话：_____

调查（询问）时间：_____ 调查（询问）地点：_____

调查人：_____ 职务：_____ 执法证件号码：_____

记录人：_____ 执法证件号码：_____

调查（询问）内容：_____

_____

_____

被调查（询问）人（签章）：_____

司法行政机关
行政处罚案件当事人听证权利告知书

司听告字〔 〕第 号

你（你单位）的_____行为（对当事人的违法行为，应有简单的概括说明），违反了_____，现拟给予_____行政处罚。依照《中华人民共和国行政处罚法》第42条和《司法行政机关行政处罚程序规定》第15条的规定，你（你单位）有要求听证的权利。如果要求举行听证，请在收到本告知书之日起三日内向本机关提出。逾期视为放弃要求听证的权利。

本行政机关地址_____邮编_____

联系部门_____联系电话_____

司法厅（局）（章）

20××年××月××日

司法行政机关
行政处罚案件听证通知书

司听通字〔××××〕第××号（存根）

_____（当事人及代理人）：

　　因_____行政处罚一案，现定于___年___月___日___时于_____（地址）公开、（不公开）举行听证会，通知你们参加。

承办人：××　　　　　　签发人：××

20××年××月××日　　20××年××月××日

司法行政机关行政处罚决定书

司罚决字〔201×〕第××号

　　当事人：（姓名、性别、职业或工作单位和职务、住址）

　　当事人：（法人或其他组织单位名称、地址、法定代表人或负责人姓名、职务、委托、法定代理人姓名、性别、单位职务、住址）

　　经查明____（写明行政处罚机关认定的违反法律法规事实和证据）

　　本机关认为_____（写明决定的理由）根据_____

_____

　　作如下处罚决定：

_____

_____

　　（处罚种类和依据处罚的履行方式和执行期限）

　　如不服本处罚决定，可以在收到本决定书之日起_____日内向_____机关申请复议或者向_____人民法院提起行政诉讼。

司法厅（局）（章）

20××年××月××日

司法行政机关行政赔偿决定书

　　赔偿请求人：×××（姓名、性别、出生年月、工作单位职务、住址）

　　代理人：×××（姓名、性别、出生年月、工作单位职务、住址）

　　（赔偿请求人为法人的，应写明单位名称、法定代表人姓名职务）

赔偿义务机关：＿＿＿＿＿＿＿

委托代理人：×××（姓名、职业或工作单位、职务、住址）

赔偿请求人＿＿＿＿＿＿要求确认＿＿＿＿＿＿对其致害行为为违法行为，并要求予以赔偿案，本机关依法进行审查，现已审查终结。

赔偿请求人称……（概述赔偿请求人的请求内容和要求）

本机关现查明：……（写明机关查明的事实）

根据……（写明确认所依据的法律条款）的规定，作如下决定：

一、赔偿义务机关……行为违法，应予以……的赔偿。（注：不予赔偿的写明驳回理由和依据并驳回申请；部分给予赔偿的写明：……行为违法，应予赔偿，驳回赔偿请求……的其他申请）

二、赔偿请求人对本决定有异议的，可以在收到本决定书之日起＿＿＿＿＿＿＿＿＿＿日内向人民法院提起行政诉讼。

（司法行政机关章）

20××年××月××日

司法行政机关刑事赔偿决定书

司刑赔决字〔　　〕第　　号

赔偿请求人（姓名、性别、出生年月、工作单位职务、住址等信息）

代理人……（姓名、性别、出生年月、工作单位职务、住址等信息）

（赔偿请求人为法人或其他组织的，则应写明单位名称、法定代表人或主要负责人、姓名、职务）

赔偿义务机关……

委托代理人……（姓名、职业或工作单位、职务、住址）

赔偿请求人＿＿＿＿＿＿要求确认＿＿＿＿＿＿对其致害行为为违法行为，并要求予以赔偿案，本机关依法进行审查，现已审查终结。

赔偿请求人称：……（概述赔偿请求人的请求内容和要求）

本机关现查明：……（写明机关查明的事实）

根据……（写明确认所依据的法律条款）的规定，作如下决定：

一、赔偿义务机关……行为违法，应予以……的赔偿。（注：不予赔偿的写明驳回理由和依据并驳回申请；部分给予赔偿的写明：……行为违法，应予赔偿，驳回赔偿请求人……的其他申请。)

二、赔偿请求人对本决定有异议的，可以在收到本决定书之日起_____
_____日内向_____机关提出复议；或者在收到本决定书之日起___
_____日内向人民法院提起行政诉讼。

司法行政机关（局）章

20××年××月××日

<h2 align="center">司法行政机关行政处罚决定书</h2>

（×司罚决字〔2017〕第 3 号）

被处罚单位：××司法鉴定中心　住所：×××，法定代表人：魏某华

经查：××司法鉴定中心于 2015 年 4 月 21 日收到××市××区人民法院对唐某林诉华西医院医疗纠纷一案进行鉴定，该中心鉴定人宋某武、卢某华、彭某负责该案鉴定的相关事项，该中心决定正式受理后未就具体受理时间和委托方进行告知或约定，于 2015 年 8 月 13 日出具了"×联鉴〔2015〕临字第 197 号"司法鉴定意见书，该鉴定意见书出具时，鉴定人卢某华委托该中心工作人员代为在鉴定意见书上签名。

认定上述事实的主要证据有：成都市司法局关于唐某林投诉××司法鉴定中心事项的回复（〔2016〕-296）、××市司法局关于给予××司法鉴定中心警告行政处罚建议的报告（成司报〔2016〕78 号）、××市司法局关于唐某林投诉××司法鉴定中心事项的情况说明（〔2017〕-133）、××司法鉴定中心鉴定案件档案复印件 50 页、行政处罚案件调查笔录 8 页、××司法鉴定中心授权书等。

本机关认为，××司法鉴定中心存在的上述情形，反映出该机构在执业活动中对本机构人员开展司法鉴定活动的过程未能做到有效管理和监督，违反了《司法鉴定程序通则》（司法部第 107 号令）（已失效）第 15 条："司法鉴定机构对符合受理条件的鉴定委托，应当即时作出受理的决定；不能即时决定受理的，应当在 7 个工作日内作出是否受理的决定，并通知委托人；对通过信函提出鉴定委托的，应当在 10 个工作日内作出是否受理的决定，并通知委托人；对疑难、复杂或者特殊鉴定事项的委托，可以与委托人协商确定受理的时间"，第 26 条第 1 款、第 2 款、第 3 款："司法鉴定机构应当在与委托

— 1029 —

人签订司法鉴定协议书之日起30个工作日内完成委托事项的鉴定。鉴定事项涉及复杂、疑难、特殊的技术问题或者检验过程需要较长时间的，经本机构负责人批准，完成鉴定的时间可以延长，延长时间一般不得超过30个工作日。司法鉴定机构与委托人对完成鉴定的时限另有约定的，从其约定。"《全国人民代表大会常务委员会关于司法鉴定管理问题的决定》第10条"鉴定人应当独立进行鉴定，对鉴定意见负责并在鉴定书上签名或者盖章"；第12条："鉴定人和鉴定机构从事司法鉴定业务，应当遵守法律、法规，遵守职业道德和职业纪律，尊重科学，遵守技术操作规范"的规定；第13条第1款，"鉴定人或者鉴定机构有违反本决定规定行为的，由省级人民政府司法行政部门予以警告，责令改正"的规定，给予成都联合司法鉴定中心"警告"的行政处罚。

如不服本处罚决定，被处罚人可自收到本决定书之日起60日内向四川省人民政府或司法部申请行政复议，也可以在收到本决定书之日起6个月内向人民法院提起行政诉讼。

行政复议和行政诉讼期间，本处罚决定不停止执行。

××省司法厅
20××年××月××日

司法行政机关行政处罚决定书

×司罚字〔2020〕1号

当事人：方某杰，××律所律师，执业证号码：×××××；地址：××××

2019年11月18日，××市司法局接到××市律师协会对××律师事务所方某杰律师进行《行政处罚建议书》（×律协处建字第〔2019〕1号），××市司法局于2019年11月20日立案调查，于2019年12月20日给当事人方某杰发听证告知书，方某杰在听证告知书规定的期限内未提出书面听证申请。

经查明：方某杰在2009年至2013年期间接受××市博铺街道东江社区的委托，担任东江社区与××市建筑材料厂（原国营砖瓦厂）关于东江社区曲垒坡权属纠纷一案的代理人，参与行政复议与行政诉讼。方某杰与东江社区在没有签订委托代理合同的情况下，由东江社区预先支付130万元给方某杰，并约定曲垒坡权属纠纷一案若胜诉，该130万元归方某杰本人所有，若败诉则全额返还东江社区。随后，在东江社区干部和各居民小组组长的见证下，东江社区居委会原主任林某瑞和东江社区委员会副主任杨某尚亲手将 130 万元现金交给方某杰。经查明，方某杰未向东江社区出具税务票据。因东江社区案件败诉，方某杰于 2012 年 12 月 25 日通过其账户转账 100 万元到杨某尚账户，后又支付 30 万元现金给杨某尚，杨某尚已将 130 万元归还给东江社区。在代理期间，东江社区用自制单据先后向方某杰支付办案费、交通费等费用共计 34.1 万元，但方某杰没有向东江社区提供票据。

我局认为：方某杰在东江社区与××市建筑材料厂（原国营砖瓦厂）关于东江社区曲垒坡权属纠纷一案中没有签订委托代理合同，私自收取东江社区律师服务费 130 万元和办案费、交通费等费用共计 34.1 万元，违反了《中华人民共和国律师法》第 40 条第（一）项的规定。根据《中华人民共和国律师法》第 48 条、《律师和律师事务所违法行为处罚办法》第 37 条等规定，方某杰违法情节严重，应给予停止执业 3 个月以上 6 个月以下的处罚，但当事人方某杰主动将 130 万元律师服务费退还给东江社区，并积极配合调查和主动提交悔过书，依据《中华人民共和国行政处罚法》第 27 条和《广东省司法行政机关行政处罚自由裁量权适用标准》，故给予当事人方某杰律师停止执业 3 个月的行政处罚。

当事人方某杰如不服本处罚决定，可以在收到本决定书之日起 60 日内向××省司法厅或××市人民政府申请行政复议，或者于收到本决定书之日起 6 个月内向××经济技术开发区人民法院提起行政诉讼。

本局地址：××市××区××南路 95 号 邮编：×××××

联系部门：律师工作管理科　联系电话：377××××

××市司法局

20××年××月××日

行政复议申请书（表格式） 复议案件

案号：

申请人	姓　名		身份号码	
	联系电话		送达地址	
委托代理人	姓　名		联系电话	
	委托权限		委托性质	
被申请人	单位名称		联系电话	
	法定代表人		住所地址	
第三人	姓名（名称）		身份号码	
	联系电话		送达地址	
复议行政行为				
复议请求	1. 撤销 □　2. 撤销并责令重作□　3. 变更☑ 4. 确认违法 □　5. 确认违法并责令重作□ 6. 确认不作为并责令限期履行□（不选或多选均无效）			
事实理由	（可附纸）			
申请签章			申请时间	年　　月　　日
备注	复议申请书原件递交给复议机关一份，并另行根据当事人人数递交。			

司法局行政复议申请书

申请人：（姓名，出生日期，性别，民族，地址）

（法人名称，法定代表人姓名）

被申请人：（单位名称，住所地，法定代表人）

行政复议请求：

事实和理由：……

此致

×××市司法局

申请人：×××

20××年××月××日

附件：（证据材料、身份证复印件等）

行政许可申请书

申请人姓名：××，性别：×，年龄：××，住址：××，联系方式：136××××

（法人组织名称住所法定代表人，联系方式）

委托代理人：（姓名，住址，联系方式等信息）

××市××区司法局：

特申请依据《律师法》等法律法规，在你辖区设立律师事务所事项。望批复。

此致

申请人：（署名）

（法定代表人署名、法人印章）

20××年××月××日

行政许可补正材料通知书

×司许［2019］第××号

×××申请人姓名或者法人组织名称：

2019年×月×日，本机关收到你（你单位）提出的关于×××的申请行政许可事项（名称）申请及提交的申请材料。经审查，发现提交的材料存在以下问题（根据申请材料不齐全的情况或者不符合法定形式的情形据实填写）：

根据《中华人民共和国行政许可法》第31条、第32条（及其他有关法律、法规、规章）的规定，需要你（你单位）补交下例材料（或补正下列有关内容）：

请你（你单位）将上述材料补正后于××××年×月×日前提交至本机关。如无正当理由逾期提交的，视为放弃申请。

特此通知

联系人：×××　　联系电话：8306××××

××市司法局（行政许可专用章）

20××年××月××日

行政许可不予受理通知书

×司许［2019］第××号

（申请人姓名或者名称）：

2019年×月×日，你（你单位）向本机关提出的关于×××行政许可（事项名称）申请及提交的申请材料，经审查，存在《中华人民共和国行政许可法》（及其他有关法律、法规、规章）规定的下列不予受理的情形：

根据《中华人民共和国行政许可法》第32条（及其他有关法律、法规、规章）的规定，本机关决定不予受理。

如对本决定不服，可以自收到本决定之日起60日内，依法向上级机关申请行政复议，也可以在3个月内依法向×××人民法院提起行政诉讼。

特此通知

联系人：×××　　联系方式：××××

××市司法局（本机关行政许可专用章）

20××年××月××日

行政许可听证公告

×司许〔2019〕第××号

　　2019 年×月×日，本机关收到（申请人姓名或者名称）提出的×××（事项名称）行政许可申请。经审查，根据（有关法律、法规、规章）的规定，本机关决定于 2019 年×月×日 14：00 时，在我局会议室公开举行听证会。

　　依照《中华人民共和国行政许可法》的规定，与该项行政许可事项有利害关系的公民、法人或者其他组织可以申请参加本次听证。

　　请申请参加听证会的人员、法人或者其他组织的代表于 2019 年 ×月×日至×月×日（每时）持有效证件（要求的身份证件或者介绍信函）到（报名具体地点）向本机关办理听证报名手续，领取《听证出席证》。

　　特此公告

联系人：×××　联系方式：××××

××市司法局（行政许可专用章）

20××年××月××日

　　（**注**：本公告适用于《行政许可法》第 46 条规定需要举行听证的情形）

陈述、申辩、听证权利告知书

×司许〔2018〕第××号

（申请人姓名或者名称）：

（利害关系人姓名或者名称）：

　　经审查，你（单位）申办的××××行政许可项目，直接关系您的重大利益，现将有关情况告知如下（写明该行政许可事项直接涉及申请人与他人重大利益关系的具体情况）：

　　依据《行政许可法》第 36 条的规定，您享有进行陈述和申辩的权利；依据《行政许可法》第 47 条的规定，您享有要求听证的权利，本机关依法予以告知。您可以到本机关 部门进行陈述和申辩，也可在接到权利告知书之日起五日内提出听证申请。不按时提出听证并且未事先说明理由的，视为放弃听证权利。本行政机关将依法作出行政许可决定。听证程序所需时间 日不计入本机关行政许可办理时间内。听证费用由本机关承担。委托代理人的，应当在听证日前向本机关 提交委托书。

特此告知。

> 联系人：×××联系电话：8306××××
>
> 本机关地址：××市×区×路×号
>
> ××市司法局（行政许可专用章）
>
> 20××年××月××日

准予行政许可决定书

×司许〔2018〕第××号

（申请人姓名或者名称）：

你（你单位）于 年 月 日向本机关提出的××××行政许可（事项名称）申请及提交的申请材料，经审查，（并经依法举行听证会）认为你（你单位）提出的该项申请，符合法定条件（标准），根据（有关法律、法规、规章）的规定，本机关决定（具体写明准予行政许可的内容）：……

请你（你单位）自收到本决定书之日起 日内，持本决定书和本人身份证件（或单位信函）到本机关领取行政许可证件（可列明证件名称）。

> ××市司法局（机关公章）
>
> 20××年××月××日

准予延续行政许可决定书

×司许〔2018〕第××号

（申请人姓名或者名称）：

你（你单位）于 年 月 日向本机关提出的延续

（行政许可事项名称）申请及提交的申请材料，经审查，符合法定条件（标准），根据《中华人民共和国行政许可法》第50条（及其他有关法律、法规、规章）的规定，本机关决定准予延续，有效期至 年 月 日。

请你（你单位）自收到本决定书之日起 日内，持原行政许可证件到本机关办理延续手续。

> ××市司法局（机关公章）
>
> 20××年××月××日

撤销行政许可决定书

×司许〔2018〕第××号

(被许可人姓名或者名称)：

你（你单位）于 年 月 日经本机关（或作出准予行政许可决定的下级机关名称）审查决定准予行政许可取得的（行政许可事项名称），经调查核实，存在《中华人民共和国行政许可法》第69条第＿＿款第＿＿项（及其他有关法律、法规、规章）规定的下列情形（写明依法应予撤销行政许可的具体情形和理由）：

....

根据《中华人民共和国行政许可法》第69条第＿＿款第＿＿项（及其他有关法律、法规、规章）的规定，本机关决定撤销你（你单位）已取得的（行政许可事项名称）。（依据《行政许可法》第69条第1款撤销行政许可，依法应予赔偿的，同时写明）

请你（你单位）自收到本决定书之日起 日内，持原行政许可证件到（本机关或者作出准予行政许可决定的下级机关名称）办理有关手续。

如对本决定不服，可以自收到本决定书之日起60日内，依法向（行政复议机关名称）申请行政复议，也可以在3个月内依法提起行政诉讼。

××市司法局（机关公章）

20××年××月××日

（**注**：如本决定系上级司法行政机关作出的，则应抄送作出准予行政许可决定的下级司法行政机关）

注销行政许可决定书

×司许〔2018〕第××号

(被许可人姓名或者名称)：

你（你单位）于 年 月 日经本机关审查决定准予行政许可取得的（行政许可事项名称），经调查核实，因发生《中华人民共和国行政许可法》第70条第＿＿项（及其他有关法律、法规、规章）规定的下列情形（写明依法应予注销行政许可的具体情形和理由）：……

根据《中华人民共和国行政许可法》第70条第____项（其他法律法规规章）的规定，本机关决定注销或你单位已取得的×行政许可。

请你（你单位）自收到本决定书之日起_____日内，持原行政许可证件到如对本决定不服，可以自收到本决定书之日起60日内，依法向（行政复议机关名称）申请行政复议，也可以在3个月内依法提起行政诉讼。

××市司法局（机关公章）

20××年××月××日

吊销行政许可证件决定书

×司许〔2018〕第××号

×××（被许可人姓名或者名称）：

因你（你单位）有××行为（写明具体违法事实），现已查证属实，根据（写明所依据的法律、法规、规章的具体条文）规定，本机关决定吊销××××年×月×日（颁发行政许可证件的司法行政机关名称）颁发给你（你单位）的××××（行政许可证件名称及证件号码等）。

请你（你单位）自收到本决定书之日起××日内，持原行政许可证件到（原颁证司法行政机关）办理有关手续。

如对本决定不服，可以自收到本决定之日起60日内，依法向××（行政复议机关名称）申请行政复议，也可以在3个月内依法提起行政诉讼。

××市司法局（机关公章）

20××年××月××日

撤销行政许可赔偿决定书

京司许〔2018〕第××号

×××××（被许可人姓名或者名称）：

本机关于××××年×月×日作出撤销对你（你单位）准予行政许可的决定（司法行政机关撤销行政许可决定书文号），根据《中华人民共和国行政许可法》第69条第4款（及其他有关法律、法规、规章）的规定，现决定给予你（你单位）以下赔偿（写明赔偿方式、数量等具体内容）：……

请你（你单位）自收到本决定书之日起 日内，持本人身份证件（或单位信函）到本机关办理有关赔偿手续。

如对本决定不服，可以自收到本决定之日起 60 日内，依法向上级司法行政机关申请行政复议，也可以在 3 个月内依法提起行政诉讼。

××市司法局（机关公章）

20××年××月××日

信访机关常用法律文书

上访信

上访人：晏某立（又名：晏某红）男，54岁，汉族，农民，住址：××省××县××镇××村。

被上访人：韩某森、男，系××县××镇党委会组委。

上访请求：（1）依法给予韩某森党纪、政纪处分（因：滥用职权、推三阻四、办事不公，行政不作为，不给农民办实事）；（2）责令韩某森公正处理好上访人与韩某森亲家刘某学土地纠纷。

事实与理由：

1994年，我村按照上级土地制度改革政策，对全村土地进行调整，集体划拨给我一块承包地，公路北侧是另一村民组张玉×和刘某学的承包地。我的承包地曾转包给晏某良一段时间，在此期间，刘某学隔路侵占我的承包地，晏某良与刘某学两家多次发生肢体冲突，晏某良无奈之下把地交给了我。然而，刘某学继续要强势，多年隔路侵占我的土地，纠纷一直没有解决。

经村委干部处理：1.晏某立承包地北侧刘某学不得侵占；2.侵占部分可以作为副路为宜。被上访人韩某森以包点干部的身份，直接推翻村委会调解意见，亲自现场处理，支持刘某学侵占上访人的土地，还公开宣扬："路是直的，理是弯的"；刘某学有韩某森的保护伞，竟把自己的承包土地出卖给他人建房。

综上所述，被上访人身为党政干部，明显偏向亲戚一方，侵犯上访人的合法权益。为此，特提起上访，请求上级党政机关依法立案查处。

上访人：晏某立

20××年××月××日

信访复查申请书

申请人（一审原告二审上诉人）：孙某俊，男，196×年×月×日生，住址：县十直镇组。电话：××××××

第三人（利害关系人）：四川××种业有限责任公司，地址：绵阳××镇

第三人（利害关系人）：四川××种业有限责任公司，地址：成都市外东

第三人（利害关系人）：县植保站务部，住址××，法定代表人江某

第三人（一审被告二审被上诉人）：县农业委员会（原县农业局）。

被申请人：县人民法院。

请求事项：

申请人不服被申请人县人民法院 2011 年 3 月 31 日《县人民法院答复孙某俊信访意见书》，依据信访条例的规定，申请复查，请求撤销该答复，立案再审。

事实和理由：

申请人对已经发生法律效力的判决、裁定，认为确有错误。依据《行政诉讼法》第 62 条、《最高人民法院关于执行〈中华人民共和国行政诉讼法〉若干问题的解释》第 80 条之规定及信访条例的规定，特申请信访复查，纠正确实存在明显暇疵、严重错误判决和错误的信访答复。

申请人：孙某俊

2012 年×月×日

不予受理告知书

张某珏：

您来信反映的事项，涉及城管执法部门具体行政行为，应当通过复议或诉讼途径解决。根据《信访条例》第 14 条第 2 款、第 21 条第 1 款第（一）项的规定，决定不予受理。请您根据相关法律规定，向杨浦区人民政府提出行政复议或向有管辖权的人民法院提起行政诉讼。

特此告知。

××市××区城市管理行政执法局

回复日期：20××年××月××日

关于廖某堂同志信访事项处理意见书

廖某堂先生：

您反映：1999 年购买房产局××房管所 20107 栋 102、103、202、301 房，现需办理不动产登记。因历史遗留问题不能提供土地权属来源证明，导致不能办理国土证及不动产登记，请求：（1）请市房产局提供土地来源证明；（2）请市国土局办理国土证及不动产登记。

经调查，我局××房管所 20107 栋直管公房在 20 世纪 90 年代末已属于危房，后我局对其进行改造，在原址新开发建设商住楼。您购买的房产属于其中的一部分。该栋房屋建成后，房屋所有权及土地使用权归房产局所有，土地使用权的性质为国有划拨建设用地，因历史原因，一直未办国土证，全市范围内直管公房用地亦是如此，均属事实产权。当时您购买房产时，房价未包含土地价值。根据合同约定，我局只负责办理该房屋的所有权证。根据《××市不动产统一登记实施方案》第 4 点第 1 条第 1 款"将全市土地登记、房屋登记、林权登记、土地承包经营权登记职责划入市国土资源局。由市国土资源局负责全市不动产登记监督管理工作"，登记职能划转后，相应的我局部分从事房产权属登记的工作人员划归不动产中心管理，全部的房屋产权产籍档案资料也一并移交给不动产登记中心保存利用。

综上所述，要解决您急需办理不动产登记的需求，只能通过国土部门及不动产登记中心，我局也愿意提供必要的协助。

如不服本处理意见，可自收到本处理意见书之日起 30 日内向××市人民政府或××市房地产管理局书面提出复查申请，如逾期不提出复查申请，各级人民政府信访工作机构和其他行政机关不再受理。

××市房地产管理局

20××年××月××日

信访事项处理意见书

×发改办函字〔2019〕299 号

××山水郡全体业主：

您于 2019 年××月××日反映××××房地产公司以安装智能化为由，强行收取费用，不开发票，智能化产品不能使用等问题，我们于 2019 年××月××日受理，并发出受理告知书。

经调查，房地产开发企业同住户签订的《商品房买卖合同》中对智能化内容进行了约定，具体为："智能家居分机、门口机、智能 4 键触摸开关模块、燃气探测系统、门磁、紧急按钮、红外探测器。"经对抽取的 18 户居民智能化家居系统进行现场维修测试，通过调试，价格备案的智能化内容以及《商品房买卖合同》中约定的内容均能实现正常使用，且符合房屋设计图纸的要求。

经检测调试，智能家居终端可实现布防、撤防功能；可控制客厅、餐厅、卧室的灯的开关；可接收门磁报警、红外探测报警、燃气探测报警、紧急按钮报警、监听屋内声音，也可借助电信或移动的固定电话将这些情况接通到用户提前设定的手机；在燃气报警时燃气阀门自动关闭；可定时打开、关闭燃气阀门；可通过终端开关窗帘，一期、二期住户可实现与各自单元门口的视频、语音对讲；三期住户可实现与其它住户及小区物业的语音对讲，可实现与单元门口的视频、语音对讲；可通过用户提前设定的手机拨打用户家中的固定电话，实现布防、撤防等功能，但智能化家居系统的手机远程控制尚未建成。

调查小组就家居智能化建设的相关资料进行了查阅，该工程向住户共收取智能化费用 5005.2 万元，支出 4586.8 万元，支出内容包括智能化设备 3354.8 万元（包括智能终端及组网系统、室内智能模块及组网系统、家居安防报警系统、管线铺设等），其他费用（包括施工成本、税金及附加、管理费用、销售费用、贷款利息、企业所得税）1232 万元。

经调查，××××房地产开发公司未向住户收取代理费，代理费的收取实际主体为嘉峪关××营销策划有限公司。××营销策划有限公司为合法经营的代理企业，于 2011 年 6 月 29 日同××××房地产开发有限责任公司签订了委托代理售房协议，2013 年 12 月 31 日解除了委托代理协议。协议约定，××××房地产开发有限公司的房屋由××营销策划有限公司负责销售，房地产开发企业按照每套房屋销售总价的 3.8%支付给代理公司代理费用。代理公司同住户也签订了代理协议，具体内容包括：（1）全权办理在××××住宅购买事宜，并指导委托人签订《商品房买卖合同》。（2）协助办理该房屋的按揭贷款事业，并替委托人垫付办理费用。（3）代理委托人办理房屋产权所有权备案、登记等相关手续。其中还有部分业主首付款暂不到位需要借款时通过该代理公司与房地产开发企业签订《借款合同》，通过代理公司与房地产开发企业签订《担保协议》向住户提供借款事宜。(4) 以上代理事项，业主向嘉峪关××营销策划有限公司支付相应代理费。

根据以上调查情况，××营销策划有限公司收取的代理费不存在价格违法行为。如不服本处理意见，可自收到本处理意见书之日起 30 日内向甘肃省发展改革委员会提出复查申请，如逾期不提出复查申请，各级人民政府信访工作机构和其他行政机关不再受理。

×××市发展和改革委员会

20××年××月××日

信访转办函

××县国土资源局：

接群众来信反映，××镇存在几家无证非法生产砖瓦粘土矿山，破坏农民耕地和水土，严重污染环境，安全条件较差，请你局牵头组织环保部门和属地乡镇，对被举报的非法粘土砖厂依法予以查处取缔。请于 5 月 30 日前将有关查处情况报送我办。

××县安全生产委员会办公室

2019 年 4 月××日

歌舞厅噪声扰民的信访转办函

××县公安局：

2018 年××月××日，我局收到省信访局转来的关于雷某某反映×××歌舞厅噪声扰民的信访事项。我局执法人员经过现场调查了解，该歌舞厅未办理营业执照，采用会员制的形式，进行娱乐活动，是群众自发的群众性质的娱乐团体。根据《中华人民共和国环境噪声污染防治法》第 46、58 条的规定，属于贵局管辖范围，现将信访件随函转交贵局处理。

××县环境保护局

20××年××月××日

群众针对政府机关信访转办函

××区财政局：

我局于 2017 年 5 月 19 日，收到 ××单位转来群众信访材料，依据《××区财政局信访投诉处理工作意见》的规定，现将信访投诉材料转给你局办，请依法调查处理，并于 6 月 9 日前将处理结果反馈我局。

附信访投诉材料。

××区信访局（盖章）

20××年××月××日

纪检监察常用法律文书

中共×××纪律检查委员会立案报告表

案件名称						
承办单位	×纪检组		承办人		×××、×××	
案件来源						
举办单位						
立案对象	姓名	性别	年龄	入党时间	工作单位	职务
初步审查情况	经初步核查，有涉嫌×的违纪行为，需要立案核实。					
案情摘要						
呈报单位意见	建议立案调查。 负责人：　　　　　　　　　　　　　202×年×月×日					
领导审批意见						

中共××纪律检查委员会
处分审批表

姓名		性别		年龄		文化程度	
政治面貌		单位				职务	
主要错误事实							
呈报单位意见							
审委会意见							
分管领导意见							
组织决定							

处分讨论记录

时间				地点	
主持人		汇报人		记录人	
出席人					
列席人					
缺席人					
案件名称					
案件意见					
案件名称					
案件意见					

中共×××纪律检查委员会
纪律检查建议书

××××市管理局党组：

1. 经过初核，认定你单位有借助……（比如借助开会之名公款旅游）的违纪问题；

2. 处理建议，根据《中国共产党纪律检查机关案件检查工作条例实施细则》第 11 条和《中华人民共和国监察法》第 62 条规定的规定，决定对××机关提出如下监察建议：

（1）……

（2）……

（3）对单位有关领导给予通报批评；建议你单位党组对直接责任人给予处理。

3. 要求将处理结果和有关整改措施于××月×日之前上报我处。

中共××纪律检查委员会（印章）

20××年××月××日

中共×××纪律检查委员会
委托初步核实通知书

××××××：

一、××××反映的×××主要违纪问题委托你单位初步核实；

二、领导同志批示；××××书记×××同志批示，×××同志的问题应及时初步调查核实，并将核实结果写成报告及时上报。

三、……。

中共×××纪律检查委员会（印章）

20××年××月××日

×××违纪事实见面材料

陈某某，男，19××年出生，汉族，大学文化程度，1980 年 1 月参加工作，1986 年 9 月加入中国共产党，1990 年任××县建筑公司经理，1999 年任×

×县××局副局长，2000年5月任副局长、总支书记。2003年4月任局长至今。

贪污公款6800元。2004年，陈某某先后以给他人买手机、报电话费及借钱给他人打牌等的名义从本单位出纳乙手中借支公款3000元、2000元、1000元和800元。

收受贿赂4000元。1991年4月，××县二建公司经理丙某为求助甲协调资金，在县招待所将5000元现金送给陈某某，陈某某收取了其中的1000元。1992年4月，丙某为酬谢陈某某帮助承揽工程，在省委党校送给陈某某现金3000元，陈某某全部收下。

收受礼金17 513元。1991年春节，××县密封件厂厂长丁某某以拜年为名，将1500元送到陈某某办公室，陈某某全部收下。自1991年到1994年，陈某某收到他们送来的烟酒，除自用和送亲戚赠朋友外，变卖后得现金16 013元。

基本属实，但需向组织申述三点：

第一，……

第二，……

第三，……

中共××纪委监委调查组

陈某某（签名押印）

××××年×月×日

×××监察委员会
询 问 笔 录

时间：_____年___月___日___时___分至_____年___月___日
___时___分

地点：_____

询问人：_____　记录人：_____

被询问人：_____性别：____年龄：_____民族：_____

身份证号码：_____

文化程度：_____政治面貌：_____籍贯：_____

是否是党委委员、候补委员：_____

是否是人大代表：_____

是否是政协委员：_____

工作单位及职务（级别）：＿＿＿＿＿＿＿＿＿＿＿＿＿＿＿＿＿＿＿

住址及联系电话：＿＿＿＿＿＿＿＿＿＿＿＿＿＿＿＿＿＿＿＿＿

谈话内容：

问：我们是×××监委工作人员×××、×××（出示工作证件），依法向你调查核实有关情况。按照有关规定，你应当如实回答，不得隐瞒事实，作虚假陈述，否则要承担相应的法律责任，听明白了吗？现在向你送达《证人诉讼权利和义务告知书》，看后签字。

答：听明白了。

问：谈一下你的个人基本情况？

答：

问：谈一下你的家庭情况？

答：

问：（根据询问提纲一一提问）

答：

问：你还有何需要补充的吗？

答：没有了。

问：以上所讲是否属实？

答：属实。

问：本次询问中，有无非法羁押、刑讯逼供、威胁、引诱、欺骗或者以其他非法方法获取证言的情形？

答：没有。

问：你看一下笔录，和你说的是否一致？如果记载有遗漏或者差错，可以提出补充或者改正。如无误请签字确认？

答：好的。

以上笔录我已全部看过，和我说的相符。（核对后，由被询问人手写）

被询问人：×××

20××年××月××日

询问人员：×××

谈话对象（签名押印）

中共×××纪律检查委员会
责成立案通知书

中共×××纪律检查委员会：

一、初核机关和核实认定的违纪问题；

二、经过中共××××常委会议讨论决定（或领导同志批示）；

三、责成对×××同志违纪问题进行立案调查并要求报告查处结果。

中共×××纪委（印章）

20××年××月××日

附：1. 反映、检举材料；2. 初步核实材料。

中共×××纪律检查委员会
立案呈批报告（基本内容）

中共×××委员会：

一、案件线索来源；

二、被反映人的自然情况；

三、经初步核实认定的主要违纪问题：

1······

2······

四、呈报立案的党纪根据：依据《中国共产党纪律检查机关案件检查工作条例实施细则》第××条和《中华人民共和国监察法》第××条规定，决定对×××同志违纪违法问题进行正式立案审查、调查。

五、呈报单位意见······

中共×××纪律检查委员会（印章）

20××年×月×日

附：1. 反映、检举材料；2. 初步核实材料

关于×××同志所犯错误的事实材料

××，男，汉族，×××省×××县人，19××年4月生，大学文化程度，2013年4月至今，任××市中级人民法院院长、党组书记。

经查，××同志所范主要错误事实如下：

一、购买、乘坐超标小汽车

××××年初，×××与副院长王某、孙某商定：将×××乘坐的 1.8 排量的四缸奥迪轿车改作公务用车，另买一辆新车给×××使用。××××年 4 月底，×××县法院以购买公务用车的名义从××市中院申请了购车指标，用账外诉讼费收入××万元购回一辆 2.6 排量的六缸奥迪轿车，申领了专用牌号"××××"此车一直由×××作为专车使用。×××到××市中级人民法院上任，将此车带到市中院使用。

二、严重违反财经纪律

1. ××担任××县法院院长期间，法院在财务总账之外，未经财政部门批准，自行开立多个银行账号，隐瞒巨额收入，在账外设账进行核算。××××年至××××年，××县法院累计收取诉讼费××万元，此外，未在院财务总账和财务报表中反映的还有利息等其他收入共计×万元，账外收入总计×万元。

上述行为，违反了最高人民法院和财政部 1989 年《最高人民法院、财政部关于加强诉讼费用管理的暂行规定》（已失效）、1996 年《人民法院诉讼费用暂行管理办法》（已失效）及财政部 1996 年《预算外资金管理实施办法》（已失效）等有关文件的规定。×××县法院在账外设账、隐瞒收入的行为市根据×××确定的"诉讼费××%报财政，××%不报"的原则，院领导研究，×××决定的。对此，×××负有主要领导责任。

2. ××××年至××××年，××县法院报经同级财政部门批准，用诉讼费的×%以内的比例发放奖金共计××万元，用诉讼费发放奖金××万元。财政部、最高人民法院下发《人民法院诉讼费用暂行管理办法》（已失效）明确规定"不得用诉讼费发放奖金和用于个人福利"，×××两年用诉讼费发放奖金和福利共计××万元。发放的方案经过×××同意，对此，×××负有主要领导责任。

3. ××县法院在财务管理上还存在××万元固定资产未纳入财务固定资产核算、大量白条入账等违反财经纪律问题，×××作为院长，对此负有重要领导责任。

××省纪委调查组

20××年××月××日

维权举报常用法律文书

第一节 公职人员违纪违法举报信

举报××县农业机械局原局长滥用职权

投诉人：宫某珍、张某清、陈某雄、牟某年、赵某国等35人，后附所有投诉人身份证件复印件（与原件一致）。

联系电话：133×××××、138×××××、153×××××、136×××××

被投诉人：郑某某，男，××岁，××市××县人，原××县农业机械局局长，现在××县安监局工作。

投诉请求：

一、被投诉人郑某某任××县农业机械局局长期间，顶替投诉人将亲属及有关系的人员聘用为农机管理服务站聘用制干部，涉嫌滥用职权犯罪。

二、依法恢复投诉人的聘用制干部待遇，并追回全部经济损失。

事实及理由：宫某珍、陈某雄、张某清等35位投诉人在1970年至1978年间，被××县农机局雇佣为各个乡镇的农机站管理人员，多年以来，投诉人在岗位上默默无闻、兢兢业业的工作，为本地农业技术推广和发展做出了一定的贡献。

1993年7月，为了适应××省基层农机服务的较快发展、提高省内乡镇农机站管理人员的农业技术水平和工作积极性，××省人事局和××省农业机械管理局联合发布了《关于下达乡镇农机管理服务站补偿人员招聘指标的通知》的文件，该通知规定了招聘指标、考核办法及工资待遇等。1993年9月，××市人事局和××市农机局为了落实上述《通知》规定的精神，发布了《关于乡镇农机管理服务站招收聘用制干部的通知》文件，该通知结合××市各县区的实际，进一步对招收指标、聘用对象及条件、考核考试办法、报名时间及要求、聘用程序、聘用人员待遇、加强组织领导等七方面作出了详细规定。因投诉人均符合上述文件规定的聘用对象及条件，于是参加了1993年10月17日和1995年1月18日举行的招聘考试。后经××市人事局《关于同意招收田某忠等24名同志为乡镇农机管理服务站聘用制干部的通知》，××县人事局《关于招收乡镇林业站、农机站聘用制干部的通知》文件证实，35名投诉人通过招聘考核考试后，全部符合聘用条件。

上述文件发布后，时任××县农业机械局局长的郑某某采取隐瞒事实真相的做法，对上述两文件不予公布，却对35名投诉人说："你们考试没有通过。以后如有招收聘用制干部指标，陆续给你们解决。"

事实真相是：被投诉人郑某某局长，严重违反党纪国法，弄虚作假以权谋私，将35名投诉人的乡镇农机管理服务站聘用制干部的指标进行了"偷梁换柱"手法，用自己的亲属及其他领导的亲朋好友替代了35名投诉人的指标，其中：被投诉人郑某某的妻子焦某某，既不符合聘用对象及条件，又未参加招聘考核考试程序，但被聘用为乡镇农机管理服务站聘用制干部；更为令人惊叹的是，被投诉人郑某某的侄女郑某，1995年才是14岁的中学生，竟也被招收为乡镇农机管理服务站聘用制干部，且一直没有上班但享受聘用制干部工资待遇。另外，被投诉人郑某某的朋友柴某某等，不一而足。这些顶替××县各个乡镇农机管理服务站聘用制干部指标的人，全为被投诉人郑某某及其他领导的亲朋好友，而且没有一个在乡镇农机管理服务站工作经历，完全不符合招聘的各项条件，却堂而皇之地直到今天仍是××县农业机械管理系统的干部，享受着聘用制干部的工资待遇及福利。然而，一直在基层农机服务工作二三十年的投诉人，到现在虽然还承担着各个乡镇农机站的主要工作，和其他干部一起接受考核，却无法得到应属于他们的聘用制干部工资待遇及福利，其中已有两人（赵某库、丁某奇）含冤离世，而我们大都花甲之年，生活窘迫，养老问题一直无法解决。

投诉人知道被冒名顶替后，从2000年开始十几年来，投诉人多次到国家、省、市、县有关部门实名控告举报郑某某及其他有关人员徇私舞弊、滥用职权的违法犯罪行为。2007年5月开始我们向省市县三级政府部门反映，三级都做了答复，还是没有解决问题。我们分别在2010年7月5日，其中我们5人到北京上访，结果被劝了回来，材料送到郭××镇派出所和××县信访局，问题没解决；2010年9月9日，其中我们两人到北京国家信访局反映举报，材料被转送××省信访局，省信访局不接收；5次累计10万公里以上，形成了庞大公文旅行，有关部门对上述违法犯罪行为没有查处，任由被投诉人郑某某及有关领导逍遥法外，但至今没有任何实质的处理结果。

综上所述，被投诉人郑某某及有关领导利用手中职权徇私舞弊，采取冒名顶替欺上瞒下的手段，将亲属及朋友非法安排为基层农机管理系统的聘用制干部，严重侵害国家及投诉人利益，造成35名投诉人不断上访达18年之久，造成了极其恶劣的社会影响，已涉嫌《中华人民共和国刑法》第397条规定的滥用职权罪。在依法治国，有法可依、有法必依、违法必究、执法必严的法制今天，我们特此控告和举报，依法查清郑某某等人的违法犯罪行为，给置神圣的党纪国法于不顾的腐败分子应有的惩罚，以维护国家尊严和受害人的合法权益，洗清几十年的沉冤。我们这些受害人已经上访控告十几年了，其中有两位已经含冤离世，这样违纪违法的案件居然没有任何部门查处。党纪国法何在？公正、公平、公理何在？我们殷切地盼望违法者早日得到处罚，无辜受害人的利益得到法律保护。

此致

控告投诉人：宫某珍、张某清、陈某雄等35人

20××年××月××日

第二节　农村基层自治组织人员违纪违法举报信

某村村主任贪污检举信

××县政法委、纪委监察委、人民检察院有关领导：

我们是××市××镇××村村民，现反映我村村主任廖某贪污等违纪违法行为，事实列举如下：

一、主导贿选：村主任廖某在2016年选举前，给每个选民一条烟请"帮忙"投他的票。

二、为亲友牟利：其族弟廖某某根本就无拆迁危房改建之事却为其虚假上报，骗取国家改造"补偿款"2000余元。

三、索要好处费：本人拆迁补偿款 1500 元由其代领后，却还叫本人再去领，经验签名确认后才承认（见原始收据），签字时强行扣下 100 元"水果费"（见原始收据）。

四、弄虚作假：廖某将村边一条荒垭的暂时积水拍照、录相，以欺骗手段上报"洪灾"向上级申请救灾补助款。

五、开设赌局：廖某每日开部白色小车到处找人以扑克或象棋设赌，并当众一掷数百元给陈某某作本参赌，导致陈某某债台高筑。

六、渎职、不作为：本村村民、盲人陈某华找廖某要求办理"五保"补助手续，因为盲人不给他好处费，就数十次故意避而不见，不办，导致盲人悲愤得欲跳河。

七、借机敛财：廖某借助娶媳妇和生孩子做满月等庆贺设宴活动，通知村办企业、学校、农户都被逐一叫去送礼，大肆敛财（可查原始礼簿）。村里一些家境贫寒的不去随礼就被他打击报复。本人还被其廖某找碴设局而遭当众毒打。

八、多年强占、侵占本村新桥头公共宅基……

以上事实可向群众核查，他的任期还没有满，所以强烈要求尽快剔除干部队伍中的害群之马，消除恶劣影响！

举报人：本村村民 陈某某呈

20××年××月××日

第三节　违法拆迁举报信

违法拆迁控告状

控告人：×××，电话：××，住址：××市××街道××小区已被毁灭，现无居所

被控告人 1：×××，某公司总经理，实施暴力毁灭房屋直接责任人

被控告人 2：×××，区国土资源局局长（区拆迁管理指挥部法人代表）

控告事项：非法剥夺公民居住权、故意损坏公民财物

控告请求：（1）请依法判处第一被控告人非法剥夺公民居住权、故意损坏公民财物的侵权行为违法，向受害人赔礼道歉，并依法承担赔偿民事责任，

赔偿控告人财物损失合计 12 357 元；（2）请求判处被告人支付控告人土地房屋补偿款 216 万元；（3）根据《纪检监察机关处理检举控告工作规则》规定，追究滥用职权判决强拆责任人的违纪行政责任，还控告人一个公道。

事实如下：2017 年×月××日，××市××区某公司总经理人×××率领一帮无业人员，手持棍棒、铁锤、撬杠等工具，还有挖掘机等大型机械。在没有与控告人签订补偿合同的情况下，暴力拆迁，把控告人的衣服、家具、家禽等扔在外边，利用暴力限制控告人人身自由、没收手机，强行把控告人正在居住的唯一房屋拆除。之后一年多时间内，控告人到区土地管理局、拆迁办、公安局、检察院监督科等部门多次举报维权未果。根据《国有土地上房屋征收与补偿条例》第 28 条等法律法规，强拆公民合法建筑均属于违法行为。希望人民法院依法维护公民合法权益，给予控告人公正的判决。同时，此件转交有管辖权的监察机构，请求追究包庇参与违法拆迁的拆迁办负责人×××，和违背司法程序判决拆除控告人房屋的××人民法院××审判庭厅长滥用职权的违纪和违背司法程序行为。

此致

××区人民法院、××市××区监察委员会

控告人：×××

20××年××月××日

第四节　司法干部贪赃枉法、滥用职权举报信

请求查处司法所长滥用职权的举报信

举报人：×××，男，汉，身份证：××××单位：××××，电话：135××××

被举报人：×××，男，汉，担任××司法所主任，电话：135××××

举报诉求：希望纪委监委对腾某民所长不作为、乱作为进行调查处理

举报事由：

腾某民自 2018 年 5 月份任胜桥司法所长以来，辖区老百姓因为夫妻关系发生矛盾等问题寻求司法所调解，腾某民就故意不作为，甚至使坏，让调解不成功，然后再怂恿动员当事人向人民法院起诉打官司，并且让当事人请他担任诉讼代理人，收取代理费，谋取私利，他上任仅半年时间就成功为 18 位

夫妻向人民法院打离婚官司，他故意调解不公，偏袒一方，其目的不是为了社会和家庭和谐，而是制造诉讼案件从中牟利。腾某民作为国家公职人员，人民公仆，拿着国家的俸禄，人民的纳税钱，理应正确履行职责，为国为民分忧，为维护社会稳定，百姓安定尽薄力，而其却利用手中的调解职权故意制造矛盾，制造诉讼案件，然后私自收取代理费，并且不上交，不开票，从中牟取私利，其行为涉嫌构成以权谋私，滥用职权。为此，我恳请纪委监委领导为民作主，严查腾某民违背党纪政规的行为，纯洁干部队伍，提高党在人民心中的威望，特此举报。

　　此致

中共×××市纪委监察委：

投诉举报人：×××

20××年××月××日

附举报证据：1. 当事人证言 3 份；2. 藤某民私自收钱录像一份。

第五节　企事业单位管理层职务犯罪举报信

关于丁某经济犯罪问题的举报信

　　举报人：×××，男，×××公司财务科人员，党员，身份证号××××，手机××××

　　被举报人1：丁某，男，×岁，身份证号××××，××公司董事长，手机××××

　　被举报人2：陈某某，女，×岁，身份证号××××，×公司财务总监，手机××××

　　被举报人3：吕某某，男，×岁，身份证号××，××子公司总经理手机××××

　　举报诉求：希望查处被举报人的经济犯罪问题，为国企挽回损失。

　　举报事实与线索：

　　1.××公司是的国有企业的子公司。2009 年，××集团房建公司，新型建材公司，车城公寓、招待所、幼儿园等单位剥离改制分流成立新的民营参股的物业公司。丁某为国企负责人兼党委书记。借改制之机隐匿、转移公司财产，涉嫌侵吞巨额国有资产。从 2011 年到 2014 年，丁某利用董事长职权伙同××房建公司负责人吕某某未经公司董事会和股东大会授权，私自隐匿非法将物业公司全资子公司房建公司股本变更在自己和吕某某名下。丁某、吕某某通过挪用房建公司的资金 2 千多万元，以改制的名义将房建公司房屋设备、建筑资质以及 3 亿多元的产值形成的利润实质据为己有；职工举报后，他们利益团伙成员不断编制谎言，对抗调查。并于 2011 年至 2016 年底先后多次变更股本工商登记，分散隐匿不法股本财产。

2. 未经××物业公司董事会和股东大会同意和授权在 2011 年至 2013 年度三个年度以 30%，2014 年度以 10% 比率分红形式丁某侵占房建公司资产 214.4 万元。（详见证据和房建公司财务账）。

3. 以虚构项目侵吞国有与集体巨额财产。2014 年 11 月份，丁某令财务科亲信虚编四笔采暖工程结算书骗取××集团维修改造金共计 350 万元人民币。这四笔工程结算分别以虚拟项目仓库采暖管改造、热处理采暖管道、户外采暖管道改造、热处理至联合厂房采暖管道改造等名目套取资金。

4. 非法侵占国有××农场资产 1000 多万元人民币。2009 年至 2016 年，丁某伙同陈某、吴某（农场场长）共同侵占农场土地租金及杂费、给农户大米款（以农户零时工工资形式）私吞账内地租金 935 万多元，账外土地租金及杂费 100 多万元，共计 1000 多万元。详见证据（三）。

5. 利用国企改制侵占巨额资产与孳息。丁某在物业公司股本从 2009 年改制初期的 45 万元增加到 2016 年的 208 万元，其间增资侵占 163 万元，获得孳息 30.8 万余元，共计侵占公司资产 193.91 万元。如 2010 年 12 月至 2015 年 7 月，丁某利用贪污、挪用款放贷，本金和理财孳息高达 4 495 500.62 元。

6. 编制虚假工程项目诈骗巨额国有资产。2010 年至 2014 年间，丁某指使下属编制虚假工程预算、票据造假多报工程项目诈骗××集团国有资产 51.8 万元（已被集团公司纪委查实）。这些款项已通过付给外包队×××（手机×××）等以工程款的方式套现私吞。（详见证据五）从 2009 年到 2016 年，公司车库、自行车棚、澡堂等房屋租金收入没有入账，8 年间累计收取现金 500 多万元。均被丁某指使司机刘某收现金交给丁私吞。（详见证据六）。

7. 侵占公司利润、偷逃税款。企业改制初期的 2009 年至 2012 年，××集团拨款 3000 多万元（1500 万+1700 万）扶植企业发展。2014 年利润 1000 多万元，调整报表利润，偷逃国家税款，且盈利钱去向不明。至少近 2000 万元

被丁某以虚拟对外合作名义私吞。（详见证据八）

8. 涉嫌价值数千万来源不明财产。丁某等人长期职务侵占累计形成4000多万不明来源不动产，这些财产还不包括未知的现金和存款。数十倍超过他们的合法收入。在得知被举报后，分散隐匿资产。（详见证据七）

综上，丁某团伙近10年来，至少侵吞国有资产6000多万元。希望纪检监察与经济犯罪侦查机关介入调查，我们将提供更多线索和详情，经过清查财务账目，更多大量的贪腐行为将暴露显现出来。

举报人：×××公司财务科人员

20××年××月××日

第六节　环境污染公益举报信

环境污染举报信

××省省委、省政府：

现将××市垃圾填埋场严重污染环境，影响本酒店正常经营的情况向你报告。并要求垃圾场赔偿本店损失，彻底解决本店正常经营的问题。本酒店自2006年经营至今一直生意红火，但自从××垃圾填埋场开建，本店深受其害。垃圾场与本店仅一墙之隔。挖垃圾场时经常放炮，本店部分围墙被震倒，自养的猪也被震死，楼房地面出现大面积裂纹，客人误以为地震经常被吓跑。自开始倾倒垃圾后，风大时会有垃圾臭味扑来，伴有飘洒的垃圾袋，地下水也逐渐变质，如今奇臭无比，本店实在无法继续经营，被迫停业。

本店曾多次向安丘市环卫局，××市政府，市环保局，上级环保局反映，要求就污染问题予以解决，上级领导也做了大量工作，但因种种缘由未见成效（附有各级上访目录）。因此我们只好求助于山东省信访局，望予以解决。

我们要求：第一，解决本店大气污染，污染物污染问题，并提供本店免费干净生活、生产用水；第二，赔偿本店经济损失。本店受垃圾场影响数月，经济损失若干；第三，补偿员工失业损失。本店的十几名员工，大部分闲散至今，处半失业状态。

以上情况请核实，并请尽早给与回复。

金××酒店　李某存

20××年××月××日

第七节 涉黑案件举报信

杜某涉黑集团举报信

举报人：王某某，现任××公司法人代表，身份证号：××××，手机号：××××

被举报人：杜某某，男，汉，××公司总经理

被举报人团伙成员：黄某某、历某某、邓某等

举报诉求：希望扫黑办及时查处杜某某涉黑犯罪团伙涉嫌非法拘禁、强迫交易、寻衅滋事、敲诈勒索、套路放贷等暴力犯罪事实，请求该案件异地管辖，破伞除恶。

犯罪事实：××地产开发有限公司是 2015 年××省××县招商引资项目，是通×广场地下商业街人防工程项目的投资商。在工程开建之前，通过杜某某介绍认识了原××县委书记唐某，并在书记的口头担保下，与杜某某的施工队签订了工程承包合同。合同中明确规定了结款期限，我公司也严格按合同履约。后来，在根据合同应向杜某某支付 500 万元工程款时，多支付了 1300 多万元的工程款。可是杜某某却擅自停工，组织人员到我公司项目部闹事，在当地产生了极其恶劣的社会影响。这时我们才意识到杜某某不是来施工的，而是要抢夺我公司的在建项目，更令人发指的是随后杜某某组织黑社会团伙先后 8 次到我公司在建工地打砸，并扬言："这里是老子的地盘，老子是这里的地下组织部长，老子想弄死谁就弄死谁！"

以下是杜某某黑恶团伙破坏工程进度、多次寻衅滋事的犯罪记录：

一、黑恶势力涉嫌刑法规定的"非法拘禁罪"

2017 年 1 月 24 日，杜某某、黄某某、历某某、邓某等几十人手持铁棍木棒等凶器，将××市冰雪旅游华项目部（此项目是我公司 2016 年在当地投资的一个旅游项目）进行了围堵，他们挥舞棍棒，驱赶游客，损毁监控，打翻茶台，砸碎玻璃，扬言"拿不到钱就有人死在这里"，并对项目负责人吴某成、佟某恶语相向，继而推搡发生肢体冲突，随后将门反锁，不准报警，限制吴某成、佟某人身自由长达数小时。直至警方闻讯赶来才把门打开。

二、黑恶势力胁迫胁迫放贷涉嫌"高利放贷罪"

2017 年 1 月 25 日，施工方未完成合同约定相关内容，我公司此时并不欠

杜某某的工程款。可是，杜某某纠集黄某某、历某某、邓某等胁迫我向第三人肖某某借高利贷 600 万元为其支付工程款，按照月息 5 分利；杜某某称自己贷款 300 万用于工程项目，强行要求我司按 6 分利息支付，此款项并未进施工公司账户，而是直接付给杜某某个人账户。以上两笔强加的借款利息金额高达 540 万元。国家规定年息超过 36% 属于高利放贷行为，他们的利率已经超过了 50%。

三、黑恶势力在工地闹事涉嫌"破坏生产罪"

（1）2017 年 3 月 26 日施工单位杜某某伙同黄某某、历某某组织人员阻止销售并驱离装修样板间工作人员，强行断电。阻挠我公司工作人员正常工作；（2）2017 年 4 月 7 日，杜某某伙同黄某某、历某某组织人员再次对我公司项目装修样板间工作人员驱离，强行断电。对我公司销售中心进行聚众打砸，在公安人员在场的情况下继续打砸，引起群众恐慌局面混乱；（3）2017 年 7 月 13 日，杜某某伙同黄某某、历某某、邓某组织若干人员阻止我公司设备安装工人施工，继而拉下总闸断电，致使项目工程设备全部停电。报案后××县××派出所有报警记录；（4）2017 年 7 月 22 日，我公司工程口部装修，杜某某、黄某某、历某某、邓某组织若干人员阻拦施工；（5）2017 年 4 月 2 日施工单位法人杜某某伙同黄某某、历某某组织人员在网络、媒体、现场派发传单传播的形式散布开发老板携款跑啦等谣言，直接造成项目销售工作全面停滞。

以上案件，报案后××县××派出所有报警记录。

四、黑恶势力胁迫放贷涉嫌"高利放贷罪"

杜某某涉黑团伙于 2017 年 4 月 2 日，在我公司人防工程项目销售中心恐吓现场员工、阻止客户进入，阻止销售并驱离装修样板间工作人员，强行断电。××县××派出所有报警记录。

五、黑恶势力暴力催收涉嫌"寻衅滋事罪"

2017 年 6 月 10 日施工单位法人杜某某伙同黄某某、历某某组织若干人员以催要工程款名义，到我公司项目营销中心造谣生事，并在营销中心吵闹，搬来自动麻将机在营销中心打麻将，致使营销中心无法工作。直接导致项目营销中心瘫痪、关闭。

六、黑恶势力与特警对抗涉嫌"暴力抗法罪"

由于杜某某涉黑团伙多次采取黑社会手段破坏我公司正常运营，我们请求政府部门出面协调。2018年2月，经政府协调后，我公司在服从和执行政府协调决策时，杜某某伙同组织人员继续闹事，将我公司项目××地下商业街商场出入口门全部锁死，从9点至16点长达7小时。之后在120急救中心和县公安局统一协调下，出动特警才强行打开商场大门并对杜某某等肇事者进行了拘捕，但是2天以后他们又全被释放，回到我公司的商场里闹事。××县××派出所有报警记录。

七、黑恶势力恶意诉讼企图霸占项目

2018年5月28日，杜某某团伙在工程整改尚未完成的情况下，向××县法院申请诉前保全，冻结了我公司的全部资产，导致我公司资金链断裂，已交定金的商户纷纷退款，致使商户无法正常开业。

我们希望在中央大力打黑除恶斗争中，能够将杜某某犯罪团伙绳之以法，使得我公司恢复正常经营。

举报人：×××

20××年××月××日

公民常用民事法律文书

婚前房产公证协议书

〔   〕____字第____号

　　兹证明____（应写明姓名、性别、出生年月日和现住址）于____年____月____日在 ____（地点或者公证处），在我和____（可以是其他公证员，也可以是见证人）的面前，立下了前面的婚前房产协议，并在婚前房产协议上签名上签名（或者盖章）。

　　经查，协议双方的行为和协议的内容符合《民法典》第____条的规定，是合法有效的。

____公证处

公证员：____（签名）

20××年××月××日

夫妻财产公证协议书

　　甲方（男方）：（姓名、身份证号、籍贯、职业、住址、联系电话等）

　　乙方（女方）：（姓名、身份证号、籍贯、职业、住址、联系电话等）

　　甲乙（夫妻）双方经过平等协商，特对双方各自财产归属作出约定，并进行公证：

　　一、双方于年月日登记结婚，婚前及婚后各自名下的财产（包括动产、不动产、有形资产等）永久归各自所有：

　　（1）男方婚前（后）财产：（财产清单……）。

　　（2）女方婚前（后）财产：（财产清单……）。

　　二、各自名下财产因增值、转让等产生的利益亦归各自所有，与对方无关。

三、双方各自名下的债权债务由各自享有及独立承担，与对方无涉。

四、甲乙双方任何一方对外所负的债务，债务人有让债权人知道本协议约定的义务，如债务人未履行该义务，导致法院判定本协议另一方替债务人偿还债务的，债务人应当将该债权转给偿还方。

五、因一方身体受到伤害获得的医疗费、残疾人生活补助费以及一方专用的生活用品等属个人特有财产，为该方自己所有。

六、甲乙双方无其他财产争议。

七、本协议经公证机关公证后生效，一式两份，甲乙双方各执一份为凭。

甲方（签字）：×××　　　　乙方（签字）：×××

20××年××月××日　　　　20××年××月××日

离婚公证书

（××公证）××字第××号

兹证明×××（男，××××年×月×日出生）与×××（女，××××年×月×日出生）于××××年×月×日在××（地点）登记结婚，于××××年×月×日在××（原婚姻登记机关名称，或者经人民法院判决）离婚。其夫妻关系自该日终止（登记离婚之日或者判决之日）。

××市（区）公证处

公证员：×××（签名）

20××年××月××日

离婚协议书

甲方姓名：（年龄，工作单位，住址）

乙方姓名：（年龄，工作单位，住址）

甲乙双方本系夫妻，因生活情趣和生活习惯不同，双方决定本着友好的态度达成如下协议：

一、甲、乙双方同意协议离婚。

二、双方婚生女×××由甲方抚养，乙方每月支付抚养费1500元整。抚养费半年支付一次，支付时间不迟于当年6月30日、12月30日。

三、乙方有探视×××的权利，每周末可视情况接孩子回乙方处居住。

四、双方所欠伍万圆整债务，甲乙双方各承担 25 000 元（贰万伍仟圆整）。甲方应承担的份额交乙方归还债权人。

五、现住处电器归甲方所有，甲方自愿补偿乙方贰仟元整。

六、甲、乙双方位于××区××花园一单元 202 的房产一处，双方同意由乙方配合甲方在 3 个月之内出售，出售后 10 日内甲方支付给乙方 170 000 元（壹拾柒万圆整），出售房屋高于此款的金额归甲方所有。

七、本协议第四项、第五项、第六项约定的款项在甲方售房后 10 日内支付给乙方。如甲方到期后未支付，乙方可以申请法院强制执行。

双方当事人一致同意本调解协议的内容，自双方在调解协议笔录上签名或捺印后即具有法律效力。

甲方签字：×××　　　　　　　　乙方签字：×××

20××年××日××日

变更孩子抚养权协议书

甲方（男方）＿＿＿＿＿；身份证号：＿＿＿＿＿＿＿；住址：＿＿＿＿

乙方（女方）＿＿＿＿＿；身份证号：＿＿＿＿＿＿＿；住址：＿＿＿＿

双方在平等、自愿的基础上，经过充分的协商，现就双方离婚后变更子女抚养权等相关事宜达成协议如下：

一、女儿×××自 20××年××月××日起由乙方××抚养，直至年满 18 周岁，其间负责其日常生活、健康和教育等方面的监护。

二、被抚养人的抚养费及支付方式

1. 男方×××则每年支付抚养费 24 000 元（大写：贰萬肆仟圆整），不承担具体抚养工作。第一年 5 个月签约当天支付。自第二年起，按整年度抚养费一次性支付。

2. 男方应于每年的 12 月 25 日前将女儿的抚养费汇至乙方指定的银行账号。工行卡号：62220802000×××××

三、探视权

1. 甲方对孩子享有探望权。每个月可以探望一次。

2. 探望之前，男方必须先经与女方电话联系。探望期间，要保证孩子的安全及身心健康、愉快。

四、如遇其它未尽事宜或应时事宜，按照一切有利于孩子的原则，互谅互让，协商解决。

五、本协议一式叁份，甲乙双方各一份，一份交派出所办理孩子户口迁移手续，户口迁移手续自本协议签订后三个月内办理完毕。

六、本协议自双方签字后生效。

甲方（签字画押）：＿＿＿＿＿＿　　乙方（签字画押）：＿＿＿＿＿＿

签订时间：20××年××月××日

继承公证书

（××公证）××字第××号

被继承人：×××（应写明姓名、性别、生前住址）

继承人：××（姓名、性别、出生年月日、住址、与被继承人的关系）

继承人：××（同上，有几个继承人应当写明几个继承人）

经查明，被继承人×××于××××年×月×日因××（死亡原因）在××地（死亡地点）死亡。死后留有遗产计××（写明遗产的状况）。死者生前无遗嘱。

被继承人的遗产应当由其继承人××、××共同继承。（如果有代位继承的情况应当写明继承人先于被继承人死亡的情况）

××市（县）公证处

公证员：×××（签名）

20××年××月××日

（《民法典》自2021年1月1日起施行，第1139条规定，公证遗嘱由遗嘱人经公证机构办理。）

遗产继承公证书

（××公证）20××字第××号

被继承人：×××，男，××××年×月×日出生，生前住××省××市××街××号

继承人：×××，××××年×月×日生，现住××省××市××街××号，是×××的子女

经查，被继承人＿＿＿＿＿＿于＿＿＿＿＿＿年＿＿＿＿＿＿月＿＿＿＿＿＿日

因_____在_____死亡。死亡后遗留有属于死者个人的财产计有：房屋_____间，存款_____元；日用家具、电器等财产。死者生前无遗嘱。根据《民法典》第1127条和第1130条的规定，被继承人×××的遗产应由其配偶、子女、父母共同继承。因×××的父亲×××、母亲×××分别在××××年×月×日和××××年×月×日先于×××死亡，被继承人的遗产应由其妻子×××、儿子×××共同继承。

××省××（县）公证处

公证员：×××

20××年××月××日

继承权公证书

（××公证）2021字第013号

被继承人：×××（应写明姓名、性别、生前住址）

继承人：×××（姓名、性别、出生年月日、住址、与被继承人的关系）

继承人：×××（同上，有几个继承人应当写明几个继承人）

经查明，被继承人×××于2018年5月5日因××病（死亡原因）在××地（死亡地点）死亡。死后留有遗产计：×××（写明遗产的状况）。死者生前无遗嘱。根据《民法典》第1127条和第1130条的规定，被继承人的遗产应当由其×××、×××（继承人名单）共同继承。（如果有代位继承的情况应当写明继承人先于被继承人死亡的情况；如果放弃继承，应当写明谁放弃了继承，放弃部分的遗产如何处理的内容）

××县公证处

公证员：×××（签名）

2021年×月×日

收养（送养）协议书

送养人：_____，男，××××年××月××日出生，汉，××市人，农民，住××村

送养人：_____，女，××××年××月××日出生，汉，××市人，农民，住所××

收养人：_____，男，××××年××月××日出生，汉，××市人，农民，住××村

收养人：_____，女，××××年××月××日出生，××市人，农民，住所同上。×××与×××系夫妻关系

被收养人：原名_____，改名_____，女，19××年××月××日出生，_____与_____之女

收养人因结婚多年没有生育，又特别喜欢孩子，欲收养子女；送养人因有两个子女，认为将_____送给收养人抚养，对_____的成长教育更为有利，所以愿意将女儿_____送给收养人作养女。被收养人也表示愿意。

经协商达成如下协议：

一、被收养人_____于_____年__月__日起为收养人的养女，随收养人共同生活。

二、被收养人以父母称呼其养父母。

三、被收养人的姓名改为_____。

四、协议生效后，上列三方共同遵守法律中关于收养关系的规定，包括：（一）收养人对被收养人承担父母对子女的抚养教育义务；（二）被收养人将来对收养人尽子女对父母的赡养扶助义务；（三）被收养人听从养父母（收养人）的教育。好好学习，养成良好品德。

五、被收养人的户口，由收养人与被收养人共同办理迁移事宜。

六、本协议经公证机关公证后生效。

送养人：_____

收养人：_____

被收养人：_____

证明人：_____

20××年××月××日

附件：本协议一式4份，送养人、收养人各执1份，证明人执2份。

债务人破产申请书（模板）

申请人：（基本情况）

申请事项：申请××公司破产。

事实与理由：

申请人因经营不善，到目前为止，已经严重资不抵债，为此，特提出破产之申请。（写明企业亏损的情况，提交有关的会计报表、债务清册和债权清册等）

此致

××区人民法院

申请人：×××

20××年××月××日

律师常用法律文书

委托协议书

委托人×××经与××市××律师事务所协商，达成以下协议：

一、××市××律师事务所指派×××律师为犯罪嫌疑人×××提供法律帮助。

二、委托律师权限：2020 年××月××日至××××年××月××日止。

三、根据《律师服务收费管理办法》的规定，委托人向××市××律师事务所缴纳委托费用_____元（大写：××圆整）。

四、本委托书有效期自双方签订之日起至本案侦查终结止。

五、本委托书如需变更，另行协议。

委托方：（签字）　　　受托方：××市××律师事务所（章）

签订日期：20××年××月××日

（**注**：本委托书一式二份，由委托人、律师事务所各持一份。）

授权委托书

委托人×××根据法律的规定，特聘请××市××律师事务所律师×××为_____案件的×××的辩护人。

本委托书有效期自即日起至_____止。

委托人（签字）：×××

20××年××月××日

（**注**：本委托书一式三份，由委托人、律师事务所各持一份，交人民检察院或人民法院一份。）

律师事务所函

专函［2020］第××号

领函人：×××：

　　本所接受×××（个人或者法人组织）的委托，指派×××律师，
担任×××案件犯罪嫌疑人×××的辩护律师。

　　特此函告

批准人（签字）：×××

××市××律师事务所（章）

20××年××月××日

　　附：授权委托书一份

律师事务所函

专函［20××］第×号

××人民检察院（人民法院）：

领函人：×××

　　本所接受×××的委托，指派×××律师担任你院办理的＿＿＿＿＿＿案件
被告人×××（犯罪嫌疑人）的辩护人。

　　特此函告

批准人：××

××市××律师事务所（章）

20××年××月××日

　　附：授权委托书一份

律师会见被告人专用介绍信

专函［20××］第××号

领函人：×××

　　根据《中华人民共和国刑事诉讼法》第 36 条、第 96 条、第 151 条以及
《中华人民共和国律师法》第 30 条的规定，现指派我所×××律师前往你＿＿＿＿＿

— 1073 —

案的在押犯罪嫌疑人×××（被告人），请予支持。

特此函告。

批准人：×××

××律师事务所（章）

时间：20××年××月××日

（本介绍信有效期截至20××年××月××日止）

律师会见在押犯罪嫌疑人的函

×所〔2020〕函第××号

××公安局（人民检察院）：

领函人：×××

根据《中华人民共和国刑事诉讼法》第96条以及《中华人民共和国律师法》第30条的规定，我所×××律师拟前往＿＿会见＿＿＿＿＿＿案的在押犯罪嫌疑人×××。时间：202×年×月×日×时

特此函告。

××律师事务所（章）

时间：20××年××月××日

取保候审申请书

×所〔2020〕申字第××号

申请人：×××律师事务所，×××律师

通信地址：××××；联系电话：139×××××××

申请事项：对犯罪嫌疑人×××申请取保候审。

申请理由：犯罪嫌疑人×××因涉嫌＿＿＿＿＿一案，于20××年××月××日经××人民检察院批准（或决定）逮捕羁押。根据＿＿＿＿＿案的犯罪嫌疑人×××（或其法定代理人、近亲属×××）的要求，本人为犯罪嫌疑人提出申请取保候审。其保证人是＿＿＿＿＿（或保证金为×××元）。根据《中华人民共和国刑事诉讼法》第51条、第96条的规定，特为其提出申请，请予批准。

此致

××公安局（人民检察院）

申请人：×××

领函人：×××

批准人：（签名）×××

××市××律师事务所（章）

时间：20××年××月××日

会见在押犯罪嫌疑人申请书

（涉及国家秘密案件用）

×所［2020］申字第××号

申请人：××律师事务所，×××律师

通信地址：×××　联系电话：137×××××××

申请事项：请求批准会见在押犯罪嫌疑人×××

申请理由：犯罪嫌疑人×××因涉嫌＿＿＿＿＿＿＿＿一案被拘留（逮捕）。我接受犯罪嫌疑人的聘请，拟会见在押犯罪嫌疑人×××。

鉴于该案涉及国家秘密，根据《中华人民共和国刑事诉讼法》第96条的规定，提出申请，请予批准。

此致

××市公安局

××市人民检察院

申请人：×××

领函人：×××

批准人：（签名）×××

××市××律师事务所（章）

时间：20××年××月××日

提请收集、调取证据申请书

申请人：××律师事务所，×××律师

通信地址：×××；联系电话：136×××××××

申请事项：请求××人民检察院向×××收集调取证据

— 1075 —

申请理由：作为犯罪嫌疑人（被告人）×××涉嫌_____一案的辩护人，本人认为需要向证人（有关单位、公民个人）_____收集、调取证据。因情况特殊，根据《中华人民共和国刑事诉讼法》第37条第1款的规定，特请贵院予以收集、调取。

此致

××人民检察院

申请人：×××

领函人：×××

批准人：（签名）×××

××市××律师事务所（章）

时间：20××年××月××日

附：证人姓名：×××

有关单位名称_____个人姓名：×××，住址或通讯方法：××××××，收集，调取证据范围、内容。

调查取证申请书

申请人：×××律师事务所，×××律师

通信地址或联系方法：××××××

申请事项：请求许可调查取证

申请理由：作为犯罪嫌疑人（被告人）×××的辩护人，因案情需要，本人拟向被害人（被害人近亲属、被害人提供的证人）_____

收集与本案有关的材料，根据《中华人民共和国刑事诉讼法》第37条第2款的规定，特此申请，请予许可。

此致

××公安局

××人民检察院

申请人：×××

批准人：×××

领函人：（签名）×××

××市××律师事务所（章）

时间：20××年××月××日

通知证人出庭申请书

申请人：××律师事务所，×××律师

通信地址或联系方法：＿＿＿＿＿＿＿＿＿＿

申请事项：通知证人×××出庭作证。

申请理由：×××、×××系被告人×××被控＿＿＿＿＿＿一案的证人。作为被告人×××的辩护人，本人认为需要该证人×××、×××出庭作证。根据《中华人民共和国刑事诉讼法》第 37 条第 1 款的规定，特提出申请。请贵院通知。

此致××人民法院

申请人：×××　　　　　　批准人：×××

××市××律师事务所（章）

附：证人姓名：×××地址：＿＿＿＿　联系方式：＿＿＿＿

解除强制措施申请书

申请人：×××律师事务所，×××律师

通信地址或联系方法：＿＿＿＿＿＿＿＿＿＿

申请事项：解除对犯罪嫌疑人（被告人）×××采取的强制措施。

申请理由：犯罪嫌疑人（被告人）×××因涉＿＿＿＿＿＿＿＿一案，于20××年××月××日××时始被×××采取＿＿＿＿＿＿的强制措施，现已超过法定期限。作为犯罪嫌疑人（被告人）×××委托的律师，根据《中华人民共和国刑事诉讼法》第 75 条的规定，特提出申请。请予解除对其采取的强制措施。

此致

××市公安局、××市人民检察院、××市人民法院

领函人：×××

申请人：（签名）×××

××市××律师事务所（章）

时间：20××年××月××日

延期审理申请书

申请人：×××律师事务所，×××律师

通信地址或联系方法：＿＿＿＿＿＿＿＿＿＿＿

申请事项：延期审理。

申请理由：作为＿＿＿＿＿案×××委托的辩护人（代理人）。本人认为：根据《中华人民共和国刑事诉讼法》的规定，特提请法庭延期审理。

此致××人民法院

申请人：×××

领函人：×××

批准人：×××

××市××律师事务所（章）

时间：20××年××月××日

重新鉴定、 勘验申请书

申请人：××市××律师事务所，×××律师，联系方式：××××

申请事项：重新鉴定、勘验。

申请理由：我作为＿＿＿＿＿案×××委托的代理律师。认为关于＿＿＿＿＿＿的鉴定（勘验）存在以下问题：根据《中华人民共和国刑事诉讼法》第159条的规定，特提请对＿＿＿＿＿事项重新鉴定、勘验。

此致×××人民法院

申请人：（签名）×××

批准人：×××

领函人：×××

××市××律师事务所（章）

时间：20××年××月××日

刑事自诉状

自诉人：（姓名、性别、出生年月日、工作单位职务、住址等）

被告人：（姓名、性别等情况，出生年月日不详者可写其年龄）

案由和诉讼请求：

（被告人被控的罪名和具体的诉讼请求）

事实与理由：

（被告人犯罪的时间、地点、侵害的客体、动机、目的、情节、手段及造成的后果。有附带民事诉讼内容的，在写明被告人的犯罪事实之后写清。理由应阐明被告人构成的罪名和法律依据）

证据和证据来源，证人姓名和住址：

（主要证据及其来源，证人姓名和住址。如证据、证人在事实部分已经写明，此处只需点明证据名称、证人详细住址）

此致××人民法院

自诉人：×××

代书人：×××

20××年××月××日

（**附**：本诉状副本×份）

刑事自诉案件反诉状

反诉人：（本诉被告人姓名、性别、出生年月、职务住址等信息）

被反诉人：（本诉自诉人姓名、性别、出生年月日等基本情况）

反诉请求：

（反诉的具体请求内容）

事实与理由：

（被反诉人的罪行事实发生的时间、地点、侵犯客体等具体事实要素，阐明被反诉人罪行的性质及法律依据）

证据和证据来源，证人姓名和住址：

（主要证据及来源，主要证人姓名和住址）

此致

××人民法院

反诉人：×××

代书人：×××

20××年××月××日

（**附**：本反诉状副本×份）

刑事答辩状

答辩人（刑事附带民事案件一、二审被告人、刑事自诉案件二审中原为自诉人的被上诉人）

（姓名、性别、出生年月日、民族、籍贯、职业或工作单位和职务、住址等基本情况）

因_____一案，现提出答辩如下：

（针对诉状或上诉状的指控所作出的答辩理由）

此致

××人民法院

答辩人：×××

代书人：×××

时间：20××年××月××日

（**附**：本答辩状副本_____份）

申 诉 书

申诉人（刑事案件的当事人及其法定代理人、近亲属、委托律师）

（姓名、性别、单位职务、住址等基本信息，律师只需写明姓名及其所在律师事务所名称）

申诉人×××对××市中级人民法院202×年×月×日刑终〔××××〕字第×号刑事判决（或裁定），提出申诉。

请求事项：

（写明请求事项的要点）

事实与理由：

（写明基本的案情事实、审判结果以及具体的申诉理由和法律依据）

此致

××人民法院

申诉人：×××

代书人：×××

时间：20××年××月××日

（**附**：原审判决书复印件一份）

控告状

控告人（刑事案件的被害人、法定代理人、近亲属、委托律师）

（写明姓名、性别、出生年月日、民族、籍贯、工作单位和职务、住址等基本情况，律师只需写明姓名及其所在律师事务所名称）

被控告人（犯罪嫌疑人）

（写明姓名、性别、出生年月日、民族、籍贯、职业或工作单位和职务、住址等基本情况）

被控告人（犯罪嫌疑人）的犯罪事实：

（写明犯罪嫌疑人犯罪的时间、地点、侵害的客体、目的、动机、情节、手段、造成的后果等事实要素）

控告的理由及法律依据：

（写明犯罪嫌疑人犯罪行为构成的罪名和法律依据）

证据和证据来源、证人姓名和住址：

（写明主要证据及其来源，主要证人姓名和住址）

此致

公安局、法院、检察院、司法局、纪委监委、政法委等机关

控告人：×××

代书人：×××

时间：20××年××月××日

刑事上诉状

上诉人（刑事案件被告人、刑事自诉案件自诉人、刑事附带民事案件原告人或被告人）

（姓名、性别、出生年月日、民族、籍贯、职业或工作单位和职务、住址等基本情况）

被上诉人（刑事自诉案件自诉人或被告人、刑事附带民事案件原告人或被告人、刑事公诉案件被告人提出上诉者不列被上诉人）

（姓名等基本情况）

上诉人因_____一案，不服××人民法院202×年×月×日〔××××〕

字第×号刑事判决（或裁定），现提出上诉。

上诉请求：（具体的上诉请求）

上诉理由：

（对一审判决或裁定不服的具体内容，阐明上诉的理由和法律依据）

此致××中级（高级）人民法院

上诉人：×××

代书人：×××

时间：20××年××月××日

（附：本上诉状副本×份）

后　记

　　在编纂完《公民法务卷》和《企业法务卷》之后，我们又着手编纂了《案例分析卷》和《法律文书卷》。为突出《法务咨询师》全套丛书的培训教材功能和作为普通读者的"法律工具书"的实战功能，编者在为本书《案例分析卷》搜集案例时，尽量做到与本套书第一卷、第二卷的分类内容相互对应，即在前两卷中所讲述的法务咨询内容、方法和技巧，在第三卷《案例分析卷》中会对应地编入相关案例，在第四卷《法律文书卷》中编入法律咨询、代理诉讼常用的法律文书。

　　参与《案例分析卷》编写的作者主要包括：①国内法学专家、政法院校师生和法学科研机构研究员；②检察官、法官、执业律师等法律工作者；③法务工作者和法制媒体工作者；④全国廉政与法治建设高级研修班优秀学员。点评作者均有署名，没有署名的案例点评为编者点评或者根据网络点评观点综合而成。案例点评的风格也各不相同，有些作者习惯用法言法语表达，有些作者的语言更像是案例随笔。考虑到本书的主要读者群不是法官和执业律师，而是法务咨询师和普通群众，所以点评用语尽可能做到通俗易懂，不刻意追求学术价值。

　　特别感谢中央党校原校务委员（副部级）、全国政协委员王瑞璞，中纪委原局长、中纪委原宣传室局长闫群力，中纪委监察室原局长习连喜，中纪委纪检监察研究所原副所长（正局级）、廉政法治研究专家姬广勤，国家监察委员会首批监察员、廉政法治研究专家秦次森，中国反腐败司法研究中心主任吴建雄、秘书长王永发，国家新闻出版署退休干部、廉政法治研究专家张铁林，中国案例法学研究会秘书长唐明、北京企业法治与发展研究会副会长朱崇坤等领导，在百忙之中为本书提供了案例点评稿件，并提出了宝贵的意见。此外，首期全国廉政与法治建设高级研修班学员张金春、张杰组织全国廉政与法治建设高级研修班学员和部分律师提供了 10 余个案例点评材料，在此表示感谢。

本案例卷属于实用性工具书，时效性强。当前我国法律的修改和更新速度很快，每过一段时间，全国人大及常委会就会出台新的法律或修订原有法律，最高人民法院也会不断发布新的司法解释和判例。鉴于以上原因，我们将每隔两年对本书案例内容进行更新。同时希望广大读者在使用本书时，能够提出修改意见及新的案例素材。

最后，因编者只是普法工作者，在法律研究深度上无法与专业人士相比。受专业水平所限，本书错漏敬请广大读者和专业人士批评指正，在此表示衷心的感谢。

李笑天

2020 年 11 月 28 日

声　　明　　1. 版权所有，侵权必究。

2. 如有缺页、倒装问题，由出版社负责退换。

图书在版编目（ＣＩＰ）数据

法务咨询师/李笑天主编. —北京：中国政法大学出版社，2021.10
ISBN 978-7-5764-0147-9

Ⅰ.①法… Ⅱ.①李… Ⅲ.①法律－基本知识－中国②企业法－基本知识－中国
Ⅳ.①D920.4②D922.291.91

中国版本图书馆CIP数据核字(2021)第219141号

出 版 者	中国政法大学出版社	
地　　址	北京市海淀区西土城路25号	
邮寄地址	北京100088信箱8034分箱　邮编100088	
网　　址	http://www.cuplpress.com (网络实名：中国政法大学出版社)	
电　　话	010-58908586(编辑部) 58908334(邮购部)	
编辑邮箱	zhengfadch@126.com	
承　　印	固安华明印业有限公司	
开　　本	720mm×960mm　　1/16	
印　　张	69	
字　　数	1200千字	
版　　次	2021年10月第1版	
印　　次	2021年10月第1次印刷	
定　　价	299.00元	